경영정보시스템 제16판

Management Information Systems
Managing the Digital Firm

제16판

경영정보시스템

Management Information Systems
Managing the Digital Firm

Kenneth C. Laudon, Jane P. Laudon 지음
김우주, 백동현, 서우종, 서창교 옮김

Pearson Education South Asia Pte Ltd
9 North Buona Vista Drive
#13-05/06 The Metropolis
Tower One
Singapore 138588

Pearson Education offices in Asia: *Bangkok, Beijing, Ho Chi Minh City, Hong Kong, Jakarta, Kuala Lumpur, Manila, Seoul, Singapore, Taipei, Tokyo*

Original edition MANAGEMENT INFORMATION SYSTEMS: MANAGING THE DIGITAL FIRM, GLOBAL EDITION 16/e, 9780135191798 by Kenneth C. Laudon and Jane P. Laudon, published by Pearson Education Limited © 2020 Pearson Education Limited.

This translation published 2020. Authorized for sale only in South Korea.

| 4 | 3 | 2 | 1 |
| 23 | 22 | 21 | 20 |

ISBN   978-981-3136-93-9

Cover Art: © Titima Ongkantong/Shutterstock
가격: 39,000원

 Pearson

http://pearsonapac.com/

코로나 사태로 인해 세상은 다시 한 번 큰 변화를 맞이할 것으로 예상된다. 특히 비대면 비접촉이 요구되는 앞으로의 시대에 정보시스템의 역할은 더욱더 중요해질 것임이 분명하다. 경영정보시스템은 조직이 생겨나고 발전하며 원숙해지는 데 모든 측면에서 그 조직의 출발점이자 최종 목적지와 같은 역할을 하고 있으며, 어떤 측면에서 이제 정보시스템은 조직의 모든 것이라 할 수 있을 정도로 조직과 그 전략에 매우 깊은 관계를 형성하고 있다. 새로운 시대에 경영정보시스템은 나아가 조직 내부뿐만 아니라 조직 외부로도 성장하고 있으며, 인터넷과 웹은 이러한 진보에 견인차 역할뿐만 아니라 기업의 생존과 발전에 필요충분조건이 되고 있다.

기업의 생존과 발전에서 그 역량과 환경은 가장 중요한 요소이며 기업 역량과 환경을 연결시키는 접점에 대한 관리는 기업에 매우 중요한 전략적 이슈로 다가오고 있다. 21세기 들어 이러한 접점에 관련된 기술은 바로 웹을 포함하는 인터넷의 대중화와 정보통신의 혁명에 의해 급속히 바뀌어 가고 있으며, 이로 인해 전통적인 경영정보시스템(information management systems, MIS)의 영역과 그 접근 방법을 체계적으로 재조명하여 보완해야 할 필요성이 높아졌다.

MIS 분야의 세계적인 석학인 Kenneth C. Laudon과 Jane P. Laudon이 저술한 이 책은 MIS 교재의 바이블로서 제1판부터 제15판에 이르기까지 지속적으로 경영정보 분야의 정확한 흐름을 분석하고 있는 최고의 MIS 교재로서 자리매김하고 있다. 2016년에 새로 선보인 제16판은 변화의 가속도가 더욱 빨라진 클라우드 및 모바일 컴퓨팅, 스마트폰과 앱, 시맨틱 웹, 소셜 비즈니스, 빅데이터, 인공지능, RPA 등과 같은 최신의 디지털 기술 동향을 발 빠르게 경영정보시스템의 관점에서 전략적, 전술적, 기술적으로 매우 심도 있게 해석하고 있다. 이 책의 완벽성과 내용의 풍부성에 대해서는 두말할 나위도 없겠지만, 보다 최신의 사례연구와 철저하고 체계적인 학습 가이드 및 보충자료 등을 업데이트하여 다시 한 번 탄성을 자아낼 만한 최고의 교육 서적으로 재탄생시켰다. 방대한 양에도 불구하고 국내 여러 교수님들이 제14판에 이어 다시 한 번 이 책의 번역에 뜻을 모은 이유도 여기에 있다.

짧은 시간 동안 부끄럽지 않은 역서를 내기 위해 인하대학교 서우종 교수님, 한양대학교 백동현 교수님, 경북대학교 서창교 교수님과 함께 정성과 열의를 다해 역서의 출간에 임하여 결실을 거두게 되었다. 참여 교수님 모두 원저의 의미를 왜곡하지 않는 한 최대한 자연스럽게 읽을 수 있는 역서가 되도록 노력했으며, 원저의 철저한 구성을 그대로 유지하기 위해 많은 노력을 기울였다.

끝으로 아직 남아 있을지도 모르는 오류에 대해 독자들과 교수님들의 너그러운 이해를 미리 구하며, 이 책이 경영정보시스템의 최신 흐름과 이슈를 학교와 기업 현장에 전달하는 데 보탬이 될 수 있기를 바란다.

2020년 8월
대표 역자 김우주

제16판의 새로운 점

경영정보시스템 제16판은 학생들에게 MIS 강좌가 더욱 흥미롭고 새로우며, 실제 업무와 관련을 맺을 수 있도록 상당 부분을 개정하였다.

새로운 특징

- **MIS는 내 경력에 어떤 도움이 되는가** 이 섹션은 이 책이 학생들이 직업을 찾는 데 어떻게 도움을 줄 수 있는지 구체적으로 보여 준다. 현직에서의 직업에 대한 설명을 기반으로 최근 대학졸업자를 위한 초급 단계의 직업 설명을 소개한다. '직무 기술'은 요구되는 교육적 배경과 기술을 설명하고, '인터뷰 질문'에 나올 수 있는 비즈니스 관련 질문을 나열하며, 그에 답하는 방법과 인터뷰를 준비하는 방법에 대한 '저자 조언'을 제공한다.

새로운 주제

제16판에서는 모든 도입 사례, 마무리 사례, 토론방 사례들이 새로 업데이트되었다. 본문, 그림, 표 및 사례들은 2018년 9월을 기준으로 산업계와 MIS 연구의 최신 자료를 참고하여 개정되었다. 새로운 주제와 범위는 다음과 같다.

- **인공지능에 대한 최신 정보** 제11장은 자연어처리시스템, 컴퓨터 비전시스템 및 AI의 비즈니스 사용에 대한 급격한 관심을 반영하는 로봇공학 등 머신러닝에 대한 새로운 적용 범위를 포함하여 새로 작성하였다.
- **빅데이터와 사물인터넷** 제1장, 제6장, 제7장, 제12장에서 빅데이터, 빅데이터 분석, 사물인터넷(IoT)에 관하여 심층 적용하였다. 빅데이터 분석, 사물인터넷 분석, 하둡(Hadoop), 인메모리 컴퓨팅(in-memory computing), 비관계형 데이터베이스, 데이터 레이크, 분석 플랫폼을 다루기 위해서 업데이트하였다.
- **클라우드 컴퓨팅** 제5장(IT 인프라)에서 클라우드 서비스의 유형, 사설 및 공공 클라우드, 하이브리드 클라우드, 클라우드 서비스의 관리, 클라우드 서비스 활용에 대해 새로운 토론방 사례를 개정 및 추가하였다. 클라우드 컴퓨팅은 제6장(클라우드에서의 데이터베이스), 제8장(클라우드 보안), 제9장(클라우드 기반의 CRM 및 ERP), 제10장(전자상거래), 제13장(클라우드 기반의 시스템 개발)에서 자세히 다루고 있다.
- **소셜, 모바일, 지역공동체** 제10장에서 소셜 도구, 모바일 기술 및 위치 기반 서비스가 어떻게 마케팅과 광고시장을 바꾸고 있는지에 대한 새로운 전자상거래 주제를 추가하였다.
- **소셜 비즈니스** 방대한 소셜 비즈니스에 대한 내용을 제2장에서의 소개를 시작으로 책 전반에 걸쳐 다루고 있으며 전자상거래에서의 소셜 네트워킹뿐만 아니라 기업(내부 기업) 소셜 네트워킹 역시 자세히 다루고 있다.

- 머신러닝
- 자연어처리
- 컴퓨터 비전시스템
- 로봇공학
- 딥러닝
- 지도학습
- 비지도학습
- 에지 컴퓨팅
- 5G 네트워크
- 일반 데이터 보호 규정(GDPR)
- 모바일 기기관리(MDM)
- 오피스 365
- 블록체인
- 데이터 레이크
- 분산 데이터베이스
- 핀테크

본문

이 책은 정보시스템을 설명하고 분석하는 통합적인 틀을 이용하여 기본적인 MIS 개념의 개괄을 제공한다. 이러한 분석틀은 정보시스템이 경영 · 조직 · 기술로 구성되어 있다는 것을 보여 주고, 정보시스템에 대한 이러한 관점은 프로젝트와 사례연구를 통해서 다시 한 번 강조된다. 본문은 총 15장으로 구성되어 있으며, MIS에서 가장 중요한 주제를 포함하는 실제 프로젝트를 다룬다.

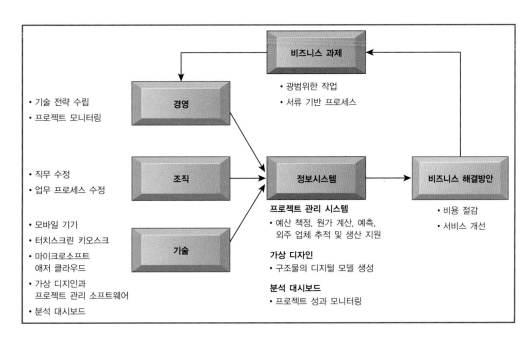

◀ 각 장의 도입 사례와 함께 제공되는 개요 도표는 사례에서 다루는 비즈니스 과제들의 해결방안을 찾기 위해서 정보시스템의 경영 · 조직 · 기술 요소 그림으로 보여 준다.

각 장의 구성

각 장은 다음과 같이 구성되어 있다.

- 장별 주제를 보여 주는 학습목표
- 장별 토론방 사례와 사례연구 목록
- 장별 주제와 연관되는 실제 도입 사례
- 경영, 조직, 기술 모델 관점에서 도입 사례를 조망하는 개요 도표
- 사례연구 문제가 포함된 2개의 토론방
- 학생들의 구직 및 경력 준비를 위해 도움을 줄 수 있는 직업 기회 섹션
- 학습목표와 연계된 단원 요약
- 개념 복습에 도움이 되는 주요 용어
- 장별 내용에 대한 이해도를 측정할 수 있는 복습 문제
- 장별 주제와 관련된 토의 문제
- 경영 의사결정 문제, 실제 애플리케이션 소프트웨어 기술 및 인터넷 기술을 개발하기 위한 MIS 실습 과제
- 팀워크와 오픈 소스 공동 작업 도구를 익히고 프레젠테이션 기술을 발전시키기 위한 협업 및 팀워크 프로젝트
- 장별 개념을 적용해볼 수 있는 마무리 사례연구
- 장별 참고문헌

학습 중심형 교재

학생들의 주의를 집중시키기 위해서 학생들의 학습목표를 일련의 학습문제들로 구성하였다. 각 장은 이들 학습문제들과 맞게 구성된 단원 요약과 복습 문제로 마무리된다.

주요 특징

본문은 대화식으로, 그리고 최신 자료를 바탕으로 학생과 교수 모두가 좋아할 수 있도록 업데이트하였다. 주요 특징과 학습 도구는 다음과 같다.

실제 기업 사례와 예제를 이용한 비즈니스 지향형 교재

이 책은 학생들이 정보시스템과 기업 성과의 직접적인 연계성을 볼 수 있도록 도와준다. 탁월한 운영 능력, 새로운 제품이나 서비스, 고객과 공급자와의 친밀감, 의사결정의 개선, 경쟁우위와 생존 등은 전 세계 기업들이 정보시스템과 정보기술을 이용하여 달성하고자 하는 주요 목표이다. 예제와 사례는 실제 기업들이 이러한 목표를 달성하기 위해서 정보시스템을 어떻게 사용하였는지를 보여 준다.

각 장의 중요한 개념을 보여 주기 위해서 기업과 공공 조직의 최신(2018) 예제들만 사용하였다. 모든 사례는 학생들에게 친숙한 우버, NFL, 페이스북, 크레욜라, 월마트, 아마존, 구글, 스타벅스, GE 등에 대한 것이다.

대화식 진행

MIS를 직접 실습해 보는 것보다 더 나은 MIS 학습 방법은 없다. 학생들이 실제 기업 시나리오와 데이터를 사용하여 MIS가 무엇인지를 직접 체험하면서 학습할 수 있는 여러 종류의 MIS 실습 과

제를 제시하였다. 이러한 과제들은 흥미로운 주제에 대한 학생들의 참여를 높여줄 것이다.

- **토론방** 각 장의 두 가지 짧은 사례가 학생들의 흥미와 적극적인 학습을 자극하기 위해 교실 (또는 인터넷 토론 게시판)에서 사용될 토론방 세션으로 재설계되었다. 각 사례는 사례연구 문제로 마무리된다. 사례연구 문제는 수업 토론, 인터넷 토론 또는 서면 과제 관련 주제를 제공한다.

---

92   **제1부** 조직, 경영 및 네트워크화 기업

토론방 조직

크레욜라가 브랜드를 빛나게 하는 데 도움이 되는 디지털 기술

크레욜라(Crayola)는 어린이와 부모에게 세계에서 가장 사랑받는 브랜드 중 하나이다. 펜실베이니아 이스턴에 위치한 이 회사는 100년 이상 어린이의 예술적 창의성에 영감을 준 고품질의 무독성 크레용, 마커, 연필, 모델링 점토, 독창적인 장난감 및 혁신적인 예술 도구로 유명하다. 학교, 사무실, 슈퍼마켓, 약국, 병원, 테마파크, 공항, 주유소 및 식당을 포함한 거의 모든 곳에서 크레욜라 제품을 찾을 수 있다.

크레욜라 크레용 상자는 미국 세대의 집단 역사와 경험의 일부가 되었으며 어린 시절의 색과 재미의 상징이 되었다. 그러나 오늘날 크레욜라 크레용 상자는 과거처럼 상징적이지 않다. 크레욜라 크레용의 인기는 크레욜라의 전통적인 경쟁자(파버 카스텔, 딕슨 디콘데로가, 메가 브랜드)가 아니라 시간의 흐름에 공격을 받고 있다.

어린이의 놀이 방식은 기술 및 문화적으로 크게 변했다. 어린이와 그 가족들은 점점 더 정교한 형태의 오락물을 접하고 있고, 그중 많은 부분이 디지털 방식으로 이루어져 있다. 디지털 제품은 어린이 놀이 세계뿐만 아니라 다른 직업과 일상생활에서 실제 제품을 대체하기 시작했다. 컴퓨터와 웹 기반 학습의 출현으로 어린이들은 점점 더 어린 나이에 휴대용 미술용품에 노출되고 있다. 이 현상을 'KGOY(Kids Growing Older Younger)'라고 한다. 어린이가 4세 또는 5세가 되면 컴퓨터를 가지고 늘기에 나이가 들면 장난감과 크레

운 방식으로 배우고 놀 수 있도록 돕는 것이다. 그들이 당면한 문제는 어떻게 더 많은 크레용을 팔 수 있느냐가 아니었다. 크레욜라는 비즈니스 모델을 재구성하고 제품개발을 위한 새로운 혁신 프로세스를 도입했으며 새로운 제품 및 수익원을 창출했다. 이 회사는 크레용 및 미술 도구 제조업체에서 창의적인 놀이를 위한 신뢰할 수 있는 도구 및 경험의 원천으로 진화했다.

크레욜라는 디지털 기술을 사용하고 있지만 핵심 크레용 사업을 대체하지는 않는다. 대신 기존과 새로운 것을 통합한다. 이 회사는 이제 컬러 스튜디오 HD 아이패드 앱과 함께 사용하도록 설계된 아이마커(iMarker)와 같은 새로운 제품을 제공한다. 그것은 디지털 펜, 크레용 및 연필이 하나로 통합되어 있으며, 전통적인 색칠하는 책과 같지만 새로운 대화형 소리와 동작을 포함한다. Lights, Camera, Color!는 아이들이 좋아하는 사진을 디지털 색칠 공부 페이지로 바꿀 수 있는 또 다른 디지털 응용 프로그램이다. 360도 돔형 드로잉 표면에 Digital Light Designer와 같은 기술 완구는 컬러 LED 조명으로 상상력을 자극한다. 어린이들은 좋아하는 게임의 최신 버전을 플레이하거나 자신의 작품을 최대 50개까지 애니메이션으로 저장할 수 있다. 크레욜라는 부모들이 전통적인 마커나 핑거 페인트보다 덜 지저분한 장난감을 찾고 이유을 발견했다.

◀ 각 장의 개념과 주제를 실례를 들어 설명하기 위해서 실제 조직을 이용하여 경영, 조직, 기술에 초점을 둔 토론방을 2개씩 수록하였다.

사례연구 문제

1. 크레욜라의 문제를 분석하라. 어떤 경영, 조직 및 기술 요소가 문제의 원인이 됐는가?

2. 크레욜라는 어떤 경쟁전략을 추구하고 있는가? 디지털 기술은 이러한 전략을 어떻게 지원하는가?

3. 새로운 기술 기반 제품을 설계할 때 크레욜라가 해결해야 하는 사람 문제는 무엇인가?

4. 디지털 기술이 크레욜라의 비즈니스 모델과 비즈니스 운영 방식을 어떻게 변화시켰는가?

◀ 사례연구 문제는 학생들이 교실 토론, 발표, 과제 작성에서 각 장의 개념을 실제 기업들에 적용하도록 장려한다.

- **MIS 실습 과제** 경영 의사결정 문제와 마이크로소프트 엑셀, 액세스 또는 웹페이지와 블로그 작성 도구를 사용하는 응용 소프트웨어 기술과 인터넷 경영 기술을 개발할 수 있는 과제 등 총 세 가지 유형의 MIS 실습 과제를 제공한다.

- **협업 및 팀워크 프로젝트** 구글 드라이브, 구글 문서 또는 기타 오픈소스 협업 도구를 사용하도록 권장하는 팀워크 과제가 수록되어 있다. 제1장의 첫 번째 팀 프로젝트는 학생들에게 협업하여 구글 사이트를 구축하도록 요구한다.

▶ 운영 수월성을 달성하고 의사결정을 개선하기 위해서 학생들은 실제 상황에서 사용하는 소프트웨어를 연습해 본다.

▶ 각 장에는 정보에 접근하고, 연구를 수행하고, 온라인 계산 및 분석을 수행하기 위한 소프트웨어 기술과 경영 기술을 개발하는 과제가 있다.

운영 수월성 달성 : 간단한 블로그 만들기

소프트웨어 기술 : 블로그 만들기
경영 기술 : 블로그와 웹페이지 설계

4-9 이 프로젝트에서는 Blogger.com에서 제공하는 온라인 블로그 생성 소프트웨어를 사용하여, 자신이 직접 설계한 간단한 블로그 구축 방법을 배운다. 스포츠나 취미 또는 관심 분야를 블로그의 주제로 먼저 선정한다. 블로그의 이름을 정하고, 제목을 입력하고, 블로그의 템플릿을 선정한다. 블로그에 최소한 4개의 내용을 입력하고, 각각에 레이블을 붙인다. 필요하면 입력된 내용을 편집한다. 컴퓨터나 웹에 있는 사진과 같은 이미지를 블로그에 올린다. 팀 구성원들과 같은 등록 사용자들이 블로그에 의견을 남길 수 있는 기능을 추가한다. 블로그의 주제와 관련이 있는 제품이나 서비스를 판매하는 회사에서 여러분이 만든 블로그가 어떻게 사용될 수 있는지 간단히 적어본다. 블로그를 비즈니스에 보다 유용하게 만들 수 있도록 블로그 운영자들이 사용할 수 있는 도구들을 나열하고, 각각에 대한 비즈니스 용도를 설명한다. 블로그를 저장하고 강의자에게 제출한다.

경력 기술 개발

학생들이 급변하는 취업 시장에서 성공하기 위해서는 자신의 진로 선택권과 다양한 기술 개발을 어떻게 진행해야 하는지 알아야 한다. 다음과 같은 방법들로 이러한 기술을 개발하도록 한다.

경력 기회 및 자원

이 책을 읽는 모든 학생은 다음의 내용을 궁금해할지 모른다. 이 책이 과연 내 경력에 어떤 도움이 될까? 본문에 수록된 'MIS는 내 경력에 어떤 도움이 될까'는 구직과 경력 개발을 위한 도구이다. 취업 면접관들은 일반적으로 의사소통, 멀티태스킹, 팀워크, 리더십 발휘, 문제 해결, 목표 달성 능력과 함께 왜 그 직업을 원하는지에 대해 질문할 것이다. 이것은 여러분이 어떤 직업에서든 성공하기 위해 필요한 일반적인 기술과 태도이며, 여러분은 업무와 직업으로부터의 경험을 토대로 이러한 기술에 대한 능력을 증명할 수 있는 예시를 보여 줄 준비가 되어 있어야 한다. 그뿐만 아니라 고용주들이 여러분에게 불시에 물어볼지 모르는 업무 지식과 전문적인 기술도 알아 두어야 한다. 'MIS는 내 경력에 어떤 도움이 될까'는 본문에서 배운 내용을 이용하여 이러한 기술에 대해 서술하는 방법을 보여 줄 것이다.

'MIS는 내 경력에 어떤 도움이 될까'는 각 장의 마지막 주요 섹션이다. 해당 섹션에는 해당 장에서 다루는 주제와 관련된 주요 온라인 직업 사이트의 실제 직무 기술을 바탕으로 최근 대학졸업자의 초급직에 대해 설명하고 있다. 채용공고는 필요한 학력 및 구체적인 직무능력을 기술하고 있으며, 인터뷰에 나올 수 있는 비즈니스 관련 질문을 일부 제시한다. 저자들은 질문에 답하고 면접을 준비할 수 있는 조언을 제공한다. 또한 학생들이 본문 내용과 웹 및 소셜 미디어에서 직업에 필요한 기술 및 비즈니스에 대한 더 많은 정보를 찾을 수 있는 곳을 서술한다.

아래 표는 대기업과 중소기업 모두의 게시물을 바탕으로 제16판에서 제공하는 업무의 예이다. 이 직업 중 몇몇은 MIS 전공, 다른 몇몇은 MIS 업무를 요구하지만 많은 게시물은 그렇게 구체적이지 않다. 일부는 이전의 인턴십이나 직업 체험이 필요하지만 상당수는 대학졸업자 신입사원에 적합한 초급직이며, 이들 직종 중 일부는 현장연수(직장 내 훈련)가 가능하다. 그러나 모든 직업은 비즈니스 정보시스템과 애플리케이션에 대한 지식과 디지털 환경에서 작업할 수 있는 능력을 공통적으로 요구한다.

장	경력 개발에 도움이 되는 업무 예
제 1 장	신입 금융 고객 지원 및 영업 보조원 일자리
제 2 장	영업 지원 전문가 일자리
제 3 장	초급 비즈니스 개발 담당자 일자리
제 4 장	초급 프라이버시 분석가 일자리
제 5 장	초급 IT 컨설턴트 일자리
제 6 장	초급 데이터 분석가 일자리
제 7 장	자동차 디지털 어드바이저 일자리
제 8 장	초급 ID 접근 및 관리 지원 전문가 일자리
제 9 장	제조관리 수습사원 일자리
제10장	전자상거래 데이터 분석가 일자리
제11장	AI 회사의 신입 영업 보조원 일자리
제12장	초급 데이터 분석가 일자리
제13장	초급 주니어 비즈니스 시스템 분석가 일자리
제14장	초급 IT 프로젝트 관리 보조원 일자리
제15장	글로벌 데이터 서비스 기업의 초보 영업 및 마케팅 수습사원 일자리

'MIS는 내 경력에 어떤 도움이 되는가'는 학생들은 인터뷰를 준비하는 것뿐만 아니라 이력서와 진로 계획을 구체화하기 위해 사용할 수 있으며, 강의자는 학생 연구와 수업 중 토론을 위한 잠재적 프로젝트로 사용할 수 있다.

Kenneth C. Laudon은 뉴욕대학교 스턴경영대학(Stern School of Business)의 정보시스템 전공 교수로 스탠퍼드대학교에서 경제학 학사학위를 받았고, 컬럼비아대학교에서 경제학 박사학위를 받았다. 그는 전자상거래, 정보시스템, 조직, 사회와 관련된 12권의 책을 집필하였으며, 정보시스템에 대한 사회적·조직적·관리적 영향과 프라이버시, 윤리, 멀티미디어 기술에 대하여 40편 이상의 논문을 발표하였다.

　Laudon 교수는 현재 대규모 정보시스템과 멀티미디어 정보기술의 계획과 관리를 연구하고 있다. 또한 미국 국립과학재단으로부터 연구비를 받아서 사회보장국, IRS, FBI 등의 국가 정보시스템의 진화를 연구하고 있다. Laudon 교수의 연구는 전사적 정보시스템의 구축, 대규모 조직에서의 컴퓨터와 관련된 조직과 직업의 변화, 경영 이데올로기의 변화, 공공정책의 변화, 지식 분야의 생산성 변화에 대한 이해에 집중하고 있다.

　Laudon 교수는 미 의회에서 전문가로 참여하고 있는데, 미 의회의 기술평가구, 미 국토안보부, 백악관, 상급 정부기관과 미 의회 위원회에서 연구원과 컨설턴트로 활동하고 있다. 아울러 많은 컨설팅 회사들에서 사내 교육가로 활동하고 있으며, 포춘 500대 기업들에서 시스템 계획과 전략에 관한 컨설턴트로 활동하고 있다.

　뉴욕대학교 스턴경영대학에서 디지털 기업의 경영, 정보기술과 기업전략, 직업적 책임(윤리), 전자상거래, 디지털 마켓 등을 강의하고 있다.

Jane P. Laudon은 정보시스템 분야의 경영 컨설턴트이며 7권의 책을 저술하였다. 그녀는 시스템 분석, 데이터 관리, MIS 감사, 소프트웨어 평가, 정보시스템을 설계하고 사용하는 방법을 기업 전문직들에게 교육하는 데 특히 관심이 높다.

　바너드칼리지에서 학사학위를 받고, 하버드대학교에서 석사학위를, 컬럼비아대학교에서 박사학위를 받았다. 컬럼비아대학교와 뉴욕대학교의 경영대학원에서 강의를 하였으며, 동양언어와 문명에 꾸준히 관심을 두고 있다.

요약 차례

제1부 조직, 경영 및 네트워크화 기업

제1장 글로벌 비즈니스 환경에서의 정보시스템

제2장 글로벌 e-비즈니스와 협업

제**3**장 정보시스템, 조직, 전략

제**4**장 정보시스템에서 윤리적 · 사회적 이슈

제 **2** 부　IT 인프라

제 **5** 장　IT 인프라 및 최신 기술

제 **8** 장 정보시스템 보안

제 **3** 부 디지털 시대의 핵심적인 시스템 애플리케이션

제 **9** 장 운영 수월성 및 고객 친밀성 달성 : 전사적 애플리케이션

제 10 장 　 전자상거래 : 디지털 시장, 디지털 제품

제 11 장 　 지식경영과 인공지능

제 **12** 장   의사결정 강화

제 **4** 부   시스템 개발과 관리

제 **13** 장   정보시스템 개발

제 **14** 장   프로젝트 관리

제 **15** 장 **글로벌 시스템의 관리**

경영 사례와 토론방

PART 1

조직, 경영 및 네트워크화 기업

제1부에서는 정보시스템, 경영, 조직, 기술 차원이 무엇인지에 대한 중요한 질문과 함께 이 책의 주된 주제들을 소개한다. 오늘날 비즈니스에서 왜 정보시스템이 필수적인가? 협업과 사회적 비즈니스를 위한 시스템이 왜 중요한가? 정보시스템은 기업들에게 경쟁력을 갖추는 데 어떤 도움을 주는가? 정보시스템이 널리 사용됨에 따라 무엇이 광범위한 윤리적·사회적 이슈를 불러일으키는가?

글로벌 비즈니스 환경에서의 정보시스템

PCL 건설, 새로운 디지털 기업

대부분의 사람들은 건설 프로젝트에서 가장 널리 사용되는 도구를 망치라고 생각하지만, 사실 건설업체에서는 서류 캐비닛이나 팩스 기계가 가장 많이 사용된다. 건설 산업은 전통적으로 서류를 많이 사용하는 수동적인 업종이다. 큰 건물 건설과 같은 복잡한 프로젝트는 매일 수정되는 수백 개의 건축 도면과 설계 문서를 다루어야만 한다. 그래서 문서 및 기타 프로젝트의 정보를 찾고 접근하는 것에서 발생하는 지연으로 인해 프로젝트는 성공하기도, 좌절하기도 한다. PCL 건설은 이러한 상황 변화를 주도하고 있다. 정보기술은 건설업의 운영 방식을 변화시키고 있으며, 새로운 디지털 기업의 대표적인 예가 되고 있다.

PCL은 미국, 캐나다, 호주에 4,400명 이상의 직원을 두고 있는 독립적인 일반 계약 건설회사들로 구성된 그룹이다. 상업용, 기관용 및 다세대주택, 재생에너지, 중공업, 유적 복원, 토목공사 등에서 활발한 활동을 하고 있다. 건설부문 PCL은 캐나다 앨버타 주 에드먼턴에 법인 본사를 두고 있으며, 콜로라도 주 덴버에 미국 본사를 두고 있다.

이제는 PCL 작업 현장에서 직원들이 스마트폰, 태블릿, 랩톱 등 모바일 기기를 사용하여 PCL 시스템으로부터 중요한 정보를 가져오거나 데이터를 입력하는 모습을 볼 수 있다. 작업 현장 도처의 전자 터치 스크린 키오스크나 EPR(electronic plan room) 팀원들이 종이 버전을 추적하는 데 시간을 낭비하지 않도록 디지털화되고 업데이트된 청사진에 액세스할 수 있도록 해준다.

© Ndoeljindoel/123RF

과거 현장 트레일러에는 프로젝트의 대형 종이 청사진들이 보관되어 있었다. 프로젝트 팀원이 설계도를 보고 싶을 때마다 그들은 트레일러를 방문해야 했다. 최대 800개의 긴설 프로젝트가 동시에 실행되면서 PCL은 프로젝트 문서를 최신 상태로 유지하는 데 어려움을 겪었다. 프로젝트 명세서나 작업 요건에 대한 작은 변경사항을 추적하기 위한 종이 양식의 정보는 기록된 시점으로부터 30~40일이 될 때까지 프로젝트 의사결정자에게 전달되지 않을 수 있다. 전달된 시점에는 너무 늦어서 의사결정자들이 이미 사실에 근거하지 않은 결정을 내린 후이다.

PCL 건설 설계도는 이제 디지털 형태이거나 종이 버전을 스캔해서 디지털 저장소에 보관되고 있다. 디지털화된 설계도는 훨씬 더 빠르게 수정될 수 있다. PCL은 설계 및 계획 작업의 상당 부분을 컴퓨터로 수행함으로써 건설 프로세스 초기에 충돌 및 시공성 문제를 파악하고 해결할 수 있어 프로젝트를 계획된 일정보다 앞당기고 예산 범위 내로 유지할 수 있다.

PCL은 프로젝트 팀원 간의 협력을 촉진하기 위해 프로젝트 문서 제어(PDC)를 구현했다. 안전한 프로젝트 기반 웹사이트는 접근 가능한 단일 공유 위치에 정보를 실시간으로 저장하고 관리한다. 건설업자, 하청업자, 컨설턴트, 협력업체, 의뢰인은 어디에 있든 동일한 문서에서 일할 수 있다.

PCL은 예산 책정, 비용화, 예측, 협력업체 추적, 생산, 보고에 자체적인 프로젝트 관리시스템을 사용한다. 프로젝트 관리시스템은 People and Projects 데이터베이스, 클라이언트 관리 및 회계시스템, BEST 추정시스템 등 다른 PCL 시스템과 연계되어 있다. BEST Estimating은 총액 및 단가 추정치를 작성하고 정확한 자원 및 비용 정보를 제공하기 위한 PCL의 자체 추정 프로그램이다.

PCL은 자사의 컴퓨팅 작업을 마이크로소프트의 애저 클라우드로 옮기기 시작했는데, 이는 마이크로소프트가 관리하는 원격 컴퓨팅 센터에서 일부 PCL 애플리케이션을 실행하기 위한 하드웨어와 소프트웨어를 호스팅하는 서비스이다. PCL 프로젝트에 종사하는 직원들은 기존 데스크톱 기계와 인터넷 연결뿐만 아니라 모바일 기기를 사용하여 언제 어디서나 클라우드 기반 시스템으로부터 정보에 액세스할 수 있다. PCL은 애저 플랫폼을 사용하여 기업 데이터 백업비용의 80%를 절감한다. 애저 클라우드는 또한 품질, 안전, 일정 및 비용 측면에서의 프로젝트 성과를 모니터링하기 위한 실시간 분석 대시보드를 제공하기도 한다. 데이터는 건설 현장 직원, 프로젝트 관리자, 임원에게 막대 그래프 또는 원 그래프로 시각적으로 표시되며, 빨간색에서 주황색, 초록색으로 성능 등급이 표시된다.

출처 : "Technology and Innovation," pcl.com, accessed February 9, 2018; "PCL: Capitalizing on the Cloud," itworldcanada.com, accessed February 9, 2018; Brian Jackson, "PCL Constructors Reach New Heights with Real-time Analytics Solution in the Cloud," *IT World Canada*, November 9, 2017.

PCL 건설의 경험은 오늘날 정보시스템이 얼마나 필요한지를 보여준다. PCL은 전통적으로 매우 종이 집약적이었던 산업 내 수많은 분산된 장소에서 건설 프로젝트를 운영한다. 건설 프로젝트에 필요한 많은 문서와 기타 정보를 처리하고 액세스하는 것은 경제적·시간적 비용이 많이 소요되었다. PCL은 첨단 정보기술을 사용하여 문서를 디지털화하고 프로젝트 문서화, 추적, 분석을 위한 비즈니스 프로세스를 간소화했다. 모바일 툴과 클라우드 컴퓨팅 인프라를 활용하여 PCL의 비즈니스를 이끄는 정보 흐름은 대부분 디지털화되었다. PCL 건설은 디지털 기업의 대표적인 사례가 되었다.

다음 도표는 도입 사례와 이 장에서 제기된 주요 주제를 환기시킨다. PCL 경영진은 종이 기반의 산업에서 시간과 비용을 절감하고 고객 서비스를 개선하기 위해 건설 프로젝트의 설계, 비용, 예산, 모니터링 등 주요 사업 활동의 정밀도와 효율성을 높이기 위한 정보시스템 기술을 사용하는 선택을 한 것이다. 이러한 기술에는 모바일 기기(전화, 태블릿, 노트북), 터치 스크린 키오스크, 클라우드 컴퓨팅 서비스, 인터넷 및 모델 제작을 위한 소프트웨어, 문서관리, 프로젝트 진행 모니터링, 예산 책정, 비용 추정, 대시보드에서의 주요 프로젝트 수행 절차를 표시하는 것 등이 포함된다. 비즈니스 운영 및 관리 의사결정을 추진하기 위해 최첨단 디지털 기술을 사용하는 것이 오늘날 MIS 세계의 핵심 주제이며, 이 책에서 논의될 내용이다.

정보기술의 배포로 PCL 건설의 비즈니스 운영 방식이 바뀌었다는 점 또한 중요하다. 모든 새로운 디지털 도구를 효과적으로 사용하기 위해 PCL은 정보 수집, 입력 및 액세스, 비용 설계, 예산 책정 및 계산, 프로젝트 진행 상황 모니터링을 위한 작업 및 절차의 재설계가 필요했다. 이러한 변화는 PCL의 효율성, 서비스 및 수익성을 향상시키기 위해 신중하게 진행되어야 했다.

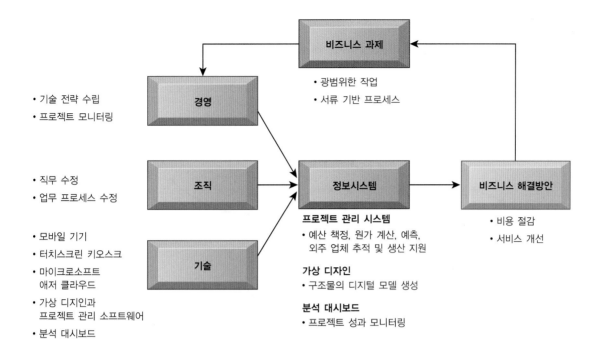

다음의 몇 가지 질문에 대해 생각해보자. 정보기술은 어떻게 PCL 건설의 운영을 바꾸었는가? 그리고 무엇이 모바일기술과 클라우드 컴퓨팅의 역할인가?

1-1 정보시스템은 어떻게 기업을 변화시키며, 오늘날 기업 운영과 관리에서 왜 그렇게 중요한가?

미국이나 다른 세계 경제에서 비즈니스는 더 이상 평상시와 같지 않다. 2017년 미국 기업들은 정보시스템의 하드웨어, 소프트웨어, 통신 장비에 거의 1조 달러를 지출했다. 또한 이들은 비즈니스 및 경영 컨설팅과 서비스에 1,430억 달러를 추가로 지출할 것이며, 이 중 상당 부분은 이러한 새로운 기술을 활용하기 위해 기업의 사업 운영을 재설계하는 것이다. 실제로 IT 투자의 사업적 가치는 대부분 이러한 조직, 경영, 기업 내부의 문화적 변화에서 비롯된다(Saunders and Brynjolfsson, 2016). 그림 1.1은 1999년에서 2017년 사이에 하드웨어, 소프트웨어, 통신 장비로 구성된 정보기술에 대한 민간 사업 투자가 전체 투자 자본의 21%에서 33%로 증가했음을 보여준다.

여러분 중 상당수는 관리자로서 정보시스템을 집중적으로 활용하고 정보기술에 막대한 투자를 하는 회사에 근무하게 될 것이다. 여러분은 어떻게 돈을 현명하게 투자할 수 있는지 알고 싶을 것이다. 여러분이 현명한 결정을 내린다면 여러분의 회사는 경쟁사를 능가하게 될 것이고, 그렇지 않으면 귀중한 자본을 낭비하게 될 것이다. 이 책은 정보기술과 정보시스템에 대한 현명한 결정을 내릴 수 있도록 돕고자 한다.

정보시스템은 어떻게 비즈니스를 변화시키고 있는가

사람들이 어떻게 사업을 하는지를 관찰함으로써 매일 당신 주변에서 이 대규모 지출의 결과를 볼 수 있다. 기술의 변화와 새로운 혁신적인 비즈니스 모델은 사회 생활과 사업 관행을 변화시켰다. 2억 6,900만 명 이상의 미국인들(미국 인구의 81%)이 휴대전화를 가지고 있고, 이 중 2억 3,000만 명이 스마트폰과 태블릿을 사용하여 인터넷에 접속한다. 현재 전체 인구의 55%가 매출이 급증한

그림 1.1 정보기술에 대한 자본 투자

총 투자 자산 대비 하드웨어, 소프트웨어, 통신장비 등 정보기술 부문 자본 투자는 1999년과 2017년 사이에 21%에서 33%로 증가하였다.

출처 : U.S. Department of Commerce, Bureau of Economic Analysis, National Income and Product Accounts, Table 5.3.6. Real Private Fixed Investment by Type, Chained Dollars (2018).

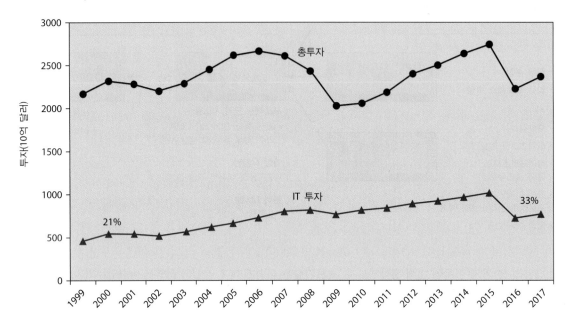

태블릿 컴퓨터를 사용하고 있다. 2억 명의 미국인이 온라인 소셜 네트워크를 사용하고, 1억 7,500만 명이 페이스북을 사용하고, 5,400만 명이 트위터를 사용한다. 스마트폰, 소셜 네트워킹, 문자 메시지, 이메일, 웹 세미나가 모두 비즈니스의 필수 도구가 되었다. 고객, 공급업체 및 동료들을 찾을 수 있기 때문이다(eMarketer, 2018).

2017년 6월까지 전 세계 1억 4,000만 개 이상의 기업이 닷컴 인터넷 사이트를 등록했다. 오늘날 2억 2,000만 명의 미국인들이 온라인 쇼핑을 하고, 1억 9,000만 명은 온라인으로 구매를 한다. 2017년에 페덱스는 매일 1,600만 개의 소포를 전 세계 220개 국가와 지역으로 운송하였으며, UPS(United Parcel Service)는 매일 2,800만 개의 소포를 운송하였다. 기업들은 급속하게 변화하는 고객들의 요구사항을 감지하고 반응하고 가능한 한 가장 낮은 수준으로 재고를 감소시키며 더 높은 수준의 운영 효율을 얻기 위해 정보기술을 이용하고 있다. 규모에 관계없이 모든 회사가 간접비를 줄이고 시장에 더 빠르게 진출하기 위해 적기 공급 생산 방식(just-in-time)의 재고시스템을 도입하면서 공급사슬망의 운영 속도가 더욱더 빨라지고 있다.

종이 신문 독자가 계속 감소함에 따라 2017년에는 1억 8,000만 명 이상의 사람들이 온라인으로 신문을 읽었고, 수백만 명이 다른 뉴스 사이트를 읽었다. 온라인 디지털 신문 독자는 인터넷 자체보다 약 2배 빠른 연간 10%로 성장하고 있다. 매일 약 1억 2,800만 명이 온라인으로 비디오를 보고, 8,500만 명이 블로그를 읽고, 3,000만 건의 게시물을 블로그에 올려 5년 전에는 존재하지 않았던 새로운 작가들과 새로운 형태의 고객 피드백을 만들어냈다(eMarketer, 2018). 소셜 네트워킹 사이트(SNS) 페이스북에는 2018년 미국에서 월 2억 1,400만 명, 전 세계적으로 20억 명 이상의 방문객이 몰렸다. 기업들은 전 세계의 직원, 고객, 관리자를 연결하기 위해 소셜 네트워킹 도구를 사용하고 있다. 현재 포춘 500대 기업 대부분은 페이스북 페이지, 트위터 계정, 텀블러 사이트를 보유하고 있다.

전자상거래와 인터넷 광고는 계속 확대되고 있다. 구글의 미국 온라인 광고 수입은 2017년 320억 달러를 넘어섰고, 인터넷 광고는 매년 20% 이상 성장해 2018년 매출액은 1,070억 달러 이상에 이른다(eMarketer, 2018).

종업원의 화학물질 노출 자료를 60년간 보관하도록 기업에게 요구하고 있는 기존 직무 및 건강 법률과 함께 기업에게 이메일 메시지를 5년간 보관할 것을 요구하는 새로운 연방보안 및 회계법률로 인해 매년 37,000개의 새로운 미국 국회도서관 소장 자료에 해당하는 5엑사바이트(exabyte)의 디지털 정보의 증가가 예견되고 있다.

경영정보시스템에서 새로운 것은 무엇인가

풍부하다. 사실 관리와 조직 구성을 위해 새로운 기술을 사용하여 사업을 하는 것에는 완전히 새로운 세계가 있다. 경영대학원에서 MIS 분야를 가장 흥미진진한 분야로 만드는 것은 기술, 경영, 비즈니스 프로세스의 지속적인 변화다. 다섯 가지 변화가 가장 중요하다.

IT 혁신　정보기술 혁신의 연속적인 흐름은 전통적인 비즈니스 세계를 변화시키고 있다. 클라우드 컴퓨팅의 등장, 스마트폰과 태블릿 컴퓨터를 기반으로 한 모바일 디지털 비즈니스 플랫폼의 성장, 빅데이터와 사물인터넷(IoT)의 성장, 비즈니스 분석, 머신러닝시스템, 경영자의 소셜 네트워크 활용 등이 그 예다. 이러한 변화들의 대부분은 지난 몇 년 동안 일어났다. 이러한 혁신은 기업가와 혁신적 전통적 기업들이 새로운 제품과 서비스를 창출하고, 새로운 비즈니스 모델을 개발하고, 일상적인 사업 수행을 변화시킬 수 있도록 하고 있다. 새로운 사업들이 싹트는 과정에서 일부 구 기업, 심지어 산업까지 파괴되고 있다.

새로운 비즈니스 모델　넷플릭스, 애플 아이튠즈, 아마존과 같은 스트리밍이나 다운로드를 위한 온라인 비디오 서비스의 등장은 프리미엄 비디오가 배포되고 생성되는 방법을 영원히 바꾸어 놓았다. 2018년 넷플릭스는 이른바 '인터넷 TV 혁명'으로 전 세계 1억 2,500만 명 이상의 가입자를 유치했다. 넷플릭스는 *American Vandal, Suburra, The Crown, Friends From College, No Country For Old Men, House of Cards, Orange Is the New Black* 같은 거의 1,000개의 오리지널 쇼를 가지고 프리미엄 TV 쇼 제작에 뛰어들어 케이블 8부 1조직, 매니지먼트, 네트워크 엔터프라이즈 및 방송 제작사에 도전장을 던졌고, TV 프로그램 제작의 케이블 네트워크 지배력을 교란시킬 잠재력을 보여주었다. 애플의 아이튠즈는 현재 영화와 TV 쇼 다운로드의 67%를 차지하고 있으며, 최근 영화와 TV 쇼의 주요 할리우드 스튜디오와 계약을 맺었다. 점점 더 많은 시청자들이 케이블에서 플러그를 뽑고 엔터테인먼트에 인터넷을 사용하고 있다.

전자상거래 확장　전자상거래는 2017년 약 7,000억 달러의 매출을 올렸으며 2020년에는 9,500억 달러에 육박할 것으로 추산된다. 전자상거래는 회사들이 그들의 제품과 서비스를 디자인하고 생산하고 전달하는 방식을 바꾸고 있다. 전자상거래는 다시 스스로를 재창조하여, 전통적인 마케팅과 광고 산업을 교란하고 주요 미디어와 콘텐츠 회사들을 위험에 빠뜨렸다. 페이스북과 유튜브, 트위터, 텀블러와 같은 다른 소셜 네트워킹 사이트들은 넷플릭스, 애플 뮤직 그리고 많은 다른 미디어 회사들과 함께 21세기의 전자상거래의 새로운 모습을 예시하고 있다. 그들은 서비스를 판매한다. 전자상거래를 생각할 때 우리는 물리적인 제품을 파는 것을 생각하는 경향이 있다. 이러한 전자상거래의 상징적인 비전은 여전히 매우 강력하고 미국에서 가장 빠르게 성장하는 형태의 소매업이지만, 기하급수적으로 성장하는 것은 상품이 아니라 서비스를 판매하는 것에 기반을 둔 완전히 새로운 가치 흐름, 즉 전자상거래의 서비스 모델이다. 페이스북 사용자의 85%가 휴대전화와 태블릿으로 서비스를 이용하고 있다는 것에서 알 수 있듯이, 소셜 커머스의 성장은 모바일 플랫폼의 강력한 성장으로 촉발되었다. 정보시스템과 기술은 이 새로운 서비스 기반의 전자상거래의 기반이다. 모바일 전자상거래는 2017년 2,290억 달러를 기록, 연간 30%대의 성장세를 보이고 있다.

관리 변경사항 비즈니스 기업의 경영은 다음과 같이 변화하였다. 새로운 모바일 스마트폰, 초고속 무선 와이파이 네트워크, 그리고 태블릿으로 인해 이동 중인 원격 영업사원들은 관리자의 질문과 감독과 굉장히 가까워졌다. 경영진은 모바일로 이동 중이며, 이동 중인 관리자들은 직원들과 직접적이고 지속적인 연락을 취하고 있다. 엄청나게 풍부한 데이터를 가진 전사적 정보시스템의 성장은 관리자들이 더 이상 혼란의 안개 속에서 운영하지 않으며 정확하고 시의 적절한 의사결정을 위해 필요한 중요한 정보에 온라인을 통해 거의 즉각적으로 접속하는 것을 의미한다. 공공의 목적을 위한 웹 이용 외에도 소셜 네트워킹 도구, 위키, 블로그는 커뮤니케이션, 협업, 정보 공유를 위한 중요한 기업 도구가 되고 있다.

기업 및 조직의 변화 이전 세기의 산업 조직과 비교해보면 급성장하고 있는 21세기의 새로운 기업들은 계층과 구조에 중점을 두지 않고 직원들이 여러 가지 역할과 업무를 맡고 한 팀에서 다른 사람들과 협력하는 것을 더 강조한다. 그들은 서열상에서의 위치보다는 역량과 기술에 더 중점을 두며, 데이터와 분석에 기초한 더 빠르고 더 정확한 의사결정을 강조한다. 기술, 소비자 태도, 문화의 변화에 대해서도 매우 잘 알고 있다. 21세기 기업들은 소셜 미디어를 사용하여 소비자와의 대화를 시작하고 소비자의 말에 더 큰 관심을 기울이려는 의지를 보여주는데, 부분적으로는 선택의 여지가 없기 때문이다. 그들은 기업이나 다른 조직을 만들고 관리하는 데 있어서 정보기술의 중요성에 대해 더 잘 이해하고 있음을 보여준다. 조직과 기업체들이 이러한 특징을 보여주는 한 그들은 21세기 디지털 기업이다.

현재 진행 중인 이러한 추세 중 일부를 '토론방 : 아이폰으로 회사를 운영할 수 있는가'에서 볼 수 있다. 수백만의 경영자는 공급자와 배송을 조정하고, 고객을 만족시키며, 종업원들을 관리하는 데 모바일 디지털 플랫폼에 크게 의존하고 있다. 이와 같은 모바일 장치나 인터넷 접속이 없는 근무 환경은 이제 생각할 수 없다. 이 사례를 읽으면서 신흥 모바일 플랫폼이 의사결정의 정확성, 속도, 품질을 얼마나 획기적으로 개선하고 있는지 살펴볼 수 있다.

글로벌화의 도전 및 기회 : 수평화된 세상

1492년 콜럼버스는 지구는 둥글고 바다는 안전하게 항해할 수 있다는 천문학자들의 오랜 주장을 재확인하였다. 밝혀진 바대로 세계는 서로 거의 고립되어 경제적 및 과학적 발달에 커다란 격차를 지닌 채 살아가는 사람과 언어들로 들어차 있었다. 콜럼버스의 항해 이후에 발생한 세계 무역은 이러한 사람들과 문화를 더욱 가깝게 만들었다. 산업혁명은 국가 간 무역의 확대와 최초의 글로벌 경제의 출현을 통해 확산된 범세계적인 현상이었다.

2005년이 되자 저널리스트 토머스 프리드먼(Thomas Friedman)은 인터넷과 글로벌 통신이 선진국의 경제적 및 문화적 이점을 크게 약화시켰다는 의미에서 이제 세계는 '수평(flat)'이 되었다고 주장하는 영향력 있는 책을 집필하였다. 프리드먼은 미국과 유럽의 국가들은 자국의 경제적 생존, 일자리 창출, 시장, 자원, 심지어는 아이디어에서도 저개발국가의 저임금지역에서 고등교육을 받고

토론방 경영

아이폰으로 회사를 운영할 수 있는가?

아이폰만 사용해도 회사를 운영할 수 있는가? 전부는 아닐지 모르지만, 오늘날 아이폰, 아이패드 또는 안드로이드 모바일 기기를 사용하여 수행할 수 있는 많은 비즈니스 기능들이 있다. 스마트폰과 태블릿은 관리자와 직원들이 더 효율적으로 일할 수 있도록 도와주는 일체형 도구로서 강력한 네트워크가 연결된 컴퓨터를 바지 주머니에 넣고 다니고 있는 것이다. 이러한 모바일 기기는 한 번 누르거나 손가락을 튕김으로써 인터넷, 전화, 카메라, 음악 또는 비디오 플레이어, 이메일 및 메시지 기계의 역할을 수행하고, 나아가 기업시스템으로 들어가는 관문 역할을 하고 있다. 문서 공유, 협업, 판매, 주문처리, 재고관리, 스케줄 및 생산 모니터링을 위한 새로운 소프트웨어 애플리케이션은 이러한 장치를 더욱 다재다능한 비즈니스 툴로 만든다.

네트워크 레일(Network Rail)은 영국, 스코틀랜드, 웨일스의 대부분의 철도 네트워크를 위한 신호, 교량, 터널, 수평 교차로 및 많은 주요 역을 운영, 유지 및 개발한다. 열차를 제시간에 운행하는 것은 최우선 과제 중 하나이다. 20,000마일(약 32,187km)의 선로를 안전하고 효율적으로 유지하기 위해서는 숙련된 근로자들이 적절한 도구를 갖추고 24시간 철도망 수천 곳의 현장에서 작업해야 한다. 네트워크 레일은 22,000개의 아이폰과 아이패드 장치에 대한 사용자 지정 앱 그룹을 사용하여 유지보수 작업을 간소화하고, 사고 데이터를 신속하게 캡처하며, 중요한 정보를 즉시 공유한다.

네트워크 레일이 철도의 성능과 안전성을 향상시키는 데 도움이 되는 애플리케이션들이 몇 개 있다. Close Call 앱은 문제를 신속하게 해결할 수 있도록 직원들이 발견하는 즉시 위험 요소를 보고하는 데 도움이 된다. MyWork 앱은 유지보수팀에게 수리 작업을 시작하고 완료하는 데 필요한 모든 정보를 제공한다. Sentinel 앱을 사용하면 현장 관리자가 ID 카드를 전자적으로 스캔함으로써 작업자가 특정 작업을 수행할 자격이 있는지 확인할 수 있다.

아이폰과 아이패드 앱은 정비기술자들에게 현재의 기술 자료, GPS 위치, 간소화된 보고서를 제공하여 수리를 지연시키는 번거로운 참고서류와 비에 젖은 서류 작업을 대신한다. 많은 서비스 전화는 네트워크 레일 직원이 보고한 위험

요소로부터 시작된다. 작업자들은 창고에서 보고서를 작성하기 위해 몇 시간씩 기다리지 않고도 Close Call 앱을 이용해 위험한 상황을 바로 촬영해 상황을 설명하고 콜센터에 사진을 올릴 수 있다. 일단 위험의 GPS 좌표가 제공되면 콜센터는 보통 24시간 이내에 수리 일정을 잡는다.

MyWork는 유지보수 직원에게 각 팀이 특정 교대 시간 동안 완료해야 하는 모든 작업에 대한 간단한 개요를 제공한다. 이 모바일 앱은 위치, 필요한 기술, 개폐 시간별로 작업을 클러스터링한다. 정확한 지도 좌표를 이용해 작업자들은 현장을 쉽게 찾을 수 있고 작업을 더 빨리 끝낼 수 있다. MyWork는 14,000명이 넘는 유지관리 직원에게 매일의 작업 일정을 전자적으로 전달함으로써 지금까지 50만 개 이상의 작업 주문을 완료하는 동시에 업무 중단을 최소화할 수 있게 했다.

영국 항공(British Airways)은 영국에서 가장 큰 항공사로 전 세계 200여 개 공항에서 운항되고 있다. 항공사는 고객 서비스와 운영 효율성을 향상시키기 위해 아이패드를 사용하는 여러 가지 방법을 발견했다. 영국 항공은 17,000명 이상의 직원에게 아이패드를 지급하고 40개 이상의 맞춤형 앱을 만들었다.

예상치 못한 차질은 비행정보를 찾고 재예약을 원하는 승객들의 긴 줄을 형성할 수 있다. 영국 항공이 사용하는 FlightReact 앱은 에이전트가 탑승권을 스캔하고, 고객의 예약을 검토하고, 대체 비행 옵션을 찾아보고, 재예약하는 모든 과정을 4분 안에 수행한다. iBanner는 요원이 특정 비행기로 갈아타는 승객을 식별할 수 있도록 하는 반면, iTranslate는 직원이 어떤 언어로든 여행자와 쉽게 의사소통할 수 있도록 한다.

공항 내에서는 아이패드와 아이폰이 iBeacon의 저에너지 무선 블루투스 신호로 통신해 와이파이 접속, 게이트 위치, 항공 업데이트 등을 고객에게 알려준다. 모바일 앱은 영국 항공이 공항을 넘어, 항공기 회항 과정을 개선하는 데 도움을 주고 있다. 영국 항공은 런던 히드로 공항에 70대 이상의 항공기를 보유하고 있으며, 한 번에 5대씩 돌아가며 각각 30명 안팎의 팀을 필요로 한다. 이 과정을 단축하고 합리화하

는 것은 막대한 비즈니스 이익을 창출할 수 있다.

항공기에 짐과 화물을 적재하는 것은 전환 과정의 가장 복잡한 부분 중 하나로, 출발과 도착 시 항공기 주위의 서비스를 조정하고 관리하는 전환 관리자(TRM), 중앙집중식 적제 제어(CLC) 팀과 조종사 간에 상세한 통신이 필요하다. iLoad Direct 앱을 실행하는 아이패드로 전환 관리자는 항공기 적재 과정을 모니터링하고 파일럿 및 백오피스 직원과 실시간으로 데이터를 공유할 수 있다. TRM은 항공기 하중의 내용, 중량 및 분포에 대한 실시간 데이터를 수신하고 입력할 수 있다. 이러한 데이터는 조종사가 적절한 양의 연료를 계산하고 이륙을 위해 비행기를 위치하는 데 필수적이다. iLoad Direct와 아이패드는 지상 승무원, CLC 팀, 파일럿 간의 통신을 간소화함으로써 항공기의 이동 속도를 가속화한다. 이러한 모바일 툴은 영국 항공이 항공기 전환을 위한 업

계 최고의 벤치마크로 도약하도록 도와주었다.

모바일 기기는 이러한 경영 측면 외에도 조직 구성원인 직원들이 그들의 직장 생활을 효과적으로 관리하도록 돕는다. Shyft는 직원들이 정보를 공유하고, 스케줄을 수정하고 노동 폭력 행위를 보고할 수 있는 여러 스마트폰 앱 중 하나이다. 스타벅스나 올드네이비 등의 체인점 내 수천 명의 직원들은 업무계획 간 충돌이 발생하거나 잔업이 필요한 경우 스케줄과 교대 근무를 확인할 수 있는 이러한 앱을 사용하고 있다.

출처 : "British Airways: Transforming the Travel Experience from Start to Finish," *Apple at Work*, www.apple.com, accessed February 7, 2018; www.networkrail.co.uk, accessed September 2, 2018; "Network Rail," *iPhone in Business*, www.apple.com, accessed January 4, 2017; and Lauren Weber, "Apps Empower Employees, Ease Scheduling," *Wall Street Journal*, January 3, 2017.

사례연구 문제

1. 여기서 어떤 종류의 응용 프로그램을 설명하고 있는가? 응용 프로그램이 지원하는 업무 기능은 무엇인가? 응용 프로그램이 운영 효율성과 의사결정을 어떻게 향상시키고 있는가?

2. 이 사례연구에서의 기업들이 모바일 디지털 장치를 사용하여 해결한 문제가 무엇인지 파악하라.

3. 종업원에게 아이폰, 아이패드 등과 같은 모바일 디지털 장비를 지급했을 때 어떤 종류의 기업이 혜택을 보는가?

4. 아이폰을 배포하는 회사에서 "아이폰이 게임을 변화시킨다기보다는 산업 자체를 변화시키는 것이다. 이것은 고객과 공급자와의 상호작용 방식을 변화시키고 있다."라고 말했다. 이 말에 함축된 의미에 대하여 설명하라.

동기부여가 충실한 사람들과 전쟁 중이라고 주장했다(Friedman, 2007). 이러한 '글로벌화'는 비즈니스 기업들에게 도전과 기회를 동시에 가져다주고 있다.

미국, 유럽 및 아시아의 다른 선진 공업국 경제의 상당 부분은 수입과 수출에 의존한다. 2017년 미국 경제 20조 달러 중 약 30%가 대외 무역, 수입과 수출 모두에서 기인하고 있다. 유럽과 아시아에서는 이 수치가 50%를 넘고 있다. 대다수의 포춘 500대 기업은 수익의 절반 이상을 해외 영업을 통해 올리고 있다. 기술회사들은 특히 해외 수입에 의존하고 있다. 예를 들어 2017년 인텔 수익의 80%는 마이크로프로세서의 해외 판매에서 나온 반면, 애플은 미국 이외의 지역에서 60%의 수익을 얻었다. 미국에서 팔리는 장난감의 80%는 중국에서 만들어지고 있으며, 중국에서 생산된 PC의 약 90%는 미국에서 생산된 인텔이나 AMD(Advanced Micro Design) 칩을 사용하고 있다. 마이크로프로세서는 최종 조립을 위해 미국에서 중국으로 수송된다.

국가 간에 이동하는 것은 상품만이 아니다. 일자리 역시 마찬가지며, 이 일자리 중 일부는 좋은 보수에 대학 졸업장이 필요한 고급 일자리이다. 지난 10년간 미국은 해외 저임금 생산자로 인하여

업무에서 사용하는 아이폰과 아이패드 애플리케이션
1. Salesforce
2. Cisco WebEx
3. SAP Business ByDesign
4. iWork
5. Evernote
6. Adobe Acrobat Reader
7. Oracle Business Intelligence Mobile
8. Dropbox

온라인 회의에 참석하거나, 주문을 확인하거나, 파일이나 문서 작업을 하거나, 업무 지식을 획득할 때 애플의 아이폰과 아이패드는 비즈니스 사용자를 위한 무한한 가능성을 열어주고 있다. 이 두 단말기는 멋진 멀티 터치 스크린, 인터넷 브라우징 지원, 디지털 카메라, 메시지, 음성전송 기능, 문서관리 기능이 있으며 이러한 기능들이 이 두 장치를 모바일 컴퓨팅의 다목적 플랫폼으로 자리매김하게 해주고 있다.

700만 개의 제조업 일자리가 사라졌다. 그러나 제조업은 이제 미국 고용시장에서 아주 작은 비중(노동인구의 12% 이하이며 계속 감소 중)만을 차지하고 있다. 평년 기준 약 30만 개의 서비스 일자리가 저임금의 해외로 이동하고 있으며, 이 중 대부분은 초급 정보시스템 직종이었지만 건축설계, 금융, 고객 콜센터, 컨설팅, 공학, 심지어 방사선 의학 등과 같은 '시장성 있는 서비스(tradable service)' 일자리도 포함하고 있다. 그러나 동시에 미국은 많은 일자리를 잃었고 3,300만 개의 새로운 서비스 일지리를 추가했다.

미국 경제는 불경기가 아닐 때 350만 개 이상의 일자리를 창출하였으나 2011년에는 불경기의 느린 회복으로 인해 오직 110만 개의 일자리만 창출되었다. 2017년까지 미국 경제는 3년 연속 매년 200만 개 이상의 새로운 일자리를 추가했다. 정보시스템과 기타 서비스의 고용이 급격히 확대되고 있고 급여도 안정되고 있다. 아웃소싱은 이러한 시스템이 저임금 국가에서 유지되고 개발될 수 있기 때문에 전 세계적으로 새로운 시스템의 개발을 가속화했을 수 있다. 이것은 부분적으로 왜 MIS와 컴퓨터공학 졸업생들의 취업시장이 미국에서 빠르게 성장하고 있는지를 설명한다.

여러분이 사업을 하게 된다면, 여러분의 과제는 해외에서 훨씬 더 저렴하게 생산될 수 있는 상품과 서비스의 시장을 피하는 것이다. 기회는 똑같이 엄청나다. 이 책에서는 새로운 세계화 환경에 적응하기 위해 정보시스템을 이용한 기업과 개인의 실패 사례와 성공 사례를 다룰 것이다.

글로벌화가 경영정보시스템과 어떤 관련이 있는가? 대답은 간단하다. 모든 것이 관련되어 있다. 인터넷의 완벽하게 발달된 국제통신시스템으로의 부상은 글로벌 규모에서 운영 및 거래비용을 극적으로 감소시키고 있다. 상하이의 공장과 사우스다코타 주 래피드 시티의 배송센터 사이의 통신은 이제 즉각적이고 사실상 무료이다. 고객은 이제 하루 24시간 안정적으로 가격과 품질정보를 얻으며 전 세계 시장에서 물건을 구입할 수 있다. 글로벌 규모로 제품과 서비스를 생산하는 기업은 저가의 공급자를 물색하고 다른 나라에 생산설비를 운영하여 획기적인 비용 절감을 달성하고 있다. 구글이나 이베이와 같은 인터넷 서비스 기업은 자신의 높은 고정비용이 드는 정보시스템 인프라를 재설계하지 않고 자신의 비즈니스 모델을 다른 여러 나라에서 복제하여 운영할 수 있다. 한마디로 정보시스템은 글로벌화를 가능하게 한다.

디지털 기업의 등장

앞에서 설명한 모든 변화와 그에 못지않게 중요한 조직의 재설계는 완전한 **디지털 기업**(digital firm)을 위한 조건을 만들어 왔다. 디지털 기업은 몇 가지 차원에서 정의할 수 있다. 디지털 기업은 고객, 공급업체, 종업원 사이에 발생하는 **중요한 비즈니스 관계**의 거의 대부분이 디지털 방식으로 이루어지고 조정되는 것을 말한다. 핵심 비즈니스 프로세스는 기업 전반에 걸친 혹은 여러 조직 간을 연결하는 디지털 네트워크를 통해 수행된다

비즈니스 프로세스(business processes)는 특정 업무 결과를 산출하기 위해 조직이 지속적으로 개발해 온 논리적으로 관련된 직무나 행위의 집합과 이런 활동들을 조직하고 조정하기 위한 독특한 방식을 의미한다. 신제품 개발, 주문처리, 마케팅 계획수립, 종업원 채용 등은 비즈니스 프로세스의 한 예이며, 조직이 그들의 비즈니스 프로세스를 처리하는 방식은 조직 경쟁력의 원천이 될 수 있다(비즈니스 프로세스는 제2장에서 자세히 논의한다).

지적재산, 핵심역량, 금융 및 인적자원 등 **핵심 기업 자산**은 디지털 방식으로 관리한다. 디지털 기업에서는 핵심적인 의사결정에 필요한 정보들을 언제 어디서나 이용할 수 있다.

디지털 기업은 전통적인 기업보다 환경 변화를 훨씬 신속하게 감지하고 이에 대응하며, 이를 통해 오늘날과 같은 격변의 시대에 생존을 위한 유연성을 제공한다. 디지털 기업은 더 유연한 글로벌 조직과 경영을 가능케 하는 특별한 기회를 제공한다. 디지털 기업에서 시간 변경과 공간 변경은 일상적인 것이다. **시간 변경**(time shifting)은 오전 9시~오후 5시까지 '하루 노동 시간'의 짧은 시간이 아닌 하루 24시간 매일 지속적으로 수행되는 비즈니스를 말한다. **공간 변경**(space shifting)은 작업이 한 국가 내에서는 물론이고 범세계적인 작업장에서 일어남을 의미한다. 전 세계 어디에서든 작업을 가장 잘 수행할 수 있는 곳에서 실질적으로 업무가 이루어진다.

시스코 시스템즈(Cisco Systems), 3M, GE(제12장 '사례연구 : 프레딕스는 GE의 미래인가' 참조) 등과 같은 많은 기업들은 업무의 모든 측면에서 인터넷을 사용하고 있으며 디지털 기업으로의 변모에 선봉에 서 있다. 대부분의 다른 기업들은 아직 완벽하게 디지털화되지는 않았지만 생산자, 고객 및 직원과의 디지털 통합화를 달성하기 위해 노력하고 있다.

정보시스템의 전략적 비즈니스 목적

오늘날 정보시스템이 그렇게 필수적인 이유는 무엇인가? 기업들은 왜 정보시스템과 기술에 그렇게 많은 투자를 하고 있는가? 미국에서는 2,500만 명 이상의 기업 및 금융 관리자와 3,600만 명의 노동력 전문직 종사자가 정보시스템에 의존해 업무를 수행한다. 정보시스템은 전략적 비즈니스 목표를 달성하는 것뿐만 아니라 미국과 대부분의 다른 선진국에서 일상적인 비즈니스를 수행하는 데 필수적이다.

모든 경제 활동은 이제는 정보시스템에 대한 상당한 투자 없이는 거의 상상할 수도 없다. 아마존과 이베이, 구글, 이트레이드(E*Trade) 등과 같은 전자상거래 회사는 존재하지 못했을 것이다. 오늘날 여행, 의료, 교육과 같은 개인 서비스뿐만 아니라 금융, 보험, 부동산 같은 서비스 산업 또한

정보시스템 없이 운영하는 것은 불가능하다. 이와 유사하게 월마트나 타깃(Target) 등의 소매기업과 GM과 GE 등의 제조기업들의 생존과 사업 번창을 위해서는 정보시스템이 필수가 되었다. 사무실, 전화기, 파일 캐비닛, 엘리베이터가 있는 고층빌딩 등이 한때 20세기 비즈니스 수행의 기반이었다면, 정보기술은 21세기 비즈니스 수행의 기반이다.

정보기술을 이용하는 기업의 능력과 전략을 실행하고 목표를 달성하는 능력 간에는 상호 의존성이 점차 커지고 있다(그림 1.2 참조). 기업이 향후 5년 동안 어떤 일을 할 것인가는 그 기업의 시스템이 어떤 일을 할 수 있는가에 달려 있다. 시장점유율 증가, 고품질 저비용 생산, 신제품개발, 직원의 생산성 향상 등은 조직 내 정보시스템의 종류와 품질에 더욱더 의존하고 있다. 여러분이 이 관계를 잘 이해할수록 더 유능한 경영자가 될 것이다.

비즈니스 기업은 특히 다음의 여섯 가지 전략적 비즈니스 목적을 달성하려고 정보시스템에 많은 투자를 하고 있다. 운영 수월성, 새로운 제품, 서비스 및 비즈니스 모델, 고객 및 공급자 친밀성, 의사결정 환경 개선, 경쟁우위, 생존 등이 그것이다.

운영 수월성

기업은 고도의 수익성을 창출하기 위하여 자신들의 운영 효율성을 계속적으로 개선하려고 한다. 정보시스템과 기술은 기업 운영 측면에서 고도의 효율성과 생산성을 달성하기 위하여 관리자들이 활용할 수 있는 가장 중요한 도구 중 하나이며, 그 효과는 기업 실무와 관리 행위의 변화와 동반할 때 더욱 크게 나타난다.

세계 최대의 유통회사인 월마트는 세계 최고 수준의 운영 효율성을 달성하기 위하여 첨단 비즈니스 관행 및 지원관리와 결합된 정보시스템의 능력을 보여주는 예이다. 2018년에 월마트는 모든 월마트 점포와 공급자를 디지털로 연결하는 리테일링크(Retail Link) 시스템 덕분에 미국 전체 소매 매출액의 거의 10분의 1에 달하는 5,000억 달러가 넘는 매출 실적을 달성하였다. 고객이 특정 상품을 구매하는 즉시 상품을 모니터링하는 공급자는 월마트 선반에 그 물품의 부족분을 배송해야 한다는 것을 인식한다. 월마트는 업계에서 가장 효율적인 소매점으로 제곱피트당 600달러 이상의 매

│그림 1.2│ 조직과 정보시스템 간의 상호 의존성

현대의 정보시스템에서는 기업의 정보시스템과 비즈니스 역량 간의 상호 의존성이 커지고 있다. 전략, 규칙, 비즈니스 프로세스 등의 변화는 점차적으로 하드웨어, 소프트웨어, 데이터베이스, 통신 등에 대한 변화를 요구한다. 종종 조직이 무엇을 수행해야 하는지는 시스템이 무엇을 지원하는지 여부에 의존적이다.

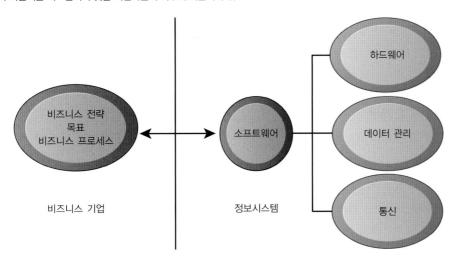

출을 달성했으며, 월마트의 가장 커다란 경쟁업체인 타깃은 제곱피트당 425달러의 매출, 그 이외의 대형 잡화 소매업체들은 제곱피트당 200달러 미만의 매출액을 달성했다.

새로운 제품, 서비스 및 비즈니스 모델

정보시스템과 기술은 기업이 새로운 제품과 서비스뿐만 아니라 완전히 새로운 비즈니스 모델을 창출할 수 있는 중요한 도구이다. **비즈니스 모델**(business model)은 기업이 부를 창조하기 위하여 제품과 서비스를 어떻게 생산하고, 인도하며, 판매하는가를 설명한다.

오늘날의 음악 산업은 10년 전과는 크게 다르다. 애플은 레코드판, 테이프, CD 등에 근거한 음악 유통의 과거 비즈니스 모델을 아이팟 기술 플랫폼에 기반한 온라인 및 법적 유통 모델로 변화시켰다. 애플은 초기의 아이팟, 아이튠즈 음악 서비스, 아이패드, 아이폰 등을 포함하는 계속적인 혁신을 통해 큰 성공을 거두었다.

고객 및 공급자 친밀성

일반적으로 기업이 고객을 잘 알고, 대접받고 싶은 방식으로 잘 대우할 때, 고객은 재방문과 재구매로 반응한다. 이는 곧 수입과 이익 증가를 발생시킨다. 공급자와의 관계에서도 마찬가지다. 공급자와의 관계가 밀접하면 밀접할수록 공급자는 기업에게 더 필수적인 것을 제공한다. 이 경우 비용을 더 낮출 수 있다. 어떻게 고객과 공급자를 정말로 알 수 있는지가 수백만 명의 오프라인 및 온라인 고객을 둔 기업의 핵심 문제이다.

뉴욕 맨해튼에 있는 만다린 오리엔탈 호텔과 그 밖의 최고급 호텔들은 고객과의 친밀성을 달성하기 위하여 정보시스템과 기술을 활용한 사례를 보여주고 있다. 이 호텔들은 컴퓨터를 이용하여 선호하는 객실 온도, 체크인 시간, 자주 거는 전화번호, TV 프로그램 등과 같은 고객의 선호도를 기록하여 이 데이터를 방대한 자료 저장소에 저장한다. 호텔의 개별 객실은 중앙 서버 컴퓨터에 네트워크로 연결되어서 원격으로 감시하고 통제할 수 있다. 고객이 호텔에 도착하면, 시스템은 고객의 디지털 프로파일에 근거하여 자동적으로 조명의 밝기, 실내온도, 적절한 음악의 선택 등과 같은 객실의 조건을 조정한다. 호텔은 또한 우수 고객을 분류하거나 고객의 선호도를 바탕으로 개인화된 마케팅 캠페인 개발을 위해 고객 데이터를 분석한다.

JC페니 백화점은 정보시스템에 의한 공급자와의 친밀성 구축의 혜택을 보여주고 있다. 미국에 있는 JC페니 상점에서 셔츠가 판매될 때마다 그 판매 기록이 홍콩에 있는 공급자인 의류회사 TAL의 컴퓨터에 즉각적으로 나타난다. TAL은 미국에서 판매되는 셔츠 8벌 중 1벌을 생산하는 거대 하청 제조업체이다. TAL은 자체 개발한 컴퓨터 모델을 통하여 수량를 계산하여 어떤 스타일, 어떤 색상, 어떤 사이즈로 몇 벌의 셔츠를 더 만들어야 할 것인지를 결정한다. TAL은 JC페니의 창고를 거치지 않고 JC페니 상점 각각에 직접 필요한 셔츠를 보낸다. 다시 말해 JC페니의 셔츠 재고는 거의 없으며, 따라서 이에 대한 보관비용도 발생하지 않는다!

의사결정 환경 개선

많은 기업 경영자들은 의사결정을 위한 적절한 시점에 적절한 정보를 얻지 못한 채 정보의 안개 속에서 경영 활동을 하고 있다. 대신에 경영자들은 예측, 추측 및 행운 등에 의지하고 있으며, 그 결과는 상품과 서비스의 과잉 또는 과소생산, 자원의 잘못된 배치, 늦은 반응 시간 등으로 나타났다. 이런 좋지 않은 결과는 비용을 높이고 고객을 잃게 한다. 그러나 지난 10년간 정보시스템과 기술은 경영자가 의사결정을 할 때 시장의 실시간 데이터를 활용하는 것을 가능하게 했다.

예를 들어 미국에서 가장 큰 통신 서비스 회사 중 하나인 버라이즌(Verizon Corporation)은 고객의 불만, 각 서비스 지역의 네트워크 성능, 중단된 회선 또는 폭풍으로 파손된 회선 등에 대한 정확한 실시간 정보를 경영자들에게 제공하기 위하여 웹 기반의 디지털 계기판을 이용하고 있다. 이러한 정보를 이용하여 경영자는 장애지역에 수리 인력을 긴급히 파견할 수 있고, 고객들에게 수리 상황을 알려줄 수 있으며, 통신 서비스를 신속하게 복구할 수 있다.

경쟁우위

기업이 운영 수월성, 새로운 제품, 서비스 및 비즈니스 모델, 고객 및 공급자 친밀성, 의사결정 환경 개선 등과 같은 경영 목표 중에서 하나 이상을 달성했다면 그 기업은 이미 경쟁우위를 확보했을 가능성이 크다. 더 우수한 제품을 값싸게 공급하고, 고객과 공급자에게 실시간으로 반응하여 경쟁자와 비교하여 경영을 더 잘하고 있다는 것은 경쟁자가 따라올 수 없는 더 높은 매출과 더 많은 이익을 가져온다. 앞에서 살펴본 애플, 월마트, UPS 등은 이러한 목적을 위해 정보시스템을 어떻게 사용해야 할지를 간파했던 산업계의 선두주자들이다.

생존

비즈니스 기업은 또한 정보시스템과 기술이 업무 수행에 필수적이기 때문에 투자하고 있다. 때때로 이런 '필요성'은 산업 전체의 변화에 의하여 발생하기도 한다. 예컨대 씨티은행이 더 높은 차원의 서비스를 제공하여 고객을 유인하려고 1977년에 뉴욕에서 처음 현금자동인출기(ATM)를 도입한 이후 경쟁 은행들은 씨티은행에 뒤지지 않기 위하여 서둘러서 고객들에게 ATM 서비스를 제공하였다. 오늘날 거의 모든 미국 은행은 지역 ATM을 운영하고 있으며 CIRRUS와 같은 국가 및 국제 ATM 네트워크와 연결하고 있다. 소매 은행 고객에게 ATM 서비스를 제공하는 것은 소매 은행 산업 내에서 기업 활동을 하고 생존하기 위한 필요조건에 불과하다.

디지털 기록을 포함하여 기업과 종업원에게 법적으로 기록을 유지하도록 하는 많은 연방 및 주정부의 법규 및 규제가 있다. 미국 노동자에 대한 75,000개가 넘는 유독 화학물질의 노출을 규제하는 유독물질통제법(1976)은 기업이 이러한 물질에 대한 종업원의 노출 기록을 30년간 유지할 것을 강제화하고 있다. 공공기업과 그들의 감사인의 책임을 강화하려는 목적으로 제정된 2002년의 사베인즈-옥슬리법(Sarbanes-Oxley Act)은 공공기업의 감사를 담당하는 공인회계사무소가 모든 이메일을 포함한 감사문서와 기록을 5년간 보존할 것을 요구한다. 금융 산업에 대한 규제를 강화하기 위해 제정된 도드-프랭크 금융개혁법(2010)은 회사들이 모든 기록을 10년간 보존할 것을 요구한다. 그 밖에 미국의 기업에게 주요 정보의 보존 및 보고에 관한 의무를 부과하는 여러 가지 의료보험, 금융 서비스, 교육, 사생활 보호 관련 연방정부 및 주정부의 법률이 있다. 기업은 이러한 과제에 대응하는 능력을 제공하는 정보시스템과 기술에 의존하게 된다.

1-2 정보시스템이란 무엇이며, 어떻게 작동하는가? 정보시스템의 경영, 조직 및 기술 요소는 무엇이며, 보완적 자산이 조직에 진정한 가치를 제공하기 위한 필수 요소인 이유는 무엇인가?

지금까지 우리는 용어에 대한 정의 없이 **정보시스템**과 **기술**이라는 용어를 사용하였다. **정보기술**(information technology, IT)은 기업이 비즈니스 목표를 달성하기 위하여 사용해야 하는 모든 하드웨어 및 소프트웨어로 구성된다. 여기에는 컴퓨터 기계, 저장장치, 모바일 휴대장치는 물론 윈도우, 리눅스 운영체제, 마이크로소프트 오피스 생산성 도구, 전형적으로 대기업에서 발견할 수 있는 수천 개의 컴퓨터 프로그램 등과 같은 소프트웨어가 포함된다. '정보시스템'은 좀 더 복잡하며 기술과 비즈니스 관점 모두에서 살펴보아야 더 잘 이해할 수 있다.

정보시스템이란 무엇인가

정보시스템(information system, IS)은 기술적으로는 조직에서 의사결정과 통제를 지원하기 위하여 정보를 수집하고(또는 추출하고), 처리하며, 저장하고, 분배하는 상호 연관된 요소의 집합으로 정의할 수 있다. 의사결정, 조정 및 통제 외에도 정보시스템은 경영자와 근로자가 문제를 분석하고, 복잡한 주제를 구체화하고, 새로운 제품을 개발하는 데도 도움을 준다.

정보시스템은 조직이나 조직을 둘러싼 환경 내의 주요한 사람, 장소, 사물에 대한 정보를 담고 있다. **정보**(information)는 사람들에게 의미 있고 유용한 형태로 가공된 데이터를 말한다. 반면에 **데이터**(data)는 사람이 이해하고 사용할 수 있는 형태로 구성되고 정렬되기 이전에 조직이나 물리적 환경에서 발생하는 사건들을 나타내는 가공되지 않은 일련의 사실들이다.

정보와 데이터 차이를 예를 들어 알아보자. 슈퍼마켓의 계산대는 각각의 제품을 설명하는 바코드로부터 수백만 개의 데이터를 판독한다. 이러한 데이터를 합산하거나 분석함으로써 특정 상점에서 판매된 식기세제의 총개수, 어느 상표의 식기세제가 특정 상점이나 판매지역에서 가장 빠르게 판매되었는가, 특정 상점이나 판매지역에서 판매된 해당 상표 식기세제의 총판매액 등과 같은 의미 있는 정보를 제공할 수 있다(그림 1.3 참조).

정보시스템의 세 가지 활동은 조직이 의사결정을 하고, 운영 업무를 통제하며, 문제를 분석하고, 새로운 제품과 서비스를 개발하는 데 필요한 정보를 생산한다. 이 세 가지 활동은 각각 입력, 처리, 출력이다(그림 1.4 참조). **입력**(input)은 조직 내에서 또는 외부 환경으로부터 원시 데이터를 획득하거나 수집한다. **처리**(processing)는 이러한 원시 입력 자료를 의미 있는 형태로 변화시킨다. **출력**(output)은 처리된 정보를 사용할 사람이나 이를 활용할 활동에 전달한다. 정보시스템은 또한 피드백을 필요로 한다. **피드백**(feedback)은 입력 단계를 평가하거나 교정하는 데 도움을 주기 위해 조직의 담당 구성원에게 반송하는 출력을 말한다.

│그림 1.3│ 데이터와 정보

슈퍼마켓 계산대에서 얻은 원시 데이터를 식기세제의 총 판매개수, 특정 상점이나 판매지역에서 특정 식기세제의 총 판매이익 등과 같은 유용한 정보를 얻어내기 위하여 처리하고 정리할 수 있다.

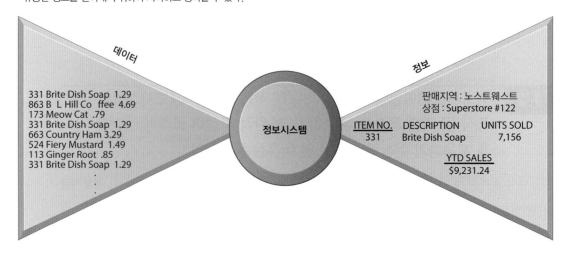

그림 1.4 정보시스템의 기능

정보시스템은 조직과 조직의 주변 환경에 대한 정보를 담고 있다. 입력, 처리, 출력의 세 가지 기본 활동이 조직이 요구하는 정보를 생산한다. 피드백은 입력을 평가하고 정제하기 위하여 조직의 담당자나 관련 활동에 반송하는 출력을 말한다. 고객, 공급자, 경쟁자, 주주, 규제기관 등과 같은 외부 영향 요인은 조직 및 정보시스템과 상호작용을 한다.

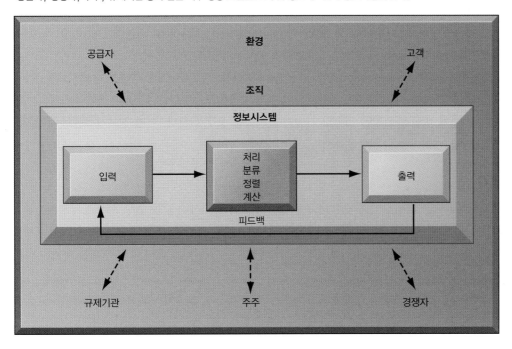

PCL의 프로젝트 관리시스템에는 계약업체 및 하청업체의 이름과 주소, 프로젝트 이름과 식별번호, 프로젝트 활동, 인건비, 자재비용, 프로젝트 활동의 시작일 및 완료일 등이 기재되어 있다. 컴퓨터는 이러한 데이터를 저장하고 처리하여 각 프로젝트 활동과 전체 프로젝트의 비용 및 예상 완료 시간을 계산한다. 시스템은 PCL 관리 대상의 모든 프로젝트의 규모, 비용, 기간, 예산 초과 및 미달 프로젝트, 늦거나 제때에 진행되는 프로젝트 및 프로젝트 활동 등 의미 있는 정보를 제공한다.

컴퓨터 기반 정보시스템이 원시 데이터를 의미 있는 정보로 처리하는 데 컴퓨터 기술을 사용하지만, 컴퓨터 및 컴퓨터 프로그램과 정보시스템과는 분명한 차이가 있다. 전자적 컴퓨터와 관련 소프트웨어 프로그램은 현대 정보시스템의 기술적인 토대이며 수단이고 구성요소이다. 컴퓨터는 정보를 저장하고 처리하는 장비이다. 컴퓨터 프로그램 또는 소프트웨어는 컴퓨터 처리를 지휘하고 통제하는 실행 명령어의 집합이다. 컴퓨터와 컴퓨터 프로그램이 어떻게 작동하는지를 아는 것은 조직 문제의 해결책을 설계하는 데 중요하지만, 컴퓨터는 정보시스템의 일부에 불과하다.

집을 이용해 적절한 비유를 할 수 있다. 집은 망치, 못, 목재 등으로 지어진다. 하지만 이것만으로는 집을 지을 수 없다. 건축, 설계, 설치, 조경 등과 이러한 요소의 창출에 수반되는 모든 의사결정 역시 집의 일부분이며 주책 건축 문제 해결에 핵심적인 사항이다. 컴퓨터와 프로그램은 컴퓨터 기반 정보시스템의 망치, 못, 목재 등에 해당한다. 그러나 이들만으로는 특정 조직에서 요구하는 정보를 만들어낼 수 없다. 정보시스템을 이해하기 위해서는 이들이 해결하려고 설계한 문제, 정보시스템의 구조 및 설계요소, 이러한 해법으로 이끈 조직의 프로세스 등을 이해해야 한다.

정보시스템의 영역

정보시스템을 완벽하게 이해하려면 광범위한 시스템의 조직, 경영, 정보기술적 영역(그림 1.5 참조)과 비즈니스 환경에서의 과제와 문제에 대한 해결책을 제공하는 정보시스템의 기능을 이해하여야 한다. 시스템의 기술적인 영역뿐만 아니라 경영 및 조직적 영역의 이해를 포괄하는 정보시스템에 대한 광범위한 이해를 **정보시스템 활용능력**(information systems literacy)이라고 한다. 반면 **컴퓨터 활용능력**(computer literacy)은 정보기술 지식에 주로 초점을 맞추고 있다.

경영정보시스템(management information systems, MIS) 분야는 이런 폭넓은 정보시스템 활용능력을 달성하기 위하여 노력한다. MIS는 기업에서 경영자와 종업원이 사용하는 정보시스템의 개발, 활용, 영향에 관한 행위적인 이슈와 기술적인 이슈를 모두 다룬다. 이제 정보시스템의 각 영역인 조직, 경영, 정보기술에 대해 살펴보자.

조직

정보시스템은 조직에 있어 필수적인 부분이다. 신용조회 회사와 같은 일부 회사는 정보시스템 없이는 사업 수행 자체가 불가능하다. 조직의 핵심요소로는 구성원, 조직 구조, 비즈니스 프로세스, 정책, 문화 등이 있다. 이런 조직의 구성요소들을 여기서 간단히 소개하고 더 자세한 내용은 제2장과 제3장에서 설명하기로 한다.

조직은 각기 다른 수준과 특성들로 구성된 구조를 갖는다. 조직의 구조는 명확한 업무 구분을 보여준다. 비즈니스 기업에서의 권력과 책임은 계층 또는 피라미드 구조로 조직된다. 계층의 상부 구조는 관리, 전문, 기술직 등으로 구성되며 반면에 하층구조는 운영직으로 구성된다.

고위 관리층(senior management)은 회사의 재무 성과를 확보하는 것뿐만 아니라 상품과 서비스에 대한 장기적인 전략적 결정을 내린다. **중간 관리층**(middle management)은 고위 관리층이 세운 프로그램과 계획을 수행한다. **운영 관리층**(operational management)은 기업의 일상 업무를 감시할 책임이 있다. 기술자, 과학자나 건축가 등 **지식근로자**(knowledge workers)들은 상품이나 서비스를 설계하고 기업을 위한 새로운 지식을 창출하는 반면에 비서나 서기 등과 같은 **데이터 근로자**(data

---

그림 1.5 정보시스템은 컴퓨터 그 이상이다

정보시스템의 효과적 활용을 위해 시스템을 형성하는 조직, 경영, 정보기술에 대한 이해가 필요하다. 정보시스템은 환경이 주는 도전에 대한 조직 및 경영 해법으로서 기업의 가치를 창출해낸다

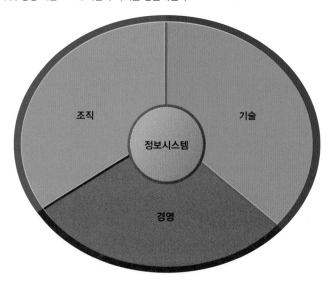

그림 1.6 기업의 계층 구조

비즈니스 조직은 고위 관리층, 중간 관리층, 운영 관리층의 세 가지 주요 단계로 구성된 계층이다. 정보시스템은 이러한 각 계층에 서비스를 제공한다. 과학자들과 지식근로자들은 종종 중간 경영진과 함께 일한다.

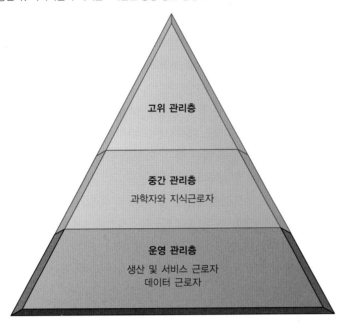

workers)는 기업의 모든 수준에서 일정 협의와 통신을 지원한다. **생산 및 서비스 근로자**(production or service workers)는 실제로 제품을 생산하고 서비스를 제공한다(그림 1.6 참조).

전문가들은 채용되어 서로 다른 비즈니스 기능을 수행하도록 훈련된다. 기업 조직에서 수행하는 주요 **비즈니스 기능**(business functions) 또는 특정 업무는 판매 및 마케팅, 제조 및 생산, 재무 및 회계, 인적자원관리로 구성된다(표 1.1 참조). 제2장에서는 이러한 비즈니스 기능과 정보시스템이 이를 지원하는 방법에 대해 자세히 소개하고 있다.

조직은 자신의 계층 구조와 비즈니스 프로세스를 통해 업무를 조정한다. 대부분의 조직 비즈니스 프로세스에는 오랜 기간 개발되어 온 업무 수행을 위한 공식적인 규칙이 포함된다. 이러한 규칙은 송장 작성부터 고객 불만사항 대응까지 다양한 절차로 직원들을 안내한다. 이러한 비즈니스 프로세스 중 일부는 문서화되었지만, 나머지는 동료나 고객으로부터의 전화 회신 요건과 같은 비공식적인 업무 관행이며 공식적으로 문서화되지 않았다. 정보시스템은 많은 비즈니스 프로세스를 자동화한다. 예를 들어 고객이 신용을 받는 방법이나 청구하는 방법은 종종 일련의 공식적인 업무 프로세스를 통합한 정보시스템에 의해 결정된다.

표 1.1 주요 비즈니스 기능

기능	목적
판매 및 마케팅	조직의 제품과 서비스 판매
제조 및 생산	제품과 서비스를 생산
재무 및 회계	조직의 재무 자산을 관리하고 조직의 회계 기록을 유지
인적자원관리	조직 인력의 모집, 개발, 유지 및 인사 기록관리

조직의 비즈니스 프로세스 대부분은 업무를 완수하기 위해 오랜 기간 개발되어 온 정형화된 규칙을 포함하고 있다. 이러한 규칙은 종업원에게 송장을 작성하는 방법부터 고객의 불만에 대응하는 방법에 이르기까지 다양한 절차에 대한 지침을 제공한다. 이와 같은 비즈니스 프로세스 중 일부는 문서화되기도 하나 나머지는 동료나 고객에 대한 전화 답신 요건 등과 같은 문서화되지 않은 비공식적 업무 관행이다. 정보시스템은 많은 비즈니스 프로세스를 자동화하고 있다. 일례로 고객이 융자를 얻는 방법, 계산서 청구 방법 등은 보통 정형화된 비즈니스 프로세스의 집합이 구현된 정보시스템이 결정하고 있다.

각 조직은 대부분의 구성원이 공감하는 독특한 **문화**(culture) 또는 기본 가정(assumption)의 핵심 집합, 가치, 업무 수행 방식 등이 있다. 대학 내부에서도 조직 문화를 엿볼 수 있다. 대학 생활의 기본 가정은 교수가 학생보다 더 많은 것을 알고 있고, 학생은 배우기 위해 대학에 다니고 있으며, 수업은 정규 일정에 따라 진행된다는 점 등이다.

조직 문화의 일부분은 그 조직의 정보시스템에서도 발견할 수 있다. 예를 들어 고객 서비스 우선에 대한 UPS의 관심은 뒤에서 설명할 이 기업의 화물추적시스템에서 발견할 수 있는 조직 문화의 한 측면이다.

조직 내의 여러 계층과 특수성이 서로 다른 관심과 견해를 발생시킨다. 이러한 서로 다른 관점은 종종 기업을 어떻게 운영하고 자원과 보상을 어떻게 배분해야 하는지와 관련하여 충돌을 일으키곤 한다. 이러한 충돌이 바로 조직 정치의 근간이다. 정보시스템은 모든 조직에서 당연한 부분인 시각 차이, 대립, 타협, 합의의 와중에서 구축되고 있다. 제3장에서 정보시스템의 발전에 있어 이러한 조직의 특성과 그 역할을 더 자세히 살펴볼 것이다.

경영

경영 업무는 조직이 직면한 많은 상황들을 이해하고, 의사결정을 내리며, 조직의 문제를 해결하기 위한 실행 계획을 수립하는 것이다. 관리자들은 환경에서의 비즈니스 과제를 인지하고, 이들 과제에 대응하기 위한 조직 전략을 수립하며, 업무를 조율하고 성공하기 위해 인적·물적 자원을 할당한다. 이런 과정에서 관리자들은 책임 있는 리더십을 보여주어야 한다. 이 책에서 소개하는 비즈니스 정보시스템은 실제 경영자의 희망과 꿈 그리고 실상을 반영하고 있다.

그러나 경영자는 기존의 것들을 관리하는 이상의 일을 해야만 한다. 그들은 새로운 제품과 서비스를 개발하고 이따금은 조직을 재정비해야 하기도 한다. 경영 책임의 상당 부분은 새로운 지식과 정보에 기반한 창조적 작업이다. 정보기술은 경영자가 새로운 상품과 서비스를 설계하고 출시하는 일을 지원하며 조직을 재설계하고 그 방향성을 재설정하는 데 상당히 중요한 역할을 담당할 수 있다. 제12장에서 경영 의사결정에 대해 자세히 다루고 있다.

정보기술

정보기술은 경영자가 변화에 대처하기 위해 사용하는 여러 수단 중의 하나이다. **컴퓨터 하드웨어**(computer hardware)는 정보시스템에서 입력·처리·출력 활동에 사용하기 위한 물리적 장치를 말한다. 컴퓨터 하드웨어는 여러 가지 크기와 형태의 컴퓨터(모바일 휴대장치 포함), 여러 가지의 입력·출력·저장장치, 이러한 장치를 연결하는 통신장치 등으로 구성된다.

컴퓨터 소프트웨어(computer software)는 정보시스템의 컴퓨터 하드웨어 구성요소를 통제하고 조정하기 위해 미리 프로그래밍되어 있는 상세 명령어들로 구성된다. 제5장에서 오늘날 기업에서 사용하고 있는 최신의 소프트웨어 및 하드웨어 플랫폼에 대하여 자세하게 소개하고 있다.

데이터 관리기술(data management technology)은 물리적 저장매체상에서의 데이터 구성을 관리하는 소프트웨어로 이루어진다. 데이터 구성과 접근방법에 대한 자세한 설명은 제6장에서 확인할 수 있다.

물리적 장치 및 소프트웨어로 구성되는 **네트워킹 및 통신 기술**(networking and telecommunications technology)은 여러 종류의 하드웨어를 연결하고 데이터를 하나의 물리적 위치에서 다른 곳으로 전송한다. 컴퓨터와 통신장치는 음성, 데이터, 이미지, 사운드, 비디오 등을 공유하기 위하여 네트워크로 연결될 수 있다. **네트워크**(network)는 데이터 또는 프린터와 같은 자원을 공유하기 위하여 둘 이상의 컴퓨터를 연결한다.

세계에서 가장 크고 가장 널리 사용되는 네트워크는 인터넷이다. **인터넷**(internet)은 전 세계 230여 국가에 있는 수백만 개의 서로 다른 네트워크를 연결하기 위해 보편적인 표준을 사용하는 글로벌 '네트워크의 네트워크'이다(제7장에 설명).

인터넷은 새로운 제품, 서비스, 전략, 그리고 비즈니스 모델을 구축할 수 있는 새로운 '범용'기술 플랫폼을 창출하였다. 동일 기술 플랫폼이 기업 내의 여러 시스템과 네트워크를 이어주는 연결성을 제공함으로써 내부적인 용도로도 이용하고 있다. 인터넷 기술에 기반한 기업 내부의 네트워크를 **인트라넷**(intranets)이라 부른다. 사적 인트라넷을 조직 외부의 인가된 사용자에게까지 확장한 것을 **엑스트라넷**(extranets)이라고 하며, 기업은 이러한 네트워크를 구매, 설계 협업 및 그 밖의 조직 간 작업을 위한 외부 기업과 협력 목적으로 사용한다. 오늘날 대부분의 기업은 업무 필요성과 경쟁 우위 확보를 위하여 인터넷 기술을 사용하고 있다.

월드와이드웹(World Wide Web, WWW)은 인터넷상의 페이지 형식에 있어 정보의 저장, 추출, 포맷, 출력에 대한 공용 표준을 사용하는 인터넷에서 제공되는 서비스를 말한다. 웹페이지는 문자, 그래픽, 애니메이션, 사운드, 비디오 등을 포함하며 다른 웹페이지와 연결된다. 또한 웹페이지에서 링크된 단어나 버튼을 클릭함으로써 추가 정보를 찾기 위하여 관련된 페이지나 웹의 다른 지점으로 이동할 수 있다. 웹은 토론방에서 다루는 UPS의 웹 기반 화물추적시스템과 같은 새로운 종류의 정보시스템의 기반 역할을 할 수 있다('토론방 : UPS는 정보기술을 이용하여 글로벌 경쟁을 벌이고 있다' 참조).

이러한 기술 모두는 기술을 운영하고 관리아는 사람들과 함께 조직 전체에 걸쳐 공유할 수 있는 자원이며 기업의 **정보기술 인프라**(information technology [IT] infrastructure)를 구성하고 있다. IT 인프라는 기업이 특정 목적의 정보시스템을 구축할 수 있는 토대, 즉 **플랫폼**을 제공한다. 모든 조직은 정보시스템을 통해 달성하고자 하는 업무에 필요한 모든 기술 서비스를 제공할 수 있도록 자신의 정보시스템 인프라를 신중하게 설계하고 관리하여야 한다. 이 책의 제5~8장은 IT 인프라의 주요 기술 구성요소 각각을 설명하고 조직의 기술 플랫폼을 구축하기 위하여 이 구성요소들이 어떻게 서로 협력하는지를 보여주고 있다.

'토론방 : UPS는 정보기술을 이용하여 글로벌 경쟁을 벌이고 있다'에서는 오늘날의 컴퓨터 기반 정보시스템에서 사용하고 있는 대표적인 기술 중 일부에 대하여 설명하고 있다. UPS는 자사의 비즈니스를 더 효율적이고 고객 지향적으로 만들기 위해 정보시스템 기술에 막대한 투자를 하였다. UPS는 화물추적, 요금 계산, 고객 계좌관리, 물류관리 등을 위해 바코드 스캐닝시스템, 무선 네트워크, 대형 메인프레임 컴퓨터, 휴대용 소형 컴퓨터, 인터넷 및 다양한 소프트웨어를 포함한 일련의 정보기술을 사용하고 있다.

소개한 UPS 화물추적시스템에서 조직 · 경영 · 기술 요소를 확인해보자. 조직요소는 UPS의 판매 및 생산 기능(UPS의 주요 제품은 화물 배달 서비스임)에서 화물추적시스템과 연결된다. 조직요

UPS는 정보기술을 이용하여 글로벌 경쟁을 벌이고 있다

UPS는 1907년 옷장 크기 정도의 지하사무실에서 사업을 시작하였다. 시애틀 출신의 두 10대 소년 짐 캐이시와 클로드 라이언은 두 대의 자전거와 한 대의 전화기를 가지고 '최상의 서비스와 최저 요금'을 약속하였다. UPS는 한 세기 이상이나 이 원칙을 성공적으로 활용하여 세계 최대의 육상 및 항공 화물 배송업체로 성장하였다. 이 회사는 454,000여 명의 종업원과 11만 2,000대 이상의 배송차량을 운행하고 있는 세계에서 9번째로 큰 항공사를 가진 글로벌 기업이다.

오늘날 UPS는 220개 이상의 국가와 지역으로 51억 개의 패키지와 문서를 배달한다. UPS는 첨단정보기술에 막대한 투자를 하여 페덱스와 미국의 포털 서비스와의 극심한 경쟁에도 불구하고 소형 화물배달 서비스의 선두자리를 지켜왔다. UPS는 비용을 낮추고 전반적인 운영을 합리화하면서도 고객 서비스의 질을 높이기 위하여 매년 10억 달러 이상을 투자하고 있다.

이 모든 것은 바로 화물에 부착된 스캔 가능한 바코드 라벨에서 시작된다. 바코드는 발신자, 목적지, 목표 배송일에 대한 자세한 정보를 담고 있다. 고객은 UPS에서 제공하는 전용 소프트웨어를 사용하거나 UPS 웹사이트에 방문하여 자신의 라벨을 다운로드하여 출력할 수 있다. 화물을 수집하기도 전에 '스마트' 라벨 정보가 뉴저지 주의 마와나 조지아 주의 알파레타에 있는 UPS 컴퓨터센터 중 한곳으로 전송되고 최종 목적지에서 가장 가까운 배송센터에도 보낸다.

이 배송센터의 배송차량 배치 담당자는 라벨 데이터를 다운로드하고 ORION이라는 특수 라우팅 소프트웨어를 이용하여 교통상황, 날씨, 방문 지점의 위치 등을 고려하여 개별 배달원에게 가장 효율적인 배송경로를 만든다. 각 UPS 배달원은 하루에 평균 100회 정차한다. 미국에서만 55,000개의 노선이 있는 네트워크에서, 각 운전자의 일상의 노선에서 1마일이라도 줄여주는 것은 연간 5,000만 달러의 큰 절약이 된다. UPS가 수익성이 낮은 전자상거래로 전환함에 따라 더 많은 사업이 수익성 향상을 도모하고 있기 때문에 이러한 절감은 매우 중요하다. 한 소매점에 하루에 몇 개의 무거운 패키지를 내려주든 UPS 배달원들은 이제 많은 정류장을 만들어 주택가에 흩어져서 가구당 한 개의 경량 패키지를 배달한

다. 이 변화는 더 많은 연료와 더 많은 시간을 필요로 하고, 각 소포를 배달하는 데 드는 비용을 증가시킨다.

매일 UPS 배달원이 제일 먼저 사용하는 것은 휴대전화용 무선 네트워크에 접속할 수 있는 배달정보 획득장치(delivery information acquisition device, DIAD)라고 부르는 휴대용 컴퓨터이다. 배달원이 로그인하는 순간 그날의 배송경로가 휴대장치에 다운로드된다. DIAD는 자동적으로 수집 및 배송정보와 함께 고객의 서명을 저장한다. 이어서 화물추적정보가 UPS의 컴퓨터 네트워크에 저장과 처리를 위해 전송된다. 이 순간부터 이 정보는 고객에게 배송 확인이나 고객 질의 대응을 위해 전 세계 어디에서나 접근 가능하다. 배달원이 DIAD에서 '완료' 버튼을 누른 이후 웹에서 이 새로운 정보에 접근할 수 있게 되기까지는 채 60초도 걸리지 않는다.

자동화물추적장치를 통하여 UPS는 배송과정 도중에 화물을 모니터하고 심지어는 경로도 변경할 수 있다. 발신자에서 수신자에 이르는 경로상의 여러 지점에서 바코드 장치는 화물 라벨의 배송정보를 스캔하고 화물의 배송 진행에 대한 데이터를 중앙 컴퓨터에 보낸다. 고객 서비스 담당자는 중앙 컴퓨터에 연결된 개인용 컴퓨터에서 어떤 화물이든지 현재 상태를 확인할 수 있고, 고객의 질의에 즉각적으로 대응할 수 있다. UPS 고객은 이 정보를 자신의 컴퓨터나 휴대전화를 이용하여 UPS 웹사이트에서 확인할 수 있다. 현재 UPS는 아이폰, 블랙베리, 안드로이드 스마트폰 사용자에게 모바일 웹사이트와 모바일 앱을 제공하고 있다.

배송할 화물이 있는 고객은 누구나 UPS 웹사이트에 접속하여 화물을 추적하고, 배송경로를 확인하고, 배송비용을 계산하며, 운송 소요시간을 알아내고, 라벨을 출력하며, 화물 수집 시간을 예약할 수 있다. UPS 웹사이트에서 입력된 데이터는 UPS 중앙 컴퓨터로 보내고 처리된 이후 고객에게 다시 전송된다. UPS는 또한 시스코 시스템즈와 같은 고객에게 화물추적 및 운송비용 계산 기능 같은 UPS 기능을 고객 웹사이트에 내재화할 수 있는 도구를 제공하여 UPS 사이트에 직접 방문하지 않아도 배송을 추적할 수 있게 해주고 있다.

UPS는 현재 자사의 글로벌 배송 네트워크를 관리하는 수십 년간의 전문지식을 활용하여 다른 회사의 물류 및 공급망

활동을 관리하고 있다. 이는 UPS 공급망 솔루션 부서를 설립하도록 했다. 솔루션 부서는 자체공급시스템과 인프라를 구축하는 데 드는 비용의 일부로 가입하는 회사들에게 완전하게 표준화된 서비스를 제공한다. 이러한 서비스에는 물류 서비스 외에 공급망 설계 및 관리, 화물 운송, 통관중개, 우편 서비스, 복합 운송, 금융 서비스 등이 포함된다. UPS는 캔들사이언스와 협력하여 회사 및 고객에 대한 배송요금을 정확하게 모델링하고 자사 웹사이트에 화물 운송 옵션 기능을 추가했다. UPS는 또한 캔들사이언스가 웨스트코스트 고객들을 위한 새로운 창고의 최적의 위치를 식별하도록 도왔다. 네바다 주 스파크스에 있는 새로운 웨스트코스트 창고는 회사가 가장 큰 고객 중 일부에게 더 빠르고, 더 효율적이며, 덜 비싸게 다가갈 수 있게 해준다.

UPS는 매일 수백 개의 수공예 목기를 온라인 고객들에게 판매하는 버지니아 주 애시턴에 본사를 둔 중소기업인 'Flags of Valor'에 금융 및 배송 조언과 서비스를 제공한다. 직원은 UPS Quantum View Manage® 기술을 사용하여 아웃바운드 패키지를 보고 모니터링할 수 있으며 주문 상태에 대한 고객 질문에 즉시 응답할 수 있다. UPS의 금융 서비스 부서인 UPS Capital®은 종합 보험 플랜으로 전환하여 회사의 현금 흐름과 자산을 보호하는 방법을 보여주었다.

출처 : Paul Ziobro, "UPS's $20 Billion Problem: Operations Stuck in the 20th Century," *Wall Street Journal*, June 15, 2018; www.ups.com, accessed February 7, 2018; "Igniting Growth with CandleScience," *UPS Compass*, May 2017; and "Stars and Stripes Flying High," *UPS Compass*, December 2017.

사례연구 문제

1. UPS의 화물추적시스템의 입력, 처리, 출력은 무엇인가?
2. UPS는 어떤 기술을 사용하였는가? 이러한 기술이 UPS의 비즈니스 전략과 어떻게 연관되는가?

3. UPS의 정보시스템이 다루는 전략적 사업 목표들은 무엇인가?
4. 만약 UPS의 정보시스템이 없었다면 어떤 일이 발생하겠는가?

소는 발송자 및 수취자의 정보로 화물을 식별하고, 재고목록을 만들며, 운송 도중에 화물을 추적하고, UPS의 고객과 고객 서비스 대리인에게 화물 상태를 보고하기 위해 필요한 절차를 명시한다.

시스템은 또한 경영자와 근로자의 요구를 만족시키기 위한 정보를 제공해야만 한다. UPS 배달원은 효율적이고 효과적인 작업 수행을 위해 화물 수집 및 배달 절차와 화물추적시스템의 사용 방법에 대한 훈련이 필요하다. UPS 고객 역시 UPS의 화물추적 소프트웨어나 UPS 웹사이트 사용을 위한 약간의 훈련이 필요할 수도 있다.

UPS의 경영자는 낮은 비용으로 최고의 서비스를 제공하려는 기업 전략을 촉진하기 위하여 서비스 수준과 비용을 감시해야 할 책임이 있다. 경영자는 UPS를 통한 화물 배송 및 배송 상태 확인의 편의성을 높이기 위한 컴퓨터 시스템의 활용을 결정하였고 이를 통해 배송비용을 낮추고 판매이익을 증가시켰다.

이 시스템을 지원하는 기술은 휴대용 컴퓨터, 바코드 스캐너, 데스크톱 컴퓨터, 유무선통신 네트워크, UPS 데이터센터, 패키지 전송 데이터를 위한 저장기술, UPS 사내 패키지 추적 소프트웨어, 월드와이드웹에 접속하는 소프트웨어로 구성된다. 그 결과 경쟁이 치열해지는 상황에서 저렴한 가격으로 높은 수준의 서비스를 제공하는 비즈니스 도전에 대한 정보시스템 해결법이 되었다.

정보시스템은 단지 기술만이 아니다 : 정보시스템에 대한 비즈니스 관점

관리자와 비즈니스 기업들은 정보기술과 정보시스템이 기업에 실질적 경제 가치를 제공하기 때문에 이들에 투자하는 것이다. 정보시스템의 구축이나 유지보수에 대한 결정은 이에 대한 투자의 결과가 빌딩, 기계 또는 기타 자산에 대한 투자보다 우월할 것을 전제하고 있다. 이와 같은 우월한 결과는 생산성의 증가, 수익의 증가(기업의 주식 가치 상승으로 이어짐) 또는 특정 시장에서 기업에게 높은 미래 수익을 제공할 수 있는 장기적 전략적으로 우월한 위치 설정 등으로 나타날 것이다(이것은 미래에 더 나은 수익을 창출할 것이다).

비즈니스 관점에서 보면 정보시스템은 기업 가치 창출을 위한 중요한 도구이다. 정보시스템은 경영진에게 양질의 의사결정을 할 수 있도록 돕거나 비즈니스 프로세스 개선에 필요한 정보를 제공함으로써 기업의 수익을 증대시키거나 비용을 절감할 수 있도록 한다. 예를 들어 그림 1.3에서 소개한 슈퍼마켓 계산대 데이터의 분석을 위한 정보시스템은 경영자가 매장에 진열하고 판매를 촉진해야 할 제품에 대한 더 나은 결정을 할 수 있도록 도와줌으로써 기업의 수익성을 높일 수 있다.

모든 기업은 그림 1.7에서 설명한 것처럼 원시정보가 체계적으로 획득되고 추가 가치를 제공하는 다양한 단계를 통해 변환되는 정보가치사슬을 가지고 있다. 임의의 신규 정보시스템에 대한 투자 결정에 대해서는 물론이고 기업에 있어 정보시스템의 가치는 상당 부분이 더 나은 경영 의사결정, 더 효율적인 비즈니스 프로세스, 더 높은 기업 수익성에 시스템이 기여하는 정도에 따라 결정된다. 시스템을 구축하는 여러 가지 이유가 있지만 가장 중요한 목적은 기업 가치에 기여하는 것이다.

비즈니스 관점은 정보시스템의 조직적·경영적 본질에 주의를 기울이게 한다. 정보시스템은 환경에서 주어진 과제나 문제를 해결하기 위한 정보기술 기반의 조직적·경영적 접근을 의미한다. 이 책은 이러한 개념을 설명하는 간단한 사례연구로 각 장을 시작하고 있다. 각 장의 개요 도표는 비

┌ 그림 1.7 비즈니스 정보가치사슬

비즈니스 관점에서 정보시스템은 경영자가 의사결정을 개선하고, 조직 성과를 향상시키며 궁극적으로 기업의 수익성을 높이는 데 사용할 수 있는 정보를 획득, 변형, 배분하는 일련의 부가가치 활동 중 일부이다.

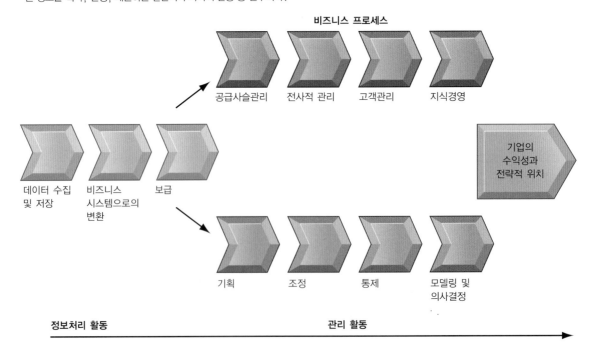

즈니스 과제와 이를 해결하기 위한 해법으로서 IT를 사용하려는 경영적 · 조직적 의사결정 간의 관계를 설명한다. 어떠한 정보시스템이나 앞으로 접하게 될 정보시스템 문제에 대한 분석의 첫 단계로 이 도표를 이용할 수 있다.

이 장의 개요 도표를 다시 살펴보자. 이 도표는 PCL의 시스템이 멀리 떨어진 거리와 종이 중심적인 사업으로 야기되는 비효율성의 사업 문제를 어떻게 해결했는지를 보여준다. 이러한 시스템은 새로운 무선 디지털 기술과 인터넷의 기회를 활용하는 솔루션을 제공한다. PCL은 건설 프로젝트의 계획, 설계 및 모니터링을 위한 주요 비즈니스 프로세스를 디지털 방식으로 지원했다. 이러한 시스템은 PCL의 전반적인 사업 성과를 향상시키는 데 필수적이었다. 이 도표는 또한 경영 · 기술 · 조직 요소가 어떻게 함께 작용하여 시스템을 만드는지를 보여준다.

보완적 자산 : 조직의 자본과 적합한 비즈니스 모델

정보시스템의 조직 및 관리 차원에 대한 인식은 일부 회사가 다른 회사보다 정보시스템에서 더 나은 결과를 얻는 원인을 이해하는 데 도움이 될 수 있다. 정보시스템으로부터의 수익에 대한 연구, 정보기술 투자로부터의 수익에 대한 연구는 기업이 받는 수익에 상당한 차이가 있다는 것을 보여준다(그림 1.8 참조). 어떤 기업은 많은 투자로 큰 성과를 얻은 반면(2사분면), 어떤 기업은 똑같이 많은 투자를 했음에도 적은 성과만을 얻는다(4사분면). 또한 어떤 기업은 적은 투자로 작은 성과를 얻었지만(3사분면) 어떤 기업은 적은 투자로 큰 성과를 얻기도 한다(1사분면). 이것은 정보기술 투자가 그 자체만으로는 좋은 성과를 보장할 수 없다는 것을 의미한다. 기업 간의 이런 차이를 무엇으로 설명할 수 있을까?

이에 대한 대답은 보완적 자산의 개념에서 찾을 수 있다. 만약 정보기술 투자가 이를 지원하는 조직의 가치, 구조 및 행동 양식과 기타 보완적 자산을 동반하지 못한다면 정보기술 투자 그 자체만으로 조직이나 경영진의 효율성을 향상시킬 수 없다. 비즈니스 기업이 실질적으로 새로운 정보기술의 혜택을 누리기 위해서는 먼저 업무 수행 방식을 바꾸어야 한다.

그림 1.8 정보기술 투자 성과에서의 편차

평균적으로 정보기술 투자가 다른 투자보다 높은 성과를 나타내지만 기업에 따라 많은 편차를 보인다.

출처 : Brynjolfsson, Erik and Lorin M. Hitt. "Beyond Computation: Information Technology, Organizational Transformation, and Business Performance." Journal of Economic Perspectives 14, No. 4 (2000).

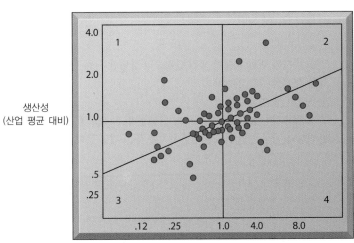

보완적 자산(complementary asset)은 기본 투자에서 가치를 창출하기 위해 수반되어야 하는 기타 자산을 일컫는다(Teece, 1998). 예로써 자동차의 가치를 실현하기 위해 고속도로, 일반도로, 주유소, 정비소, 표준 설정 및 운전자 규제를 위한 법규 체계 등에 대한 상당한 보완적 투자가 필요하다.

연구들에 의하면 새로운 비즈니스 모델, 새로운 비즈니스 프로세스, 경영 행위, 조직 문화 또는 훈련 등의 보완적 자산 투자를 통해 기술 투자를 지원하는 기업들은 정보기술 투자에서 높은 성과를 거두는 반면 이와 같은 보완적 투자에 실패한 기업들은 정보기술 투자에서 작은 혹은 전무한 성과를 거두고 있음을 보여주고 있다(Brynjolfsson, 2005; Brynjolfsson and Hitt, 2000; Laudon, 1974). 이와 같은 조직과 경영에의 투자를 **조직 및 경영 자산**(organizational and management capital)이라 부르기도 한다.

표 1.2는 기업이 정보기술 투자를 통해 가치를 실현하는 데 필요한 주요 보완적 투자 자산을 보여준다. 이러한 투자 자산 중 일부는 빌딩, 기계, 장비 등의 유형 자산을 포함하기도 한다. 하지만 정보기술 투자가 창출하는 가치는 경영과 조직에 대한 보완적 투자에 상당 부분 의존한다.

조직 측면의 주요 보완적 투자 자산으로는 효율성과 효과를 중시하는 협조적인 기업 문화, 적합한 비즈니스 모델, 효율적인 비즈니스 프로세스, 권한의 분산화, 분산된 의사결정권, 강력한 정보시스템 개발팀 등이 있다.

경영 측면의 주요 보완적 자산으로는 변화에 대한 고위 관리층의 강력한 지원, 개인의 혁신을 관리하고 보상할 수 있는 인센티브시스템, 팀워크와 협동심 강조, 훈련 프로그램, 유연성과 지식을 높이 평가하는 기업 문화 등이 있다.

중요한 사회적 투자 자산(해당 기업이 아니라 사회, 다른 기업, 정부, 시장의 핵심 관계자에 의해 투자가 이루어짐)으로는 인터넷과 협조적인 인터넷 문화, 교육시스템, 네트워크와 컴퓨팅 표준, 규정과 법률, 기술과 서비스 기업의 존재 등이 있다.

이 책의 전반에 걸쳐 기술, 경영, 조직 자산과 이들의 상호작용을 고려하는 분석 프레임워크를

표 1.2 정보기술 투자의 성과 최적화에 필요한 조직적 · 경영적 · 사회적 보완 자산

조직적 자산	효율과 효과를 중시하는 협조적 조직 문화 적합한 비즈니스 모델 효율적인 비즈니스 프로세스 권한의 분권화 분산된 의사결정 권한 강력한 정보시스템 개발팀
경영적 자산	기술 투자와 변화에 대한 고위 관리층의 강력한 지원 경영 혁신을 위한 인센티브 팀워크와 협업 작업 환경 경영 의사결정 능력을 개선시키기 위한 훈련 프로그램 유연성과 지식 기반 의사결정에 가치를 두는 경영 문화
사회적 자산	인터넷과 통신 인프라 직원의 컴퓨터 활용능력 향상을 위한 IT 교육 프로그램 표준(정부, 민간부문 모두) 공정하고 안정적인 시장 환경을 조성할 수 있는 법률과 규정 정보시스템 구축을 지원하는 인접시장의 기술 및 서비스 기업

강조하고 있다. 사례연구와 연습문제에 반영한 가장 중요한 주제는 경영자들이 정보기술 투자에서 평균 이상의 성과를 거두는 것은 물론 닥친 문제를 해결하기 위해서는 정보시스템의 조직적·경영적 영역을 더 폭넓게 살펴봐야 한다는 것이다. 책을 통해 곧 알게 되겠지만 정보기술 투자의 이러한 관련 영역들을 다룰 수 있는 기업은 보통 큰 보상을 받게 된다.

1-3 정보시스템을 공부하기 위해 필요한 학문 분야와 각 분야가 정보시스템의 이해에 기여하는 바는 무엇인가?

정보시스템에 대한 연구는 한 가지 주제나 관점에 국한되지 않는 학제적(multidisciplinary) 영역이다. 그림 1.9는 정보시스템 연구에서 문제점, 논점, 해결책 등에 기여하는 주요 학문 분야들을 보여주고 있다. 이들 영역은 일반적으로 기술적 접근과 행위적 접근으로 나누어볼 수 있다. 정보시스템은 사회기술적 시스템이다. 정보시스템이 비록 기계, 장치 및 하드웨어 기술들로 구성되어 있지만 정보시스템을 제대로 작동시키려면 많은 사회적·조직적·지식적 투자가 필요하다.

기술적 접근

정보시스템에 대한 기술적 접근(technical approach)은 시스템의 물리적 기술과 정형적 기능뿐만 아니라 정보시스템을 연구하기 위한 수학적 모델도 강조한다. 기술적 접근에 기여하는 학문 분야는 컴퓨터과학(computer science), 경영과학(management science), OR(Operations Research) 등이 있다.

컴퓨터과학은 계산 가능성 이론, 계산 방법, 효율적인 데이터 저장 및 접근방법 등의 개발과 관련된다. 경영과학은 의사결정과 경영 업무를 위한 모형 개발에 중점을 두고 있다. OR은 수송, 재고관리, 거래비용 등과 같은 조직의 매개변수들을 최적화하기 위한 수리적 기법에 초점을 맞추고 있다.

▎그림 1.9 정보시스템에 대한 현대적 접근

정보시스템에 대한 연구는 기술적·행위적 학문 분야에서 도출된 주제와 관점을 다루고 있다.

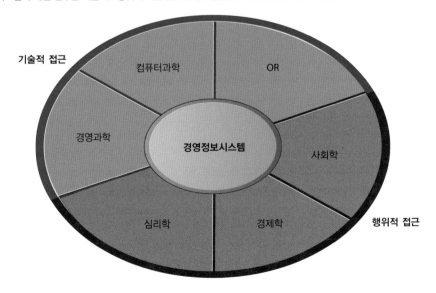

행위적 접근

정보시스템 분야에서 중요한 한 부분은 정보시스템의 개발과 장기적 유지보수에서 발생하는 행위적 문제들과 관련된 것이다. 전략적 비즈니스 통합, 설계, 구현, 활용, 관리 등과 같은 문제들은 기술적 접근에서 사용하는 모델만으로는 효과적으로 분석할 수 없다. 다른 행위적 학문 분야들이 주요 개념과 방법에 기여하고 있다.

예를 들어 사회학자들은 집단이나 조직이 시스템 개발을 어떻게 구체화하는지와 시스템 역시 개인, 집단, 조직에게 어떤 영향을 미치는가와 같은 시각에서 정보시스템을 연구한다. 심리학자들은 의사결정자가 어떻게 정보를 인지하고 사용하는지에 관심을 가지고 정보시스템을 연구하고 있다. 경제학자들은 디지털 제품 생산의 이해, 디지털 시장의 변화, 새로운 정보시스템이 기업에서 통제와 비용 구조에 미치는 영향을 이해하고자 정보시스템을 연구한다.

행위적 접근(behavioral approach)이 기술을 무시하는 것은 아니다. 사실 정보시스템 기술은 종종 행위적 문제나 이슈의 대상이 되기도 한다. 그러나 이와 같은 행위적 접근의 관심은 일반적으로 기술적 해법에 있는 것은 아니며 오히려 태도, 관리 및 조직정책, 행위의 변화에 많은 관심을 두고 있다.

이 책에서의 접근 방향 : 사회기술적 시스템

여러분은 이 책을 통해 하드웨어 및 소프트웨어 공급자(기술공학자), 기술을 통해 가치를 창출하기 위해 투자하는 비즈니스 기업, 비즈니스 가치와 기타 목표를 달성하고자 하는 경영자와 임직원, 최근의 법적·사회적·문화적 환경(기업 환경), 이렇게 네 명의 주역이 펼치는 풍부한 이야기를 발견하게 될 것이다. 이 주역들이 함께 우리가 경영정보시스템(management information system)이라고 하는 것을 만들어 가고 있다.

경영정보시스템(MIS)에 대한 연구는 기업과 정부기관의 컴퓨터 기반 정보시스템 사용에 초점을 맞추면서 시작되었다. 경영정보시스템은 실제 문제에 대한 시스템적 해결책을 개발하고 정보기술 자원을 관리하고자 하는 구체적 방향을 갖는 컴퓨터과학, 경영과학, OR 등의 연구 결과들을 통합하고 있다. 경영정보시스템은 또한 사회학, 경제학, 심리학 분야에서 주로 논의되는 정보시스템의 개발, 활용, 영향 등을 둘러싼 행위적 문제에도 관심이 있다.

어느 하나의 접근방법만으로는 정보시스템의 실체를 효과적으로 파악할 수 없다는 점을 학자와 실무 전문가들의 경험을 통해 알 수 있다. 정보시스템의 성공과 실패 원인이 모두 기술적 문제이거나 행위적 문제인 경우는 거의 없다. 학생들에게 할 수 있는 가장 좋은 충고는 다양한 학문 분야의 관점을 이해하라는 것이다. 정보시스템 분야에 대한 도전이자 즐거움은 이 분야는 정말로 많은 다양한 접근방식에 대한 인정과 포용력을 필요로 한다는 점이다.

이 책에서 채택한 관점은 한마디로 묘사한다면 시스템에 대한 **사회기술적 관점**(sociotechnical view)이라 할 수 있다. 이러한 관점에서 최적의 조직 성과는 정보시스템 구현에 있어 사회적·기술적 시스템 모두를 최적화함으로써 달성할 수 있다.

사회기술적 시스템 관점의 채택을 통해 단순히 기술적 관점으로만 정보시스템에 접근하는 것을 피할 수 있게 한다. 예를 들어 정보기술의 가격이 급격히 떨어지고 그 기능이 증가하고 있다는 사실이 반드시 혹은 쉽게 생산성 향상이나 직접적 수익으로 이어진다는 것은 아니다. 기업이 전사적 재무보고시스템을 도입했다고 반드시 그 시스템이 활용되거나 되더라도 효율적으로 사용되는 것은 아니다. 이와 마찬가지로 기업이 새로운 비즈니스 절차와 프로세스를 도입했다고 해서 새로운

그림 1.10 정보시스템에 대한 사회기술적 관점

사회기술적 관점에서 시스템의 성과는 기술과 조직 모두가 만족스러운 결과가 얻어질 때까지 상호 조정할 때 최적화된다.

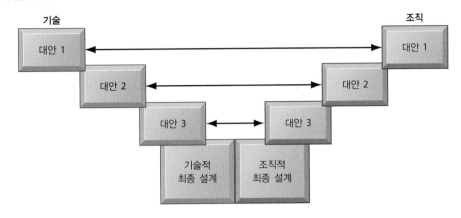

정보시스템에 대한 투자 없이도 직원들의 생산성이 높아지는 게 아니라는 것이다.

이 책은 기업 성과를 전체로서 최적화해야 할 필요성을 강조하고 있다. 기술적·행위적 요소 모두에 주의를 집중해야 한다. 이것은 곧 기술이 조직과 개인의 요구에 맞는 방식으로 변화되고 설계되어야 한다는 것을 의미한다. 때때로 기술은 이 '요구 적합성'을 달성하기 위해 최적의 선택 일부를 포기해야 할지도 모른다. 가령 휴대전화 이용자는 개인의 요구에 따라 이 기술을 활용하려 하며 그 결과 제조업체는 기술을 사용자의 기대에 신속하게 부응하려고 노력할 것이다. 한편 조직과 개인 역시 그 기술을 운영하며 성공시키기 위해 훈련, 교육 및 계획된 조직 변화를 통해 변해야 한다. 그림 1.10은 사회기술적 시스템에서의 이러한 상호 조정과정을 보여주고 있다.

1-4 MIS는 내 경력에 어떤 도움이 되는가?

다음은 제1장과 이 책이 신입 금융 고객 지원 및 영업 보조원으로서 일자리를 찾는 데 어떻게 도움이 되는지 설명한다.

회사

뉴욕, 애틀랜타, 로스앤젤레스, 시카고에 사무소를 두고 금융업계에 서비스를 제공하는 데이터 및 소프트웨어 회사인 파워 파이낸셜 애널리틱스 데이터 서비스는 금융 고객 지원 및 영업 보조자를 위한 초급 단계의 일자리를 채우는 방안을 모색하고 있다. 그 회사는 1,600명의 직원을 두고 있는데, 그중 다수는 컨설턴트들이다.

직무 기술

금융 고객 지원 및 영업 보조원은 회사의 컨설팅 서비스에 속한 팀의 일원이 될 것이다. 컨설팅팀은 금융 및 기술에 대한 철저한 이해와 파워 파이낸셜 애널리틱스 데이터 서비스 소프트웨어에 대한 구체적인 전문지식을 결합하고 다양한 방법으로 고객을 지원한다. 그 회사는 소프트웨어와 컨설팅 방법에 대한 현장 교육을 실시하고 있다. 직무는 다음과 같다.

- 금융 분석 데이터 서비스 애플리케이션 지원

- 맞춤형 모델 및 화면 제작 지원
- 사무실과 세미나에서 고객 교육
- 고객에게 전화 및 현장 상담 제공

직무 요구사항

- 최근 대학 졸업자 또는 1~2년 경력의 투자 전문가, 재무, MIS, 경제, 회계, 경영학, 수학 경력이 있는 사람
- 금융시장에 대한 지식 또는 관심
- 스프레드시트에 대한 숙련된 작업 지식
- 뛰어난 의사소통 및 대인관계 기술
- 급변하는 환경에서 배우고자 하는 강한 욕구

인터뷰 질문

1. 금융에 대한 당신의 배경은 무엇인가? 어떤 과목을 수강했는가? 금융업에 종사해본 적이 있는가? 거기에서 무슨 업무를 맡아서 했는가?
2. 스프레드시트 소프트웨어에 대한 숙달 수준은 어떻게 되는가? 엑셀 스프레드시트로 어떤 일을 해보았는가? 작업의 예를 보여줄 수 있는가?
3. 현재 금융 산업의 동향과 이러한 추세가 파워 파이낸셜의 비즈니스 모델 및 고객 기반에 어떤 영향을 미치는지 설명할 수 있는가?
4. 고객과 함께 일해본 적이 있는가? 고객 서비스 또는 지원을 어떻게 제공했는지 예를 들 수 있는가?
5. 금융 관련 문제나 다른 비즈니스 문제를 해결해본 적이 있다면 그 예시를 들어줄 수 있는가? 이전에 글을 쓰거나 분석을 해본 적이 있는가? 그 예시를 보여줄 수 있는가?

저자 조언

1. 금융 시장과 금융 산업에 대해 배우기 위해 해당 웹사이트를 이용하라.
2. 기업과 그 기업의 금융 생산물 그리고 도구들과 기업이 고객에게 제공하는 서비스들을 연구하기 위해 해당 웹사이트를 이용하라. 기업의 상담 서비스에 대해 무엇을 할 수 있는지를 배워라. 추가로 링크드인 및 페이스북과 같은 회사의 소셜 미디어 채널에서 트렌드와 테마를 조사하라.
3. 이 직업을 위해 스프레드시트를 어떻게 사용할지를 조사하라. 수업 또는 작업 할당을 위해 스프레드시트들을 사용해 어떻게 문제를 해결하였는지 예를 제시하라. 재무 관련 스프레드시트 작업을 보여주라.
4. 분석기술과 프로젝트 경험을 보여주는 글의 예를 들어보라. 고객이 비즈니스 문제를 해결하도록 도와준 방법이나 교육과정에서 해결한 비즈니스 문제에 대한 논의를 준비하라.

1-1 정보시스템은 어떻게 기업을 변화시키며, 오늘날 기업 운영과 관리에서 왜 그렇게 중요한가?

이메일, 온라인 회의, 스마트폰, 태블릿 PC는 비즈니스를 수행하는 데 필수적인 도구가 되었다. 정보시스템은 빠른 속도로 발전하고 있는 공급사슬의 토대이다. 인터넷은 기업이 온라인 구매, 판매, 광고, 고객 피드백 대응 등을 할 수 있게 해준다. 조직은 조직의 핵심 비즈니스 프로세스를 디지털화하며 디지털 기업으로 진화시킴으로써 경쟁력과 효율성을 더 높이려 하고 있다. 인터넷은 전 세계적 규모에서 제품의 생산, 구매 및 판매비용을 급격히 절감시킴으로써 글로벌화를 촉진해 왔다. 새로운 정보시스템 동향으로는 부상하고 있는 모바일 디지털 플랫폼, 대량의 데이터, 온라인 SaaS(Software as a service), 클라우드 컴퓨팅 등을 들 수 있다.

정보시스템은 오늘날의 비즈니스를 수행하는 근본 토대이다. 많은 산업이 이미 정보기술의 광범위한 활용 없이는 생존과 전략적 비즈니스 목적 달성 자체가 어렵다. 오늘날의 기업은 정보시스템을 다음의 여섯 가지 주요 목적을 달성하기 위하여 사용하고 있다. 운영 수월성, 새로운 제품·서비스 및 비즈니스 모델, 고객 및 공급자 친밀성, 의사결정 환경 개선, 경쟁우위, 생존 등이 그것이다.

1-2 정보시스템이란 무엇이며, 어떻게 작동하는가? 정보시스템의 경영, 조직 및 기술 요소는 무엇이며, 보완적 자산이 조직에 진정한 가치를 제공하기 위한 필수 요소인 이유는 무엇인가?

기술적 관점에서 정보시스템은 조직의 기능과 의사결정, 통신, 조정, 통제, 분석 및 시각화를 지원하기 위하여 조직의 환경과 내부 운영으로부터의 정보를 수집, 저장 및 보급한다. 정보시스템은 입력, 처리, 출력의 세 가지 기본 활동을 통하여 원시 데이터를 유용한 정보로 변환시킨다.

비즈니스 관점에서 정보시스템은 기업이 처한 문제와 도전에 대한 해결책을 제공하며 경영·조직·기술 요소의 결합체로 표현한다. 정보시스템의 경영적 관점은 리더십, 전략, 경영 행위와 같은 이슈를 포함한다. 기술적 영역은 컴퓨터 하드웨어, 소프트웨어, 데이터 관리기술, 네트워킹/통신기술(인터넷 포함) 등으로 구성된다. 정보시스템의 조직적 관점은 조직의 계층, 기능적 특수성, 비즈니스 프로세스, 문화, 정치적 이해 그룹 등과 같은 이슈들을 포함한다.

정보시스템으로부터 의미 있는 가치를 얻기 위해 조직은 기술적 투자를 조직과 경영적 측면에서 적절한 보완적 투자를 통해 지원해야 한다. 이러한 보완적 자산은 비즈니스 모델과 비즈니스 프로세스, 협조적 조직 문화와 경영 행위, 적절한 기술 표준, 규정 및 법 등을 포함한다. 새로운 정보기술 투자는 만약 이 기술을 지원할 수 있는 적절한 경영적·조직적 변화를 만들지 못한다면 높은 성과를 거두기 어려울 것이다.

1-3 정보시스템을 공부하기 위해 필요한 학문 분야와 각 분야가 정보시스템의 이해에 기여하는 바는 무엇인가?

정보시스템의 연구는 기술적·행위적 분야에서의 이슈와 지식을 다루는 분야이다. 시스템의 정형적 모형과 성능에 초점을 둔 기술적 접근방법에 기여하고 있는 학문 분야로는 컴퓨터과학, 경영과학, OR 등이 있다. 시스템의 설계, 구축, 경영, 기업에의 영향력 등에 초점을 둔 행위적 접근에 기여하는 학문 분야로는 심리학, 사회학, 경제학 등이 있다. 시스템의 사회기술적 관점은 시스템의 기술적·사회적 특성과 이 둘 사이에 가장 적합한 해법을 찾고자 한다.

주요 용어

경영정보시스템	디지털 기업	생산 및 서비스 근로자
고위 관리층	문화	엑스트라넷
네트워크	보완적 자산	운영 관리층
네트워킹 및 통신기술	비즈니스 기능	월드와이드웹
데이터	비즈니스 모델	인터넷
데이터 관리기술	비즈니스 프로세스	인트라넷
데이터 근로자	사회기술적 관점	입력

정보	조직 및 경영 자산	컴퓨터 소프트웨어
정보기술	중간 관리층	컴퓨터 하드웨어
정보기술 인프라	지식근로자	컴퓨터 활용능력
정보시스템	처리	피드백
정보시스템 활용능력	출력	

복습 문제

1-1 정보시스템은 어떻게 기업을 변화시키며, 오늘날의 기업 운영과 관리에서 왜 그렇게 중요한가?

- 정보시스템이 기업을 운영하는 방법과 제품 및 서비스를 어떻게 변화시켰는지 설명하라.
- 3개의 주된 새로운 정보시스템 경향을 확인하라.
- 디지털 기업의 특성을 설명하라.
- 평탄한 세계에서의 세계화의 어려움과 기회에 대해 설명하라.
- 오늘날 기업에서 정보시스템이 중요한 여섯 가지 이유를 나열하고 설명하라.

1-2 정보시스템이란 무엇이며, 어떻게 작동하는가? 정보시스템의 경영, 조직 및 기술 요소는 무엇이며, 보완적 자산이 조직에 진정한 가치를 제공하기 위한 필수 요소인 이유는 무엇인가?

- 정보시스템을 정의하고 정보시스템이 수행하는 활동을 설명하라.
- 정보시스템의 조직·경영·기술 영역을 나열하고 설명

하라.
- 데이터와 정보의 차이점과 정보시스템 활용능력과 컴퓨터 활용능력의 차이점을 설명하라.
- 인터넷과 웹이 정보시스템의 다른 기술요소와 어떻게 관련되는지 설명하라.
- 보완적 자산을 정의하고 정보기술과의 관계를 설명하라.
- 최적화하기 위해 필요한 사회, 경영, 조직 차원의 보완적 자산에 대해 설명하라.

1-3 정보시스템을 공부하기 위해 필요한 학문 분야와 각 분야가 정보시스템의 이해에 기여하는 바는 무엇인가?

- 정보시스템에 대한 기술적 접근방법에 기여하는 각 학문 분야를 나열하고 설명하라.
- 정보시스템에 대한 행위적 접근방법에 기여하는 각 학문 분야를 나열하고 설명하라.
- 정보시스템에 대한 사회기술적 시스템 관점을 설명하라.

토의 문제

1-4 정보시스템은 컴퓨터 전문가에게만 맡겨두기에는 너무 중요하다. 이에 동의하는가? 왜 그런지 혹은 왜 그렇지 않은지 설명하라.

1-5 여러분이 메이저리그 야구팀을 위한 웹사이트를 만들 경

우 마주치게 될 경영, 조직, 기술 이슈는 무엇일까?

1-6 어떤 조직적·경영적·사회적 보완 자산이 UPS 정보시스템을 성공적으로 만드는 데 도움을 주었는가?

MIS 실습 과제

이 프로젝트는 매출 증대를 위한 경영 의사결정을 향상시키기 위한 데이터 관리 소프트웨어의 사용과 구직을 위한 인터넷 소프트웨어의 사용을 통해 재무 보고 및 재고관리 문제의 분석에 대한 실습 경험을 제공한다.

경영 의사결정 문제

1-7 매년 약 8,000만 봉지의 프레첼, 스낵칩, 유기농 스낵을 판매하는 하노버 스나이더(Snyders of Hanover)는 데이터 수집과 보고를 위해 금융부서가 스프레드시트와 수작업 과정을 이용하도록 했다. 스나이더의 재무 분석가는 전 세계 50개 이상의 부서장으로부터 스프레드시트를 수집하는 데 매달 마지막 주를 보낸다. 그런 다음 그녀는 모든 데이터를 통합하고 다른 스프레드시트에 다시 입력할 것이며, 이는 회사의 월간 손익계산서 역할을 할 것이다. 만약 한 부서가 스프레드시트를 본사에 제출한 후 데이터

를 업데이트해야 하는 경우 분석가는 원래의 스프레드시트를 반환하고, 그 부서가 데이터를 다시 제출하기를 기다렸다가 통합 문서에 업데이트된 데이터를 제출해야 했다. 이러한 상황이 비즈니스 성과 및 경영 의사결정에 미치는 영향을 평가하라.

1-8 달러종합상사(Dollar General Corporation)는 가정용품, 청소용품, 의류, 건강미용 보조식품, 포장식품 등을 제공하는 딥 디스카운트 매장을 운영하고 있으며 대부분의 품목이 1달러에 팔리고 있다. 회사의 사업 모델은 가능한 한 비용을 낮게 유지할 것을 요구한다. 회사는 각 점포의 재고 실태를 자동 추적하는 방법이 없다. 관리자들은 배달 트럭이 도착할 때 상점이 받아야 할 특정 제품의 케이스가 대략 몇 건인지 알고 있지만, 상점은 케이스 스캔이나 케이스 내부의 품목 수를 확인할 기술이 부족하다. 절도나 다른 사고들로 인한 상품 손실은 증가해 왔고 현재 전체 매출의 3% 이상을 차지한다. 정보시스템 솔루션에 투자하기 전에 어떤 결정을 내려야 하는가?

의사결정 능력 개선 : 인터넷을 이용하여 정보시스템 지식을 요구하는 일자리 찾기

소프트웨어 기술 : 인터넷 기반 소프트웨어

경영 기술 : 일자리 찾기

1-9 Monster.com과 같은 구직 웹사이트를 방문하라. 이 사이트에서 회계, 재무, 판매, 마케팅, 인사관리 분야의 구인 내용을 조사하라. 정보시스템 지식을 요구하는 직업에 대한 두세 개의 설명을 찾아보라. 조사한 직업들은 어떤 정보시스템 지식을 요구하고 있는가? 조사된 직업에 취직하기 위해 무엇을 준비해야 하는가? 알아낸 사항을 요약하는 한두 페이지의 보고서를 작성하라.

협업 및 팀워크 프로젝트

팀 협업 도구 선택하기

1-10 3~4명이 한 팀을 이루어 공동작업을 위해 구글 드라이브 및 구글 사이트의 기능을 검토하라. 그리고 팀 문서, 프로젝트 공지사항, 소스 자료, 작업 과제, 일러스트레이션 및 관심 있는 웹페이지를 저장하기 위한 이 두 가지 도구의 기능을 비교하라. 각각 구글 문서와 어떻게 작동하는지 알아보라. 여러분 팀에 구글 드라이브 또는 구글 사이트가 왜 더 적합한지 이유를 설명하라. 가능하면 구글 문서와 구글 드라이브 또는 구글 사이트를 이용해 여러분이 발견한 사항들을 토론하고 수업 시간에 발표할 자료를 준비하라.

정보시스템 때문에 도이체방크는 붕괴했는가?
사례연구

1870년에 설립된 도이체방크 AG는 전 세계적으로 2,425개의 지점을 두고 있는 세계 최고의 금융회사 중 하나이다. 소매 및 상업은행, 외환, 인수합병 서비스 등 다양한 금융 상품과 서비스를 제공한다. 이 은행은 담보, 소비자 금융, 신용카드, 생명보험, 기업연금 제도, 국제 무역을 위한 자금조달, 그리고 부유한 개인 고객을 위한 맞춤형 재산관리 서비스를 제공한다. 도이체방크는 독일에서도 가장 큰 은행으로 독일 경제에서 중심적인 역할을 하고 있다. 도이체방크는 여러 면에서 글로벌 금융시스템의 구현이라 말할 수 있다.

도이체방크는 약 46조 달러에 달하는 세계 최대의 파생상품 포트폴리오를 보유하고 있다. 금융 파생상품은 주식, 채권, 상품, 통화, 이자율과 같은 하나 이상의 기초 자산에 의존하거나 그 가치가 파생되는 둘 이상의 당사자들 사이의 계약이다. 도이체방크는 일부 결함 파생상품으로 촉발된 2008년 은행 위기에서 살아남았지만 최근 규제 변화를 비롯한 은행업계의 지각적 변화에 고전하고 있다. 이 은행은 2008년 금융위기의 원인이 된 해로운 담보부 증권 매각에 대한 미국 규제 당국의 불만을 해소하기 위해 72억 달러를 지불할 수밖에 없었다.

이와 함께 상품선물거래위원회(CFTC)는 도이체방크가 불완전하고 때에 맞지 않는 신용결함이 있는 스왑 데이터를 제출하고, 데이터 보고 담당 직원을 제대로 감독하지 못했으며, 적절한 업무 연속성과 재해복구계획이 부족했다고 고발했다.(신용결함 스왑은 보험자가 채무자가 채무불이행으로 인한 손실을 보상하기로 약속하고 금융시장에서 어느 당사자가 매입하거나 매도할 수 있는 신용보험 계약의 일종이다. 신용결함 스왑은 매우 복잡한 금융상품이다.)

CFTC는 2016년 4월 16일, 도이체방크의 스왑 데이터 보고시스템이 다운되어 도이체방크가 약 5일간 복수의 자산 클래스에 대한 스왑 데이터를 보고하지 못하게 되었다고 불평했다. 도이체방크는 시스템 정전을 끝내기 위한 후속 노력을 거듭하면서 기존의 보고 문제를 악화시켰고, 이로 인해 새로운 보고 문제를 발견하고 생성하게 되었다.

예를 들어 시스템 가동 중단 전후에 보고된 도이체방크의 스왑 데이터에서 수많은 유효하지 않은 법적 실체 식별자를 포함하여 특정 데이터 영역의 무결성에 대한 지속적인 문제가 발견되었다(법적 실체 식별자 [LEI]는 금융거래 당사자인 모든 법적 실체를 고유하게 식별하기 위한 식별 코드다). CFTC는 이러한 보고 문제 중 많은 부분이 오늘날에도 지속되어 대중이 이용할 수 있는 시장 데이터와 스왑시장 전반의 시스템적 위험을 평가하기 위해 CFTC가 사용하는 데이터에 영향을 미친다고 주장했다. CFTC는 또 도이체방크가 적절한 사업 연속성과 재해복구계획 및 기타 적절한 감독시스템을 갖추지 못했기 때문에 시스템 가동 중단과 후속 보고 문제가 일부 발생했다고 주장했다.

도이체방크는 규제 당국에 대처하고 벌금을 내는 것과 관련된 높은 비용을 발생시킨 것 외에도 운영하기에 매우 다루기 힘들고 비용이 많이 드는 은행이었다. 미국 규제 당국은 도이체방크의 구식기술을 은행이 항상 적절하게 사업을 운영하고 규제기관에 대응하는 정확한 정보를 제공할 수 없었던 한 가지 이유로 지목했다. 열악한 정보시스템이 2008년 금융위기의 원인이 되었을 수도 있다. 은행들은 종종 자신들의 근본적인 가치를 결정하기 위해 사고팔았던 복잡한 금융상품들을 풀어내는 데 어려움을 겪는다.

도이체방크를 비롯한 은행들은 정보기술의 집중적인 이용자로 위법행위를 적발하기 위해 기술에 의존하고 있다. 도이체방크가 독일과 세계 금융시스템에서 그렇게 중요한 역할을 했다면 왜 도이체방크 방식의 체계가 제역할을 하지 못했을까?

도이체방크는 다른 세계적인 금융회사들과 마찬가지로 수십 년간의 합병과 확장을 겪은 것으로 드러났다. 이들 은행은 다른 금융회사를 합병하거나 인수할 때 인수를 다 하지 않았다. 이러한 통합에 필요한 노력과 비용은 많은 관리팀 간의 조정을 포함하여 너무 컸다. 그래서 은행들은 각 사업체의 업무량을 처리하기 위해 많은 오래된 시스템을 남겨두었다. 이를 전문가들은 '스파게티 볼'이라고 부르는데, 이는 중복되고 종종 양립할 수 없는 기술 플랫폼과 소프트웨어 프로그램을 의미한다. 이러한 구식 합법적 시스템은 많은 거래와 액수를 처리하기 위해 고안되었지만, 큰 은행 운영을 관리하는 데는 잘 맞지 않았다. 그들은 종종 부서 간에 정보를 쉽게 공유할 수 있도록 하지 않거나 고위 관리층에게 일관된 은행 운영 개요를 제공하지 않았다.

도이체방크는 런던에서만 100개 이상의 다른 예약시스템을 운영하고 있었으며, 이들 시스템 각각에서 고객을 식별하기 위한 공통적인 코드 세트는 없었다. 이들 시스템 각각은 동일한 클라이언트를 식별하기 위해 다른 번호나 코드를 사용할 수 있으므로, 동일한 클라이언트가 이러한 모든 시스템에서 어떻게 처리되었는지 보여주는 것은 매우 어렵거나 불가능할 것이다. 개인 팀과 거래자들은 저마다 양립할 수 없는 플랫폼을 가지고 있었다. 은행 측은 팀끼리 자극하기 위해 고의적으로 팀끼리 경쟁하는 전략을 썼지만, 경쟁 거래자들과 팀들이 데이터 공유를 꺼렸기 때문에 다른 시스템의 사용을 더욱 부추겼다. 그러나 은행은 거래를 처리하고 기록하기 전에 궁극적으로 이러한 이질적인 시스템의 데이터를 수작업으로 조정해야 했다.

이러한 상황은 은행들이 오늘날 필요한 시스템에 대한 야심찬 기술 프로젝트를 수행하거나 규제 요건을 준수하는 것을 매우 어렵게 만들었다. 미국 규제 당국은 도이체방크가 구식 기술 때문에 필수적인 정보를 제공할 수 없다고 비난했다. 규제 당국은 금융기관이 리스크 관리 방식을 개선해줄 것을 요구했다. 은행들은 노후화된 컴퓨터 시스템을 충족시켜야 한다는 압력을 받고 있지만, 많은 전통적인 금융기관의 IT 인프라는 이러한 규제 압력과 소비자 기대치의 변화를 따라잡지 못하고 있다. 도이체방크와 다른 은행들은 또한 은행 서비스에 몰입하고 있는 애플과 같은 혁신적인 기술 경쟁자들에게 적응해야 한다.

2015년 7월, 존 크라이언은 도이체방크의 CEO가 되었다. 그는 비용을 절감하고 효율성을 높이려고 노력했고, 수천 명의 직원을 해고했다. 그는 비용을 통제하고, 정보시스템을 이익과 성장의 원천과 통합하기 위해 필요한(흔히 광범위한) 변화를 만드는 데 큰 걸림돌인 도이체방크의 단편적이고 구식 정보시스템을 정비하는 데 초점을 맞췄다. 크라이언은 은행의 비용 기반이 부실하고 비효율적인 비즈니스 프로세스, 불충분한 기술, 그리고 너무 많은 업무를 수동으로 처리함으로써 부풀어 올랐다고 언급했다. 그는 은행의 시스템과 절차를 표준화하고, 레거시 소프트웨어를 없애고, 데이터를 표준화 및 개선하고, 보고를 개선할 것을 요구해 왔다.

크라이언은 기술 전문가인 킴 해먼즈를 은행 정보시스템과 운영의 재엔지니어링을 감독할 최고정보관리자로 임명했다. 해먼즈는 도이체방크의 글로벌 최고정보관리자였으며, 그 이전에는 보잉사의 최고정보관리자였다. 해먼즈는 마치 그녀의 전 고용주 보잉이 비행기를 하늘로 띄워 추락하는 것을 지켜본 다음, 실수로부터 배우려고 하는 것처럼 도이체방크의 정보시스템이 시행착오로 운영되고 있음을 관찰했다.

도이체방크는 2015년 2월, IT 인프라를 표준화 및 단순화하고, 비용을 절감하며, 신제품 및 서비스 출시를 위한 보다 현대적이고 민첩한 기술 플랫폼을 구축하기 위한 휴렛팩커드(HP)와 10년간 수십억 달러 규모의 계약을 발표했다. 이에 따라 도이체방크는 HP의 원격 컴퓨터 센터에서 정보시스템을 운영하는 클라우드 컴퓨팅 인프라로 이전했다. HP는 컴퓨팅 서비스, 호스팅 및 스토리지를 제공할 것이다. 도이체방크는 여전히 응용 프로그램 개발과 정보보안기술을 담당하게 되는데, 이 정보보안기술은 독점적이고 경쟁적인 차별화에 중요하다.

도이체방크는 고위험 클라이언트 관계에서 탈퇴하고, 제어 프레임워크를 개선하며, 수동 조정을 자동화하고 있다. IT 인프라를 현대화하기 위해 컴퓨터 작동 방식을 제어하는 개별 운영체제의 수를 45개에서 4개로 줄이고, 수십 개의 구식 컴퓨터를 교체하고, 구식 소프트웨어 애플리케이션을 대체하고 있다. 수천 개의 애플리케이션과 기능이 도이체방크의 메인프레임에서 HP의 클라우드 컴퓨팅 서비스로 이전될 것이다. 수동 프로세스를 자동화하면 효율성이 향상되고 제어 기능이 향상된다. 이러한 개선으로 '은행 운영' 비용이 8억 유로가 감소할 것으로 예상된다. 계약자 6,000명이 사라지면 총 10억 유로가 절약될 것이다. 도이체방크도 4개 기술 센터를 열어 기술력 향상을 위해 금융기술 스타트업과 협력하고 있다.

이러한 모든 노력에도 불구하고 도이체방크는 수익성과 안정성을 되찾기 위해 애썼다. 2018년 4월 초 이 은행의 감독위원회는 크라이언을 오랜 기간 재산관리부서와 독일 지점망을 넘딩했던 내부지인 크리스티앙 소잉으로 교체했다. 크라이언은 재임 동안 수익성을 회복할 수 없었다. 2018년 2월 도이체방크는 2017년 3년 연속 7억 3,500만 유로(약 9억 달러)의 손실을 보고했다.

도이체방크만이 시스템 문제로 발목을 잡힌 것은 아니다. 2016년 산탄데르은행의 미국 지점이 미국 연방준비제도이사회(FRB)의 연례 '스트레스 테스트'에 실패한 것도 IT의 단점이었다. 2015년 액센츄어 컨설턴트들의 보고서에 따르면 세계 최대 은행의 이사진과 CEO 중 오직 3%만이 전문적인 기술 경험이 있는 것으로 나타났다. 금융기술 혁신, 보안, IT 탄력성 및 규제 변경에 따른 기술 영향 등은 현재 은행이사회에서는 모두 중요한 문제지만, 많은 이들은 이러한 문제를 평가하고 전략, 투자 및 기술 자원을 가장 잘 배분하는 방법에 대한 현명한 결정을 내릴 지식이 부족하다.

출처 : Jack Ewing, "Deutsche Bank Replaces CEO Amid Losses and Lack of Direction," *New York Times*, April 8, 2018; Charles Riley, "Deutsche Bank Hasn't Made a Profit in Three Years," *CNN Money*, February 2, 2018; Anna Irrera, "Deutsche Bank Launches Tech Startup Lab in New York City," *Reuters*, March 21, 2017; Geoffrey Smith, "Things You Should Know About the Deutsche Bank Train Wreck," *Fortune*, September 28, 2016; Hayley McDowell, "System Outage Sees Deutsche Bank Charged over Reporting Failures," *The Trade News*, August 19, 2016; Derek du Preez, "US Regulator Charges Deutsche Bank over Multiple Systems Failures," *Diginomica*, August 19, 2016; Kat Hall, "Deutsche Bank's Creaking IT Systems Nervously Eyeing Bins," *The Register*, October 27, 2015; Martin Arnold and Tom Braithwaite, "Banks' Ageing IT Systems Buckle Under Strain," Financial Times, June 18, 2015; Martin Arnold, "Deutsche Bank to Rip Out IT Systems Blamed for Problems," *Financial Times*, October 26, 2015; Ben Moshinsky, "Deutsche Bank Has a Technology Problem," *Business Insider*, October 20, 2015; Edward Robinson and Nicholas Comfort, "Cryan's Shakeup at Deutsche Bank Sees Tech Restart," *Bloomberg*, December 20, 2015;

and Accenture, "Bank Boardrooms Lack Technology Experience, Accenture Global Research Finds," October 28, 2015.

사례연구 문제

1-11 이 사례연구에 설명되어 있는 문제를 확인하라. 이 문제에 경영, 조직, 기술 요소들이 얼마나 기여하고 있는가?

1-12 도이체방크에서 정보기술의 역할은 무엇이었는가? IT는 은행의 운영 효율성, 의사결정 능력 및 비즈니스 전략과 어떻게 관련되어 있었는가?

1-13 도이체방크는 비즈니스 전략을 추진하기 위해 기술을 효과적으로 사용하고 있었는가? 이에 대해 설명하라.

1-14 도이체방크가 제안받았던 해결책은 무엇이었는가? 그 해결책이 얼마나 효과적이었다고 생각하는가? 답에 대해 설명해보라.

참고문헌

Baldwin, Richard. *The Great Convergence: Information Technology and the New Globalization*. Cambridge, MA: Harvard University Press (2016.)

Brynjolfsson, Erik. "VII Pillars of IT Productivity." *Optimize* (May 2005).

Brynjolfsson, Erik, and Lorin M. Hitt. "Beyond Computation: Information Technology, Organizational Transformation, and Business Performance." *Journal of Economic Perspectives* 14, No. 4 (2000).

Bureau of Economic Analysis. *National Income and Product Accounts*. www.bea.gov, accessed June 19, 2018.

Chae, Ho-Chang, Chang E. Koh, and Victor Prybutok. "Information Technology Capability and Firm Performance: Contradictory Findings and Their Possible Causes." *MIS Quarterly* 38, No. 1 (March 2014).

Dedrick, Jason, Vijay Gurbaxani, and Kenneth L. Kraemer. "Information Technology and Economic Performance: A Critical Review of the Empirical Evidence." Center for Research on Information Technology and Organizations, University of California, Irvine (December 2001).

eMarketer. "Number of Bloggers in the United States from 2014 to 2020 (in Millions)." *eMarketer* (2018).

_____. "Average Daily Time Spent with Media According to US Internet Users, 2012 & 2017 (Hours)," March 14, 2018.

eMarketer Chart. "US Digital Ad Spending, by Format, 2014–2020 (billions and % change)," June 17, 2018.

FedEx Corporation. "SEC Form 10-K for the Fiscal Year Ended May 31, 2018."

Friedman, Thomas. *The World Is Flat*. New York: Picador (2007).

Gartner Inc. "Gartner Identifies the Top 10 Strategic Technology Trends for 2018." (October 4, 2017).

Hughes, Alan, and Michael S. Scott Morton. "The Transforming

Power of Complementary Assets." *MIT Sloan Management Review* 47, No. 4 (Summer 2006).

Lamb, Roberta, Steve Sawyer, and Rob Kling. "A Social Informatics Perspective of Socio-Technical Networks." http://lamb.cba.hawaii.edu/pubs (2004).

Laudon, Kenneth C. *Computers and Bureaucratic Reform*. New York: Wiley (1974).

Lev, Baruch. "Intangibles: Management, Measurement, and Reporting." The Brookings Institution Press (2001).

McKinsey Global Institute. "Digital America: A Tale of the Haves and Have-Mores" (December 2015).

Mithas, Sunil, and Roland T. Rust. "How Information Technology Strategy and Investments Influence Firm Performance: Conjecture and Empirical Evidence." *MIS Quarterly* (March 2016).

Morris, Betsy. "From Music to Maps: How Apple's IPhone Changed Business." *Wall Street Journal* (June 27, 2017).

Nevo, Saggi, and Michael R. Wade. "The Formation and Value of IT-Enabled Resources: Antecedents and Consequences of Synergistic Relationships." *MIS Quarterly* 34, No. 1 (March 2010).

Otim, Samual, Kevin E. Dow, Varun Grover, and Jeffrey A. Wong. "The Impact of Information Technology Investments on Downside Risk of the Firm: Alternative Measurement of the Business Value of IT." *Journal of Management Information Systems* 29, No. 1 (Summer 2012).

Ren, Fei, and Sanjeev Dewan. "Industry-Level Analysis of Information Technology Return and Risk: What Explains the Variation?" *Journal of Management Information Systems* 21, No. 2 (2015).

Ross, Jeanne W., and Peter Weill. "Four Questions Every CEO Should Ask About IT." *Wall Street Journal* (April 25, 2011).

Sabherwal, Rajiv, and Anand Jeyaraj. "Information Technology

Impacts on Firm Performance: An Extension of Kohli and Devaraj (2003)." *MIS Quarterly* (December 2015).

Sampler, Jeffrey L., and Michael J. Earl. "What's Your Information Footprint?" *MIT Sloan Management Review* (Winter 2014).

Saunders, Adam, and Erik Brynjolfsson. "Valuing Information Technology Related Intangible Assets." *MIS Quarterly* (March 2016).

Shanks, Ryan, Sunit Sinha, and Robert J. Thomas. "Managers and Machines, Unite!" *Accenture* (2015).

Teece, David. *Economic Performance and Theory of the Firm: The Selected Papers of David Teece.* London: Edward Elgar Publishing (1998).

U.S. Bureau of Labor Statistics. *Occupational Outlook Handbook.* 2018–2019 (April 19, 2018).

2

글로벌 e-비즈니스와 협업

이 장을 마치고 나면 다음 질문에 답할 수 있다.

2-1 비즈니스 프로세스란 무엇이며, 비즈니스 프로세스와 정보 시스템은 어떻게 관련되어 있는가?

2-2 시스템은 기업의 다양한 경영 집단을 어떻게 지원하고, 기업연계시스템은 조직의 성과를 어떻게 향상시키는가?

2-3 협업 및 소셜 비즈니스 시스템은 왜 중요하며 어떤 기술들이 사용되는가?

2-4 기업에서 정보시스템 기능의 역할은 무엇인가?

2-5 MIS는 내 경력에 어떤 도움이 되는가?

이 장의 사례

• 사노피 파스퇴르의 혁신 및 품질 향상을 지원하는 전사적 소셜 네트워킹

• NFL 팀의 경기 방식과 팬들이 보는 방식을 바꾸는 데이터

• 화상회의, 모두를 위한 도구

• 기업은 소셜 비즈니스를 수용해야 하나?

사노피 파스퇴르의 혁신 및 품질 향상을 지원하는 전사적 소셜 네트워킹

사노피 파스퇴르(Sanofi Pasteur)는 다국적 제약회사인 사노피의 백신 사업부로 백신 분야에서 세계 최대의 회사이다. 프랑스 리옹에 본사가 있고 전 세계적으로 약 15,000명의 직원이 있으며, 전 세계 5억 명 이상의 사람들에게 접종하기 위해 매년 10억 개 이상의 백신을 생산하고 있다. 사노피 파스퇴르의 기업 비전은 백신 예방이 가능한 질병으로 고통받거나 사망하지 않는 세상을 만드는 것이다. 이 회사는 매일 연구 개발에 100만 유로 이상을 투자한다. 사노피 파스퇴르의 사업 성공과 세계 인구의 건강을 개선하기 위한 노력에는 협업, 정보 공유, 지속적인 혁신 및 엄격한 품질 추구가 필수적이다.

최근까지 이 회사는 직원들이 대화를 하고 아이디어를 공유하며 모르는 사람들을 포함하여 회사의 다른 구성원들과 협력하도록 장려할 적절한 도구가 부족했다. 전통적인 계층적 문화를 가진 대규모 중앙집중 방식의 이 회사는 이니셔티브가 주로 위에서부터 시작되었다. 이 회사는 직원들에게 스스로 실험하고 혁신할 수 있는 더 많은 기회를 제공하기 원했고, 이러한 변화를 위한 플랫폼으로 마이크로소프트 야머(Microsoft Yammer)를 채택했다. 개선 아이디어는 조직의 어느 곳에서나 올 수 있으며 야머를 통해 어디서나 공유할 수 있다.

© Rawpixel.com/Shutterstock

마이크로소프트 야머는 내부 비즈니스 용도의 전사적 소셜 네트워킹 플랫폼이지만 공급업체, 고객 및 조직 외부의 다른 사람들과 연결되는 외부 네트워크를 만들 수도 있다. 야머를 통해 직원들은 그룹을 만들어 프로젝트를 공동 작업하고 문서를 공유 및 편집할 수 있으며 뉴스피드를 포함하여 회사 내에서 무슨 일이 일어나고 있는지 확인할 수 있다. 사람 디렉토리(People Directory)는 검색 가능한 연락처 정보, 기술 및 전문지식 데이터베이스를 제공한다. 야머는 데스크톱이나 모바일 장치를 사용하여 웹을 통해 접속할 수 있으며, 셰어포인트(SharePoint) 및 오피스 365(Office 365)와 같은 다른 마이크로소프트 도구와 통합하여 다른 응용 프로그램을 보다 '사회적'으로 만들 수 있다(쉐어포인트는 협업, 문서 공유 및 문서 관리를 위한 마이크로소프트의 플랫폼이다. 오피스 365는 워드프로세싱, 스프레드시트, 전자 프레젠테이션 및 데이터 관리와 같은 데스크톱 생산성 응용 프로그램을 위한 마이크로소프트의 온라인 서비스이다).

사노피 파스퇴르는 어떻게 '사회적'이 되는 것으로부터 혜택을 얻었을까? 직원들은 야머를 사용하여 최신 정보를 공유하고 피드백을 요청하며 자원봉사자를 개선 이니셔티브에 연결한다. 야머와 관련된 최근 프로젝트로 인해 한 제조 현장에서 주요 품질 프로세스를 60% 단순화하여 수천 유로를 절약하고 전체 프로세스 시간을 단축할 수 있었다. 직원들은 야머를 통해 이 개선에 대한 이야기를 전 세계 다른 지역에 전파했다.

사노피 직원들은 야머를 사용하여 대규모 제조 현장에 변화를 위한 활동가 네트워크를 구축했다. 각 그룹은 1,000명 이상을 모집했다. 이러한 네트워크는 사람들이 개선을 위한 제안을 하고 전 세계의 다른 그룹과 협력하는 것에 대해 편안함을 느끼도록 도와주는 보다 공동의 개인 문화를 조성하는 데 도움이 된다. 또한 이 네트워크는 품질과 비용 효율성을 높이기 위해 회사의 제조 및 비즈니스 프로세스를 재설계하는 데 사용할 수 있는 부서 및 계층 전체의 정책 및 절차에 대한 관찰 정보를 경영층에 제공한다. 예를 들어 건물 운영자는 생산시설에서 특정 자재를 관리할 때 폐기물을 줄이는 방법에 대한 아이디어를 공유했다. 자재 취급에 대한 새로운 절차는 연간 10만 유로 이상의 시설을 절약했으며, 모든 사노피 파스퇴르 생산 현장에서 세계적인 모범 사례가 되었다. 야머 기반 커뮤니티는 건강, 안전 및 세부사항에 대한 인식을 높였으며, 이러한 문제에 대해 더욱 주의를 기울임으로써 인적 오류를 91% 줄일 수 있었다.

출처 : "Yammer Collaboration Helps Sanofi Pasteur Improve Quality, Make More LifeSaving Vaccines," www.microsoft.com, January 24, 2017; www.sanofipasteur.us, accessed February 4, 2018; and Jacob Morgan, "Three Ways Sanofi Pasteur Encourages Collaboration," *Forbes*, October 20, 2015.

사노피 파스퇴르의 경험은 오늘날 조직이 성과를 개선하고 경쟁력을 유지하기 위해 정보시스템에 얼마나 의존하는지 보여준다. 또한 협업 및 팀워크를 지원하는 시스템이 조직의 혁신, 실행, 수익 증대 및 중요한 사회적 혜택을 제공하는 능력을 어떻게 변화시키는지 보여준다.

다음 도표는 도입 사례와 이 장에서 제기된 주요 주제를 환기시킨다. 사노피 파스퇴르는 혁신에 중점을 둔 지식 집약적인 회사지만 계층적 하향식 프로세스로 인해 직원과 관리자들의 자유로운 정보 공유와 혁신에 어려움을 겪고 있었다. 이것은 새로운 최첨단 제품을 만들고 제공하고 고품질 표준을 유지하는 회사의 능력에 영향을 미쳤다.

사노피 파스퇴르 경영진은 기업 지식 및 업무 환경을 계층적 구조에서 직원들이 적극적으로 참여하는 구조로 변경하고 동료로부터 더 많은 지식을 얻을 수 있는 새로운 기술을 도입하는 것이 최선의 해결책이라는 것을 발견했다. 이 회사는 마이크로소프트 야머의 소셜 도구를 활용하여 직원 협업 및 참여를 높였다. 직원들은 지식을 보다 효과적으로 공유하고 회사는 더욱 혁신적이고 비용 효율적이 되었다.

새로운 기술만으로는 사노피 파스퇴르의 문제를 해결하지 못했을 것이다. 해결책의 효과를 높이기 위해 사노피 파스퇴르는 지식 전파 및 공동 작업을 위해 조직 문화 및 비즈니스 프로세스를 변경해야 했으며 새로운 기술로 이러한 변경이 가능했다.

다음의 몇 가지 질문에 대해 생각해보자. 협업 및 직원 참여는 어떻게 사노피 파스퇴르의 경쟁력과 품질을 유지하는가? 야머는 사노피 파스퇴르의 작업 수행 방식을 어떻게 바꿨나?

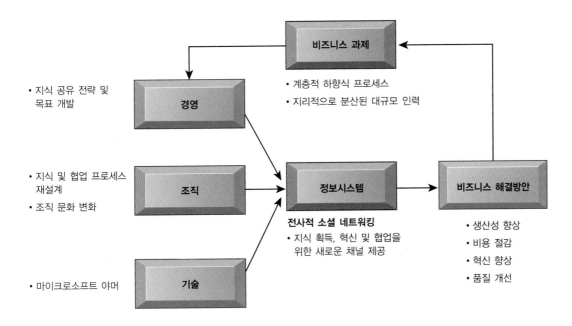

2-1 비즈니스 프로세스란 무엇이며, 비즈니스 프로세스와 정보시스템은 어떻게 관련되어 있는가?

기업을 운영하기 위해서는 제품과 서비스뿐만 아니라 공급업체, 고객, 직원, 송장, 지불 등과 관련된 수많은 정보를 처리해야 한다. 기업들은 운영 효율성을 높이고 전반적인 기업 성과를 향상시키기 위해 이러한 정보들을 이용하는 작업 활동들을 체계화해야 한다. 정보시스템은 기업들의 정보관리와 더 나은 의사결정, 그리고 비즈니스 프로세스 실행 개선을 가능하게 한다.

비즈니스 프로세스

제1장에서 소개한 비즈니스 프로세스란 가치 있는 제품이나 서비스를 생산하기 위해 업무가 조직되고, 조정되고, 집중되는 방식을 말한다. 비즈니스 프로세스는 제품이나 서비스를 생산하기 위해 요구되는 활동들의 집합이다. 이러한 활동은 비즈니스 프로세스 참여자들 사이에서 자재, 정보 및 지식의 흐름에 의해 지원된다. 또한 비즈니스 프로세스는 조직이 업무, 정보, 지식을 관리하는 독특한 방식과 경영진이 업무를 조정하기 위해 선택하는 방식을 가리킨다.

대체로 기업의 성과는 비즈니스 프로세스를 얼마나 잘 설계하고 관리하느냐에 달려 있다. 만약 어떤 기업의 비즈니스 프로세스가 경쟁사보다 더 혁신적이고 업무를 보다 효과적으로 수행할 수 있도록 지원한다면 그 회사의 비즈니스 프로세스는 경쟁력의 원천이 될 수 있다. 만일 비즈니스 프로세스가 조직의 신속성과 효율성을 저해하는 낡은 업무 방식에 기반을 둔다면 그 조직은 어려움에 직면하게 될 것이다. 이 장 도입 부분의 사례연구에서 설명한 사노피 파스퇴르의 지식 공유 프로세스 개선은 이 책에서 제시하는 다른 많은 사례들과 마찬가지로 이러한 점을 확실하게 설명하고 있다.

모든 기업은 비즈니스 프로세스들의 집합체로 볼 수 있으며, 어떤 프로세스는 보다 큰 다른 프로세스의 일부분이 되기도 한다. 예를 들어 멘토링, 위키, 블로그, 비디오의 활용은 지식관리 프로세스의 일환이다. 많은 비즈니스 프로세스들은 특정 기능 영역(functional area)과 관련되어 있다. 예를 들어 판매 및 마케팅 기능은 고객을 식별하는 업무를 그리고 인적자원관리 기능은 종업원을 채

표 2.1　기능 비즈니스 프로세스의 예시

기능 영역	비즈니스 프로세스
제조 및 생산	제품 조립 품질 검사 자재명세서(BOM) 생성
판매 및 마케팅	고객 파악 제품 인지도 강화 제품 판매
재무 및 회계	채권관리 재무제표 생성 당좌계정 관리
인적자원관리	직원 채용 직원 직무성과 평가 직원 복지

용하는 업무를 담당하고 있다. 표 2.1은 각 기능 영역의 대표적인 비즈니스 프로세스를 설명하고 있다.

　다른 비즈니스 프로세스들은 서로 다른 많은 기능 영역들에 걸쳐 있어 부서 간의 협조가 필요하다. 고객의 주문을 처리하는 간단한 프로세스를 살펴보자(그림 2.1 참조). 우선 영업부서에서 주문을 접수한다. 그 주문은 회계부서로 전달되어 출하에 앞서 신용평가나 즉시 지불 요청을 통해 해당 고객이 지불능력이 있는지 확인한다. 고객의 신용이 확인되면, 생산부서는 재고에서 그 제품을 반출하거나 재고가 없으면 생산하게 된다. 다음으로 그 제품에 대한 배송이 이루어진다(이 작업은 UPS나 페덱스와 같은 물류회사가 대행할 수 있다). 그러면 회계부서는 청구서나 송장을 발행하고

그림 2.1　주문처리 프로세스

고객의 주문처리는 영업, 회계, 그리고 제조부서들 간의 긴밀한 협조가 필요한 복잡한 단계들로 구성되어 있다.

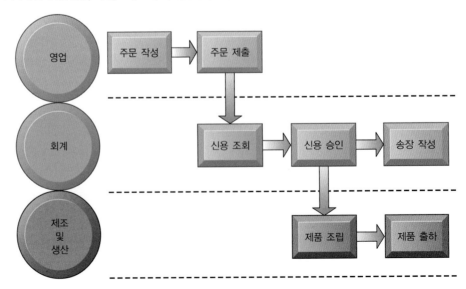

그 제품이 출하되었음을 알리는 통지를 고객에게 보낸다. 영업부서는 출하에 대한 사실을 통보받고, 고객 서비스나 품질보증 클레임 등 고객 지원을 위해 준비한다.

처음에는 간단하게 보였던 주문처리 프로세스가 주요 기능 부서들의 긴밀한 협조가 필요한 매우 복잡한 단계들로 구성되어 있음을 알 수 있다. 더구나 주문처리 프로세스에 있는 모든 단계를 효율적으로 처리하기 위해서는 많은 정보가 필요하다. 필요한 정보는 기업 내부, 배송회사와 같은 비즈니스 파트너, 그리고 고객들과 신속하게 공유되어야 한다. 컴퓨터 기반 정보시스템이 이것을 가능하게 한다.

정보기술을 활용한 비즈니스 프로세스 개선

정확히 어떻게 정보시스템이 비즈니스 프로세스를 개선하는가? 정보시스템은 고객 신용 조회, 송장 작성, 제품 출하 등 이전에 수작업으로 진행되던 비즈니스 프로세스들의 많은 단계를 자동화한다. 그러나 최근에는 정보기술을 활용해 더 많은 일을 할 수 있다. 새로운 기술은 정보의 흐름을 변화시켜 더 많은 사람이 정보를 공유하고 접근할 수 있도록 할 뿐만 아니라 순차적인 작업을 동시에 수행할 수 있도록 하고 의사결정의 지연을 막아준다. 새로운 정보기술은 사업 수행 방식을 변화시키고 완전히 새로운 비즈니스 모델이 가능하도록 지원한다. 아마존에서 킨들 e-북을 다운로드하거나 베스트바이(Best Buy)에서 온라인으로 컴퓨터를 구매하는 것, 아이튠즈에서 음악 트랙을 다운받는 것은 정보기술 없이는 상상도 할 수 없는 새로운 비즈니스 모델에 기반을 둔 완전히 새로운 비즈니스 프로세스이다.

이것이 정보시스템 교육과정과 향후 경력 개발에 있어 여러분이 비즈니스 프로세스에 관심을 가져야 하는 중요한 이유이다. 비즈니스 프로세스를 분석하면 기업이 어떻게 운영되는지 명확하게 이해할 수 있다. 더구나 비즈니스 프로세스를 분석하면 기업을 보다 효율적이고 효과적으로 만들기 위해 기업을 어떻게 변화시켜야 할지 이해할 수 있게 된다. 이 책 전반에 걸쳐 고객 서비스 개선, 혁신, 그리고 효율성 향상 등을 위해 어떻게 정보기술을 활용하여 비즈니스 프로세스를 개선할 수 있는지 살펴본다.

2-2 시스템은 기업의 다양한 경영 집단을 어떻게 지원하고, 기업연계시스템은 조직의 성과를 어떻게 향상시키는가?

비즈니스 프로세스를 이해했으면 이제 기업의 비즈니스 프로세스를 지원하는 다양한 종류의 정보시스템에 대해 자세히 살펴볼 시간이다. 조직에는 다양한 이해관계, 전문성, 관리 수준이 있기 때문에 많은 종류의 시스템이 존재한다. 단 하나의 시스템으로 조직이 필요로 하는 모든 정보를 제공할 수는 없다.

일반적으로 경영 조직에는 판매 및 마케팅, 생산 및 제조, 재무 및 회계, 인적자원관리 등 주요 경영 기능을 지원하는 다양한 시스템이 있다. 서로 독립적으로 운영되는 기능시스템(functional system)은 기능 간 비즈니스 프로세스를 지원하는 데 필요한 정보 공유가 쉽지 않다. 따라서 기능시스템은 관련 비즈니스 프로세스와 조직 단위의 활동들을 통합한 대규모 기능 간 시스템(cross-functional system)으로 대체되고 있다. 이 절의 뒷부분에 기능 간 통합 애플리케이션에 대해 설명한다.

또한 일반적인 기업은 제1장에서 설명한 주요 경영 집단들의 의사결정 욕구를 지원하는 다양한 시스템을 보유하고 있다. 운영 관리층, 중간 관리층, 고위 관리층 등 각 경영 집단은 기업 운영에 필요한 의사결정을 위해 시스템을 활용한다. 이제 이러한 시스템들과 각 시스템이 지원하는 의사결정의 형태를 살펴보도록 하자.

지원하는 경영 집단에 따른 시스템 분류

기업에는 조직의 여러 집단 또는 수준에서 의사결정과 기업 활동을 지원하는 시스템들이 있다. 이러한 시스템에는 거래처리시스템과 비즈니스 인텔리전스시스템 등이 포함된다.

거래처리시스템

운영 관리자는 판매, 영수증, 현금 예금, 급여, 신용도 결정, 그리고 공장의 자재 흐름과 같은 조직의 기본적인 활동과 거래를 관리하는 시스템이 필요하다. **거래처리시스템**(transaction processing systems, TPS)은 이러한 종류의 정보를 제공한다. 거래처리시스템은 판매 주문 입력, 호텔 예약, 급여, 인사기록 관리, 출하 등 경영에 필요한 일상적인 거래를 수행하고 기록하는 전산시스템이다.

이 수준에서 시스템의 주요 목적은 일상적인 질문들에 답하고, 조직 전반의 거래 흐름을 관리하는 것이다. 재고는 얼마나 있나? 홍길동의 급여 지급에 무슨 문제가 생겼나? 이와 같은 질문들에 답하기 위해서는 정보의 가용성, 최신성, 정확성이 유지되어야 한다.

운영 수준에서 직무, 자원, 그리고 목적은 사전에 정의되어 있고 상당히 구조적이다. 예를 들어 고객의 신용을 승인하는 의사결정은 미리 정의된 기준에 따라 하위 감독자에 의해 이루어지며, 하위 감독자는 단순히 그 고객이 정해진 기준을 만족하는지 판단하면 된다.

그림 2.2는 급여처리를 위한 TPS의 예시이다. 급여시스템은 직원에게 지급되는 돈을 관리한다. 직원의 이름, 주민등록번호, 주간 근무시간 등이 기록된 직원 근무시간관리표는 이 시스템에서 하나의 거래에 해당한다. 이 거래가 시스템에 입력되면 직원정보가 영구적으로 유지되는 시스템 파일(또는 데이터베이스, 제6장 참조)이 갱신된다. 시스템에 저장된 데이터는 다양한 방법으로 결합되어 관리층이나 정부기관이 필요로 하는 보고서를 생성하거나 직원에게 급여정보를 제공하는 데 사용된다.

관리자는 내부 운영 현황과 외부 환경과의 관계를 모니터링하기 위해 TPS가 필요하다. 또한 TPS는 다른 시스템과 경영 기능에 정보를 제공하는 주요 원천이다. 예를 들어 그림 2.2에서 설명한 급여시스템은 손익계산서, 대차대조표와 같은 보고서를 생성하는 데 필요한 데이터를 총괄 관리하고 모든 수입과 지출에 대한 기록을 관리하는 총계정원장 시스템에 데이터를 제공한다. 또한 이 시스템은 보험, 연금, 기타 수당에 대한 지급 이력을 인적자원관리시스템에 제공하며 직원 급여 데이터를 연금공단이나 국세청과 같은 정부기관에 제공한다.

거래처리시스템은 업무처리에 중요한 역할을 담당하고 있어 단 몇 시간 동안의 고장도 기업에 심각한 영향을 미칠 수 있다. 만일 UPS의 화물추적시스템이 작동되지 않고 있다면 어떤 일이 벌어질지 상상해보라. 항공회사들은 그들의 전산예약시스템 없이 무엇을 할 수 있겠는가?

비즈니스 인텔리전스시스템

기업들은 또한 경영 의사결정에 필요한 정보 제공에 초점을 맞춘 비즈니스 인텔리전스시스템을 활용한다. **비즈니스 인텔리전스**(business intelligence)는 관리자나 기타 사용자들이 보다 더 정보에 기반한 의사결정을 내릴 수 있도록 필요한 데이터를 조직, 분석, 접근할 수 있도록 지원하는 데이터 및 소프트웨어 도구들을 지칭하는 최신 용어이다. 비즈니스 인텔리전스는 모든 경영 수준에서의

그림 2.2 급여 TPS

급여 TPS는 근무시간기록표와 같은 직원 지급 거래 데이터를 획득한다. 이 시스템은 경영진 및 직원 급여에 대한 온라인 보고서 및 하드카피 보고서를 출력한다.

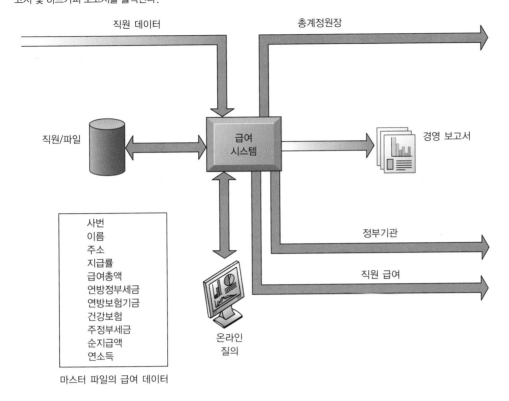

마스터 파일의 급여 데이터

의사결정을 다룬다. 이 절에서는 비즈니스 인텔리전스에 대해 간단히 설명하고 보다 자세한 내용은 제6장과 제12장에서 설명한다.

중간 관리층을 위한 비즈니스 인텔리전스시스템은 감시, 통제, 의사결정, 관리 활동에 도움이 된다. 제1장에서 경영정보시스템을 기업과 경영에서의 정보시스템에 관한 연구로 정의하였다. **경영정보시스템**(management information systems, MIS)이라는 용어는 중간 관리층을 지원하는 정보시스템의 특정한 범주를 의미하기도 한다. MIS는 중간 관리자에게 조직의 현재 성과에 대한 보고서를 제공한다. 이 정보는 경영 활동을 관리 감독하고 미래의 성과를 예측하는 데 이용된다.

MIS는 거래처리시스템에서 제공되는 데이터를 이용해 회사의 기본적인 운영을 요약하고 보고한다. 일반적으로 TPS로부터의 기본적인 거래 데이터는 요약되어 정기 보고서 형태로 표현된다. 그림 2.3은 전형적인 MIS가 재고, 생산, 회계로부터의 거래 수준 데이터를 어떻게 MIS 파일로 변환하는지 보여주고 있다. 그림 2.4는 이 시스템의 샘플 보고서를 보여준다.

MIS는 일반적으로 사전에 정의된 일상적인 질문에 대한 답을 제공하며, 이에 대한 답변을 위한 사전 정의된 절차가 있다. 예를 들어 MIS 보고서는 패스트푸드 체인점에서 이 분기에 사용한 상추의 총파운드를 나열하거나, 그림 2.4에 나온 것처럼 특정 제품의 총연간 판매 수치를 계획된 목표와 비교할 수 있다. 이러한 시스템들은 일반적으로 유연성이 떨어지고 분석능력이 약하다. 대부분의 MIS는 정교한 수학적 모델이나 통계적 기법보다는 요약, 비교와 같은 단순한 루틴을 사용한다.

다른 유형의 비즈니스 인텔리전스시스템은 더 비일상적인 의사결정을 지원한다. **의사결정지원시스템**(decision support systems, DSS)은 문제 해결에 필요한 절차가 사전에 충분히 정의되어 있지 않은 독특하고 빠르게 변화하는 문제들에 집중한다. 이 시스템은 "만일 12월 판매량을 2배로 늘리면

그림 2.3 경영정보시스템이 조직의 TPS로부터 데이터를 획득하는 방법

이 그림에서는 3개의 TPS가 해당 기간의 종료 시점에 MIS 보고시스템에 요약된 거래 데이터를 제공한다. 관리자는 MIS를 통해 조직의 데이터에 접근할 수 있으며 MIS는 그들에게 적절한 보고서를 제공한다.

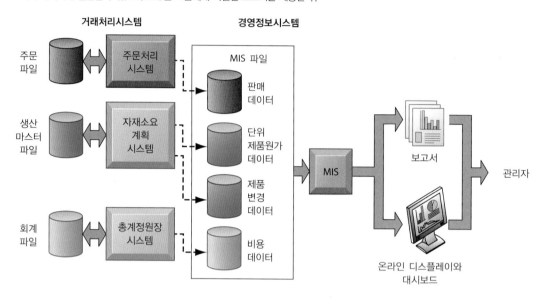

생산 계획에 어떤 영향이 있을까?", "만일 공장 스케줄이 6개월 늦어지면 투자 수익에 어떤 문제가 생기나?"와 같은 질문에 답을 제공한다.

DSS는 TPS나 MIS에 있는 내부 정보를 주로 이용하지만, 최근 주식가격이나 경쟁사의 제품가격 등과 같은 외부정보도 자주 이용한다. 이러한 시스템은 정교한 분석과 모델을 사용하여 데이터를 분석하고자 하는 '슈퍼 유저(super-user)' 관리자와 비즈니스 분석가들에 의해 활용된다.

흥미롭고 작지만 강력한 DSS는 석탄, 석유, 광석, 완제품의 대량 화물을 운송하는 대형 글로벌 해운회사의 항해추정시스템(voyage-estimating system)이다. 이 회사는 몇 척의 자사 소유 선박과

그림 2.4 MIS 샘플 보고서

연간 판매 데이터를 요약한 이 보고서는 그림 2.3의 MIS로 만들었다.

Consumer Products Corporation의 제품 및 판매 지역별 판매량 : 2019

제품 코드	제품 설명	판매 지역	실제 판매량	계획	계획 대비 실제
4469	카펫 청소기	북동부	4,066,700	4,800,000	0.85
		남부	3,778,112	3,750,000	1.01
		중서부	4,867,001	4,600,000	1.06
		서부	4,003,440	4,400,000	0.91
	총계		16,715,253	17,550,000	0.95
5674	공기 청정기	북동부	3,676,700	3,900,000	0.94
		남부	5,608,112	4,700,000	1.19
		중서부	4,711,001	4,200,000	1.12
		서부	4,563,440	4,900,000	0.93
	총계		18,559,253	17,700,000	1.05

전세 선박을 보유하고 있으며, 일반 화물 운송을 위해 공개시장에서 운송계약에 입찰하고 있다. 항해추정시스템은 재정적인 사항과 기술적인 세부사항들을 계산한다. 재정적 세부사항에는 선박·시간비용(연료, 노동, 자본), 다양한 화물들의 운임률, 정박비용 등이 포함된다. 기술적 세부사항으로는 선박 운송능력, 속도, 항만거리, 연료와 물 소비량, 선적 패턴(다른 항구를 위한 화물의 위치) 등 수많은 요소가 있다.

항해추정시스템은 "고객 운송계획과 운임률이 주어진 상황에서 어느 선박을 어떤 비율로 배정해야 이익이 극대화될 수 있는가?", "운송계획을 만족시키면서 이익을 극대화할 수 있는 특정 선박의 최적 속도는 얼마인가?", "말레이시아에서 미국 서부 해안으로 가는 선박의 최적 선적 패턴은 무엇인가?" 등의 질문에 답할 수 있다. 그림 2.5는 이 회사의 DSS에 대한 설명이다. 이 시스템은 강력한 개인용 데스크톱 컴퓨터에서 운영되고, 사용자의 데이터 입력이나 정보 획득이 용이하도록 메뉴시스템을 채택했다.

방금 설명한 항해추정 DSS는 모델에 크게 의존한다. 다른 비즈니스 인텔리전스시스템은 방대한 양의 데이터에서 유용한 정보를 추출하는 데 초점을 맞추고 있다. 예를 들어 인트라웨스트(Intrawest)나 베일(Vail) 같은 대형 스키 리조트 회사들은 콜센터, 숙박 및 식사 예약, 스키 학교, 스키 장비 대여점에서 대량의 고객 데이터를 수집하여 보관한다. 이 회사는 이러한 데이터를 분석하기 위해 특별한 소프트웨어를 사용한다. 이 소프트웨어는 각 고객의 가치, 잠재적 수익, 충성도 등을 분석하여 관리자들이 마케팅 프로그램의 목표를 설정하는 데 도움을 준다.

비즈니스 인텔리전스시스템은 고위 관리층의 의사결정도 지원한다. 고위 관리층은 기업 내·외부 환경의 전략적 문제와 장기적 추세를 파악할 수 있도록 지원하는 시스템이 필요하다. 고위 관리층은 "5년 후 고용 수준은 어떠할까?", "산업비용에 대한 장기적인 경향은 무엇인가?", "우리는 5년 후에 어떤 제품을 만들어야 하는가?" 등의 질문에 관심을 가지고 있다.

중역지원시스템(executive support systems, ESS)은 고위 관리층이 이러한 의사결정을 내릴 수 있도록 지원한다. ESS는 해결책에 도달하기 위한 합의된 절차가 없어 판단, 평가, 통찰력이 절대적으

┃그림 2.5 항해추정 의사결정지원시스템

이 DSS는 강력한 PC에서 운영되고, 운송계약 입찰을 담당하는 관리자가 매일 사용한다.

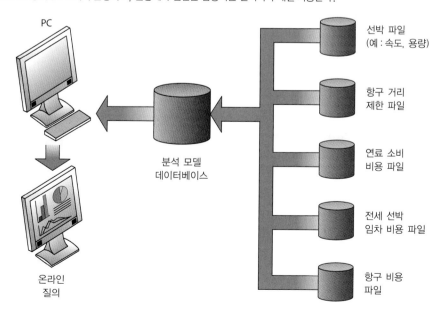

로 요구되는 비일상적인 의사결정 문제에 초점을 맞춘다. ESS는 고위 관리자가 사용하기 쉬운 인터페이스를 통해 많은 출처의 그래프와 데이터를 제시한다. 종종 정보는 **포털**(portal)을 통해 고위 경영진에게 전달되는데, 이 포털은 통합된 개인화된 비즈니스 콘텐츠를 제공하기 위해 웹 인터페이스를 사용한다.

ESS는 새로운 조세법이나 경쟁업체와 같은 외부 사건에 관한 데이터를 통합하도록 설계되었을 뿐만 아니라 내부 MIS와 DSS로부터의 정보도 요약한다. ESS는 중요한 데이터를 여과, 요약, 관리하여 가장 중요한 핵심 데이터를 고위 관리자에게 제시한다. 점차적으로 그러한 시스템들은 추세분석, 예측, '드릴다운(drilling down)'과 같은 비즈니스 인텔리전스 분석 기능을 포함할 것이다.

예를 들어 세계 최대의 독립형 정유회사인 발레로(Valero)의 COO(최고운영책임자)와 플랜트 매니저는 Refining Dashboard를 사용하여 플랜트 및 장비 신뢰성, 재고관리, 안전, 에너지 소비 등과 관련된 실시간 데이터를 표시한다. COO와 그의 팀은 표시된 정보를 가지고, 각 공장의 생산 계획과 비교하여 미국과 캐나다의 각 발레로 정유 공장의 실적을 검토할 수 있다. 본사 그룹은 중역 레벨, 정유 공장 레벨, 더 나아가 개별시스템 운영자 레벨까지 실적을 드릴다운할 수 있다. 발레로의 Reining Dashboard는 **디지털 대시보드**(digital dashboard)의 예로서, 회사를 관리하기 위한 주요 성과 지표가 단일 화면 그래프와 차트에 표시된다. 디지털 대시보드는 경영진 의사결정자들에게 점점 더 인기 있는 도구가 되고 있다.

조직에 대한 토론방은 NFL(National Football League)과 그 팀이 사용하는 이러한 유형의 시스템 중 몇 가지 예를 설명한다. 이 사례에서 설명된 시스템의 유형과 운영 및 의사결정을 개선하기 위해 시스템이 수행하는 역할에 주목하라.

디지털 대시보드는 종종 단일 화면을 사용하여 의사결정을 위한 종합적이고 정확한 정보를 제공한다. 핵심 성과지표의 그래픽 개요를 통해 관리자는 주의가 필요한 영역을 신속하게 파악할 수 있다.

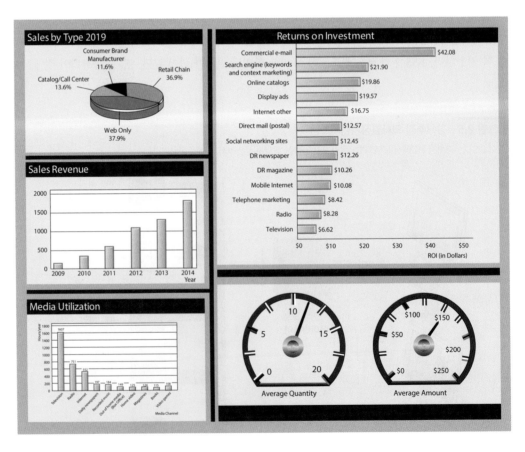

NFL 팀의 경기 방식과 팬들이 보는 방식을 바꾸는 데이터

오늘날 모든 프로 스포츠 팀은 선수 및 팀 성과, 팬 행동 및 판매에 대한 자세한 데이터를 수집하고 이러한 데이터를 사용하여 마케팅, 티켓팅, 선수 평가, TV 및 디지털 미디어 거래 등 비즈니스의 모든 측면에 대한 결정을 내린다. NFL도 마찬가지다. NFL은 선수와 팀의 수행 방식과 팬이 게임을 경험하는 방식을 개선하기 위해 점점 더 데이터로 전환하고 있다.

NFL은 2014년부터 선수의 어깨 패드 아래에 니켈 크기의 RFID(Radio Frequency Identification) 태그를 삽입하여 선수의 모든 움직임을 추적함으로써 현장에서 선수 움직임 데이터를 얻고 있다. 센서로 수집되는 정보는 NFL 팀이 교육 및 전략을 개선하는 데 사용하거나, 라이브 게임 방송의 해설자와 게임에 참가하거나 Xbox One의 NFL 앱을 사용하는 팬들이 사용한다.

NFL의 선수 추적시스템은 제브라 테크놀로지(Zebra Technologies)가 개발한 제브라 스포츠 솔루션을 기반으로 한다. 제브라 테크놀로지는 식료품점 및 기타 소비재의 바코드와 RFID 기술 등 추적 기술을 전문으로 하는 시카고에 기반을 둔 회사이다. 제브라 스포츠 솔루션 시스템은 선수의 속도, 방향, 경기장에서의 위치, 경기 진행 거리 그리고 달리기, 조깅 또는 걷기 시간을 기록한다. 또한 이 시스템은 팀 구성이나 선수의 속도 또는 가속이 경기 성과에 어떤 영향을 미치는지 결정할 수 있다. 일라이 매닝이 얼마나 힘들게 패스를 하는지, 리시버 오델 베컴의 손에 도달하는 공의 힘이 얼마인지 알고 싶은가? 이 시스템은 그 모든 것을 수행하는 방법을 알고 있다.

NFL 선수의 왼쪽 및 오른쪽 어깨 패드에는 RFID 칩이 내장되어 있는데, 이 RFID는 속도, 시간당 마일 속도, 이동거리 등 각 선수의 이동 방식에 대한 데이터를 수집하여 경기장의 상단 및 하단에 위치한 20개의 무선 수신기로 데이터를 전송한다. 이 데이터는 다시 현장 서버 컴퓨터로 전송되는데, 거기에서 제브라 소프트웨어가 RFID 태그를 올바른 선수와 매칭시킨다. 또한 축구공에는 위치 데이터를 전송하는 센서가 있다. 게임이 진행되는 동안 실시간으로 데이터가 생성된다. 각 센서는 선수당 약 25회 위치를 전송한다.

모션 센서가 데이터를 수신하고 분석한 후 NFL을 위한 아마존 웹서비스가 실행되는 원격 클라우드 컴퓨터로 전송하는 데 2초밖에 걸리지 않는다. NFL 클라우드 컴퓨터에서 데이터는 팬, 방송사 및 NFL 팀과 공유된다. NFL이 수집한 데이터는 NFL Next Gen Stats 웹사이트, NFL 소셜 미디어 채널, Windows 10 및 Xbox One의 NFL 앱을 사용하여 팬에게 제공된다. 또한 데이터는 경기장의 대형 디스플레이 화면으로 전송되어 게임 중에 팬에게 제공된다.

데이터는 여러 용도로 사용된다. NFL 팀은 선수 및 팀의 성과를 평가하고, 특정 제4다운 상황에서 프레스 포워드나 펀드(punt) 하는 것이 더 나을지와 같은 전술을 분석하는 데 데이터를 사용한다. 방송사, 경기장 화면, Next Gen Stats, Microsoft Xbox One NFL 앱의 Next Gen Stats 기능으로 전송되는 데이터는 팬이 게임에 더 많이 참여하도록 하는 더 깊은 팬 경험을 제공한다.

팬들이 이제 Next Gen Stats에서 볼 수 있는 통계로는 가장 빠른 볼 캐리어, 가장 긴 태클, 가장 긴 플레이, 패스 리더, 러싱(rushing) 리더 및 리시빙(receiving) 리더 등이 있다. 또한 Next Gen Stats에는 데이터를 기반으로 선수, 팀 및 게임 간의 차이와 유사성을 설명하는 개별 선수 및 비디오 차트 기능도 있다.

데이터는 팬에게 재미를 주는 반면, 팀에게는 전략을 입증하는 데 사용할 수 있다. 공격 유형, 방어 유형, 허들 여부, 경기 중 모든 움직임, 그리고 공이 멈춘 야드 라인 등 각 경기에 대한 데이터 마커가 기록된다. NFL은 게임 종료 후 24시간 이내에 각 팀에게 데이터 시각화를 제공하기 위해 맞춤형 웹 포털을 통해 맞춤형 애널리틱스를 실행한다. 이 시스템은 차트와 그래프는 물론 테이블 형식의 데이터를 표시하여 팀이 보다 통찰력을 갖도록 한다. 각 NFL 팀은 자체 데이터 분석가를 고용하여 데이터에서 더 많은 가치를 창출할 수 있다. 이 데이터는 NFL 팬, 팀, 코치 및 선수에게 그들이 좋아하는 게임을 더 깊이 들여다볼 수 있게 한다.

출처 : Jason Hiner, "How the NFL and Amazon Unleashed 'Next Gen Stats' to Grok Football Games," *TechRepublic*, February 2,

2018; Teena Maddox, "Super Bowl 52: How the NFL and US Bank Stadium Are Ready to Make Digital History," TechRepublic, February 1, 2018; Brian McDonough, "How the NFL's Data Operation Tracks Every Move on the Field," *Information Management*, December 7,

2016; www.zebra.com, accessed March 15, 2017; and Mark J. Burns, "Zebra Technologies, NFL Revamp Partnership For Third Season," *SportTechie*, September 6, 2016.

사례연구 문제

1. 이 사례연구에는 어떤 종류의 시스템들이 설명되어 있는가? 그 시스템들은 어디에서 데이터를 얻는가? 데이터로 무엇을 하는가? 각 시스템의 입력 및 출력에 대해 설명하라.

2. 이 시스템들은 어떤 비즈니스 기능을 지원하는가?

3. NFL이 수집한 팀과 선수에 대한 데이터는 NFL 풋볼팀과 NFL 자체가 더 나은 의사결정을 내리는 데 어떻게 도움이 되는가? 이 사례에서 설명한 시스템이 개선한 두 가지 의사결정의 예를 들라.

4. 데이터 사용이 NFL과 NFL 팀이 비즈니스 운영 방식을 개선하는 데 어떻게 도움이 되었는가?

기업연계시스템

방금 설명한 모든 종류의 시스템을 살펴보면서, 기업들이 과연 이런 다양한 시스템에 있는 정보를 어떻게 관리할 수 있을지 궁금해할 수 있다. 또한 이렇게 많은 다른 시스템들을 유지하는 데 얼마나 많은 비용이 드는지 궁금해할 것이다. 그리고 다른 시스템들이 어떻게 서로 정보를 공유하는지, 관리자와 직원들이 어떻게 그들의 업무를 조정할 수 있는지 궁금할 것이다. 사실 이것들은 오늘날 기업들에게 중요한 질문이다.

전사적 애플리케이션

한 회사에서 다른 종류의 다양한 시스템이 함께 작동하도록 하는 것은 중요한 과제이다. 일반적으로 기업들은 정상적인 '조직적' 성장과 작은 기업들의 인수를 통해 성장한다. 기업들은 시간이 경과하면서 여러 시스템을 보유하게 되는데(그것들의 상당수는 오래된 것이다), 그 시스템들이 서로 데이터를 교환하고 하나의 시스템으로서 공동 작업하도록 만드는 과제에 직면하게 된다. 이러한 문제를 해결하는 방법은 몇 가지가 있다.

한 가지 해결책은 여러 기능 영역에 걸쳐 있고, 전사적으로 비즈니스 프로세스를 실행하는 데 주력하며, 모든 경영 수준을 포함하는 **전사적 애플리케이션**(enterprise application)을 구현하는 것이다. 전사적 애플리케이션은 자원과 고객 서비스의 효율적 관리를 위해 비즈니스 프로세스들을 상호 긴밀하게 조정하고 어떤 경우는 통합함으로써 기업이 보다 유연하고 생산적인 조직이 될 수 있도록 지원한다.

주요 전사적 애플리케이션으로 전사적 시스템, 공급사슬관리시스템, 고객관계관리시스템, 지식관리시스템 등 네 가지가 있다. 이러한 전사적 애플리케이션은 조직의 전반적인 성과 향상을 위해 관련 있는 기능들과 비즈니스 프로세스들을 통합한다. 그림 2.6은 조직의 모든 프로세스를 포함하며 일부는 고객, 공급업체, 그리고 기타 핵심 비즈니스 파트너에게까지 확장된 전사적 애플리케이션의 아키텍처를 보여주고 있다.

그림 2.6 전사적 애플리케이션의 아키텍처

전사적 애플리케이션은 여러 경영 기능과 조직 수준을 아우르는 프로세스를 자동화하며 조직 외부로 확장할 수 있다.

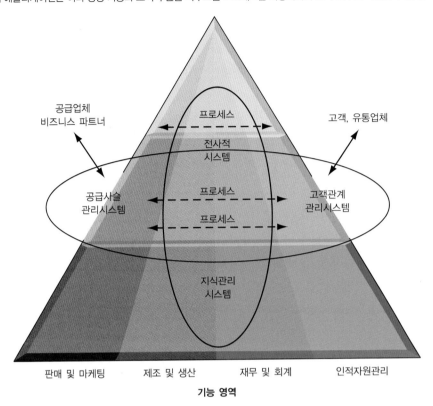

전사적 시스템 전사적 시스템(enterprise system) 기업들은 제조 및 생산, 재무 및 회계, 판매 및 마케팅, 그리고 인적자원관리 등의 비즈니스 프로세스를 하나의 소프트웨어 시스템으로 통합하기 위해 전사적 자원관리(enterprise resource planning, ERP)시스템으로도 불리는 전사적 시스템을 이용한다. 이전에 여러 시스템에 분산되어 있던 정보는 전사적으로 공유할 수 있도록 하나의 데이터 저장소에 저장된다.

예를 들어 고객이 주문하면 이로 인해 영향을 받는 회사의 다른 부문으로 주문 데이터가 자동으로 전달된다. 주문거래는 창고에 전달되어 주문된 제품을 찾고 출하 일정을 계획하도록 한다. 창고에 재고가 부족한 경우 생산을 요청하는 정보가 공장에 전달된다. 회계부서는 고객에게 송장을 보내도록 통보받는다. 고객 서비스 직원은 그 주문의 진행사항을 관리하고 고객에게 주문 상태에 대한 정보를 제공한다. 관리자들은 일상운영이나 장기적인 계획에 대한 보다 정확하고 시의적절한 의사결정을 내리기 위해 전사적인 정보를 이용할 수 있다.

공급사슬관리시스템 기업들은 공급업체와의 관계관리를 지원하기 위해 **공급사슬관리시스템**(supply chain management [SCM] system)을 이용한다. 이 시스템은 공급업체, 구매기업, 유통업체, 물류회사들이 주문, 생산, 재고 수준, 그리고 제품과 서비스의 배송에 관한 정보를 공유하도록 하여 제품과 서비스를 효율적으로 구매, 생산, 배송할 수 있도록 지원한다. 궁극적인 목적은 최소의 비용과 시간으로 공급업체부터 소비자까지 적정량의 제품을 공급하는 것이다. 이 시스템은 물류비용과 생산비용을 낮추고 관리자가 구매, 생산, 유통의 조직화 및 일정 계획에 대한 보다 양질의 의사결정을 내릴 수 있도록 하여 기업의 수익성을 향상시킨다.

공급사슬관리시스템은 조직 경계를 넘나드는 정보 흐름을 자동화하는 **조직 간 시스템**(interorganizational system)의 한 유형이다. 여러분은 이 책에서 기업들이 고객들과 전자적으로 연결되고 그들의 업무를 다른 기업에 아웃소싱하는 것을 지원하는 다른 유형의 기업 간 정보시스템을 학습하게 될 것이다.

고객관계관리시스템 기업들은 고객과의 관계를 관리하기 위해 **고객관계관리시스템**(customer relationship management [CRM] system)을 이용한다. CRM 시스템은 수익, 고객 만족, 그리고 고객 유지를 최적화할 수 있도록 고객과 관련된 판매, 마케팅, 서비스 부문의 모든 비즈니스 프로세스를 조정하는 데 필요한 정보를 제공한다. 이 정보는 기업들이 가장 수익성 있는 고객들을 파악·확보·유지하는 것을 도와주고, 기존 고객에게 보다 양질의 서비스를 제공하고 판매를 증대하도록 지원한다.

지식관리시스템 어떤 기업은 제품이나 서비스의 개발, 생산, 배송에 관한 탁월한 지식을 보유하고 있어 다른 기업에 비해 더 좋은 성과를 낸다. 이러한 지식은 모방하기 어렵고 독특하며 장기적으로 전략적 이점을 제공할 수 있다. **지식관리시스템**(knowledge management system, KMS)은 지식이나 전문기술의 획득과 적용 프로세스들을 보다 잘 관리할 수 있도록 지원한다. 이 시스템은 기업에 있는 유용한 지식과 경험을 수집하여 비즈니스 프로세스와 경영 의사결정의 개선을 위해 언제 어디서나 활용될 수 있도록 지원한다. 또한 이 시스템은 기업을 외부 지식 원천에 연결한다.

제9장에서 전사적 시스템과 공급사슬관리 및 고객관계관리를 위한 시스템들에 대해 자세히 살펴보기로 한다. 이 장에서는 지식관리를 지원하는 협업시스템을 살펴보고, 지식관리를 위한 나머지 애플리케이션들에 대해서는 제11장에서 살펴본다.

인트라넷과 엑스트라넷

전사적 애플리케이션은 기업의 사업 수행 방식을 근본적으로 변화시키며 중요한 경영 데이터를 하나의 시스템에 통합할 수 있는 많은 기회를 제공한다. 이는 종종 비용이 많이 들고 실행하기 어렵다. 인트라넷과 엑스트라넷은 기업 내부, 고객, 그리고 공급업체와의 정보 흐름을 촉진하고 통합을 강화하는 대체 수단이 될 수 있다.

인트라넷은 직원만 접근할 수 있는 기업 내부 웹사이트다. 인터넷이 조직과 다른 외부 네트워크를 연결하는 공공 네트워크인 반면, 인트라넷은 내부 네트워크라는 사실을 강조하기 위해 이 용어를 사용한다. 인트라넷은 인터넷과 동일한 기술과 기법을 활용하며, 회사 전체의 웹사이트 중에서 사설 접속만 허용하는 영역이다. 엑스트라넷은 권한을 부여받은 납품업체와 공급업체에게만 접속을 허용하는 기업 웹사이트로, 생산에 필요한 물품들을 관리하기 위해 사용된다.

예를 들어 북아메리카에서 18개의 테마파크를 운영하는 식스플래그(Six Flags)는 1,900명의 정규직 직원들에게 회사와 관련된 뉴스나 각 테마파크의 운영정보, 날씨 예보, 공연 일정, 그리고 테마파크를 방문하는 단체나 유명인사에 대한 세부사항을 제공하기 위해 인트라넷을 이용한다. 또한 이 회사는 일정 변경이나 이벤트 정보를 3만 명의 계약직 직원들에게 알려주기 위해 엑스트라넷을 이용한다. 제7장에서 인트라넷과 엑스트라넷 기술에 대해 자세히 설명한다.

e-비즈니스, 전자상거래, 전자정부

방금 설명한 시스템과 기술들은 고객, 직원, 공급업체, 그리고 물류 파트너와의 관계를 네트워크와 인터넷을 사용하여 디지털 관계로 전환하고 있다. 이 책에서 e-비즈니스와 **전자상거래**라는 용어로 표현되는 많은 비즈니스들이 디지털 네트워크에 기반하여 수행되고 있다.

e-비즈니스(electronic business)는 기업에서 주요한 비즈니스 프로세스들을 수행하기 위해 인터넷과 디지털 기술을 활용하는 것을 의미한다. e-비즈니스는 기업의 내부관리나 공급업체 및 비즈니스 파트너와의 협력을 위한 활동들을 포함한다. 또한 e-비즈니스는 **전자상거래**(electronic commerce)를 포함한다.

전자상거래는 e-비즈니스의 한 부분으로 인터넷이나 네트워크, 그리고 다른 디지털 기술들을 이용해 전자적으로 제품이나 서비스를 사고파는 것을 의미한다. 또한 전자상거래는 광고, 마케팅, 고객 지원, 배송, 지불 등과 같은 활동들을 포함한다.

e-비즈니스에 관련된 기술들은 공공 분야에도 비슷한 변화를 가져다주었다. 각계각층의 정부기관들은 시민, 직원, 관련 기업들에게 정보나 서비스를 제공하기 위해 인터넷 기술을 활용한다. **전자정부**(e-government)는 인터넷과 네트워크 기술의 애플리케이션으로서 정부와 공공기관이 시민, 기업체, 그리고 다른 정부기관과 디지털 방식으로 업무를 처리할 수 있도록 지원한다.

또한 전자정부는 정부 서비스의 개선과 더불어 정부 운영을 보다 효율적으로 만들며, 시민들에게 정보에 대한 접근 용이성과 다른 시민과의 전자적 네트워킹 기능을 제공한다. 예를 들어 시민들은 운전면허증 갱신이나 실업수당 신청을 온라인으로 할 수 있으며, 인터넷은 이익집단의 즉각적인 결집이나 정치적 활동과 모금 활동을 위한 강력한 도구가 되었다.

2-3 협업 및 소셜 비즈니스 시스템은 왜 중요하며 어떤 기술들이 사용되는가?

어떻게 이런 모든 시스템과 정보를 이해할 수 있을지 궁금할 것이다. 회사에서 일하는 사람들은 어떻게 모든 것을 한데 모으고, 공동의 목표를 향해 일하고, 계획과 행동을 조율하는가? 기업들은 앞서 설명한 시스템 이외에 협업과 팀워크를 지원하는 시스템들이 필요하다.

협업의 정의

협업(collaboration)은 공유된 명시적인 목적을 달성하기 위해 다른 사람들과 같이 일하는 것을 의미한다. 협업은 업무나 임무 달성에 초점을 맞추고 있으며, 대개 기업이나 다른 조직 그리고 기업 간에 이루어진다. 특정 분야의 전문지식을 갖춘 도쿄에 있는 동료와 협력할 수 있다. 회사 블로그를 만들기 위해 많은 동료들과 협력할 수 있다. 법무법인에 근무한다면 고객의 세금문제를 해결하기 위해 회계법인에 근무하는 회계사들과 협력할 수 있다.

협업은 업무 특성과 참여자 간의 관계에 따라 협력 기간이 일시적이거나 장기간 지속될 수 있다. 협업은 일대일(one-to-one) 또는 다대다(many-to-many)가 될 수 있다.

직원들은 정규팀으로 구성되거나 조직도상의 공식기구가 아닌 비공식 집단에서 협력하게 된다. **팀**(team)은 어떤 일을 하기 위해 구성된 조직의 일부분이다. 팀은 조직의 누군가가 부여한 특정한 임무를 수행하고 있으며 완수해야 하는 직무를 가지고 있다. 팀원들은 특정 업무를 달성하기 위해 협력해야 하며 공동으로 팀의 임무를 완수해야 한다. 팀의 임무는 '경기에서 이기기', '온라인 판매 10% 증대하기' 등과 같은 것이다. 팀은 해결해야 하는 문제나 해결책 모색과 임무 달성에 필요한 기간에 따라 지속기간이 달라진다.

오늘날 협업과 팀워크는 다양한 이유로 그 어느 때보다 중요하다.

- **작업 본질의 변화.** 작업의 본질이 생산 프로세스의 각 단계가 서로 독립적으로 발생하여 감독자에 의해 조정되는 컴퓨터 이전 시대의 사무 업무와 달라졌다. 작업은 부서단위로 조직화된다. 한 부서 내에서 완성품이 만들어질 때까지 한 기계에서 다른 기계로, 한 책상에서 다른 책상으로 작업이 전달됐다. 그러나 최근에는 서비스나 제품의 생산에 관계된 당사자들 간에 보다 긴밀한 조정과 상호작용이 필요하게 되었다. 컨설팅 회사 맥킨지 & 컴퍼니(McKinsey & Company)에 따르면 미국 노동력의 41%가 상호작용(토론, e-메일, 발표, 설득)이 주요 부가가치 활동인 직업에 종사하고 있다(McKinsey, 2012). 요즘 공장에서조차 작업자들은 집단으로 작업한다.

- **전문 직종의 증가.** '상호작용' 직업들은 긴밀한 협력과 조정이 필요한 서비스 분야의 전문 직종인 경향이 있다. 전문 직종은 많은 교육과 업무처리를 위한 정보와 의견 공유가 필요하다. 각 행위자들은 문제에 대한 전문지식이 있어야 하며 모든 행위자들은 그 직무의 달성을 위해 서로 협력해야 한다.

- **기업 조직의 변화.** 산업화 시대에 대부분의 관리자들은 계층 구조로 작업을 조직화했다. 지시는 계층 구조를 따라 내려왔고, 응답은 계층 구조를 따라 올라갔다. 최근에는 작업은 집단과 팀으로 조직화되며, 각 집단과 팀은 업무 달성을 위한 그들 나름대로의 방법을 개발한다. 고위 관리층은 결과를 관찰하고 측정하지만 구체적인 지시나 운영 절차는 문제시하지 않는 경향이 있다. 이는 의사결정 권한이 조직의 하위 계층으로 이양된 결과이다.

- **기업 범위의 변화.** 기존에 한곳에서 이루어지던 기업의 업무가 한 지역, 한 국가, 심지어 전 세계에 걸쳐 여러 곳에서 이루어지고 있다. 예를 들어 헨리 포드는 자동차 대량생산을 위한 첫 번째 시설을 디어본 미시간 공장 한곳에 설치했다. 2017년 포드는 전 세계 67개 공장에서 202,000명 이상의 직원을 고용했다. 이러한 글로벌화의 도래는 설계, 생산, 마케팅, 유통, 서비스 등의 분야에서 긴밀한 협조의 필요성을 증대시키고 있다. 대규모 글로벌 회사들은 세계를 대상으로 일하는 팀들을 보유해야 한다.

- **혁신의 강조.** 우리는 경영과 과학에서 혁신이 위대한 개인들로부터 오는 것으로 생각하는 경향이 있지만, 이러한 위대한 개인은 뛰어난 동료들과 팀을 구성해 일하는 것이 더 일반적이다. 위대한 혁신자로 인정받고 있는 마이크로소프트와 애플의 설립자인 빌 게이츠와 스티브 잡스를 생각해보자. 그들은 모두 기업의 혁신을 육성ㆍ지원하기 위해 막강한 협업팀을 구성했다. 그들의 초기 혁신은 동료와 파트너와의 긴밀한 협업으로부터 시작됐다. 혁신은 다른 말로 집단과 사회 프로세스이며, 가장 강력한 혁신은 연구실, 기업, 정부기관 등에 있는 개인들의 협력으로부터 비롯된다. 강력한 협업 관행과 기술은 혁신의 속도와 품질을 향상시킬 것으로 예상된다.

- **일과 경영 문화의 변화.** 협업에 대한 대부분의 연구들은 다양성을 띤 팀이 혼자 일하는 개인들보다 결과물의 품질과 속도 측면에서 우수하다는 것을 입증하고 있다. 군중에 대한 일반적인 개념('크라우드 소싱'과 '군중의 지혜') 또한 협업과 팀워크의 문화적 필요성을 제공한다.

소셜 비즈니스의 정의

최근 많은 기업들이 **소셜 비즈니스**(social business)를 이용해 협업을 강화하고 있다. 소셜 비즈니스는 직원, 고객, 공급업자들과의 관계를 맺기 위해 페이스북, 트위터, 기업 내부의 소셜 도구 등 소셜 네트워킹 플랫폼을 활용하는 것을 말한다. 이러한 도구들은 참여자들이 프로필 설정과 그룹 형

표 2.2 소셜 비즈니스 애플리케이션

소셜 비즈니스 애플리케이션	설명
소셜 네트워크	개인 및 비즈니스 프로필을 통해 연결
크라우드소싱	집단 지식을 활용하여 새로운 아이디어와 해결책 창출
공유 작업공간	프로젝트 및 작업 조정, 콘텐츠 공동 생성
블로그와 위키	지식의 출판과 신속한 접근, 의견과 경험 토론
소셜 커머스	소셜 플랫폼에서 구매에 대한 의견 공유
파일 공유	사진, 비디오, 오디오, 문서 등의 업로드, 공유, 의견 제시
소셜 마케팅	소셜 미디어를 활용한 고객과의 상호작용, 고객에 대한 통찰력 획득
커뮤니티	공개 포럼에서 주제 토의, 경험 공유

성, 그리고 각자의 상태 업데이트를 '팔로우(follow)'할 수 있도록 한다. 소셜 비즈니스의 목적은 정보 공유와 혁신, 그리고 의사결정을 개선하기 위해 집단 내부 및 기업 외부와의 상호작용을 강화하는 것이다.

소셜 비즈니스의 키워드는 대화이다. 고객, 공급업자, 직원, 관리자, 대리점들조차 종종 회사 또는 핵심 행위자(직원, 관리자)에 대한 지식 없이 회사와 지속적으로 대화한다.

소셜 비즈니스의 지지자들은 만약 회사가 이러한 대화들을 포착할 수 있다면 고객, 공급업자, 직원들과의 정서적 연대감과 관계가 강화될 수 있다고 주장한다.

이러한 모든 것은 상당한 정보 투명성을 필요로 한다. 사람들은 다른 사람들의 간섭 없이 서로 의견과 사실을 공유해야 한다. 직원들은 고객이나 다른 직원들이 생각하는 것을 바로 알 수 있고, 공급업자들은 공급사슬 파트너들의 의견을 직접적으로 학습하게 될 것이며, 관리자들조차 직원들이 얼마나 일을 잘하고 있는지 바로 알게 된다. 가치 창출에 포함된 거의 모든 사람이 다른 사람들에 대해 훨씬 많이 알게 된다.

만약 그러한 환경이 만들어진다면 운영 효율성 향상과 혁신의 가속화, 그리고 의사결정 능력 개선 등이 용이해질 것이다. 만약 제품 디자이너들이 시장에서 그들의 제품이 어떤 반응을 얻고 있는지 실시간으로 알 수 있다면 재설계 프로세스는 가속화될 수 있다. 만약 직원들이 새로운 지식과 통찰력을 얻기 위해 기업 내·외부의 소셜 커넥션(social connection)을 활용할 수 있다면 업무의 효율성이 제고되고 더 많은 비즈니스 문제를 풀 수 있게 된다.

표 2.2는 회사 내부와 외부에서 사용할 수 있는 대표적인 소셜 비즈니스 애플리케이션들을 정리한 것이다. 이 장에서는 주로 회사 내부에서 사용하는 전사적 소셜 비즈니스 애플리케이션들에 대해 설명하고, 제7장과 제10장에서 고객, 공급업자 등 회사 외부와 관계되는 소셜 비즈니스 애플리케이션들을 설명한다.

협업과 소셜 비즈니스가 기업에 주는 혜택

협업에 관한 연구는 상당 부분 입증되지 않은 것들이지만, 기업이나 학계에서는 더 '협력적'인 기업들이 더 성공을 이룰 것이며, 기업 내부 또는 기업 간 협업은 과거보다 더 필수적이라는 일반적인 믿음이 있다. *MIT Sloan Management Review*의 연구는 협업에 중점을 두는 것이 디지털 선진 기

표 2.3 협업과 소셜 비즈니스가 기업에 주는 혜택

이점	근거
생산성	협력과 상호작용을 하는 사람들은 동일한 수의 각자 일하는 사람들보다 더 빠르게 문제를 해결할 수 있다. 오류도 적다.
품질	협력하여 일하면 오류에 대해 서로 대화하고 각자 일하는 것보다 빠르게 시정조치를 취할 수 있다. 협업 및 소셜 기술들은 설계와 생산 지연을 줄일 수 있다.
혁신	협력하여 일하면 각자 일하는 것보다 제품, 서비스, 그리고 관리에 대해 보다 혁신적인 아이디어를 찾아낼 수 있다. 집단의 다양성과 '군중의 지혜'를 활용할 수 있다.
고객 서비스	협업과 소셜 도구들을 활용하여 팀으로 함께 일하면 각자 일하는 것보다 고객 불만과 이슈 사항들을 보다 효과적으로 해결할 수 있다.
재무적 성과 (수익성, 매출, 매출 증대)	위와 같은 이유로 협력적인 기업들이 매출, 매출 증대, 재무적 성과가 우수하다.

업이 비즈니스 가치를 창출하고 경쟁우위를 확보하는 방법의 핵심이라는 것을 발견했다(Kiron, 2017). 비즈니스 및 정보시스템 관리자들을 대상으로 한 글로벌 설문조사 결과, 협업기술에 대한 투자는 판매, 마케팅, 연구개발 기능의 개선을 포함하여 투자 대비 4배 이상의 조직적 개선을 이루었다(Frost and Sullivan, 2009). 맥킨지 & 컴퍼니 컨설턴트들은 기업 내 또는 기업 간에 사용되는 소셜 기술들은 작업자들의 상호작용 생산성을 20~25% 향상시킬 것으로 예상하고 있다(McKinsey Global Institute, 2012).

표 2.3은 선행 연구에서 파악된 협업과 소셜 비즈니스의 이점에 대해 정리한 것이다. 그림 2.7은 협업이 어떻게 기업 성과에 영향을 주는지 그래프로 표현한 것이다.

그림 2.7 협업을 위한 요건

성공적인 협업을 위해서는 적합한 협업기술과 조직구조, 문화가 필요하다.

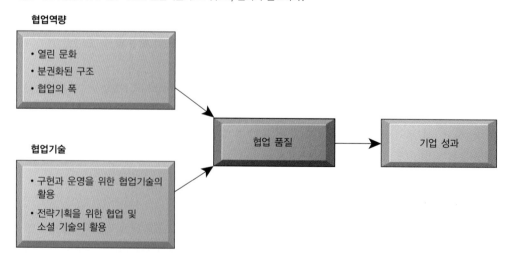

협업역량
- 열린 문화
- 분권화된 구조
- 협업의 폭

협업기술
- 구현과 운영을 위한 협업기술의 활용
- 전략기획을 위한 협업 및 소셜 기술의 활용

협업 품질

기업 성과

협력적 문화와 비즈니스 프로세스 구축

기업에서 협업은 자발적으로 일어나지 않는다. 특히 협력적 문화나 비즈니스 프로세스가 없는 경우 더욱 그렇다. 과거의 기업들, 특히 대기업들은 고위 관리층이 모든 중요한 문제들을 생각하고 하위 직원들에게 그들의 계획을 실행하도록 지시하는 '명령과 통제' 위주의 조직이었다. 중간 관리층의 직무는 메시지를 조직 계층의 위아래 혹은 앞뒤로 전달하는 것이었다.

명령과 통제 기업들은 하위 직원들이 많은 질문을 하지 않고 프로세스 개선에 대한 책임이나 팀워크 및 팀 성과에 대한 보상 없이 지시에 따라줄 것을 요구했다. 특정 작업 집단이 다른 작업 집단들의 도움이 필요했다면 그것은 그 집단의 상사가 해결해야 하는 문제였다. 집단의 구성원들은 다른 집단과 수평적 의사소통은 하지 않고 수직적 의사소통만을 했으므로 경영진은 그 프로세스를 통제할 수 있었다. 경영진과 직원들의 기대는 함께 문화를 형성했고, 이는 공통의 목표와 사람들이 어떻게 행동해야 하는지에 대한 일련의 가정이었다. 많은 기업체들이 여전히 이런 식으로 경영하고 있다.

협력적 기업 문화와 비즈니스 프로세스는 상당히 다르다. 고위 관리자들은 결과를 달성하는 책임이 있지만 그 결과를 달성하고 구현하기 위해서는 직원들로 구성된 팀이 필요하다. 정책, 제품, 디자인, 프로세스, 그리고 시스템은 조직의 모든 수준에서 훨씬 더 팀에 의존적이다. 팀들은 팀의 성과에 의해 보상받으며 개인은 팀에서 보인 개인의 성과에 의해 보상받는다. 중간 관리자의 역할은 팀을 구성하고 그들의 작업을 조정하며 성과를 모니터링하는 것이다. 기업 문화와 비즈니스 프로세스는 보다 '사회적'이다. 협력적 문화에서 고위 관리층은 협업과 팀워크를 조직의 중요한 요소로 여긴다.

협업과 소셜 비즈니스를 위한 도구와 기술

협업과 소셜 비즈니스를 가능하게 하는 정보시스템이 없다면 협력적 팀 중심의 문화는 효과를 발휘하지 못할 것이다. 직장 동료, 고객, 공급업자, 관리자 등 다른 사람들과의 직무를 성공적으로 수행하도록 지원하는 수많은 도구들이 있다. IBM 로터스 노츠(Lotus Notes)와 같은 고급 도구들은 가격은 비싸지만 글로벌 기업에서 충분히 사용할 만큼 강력하다. 온라인에서 무료로 이용 가능한 것과 중소기업에 적합한 것들도 있다. 각 도구에 대해 자세히 살펴보도록 하자.

이메일과 인스턴트 메시징

이메일과 문자 메시지를 포함한 인스턴트 메시징(instant messaging, IM)은 상호작용 직무를 지원하는 중요한 의사소통 및 협업 도구가 되었다. 이런 소프트웨어들은 컴퓨터, 휴대전화, 그리고 기타 무선 이동단말기에서 운영되며 파일 공유와 메시지 전달 등의 기능을 포함하고 있다. 많은 인스턴트 메시징 시스템들은 사용자들이 여러 참여자와 동시에 실시간으로 의사소통하도록 지원한다. 최근 이메일 사용은 줄고 메시징과 소셜 미디어가 의사소통을 위한 선호 채널이 되었다.

위키

위키(Wikis)는 웹페이지 개발이나 프로그래밍 기술에 대한 지식 없이 사용자가 텍스트 내용과 그래픽을 쉽게 제공하고 편집할 수 있도록 하는 웹사이트의 일종이다. 가장 널리 알려진 위키는 위키피디아(Wikipedia)이며, 세계에서 가장 큰 협력 편집 참조 프로젝트이다. 그것은 자원자들에 의해 운영되며 수익이나 광고를 목적으로 하지 않는다. 위키는 회사의 지식과 통찰력을 저장하고 공유하기 위한 이상적인 도구이다. 전사적 소프트웨어 공급업체인 SAP AG는 SAP 소프트웨어를 이용해 프로그램을 개발하는 소프트웨어 개발자나 고객과 같은 회사 외부 사람들에게 정보를 제공하기 위해 위키를 사용하고 있다. 과거에는 이러한 사람들이 SAP 온라인 포럼에서 비정형적인 방법으로 묻고 답하였으나 효율성이 떨어지고 동일한 질문과 대답이 반복되었다.

가상세계

세컨드 라이프(second life)와 같은 가상세계(virtual worlds)는 아바타라는 자기 자신을 그래픽으로 표현한 '거주민'들이 살고 있는 온라인 3차원 환경이다. IBM, 시스코, 인텔과 같은 회사들은 회의나 인터뷰, 초청강연 이벤트, 그리고 직원 훈련 등을 위해 가상세계를 활용한다. 아바타로 표현된 실세계 사람들은 음성이나 문자 채팅으로 그 가상의 공간에서 만나고 상호작용하며 아이디어를 교환한다.

협업 및 소셜 비즈니스 플랫폼

현재 여러 곳에서 함께 일하는 직원 팀들 사이에 협업과 소셜 비즈니스를 위한 다기능 플랫폼을 제공하는 소프트웨어 제품군이 있다. 가장 널리 사용되는 것은 인터넷 기반 음성 및 화상회의 시스템, 구글의 온라인 서비스 및 도구와 같은 클라우드 협업 서비스, IBM 노츠(Notes)나 마이크로소프트 셰어포인트(SharePoint)와 같은 기업 협업시스템, 세일즈포스 채터(Salesforce Chatter), 마이크로소프트 야머(Yammer), 자이브(Jive), 페이스북 워크플레이스(Workplace), IBM 커넥션(Connections)과 같은 전사적 소셜 네트워킹 도구들이다.

가상회의시스템   여행 경비를 줄이기 위한 노력의 일환으로 크고 작은 많은 기업들이 화상회의와 웹 회의 기술들을 채택하고 있다. 하인즈(Heinz), 제너럴 일렉트릭(General Electric), 펩시코(Pepsico)와 같은 회사들은 제품 브리핑, 훈련과정, 전략회의를 위해 가상회의시스템을 이용하고 있다. 화상회의는 여러 장소에 흩어져 있는 사람들이 양방향 화상 및 음성 전송을 통해 동시에 의사소통할 수 있도록 한다. 최첨단 화상회의시스템의 중요한 특징 중 하나는 **텔레프레즌스**(telepresence) 기술로, 이 기술은 특정 장소에 사람이 출석한 것처럼 보이게 하는 음성과 화상이 통합된 환경이다('토론방 : 화상회의, 모두를 위한 도구' 참조). 스카이프(Skype) 집단 화상회의, 아마존 차임(Chime), 줌(Zoom)과 같은 무료 또는 저가 인터넷 기반 시스템들은 품질은 다소 떨어지지만 소규모 기업들에게 유용하다. 애플의 페이스타임(FaceTime)은 일대일 화상회의에 적합한 도구이다. 모든 규모의 기업들은 교육과 영업 프레젠테이션에 특히 유용한 시스코 웹엑스(WebEx), 비즈니스용 스카이프(Skype for Business), 고투미팅(GoTo Meeting), 어도비 커넥트(Adobe Connect)와 같은 웹 기반 온라인 회의 도구들을 찾고 있다. 이러한 제품들은 참가자들이 화상회의와 라이브 비디오와 함께 문서와 발표자료를 공유할 수 있게 해준다.

클라우드 협업 서비스   구글은 많은 온라인 도구와 서비스를 제공하고 있으며, 일부는 협업에 적합하다. 여기에는 구글 드라이브, 구글 문서, G 스위트, 구글 사이트가 포함된다. 대부분은 무료다.
   구글 드라이브(Google Drive)는 클라우드 저장, 파일 공유, 공동 편집을 위한 파일 저장 및 동기화 서비스이다. 이러한 웹 기반 온라인 파일 공유 서비스는 사용자가 안전한 온라인 저장 사이트에 파일을 업로드하고 다른 사람들과 공유할 수 있도록 한다. 마이크로소프트 원드라이브(OneDrive)와 드롭박스(Dropbox)도 대표적인 클라우드 저장 서비스이다. 이 서비스는 요구하는 저장공간의 크기에 따라 무료 또는 유료로 이용할 수 있다. 사용자들은 온라인에 저장된 파일들을 개인용 혹은 공용으로 설정할 수 있으며 지정한 사람들과 공유할 수 있다. 또한 사용자들은 파일을 그들의 PC

토론방 기술

화상회의, 모두를 위한 도구

화상회의는 모든 규모의 조직에 협업을 위한 적합한 도구가 되고 있다. 과거에는 화상회의가 전용 화상회의실과 이 목적을 위한 고가의 네트워킹 및 소프트웨어를 제공할 수 있는 매우 큰 회사로 한정되었다. 오늘날 화상회의는 모두를 위한 도구가 되었다.

기술비용은 급격히 떨어졌다. 비디오 및 오디오 데이터의 글로벌 인터넷 및 데스크톱 전송비용은 저렴하다. 비즈니스 프로세스를 관리하고 전 세계의 다른 고객과 연결하고 협업할 수 있는 고급 화상회의 및 텔레프레즌스 시스템뿐만 아니라 저렴한 모바일 및 데스크톱 도구도 있다.

최근 텔레프레즌스 플랫폼은 모바일, 데스크톱 및 비디오의 디지털 정보를 통합한 다양한 리치 데이터 스트림을 조정하고, 협업 환경을 조성하며, 정보를 관리자와 전문가가 의사결정을 내리는 위치로 이동시키는 기능을 가지고 있다. 시스코의 IX5000 몰입형 텔레프레즌스 시스템이 그 예이다. 그 시스템은 최신 텔레프레즌스를 제공하지만 과거보다 훨씬 저렴하고 사용하기 쉽다. 3개의 70인치 LCD 화면 위에 세밀하게 군집된 3개의 4K 초고화질 카메라는 생생한 고화질 비디오를 제공한다. 극장 수준의 사운드는 18개의 맞춤형 스피커와 하나의 강력한 서브 우퍼에서 나와, 8~18명을 위한 고품질의 실감나는 협업 환경을 조성한다. 카메라와 그래픽 프로세서는 방 전체를 세밀하게 캡처할 수 있으므로 일어서서 이동하거나 화이트 보드로 이동할 수 있다. 테이블 뒤에 앉은 참가자를 보여주기 위해 이미지를 분할할 수 있으나, 누군가 일어서면 분할이 없어져 서 있는 참가자와 앉은 참가자 모두를 표시한다.

IX5000 시스템 설치는 회의실을 특별히 변경할 필요가 없으며, 이전 텔레프레즌스 시스템과 비교하여 전력, 설치 시간 및 데이터 전송 용량(대역폭)은 절반만 필요하다. 6인용 IX5000 스튜디오는 299,000달러, 18인용 스튜디오는 339,000달러이다.

IT 인프라의 지속적인 설계 및 운영을 전문으로 하는 산탄데르 그룹(Grupo Santander)의 기술회사인 프로두반(Produban)은 IX5000 시스템을 채택하여 더 나은 의사결정을 보다 신속하게 내릴 수 있게 했다. 산탄데르 그룹은 스페인 뱅킹 그룹이자 세계 최대 은행 중 하나이며, 188,000명 이상의 직원이 유럽, 라틴아메리카, 북미, 아프리카 및 아시아 전역에서 1억 2,500만 이상의 고객 및 운영에 서비스를 제공하고 있다. 프로두반은 이 거대한 글로벌 회사의 전체 IT 인프라를 책임지고 있으며, IT 인프라 설계 및 서비스 분야의 120개 다른 회사에도 전문지식을 제공한다. 프로두반은 9개국에 5,500명 이상의 직원이 있다.

IX5000은 초기 시스템과 비교하여 전력 사용과 데이터 전송 용량이 50% 감소하고 설치 시간도 절반(8시간)으로 단축되어 3년 동안 텔레프레즌스 시스템의 총구매 및 운영비용을 30% 절감했다. 전체 비용을 낮추면 프로두반은 더 많은 위치에 비디오 룸을 설치할 수 있으므로 더 낳은 팀이 혜택을 볼 수 있다. 프로두반은 회사 전체에서 화상회의를 사용하려고 한다.

시애틀시를 포함하고 14,000명의 직원이 있는 워싱턴주 킹 카운티는 덜 정교하지만 저렴한 솔루션을 선택했다. 킹 카운티는 2016년에 로지텍(Logitech)의 스마트독(SmartDock) 화상회의 및 공동 작업 시스템을 사용하여 회의를 개최하고 구직자와 인터뷰하며 다른 작업을 처리하기 시작했다. 스마트독은 규모에 상관없이 모든 회의 공간에서 오디오 및 비디오 통화를 시작하고 관리할 수 있는 사용자 친화적인 터치 스크린 제어 콘솔이다. 여기에는 스카이프 룸 시스템(Skype Room Systems)이라는 특수한 비즈니스용 스카이프 버전을 실행하는 마이크로소프트 서피스 프로 태블릿이 내장되어 있으며 로지텍 ConferenceCams를 비롯한 업무 생산성 도구 및 선별된 장치와 함께 운영된다. 로지텍 스마트독을 사용하면 사람들은 한 번의 터치로 회의를 시작한 다음, 즉시 회의실의 화면으로 투사하고, 스마트폰 또는 노트북으로 비즈니스용 스카이프 클라이언트를 통해 원격 참가자와 공유할 수 있다. 참가자는 회의에서 콘텐츠를 공유하고 실시간으로 문서를 보고 편집할 수 있다. 내장된 모션 센서는 누군가 실내에 있을 때 시스템을 활성화한다. 가격은 회의실의 크기와 웹캠의 개수에 따라 1,999~3,999달러이다.

과거에 킹 카운티는 화상회의 및 협업을 위해 다양한 시스템과 기술을 사용했다. 그것들은 카운티의 IT 직원이 관리하는 데 시간이 많이 걸렸고 기능이 제한적이었다. 팀은 원격으로 연결할 수 없었고 스마트폰 및 태블릿과 다지점 연결을 설정할 수 없었다. 킹 카운티의 IT 직원이 화상회의시스템을 설치하는 데 20분 이상 소요되었다. 그 화상회의시스템은 종종 컴퓨터 모니터 및 오래된 VGA 품질 TV 세트와 함께 여러 공급업체의 기존 기술에 의존했다. 킹 카운티는 30개의 현장 회의실에서 매일 이러한 시스템의 사용 요청을 여러 번 받았으며, 기술을 표준화하고 협업을 보다 잘 지원해야 할 필요가 있었다.

킹 카운티 IT 직원은 로지텍 스마트독 시스템의 설치 및 구현을 자체적으로 처리할 수 있었다. 직원들은 IT 직원의 개입 없이 화상회의 및 협업시스템을 사용하고 있다. 워드, 엑셀 및 기타 형식으로 프레젠테이션 및 공동 편집 문서를 공유할 수 있게 되면서 공동 작업이 훨씬 더 편리해졌다.

출처 : "'Less Is More' as Cisco Completely Reimagines Flagship Three-Screen Video Conferencing Technology" and "Cisco Telepresence IX5000 Series," www.cisco.com, accessed February 5, 2018; www.produban.com, accessed February 5, 2018; www.santander.com, accessed February 5, 2018; www.logitech.com, accessed February 5, 2018; and Samuel Greengard, "King County Focuses on Collaboration," *CIO Insight*, December 20, 2017.

사례연구 문제

1. 시스코 IX5000 텔레프레즌스와 로지텍 스마트독 시스템의 기능을 비교하라. 그 시스템들은 협업과 혁신을 어떻게 촉진하는가?
2. 프로두반과 같은 회사가 시스코의 IX5000과 같은 고급 텔레프레즌스 시스템에 투자하려는 이유는 무엇인가? 화상회의 기술 및 텔레프레즌스는 프로두반의 비즈니스 모델 및 비즈니스 전략과 어떤 관련이 있는가?
3. 워싱턴 주 킹 카운티가 로지텍 스마트독 시스템을 구현하려는 이유는 무엇인가? 이 기술을 사용함으로써 어떤 비즈니스 혜택을 얻었는가?

나 다른 많은 장치들과 동기화할 수 있다.

마이크로소프트 원드라이브와 구글 드라이브는 문서 생성 및 공유 도구들이 통합되어 있다. 원드라이브는 마이크로소프트 오피스 문서와 기타 파일들을 위한 온라인 저장소를 제공하고, 설치 또는 웹에서 제공하는 마이크로소프트 오피스 앱을 이용해 작업할 수 있다. 또한 페이스북에 공유할 수 있다. 구글 드라이브는 문서, 스프레드시트 및 프레젠테이션에 대한 공동 편집 기능을 제공하는 생산성 애플리케이션 제품군인 구글 독스(Google Docs), 시트(Sheets) 및 슬라이드(Slides)와 통합되어 있다. G 스위트(G Suite)라는 구글의 기업용 클라우드 기반 생산성 제품군도 구글 드라이브와 함께 작동한다.

마이크로소프트 셰어포인트와 IBM 노츠 마이크로소프트 셰어포인트는 회사의 서버에 설치된 강력한 검색엔진이 결합된 브라우저 기반 협업 및 문서관리 플랫폼이다. 웹 기반 인터페이스를 제공하는 셰어포인트는 마이크로소프트 오피스와 같은 생산성 도구와 밀접하게 통합되어 있다. 셰어포인트 소프트웨어는 직원들이 오피스 문서를 기반으로 문서를 공유하고 프로젝트에서 공동 작업을 할 수 있도록 해준다.

셰어포인트는 하나의 중앙 업무 공간에 정보를 구성하고 저장하는 내부 웹사이트를 호스팅하여 팀이 작업 활동을 조정하고, 문서를 공동 작성하고, 작업 목록을 유지하고, 워크플로를 구현하고, 위키 및 블로그를 통해 정보를 공유할 수 있도록 할 수 있다. 사용자는 문서의 버전과 보안을 제어

표 2.4 대중적인 온라인 협업 도구

소셜 소프트웨어 기능	설명
프로필	학력, 관심사 등 구성원들의 프로필을 설정하는 기능. 업무와 관련된 사항과 전문지식(기술, 프로젝트, 팀)을 포함
콘텐츠 공유	문서, 발표자료, 이미지, 비디오 등 콘텐츠 공유, 저장, 관리
피드 및 알림	실시간 정보 스트림, 상태 업데이트, 지정된 개인 및 그룹의 공지
그룹 및 팀 작업 공간	정보 공유를 위한 그룹 설정, 문서 공동 작업, 프로젝트 공동 진행. 개인과 공공 그룹 설정 기능과 팀 지식을 보존을 위한 대화 내용 아카이브 기능 보유
태그 및 소셜 북마크	페이스북의 '좋아요' 버튼과 비슷하게 특정 콘텐츠에 선호도를 지정. 사람들이 좋아하는 콘텐츠를 식별하기 위해 태그를 통해 키워드 추가
사용 권한 및 개인정보	개인정보가 주어진 범주 내에 머물도록 개인정보를 확실하게 보호하는 기능. 전사적 소셜 네트워크에서 누가 어떤 정보를 볼 수 있는지 사용 권한을 설정할 필요성이 있음

할 수 있다. 셰어포인트는 정보를 한곳에 저장하고 정리하기 때문에 사용자는 작업, 프로젝트, 문서에 대해 긴밀히 협력하면서 관련 정보를 신속하고 효율적으로 찾을 수 있다. 전사적 검색 도구는 사람, 전문지식, 그리고 콘텐츠를 쉽게 찾을 수 있도록 도와준다. 셰어포인트는 이제 소셜 도구를 제공한다.

IBM 노츠(구 Lotus Notes)는 캘린더, 전자우편, 메시징, 공동 쓰기 및 편집, 공유 데이터베이스 접근 및 온라인 회의 등을 갖춘 협업 소프트웨어 시스템이다. 데스크톱 또는 랩톱 컴퓨터에 설치된 노츠 소프트웨어는 IBM 도미노 서버에 저장된 애플리케이션을 이용한다. 노츠는 웹 기반이며 애플리케이션 개발 환경을 제공하여 사용자들이 자신의 필요에 맞게 맞춤형 애플리케이션을 개발할 수 있도록 지원한다. 노츠는 또한 블로그, 마이크로블로그, 위키, 온라인 콘텐츠 에그리게이터(aggregators), 헬프 데스크 시스템, 음성 및 화상회의, 그리고 온라인 미팅을 위한 기능을 추가하였다. IBM 노츠는 높은 수준의 보안성과 신뢰성, 그리고 민감한 기업정보에 대한 통제 기능을 제공한다.

전사적 소셜 네트워킹 도구　방금 설명한 도구들도 소셜 비즈니스 기능들을 포함하고 있지만 세일즈포스 채터, 마이크로소프트 야머, 자이브, 페이스북 워크플레이스, IBM 커넥션 등 이 목적을 위한 보다 전문화된 도구들이 있다. 전사적 소셜 네트워킹 도구들은 페이스북 기능과 비슷하게 프로필, 업데이트, 알림 등을 통해 조직 내부의 구성원들을 연결함으로써 비즈니스 가치를 창출하지만 그 대상이 내부 구성원으로 한정되어 있다. 표 2.4는 이러한 내부 소셜 기능에 대한 상세한 내용을 보여준다.

비록 기업들이 전사적 소셜 네트워킹으로 도움을 받고 있다 하더라도, 내부 소셜 네트워킹의 구현이 항상 쉬운 것은 아니다. 이 장 마지막 사례연구는 이 주제를 다룬다.

관리자를 위한 체크리스트 : 협업 및 소셜 소프트웨어 도구의 평가와 선정
수많은 협업 및 소셜 비즈니스 도구와 서비스 중에서 가장 적합한 협업기술을 어떻게 선택해야 할까? 이 질문에 답하기 위해서는 이러한 도구들이 어떤 문제들을 해결하기 위해 설계되었는지 이해하는 프레임워크가 필요하다. 우리가 협업 도구에 대해 논의할 때 도움이 되는 프레임워크 중 하나는 1990년대 초반 많은 협업 학자들에 의해 개발된 시간/공간 협업 매트릭스이다(그림 2.8 참조).

시간/공간 매트릭스는 협업 문제의 두 가지 차원(시간과 공간)에 초점을 맞춘다. 예를 들어 다른 시간대에 있는 사람들과 협업해야 하고 모든 사람들이 같은 시간에 회의할 수 없다고 가정하자. 뭄바이가 정오면 뉴욕은 자정이기 때문에 화상회의를 하는 것은 어렵다. 시간이 전 세계적으로 협업을 하는 데 장애가 된다.

장소(위치)도 글로벌 또는 국내 기업들의 협업에 지장을 준다. 물리적 위치, 출장 경비, 시간 제약 등은 사람들이 회의를 하기 위해 특정 장소에 모이는 것을 어렵게 만든다.

앞에서 설명한 협업기술들은 이러한 시간과 공간의 제약을 극복하기 위한 방법들이다. 이 시간/공간 프레임워크를 이용하면 가장 적합한 협업 및 팀워크 도구를 선택할 수 있다. 어떤 도구들은 하나 이상의 시간/공간 시나리오에 적용할 수 있다. 예를 들어 IBM 노츠 같은 인터넷 협업 도구는 동시(인스턴트 메시징, 전자회의 도구)와 비동시(이메일, 위키, 문서편집) 상호작용 기능을 모두 갖추고 있다.

다음 6단계를 따르면 적절한 비용과 위험 수준에서 회사에 가장 적합한 협업 도구를 선택할 수 있다.

1. 시간과 공간 측면에서 회사가 직면한 협업 문제는 무엇인가? 시간/공간 매트릭스에서 여러분 회사의 위치를 찾아라. 매트릭스에서 한 셀 이상에 위치할 수 있다. 각 상황에 대해 다른 협업 도구들이 필요할 것이다.

2. 회사가 직면한 문제에 해당하는 매트릭스의 각 셀에서 정확하게 어떤 종류의 해결책이 이용 가능한가? 공급업체 제품 목록을 만들라.

3. 각 제품을 비용과 편익 측면에서 분석하라. 필요한 경우 비용 견적에 교육비용 및 정보시스템 부서의 참여비용을 포함하라.

그림 2.8 시간/공간 협업 및 소셜 도구 매트릭스

협업 및 소셜 기술은 상호작용의 시간(동일 시간 또는 다른 시간)과 장소(동일 장소 또는 다른 장소)에 따라 분류될 수 있다.

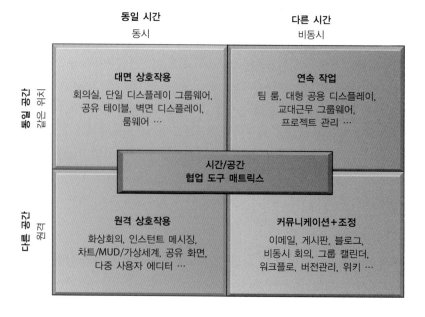

4. 보안과 취약성 측면에서 각 제품의 위험을 파악하라. 기업 내부 정보를 인터넷을 통해 외부 서비스 제공업체에 보관할 생각이 있는가? 회사시스템의 중요한 운영을 다른 회사에 맡길 의향이 있는가? 제품 공급업체의 재무적인 위험은 무엇인가? 그 회사가 3~5년 지속될 수 있는가?

5. 잠재적인 사용자의 도움을 받아 구현 및 교육 문제를 파악하라. 이러한 도구 중 일부는 다른 도구들보다 사용하기 쉽다.

6. 후보 도구를 선택하고 공급업체에게 제품 설명을 요청하라.

2-4 기업에서 정보시스템 기능의 역할은 무엇인가?

지금까지 우리는 기업 운영을 위해 정보시스템이 필요하며, 기업은 많은 종류의 시스템을 사용하는 것을 보았다. 그러나 이러한 시스템의 운영은 누가 담당하고 있는가? 이러한 시스템에 필요한 하드웨어, 소프트웨어, 그리고 기술을 누가 만들고 운영하며 수정하는가? 최종사용자는 비즈니스 관점에서 시스템을 관리하지만, 기술을 관리하려면 전문적인 정보시스템 기능이 필요하다.

정보시스템 부서

소규모 기업을 제외한 대부분의 기업에서 **정보시스템 부서**(information systems department)는 정보기술 서비스를 담당하는 정규 조직단위이다. 정보시스템 부서는 기업의 IT 인프라를 구성하는 하드웨어, 소프트웨어, 데이터 저장, 네트워크의 관리를 담당한다. 제5장에서 IT 인프라에 대해 자세히 설명하기로 한다.

정보시스템 부서는 프로그래머, 시스템 분석가, 프로젝트 리더, 그리고 정보시스템 관리자와 같은 전문가들로 구성된다. **프로그래머**(programmer)는 컴퓨터에 사용될 소프트웨어 명령어를 작성하는 고도로 훈련된 기술 전문가이다. **시스템 분석가**(systems analyst)는 정보시스템 그룹과 조직 간의 연결고리 역할을 담당한다. 경영 문제와 요구사항들을 정보시스템 요구사항과 시스템으로 변환하는 것이 시스템 분석가의 역할이다. **정보시스템 관리자**(information systems manager)는 프로그래머와 분석가, 프로젝트 관리자, 설비 관리자, 통신 관리자 또는 데이터베이스 전문가들의 리더이다. 그들은 또한 컴퓨터 운영과 데이터 입력 직원들의 관리자이다. 또한 하드웨어 공급업체 및 제조업체, 소프트웨어 회사, 그리고 컨설턴트와 같은 외부 전문가들은 일상적인 운영과 정보시스템의 장기 계획에 자주 참여한다.

많은 회사에서 **최고정보관리자**(chief information officer, CIO)가 정보시스템 부서를 총괄한다. CIO는 회사에서 정보기술 사용을 감독하는 고위 관리자이다. 최근 CIO는 정보시스템뿐만 아니라 충분한 경영 경험을 필요로 하고 있으며, 기술을 경영전략에 통합하기 위한 리더 역할을 담당하고 있다. 또한 최근 대규모 회사들은 최고보안관리자, 최고지식관리자, 최고프라이버시관리자 등 CIO와 밀접한 관계를 갖고 업무를 수행하는 직책들이 생겨나고 있다.

최고보안관리자(chief security officer, CSO)는 회사의 정보시스템 보안과 정보보안 정책을 책임지고 있다(제8장 참조). [물리적 보안과 구분하기 위해 이 직책을 최고정보보안관리자(chief information security officer, CISO)라고 부르기도 한다]. CSO는 사용자와 정보시스템 전문가를 대상으로 보안 교육 및 훈련, 보안 위협 및 사고에 대한 관리 강화, 그리고 보안 도구 및 정책의 유지 등을 책임지고 있다.

방대한 양의 개인정보를 다루는 기업들은 개인정보를 보호하기 위한 정보시스템 보안의 필요성을 심각하게 인식하고 **최고프라이버시관리자**(chief privacy officer, CPO)라는 새로운 직책을 만들고 있다. CPO는 기업들이 개인정보보호법안을 준수하도록 하는 책임을 지고 있다.

최고지식관리자(chief knowledge officer, CKO)는 회사의 지식관리 프로그램을 담당한다. CKO는 조직에 존재하는 기존 지식이나 경영 프로세스가 보다 잘 활용되도록 하거나 새로운 지식을 발견할 수 있도록 지원하는 프로그램이나 시스템의 설계를 책임지고 있다.

최고데이터관리자(chief data officer, CDO)는 조직이 데이터를 통해 실현할 수 있는 가치를 극대화하도록 전사적 데이터 거버넌스 및 활용을 담당한다. CDO는 회사가 필요한 데이터를 수집하고 그 데이터를 분석하기에 적합한 기술들을 채택하며, 비즈니스 의사결정을 지원하기 위해 그 결과를 활용할 수 있도록 보장한다. 이 직위는 조직에서 생성되고 수집되는 방대한 양의 데이터를 처리하기 위해 만들어졌다(제6장 참조).

최종사용자(end user)는 정보시스템 그룹 외부에 있는 부서들을 대표하며 개발된 애플리케이션을 사용할 사람들이다. 이런 사용자들은 정보시스템 설계와 개발에서 점차 큰 역할을 담당하고 있다.

초창기 정보시스템 그룹은 대부분 한정된 기술 영역에 대해 고도의 숙련도를 가진 프로그래머들로 구성되어 있었다. 그러나 요즘은 정보시스템 부서에 시스템 분석가와 네트워크 전문가들의 비중이 점차 늘어나고 있으며, 그들은 조직에서 강력한 변화 관리자(change agent)로서의 역할을 담당하고 있다. 정보시스템 부서는 새로운 경영전략과 정보 기반 제품 및 서비스를 제안하고 기술개발과 조직의 계획된 변화를 조화시킨다.

2019년에는 미국에 약 450만 명의 정보시스템 관리자와 직원이 있으며, 2026년까지 13%의 성장률을 기록해 신규 일자리가 55만 개 이상 확대될 것으로 예상된다. 모든 IT/IS 직종이 평균 이상의 성장을 보였지만, 가장 빠르게 성장하는 직종은 정보 보안 분석가(28%), 소프트웨어 개발자(24%), 컴퓨터 과학자(19%), 웹 개발자(15%), IS/IT 관리자(12%), 컴퓨터 지원 전문가(11%), 데이터베이스 관리자(11%), 시스템 분석가(9%), 컴퓨터 네트워크 설계자(6%), 네트워크 및 시스템 관리자(6%) 등이다(Bureau of Labor Statistics, 2018). 온라인 소프트웨어 서비스, 클라우드 컴퓨팅, 저임금 국가로의 코딩 아웃소싱이 증가함에 따라 컴퓨터 프로그램을 만드는 과정이 점점 더 효율적이 되고 있기 때문에 이 기간에 컴퓨터 프로그래머 수는 7% 감소할 것이다. 일반적으로 IT 관리 직종은 IT 기술 직종보다 빠른 성장을 보이고 있다. 시스템 및 네트워크 보안관리 직책은 특히 수요가 많다.

정보시스템 기능 구성

세상에는 다양한 유형의 기업들이 존재하며 각 기업에서 IT 기능을 구성하는 방법도 다양하다. 아주 작은 회사에는 정규 정보시스템 그룹이 없을 것이다. 아마 이런 회사는 네트워크와 애플리케이션을 관리하기 위해 1명 정도의 전담 직원이 있거나 외부 컨설턴트를 활용할 것이다. 규모가 큰 회사들은 별도의 정보시스템 부서를 두고, 이 부서는 회사의 특성과 관심에 따라 몇 개의 서로 다른 라인으로 구성할 것이다.

정보시스템 부서를 어떻게 조직하느냐 하는 문제는 보다 큰 이슈인 IT 거버넌스의 일부분과 관련되어 있다. **IT 거버넌스**(IT governance)는 조직의 정보기술 활용에 대한 전략과 정책을 포함한다. IT 거버넌스는 정보기술의 활용이 조직의 전략과 목표를 지원할 수 있도록 보장하기 위한 의사결정 권한과 프레임워크를 규정한다. 정보시스템 기능을 어느 정도 중앙집중화할 것인가? IT 투자 수익률 향상과 정보기술의 효과적인 관리 및 활용을 위해서 어떤 의사결정을 내려야 하는가? 누가 그런 의사결정을 내려야 하는가? 이러한 의사결정들이 어떻게 내려지고 감시되는가? 강력한 IT 거버넌스를 구축한 기업들은 이러한 질문에 대한 명확한 해답을 가지고 있다.

2-5 MIS는 내 경력에 어떤 도움이 되는가?

다음은 제2장과 이 책이 영업 지원 전문가로서의 직업을 찾는 데 어떻게 도움이 되는지 설명한다.

회사

종합 대인보험회사 USA는 대인 사고, 장애, 건강 및 생명보험 상품을 판매하는 선도적인 회사이다. 미니애폴리스에 본사가 있으며, 초급 영업지원 전문가를 위한 개방 직무가 있다. 이 회사는 기존 고용주 복리후생 프로그램을 보완하기 위해 대인보험을 제공하며, 전 세계에 걸쳐 5,000명 이상의 현장 영업 인력과 직원이 있다. 이 회사는 직원과 그들의 경력개발에 투자하는 것으로 유명하다.

직무 기술

이 직무는 회사의 소기업 대상 영업 조직에 시스템, 관리 및 데이터 관리를 전반적으로 지원한다. 직무 책임은 다음과 같다.

- 사용자 설정, 프로필 및 역할 관리, 데이터 유효성 검사 등 회사의 Salesforce.com 고객관계관리 시스템의 관리 및 지원
- 데이터 관리 지원, 시스템 교육 및 현장 지원
- 영업관리를 위한 주별, 월별, 분기별 영업 및 핵심 성과지표 보고서 준비
- 에이전트 커미션 보고서 준비와 요청에 따라 새로운 보고서 작성
- 에이전트 라이선스 및 에이전트 보상과 관련된 다양한 프로젝트 지원

직무 요구사항

- 엑셀 기술과 데이터 관리에 대한 전문지식
- 고객 서비스에 대한 전문기술
- 분석, 비판적 사고 및 의사소통에 대한 전문기술
- 빠르게 변화하는 환경에서 멀티 태스킹 능력
- 대학 학위 또는 2년의 동등한 경험

인터뷰 질문

1. 고객관계관리에 대해 무엇을 알고 있는가? Salesforce.com을 사용해본 적이 있는가? 그렇다면 어떤 용도로 시스템을 사용했는가?
2. 데이터 관리에 대해 무엇을 알고 있는가? 데이터 관리 소프트웨어를 사용해본 적이 있는가? 그렇다면 무엇을 해보았는가?
3. 엑셀로 무엇을 할 수 있는지 설명하라. 엑셀을 사용하여 어떤 종류의 문제를 해결했는가? 엑셀 과정을 수강했는가?
4. 고객 서비스 업무를 한 적이 있는가? 무엇을 했는가? 회사의 에이전트 및 고객에 대한 성공적인 고객 중심 역할을 수행하기 위해 무엇이 필요하다고 생각하는가?
5. 고객 서비스 문제를 경험한 적이 있는가? 그 문제에 어떻게 접근했는가?

저자 조언

1. 이 장의 전사적 애플리케이션 대한 내용, 제9장의 고객관계관리에 대한 토론, 그리고 제6장 데이터 관리를 검토하라.

2. 웹, 전문 네트워킹 사이트인 링크드인을 사용하여 회사, 보험제품 및 서비스, 운영 방식에 대해 자세히 알아보라. 에이전트 및 고객을 지원하기 위해 수행해야 하는 작업과 고객관계관리 및 데이터 관리가 왜 중요한지 생각하라. 이 직무에서 데이터 관리에 대한 책임에 대해 문의할 수 있다.

3. Salesforce.com에 대해 특히 사용자 프로필 및 역할을 설정하는 방법과 데이터를 검증하는 방법에 대해 알아보라. Salesforce와 이 도구를 사용해 작업하는 방법을 자세히 알아보라.

4. 엑셀 사용 방법, 예를 들면 엑셀을 활용한 에이전트 커미션 계산 방법을 문의하라. 이전에 해 본 적이 없다면 수행한 엑셀 작업 중 일부를 보여주라(인터뷰에 예제를 가져와야 한다). 직무 과제를 수행하기 위해 엑셀에서 모르는 것을 배우고 싶어 한다는 것을 보여주라.

요약

2-1 비즈니스 프로세스란 무엇이며, 비즈니스 프로세스와 정보시스템은 어떻게 관련되어 있는가?

비즈니스 프로세스는 특정 업무를 수행하는 방법을 정의한 논리적으로 연결된 활동들의 집합이며, 조직이 업무, 정보, 지식을 관리하는 독특한 방식을 나타낸다. 관리자들은 비즈니스 프로세스에 관심을 기울여야 한다. 왜냐하면 비즈니스 프로세스는 조직이 비즈니스를 얼마나 잘 수행하는지 결정하고 따라서 전략적 성공 혹은 실패의 원천이 되기 때문이다. 일부 비즈니스 프로세스는 특정 경영 기능에 한정되어 있지만, 상당수의 비즈니스 프로세스들은 여러 경영 기능에 걸쳐 있다. 정보시스템은 비즈니스 프로세스의 일부를 자동화하거나, 조직의 비즈니스 프로세스 재설계나 간소화를 지원한다.

2-2 시스템은 기업의 다양한 경영 집단을 어떻게 지원하고, 기업연계시스템은 조직의 성과를 어떻게 향상시키는가?

운영 관리층을 지원하는 시스템은 급여 또는 주문처리와 같은 거래처리시스템(TPS)으로, 이는 사업 수행에 필요한 일상적인 거래의 흐름을 관리한다. 경영정보시스템(MIS)은 TPS로부터의 정보를 요약하여 중간 관리자에게 필요한 보고서를 생성하며, 분석 수준이 썩 높은 편은 아니다. 의사결정지원시스템(DSS)은 고급 분석 모델과 데이터 분석 기능을 이용하여 독특하고 빠르게 변화하는 경영 의사결정을 지원한다. 이러한 모든 종류의 시스템은 관리자나 전사 직원들이 보다 더 정보에 기반한 의사결정을 할 수 있도록 비즈니스 인텔리전스를 제공한다. 비즈니스 인텔리전스 시스템들은 여러 경영 수준을 지원하며, 중역지원시스템(ESS)과 같이 많은 내·외부 정보 원천을 이용한 포털을 통해 그래프, 차트, 또는 대시보드 형태로 고위 관리층에 데이터를 제공하는 시스템을 포함한다.

전사적 애플리케이션은 다양한 기능과 비즈니스 프로세스들을 조정하도록 설계되었다. 전사적 시스템은 내부 핵심 비즈니스 프로세스들을 하나의 소프트웨어 시스템으로 통합하여 관리능력과 의사결정 능력이 개선되도록 한다. 공급사슬관리시스템은 제품과 서비스의 계획, 공급, 제조, 그리고 배송을 최적화하기 위해 공급업체와의 관계관리를 지원한다. 고객관계관리는 고객을 둘러싼 모든 비즈니스 프로세스를 조정한다. 지식관리시스템은 지식의 창출, 공유, 분배를 최적화할 수 있도록 지원한다. 인트라넷과 엑스트라넷은 서로 다른 시스템에서 정보를 수집하는 인터넷 기술에 기반을 둔 사설 기업 네트워크다. 엑스트라넷은 기업 외부에 있는 사람들이 이용할 수 있는 사설 기업 인트라넷의 일부를 만든다.

2-3 협업 및 소셜 비즈니스 시스템은 왜 중요하며 어떤 기술들이 사용되는가?

협업은 공동의 명시적인 목적을 달성하기 위해 다른 사람들과 같이 작업하는 것을 의미한다. 소셜 비즈니스란 사내외 소셜 네트워킹 플랫폼에 직원, 고객, 공급업체를 참여시키기 위해 사용하는 것으로, 협업 업무를 강화할 수 있다. 협업과 소셜 비즈니스는 세계화, 의사결정의 분권화, 상호작용이 주요 부가가치 활동인 직업들의 증가로 점차 중요성이 높아지고 있다. 협업과 소셜 비즈니스는 혁신, 생산성, 품질, 그리고 고객 서비스를 개선할 것이다. 협업과 소셜 비즈니스 도구는 이메일과 인스턴트 메시징, 위키, 화상회의시스템, 가상세계, 클라우드 기반 파일 공유 서비스, 마이크로소프트 셰어포인트, IBM 노츠와 같은 기업 협업시스템, 채터, 야머, 자이브, IBM 커넥션과 같은 전사적 소셜 네트워킹 도구들을 포함한다.

2-4 기업에서 정보시스템 기능의 역할은 무엇인가?

정보시스템 부서는 정보기술 서비스를 담당하는 정규 조직단위이다. 정보시스템 부서는 기업의 IT 인프라를 구성하는 하드웨어, 소프트웨어, 데이터 저장, 네트워크 관리를 담당한다. 정보시스템 부서는 프로그래머, 시스템 분석가, 프로젝트 리더, 정보시스템 관리자와 같은 전문가들로 구성되며 일반적으로 CIO가 이 부서를 총괄한다.

주요 용어

거래처리시스템(TPS)	전자상거래	최고프라이버시관리자(CPO)
경영정보시스템(MIS)	전자정부	최종사용자
고객관계관리(CRM)시스템	정보시스템 관리자	텔레프레전스
공급사슬관리(SCM)시스템	정보시스템 부서	팀
디지털 대시보드	조직 간 시스템	포털
비즈니스 인텔리전스	중역지원시스템(ESS)	프로그래머
소셜 비즈니스	지식관리시스템(KMS)	협업
시스템 분석가	최고데이터관리자(CDO)	e–비즈니스
의사결정지원시스템(DSS)	최고보안관리자(CSO)	IT 거버넌스
전사적 시스템	최고정보관리자(CIO)	
전사적 애플리케이션	최고지식관리자(CKO)	

복습 문제

2-1 비즈니스 프로세스란 무엇이며, 비즈니스 프로세스와 정보시스템은 어떻게 관련되어 있는가?

- 비즈니스 프로세스를 정의하고 조직에서 비즈니스 프로세스의 역할을 설명하라.
- 정보기술과 정보시스템이 어떻게 비즈니스 프로세스를 개선하는지 설명하라.

2-2 시스템은 기업의 다양한 경영 집단을 어떻게 지원하고, 기업 연계시스템은 조직의 성과를 어떻게 향상시키는가?

- 거래처리시스템(TPS)의 특징과 기업에서 수행하는 역할을 설명하라.
- 경영정보시스템(MIS)의 특징을 설명하고, MIS가 TPS 및 DSS와 어떻게 다른지 설명하라.
- 의사결정지원시스템(DSS)의 특징을 설명하고, 그것이 기업에 어떻게 혜택을 주는지 설명하라.
- 중역지원시스템(ESS)의 특징을 설명하고 DSS와의 차이점을 설명하라.
- 전사적 애플리케이션이 어떻게 조직의 성과를 향상시

키는지 설명하라.
- 전사적 시스템, 공급사슬관리시스템, 고객관계관리시스템, 지식관리시스템을 정의하고, 기업에 주는 혜택을 설명하라.
- 인트라넷과 엑스트라넷이 기업의 정보 및 비즈니스 프로세스 통합을 어떻게 지원하는지 설명하라.

2-3 협업 및 소셜 비즈니스 시스템은 왜 중요하며 어떤 기술들이 사용되는가?

- 협업과 소셜 비즈니스를 정의하고, 최근 기업에서 왜 중요하게 되었는지 설명하라.
- 협업과 소셜 비즈니스가 기업에 주는 혜택을 나열하고 설명하라.
- 협업을 위한 협력적 조직 문화와 비즈니스 프로세스를 설명하라.
- 협업과 소셜 비즈니스 도구의 다양한 형태를 나열하고 설명하라.

2-4 기업에서 정보시스템 기능의 역할은 무엇인가?

- 정보시스템 기능이 어떻게 기업을 지원하는지 설명하라.
- 프로그래머, 시스템 분석가, 정보시스템 관리자, 최고

정보관리자(CIO), 최고보안관리자(CSO), 최고데이터관리자(CDO), 최고지식관리자(CKO)의 역할을 비교하라.

토의 문제

2-5 정보시스템은 그림 2.1에 설명된 주문처리 프로세스를 어떻게 지원하는가? 이 시스템이 획득해야 할 가장 중요한 정보는 무엇인가? 그 이유는 무엇인가?

2-6 대학 도서관에서 책을 골라 대여하는 프로세스의 각 단계와 이러한 활동 사이의 정보 흐름을 파악하라. 그 프로세

스를 다이어그램으로 표현하라. 도서관 또는 대학의 성과를 향상시키기 위해 프로세스에 개선해야 할 부분이 있는가? 개선 후의 프로세스를 다이어그램으로 표현하라.

2-7 시간/공간 협업 및 소셜 도구 매트릭스를 이용해 사노피 파스퇴르에서 사용되는 협업과 소셜 기술들을 분류하라.

MIS 실습 과제

이 절의 프로젝트는 새로운 정보시스템 애플리케이션을 활용한 비즈니스 프로세스 개선 기회를 분석하고, 스프레드시트를 이용해 공급업체에 대한 의사결정을 개선하며 인터넷 소프트웨어를 이용해 효율적인 운송경로를 계획하는 실전 경험을 제공한다.

경영 의사결정 문제

2-8 허드슨강 근처에 있는 돈스 럼버 컴퍼니(Don's Lumber Company)는 바닥재, 데크, 몰딩, 창문, 외장용 자재, 지붕 재료 등 다양한 자재를 생산한다. 목재와 건축자재의 가격은 계속 변한다. 고객이 표면 마감 후 목재 바닥재의 가격을 문의하면, 영업 대표는 판매가격표를 찾아보고 공급업체에 전화하여 가장 최근의 가격을 알아본다. 공급업체는 매일 갱신되는 판매가격표를 사용한다. 공급업체는 가장 최신 가격정보를 가지고 있지 않기 때문에 돈스 영업대표에게 다시 전화해야 한다. 이 상황이 비즈니스에 주는 영향을 평가하고 정보시스템을 이용해 어떻게 이 프로세스를 개선할 수 있는지 설명하라. 그리고 해결책을 구현하기 위해 내려야 할 의사결정을 파악하라.

2-9 헨리 하드웨어(Henry's Hardware)는 캘리포니아 새크라멘토에 있는 소규모 가족기업이다. 이 회사의 오너는 가능한 한 많은 수익을 내기 위해 모든 저장공간을 활용해야 한다. 그들은 재고 및 판매에 대한 상세 기록을 보관하지 않았다. 상품을 실은 선박이 도착하자마자 상품을 즉시 저장 선반으로 옮긴다. 공급업체의 송장은 세금 목적으로만 보관했다. 한 품목이 판매되면 금전등록기에 품목 번호와 가격을 입력한다. 오너는 자신의 판단으로 다시 주문해야 하는 품목들을 파악했다. 이 상황이 비즈니스에 주는 영향은 무엇인가? 정보시스템이 헨리와 캐서린이 이 회사를 운영하는 것을 어떻게 도와줄 수 있는가? 그 시스템은 어떤 데이터를 획득해야 하는가? 그 시스템은 어떤 의사결정을 개선시킬 수 있는가?

운영 수월성 달성 : 인터넷 소프트웨어를 이용한 효율적 운송경로 계획

소프트웨어 기술 : 인터넷 기반 소프트웨어

경영 기술 : 수송 계획

2-10 이번 연습에서 여러분은 운송경로를 계획하고 가장 효율적인 경로를 선정하기 위해 구글 맵을 이용할 것이다.

여러분은 오하이오 주 클리블랜드에 있는 트럭 수송 및 배송 서비스 회사인 크로스 컨추리 트랜스포트(Cross-Country Transport)의 배차 담당자로 근무하기 시작했다. 여러분의 첫 번째 임무는 인디애나 주 엘카트(E. Indiana Ave.와 Prairie Street)에서 메릴랜드 주 하거스타운(Eastern Blvd. N.과 Potomac Ave.)으로 사무기기와 가구를 배송하는 계획을 세우는 것이다. 트럭 운전사를 안내하기 위해 여러분은 두 도시 사이의 거리와 그 사이의 가장 효율적인 경로를 알고 있어야 한다. 구글 맵을 이용해 두 도시 간의 최단 경로를 찾아라. 그리고 가장 단시간에 갈 수 있는 경로를 찾아라. 그 결과를 비교하라. 크로스 컨추리는 어떤 경로를 이용해야 하는가?

협업 및 팀워크 프로젝트

경영 의사결정 및 시스템의 파악

2-11 3~4명이 한 팀을 이루어 비즈니스 위크, 포브스, 포춘, 월스트리트 저널, 기타 비즈니스 잡지나 웹상에서 기업 관리자에 대한 설명을 찾아보라. 각 관리자가 회사에서 하는 일과 역할에 대한 정보를 수집하라. 각 관리자가 업무를 수행하는 조직 수준과 경영 기술을 식별하라. 각 관리자가 내리는 의사결정의 종류와 그러한 의사결정을 위해 필요한 정보의 종류를 나열하라. 정보시스템이 이 정보를 어떻게 제공할 수 있을지 제안하라. 가능하면 구글 문서와 구글 드라이브 또는 구글 사이트를 이용해 여러분이 발견한 사항들을 토론하고 수업 시간에 발표할 자료를 준비하라.

기업은 소셜 비즈니스를 수용해야 하나?

사례연구

기업이 글로벌 시장에서 더 분산됨에 따라 기업은 내부 소셜 네트워킹 도구 등 협업기술로 점차 전환하고 있다. 이러한 도구는 직원 협업 및 지식 공유를 촉진하고, 직원이 더 빠른 의사결정을 내리고, 제품 및 서비스에 대한 보다 혁신적인 아이디어를 개발하며, 그들의 업무와 회사에 보다 적극적으로 참여할 수 있도록 도와준다.

직원들이 매일 수신하는, 처리할 수 없을 정도로 늘어나는 이메일의 홍수로 인해 내부 전사적 소셜 네트워킹의 도입이 추진되고 있다. 수백 개의 이메일 메시지를 열거나 읽거나 응답하거나 전달하거나 삭제해야 한다. 예를 들어 너무 많은 이메일은 호크리지시스템즈(Hawk Ridge Systems)가 미국과 캐나다의 15개 지사에 있는 200명의 직원을 위한 클라우드 기반 소셜 도구인 Glip을 채택하도록 이끌었다. Glip은 실시간 메시징, 그룹 채팅, 화상회의, 공유 캘린더, 작업관리 및 파일 공유 기능을 모두 한곳에서 제공한다. Glip은 호크리지의 운영 관리자인 사무엘 에킨이 하루에 수신하는 이메일을 200개에서 30개 내외로 줄여주었다. 전사적 소셜 네트워킹의 또 다른 동인은 '앱 피로'이다. 공동 작업을 수행하려면 많은 직원이 수많은 앱에 로그온하여 추가 작업을 만들어야 한다. 최근 전사적 소셜 네트워킹 시스템은 종종 여러 기능을 한곳에 통합한다.

하버드 비즈니스 리뷰 애널리틱스 서비스가 421명의 전문가를 대상으로 수행한 최근 조사에 따르면 협업 도구는 사용자가 더 나은 비즈니스 결정을 내릴 수 있도록 하면서 효율성과 생산성을 높이는 데 효과적이다. 또한 협업 도구는 혁신 가능성을 높였다. 그러나 모든 회사에서 성공적으로 사용하는 것은 아니다. 전사적 소셜 네트워킹의 구현 및 채택은 기술역량뿐만 아니라 조직의 문화, 그리고 이러한 도구와 회사의 비즈니스 프로세스와의 양립성에 달려 있다.

기업들이 새로운 소셜 미디어 기술을 도입할 때(다른 기술과 마찬가지로), 상당수의 직원들이 새로운 도구에 저항하며 이메일을 포함한 기존의 업무 방식에 집착한다. 왜냐하면 기존 방식이 더 친숙하고 편안하기 때문이다. 직원들이 소셜 미디어와 이메일에서 중복 커뮤니케이션을 하다 보면 그들의 직무를 수행하는 데 소요되는 시간과 비용이 늘어나게 된다. 80개 이상의 국가에 자회사 및 합작 투자를 제공하는 세계 최대 화학회사인 BASF는 새로운 소셜 미디어 도구의 사용을 장려하기 위해 일부 프로젝트 팀에게 이메일을 사용하지 못하도록 했다.

소셜 비즈니스는 조직을 보다 평평하고 수평적으로 보다 민주적으로 볼 수 있는 능력을 포함하여 사고의 변화를 요구한다. 소셜 비즈니스는 모든 사람의 아이디어에 훨씬 더 개방적이다. 비서, 조립라인 작업자 또는 영업 사원이 중요한 아이디어의 원천이 될 수 있다. 결과적으로 사람들이 소셜 비즈니스 도구를 배우게 하려면 노동자들을 참여시키고 그들에게 훨씬 더 나은 작업 방법을 제공하는 '풀(pull)' 접근법이 필요하다. 대부분의 경우 그들을 소셜 비즈니스 앱을 사용하도록 강요할 수 없다.

소셜 네트워크 관리 및 디지털 콘텐츠 공유를 위한 전사적 기능은 조직에 도움이 될 수도 해가 될 수도 있다. 소셜 네트워크는 조직의 생산성, 효율성 및 혁신을 향상시키는 풍부하고 다양한 정보 원천을 제공하거나, 외부인과 의사소통과 지식 교환을 꺼리는 기존의 같은 생각을 가진 사람들을 지원하는 데 사용할 수 있다. 직원들이 내부 소셜 네트워크를 사용하여 다른 사람들을 비판하거나 개인적인 의제를 추구한다면 생산성과 사기가 떨어질 것이다.

페이스북이나 트위터와 같은 소비자 대면 플랫폼에서 모델링된 소셜 비즈니스 응용 프로그램은 양립할 수 없는 목표를 가진 조직 또는 조직부서에서 반드시 잘 작동하지는 않는다. 회사는 운영, 인적자원 또는 혁신을 위해 소셜 비즈니스를 사용하나? 소셜 미디어 플랫폼이 얼마나 잘 운영되는지는 비즈니스 목적에 따라 다르다. 또한 개인 생활에서 페이스북이나 트위터를 적극적으로 사용하는 직원은 소셜 미디어를 주로 비공식적이고 개인적인 자기 표현 및 친구나 가족과의 의사소통 수단으로 보고 업무 목적으로 유사한 소셜 도구를 사용하는 것을 주저한다. 대부분의 관리자는 직원들이 내부 소셜 도구를 사용하여 업무에 대해 비공식적으로 의사소통은 하지만 개인적인 문제에 대해서는 논의하지 않기를 원한다. 페이스북과 트위터에 익숙한 직원들은 개인적인 것 없이 소셜 도구를 어떻게 사용할 수 있는지 상상하기 어려울 수 있다.

이것은 기업들이 기술에 중점을 두는 대신 소셜 이니셔티브가 실제로 직원과 관리자의 업무 관행을 어떻게 개선할 것인지를 파악해야 한다는 것을 의미한다. 기업들은 사람들이 현재 일하는 방식, 함께 일하는 사람, 요구사항 및 직원의 편견과 저항을 극복하기 위한 조치 등 소셜 네트워크에 대한 자세한 이해가 필요하다.

성공적인 소셜 비즈니스 전략에는 리더십과 행동 변화가 필요하다. 소셜 프로젝트를 후원하는 것만으로는 충분하지 않다. 관리자는 보다 개방적이고 투명한 작업 스타일에 대한 약속을 설명해야 한다. 전통적인 방식으로 비즈니스 협업 및 업무 수행에 익숙한 직원은 소셜 소프트웨어를 사용하기 위한 인센티브가 필요하다. 조직을 다른 방식으로 일하도록 바꾸기 위해서는 소셜 기술을 사용하기에 적합한 작업장 환경을 설계하고 구축하는 데 가장 적극적으로 참여하고 관심이 있는 사람들을 참여시켜야 한다.

경영진은 회사의 내부 및 외부 소셜 네트워킹 노력이 비즈니스에 진정한 가치를 제공하도록 해야 한다. 네트워크의 콘텐츠는 관련성이 있고 최신이며 접근하기 쉬워야 한다. 사용자는 필요한 정보를 가지고 있고 네트워크가 없었다면 도달하기 어렵거나 불가능한 사람들과 연결될 수 있어야 한다. 소셜 비즈니스 도구는 진행 중인 작업과 조직의 비즈니스 프로세스에 적합해야 하며 사용자는 이를 사용하는 방법과 이유를 이해해야 한다.

NASA의 고다드 우주비행센터는 소셜 도구가 사람들의 업무 수행에 어떤 도움을 줄지 아무도 몰랐기 때문에 스페이스북(Spacebook)이라는 맞춤형 전사적 소셜 네트워크를 포기해야 했다. 스페이스북은 조직의 문화와 정치를 고려하지 않고 설계 및 개발되었다. 이것은 비단 이 센터만의 문제는 아니다. Dimension Data는 조사한 900개 기업 중 4분의 1이 협업기술을 어떻게 효과적으로 사용할지보다 협업기술의 성공적인 구현에 더 중점을 둔다는 사실을 발견했다.

내부 소셜 네트워크의 시작과 관련된 문제에도 불구하고 이러한 네트워크를 성공적으로 사용하는 회사가 있다. 예를 들어 코팅 및 접착제, 폴리우레탄 및 충격에 강한 플라스틱의 세계적인 공급업체인 코베스트로(Covestro)는 도구의 접근성 향상, 파일럿 프로젝트에서 이러한 도구의 가치 입증, 고위 임원을 위한 역멘토링 프로그램 사용, 직원 전문가를 교육하여 회사 내에서 새로운 소셜 도구 및 접근방법에 대한 노하우 전파와 유용성 입증 등을 통해 소셜 협력을 성공으로 이끌었다. 코베스트로의 노력은 소셜 커넥션 툴셋으로 IBM 커넥션을 사용하여 현재 성과를 거두고 있다. 코베스트로는 직원의 50%가 회사의 전사적 소셜 네트워크에서 일상적으로 활동하고 있다. 소셜 비즈니스 이니셔티브에 대한 ROI는 측정하기 어려웠지만 코베스트로는 빠른 지식 흐름, 효율성 향상 및 운영비용 절감의 혜택을 거뒀다.

소셜 비즈니스 업무를 수행한 또 다른 회사는 인기 있는 온라인 의류, 액세서리 및 가정용 데코레이션 소매업체인 모드클로스(ModCloth)이다. 이 회사는 재미있고 매력적인 고객 쇼핑 경험으로 유명하다. 이 회사의 비즈니스는 134,000명의 트위터 팔로워와 160만 개의 페이스북 '좋아요' 등 고객과의 강력한 소셜 미디어를 기반으로 한다. 소셜 네트워크는 모드클로스의 성장과 발전에 큰 역할을 했기 때문에 이 회사는 내부 커뮤니케이션을 위해 소셜 네트워킹 도구를 채택하고자 했다. 모드클로스는 마이크로소프트의 야머를 소셜 비즈니스 도구로 채택했다.

모드클로스는 소규모 테스트 그룹으로 야머를 시험했으며, People Team을 사용하여 도구를 홍보했다. 야머는 직원들 사이에 빠르게 퍼져 곧바로 미국 4개 지사에서 250명 이상의 직원들이 사용하게 되었다. 모드클로스는 모든 신입 사원들에게 출근 첫날에 야머를 소개한다. 야머는 신입 사원이 동료의 이름을 배우고 회사의 일원임을 느끼도록 도와준다.

야머는 사람과 아이디어를 연결하는 데 매우 유용하여 모드클로스는 상당한 시간과 비용을 절약했다. 모드클로스의 인재 채용 책임자인 스코트 에르난데스는 야머를 사용하여 직원 추천을 통해 유망한 엔지니어를 파악했다. 야머는 팀이 이미 수행한 작업을 중복하지 않도록 도와주었다. 모드클로스의 사용자 경험(User Experience) 그룹은 프로젝트의 뉴스를 야머에 게시하여 사용자가 회사의 모바일 애플리케이션에서 원하는 것을 찾기 위한 연구 캠페인을 설계하기 시작했다. 몇 시간 안에 모드클로스의 소셜팀 회원은 이미 완료한 고객 피드백 데이터가 포함된 자세한 스프레드시트를 포함하여 모바일 사용자에 대한 대규모 사용자 설문조사 결과를 게시했다. 사용자 경험팀은 2주간의 작업을 절약할 수 있었다.

홍콩에 본사를 둔 에스쿠얼 그룹(Esquel Group)은 면직 섬유 및 의류 공급업체로서 면화 양식 및 직물 생산에서 의류 제조 및 마무리에 이르기까지 모든 것을 수행한다. 이 회사의 핵심 사업은 라코스테, 랄프 로렌, 나이키와 같은 패션 브랜드를 위한 면으로 만든 상의를 만드는 것이다. 이 회사는 여러 지역에 흩어져 있는 사업 분야를 하나로 묶는 방법으로 내부 소셜 네트워킹에 관심을 가졌다. 에스쿠얼은 전사적 소셜 네트워킹 도구로 마이크로소프트 야머를 선택했다. 에스쿠얼 직원들은 다양한 언어로 의사소통하므로 야머의 번역 기능이 특히 유용했다.

경영진은 노동자에게 '경청'할 수 있는 많은 이점을 본다. 사람들이 네트워크에 불만을 게시하면 혁신적인 솔루션과 새로운 아이디어를 찾을 수 있다. 예를 들어 에스쿠얼의 의류 사업장에 근무하는 한 직원이 회사 식당에서 식사 카드를 재충전하기 위해 긴 줄을 기다려야 한다는 불만을 야머에 게시했다. 4개월 후 이 회사는 급여에서 식사 카드로 즉시 이체하는 키오스크 솔루션을 도입했다.

야머에 게시된 아이디어는 에스쿠얼의 품질관리 프로세스를 개선하는 데 사용되었다. 소매와 칼라가 사양과 일치하도록 보증하기 위해 측정 테이프를 사용하는 대신, 품질관리부서의 직원은 야머를 사용하여 전기 자(electric ruler)라는 아이디어를 얻었다. 그 개념은 더 많은 야머 토론을 통해 개선되었다. 직원은 측정하고 숫자를 쓰는 대신 전자적으로 측정을 보다 빠르고 정확하게 할 수 있게 되었다.

또한 야머는 에스쿠얼이 회사 전체의 혁신 및 효율성 향상 솔루션을 만들도록 지원한다. 일반적으로 한 사이트의 혁신은 다른 위치로 전개되지 않는다. 야머는 조직 전체에 보다 쉽게 확산될 수 있도록 혁신 및 개선 사례에 대한 뉴스를 제공하는 채널을 제공한다.

에스쿠얼의 산업은 인건비가 상승함에 따라 회사가 종종 저임금 국가로 이동하는 산업이다. 에스쿠얼은 작업을 재배치하는 대신 생산성 향상을 통해 비용을 절감하는 것을 선호한다. 에스쿠얼은 직원들이 보다 효율적이고 효과적으로 업무를 수행할 수 있도록 지원함으로써 매년 약 200만 달러를 절약할 수 있었다.

출처 : "Top Four Social Collaboration Software Fails," searchmobilecoputing.techtarget.com, accessed February 7, 2018; "ModCloth: Keeping Employees Engaged While Scaling Up," and "Esquel Group: Social Technology Weaves an Enterprise Together," blogs.office.com, accessed February 7, 2018; Margaret Jones and Cordelia Kroob, "The Growth of an Enterprise Social Network at BASF," www.simply-communicate.com, accessed March 12, 2018; Paul Leonardi and Tsedal Neeley, "What Managers Need to Know About Social Tools," *Harvard Business Review*, NovemberDecember 2017; Sue Hildreth, "What's Next for Workplace Collaboration?" searchcontentmanagement.com, March 2, 2017; Arunima Majumdar, "3 Reasons Why Collaboration Tools Fail to Make the intended Impact," *eLearning Industry*, January 20, 2017; Harvard Business Review Analytic Services, "Collaboration Technology Boosts Organizations," Insight Enterprises Inc. (February 13, 2017); and Dimension Data, "2016 Connected Enterprise Report," 2016.

사례연구 문제

2-12 내부 회사 소셜 네트워크의 채택에 영향을 미치는 경영, 조직 및 기술 요소를 파악하라.

2-13 이 사례에 설명된 조직의 내부 소셜 네트워크 구현 경험을 비교하라. 성공한 이유는 무엇인가? 이 과정에서 경영진은 어떤 역할을 했는가?

2-14 모든 회사가 내부 전사적 소셜 네트워크를 구현해야 하는가? 그 이유는 무엇인가?

참고문헌

Aral, Sinan, Erik Brynjolfsson, and Marshall Van Alstyne. "Productivity Effects of Information Diffusion in Networks." MIT Center for Digital Business (July 2007).

Arena, Michael, Rob Cross, Jonathan Sims, and Mary Uhl-Bie. "How to Catalyze Innovation in Your Organization." *MIT Sloan Management Review* (Summer 2017).

Bala, Hillol, Anne P. Massey, and Mitzi M. Montoya. "The Effects of Process Orientations on Collaboration Technology Use and Outcomes in Product Development." *Journal of Management Information Systems* 34 No. (2017).

Banker, Rajiv D., Nan Hu, Paul A. Pavlou, and Jerry Luftman. "CIO Reporting Structure, Strategic Positioning, and Firm Performance." *MIS Quarterly* 35, No. 2 (June 2011).

Boughzala, Imed, and Gert-Jan De Vreede. "Evaluating Team Collaboration Quality: The Development and Field Application of a Collaboration Maturity Model." *Journal of Management Information Systems* 32 No. 3 (2015).

Bughin, Jacques, Michael Chui, and Martin Harrysson. "How Social Tools Can Reshape the Organization." McKinsey Global Institute (May 2016).

Bureau of Labor Statistics. "Occupational Outlook Handbook 2018–2019." Bernan Press (January 9. 2018).

Colony, George F. "CIOs and the Future of IT." *MIT Sloan Management Review* (Spring 2018).

Cummings, Jeff, and Alan Dennis. "Virtual First Impressions Matter: The Effect of Enterprise Social Networking on Impression Formation in Virtual Teams." *MIS Quarterly* 42, No. 3 (September 2018).

Forrester Research. "Social Business: Delivering Critical Business Value." (April 2012).

Frost and Sullivan. "Meetings Around the World II: Charting the Course of Advanced Collaboration." (October 14, 2009).

Gast, Arne, and Raul Lansink. "Digital Hives: Creating a Surge Around Change." *McKinsey Quarterly* (April 2015).

Greengard, Samuel. "Collaboration: At the Center of Effective Business." *Baseline* (January 24, 2014).

_____. "The Social Business Gets Results." *Baseline* (June 19, 2014).

Guillemette, Manon G., and Guy Pare. "Toward a New Theory of the Contribution of the IT Function in Organizations." *MIS Quarterly* 36, No. 2 (June 2012).

Haffke, Ingmar, Bradley Kalgovas, and Alexander Benloan. "Options for Transforming the IT Function Using Bimodal IT." *MIS Quarterly Executive* (June 2017).

Harvard Business Review Analytic Services. "Collaboration Technology Boosts Organizations." Insight Enterprises Inc. (February 13, 2017).

Johnson, Bradford, James Manyika, and Lareina Yee. "The Next Revolution in Interactions." *McKinsey Quarterly* No. 4 (2005).

Kane, Gerald C. "Enterprise Social Media: Current Capabilities and Future Possibilities." *MIS Quarterly Executive* 14, No. 1 (2015).

Kane, Gerald C., Doug Palmer, Anh Nguyen Phillips, and David Kiron. "Finding the Value in Social Business." *MIT Sloan Management Review* 55, No. 3 (Spring 2014).

Kiron, David. "Why Your Company Needs More Collaboration," *MIT Sloan Management Review* (Fall 2017).

Kiron, David, Doug Palmer, Anh Nguyen Phillips, and Nina Kruschwitz. "What Managers Really Think About Social Business." *MIT Sloan Management Review* 53, No. 4 (Summer 2012).

Kolfschoten, Gwendolyn L., Fred Niederman, Robert O. Briggs, and Gert-Jan De Vreede. "Facilitation Roles and Responsibilities for Sustained Collaboration Support in Organizations." *Journal of Management Information Systems* 28, No. 4 (Spring 2012).

Leonardi, Paul and Tsedal Neeley. "What Managers Need to Know About Social Tools." *Harvard Business Review* (November–December 2017).

Li, Charlene. "Making the Business Case for Enterprise Social Networks." Altimeter Group (February 22, 2012).

Malone, Thomas M., Kevin Crowston, Jintae Lee, and Brian Pentland. "Tools for Inventing Organizations: Toward a Handbook of Organizational Processes." *Management Science* 45, No. 3 (March 1999).

Maruping, Likoebe M., and Massimo Magni. "Motivating Employees to Explore Collaboration Technology in Team Contexts." *MIS Quarterly* 39, No.1 (March 2015).

McKinsey & Company. "Transforming the Business Through Social Tools." (2015).

McKinsey Global Institute. "The Social Economy: Unlocking Value and Productivity Through Social Technologies." McKinsey & Company (July 2012).

Miller, Claire Cain. "Tech's Damaging Myth of the Loner Genius Nerd." *New York Times* (August 12, 2017).

Mortensen, Mark. "Technology Alone Won't Solve Our Collaboration Problems." *Harvard Business Review* (March 26, 2015).

Poltrock, Steven, and Mark Handel. "Models of Collaboration as the Foundation for Collaboration Technologies." *Journal of Management Information Systems* 27, No. 1 (Summer 2010).

Ricards, Tuck, Kate Smaje, and Vik Sohoni. "'Transformer in Chief': The New Chief Digital Officer." *McKinsey Digital* (September 2015).

Ross, Jeanne. "Architect Your Company for Agility." *MIT Sloan Management Review* (January 10, 2018).

Saunders, Carol, A. F. Rutkowski, Michiel van Genuchten, Doug Vogel, and Julio Molina Orrego. "Virtual Space and Place: Theory and Test." *MIS Quarterly* 35, No. 4 (December 2011).

Srivastava, Shirish, and Shalini Chandra. "Social Presence in Virtual World Collaboration: An Uncertainty Reduction Perspective Using a Mixed Methods Approach." *MIS Quarterly* 42, No. 3 (September 2018).

Tallon, Paul P., Ronald V. Ramirez, and James E. Short. "The Information Artifact in IT Governance: Toward a Theory of Information Governance." *Journal of Management Information Systems* 30, No. 3 (Winter 2014).

Weill, Peter, and Jeanne W. Ross. *IT Governance*. Boston: Harvard Business School Press (2004).

정보시스템, 조직, 전략

스타벅스가 더 나은 경쟁 방법을 찾도록 도와주는 기술

스타벅스는 75개 시장에 24,000개 이상의 점포를 가지고 있는 세계 최대 커피 전문 소매점이다. 스타벅스의 명성은 고급 커피 및 음료, 친절하고 지식이 풍부한 직원, 그리고 고객 친화적인 커피숍에 있다. 이것은 오랫동안 성공적인 공식이었으며 스타벅스가 많은 품목에 대해 프리미엄 가격을 청구할 수 있게 해주었다. 그러나 스타벅스는 경쟁업체가 있으며 경쟁 환경에 발 맞춰 비즈니스 모델과 비즈니스 전략을 지속적으로 미세 조정해야 한다.

스타벅스는 온라인 소매업을 시도했지만 제대로 운영되지 않았다. Starbucks.com 웹사이트를 방문하면 커피, 브랜드 머그잔, 에스프레소 머신 및 브루잉(brewing) 액세서리가 있지만, 이러한 품목들은 스타벅스 매장, 슈퍼마켓 또는 스타벅스 지정 소매점에서 구입해야 한다. 스타벅스는 2017년 8월 온라인 판매를 중단했다. 스타벅스 경영진은 소매업에 '지진 같은 변화'가 있었으며 판매자는 생존하기 위해 독창적이고 몰입형 매장 내 경험을 창출해야 한다고 믿고 있다. 스타벅스의 경우 대부분 제품 및 서비스를 온라인으로 판매해서는 안 된다.

대신 스타벅스는 매장 내 경험을 개선하는 데 주력하고 있다. 이 회사는 2018년에 1,000개가 넘는 매장에 갓 만든 샌드위

© Atstock Productions/Shutterstock

치와 샐러드로 구성된 새로운 메르카토(Mercato) 메뉴를 출시했으며 카페인 과일주스(Starbucks Refreshers)와 니트로 커피를 판매했다. 경영진은 2021년까지 식품 판매량을 2배로 늘리기를 희망한다. 또한 스타벅스는 'Reserve' 브랜드로 전 세계에 고급 카페를 설립하여 고객이 프리미엄 커피와 페이스트리에 더 많은 비용을 기꺼이 지불하도록 유도하고 있다.

스타벅스는 정보기술을 통해 고객의 매장 내 경험을 지속적으로 향상시키고 있다. 각 스타벅스 매장에는 고객에게 무료 무선 인터넷 액세스를 제공하는 와이파이 네트워크가 있다. 스타벅스의 많은 고객들은 스마트폰을 사용한다. 스타벅스는 2015년 9월에 아이폰 및 안드로이드 모바일 장치용 모바일 주문 앱을 출시했다. 스타벅스 모바일 'Order & Pay' 앱을 사용하면 음료와 음식을 빠르고 쉽게 지불할 수 있다. 고객은 모바일 Order & Pay를 사용하여 스타벅스 매장으로 가는 길에 주문을 할 수 있으며 바리스타에 팁을 줄 수도 있다. 그 주문은 음료가 준비될 시간을 알려준다. 줄을 서서 기다릴 필요가 없다. 모바일 앱은 스타벅스 매장에서 재생 중인 노래를 식별하여 스포티파이(Spotify)의 재생 목록에 저장할 수도 있다. 이 앱은 스타벅스가 고객에게 보다 효과적으로 제품을 타기팅할 수 있도록 도와준다. 특히 이 앱은 체인이 아침에 커피를 마신 후 더 많은 고객을 끌어들

이기 위해 메뉴에 더 많은 점심 품목과 차가운 음료수를 추가할 수 있기 때문에 중요할 수 있다. 차가운 음료는 이제 스타벅스 음료 판매의 절반을 차지한다.

스타벅스는 매장 내 와이파이 네트워크를 사용하는 고객이 첫 번째 매장에서 이메일 주소를 입력하도록 한다. 회사 소프트웨어는 고객의 기기를 기억하고 그 후 자동으로 연결한다. 이를 통해 스타벅스는 더 많은 타기팅 프로모션을 할 수 있는 추가 이메일 주소를 확보한다.

출처 : Julie Jargon, "Starbucks Aims for More Mobile Orders," Wall Street Journal, March 21, 2018; Stacy Cowley, "Starbucks Closes Online Store to Focus on In-Person Experience," *New York Times*, October 1, 2017; "Starbucks' Mobile Order Push Meets Resistance From Ritual Seekers," Reuters, March 21, 2018; and www.starbucks.com, accessed March 28, 2018.

스타벅스는 정보시스템이 비즈니스 경쟁을 돕는 몇 가지 방법과 올바른 비즈니스 전략을 찾는 과제, 그리고 해당 전략에 기술을 사용하는 방법을 보여준다. 오늘날의 소매업은 온라인 및 오프라인 상점 모두에서 매우 붐비고 경쟁이 치열하다. 스타벅스는 세계 최고의 전문 커피 소매업체이지만 많은 경쟁업체가 있으며 비즈니스 성장을 지속할 수 있는 방법을 찾고 있다. 고객이 점점 더 많은 온라인 쇼핑을 하고 있지만 스타벅스 제품은 웹에서 잘 팔리지 않는다. 그들은 대면 경험을 선호한다. 그들은 매우 경험적이다.

다음 도표는 도입 사례와 이 장에서 제기된 주요 주제를 환기시킨다. 스타벅스의 비즈니스 모델은 음료 및 식품의 고품질, 효율적이고 유용한 고객 서비스, 그리고 스타벅스 매장에서 이러한 품목을 구매하고 소비하는 즐거움을 강조하는 적극적인 제품 차별화 전략을 기반으로 한다. 스타벅스는 매장 내 고객 경험을 개선하기 위해 정보기술을 사용하고 있다. 스타벅스의 모바일 Order & Pay 앱은 스타벅스 식음료에 대한 주문 및 지불을 신속하게 처리했으며, 스타벅스는 모바일 기술을 활용하기 위해 지불 프로세스를 재설계해야 했다. 무료 와이파이 네트워크는 고객들이 스타벅스 매장에 더 많이 방문하고 더 오래 머물며 식음료를 더 많이 소비하도록 한다. 모바일 앱을 통해 매장은 더 많은 고객에게 서비스를 제공할 수 있으며 와이파이 서비스에 등록하면 프로모션 캠페인을 위한 추가 이메일 주소가 제공된다.

다음의 몇 가지 질문에 대해 생각해보자. 스타벅스의 비즈니스 전략은 무엇인가? 기술이 스타벅스의 경쟁에 얼마나 도움이 되었는가? 그 이유는 무엇인가?

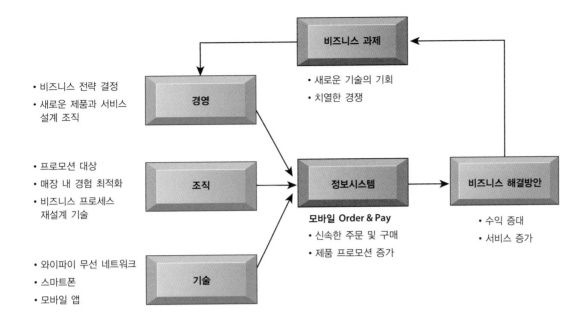

- 비즈니스 전략 결정
- 새로운 제품과 서비스 설계 조직

- 프로모션 대상
- 매장 내 경험 최적화
- 비즈니스 프로세스 재설계 기술

- 와이파이 무선 네트워크
- 스마트폰
- 모바일 앱

경영

조직

기술

비즈니스 과제
- 새로운 기술의 기회
- 치열한 경쟁

정보시스템

모바일 Order & Pay
- 신속한 주문 및 구매
- 제품 프로모션 증가

비즈니스 해결방안
- 수익 증대
- 서비스 증가

3-1 정보시스템을 성공적으로 구축하고 활용하기 위해 관리자가 알아야 할 조직의 중요한 특징은 무엇인가?

정보시스템과 조직은 서로 영향을 주고받는다. 정보시스템은 기업의 관심사를 지원하기 위해 관리자들에 의해 개발된다. 동시에 조직은 정보시스템의 영향을 인식하고 개방하여 새로운 기술의 혜택을 얻어야 한다.

정보기술과 조직 간의 상호작용은 복잡하며 조직구조, 비즈니스 프로세스, 정치, 문화, 주변 환경, 경영 의사결정 등을 포함한 많은 조정 인자들에 의해 영향을 받는다(그림 3.1 참조). 여러분은 정보시스템이 사회와 직장 생활을 어떻게 변화시킬 수 있는지 이해해야 할 것이다. 비즈니스 조직에 대한 이해 없이 새로운 시스템을 성공적으로 설계하거나 기존 시스템을 이해하는 것은 어려운

그림 3.1 조직과 정보기술 사이의 양방향 관계

이 복잡한 양방향 관계는 관리자가 내린 의사결정 이외에 다른 많은 인자들에 의해 조정된다. 이 관계를 조정하는 다른 인자들로 조직 문화, 구조, 정치, 비즈니스 프로세스, 환경 등이 있다.

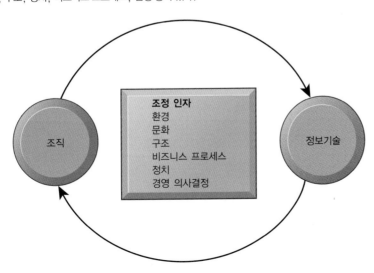

조직

조정 인자
환경
문화
구조
비즈니스 프로세스
정치
경영 의사결정

정보기술

일이다.

　관리자로서 여러분은 시스템 구축 대상, 목적, 방법 등을 결정하게 될 것이다. 이러한 결정의 모든 결과를 예측하는 것은 어려운 일이다. 새로운 IT 투자로 인해 기업에서 발생하는 변화 중 일부는 예측할 수 없고 여러분의 기대에 부합할 수도 있고 그렇지 않을 수도 있다. 예를 들어 이메일과 인스턴트 메시지가 비즈니스 커뮤니케이션의 주요 수단이 되고 많은 관리자들이 하루에 200통 이상의 이메일을 받게 될 것을 15년 전에 예측할 수 있었겠는가?

조직의 정의

조직(organization)은 환경에서 자원을 획득하고 그것을 처리하여 산출물을 생산하는 안정되고 정형화된 사회 구조이다. 이러한 기술적 정의는 조직의 세 가지 측면을 강조한다. 자본과 노동은 환경에 의해 제공되는 주요 생산요소이다. 조직(기업)은 생산 기능에서 이러한 투입을 제품과 서비스로 변환한다. 제품과 서비스는 환경에 의해 소비되고 환경은 다시 추가적인 자본과 노동을 투입으로 피드백한다(그림 3.2 참조).

　조직은 지속성 및 일상성의 측면에서 비공식 집단(매주 금요일 점심 식사를 위해 만나는 친구들 모임과 같은)에 비해 안정적이다. 조직은 내부 규칙과 절차가 있는 정형화된 법률상의 개체로 법을 준수해야 한다. 또한 기계가 밸브, 캠, 축, 그리고 기타 부품들의 특정한 배치로 구성된 구조인 것처럼 조직은 사회요소들로 구성된 사회 구조이다.

　조직에 대한 이러한 정의는 강력하면서 단순하지만 현실 세계의 조직을 잘 묘사하거나 예측하는 것은 아니다. 조직에 대한 보다 현실적인 행동적 정의는 조직은 시간이 경과하면서 갈등과 갈등 해소를 통해 정교하게 균형이 잡혀 가는 권리, 특권, 의무, 그리고 책임의 집합이라고 정의하는 것이다(그림 3.3 참조).

　이러한 행동 관점에 따르면 조직에서 일하는 사람들은 관습적인 작업 방식을 발전시키고, 기존 관계에 애착을 가지며, 작업 수행 방식, 작업량, 그리고 작업 수행 조건에 대해 상급자와 하급자가 합의한다. 대부분 이러한 합의와 감정은 어떠한 정형화된 규정집에 명시되어 있지 않다.

　조직에 대한 이러한 정의들이 정보시스템 기술과 어떤 관련이 있을까? 조직에 대한 기술 관점은 우리가 기업에 기술 변화를 도입할 때 산출물을 만들기 위해 투입들이 어떻게 결합되어야 하는지에 집중하도록 한다. 기업은 서로 쉽게 대체될 수 있는 자본과 노동을 가진 대단히 융통성 있는 조직처럼 보인다. 그러나 조직에 대한 보다 현실적인 행동적 정의는 새로운 정보시스템의 구축 또는 기

│그림 3.2 조직의 미시경제학적 정의

조직에 대한 미시경제학적 정의에서 자본과 노동(환경에서 제공되는 주요 생산요소들)은 생산 프로세스를 거치면서 제품과 서비스(환경으로 산출)로 변환된다. 제품과 서비스는 환경에 의해 소비되고, 환경은 다시 피드백 루프를 통해 추가적인 자본과 노동을 투입으로 피드백한다.

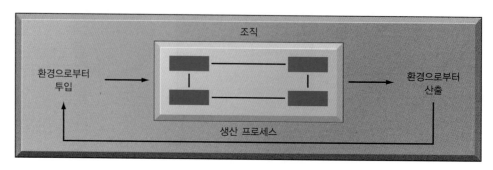

그림 3.3 조직의 행동적 관점

조직의 행동적 관점은 집단 관계, 가치, 구조를 강조한다.

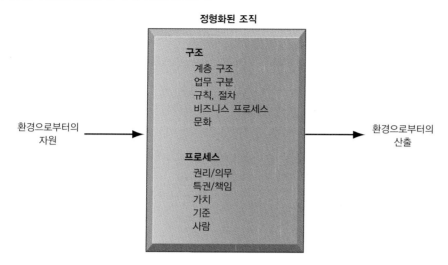

정형화된 조직

구조
계층 구조
업무 구분
규칙, 절차
비즈니스 프로세스
문화

환경으로부터의
자원

프로세스
권리/의무
특권/책임
가치
기준
사람

환경으로부터의
산출

존 시스템의 재구축은 기계나 작업자의 기술적 재배치보다 훨씬 많은 것을 수반한다는 것을 암시한다. 일부 정보시스템은 오랜 기간에 걸쳐 만들어진 권리, 특권, 의무, 책임, 그리고 감정의 조직적 균형을 변화시킨다.

이런 요소들을 바꾸는 것은 오랜 시간이 걸릴 수 있고, 매우 파괴적일 수 있으며, 교육과 훈련을 지원하는 데 더 많은 자원을 필요로 할 수 있다. 예를 들어 새로운 정보시스템을 효과적으로 구현하는 데 필요한 시간은 일반적으로 예상했던 것보다 훨씬 길다. 왜냐하면 기술시스템을 구현하는 것과 직원과 관리자에게 그 시스템의 사용법을 가르치는 것 사이에는 차이가 있기 때문이다.

기술 변화는 정보를 소유하고 통제하는 사람, 그 정보에 접근하고 변경할 수 있는 권한이 있는 사람, 그리고 의사결정을 하는 사람들의 변화를 요구한다. 이러한 보다 복잡한 관점에서 우리는 작업 설계 방식과 산출물을 만들기 위한 절차를 보다 지세히 산펴볼 필요성이 있다.

조직에 대한 기술적 · 행동적 정의가 서로 모순되는 것은 아니다. 사실 이 둘은 서로 보완직이다. 기술적 정의는 경쟁시장에 있는 수천 개의 기업이 어떻게 자본, 노동, 정보기술을 결합할 것인지 알려주는 반면, 행동 모델은 우리를 개별 기업 안으로 데려가서 그 기술이 조직의 내부 업무에 어떤 영향을 미치는지 알 수 있게 한다. 3-2절은 조직에 대한 이러한 정의들이 정보시스템과 조직 간의 관계를 규명하는 데 어떻게 도움을 주는지 설명한다.

조직의 특징

현대의 모든 조직은 일정한 특징들이 있다. 조직은 업무와 전문 분야의 구분이 명확한 관리제도(bureaucracies)이다. 조직은 전문가들을 사람들 간에 책임 관계가 있고 규칙이나 절차에 의해 권한이 특정 행동에 한정되는 권한의 계층 구조에 배치한다. 이러한 규칙들은 공정하고 보편적인 의사결정 체계를 만든다. 조직은 개인적 관계가 아닌 기술능력과 전문성에 기초하여 직원들을 채용하고 개발하기 위해 노력한다. 조직은 한정된 투입으로 최대한의 산출을 얻는 효율성의 원칙을 중시한다. 조직의 다른 특징으로는 비즈니스 프로세스, 조직 문화, 조직 정치, 주변 환경, 구조, 목적, 구성원, 그리고 리더십 스타일 등이 있다. 이러한 모든 특징들은 조직이 사용하는 정보시스템의 종류에 영향을 미친다.

루틴과 비즈니스 프로세스

기업 내에 개인들은 제품과 서비스를 생산하기 위한 **루틴**(routine)을 개발하기 때문에 기업을 포함한 모든 조직은 시간이 지남에 따라 매우 효율적이 된다. **표준운영절차**(standard operating procedure)라고도 하는 루틴은 모든 예상 가능한 상황에 대응하기 위해 개발된 명확한 규칙, 절차, 방식을 의미한다. 직원들은 이러한 루틴들을 학습함으로써 보다 생산적이고 효율적으로 변화하며, 기업은 효율성이 높아짐에 따라 비용을 줄일 수 있다. 예를 들어 병원의 접수창구 담당자는 환자의 기본적인 정보를 수집하기 위한 잘 개발된 일련의 루틴을 가지고 있으며, 간호사는 의사의 진찰을 준비하기 위한 루틴을, 의사는 환자들을 진단하기 위한 잘 개발된 일련의 루틴을 가지고 있다. 제1장과 제2장에서 설명한 **비즈니스 프로세스**(business process)는 이러한 루틴들의 집합이다. 마찬가지로 기업은 비즈니스 프로세스들의 집합이다(그림 3.4 참조).

조직 정치

조직에 있는 사람들은 각기 다른 전문성과 관심, 견해를 가지고 다른 직책들을 맡고 있다. 결과적으로 그들은 자연스럽게 자원, 보상, 처벌의 분배 방법에 대한 다양한 관점을 가지고 있다. 모든 조직에서 이러한 차이는 관리자와 직원 모두에게 문제가 되며, 그들은 자원을 얻기 위한 정치적 투

그림 3.4 루틴, 비즈니스 프로세스, 기업

모든 조직은 개별 루틴과 행동으로 구성되어 있다. 루틴들이 모여 비즈니스 프로세스를 구성하고, 마찬가지로 비즈니스 프로세스들이 모여 기업을 구성한다. 새로운 정보시스템 응용 프로그램을 통해 높은 수준의 조직성과를 달성하기 위해서는 개별 루틴과 비즈니스 프로세스의 변화가 필요하다.

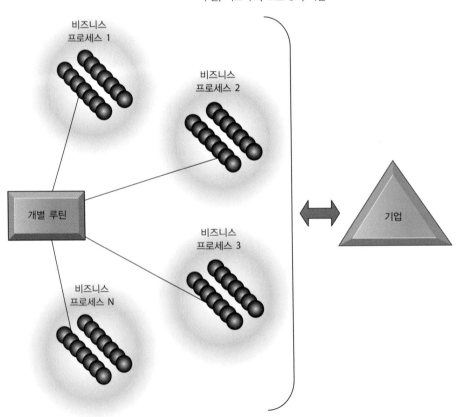

쟁, 경쟁, 마찰 등을 경험하게 된다. 정치적 저항은 조직의 변화, 특히 새로운 정보시스템의 개발을 추진하는 데 있어 가장 큰 어려움 중 하나이다. 사실상 전략, 비즈니스 목표, 비즈니스 프로세스 그리고 절차의 커다란 변화를 가져오는 기업의 모든 대규모 정보시스템 투자는 정치적으로 격론이 벌어지는 사건이 된다. 조직의 정치를 알고 일하는 관리자들은 그렇지 않은 관리자보다 새로운 정보시스템을 성공적으로 구현할 가능성이 크다. 이 책을 통해서 여러분은 내부 정치로 인해 잘 만들어진 정보시스템 계획이 좌절되는 많은 사례들을 발견하게 될 것이다.

조직 문화

모든 조직은 그들의 목적과 제품을 특징짓는 근본적이고 확고하며 명백한 가정들이 있다. 조직 문화는 그 조직이 어떤 제품들을 생산해야 하며, 그것들을 어떻게, 어디서, 누구를 위해 생산해야 하는지에 관한 근본적인 가정들의 집합이다. 일반적으로 이러한 문화적 가정은 전적으로 당연한 것으로 생각하며 공개적으로 발표되거나 언급되는 일은 드물다. 기업이 가치를 창출하는 실질적인 방법인 비즈니스 프로세스는 일반적으로 기업 문화에 뿌리를 두고 있다.

여러분이 소속된 대학을 둘러보면 조직 문화를 살펴볼 수 있다. 대학 생활에서 근본적인 가정 중의 일부는 교수들이 학생보다 더 많이 알고, 학생들이 대학에 다니는 이유는 배우기 위한 것이며, 강좌들은 정규 일정을 따른다는 것 등이다. 조직 문화는 정치적 갈등을 줄이고 공동의 이해, 절차에 대한 합의, 그리고 공동의 관행을 촉진한다. 만약 우리 모두가 동일한 기본적인 문화적 가정을 공유한다면, 다른 문제에 대한 합의는 더욱 쉬워질 것이다.

동시에 조직 문화는 변화에 대한, 특히 기술적 변화에 대한 강력한 저항이 된다. 대부분의 조직은 기본적인 가정에 변화가 생기는 것을 막기 위해 거의 모든 일을 할 것이다. 공통적으로 가지고 있는 문화적 가정을 위협하는 기술적 변화는 일반적으로 큰 저항에 직면하게 된다. 그러나 기업이 도약하기 위한 유일한 방법이 기존 조직 문화와 상충되는 새로운 기술의 도입인 경우가 있다. 이러한 일이 발생하면 문화가 서서히 조정될 때까지 기술 도입이 지연되는 일이 많다.

조직 환경

조직은 자원을 얻고 생산한 제품과 서비스를 제공하는 환경 속에 존재한다. 조직과 환경은 상호 관계를 맺는다. 한편, 조직들은 그들을 둘러싼 사회적 · 물리적 환경에 의존적이며 개방되어 있다. 조직은 재무(고객으로부터의 수익)와 인적자원(일관되고 믿을 만하게 일할 의지가 있는 사람들) 없이 존재할 수 없다. 조직은 고객과 경쟁사의 행동뿐만 아니라 정부에 의해 강제되는 법률과 기타 요구사항에도 대응해야 한다. 한편, 조직은 그들의 환경에 영향을 미칠 수 있다. 예를 들어 기업은 정책 프로세스에 영향을 주기 위해 다른 기업과 제휴하며, 고객들이 그들의 제품을 수용하도록 하기 위해 광고를 실시한다.

그림 3.5는 조직이 환경 변화를 감지하고 환경에 대응할 수 있도록 지원하는 정보시스템의 역할을 설명하고 있다. 정보시스템은 환경 검색을 위한 핵심 도구로 관리자가 조직적 대응이 필요할 수 있는 외부 변화를 식별하는 데 도움이 된다.

일반적으로 환경은 조직보다 훨씬 빠르게 변한다. 새로운 기술, 새로운 제품, 변하는 대중의 취향과 가치관(이런 것들의 상당수는 정부의 새로운 규정이 된다)은 조직의 문화, 정치, 그리고 사람들에게 영향을 미친다. 대부분의 조직은 환경의 큰 변화에 잘 대응하지 못한다. 조직의 표준운영절차에 내재된 관성, 기존 질서의 변화로 인해 발생하는 정치적 충돌, 그리고 문화적 가치에 대한 위협 등은 일반적으로 조직이 크게 변하는 것을 막는다. 1919년 포춘 500대 기업 중 단지 10%만이 지

│그림 3.5│ 환경과 조직의 상호 관계

환경은 조직이 할 수 있는 일을 결정짓지만, 조직은 그들의 환경에 영향을 미칠 수 있으며 환경 변화를 결정할 수 있다. 정보
기술은 조직이 환경의 변화를 감지하고 환경에 대응할 수 있도록 지원하는 핵심적인 역할을 담당한다.

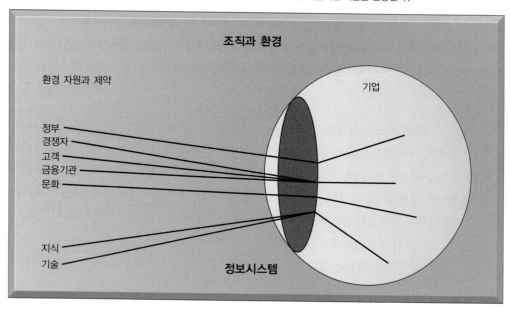

금까지 존속하고 있다는 사실은 그리 놀랄 일도 아니다.

파괴적 기술 : 파도타기 가끔 기술과 그로 인한 경영 혁신은 경영 환경의 급속한 변화를 불러온
다. 이러한 혁신을 '파괴적(disruptive)'이라고 부른다(Christensen, 2003; Christensen, Raynor, and
McDonald, 2015). 기술을 파괴적으로 만드는 것은 무엇인가? 일부 사례에서 **파괴적 기술**(disruptive
technology)은 현재 생산되는 그 어떤 것보다 더 우수한 대체재가 된다. 자동차는 마차를, 워드프로
세스는 타자기를, 애플의 아이팟은 CD 플레이어를, 디지털 카메라는 필름 카메라를 대체했다. 표
3.1에는 과거의 몇 가지 파괴적 기술이 설명되어 있다.

이 경우 산업 전체에 엄청난 영향을 미친다. 다른 사례로부터 파괴적 기술들이 기존 제품보다 적
은 기능과 훨씬 적은 비용으로 시장을 넓혀 나가는 것을 알 수 있다. 결과적으로 파괴적 기술들은
지금까지 판매된 그 어떤 것보다 원가 경쟁력을 갖게 된다. 디스크 드라이브가 한 가지 예이다. PC
에서 사용되는 소형 하드디스크 드라이브는 저렴한 디지털 저장장치를 제공함으로써 디스크 드라
이브 시장을 확대했다. 결국 소형 PC 하드디스크 드라이브는 디스크 드라이브 시장에서 가장 큰
부분이 되었다.

어떤 기업은 이러한 기술들을 지속적으로 개발하여 수익을 창출한다. 다른 기업은 빨리 배우
고 그들의 사업을 적응시킨다. 또 다른 기업은 그들의 제품, 서비스, 비즈니스 모델이 쓸모없게 되
어 시장에서 사라진다. 아마 망하는 기업들은 더 이상 할 필요가 없는 일을 매우 효율적으로 하
고 있을 것이다. 또한 기업이 이익을 보지 못하고 모든 이익이 소비자에게 돌아가는 경우도 있다
(기업은 어떠한 이익도 얻지 못한다). 더욱이 모든 변화나 기술이 파괴적인 것은 아니다(King and
Baatartogtokh, 2015). 오래된 기업의 경영자들은 종종 올바른 결정을 내리고 경쟁을 계속할 방법
을 찾는다. 파괴적 기술은 까다롭다. '최초 진입자(first mover)'로서 파괴적 기술을 개발한 기업들
은 그 기술을 활용할 자원이 부족하거나 기회를 제대로 활용하지 못한다면 이익을 얻지 못할 수 있
다. MITS Altair 8800은 최초의 PC로 간주되고 있으나, 이 기술의 발명자는 최초 진입자로서의 기

표 3.1 파괴적 기술 : 승자와 패자

기술	설명	승자와 패자
마이크로프로세서 칩(1971년)	실리콘 칩 위의 수천, 수백만 개의 트랜지스터	승자 : 마이크로프로세서 회사(인텔, 텍사스 인스트루먼츠) 패자 : 트랜지스터 회사(GE)
개인용 컴퓨터(PC)(1975년)	작고 저렴하며 우수한 기능의 데스크톱 컴퓨터	승자 : PC 제조업체(HP, 애플, IBM), 칩 제조업체(인텔) 패자 : 메인프레임 제조업체(IBM), 미니컴퓨터 제조업체(DEC)
디지털 사진(1975년)	이미지를 기록하기 위해 CCD(charge-coupled device) 이미지 사용	승자 : CCD 제조업체, 전통적인 카메라 회사 패자 : 필름 제조업체
월드와이드웹(1989년)	디지털 파일과 즉시 활용 가능한 '페이지'의 전 세계 데이터베이스	승자 : 온라인 콘텐츠와 뉴스 소유권자 패자 : 전통적인 출판사(신문, 잡지, TV)
인터넷 음악, 비디오, TV 서비스(1998년)	웹상에서 다운로드 가능한 음악, 비디오, TV 방송 저장소	승자 : 인터넷 플랫폼 소유자, 인터넷 백본을 보유한 통신 제공업체(AT&T, 버라이즌), 지역 인터넷 서비스 제공업체 패자 : 콘텐츠 소유권자와 소매점(타워 레코드, 블록버스터)
페이지 순위 알고리즘	키워드에 의한 웹 검색을 보완하는 기술로 대중성 측면에서 웹페이지 순위를 매기는 방법	승자 : 구글(특허 소유) 패자 : 전통적인 키워드 검색엔진(알타비스타)
웹서비스와 같은 소프트웨어	인터넷을 이용한 원격 온라인 소프트웨어 접속	승자 : 온라인 소프트웨어 서비스 회사(세일즈포스닷컴) 패자 : 전통적인 소프트웨어 회사(마이크로소프트, SAP, 오라클)

회를 활용하지 못했다. 두 번째 진입자, 소위 '빠른 후발주자(fast follower)'라 불리는 IBM, 마이크로소프트와 같은 회사들이 보상을 가져갔다. 씨티은행의 ATM은 소매금융에 대변혁을 일으켰으나 다른 은행들이 이 기술을 복제했다. 지금은 모든 은행이 ATM을 사용하고 있으며 대부분의 이득은 고객에게 돌아갔다.

조직 구조

모든 조직은 하나의 구조 또는 형태를 갖는다. 민츠버그(Mintzberg)는 표 3.2에 있는 것처럼 조직을 다섯 가지의 기본적인 종류로 구분하고 있다(Mintzberg, 1971).

기업에 있는 정보시스템의 종류와 그 시스템들이 해결하는 문제들은 대개 그 조직의 형태를 반영한다. 예를 들어 병원과 같은 전문적 관료제도에서는 원무과, 의사, 그리고 간호사나 사회복지사와 같은 지원인력들은 환자기록시스템에 동시 접속하여 이용한다. 소규모 기업의 경우 시스템을 서둘러 개발하느라 잘못 설계되어 그 유용성이 떨어지는 경우가 있다. 사업부가 수백 개의 지역에 흩어져 있는 기업의 경우, 하나의 통합된 정보시스템이 아닌 각 지역 또는 부서마다 서로 다른 정보시스템을 이용하는 경우가 자주 발생한다.

조직의 기타 특성

조직은 목적을 가지고 있으며, 목적을 달성하기 위해 여러 가지 방법을 사용한다. 어떤 조직은 강제적인 목적을 가지고 있고(예 : 감옥), 다른 조직은 실리적인 목적을 가지고 있다(예 : 기업). 또한

표 3.2 조직구조

조직 유형	설명	예
기업가형 구조	급변하는 환경의 소규모 신생 기업. 이런 기업들은 구조가 단순하며 최고경영자 역할을 하는 한 명의 기업가에 의해 관리된다.	소규모 신생 기업
기계적 관료제도	변화가 느린 환경에서 표준제품을 생산하는 거대 관료제도. 이런 기업은 중앙집권적 관리팀과 의사결정에 의해 통제된다.	중규모 제조업체
사업부적 관료제도	여러 기계적 관료제도의 조합. 각각 다른 제품 또는 서비스를 생산하고 하나의 중앙 본사를 둔다.	GM과 같은 포춘 500대 기업
전문적 관료제도	제품이나 서비스가 전문가의 숙련도나 전문지식에 의존하는 지식 기반 조직. 중앙 집중도가 약한 형태로 부서의 장에 의해 통제된다.	법무법인, 교육시스템, 병원
애드호크라시	빠르게 변화하는 환경에 대응해야 하는 태스크포스 조직. 여러 부서에서 온 많은 전문가들로 구성되며 단기간 운영된다. 중앙관리의 정도가 약하다.	랜드연구소와 같은 컨설팅 기업

규범적인 목적을 가지고 있는 조직도 있다(예 : 대학, 종교집단). 또한 조직은 서로 다른 집단들을 지원하거나 다른 고객 기반을 가지고 있는데, 어떤 조직은 주로 그들 회원으로부터 이익을 얻으며, 다른 조직은 고객, 주주 또는 대중으로부터 이익을 얻는다. 리더십의 본질은 조직마다 크게 다르다 — 일부 조직은 다른 조직보다 훨씬 민주적이거나 권위적일 수 있다. 조직 간에는 그들이 수행하는 업무와 사용하는 기술이 서로 다르다. 어떤 조직은 주로 자동차 부품 생산과 같이 많은 판단이 요구되지 않아 정형화된 규칙으로 변환될 수 있는 일상적인 업무를 수행하고, 컨설팅 회사와 같은 다른 조직은 주로 비일상적인 업무를 수행한다.

3-2 정보시스템은 조직에 어떤 영향을 미치는가?

정보시스템은 대규모 조직에서 일상 운영과 의사결정에 깊이 관련된 없어서는 안 될 온라인 상호작용 도구가 되었다. 지난 10년 동안 정보시스템은 조직경제학을 근본적으로 변화시켰으며 작업 조직화의 가능성을 크게 증대시켰다. 경제학과 사회학에서 나온 이론과 개념들은 IT로 인한 변화를 이해하는 데 도움이 된다.

경제적 영향

경제학의 관점에서 보면 IT는 자본의 상대비용과 정보비용 모두를 변화시킨다. 정보시스템 기술은 전통적인 자본과 노동을 대신하여 사용될 수 있는 생산요소이다. 정보기술비용이 감소함에 따라, 그것은 비용이 지속적으로 상승하고 있는 노동을 대신하고 있다. 따라서 정보기술이 노동을 대체함에 따라 정보기술은 중간 관리자와 사무 종사자의 수를 상대적으로 감소시키는 결과를 가져온다.

정보기술(IT)비용이 줄어들면서 IT는 또한 상대적으로 비용이 많이 드는 빌딩이나 기계류 등 다른 형태의 자본을 대체한다. 그러므로 IT는 다른 자본 투자에 비해 상대적으로 비용이 적게 들기 때문에 시간이 지나면서 관리자들은 IT에 대한 투자를 확대할 것이다.

또한 IT는 분명히 정보비용 및 품질에 영향을 미치고 정보의 경제학을 변화시킨다. 정보기술은 기업이 스스로 생산할 수 없어 시장에서 구매할 때 발생하는 비용인 거래비용을 줄일 수 있기 때문에 기업들이 규모를 축소할 수 있도록 도와준다. **거래비용 이론**(transaction cost theory)에 따르면 기업과 개인은 그들이 생산비용을 절약하려고 노력하는 것처럼 거래비용을 절약하려고 한다. 시장을 이용하는 것은 원거리에 있는 공급자들의 위치 파악 및 그들과의 통신, 계약 준수의 감시, 보험 가입, 제품정보 획득 등 때문에 비용이 많이 든다(Coase, 1937; Williamson, 1985). 전통적으로 기업들은 GM이나 포드가 그랬던 것처럼 대규모화, 대규모 직원 채용, 그리고 공급업자 및 유통업자의 수직적 통합을 통해 거래비용을 줄이려고 노력했다.

정보기술, 특히 네트워크 사용은 기업들이 시장 참여비용(거래비용)을 낮추고, 내부 자원의 활용보다 외부 공급업체와의 계약으로 더 많은 가치를 창출할 수 있도록 도와준다. 결과적으로 직원을 고용하는 것보다 경쟁시장에 외주하는 것이 훨씬 비용이 저렴하기 때문에 기업들은 규모(직원 수)를 줄일 수 있다

예를 들어 크라이슬러, 토요타, 혼다 등 자동차업체는 외부 공급업체와의 컴퓨터 연결을 통해 부품의 70% 이상을 외부로부터 확보함으로써 경제적 이익을 얻을 수 있다. 정보시스템은 애플 시스코 시스템즈, 델 등의 기업이 직접 제품을 만드는 대신 폭스콘(Foxconn)과 같은 제조업체에 아이폰 조립을 아웃소싱하는 것을 가능하게 한다.

거래비용이 감소함에 따라 기업이 자체적으로 제품을 만들거나 서비스를 제공하는 것보다 시장에서 재화와 용역을 구매하는 계약을 맺는 것이 더 쉽고 저렴해지기 때문에 기업 규모(직원 수)가 줄어들어야 한다. 기업의 수익이 늘어난다 하더라도 기업의 규모는 그대로이거나 줄어들 수 있다. 예를 들면 1994년 이스트만 화학회사가 코닥에서 분사했을 때, 33억 달러의 수익에 24,000명의 전일제 직원이 있었다. 이 회사는 2017년에 단지 14,500명의 직원으로 95억 달러의 수익을 얻었다.

또한 정보기술은 내부 관리비용을 줄일 수 있다. **대리인 이론**(agency theory)에 따르면, 회사는 통합된 이익 극대화의 개체이기보다 이기적인 개인들 사이의 '계약 집단'으로 볼 수 있다(Jensen and Meckling, 1976). 사장(소유자)은 그(그녀)를 대신하여 일할 '대리인'(직원)을 고용한다. 그러나 대리인들은 끊임없는 감독과 관리를 필요로 한다. 그렇지 않으면 그들은 소유자의 이익보다 자신의 이익을 추구하려는 경향을 보일 것이다. 회사의 규모와 범위가 커짐에 따라 소유자는 직원들을 관리 감독하기 위해 더 많은 노력을 기울여야 하기 때문에 대리인비용 또는 조정비용이 증가하게 된다.

정보기술은 정보 획득 및 분석비용을 줄임으로써 관리자들이 더 많은 수의 직원들을 손쉽게 관리할 수 있도록 하기 때문에 조직은 대리인비용을 줄일 수 있다. 정보기술을 이용해 전반적인 관리비용을 줄임으로써 기업은 중간 관리자와 사무직의 수를 줄이면서 수익을 늘릴 수 있다. 우리는 이 장의 앞부분에서 정보기술을 이용하면 매우 적은 수의 직원과 관리자만으로도 주문처리나 재고관리와 같은 관리 활동들을 수행할 수 있기 때문에 작은 조직의 힘과 규모가 확장되는 것을 보았다.

IT가 대리인 및 거래비용을 모두 줄이기 때문에, 우리는 IT에 더 많은 자본이 투자됨에 따라 기업 규모가 줄어들 것으로 예상해야 한다. 기업은 관리자가 적어야 하며, 우리는 시간이 지남에 따라 직원 1인당 수익이 증가할 것으로 예상한다.

조직 및 행동 영향

복잡한 조직의 사회학에 기반을 둔 이론들은 또한 기업들이 새로운 IT 애플리케이션의 구현에 따라 어떻게 그리고 왜 변화하는지 어느 정도 이해할 수 있게 한다.

IT에 의한 조직 축소

컴퓨터 시대 이전에 발달된 대규모 관료조직은 많은 경우 비효율적이고 변화에 느리며, 새롭게 만들어진 조직에 비해 경쟁력이 떨어진다. 이러한 대규모 조직 중 일부는 규모를 줄여 직원 수와 계층구조의 단계를 줄였다

행동연구자들은 정보기술이 정보의 배포 범위를 확대시켜 일선 직원들에게 권한을 부여하고 관리자들의 효율성을 향상시킴으로써 계층 구조의 축소를 촉진한다는 이론을 정립하였다(그림 3.6 참조). 일선 직원들은 관리자 없이도 의사결정을 내리는 데 필요한 정보를 얻을 수 있기 때문에 IT는 조직의 의사결정 권한을 하향 이동시킨다(현명한 의사결정을 내릴 수 있도록 하는 직원들의 높은 교육 수준 역시 이러한 권한 위양을 가능하게 한다). 관리자들은 이제 더 정확한 정보를 적시에 받아볼 수 있게 되어 그들의 의사결정 속도는 빨라졌으며, 따라서 적은 수의 관리자만으로도 관리가 가능해졌다. 관리비용은 줄어들고, 계층구조는 보다 효율적이 되고 있다.

이러한 변화들은 관리의 통제 범위 또한 확대하여 고위 관리자들이 원거리에 분산되어 있는 더 많은 직원들을 관리하고 통제하는 것을 가능하게 한다. 많은 회사에서 이러한 변화의 결과로 수천 명의 중간 관리자들을 줄일 수 있었다.

탈산업화 조직

경제학보다 역사학과 사회학에 더 기반을 둔 탈산업화 이론도 IT가 계층 구조를 축소한다는 개념을 뒷받침한다. 탈산업화 사회에서 권한은 단순히 형식적인 직위보다 지식과 능력에 더 의존한다. 전문 근로자들은 자기 스스로 관리하는 경향이 있기 때문에 조직의 형태는 축소되어야 하며, 지식과 정보가 회사 전체에 확산되어 있어 의사결정은 더 분산되어야 한다.

그림 3.6　조직 축소

정보시스템은 관리자들에게 더 많은 작업자들을 관리하는 데 필요한 정보를 제공하고, 일선 종업원들에게 더 많은 의사결정 권한을 위임함으로써 조직의 계층 단계를 줄일 수 있도록 한다.

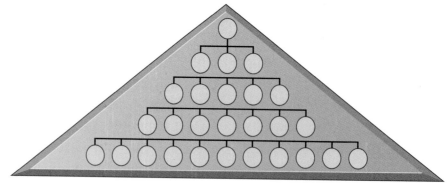

많은 관리 수준으로 구성된 전통적 계층 구조 조직

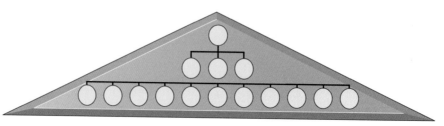

관리 계층을 제거하여 '축소'된 조직

정보기술은 전문가 집단이 모인 태스크포스 네트워크 조직들이 대면 또는 전자적으로 단기간에 특정 업무(예 : 신형 자동차 디자인)를 수행하도록 지원한다. 일단 그 업무가 끝나면 각 개인들은 다른 태스크포스팀에 합류한다. 글로벌 컨설팅 회사인 액센츄어(Accenture)가 한 가지 예이다. 37만 3,000명의 직원 중 상당수는 프로젝트에 따라 56개국에 있는 고객 사이트로 수시로 옮겨 다닌다.

자율 관리팀이 잘못된 방향으로 가지 않는다고 누가 확신하겠는가? 어떤 사람이 어느 팀에서 얼마 동안 근무할지 누가 결정하는가? 관리자들이 여러 팀을 돌아가며 근무하는 사람의 성과를 어떻게 평가할 수 있는가? 사람들은 그들의 경력개발이 어떠한지 어떻게 알 수 있는가? 작업자를 평가하고 조직하고 정보를 제공하기 위한 새로운 접근이 요구되며, 모든 회사들이 가상 작업을 효과적으로 수행할 수 있는 것은 아니다.

변화에 대한 조직 저항의 이해

정보시스템은 필연적으로 조직 정치에 밀접하게 관계된다. 왜냐하면 그것은 핵심 자원, 즉 정보에 대한 접근에 영향을 주기 때문이다. 정보시스템은 조직에서 누가 무엇을 누구를 위해, 언제, 어디서, 그리고 어떻게 했는지에 영향을 미칠 수 있다. 많은 새로운 정보시스템은 사람과 개별 루틴의 변화를 필요로 한다. 이러한 변화는 관련된 사람들에게는 고통일 수 있으며 보상받을 수도 있고 그렇지 않을 수도 있는 재교육과 추가적인 노력을 필요로 한다. 정보시스템은 잠재적으로 조직의 구조, 문화, 정치, 업무를 변화시키기 때문에 일반적으로 그것을 도입할 때 상당한 저항에 직면하게 된다.

조직의 저항을 시각화하는 방법은 여러 가지가 있다. 혁신에 대한 조직의 저항에 관한 연구들은 다음 네 가지 요소를 다른 무엇보다 중요하다고 말한다 : IT 혁신의 본질, 조직의 구조, 조직의 문화, 혁신에 의해 영향을 받는 직무(그림 3.7 참조). 여기에서 기술의 변화는 조직의 직무 배치, 구조, 그리고 사람에 의해 흡수, 편향, 무산된다. 이 모델에서 변화를 일으킬 수 있는 유일한 방법은 기술, 직무, 구조, 사람을 동시에 변화시키는 것이다. 다른 저자들은 혁신 도입 이전에 조직 '완화', 신속한 실행, 그리고 변화의 세도회에 대한 필요성을 강조했다(Kolb and Frohman, 1970).

│ 그림 3.7 정보시스템 혁신에 대한 조직의 저항

정보시스템은 직무 배치, 구조, 그리고 사람에 영향을 미친다. 이 모델에 따르면 변화를 이루기 위해서는 네 가지 요소 모두가 동시에 변화되어야 한다.

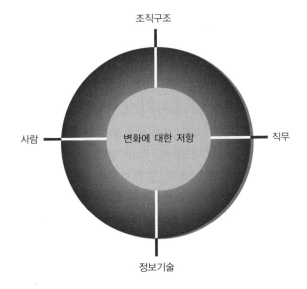

변화에 대한 조직의 저항이 워낙 강력하기 때문에 많은 정보기술 투자가 허우적거리고 생산성을 높이지 못한다. 실제로 프로젝트 시행 실패에 대한 연구는 대규모 프로젝트 실패의 가장 일반적인 이유는 기술의 실패가 아니라 변화에 대한 조직적이고 정치적인 저항이라는 것을 보여준다. 제14장에서 이러한 문제에 대해 상세히 다루기로 한다. 미래의 IT 투자에 관계할 관리자로서 사람 그리고 조직과 함께 일하는 여러분의 능력은 기술이나 지식을 갖추는 것만큼 중요하다.

인터넷과 조직

인터넷, 특히 월드와이드웹은 기업과 외부 개체들 사이의 관계와 기업 내부 비즈니스 프로세스의 구성에 상당한 영향을 미친다. 인터넷은 정보와 지식의 접근, 저장, 유통을 촉진한다. 본질적으로 인터넷은 대부분의 조직에서 거래 및 대리인비용을 상당히 줄일 수 있다. 예를 들어 글로벌 영업사원들은 가격과 제품정보 변경 내용을 웹 또는 이메일을 통해 즉시 받아볼 수 있다. 일부 대형 소매점의 공급업체들은 최신 판매정보 입수와 재고 보충 주문의 즉시처리를 위해 소매점의 내부 웹사이트에 접근할 수 있다.

기업들은 인터넷 기술에 기반하여 그들의 핵심 비즈니스 프로세스를 재구축하고 있으며, 이 기술을 IT 인프라의 핵심 구성요소로 삼고 있다. 그 결과 비즈니스 프로세스가 단순해지고 직원 수가 줄었으며 과거보다 조직이 훨씬 축소되었다.

정보시스템 설계 및 이해의 의미

진정으로 도움이 되는 정보시스템을 구현하기 위해서는 그것이 사용될 조직에 대해 명확하게 이해해야 한다. 새로운 시스템을 계획할 때 고려해야 하는 핵심 조직요소들은 다음과 같다.

- 조직이 처해 있는 환경
- 조직의 구조 : 계층 구조, 전문화, 루틴, 비즈니스 프로세스
- 조직의 문화와 정치
- 조직의 유형과 리더십 스타일
- 시스템에 의해 영향을 받는 주요 이해 집단과 그 시스템을 사용할 작업자의 태도
- 정보시스템이 지원할 직무, 의사결정, 비즈니스 프로세스의 종류

3-3 포터의 경쟁세력 모델, 가치사슬 모델, 시너지, 핵심역량, 네트워크 경제가 기업의 정보시스템을 활용한 경쟁전략 개발에 어떻게 도움이 되는가?

거의 대부분의 산업에서 다른 기업들보다 월등한 성과를 거두는 기업들이 있다. 토요타는 자동차 산업에서 뛰어난 기업으로 알려져 있다. 순수 온라인 소매에서는 아마존이 선도 기업이다. 세계에서 가장 큰 소매점인 월마트는 앞서가는 오프라인 소매 기업이다. 온라인 음악에서 애플의 아이튠즈는 다운로드 음악시장의 60% 이상을 점유한 선도 기업이다. 구글은 웹 검색에서 선도 기업이다.

다른 기업들보다 '월등한' 기업들은 다른 기업들에 비해 경쟁우위(competitive advantage)에 있다고 말한다. 그 기업들은 우수한 지식과 정보 자산 때문에 다른 기업들이 접근할 수 없는 특별한 자원에 접근할 수 있거나 일반적으로 사용 가능한 자원을 보다 효율적으로 사용할 수 있다. 그 기업들은 수익 성장, 수익성, 또는 생산성 향상(효율성) 측면에서 월등하며, 이러한 모든 것들은 장기적

으로 경쟁 기업들에 비해 높은 주식시장 가치로 나타난다.

그러나 왜 일부 기업들은 다른 기업들보다 월등하며 어떻게 그 기업들이 경쟁우위를 이룰 수 있는가? 어떻게 기업을 분석하고 그 기업의 전략적 우위를 파악할 수 있는가? 어떻게 기업의 전략적 우위를 달성할 수 있는가? 이 질문에 대한 한 가지 대답은 마이클 포터(Michael Porter)의 경쟁세력 모델이다.

포터의 경쟁세력 모델

경쟁우위의 이해를 위해 가장 일반적으로 사용되는 모델은 마이클 포터의 **경쟁세력 모델**(competitive forces model)이다(그림 3.8 참조). 이 모델은 기업, 경쟁자, 기업 환경에 대한 일반적인 관점을 제공한다. 이 장의 앞부분에서 기업 환경의 중요성과 기업의 환경 의존성에 대해 설명했다. 포터의 모델은 기업의 모든 일반적인 비즈니스 환경에 관한 것이다. 이 모델에는 기업의 운명에 영향을 미치는 다섯 가지 경쟁세력이 있다.

전통적인 경쟁자

모든 기업은 새로운 제품 및 서비스를 도입하여 보다 효율적인 새로운 생산 방법을 지속적으로 개발하고 브랜드를 개발하고 고객에게 전환비용을 부과하는 등 고객 유치를 지속적으로 시도하는 다른 경쟁자들과 시장을 공유한다.

새로운 시장 진입자

노동시장 유연성과 금융 자원이 있는 자유경제에서는 항상 새로운 회사들이 시장에 진입한다. 일부 산업은 진입 장벽이 매우 낮은 반면 다른 산업은 진입이 무척 어렵다. 예를 들어 피자나 작은 소매점 사업을 하는 것은 비교적 쉽지만 많은 자본비용과 전문지식이 요구되는 컴퓨터 칩 사업에 진입하는 것은 매우 어렵고 비용이 많이 든다. 새로운 회사들은 기존 회사들보다 몇 가지 이점, 즉 새로운 시설과 장비, 낮은 인건비와 젊고 혁신적인 직원들, 적극적인 동기가 있다. 그러나 이러한 이점들은 약점, 즉 외부 자금에 의존한 시설 및 장비 구입, 경험이 부족한 인력, 낮은 브랜드 인지도가 되기도 한다.

그림 3.8 포터의 경쟁세력 모델

포터의 경쟁세력 모델에서 기업의 전략적 위치와 기업 전략은 전통적인 경쟁자들과의 경쟁뿐만 아니라 산업 환경에 있는 네 가지 세력인 새로운 시장 진입자, 대체 상품, 고객, 공급자에 의해 결정된다.

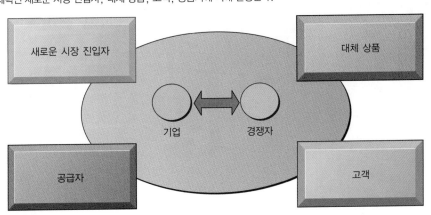

대체재와 서비스

거의 모든 산업에서 어떤 특정 제품의 가격이 너무 높아지면 고객들은 다른 대체재를 사용한다. 새로운 기술은 항상 새로운 대체재를 만들어낸다. 석유조차도 대체재가 있다: 자동차 휘발유를 대체하는 에탄올, 트럭의 디젤 연료를 대체하는 식물성 기름, 산업 전기 발전을 대체하는 풍력, 태양력, 수력 발전. 마찬가지로 인터넷 전화 서비스는 전통적인 전화 서비스를 대체하고 가정용 광통신망은 케이블 TV망을 대체할 수 있다. 그리고 아이팟으로 음악 파일을 다운받는 인터넷 음악 서비스는 CD 음반가게를 대체한다. 대체 제품과 서비스가 많아질수록 가격 통제가 어려워지고 수익 마진은 작아진다.

고객

회사의 수익성은 고객들을 유인하고 유지하는 회사의 능력에 상당히 좌우된다. 만약 고객들이 경쟁자의 제품과 서비스로 쉽게 전환할 수 있거나, 기업들이 **제품 차별화**(product differentiation)가 어렵고 인터넷 등을 통해 모든 가격을 즉시 알 수 있는 투명시장에서 가격만으로 경쟁하게 된다면 고객들의 영향력은 커지게 된다. 예를 들면 인터넷상의 대학 교재 중고시장에서 학생들(고객들)은 여러 공급업자를 찾을 수 있다. 이 경우 온라인 고객들은 중고 서적업체들에 비해 훨씬 큰 영향력을 갖는다.

공급업자

공급업자들의 시장지배력은 기업의 수익에 상당한 영향을 미친다. 특히 그 기업이 가격을 공급업자들만큼 빨리 올릴 수 없을 때 더욱 그렇다. 더 많은 공급업자들이 있을수록 그 기업은 공급업자들에 비해 가격, 품질, 그리고 배송일정 등의 측면에서 더 큰 통제권을 갖는다. 예를 들어 랩톱 PC 제조업체들은 거의 대부분 키보드, 하드 드라이브, 디스플레이 스크린 등 핵심 부품에 대해 여러 경쟁 공급업자들이 있다.

월마트와 같은 대형 소매점과 슈퍼마켓들은 계산대에서 수집한 판매 데이터를 활용하여 판매된 품목과 재주문이 필요한 품목들을 결정한다. 월마트의 연속 보충시스템은 재고를 보충하기 위해 공급업자에게 직접 주문을 전송한다. 이 시스템은 월마트가 고객의 수요를 충족시키면서 비용을 낮출 수 있도록 한다.

ⓒ Betty LaRue/Alamy Stock Photo

경쟁세력 모델을 고려한 정보시스템 전략

이러한 경쟁세력들에 직면했을 때 기업은 무엇을 해야 하는가? 그리고 그 기업이 이러한 세력들에 대응하기 위해 정보시스템을 어떻게 사용할 수 있는가? 어떻게 대체재를 방지하고 새로운 시장 진입자를 억제할 수 있는가? 정보기술과 정보시스템을 활용한 네 가지 전략인 저비용 리더십, 제품 차별화, 틈새시장 집중, 고객과 공급업자와의 유대 강화가 가능하다.

저비용 리더십

운영비용을 줄이고 가격을 낮추기 위해 정보시스템을 이용하라. 가장 대표적으로 월마트 사례가 있다. 월마트는 낮은 가격과 연속보충시스템을 이용한 효율적인 재고관리를 통해 미국 최고의 소매 기업이 되었다. 월마트의 연속보충시스템은 소비자가 계산대에서 구매 상품에 대한 계산을 하는 순간 새로운 상품 주문을 공급업자에게 직접 보낸다. 판매시점관리 터미널은 계산대를 통과하는 각 품목의 바코드를 기록하고, 구매거래 처리를 월마트 본사에 있는 중앙 컴퓨터로 즉시 전송한다. 중앙 컴퓨터는 모든 월마트 점포로부터의 주문을 수집해서 공급업자들에게 직접 전송한다. 또한 공급업자들은 웹 기술을 이용해 월마트의 판매와 재고 데이터에 접근할 수 있다.

그 시스템은 매우 빠른 속도로 재고를 보충하기 때문에 월마트는 창고에 재고를 많이 쌓아 놓지 않아도 된다. 또한 월마트가 고객의 요구를 충족시키기 위해 점포 품목의 구매를 조정할 수 있도록 한다. 시어스와 같은 경쟁자들은 매출액의 24.9%를 간접비로 쓰고 있었다. 그러나 월마트는 시스템을 이용하여 운영비용을 낮게 유지함으로써 매출액의 16.6%만을 간접비로 사용한다(소매 산업의 평균 운영비용은 매출액의 20.7%이다). 월마트의 연속보충시스템은 **효율적 고객대응시스템**(efficient customer response system)의 한 가지 예이다. 효율적 고객대응시스템은 소비자 행동을 유통과 생산 그리고 공급사슬에 직접 연결한다. 월마트의 연속보충시스템은 그러한 효율적인 고객대응을 제공한다.

제품 차별화

새로운 제품이나 서비스를 만들거나 기존 제품과 서비스의 고객 편의성을 높이기 위해 정보시스템을 이용하라. 구글, 페이스북, 아마존, 애플과 같은 거대 기술회사들은 잠재적인 경쟁자들과 차별화하기 위해 새로운 서비스의 연구와 배치 그리고 그들의 가장 가치 있는 서비스와 제품 개선에 수십억 달러를 쏟아붓고 있다. 예를 들어 구글은 2018년에 구글 어시스턴트(Google Assistant)를 업데이트하여 어시스턴트의 출력을 화면에 표시할 수 있는 보다 자연스러운 연속 대화와 스마트 디스플레이를 가능하게 하였다. 구글은 지도와의 상호작용을 보다 자연스럽게 하기 위해 핵심 구글 지도 서비스에 어시스턴트 지원을 추가했고, 텍스트 인식, 얼굴 감지, 이미지 라벨링, 랜드마크 인식 등을 지원하는 개발자용 기계어 키트를 출시했다. 거대 기술 기업에서 끊임없이 이어지는 혁신은 자사 제품을 독특하고 복제하기 어렵게 만든다.

기술회사로 알려져 있지 않은 크레욜라는 어린이, 부모, 교육자에게 영감을 주고 그들의 제품을 경쟁사와 차별화하기 위해 새로운 기술 기반 제품과 서비스를 만들고 있는 또 다른 회사다('토론방 : 크레욜라가 브랜드를 빛나게 하는 데 도움이 되는 디지털 기술' 참조).

제조업자와 소매업자들은 개별 고객들의 요구에 딱 맞는 고객 맞춤형 제품과 서비스를 위해 정보시스템을 이용하고 있다. 예를 들어 나이키는 나이키 웹사이트에서 NIKEiD 프로그램을 이용해 맞춤형 스니커즈를 판매한다. 고객들은 신발의 종류, 색상, 재질, 신발창, 그리고 8글자까지의 로고까지 선택할 수 있다. 나이키는 컴퓨터를 이용해 중국이나 한국에 있는 공장으로 주문을 전

크레욜라가 브랜드를 빛나게 하는 데 도움이 되는 디지털 기술

크레욜라(Crayola)는 어린이와 부모에게 세계에서 가장 사랑받는 브랜드 중 하나이다. 펜실베이니아 이스턴에 위치한 이 회사는 100년 이상 어린이의 예술적 창의성에 영감을 준 고품질의 무독성 크레용, 마커, 연필, 모델링 점토, 독창적인 장난감 및 혁신적인 예술 도구로 유명하다. 학교, 사무실, 슈퍼마켓, 약국, 병원, 테마파크, 공항, 주유소 및 식당을 포함한 거의 모든 곳에서 크레욜라 제품을 찾을 수 있다.

크레욜라 크레용 상자는 미국 세대의 집단 역사와 경험의 일부가 되었으며 어린 시절의 색과 재미의 상징이 되었다. 그러나 오늘날 크레욜라 크레용 상자는 과거처럼 상징적이지 않다. 크레욜라 크레용의 인기는 크레욜라의 전통적인 경쟁자(파버 카스텔, 딕슨 디콘데로가, 메가 브랜드)가 아니라 시간의 흐름에 공격을 받고 있다.

어린이의 놀이 방식은 기술 및 문화적으로 크게 변했다. 어린이와 그 가족들은 점점 더 정교한 형태의 오락물을 접하고 있고, 그중 많은 부분은 디지털 방식으로 이루어져 있다. 디지털 제품은 어린이 놀이 세계뿐만 아니라 다른 직업과 일상생활에서 실제 제품을 대체하기 시작했다. 컴퓨터와 웹 기반 학습의 출현으로 어린이들은 점점 더 어린 나이에 휴대용 미술용품에 노출되고 있다. 이 현상을 'KGOY(Kids Growing Older Younger)'라고 한다. 어린이가 4세 또는 5세가 되면 컴퓨터를 가지고 놀기에 나이가 들면 장난감과 크레용에 대한 관심이 줄어들고 비디오 게임, 디지털 태블릿 및 스마트폰과 같은 전자 장치를 선호한다. 크레욜라도 이 문제에 예외가 아니다.

크레욜라는 다른 시대의 공룡이 될까? 10년 전부터 미래를 바라보고 리더십, 조직 문화 및 제품개발 기능의 광범위한 변화에 착수한 회사의 경영진 덕분에 그럴 가능성은 없다. 조직은 특정 제품라인이 아닌 소비자 통찰력과 요구사항을 중심으로 재구성되었다.

크레욜라의 기업 전략 부사장인 비키 로자노와 그녀의 팀은 크레욜라의 목표는 항상 독창성을 키우고, 부모와 교사가 창의적이고 영감을 주는 어린이를 키우도록 돕는 것이었다는 것을 인식했다. 크레욜라의 광의의 미션은 어린이의 손에 크레용과 미술 재료를 넣는 것이 아니라 어린이가 다채로운 방식으로 배우고 놀 수 있도록 돕는 것이다. 그들이 당면한 문제는 어떻게 더 많은 크레용을 팔 수 있느냐가 아니었다. 크레욜라는 비즈니스 모델을 재구성하고 제품개발을 위한 새로운 혁신 프로세스를 도입했으며 새로운 제품 및 수익원을 창출했다. 이 회사는 크레용 및 미술 도구 제조업체에서 창의적인 놀이를 위한 신뢰할 수 있는 도구 및 경험의 원천으로 전환했다.

크레욜라는 디지털 기술을 사용하고 있지만 핵심 크레용 사업을 대체하지는 않는다. 대신 기존과 새로운 것을 통합한다. 이 회사는 이제 컬러 스튜디오 HD 아이패드 앱과 함께 사용하도록 설계된 아이마커(iMarker)와 같은 새로운 제품을 제공한다. 그것은 디지털 펜, 크레용 및 연필이 하나로 통합되어 있으며, 전통적인 색칠하기 책과 같지만 새로운 대화형 소리와 동작을 포함한다. Lights, Camera, Color!는 아이들이 좋아하는 사진을 디지털 색칠 공부 페이지로 바꿀 수 있는 또 다른 디지털 응용 프로그램이다. 360도 돔형 드로잉 표면인 Digital Light Designer와 같은 기술 완구는 컬러 LED 조명으로 상상력을 자극한다. 어린이들은 좋아하는 게임의 최신 버전을 플레이하거나 자신의 작품을 최대 50개까지 애니메이션으로 저장할 수 있다. 크레욜라는 부모들이 전통적인 마커나 핑거 페인트보다 덜 지저분한 장난감을 찾고 있음을 발견했다.

새로운 디지털 제품과 경험을 디자인할 때 크레욜라는 아동발달에 대한 광범위한 지식을 활용했다. 디지털 기술이 다양한 연령대에서 어떻게 역할을 하는지 이해한다. 예를 들어 My First Crayola 라인은 특별히 1살짜리를 대상으로 한다. Crayola Catwalk Creations는 패션을 통해 자신을 표현하는 것을 좋아하는 '쌍둥이' 소녀들을 위해 설계되었다.

또한 크레욜라는 제품뿐만 아니라 제품을 마케팅하는 방식을 바꿔야 한다는 것을 깨닫고 디지털 마케팅에 점점 더 많은 투자를 해왔다. 여기에는 온라인 광고, 프로모션, 소셜 미디어 푸시 및 기타 디지털 활성화 프로그램이 포함되어 있어, 이를 통해 크레욜라는 아동의 창의성 수준을 높이기 위해 투자한 부모 및 교사와 소통할 수 있게 되었다. 소셜 미디어는 특히 효과적이며 크레욜라는 페이스북, 유튜브, 핀터레스트, 인스타그램에 있다. 크레욜라의 유튜브 채널에는 크레욜라 제품에 대한 다양한 비디오와 창의적인 프로젝트를 위한 지침이 있다. 이 회사의 페이스북에는 'Inside the Crayon Box'라는 전문가 및 유명인사와의 라이브 채팅 시리즈가 있다. 크레욜라는 창의성에 관한 대화를 자극하여 부모가 서로에게서 배우고 자녀의 창의력을 키우는 방법을 이해할 수 있기를 원한다.

크레욜라의 주요 부모 구독자들은 선물 및 사용 아이디어, 가격 비교 및 구매 전에 리뷰 읽기를 위해 웹을 사용하고 있다. 크레욜라는 20달러짜리 예술 완구 및 깨끗한 선물로서 가장 먼저 떠오르기를 희망한다. 또한 검색, 소셜 미디어 및 디지털 디스플레이에 중점을 두어 부모가 자녀의 학용품이나 선물에 필요한 크레욜라 제품을 찾는 데 도움을 준다. 크

레욜라는 구글 애널리틱스를 통해 온라인 채널의 활동을 면밀히 추적하여 마케팅 및 광고 캠페인에 최대한 활용한다.

크레욜라의 웹사이트는 어린이, 부모 및 교사를 위해 세심하게 설계되었다. 공예품에 대한 무료 아이디어, 인쇄 가능한 색칠 공부 페이지, 그리고 얼룩 제거 방법까지 조언을 제공한다. 이 웹사이트는 크레욜라 제품의 온라인 주문에도 사용할 수 있다. 새로운 제품과 서비스 덕분에 크레욜라는 더 나은 성장을 경험했으며, 그 미래는 회사의 아이콘 크레용의 생생한 색상만큼 밝아 보인다.

출처 : www.crayola.com, accessed March 28, 2018; "Crayola SWOT," www.marketingteacher.com, accessed March 29, 2018; and Jon Coen, "Crayola's Colorful Evolution," *Think Play*, July 2012.

사례연구 문제

1. 크레욜라의 문제를 분석하라. 어떤 경영, 조직 및 기술 요소가 문제의 원인이 되었는가?
2. 크레욜라는 어떤 경쟁전략을 추구하고 있는가? 디지털 기술은 이러한 전략을 어떻게 지원하는가?
3. 새로운 기술 기반 제품을 설계할 때 크레욜라가 해결해야 하는 사람 문제는 무엇인가?
4. 디지털 기술이 크레욜라의 비즈니스 모델과 비즈니스 운영 방식을 어떻게 변화시켰는가?

송한다. 이 스니커즈는 고객에게 도착하기까지 3주 정도 소요된다. 대량생산에 사용되는 생산 자원을 활용하여 개개인에게 맞춤형 제품이나 서비스를 제공할 수 있는 능력을 **대량 맞춤화**(mass customization)라고 한다.

표 3.3은 다른 회사들이 모방하기 어려운 IT 기반 제품과 서비스를 개발한 회사들이다.

| 표 3.3 경쟁우위를 제공하는 IT 기반 새로운 제품과 서비스

아마존 : 원클릭 쇼핑	아마존은 원클릭 쇼핑에 대한 특허를 가지고 있다. 다른 온라인 소매업체들은 이 특허를 빌려 쓴다.
온라인 음악 : 애플 아이튠즈	애플은 4,500만 곡 이상의 온라인 라이브러리에서 음악을 판매한다.
맞춤형 골프 클럽 : 핑	고객들은 100만 가지 이상의 선택사항 중에서 클럽을 선택할 수 있다. 주문생산시스템은 맞춤형 클럽을 48시간 이내에 배송한다.
온라인 P2P 지불 : 페이팔	페이팔은 개인 은행 계좌 간 그리고 은행 계좌와 신용카드 계좌 간에 자금 이체를 지원한다.

틈새시장 집중

특정 시장에 집중하고 좁은 목표시장에서 경쟁자보다 탁월하게 운영하기 위해 정보시스템을 이용하라. 정보시스템은 세밀하게 조정된 영업 및 마케팅 기법에 필요한 데이터를 생성하고 분석함으로써 이 전략을 지원한다. 정보시스템은 기업들이 고객의 구매 패턴, 취향, 선호도를 분석할 수 있도록 하여 좁은 목표시장을 대상으로 효과적인 광고와 마케팅 캠페인을 전개할 수 있도록 한다.

데이터는 다양한 출처에서 나온다. 신용카드 거래, 인구통계학적 데이터, 슈퍼마켓과 소매점의 계산대에서 수집된 구매 데이터, 그리고 사람들이 웹사이트에 접속하고 상호작용할 때 수집된 데이터. 정교한 소프트웨어 도구들은 대용량의 데이터에서 패턴을 발견하고 그 패턴으로부터 의사결정에 필요한 규칙들을 추론할 수 있다. 이러한 데이터 분석은 일대일 마케팅을 가능하게 한다. 예를 들면 힐튼 호텔의 OnQ시스템은 호텔의 모든 고객에 대하여 수집된 데이터를 분석하여 각 고객의 선호도와 수익성을 분석한다. 힐튼은 이 정보를 이용하여 수익성이 높은 고객에게 늦게 체크아웃할 수 있는 등의 추가 혜택을 준다. 고객관계관리(CRM)시스템은 이런 유형의 강력한 데이터 분석 기능을 특징으로 한다(제2장, 제9장 참조).

신용카드회사들은 이 전략을 이용하여 가장 수익성 높은 고객들을 예측한다. 이 회사들은 고객의 구매 및 행동에 관한 방대한 양의 데이터를 수집하여 데이터마이닝을 통해 우수 고객과 불량 고객을 식별하기 위한 상세 프로파일을 만든다. 제6장과 제12장에서 데이터 분석을 위한 도구 및 기술에 대해 설명한다.

고객과 공급업자와의 유대 강화

고객과 공급업자와의 유대 강화를 위해 정보시스템을 이용하라. 토요타, 포드 등과 같은 자동차 제조업체들은 정보시스템을 이용하여 그들의 공급업자들이 생산 일정에 쉽게 접근하고 심지어 공장으로 언제 어떻게 납품할지 결정할 수 있도록 한다. 이것은 제품을 생산할 때 공급업자들에게 더 많은 리드타임(lead time)을 허용한다. 고객 측면에서 아마존은 사용자의 도서 및 CD 선호도를 관리하고 다른 사람들이 구매한 책이나 음반을 고객들에게 추천한다. 고객과 공급업자들과의 긴밀한 유대관계는 **전환비용**(switching cost, 한 제품에서 경쟁사의 다른 제품으로 전환하는 데 드는 비용)과 고객 충성도를 증가시킨다.

표 3.4는 방금 설명한 경쟁전략들을 정리한 것이다. 일부 기업은 이러한 전략 가운데 하나에 집중한다. 그러나 여러분은 몇 가지 전략을 동시에 추구하는 기업들을 종종 발견하게 될 것이다. 예를 들어 세계 최대의 커피 전문 소매업체인 스타벅스는 독특한 고급 커피와 음료를 제공하지만, 보

표 3.4 네 가지 기본적인 경쟁전략

전략	설명	사례
저비용 리더십	품질과 서비스 수준은 높이면서 경쟁자에 비해 낮은 가격으로 제품과 서비스를 생산하기 위해 정보시스템 이용	월마트
제품 차별화	제품 차별화와 새로운 서비스와 제품개발을 위해 정보시스템 이용	우버, 나이키, 애플
틈새시장 집중	하나의 틈새시장에 전략을 집중하기 위해 정보시스템 이용, 전문화	힐튼 호텔, 하라스
고객과 공급업자와의 유대	고객과 공급업자 간의 긴밀한 유대관계 유지와 충성도 제고를 위해 정보시스템 이용	토요타, 아마존

다 타깃화된 마케팅으로 경쟁하려 하고 있다.

인터넷이 경쟁우위에 미치는 영향

인터넷 때문에 전통적인 경쟁세력은 여전히 일하고 있지만 경쟁은 훨씬 더 치열해졌다(Porter, 2001). 인터넷 기술은 어느 기업이든 사용할 수 있는 보편적 표준에 기반을 두고 있어 경쟁업체들이 가격만으로 경쟁하고 새로운 경쟁업체들이 시장에 진입하기 쉽게 만든다. 정보는 모든 사람이 이용할 수 있기 때문에 인터넷은 웹에서 최저가 공급업체를 빨리 찾을 수 있게 된 고객들의 교섭력을 증대시켰다. 수익은 많이 축소되었다. 표 3.5는 인터넷이 기업에 미치는 부정적 영향들을 정리한 것이다.

인터넷은 일부 산업을 거의 파괴했고 더 많은 산업을 심각하게 위협했다. 예를 들어 인쇄된 백과사전 산업과 여행사 산업은 인터넷을 통한 대체품 사용으로 인해 거의 소멸되었다. 마찬가지로 인터넷은 소매, 음악, 서적, 소매 중개, 소프트웨어, 통신, 신문 산업에 상당한 영향을 미쳤다.

그러나 인터넷은 완전히 새로운 시장을 창출하고, 수천 개의 새로운 제품, 서비스, 그리고 비즈니스 모델을 위한 기반을 형성하며, 대규모 충성 고객들이 있는 브랜드를 만들 수 있는 새로운 기회를 제공한다. 아마존, 이베이, 아이튠즈, 유튜브, 페이스북, 트레블로시티, 구글이 그 예이다. 이러한 의미에서 인터넷은 전체 산업을 '변화'시키고 있으며 기업들이 사업을 수행하는 방식을 바꾸도록 강요한다.

스마트 제품과 사물인터넷

흔히 사물인터넷(Internet of Things, IoT)이라고 하는 산업용 및 소비재에 센서 사용이 증가하고 있는 것은 어떻게 인터넷이 산업 내 경쟁을 변화시키고 새로운 제품과 서비스를 창출하고 있는지를 보여주는 좋은 예다. 언더아머(Under Armour)를 비롯한 스포츠 및 피트니스 회사들은 데이터를 분석할 수 있는 원격 기업 컴퓨팅 센터에 사용자 활동을 보고하기 위해 센서를 사용하는 웨어러블 헬스 트래커와 피트니스 장비에 많은 투자를 하고 있다('토론방 : 스마트 제품, 당신에게 찾아오다' 참조). 제12장 도입 사례에서 설명한 존 디어(John Deere) 트랙터에는 필드 레이더, GPS 트랜스시버, 그리고 장비를 추적하는 수백 개의 센서가 탑재되어 있다. GE는 항공기와 풍력터빈 고객이 장비에 있는 수천 개의 센서에서 생성된 데이터를 조사하여 운영을 개선하는 데 도움을 주는 새

표 3.5 인터넷이 경쟁세력과 산업 구조에 미치는 영향

경쟁세력	인터넷의 영향
대체 제품과 서비스	욕구 충족과 기능 수행을 위한 새로운 접근방법을 가진 대체재 출현이 가능하다.
고객의 교섭력	전 세계 가격과 제품정보를 이용할 수 있어 교섭력이 고객으로 이동한다.
공급자의 교섭력	인터넷을 통한 조달은 공급자의 교섭력을 강화시키는 경향이 있다. 또한 공급자들은 낮아진 진입장벽과 공급자와 사용자 사이의 도매상과 중개상을 제거시킴으로써 이익을 얻을 수 있다.
신규 진입자의 위협	인터넷은 영업 사원의 필요성, 채널의 접근성, 물리적 자산 등과 같은 진입장벽을 제거한다. 인터넷은 다른 일의 처리를 쉽게 하는 비즈니스 프로세스 추진 기술을 제공한다.
기존 경쟁사 간의 포지셔닝 및 경쟁 관계	지리적 시장의 확대, 경쟁자 수의 증가, 경쟁자 간 차이 감소. 운영상의 우위를 유지하는 것이 더욱 어렵게 되었다. 가격 경쟁을 부추긴다.

토론방   기술

스마트 제품, 당신에게 찾아오다

아직 스마트 제품을 사용하지 않는다면 곧 하게 될 것이다. 신발, 의류, 시계, 물병, 심지어 칫솔까지 인터넷에 연결된 센서 및 계량 장치를 통합하여 성능을 모니터링하고 분석할 수 있도록 재설계되고 있다. 가정에서는 스마트 온도 조절장치, 스마트 전기 계량기, 스마트 보안시스템 및 스마트 조명시스템과 같은 스마트 장치를 점점 더 많이 사용할 것이다.

기능성 의류로 유명한 언더아머는 MyFitnessPal, Map My Fitness 및 Endomondo와 같은 모바일 앱에 7억 1,000만 달러를 투자했으며, 이로 인해 2억 2,500만 명 이상의 등록된 사용자가 있는 세계 최대의 디지털 건강 및 피트니스 커뮤니티를 활용할 수 있게 되었다. 회사 데이터에 따르면 언더아머의 커넥티드(connected) 피트니스 사용자는 회사가 데이터 추적을 시작한 이후 5억 회 이상의 운동을 기록했으며 7조 보를 걸었다. 이러한 데이터를 분석하여 달리기의 평균거리는 3.1마일(5km)이고 5월이 가장 활발하게 운동하는 달이라는 것을 알게 되었다.

언더아머는 디지털 기술로 기능성 의류를 개선하려고 한다. 이 회사는 이제 커넥티드 운동화를 판매한다. 이 신발은 여러 모델로 제공되며 러너(runner)가 스마트폰을 가져오지 않아도 보행률, 거리, 속도, 보폭 및 걸음 수를 추적하는 내장 무선 블루투스 센서를 갖추고 있다. 데이터는 언더아머의 아이폰, 아이패드 및 안드로이드 장치용 Map My Run 앱과 무선으로 동기화될 때까지 신발에 저장된다. 또한 사용자는 애플워치, 가민 또는 핏비트와 같은 타사 장치에서 앱에 연결하여 신발로 추적할 수 없는 심박수와 같은 지표를 통합할 수 있다. 신발 분석을 통해 새신발을 구입할 때와 센서 배터리를 충전해야 하는 시점을 사용자에게 알릴 수 있다.

언더아머는 최근 커넥티드 운동화와 Map My Run 앱에 디지털 코칭 기능을 추가했다. 러너는 1마일마다 보폭을 모니터링하고, 그것이 속도와 보행률에 미치는 영향을 확인할 수 있다. Map My Run은 러너의 성별, 나이, 몸무게 및 키에 대한 데이터와 함께 이 데이터를 분석함으로써 예를 들어 속도와 스플릿(split)을 향상시키는 방법에 대한 팁을 러너에게 제공할 수 있다.

언더아머는 다른 회사의 광고, 해당 제품을 추천한 앱 사용자의 구매 등 인앱(in-app) 광고에서 수익을 창출할 수 있다. 이 플랫폼은 피트니스 및 건강 지향적 소비자에 대한 매우 깊이 있는 정보와 통찰력을 제공하여 언더아머와 기타 브랜드가 잠재 고객 및 기존 고객과 교류할 수 있는 많은 기회를 제공한다. 예를 들어 Map My Fitness는 사용자가 소셜 미디어를 사용하여 앱에 연결한 경우 사용자의 이름, 이메일 주소, 생년월일, 위치, 성과 및 프로필에 대한 데이터를 수집한다. 언더아머는 개인에 대한 식별 가능한 개인 데이터를 제3자에게 판매하지 않지만 광고주에게 앱 사용자에 대한 집계 정보를 제공한다. 언더아머는 스마트폰 앱을 매일 사용하면 고객과의 유대가 강화되어 자체 의류, 신발 및 기타 운동 장비의 판매가 증가될 것으로 기대한다. 이 회사는 소프트웨어의 힘을 실제 제품에 적용함으로써 분명한 이점을 얻고 있다.

스마트 제품은 또한 사람들의 가정으로 나아가고 있다. 뉴욕 메트로폴리탄 지역에 전력 및 천연가스를 공급하는 콘 에디슨(Con Edison)은 2017년에서 2022년 사이에 모든 고객의 가정과 사업체에 360만 개의 새로운 전기 스마트 계량기와 120만 개의 새로운 가스 스마트 계량기를 설치하고 있다. 스마트 계량기는 보안 무선통신 네트워크를 통해 거주지 또는 사업체와 콘 에디슨 간에 통신하는 디지털 계량기이다. 스마트 계량기는 하루 종일 정기적으로 각 고객의 에너지 소비를 기록하고 전송한다. 스마트 계량기는 전신주에 있는 액세스 포인트 시스템으로 데이터를 전송하여 사용 정보를 콘 에디슨에 보낸다.

스마트 계량기는 고객 서비스에 문제가 생기면 즉시 회사에 알려 신속한 수리가 될 수 있도록 하고, 에너지 사용량을 기반으로 고객에게 실시간 요금정보를 제공하여 에너지 절약 영역을 정확히 찾아낼 수 있게 한다. 또한 보다 명확한 전압 조정을 허용하여 배전시스템의 효율을 높이고 비용을 줄이며 궁극적으로 고객에게 청구되는 요금을 낮출 수 있다. 새로운 계량기의 데이터를 통해 콘 에디슨은 고객의 시간과 사용 수준에 따라 가격을 설정할 수 있다. 무더위로 에어컨을 켜는 여름철에 요금이 급등하거나, 전력 사용량이 적은 심야 시간에 요금이 떨어질 수 있다.

콘 에디슨의 고객들은 온라인 My Account 대시보드를 사용하여 일일 에너지 소비를 15분 단위로 추적할 수 있다. 고객들은 시간대별, 주중과 주말, 낮과 저녁의 사용량을 비교 분석하여 절약할 수 있는 부분을 찾을 수 있으며, 평소보다 더 많은 에너지를 사용하는 경우 높은 요금에 대한 경고 알림을 받을 수 있다. 콘 에디슨은 아이폰 및 안드로이드 스마트폰 사용자를 위한 모바일 앱을 제공하여 사용자들은 이동 중에도 상세한 에너지 사용량을 파악할 수 있다.

출처 : Jen Booton, "Under Armour's New HOVR Smart Shoe Will Automatically Track Your Run," *SportTechie*, January 26, 2018; Edgar Alvarez, "Under Armour's HOVR smart running shoes are more than just a gimmick," *Engadget*, February 9, 2018; www.coned.com, accessed March 28, 2018; Edward C. Baig, "Under Armour and HTC Team Up on Connected Fitness," *USA Today*, January 5, 2016; www.underarmour.com, accessed April 20, 2018; and John Kell, "Why Under Armour Is Making a Costly Bet on Connected Fitness," *Fortune*, April 21, 2016.

사례연구 문제

1. 이 사례에 설명된 제품에서 정보기술의 역할을 설명하라. 정보기술이 제품에 어떻게 가치를 더하는가? 정보기술이 제품을 어떻게 변화시키고 있는가?
2. 이러한 스마트 제품은 조직의 운영 및 의사결정을 어떻게 변화시키고 있는가? 스마트 제품은 사용자의 행동을 어떻게 바꾸고 있는가?
3. 스마트 제품에 소비자 개인정보에 미치는 영향과 같은 윤리적 문제가 있는가? 그 이유는?

로운 사업을 창출하고 있다. 그 결과가 '스마트 제품'이라고 부르는 것으로, 기업이 판매하는 더 큰 정보 집약적 서비스의 일부인 제품이다(Gandhi and Gervet, 2016; Porter and Heppelmann, 2014; Iansiti and Lakhani, 2014).

스마트하고 인터넷이 연결된 제품의 영향이 이제 막 이해되고 있다. 스마트 제품은 새로운 기능, 더 높은 신뢰성, 너 강력한 제품 사용을 제공하는 동시에 제품과 고객 경험을 향상시키는 데 사용할 수 있는 상세한 정보를 제공한다. 그것들은 제품 및 서비스의 차별화를 위한 많은 기회를 제공한다. 웨어러블 디지털 헬스 제품을 구입하면 제품 자체뿐만 아니라 제조업체의 클라우드 서버에서도 많은 서비스를 이용할 수 있다. 스마트 제품들은 혁신적이거나, 경쟁업체에 고객을 빼앗기는 회사들 간의 경쟁을 심화시킨다. 스마트 제품은 기존 고객이 지배적인 회사의 소프트웨어 환경에 익숙해져 있기 때문에 일반적으로 전환비용을 증가시키고 새로운 시장 진입자를 억제한다. 마지막으로 많은 사람들이 믿고 있듯이, 스마트 제품은 물리적 제품이 그것을 실행하는 소프트웨어와 하드웨어보다 덜 중요해지면 산업 부품 공급자의 파워를 감소시킬 수 있다.

비즈니스 가치사슬 모델

비록 포터 모델이 경쟁세력을 파악하고 일반적인 전략들을 제안하는 데 매우 유용할지라도, 그 모델은 정확하게 무엇을 해야 하는지에 대해 구체적이지 않으며 경쟁우위 달성을 위한 방법론을 제공하지 않는다. 만약 여러분의 목적이 운영 수월성 달성이라면 어디에서부터 시작해야 할까? 여기 도움이 되는 비즈니스 가치사슬 모델이 있다.

가치사슬 모델(value chain model)은 경쟁전략이 가장 잘 적용될 수 있고(Porter, 1985), 정보시스템의 전략적 효과가 매우 클 것 같은 기업의 구체적인 활동들에 집중한다. 이 모델은 기업이 그 경쟁적 지위를 높이기 위해 정보기술을 가장 효과적으로 사용할 수 있는 구체적이고 핵심적인 작용점들을 파악한다. 가치사슬 모델은 기업을 기업의 제품 또는 서비스에 가치를 부가하는 기본 활동들의 연쇄 또는 사슬로 보고 있다. 이러한 활동들은 본원적 활동과 지원 활동들로 구분된다(그림 3.9 참조).

본원적 활동(primary activity)은 제품과 서비스의 생산 및 유통에 가장 직접적으로 관련되어 있다. 본원적 활동은 유입물류, 운영, 산출물류, 판매와 마케팅, 서비스 등으로 구성된다. 유입물류는 원자재의 수령 및 저장과 관련된 활동이며, 운영은 투입을 완제품으로 변환시킨다. 산출물류는 완제품을 저장하고 유통시킨다. 판매와 마케팅은 회사의 제품을 판매하고 촉진한다. 서비스 활동은 회사의 상품과 서비스의 유지보수 및 수리를 포함한다.

지원 활동(support activity)은 본원적 활동들을 가능하게 하며, 조직 인프라(관리와 경영), 인적자원관리(모집, 채용, 훈련), 기술(제품과 생산 프로세스의 개선), 조달(투입물 구입)로 구성되어 있다.

이제 여러분은 가치사슬의 각 단계에서 다음과 같은 질문을 할 수 있다. "운영 효율성 향상과 고객 및 공급업자와의 유대 강화를 위해 정보시스템을 어떻게 이용할 수 있을까?" 이것은 각 단계에서 부가가치 활동을 어떻게 수행하고 비즈니스 프로세스를 어떻게 개선할 수 있는지를 검토하도록 한다. 또한 여러분은 기업 가치사슬 밖에 있는 고객과 공급업자와의 관계를 개선하기 위해 정보시스템을 어떻게 이용할 수 있을지 살펴볼 수 있다. 기업으로의 자원 흐름을 관리하는 공급사슬관리시스템과 고객과 관련된 판매 및 지원 활동을 지원하는 고객관계관리시스템은 비즈니스 가치사슬 분석으로부터 나오는 가장 일반적인 두 가지 시스템이다. 이러한 전사적 애플리케이션에 대해서는 제9장에서 보다 자세히 설명하기로 한다.

또한 비즈니스 가치사슬 모델의 사용은 경쟁사나 관련 산업 내 다른 기업들의 비즈니스 프로세스를 벤치마킹하고 산업 베스트프랙티스를 파악하도록 한다. **벤치마킹**(benchmarking)은 여러분 회사의 비즈니스 프로세스를 엄격한 표준과 비교하여 그 성과를 측정하는 것을 가능하게 한다. **베스트프랙티스**(best practices)는 경영 목적을 지속적이고 효과적으로 달성하기 위한 가장 성공적인 해결책 또는 문제 해결 방법으로 알려진 것으로 일반적으로 컨설팅 회사, 연구기관, 정부기관, 그리고 산업협회 등에 의해 파악된다.

일단 가치사슬에 있는 여러 단계들을 분석하면 여러분은 회사에 필요한 후보 애플리케이션들을 파악할 수 있다. 후보 애플리케이션들의 목록이 작성되면 여러분은 어떤 것부터 개발할지 결정할 수 있다. 비즈니스 가치사슬을 개선함으로써 여러분은 운영 수월성 확보, 원가 절감, 수익 마진 개선, 고객과 공급업자와의 긴밀한 관계 유지 등을 통해 경쟁우위를 확보할 수 있다. 만약 여러분의 경쟁자들이 비슷한 개선을 하고 있다면 최소한 여러분은 경쟁적 불이익은 받지 않을 것이다.

가치사슬의 확장 : 가치 웹

그림 3.9는 한 기업의 가치사슬이 공급업자, 유통업자, 고객의 가치사슬과 연결된 것을 보여준다. 결국 대부분 기업의 성과는 기업 내부뿐만 아니라 직간접 공급업자와 배송회사(페덱스나 UPS와 같은 물류 파트너), 그리고 고객과 얼마나 잘 협조하느냐에 달려 있다.

산업 수준에서 전략적 우위를 달성하기 위해 정보시스템이 어떻게 이용될 수 있을까? 산업 참여자들은 공동 작업을 통해 정보 교환이나 전자 비즈니스 거래를 위한 산업 차원의 표준을 개발하기 위해 정보기술을 이용할 수 있다. 그러한 노력들은 비즈니스 수준에서뿐만 아니라 산업 수준에서도 효율을 향상시킨다. 즉, 제품 대체의 가능성을 줄이고 시장 진입비용을 크게 만들어 새로운 시

그림 3.9 가치사슬 모델

이 그림은 기업의 본원적 활동과 지원 활동을 위한 시스템과 기업의 제품과 서비스에 가치를 부가하는 가치 파트너를 보여준다.

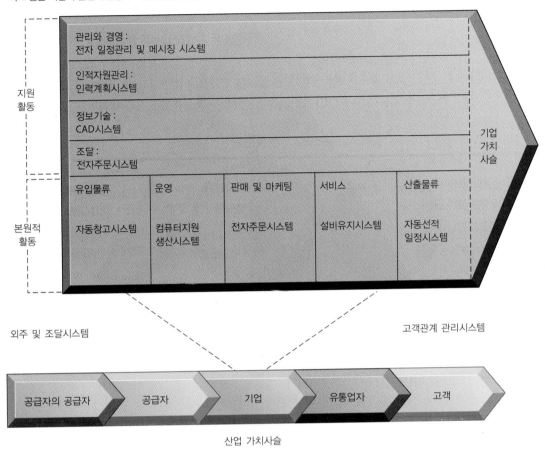

장 진입자를 억제한다. 또한 사업의 구성원들은 산업 전반의 IT-지원 협회, 심포지엄, 정부기관과 외국 경쟁 기업, 그리고 경쟁 산업과 관련된 활동들을 조성하는 커뮤니케이션 네트워크 등을 구축할 수 있다.

산업 가치사슬은 기업을 공급업자, 전략적 파트너, 그리고 고객들과 보다 효율적으로 연계시키기 위해 정보시스템을 어떻게 이용할지 생각해보도록 한다. 전략적 우위는 기업의 가치사슬을 프로세스상에 있는 다른 파트너들의 가치사슬과 연결시키는 능력에서 비롯된다. 예를 들어 여러분이 아마존에 근무한다면, 다음과 같은 시스템을 원할 것이다.

• 공급업자들이 아마존 사이트에 점포 개설과 상품 진열을 쉽게 하도록 한다.
• 고객들이 결제를 쉽게 한다.
• 상품 배송과정을 관리하는 시스템을 개발한다.
• 고객을 위해 배송추적시스템을 개발한다.

인터넷 기술은 가치 웹이라는 매우 동기화된 산업 가치사슬의 생성을 가능하게 만들었다. **가치 웹**(value web)은 공동으로 제품과 서비스를 생산하며, 그들의 가치사슬 조정을 위해 정보기술을 사용하는 독립적인 기업들의 집합이다. 가치 웹은 보다 고객 주도적이며 전통적인 가치사슬보다 비선형적으로 운영된다.

그림 3.10 가치 웹

가치 웹은 급변하는 공급과 수요에 신속하게 대응하기 위해 산업 내에서 비즈니스 파트너들의 가치사슬을 동기화시킬 수 있는 네트워크 시스템이다.

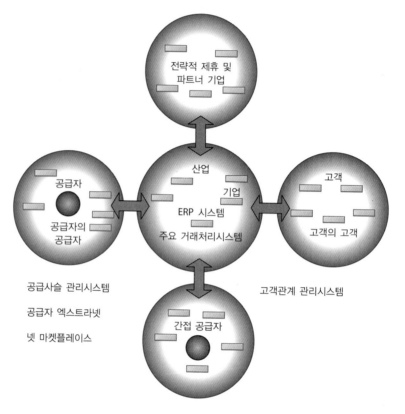

그림 3.10은 이 가치 웹을 통해 고객, 공급업자, 그리고 동일 산업 혹은 관련 산업의 다른 교역 파트너의 비즈니스 프로세스들이 동기화된 것을 보여준다. 이 가치 웹은 수요와 공급의 변화에 유연하게 대응할 수 있다. 가치 웹의 관계는 변화하는 시장 조건에 따라 변할 수 있다. 회사들은 많은 고객과 장기적인 관계를 유지하거나 개별 고객의 거래에 즉각 반응하기 위해 이 가치 웹을 이용할 수 있다. 기업들은 신속한 의사결정이 가능하도록 그들의 가치 웹 관계를 최적화함으로써 제품 출시 시간을 단축시킬 수 있다.

시너지, 핵심역량, 네트워크 기반 전략

일반적으로 대규모 기업은 사업들의 집합이다. 흔히 기업은 재무적으로 전략적 사업단위(strategic business units)로 조직되고, 기업의 수익은 전략적 사업단위의 성과에 직접적으로 연계되어 있다. 정보시스템은 시너지와 핵심역량의 강화를 통해 이러한 사업단위들의 전반적인 성과를 향상시킬 수 있도록 한다.

시너지

시너지는 어떤 단위의 산출물이 다른 단위의 투입물로 사용될 때 또는 두 조직이 시장과 전문지식을 공동으로 이용할 때 그 효과를 발휘하며, 이러한 관계는 비용을 절감하고 수익을 발생시킬 수 있도록 한다. J. P. 모건 체이스와 뉴욕은행, 뱅크오브아메리카와 컨트리와이드 파이낸셜사의 합병과 같은 은행과 금융회사의 합병은 정확하게 이러한 목적을 위해 행해졌다.

이러한 시너지 상황에서 정보기술의 이용은 분리된 사업단위들의 운영을 하나로 묶어 그 단위들이 총체적으로 운영될 수 있도록 한다. 예를 들면 컨트리와이드 파이낸셜사의 인수를 통해 뱅크오브아메리카는 모기지 대출 사업을 확대하고 신용카드, 소비자 금융, 그리고 여타 금융상품 등에 관심이 있는 대규모 신규 고객층에 다가갈 수 있었다. 정보시스템은 합병된 은행이 소매비용을 줄이고, 금융상품들의 교차 마케팅을 늘리도록 도울 것이다.

핵심역량 강화

경쟁우위를 위해 정보시스템을 활용하는 다른 방법은 시스템을 활용해 핵심역량을 강화하는 것이다. 모든 사업단위들의 성과는 이러한 사업단위들이 핵심역량을 개발하고 창출하는 한 향상될 수 있다. **핵심역량**(core competency)은 기업이 보유하고 있는 세계적 수준의 능력이다. 세계 최고의 축소 모형 부품 설계, 최고 수준의 수하물 배송 서비스, 또는 세계 최고 수준의 박막 필름 제조 등이 핵심역량의 예이다. 일반적으로 핵심역량은 오랜 실무 경험을 통해 얻은 지식에 의존한다. 이 실무 지식은 장기적인 연구 노력과 헌신적인 직원을 통해 얻을 수 있다.

사업단위 간의 정보 공유를 촉진하는 정보시스템은 기업의 역량을 강화한다. 그러한 시스템은 기존 역량을 촉진 또는 강화하고, 직원들이 새로운 외부 지식을 알 수 있도록 지원한다. 또한 그러한 시스템은 관련 시장에서의 기존 역량을 강화한다. 예를 들어 브랜드 관리와 소비재 혁신의 세계적인 선두업체인 P&G는 핵심역량을 강화하기 위해 일련의 정보시스템을 이용한다. P&G는 비슷한 문제들을 연구하는 사람들이 아이디어와 경험을 공유할 수 있도록 이노베이션넷(InnovationNet)이라는 인트라넷을 이용한다. 이 시스템은 문서, 보고서, 차트, 비디오, 그리고 여타 데이터를 브라우저를 이용해 접근할 수 있는 포털을 통해 전 세계 연구개발, 엔지니어링, 구매, 마케팅, 법무, 그리고 경영정보시스템 부서에서 일하는 사람들을 연결한다. 이노베이션넷은 문제 해결과 제품개발에 조언을 할 수 있는 주제전문가들의 디렉토리를 추가했으며 외부 연구자들과 새로운 혁신적 제품을 찾는 기업가들을 연결하는 링크를 만들었다.

네트워크 기반 전략

인터넷과 네트워킹 기술은 기업의 네트워크 창출능력을 활용하는 전략들을 가능하게 했다. 네트워크 기반 전략들은 네트워크 경제, 가상기업 모델, 비즈니스 생태계와 플랫폼 등을 포함한다.

네트워크 경제 **네트워크 경제**(network economics)는 생산되는 경제적 가치가 사용하는 사람의 수에 따라 달라지는 시장 상황을 말한다. 특정 제품과 시장의 경우 진정한 경제적 가치는 다른 사람들이 제품을 사용한다는 사실에서 온다. 이러한 상황에서 '네트워크 효과'가 작용하고 있다. 예를 들어 전화기가 수백만 개의 다른 전화기와 연결되어 있지 않다면 전화기의 가치는 얼마나 될까? 이메일은 우리가 수백만의 다른 사람들과 의사소통할 수 있게 해주기 때문에 가치가 있다. 네트워크 효과에 기반을 둔 비즈니스 모델은 소셜 네트워크, 소프트웨어, 메시징 앱, 우버, 에어비앤비와 같은 주문형 기업 등 인터넷에서 큰 성공을 거두었다.

공업, 농업과 같은 전통 경제에서 생산은 수확체감의 법칙을 따른다. 임의의 주어진 자원이 생산에 더 많이 투입될수록 추가적인 투입이 더 이상 추가적인 산출을 얻지 못할 때까지 한계이익은 점차 감소한다. 이 수확체감의 법칙은 근대경제학의 기초이다.

일부 상황에서 수확체감의 법칙은 적용되지 않는다. 예를 들면 네트워크에서 참여자를 추가하는 한계비용은 거의 영(0)에 가까운 반면 한계이익은 훨씬 커진다. 전화시스템 또는 인터넷 가입자의 수가 많아질수록 모든 참여자의 가치는 증대된다. 왜냐하면 각 사용자는 더 많은 사람들과 상호작용할 수 있기 때문이다. 1,000만 명의 가입자가 있는 TV 방송국을 운영하는 것이 1,000명의 가입자가 있는 방송국을 운영하는 것보다 더 많은 비용이 드는 것은 아니다. 그리고 커뮤니티의 가치는 사람이 증가할수록 기하급수적으로 커지는 반면, 새로운 회원을 추가하는 비용은 무시해도 좋을 정도로 작다.

이 네트워크 경제 관점에서 정보기술은 전략적으로 유용할 수 있다. 기업들은 경험을 공유하고 싶어 하는 사용자들의 커뮤니티를 만들기 위해 인터넷 사이트를 이용할 수 있다. 이것은 고객 충성도와 즐거움을 만들며, 고객들과 좋은 관계를 유지할 수 있도록 한다. 거대 온라인 경매 사이트인 이베이가 그 예이다. 이베이는 수백만 명의 사용자 네트워크를 기반으로 하며, 인터넷을 이용해 온라인 커뮤니티를 구축했다. 사람들이 이베이에 더 많은 제품을 올릴수록 더 많은 제품이 등록되고 공급자들 간의 경쟁이 가격을 낮추므로 모든 사람에게 이베이의 가치는 더욱 커지게 된다. 또한 네트워크 경제는 상업용 소프트웨어 벤더들에게 전략적 우위를 제공할 수 있다. 더 많은 사람들이 사용할수록 그들의 소프트웨어와 보완 소프트웨어 제품들의 가치는 증대되며, 그 제품의 지속적 사용과 벤더 지원을 정당화할 기반을 갖는다.

가상기업 모델   또 다른 네트워크 기반 전략은 가상기업 모델을 사용하여 경쟁력 있는 비즈니스를 창출한다. 가상 조직으로도 알려진 **가상기업**(virtual company)은 네트워크를 이용해 사람, 자산, 아이디어를 연결한다. 가상기업은 전통적인 조직 경계나 물리적 위치에 제약을 받지 않고 새로운 제품과 서비스를 창출하고 유통하기 위해 다른 기업들과 제휴할 수 있다. 한 기업은 물리적으로 결합되지 않아도 다른 기업의 능력을 활용할 수 있다. 가상기업 모델은 외부업체로부터 제품, 서비스 또는 능력을 얻는 것이 더 저렴한 경우 또는 새로운 시장 기회로 신속하게 이동할 필요가 있거나 자체적으로 대응하기에는 시간과 자원이 부족한 경우에 유용하다.

게스, 앤 테일러, 리바이 스트라우스, 리복과 같은 패션회사들은 홍콩에 본사를 둔 리앤펑(Li & Fung)으로 하여금 의류의 생산과 배송을 관리하게 한다. 리앤펑은 제품개발, 원자재 확보, 생산계획, 품질보증, 배송을 관리한다. 리앤펑은 어떠한 조직, 공장, 설비를 가지고 있지 않고 모든 것을 40개국 15,000개 이상의 공급업체들에 아웃소싱한다. 고객들은 사설 엑스트라넷을 이용해 리앤펑에 주문한다. 그러면 리앤펑은 원자재 공급업체와 생산 공장에 지시를 내린다. 리앤펑 엑스트라넷은 각 주문에 대한 전체 생산 프로세스를 관리한다. 가상기업으로 일하면서 리앤펑은 급변하는 패션 트렌드에 발맞추기 위해 고객이 주문한 제품을 단기간에 디자인하고 생산할 수 있도록 유연성과 적응력을 유지한다.

비즈니스 생태계와 플랫폼   인터넷과 디지털 기업의 등장으로 산업 경쟁세력 모델은 일부 수정되어야 한다. 전통적인 포터 모델은 비교적 정적인 산업 환경, 비교적 명확한 산업 경계, 그리고 비교적 안정적인 공급자, 대체품, 고객을 가정한다. 오늘날의 기업 중 일부는 단일 산업에 참여하는 대신 고객에게 가치를 제공하는 관련 서비스와 제품을 제공하는 산업의 집합에 참여하고 있다(그림 3.11 참조). **비즈니스 생태계**(business ecosystem)는 공급자, 유통업자, 아웃소싱 기업, 운송 서비스 기업, 그리고 기술 제조업체들이 느슨하게 결합되었지만 상호 의존적인 네트워크의 또 다른 용어이다(Iansiti and Levien, 2004).

비즈니스 생태계의 한 예는 모바일 인터넷 플랫폼이다. 이 생태계에는 단말기 제작업체(애플 아이폰, 삼성, LG 등), 무선통신사(AT&T, 버라이즌, T-모바일, 스프린트 등), 독립 소프트웨어 애플리케이션 제공업체(일반적으로 게임, 애플리케이션, 벨소리를 판매하는 소규모 기업들), 그리고 인터넷 서비스 제공업체(모바일 플랫폼에 인터넷 서비스를 제공하는 제공업체로서 참여) 등 네 가

그림 3.11 생태계 전략 모델

디지털 기업 시대에는 산업, 기업, 고객, 공급자 간의 경계에 대해 보다 동적인 관점을 필요로 하며, 경쟁은 비즈니스 생태계의 산업 사이에서 일어나고 있다. 생태계 모델에서 고객에게 가치를 제공하기 위해 복수의 산업들이 공동 작업한다. IT는 참여 기업들 간의 긴밀한 상호작용 네트워크를 가능하게 하는 중요한 역할을 한다.

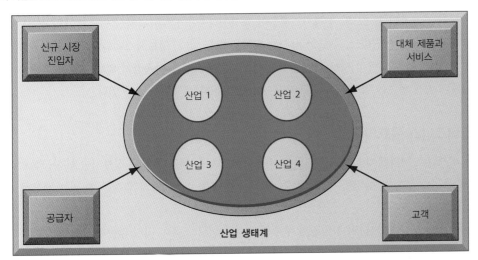

지 산업이 있다. 이들 산업은 저마다의 역사와 관심, 추진력을 갖고 있다. 그러나 이러한 요소들은 때로는 협력적이고 때로는 경쟁적인 새로운 모바일 디지털 플랫폼 생태계에서 하나로 합쳐져서 어느 누구도 단독으로 달성할 수 없는 가치를 창출한다.

비즈니스 생태계는 생태계를 주도하고 다른 틈새 기업들이 사용하는 **플랫폼**(platform)을 창출하는 하나 또는 몇 개의 주축 기업들(keystone firms)이 있다. 예를 들어 마이크로소프트와 페이스북은 정보시스템, 기술, 서비스로 구성된 플랫폼을 제공하며, 서로 다른 산업에서 수천 개의 다른 회사들이 그 플랫폼을 사용하여 그들 자신의 능력을 향상시킨다(Van Alstyne et al., 2016). 페이스북은 수많은 제품과 서비스를 사고팔 뿐만 아니라 정보를 교류하고 공유하기 위해 수십억의 사람들과 수백만 개의 기업이 사용하는 플랫폼이다. 더 많은 기업이 다른 기업들이 사용할 수 있는 IT 기반 플랫폼을 구축하여 주축 기업으로 발전하기 위해 정보시스템을 이용하려 하고 있다. 반면 기업들은 주축 기업들이 만든 큰 생태계에서 어떻게 그들의 정보시스템이 수익성 있는 틈새 기업이 될 수 있도록 할 수 있는지를 고려해야 한다.

3-4 전략정보시스템과 관련된 문제들은 무엇이며 어떻게 해결할 수 있는가?

전략정보시스템은 일반적으로 제품, 서비스, 비즈니스 프로세스뿐만 아니라 조직까지도 변화시키며, 이것은 조직을 새로운 행동 패턴으로 이끈다. 경쟁우위 달성을 위해 정보시스템을 성공적으로 활용하기 위해서는 정보기술, 조직, 경영의 유기적인 연계가 필요하다.

경쟁우위의 지속

전략시스템을 활용한 경쟁우위는 반드시 장기적인 수익을 보장할 만큼 오랫동안 지속되는 것은 아니다. 경쟁자들이 전략시스템에 대응하거나 복제할 수 있기 때문에 경쟁우위가 항상 지속되는 것은 아니다. 시장, 고객 기대, 정보기술은 변화한다. 세계화는 이러한 변화들을 보다 빠르고 예측 불가능하게 만든다. 모든 기업이 인터넷 기술을 이용할 수 있기 때문에 인터넷은 경쟁우위를 더 빠른 속도로 소멸시킨다. 아메리칸 항공의 SABRE 전산예약시스템, 씨티은행의 ATM 시스템, 페덱스의 수하물 추적시스템과 같은 고전적인 전략시스템은 각각의 산업 분야에서 처음으로 사용되었을 때 많은 이익을 제공했다. 그 뒤 경쟁시스템들이 등장했다. 아마존은 전자상거래 분야의 선두업체였으나 지금은 이베이, 월마트, 구글의 강력한 위협을 받고 있다. 정보시스템만으로는 사업우위를 지속할 수 없다. 원래 전략적 의도로 만들어진 시스템들이 사업을 지속하기 위해 필요한 생존의 수단이 되거나 미래 성공을 위해 필요한 전략적 변화를 방해하는 경우가 종종 있다

IT와 비즈니스 목표의 정렬

IT와 비즈니스 성과에 대한 연구 결과 ⑴ 기업이 비즈니스 목표에 맞게 정보기술을 성공적으로 정렬할수록 수익성이 높아지며, ⑵ 기업 중 4분의 1만 IT를 비즈니스와 연계할 수 있는 것으로 나타났다(Luftman, 2003).

　많은 기업에서 정보기술이 경영진과 주주의 이익에 별로 도움이 되지 않는다고 잘못 이해하고 있다. 경영진들이 IT 방향 설정에 적극적인 역할을 맡기보다 정보기술을 무시하고 IT를 이해하지 못하겠다고 주장하며, 마치 골칫거리처럼 IT 분야의 실패를 견뎌낸다. 그러한 기업들은 성과는 내지 못하면서 비용만 많이 지출하게 된다. 성공적인 기업과 관리자들은 IT가 무엇을 할 수 있고 어떻게 작동되는지 이해하고, IT 활용에 적극적인 역할을 담당하며, 그것이 매출과 수익에 미치는 영향을 측정한다.

경영 체크리스트 : 전략시스템 분석 수행

IT를 비즈니스와 연계시키고 경쟁우위를 위해 정보시스템을 효과적으로 활용하기 위해서는 관리자가 전략적인 시스템 분석을 실시할 필요가 있다. 그들의 기업에 전략적 우위를 제공하는 시스템의 유형을 파악하기 위해 관리자들은 다음 질문에 답해야 한다.

1. 그 기업이 위치한 산업의 구조는 무엇인가?
   - 그 산업에서 경쟁세력은 무엇인가? 그 산업에 새로운 진입자가 있는가? 가격에 대한 공급자, 고객, 그리고 대체 제품과 서비스의 상대적인 힘은 어떠한가?
   - 경쟁의 기반은 품질, 가격, 브랜드 중 무엇인가?
   - 산업 내에서 변화 방향과 특성은 무엇인가? 추진력과 변화는 어디에서 오는가?
   - 현재 그 산업에서 정보기술을 어떻게 이용하고 있는가? 그 조직이 정보시스템 애플리케이션 사용에 있어 그 산업에서 앞서 있는가 아니면 뒤쳐져 있는가?

2. 그 기업의 비즈니스, 기업, 산업 가치사슬은 무엇인가?
   - 그 기업은 고객 가치를 어떻게 창출하는가? 낮은 가격과 거래비용, 또는 최상의 품질, 가치사슬에서 더 많은 고객 가치를 창출하고 그 회사에 추가적인 이익을 제공하는 곳이 있는가?
   - 그 기업은 비즈니스 프로세스를 이해하고 그것을 최상의 방법으로 관리하고 있는가? 공급사슬 관리, 고객관계관리, 전사적 시스템의 장점을 최대한 활용하고 있는가?
   - 그 기업은 핵심역량을 강화하고 있는가?
   - 그 산업의 공급사슬과 고객 기반이 기업에 이익이 되는 방향으로 변하는가, 아니면 해가 되는 방향으로 변하는가?

- 그 기업이 전략적 파트너십 가치 웹, 생태계 또는 플랫폼으로부터 이득을 얻을 수 있는가?
- 정보시스템이 가치사슬의 어느 부분에서 기업에게 가장 큰 가치를 제공하는가?

3. IT를 비즈니스 전략 및 목표에 맞게 정렬했는가?
- 비즈니스 전략 및 목표를 정확하게 표현했는가?
- IT가 이 전략 달성에 필요한 비즈니스 프로세스와 활동들을 개선하고 있는가?
- 그러한 목표에 대한 진척도를 측정하기 위해 적정한 측정지표를 사용하고 있는가?

전략적 전환관리

이 장에서 설명한 전략시스템의 도입은 일반적으로 비즈니스의 목표, 고객 및 공급자와의 관계, 그리고 비즈니스 프로세스의 변화를 필요로 한다. 조직의 사회적 요소와 기술적 요소 모두에 영향을 미치는 이러한 사회기술적 변화는 **전략적 전환**(strategic transitions), 즉 사회기술적 시스템 수준 간의 이동으로 간주될 수 있다.

그러한 변화들은 종종 내·외부적으로 조직의 경계를 애매하게 한다. 공급자와 고객들은 긴밀하게 연결되어야 하며 각자 다른 쪽의 책임을 공유해야 한다. 관리자들은 자기 기업의 활동들을 고객, 공급자, 그리고 다른 조직들의 활동들과 조정하기 위한 새로운 프로세스를 개발해야 할 것이다. 새로운 정보시스템을 둘러싼 조직의 변화 요구는 매우 중요하며, 이 책 전반에 걸쳐 주목받을 만하다. 제14장에서 조직 변화 이슈에 대해 보다 상세히 살펴본다.

3-5 MIS는 내 경력에 어떤 도움이 되는가?

다음은 제3장과 이 책이 초급 비즈니스 개발 담당자로서의 직업을 찾는 데 어떻게 도움이 되는지 설명한다.

회사

로스앤젤레스에 기반을 둔 Superior Data Quality사는 대기업이 데이터 및 데이터 품질을 관리할 수 있도록 소프트웨어와 서비스를 제공하는 빠르게 성장하는 회사로, 이 회사는 신입 비즈니스 개발 담당자를 찾고 있다. 이 회사의 데이터 품질 및 데이터 관리 도구와 서비스는 고객 데이터를 수정, 표준화 및 향상시키기 위해 다음 기능을 제공한다. 정확한 주소, 이메일 및 전화정보 획득, 회사시스템에서 중복 데이터 제거, 데이터를 분석하여 관계 발견, 데이터 재구성 및 표준화, 지속적인 품질관리 및 표준화를 위한 데이터 모니터링. 이 회사는 전 세계에 12,000명의 고객, 450명의 직원, 그리고 미국, 유럽 및 아시아에 지사를 두고 있다.

직무 기술

비즈니스 개발 담당자는 회사 영업팀이 공격적인 성장 목표를 달성하도록 도울 것이다. 이 회사는 잠재 고객 및 고객과 의사소통하는 방법, 솔루션에 적합한 시장을 식별하는 방법, 판매 계획을 작성하는 방법 및 Salesforce.com과 같은 도구를 사용하는 방법에 대한 강의 및 실무 교육을 제공한다.

- 잠재적인 비즈니스 기회를 창출하기 위해 대상 계정 조사
- 고객 확보 및 판매 전략 지원

- 마케팅 캠페인을 성공적으로 수행하기 위한 전술 구현
- 마케팅 생성 리드(leads) 예측 및 검증을 통한 판매 리드 파이프라인 구축 및 관리
- 캠페인 성공 및 리드 생성 활동에 대한 보고

직무 요구사항

- 학사학위
- 영업 경력에 대한 강한 관심
- 탁월한 의사소통, 대인 관계, 분석 및 문제 해결 기술
- 빠르게 변화하는 환경에서 멀티 태스킹 능력

인터뷰 질문

1. 데이터 품질 및 데이터 관리에 대해 무엇을 알고 있는가? 이 분야에서 일한 경험이 있는가? 데이터 품질 문제가 발생한 적이 있는가? 그렇다면 문제를 어떻게 해결했는지 설명할 수 있는가?
2. Salesforce.com과 협력한 적이 있는가? 그 소프트웨어에 대해 무엇을 아는가? 어떻게 사용했는가?
3. 당신이 문제 해결에 도움을 준 마케팅 또는 영업 관련 문제나 기타 비즈니스 문제의 예를 들 수 있는가? 쓰기 및 분석 작업에 대한 예가 있는가?
4. 고객과 직접 대면한 적이 있는가? 고객과 어떤 작업을 했는지 설명할 수 있는가?

저자 조언

1. 제3장의 IT 및 비즈니스 전략에 대한 논의와 제6장의 데이터 품질을 포함한 데이터 관리에 관한 절을 검토하라.
2. 웹을 사용하여 데이터 품질 및 데이터 관리를 촉진하기 위한 도구 및 서비스에 대한 자세한 정보를 찾고, 이 분야에서 회사의 특정 제품을 조사하라.
3. 다른 소셜 미디어 채널과 함께 회사의 링크드인 프로필 및 게시물을 검토하라. 이 채널에서 회사가 집중할 것으로 보이는 일관된 테마가 있는가? 이 회사가 직면한 비즈니스 과제의 종류를 이해하고 있음을 보여줄 준비를 하라.
4. 이 직무에 대한 책임과 관련하여 Salesforce.com에 대해 학습하라. 업무에서 Salesforce.com을 어떻게 사용할지 문의하라.
5. 고객 데이터 품질과 관련하여 어떤 일이 발생할 가능성이 있는지 문의하라.

요약

3-1 정보시스템을 성공적으로 구축하고 활용하기 위해 관리자가 알아야 할 조직의 중요한 특징은 무엇인가?

모든 현대 조직들은 계층적이고 전문화되었으며 효율성을 극대화하기 위해 명확한 루틴을 사용하고 있다. 모든 조직은 자신의 문화와 이해 집단의 차이로 인한 정치 문제를 안고 있으며 주변 환경의 영향을 받는다. 조직들은 목표, 지원 집단, 사회적 역할, 리더십 유형, 인센티브, 주변 환경, 그리고 수행하는 직무의 유형 등이 다르다. 이러한 차이로 인해 조직들은 각기 다른 다양한 조직구조로 구성되며, 정보시스템의 이용에도 차이가 발생한다.

3-2 정보시스템은 조직에 어떤 영향을 미치는가?

정보시스템과 그것을 사용하는 조직은 상호작용하며 서로 영향을 미친다. 새로운 정보시스템의 도입은 조직구조, 목표, 작업 설계, 가치, 이해 집단 간의 경쟁, 의사결정, 그리고 일상 행동에 영향을 미친다. 동시에 정보시스템은 조직의 주요 집단들의 요구를 따르도록 설계되어야 하며, 조직구조, 직무, 목표, 문화, 정책, 경영관리에 의해 구체화될 것이다. 정보기술은 거래비용과 대리인비용을 줄일 수 있으며, 그러한 변화들은 조직의 인터넷 사용을 가속화시킨다. 정보시스템은 조직구조, 문화, 그리고 비즈니스 프로세스와 밀접하게 얽혀 있다. 새로운 시스템은 기존 작업 패턴과 파워 관계를 무너뜨리기 때문에 보통 시스템이 조직에 도입될 때 상당한 저항이 뒤따른다.

3-3 포터의 경쟁세력 모델, 가치사슬 모델, 시너지, 핵심역량, 네트워크 경제가 기업의 정보시스템을 활용한 경쟁전략 개발에 어떻게 도움이 되는가?

포터의 경쟁세력 모델에서 기업의 전략적 위치와 기업 전략은 전통적인 경쟁자들과의 경쟁뿐만 아니라 산업 환경에 있는 새로운 시장 진입자, 대체 제품, 고객, 공급자에 의해 영향을 받는다. 정보시스템은 기업들이 저비용, 제품 차별화, 틈새시장 집중, 고객과 공급업자와의 유대 강화, 그리고 높은 운영 수준을 지닌 시장 진입자의 진입을 막는 역할을 한다.

가치사슬 모델은 경쟁전략과 정보시스템의 영향이 큰 기업의 구체적인 활동들에 집중한다. 이 모델은 기업을 기업의 제품 또는 서비스에 가치를 부가하는 기본 활동들의 연쇄 또는 사슬로 보고 있다. 이러한 활동들은 본원적 활동과 지원 활동들로 구분된다. 본원적 활동은 제품과 서비스의 생산 및 유통에 가장 직접적으로 관련되어 있으며, 지원 활동은 본원적 활동들을 가능하게 한다. 한 기업의 가치사슬은 공급업자, 유통업자, 고객들의 가치사슬과 연결될 수 있다. 가치 웹은 표준 및 산업협회의 장려와 기업들이 가치 파트너와 보다 효율적으로 협력할 수 있도록 함으로써 산업 수준에서 경쟁력을 강화하는 정보시스템들로 구성되어 있다.

기업은 여러 사업단위로 구성되어 있기 때문에 정보시스템은 분리된 사업단위들의 운영을 통합함으로써 추가적인 효율성 또는 향상된 서비스를 얻는다. 정보시스템은 사업단위 간의 지식 공유를 촉진함으로써 기업들이 그들의 핵심역량을 강화하도록 지원한다. 정보시스템은 대규모 사용자 네트워크에 기반한 비즈니스 모델을 가능하게 한다. 가상기업 전략은 다른 기업들을 연결하기 위해 네트워크를 이용하고, 이를 통해 기업은 다른 회사의 제품 및 서비스 개발, 시장 개척, 그리고 유통 능력을 활용할 수 있다. 비즈니스 생태계에서는 고객에게 가치를 제공하기 위해 여러 산업이 협력한다. 정보시스템은 참여 기업들 간의 상호작용 네트워크를 지원한다.

3-4 전략정보시스템과 관련된 문제들은 무엇이며 어떻게 해결할 수 있는가?

전략시스템의 실행은 조직의 상당한 변화와 사회기술적 수준의 전환을 요구한다. 그러한 변화를 전략적 전환이라 부르며, 일반적으로 전환에는 어려움과 고통이 따른다. 더구나 모든 전략시스템이 도움이 되는 것은 아니며 구축에 많은 비용이 든다. 많은 전략정보시스템은 다른 기업들이 쉽게 복제할 수 있기 때문에 전략적 우위가 항상 지속되는 것은 아니다.

주요 용어

가상기업	루틴	조직
가치 웹	베스트프랙티스	지원 활동
가치사슬 모델	벤치마킹	파괴적 기술
거래비용 이론	본원적 활동	플랫폼
경쟁세력 모델	비즈니스 생태계	핵심역량
네트워크 경제	전략적 전환	효율적 고객대응시스템
대량 맞춤화	전환비용	
대리인 이론	제품 차별화	

복습 문제

3-1 정보시스템을 성공적으로 구축하고 활용하기 위해 관리자가 알아야 할 조직의 중요한 특징은 무엇인가?
- 조직을 정의하고 조직의 기술적 정의와 행동적 정의를 비교하라.
- 정보시스템 사용의 조직 간 차이를 설명할 수 있는 조직의 특징들을 파악하고 설명하라.

3-2 정보시스템은 조직에 어떤 영향을 미치는가?
- 정보시스템이 조직에 미치는 영향을 설명하는 주요 경제 이론들을 설명하라.
- 정보시스템이 조직에 미치는 영향을 설명하는 주요 행동 이론들을 설명하라.
- 정보시스템을 도입할 때 왜 상당한 조직적 저항이 있는지 설명하라.
- 인터넷과 파괴적 기술이 조직에 미치는 영향을 설명하라.

3-3 포터의 경쟁세력 모델, 가치사슬 모델, 시너지, 핵심역량, 네트워크 경제가 기업의 정보시스템을 활용한 경쟁전략 개발에 어떻게 도움이 되는가?
- 포터의 경쟁세력 모델을 정의하고 어떻게 작동되는지 설명하라.
- 경쟁세력 모델은 경쟁우위에 대해 무엇을 설명하는가?
- 정보시스템을 활용해 기업들이 취할 수 있는 네 가지 경쟁전략을 열거하고 설명하라.
- 정보시스템이 어떻게 각각의 경쟁전략을 지원하는지 설명하라. 그리고 예를 들라.
- 시스템의 전략적 활용에 있어 IT와 비즈니스 목표의 정렬이 왜 필수적인지 설명하라.
- 가치사슬 모델을 정의하고 설명하라.
- 가치사슬 모델이 어떻게 정보시스템 활용 기회를 파악하는 데 활용될 수 있는지 설명하라.
- 가치 웹을 정의하고, 가치사슬과 어떻게 관계되어 있는지 설명하라.
- 가치 웹이 어떻게 기업들이 전략적 정보시스템 활용 기회를 파악하는 데 도움이 되는지 설명하라.
- 인터넷이 경쟁세력과 경쟁우위를 어떻게 변화시켰는지 설명하라.
- 정보시스템이 시너지와 핵심역량을 어떻게 강화하는지 설명하라.
- 시너지와 핵심역량의 강화가 어떻게 경쟁우위를 향상시키는지 설명하라.
- 기업들이 네트워크 경제를 활용하여 어떻게 이득을 얻는지 설명하라.
- 수확체감의 법칙을 정의하고 어떤 상황에서 이 법칙이 적용되지 않는지 설명하라.

3-4 전략정보시스템과 관련된 문제들은 무엇이며 어떻게 해결할 수 있는가?
- 전략정보시스템에 의해 제기되는 경영상의 문제를 열거하고 설명하라.
- 전략시스템 분석을 어떻게 하는지 설명하라.

토의 문제

3-5 지속 가능한 전략적 우위는 없다고 말한다. 여러분은 동의하는가? 왜 동의하는지 혹은 왜 동의하지 않는지 설명하라.

3-6 델이나 월마트와 같은 선발 소매업체들이 경쟁자보다 뛰어난 점은 기술이 아니고, 그들의 경영 방식이라고 말한다. 여러분은 동의하는가? 왜 동의하는지 혹은 왜 동의하지 않는지 설명하라.

3-7 인터넷이 기업에게 경쟁우위를 주는지 여부를 결정할 때 고려해야 하는 이슈는 무엇인가?

MIS 실습 과제

이 프로젝트를 통하여 독자는 비즈니스 전략을 지원하고 고객 유지 문제를 해결하는 정보시스템을 찾고, 데이터베이스를 이용하여 비즈니스 전략에 대한 의사결정을 개선하며, 웹 도구를 이용하여 자동차 사양과 가격을 결정하는 과정을 경험할 것이다.

경영 의사결정 문제

3-8 메이시(Macy's Inc.)는 자회사를 통하여 미국에서 대략 840개의 백화점을 운영한다. 메이시 백화점은 의류, 가구, 가정용품 등을 포함하는 다양한 상품들을 판매한다. 메이시의 고위 관리자는 메이시가 지역적 기호를 잘 반영하여 상품을 구성하는 것이 필요하고, 의류와 다른 상품들의 색상, 사이즈, 브랜드, 스타일 등은 개별 메이시 백화점의 판매 패턴에 근거해야 할 필요가 있다고 판단하였다. 메이시 경영자가 이러한 새로운 전략을 구현하기 위해서 정보시스템은 어떻게 도움을 줄 수 있는가? 이러한 전략을 지원하기 위하여 경영자가 상품 결정을 하는 데 도움이 되기 위하여 정보시스템은 어떠한 종류의 데이터를 수집해야 하는가?

3-9 티모바일(T-Mobile)은 저렴한 휴대전화 요금으로 고객을 유치하기 위한 공격적인 캠페인을 펼쳤고 고객층을 넓혔다. 그러나 경영진은 고객을 유인하고 유지하는 다른 방법이 있는지 알고 싶어 한다. 고객이 고객 서비스 수준, 불균일한 네트워크 서비스 범위 또는 데이터 계획에 대해 우려하고 있는가? 회사는 어떻게 정보시스템을 사용하여 답을 찾을 수 있는가? 이러한 시스템의 정보를 사용하여 어떤 경영 의사결정을 내릴 수 있는가?

의사결정 능력 개선 : 웹 도구를 이용한 자동차 구성 및 가격 결정

소프트웨어 기술 : 인터넷 기반 소프트웨어

경영 기술 : 제품정보와 가격 조사

3-10 여러분은 이 연습에서 자동차 판매 웹사이트에서 제공하는 소프트웨어를 이용하여, 여러분이 선택한 자동차에 대한 제품정보를 찾고 이 정보를 이용하여 중요한 구매결정을 하게 될 것이다. 또한 판매 도구 관점에서 2개의 사이트를 평가할 것이다.

여러분은 신형 포드 이스케이프를 구매하는 데 관심이 있다고 가정하자(혹은 관심 있는 다른 차). CarsDirect의 웹사이트(www.carsdirect.com)로 가서 조사를 시작하라. 그곳에서 포드 이스케이프를 찾아라. 이 모델에서 제공하는 여러 차종을 조사하고 가격, 기능, 안전 등급 등을 고려하여 원하는 차종을 결정하라. 적어도 2개의 고객 후기를 읽어라. 여러분이 원하는 자동차 제조회사 웹사이트로 이동하라. 이 경우에는 포드(www.ford.com)이다. 포드 이스케이프에 대해 CarsDirect에서 제공하는 정보와 포드 웹사이트에서 제공하는 정보를 비교하라. 여러분이 살고 있는 인근지역의 딜러로부터 여러분이 원하는 차종에 대해 가장 낮은 가격을 알아보라. CarsDirect.com과 Ford.com에 개선할 사항을 제안해보라.

협업 및 팀워크 프로젝트

전략정보시스템의 기회 파악

3-11 3~4명이 한 팀을 이루어 월스트리트 저널, 포춘, 포브스, 기타 비즈니스 잡지나 웹상에서 소개된 기업을 하나 선택하라. 회사의 웹사이트를 방문하여 해당 회사에 대한 추가 정보를 찾고 회사가 웹을 어떻게 사용하고 있는지 확인하라. 이 정보에 기초하여 비즈니스를 분석하라. 중요한 비즈니스 프로세스, 문화, 구조 및 환경과 같은 조직의 특징과 비즈니스 전략에 대한 설명을 포함하라. 인터넷 기술에 기반한 시스템을 포함하여 해당 특정 비즈니스에 적합한 전략정보시스템을 제안하라. 가능하면 구글 문서와 구글 드라이브 또는 구글 사이트를 이용해 여러분이 발견한 사항들을 토론하고 수업 시간에 발표할 자료를 준비하라.

식료품 전쟁

사례연구

20 17년 6월 16일 아마존은 고급 식품시장 체인인 홀푸드(Whole Foods)를 137억 달러에 인수했다고 발표했다. 그해 8월에 마무리된 이번 인수는 아마존 최대 규모였으며 식료품 업계 전체에 충격파를 보냈다. 이번 인수는 식료품의 미래, 전체 식품 산업 및 쇼핑의 미래에 중대한 영향을 미쳤다.

홀푸드를 인수하기 전에도 아마존은 서점, 온라인에서 주문한 물건을 받을 수 있는 시애틀 드라이브 스루(drive-through) 식료품점 2곳, 센서와 소프트웨어를 사용하여 쇼핑객이 결제를 기다리지 않고 구매비용을 지불할 수 있도록 하는 아마존고(Amazon Go)라는 편의점을 포함한 식료품점 및 물리적 위치로 확장했다. 아마존은 또한 아마존 프레시(Amazon Fresh) 프로그램을 통해 온라인 식료품 판매 경험을 쌓았다. 그러나 아마존은 서적과 미디어에서와 마찬가지로 온라인 식료품으로 성공을 거두지 못했다. 홀푸드는 아마존에 온라인 소매점 입지를 구축하면서 온라인 비즈니스를 향상시킬 수 있는 새로운 방법을 제공한다.

식료품 사업은 달러당 1~2센트의 이익을 내는, 경쟁이 매우 치열하고 마진이 낮은 사업이다. 아마존은 저렴한 가격으로 경쟁하는 데 능숙하지만 왜 이 과제에 도전해야 하나? 아마존 입장에서 홀푸드가 매우 좋은 투자로 볼 수 있는 몇 가지 이유가 있다. 식료품은 미국에서 8,000억 달러에 이르는 중요한 구매 범주이다. Food Marketing Institute의 최근 보고서에 따르면 미국 식료품 판매는 향후 10년 동안 5배 증가할 수 있다. 홀푸드를 인수하면 아마존이 식료품 업계의 주요 업체가 될 수 있다. 홀푸드는 미국, 캐나다, 영국에 460개 이상의 매장이 있으며, 2017 회계연도에 160억 달러의 매출을 기록하며 아마존의 물리적 존재를 새로운 수준으로 끌어올렸다. 많은 사람들이 1시간 또는 30분 거리 안에 있게 될 것이다.

아마존은 1년에 119달러의 프라임 멤버십 서비스를 사용하여 고객에게 무료, 2일 배송 및 기타 혜택을 제공함으로써 서점의 서적과 마찬가지로 식료품에 대한 전체 가격을 고객에게 더 나은 가격으로 제공할 수 있다. 매장은 또한 더 많은 고객이 프라임에 가입할 수 있도록 광고 역할을 할 수 있다. 2017년 9월 기준, 프라임은 미국에 4억 9,000만 명의 가입자가 있으며 가구의 약 44%를 차지한다.

아마존은 '소비자 편의성'을 제공하는 데 있어 최고이다. 사람들이 너무 바빠서 집을 떠나 쇼핑을 하기에 어려워 전자상거래가 급증하고 음식 배달 사업이 시작되고 있다. 미국인들은 더 많은 식료품과 식사를 온라인으로 주문하고 있다. 시장조사 기관인 유로모니터(Euromonitor)가 의뢰한 연구에 따르면 온라인시장은 향후 10년간 다른 식당 사업보다 15배 빠르게 성장할 것으로 예상된다. 아마존은 식료품을 온라인으로 계속 판매할 수 있지만 음식을 쇼핑하는 고객 경험을 직접 제공할 수도 있다.

홀푸드는 아마존의 다른 비식료품 제품을 위한 배송 네트워크로도 사용될 수 있다. 아마존은 고객에게 더 가까운 창고를 열려고 노력하여 2시간 안에 주문을 전달할 수 있게 되었으며, 홀푸드 매장은 아마존을 고객에게 물리적으로 더 가까이 데려갈 것이다. 매장은 모든 종류의 온라인 주문을 반품하는 장소가 될 수 있다. 아마존은 이를 사용하여 온라인 주문의 배송 시간을 단축할 수도 있다.

몇몇 분석가들은 홀푸드의 도시 및 교외지역이 아마존의 배달 사업에 매우 가치가 있기 때문에 홀푸드가 식품 판매를 거의 중단하더라도 거래가 가치가 있음을 발견했다. 아마존이 홀푸드를 인수했을 때, 모든 업무에 대해 431개의 미국 상위 소득, 주요 위치 유통 지점을 확보했다. 홀푸드의 역량과 공급망 및 배달에 대한 아마존의 전문지식이 합쳐 식품 소매 및 음식 배달을 모두 능가할 수 있게 되었다.

한 전문가는 아마존을 특히 부유한 미국인들을 위한 '라이프 번들(life bundle)'이라고 불렀다. 아마존 프라임은 미래의 케이블 묶음이 될 수 있다. 즉, 아마존 프라임은 아마존에 신뢰할 수 있는 수익원과 충성도 높은 고객 기반을 제공하는 다양한 서비스 그룹에 대한 연회비다. 수입이 10만 달러 이상인 미국 가정의 절반 이상이 이미 주요 가입자이며, 이 서비스를 이용해 1년에 1,000달러 이상을 지출한다. 부유한 가정은 정기적으로 홀푸드에서 한 달에 500달러를 쓴다. 아마존이 홀푸드를 소유하고 나면 가장 부유한 고객은 아마존을 통해 연간 수천 달러를 소비할 수 있다. 홀푸드 고객은 아마존 프라임에 가입해야 하며, 프라임 고객이 홀푸드에서 마음에 드는 상품을 얻게 됨에 따라 저소득층 미국인에게 할인 혜택을 제공하더라도 고급시장에 대한 보급률은 높아질 것이다.

아마존은 2017년 8월 인수가 완료되자마자 홀푸드를 쇄신하기 시작했다. 인수가 완료된 날 홀푸드의 많은 식료품 가격이 하락했다. 일부 품목의 가격이 최대 40%까지 떨어졌다. 브루클린에 있는 홀푸드 지역의 동일한 품목 바구니는 인수 전 97.76달러에서 인수 후 75.85달러로 떨어졌다. 2017년 11월, 홀푸드는 자사 상품 365제품군뿐만 아니라 휴일 식료품과 베스트셀러의 가격 인하를 발표했다.

2018년 2월 아마존과 홀푸드는 미국 전역의 4개 도시에서 홀푸드에서 식료품 및 기타 상품을 직접 배송하는 테스트를 시작했다. 홀푸드는 기본적으로 아마존 창고로 사용되었다. 고객이 신선 농산물, 해산물, 육류, 꽃, 구운 식품 및 유제품을 주문하면 2시간 이내에 문 앞에 도착한다. 이 회사는 Prime Now를 통해 더 많은 도시로 서비스를 출시할 계획이다. 2월 말 아마존은 아마존 프라임 리워드 비자카드를 사용하여 홀푸드에서 쇼핑하는 프라임 회원에게 5%의 현금 환급 혜택을 연장했다. 일부 홀푸드 매장은 아마존 에코 음성 제어 스피커 시스템, Echo Dots, Fire TV, Kindle e-readers 및 Fire 태블릿을 포함한 아마존 기술제품을 판매하기 시작했다.

홀푸드는 아마존 프라임이 홀푸드의 로열티 프로그램을 대체할 것이라고 발표했다. 그리고 홀푸드 상품은 이제 Amazon.com, AmazonFresh(아마존의 식료품 배달 서비스), Prime Pantry 및 Prime Now에서 구입할 수 있다. 일부 홀푸드 매장은 아마존 라커(Locker)를 추가하여 고객이 Amazon.com 주문을 픽업할 때까지 특정 홀푸드 매장 내의 안전한 위치로 배송할 수 있도록 한다. 고객은 라커를 사용하여 아마존 품목을 반품할 수도 있다. 아마존과 홀푸드는 POS 시스템을 통합하여 홀푸드에서 더 많은 아마존 브랜드를 이용할 수 있게 하며 그 반대도 가능하다.

아마존의 홀푸드 인수는 월마트와의 장기적인 전투 확대를 의미한다. 월마트는 세계 최대의 가장 성공적인 물리적 소매업체이며, 아마존은 온라인 상거래 공간을 장악하고 있다. 두 기업 모두 상대의 텃밭으로 진출하기를 희망한다. 즉, 월마트는 전자상거래의 확장을 위해 많은 노력을 기울이고 있는 반면, 아마존은 온라인뿐만 아니라 더욱 강력한 물리적 존재를 원한다.

월마트는 샘스클럽(Sam's Club)과 함께 미국에서 가장 큰 식료품 판매업체이며 식료품시장의 약 18%를 차지한다. 식료품은 월마트 총매출의 56%를 차지하며, 식료품 쇼핑은 매장 방문 및 고객 충성도의 주요 원동력이다. 월마트는 미국의 주요 식료품점으로서의 지위를 유지하고자 한다. 월마트는 클릭 앤 콜렉트(click-and-collect) 프로그램, 독립형 식료

품 픽업 장소, 스마트폰으로 물품을 스캔하고 지불하는 데 투자 및 테스트를 했다. 식료품점은 월마트가 실제로 빛을 발하는 곳이다. 월마트가 아마존과의 식료품 전쟁에서 패하면 세계 최대의 전자상거래 업체인 아마존을 압도할 수 없다.

온라인 식료품 판매는 2017년 월마트 전자상거래 판매 성장의 핵심 부분이었으며, 경영진은 온라인 식료품 판매가 월마트의 매출 성장의 주요 원동력이 될 것으로 기대한다. 그러나 월마트가 2018년 온라인 판매의 40% 성장 목표를 달성하려면 더 많은 노력을 기울여야 한다. 경영진은 2018년 말까지 100개 시장에 당일 식료품 배송을 출시하여 미국 가정의 40%를 커버했다. 배송은 Uber Technologies 및 기타 공급자가 처리하며 30달러 이상 구매 시 9.95달러의 서비스 요금이 부과된다. 월마트의 온라인 주문 및 픽업 서비스는 2018년 말까지 2,000개 매장에서 제공되었다. 경영진은 온라인 주문 및 픽업 프로그램에 새로운 매장을 출시함으로써 매년 성장률이 계속 증가하기를 희망하고 있다.

가정배달 움직임은 월마트의 매장 내 쇼핑객이 온라인 구매를 시작하는 데 도움이 되며, 그들은 일반적으로 온라인에서 매장보다 2배를 소비한다. 또한 월마트는 커브사이드 식료품 픽업(curbside grocery pickup)을 보완하여 현재 1,200개 매장에서 이용 가능하고, 올해 1,000개를 추가했다. 커브사이드 식료품 픽업은 고객이 미리 온라인으로 식료품을 주문하고 지정된 장소로 가면 직접 그곳으로 가져다주는 서비스이다.

월마트는 로열티 프로그램 회원에게 2시간 무료 배송 서비스를 제공하는 아마존 Prime Now 서비스와 경쟁한다. 두 회사는 또한 배달원이 집에 들어가서 물건을 내부에 둘 수 있는 서비스를 도입했다.

이러한 발전의 결과로 나머지 식료품 산업은 어떻게 될 것인가? 아마존은 다양한 카테고리의 상품을 저렴한 가격에 제공할 수 있기 때문에 경쟁자들을 두렵게 한다. 홀푸드가 이 전술을 따르면 쇼핑객은 가격이 하락할 것으로 예상할 수 있으며, 다른 식료품 업계회사들은 어려움을 겪을 것이다. 아마존이 홀푸드 인수를 발표했을 때 크로거, 코스트코 및 달러 제너럴의 주식은 모두 6% 이상 하락했다. 이 합병은 홀푸드와 밀접한 관계가 있는 식료품 배달 서비스 업체인 인스타카트(Instacart)에게 더 나쁜 소식일 수 있다.

아마존-홀푸드, 월마트, 그리고 식료품 업계의 경쟁 환경에 영향을 미치는 다른 힘이 있다. 외식에 소비된 돈이 식료품 판매를 초과했다. 매주 슈퍼마켓에서 식료품을 사서 집에서 식사를 준비하는 대신 소비자는 점점 더 준비된 음식을

이용하고 있다. 식료품 체인이 자체 사전 포장된 식품 키트를 만들고 있지만, 15억 달러 규모의 식사 키트 산업에 블루에이프런(Blue Apron)과 같은 회사가 시장에 진출했다.

또한 식료품점은 신선 품목에 대한 소비자 요구, 맞춤형 옵션, 그리고 식품 구매 경험을 향상시키기 위한 기술 사용에 적응하고 있다. 딜로이트 연구원은 압도적인 대다수의 쇼핑객이 구매하려는 식료품을 조사하기 위해 디지털 장치를 활용하고 있음을 발견했다. 딜로이트는 또한 디지털 도구를 사용할 때 쇼핑객이 더 많은 비용을 지출한다는 사실을 발견했다.

온라인 식품 쇼핑의 성장과 경쟁 환경에서의 이러한 다른 변화에도 불구하고 전문가들은 슈퍼마켓 시장이 강력하다고 생각한다. 중개 및 자문회사인 마커스 & 밀리챕(Marcus & Millichap)에 따르면 향후 5년간 2,500만 평방피트의 상업 공간에 식료품점이 생길 것이다. 국내 체인 및 독일 할인 슈퍼마켓 알디 & 리들(Aldi & Lidl)이 미국에 개점하고 더 작은 형식의 상점은 혼합의 일부가 될 수 있다.

출처 : Kate Taylor, "Here Are the Changes Amazon Is Making to Whole Foods," *Business Insider*, March 2, 2018; Adam Levy, "Walmart's Grocery Efforts Probably Aren't Enough to Overcome Amazon," *The Motley Fool*, March 17, 2018; Matthew Boyle, "Walmart to Expand Grocery Delivery as Amazon Battle Rages," *Bloomberg*, March 14, 2018; John Cook, "Walmart Counterpunches Amazon with Plan to Expand Grocery Delivery Service to 100 U.S. Markets," *GeekWire*, March 14, 2018; Toby Clarence-Smith, "Amazon vs. Walmart: Bezos Goes for the Jugular with Whole Foods Acquisition," www.Toptal.com, accessed March 21, 2018; Tom McGee, "Perspective for the Grocery Wars: Shoppers Crave Experience," *Forbes*, September 13, 2017; Derek Thompson, "Why Amazon Bought Whole Foods," *The Atlantic*, June 16, 2017; and Nick Wingfield and Michael J. de la Merced, "Amazon to Buy Whole Foods for $13.4 Billion," *New York Times*, June 16, 2017.

사례연구 문제

3-12 가치사슬 및 경쟁세력 모델을 사용하여 아마존과 월마트를 분석하라.

3-13 아마존과 월마트의 사업 전략에서 식료품 판매의 역할을 비교하라.

3-14 이러한 전략에서 정보기술은 어떤 역할을 하는가?

3-15 식료품 소매를 지배할 가능성이 큰 회사는 어디인가? 그 이유는?

참고문헌

Amladi, Pradip. "The Digital Economy: How It Will Transform Your Products and Your Future." *Big Data Quarterly* (March 25, 2016).

Andriole, Stephen J. "Five Myths About Digital Transformation," *MIT Sloan Management Review* 58, No. 3 (Spring 2017).

Bernstein, Ethan, John Bunch, Niko Canner, and Michael Lee. "Beyond the Holocracy Hype." *Harvard Business Review* (July–August 2016).

Bresnahan, Timothy F., Erik Brynjolfsson, and Lorin M. Hitt, "Information Technology, Workplace Organization, and the Demand for Skilled Labor." *Quarterly Journal of Economics* 117 (February 2002).

Ceccagnoli, Marco, Chris Forman, Peng Huang, and D. J. Wu. "Cocreation of Value in a Platform Ecosystem: The Case of Enterprise Software." *MIS Quarterly* 36, No. 1 (March 2012).

Christensen, Clayton M. *The Innovator's Dilemma: The Revolutionary Book That Will Change the Way You Do Business*. New York: HarperCollins (2003).

_____. "The Past and Future of Competitive Advantage." *Sloan Management Review* 42, No. 2 (Winter 2001).

Christensen, Clayton M., Michael E. Raynor, and Rory McDonald. "What Is Disruptive Innovation?" *Harvard Business Review* (December 2015).

Coase, Ronald H. "The Nature of the Firm." (1937). In Putterman, Louis and Randall Kroszner. *The Economic Nature of the Firm: A Reader*. Cambridge University Press, 1995.

Cohen, Daniel, and Joshua S. Gans. "Warding Off the Threat of Digital Disruption." *MIT Sloan Management Review* 58, No. 2 (Winter 2017).

Davenport, Thomas H., and Stephan Kudyba. "Designing and Developing Analytics-Based Data Products." *MIT Sloan Management Review* 58, No. 1 (Winter 2016).

Downes, Larry, and Paul Nunes. "Finding Your Company's Second Act." *Harvard Business Review* (January–February 2018).

Drucker, Peter. "The Coming of the New Organization." *Harvard Business Review* (January–February 1988).

Gandhi, Suketo, and Eric Gervet. "Now That Your Products Can Talk, What Will They Tell You?" *MIT Sloan Management Review* (Spring 2016).

Gurbaxani, V., and S. Whang, "The Impact of Information Systems on Organizations and Markets." *Communications of the ACM* 34, No. 1 (January 1991).

Hagiu, Andrei, and Elizabeth J. Altman. "Finding the Platform in Your Product." Harvard Business Review (July–August 2017).

Hagiu, Andrei, and Simon Rothman. "Network Effects Aren't Enough." *Harvard Business Review* (April 2016).

Hitt, Lorin M., and Erik Brynjolfsson. "Information Technology and

Internal Firm Organization: An Exploratory Analysis." *Journal of Management Information Systems* 14, No. 2 (Fall 1997).

Iansiti, Marco, and Karim R. "Digital Ubiquity: How Connections, Sensors, and Data Are Revolutionizing Business." *Harvard Business Review* (November 2014).

_____. "Managing Our Hub Economy." *Harvard Business Review* (September–October 2017).

Iansiti, Marco, and Roy Levien. "Strategy as Ecology." *Harvard Business Review* (March 2004).

Jensen, M. C., and W. H. Meckling. "Specific and General Knowledge and Organizational Science." In *Contract Economics*, edited by L. Wetin and J. Wijkander. Oxford: Basil Blackwell (1992).

Jensen, Michael C., and William H. Meckling. "Theory of the Firm: Managerial Behavior, Agency Costs, and Ownership Structure." *Journal of Financial Economics* 3 (1976).

Kapur, Rahul, and Thomas Klueter. "Organizing for New Technologies." *MIT Sloan Management Review* 58, No. 2 (Winter 2017).

Kauffman, Robert J., and Yu-Ming Wang. "The Network Externalities Hypothesis and Competitive Network Growth." *Journal of Organizational Computing and Electronic Commerce* 12, No. 1 (2002).

King, Andrew A., and Baljir Baatartogtokh. "How Useful Is the Theory of Disruptive Innovation?" *MIT Sloan Management Review* (Fall 2015).

King, J. L., V. Gurbaxani, K. L. Kraemer, F. W. McFarlan, K. S. Raman, and C. S. Yap. "Institutional Factors in Information Technology Innovation." *Information Systems Research* 5, No. 2 (June 1994).

Kling, Rob. "Social Analyses of Computing: Theoretical Perspectives in Recent Empirical Research." *Computing Survey* 12, No. 1 (March 1980).

Kolb, D. A., and A. L. Frohman. "An Organization Development Approach to Consulting." *Sloan Management Review* 12, No. 1 (Fall 1970).

Lamb, Roberta, and Rob Kling. "Reconceptualizing Users as Social Actors in Information Systems Research." *MIS Quarterly* 27, No. 2 (June 2003).

Laudon, Kenneth C. "A General Model of the Relationship Between Information Technology and Organizations." Center for Research on Information Systems, New York University. Working paper, National Science Foundation (1989).

_____. "Environmental and Institutional Models of Systems Development." *Communications of the ACM* 28, No. 7 (July 1985).

_____. *Dossier Society: Value Choices in the Design of National Information Systems.* New York: Columbia University Press (1986).

Laudon, Kenneth C., and Kenneth L. Marr. "Information Technology and Occupational Structure." (April 1995).

Leavitt, Harold J., and Thomas L. Whisler. "Management in the 1980s." *Harvard Business Review* (November–December 1958).

Luftman, Jerry. *Competing in the Information Age: Align in the Sand* (2nd ed.). Oxford University Press USA (August 6, 2003).

March, James G., and Herbert A. Simon. *Organizations.* New York: Wiley (1958).

McAfee, Andrew, and Erik Brynjolfsson. "Investing in the IT That Makes a Competitive Difference." *Harvard Business Review* (July–August 2008).

McLaren, Tim S., Milena M. Head, Yufei Yuan, and Yolande E. Chan. "A Multilevel Model for Measuring Fit Between a Firm's Competitive Strategies and Information Systems Capabilities." *MIS Quarterly* 35, No. 4 (December 2011).

Mintzberg, Henry. "Managerial Work: Analysis from Observation." *Management Science* 18 (October 1971).

Nan, Ning, and Hüseyin Tanriverdi. "Unifying the Role of IT in Hyperturbulence and Competitive Advantage Via a Multilevel Perspective of IS Strategy." *MIS Quarterly* 41 No. 3 (September 2017).

Parker, Geoffrey, Marshall Van Alstyne, and Xiaoyue Jiang. "Platform Ecosystems: How Developers Invert the Firm," *MIS Quarterly* 41, No. 1 (March 2017).

Porter, Michael E. *Competitive Advantage.* New York: Free Press (1985).

_____. *Competitive Strategy.* New York: Free Press (1980).

_____. "Strategy and the Internet." *Harvard Business Review* (March 2001).

_____. "The Five Competitive Forces That Shape Strategy." *Harvard Business Review* (January 2008).

Porter, Michael E., and James E. Heppelmann. "How Smart, Connected Products Are Transforming Competition." *Harvard Business Review* (November 2014).

Porter, Michael E., and Scott Stern. "Location Matters." *Sloan Management Review* 42, No. 4 (Summer 2001).

Ross, Jeanne W., Ina M. Sebastian, and Cynthia M. Beath. "How to Develop a Great Digital Strategy." *MIT Sloan Management Review* 58, No. 2 (Winter 2017).

Shapiro, Carl, and Hal R. Varian. *Information Rules.* Boston, MA: Harvard Business School Press (1999).

Song, Peijian, Ling Xue, Arun Rai, and Cheng Zhang. "The Ecosystem of Software Platform: A Study of Asymmetric Cross-Side Network Effects and Platform Governance." *MIS Quarterly* 42 No. 1 (March 2018).

Suarez, Fernando Fl, James Utterback, Paul Von Gruben, and Hye Young Kang. "The Hybrid Trap: Why Most Efforts to Bridge Old and New Technology Miss the Mark." *MIT Sloan Management Review* 59, No. 3 (Spring 2018).

Svahn, Fredrik, Lars Mathiassen, and Rikard Lindgren. "Embracing Digital Innovation in Incumbent Firms: How Volvo Cars Managed Competing Concerns," *MIS Quarterly* 41, No. 1 (March 2017).

Taneja, Hemant, and Kevin Maney. "The End of Scale." *MIT Sloan Management Review* (Spring 2018).

Tushman, Michael L., and Philip Anderson. "Technological Discontinuities and Organizational Environments." *Administrative Science Quarterly* 31 (September 1986).

Van Alstyne, Marshall W., Geoffrey G. Parer, and Sangeet Paul Choudary. "Pipelines, Platforms, and the New Rules of Strategy." *Harvard Business Review* (April 2016).

Weber, Max. *The Theory of Social and Economic Organization.* Translated by Talcott Parsons. New York: Free Press (1947).

Williamson, Oliver E. *The Economic Institutions of Capitalism.* New York: Free Press, (1985).

Wixom, Barbara H., and Jeanne W. Ross. "How to Monetize Your Data." *MIT Sloan Management Review* 58, No. 3 (Spring 2017).

Zhu, Feng, and Nathan Furr. "Products to Platforms: Making the Leap." *Harvard Business Review* (April 2016).

정보시스템에서 윤리적 · 사회적 이슈

이 장을 마치고 나면 다음 질문에 답할 수 있다.

4-1 정보시스템이 제기하는 윤리적 · 사회적 · 정치적 이슈는 무엇인가?

4-2 윤리적 의사결정을 이끄는 구체적인 행동원칙은 무엇인가?

4-3 현대 정보시스템 기술과 인터넷은 왜 개인 프라이버시와 지적재산 보호를 취약하게 하는가?

4-4 정보시스템은 책임, 법적 의무, 삶의 질을 확립하기 위한 법에 어떻게 영향을 주었는가?

4-5 MIS는 내 경력에 어떤 도움이 되는가?

• 자동차는 바퀴를 가진 빅브라더가 될 것인가?

• 자동화는 일자리를 사라지게 하는가?

• 스마트폰은 얼마나 해로운가?

• 페이스북 프라이버시 : 여러분의 인생은 판매용이다

자동차는 바퀴를 가진 빅브라더가 될 것인가?

오늘날 자동차는 바퀴를 가진 정교한 비밀정보 수집소가 되었다. 자동차들은 전화통화와 문자 송수신을 추적하고, 어떤 방송을 듣는지를 기록하고, 어떤 속도로 운행하고 브레이크는 언제 밟는지 등을 추적 관찰하고, 심지어는 언제 속도위반을 하였는지를 운전자도 모르게 기록하고 있다.

미국의 수많은 운전자들에 대한 데이터들이 현재 추적되고 있으며, 새로운 자동차가 판매되거나 리스될 때마다 그 숫자는 증가하고 있다. 운전자들을 추적하기 위해서 사용될 수 있는 사이버 연결이 내장된 7,800만 대의 자동차가 도로를 달리고 있다. 리서치 기업인 가트너(Gartner Inc.)에 의하면 유럽과 미국에서 판매되는 새 자동차의 98%는 2021년까지 서로 연결될 것으로 예상하고 있다.

2014년부터 미국의 모든 신규 자동차들은 사고기록장치(EDR)를 갖추고 출고되고 있으며, 이들 장치는 자동차의 속도, 안전벨트 착용, 브레이크 사용 등 10여 개의 데이터를 기록하고 저장하고 있다. EDR 데이터는 자동차 사고에 대한 책임과 보험료 부정 청구들을 확인하기 위해서 보험회사에 제공될 뿐만 아니라 자동차 제조사에도 제공되고 있다.

EDR 데이터는 미국 정부에 의해서 의무화되어 규제를 받고 있지만, 오늘날 자동차에 설치되어 있는 다른 데이터 수집 소프트웨어는 규제를 받지 않는다. 이러한 소프트웨어에는 운전자들의 주차, 차선 유지, 추돌사고 방지, 짧은 순간의 조종 등을 도와주는 운전자 보조시스템뿐만 아니라 수많은 센서, 진단시스템, 계기판에 설치된 내비게이션 시스템, 내장 휴대전화 연결장치 등이 있다. 이 모든 소프트웨어들은 운전자가 어떤 행동을 하는지를 추적한다. 새로 나오는 자동차들은 운전자의 안구 움직임, 앞좌석에 앉은 사람들의 몸무게, 운전자의 양손이 핸들을 잡고 있는지 여부 등을 기록할 수도 있다. 스마트폰도 자동차에 연결되어 있든 아니든, 운전 중 문자 발송 등 운전자의 활동을 추적할 수 있다. 구글과 스포티파이와 같은 앱 개발자뿐만 아니라 자동차 제조사들도 이러한 정보들을 마이닝(mining)할 수 있다.

© Metamorworks/Shutterstock

의료 데이터는 예외이지만 미국 정부는 데이터 기업들이 무엇을 수집하고 이들 데이터를 어떻게 사용하는지에 대해 거의 규제를 하지 않는다. 기업들은 일반적으로 이름이나 다른 개인정보를 익명 처리할 필요가 없다. 대부분의 경우에 운전자들은 자신의 개인정보가 추적되고 감시되는 것에 동의하여야 한다. 자동차의 계기판에 설치된 시스템이나 내비게이션 앱을 등록할 때 요구되는 서비스 동의서의 기다란 확인란을 표기하면서 많은 운전자들은 자신도 모르는 사이에 동의하게 된다.

운전자들이 생성하는 많은 개인정보를 수집하는 것에 대해서 자동차 제조사들과 관련 기업들이 개인의 프라이버시를 충분히 보호하고 있는가라는 염려가 제기되고 있다. 운전자들은 유용한 진단 정보를 제공하고 주위의 교통체증에 대한 최신 정보를 제공해주는 것에 대해서는 환영하고 있다.

그러나 다른 용도로 데이터를 사용하는 것에 운전자들이 반드시 동의할 필요는 없으며, 자동차 제조사들도 앞으로의 데이터 수집 계획과 정책에 대해 분명하게 밝히고 있지 않다.

자동차의 성능과 안전을 개선하는 데 데이터는 가치가 있으며, 조만간 자동차 사고와 사망자 수를 줄일 수 있다고 자동차 제조사들은 주장하고 있다. 개인의 운전 습관에 대한 자세한 데이터를 축적하는 것은 자율주행차를 개발하는 데에도 필수적이다. 그러나 프라이버시 전문가들은 실상은 매우 위험하다고 믿고 있다. 운전자 행위에 대한 데이터가 충분히 축적되면, 지문만큼이나 고유한 개인의 프로파일을 개발할 수 있다. 업무용 방문 기록들은 회사나 정부기관 또는 법률 제정 등에 유용하게 사용될 수 있는 구매 습관과 관계를 드러나게 할 수 있다. 예를 들면 주류매장이나 정신 건강클리닉에 자주 방문한 기록들은 어떤 사람의 음주 습관과 건강 문제에 대한 정보를 드러나게 할 수 있다. 사람들은 이러한 비밀 데이터가 다른 사람들과 공유되는 것을 분명히 원하지 않을 것이다.

출처 : Peter Holley, "Big Brother on Wheels: Why Your Car Company May Know More About You Than Your Spouse," *Washington Post*, January 15, 2018; Christina Rogers, "What Your Car Knows about You," *Wall Street Journal*, August 18, 2018; John R. Quain, "Cars Suck Up Data About You. Where Does It All Go?" *New York Times*, July 27, 2017; and Russ Heaps, "Data Collection for Self-Driving Cars Could Be Risking Your Privacy," *Autotrader*, September 2016.

이 장의 도입 사례에서 기술한 커넥티드 자동차와 빅데이터가 제기한 프라이버시에 대한 도전은 기술이 양날의 칼이 될 수 있다는 것을 보여준다. 운전을 보다 안전하고 효율적으로 할 수 있는 능력을 제공하는 것을 포함하여 많은 혜택의 원천이 될 수 있다. 그러나 동시에 개인의 프라이버시를 침해하고 해를 끼칠 수 있는 정보를 사용할 수 있는 새로운 기회를 제공하는 데 디지털 기술이 사용될 수 있다.

다음 도표는 도입 사례와 이 장에서 제기된 주요 주제를 환기시킨다. 데이터 관리기술의 개발, 사물인터넷, 애널리틱스는 조직들이 운영과 의사결정을 개선하는 데 빅데이터를 사용할 수 있는 기회를 만들었다. 빅데이터 분석은 자동차, 특히 인터넷에 연결되어 있는 자동차에 의해서 생성된 모든 데이터에 적용되고 있다. 도입 사례에서 소개된 자동차 제조사와 관련 조직들은 자동차의 성능과 운전자의 행동을 감시하고, 자동차를 안전하게 운전하고 관리하는 데 유용한 도구를 운전자들에게 제공하는 데 빅데이터를 사용하여 도움을 받고 있다. 그러나 자동차에서 생성된 빅데이터 사용은 개인의 편익을 빼앗기도 한다. 자신의 운전 행동에 대한 엄청난 양의 데이터를 조합하고 분석하는 새로운 도구들을 조직들이 갖게 되기 때문에 개인들은 직업 차별과 높은 보험료의 대상이 될 수도 있다. 자동차 운행에서 수집된 개인 데이터들에 대한 프라이버시 보호는 거의 없다. 빅데이터를 조합하고 분석하는 기술에 대응할 수 있는 새로운 프라이버시 보호법과 정책이 개발되어야 한다.

도입 사례는 커넥티드 자동차에 의해서 생성되는 데이터로 수익을 올리거나 더 나아가 많은 사람들을 도우려고 하는 조직들의 관심과, 프라이버시를 침해하거나 개인에게 해를 입히기 때문에 기업들과 공공기관들은 빅데이터 분석을 사용하지 않아야 한다고 열렬히 믿는 사람들의 이해관계가 함께 존재하는 윤리적 딜레마를 제시하고 있다. 관리자들은 회사와 종업원과 고객을 위해서 정보시스템의 긍정적인 영향과 부정적인 영향에 민감할 필요가 있다. 정보시스템이 관련된 윤리적 딜레마

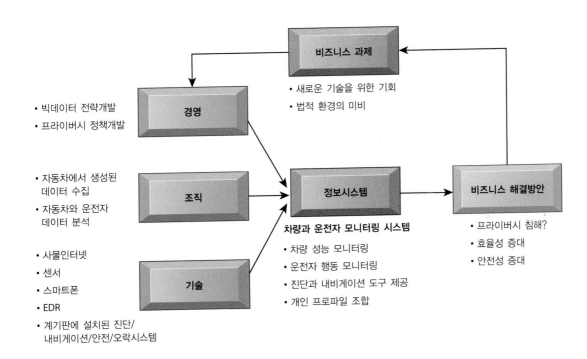

를 해결하는 방법을 학습해야 한다.

다음의 몇 가지 질문에 대해 생각해보자. 차량에서 생성된 데이터를 분석하는 것이 윤리적 딜레마를 발생시키는가? 그렇다면 또는 그렇지 않다면 그 이유는 무엇인가? 차량에서 수집된 개인 데이터를 보호하기 위한 새로운 프라이버시법이 제정되어야 하는가? 그렇다면 또는 그렇지 않다면 그 이유는 무엇인가?

4-1 정보시스템이 제기하는 윤리적·사회적·정치적 이슈는 무엇인가?

지난 20년간 거의 틀림없이 우리는 미국과 글로벌 기업들에게 윤리적 과제들이 가장 많았던 시기를 목격하였다. 표 4.1은 지난 몇 년간 고위급·중간급 관리자들이 윤리적 판단을 잘못한 예들을 정리한 것이다. 윤리와 비즈니스 판단의 실책들이 다양한 산업군에서 광범위하게 발생하였다.

오늘날의 법적 환경에서 법을 어겨 기소된 관리자들은 대부분 교도소로 보내진다. 1987년에 채택된 미 연방 판결 가이드라인은 범죄에 관련된 금액의 규모, 범죄의 발견을 막기 위한 모의 여부, 범죄를 숨기기 위한 부정 금융거래의 유무 및 검찰의 조사에 협조한 정도에 따라 판사들이 기업 경영진들에게 무거운 형벌을 부과할 것을 명시하고 있다(U. S. Sentencing Commission, 2004).

비록 과거에는 기업들이 민사고발과 범죄 수사에 연루된 직원들을 법적으로 보호하기 위한 비용을 지불하기도 하였지만, 오늘날의 기업들은 검찰 수사를 방해할 때 부과되는 벌금을 줄이기 위해서 검찰에 적극 협조하도록 조언을 받고 있다. 이러한 변화는 곧 관리자와 종업원들이 어떠한 것이 합법적이고 도덕적인 행위인지를 직접 결정해야 한다는 것을 의미한다.

이런 비윤리적이고 불법적 판단들이 정보시스템 부서에서 주도한 것은 아니지만, 정보시스템은 수많은 사기 사건의 수단으로 이용되었다. 대부분 이런 범죄자들은 금융 보고 정보시스템을 교묘히 사용하여 완전범죄라는 헛된 꿈을 이루고자 하였다.

정보시스템의 통제에 관해서는 제8장에서 자세히 다룰 것이다. 이 장에서 우리는 정보시스템의 사용에 따른 윤리적 차원과 행동들에 대해서 다루기로 한다.

표 4.1 경영자의 윤리적 판단 실패 사례

웰스파고(2018)	웰스파고 은행은 수백만 개의 구좌를 허위로 개설하고, 부동산 담보 대출의 계약조건을 조작하고, 자동차 대출 소비자들에게 불필요한 보험을 강매한 것을 인정함. 연방정부는 25억 달러의 벌금을 부과함
디어필드 매니지먼트(2017)	워싱턴 DC 소재 헤지펀드는 의료회사의 주식거래에 정부 금융에 대한 기밀정보를 사용하여 기소됨
GM 자동차(2014)	GM 자동차의 CEO는 최소한 114명의 고객 사망을 초래한 점화스위치의 결함을 회사가 10년 이상 은폐하였다는 것을 시인함. 전 세계 1억대 이상의 자동차들이 영향을 받음
타카타 주식회사(2015)	타카타 경영진들은 수년간 수백만 대의 자동차에 불량 에어백이 사용된 것을 은폐하였다는 것을 시인함. 3명의 경영진이 범죄행위로 기소되었으며, 타카타에 10억 달러의 벌금이 부과됨. 타카타는 2017년 6월에 파산을 신청함
글락소스미스클라인(2012)	세계적인 대형 의료 서비스 기업이지만 특정 조제약에 대한 불법적이고 범죄적인 판촉 활동, 특정 안전 데이터에 대한 보고 누락, 허위 가격 보고 관행 혐의에 대한 민사책임을 인정함. 의료 분야 배상금으로는 미국 역사상 가장 높은 30억 달러의 벌금이 부과됨
뱅크오브아메리카(2012)	연방검사들이 뱅크오브아메리카와 계열사 컨트리와이드 파이낸스를 적절한 통제 없이 대출을 급격히 증가시켜서 정부가 지원하는 담보대출기관을 사취한 혐의로 기소함. 검찰은 은행에 10억 달러의 벌금을 부과할 것을 요청함

윤리(ethics)란 자율적 도덕적 주체로 행동하는 개인이 그들의 행동을 이끌어갈 선택을 결정하는 데 사용하는 옳고 그름의 원칙을 말한다. 정보시스템은 강력한 사회 변화를 초래하는 기회를 제공하여 기존의 권력, 재산, 권리, 의무의 배분 법칙들을 위협하기 때문에 개인과 사회에 새로운 윤리적 문제들을 제기한다. 증기엔진, 전기, 전화와 같은 기술처럼 정보기술도 사회적 발전을 달성할 수 있지만, 한편으로는 범죄를 일으키고 소중한 사회적 가치를 위협할 수 있다. 정보기술의 발전은 많은 사람들에게 이익을 가져오지만 동시에 다른 사람들은 비용을 지불해야 한다.

인터넷과 전자상거래의 발전으로 정보시스템의 윤리적 이슈들은 새로운 시급한 문제가 되었다. 인터넷과 디지털 기술들은 정보의 수집, 통합, 분배를 이전보다 더욱 쉽게 하기 때문에 고객정보의 합법적 이용, 프라이버시 보호 및 지적재산 보호에 대한 새로운 관심이 증대하였다.

이 외에도 정보시스템의 결과에 대한 책임 문제, 개인 및 사회의 안전을 보호하기 위해 필요한 시스템의 품질을 지킬 수 있는 표준의 설정, 정보화 시대의 삶의 질에 필수적인 것으로 인식되는 가치와 제도의 유지 등과 관련된 주제들이 정보시스템에 의해서 제기되는 긴급한 윤리적 이슈들이다. 정보시스템을 사용할 때는 "무엇이 윤리적이고 사회적 책임을 다하는 행동인가?"라는 질문을 되새겨보아야 한다.

윤리적 · 사회적 · 정치적 이슈를 고려하기 위한 모델

윤리적 · 사회적 · 정치적 이슈들은 서로 밀접하게 연결되어 있다. 정보시스템의 관리자로서 직면하게 되는 윤리적 딜레마는 사회적 · 정치적 논쟁이 반영된 것이다. 이런 관계들은 그림 4.1에서 볼 수 있다. 사회를 여름날의 고요한 연못이라고 가정해보자. 즉, 사회는 개개인, 사회 및 정치 조직 간의 이해관계가 부분적으로 평형을 유지하는 하나의 민감한 생태계와도 같다. 개인들은 이 연못에서 어떻게 행동해야 하는지 알고 있다. 왜냐하면 사회적 제도(가정, 교육, 조직)는 규율적인 행동 규칙을 발전시켜 왔고, 이런 규칙들은 행동을 규정하고, 위반에 대한 제재 규정을 약속하는 정치부문

그림 4.1 정보사회의 윤리적 · 사회적 · 정치적 이슈 간의 관계

새로운 정보기술의 탄생은 개인적 · 사회적 · 정치적 차원에서 다루어야 하는 새로운 윤리적 · 사회적 · 정치적 이슈를 발생시키는 파장 효과를 일으킨다. 이들 이슈에는 정보권리와 의무, 재산권과 의무, 시스템 품질, 삶의 질, 책임과 통제라는 다섯 가지 도덕적 차원이 있다.

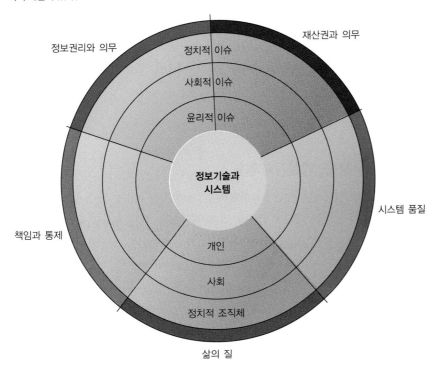

에서 만들어진 법률에 의해 뒷받침되었기 때문이다. 이제 연못의 중앙에 돌을 하나 던져보라. 무슨 일이 생기는가? 물론 파장이 발생한다.

작은 돌 대신에 사회의 안정을 방해하는 새로운 정보기술 및 시스템의 강력한 충격에 의한 교란을 상상해보자. 갑자기 사람들은 오래된 규칙들로 해결할 수 없는 새로운 상황에 직면하게 된다. 사회제도는 이런 파장들에 하룻밤에 갑자기 반응할 수 없다. 에티켓, 기대, 사회적 책임, 정치적으로 올바른 태도, 또는 인가된 규칙을 개발하기 위해서는 시간이 필요하다. 정치적 기관들도 새로운 법안을 만들기 위해 시간이 필요하고, 종종 피해들이 실제로 입증되어야만 법안을 만들기 시작한다. 그 사이에 우리들은 마냥 기다릴 수만은 없다. 법적인 기반이 뿌리내리지 못한 상태에서 부득이하게 행동을 취해야만 할 때가 생길 수 있다.

우리는 윤리적 · 사회적 · 정치적 이슈들과 관련된 상호작용을 설명하기 위해 이 모델을 사용할 수 있다. 또한 이 모델은 개인적 · 사회적 · 정치적으로 다양한 영향을 미치는 정보사회의 도덕적 차원들을 확인하기 위해서도 유용하다.

정보화 시대의 다섯 가지 도덕적 차원

정보시스템에 의해 발생하는 중요한 윤리적 · 사회적 · 정치적 이슈들은 다음과 같은 도덕적 차원들을 포함한다.

- 정보권리와 의무 : 개인과 단체에는 자신들과 관련하여 어떤 **정보권리**(information rights)가 있는가? 그들이 보호할 수 있는 것은 무엇인가?

- 재산권과 의무 : 소유권에 대한 추적과 설명이 어렵고 이러한 재산권이 무시되기 쉬운 디지털 사회에서 전통적인 지적재산을 어떻게 보호할 것인가?
- 책임과 통제 : 개인 또는 공동의 정보 및 재산권에 대한 피해는 누가 책임져야 하는가?
- 시스템 품질 : 개인의 권리와 사회 안전을 위해서는 데이터 품질과 시스템 품질에 대해 어떤 표준이 요구되어야 하는가?
- 삶의 질 : 정보 또는 지식 기반 사회에서는 어떠한 가치들을 보존해야 하는가? 어떠한 제도들이 보호되어야 하는가? 어떠한 문화적 가치와 관습이 새로운 정보기술에 의해 지지되어야 하는가?

우리는 4-3절에서 이런 도덕적 차원을 자세하게 살펴보게 될 것이다.

윤리적 이슈를 발생시키는 핵심기술 동향

윤리적 이슈들은 오랫동안 정보기술에 우선하였다. 그럼에도 불구하고 정보기술은 윤리적 우려를 증가시켜 왔고, 현존하는 사회적 제도에 무거운 짐을 지웠으며, 어떤 법들을 사라지게 하거나 무력화시켰다. 이런 윤리적 추세들은 표 4.2에 나열된 다섯 가지 핵심기술 동향에 의해 주도되었다.

18개월마다 2배로 증가하는 컴퓨팅 성능은 대부분의 조직이 정보기술을 핵심적인 제조 과정에 사용하는 것을 가능하게 해주었다. 결과적으로 우리는 정보시스템에 더욱 의지하게 되었고 시스템 오류나 저질 데이터에 취약하게 되었다. 사회 규범과 법은 아직 이런 의존성을 제대로 반영하지 못한다. 정보시스템의 정확성과 신뢰성을 보증하기 위한 기준(제8장 참조)들이 아직 전반적으로 수용되거나 강제되지 못하고 있다.

데이터 저장기술의 발전과 저장비용의 빠른 감소는 사적·공적 조직에 의해 유지되는 개인(직원, 고객, 잠재 고객)에 대한 데이터베이스를 증가시켰다. 데이터 저장소의 발전은 결국 적은 비용을 들여 일상적인 프라이버시 침해를 효과적으로 할 수 있게 만들었다. 테라바이트와 페타바이트 수준을 처리할 수 있는 대용량 데이터 저장시스템들은 모든 기업이 직접 또는 온라인 서비스를 통해서 고객 확인에 사용할 수 있을 정도로 저렴해졌다.

기업과 정부기관이 개인에 대해 매우 자세한 개인정보들을 찾아낼 수 있게 되었기 때문에 대용량

표 4.2 윤리적 이슈를 발생시키는 기술 동향

기술 동향	영향
18개월마다 2배로 증가하는 컴퓨팅 성능	더 많은 조직들이 핵심 기능을 컴퓨터 시스템에 의존하고 시스템 장애에 더욱 취약해짐
빠르게 감소하는 데이터 저장비용	조직들이 개인에 대한 자세한 데이터베이스를 쉽게 유지할 수 있음. 개인에 대한 데이터 수집에 한계가 없음
데이터 분석의 발전	개인 성향에 대한 자세한 프로파일을 개발하기 위해, 기업들이 개인에 대해 수집한 방대한 양의 데이터를 분석할 수 있음. 대규모 인구감시가 가능함
네트워킹의 발전	다른 장소로의 데이터 복사와 데이터에 대한 원격 접속비용이 급격히 하락함. 데이터 접속이 통제하기 어려워짐
무선단말기 성장의 영향	개인 휴대전화는 사용자의 동의 없이 또는 사용자 모르게 추적이 가능함. 인터넷에 상시 접속된 장치가 새로운 구속이 됨

© Ivan Kruk/Shutterstock

신용카드 구매는 시장조사자, 텔레마케터, 광고우편물회사 등이 개인정보를 얻을 수 있게 만든다. 정보기술의 발달은 프라이버시 침해를 용이하게 한다.

데이터를 대상으로 하는 데이터 분석기술은 또 다른 윤리적 관심을 증대시킨다. 현대 데이터 관리 도구(제6장 참조)들을 사용하여 기업들은 그 어느 때보다도 더 쉽게 컴퓨터에 저장된 방대한 정보 조각들을 조합하고 결합할 수 있다.

자신에 대한 정보를 발생시키는 행위, 즉 신용카드 구매, 전화통화, 잡지 구독, 비디오 대여, 우편주문 구매, 은행 기록, 그리고 지방정부 · 주정부 · 연방정부 기록(법원과 경찰서 기록 포함), 웹사이트 방문 등 모든 방법을 생각해보자. 이제 이런 정보들을 적절하게 모으고 손질한다면 이 정보를 통해 여러분의 신용정보뿐만 아니라 여러분의 운전 습관, 취향, 소속된 단체, 여러분이 구독하는 것과 시청하는 것, 그리고 정치적 관심사까지도 알아낼 수 있다.

자신들의 마케팅 캠페인의 목표를 더 자세하게 파악하기 위하여 기업들은 이런 원천들로부터 관련된 개인정보를 구매하고 있다. 제6장과 제12장은 소비자의 구매 패턴을 신속히 파악하고 개인 맞춤형 추천을 위해 기업들이 다양한 정보에서 많은 양의 데이터를 어떻게 분석하는지 설명한다. 컴퓨터를 사용하여 다양한 정보 원천에서 데이터를 조합하여 개인에 대한 자세한 전자문서를 만드는 것을 **프로파일링**(profiling)이라고 부른다.

예를 들어 수천 개의 유명 웹사이트들은 인터넷 광고 브로커인 더블클릭(DoubleClick, 구글 소유)으로부터 방문자 정보에 기반을 둔 광고 수입에 대한 대가를 받기로 하고, 더블클릭이 자사 홈페이지 방문자의 행동을 추적할 수 있게 허용했다. 더블클릭은 이런 정보를 이용하여 온라인 고객들의 프로파일을 만들며, 고객들이 더블클릭과 거래하는 사이트에 접속할 때마다 새로운 정보를 프로파일에 추가한다. 이런 과정들을 통해 더블클릭은 한 개인의 지출 및 온라인 습관을 전자문서화하여 보다 정확한 웹 광고를 하고자 정보를 원하는 기업들에게 판매한다. 광고업자들은 온라인 고객정보와 상점에서의 신용카드 구매와 같은 오프라인 정보를 결합할 수 있다.

렉시스넥시스 리스크 솔루션[LexisNexis Risk Solutions, 이전 이름은 초이스포인트(ChoicePoint)]은 미국의 거의 모든 성인에 관한 전자문서를 모으고 유지하기 위해 경찰 기록, 범죄 기록, 자동차 기록, 신용과 고용 기록, 현재와 과거의 주소, 전문 자격증, 보험청구 등의 데이터를 수집한다. 이 회사는 이렇게 수집된 개인정보를 기업이나 정부기관에 판매하고 있다. 개인 데이터에 대한 수요가 커지면서 렉시스넥시스, 액시엄(Acxiom), 닐슨(Nielsen), 엑스피리언(Experian), 에퀴팩스(Equifax), 코아로직(CoreLogic) 등과 같은 데이터 중개업체가 붐을 일으키고 있다. 두 거대 신용카드 네트워크인 비자카드와 마스터카드는 광고회사에 판매할 수 있는 고객 프로파일을 생성하기 위하여 신용카드 구매정보와 고객들의 소셜 네트워크 및 다른 정보들을 결합하기로 합의하였다.

NORA(nonobvious relationship awareness)라고 하는 새로운 데이터 분석기술은 정부와 민간 기업들에게 보다 강력한 프로파일링 기능을 주었다. NORA는 채용 지원서, 전화 기록, 고객 명단, '수배' 리스트 같이 다양한 이질적인 데이터 원천에서 사람들에 대한 정보를 수집하여, 범죄자나 테러리스트을 찾는 데 도움이 되는 숨겨진 연관성을 찾아준다(그림 4.2 참조).

NORA 기술은 데이터가 생성됐을 때 바로 데이터를 검색하여 정보를 추출할 수 있다. 예를 들어 승객이 탑승 카운터에서 수속을 밟을 때, 테러리스트와 같은 전화번호를 공유하고 있는 승객이 있다면 비행기 탑승 전에 발견할 수 있게 해준다. 이 기술은 국가 안보를 위한 가치 있는 도구로 여겨지지만, 개인과 관련된 활동과 소속 단체들에 대한 자세한 정보를 제공할 수 있기 때문에 프라이버시를 침해하는 측면도 있다.

마지막으로 인터넷을 포함한 네트워킹의 발달은 대용량 데이터의 이동과 접근비용을 감소시키

│그림 4.2 새로운 데이터 분석기술 NORA

NORA 기술은 이질적인 데이터 원천에서 개인정보를 수집하여, 불분명하며 알기 어려운 연결 관계를 찾아준다. 예를 들어 카지노 딜러 취업 희망자와 수배 중인 범죄자가 전화번호를 공유함을 인식하고 고용주에게 알려줄 수 있다.

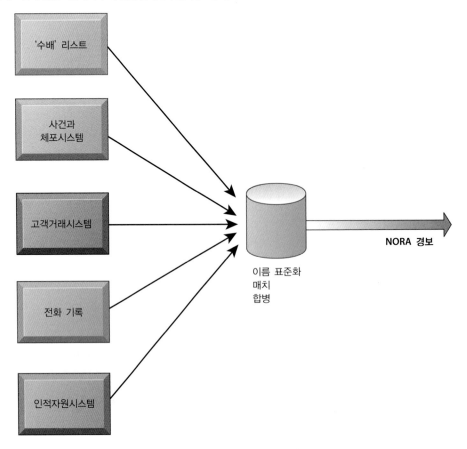

며, 원거리에서 데스크톱, 모바일 장비, 클라우드 서버 등을 사용하여 대용량 데이터를 분석할 수 있게 해주므로, 과거와는 규모나 정확도에 있어서 본질적으로 다른 프라이버시 침해를 야기한다.

4-2 윤리적 의사결정을 이끄는 구체적인 행동원칙은 무엇인가?

윤리는 선택의 자유가 있는 개인들의 관심사이다. 윤리는 개인의 선택에 대한 것이다. 여러 가지 행동 대안이 있을 때 올바른 도덕적 선택은 무엇인가? 윤리적 선택의 중요한 특징은 무엇인가?

기본 개념 : 책무, 책임, 법적 의무

윤리적 선택이란 자신의 행동 결과에 대해 책임을 지는 개인이 결정하는 하나의 선택이다. **책무**(responsibility)는 윤리적 행동의 핵심요소이다. 책무는 여러분의 결정에 따른 잠재적 비용, 의무, 책임을 수용하는 것을 의미한다. **책임**(accountability)은 시스템과 사회제도의 특징이다. 즉, 누가 책임질 행동을 하였고, 누구에게 책임이 있는지를 결정하는 절차가 존재하는 것이다. 누가 어떠한 행동들을 취했는지 알 수 없는 시스템과 제도 속에서는 윤리적 분석과 윤리적 행동이 불가능하다. **법적 의무**(liability)는 책무 개념을 법의 범위로 좀 더 확대한 것이다. 법적 의무는 한 개인이 다른 행위자, 시스템 또는 조직에 의해 입은 피해를 보상받을 수 있게 하는 법률을 갖춘 정치제도에서 비롯된다. **적법절차**(due process)는 법치 사회와 관계된 특징이며, 이 절차는 법이 알려지고 이해되며, 법이 올바르게 적용되었다고 확신할 수 있도록 상급 법원에 상소할 수 있는 기회를 포함한다.

이런 기본 개념들은 정보시스템과 시스템 관리자들에 대한 윤리적 분석의 토대를 형성한다. 첫째, 정보기술은 사회적 제도, 조직, 개인들을 통해 걸러진다. 시스템은 그 자체로 영향을 미치지 않는다. 모든 정보시스템의 영향은 제도적 · 조직적 · 개인적 활동과 행동의 산물이다. 둘째, 기술의 결과에 대한 책무는 기술의 사용을 선택한 제도, 조직, 개인 관리자에게 명백하게 있다. 사회적으로 책임감 있게 정보기술을 사용한다는 것은 활동의 결과에 대해 책임질 수 있다는 것을 의미한다. 셋째, 윤리적이고 정치적인 사회에서는 개인이 받은 피해를 적법절차에 따라 정당하게 보상받을 수 있다.

윤리적 분석

윤리적 이슈들이 관련된 상황에 직면했을 때 여러분은 어떻게 이 상황을 분석할 것인가? 다음의 5단계 프로세스가 도움이 될 것이다.

1. 사실들을 명백하게 확인하고 설명하라. 누가, 누구에게, 어디서, 언제, 무슨 일을, 어떻게 했는지를 조사하라. 많은 경우 최초 보고서에 있는 오류에 놀라게 되고, 사실을 아는 것만으로도 해결책이 제시될 때도 있다. 상대편을 윤리적 딜레마에 참여시키는 것도 사실에 동의를 구하는 데 도움이 된다.

2. 분쟁 또는 딜레마를 정의하고 상위 가치관을 확인하라. 윤리적 · 사회적 · 정치적 이슈들은 항상 상위 가치관들과 관련되어 있다. 논쟁이 있을 때 각 이해 당사자들은 자신들이 추구하는 상위 가치관(자유, 프라이버시, 재산권 보호, 자유 기업 체제 등)을 제시한다. 일반적으로 윤리적 이슈는 훌륭한 가치를 지지하는 정반대의 행동들과 관련된 딜레마를 포함한다. 이 장의 도입 사례는 조직을 효율적이고 효과적으로 운영하고자 하는 요구와 개인의 프라이버시를 존중해야 한다는 요구의 두 가지 서로 상반된 가치를 설명한다.

3. 이해관계자들을 확인하라. 모든 윤리적·사회적·정치적 이슈들은 이해관계자가 있다. 이해관계자란 게임의 선수들로서 결과와 상황에 관심이 있고, 보통 자신의 소신이 있다. 이런 집단들의 정체성을 찾고, 그들이 무엇을 원하는지 생각하라. 이것은 나중에 해결책을 만들 때 유용할 것이다.

4. 합리적으로 선택할 수 있는 대안들을 확인하라. 때에 따라 어떤 대안들이 모든 이해관계를 충족시키지 못할 때가 있다. 그러나 이때에도 더 나은 선택안은 존재하기 마련이다. 종종 올바르고 윤리적인 해결책이라도 이해관계자들에게는 균형 있는 결과를 가져오지 못할 수도 있다.

5. 선택의 잠재적 결과를 확인하라. 어떤 선택들은 윤리적으로 옳을지도 모르지만 다른 관점에서는 피해를 발생시킬 수 있다. 어떤 선택안들은 어떨 때에는 통할 수 있겠지만 다른 유사 상황에서는 적용할 수 없을 때도 있다. 항상 여러분 자신에게 다음과 같이 물어라. "내가 이런 대안을 지속적으로 선택한다면 어떻게 될까?"

고려 가능한 윤리적 원칙

일단 윤리적 분석을 마치면 의사결정을 하는 데 어떠한 윤리적 원칙과 법칙들을 사용할 것인지를 결정하라. 여러분의 판단은 어떤 상위 가치관과 연관된 것인가? 물론 따라야 할 많은 윤리적 원칙을 결정하고, 원칙 중에서 우선순위를 혼자서 결정해야 하는 경우에도 오랜 역사를 통해 여러 문화에 깊게 뿌리내린 윤리적 원칙들을 고려할 필요가 있다.

1. 무엇이든지 남에게 대접을 받고자 하는 대로 남을 대접하라[**황금률**(Golden Rule)]. 다른 사람의 입장에서 생각해보고, 자신을 판단의 대상으로 여긴다면 더 공정한 판단을 내리는 데 도움이 될 것이다.

2. 만약 어떤 행동이 모두에게 옳지 않다면, 그것은 누구에게도 옳지 않은 것이다[**칸트의 정언 명령**(Immanuel Kant's categorical imperative)]. 여러분 자신에게 물어보라. "만약 모두가 이렇게 해도 조직 또는 사회가 살아남을 수 있는가?"

3. 만약 어떠한 행동이 반복적으로 이루어지지 않는다면, 그것은 절대 옳은 것이 아니다. 이것은 **미끄러운 경사길 법칙**(slippery slope rule)이다. 어떤 행동이 지금은 수용할 수 있는 작은 변화를 가져오지만, 반복된다면 결국 수용할 수 없는 변화를 가져올지 모른다. 다시 말해 "일단 미끄러운 길을 내려가기 시작하면 여러분은 멈출 수 없을지 모른다."라고 말할 수 있다.

4. 더 높거나 위대한 가치를 달성하는 행동을 취하라[**공리원칙**(utilitarian principle)]. 이 규칙은 여러분이 가치의 우선순위를 결정할 수 있고, 다양한 행동의 결과를 이해할 수 있다는 것을 가정한다.

5. 손실 또는 잠재적 비용을 최소화하는 행동을 취하라[**위험기피원칙**(risk aversion principle)]. 어떤 행동들은 가능성은 작지만 실패비용이 매우 높거나(예 : 도심 지역에 원자력 발전소를 건설하는 것), 가능성은 중간 정도이지만 실패비용이 매우 높은(속도위반 및 자동차 사고) 경우가 있다. 실패비용이 특히 높은 행동들은 피해야 한다. 사고가 발생할 확률을 낮추는 데 집중해야 한다.

6. 특별히 명시되어 있지 않은 한 모든 무형과 유형의 물체는 실질적으로 어떤 누군가에 의해 소유된다고 가정하라[**윤리적 '공짜는 없다' 법칙**(ethical 'no free lunch' rule)]. 만약 누군가가 여러분에게 유용한 것을 만들었다면 그것은 가치가 있고, 그것을 창조한 사람은 그 일에 대한 보상을 원한다고 가정해야 한다.

이런 원칙들에 어긋나는 행동들은 매우 세밀한 주의와 경계가 필요하다. 비윤리적인 행동으로 비칠 수 있는 것들은 실제 비윤리적 행동만큼 여러분과 여러분 회사에 많은 손해를 입힐 수 있다.

전문직 종사자의 윤리행동강령

지식, 지혜, 존경에 대한 그들의 특별한 자격 때문에 전문가들은 특별한 권리와 의무를 갖는다. 전문가 행동강령은 미국의학협회(AMA), 미국변호사협회(ABA), 정보기술전문가협회(AITP), 미국컴퓨터학회(ACM) 같은 전문가협회들이 공표하였다. 이런 전문가 집단들은 가입 자격과 능력을 결정함으로써 전문직의 부분적 규제에 대한 책임을 진다. 이런 윤리강령은 전문직 종사자들이 사회의 이익을 위해 자기 자신들을 규제하는 약속이다. 예를 들어 타인에 대한 손해를 피하고, 재산권을 인정하고(지적재산 포함), 프라이버시를 존중하는 것은 ACM의 윤리 및 직업강령의 일반 도덕규범 중 하나이다.

현실세계의 윤리적 딜레마

정보시스템은 하나의 이해관계가 다른 하나의 이해관계와 경쟁하는 새로운 윤리적 딜레마를 만들어냈다. 예를 들어 미국에 있는 많은 전화국들은 인력을 줄이기 위해 정보기술을 사용한다. 예를 들면 컴퓨터들이 묻는 질문에 대한 고객의 반응을 컴퓨터들이 인식할 수 있게 하여 고객 응대부서의 직원 규모를 줄일 수 있는 음성 인식 소프트웨어를 많은 기업들이 사용한다. 또한 사무와 관련이 없는 활동에 회사의 자원을 낭비하는 것을 방지하기 위해서 많은 기업들이 종업원들의 인터넷 사용을 감시한다(제7장의 '토론방 : 네트워크에서의 직원 감시' 참조).

각각의 예에서 우리는 서로 대립하는 직장 내 가치관들을 살펴볼 수 있다. 예를 들어 회사의 존속을 위해 생산성을 증대시키며 동시에 노동력을 감축시켜 비용 절감 효과를 일으키는 정보시스템의 도입을 회사는 지지할 것이다. 그러나 정보시스템에 의해 대체된 종업원들은 고용주에게 종업원들의 복지에 대해 책임이 있다고 주장할 것이다. 고용주들은 생산성 감소를 최소화하기 위해서 종업원들의 이메일과 인터넷 사용을 감시해야 한다고 여길 수 있다. 종업원들은 전화를 대신하여 간단한 개인적 업무를 위해 인터넷을 사용할 수 있다고 여길 수 있다. 이 사실들을 자세히 분석한다면 완벽하지는 않지만 양측이 절충할 수 있는 대안을 구상할 수 있을 것이다. 위에서 언급한 상황에 대해 윤리적 분석의 원칙들을 적용해보자. 어떠한 방법이 올바른 행동들인가?

4-3 현대 정보시스템 기술과 인터넷은 왜 개인 프라이버시와 지적재산 보호를 취약하게 하는가?

이 절에서 우리는 그림 4.1에서 처음 설명한 정보시스템의 다섯 가지 도덕적 차원에 대해서 더 자세히 검토하고자 한다. 각 차원에서 분석의 윤리적 · 사회적 · 정치적 단계를 규정하고, 현실세계의 사례를 통해 관련된 가치관, 이해관계자, 선택안들에 대해 알아보고자 한다.

정보권리 : 인터넷 시대의 프라이버시와 자유

프라이버시(privacy)란 개인이 혼자 남겨져 다른 개인이나 기관 또는 국가의 어떠한 감시와 방해에서 자유롭기를 원하는 요구이다. 프라이버시를 위한 요구들은 직장에서도 발생한다. 수백만의 종업원들은 디지털 및 하이테크 감시의 대상자들이다. 프라이버시 침해가 더 저렴해지고, 수익이 나

표 4.3 미국의 연방 프라이버시 법률

일반적인 연방 프라이버시 법률	민간기관들에 영향을 주는 프라이버시 법률
1966년 수정된 정보공개법(5 USC 552)	1970년 공정신용보고법
1974년 수정된 프라이버시법(5 USC 552a)	1974년 가족교육권 및 프라이버시법
1986년 전자 커뮤니케이션 프라이버시법	1978년 재무 프라이버시법
1988년 컴퓨터 매칭 및 프라이버시보호법	1980년 프라이버시보호법
1987년 컴퓨터 보안법	1984년 케이블통신 정책법
1982년 연방관리자 재무건전성법	1986년 전자 커뮤니케이션 프라이버시법
1994년 운전자 프라이버시보호법	1988년 비디오 프라이버시보호법
2002년 전자정부법	1996년 건강보험의 양도 및 책임에 관한 법(HIPAA)
	1998년 아동 온라인 프라이버시보호법(COPPA)
	1999년 금융현대화법(그램-리치-블라일리법)

며, 효과적으로 가능해지면서 정보기술과 시스템은 개인의 프라이버시를 위협하고 있다.

미국, 캐나다, 독일 헌법에서는 여러 가지 방법으로 다른 나라에서는 다양한 법규를 통해 프라이버시를 보호한다. 미국은 언론과 결사의 자유를 보장하는 수정헌법 제1조, 그리고 불법적인 수색 및 압수를 금지하며 정당한 법의 절차를 요구하는 수정헌법 제4조에 의해 프라이버시가 보호된다.

표 4.3은 신용정보, 교육, 금융 기록, 신문 기록, 전자 및 디지털 커뮤니케이션 같은 분야에서 개인정보를 취급하기 위한 조건을 제시하는 미국 연방법규들을 설명한다. 1974년의 프라이버시법은 연방정부의 정보 수집, 사용, 그리고 누설을 제한하는 법률로서 유사 법률 중 가장 중요하다. 현재 대부분의 미 연방 프라이버시 법률은 연방정부에만 적용되고, 민간부문에는 거의 적용되지 않았다.

대부분의 미국과 유럽의 프라이버시 법률은 연방정부 자문위원회에 의해 1973년 보고서로 제시되었고, 프라이버시를 침해하는 새로운 기술들을 고려하여 2010년에 개정된 **공정정보관행**(Fair Information Practices, FIP)이라는 제도에 기초를 둔다(U.S. Department of Health, Education, and Welfare, 1973). FIP는 개인에 대한 정보의 수집과 사용을 규정하는 원칙이다. FIP 원칙은 기록 소유자와 개인 간의 상호 이해관계라는 관념에 기초를 두었다. 개인은 거래에 관심이 있고, 기록 소유자(흔히 기업이나 정부기관)는 거래를 지원하기 위해 개인에 대한 정보가 필요하다. 일단 정보가 수집되면 개인은 기록된 정보에 관심을 가지고, 기록된 정보는 개인의 동의 없이 다른 목적으로 사용될 수 없다. 1998년 미국 연방거래위원회(FTC)는 온라인 프라이버시를 보호하기 위한 가이드라인을 포함하도록 FIP를 확대했다. 표 4.4는 FTC의 공정정보관행 원칙을 설명한다.

FTC의 FIP는 프라이버시 법률의 입법화에 대한 가이드라인으로 사용되고 있다. 1998년 7월 미국 의회는 13세 이하 어린이의 정보를 수집하기 위해서는 부모의 동의를 얻는 것을 웹사이트에 요구하는 아동 온라인 프라이버시보호법(COPPA)을 통과시켰다. FTC는 광고 네트워크들이 소비자의 웹 활동 기록을 수집하고, 소비자에 대한 상세한 프로파일을 생성하여, 이를 온라인 광고의 대상으로 다른 기업들이 사용하는 것으로부터 온라인 소비자의 프라이버시를 보호하기 위한 추가적인 법제화를 촉구하고 있다. 2010년에 프라이버시 보호를 위해서 세 가지 관행을 추가하였다. 기업들은 프라이버시를 보호하는 제품이나 서비스를 만들어야 한다는 '프라이버시 중심 설계(privacy

표 4.4 미국 연방거래위원회 공정정보관행 원칙

1. **공지/인식(핵심원칙)** : 웹사이트는 데이터 수집 전에 그들의 정보 관행을 밝혀야 한다. 수집자의 신분, 수집된 데이터의 활용, 데이터의 다른 수취인들, 데이터 수집 방법(수동/능동), 자발적이거나 강요된 신분 확인, 거절의 결과, 데이터 기밀성, 데이터 무결성과 데이터 품질을 보호하는 방법들이 여기 포함된다.

2. **선택/동의(핵심원칙)** : 고객들이 자신의 개인 데이터가 거래를 지원하는 목적 이외에 내부 사용 또는 제3자 제공과 같이 2차적으로 사용되는 것을 허용하는 것을 직접 선택할 수 있어야 한다.

3. **접근/참가** : 소비자는 적기에 저렴한 방식으로 자신에 대해 수집된 데이터의 정확성과 완벽성을 검토하고 이의를 제기할 수 있어야 한다.

4. **보안** : 고객정보가 정확하며 인가받지 않은 목적으로 사용되지 않도록 데이터 수집자들은 책임 있는 조치를 취해야 한다.

5. **시행** : FIP 원칙을 시행하기 위한 메커니즘이 있어야 한다. 여기에는 자기규제, 위반에 대한 소비자의 법적 구제책을 부여하는 입법 또는 미국 연방법률과 규정이 포함된다.

by design)' 원칙을 채택해야 한다. 기업들은 데이터 사용에 있어서 투명성도 증대시켜야 한다. 아울러 기업들은 데이터 수집 체계에 있어서 수신거부를 고객들에게 분명히 알리고 동의를 구해야 한다(Federal Trade Commission, 2012). 사회보장번호와 같은 개인식별번호의 온라인 사용을 보호하고, COPPA에 의해서 보호받지 못하는 개인정보들이 인터넷에서 수집되는 것을 방지하고, 국가 안보를 위해서 데이터마이닝을 사용하는 것을 제한하는 등의 인터넷 프라이버시 보호를 위한 추가적인 법률들도 입법이 추진되고 있다. 2015년에 FTC는 프라이버시 보호, 사물인터넷, 모바일 헬스 앱들에 대한 새로운 가이드라인을 제정하였다(Federal Trade Commission, 2015).

2012년에 FTC는 공정정보관행 원칙들을 행위 타기팅에 확대하여 적용하였다. 그럼에도 불구하고 정부, 프라이버시 단체, 온라인 광고 산업계는 두 가지 주제에 대하여 아직 논쟁 중이다. 프라이버시 지지자들은 모든 사이트에 대해서 수신승인(opt-in) 제도의 도입과 국가적인 위치추적금지(Do Not Track) 목록의 사용을 원하는 반면에, 산업계들은 이러한 조치에 반대하며 위치추적을 피하는 유일한 대안으로 수신거부(opt-out) 기능의 도입을 계속 주장하고 있다. 이러한 논쟁에도 불구하고 행위추적에 있어서 투명성과 사용자 통제 기능(추적 기능을 설정하지 않는 것을 기본값으로 하는)을 높이는 방안에 대해서 양측의 의견이 모아지고 있다. 여론조사에서는 온라인 판매자들에 대한 불신이 여전히 나타나고 있다. 연방정부 차원에서 프라이버시에 대한 여러 주요 연구들이 있었지만, 최근까지 주요 법제화는 아직 이루어지지 않았다. 퓨(Pew) 연구재단의 2016년 조사에 따르면, 미국인의 91%는 자신들이 온라인 개인정보에 대한 통제권이 없다고 느끼고 있으며, 86%는 온라인 개인정보를 보호하기 위한 추가적인 조치를 하였다.

금융 서비스에 대한 규제 완화와 개인에 대한 의료정보의 관리와 전송을 보호하기 위한 최근의 법안들에도 프라이버시 보호 규정들이 추가되고 있다. 은행, 증권회사, 보험회사 사이의 합병에 대한 제한을 폐지한 1999년의 그램-리치-블라일리(Gramm-Leach-Bliley)법에는 금융 서비스 고객들에 대한 프라이버시 보호 조항들이 포함되어 있다. 모든 금융기관은 사적인 프라이버시를 보호하는 자사의 제도와 정책들을 밝혀야 하며, 나아가 고객들이 직접 제3자와의 정보 공유에 대한 합의를 선택할 수 있게 하였다.

1996년에 채택되고 2003년 4월 14일부로 실시된 건강보험의 양도 및 책임에 관한 법(HIPAA)은 의료 기록들에 대한 프라이버시 보호 조항들을 포함한다. 이 법은 요양원, 병원, 의료보험회사에 의해 유지되는 환자 의료 기록에 환자가 접근할 수 있게 하며, 자신에 대한 기록의 사용과 공개 여

부에 대해서도 환자에게 결정권을 주었다. 의사, 병원, 건강관리사들은 환자의 프라이버시 노출을 주어진 목표를 달성하기 위한 최소한으로 제한해야 한다.

유럽의 데이터 보호 규제지침

유럽의 프라이버시 보호는 미국보다 훨씬 더 엄격하다. 미국과 달리 유럽 국가들은 고객의 동의 없이 개인 신분 정보를 기업들이 사용하는 것을 허용하지 않는다. 1998년에 발효된 유럽 데이터 보호 지침(Data Protection Directive)은 기업들이 개인정보를 수집할 때 개인에게 먼저 통보하고 나아가 이런 정보들이 어떻게 저장되어 어떠한 용도로 사용될 것인지를 밝히도록 하고 있다. 기업들이 고객의 개인정보를 합법적으로 사용하기 위해서는 고객의 **사전동의**(informed consent)가 반드시 있어야 하며, 고객들은 자신의 개인정보를 살펴보고, 수정하고, 추가 정보 수집의 금지를 요청할 권리가 있다. 사전동의는 합리적 의사결정을 위해 요구되는 모든 사실에 대한 지식을 가지고 동의했다는 것으로 정의할 수 있다. EU 회원 국가들은 이런 지침을 자신들의 법률에 맞게 적용해야 하며, 개인 데이터를 이 같은 프라이버시 보호 규정들이 없는 미국과 같은 다른 나라로 전송하는 것을 금지하고 있다. 2009년에 유럽의회는 행위추적 목적으로 제3자 쿠키를 사용하는 것을 규제하는 새로운 규칙을 통과시켰다. 웹사이트 방문자들은 쿠키에 의해서 추적되는 것에 대해 명시적인 동의를 표명해야 하고, 웹사이트들은 만일 제3자 쿠키를 이용할 경우, 홈페이지의 잘 보이는 곳에 경고를 분명히 게시하도록 새 규칙은 요구하고 있다(European Parliament, 2009).

2012년에 유럽에서 서비스를 제공하는 모든 기업에 적용하기 위해 EU는 데이터 보호 규칙의 수정안을 공포하였으며, 아마존, 페이스북, 애플, 구글 등 인터넷 기업들이 개인 데이터를 사용하기 위해서는 소비자들로부터 명시적인 동의를 구해야 하고, 사용자들의 요구에 따라 정보를 삭제해야 하며, 절대적으로 필요한 기간에만 해당 정보를 저장하도록 요구하였다. 2014년에 유럽의회는 '잊혀질 권리(right to be forgotten)'를 규정하여 인터넷 사용자들의 통제 권한을 확대하였는데, 이는 구글이나 소셜 네트워크에서 자신의 개인정보를 삭제하도록 요구할 권리를 모든 유럽인에게 부여하였다. 미국에서는 기업들의 프라이버시 정책이 주로 자율적인 반면에 유럽에서는 기업들의 프라이버시 정책이 강제적이며 사법권과 좀 더 일치한다.

EU 위원회와 미국 상무부는 미국 기업을 위한 면책조항 체제를 개발하였다. **면책조항**(safe harbor)은 정부의 규제나 강제 대신에 정부의 규정과 법안의 목적에 부응하는 사적이며 자율적인 규제정책과 강제 메커니즘을 말한다. EU 표준에 부합하는 프라이버시 정책들을 자체적으로 채택하는 미국의 기업들은 EU 국가의 개인 데이터들을 사용할 수 있다. 미국 내의 강제(enforcement)는 공정거래법의 자기정책, 규정, 정부 강제 등을 통해 이루어진다. 2015년에 EU는 보다 엄격한 **일반 데이터 보호 규정**(General Data Protection Regulation, GDPR)을 통해 면책조항과 데이터 보호지침을 대체하는 조치들을 시작하였다. EU 내에서 사업을 하는 모든 기업에 적용되는 GDPR은 웹에서 개인을 추적하는 것과 같은 개인 데이터의 목적에 대한 분명한 동의와 데이터 수집 이외의 목적(사용자에 대한 프로파일 작성 등)으로 데이터를 사용하는 것을 제한하고 있다. 그뿐만 아니라 GDPR은 페이스북과 같은 소셜 플랫폼에서 자신의 데이터를 개인이 삭제할 수 있고, 이들 기업들이 새로운 정보를 수집하는 것을 개인들이 방지할 수 있도록 허용하여 잊혀질 권리를 강화하였다. EU 내에서 사업을 하는 기업들은 개인정보가 수집한 목적에 더 이상 필요 없을 경우 개인정보를 삭제하도록 요구받고 있다(European Commission, 2016).

미국 정부 정보기관이 EU 시민들의 개인정보에 접근하였다는 폭로와 페이스북과 구글이 EU 정책을 따르지 않는다는 인식이 증대함에 따라 기업들이 어떤 정보를 수집하고 유지하는지, 누구와 정보를 공유하는지, 어떻게 어디에서 데이터를 처리하는지에 대한 사용자의 통제 능력을 한층 더 강화할 수 있도록 EU GDPR은 2016년에 개정되었다. 규정을 따르지 않을 경우의 벌금은 회사의 글로벌 수익의 최대 4%(페이스북의 경우 약 16억 달러)까지 증액되었다. GDPR은 EU 회원국 모두에 적용되는 단일 EU 프라이버시 정책도 탄생시켰다. 미국에서는 아니지만 이러한 노력의 결과로 유럽에서는 광고가 인터넷에서 사용자들을 따라다닐 가능성과 함께 광고 타기팅이 줄어들 것이다. GDPR은 2018년 5월에 발효되었다. 페이스북, 구글, 마이크로소프트는 유럽에 주요 데이터 센터를 구축하고 있으며, GDPR 규정을 전 세계에 적용할 계획이다.

프라이버시를 위한 인터넷 과제

인터넷 기술은 개인 프라이버시의 보호를 위한 새로운 과제를 제기하였다. 웹사이트들은 어떤 검색들이 수행되었는지, 어떤 웹사이트와 웹페이지들을 방문했는지, 어떤 내용들에 접근하였는지, 어떤 것들을 검색하고 구매했는지 등의 검색을 추적한다. 웹사이트 방문자들에 대한 감시와 추적은 방문자들이 알지 못한 채 은밀하게 이루어진다. 이러한 활동은 개별 웹사이트 차원이 아닌 마이크로소프트 광고, 야후, 구글의 더블클릭 등과 같은 광고 네트워크를 통해서 행해지며, 이들 광고 네트워크는 수천 개의 웹사이트에서 진행되는 검색 활동들을 추적할 수 있다. 추적을 통해서 사용자들에게 더욱 관련된 광고들을 제공할 수 있고, 이렇게 웹사이트 제작비용을 충당할 수 있으므로 웹사이트 제작자와 광고 산업체들은 웹에서의 개인에 대한 추적을 옹호한다. 이런 관점에서 광고주가 지원하여 사용자들에게 무료로 제공하는 콘텐츠인 TV 방송과 웹사이트는 유사하다. 프라이버시에 대한 상업적 요구는 끝이 없는 듯하다. 그러나 이러한 관행은 프라이버시에 나쁜 영향을 미친다.

쿠키(cookie)는 사용자가 특정 웹사이트에 방문했을 때 컴퓨터 하드 드라이브에 남겨지는 작은 파일들이다. 쿠키는 방문자의 웹브라우저 소프트웨어를 확인하고 웹사이트에 방문한 흔적을 기록한다. 방문자가 쿠키를 남긴 사이트를 다시 방문하면, 웹사이트 소프트웨어는 방문자의 컴퓨터에서 쿠키를 찾아서 과거 어떠한 활동들을 했었는지를 알게 된다. 또한 새로 방문하는 동안의 활동들이 쿠키에 추가되어 저장된다. 이런 방법으로 사이트는 각 방문자의 관심에 맞도록 콘텐츠를 맞춤화할 수 있다. 예를 들어 만약 여러분이 아마존닷컴에서 책 한 권을 구매하고 나중에 같은 브라우저로 다시 접속하게 되면, 여러분의 이름으로 재방문 환영 인사를 보내고, 과거 도서 구매를 바탕으로 여러분이 관심 있어 할 다른 책들을 추천할 것이다. 이 장의 앞부분에서 소개된 더블클릭은 자세한 온라인 구매 내역이 있는 전자문서를 작성하고 웹사이트 방문자의 행동을 살피기 위해 쿠키를 사용한다. 그림 4.3은 쿠키가 어떻게 작동하는지 설명한다.

쿠키 기술을 사용하는 웹사이트가 방문자의 이름과 주소를 직접 확보할 수는 없다. 그러나 만약 어떤 사람이 사이트에 등록되어 있다면, 해당 쿠키 데이터를 결합하여 방문자의 신원을 알 수 있게 된다. 웹사이트 소유자들은 쿠키들과 기타 웹사이트 감시 도구를 통해 모은 데이터와 서베이나 카탈로그 구매 등의 오프라인에서 얻은 개인 데이터를 결합하여 방문자들에 대한 매우 정교한 프로파일을 구축할 수 있다.

오늘날 인터넷 사용자의 감시를 위해 더 교묘하고 은밀한 도구들이 출시되었다. **웹비콘**(web beacon)은 웹버그로도 불리는데(간단히 '추적파일'로도 불림), 사용자의 온라인 클릭을 기록하는 작은 소프트웨어 프로그램이다. 웹비콘은 사용자의 웹사이트 방문이나 이메일 발송 등을 감시할 목적으로 설계되어 이메일과 웹페이지에 숨겨져 있다가 추적파일의 소유자에게 해당 데이터를 보고한다. 웹비콘은 방문객에 대한 정보를 수집하기 위해서 제3자 기업들이 비용을 지불하고 유명 웹사

그림 4.3 쿠키는 어떻게 웹 방문자를 확인하는가?

웹사이트에 의해 방문자의 컴퓨터에 쿠키가 기록된다. 방문자가 해당 웹사이트를 재방문하면 웹서버는 쿠키의 ID 번호를 요청하고, 서버에 저장된 방문자의 데이터에 접근하기 위해 그것을 사용한다. 개인화된 정보를 보여주기 위해 웹사이트는 이런 데이터를 사용할 수 있다.

1. 웹서버는 사용자의 웹브라우저를 읽고 운영체제, 브라우저 이름, 버전 넘버, 인터넷 주소, 다른 정보를 파악한다.
2. 서버는 쿠키라는 사용자 신분확인정보가 담긴 조그마한 텍스트 파일을 전송하고, 사용자 브라우저가 쿠키를 받아서 사용자의 컴퓨터 하드 드라이브에 저장한다.
3. 사용자가 웹사이트를 재방문하면, 서버는 사용자의 컴퓨터에 이전에 저장해 놓은 쿠키 내용을 요구한다.
4. 웹서버는 쿠키를 읽어 방문자를 확인하고, 사용자의 데이터를 불러온다.

이트에 설치한다. 웹 추적은 얼마나 일반적인가? **월스트리트 저널**에 게재된 혁신적인 연재기사에서 연구자들은 미국에서 가장 인기 있는 50개 웹사이트의 추적파일을 검사하였다. 연구자들은 감시시스템이 광범위하게 사용되고 있는 것을 확인할 수 있었다. 50개 웹사이트에서 방문자의 컴퓨터에 설치된 3,180개의 추적파일을 발견하였다. 유일하게 위키피디아만 추적파일을 사용하지 않았다. 추적파일의 3분의 2는 특정 유형의 고객을 찾는 광고회사에 판매할 목적으로 고객 프로파일을 생성하기 위해서 인터넷 사용자들을 확인하고 추적하는 것을 주된 사업으로 하는 131개 업체에서 발견되었다. 추적파일을 가장 많이 설치하는 회사는 구글, 마이크로소프트, 퀀트캐스트(Quantcast) 등과 같이 광고회사와 광고시장에 광고를 판매하는 회사들이었다. 광고주들이 사용자들의 웹 탐색 행동에 대한 데이터를 구매하는 온라인 웹 경매의 성장 때문에 50개 주요 웹사이트의 추적은 거의 5배나 증가하였다고 후속 연구에서 발표하였다.

다른 **스파이웨어**(spyware)들은 더 큰 애플리케이션에 편승하여 인터넷 사용자의 컴퓨터에 은밀히 설치될 수 있다. 일단 설치되면 스파이웨어는 웹사이트들에 요청하여 배너 광고와 부탁하지 않은 자료들을 보내게 하고, 인터넷 사용자의 움직임을 다른 컴퓨터들에 보고할 수 있다. 방해가 되는 소프트웨어에 대해서는 제8장에서 더 자세히 배울 것이다.

전 세계 인터넷 사용자의 80% 이상이 구글의 검색 및 관련 서비스를 사용하고 있으므로, 구글은 전 세계에서 온라인 사용자에 대한 데이터를 가장 많이 수집하고 있다고 할 수 있다. 구글이 이들 데이터로 무엇을 하느냐가 온라인 프라이버시에 큰 영향을 미친다. 많은 전문가들은 구글이 개인들에 대한 데이터를 세계 어떤 나라의 정보기관보다도 더 많이 가지고 있을 것으로 믿고 있다. 구글의 가장 가까운 경쟁자는 페이스북이다.

2007년에 더블클릭의 광고 네트워크를 인수한 이후, 구글은 사용자들의 탐색 활동과 관련이 높은 광고를 제시하기 위해서, 그리고 사용자들이 어떤 사이트에서 다른 사이트로 이동함에 따라서 개인에게 맞는 배너광고를 보여주기 위해서 행위 타기팅을 사용해 왔다. 구글은 탐색 페이지에 추적 소프트웨어를 허용하였고, 더블클릭을 이용하여 인터넷에서 사용자들을 추적할 수 있었다. 어떤 프로그램들은 구글 사용자들의 검색 이력들을 사용자들이 구글에 제공한 나이, 인구통계적 데이터, 지역, 블로깅과 같은 다른 웹 활동 데이터들과 결합하여 광고주들이 표적광고를 할 수 있도록 지원한다. 구글의 애드센스(AdSense)는 의류 웹사이트들이 10대 여성들을 대상으로 하는 광고를 만들고 테스트하도록 지원하는 것과 같이, 광고주들이 주제어들을 선정하고 검색 이력에 따라 세분화된 시장에 맞는 다양한 광고를 가능하게 한다. 구글은 유튜브와 구글 모바일앱에 타기팅된 광고들을 내보내고, 더블클릭 광고 네트워크는 타기팅된 배너광고를 게재하고 있다.

미국은 시장에서 발생되는 거래정보를 기업들이 수집하는 것을 허용하며, 또한 정보 제공자의 사전동의 없이 그러한 정보들을 다른 마케팅 목적으로 사용하는 것을 허용하고 있다. 기업들은 사용자들이 웹사이트의 서비스 조건에 동의할 때, 사용자들이 자신들의 온라인 활동에 대한 정보를 수집하는 것도 허락하도록 함께 동의하였다고 주장한다. 사전동의 항목의 **수신거부**(opt-out)는 응답자가 자신의 개인 데이터 수집을 거부한다고 명시할 때까지 개인정보의 수집을 허락하는 방식이다. 그러나 프라이버시 옹호자들은 응답자들이 자신의 개인정보의 수집과 사용을 승인하지 않는 한 개인정보의 수집을 모두 금지하는 사전동의 항목의 **수신승인**(opt-in) 방식의 확대를 더 지지한다. 수신승인 방식에서는 사용자 정보의 수집을 금지하는 것이 기본 설정이다.

온라인 산업은 소비자 보호를 위한 자율규정을 선호해 왔다. 구글의 더블클릭을 포함하는 광고 네트워크 산업의 구성원들은 광고 네트워크 프로그램에서 소비자의 수신거부를 돕고, 소비자의 침해를 구제하기 위한 자체 프라이버시 정책을 개발하기 위해 NAI(Network Advertising Initiative)라는 별도의 산업협회를 만들었다.

최근에는 마이크로소프트, 모질라 재단(Mozilla Foundation), 야후, 구글 등 개인 기업들도 사용자들의 온라인 활동 추적에 대한 대중의 우려를 고려하여 자체적인 정책들을 개발하고 있다. 2015년에 마이크로소프트 인터넷 익스플로러 11은 수신거부를 기본값으로 설정하여 배포되었지만, 많은 웹사이트들이 수신거부에 대한 요청을 무시하였기 때문에 수신승인을 기본값으로 수정하게 되었다. 다른 브라우저들도 수신거부 기능을 가지고 있지만, 사용자들이 수신거부 기능을 선택해야 한다. 하지만 많은 사용자들은 수신거부 기능을 선택하는 방법을 알지 못한다. AOL은 사용자들의 활동을 추적하는 것을 금지하는 수신거부 기능을 채택하였다. 야후도 NAI 가이드라인을 준수하며 웹 사용 추적과 웹비콘(웹 버그)을 금지하는 수신거부 기능을 제공하고 있다. 구글은 추적 데이터의 보존 기간을 단축했다.

일반적으로 대부분의 인터넷 기업들은 고객의 프라이버시 보호에 소극적이며, 고객들도 자신을 보호하기 위한 충분한 노력을 하지 않는다. 광고에 의존하고 있는 상업적 웹사이트들은 대부분의 수익을 고객정보를 판매하여 얻고 있다. 웹사이트에 프라이버시 정책들을 공개한 기업들조차도 반 이상은 이들 정책이 잘 지켜지고 있는지 자신의 웹사이트를 확인하지 않는다. 많은 온라인 고객들이 온라인 프라이버시에 대해 관심을 가지고 있다고 하지만, 웹사이트의 프라이버시 보호지침을 읽는 사람은 절반도 되지 않는다. 일반적으로 웹사이트 프라이버시 정책을 이해하기 위해서는 법학 학위에 해당하는 지식이 필요하며, 이들 정책은 주요 용어들에 대해서 불명확하게 기술하고 있다(Laudon and Traver, 2019). 오늘날 페이스북과 구글과 같은 회사들이 '프라이버시 정책'이라고 부르고 있는 것들도 실제로는 '데이터 사용정책'이다. 프라이버시 개념은 고객의 권리와 관련되어 있지만, 기업들은 인식하고 싶지 않은 것이다. 데이터 사용정책은 고객의 권리에 대한 언급 없이 어떻게 정보가 사용될 것인지만 고객들에게 설명하고 있다.

버클리대학교의 학생들이 온라인 사용자들을 대상으로 한 설문과 미국 연방거래위원회에 제기한 프라이버시와 관련된 민원을 분석하였다. 연구 결과에 따르면 일반인들은 자신에 관한 인터넷상의 정보 수집이 통제 불가능하다고 느끼고 있으며, 이 문제를 누구에게 호소해야 할지 모르고 있다. 웹사이트는 모든 정보를 수집하고 있지만, 수집한 정보에 대해서 사용자에게 접근 권한을 주지 않고 있다. 프라이버시 정책 또한 불분명하고, 제휴처들과 데이터를 공유하고 있지만 제휴처가 누구인지, 몇 개나 되는지에 대해서는 밝히지 않고 있다. 웹 버그 추적기는 어디에나 존재하지만, 사용자가 방문하는 페이지들에서는 웹 버그에 대해 사용자들에게 고지하지 않고 있다. 이들 연구와 다른 연구들은 소비자들이 어떤 개인정보가 수집되고, 수집된 정보로 무엇을 하는지를 통제하기를 원하는 동시에 모든 추적 기업들을 수신거부할 수 있는 기능을 바라고 있다고 제안하고 있다. (전체 보고서 내용은 knowprivacy.org에서 구할 수 있다.)

기술적 해결책

법률 제정과 더불어 웹사이트 사용 시에 사용자의 프라이버시를 보호하기 위한 몇 가지 기술이 있다. 이메일을 암호화하고, 이메일 작성과 검색 활동을 익명으로 처리하고, 클라이언트 컴퓨터가 쿠키를 차단하고, 스파이웨어를 탐색하고 제거하는 데 이들 중 많은 도구들이 사용되고 있다. 그러나 대부분의 경우 기술적 해결책들은 사용자들이 웹사이트들을 옮겨 다닐 때 사용자들이 추적당하지 않도록 보호하는 것에 실패하였다.

광고들의 행위추적과 행위 타기팅에 대한 대중의 비난이 증가하고 업계의 자율규정이 실패함에 따라 웹브라우저에 주목하게 되었다. 많은 웹브라우저들은 추적금지 기능을 가지고 있다. 추적금지 기능을 설정한 사용자들을 위해 웹브라우저는 사용자들의 행동을 추적하지 않도록 웹사이트에 요청을 보낸다. 그러나 웹사이트들이 추적하지 말라는 사용자들의 요청을 강제적으로 준수하지는 않는다. 추적금지 요구에 어떻게 대응할 것인지에 대해서는 온라인 광고업계의 합의가 없는 상태이며, 현재로는 웹사이트들에게 추적을 금지하도록 요구하는 법률도 없다. 개인 브라우저 암호화 소프트웨어나 모바일 앱들은 자신들의 메시지를 최소한 비공개로 유지할 수 있는 강력한 기회를 소비자들에게 제공해준다.

재산권 : 지적재산

현대의 정보시스템은 개인의 **지적재산**(intellectual property)을 보호하는 기존 법률 및 사회적 관행에 심하게 도전해 왔다. 지적재산은 개인이나 회사가 만든 유 · 무형의 산물이다. 컴퓨터화된 정보는 매우 쉽게 복제되거나 네트워크를 통해 배포될 수 있기 때문에 정보기술은 지적재산의 보호를 어렵게 만들었다. 지적재산은 저작권, 특허권, 상표권, 영업비밀과 같은 네 가지 법률제도를 통해 여러 가지 보호를 받아 왔다.

저작권

저작권(copyright)은 해당 지적재산을 만든 사람에게 자신의 생애와 사후 70년 동안 자신이 만든 창조물을 어떤 이유에서든지 타인이 복제하는 것을 금지하는 법적 권리를 부여한 것이다. 기업이 소유한 저작권은 95년 동안 유효하다. 미국 의회는 저작권 보호 범위를 서적, 잡지, 강의, 연극, 뮤지컬 작품, 지도, 그림, 모든 예술작품, 영화까지 확대하였다. 저작권 보호법의 목적은 자신의 업적에 대한 금전적 및 기타 이익을 받을 수 있도록 보장하여 개발자에게 창조성과 저술을 촉진하는 데 있다. 대부분의 국가는 자신들의 저작권 보호법을 가지고 있으며, 국가 간 협조와 법 집행을 위한 여러 국제협회와 양자협정을 맺고 있다.

1960년대 중반 저작권 사무국은 소프트웨어 프로그램의 등록을 시작했고, 1980년대에 미국 의회는 컴퓨터 소프트웨어 저작권 보호법을 통과시켜 프로그램 코드와 상업적으로 판매되는 소프트웨어 프로그램의 원본을 보호하고, 개발자에게 법적인 소유권을 부여하는 동시에 구매자들에게 해당 소프트웨어를 사용할 수 있는 권한을 부여하였다.

저작권 보호는 프로그램 전체나 일부분이 복제되는 것을 방지해준다. 저작권 침해에 대한 피해의 보상은 쉽게 얻을 수 있다. 저작권 보호의 단점은 표면적인 작업물만 보호받을 뿐, 그 이면에 있는 기본적인 아이디어는 보호받지 못한다는 것이다. 경쟁자들이 여러분의 소프트웨어를 사용하여 작업방법을 이해한 후에, 저작권을 침해하지 않고도 같은 개념을 이용하는 소프트웨어를 만들 수 있다.

'룩앤드필(look and feel)' 저작권 침해 소송은 아이디어와 표현 사이의 차이에 관한 것이었다. 예를 들어 1990년대 초반에 애플 컴퓨터는 마이크로소프트와 HP를 중첩 윈도우의 표현을 사용하였다는 이유로 애플 매킨토시 인터페이스 표현을 도용하였다고 고소하였다. 피고들은 중첩 윈도우의 아이디어는 오직 한 가지 방법으로밖에 표현될 수 없으므로 저작권법 합체의 원칙(merger doctrine)에 따라 저작권을 보호받을 수 없다고 주장하였다. 아이디어가 표현과 합체된 경우에는 그 표현에 대해서 저작권을 보호받을 수 없다.

일반적으로 법원은 저작권 침해의 가능성이 있는 소프트웨어 요소들을 분석한 1989년의 브라운 백소프트웨어 대 시만텍(Brown Bag Software vs. Symantec Corp.)의 판결 사례를 따른다. 법원은 비슷한 개념, 기능, 일반 기능(예 : 드롭-다운 메뉴) 및 색상은 저작권법에 의해 보호되지 않는다고 판결하였다(Brown Bag Software vs. Symantec Corp., 1992).

특허권

특허권(patent)은 어떠한 발명의 기초가 된 아이디어의 독점권을 소유자에게 20년간 부여한다. 특허법은 새로운 기계, 장치 또는 방법을 고안한 발명가들에게 자신의 노력의 대가로 금전적 및 비금전적 이익을 보장하는 동시에, 특허권 소유자와의 라이선스 계약을 통하여 아이디어를 사용하고자 하는 사람들에게 상세한 도면을 제공하여 발명품을 대중화하고자 하는 취지로 만들어졌다. 특허권의 교부는 특허사무국에서 결정되고 법원에서 관할한다.

특허법에서의 중요 개념은 독창성, 참신성, 발명이다. 컴퓨터 프로그램도 특허법의 적용을 받을 수 있다는 1981년 대법원의 판결이 있기 전까지 특허청은 관례적으로 소프트웨어 특허 신청을 받아들이지 않았다. 이런 판결 이후 수백 개의 특허권이 인정되었으며 아직도 수많은 신청이 심사 중에 있다.

특허권 보호의 강점은 소프트웨어의 기본적인 개념과 아이디어에 독점권을 주는 것이다. 비자명성(예 : 작업은 특별한 이해와 공헌을 반영해야 한다 등), 독창성, 참신성이라는 엄격한 판정 기준을 통과해야 하며, 특허권 보호를 받기 위해서는 수년간 기다려야 하는 어려움이 있다.

2011년, 세기의 특허 재판이라 불리는 소송에서 애플은 삼성이 아이폰, 아이패드, 아이팟의 특허를 침해하였다고 제소하였다. 2012년 8월 24일에 연방법원의 캘리포니아 배심원은 손해액으로 10억 달러를 삼성은 애플에 배상하고 삼성의 신제품 갤럭시 10을 미국 내에서 판매 금지하도록 하였다.

이 평결은 선도 기업의 디자인과 실용신안을 침해하지 않고 애플의 아이폰과 같이 산업계를 선도하는 표준을 설정하는 제품에 경쟁사들이 얼마나 가까이 갈 수 있는지를 결정하는 기준을 설정하였다. 이후의 특허 분쟁에서 삼성은 애플에 대한 특허침해 소송에서 승소하여 몇 가지 구형 아이폰과 아이패드 판매를 금지시켰다. 2014년에 갤럭시 5에 사용된 사진, 비디오, 목록 등을 처리하는 데 사용된 하드웨어와 소프트웨어 기술과 관련된 5개의 특허를 침해하였다고 애플은 삼성을 다시 제소하였다. 2015년에 삼성이 구체적 디자인 특허를 복제하였다고 미국 항소법원은 재확인하였지만, 애플이 요청한 배상액 20억 달러를 9억 3,000만 달러로 조정하였다. 이 소송은 2018년 5월에 삼성의 침해에 따른 손해를 애플은 어떻게 계산하였는지에 대해 법정에서 다시 논의하게 되었다.

문제를 더욱 복잡하게 한 것은 애플은 아이폰, 아이패드, 아이팟 터치 장비, 맥북 등에 사용된 플래시메모리 프로세스, 그래픽 칩, 솔리드스테이트 드라이브, 그리고 디스플레이 부품들을 생산하는 삼성의 가장 큰 고객 중의 하나라는 것이다. 삼성과 애플의 특허사례는 선도 컴퓨터 기업들 사이의 복잡한 관계를 보여준다.

상표권

상표권(trademarks)은 시장에서 제품을 구별하기 위해 사용되는 마크, 기호, 이미지들이다. 상표권법은 소비자들에게 자신들이 지불한 대상을 받을 수 있도록 보장하여 소비자들을 보호한다. 이러한 법들은 기업들이 제품을 시장에 출시하는 데 소요된 투자를 보호한다. 전형적인 상표권 침해 위반은 어떤 기업이 경쟁 기업의 마크를 도용하거나 불법 복제한 경우이다. 마크와 제품 간의 관련성을 약하게 하여, 경쟁사의 마크에 대한 가치를 희석시킬 때에도 침해가 발생한다. 예를 들면 검색엔진 기업이 구글의 상표권 아이콘, 색상, 이미지를 복제하면 구글의 상표권에 대한 침해가 된다. 이것은 구글 검색 서비스와 상표권 사이의 관계를 희석시켜서 시장에서 혼란을 발생시킬 가능성이 있다.

영업비밀

제조법, 장치, 형식, 데이터의 편집 등 상업적 목적으로 사용되는 모든 지적 생산품들은 누구나 사용할 수 있는 정보를 기반으로 만들어진 것이 아니라면 **영업비밀**(trade secret)로 분류될 수 있다. 영업비밀에 대한 보호는 국가마다 다르다. 일반적으로 영업비밀보호법은 지적 생산품의 기초가 되는 아이디어에 대한 독점권을 해당 기업에게 주기도 하지만 그것은 매우 약한 독점권일 경우도 있다.

참신하거나 독특한 요소, 절차, 편집을 포함하는 소프트웨어는 영업비밀에 포함될 수 있다. 영업비밀보호법은 표면적인 결과물뿐만 아니라 아이디어 그 자체도 보호한다. 영업비밀로 인정받기 위해 착안자 또는 소유주는 직원과 고객들이 비밀준수 조항에 동의하게 만들어야 하며, 영업비밀이 누구나 사용할 수 있는 정보가 되지 않도록 주의해야 한다.

비록 일정 난이도를 가지고 있는 모든 소프트웨어가 독특한 요소들을 사실상 다소 가지고 있다 해도, 해당 소프트웨어가 일단 대중에게 널리 배포되면 지적 생산품의 아이디어들이 누구나 사용할 수 있는 정보가 되어 버리는 것을 현실적으로 막기 어렵다는 것이 영업비밀보호법의 한계점이다.

지적재산권에 대한 과제

현대 정보기술, 특히 소프트웨어는 기존의 지적재산권 제도에 많은 문제점을 드러냈으며 결과적으로 윤리적·사회적 및 정치적 논쟁을 발생시켰다. 디지털 매체는 복제와 전송이 쉽고, 변형이 쉬우며, 소형이며(훔치기 용이하다), 독특함을 추구하기 어렵다는 점 등에서 서적, 정기간행물, 기타 다른 매체와 구분된다.

인터넷을 포함한 전자 네트워크의 확산은 지적재산 보호를 더욱 어렵게 만들었다. 네트워크가 광범위하게 확산되기 전에는 소프트웨어, 서적, 잡지 기사, 영화 등의 복사본은 종이, 컴퓨터 디스크, 비디오테이프와 같은 물리적 매체에 저장되었기 때문에 배포에 다소 어려움이 있었다. 네트워크를 사용하여 정보의 폭넓은 재생산과 배포가 가능해졌다. 인터내셔널데이터사(International

Data Corporation)와 소프트웨어연합회(Software Alliance)가 실시한 세계 소프트웨어 조사에 의하면 2018년에 개인용 컴퓨터에 설치된 소프트웨어의 37%가 라이선스가 없는 소프트웨어로 보고되었다(The Software Alliance, 2018).

인터넷은 저작권으로 보호되는 정보를 포함하는 모든 종류의 정보를 전 세계로 자유롭게 전송하기 위해 만들어졌다. 다른 유형의 컴퓨터 시스템을 사용하고 있다 해도 사실상 전 세계 수천, 수백만 명의 사람들에게 거의 모든 것을 쉽게 복사하여 배포할 수 있다. 정보를 불법적으로 복제하여, 비록 당사자들이 원하지 않는다 해도, 다른 시스템이나 네트워크를 통해 다른 곳으로 배포할 수 있다.

개인들은 오랫동안 인터넷을 통해 디지털화된 음악 파일을 불법으로 복사하고 배포해 왔다. 냅스터(Napster), 그 이후의 그록스터(Grokster), 카자아(Kazaa), 모피어스(Morpheus), 메가업로드(Megaupload), 파일럿베이(The Pirate Bay)와 같은 파일 공유 서비스는 저작권에 의해 보호받는 파일을 포함한 디지털 음악과 비디오 파일을 사용자가 검색하고 교환하는 것을 돕기 위해 등장하였다. 불법적인 파일 공유 현상은 너무나 대중화되어 음반산업의 존립을 위협하였으며, 인터넷 주파수 대역폭을 특정 시점에서는 20%까지 소모하기도 하였다. 음반산업이 이러한 서비스를 폐쇄하는 법적인 승리를 얻기는 하였지만 불법적인 파일 공유를 완전히 금지시키지는 못했다. 영화산업과 케이블 TV 산업도 비슷한 전투를 치르고 있다. 많은 유럽 국가들이 미국 당국들과 불법적인 파일 공유사이트를 폐쇄시키기 위해서 노력하고 있지만 엇갈린 결과를 낳고 있다.

아이튠즈와 같은 합법적인 온라인 음악 판매점과 판도라(Pandora)와 같은 인터넷 라디오 서비스가 확산되면서 불법적인 파일 공유는 줄어들었다. 애플의 아이튠즈 스토어는 음악과 오락물에 비용을 지불하는 것을 합법화했고, 애플 기기에서 작동되지 않는 한 음악이나 비디오가 쉽게 복제되어 널리 배포되는 것을 막을 수 있는 폐쇄적 환경을 생성하였다. 아마존의 킨들 역시 책들이 인터넷에 복사되어 배포되지 않으므로 출판사와 저자의 권리를 보호한다. 판도라와 스포티파이의 서비스와 같은 인터넷 라디오의 스트리밍과 훌루와 넷플릭스 같은 사이트에서 제공하는 할리우드 영화들은 스트림이 쉽게 다른 장치에 기록되어 비디오들이 쉽게 다운로드되지 않기 때문에 불법복제를 방지한다. 합법적 온라인 음악 플랫폼의 이러한 성과에도 불구하고 아티스트와 음반회사들은 2000년 이후로 수익은 50% 감소하였고, 수많은 일자리가 사라졌다.

1998년에 공포된 **디지털 밀레니엄 저작권법**(Digital Millennium Copyright Act, DMCA)도 저작권을 어느 정도 보호하고 있다. DMCA는 세계지적재산기구협정을 체결하고 저작권으로 보호되는 저작물에 설치된 불법복제 방지기술을 해제하는 행위를 금지시켰다. 인터넷 서비스 제공자(ISP)들도 저작권을 침해하는 사이트에 대해 통보를 받으면 해당 사이트를 폐쇄할 의무를 부여받았다. 마이크로소프트와 다른 주요 소프트웨어 및 정보 콘텐츠 기업들은 소프트웨어 및 정보산업협회(SIIA)를 결성하고, 전 세계의 지적재산을 보호하기 위해 새로운 법률의 제정과 기존 법률의 강화를 청원하였다. SIIA는 개인들이 소프트웨어 불법복제를 신고할 수 있는 핫라인을 개설하고, 조직들이 소프트웨어 불법복제와 맞서 싸울 수 있는 교육 프로그램을 제공하고, 직원들의 소프트웨어 사용에 대한 지침을 출간하였다.

4-4 정보시스템은 책임, 법적 의무, 삶의 질을 확립하기 위한 법에 어떻게 영향을 주었는가?

프라이버시법과 재산법 등의 제정으로 새로운 정보기술들이 기존의 법적 의무, 그리고 개인과 조직의 책임을 정하는 사회적 관습에 새로운 문제들을 제기하였다. 만약 사람이 소프트웨어가 일부 조정하는 기계 때문에 상처를 입는다면 누가 책임져야 하는가? 누가 배상해야 하는가? 페이스북이나 트위터 같은 소셜 네트워크 사이트들은 성인물이나 인종모욕을 게시한 경우에 책임을 지고 배상을 해야 하는가? 아니면 이들은(현재의 전화시스템 사업자들처럼) 사용자들이 게시하는 자료들에 대해 아무런 책임을 지지 않아도 되는가? 인터넷은 어떠한가? 만일 정보처리를 클라우드 서비스 업체에 아웃소싱했을 때, 클라우드 업체가 적절한 서비스를 제공하지 못했을 경우 무엇을 할 수 있는가? 클라우드 제공자들은 우리가 사용하고 있는 소프트웨어에 문제가 있는 것이지, 자신들이 제공하고 있는 클라우드 서비스에는 문제가 없다고 종종 주장한다.

컴퓨터와 관계된 법적 의무

2013년 말, 해커들은 미국 최대 소매상의 하나인 타깃(Target)의 7,000만 명에서 1억 1,000만 명에 달하는 고객들의 신용카드와 직불카드 정보, 기타 개인정보를 편취하였다. 타깃의 매출액과 명성은 즉각 타격을 받았고 아직도 완전히 회복이 되지 않고 있다. 타깃은 시스템을 강화하는데 6,000만 달러 이상을 투자하였다고 발표하였다. 2015년에는 고객들에게 1,000만 달러를, 마스터카드에 1,900만 달러를 배상하는 데 동의하였다. 그러나 타깃은 판매와 신뢰 손실로 더 큰 대가를 치러야 했다.

신용카드번호가 유출되어서 발생한 개인이나 회사의 경제적 손실에 대해서는 누가 책임을 져야 하는가? 정보를 안전하게 보호하기 위해서 기울인 노력에도 불구하고 정보유출이 발생하도록 한 타깃에 책임이 있는가? 아니면 분실에 대비해서 고객과 사업을 보호하기 위한 보험정책을 가지고 있는 신용카드 업계에서 사업을 하는 과정에서 발생하는 일상적인 비용에 불과한가? 예를 들면 연방은행법에 따르면 신용카드 도난에 대해서 고객들은 최대 50달러의 책임이 있다.

정보시스템 관리자들은 회사의 시스템이 초래한 손실에 책임이 있는가? IT 관리자뿐만 아니라 컴퓨터 소프트웨어도 기계의 한 부분일 때에는, 그 기계가 누군가에게 물질적·경제적 피해를 주었다면 소프트웨어 생산자와 운영자도 피해에 대해 금전적 책임을 져야 한다. 소프트웨어가 도서와 같이 정보를 저장하고 보여주는 것일 경우 법원은 (사기와 명예훼손의 경우를 제외하고) 저자, 출판업자, 도서판매업자들에게 책임을 부여하는 것을 꺼리며, 법원은 금전적 책임을 소프트웨어 제작자에게 묻는 것에 대해 매우 조심스러운 입장이다.

대개 어떤 소프트웨어가 서적과 동일시된다면, 해당 소프트웨어가 물질적·경제적 손실을 발생시켰다 하더라도 소프트웨어 생산자들에게 책임을 지우는 것이 (불가능한 것은 아니지만) 매우 어렵다. 표현의 자유를 보장하는 수정헌법 제1조에 저촉될 우려가 있으므로 역사적으로 서적과 정기 간행물들의 출판업자에게 금전적 책임에 대한 배상 의무를 부과한 적은 없다. 소프트웨어의 실패로 야기되는 (의료장비에 사용된 경우는 예외로 하고) 피해는 거의 치명적이지 않으며 사용자들을 불편하게는 하지만 물리적으로 해를 주지는 않는다.

서비스로서의 소프트웨어는 어떠한가? ATM 기계는 은행 고객에게 제공되는 서비스이다. 이런 서비스가 제공되지 않는다면, 고객들은 제때 돈을 찾지 못해 불편함을 느끼거나 경제적 손실을 입게 될 것이다. 결함이 있는 금융, 회계, 시뮬레이션, 마케팅 시스템 운영자와 소프트웨어 개발자들에게까지 금전적 보상 책임을 확대해야 하는가?

소프트웨어는 서적과 매우 다르다. 소프트웨어 사용자는 소프트웨어의 완벽성을 가정한다. 일반 서적에 비해 소프트웨어는 검사하기도 쉽지 않고, 다른 소프트웨어 제품과의 품질을 비교하기도 어렵다. 소프트웨어는 서적처럼 어떠한 과업을 설명하는 것이 아니라 실제적으로 그 과업을 이행한다. 그래서 사람들은 소프트웨어가 지원하는 서비스에 의지하게 된다. 소프트웨어는 이제 우리 일상생활의 중심이 되었기 때문에 단지 정보 서비스만을 제공하는 소프트웨어들도 법적 책임의 대상으로 포함될 가능성이 크다.

전화 서비스는 규제를 받는 공중 통신업자이기 때문에 전송된 메시지에 대해 금전적 책임을 지지 않는다. 전화 서비스를 제공하는 권리에 대한 보답으로 합리적인 가격으로 전화 서비스를 모두에게 제공해야 하며, 또한 만족할 만한 신뢰 수준을 유지해야 한다. 케이블 네트워크는 규제를 받지 않는 사적 네트워크로 간주되지만, 공중파를 이용하는 방송사는 그 콘텐츠와 시설물에 대해 연방정부와 지방정부의 규제를 받았다. 미국에서는 몇 개의 예외는 있지만, 웹사이트 소유자나 사용자 중 누가 작성했느냐에 관계없이 자신의 사이트에 게재된 콘텐츠에 대해 웹사이트들이 배상 책임을 지지 않는다.

시스템 품질 : 데이터 품질과 시스템 오류

2012년 12월 24일은 화이트 크리스마스를 기대했던 수많은 넷플릭스 고객들과 소셜 네트워크 사용자들에게 블랙아웃(서비스 중단)으로 기억되었다. 서비스 중단은 넷플릭스를 포함하여 많은 웹사이트와 서비스에 저장 기능과 컴퓨팅 기능을 제공하던 아마존 클라우드 컴퓨팅(AWS) 서비스 장애로 발생하였다. 서비스 중단은 하루 종일 계속되었다. 아마존은 과부하를 방지하기 위해서 모든 클라우드 서버의 부하를 균형되도록 유지하는 소프트웨어인 '탄력적 부하 균형'을 원인으로 지목하였다. 아마존 클라우드 컴퓨팅 서비스는 크리스마스 이브의 서비스 중단만큼 길지는 않았지만 이후 여러 차례 서비스가 중단되었다. 2016년 9월에도 5시간 동안 서비스가 중단되었다. 클라우드 컴퓨팅 서비스의 중단은 흔하지는 않지만 반복적으로 발생한다. 이러한 서비스 중단은 클라우드 서비스의 신뢰성과 품질에 의문을 제기하였다. 이러한 서비스 중단은 용인될 수 있는 것인가?

시스템 사용의 과실로 인한 결과에 대한 책임과 법적 의무에 관한 논쟁은 관련은 있지만 또 다른 차원의 도덕 문제를 제기하였다. 우리가 수용할 수 있고, 기술적으로 가능한 수준의 시스템 품질은 어느 정도인가? 어느 정도의 품질에 도달하면 시스템 관리자들이 "우리가 할 수 있는 만큼은 다했다. 테스트를 중단하고 이제 시스템을 판매하자!"라고 말할 수 있는가? 제기 가능하며 사전에 예측가능한 시스템 오류에 대해서는 개인이나 조직에게 책임이 있다. 그러나 때때로 어떤 오류들을 예견하거나 해결하는 데 엄청난 비용이 필요하고, 실제로 완벽한 시스템을 만들기 위해서는 너무나많은 비용이 소요되기 때문에 결국 어느 누구도 그 시스템을 구입할 수 없게 될 수 있다.

예를 들어 소프트웨어 기업들은 제품을 출시하기 전에 오류들을 수정하기 위해 노력하지만, 사소한 오류들까지 모두 수정하다 보면 제품을 출시하지 못하게 될 수도 있기 때문에 알면서도 오류가 있는 제품을 출시하기도 한다. 만약 이런 제품들이 시장에 출시되지 않았다면 어떻게 되었을까? 사회복지 전체가 흔들리거나 하락하는 것일까? 더 나아가서 컴퓨터 서비스 제작자들에게는 어떤 책임이 있는가? 완벽하지 않은 제품은 출시를 포기해야 하는가? 사용자들에게 경고해야 하는가? (구매자에게 주의를 주고) 위험을 무시해도 되는가?

시스템 성능이 떨어지는 데는 (1) 소프트웨어의 버그와 오류, (2) 자연 발생적인 또는 기타 이유로 발생한 하드웨어나 설비 문제, (3) 입력 데이터의 낮은 품질과 같은 세 가지 이유가 있다. 완벽한 소프트웨어를 만든다는 것은 실질적으로 불가능하며, 따라서 사용자는 잠재적인 시스템 실패에 대해 알고 있어야 한다. 소프트웨어 업계는 완벽하지는 않지만 그나마 수용 가능한 수준의 소프트웨어를 생산하기 위한 테스트 기준도 아직 마련하지 못했다.

소프트웨어 버그와 설비의 실패 사례들이 널리 보도되었지만, 사실 비즈니스 시스템의 가장 일반적인 오류는 데이터 품질에 있다(제6장 참조). 정기적인 데이터 품질 검사를 실시하는 기업은 소수에 불과하고 개별 조직들의 데이터 오류율은 약 0.5~30% 범위인 것으로 알려졌다.

삶의 질 : 평등, 접근, 경계

정보기술과 시스템 도입으로 인한 부정적인 사회적 영향들이 기술의 발달에 따라 증가하고 있다. 이러한 부정적인 결과들이 개인의 권리나 재산을 침해한 것은 아니다. 그러나 부정적 영향은 개인, 사회, 정치기관들에게 큰 피해를 야기할 수 있다. 컴퓨터와 정보기술은 우리에게 혜택을 가져다주기도 하지만, 우리 문화와 사회의 주요 구성요소들을 파괴할 수도 있다. 만약 정보시스템을 사용함에 따라 이롭고 해로운 결과들이 동시에 발생한다면 악영향에 대한 책임은 누구에게 있는가? 시스템이 일으키는 사회적 악영향을 개인적·사회적·정치적 반응을 고려하여 앞으로 살펴보게 될 것이다.

힘의 균형 : 중심 대 주변

컴퓨터 시대 초창기에 대두되었던 가장 큰 걱정은 거대한 중앙집중형 컴퓨터들이 모든 권력과 힘을 국가의 수도에 집중시킴으로써 조지 오웰의 소설 '1984'에서 제시했던 '빅브라더(Big Brother)'형 사회가 대두되지 않을까 하는 것이었다. 그러나 고도로 분산화된 클라이언트-서버 방식의 컴퓨팅은 트위터와 소셜 네트워크 사용자들에게 주어지는 권한 위임, 그리고 하위 조직으로의 의사결정 분산화와 함께 권력이 정부기관에 집중화되는 것에 대한 우려를 감소시켜주었다. 하지만 비즈니스 잡지에서 다루어지는 권한 위임에 대한 내용들은 대부분 사소한 것들이다. 낮은 직위의 직원들은 하찮은 결정들만 내리고, 핵심 결정들은 여전히 고위 관리자들에게 집중되어 있다. 동시에 구글, 애플, 야후, 아마존, 마이크로소프트와 같은 인터넷 괴물 기업들이 모든 시민에 대한 개인 사생활 정보의 수집과 분석을 지배하게 되었다. 2001년 9월 11일 테러리스트들의 미국 공격 이후에 연방정부는 2001년의 애국법과 후속 및 비밀 행정 명령의 권한으로 민간 분야에 대한 정보 사용을 크게 확장하였다. 이런 점에서 권력이 소수의 과점 사기업과 대규모 정부기관의 손에 보다 집중화되었다.

변화의 신속성 : 경쟁에 대응하는 시간 감소

정보시스템은 더욱 효율적인 국내 및 세계시장을 탄생시키는 데 기여하였다. 빠르게 움직이는 오늘날의 세계시장은 하나의 기업이 경쟁에 적응할 수 있는 시간을 허용하던 정상적인 사회적 완충을 감소시켰다. 그러나 시간 기반 경쟁은 어두운 면이 있다. 자신이 근무하고 있는 기업이 글로벌 경쟁자에게 대응할 충분한 시간을 가지지 못하면, 1년 내에 문을 닫고 결과적으로 여러분도 직장을 잃을 수 있다. 우리는 즉시(just-in-time) 직업과 즉시 직장, 즉시 가족, 즉시 휴가를 보내는 즉시 사회를 개발할 위험에 처해 있다. 우버(제10장 참조)와 다른 주문형 서비스 기업들의 영향 중 하나는 종업원들을 위한 복리후생이나 보험도 없이 즉시 직업을 창출하는 것이다.

경계 유지 : 가족, 직장, 여가

유비쿼터스 컴퓨팅, 재택근무, 노마드 컴퓨팅(nomad computing), 모바일 컴퓨팅 및 '어디서든 모든 것을 할 수 있는(do-anything-anywhere)' 컴퓨팅 환경과 관련된 위험들이 현실화되고 있다. 즉, 직장과 가족과 여가를 구분하던 전통적인 경계선이 허물어지고 있다.

　이미 오래전부터 작가들은 장소에 관계없이 작업을 해왔지만, 정보시스템의 탄생과 지식 기반 직업의 증가로 인해 더 많은 사람들이 예전 같았으면 가족이나 친구들과 즐길 시간에 업무를 보게 되었다. 이제 업무 시간은 하루 8시간보다 확대되어 출퇴근 시간, 휴가 시간, 여유 시간을 침해하고 있다. 스마트폰의 폭발적인 성장과 사용으로 많은 근로자들이 결코 "퇴근하지 못하고 있다!"는 생각이 들게 만들었다.

컴퓨터에 소비하는 여가 시간들도 역시 밀접한 사회관계를 위협한다. 폭넓은 인터넷과 휴대전화 사용은 오락이나 여가 목적일 때조차도 가족과 친구로부터 사람들을 빼앗아 간다. 중학생과 10대 청소년 사이에서 이러한 행동들은 반사회적인 악영향을 미치고, 사이버 학교폭력과 같은 문제를 발생시킨다.

이들 제도적 경계가 약화되면 새로운 부작용들이 생기게 된다. 가족과 친구들은 전통적으로 개인들에게 강력한 지원 체계를 제공해주었고, 고용주와 다른 방식으로 사고하는 자신의 생각과 꿈을 모을 수 있는 공간을 제공하여, 개인 생활을 보존할 수 있는 사회의 균형점 역할을 해왔다.

의존과 취약성

오늘날 기업, 정부, 학교 및 교회와 같은 사적인 공동체들은 믿을 수 없을 정도로 정보시스템에 의존하며 시스템 실패에 무방비로 노출되어 있다. 시스템 실패를 복구할 수 있는 백업이 없는 상태에서 국가의 전력망에 장애가 발생하면 어떻게 될지를 생각해보라. 전화만큼 언제 어디에서나 사용되는 시스템임에도 불구하고 전화, 전자, 라디오, TV 및 공공시설에 적용되는 규제나 표준이 아직도 이들 시스템에 요구되지 않는다는 사실에 많은 사람들이 놀라고 있다. 표준의 부재와 몇몇 시스템 애플리케이션의 위험성은 국가 표준과 감독 규정의 필요성을 제기하고 있다.

컴퓨터 범죄와 오남용

컴퓨터와 같은 신기술들은 훔칠 만한 가치가 있는 새로운 아이템, 그것을 훔칠 새로운 방법, 그리고 다른 사람들에게 해를 끼치는 새로운 방법을 만들어냄으로써 범죄자들에게 새로운 기회들을 제공해주었다. **컴퓨터 범죄**(computer crime)란 컴퓨터를 이용하여 불법적인 행동을 하거나 컴퓨터 시스템에 해를 끼치는 행위를 인컫는다. 승인을 받지 않고 컴퓨터에 불법으로 접속하거나, 해를 끼칠 목적으로 컴퓨터에 접속하는 행위(설령 그것이 우연이라 하더라도)들은 모두 연방법에서 범죄로 규정하였다. 발생 빈도가 가장 높은 사건 유형들은 멀웨어, 피싱, 네트워크 중단, 스파이웨어, 서비스 거부 공격 등으로서 사이버 범죄의 가장 큰 인기목록을 차지한다(PwC, 2016). 모든 컴퓨터 범죄 때문에 발생하는 실제 비용이 얼마나 되는지 알려져 있지 않지만, 수십억 달러에 달할 것으로 추산된다. 컴퓨터 범죄와 관련된 자세한 내용은 제8장에서 다룰 예정이다.

컴퓨터 오남용(computer abuse)은 불법은 아니지만 비윤리적인 목적으로 컴퓨터를 사용하는 행위를 뜻한다. 인터넷과 이메일, 휴대전화가 확산되면서 컴퓨터 오남용의 하나인 스팸은 개인과 기업에게 심각한 문제가 되었다. 원래 **스팸**(spam)은 상품이나 서비스에 관심이 없는 많은 인터넷 사용자들의 관심을 끌기 위해서 개인과 단체가 발송하는 원치 않는 이메일을 뜻한다. 스팸을 보내는 사람들은 흔히 음란물, 부정거래와 서비스, 명백한 사기 및 문명사회에서 일반적으로 받아들여지기 어려운 내용들을 발송한다. 몇몇 국가들은 스팸을 불법화하거나 규제하기 위한 법조항들을 제정하였다. 사기와 관련이 없고 수신자와 발신자 표시가 제대로 되어 있다면 미국에서는 아직도 스팸이 합법적이다.

수천 개의 광고 메시지를 인터넷 사용자들에게 전달하는 비용이 불과 몇 센트에 불과하므로 스팸은 급속히 성장하였다. 이메일 중에서 스팸 비율은 2017년에 약 60%로 추정되었다(Symantec,

2018). 대부분의 스팸은 봇 네트워크에서 시작되는데, 봇 네트워크는 스팸 메시지를 발생시키고 전송하도록 무단 점유된 수많은 컴퓨터들로 구성된다. 수십억 통의 불필요한 이메일 메시지가 컴퓨팅과 네트워크의 자원을 잠식하고, 이들 메시지를 처리하는 데 필요한 시간을 고려하면 기업에서 스팸을 처리하는 비용은 막대하다(연간 500억 달러의 비용이 추정).

신원과 금융정보 도용 범죄자들은 사용자들이 스마트폰을 이용하여 메일을 확인하고, 온라인 은행업무를 보고, 청구서 대금을 지불하고, 개인정보를 확인함에 따라서 스마트폰으로 관심을 이동시키고 있다. 휴대전화의 스팸은 일반적으로 SMS 단문 메시지의 형태로 오지만, 페이스북의 뉴스피드나 메시지 서비스의 형태로 사용자들이 스팸을 받는 경우가 증가하고 있다.

인터넷 서비스 제공업체들과 개인들은 스팸 필터링 소프트웨어를 이용하여 의심스러운 이메일이 수신자의 받은편지함으로 들어오지 못하도록 차단할 수 있다. 그러나 스팸 필터는 합법적인 메시지를 차단할 우려가 있다. 발송 계정을 지속적으로 변경하거나, 스팸 메시지를 이미지로 처리하거나, 스팸을 이메일이나 전자 축하카드의 첨부파일로 보내거나, 봇넷(제8장 참조)을 이용하여 무단 점유한 다른 사람의 컴퓨터를 이용하는 방식으로 스팸 필터가 스팸메일을 탐지하기 어렵게 만든다. 대부분의 스팸은 스팸 웹사이트와 다른 국가에서 보낸다.

스팸은 미국보다 유럽에서 더 강력하게 규제되었다. 2002년에 유럽 의회는 원치 않는 상업적 메시지들을 금지시키는 법안을 통과시켰다. 전자 마케팅은 수신 의사를 사전에 동의한 고객들만을 대상으로 할 수 있게 되었다.

2004년에 효력을 발생한 2003년 미국 연방스팸법은 스팸을 법으로 금지하지는 않았지만, 상업용 이메일 메시지들이 제목을 정확히 표시하고, 발신인의 실명을 밝히고, 수신자들이 자신의 이메일 주소를 발송 목록에서 쉽게 제거할 수 있도록 의무화하여 수신자들을 기만하는 이메일 발송을 금지시켰다. 이 법은 회신주소를 거짓으로 다르게 사용하는 것도 금하고 있다. 이 법에 따라 몇몇 사람이 기소되었지만 인터넷은 보안에 특히 취약하고, 서버의 해외 위탁관리, 봇넷 등의 이유 때문에 스팸에 대한 영향은 미미하였다. 대부분의 대규모 스팸들은 러시아와 동유럽에서 위탁관리되고 있으며, 해커들은 수십억 건의 스팸 메시지를 전 세계에 보낼 수 있는 봇넷을 이곳에서 조종하고 있다. 최대 스팸 네트워크는 러시아의 상트페테르부르크에 위치한 페스티(Festi)로 알려져 있는데, 페스티는 세계적 비아그라-스팸 산업을 위해서 스팸을 발송하는 것으로 유명하다.

고용 : 하향 침투식 기술과 리엔지니어링이 야기한 실직

리엔지니어링 작업들은 정보시스템 분야에서 새로운 정보기술의 주요 혜택이라 부르며 일반적으로 환영받아 왔다. 그러나 이런 비즈니스 재구성 과정에서 수많은 중간 관리자와 사무직 근로자들이 일자리를 잃을 수 있다는 사실을 사람들은 간과하였다. 일부 경제학자들이 (공장노동자의 일자리는 물론) 중산층 사무직 근로자의 일자리를 위협하고 있는 정보기술과 컴퓨터기술에 대한 경보를 울렸다. 에릭 브린욜프슨과 앤드루 P. 맥아피는 로봇공학, 수치제어기계, 전산화된 재고시스템, 패턴 인식, 음성 인식, 온라인 상거래 등을 포함하는 기술들의 조합 때문에 자동화 속도가 최근에 증가했다고 주장하였다. 그 결과 기술지원, 콜센터 작업, 엑스레이 검사, 심지어 법률문서 조사 등 지금까지는 사람들이 해오던 많은 일을 기계가 대신하게 되었다(Brynjolfsson & McAfee, 2011).

이러한 관점은 신기술들은 오래된 일자리를 파괴하는 것보다 더 많은 새로운 일자리를 창출할 것이라는 다른 경제학자들의 평가와 반대되는 것이다. IT 자본에 투자가 높은 금융과 같은 산업에서는 일자리가 증가되거나 큰 변화가 없는 경우도 있었다. 예를 들면 전자상거래의 성장은 소매판매직의 감소를 가져왔지만, 창고작업자, 감독관, 배달직과 같은 일자리는 증가하였다. 이런 경제학자들은 기술 때문에 실직한 근로자 중에서 영리하고 교육받은 근로자는 빠르게 성장하는 다른 산업의 더 좋은 일자리로 옮겨 갈 것으로 믿는다. 그러나 이들은 미숙한 공장작업자들과 늙고 교육받지 못한 중간 관리자들은 간과하고 있다. 이런 부류의 사람들도 급여가 높은 더 좋은 직장을 얻을 수 있도록 쉽게 훈련을 시킬 수 있을지는 불확실하다. '토론방 : 자동화는 일자리를 사라지게 하는가?'에서 이들 주제들을 살펴보자.

평등과 접근 : 인종적·사회적 계층 분열의 증가

디지털 시대에 동참할 수 있는 기회는 모든 사람에게 평등할까? 미국과 다른 사회에 존재하는 사회적·경제적·문화적 격차는 정보시스템 기술에 의해 감소될 수 있을까? 아니면 그 격차가 더 심화되어 잘사는 사람이 다른 사람보다 더 잘살게 될까?

사회의 다양한 그룹에 대한 시스템 기술의 영향에 대해 철저히 연구하지 못했기 때문에 이 질문들에 대한 완벽한 해답을 아직은 알 수 없다. 지금까지 알려진 바로는 정보, 지식, 컴퓨터, 그리고 교육기관과 공공 도서관을 통한 이런 자원에 대한 접근은 다른 정보자원들과 마찬가지로 인종과 사회적 계급에 따라 불평등하게 제공되어 있다는 것이다. 많은 연구들에서 지난 5년간 개인용 컴퓨터와 인터넷 보급률이 폭증했음에도 불구하고, 미국의 소수민족과 저소득층들은 아직도 컴퓨터와 인터넷을 사용하지 못하고 있는 것으로 조사되었다. 비록 격차가 줄어들고는 있지만, 긱 인종의 고소득층들은 같은 인종 내의 저소득층보다 가정용 컴퓨터와 인터넷 접속을 누릴 가능성이 현저히 높다. 더구나 고소득층 자녀들은 인터넷을 교육적 목적으로 사용할 가능성이 큰 반면에 저소득층의 자녀들은 오락이나 게임을 하는 경우가 많다. 이것은 시간낭비 격차(time-wasting gap)라 불린다.

이런 상황이 방치된다면 **디지털 정보 격차**(digital divide)는 컴퓨터에 대해서 알고 컴퓨터 사용이 능숙한 자와 컴퓨터 문맹에 컴퓨터 사용이 미숙한 자 그룹으로 우리 사회를 양분화시킬 것이다. 시민단체들은 오늘날의 전화기와 같이 디지털 정보 서비스(인터넷 포함)를 사실상 모든 사람이 쉽게 접근할 수 있도록 만들어 이러한 정보 격차가 줄어들기를 원한다.

건강 위험 : 반복성 긴장질환, 컴퓨터화면 증후군, 그리고 인지 기능 저하

현재 가장 일반적인 직업병으로 **반복성 긴장질환**(repetitive stress injury, RSI)을 들 수 있다. RSI는 테니스와 같이 힘든 움직임을 근육이 여러 번 반복적으로 수행하거나, 컴퓨터 타자 작업처럼 별로 힘들지 않은 작업을 수만 번씩 반복적으로 수행할 때 생기는 질환이다. 반복성 긴장질환은 3분의 1에 달하는 근로자들이 경험하고, 모든 장애 사례의 3분의 1의 원인이 된다.

RSI를 발생시키는 가장 큰 요인으로는 컴퓨터 키보드를 들 수 있다. 컴퓨터와 관련된 RSI 중 가장 자주 발생하는 것은 **손목터널증후군**(carpal tunnel syndrome, CTS)으로, 이는 손목터널이라 불리는 팔목의 뼈가 중추신경을 눌러 생기는 질환이며 통증을 유발한다. 즉, 반복적인 컴퓨터 타자 작업이 신경에 압력을 가하게 만드는 것이다. 보통 문서작업자들은 컴퓨터 키보드를 하루에 약 2만 3,000번씩 두드린다. 손목터널증후군으로 고통받는 환자들은 마비 현상과 심한 통증을 호소하며, 물건을 집을 수 없게 되고, 팔이 욱신거리게 된다. 현재 수백만 노동자들이 손목터널증후군이라는 진단을 받았다. 3~6%에 달하는 근로자들에게 발생하는 것으로 예측되고 있다(LeBlanc and Cestia, 2011).

RSI는 예방할 수 있다. 손목의 위치가 편안하도록 작업 환경을 설계하고(손목 보호대 사용), 모니터 위치를 알맞게 하고, 발 받침대를 적절하게 사용한다면 컴퓨터 사용자의 자세를 교정하여 RSI 증상을 완화시킬 수 있다. 이 밖에도 인간공학적으로 제조된 컴퓨터 키보드들도 하나의 대안이 될

토론방   조직

자동화는 일자리를 사라지게 하는가?

오하이오 주 영스타운의 데니스 크리발은 자동차와 트랙터 부품을 찍어내는 알루미늄 압축공장의 감독관이었다. 6년 전에 로봇 때문에 실직하게 되었고, 그 이후로 빚을 지지 않기 위해서 잡다한 일들을 하고 있다. 조지아 주 마리에타의 셰리 존슨은 지역신문사에서 인쇄기에 용지를 공급하고 지면을 배치하는 일을 하였다. 그녀도 역시 직장을 잃고 의료장비를 만들고, 재고관리를 하고, 자동화 서류 작업들을 하고 있다.

이런 상황들은 컴퓨터 기술이 일자리에 미친 부정적 영향을 나타낸다. 중국, 멕시코, 다른 외국과의 무역보다도 로봇과 자동화 때문에 미국의 일자리가 더 많이 사라지고 있다. 볼주립대학교의 경영경제연구센터의 연구에 의하면, 2000년과 2010년 사이에 사라진 제조업 일자리의 약 87%는 자동화와 기술개발을 통해서 공장들이 더 효율적으로 움직이고 있기 때문이다. 단지 13%만 무역에 원인이 있다. 예를 들면 1962년과 2005년 사이에 미국 철강산업은 40만 개의 일자리가 사라졌다. 미국경제리뷰의 연구에 따르면, 철강선적량은 감소하지 않았지만 (고철로부터 특수강을 만드는 소규모 공장인) 미니제철소를 사용하면서 생산성이 크게 향상되어 같은 작업을 하는 데 이전보다 적은 노동력이 필요하게 되었다.

마이클 추이, 제임스 매니카, 메디 미레마디가 작성한 2015년 11월의 맥킨지글로벌연구소의 보고서는 800개 직업군에서 구별되는 2,000개 유형의 작업 활동들을 조사하였다. 저자들은 현재 존재하는 기술을 이용하여 이들 작업 활동들의 45%를 2055년까지는 자동화할 수 있다는 것을 발견하였다. 미국인들이 수행하고 있는 약 51%의 작업 활동들은 예측 가능하고 일상적인 육체노동, 데이터 수집과 데이터 처리와 관련되어 있다. 이런 일들은 모두 어느 정도 자동화가 성숙되어 있다. 미국 내 일자리가 얼마나 많이, 얼마나 빨리 사라질 것인지는 정확히 알 수 없지만, 9%에서 47%의 일자리가 궁극적으로는 영향을 받고, 아마 5%의 일자리는 완전히 사라질 것으로 연구자들은 예측하고 있다. 자동화는 향후 50년간 전 세계 생산성을 연간 0.8%에서 1.4%씩 증가시킬 수 있기 때문에 많은 새로운 일자리를 창출할 수 있으므로 이러한 변화가 대규모 실업을 초래할 것 같지는 않다.

MIT의 노동경제학자 데이비드 오토에 따르면 지금까지의 자동화 발전에도 대부분의 일자리는 소멸되지 않았다. 농업과 제조업 같은 경우도 있지만, 모든 경제에서 기계가 인간을 대체한 것은 아니다. 인력 자동화에 따른 생산성 증대는 상품과 서비스에 대한 수요를 증가시켜 새로운 형태의 노동에 대한 수요도 역시 증가하였다. 자동화에 의해서 사라진 일자리들은 자주 자동화에 의해서 향상되었다. 예를 들면 지난 수십 년 동안 많은 일상적인 생산 작업을 자동화해 온 사우스캐롤라이나의 스파르탄 버그에 있는 BMW 공장은 40만 개가 넘는 부서에서 연간 자동차 생산량이 2배로 증가했다. 스파르탄 버그의 노동력은 4,200명에서 10,000명으로 증가했고, 이들은 훨씬 복잡해진 자동차들을 처리한다(한때 3,000개의 부품이 있던 자동차들이 현재는 15,000개의 부품을 사용한다).

기술의 긍정적인 영향과 부정적인 영향이 같은 방식으로 전달되는 것은 아니다. 자동화에 의해서 새로 만들어진 모든 일자리가 반드시 더 나은 일자리는 아니다. (회계사와 같은) 고임금 일자리도 증가하였지만, 급식종업원과 가정방문 건강보조원과 같은 저임금 일자리도 증가하였다. 공장에서 사라진 일자리는 주로 서비스 분야에서 새 일자리로 대체되었지만 임금은 더 낮아졌다.

제조업 일자리가 로봇과 자동화의 영향을 가장 크게 받았다. 2000년에 비해 500만 개가 넘는 제조업 일자리가 오늘날 사라졌다. 경제학자인 MIT의 대런 에이스모글루와 보스턴대학교의 파슈얼 레스트레포의 연구에 따르면, 1,000명당 로봇 한 대를 설치할 때마다 6명은 일자리를 잃게 되고 임금은 0.75% 정도 삭감된다. 제조업의 일자리 감소를 상쇄하는 다른 직업에서의 일자리 증가는 아주 미미하였다. 궁극적으로 일자리가 증가될 수도 있겠지만, 지금 당장은 미국에서 많은 사람들이 일자리를 잃었고, 특히 육체노동을 하는 남자와 대학 학위가 없는 여자들이 취약하였다. 이들 연구자들은 1990년에서 2007년 사이에 67만 개에 달하는 제조업 일자리를 사라지게 한 주범은 산업용 로봇이며, 산업용 로봇이 4배가 될 것으로 예측됨에 따라 제조업에서 사라지는 일자리 숫자는 증가할 것으로 예측하였다. 다른 지역에서 새로운 일자리가 만들어질 수 있기 때문에 전국적으로는 로봇의 영향이 작을 수도 있지만, 디트로이트와 같은 특정 지역의 경제는 특히 영향을 많이 받을 것으로 지적하였다. 기술에 의해서 창출되는 새 일자리가 반드시 러스트 벨트(Rust Belt, 미국 북부의 사양화된 공업지대)와 같이 일자리가 줄어드는 지역에서 생길 필요는 없다. 로봇 때문에 실직을 당한 사람들은 자동화로 인해 새로 만들어진 일자리에 적합한 기술이나 이동성을 일반적으로 가지고 있지 못한 편이다.

자동화가 수작업 노동자와 공장의 일자리에만 영향을 주는 것은 아니다. 엑스레이 분석과 문서 선별과 같은 화이트 칼라와 서비스 분야의 어떤 분야 작업들은 컴퓨터가 대신 수행할 수 있게 되었다. 의료기술자, 감독과 심지어 법률가를 위한 일자리 기회도 다소 감소하였다. 창조성, 경영, 정보기술 능력, 개인간병을 요구하는 일자리에 대한 위험이 가장 낮다.

보스턴대학교의 경제학자 제임스 베센에 의하면 문제는 대규모 실업이 아니라 사람들이 이 직업에서 저 직업으로 옮겨 다녀야만 한다는 것이다. 신경제에서 일하기 위해서는 새로운 기술을 배워야 한다. 미국이 농업경제에서 산업경제로 옮겨 갔을 때, 고등학교 교육은 급속히 확대되었다. 1951년

까지는 평균적인 미국인들이 75년 전에 출생한 사람들보다 6.2년 더 교육을 받았다. 추가적인 교육 덕분에 사람들이 공장, 병원, 학교에서 새로운 일들을 할 수 있었다.

출처 : William Wikes, "How the World's Biggest Companies Are Fine-Tuning the Robot Revolution," *Wall Street Journal*, May 14, 2018; James Manyika and Michael Spence, "The False Choice between Automation and Jobs," *Harvard Business Review*, February 5, 2018; Andrew Hobbs, "Automation Will Replace 9 Percent of U.S. Jobs in 2018," *Internet of Business*, February 16, 2018; Patrick Gillespie, "Rise of the Machines: Fear Robots, Not China or Mexico," *CNN Money*, January 30, 2017; Claire Cain Miller, "Evidence That Robots Are Winning the Race for American Jobs," *New York Times*, March 28, 2017; "The Long-Term Jobs Killer Is Not China, It's Automation," *New York Times*, December 21, 2016; "A Darker Theme in Obama's Farewell: Automation Can Divide Us," *New York Times*, January 12, 2017; Steve Lohr, "Robots Will Take Jobs, But Not as Fast as Some Fear," *New York Times*, January 12, 2017; Michael Chui, James Manyika, and Mehdi Miremadi, "Where Machines Could Replace Humans—and Where They Can't (Yet)," *McKinsey Quarterly*, July 2016; Stephen Gold, "The Future of Automation—and Your Job," *Industry Week*, January 18, 2016; and Christopher Mims, "Automation Can Actually Create More Jobs," *Wall Street Journal*, December 11, 2016.

사례연구 문제

1. 작업 자동화는 어떻게 윤리적 딜레마가 되었는가? 취할 수 있는 선택지와 각 선택지의 잠재적 결과를 규명하라.

2. 만일 어떤 과업을 수행하는 로봇 구입을 결정해야 하는 공장 소유주라면, 어떤 인적·조직적·기술적 요소들을 고려해야 하는가?

수 있다. 이런 조치들은 적절한 휴식과 다른 부서로의 직원 이동 등을 통해 그 효과들을 극대화할 수 있다.

컴퓨터가 일으키는 질환에는 RSI뿐만 아니라 여러 가지가 더 있다. 허리와 목 통증, 다리 스트레스, 발 통증은 워크스테이션을 인간공학적인 측면에서 설계하지 않았기 때문에 발생한다. **컴퓨터화면 증후군**(computer vision syndrome, CVS)은 컴퓨터 모니터, 노트북, 전자도서, 스마트폰, 휴대용 비디오 게임기 등의 사용에 따른 눈의 피로와 관련이 있다. 하루에 3시간 이상 컴퓨터 작업을 하는 사용자의 90% 이상이 CVS의 영향을 받는다. 증상은 보통 일시적이지만 두통, 침침한 눈, 안구건조증과 따끔거림을 들 수 있다.

컴퓨터로 인해 발생하는 질병과 함께 컴퓨터는 사람들의 지각능력에 나쁜 영향을 주거나, 최소

반복성 긴장질환(RSI)은 오늘날 가장 빈번하게 발생하는 직업병이다. RSI의 가장 큰 원인이 바로 컴퓨터 키보드 작업이다.

© Speedkingz/Shutterstock

한 우리가 생각하고 문제를 해결하는 방식을 변경시킨다. 인터넷이 사람들의 정보에 대한 접근과 창조와 사용을 편리하게는 만들었지만, 동시에 사람들이 혼자서 집중하고 명확하게 생각하는 것을 방해한다고 전문가들은 지적하고 있다. 전문가들은 컴퓨터와 스마트폰의 과도한 사용('토론방 : 스마트폰은 얼마나 해로운가?' 참조)이 지능을 저하시킨다고 주장한다. 어떤 MIT 학자는 컴퓨터에 대한 노출은 진정한 문제 해결에 참여시키기보다 해답 검색을 장려한다고 믿고 있다. 이런 관점에서 듣기, 도식화, 토론, 관찰, 탐구 등과 비교하면 웹을 검색하거나 이메일에 답을 하면서 학생들이 많은 것을 배우지는 못한다(Herny, 2011).

컴퓨터는 개인적 영역뿐만 아니라 사회적 · 문화적 · 정치적 영역에서 이제 우리 삶의 일부분이 되었다. 정보기술이 세계를 계속 변화시켜 감으로써 문제점과 선택이 쉬워질 것 같지는 않다. 인터넷 및 정보경제의 성장은 우리가 앞으로 디지털 세기에 접어들수록 앞서 이야기한 윤리적 · 사회적 이슈들이 더욱 중요해질 것임을 암시하고 있다.

4-5   MIS는 내 경력에 어떤 도움이 되는가?

다음은 제4장과 이 책이 초급 프라이버시 분석가로서 직업을 찾는 데 어떻게 도움이 되는지를 설명한다.

회사

텍사스에 있는 피나클 공군기지는 인적자원사무실에서 근무할 초급 프라이버시 분석가 신입사원을 모집한다. 사무실은 6,800명이 넘는 군관계자들과 가족 그리고 1,250명의 민간인 직원들에 대한 작업 이력, 보상, 의료보험, 퇴직 급여를 포함한 인사 기록을 관리한다.

스마트폰은 얼마나 해로운가?

많은 사람들에게 스마트폰은 필수품이 되었다. 그러나 생각하고 행동하는 방식에 대해 스마트폰이 우리, 특히 아동들에게 미치는 영향은 맹비난을 받고 있다. 기술의 부정적인 영향에 대한 걱정이 증대됨에 따라 애플의 주요 투자자 중에서 두 기관은 아이폰 제작자들에게 아동들의 스마트폰 중독에 대해서 조치를 취하기를 촉구하였다.

뉴욕에 기반을 둔 자나 파트너스(JANA Partners)와 캘리포니아 주 교사 퇴직 시스템(CalSTRS)은 2018년 1월 6일, 애플에 보내는 공개편지에서 아동들이 스마트폰 중독과 싸우는 것을 돕기 위해서 애플이 더 많은 일들을 해야 한다고 요청하였다. 이들 두 주주는 합세 약 20억 달러의 애플 주식을 관리하고 있다.

이들 투자자들의 편지는 스마트폰 중독을 방지할 수 있는 도구와 아동들의 스마트폰 사용을 모니터링할 수 있는 보호자 옵션을 애플이 더 많이 제공할 수 있도록 촉구하였다. 애플 스마트폰과 테블릿의 iOS 운영체계는 위치공유와 같은 기능의 제한 앱과 특정 유형의 콘텐츠로의 접근에 대한 보호자 통제 기능을 많지는 않지만 이미 가지고 있다. 예를 들면 부모들이 설정 단계에서 스마트폰 사용자의 나이를 명시할 수 있고, 화면 시간을 제한할 수 있고, 스마트폰의 하루 중 사용 시간대를 선택할 수 있고, 소셜 미디어 서비스를 제한할 수 있도록 애플이 추가적인 조치를 할 필요가 있다고 투자자들은 느꼈다.

스마트폰을 사용하는 평균적인 미국 10대들은 10살 때 처음 폰을 받게 되고, 문자발송과 음성통화를 제외하고 하루 평균 4.5시간 폰을 사용하고 있다. 10대들의 78%가 최소한 한 시간 이내에 폰을 한 번은 확인하고, 50%는 자신이 폰에 중독되었다고 느낀다고 보고되고 있다. 투자자들의 편지는 아직 두뇌가 성장 중인 아동들의 정신적·육체적 건강에 과도한 스마트폰과 소셜 미디어의 사용이 미치는 부정적인 영향에 대한 여러 연구들을 인용하였다. 여기에는 교실에서의 주의 산만에서부터 좀 더 심각한 자살과 우울증 위험이 포함된다.

최근 미디어 및 아동 건강 센터와 앨버타대학교에서 2,300명 이상의 교사를 대상으로 한 조사는 교실에서 디지털 기술에 의해서 부정적으로 주의가 산만해지는 학생 수가 증가하고 있다고 응답한 교사가 67%에 달한다고 보고하였다. 이들 중 75%의 교사는 교육 과제에 집중하는 학생들의 능력이 감소했다고 생각하였다. 샌디에이고주립대학교의 심리학 교수인 장 트벤게의 연구는 전자 장비를 하루에 1시간 이하로 사용하는 학생들보다 하루에 3시간 이상 사용하는 10대들은 35% 이상, 하루에 5시간 이상 사용하는 10대들은 71% 이상 자살의 위험요소가 높다는 것을 발견하였다. 이 연구는 소셜 미디어를 심하게 사용하는 중학교 2학년 학생들은 27%나 높은 우울증의 위험을 보였다. 스포츠 활동, 친구와 직접 만나기, 숙제하기 등에 평균 이상의 시간을 소비하는 학생들은 위험이 현저히 낮았다. 그뿐만 아니라 하루에 5시간 이상을 전자 장비에 소비하는 학생들은 9시간의 수면이 추천되고 있지만 7시간보다 적은 수면을 할 가능성이 51% 이상이나 높았다.

기술이 사업과 문화에 미치는 영향을 연구하는 니콜라스 카(Nicholas Carr)도 이러한 염려를 공유하였다. 그는 인터넷이 인지에 미치는 영향에 매우 비판적이며, 이러한 인지적 영향은 스마트폰 사용에도 적용된다. 과도한 모바일 기기의 사용은 집중력과 사색을 감소시킨다고 카(Carr)는 우려하고 있다.

스마트폰이 아주 간단한 형태로 많은 편리한 기능을 제공하고 있다는 것은 카(Carr)도 인지하고 있다. 그러나 이러한 놀라운 편리함이 우리의 주의 집중, 사고, 행동에 과도한 영향을 미친다. 스마트폰은 우리의 사고 형성에 심각하고도 복잡한 방식으로 영향을 미치고, 우리가 스마트폰을 사용하지 않을 때에도 그 영향이 지속된다. 두뇌가 기술에 의존하게 되면 지능은 약화된다고 연구자들은 제안하고 있다. 오랜 기간 스마트폰과 인터넷이 어떻게 사람들의 사고와 판단에 영향을 미치는지를 연구해 온 텍사스대학교 오스틴캠퍼스의 인지심리학자이자 마케팅 교수인 에이드리언 워드의 연구를 카(Carr)는 지적하였다. 스마트폰 사용, 심지어 단 한 번의 벨소리와 진동도 어려운 문제나 과제에 집중하기 어렵게 만드는 집중 방해를 발생시킨다는 것을 워드(Ward)는 관찰하였다. 주위가 분산되면 사고와 성과에 장애가 된다.

응용인지심리학회 학술지에 2017년 4월에 발표된 연구는 아칸소대학교 몬티첼로캠퍼스의 160명 학생을 대상으로 스마트폰이 강의실에서의 학습에 미치는 영향을 조사하였다. 강의실에 스마트폰을 가지고 오지 않은 학생들은 폰을 가지고 온 학생들에 비해서 시험 성적에 있어서 평가 등급이 완전히 다른 더 높은 성적을 받았다는 것을 발견하였다. 폰을 가지고 온 학생들이 폰을 사용하였는지 여부는 관계가 없었다. 노동경제학 학술지에 2016년 발표된 영국의 91개 중등학교를 대상으로 한 연구에서도 학교가 스마트폰을 금지하였을 때 학생들의 시험 성적은 상당히 향상되었으며, 하위권 학생들이 가장 큰 폭으로 성적이 향상되었다.

과도한 스마트폰의 사용은 사회적 기술과 관계에 불리할 수도 있다는 것을 카(Carr)는 관찰하였다. 스마트폰을 이용하여 친구와 전자적으로 연결되는 것은 진짜 대인 관계와 대면 대화를 대체할 수 없다.

출처 : "Letter from JANA Partners & CalSTRS to Apple, Inc.," posted by Anne Sheehan, California State Teachers' Retirement System, Harvard Law School Forum on Corporate Governance and Financial Regulation, January 19, 2018; Samuel Gibbs, "Apple Investors Call for Action over iPhone 'Addiction' among Children," *The Guardian*, January 8, 2018; David Benoit, "iPhones and Children Are a Toxic Pair, Say Two Big Apple Investors," *Wall Street Journal*, January 7, 2018; and Nicholas Carr "How Smartphones Hijack Our Mind," *Wall Street Journal*, October 7, 2017.

사례연구 문제

1. 이 사례에서 기술된 문제를 찾아보라. 어떤 점에서 이 문제들은 윤리적 딜레마인가?

2. 아동들과 10대들의 스마트폰 사용을 제한하여야 하는가? 그렇다면 또는 그렇지 않다면 그 이유는 무엇인가?

3. 인지능력을 감소시키는 스마트폰의 문제는 해결될 수 있는가? 그렇다면 또는 그렇지 않다면 그 이유는 무엇인가?

직무 기술

초급 프라이버시 분석가는 직원 기록 보관을 보조하며 모든 연방 및 주 개인정보 보호규정의 준수를 돕는다. 맡을 직무는 다음과 같다.

- 프라이버시 사무실과 관련된 정책과 절차를 분석하고 개발
- 프라이버시법 요청의 기록과 추적, 자료 검토 보조, 대응자료들의 교정과 준비, 모든 프라이버시 사무실의 서신 추적
- 민감한 수혜자 및 인사 서신을 포함하여 정부 프라이버시 사무실로 보내는 서면, 구두, 전자서신과 문의에 대한 모니터링과 대응
- 프라이버시 사무실의 회의 조정
- 자료와 문서의 검토와 분석, 여러 가지 프로그램 계획, 보고, 실행 활동에 따른 선택사항, 주제, 입장에 대한 평가

직무 요구사항

- 인문학 또는 경영학 학사학위
- 우수한 의사소통 및 조직기술
- 기록관리 및 파일시스템 경험 우대

인터뷰 질문

1. 프라이버시 보호 분야에서 어떤 배경과 직업 경험을 가지고 있는가?
2. 프라이버시법에 대해서 무엇을 알고 있는가?
3. 서면과 전자서신과 관련된 프라이버시 보호 관행에 대해 무엇을 알고 있는가?
4. 우리 조직의 프라이버시 보호의 개선을 요청받는다면 어떻게 진행하겠는가?
5. 프라이버시 보호와 관련된 문제를 다루어 본 적이 있는가? 해결책을 위해서 어떤 역할을 했는가?

저자 조언

1. 정보시스템과 프라이버시를 다루고 있는 절에 특히 주의해서 이 장을 복습한다.
2. 프라이버시법, 인사 기록에 대한 프라이버시 보호 관행과 정책을 웹에서 더 찾아본다.
3. 미군 군사기지와 다른 조직들의 직원 기록 보관과 프라이버시 보호에 대해서 더 찾아본다.
4. 프라이버시 분야의 실무 경험이 없다면 프라이버시에 대해서 무엇을 알고 있고, 민감한 인적 데이터를 보호하는 것이 왜 이렇게 중요한지를 설명하고, 프라이버시와 관련된 일을 배우고 수행하는 데 매우 관심이 많다는 것을 보여준다.

요약

4-1 정보시스템이 제기하는 윤리적·사회적·정치적 이슈는 무엇인가?

정보기술은 사회에서 통용되는 법과 규칙에 필요한 새로운 변화를 불러온다. 컴퓨팅 파워, 저장기술 및 (인터넷을 포함한) 네트워킹 기능의 증가는 개인과 조직 행동의 범위를 넓히고 동시에 그 영향을 증대시켰다. 온라인 환경에서 익명을 유지한 채 간편하게 정보를 전달하고, 복사하고, 조작할 수 있는 새로운 환경의 출현은 프라이버시와 지적재산의 보호를 새롭게 위협하고 있다. 정보시스템에서 제기되는 윤리적·사회적·정치적 이슈들은 주로 정보권리와 의무, 재산권과 의무, 책임과 통제, 시스템 품질, 삶의 질과 관련이 있다.

4-2 윤리적 의사결정을 이끄는 구체적인 행동원칙은 무엇인가?

행동을 판단하는 6개의 원칙은 황금률, 칸트의 정언 명령, 미끄러운 경사길 법칙, 공리원칙, 위험기피원칙, 윤리적 '공짜는 없다' 법칙이다. 이들 원칙을 윤리적 분석과 관련하여 사용해야 한다.

4-3 현대 정보시스템 기술과 인터넷은 왜 개인 프라이버시와 지적재산 보호를 취약하게 하는가?

오늘날의 데이터 저장 및 데이터 분석기술은 기업들이 다양한 데이터 원천으로부터 개인의 데이터를 수집하고 이들 데이터를 분석하여 개인과 그들의 행동양식에 대한 상세한 디지털 프로파일을 작성하는 것을 가능하도록 만들었다. 인터넷 내에서의 정보 흐름은 여러 지점에서 감시될 수 있다. 쿠키나 기타 웹 감시 도구들은 웹사이트 방문자들의 행동을 자세하게 추적할 수 있다. 모든 웹사이트가 강력한 프라이버시 정책을 행하고 있지는 못하며, 개인정보의 사용에 대한 사전동의를 구하지 않는 기업들도 있다. 디지털 자료들을 쉽게 복제하여 인터넷을 통해서 여러 곳으로 동시에 전송하는 것이 가능하므로 소프트웨어 불법복제를 전통적인 저작권법으로 방지하기에는 충분하지 않다.

4-4 정보시스템은 책임, 법적 의무, 삶의 질을 확립하기 위한 법에 어떻게 영향을 주었는가?

새로운 정보시스템은 다른 사람들에 대한 손해에 대해서 개인이나 기관에 책임을 묻고 있는 기존의 법적 의무 관련법이나 사회 관행에 문제를 제기하고 있다. 컴퓨터 시스템이 효율성과 부를 증가시켰지만 부정적인 측면도 없지는 않다. 컴퓨터 오류는 개인과 기관에 막대한 손실을 발생시킬 수 있다. 데이터의 낮은 품질은 비즈니스를 방해하고, 경제적 손실을 야기하기도 한다. 컴퓨터가 근로자를 대신하거나 비즈니스 프로세스 리엔지니어링을 통해 업무가 불필요해지면 근로자들이 실직할 수도 있다. 컴퓨터를 소유하고 사용하는 능력은 인종 간, 사회계층 간의 사회경제적 불평등을 악화시키기도 한다. 컴퓨터의 대중화는 또한 컴퓨터 범죄와 컴퓨터 오남용을 증가시킨다. 컴퓨터는 반복성 긴장질환, 컴퓨터화면 증후군, 명확한 사고와 복잡한 작업 수행 불능과 같은 건강과 인지 문제를 유발하기도 한다.

주요 용어

공리원칙	스파이웨어	책임
공정정보관행	스팸	칸트의 정언 명령
디지털 밀레니엄 저작권법(DMCA)	영업비밀	컴퓨터 범죄
디지털 정보 격차	웹비콘	컴퓨터 오남용
면책조항	위험기피원칙	컴퓨터화면 증후군(CVS)
미끄러운 경사길 법칙	윤리	쿠키
반복성 긴장질환	윤리적 '공짜는 없다' 법칙	특허권
법적 의무	일반 데이터 보호 규정(GDPR)	프라이버시
사전동의	저작권	프로파일링
상표권	적법절차	황금률
손목터널증후군(CTS)	정보권리	NORA
수신거부	지적재산	
수신승인	책무	

복습 문제

4-1 정보시스템이 제기하는 윤리적·사회적·정치적 이슈는 무엇인가?
- 윤리적·사회적·정치적 이슈들이 어떻게 연결되어 있는지를 설명하고 예를 제시하라.
- 윤리적 관심을 증대시키는 주요 기술적 추세를 나열하고 설명하라.
- 책무, 책임, 법적 의무의 차이점을 설명하라.

4-2 윤리적 의사결정을 이끄는 구체적인 행동원칙은 무엇인가?
- 윤리적 분석의 다섯 가지 절차를 나열하고 설명하라.
- 여섯 가지 윤리적 원칙을 확인하고 설명하라.

4-3 현대 정보시스템 기술과 인터넷은 왜 개인 프라이버시와 지적재산 보호를 취약하게 하는가?
- 프라이버시와 공정정보관행을 정의하라.
- 인터넷이 어떻게 개인의 프라이버시와 지적재산의 보호를 시험하는지 설명하라.

- 사전동의, 법률, 산업계의 자율 규정, 기술적 도구들이 인터넷 사용자의 프라이버시 보호에 어떻게 도움이 되는지 설명하라.
- 지적재산권을 보호하는 세 가지 제도를 나열하고 정의하라.

4-4 정보시스템은 책임, 법적 의무, 삶의 질을 확립하기 위한 법에 어떻게 영향을 주었는가?
- 소프트웨어 서비스가 실패나 손해에 대해 법적 의무를 지기 어려운 이유를 설명하라.
- 시스템 품질 문제의 주요 원인을 나열하고 설명하라.
- 컴퓨터와 정보시스템이 삶의 질에 미치는 네 가지 영향을 확인하고 설명하라.
- 컴퓨터화면 증후군과 반복성 긴장질환(RSI)을 설명하고, 이들과 정보기술과의 관계를 설명하라.

토의 문제

4-5 ATM과 같은 소프트웨어 기반 서비스 생산자는 자체 시스템이 고장 났을 때 발생한 경제적 손해에 대한 법적 의무를 져야 하는가?

4-6 기업들은 정보시스템이 발생시키는 실업에 책임이 있는

가? 그렇다면 또는 그렇지 않다면 그 이유는 무엇인가?

4-7 행위 타기팅을 위해서 기업들이 개인 데이터를 수집할 수 있도록 허용하는 것에 대한 장점과 단점을 토의하라.

MIS 실습 과제

이 절의 프로젝트는 온라인 데이터 중개인을 사용할 경우의 프라이버시에 대한 시사점을 분석하고, 직원들의 인터넷 사용에 대한 회사의 정책을 개발하고, 간단한 블로그를 만들기 위한 블로그 생성 도구를 실습하고, 웹브라우저의 프라이버시를 분석해볼 수 있는 실무 경험을 제공한다.

경영 의사결정 문제

4-8 인포프리(InfoFree) 웹사이트는 수많은 사람들에 대한 개인 데이터를 통합하는 대규모 데이터베이스와 연결되어 있다. 사용자들은 지역, 나이, 성별, 소득 수준, 주택가격, 관심 분야 등으로 구분된 소비자들에 대한 마케팅 목록을 구입할 수 있다. 예를 들면 뉴욕 주 피츠킬의 주민 중에서 연간소득이 15만 달러 이상인 모든 사람의 목록을 구할 수 있다. 인포프리와 같은 데이터 중개상은 프라이버시 문제를 발생시키는가? 그렇다면 또는 그렇지 않다면 그 이유는 무엇인가? 만일 자신의 이름과 개인정보가 이 데이터베이스에 포함되어 있다면, 자신의 프라이버시를 보호하기 위해 이들 데이터에 대한 접근에 대해 어떤 제약을 부과하기를 원하는가? 정부기관, 고용주, 민간 기업, 다른 개인들이 여러분의 개인정보를 사용하는 경우를 고려해보자.

운영 수월성 달성 : 간단한 블로그 만들기

소프트웨어 기술 : 블로그 만들기

경영 기술 : 블로그와 웹페이지 설계

4-9 이 프로젝트에서는 Blogger.com에서 제공하는 온라인 블로그 생성 소프트웨어를 사용하여, 자신이 직접 설계한 간단한 블로그 구축 방법을 배운다. 스포츠나 취미 또는 관심 분야를 블로그의 주제로 먼저 선정한다. 블로그의 이름을 정하고, 제목을 입력하고, 블로그의 템플릿을 선정한다. 블로그에 최소한 4개의 내용을 입력하고, 각각에 레이블을 붙인다. 필요하면 입력된 내용을 편집한다. 컴퓨터나 웹에 있는 사진과 같은 이미지를 블로그에 올린다. 팀 구성원들과 같은 등록 사용자들이 블로그에 의견을 남길 수 있는 기능을 추가한다. 블로그의 주제와 관련이 있는 제품이나 서비스를 판매하는 회사에서 여러분이 만든 블로그가 어떻게 사용될 수 있는지 간단히 적어본다. 블로그를 비즈니스에 보다 유용하게 만들 수 있도록 블로그 운영자들이 사용할 수 있는 도구들을 나열하고, 각각에 대한 비즈니스 용도를 설명한다. 블로그를 저장하고 강의자에게 제출한다.

의사결정 능력 개선 : 웹브라우저 프라이버시 분석

소프트웨어 기술 : 웹브라우저 소프트웨어

경영 기술 : 웹브라우저 프라이버시 보호 기능 분석

4-10 이 프로젝트에서는 주요 웹브라우저 소프트웨어의 프라이버시 보호 기능을 사용하는 인터넷 기술을 개발한다.

인터넷 익스플로러, 모질라 파이어폭스, 구글 크롬과 같은 주요 웹브라우저 소프트웨어 중에서 2개를 선정하여 프라이버시 보호 기능과 설정을 조사한다. 제공하는 기능과 사용 편리성을 기준으로 2개의 웹브라우저를 비교하는 표를 작성한다.

- 프라이버시 보호 기능은 어떻게 개인을 보호하고 있는가?
- 프라이버시 보호 기능이 인터넷에서의 기업 활동에 어떻게 영향을 미치는가?
- 어떤 브라우저가 프라이버시 보호에 최선인가? 그 이유는?

협업 및 팀워크 프로젝트 ━━━━━━━━━━━━

기업 윤리규범 개발

4-11 3~4명이 한 팀을 이루어 종업원 프라이버시와 기업 웹사이트를 방문하는 고객과 사용자 프라이버시를 다루는 기업 윤리규범을 개발하라. 여기에는 이메일 프라이버시와 업무와 관련이 없는 종업원의 활동(예 : 라이프스타일, 결혼 준비 등)에 대한 기업의 정보 수집뿐만 아니라 고용주의 직장 내 감시 활동도 포함되어야 한다. 가능하면 구글 문서와 구글 드라이브 또는 구글 사이트를 이용해 여러분이 발견한 사항들을 토론하고 수업 시간에 발표할 자료를 준비하라.

사람들에게 공동체를 구축할 수 있는 힘을 주고, 세계를 좀 더 가깝게 만드는 것을 페이스북은 자신들의 기업 사명이라고 기술하고 있다. 페이스북이 사이트에서 사용자들이 공유하던 개인정보에 대한 통제력을 상실한 것으로 알려진 2017년과 2018년에 이 높은 목표는 큰 타격을 받았다. 2016년 미국 대통령 선거 동안 기존의 정치 분열을 심화시키고, 사람들이 공동체와 다른 사람으로부터 멀어지도록 유도하기 위한 의도를 가진 러시아 정보기관과 정치 컨설턴트에 의해서 플랫폼이 악용되는 것을 페이스북은 막지 못했다.

2018년 1월에 케임브리지 분석(Cambridge Analytica)이라 불리는 정치 컨설팅 및 유권자 프로파일링 회사의 창립자이자 전직 직원이 8,700만 명에 달하는 페이스북 사용자의 개인정보를 자신의 회사가 수집하였으며, 이 정보를 2016년 미국 대통령 선거에 영향을 미칠 목적으로 사용하였다고 폭로하였다. 페이스북이 사용자들의 개인정보를 판매하는 것은 아니지만, 사용자들의 개인정보를 타사의 앱들(third-party apps)이 획득하는 것을 페이스북은 허용하였다. 예를 들면 영국의 한 연구자에게는 연구 목적으로 5만 명의 페이스북 사용자에 대한 접근 권한이 부여되었다. 연구자는 사용자의 성격특성을 측정하는 앱 퀴즈를 개발하였다. 조사에 동의한 사람들의 개인정보를 수집하는 것뿐만 아니라 이들 사용자들의 페이스북 소셜 네트워크와 연결된 모든 사람의 개인정보를 연구자의 앱이 수집할 수 있도록 페이스북은 설계되어 있었다. 이 연구자는 데이터를 케임브리지 분석에 판매하였고, 결국 이 데이터를 대통령 선거에서 타깃정치 광고를 발송하기 위해서 사용하였다.

2017년 10월의 상원 청문회에서 러시아 정보원들이 2016년 대통령 선거에 영향을 미칠 의도로 페이스북의 소셜 네트워크를 부당하게 이용하였다고 페이스북은 증언하였다. 인터넷연구기관(Internet Research Agency)으로 불리는 러시아 정보당국을 위해 일하고 있는 수천 명의 러시아 기반 해커들이 만들어 운영하던 자동화된 봇(bot) 소프트웨어를 이용하여 13만 개가 넘는 가짜 메시지와 이야기가 미국의 페이스북 사용자들에게 발송되었다(봇은 자동화된 작업을 수행하는 소프트웨어로 주로 인터넷에서 악의적인 목적으로 사용된다. 제8장 참조). 7만 5,000개의 페이스북 가짜 계정과 23만 개의 봇을 사용하여, 약 1억 4,600만으로 추정되는 페이스북

사용자들에게 러시아 메시지가 발송되었다. 사용자의 종교, 인종, 민족, 개인적 흥미, 정치적 견해를 포함하여, 일반적인 비즈니스 과정에서 페이스북이 수집한 사용자의 개인정보를 대상으로 메시지를 보냈다. 그리고 사람들 사이의 사회적 갈등을 악화시킬 의도로 정치적 견해가 다른 집단을 대상으로 광고를 하였다.

어떻게 이 모든 것이 발생했을까? 페이스북의 설계와 관리를 고려하면 이것은 꽤 쉬우며 저렴한 것으로 판명되었다. 광고업자, 앱 개발자, 연구자들에게 페이스북에 대한 접근권한이 일단 주어지면, 그 정보를 어떻게 사용하는지에 대해서는 아주 제한적인 통제력만 페이스북이 가졌다. 페이스북은 타사와의 계약과 방침의 준수 여부를 거의 점검하지 않았다. 러시아 정보당국이 8,700만 명의 페이스북 사용자의 개인정보를 수집하여 케임브리지 분석에서 정치적 광고를 발송하기 위해 사용했다는 소식에 페이스북 임원진들도 다른 일반인들처럼 충격을 받았다고 주장하였다.

상황은 더욱 악화되었다. 몇 달 후 2018년 6월 초순에 뉴욕타임스는 프라이버시에 대한 조치를 설명하고 케임브리지 분석 스캔들의 후속조치로 개혁을 약속해야 했던 페이스북이 최소한 60개 장비 제조사와 데이터 공유 파트너십을 체결하였다고 보도하였다. 애플, 삼성, 아마존, 스마트폰과 테블릿, TV와 비디오 게임기를 판매하는 다른 기업들에게, 페이스북은 페이스북 사용자의 데이터는 물론 사용자들 친구의 개인 데이터까지 사용자들의 명시적인 동의 없이 접근할 수 있도록 허락하였다. 2015년부터 페이스북은 앱 소프트웨어들이 고객의 친구들 데이터를 수집하는 것을 금지해 온 것으로 간주되어 왔다. 이러한 제약이 장비 제조사까지는 확대되지 않았던 것 같다.

곧이어 2015년에 그 정보를 차단했다고 페이스북은 주장했지만, 캐나다왕립은행과 닛산자동차와 같은 엄선된 기업들에게 사용자 기록에 대한 특별 접근 권한을 주는 맞춤형 데이터 공유 계약을 체결했던 것으로 드러났다. 사용자들의 페이스북 친구들에 대한 추가적인 정보에 대한 접근도 특정 기업들에게는 허용되었다.

페이스북은 무지에 대한 변명과 무분별한 데이터 공유 허용에 대하여 언론, 프라이버시 옹호자, 정부기관으로부터 다시 공격을 받았다. 설립된 이래 처음으로 페이스북은 비즈니

스 모델에 대한 잠재적 위협과 존재 위기에 직면하였다. 페이스북의 현재 위기는 14년의 짧은 기간의 프라이버시 침해 역사에서 비롯된다. 페이스북은 아이비리그 대학생들이 사용하던 작은 틈새시장의 네트워크에서 2018년에 5,340억 달러의 시장가치를 가진 상장회사로 성장하였다. 페이스북은 무료로 가입할 수 있으며, 앞으로도 무료 정책은 지속될 것이라고 자랑하고 있다. 그러면 전 세계 21억 명의 가입자에게 서비스를 제공하는 비용은 어디에서 오는가? 대규모 기술회사이며 경쟁회사인 구글과 마찬가지로 페이스북의 수익도 거의 전부 광고로 벌고 있다(2017년 수익 406억 달러의 97%). 페이스북은 가입자들의 페이스북에서의 활동을 관찰하고, 그 정보와 가입자의 친구에 대한 정보를 페이스북에서뿐만 아니라 웹을 통해서 광고주에게 판매하고 있다. 애플의 CEO인 팀 쿡이 페이스북에 적었듯이 페이스북이 판매하고 있는 것은 바로 여러분이다!

2017년 한 해 동안 광고 수입으로 약 1,100억 달러를 벌어들인 페이스북과 구글은 회원들의 생활에 대해 놀라울 만큼 정확한 그림을 그리기 위해서 회원들의 온라인 활동을 전보다 더 많이 사용하고 있으며, 자신들의 플랫폼에 있는 개인정보에 대한 접근을 광고주들에게 판매하고 있다. 페이스북의 목표는 회원들에 대해 다른 어떤 웹보다 더 정확한 광고를 제공하는 것이다. 그러나 회원의 동의하에 또는 동의 없이 수집한 회원의 개인정보들은 어떤 형태로든 회원의 의견과 다르게 사용될 수 있다.

페이스북은 다양하며 주목할 만한 유용한 기능을 제공한다. 페이스북은 가족들이 잃어버린 애완동물을 찾는 데 도움을 주고, 전시근무 중인 군인들이 가족들과 연락을 유지하도록 해준다. 페이스북은 소규모 기업들에게 전자상거래를 발전시키는 기회를 제공하고, 좀 더 큰 기업들에게는 자신의 브랜드를 확고히 하는 기회를 제공한다. 아마도 가장 분명한 것은 페이스북을 통해서 친구들과, 친척들과, 지역 식당들과, 한마디로 자신이 관심 있는 모든 것과 쉽게 연락을 유지할 수 있다는 것이다. 이런 이유들로 수많은 사람들이 페이스북을 사용하고 있고, 이것은 회원들에게 정말로 가치를 제공해준다. 페이스북 플랫폼에 참여하는 비용은 자신의 개인정보를 광고주와 자신이 모를 수도 있는 다른 사람들과 공유하는 것이다.

수십억 회원의 개인 데이터에 대해 책임을 다하고 있는가를 의심하게 되는, 기복이 많은 프라이버시 위반과 실수의 전례를 페이스북은 가지고 있다. 공정신용보고법 때문에 신용보고서의 정보에 대해서는 이의를 제기할 수 있지만, 아직

도 페이스북이 회원들에 대해서 어떤 정보를 수집하고 있는지 알 수가 없다. 유럽에서는 이것과 다르다. 유럽에서는 페이스북이 자신에 관해서 수집한 정보에 대한 보고서를 제출하도록 페이스북에 요청할 수 있다. 2018년에 사용자들이 해당 정보를 요청할 법적인 권한이 없는 경우에도, 자신에 대해서 페이스북이 수집한 모든 정보를 사용자들이 다운로드할 수 있도록 페이스북은 허용하였다.

여러분만 여러분의 얼굴을 소유하고 있다고 생각하는가? 사용자들의 사진 태깅(photo tagging)에 대한 표정 인식 소프트웨어 때문에 페이스북에서는 그렇지 않다. 가입만 하면 태그 제안 기능은 자동으로 작동되며, 사용자의 동의 절차는 따로 없다. 2016년에 연방법원은 사용자의 동의 없는 사진 태그에 대한 페이스북의 권한에 반대하는 논쟁을 계속 진행하는 소송을 승인하였다. 이 기능은 생체인식 데이터의 프라이버시를 보호하는 여러 주정부의 법을 위반하는 것이다.

컨슈머 리포트는 1억 5,000만 명의 페이스북 사용자 중에서 최소한 480만 명은 어떤 형태로든 자신에게 불리하게 사용될 수 있는 정보들도 기꺼이 공유하려고 한다는 것을 알게 되었다. 이러한 정보에는 절도범들이 도둑질을 하는 시간을 정하는 데 사용할 수도 있는 특정 날짜의 여행 계획과 보험회사들이 보험 가입을 거절하는 데 사용될 수도 있는 특정 건강 상태와 치료와 관련된 웹페이지의 링크들이 포함된다. 신용카드회사와 유사한 조직들은 (역주 : 담보융자와 보험 인수를 거부하는) **특별주의 지정**(redlining)과 같은, 여러분과 유사한 프로파일을 가지고 있는 다른 사람들의 활동에 근거하여 여러분에 대한 대우를 변경하는 **웹주의 지정**(weblining)을 도입하기 시작하였다. 페이스북의 '좋아요' 기능을 이용하여 종업원들의 성격과 행동을 고용주들은 평가할 수 있다. 1,300만 명의 사용자들은 페이스북의 프라이버시 통제 기능을 한 번도 수정하지 않았으며, 그 결과 페이스북을 사용하는 친구들이 자신도 모르게 제3자에게 자신의 데이터를 전송하는 것을 허용하고 있다.

그러면 왜 수많은 사람들이 자신의 민감한 세부사항들을 페이스북에서 공유하는가? 사용자들은 흔히 자신의 데이터들이 이런 방식으로 수집되고 전송된다는 것을 깨닫지 못하기 때문이다. 페이스북 사용자의 친구들은 자신에 대한 정보가 친구들의 페이스북에 의해서 수집되어도 그 사실을 통보받지 않는다. 페이스북의 많은 기능과 서비스는 페이스북이 설치될 때, 사용자들에게 알리지 않은 채 기본값으로 설정되어 있다. 지겔＋게일(Siegel＋Gale)의 연구에 따르면, 페이스북의 프라이버시 정책은 정부 통지문이나 일반적인 은행의

신용카드 동의서보다 이해하기 어려워서 난해하기로 악명이 높다. 페이스북을 통해서 웹사이트에 접속할 때마다 페이스북은 어떤 개인정보를 해당 사이트와 공유하고 해당 사이트에서의 움직임을 페이스북이 추적할 수 있다는 것을 알고 있는가? 다음에 페이스북을 접속하게 되면, 프라이버시 설정을 선택하여 선택사항들을 얼마나 이해할 수 있는지 확인해 보라.

그러나 페이스북이 자신의 결단이든 아니면 강요 때문이든 데이터 수집 과정에서 좀 더 책임감을 갖게 된 듯한 징후들이 있다. 상장기업으로서 오늘날 페이스북은 투자자들과 규제기관들로부터 보다 철저한 검토를 받고 있다. 2018년에 미국 내의 엄청난 비난과 유럽의 일반 데이터 보호 규정(GDPR)에 대응하기 위해서 회원들이 자신의 프라이버시 환경 설정을 손쉽게 선택할 수 있고, 자신들이 동의한 내용을 정확히 확인할 수 있고, 표정 이미지를 포함하여 페이스북이 수집하고 공유하는 회원의 개인자료와 정보를 내려받을 수 있고, 뉴스피드에서 낚시기사(click bait)와 스팸을 제한하며, 앱 개발자들의 개인정보 사용을 보다 면밀히 감시하고, 수백만에 달하는 가짜 계정들을 제거하는 노력을 증대하는 등 페이스북은 프라이버시 정책을 수정하였다. 페이스북은 가짜 뉴스를 찾고 제거하기 위해서 1만 명의 신규 직원을 채용하고 수백 개의 팩트 체크회사들을 고용하였다. 페이스북 역사상 처음으로 사용자들이 게시하는 콘텐츠에 대해서 편집 기능을 강제하기 시작하였는데, 이런 점에서 페이스북은 자신의 콘텐츠에 책임을 다하는 전통적인 출판사와 언론기관과 유사해졌다. 오래전부터 연구자들이 알아왔고 페이스북 경영진들도 이해하고 있는 것처럼, 불행하게도 12% 미만으로 추정되는 아주 적은 회원들만이 프라이버시 환경 설정을 이해하고 조정하는 데 시간을 사용하고 있다. 실제로 페이스북의 개인정보 사용에 대한 회원들의 점검은 강력한 것이 아니다.

미국의 페이스북 회원들이 페이스북이 수집한 자신의 데이터에 접근하기 위한 자원이 거의 없는 것에 반하여, 외국의 회원들은 이 점에 있어서 나은 편이다. 유럽에서는 10만 명이 넘는 페이스북 회원들이 자신의 데이터를 이미 요청하였으며, 유럽의 법은 40일 이내에 이러한 요청에 페이스북이 응답하도록 요구하고 있다. 유럽연합이 보다 강력한 프라이버시 보호 법제화를 추구함에 따라서 프랑스, 스페인, 이탈리아, 독일, 벨기에, 네덜란드 정부의 프라이버시 규제기관들이 페이스북의 프라이버시 통제를 적극적으로 조사하고 있다.

페이스북이 엄청난 프라이버시 침해 기능 중 몇 가지를 폐쇄시키기는 하였지만, 페이스북 서비스를 사용하는 조건으로 사용자들이 자신의 정보를 광고에 사용하는 것에 대해 전사적으로 허용하여야 한다는 점을 페이스북의 데이터 사용 정책은 분명히 하고 있다. 회원들의 기본 설정값은 수신승인이지만 대부분의 회원들은 자신에 대한 정보의 사용을 어떻게 통제해야 하는지 알지 못하고, 페이스북 사용을 원한다면 정보 공유에 대해 모두 수신거부를 할 수도 없다. 이것이 연구자들이 말하는 '통제 패러독스(control paradox)'이다. 회원들에게 자신의 개인정보 사용에 대한 통제가 주어져도, 회원들은 이러한 통제를 일반적으로 선택하지 못한다. 비록 회원들이 자신의 정보에 대한 사용을 제한할 수는 있지만, 페이스북은 데이터 기능을 향상시키는 것이 필요하다. 페이스북은 페이스북에서뿐만 아니라 다른 웹사이트에서 사용자들이 무엇을 하는지를 계속 추적해서 이들 웹사이트에서 사용자들에게 타깃광고를 실시하는 페이스북 청중 네트워크(Facebook Audience Network)를 통해서 다른 웹에서도 광고를 회원들에게 제시하고 있다.

다른 음악 스트리밍 사이트처럼 월 사용료를 받고 광고 없는 서비스를 왜 제공하지 않느냐고 비평가들은 페이스북에 문의하고 있다. 왜 사용자들에게 추적에 대한 수신거부를 허용하지 않느냐고 다른 사람들은 페이스북에 묻기를 원한다. 그러나 페이스북의 사업 모델은 데이터 사용정책에 명시되어 있는 것처럼, 회원들의 개인적이고 사적인 정보를 주로 규제 없이 사용하는 데 전적으로 의존하고 있기 때문에 이러한 변화는 페이스북에게 매우 어려운 것이다. 이 정책은 페이스북을 사용한다면 자신의 정보를 제3자와 공유할 수 있다는 페이스북의 서비스 조건에 동의한다는 것을 매우 공개적으로 말하고 있다.

출처 : Deepa Seetharaman and Kirsten Grind, "Facebook Gave Some Companies Access to Additional Data about Users' Friends," *Wall Street Journal*, June 8, 2018; Natalia Drozdiak, Sam Schechner, and Valentina Pop, "Mark Zuckerberg Apologizes to EU Lawmakers for Facebook's Fake-News Failures," *Wall Street Journal*, May 22, 2018; Cecilia Kang and Sheera Frenkel, "Facebook Says Cambridge Analytica Harvested Data of Up to 87 Million Users," *New York Times*, April 24, 2018; Eduardo Porter, "The Facebook Fallacy: Privacy Is Up to You," *New York Times*, April 24, 2018; Jack Nicas, "Facebook to Require Verified Identities for Future Political Ads," *New York Times*, April 6, 2018; Sheera Frenkel and Natasha Singer, "Facebook Introduces Central Page for Privacy and Security Settings," *New York Times*, March 28, 2018; David Mayer, "Facebook Is Giving You New Privacy Options, But It's Clear What It Wants

You to Choose," *Fortune*, March 19, 2018; Matthew Rosenberg, Nicholas Confessore, and Carole Cadwalladr, "How Trump Consultants Exploited the Facebook Data of Millions," *New York Times*, March 17, 2018; Sheera Frenkel, "Tech Giants Brace for Europe's New Data Privacy Rules," *New York Times*, January 28, 2018; Georgia Wells and Deepa Seetharaman, "New Facebook Data Shows Russians Targeted Users by Education, Religion, Politics," *Wall Street Journal*, November 1, 2017; Hunt Allcott and Matthew Gentzkow, "Social Media and Fake News in the 2016 Election," *Journal of Economic Perspectives*, March, 2017; Samuel Gibbs, "Facebook Facing Privacy Actions across Europe as France Fines Firm €150k," *The Guardian*, May 16, 2017; and Katie Collins, "Facebook's Newest Privacy Problem: 'Faceprint' Data," *CNET*, May 16, 2016. .

사례연구 문제

4-12 페이스북에 대한 윤리적 분석을 실시하라. 이 사례에서 제시된 윤리적 딜레마는 무엇인가?

4-13 프라이버시와 페이스북 비즈니스 모델과의 관계는 무엇인가?

4-14 페이스북의 프라이버시 정책과 기능의 약점에 대해 설명하라. 이러한 약점의 원인이 되는 경영, 조직, 기술 요소는 무엇인가?

4-15 페이스북은 프라이버시를 침해하지 않고도 성공적인 비즈니스 모델을 가질 수 있는가? 당신의 해답을 설명하라. 이것이 가능하도록 페이스북이 취할 수 있는 조치가 있는가?

참고문헌

Adjerid, Idris, Eyal Peer, and Alessandro Acquisti. "Beyond the Privacy Paradox: Objective Versus Relative Risk in Privacy Decision Making." *MIS Quarterly* 42, No. 2 (June 2018).

Anderson, Chad, Richard L. Baskerville, and Mala Kaul. "Information Security Control Theory: Achieving a Sustainable Reconciliation Between Sharing and Protecting the Privacy of Information." *Journal of Management Information Systems* 34, No. 4 (2017).

Belanger, France, and Robert E. Crossler. "Privacy in the Digital Age: A Review of Information Privacy Research in Information Systems." *MIS Quarterly* 35, No. 4 (December 2011).

Bernstein, Amy, and Anand Raman. "The Great Decoupling: An Interview with Erik Brynjolfsson and Andrew McAfee." *Harvard Business Review* (June 2015).

Bernstein, Ethan, Saravanan Kesavan, and Bradley Staats. "How to Manage Scheduling Software Fairly." *Harvard Business Review* (December 2014).

Bilski v. Kappos, 561 US (2010).

Brown Bag Software vs. Symantec Corp. 960 F2D 1465 (Ninth Circuit, 1992).

Brynjolfsson, Erik, and Andrew McAfee. *Race Against the Machine*. (Digital Frontier Press, 2011).

Chan, Jason, Anindya Ghose, and Robert Seamans. "The Internet and Racial Hate Crimes: Offline Spillovers from Online Access." *MIS Quarterly* 40, No. 2 (June 2016).

Clemons, Eric K., and Joshua S. Wilson. "Family Preferences Concerning Online Privacy, Data Mining, and Targeted Ads: Regulatory Implications." *Journal of Management Information Systems* 32, No. 2 (2015).

Culnan, Mary J., and Cynthia Clark Williams. "How Ethics Can Enhance Organizational Privacy." *MIS Quarterly* 33, No. 4 (December 2009).

Davenport, Thomas H., and Julia Kirby. "Beyond Automation." *Harvard Business Review* (June 2015).

European Commission. "The EU-U.S. Privacy Shield Factsheet." July 2016. http://ec.europa.eu, accessed June 15, 2017.

European Parliament. "Directive 2009/136/EC of the European Parliament and of the Council of November 25, 2009." European Parliament (2009).

Federal Trade Commission. "Protecting Consumer Privacy in an Era of Rapid Change." (Washington, DC, 2012).

_____. "Internet of Things (IoT): Privacy & Security in a Connected World." (January 2015).

Goelmarch, Vindu. "One Billion Yahoo Accounts Still for Sale, Despite Hacking Indictments." *New York Times* (March 17, 2017).

Goldfarb, Avi, and Catherine Tucker. "Why Managing Consumer Privacy Can Be an Opportunity." *MIT Sloan Management Review* 54, No. 3 (Spring 2013).

Gopal, Ram D., Hooman Hidaji, Raymond A. Patterson, Erik Rolland, and Dmitry Zhdanov. "How Much to Share with Third Parties? User Privacy Concerns and Website Dilemmas." *MIS Quarterly* 42, No. 1 (March 2018).

Groysberg, Boris, Eric Lin, George Serafeim, and Robin Abrahams. "The Scandal Effect." *Harvard Business Review* (September 2016).

Henry, Patrick. "Why Computers Make Us Stupid." *Slice of MIT* (March 6, 2011).

Hsieh, J. J. Po-An, Arun Rai, and Mark Keil. "Understanding Digital Inequality: Comparing Continued Use Behavioral Models of the Socio-Economically Advantaged and Disadvantaged." *MIS Quarterly* 32, No. 1 (March 2008).

Hutter, Katja, Johann Fuller, Julia Hautz, Volker Bilgram, and Kurt Matzler. "Machiavellianism or Morality: Which Behavior Pays Off In Online Innovation Contests?" *Journal of Management Information Systems* 32, No. 3 (2015).

Laudon, Kenneth C. *Dossier Society: Value Choices in the Design of National Information Systems*. (New York: Columbia University Press, 1986).

Laudon, Kenneth C., and Carol Guercio Traver. *E-Commerce 2018: Business, Technology, Society*, 13th ed. (Upper Saddle River, NJ: Prentice-Hall, 2019).

LeBlanc, K. E., and W. Cestia. "Carpal Tunnel Syndrome." *American Family Physician* 83, No. 8 (2011).

Lee, Dong-Joo, Jae-Hyeon Ahn, and Youngsok Bang. "Managing Consumer Privacy Concerns in Personalization: A Strategic Analysis of Privacy Protection." *MIS Quarterly* 35, No. 2 (June 2011).

Lowry, Paul Benjamin, Gregory D. Moody, and Sutirtha Chatterjee. "Using IT Design to Prevent Cyberbullying." *Journal of Management Information Systems* 34, No. 3 (2017).

MacCrory, Frank, George Westerman, Erik Brynjolfsson, and Yousef Alhammadi. "Racing with and Against the Machine: Changes in Occupational Skill Composition in an Era of Rapid Technological Advance." (2014).

Manyika, James, and Michael Spence. "The False Choice Between Automation and Jobs." *Harvard Business Review* (February 5, 2018).

Pew Research Center. "The State of Privacy in America." (January 20, 2016).

PwC. "US State of Cybercrime Survey 2015." (June 2016).

Saunders, Carol, Martin Wiener, Sabrina Klett, and Sebastian Sprenger. "The Impact of Mental Representations on ICT-Related Overload in the Use of Mobile Phones." *Journal of Management Information Systems* 34, No. 3 (2017).

The Software Alliance. "BSA Global Software Survey 2018." (June 2018).

Sojer, Manuel, Oliver Alexy, Sven Kleinknecht, and Joachim Henkel. "Understanding the Drivers of Unethical Programming Behavior: The Inappropriate Reuse of Internet-Accessible Code." *Journal of Management Information Systems* 31, No. 3 (Winter 2014).

Symantec. "2018 Internet Security Threat Report." (2018).

Tarafdar, Monideepa, John D'Arcy, Ofir Turel, and Ashish Gupta. "The Dark Side of Information Technology." *MIT Sloan Management Review* 56, No. 2 (Winter 2015).

U.S. Department of Health, Education, and Welfare. *Records, Computers, and the Rights of Citizens.* (Cambridge: MIT Press, 1973).

U.S. Senate. "Do-Not-Track Online Act of 2011." Senate 913 (May 9, 2011).

U.S. Sentencing Commission. "Sentencing Commission Toughens Requirements for Corporate Compliance Programs." (April 13, 2004).

Wolcott, Robert C. "How Automation Will Change Work, Purpose, and Meaning." *Harvard Business Review* (January 11, 2018).

IT 인프라

제2부는 하드웨어, 소프트웨어, 데이터베이스, 네트워킹 기술과 더불어 보안 및 통제 도구와 기법들을 살펴봄으로써 정보시스템 이해를 위한 기술적 토대를 제공한다. 제2부는 다음과 같은 질문들에 대한 해답을 제공한다. 오늘날 기업들은 업무를 위해 어떤 기술을 필요로 하는가? 기업의 성과를 향상시킬 수 있는 이러한 기술에 대해 여러분은 무엇을 알아야 하는가? 이러한 기술들은 미래에 어떻게 변할 것인가? 시스템을 신뢰할 수 있고 안전한 것으로 유지하기 위해서는 어떤 기술과 절차가 요구되는가?

5

IT 인프라 및 최신 기술

학습목표

이 장을 마치고 나면 다음 질문에 답할 수 있다.

5-1 IT 인프라는 무엇이고, IT 인프라의 발전 단계와 기술적 주도 요인은 무엇인가?

5-2 IT 인프라의 구성요소들은 무엇인가?

5-3 컴퓨터 하드웨어 플랫폼의 최근 동향은 어떠한가?

5-4 소프트웨어 플랫폼의 최근 동향은 어떠한가?

5-5 IT 인프라 관리와 관련된 도전과제와 해결방안은 무엇인가?

5-6 MIS는 내 경력에 어떤 도움이 되는가?

이 장의 사례

- 성공을 위한 페록시켐의 클라우드 컴퓨팅 공식
- 기업은 웨어러블 컴퓨터를 사용할 준비가 되어 있는가?
- 클라우드에 대한 기대
- BYOD는 비즈니스에 도움이 되는가?

성공을 위한 페록시켐의 클라우드 컴퓨팅 공식

페록시켐(PeroxyChem)은 전자, 제지, 가정용 의료제품을 위한 과산화수소 및 관련 물질의 세계적인 공급업체다. 이 회사는 펜실베이니아 주의 필라델피아에 본사를 두고 있으며, 약 500명의 직원을 고용하고 있다. 또한 이 회사는 4조 달러 이상의 수익을 창출하고 있으며, 북아메리카, 유럽, 아시아에서 연구·판매·제조 설비를 운영하고 있다.

2014년 2월, 페록시켐은 모회사로부터 분리되었으며 비즈니스 시스템들에 대한 관리 활동을 인계받는 데 꼬박 1년이 걸렸다. 이 회사는 일상적인 비즈니스 시스템들과 운영 활동들을 원활하게 유지하면서 자체적인 IT 인프라와 IT 부서를 구축해야 했다. 페록시켐은 과거 대기업의 일부로서 자체적인 IT 시스템을 유지 및 관리하는 책임이 없었지만 분리된 이후에는 갑자기 자급자족해야 하는 상황이 되었다. 이 시점에서 당연히 이 회사는 하드웨어를 조달하고, 직접 데이터 센터를 설치하고, 대규모 사내 IT 부서를 유지관리하는 데 드는 비용이나 위험을 감수하기를 꺼렸고, 이러한 일들을 하기 위한 전문지식을 가지고 있지도 않았다.

페록시켐의 CIO인 짐 컬리에 따르면, 이 회사의 경영진은 자사의 애플리케이션들에 변화를 주고 싶어 하지 않았지만, 회사의 인터넷으로 원격 컴퓨팅 센터에 접속해서 시스템들을 가동하는 데 필요한 컴퓨터 하드웨어 및 소프트웨어를 사용할 수 있는 클라우드 인프라로의 이행은 원했다. 이를 통해 페록시켐은 IT 인력들이 시간의 40%만을 회사를 가동시키는 데 사용하고 나머지 60%의 시간은 회사를 성장시키는 데 필요한 전략적 프로젝트에 사용할 수 있기를 원했다. 당시

© Olegdudko/123RF

페록시켐은 일상적인 운영 활동들을 수행하는 신규 인력을 고용하고 훈련시키는 데 필요한 시간과 자원도 부족한 상황이었다.

페록시켐은 IBM과의 작업을 통해 자사의 기존 시스템들을 IBM의 SoftLayer라는 클라우드 컴퓨팅 인프라로 이동시켰다. 이 인프라는 제3자인 신뢰할 수 있고 경험이 풍부한 IBM으로 하여금 조직의 클라우드 컴퓨팅 활동들을 관리하게 함으로써 조직이 자사의 핵심역량에 집중할 수 있도록 해주는 관리형 클라우드 인프라이다. 또한 IBM은 SAP의 전사적인 비즈니스 인텔리전스 애플리케이션들을 구현하여 페록시켐의 비즈니스 요구사항들을 충족하도록 시스템을 구성했다. 새로운 인프라는 엄격한 테스트를 거쳤으며 4개월 반 만에 페록시켐의 기존 IT 운영에 지장을 주지 않으면서 가동될 수 있었다.

페록시켐은 전사적 비즈니스 시스템들을 날렵한 내부팀을 통해 가동하고 확장시킬 수 있다. 이 관리형 IBM 클라우드 호스팅 솔루션 덕분에 페록시켐의 IT 직원들은 일상적인 유지보수 활동에 시간을 덜 소모하고 핵심역량을 강화하여 식품 안전 및 전자제품과 같은 특수 산업을 위한 혁신적

인 제품을 개발하는 데 시간을 더 많이 사용할 수 있게 되었다.

페록시켐은 클라우드 인프라를 사용함으로써 새로운 하드웨어, 소프트웨어, 데이터 센터에 대한 대규모의 선행 자본 투자뿐만 아니라 대규모의 사내 IT 팀의 유지관리 비용과 위험도 줄일 수 있었다. 그리고 새로 구축한 인프라는 확장 가능하여 페록시켐은 회사가 커지거나 업무량이 많아지는 경우에는 컴퓨팅 용량을 늘릴 수 있고, 회사의 사용자 수가 적어지거나 컴퓨팅 작업이 적어지는 경우에는 컴퓨팅 자원들(및 비용)을 줄일 수 있게 되었다. 페록시켐은 컴퓨팅, 저장공간, 네트워킹 자원들을 자체적으로 구매하지 않고도 보다 쉽게 추가할 수 있다. 페록시켐의 클라우드 인프라는 24시간 내내 운영될 수 있어서, 이 글로벌 회사는 비즈니스를 보다 쉽게 수행할 수 있게 되었다.

출처 : David Slovensky, "PeroxyChem Builds a Whole New IT Infrastructure in Less Than Five Months," www.ibm.com, January 17, 2017; "PeroxyChem LLC," www.03-ibm.com, accessed February 20, 2018; Ken Murphy, "PeroxyChem Starts a Cloud Reaction," *SAP Insider Profiles*, December 12, 2016; and www.peroxychem.com, accessed February 20, 2018.

페록시켐의 경험을 다룬 사례는 오늘날 비즈니스를 수행함에 있어 IT 인프라의 중요성을 잘 설명해주고 있다. 기업은 적합한 기술을 합리적인 비용으로 활용함으로써 조직의 성과를 향상시킬 수 있다. 페록시켐은 모회사로부터 분리된 후 자체적인 정보시스템들을 관리하게 되었는데, 이 회사는 자신의 전략과 미래의 성장을 지원할 수 있는 시스템들을 개발할 시간이 없는 상황에서, 자체적인 IT 부서를 구축하고 자체 시스템을 가동시키는 방법을 배우는 것에 큰 부담을 느꼈다. 페록시켐은 운영도 효율적이고 효과적으로 할 수 없는 상황이었다.

다음 도표는 도입 사례와 이 장에서 제기된 주요 주제를 환기시킨다. 모기업으로부터의 분리로 인해, 페록시켐은 필수적인 비즈니스 정보시스템들과 데이터 센터를 구축하고 가동하기 위한 자원과 시간이 부족한 상황에 놓이게 되었다. 그러나 페록시켐은 IT 인프라로 클라우드 컴퓨팅을 사용함으로써 IT 시스템들에 대한 운영과 관리를 외부 전문가들에게 신속하게 넘길 수 있었고, 이로 인해 아주 소규모의 사내 IT 직원들만 유지할 수 있었고, 또한 그들이 일상적인 운영보다는 혁신 관련 업무 지원에 집중할 수 있도록 만들 수 있었다. 페록시켐은 실제로 필요에 따라 사용하는 컴퓨팅 용량에 대해서만 비용을 지불하면 됐고, 광범위하고 비용이 많이 드는 선행 IT 투자는 할 필요가 없었다.

다음의 몇 가지 질문에 대해 생각해보자. 페록시켐이 클라우드 컴퓨팅 인프라를 사용함으로써 얻을 수 있는 비즈니스 이점들은 무엇이었는가? 기업 분리는 페록시켐의 솔루션 선택에 있어 어떤 역할을 했는가?

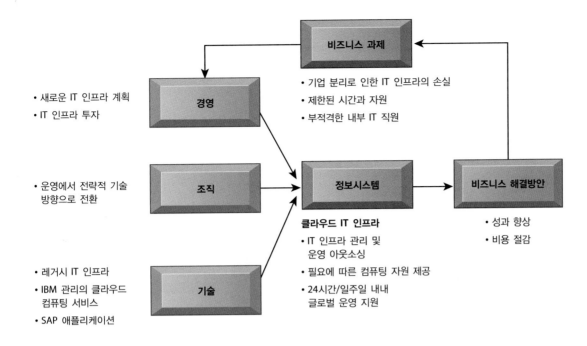

5-1 IT 인프라는 무엇이고, IT 인프라의 발전 단계와 기술적 주도 요인은 무엇인가?

제1장에서 우리는 IT 인프라(IT infrastructure)를 기업의 특정 정보시스템들에 대한 플랫폼을 제공하는 공유된 기술 자원들로 정의하였다. IT 인프라에는 기업 전체 또는 기업의 전 사업단위들을 통해 공유되는 하드웨어, 소프트웨어, 서비스(컨설팅, 교육, 훈련 같은)에 대한 투자가 포함된다. 기업의 IT 인프라는 고객들에 대한 서비스 제공, 벤더들과의 협업, 내부 비즈니스 프로세스들에 대한 관리를 위한 기초를 제공한다(그림 5.1 참조).

2018년 미국 기업들이 IT 인프라(하드웨어, 소프트웨어, 네트워킹, IT 서비스)에 투자한 3조 7,000억 달러로 추정된다(Gartner, 2018). 인프라에 대한 대기업들의 투자는 정보기술 지출의 25~50%를 차지하는데, 이러한 투자는 주로 IT 투자가 전체 자본 투자의 반 이상을 차지하는 금융 서비스 회사들이 주도하고 있다.

IT 인프라의 정의

IT 인프라는 기업 전체를 운영하는 데 필요한 물리적 장비와 소프트웨어 애플리케이션들로 구성된다. 그러나 IT 인프라는 경영진에 의해 예산이 책정되고 인간 및 기술 역량들로 구성된 일련의 서비스들도 포함한다. 이와 같은 전사적 서비스들은 다음과 같다.

- 컴퓨팅 플랫폼 : 직원, 고객, 공급자를 일관된 디지털 환경으로 연결시키는 컴퓨팅 서비스들을 제공하는 데 사용된다. 이런 환경에는 대형 메인프레임, 중형 컴퓨터, 데스크톱 및 노트북 컴퓨터, 모바일 휴대용 기기, 원격 클라우드 컴퓨팅 서비스 등이 포함된다.
- 정보통신 서비스 : 직원, 고객, 공급자들이 데이터, 음성, 비디오에 접속할 수 있게 해준다.
- 데이터 관리 서비스 : 기업 데이터를 저장하며, 이런 데이터들을 분석하기 위한 기능들을 제공한다.
- 애플리케이션 소프트웨어 서비스 : 온라인 소프트웨어 서비스들을 포함하며, 전사적자원관리

그림 5.1 기업, IT 인프라, 비즈니스 역량 간의 상호관계

기업이 고객, 공급자, 직원들에게 제공할 수 있는 서비스들은 IT 인프라의 직접적인 기능 중 하나이다. 이상적으로 IT 인프라는 기업의 비즈니스와 정보시스템 전략을 지원해야 한다. 새로운 정보기술들은 고객들에게 제공되는 서비스뿐만 아니라 비즈니스 및 IT 전략에도 강력한 영향을 미친다.

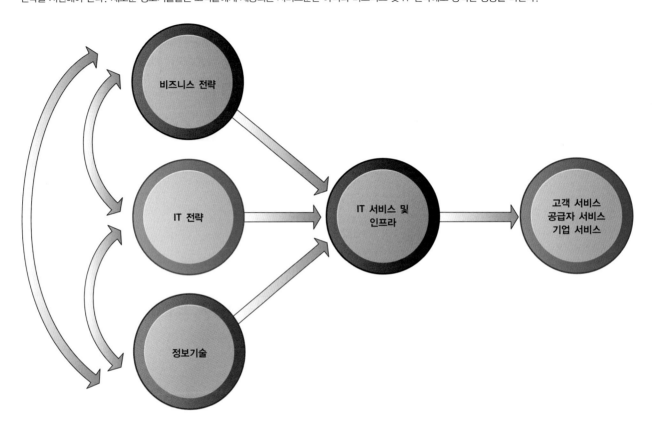

(ERP), 고객관계관리(CRM), 공급사슬관리(SCM), 지식경영(KM)과 같이 모든 사업단위에 공유되는 전사적 기능들을 제공한다.

- 물리적 설비관리 서비스 : 컴퓨팅, 정보통신, 데이터 관리 서비스들에 대해 요구되는 물리적 시설들을 구축하고 관리한다.
- IT 관리 서비스 : 인프라를 계획 및 개발하고, 사업단위들과 IT 서비스들에 대해 협의하고, IT 지출에 대한 회계를 관리하고, 프로젝트 관리 서비스를 제공한다.
- IT 표준 서비스 : 기업과 사업단위들에게 어떤 정보기술을 언제, 어떻게 사용할지 결정할 수 있는 정책들을 제공한다.
- IT 교육 서비스 : 직원들에게는 시스템 사용 교육을 제공하고, 관리자들에게는 IT 투자 계획 및 관리 교육을 제공한다.
- IT R&D 서비스 : 시장에서 기업 차별화에 도움이 되는 미래의 잠재적인 IT 프로젝트와 투자에 관련된 연구를 수행한다.

이런 '서비스 플랫폼' 관점은 인프라에 대한 투자로부터 얻을 수 있는 비즈니스 가치를 더 쉽게 이해할 수 있도록 해준다. 예를 들어 초고속 인터넷과 연결된 약 1,000달러의 3.5기가헤르츠 PC의 사용자가 누가 될지, 그리고 이 PC가 어떤 용도로 사용될지 모른다면, 이 PC를 통해 얻을 수 있는 실제 총 비즈니스 가치를 이해하는 것은 어렵다. 그러나 우리가 이런 도구들이 제공하는 서비스들을 살펴볼 때 이것들의 가치는 더 명확해진다. 새로운 PC는 1년에 10만 달러를 받는 고비용의 직

원이 기업의 모든 주요 시스템과 일반 인터넷에 접속하는 것을 가능케 해준다. 초고속 인터넷 서비스는 이런 직원이 기업 및 인터넷의 정보를 기다리는 시간을 하루에 약 1시간 정도 줄여준다. 이런 PC와 인터넷 연결이 없다면 이 회사에 대한 이 직원의 가치는 반으로 줄어들 수도 있다.

IT 인프라의 발전

오늘날 조직의 IT 인프라는 50년 이상에 걸친 컴퓨팅 플랫폼 발전 과정의 연속선상에 있다. IT 인프라의 발전 과정은 컴퓨팅 성능과 인프라 요소를 기준으로 볼 때 5단계로 나누어 볼 수 있다(그림 5.2 참조). 이 5단계의 시대들은 범용 메인프레임 및 미니컴퓨터 컴퓨팅, 개인용 컴퓨터, 클라이언트/서버 네트워크, 전사적 컴퓨팅, 클라우드 및 모바일 컴퓨팅이다.

하나의 시대를 특징짓는 기술들은 다른 시대에 다른 목적을 위해서도 사용될 수 있다. 예를 들어 어떤 기업들은 오늘날에도 여전히 전통적인 메인프레임 또는 미니컴퓨터 시스템을 사용하고 있는데, 이 컴퓨터들은 예전과는 달리 대형 웹사이트들과 기업의 전사적 애플리케이션들을 지원하기 위한 대형 서버로 활용되고 있다.

범용 메인프레임 및 미니컴퓨터 시대(1959~현재)

IBM 1401 및 7090과 같은 트랜지스터화된 장비들이 도입된 1959년에 **메인프레임**(mainframe) 컴퓨터의 상업적 활용이 시작되었다. 1965년, IBM 360 시리즈의 출시를 계기로 범용의 상업용 메인프레임 컴퓨터가 진정한 인정을 받게 되었다. 360은 강력한 운영체제를 갖춘 최초의 상업용 컴퓨터였는데, 이 운영체제는 더 발전된 모델의 시분할(time sharing) 처리 방식, 다중작업, 가상메모리를 제공하였다. IBM은 이 시점부터 메인프레임 컴퓨팅을 지속적으로 지배해 왔다. 메인프레임 컴퓨터들은 독자적인 통신 프로토콜과 데이터 라인을 사용하는 중앙의 메인프레임과 연결된 수많은 원격 터미널을 지원하기에 충분할 만큼 강력해졌다.

메인프레임 시대는 하나의 하드웨어 및 소프트웨어 제조업체가 IT 인프라 요소들의 대부분을 공급하는 가운데, (일반적으로 기업의 데이터 센터에 근무하는) 전문적인 프로그래머와 시스템 운영자들의 통제하에서 고도로 중앙집중화된 컴퓨팅이 이루어지는 시기였다.

이런 패턴은 1965년 DEC(Digital Equipment Corporation)에 의해 생산된 **미니컴퓨터**(minicomputer) 도입으로 변하기 시작했다. DEC 미니컴퓨터들(PDP-11 및 이후의 VAX 장비)은 IBM 메인프레임들보다 훨씬 저렴한 가격으로 강력한 장비들을 제공하였는데, 이런 장비들은 하나의 거대한 메인프레임에서의 시분할 처리보다는 개별 부서 또는 사업단위의 특정 요구들에 맞춤화된 분산 컴퓨팅을 가능케 했다. 최근 몇 년 동안 미니컴퓨터는 중형 컴퓨터 또는 중형 서버로 발전해 왔고 이제는 네트워크의 일부분이 되어 있다.

개인용 컴퓨터 시대(1981~현재)

최초의 진정한 개인용 컴퓨터들(몇 개의 이름을 언급하자면 제록스 알토, MIT의 알테어 8800, 애플 I, II)은 1970년대에 등장했지만, 컴퓨터 팬들에 대한 이런 컴퓨터의 공급은 제한적이었다. IBM PC가 미국 업체들에서 널리 사용되기 시작한 최초의 컴퓨터였기 때문에, 이 PC가 등장한 1981년을 일반적으로 PC 시대가 시작되는 시점으로 받아들인다. 처음엔 텍스트 기반의 명령 언어인 DOS 운영체제를, 그리고 나중에는 마이크로소프트 윈도우 운영체제를 이용하는 **윈텔 PC**(Wintel PC) 컴퓨터(인텔 마이크로프로세서를 가진 컴퓨터에 대한 윈도우 운영체제 소프트웨어)는 데스크톱 컴퓨터의 표준이 되었다. 이후 테블릿과 스마트폰의 보급으로 PC 매출은 세계적으로 감소세를 보여왔

그림 5.2   IT 인프라 발전 과정

여기서는 다섯 가지의 IT 인프라 발전 시대들에 대한 각각의 특징을 보여주는 전형적인 컴퓨팅 구성들을 예시한다.

IT 인프라 발전 단계

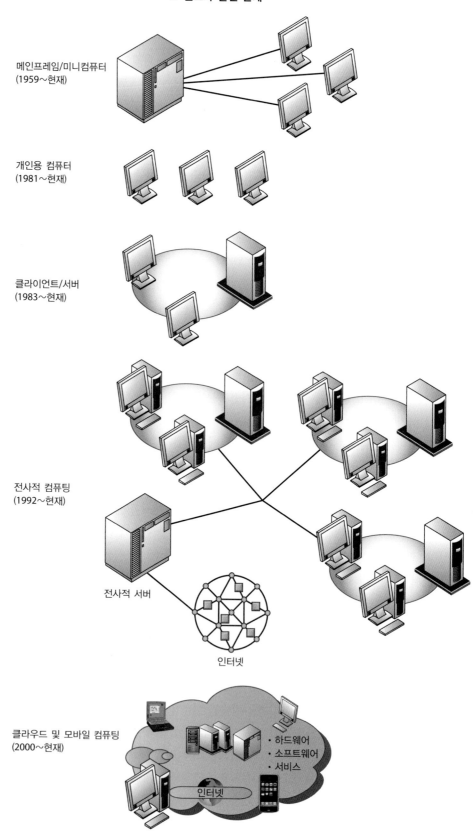

메인프레임/미니컴퓨터
(1959~현재)

개인용 컴퓨터
(1981~현재)

클라이언트/서버
(1983~현재)

전사적 컴퓨팅
(1992~현재)

전사적 서버

인터넷

클라우드 및 모바일 컴퓨팅
(2000~현재)

• 하드웨어
• 소프트웨어
• 서비스

인터넷

지만, 기업에서 PC는 여전히 가장 일반적인 도구로 활용되고 있다. 최근 데스크톱 PC의 약 88%가 윈도우 환경에서 그리고 8%는 매킨토시 운영체제에서 돌아가는 것으로 보인다. 그러나 아이폰과 안드로이드 기기의 판매 증가로 컴퓨팅 플랫폼으로서의 윈텔의 시장지배력은 감소하고 있다.

1980년대에서 1990년대 초에 걸친 PC 확산은 개인용 데스크톱 생산성 소프트웨어 도구들(워드 프로세서, 스프레드시트, 전자적 프레젠테이션 소프트웨어, 작은 데이터 관리 프로그램)의 범람을 가져왔는데, 이런 도구들은 가정과 회사 모두의 사용자들에게 매우 유용한 것들이었다. 이런 PC들은 1990년대에 PC 운영체제가 PC들을 네트워크로 연결시킬 수 있기 전까지는 독립형 시스템으로 존재했다.

클라이언트/서버 시대(1983~현재)

클라이언트/서버 컴퓨팅(client/server computing)에서 **클라이언트**(client)라 불리는 데스크톱 또는 노트북 컴퓨터들은 네트워크를 통해 클라이언트 컴퓨터들에 다양한 서비스 및 기능을 제공해주는 강력한 **서버**(server)와 연결된다. 이와 같은 두 가지 컴퓨터 간의 컴퓨터 처리 작업은 서로 분리되어 있다. 클라이언트는 사용자 입력에 초점을 맞추는 반면, 서버는 일반적으로 공유 데이터들에 대한 처리 및 저장, 웹페이지 지원, 또는 네크워크 활동 관리와 같은 역할들을 수행한다. 서버라는 용어는 소프트웨어 애플리케이션과 네트워크 소프트웨어가 실행되는 물리적 컴퓨터 모두를 일컫는다. 서버는 메인프레임으로 구축될 수도 있지만, 오늘날의 서버 컴퓨터들은 일반적으로 더 강력한 PC 버전 컴퓨터로 구축된다. 이런 서버 컴퓨터들은 저렴한 칩에 기반을 두며, 종종 하나의 컴퓨터에서 여러 개의 프로세서를 사용하기도 한다.

가장 단순한 클라이언트/서버 네트워크는 하나의 서버 컴퓨터에 네트워크로 연결된 하나의 클라이언트 컴퓨터로 구성되는데, 이 두 가지 컴퓨터 간에는 처리 역할이 분담되어 있다. 이런 구조를 2계층 클라이언트/서버 아키텍처(2-tiered client/server architecture)라 부른다. 단순한 클라이언트/서버 네트워크들은 소기업들에서 찾아볼 수 있는 반면, 대부분의 기업들에는 보다 복잡한 **다중계층**(multitiered)[종종 N계층(N-tier)이라 하는] **클라이언트/서버 아키텍처**(client/server architecture)가 있다. 이런 다중계층 아키텍처에서는 요청되는 서비스 종류에 따라 다수의 상이한 서버들을 통해 네트워크상의 작업 부하들이 조정된다(그림 5.3 참조).

예컨대 첫 번째 수준에서 **웹서버**(web server)는 클라이언트의 서비스 요청에 대해 클라이언트에게 웹페이지를 보내준다. 웹서버 소프트웨어는 저장된 웹페이지들을 찾고 관리하는 역할을 담당한다. 만약 클라이언트가 기업시스템(예 : 제품 리스트 또는 가격정보)에 대한 접근 요청을 하면, 이 요청은 **애플리케이션 서버**(application server)로 전달된다. 애플리케이션 서버 소프트웨어는 사용자와 조직의 후방 비즈니스 시스템 간의 모든 애플리케이션 운영을 다룬다. 이런 애플리케이션 서버는 웹서버와 같은 컴퓨터 또는 별도의 전용 컴퓨터에 존재한다. 제6, 7장에서는 전자상거래 및 e-비즈니스를 위한 다중계층 클라이언트/서버 아키텍처에 사용되는 여타 소프트웨어들이 더 자세히 설명된다.

클라이언트/서버 컴퓨팅은 미니컴퓨터 또는 중앙집중식의 메인프레임 시스템들보다 훨씬 비용이 덜 드는 다수의 작고 저렴한 컴퓨터들로 컴퓨팅 작업을 분산시킬 수 있도록 해준다. 이는 기업 전반에 걸쳐 컴퓨팅 성능 및 애플리케이션을 폭발적으로 증가시키는 결과를 낳았다.

노벨 넷웨어(Novell NetWare)는 클라이언트/서버 시대 초반에 클라이언트/서버 네트워킹을 주도한 기술이다. 오늘날 마이크로소프트는 **윈도우**(Windows) 운영체제(윈도우 서버, 윈도우 10, 윈도우 8, 윈도우 7)를 가지고 시장을 주도하고 있다.

그림 5.3 다중계층(N계층) 클라이언트/서버 네트워크

다중계층 클라이언트/서버 네트워크에서 클라이언트는 상이한 수준의 서버들에서 처리되는 서비스들을 요청한다.

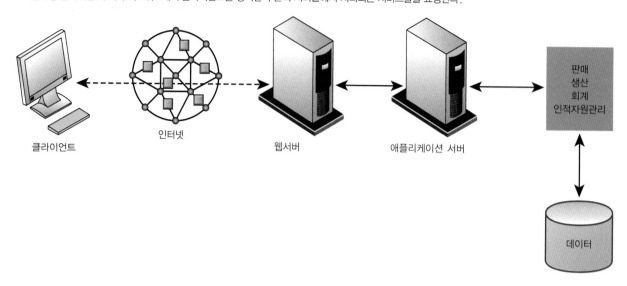

전사적 컴퓨팅 시대(1992~현재)

1990년대 초, 기업들은 서로 다른 종류의 네트워크들과 애플리케이션들을 전사적 인프라에 통합시킬 수 있는 네트워킹 표준과 소프트웨어 도구들로 방향을 선회했다. 인터넷이 1995년 이후 믿을 만한 커뮤니케이션 환경으로 발전되면서, 기업들은 적극적으로 TCP/IP(Transmission Control Protocol/Internet Protocol) 네트워킹 표준을 사용하여 서로 다른 종류의 네트워크를 함께 묶기 시작했다. 우리는 제7장에서 TCP/IP에 대해 자세히 논의할 것이다.

이런 결과로 생겨난 IT 인프라는 정보들이 기업 전반으로 그리고 기업과 여타의 조직 간에서 자유롭게 흐를 수 있도록 상이한 컴퓨터 하드웨어들과 더욱 작은 네트워크들을 전사적 네트워크로 연결시킨다. IT 인프라는 상이한 유형들의 메인프레임, 서버, PC, 모바일 단말기, 그리고 여타의 휴대용 기기들을 연결시키는데, 이런 IT 인프라에는 전화 시스템, 인터넷, 공중망 서비스 등과 같은 공공 인프라도 포함된다. 전사적 인프라는 서로 다른 별개의 애플리케이션들을 연결시켜주고 전사적 애플리케이션(제2, 9장 참조), 웹서비스(5-4절에서 논의) 등과 같은 상이한 부분들 간에 데이터들이 자유롭게 흐를 수 있도록 해주는 소프트웨어들도 필요로 한다.

클라우드 및 모바일 컴퓨팅 시대(2000년~현재)

인터넷의 대역폭 파워의 성장은 클라이언트/서버 모델을 '클라우드 컴퓨팅 모델'이라 불리는 방향으로 한 단계 더 업그레이드시켰다. **클라우드 컴퓨팅**(cloud computing)은 주로 인터넷을 통해 컴퓨팅 자원들(컴퓨터, 저장장치, 애플리케이션, 서비스)에 대한 접근을 가능케 해주는 컴퓨팅 모델이다. 컴퓨팅 자원의 '클라우드'는 어떤 기기나 위치에서도 필요에 따라 접근할 수 있다.

클라우드 컴퓨팅은 최근 가장 빠르게 성장하고 있는 컴퓨팅 형태로서 2020년에는 전 세계적으로 공공 클라우드에 지출되는 비용이 4,110억 달러에 이르렀다. 시스코 시스템즈(Cisco Systems)는 2021년경에는 모든 컴퓨터 작업량의 94%가 클라우드 환경에서 처리될 것으로 전망한 바 있다(Gartner, 2017; Cisco, 2018).

수천 또는 심지어 수십만 개의 컴퓨터들이 클라우드 데이터 센터와 연동되고 있는데, 이 컴퓨터들은 개인 및 기업 컴퓨팅 모두가 모바일 플랫폼으로 점점 더 많이 이동되는 상황에서 데스크톱 컴

퓨터, 노트북 컴퓨터, 태블릿, 엔터테인먼트 센터, 스마트폰, 그리고 인터넷과 연결된 여타의 기기들에 의해 접근될 수 있다. 아마존, 구글, IBM, 마이크로소프트 등은 거대하고 확장 가능한 클라우드 컴퓨팅 센터를 운영함으로써 IT 인프라를 원격으로 관리하고 싶어 하는 기업들에게 컴퓨팅 성능, 데이터 저장장치, 그리고 초고속 인터넷 접속을 제공해주고 있다. 구글, 마이크로소프트, SAP, 오라클, 세일즈포스닷컴 등과 같은 기업들은 소프트웨어 애플리케이션을 인터넷을 통해 전달되는 서비스로서 판매하고 있다. 우리는 클라우드 컴퓨팅에 대해 5-3절에서 더 자세히 논의할 것이다.

인프라 발전을 주도한 기술 요인

우리가 지금까지 설명한 IT 인프라의 변화는 비용은 기하급수적으로 감소시키면서도 컴퓨팅 성능은 급격하게 향상시킨 컴퓨터 처리, 메모리 칩, 저장장치, 이동통신 및 네트워킹 하드웨어 및 소프트웨어, 그리고 소프트웨어 설계의 발전에 기인한다. 가장 중요한 발전들을 살펴보자.

무어의 법칙과 마이크로프로세싱 파워

1965년, 초기의 통합 회로 제조업체인 페어차일드 반도체(Fairchild Semiconductor)의 연구개발실 책임자인 고든 무어(Gordon Moore)는 *Electronics*에 글을 기고했는데, 그 내용은 마이크로프로세서 칩(microprocessor chip)이 나온 1959년 이래 최소의 제조비용으로 제작된 칩의 구성요소(일반적으로 트랜지스터)의 숫자가 매년 2배씩 증가해 왔다는 것이다. 이런 주장이 **무어의 법칙**(Moore's Law)의 기초가 되었다. 그는 나중에 성장률이 2년마다 2배씩 증가한다고 수정하였다.

이 법칙은 나중에 여러 가지 방식으로 해석되었다. 무어의 법칙에는 적어도 다음과 같은 세 가지 해석이 있는데, 그 어느 것도 무어가 언급한 것은 아니다. (1) 마이크로프로세서의 성능은 18개월마다 2배가 된다. (2) 컴퓨팅 성능은 18개월마다 2배가 된다. (3) 컴퓨팅 가격은 18개월마다 반으로 떨어진다.

그림 5.4는 마이크로프로세서에 대한 트랜지스터의 개수와 초당 처리 가능한 명령 개수(millions of instructions per second, MIPS) 간의 관계, 즉 일반적인 프로세서 성능 측정을 보여준다. 그림 5.5는 트랜지스터 비용의 기하급수적인 하락과 컴퓨터 성능의 향상을 보여준다. 예를 들어 2018년에는 25억 개의 트랜지스터를 가진 인텔 i7 프로세서를 아마존에서 트랜지스터당 1,000만 분의 1 달러로 살 수 있게 되었다.

컴퓨팅 비용의 급격한 감소와 결부된 트랜지스터 숫자와 프로세서 성능의 급격한 증가는 아주 오래 지속될 수 없을지도 모른다. 지난 5년간 비용 개선 비율은 연간 30%에서 한 자릿수로 떨어졌다. 칩 제조업자들은 계속해서 구성요소들의 소형화를 추구해 오고 있다. 오늘날 트랜지스터의 크기는 14나노미터(nanometers)이며 더 이상 사람의 모발(80만 나노미터)이 아니라 바이러스(400나노미터)와 비교되어야 한다. 앞으로 5년 또는 그 이내에 칩 제조사들은 반도체 크기에 있어 물리적 한계에 도달할 수 있다. 이렇게 되면 칩 제조사들은 대안으로 실리콘 칩을 사용하거나 컴퓨터를 더 강력하게 만드는 다른 방법을 찾아야 할 수도 있다.

칩 제조사들은 나노기술을 이용하여 트랜지스터의 크기를 여러 개의 원자를 합친 넓이로 축소할 수 있다. **나노기술**(nanotechnology)은 현재의 기술들이 허용하는 것보다 수천 배 더 작은 컴퓨터 칩과 여타 장비들을 생산하기 위해 개별 원자들과 분자들을 이용한다. 칩 제조업체들은 나노튜브(nanotube) 프로세서를 경제적으로 생산할 수 있는 제조 프로세스를 발전시켰고, 스탠퍼드대학교의 과학자들은 나노튜브 컴퓨터를 개발하였다.

그림 5.4 **무어의 법칙과 마이크로프로세서 성능**

50억 개 이상의 트랜지스터를 하나의 작은 마이크로프로세서로 묶어 내면서 처리능력이 급격하게 증대되었다. 프로세싱 성능은 250,000MIPS 이상(초당 약 26억 개의 명령어 처리)으로 증가하였다.

출처 : 저자 추정

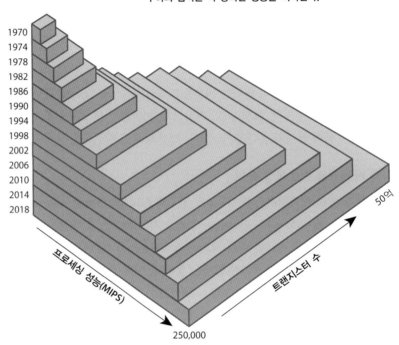

무어의 법칙은 더 강력한 성능을 의미한다.

그림 5.5 **떨어지는 칩 가격**

더 많은 트랜지스터를 더 작은 공간으로 묶어 넣는 것은 트랜지스터가 사용되는 제품의 가격뿐만 아니라 트랜지스터 자체의 가격도 급격하게 떨어뜨렸다.

출처 : 저자 추정

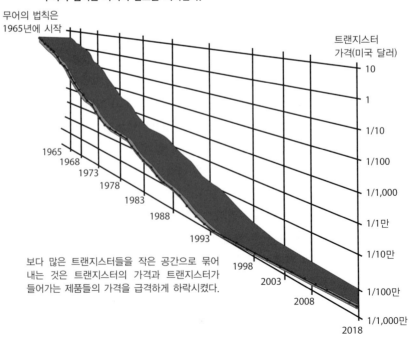

무어의 법칙은 가격의 감소를 의미한다.

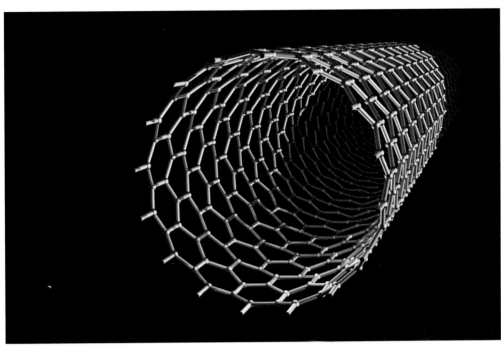

나노튜브는 인간의 머리카락보다 약 10,000배가량 더 가는 튜브이다. 이것은 둥글게 말아 올린 육각형 탄소판으로 구성되며 대단히 가는 선의 형태로 극소형의 전자장비에서 사용이 가능하고 강력한 전류 전도체 역할을 한다.

대용량 디지털 저장 법칙

IT 인프라 변화의 두 번째 주도 요인은 대용량 디지털 저장 법칙(Law of Mass Digital Storage)이다. 디지털 정보의 양은 대충 매년 2배씩 증가한다(Lyman and Varian, 2003). 다행히도 디지털 정보를 저장하는 비용은 1년에 100%씩 기하급수적인 비율로 떨어졌다. 그림 5.6은 1950년에 1달러에 마그

│그림 5.6 **급속하게 증가한 달러당 저장공간(1950~2018년)**

구글 드라이브와 같은 클라우드 스토리지 서비스는 매달 1.99달러에 100기가바이트의 저장공간을 제공한다.

출처 : 저자 추정

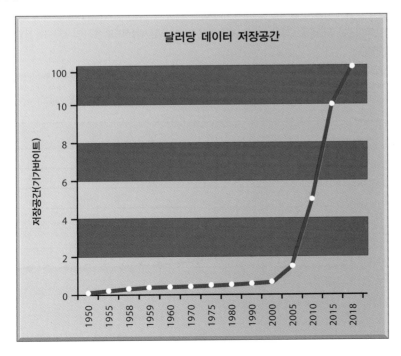

네틱 미디어에 저장될 수 있었던 메가바이트의 숫자가 오늘날까지 15개월마다 대략 2배씩 증가해 온 추세를 보여주고 있다. 2018년, 1테라바이트 하드디스크 드라이브는 소매점에서 약 50달러에 팔리고 있다.

멧칼프의 법칙과 네트워크 경제

무어의 법칙과 대용량 저장 법칙은 이제 왜 이렇게 사용 가능한 컴퓨팅 자원들이 많은지를 이해하는 데 도움을 준다. 그러나 사람들은 왜 더 강력한 컴퓨팅 및 저장 성능을 원하는가? 네트워크 경제와 인터넷의 성장이 일부의 답변들을 제공한다.

이더넷(Ethernet) LAN 기술을 발명한 로버트 멧칼프(Robert Metcalfe)는 1970년에 네트워크 성장의 가치 또는 파워는 네트워크 사용자들의 숫자에 대한 함수로서 급격하게 증가한다고 주장하였다. 멧칼프와 다른 이들은 네트워크에 참여자들이 늘어날수록 참여자들은 그만큼 더 많은 것을 얻을 수 있다는 수확체증의 법칙(increasing returns to scale)을 지적한다. 네트워크의 참여자 수가 선형적으로 증가함에 따라 전체 시스템의 가치는 급격하게 증가하며, 이론적으로는 이런 성장이 영원히 지속된다는 것이다. 정보기술에 대한 수요는 디지털 네트워크들의 사회적·비즈니스적 가치에 의해 주도되어 왔는데, 이런 디지털 네트워크들은 네트워크 참여자들 간의 실제적이고 잠재적인 연결관계의 수를 급속하게 증가시킨다.

감소하는 통신비용과 인터넷

IT 인프라를 변화시키는 네 번째 기술적 주도 요인은 통신비용의 급속한 감소와 인터넷 규모의 급격한 증가이다. 현재 전 세계의 인터넷 접속자는 대략 42억 명 정도다(Internetworldstats, 2018). 그림 5.7은 인터넷과 (인터넷 기반으로 증가한) 전화망 모두를 이용한 통신비용의 급격한 감소를 보여준다. 통신비용이 매우 작은 수로 떨어져 거의 0에 이르게 됨에 따라, 통신 설비와 컴퓨팅 설비의 활용은 폭발적으로 증가하였다. 2018년, 인터넷을 통한 1메가비트 접속비용은 약 2.6달러다. 2000년엔 이에 대한 비용은 300달러 이상이었다. 이와 동일한 기간에 가정집 평균 인터넷 속도는

┃ 그림 5.7   인터넷 통신비용의 급격한 감소($/Mbps)

인터넷과 전화망을 이용한 통신비용은 급격하게 감소되어 왔는데, 이는 전 세계적으로 통신 및 컴퓨팅을 폭발적으로 성장시킨 동력으로 작용하였다.

출처 : 2007-2018: "Average Internet Connection Speed in the United States from 2007 to 2017 (in Mbps), by Quarter" Statista, 2018; 2006 Home Broadband Adoption 2006 BY John B. Horrigan PEW Research 2007; Internet speeds: How Fast Does Internet Speed grow?By Xah Lee, Date: 2006-12-30, Last updated: 2017-01-22,http://xahlee.info/comp/bandwidth.html

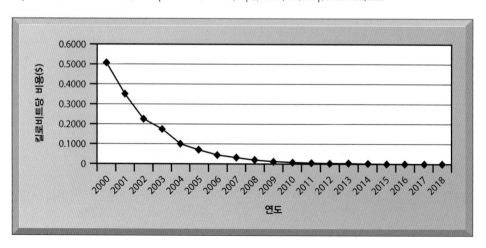

0.2Mpbs에서 18Mbps로 증가되었다.

기업들이 인터넷과 연관된 비즈니스 가치를 활용하기 위해서는 무선 접속을 포함하여 인터넷 접속을 엄청나게 확장시켜야 하며, 클라이언트/서버 네트워크, 데스크톱 클라이언트, 모바일 컴퓨팅 기기의 성능도 크게 증대시켜야 한다. 이런 추세가 지속될 것으로 믿을 수 있는 이유들은 충분히 존재한다.

표준 및 네트워크 효과

제조업자들 간의 동의와 **기술 표준**(technology standards)에 대한 폭넓은 소비자들의 수용이 없었더라면, 오늘날과 같은 기업 인프라와 인터넷 컴퓨팅은 현재뿐만 아니라 미래에도 불가능할 것이다. 기술 표준은 제품들 간의 호환성 및 네트워크를 통한 통신능력을 구축하는 세부 내역이다.

제조업자가 하나의 표준을 따르는 제품에 초점을 맞출 때, 기술 표준은 규모의 경제를 더 강화하고 가격을 떨어뜨리는 결과를 야기한다. 기술 표준을 통한 규모의 경제가 없었더라면, 어떠한 종류의 컴퓨팅도 지금보다는 더 비싸게 취급되고 있을 것이다. 표 5.1은 IT 인프라를 형성해 온 중요한 표준들을 설명하고 있다.

1990년대 들어 기업들은 표준 컴퓨팅 및 통신 플랫폼으로 움직이기 시작하였다. 윈도우 운영체제와 데스크톱 생산성 애플리케이션인 마이크로소프트 오피스를 가진 윈텔 PC는 표준 데스크톱

표 5.1 중요한 컴퓨팅 표준

표준	중요성
ASCII(American Standard Code for Information Interchange)(1958)	서로 다른 제조업자들이 만든 컴퓨터들이 데이터를 교환할 수 있도록 해준다. 나중에는 키보드나 마우스와 같은 입력 장치를 출력 장치와 연결시켜주는 일반 언어로 사용된다. 1963년 미국 표준협회(ANSI)에 의해 채택되었다.
COBOL(Common Business Oriented Language)(1959)	프로그래머의 비즈니스 관련 프로그램 개발능력을 엄청나게 확장시키고 소프트웨어 비용을 엄청나게 감소시킨, 사용하기 쉬운 소프트웨어 언어. 1959년 미국 국방부가 후원하였다.
유닉스(Unix)(1969~1975)	강력한 멀티태스킹, 다중사용자, 휴대용 운영체제로서 벨 연구소가 처음 개발하였고(1969년), 나중에 다른 이들에 의해 출시되었다(1975년). 이것은 서로 다른 제조업체들이 만든 컴퓨터들에서 광범위하게 사용된다. 1980년대에는 썬(Sun), IBM, HP, 그리고 여타 기업들이 채택하였고, 가장 널리 사용되는 기업 수준의 운영체제가 되었다.
이더넷(Ethernet)(1973)	데스크톱 컴퓨터들을 LAN으로 연결시키는 네트워크 표준으로서 클라이언트/서버 컴퓨팅과 LAN 사용의 확산을 가능케 하였고, 더욱이 개인용 컴퓨터들의 사용도 촉진시켰다.
TCP/IP(Transmission Control Protocol/Internet Protocol)(1974)	커뮤니케이션 프로토콜과 공통의 주소지정 구조에 대한 스위트(suite)로서, 수많은 컴퓨터들이 하나의 거대한 글로벌 네트워크(인터넷)에서 서로 연결될 수 있도록 해준다. 후에 LAN과 인트라넷에 대한 기본 네트워킹 프로토콜 스위트로 사용되었다. 1970년대 초 미국 국방부를 위해 개발되었다.
IBM/마이크로소프트/인텔 개인용 컴퓨터(1981)	표준 인텔 프로세서와 여타 표준 기기들, 마이크로소프트 DOS, 그리고 이후에는 윈도우 소프트웨어를 기반으로 한 개인용 데스크톱 컴퓨팅을 위한 표준 윈텔 설계를 따르는 PC. 이런 저렴한 표준 제품의 출현은 25년 동안 지구상의 모든 조직 전반에 걸친 컴퓨팅의 폭발적인 성장의 토대였다. 오늘날 10억 대 이상의 PC는 기업 및 정부기관의 일상적인 활동들을 뒷받침하고 있다.
월드와이드웹(WWW)(1989~1993)	텍스트, 그래픽, 오디오, 비디오를 포함하는 전자문서에 대한 세계적인 거미줄로서, 정보를 저장하고, 조회하고, 형식화하고, 보여주는 표준이다. 이것은 엄청나게 많은 웹페이지들에 대한 글로벌 저장소가 생성될 수 있도록 해준다.

및 모바일 클라이언트 컴퓨팅 플랫폼이 되었다(윈텔 PC는 이제 애플의 iOS, 매킨토시 운영체제, 안드로이드 운영체제와 같은 표준들과 함께 관심의 집중을 받고 있다). 유닉스-리눅스가 기업 서버의 운영체제로 확산됨에 따라 기존의 독점적이고 값비싼 메인프레임 인프라는 이러한 운영체제로 대체될 수 있었다. 정보통신 분야에서 이더넷 표준은 PC가 소규모의 LAN(제7장 참조)과 서로 연결될 수 있게 해주었으며, TCP/IP 표준은 이런 LAN들이 전사적 네트워크로 연결되어 결국에는 인터넷에까지 연결될 수 있도록 해주었다.

5-2 IT 인프라의 구성요소들은 무엇인가?

오늘날 IT 인프라는 일곱 가지의 주요 요소로 구성된다. 그림 5.8은 이와 같은 인프라의 요소들과 각 요소 범주의 주요 벤더들을 보여준다. 이 요소들은 기업에게 일관된 인프라를 제공하기 위해 또 다른 요소들과 연계되어야 할 투자 대상들이다.

과거에 기술 벤더들은 호환되지 않고 독자적이며 부분적인 솔루션들을 구매 기업들에게 공급하면서도 자주 경쟁하는 관계였다. 그러나 많은 고객들에 의해 벤더 기업들은 서로 전략적 파트너십

그림 5.8 IT 인프라 생태계

일관된 IT 인프라를 기업에게 제공하기 위해서는 일곱 가지 주요 구성요소가 조화되어야 한다. 여기에는 각 구성요소에 대한 기술과 공급자들이 나열되어 있다.

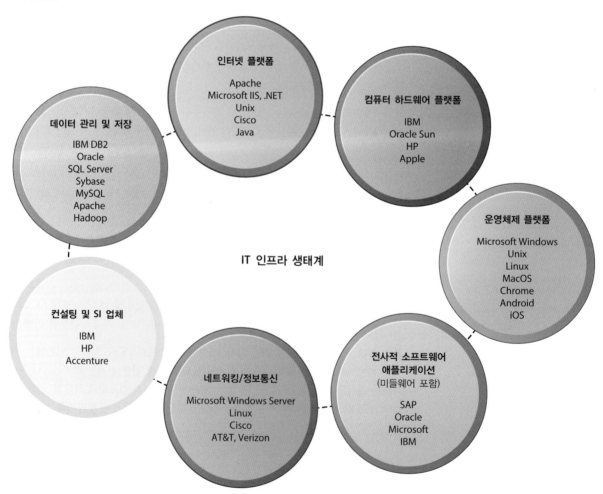

을 가지고 협력하도록 점점 강요받았다. 예를 들어 모든 주요 기업용 소프트웨어 제공자들과 협력하는 IBM과 같은 하드웨어 및 서비스 제공자는 시스템 통합자들(system integrators)(또는 SI 업체들)과 전략적 관계를 맺고 있으며, 고객 기업들이 사용하고 싶어 하는 데이터베이스 제품이면 어느 것이라도 사용하겠다는 점을 약속한다(비록 IBM은 DB2라고 하는 자사의 데이터베이스 관리 소프트웨어를 판매하고 있지만).

또 다른 큰 변화는 기업이 더 많은 IT 인프라를 클라우드 또는 외부 서비스로 이동시킴으로써 사내 소유를 훨씬 적게 소유하고 관리한다는 것이다. 기업의 IT 인프라의 구성요소 및 서비스들은 일부는 직접 소유되고, 다른 일부는 부분적으로 임대하거나 라이선스를 통해 이용하고, 또 다른 일부는 현장에 설치하고, 또 다른 일부는 및 외부 공급업체 또는 클라우드 서비스를 통해 제공받는 등 다양한 방식들이 혼합된 형태로 사용될 것이다.

컴퓨터 하드웨어 플랫폼

2018년, 전 세계적으로 기업들은 메인프레임, 서버, PC, 태블릿, 스마트폰 등을 포함한 컴퓨터 하드웨어 장비에 7,040억 달러를 사용한 것으로 추정된다. 이러한 모든 기기들은 전 세계의 기업(및 개인) 컴퓨팅을 위한 컴퓨터 하드웨어 플랫폼을 구성한다.

대부분의 기업 컴퓨팅은 인텔에 의해 그리고 일부는 AMD에 의해 설계되고 제조된 마이크로프로세서 칩을 이용해서 수행되고 있다. 인텔과 AMD의 프로세서들은 종종 'i86' 프로세서라 부르는데, 그 이유는 원래 IBM PC들이 인텔의 8086 프로세서를 사용했고, 이 프로세서 이후에 나온 모든 인텔(및 AMD) 칩들은 이 프로세서들과 호환이 되었기 때문이다(예를 들어 어제 구입한 PC에서 10년 전 PC에서 돌아가도록 설계된 소프트웨어 애플리케이션이 가동될 수 있다).

2001년 아이팟에서 2007년 아이폰과 2010년 아이패드에 이르는 모바일 컴퓨팅 기기들의 등장으로, 지난 10여 년간 컴퓨터 플랫폼은 급격하게 변해 왔다. 스마트폰은 세계적으로 20억 명이 사용하고 있다. 이러한 기기들은 소비자 기기 주도로 성장해 온 제2의 컴퓨터 하드웨어의 플랫폼이라 할 수 있다.

모바일 기기들은 첫 번째 컴퓨터 하드웨어 플랫폼의 컴퓨터에 비해 더 적은 양의 작업이 요구되므로 전력 소비가 적고 발열량도 적다. 모바일 기기용 프로세서들은 ARM 홀딩스가 설계한 아키텍처를 사용하여 애플, 삼성, 퀄컴을 포함한 다양한 회사들이 제조하고 있다.

메인프레임은 아직 사라지지 않았다. 메인프레임은 대용량의 거래를 안전하게 처리하고, 대용량의 데이터들을 분석하고, 클라우드 컴퓨팅의 엄청난 부하량을 감당하기 위해 지속적으로 사용되고 있다. 메인프레임은 오래된 소프트웨어 프로그램들에 대한 실행과 특정 하드웨어 플랫폼을 필요로 하는 은행 및 통신회사들에서 여전히 주요한 역할을 하고 있다. 그러나 메인프레임을 제공하는 업체는 IBM 하나로 줄어들었다. IBM은 메인프레임 시스템이 대용량 기업 네트워크와 기업 웹사이트를 위한 대형 서버로 사용될 수 있도록 메인프레임 시스템의 목적을 재설정한 바 있다. IBM 메인프레임 한 대는 리눅스 또는 윈도우 서버 소프트웨어의 엄청나게 많은 프로세스들을 실행할 수 있으며, 또한 많은 수의 더 작은 블레이드 서버들을 대신에 사용될 수도 있다(5-3절의 가상화에 대한 논의 참조).

운영체제 플랫폼

기업 서버의 선두적인 운영체제로는 마이크로소프트 윈도우 서버, **유닉스**(Unix), **리눅스**(Linux)(즉,

유니스 계열의 저렴하고 안정적인 오픈소스 소프트웨어)를 들 수 있다. 마이크로소프트 윈도우 서버는 전사적 운영체제와 네트워크 서비스를 제공할 수 있는데, 윈도우 기반의 IT 인프라를 추구하는 조직들에게는 인기가 있다. 유닉스와 리눅스는 확장 가능하고 신뢰할 만하며 메인프레임 운영체제보다 훨씬 더 저렴하다. 이들은 다수의 상이한 유형들의 프로세서를 가동시킬 수 있다. 유닉스 운영체제의 주요 제공자로는 IBM, HP, 오라클-썬(Oracle-Sun)이 있는데, 이들 각각이 제공하는 버전은 서로 약간씩 다르고 부분적으로는 호환되지 않는다.

PC의 거의 90%는 마이크로소프트 윈도우 **운영체제**(operating system, OS)를 이용하여 컴퓨터의 자원과 활동을 관리하고 있다. 그러나 현재 운영체제의 종류는 휴대용 모바일 디지털 기기나 클라우드에 연결된 컴퓨터들을 대상으로 한 컴퓨팅을 위한 새로운 운영체제 등으로 인해 과거에 비해 훨씬 다양해졌다.

구글의 **크롬 OS**(Chrome OS)는 클라우드 컴퓨팅에 사용되는 가벼운 운영체제로 웹에 연결된 컴퓨터에서 사용된다. 프로그램들은 사용자 PC에 저장되는 것이 아니라 인터넷을 통해 사용되며 크롬 웹브라우저를 통해 접속된다. 사용자 데이터들은 인터넷상의 서버들에 저장된다. **안드로이드**(Android)는 스마트폰이나 태블릿 컴퓨터와 같은 모바일 단말기들에 사용되는 오픈소스 운영체제인데, 구글이 지배하고 있는 오픈 핸드셋 얼라이언스(Open Handset Alliance)사에 의해 발전되어 나가고 있다. 이 운영체제는 전 세계에서 가장 많이 사용되는 스마트폰 플랫폼이 되어 가고 있으며, 애플의 아이패드, 아이폰, 아이팟 터치 등에 사용되는 모바일 운영체제인 iOS와 경쟁하고 있다. 기존의 클라이언트 운영체제 소프트웨어들은 마우스와 키보드를 중심으로 설계되었지만, 점차 터치기술을 활용하여 더욱 자연스럽고 직관적인 방식으로 변해 가고 있다. 엄청나게 인기를 끌고 있는 애플의 아이패드, 아이폰, 아이팟 터치 등에 사용되는 운영체제 **iOS**는 **멀티터치**(multitouch) 인터페이스를 특징으로 하고 있는데, 이는 마우스나 키보드 없이도 화면의 객체들을 하나 이상의 손가락들을 이용하여 다룰 수 있게 해준다. 마이크로소프트 **윈도우 10**(Windows 10)은 PC에서뿐만 아니라 태블릿에서도 가동되는데, 마우스나 키보드뿐만 아니라 터치 방식으로도 인터페이스를 최적화할 수 있도록 해준다. 멀티터치 기능은 안드로이드 기기들에서도 사용 가능하다.

전사적 소프트웨어 애플리케이션

전 세계 기업들이 2018년 IT 인프라의 요소들로 다루어지는 전사적 애플리케이션 소프트웨어에 투자한 금액은 약 3,890억 달러로 추정된다. 우리는 이미 다양한 유형의 전사적 애플리케이션을 제2장에서 소개하였는데, 제9장에서는 이에 대해 더욱 자세히 논의할 것이다.

전사적 애플리케이션 소프트웨어의 최대 제공자로는 SAP와 오라클이 있다. 또한 IBM과 오라클 같은 벤더에 의해 공급되는 미들웨어(middleware) 소프트웨어도 이 범주에 포함되는데, 미들웨어는 기존의 애플리케이션들을 연결함으로써 전사적인 통합을 달성하기 위한 목적으로 사용된다. 마이크로소프트는 중소기업에 초점을 맞춤으로써 시장의 하단으로 이동하려는 시도를 하고 있다.

데이터 관리 및 저장장치

기업 데이터베이스 관리 소프트웨어에 대한 선택은 몇 가지 없는데, 이런 소프트웨어는 기업의 데이터가 효율적으로 접근되고 사용될 수 있도록 데이터들을 조직화하고 관리하는 것을 담당한다. 제6장은 이런 소프트웨어를 자세히 설명한다. 선도적인 데이터베이스 소프트웨어 제공자들로는 IBM(DB2), 오라클, 마이크로소프트(SQL Server), SAP 사이베이스(Sybase)(Adaptive Server

Enterprise) 등이 있다. MySQL은 현재 오라클이 소유하고 있는 관계형 데이터베이스 제품으로 리눅스 오픈소스에서 가동되며, 아파치 하둡(Apache Hadoop)은 대용량 데이터를 관리하는 오픈소스 소프트웨어 프레임워크다(제6장 참조).

네트워킹/정보통신 플랫폼

전 세계 기업들이 2018년 정보통신 서비스에 투자한 금액은 1조 4,300억 달러로 추정된다(Gartner, Inc., 2018). 윈도우 서버가 LAN 운영체제로서 가장 널리 사용되며, 그 뒤를 리눅스와 유닉스가 따르고 있다. 대부분의 전사적 네트워크들은 유닉스의 어떤 변종을 사용한다. 대부분의 LAN뿐만 아니라 전사적 기업 네트워크들도 표준으로 TCP/IP 프로토콜을 사용한다(제7장 참조).

선도적인 네트워킹 하드웨어 제공업체로는 시스코(Cisco)와 주니퍼 네트웍스(Juniper Networks)를 들 수 있다. 정보통신 플랫폼들은 전형적으로 정보통신/전화 서비스 회사들에 의해 제공되는데, 이런 회사들은 음성 및 데이터 통신, 광역 네트워킹, 무선 서비스, 인터넷 접속과 같은 서비스들을 제공한다. 선도적인 정보통신 서비스 벤더들로는 AT&T와 버라이즌(Verizon)이 있다. 이 시장은 셀룰러 무선, 초고속 인터넷, 인터넷 전화 등의 서비스들을 제공하는 새로운 기업들로 인해 급속히 성장하고 있다.

인터넷 플랫폼

인터넷 플랫폼에는 웹 호스팅 서비스, 라우터, 케이블이나 무선장비 등을 포함하여 기업의 웹사이트 지원을 위한 하드웨어, 소프트웨어, 그리고 관리 서비스가 포함된다. **웹 호스팅 서비스**(web hosting service)는 대형의 웹서버 또는 일련의 서버들을 유지 관리하고, 무료 회원들에게 그들의 웹사이트를 유지할 수 있는 공간을 제공한다.

인터넷 혁명은 많은 기업들이 인터넷 운영에 참여하는 수많은 소형 서버들을 구축하는 가운데 컴퓨터의 진정한 폭증을 주도하였다. 그 이후 서버 통합을 향한 점진적인 노력들이 존재해 왔으며, 동시에 서버 컴퓨터의 크기와 성능이 증가함에 따라 서버 수는 감소해 왔다. 인터넷 하드웨어 서버 시장은 가격이 급격하게 떨어지면서, IBM, 델, 썬(오라클), HP 중심으로 변해 갔다.

주요 웹 소프트웨어 애플리케이션 개발 도구와 스위트를 제공하는 업체들로는 마이크로소프트(마이크로소프트 비주얼 스튜디오와 마이크로소프트 .NET 계열의 개발 도구들), 오라클-썬, 그리고 독립적인 소프트웨어들을 개발하는 어도비(Adobe)와 같은 업체들이 있다. 제7장에서 기업 인터넷 플랫폼의 구성요소에 대해 더욱 자세히 설명할 것이다.

컨설팅 및 시스템 통합 서비스

오늘날에는 심지어 대기업이라 할지라도 IT 인프라 전체를 구현하고 관리하는 데 필요한 인력, 기술, 예산, 또는 필요 경험을 갖추고 있지 못하다. 새로운 인프라를 구현하는 것은 (제3장, 제14장에서 언급하듯이) 비즈니스 프로세스와 절차에 대한 상당한 변화와 더불어 훈련 및 교육, 그리고 소프트웨어 통합을 요구한다. 이러한 전문지식을 제공하는 선도적인 컨설팅 업체들로는 액센츄어(Accenture), IBM 서비스, HP, 인포시스(Infosys), 위프로(Wipro) 등이 있다.

소프트웨어 통합은 새로운 인프라가 기업의 소위 레거시 시스템이라고 하는 오래된 시스템들과 연동되는 것을 보장하고, 인프라의 새로운 요소들이 서로 연동되는 것을 보장하는 것을 의미한다. **레거시 시스템**(legacy system)은 일반적으로 메인프레임 컴퓨터를 대상으로 구축된 낙후된 거래처리시스템인데, 이것을 대체하거나 재설계하는 데 드는 고비용을 피하기 위해 계속 사용되고 있다. 이런 낡은 시스템이 현대적인 인프라로 통합될 수 있다면, 이런 시스템을 대체하는 것은 비용도 많이 들고 일반적으로 필요도 없다.

5-3 컴퓨터 하드웨어 플랫폼의 최근 동향은 어떠한가?

컴퓨터 하드웨어 및 네트워킹 기술의 폭발적인 성능 향상으로 인해 기업들의 컴퓨팅 성능 구성이 크게 바뀌었는데, 이와 관련하여 네트워크와 모바일 휴대용 기기들의 비중이 더욱 커졌으며, 기업들은 서비스 방식을 통해 컴퓨팅 기능들을 더 많이 얻을 수 있게 되었다. 이 절에서는 모바일 디지털 플랫폼, IT 소비화와 BYOD, 양자 컴퓨팅, 가상화, 클라우드 컴퓨팅, 에지 컴퓨팅, 그린 컴퓨팅, 고성능 절전형 프로세서와 같은 8가지 하드웨어 동향을 살펴본다.

모바일 디지털 플랫폼

제1장에서는 새로운 모바일 디지털 컴퓨팅 플랫폼들이 PC와 이보다 더 큰 컴퓨터들에 대한 대안으로 부상하고 있다는 점을 지적하였다. 아이폰 및 안드로이드 스마트폰은 많은 컴퓨터 기능을 가지고 있는데, 데이터 전송, 웹 서핑, 이메일 및 인스턴트 메시지 전송, 디지털 콘텐츠 표시, 기업의 내부 시스템과의 데이터 교환 등이 포함된다. 그 외에도 새로운 모바일 플랫폼에는 무선통신 및 인터넷 접속에 특화된 작고 가벼운 넷북이 포함되며, 아이패드와 같은 **태블릿 컴퓨터**(tablet computer) 그리고 웹 접근 기능이 있는 아마존의 킨들과 같은 디지털 전자책 리더기 등도 포함된다.

스마트폰과 태블릿 컴퓨터는 점점 더 중요한 인터넷 접속 도구가 되어 가고 있으며, 소비자 애플리케이션 용도뿐만 아니라 비즈니스 컴퓨팅 용도로도 그 활용도가 계속해서 높아지고 있다. 예를 들어 GM의 고위 임원들은 스마트폰 애플리케이션들을 이용하여 자동차 판매 정보, 재무 성과, 프로젝트 관리 상황 등을 파악하고 있다.

웨어러블(wearable) 컴퓨팅 기기들은 또 하나의 모바일 디지털 플랫폼으로 자리잡아 가고 있다. 이러한 기기들로는 스마트 워치(smart watch), 스마트 글래스(smart glasses), 스마트 사원증(smart ID badges), 스마트 트래커(smart trackers) 등을 들 수 있다. 웨어러블 컴퓨팅 기술은 아직 여전히 걸음마 단계에 있지만, 이미 상업화는 시작되었다.

IT의 소비화와 BYOD

대중성, 사용 용이성, 유용한 애플리케이션의 효과적인 배열 등과 같은 스마트폰과 태블릿 컴퓨터의 요소들은 일터에서 직원들의 모바일 단말기 사용에 대한 관심을 고조시키고 있는데, 이는 기기는 각자가 지참할 것(bring your own device, BYOD)이라는 현상을 만들어내고 있다. **BYOD는 IT 소비화**(consumerization of IT)의 한 단면이라 할 수 있는데, 이것은 최근에 나온 새로운 정보기술이 비즈니스 조직으로 확산되는 모습을 보여준다. IT 소비화에는 모바일 개인 장비뿐만 아니라 구글과 야후 검색, 지메일, 구글 앱스, 드롭박스와 같은 소프트웨어 서비스, 그리고 심지어는 페이스북이나 트위터와 같은 소프트웨어 서비스들까지도 포함된다.

IT 소비화는 기업들로 하여금 정보기술 장비 및 서비스들을 획득하고 관리하는 것에 대해 다시 생각하도록 만들고 있다. 역사적으로 보면 적어도 대기업들에 있어서, 중앙의 IT 부서는 그 기업과 직원들이 사용할 정보기술과 애플리케이션을 선정하고 관리하는 역할을 수행했다. 이러한 부서는

토론방 기술

기업은 웨어러블 컴퓨터를 사용할 준비가 되어 있는가?

웨어러블 컴퓨팅은 이제 막 이륙하고 있다. 스마트 워치, 스마트 글래스, 스마트 사원증, 스마트 트래커는 우리의 일상생활과 우리가 일하는 방식을 변화시킬 조짐을 보이고 있다. 가트너(Gartner Inc.)는 웨어러블 기기의 판매량이 2016년 2억 7,500만 대에서 2020년경 4억 7,700만 대로 증가할 것으로 전망한 바 있다. 애플워치(Apple watch)나 피트니스 트래커(fitness tracker)와 같은 스마트 워치들이 성공적인 소비자 제품이었지만, 비즈니스에서의 웨어러블 기기에 대한 활용은 더욱 빠르게 발전하고 있는 것으로 보인다. 리서치 기업 트랙티카(Tractica)의 보고서에 따르면 세계적으로 기업용 웨어러블 기기의 판매량이 2021년에는 6,640만 대로 급속하게 증가할 것으로 예상된다.

의사와 간호사는 스마트 아이웨어(eyewear)를 사용하여 무선으로 환자의 의료 기록을 볼 수 있다. 해상에서 일하는 석유 굴착 작업자들은 스마트 헬멧을 통해, 자신들이 일하는 모습을 육상의 전문가들이 볼 수 있도록 해주고, 또한 전문가들의 지시사항에 대해 대화할 수 있다. 창고 관리자는 스마트 워치를 사용하여 실시간으로 성과 데이터를 포착함으로써 주문처리 및 배송을 보다 잘 관리할 수 있다. 웨어러블 컴퓨팅 장치는 작업자들이 작업을 중단하지 않고도 정보를 전송할 수 있게 함으로써 생산성을 향상시키고, 직원들이 더 많은 정보를 바탕으로 보다 신속하게 의사결정을 내릴 수 있도록 해주고 있다.

웨어러블 기기들은 기업들이 직원들과 일상적인 작업현장에 대해 그 어느 때보다도 더 많은 것을 파악할 수 있도록 도와주고 있다. IoT 센서 데이터가 실제 사람의 행동과 관련되어 있기 때문에 새로운 통찰력과 정보를 발견할 수 있다.

작업 기간에 대한 정보 그리고 기기나 직원 간의 근접성에 대한 정보가 인구통계 데이터와 결합될 때, 이전에는 알 수 없었던 작업 진행의 비효율성의 원인을 파악할 수 있다. 기술 수준이 높은 회사는 작업자들과 고객들에 대해 전에는 알 수 없었던 것들을 이해할 수 있게 될 것이다. 예컨대 그들의 매일매일 하는 일, 건강 상태, 가는 곳, 심지어는 기분에 이르기까지. 이는 분명 개인정보 보호에 대해 시사하는 바가 있는데, 직원(및 고객)들 입장에서는 기업이 자신들에 대한

민감한 데이터를 수집하고 있다는 것이 큰 두려움으로 다가올 것이다. 따라서 기업들은 조심스럽게 일을 진행할 필요가 있다.

글로벌 물류회사 DHL은 웨어러블 컴퓨팅 서비스 및 솔루션 회사인 리코(Ricoh) 그리고 웨어러블 컴퓨팅 서비스 및 솔루션 회사인 유비맥스(Ubimax)와 함께 창고 운영에서 '비전 피킹(vision picking)'을 구현했다. 스마트 글래스에는 창고에서 직원을 안내하는 위치 그래픽이 표시되는데, 이를 통해 품목 찾는 과정의 속도가 빨라지고 오류가 감소했다. 이 기업은 이 기술이 25%의 효율성 향상을 가져왔다고 말했다. 비전 피킹은 작업자가 찾고자 하는 항목에 대한 위치정보를 제공해주고 검색된 항목을 자동으로 훑어볼 수 있도록 해준다. 향후 개선 노력을 통해 시스템은 창고에서 최적의 경로를 구성하고 검색할 품목의 사진을 제공할 수 있게 될 것이며(이는 창고 선반에 품목이 잘못 놓인 경우에는 매우 유용한 도움이 될 것이다), 작업자들이 품목을 카트와 선반을 보다 효율적으로 적재할 수 있도록 지시를 내릴 수 있게 될 것이다.

구글은 글래스 개발 파트너와 함께 글래스 엔터프라이즈 에디션(Glass Enterprise Edition)이라는 업무용 스마트 글래스를 개발했는데, 개발 파트너는 제조 및 건강관리와 같은 특정 산업을 위한 애플리케이션들을 개발했다. 글래스 엔터프라이즈 에디션은 직원들의 업무 상태 유지와 업무 집중에 방해되는 요소를 제거함으로써 작업 진행을 원활하게 해주는 도구로 홍보되고 있다. 디그니티 헬스(Dignity Health), 보잉 컴퍼니(The Boeing Company), 폭스바겐(Volkswagen)을 포함한 50개 이상의 기업들이 보다 빠르고 효율적으로 작업을 완료하기 위해 그 글래스 제품을 사용하고 있다.

듀크 에너지(Duke Energy)는 스마트 글래스를 시범적으로 사용해 오고 있는데, 그것들을 다양한 용도로 바라보고 있다. 듀크 에너지의 첨단기술오피스(Emerging Technologies Office)의 기술개발 관리자 알렉산다르 부코제비치에 따르면 스마트 글래스는 현장에 일하는 직원들이 장비 수리 및 업그레이드에 도움이 되는 교육용 비디오를 볼 수 있도록 해준다. 또한 이 글래스는 관리자로 하여금 현장에 대한 원격관

리를 할 수 있도록 해주는데, 관리자는 현장의 라인 또는 변압기 작업자가 보고 있는 것을 캡처하고 이미지와 비디오에 지침을 달아 현장 작업자에게 다시 보낼 수 있다. 또한 듀크는 스마트 글래스를 이용하여 창고에서 재고관리도 수행한다. 작업자가 품목 코드를 바라보면, 그 코드는 자동으로 데이터베이스에 기록된다.

몇 가지 도전과제가 있다. 기업에서 사용되는 다른 휴대기기와 마찬가지로, 스마트 글래스를 통해 접근할 수 있는 데이터를 잠글 수 있어야 한다. 오늘날의 스마트 글래스는 보안을 고려하여 설계되지 않았고, 스마트 글래스의 센서들도 다른 제품만큼 정확하지 않다. 차단기 또는 기타 장치를 찾기 위해 스마트 글래스를 사용하는 현장 작업자는 에너지 산업에서 더 일반적으로 사용되는 군사용 솔루션 대신 구글의 GPS를 사용하고 있는데, 이것은 3~4.6m의 오차를 발생시킬 수 있는 반면, 군사용 솔루션은 1cm 내의 장비도 찾아낼 수 있다. 게다가 스마트 글래스는 반드시 위에 방호용 안경을 착용하도록 되어 있지 않다. 스마트 글래스의 데이터를 듀크의 내부 데이터베이스와 통합하는 것은 어려울 수 있다.

스마트 글래스는 스마트폰과 같다. 내부 콘텐츠 및 적합한 애플리케이션들과 통합되지 않으면 유용성이 떨어진다. 웨어러블 컴퓨팅 장치의 가치는 랩톱이나 스마트폰으로부터 어떤 정보를 스마트 워치 또는 안경의 디스플레이로 전송하는 데 있는 것이 아니라, 비즈니스 프로세스를 확장하고 향상시키는 방법을 찾는 데 있다. 웨어러블 컴퓨팅의 성공적인 채택은 비용 효율성뿐만 아니라 새롭고 더 나은 앱 개발 그리고 기존 IT 인프라와 모바일 기기 관리 및 보안 도구와의 통합에 달려 있다('사례연구 : BYOD는 비즈니스에 도움이 되는가' 참조).

출처 : George Thangadurai, "Wearables at Work: Why Enterprise Usage Is Outshining Consumer Usage," *IoT Agenda*, March 8, 2018; Josh Garrett, "Wearables: The Next Wave of Enterprise IoT?" *IoT Agenda*, February 1, 2018; and Lucas Mearian, "Is Google Glass Really Ready for the Enterprise?" *Computerworld*, August 1, 2017.

사례연구 문제

1. 웨어러블은 조직과 직원들의 업무 수행 방식을 변화시킬 수 있는 잠재력을 가지고 있다. 이러한 서술의 의미에 대해 토론하라.

2. 회사가 직원들에게 웨어러블 컴퓨팅 장치를 장착시키는 것을 고려하고 있다면 어떤 경영, 조직, 기술 문제들을 해결해야 하는가?

3. 웨어러블 컴퓨터로부터 이점을 가장 많이 얻을 수 있는 기업들은 어떤 기업들인가? 기업을 하나 선택하여 웨어러블 컴퓨팅 기기가 운영 또는 의사결정을 개선하는 데 어떻게 도움이 될 수 있는지 설명하라.

직원들에게 기업 시스템과 안전하게 접속할 수 있는 데스크톱이나 노트북을 제공했다. 그리고 이 부서는 비즈니스가 잘 보호되고 정보시스템이 조직과 경영진의 목적을 효과적으로 수행할 수 있도록 조직의 하드웨어와 소프트웨어를 지속적으로 관리했다. 오늘날 직원들과 현업 부서들은 기술 선정에 있어 훨씬 더 큰 역할을 하고 있으며, 이들은 PC, 스마트폰, 태블릿 등을 회사의 네트워크에 접속할 수 있기를 요구하는 경우가 많다. 기업이 직접 이러한 소비자용 기술을 관리하고 통제하고 이 기술들이 조직의 니즈를 충족시킬 수 있도록 만드는 것은 어려운 일이다. 이 장의 끝부분에 나오는 사례에서 BYOD와 IT 소비화로 인한 도전과제들을 살펴보자.

양자 컴퓨팅

양자 컴퓨팅(quantum computing)은 양자역학의 원리를 활용하여 데이터를 표현하고 그 데이터들에 대한 연산을 수행한다. 종래의 컴퓨터는 데이터 비트를 0 또는 1로, 둘 중 하나만 처리하지만, 양자 컴퓨팅은 데이터 단위를 0, 1, 또는 이 둘을 동시에 처리할 수 있다. 양자 컴퓨터는 한 번에 여러 상태에 있을 수 있는 기능을 통해 엄청난 처리능력을 얻을 수 있어서 과학 및 비즈니스 문제를 오늘날 처리할 수 있는 것보다 몇 배나 빠르게 해결할 수 있다. 이미 IBM은 IBM 클라우드를 통해 일반 사용자들이 양자 컴퓨팅을 사용할 수 있는 기회를 제공하고 있다. 구글의 알파벳, 마이크로소프트, 인텔, NASA 또한 양자 컴퓨팅 플랫폼을 연구하고 있다. 양자 컴퓨팅은 아직은 미성숙 단계인 최신 기술이지만 실질적인 애플리케이션들이 증가하고 있다.

가상화

가상화(virtualization)란 컴퓨팅 자원들(컴퓨팅 전력이나 데이터 저장소)이 물리적 구성이나 지리적 위치에 제약을 받지 않는 방법으로 접근할 수 있도록 컴퓨팅 자원을 제공하는 프로세스를 의미한다. 가상화는 하나의 물리적 자원(서버나 저장장치와 같은)을 여러 개의 논리적 자원들로 사용자에게 보일 수 있도록 해준다. 예를 들어 하나의 서버나 메인프레임은 하나의 운영체제가 여러 기계에서 따로 돌아가는 것처럼 작동하도록 설정될 수 있다. VM웨어는 윈도우 및 리눅스 서버들을 대상으로 한 선도적인 가상화 소프트웨어 벤더이다.

최근 서버 가상화는 여러 개의 시스템을 하나의 물리적 기계에서 가동시킬 수 있는 능력 때문에 비용 절감을 가능케 하는데, 이는 최근 비용 절감을 위한 일반적인 방법으로 여겨지고 있다. 대부분의 서버들은 용량의 15~20%만 가동되고 있는데, 가상화는 서버의 가동률을 70% 이상으로 올려줄 수 있다. 가동률을 더 높이면 같은 분량의 작업을 처리하는 데 필요한 컴퓨터들을 더 줄일 수 있다. 또한 가상화는 하드웨어 관리의 중앙집중화와 통합을 촉진할 수도 있다.

또한 가상화는 **소프트웨어 정의 스토리지**(software-defined storage, SDS)(데이터 저장장치 관리 소프트웨어를 통해 물리적 저장장치를 논리적으로 분리해서 사용할 수 있는)에서처럼 여러 개의 물리적 자원들(저장장치나 서버들과 같은)이 하나의 논리적 자원처럼 보이도록 만들 수도 있다. 기업은 소프트웨어를 사용하여 여러 저장장치 자원들을 풀링하고 정렬할 수 있으며, 또한 특정 애플리케이션 요구사항을 충족하도록 효율적으로 할당할 수 있다. 이러한 SDS는 기업이 고가의 저장장치를 저가의 상용 하드웨어 및 클라우드 저장장치로 대체하는 것을 가능케 해준다. 저장장치의 사용률이 너무 낮지도 너무 높지도 않게 유지될 수 있다(Letschin, 2016).

클라우드 컴퓨팅

기업과 개인들은 이제 가상화된 IT 인프라를 이용하여 원거리에서 모든 컴퓨팅 작업을 수행할 수 있는데, 클라우드 컴퓨팅이 바로 그러한 경우이다. 클라우드 컴퓨팅은 기업과 개인이 컴퓨터 프로세싱, 저장소, 소프트웨어, 그리고 여타의 서비스들을 네트워크, 주로 인터넷을 통해 하나의 가상화된 자원들의 풀로서 얻을 수 있는 컴퓨팅 모델이다. 이러한 컴퓨팅 자원들의 '클라우드'는 이와 연결된 어떠한 기기와 장소에서라도 필요할 때 바로 접속할 수 있다. 그림 5.9는 클라우드 컴퓨팅의 개념을 보여준다.

미국 국립표준기술원(National Institute of Standards and Technology, NIST)은 클라우드 컴퓨팅을 다음과 같은 필수적인 특성이 있는 것으로 정의하였다(Mell and Grance, 2009).

그림 5.9 클라우드 컴퓨팅 플랫폼

클라우드 컴퓨팅 환경에서는 하드웨어와 소프트웨어 기능들이 가상화된 자원의 집합으로서 네트워크, 주로 인터넷을 통해 제공된다. 기업들과 직원들은 언제 어디서든 그리고 어떤 기기를 통해서든 애플리케이션과 IT 인프라에 접근할 수 있다.

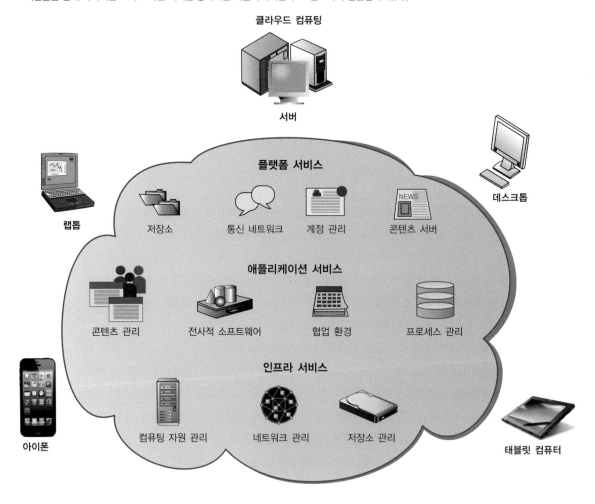

- **온디맨드 셀프 서비스**(on-demand self-service) : 사람들은 자신만의 서버 타임이나 네트워크 저장소와 같은 컴퓨팅 역량들을 얻을 수 있다.
- **유비쿼터스 네트워크 서비스**(ubiquitous network access) : 클라우드 자원들은 사람들이 모바일 플랫폼을 포함한 표준 네트워크 및 인터넷 기기들을 이용하여 접근할 수 있다.
- **위치 독립적 자원 풀링**(location-independent resource pooling) : 사용자 요구에 따라 다이내믹하게 할당된 상이한 가상 자원들을 여러 사용자에게 제공할 수 있도록 한곳에 결합시키는 것. 사용자는 일반적으로 컴퓨팅 자원이 있는 곳은 모른다.
- **신속한 탄력성**(rapid elasticity) : 컴퓨팅 자원들은 사용자 요구의 변화를 만족시키기 위해 신속하게 공급되거나 증가될 수 있고 또는 감소될 수 있다.
- **측정되는 서비스**(measured service) : 클라우드 자원들은 실제 사용되는 자원의 양을 기반으로 청구된다.

클라우드 컴퓨팅은 다음과 같은 세 가지의 상이한 서비스 유형으로 구성된다.

- **서비스로서의 인프라**(infrastructure as a service, IaaS) : 고객들은 프로세싱, 저장, 네트워킹, 그

리고 클라우드 서비스 제공자로부터 제공되는 여타의 컴퓨팅 자원들을 활용하여 자신들의 정보시스템을 가동시킨다. 예를 들어 아마존은 IT 인프라의 여유능력을 활용하여 IT 인프라 서비스를 판매하는 폭넓은 기반의 클라우드 환경을 제공한다. 이러한 환경으로는 고객 데이터를 저장하기 위한 S3(Simple Storage Service)와 EC2(Elastic Compute Cloud) 애플리케이션들을 가동하기 위한 서비스를 들 수 있다. 사용자들은 실제 사용한 컴퓨팅 및 저장능력의 양만큼만 지불한다('토론방 : 클라우드에 대한 기대' 참조.) 그림 5.10은 아마존 웹서비스가 제공하는 서비스를 보여주고 있다.

- **서비스로서의 소프트웨어**(software as a service, SaaS) : 고객들은 벤더에 의해 호스팅되고 네트워크를 통해 전달되는 소프트웨어를 사용한다. 대표적인 예로는 구글의 G 스위트(Suite)을 들 수 있는데, 이것은 일반적인 비즈니스 애플리케이션들을 온라인으로 제공한다. 다른 예로는 세일즈포스닷컴을 들 수 있는데, 이 회사는 인터넷을 통해 CRM 소프트웨어 서비스 및 관련 소프트웨어 서비스를 대여한다. 구글 앱스는 축소된 무료 버전을 가지고 있긴 하지만, 기본적으로 이 두 가지 서비스 모두는 사용자들에게 연간 가입비를 부과한다. 사용자들은 이러한 애플리케이션들을 웹브라우저를 통해 접속하고 데이터와 소프트웨어는 제공자의 원격 서버에서 유지관리된다.

- **서비스로서의 플랫폼**(platform as a service, PaaS) : 고객들은 서비스 제공자가 호스팅하는 인프라와 프로그래밍 도구들을 활용하여 나름대로의 애플리케이션을 개발한다. 예를 들어 마이크로소프트는 자사의 애저(Azure) 클라우드 서비스들을 통해 소프트웨어 개발 및 테스팅을 위한 PaaS 도구와 서비스를 제공하고 있다.

제2장에서는 구글 문서, 마이크로소프트 오피스 365, 그리고 데스크톱 생산성 및 협업을 위한 관련 소프트웨어 서비스들에 대해 논의한다. 이것들은 기업에서 그 사용이 증대되고 있는 상황이지

그림 5.10 아마존 웹서비스

아마존 웹서비스(AWS)는 아마존의 클라우드 플랫폼 사용자들에게 제공하는 웹서비스디. AWS는 미국에서 가장 큰 클라우드 컴퓨팅 서비스 제공업체이다.

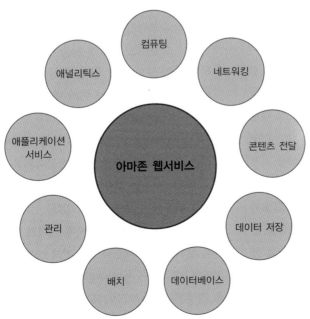

토론방   조직

클라우드에 대한 기대

컴퓨팅이 수행되는 위치를 보고 싶다면 구름을 보라. 클라우드 컴퓨팅은 현재 가장 빠르게 성장하고 있는 컴퓨팅 형태이다. 시스코 시스템즈에 따르면, 2021년까지는 모든 컴퓨팅 작업량의 94%가 클라우드 환경에서 실행될 것이라고 한다. 이 환경에는 공공 및 사설 클라우드 플랫폼이 모두 포함된다. 전용 서버는 확실한 소수가 될 것이다.

클라우드 컴퓨팅은 소규모의 인터넷 스타트업에서 넷플릭스 및 페덱스와 같은 대규모 회사에 이르기까지 모든 규모의 회사에 적합하고 합리적인 선택사항이 되었다. 예를 들어 아마존 웹서비스(AWS)는 가입 회사에게 유연한 컴퓨팅 성능 및 데이터 저장공간을 제공하는 것은 물론, 가입 회사의 요구에 따라 함께 또는 개별적으로 사용할 수 있는 데이터 관리, 메시징, 결제, 그리고 기타 서비스들을 제공한다. 인터넷에 연결되어 있고 약간의 돈만 있으면 누구나 아마존이 자신의 소매업을 운영하는 데 사용하는 것과 동일한 컴퓨팅 시스템을 활용할 수 있다. 고객이 필요한 서버공간, 대역폭, 저장공간, 기타 서비스에 대한 요구 사양을 제시하면, AWS는 해당 자원들을 자동으로 제공할 수 있다. 아마존의 컴퓨팅 자원을 사용하기 위해서는 월별 또는 연간 요금을 지불할 필요가 없고 단지 사용한 만큼만 비용을 지불하면 된다. 규모의 경제가 비용을 놀라울 정도로 낮게 유지시켜주는 바람에, AWS는 계속해서 가격을 낮출 수 있었다. 다른 클라우드 컴퓨팅 제공업체들도 경쟁력을 유지하기 위해 이러한 조건을 따라야 했다.

또한 클라우드 서비스 제공업체가 IT 인프라에 대한 모든 유지관리 및 유지보수를 해줌으로써, 가입 고객은 더 높은 가치의 작업에 더 많은 시간을 투자할 수 있다는 점 때문에 클라우드 컴퓨팅은 많은 기업들에게 주목받고 있다. 스타트업 기업들과 소규모 기업들은 이제 자신들이 더 이상 자체적인 데이터 센터를 구축할 필요가 없다는 것을 깨닫게 되었다. 그들은 아마존과 같은 클라우드 인프라를 이용함으로써 예전에는 대기업에서만 사용할 수 있었던 기술적 역량을 갖출 수 있게 되었다. 하이미디어는 포토로그(Fotolog)라고 하는 사진 블로그 웹사이트 운영업체이다. 하이미디어는 이 사이트를 재구축하고 AWS로 이동시킴으로써 컴퓨팅 용량을 쉽게 확장하여 10억 장의 사진과 100억 개의 댓글을 게시한 포토로그의 전 세계 3,200만 사용자들의 요구를 충족시킬 수 있었다.

클라우드 컴퓨팅은 IT 구매 및 소유에 대해 저렴하고 유연한 대안으로 각광받았지만 항상 그런 것은 아니다. 대기업의 경우 공공 클라우드 제공업체에 1만 명 이상의 직원에 대한 월간 서비스 요금을 지불하면, 기업이 자체 IT 인프라 및 직원을 유지관리하는 것보다 실제로 더 비쌀 수 있다. 또한 사용 기업 입장에서는 서비스 제공업체가 예상치 않게 사용기반 지불(pay-per-use) 모델을 철회할 가능성에 대한 우려도 있다. 또한 클라우드 서비스가 기존 IT 인프라, 오류, 잘못된 관리, 또는 비정상적으로 많은 웹 트래픽과 결합될 때 클라우드 서비스 사용자에게 높은 비용이 청구될 수도 있다.

클라우드 채택의 확산에 있어 주요 장벽은 클라우드 안정성 및 보안에 대한 우려였다. 2018년 3월 2일 아침, AWS의 다이렉트 커넥트(Direct Connect) 서비스에 문제가 발생하여, 전사 소프트웨어 도구 제공업체인 아탈라시안(Atalassian), 캐피털원(Capital One) 및 아마존의 알렉스(Alexa) 개인 비서 서비스 업체 등 여러 대기업 고객들이 사용을 중단하게 된 사건이 있었다(AWS 다이렉트 커넥트는 하이브리드 클라우드 고객이 AWS 인프라와 자신의 자체 인프라 간에 보안 연결을 설정하는 데 사용된다). 아마존의 S3 클라우드 스토리지 서비스는 2017년 2월 28일, 4시간 동안 정전으로 중단되는 바람에 이를 이용하는 수많은 웹사이트들의 가동이 중단된 바 있다. 지난 5년 동안 아마존 클라우드의 심각한 중단 사태가 여러 번 있었다. 클라우드 컴퓨팅이 지속적으로 발전하고 주요 클라우드 인프라 제공업체들이 더 많은 경험을 축적해 감에 따라 클라우드 서비스 및 안정성은 꾸준히 향상되고 있다. 전문가들은 정전이 큰 리스크로 작용할 수 있는 회사들은 백업 수단으로 다른 컴퓨팅 서비스를 이용하는 것을 권하고 있다.

2016년 2월, 넷플릭스는 자체 데이터 센터를 폐쇄하고 아마존 클라우드를 비즈니스에 전적으로 사용하기 위한 프로젝트를 지난 10년 동안 추진해 온 끝에 완료할 수 있었다. 이후 경영진은 회사의 하드웨어, 저장소, 네트워킹 등에 대한 요구사항을 미리 추측할 필요가 없게 되었다. AWS는 이제 넷플릭스가 필요한 것은 무엇이든지 필요한 시점에 제공한다. 또한 넷플릭스는 인터넷 서비스 제공업체 및 여타의 제3자를 통해 콘텐츠 전송 네트워크를 유지관리함으로써, 넷플릭스와 고객들 간의 영화 및 웹 트래픽 전송 속도를 높게 유지하고 있다. 넷플릭스는 비디오 스트리밍 비즈니스에서 아마존과 경쟁하며, 자체 콘텐츠 전송 네트워크에 대한 통제 권한을 유지하고자 했다.

한편 드롭박스는 그 반대였다. 이 온라인 파일 호스팅 회사는 AWS로부터 클라우드 데이터를 다시 이전해 온 후 2년 동안 인프라 비용을 거의 7,500만 달러나 절약할 수 있었다. 드롭박스는 초기 AWS의 성공 사례였지만, 모든 시스템을 AWS에서 가동한 적은 없었다. 드롭박스는 AWS를 사용할 때 자신의 인프라를 두 가지 영역으로 분리했었는데, 하나는 개인 데이터 센터에 있는 데이터들에 대한 정보를 제공하는 메타데이터 호스팅을 위한 것이었고, 다른 하나는 AWS S3(Simple Storage Service)의 파일 콘텐츠를 호스팅하기 위한 것이었다. 그러나 AWS로부터 클라우드 데이터를 이전해 온 후 드롭박스는 자신의 니즈에 더욱 적합한 시스템을 구축했으며, 비용을 크게 절감할 수 있었다. 그러나 그 전환은 비용이 많이 들었다. 이 회사는 3개의 동일장소 설비를 통해 엑사바이트의 저장공간을 수용할 수 있는 맞춤화된 인프라를 구축하기 위해 5,300만 달러 이상을 소비했다. 드롭박스는 나머지 10%의 사용자 데이터는 AWS에 저장하고, 부분적으로 미국과 유럽의 데이터를 지역화해서 아마존의 공공 클라우드를 통해 서비스를 제공하고 있다. 전문가들은 드롭박스의 AWS 경험이 대부분의 기업들을 대표하는 경험은 아니라고 생각한다. 세계에서 가장 큰 데이터 저장소 중 하나를 구축하고자 하는 드롭박스의 전략은 컴퓨팅 자원 소유에 달려 있는 것이다.

많은 대기업들이 더 많은 컴퓨팅을 클라우드로 이전시키고 있지만 완전히 이전시키는 것은 어렵다. 특히 레거시 시스템들은 이전하기가 가장 어렵다. 대부분의 중기업들과 대기업들은 하이브리드 방식을 선호하게 될 것이다. 최고의 클라우드 제공업체들(아마존, 구글, 마이크로소프트, IBM)은 일부의 목적을 위해서는 자신들의 공공 클라우드 서비스를 이용하지만, 어떤 특정 기능들은 자체 서버에서 계속 가동시키고 있다. 안정성, 보안, 변경 위험에 대한 우려 때문에, 이러한 기업들은 자신의 중요한 컴퓨팅 작업을 공공 클라우드로 이전시키지 못하고 있는 것이다.

혼다(Honda) UK는 IT 인프라가 급작스러운 웹사이트 사용 증가를 처리할 수 있도록 하이브리드 클라우드 모델을 구현했다. 이 기업은 대역폭 제한으로 인해 갑작스러운 웹서버 충돌을 경험했다. 혼다 UK는 처음에 사설 클라우드 모델을 구축했는데, 이것은 어코드 투어러(Accord Tourer) 모델을 출시할 때 웹사이트에 대한 높은 사용자들의 요구를 처리하는 데 사용되었다. 이후 혼다 UK는 혼다 CR-Z를 출시하면서 공공 클라우드도 사용하기 시작했다. 이와 관련하여 혼다 UK는 클라우드 서비스를 사용할 때만 클라우드 서비스 비용을 지불해야 했다. 이와 같은 지불 모델은 최적의 확장성을 보장하면서 비용을 관리하는 데 도움이 되었다.

출처 : Trevor Jones, "Dropbox Is Likely an Outlier with its Successful Cloud Data Migration off AWS," searchaws.com, February 28, 2018; Andy Patrizio, "Cisco Says Almost All Workloads Will Be Cloud-Based Within 3 Years," *Network World*, February 5, 2018; Tom Krazit, "Widespread Outage at Amazon Web Services' U.S. East Region Takes down Alexa, Atlassian Developer Tools," *GeekWire*, March 2, 2018; DasGupta, "A Case Study: How Hybrid Clouds Should Be Done," Cloudwards.net, January 21, 2018; Robert McMillan, "Amazon Grapples with Outage at AWS Cloud Service," *Wall Street Journal*, March 1, 2017; "AWS Case Study: Hi-Media," www.aws.amazon. com, accessed May 14, 2017; and Kelly Bit, "The $10 Hedge Fund Supercomputer That's Sweeping Wall Street," *Bloomberg Business Week*, May 20, 2015.

사례연구 문제

1. 클라우드 컴퓨팅 서비스는 기업들에게 어떤 이점들을 제공하는가? 클라우드 컴퓨팅 서비스는 어떤 문제들을 해결할 수 있는가?

2. 클라우드 컴퓨팅의 단점은 무엇인가?

3. 어떤 종류의 기업들이 클라우드 컴퓨팅 사용을 통해 가장 큰 이점을 얻을 수 있는가? 그 이유는?

만, 소비자들에게는 이미 가장 인기 있는 소프트웨어 서비스 중 하나다. 세일즈포스닷컴은 비즈니스를 위한 최고의 소프트웨어 서비스다. 세일즈포스닷컴은 인터넷을 통해 임대되는 소프트웨어 서비스로 고객관계관리(CRM) 및 기타 애플리케이션 소프트웨어 솔루션을 제공한다. 세일즈포스닷컴의 영업 및 서비스 클라우드는 영업 및 고객 서비스 개선을 위한 애플리케이션을 제공한다. 마케팅 클라우드는 기업으로 하여금 이메일, 모바일, 소셜, 웹 및 커넥티드 제품들을 통해 디지털 마케팅을 위한 고객과의 상호작용을 할 수 있도록 해준다. 또한 세일즈포스닷컴은 온라인 협업 및 참여를 위한 커뮤니티 클라우드 플랫폼과 영업, 서비스, 마케팅, 그리고 맞춤형 애널리틱스 앱들을 활용할 수 있는 애널리틱스 클라우드 플랫폼을 제공한다.

또한 세일즈포스닷컴은 PaaS의 대표적인 예다. 세일즈포스 플랫폼(Salesforce Platform)을 사용하면 새로운 소프트웨어를 만드는 데 필요한 인프라 없이도 애플리케이션들을 개발, 실행, 관리할 수 있다. 세일즈포스 플랫폼은 사용자가 세일즈포스닷컴의 데이터 센터 인프라에서 클라우드로 새로운 애플리케이션을 구축하고 실행할 수 있도록 해주는 개발 도구들과 IT 서비스들을 제공해준다. 또한 세일즈포스닷컴은 세일즈포스 플랫폼에서 실행되는 타사 애플리케이션들을 다루는 온라인 마켓플레이스 AppExchange에서 다른 독립적인 개발자의 소프트웨어들의 리스트를 보여준다.

클라우드는 사설 또는 공공 두 가지로 구분될 수 있다. **공공 클라우드**(public cloud)는 아마존 웹 서비스와 같은 외부의 서비스 제공자가 유지관리하며, 인터넷을 통해 접근하고, 일반 대중이 사용할 수 있다. 공공 클라우드 서비스는 대중적인 정보나 제품 설명, 일회성 대규모 컴퓨팅 프로젝트, 새로운 애플리케이션 개발 및 테스트를 가능케 하는 웹사이트들과 데이터, 음악 및 사진의 온라인 저장과 같은 소비자 서비스를 제공하는 웹사이트들에서 종종 사용된다. 구글 드라이브, 드롭박스, 애플 아이클라우드가 이러한 소비자 공공 클라우드 서비스의 대표적인 예이다.

사설 클라우드(private cloud)는 어떤 특정 조직에 전용으로 사용된다. 사설 클라우드는 해당 조직 또는 제3의 조직이 관리할 수 있으며, 사내 또는 사외에 설치될 수 있다. 사설 클라우드는 공공 클라우드와 마찬가지로 저장소, 컴퓨팅 성능, 또는 여타의 자원들을 연속적으로 할당하여 컴퓨팅 자원들을 니즈 기반으로 제공할 수 있다. IT 인프라에 대한 통제를 유지하면서도 유연한 IT 자원들과 클라우드 서비스 모델을 원하는 기업 입장에서는 이러한 사설 클라우드에 대한 관심이 점점 고조되고 있다.

클라우드 컴퓨팅을 사용하는 조직들은 일반적으로 자신 소유의 인프라를 가지고 있지 않기 때문에 자신 소유의 하드웨어와 소프트웨어에 많은 투자를 할 필요가 없다. 대신 이러한 조직들은 외부의 서비스 제공자들이 제공하는 컴퓨팅 서비스를 원격으로 이용하고 실제 사용한 컴퓨팅 성능(가동률)만큼만 지불하거나[유틸리티 컴퓨팅(utility computing)] 월별 또는 연별로 가입비를 지불한다. **온디맨드 컴퓨팅**(on-demand computing)이라는 용어도 이러한 서비스를 설명하는 데 사용되어 왔다.

클라우드 컴퓨팅은 몇 가지 약점을 가지고 있다. 사용자들이 데이터를 논리적으로 공급하지 않는 경우 데이터 저장 및 통제에 대한 책임이 제공자에게 전가된다. 어떤 회사들은 중요한 데이터와 시스템을 다른 회사들에 대해서도 서비스를 제공하는 외부의 벤더들에게 위탁하는 것과 관련된 보안 위험에 관해 걱정을 한다. 기업은 자신들의 시스템이 연중무휴로 24시간 내내 사용 가능할 것으로 기대하고 있으며, IT 인프라의 오작동으로 인한 비즈니스 역량 손실을 원치 않는다. 그럼에도 불구하고 기업들이 컴퓨터 처리능력 및 저장소를 클라우드 인프라로 옮겨 가고 있는 것은 하나의 추세가 되고 있다. IT 리소스와 예산이 한정된 스타트업과 소기업들에게는 공공 클라우드 서비스가 특히 도움이 될 것이다.

표 5.2 클라우드 컴퓨팅 모델 비교

클라우드 유형	설명	관리 주체	사용자
공공 클라우드	대중이 사용할 수 있는 컴퓨팅, 저장공간, 소프트웨어와 같은 서비스들을 다수의 고객에게 제공하는 제3자 서비스	외부 서비스 공급자	정보보호 걱정이 크지 않은 기업, IT 서비스에 대해 사용량만큼만 지불하고자 하는 기업, IT 자원 및 전문지식이 부족한 기업
사설 클라우드	하나의 조직만을 위해 운용되고 내부 또는 외부에서 호스팅되는 클라우드 인프라	내부 IT 그룹 또는 외부 사설 호스팅 업체	정보보호가 중요하고 보안 요구사항이 필요한 기업, 데이터에 대한 통제 권한이 있어야 하는 기업
하이브리드 클라우드	별도로 유지되는 사설 클라우드 서비스와 공공 클라우드 서비스의 조합	내부 IT 그룹, 외부 사설 호스팅 업체, 외부 서비스 공급자	IT에 대한 내부 통제력을 필요로 하면서도 IT 인프라의 일부는 공공 클라우드로 사용하고자 하는 기업

대기업들은 수로 **하이브리드 클라우드**(hybrid cloud) 컴퓨팅 모델을 선택하는데, 이 모델은 기업들이 가장 중요한 핵심 활동들에 대해서는 자사의 인프라를 활용하고 일처리가 가장 많은 기간에는 덜 중요한 시스템에 한해 공공 클라우드 컴퓨팅을 활용하는 것이다. 표 5.2는 이러한 세 가지 클라우드 컴퓨팅 모델을 비교하고 있다. 클라우드 컴퓨팅은 기업들이 점차 고정된 역량을 가진 인프라를 더욱 유연한 인프라로 옮겨 가도록 만들 것인데, 여기서 유연하다는 표현은 고정된 역량을 가진 인프라의 일부는 계속해서 자신이 직접 소유하고 다른 일부는 컴퓨터 하드웨어 벤더들이 소유한 거대한 컴퓨터 센터들로부터 대여하는 방식을 사용하는 것을 의미한다.

에지 컴퓨팅

모든 랩톱, 스마트폰, 태블릿, 무선 센서 네트워크, 로컬 온프레미스 서버를 클라우드 컴퓨팅 시스템 — 이러한 기기들의 모든 데이터를 처리하기 위해 단일의 중앙 공공 클라우드 데이터 센터와 상호작용하는 — 에서 사용하는 것은 비효율적이며 비용이 많이 들 수 있다. **에지 컴퓨팅**(edge computing)은 데이터 소스에서 가까운 네트워크 말단의 서버들에서 일부 데이터 처리를 수행하여 클라우드 컴퓨팅 시스템을 최적화하는 방법이다. 이를 통해 로컬 컴퓨터를 비롯한 여타 기기들과 중앙 클라우드 데이터 센터 간에 데이터 흐름을 줄일 수 있다.

에지 컴퓨팅은 센서 또는 기타 IoT 장치들이 지속적으로 중앙 클라우드에 연결될 필요가 없을 때 유용하다. 예를 들어 해양의 석유 굴착 장치에는 시스템이 제대로 작동하는지 확인하기 위해 대량의 데이터를 생성하는 수천 개의 센서가 있을 수 있다. 이 경우 데이터가 생성되자마자 네트워크를 통해 반드시 데이터를 전송할 필요가 없으므로, 로컬 에지 컴퓨팅 시스템은 자신의 공간 안에 그 데이터들을 모아 놓고, 장기 저장용 중앙 데이터 센터나 클라우드에는 일일 보고서를 보낼 수 있을 것이다. 에지 컴퓨팅 시스템은 네트워크를 통해 중요한 데이터만 전송함으로써 네트워크를 통해 전달되는 데이터의 양을 줄인다.

또한 에지 컴퓨팅은 데이터를 처리하기 위해 데이터를 네트워크를 통해 원격 데이터 센터나 클라우드로 이동시킬 필요가 없기 때문에 데이터 전송 및 처리 지연을 줄여준다. 금융 서비스나 제조업과 같이 100만분의 몇 초라도 지연되어서는 안 되는 상황에서 이상적이다.

그린 컴퓨팅

가상화는 하드웨어 확산과 전력 소비를 제한함으로써 그린 컴퓨팅을 촉진시키는 주요 기술 중 하나가 되었다. **그린 컴퓨팅**(green computing), 즉 **그린 IT**(green IT)는 컴퓨터와 서버, 그리고 모니터, 프린트, 저장장치, 네트워킹 및 통신시스템 등과 같은 관련 장비들의 환경에 대한 영향을 최소화할 수 있도록 설계하고, 제조하고, 사용하고, 제거하는 활동과 기술이다.

그린하우스 데이터(Green House Data)에 따르면, 전 세계 데이터 센터들은 원자력 발전소 30개에서 출력하는 만큼의 에너지를 사용하고 있는데, 이는 전 세계 에너지 사용의 1.5%에 해당한다. 기업의 데이터 센터는 일반적인 사무용 빌딩보다 전력이 100배 이상 더 소모될 가능성이 크다. 이러한 전력 소비는 환경과 기업 운영비용에 부정적인 영향을 미치고 있다. 이제 데이터 센터들은 에너지 효율성을 염두에 두고, 최신 공기냉각기술, 에너지 효율적인 장비, 가상화, 여타의 에너지 절약 사례들을 활용하여 설계되고 있다. 마이크로소프트, 구글, 페이스북, 애플과 같은 대기업들은 전기 절약 장비와 풍력 및 수력을 광범위하게 사용하는 청정 에너지 기반 데이터 센터를 통해 탄소 발생을 줄여 나가고 있다.

고성능 절전형 프로세서

요구 전력과 하드웨어의 산발성을 줄이기 위한 또 하나의 방법은 더욱 효율적이고 절전이 가능한 프로세서를 이용하는 것이다. 최신 마이크로프로세서들은 이제 여러 개의 프로세서 코어들(컴퓨터 명령어들을 읽고 수행함)이 하나의 칩에서 작동되는 특성을 갖추게 되었다. **멀티코어 프로세서**(multicore processor)는 2개 이상의 프로세서 코어들이 부착된 하나의 집적회로로서 성능을 더욱 높이고, 전력 소모를 더욱 줄이고, 여러 작업을 동시에 더욱 효율적으로 처리할 수 있는 기능을 갖추었다. 이 기술로 인해 절전과 열 감소 능력을 갖춘 2개 이상의 프로세서 엔진들은 하나의 프로세싱 코어를 가진 빈약한 칩보다 작업을 더욱 빠르게 수행할 수 있게 되었다. 오늘날에는 2코어(dual-core), 4코어(quad-core), 6코어(six-core), 8코어(eight-core) 프로세서 PC와 16 및 32코어 프로세서 서버들을 찾아볼 수 있다.

인텔 및 여타의 칩 제조업체들은 전력 소모를 최소화할 수 있는 마이크로프로세서들도 개발했는데, 이는 모바일 디지털 기기들의 배터리 시간을 늘리는 데 필수적이다. 애플의 아이폰과 아이패드, 인텔의 아톰(Atom)에서 사용되고 있는 A9, A10, A11 프로세서들과 같은 고절전 마이크로프로세서들은 경량의 스마트폰과 테블릿, 지능형 자동차, 헬스케어 기기들에서 사용되고 있다.

5-4 소프트웨어 플랫폼의 최근 동향은 어떠한가?

최근의 소프트웨어 플랫폼 발전과 관련된 네 가지 주요 주제는 다음과 같다.

- 리눅스와 오픈소스 소프트웨어
- 자바, HTML, HTML5
- 웹서비스 및 서비스 지향 아키텍처
- 소프트웨어 아웃소싱과 클라우드 서비스

리눅스와 오픈소스 소프트웨어

오픈소스 소프트웨어(open-source software)는 전 세계 수십만 명의 프로그래머들이 참여하는 커뮤니티에 의해 생산된다. 선도적인 오픈소스 전문가 연합 단체인 OpenSource.org에 따르면, 오픈소스 소프트웨어는 무료이며 사용자들에 의해 수정될 수 있다. 원래의 코드로부터 파생되는 결과물들 또한 무료여야 하며, 이런 소프트웨어는 추가적인 라이선스 없이 사용자에 의해 다시 유포될 수 있다. 정의에 의하면 오픈소스 소프트웨어는 어떠한 특정 운영체제 또는 하드웨어 기술에도 국한되지 않는다.

인기 있는 오픈소스 소프트웨어 도구들로는 리눅스 운영체제, 아파치 HTTP 웹서버, 모질라 파이어폭스 웹브라우저, 아파치 오픈오피스 데스크톱 생산성 스위트 등을 들 수 있다. 구글의 안드로이드 모바일 운영체제와 크롬 웹브라우저는 오픈소소 도구들을 기반으로 하고 있다.

리눅스

아마 가장 잘 알려진 오픈소스 소프트웨어는 유닉스와 관련된 운영체제인 리눅스일 것이다. 리눅스는 핀란드 프로그래머인 리누스 토발즈(Linus Torvalds)에 의해 개발되었는데, 1991년 8월에 인터넷에 처음 올려졌다. 리눅스 애플리케이션들은 휴대전화, 스마트폰, 넷북, 가전제품 등에 삽입되어 있다. 리눅스는 인터넷에서 제공되는 다운로드 가능한 무료 버전들로 사용되거나 레드 햇(Red Hat)과 같은 벤더들에 의해 제공되는 도구 및 지원을 포함한 저비용의 상업용 버전들을 통해 사용될 수 있다.

리눅스는 데스크톱 시스템들에서 많이 사용되지는 않지만 서버, 메인프레임 컴퓨터, 슈퍼컴퓨터에서는 주도적인 운영체제이다. IBM, HP, 인텔, 델, 오라클 등은 리눅스를 기업에 대한 그들의 주요 제안 요소 중 하나로 취급해 왔다. 리눅스는 모든 주요 하드웨어 플랫폼들에서 받아들여지고 있는데, 이는 리눅스가 기업 소프트웨어 플랫폼으로서 비용 절감, 신뢰성, 장애 허용성 면에서 상당히 인정받고 있다는 점을 시사한다.

웹 소프트웨어 : 자바, HTML, HTML5

자바(Java)는 운영체제 및 프로세서와 독립적인 객체 지향 프로그램으로서 웹을 위한 주도적인 쌍방향의 프로그래밍 환경이 되어 가고 있다. 자바 플랫폼은 휴대전화, 스마트폰, 자동차, 음악 플레이어, 게임 기계로 결합되어 오다가 결국 쌍방향 콘텐츠와 프로그램별 시청료 납부 방식을 제공할 수 있는 셋톱 케이블 TV 시스템에까지 결합되었다. 자바 소프트웨어는 컴퓨터 및 컴퓨팅 장비가 이용하는 특정 마이크로프로세서 또는 운영체제와 무관하게 어떠한 장비에서라도 실행될 수 있도록 설계된다. 자바가 사용되는 각각의 컴퓨팅 환경들에서 자바 가상머신(Java Virtual Machine)은 자바 프로그래밍 코드를 해석한다. 일단 한 번 작성된 자바 코드는 자바 가상머신이 존재하는 그 어떤 장비에서도 사용될 수 있다.

자바 개발자들은 웹페이지에 삽입될 수 있고 다운로드되어 웹브라우저에서 돌아갈 수 있는 애플릿(applet)이라는 작은 프로그램들을 만들 수 있다. **웹브라우저**(web browser)는 웹페이지들을 보여주고 여타의 인터넷 자원들에 접근할 수 있도록 하기 위한 소프트웨어 도구로서, GUI(graphical user interface)를 가지고 있으며 사용하기 쉽다. 마이크로소프트의 인터넷 익스플로러, 모질라 파이어폭스, 구글 크롬 브라우저가 그 예이다. 기업 차원에서 자바는 조직의 후방 거래처리시스템들과 연동이 필요한 더 복잡한 전자상거래 및 e-비즈니스 애플리케이션을 위해 사용된다.

HTML과 HTML5

HTML(hypertext markup language)은 텍스트, 그래픽, 비디오, 사운드를 웹페이지에 삽입해주고 다른 웹페이지와 객체들에 대한 동적 링크들을 생성해주는 페이지 기술(description) 언어다. 사용자가 표시된 키워드나 그래픽을 포인터를 갖다 대고 클릭하면, 동적 링크에 연결된 다른 문서가 즉시 전송된다.

HTML은 원래 많은 글자들로 이루어진 정적(static) 문서들을 생성하고 링크시키도록 고안되었다. 그러나 오늘날 웹은 정적 문서들보다 훨씬 더 교류적이고 상호작용적인 특성을 가지고 있으며, 많은 웹페이지들은 멀티미디어 요소들(이미지, 오디오, 비디오)을 가지고 있다. 플래시(flash), 실버라이트(silverlight), 자바 등과 같은 제3자 플러그인 애플리케이션들은 표현성이 높은 매체들을 웹페이지에 통합시키는 역할을 요구받아 왔다. 그러나 이러한 역할은 추가적인 프로그래밍 작업을 필요로 하고 컴퓨터 처리에 부담이 되어 왔다. 이 점이 바로 애플이 모바일 단말기에서의 플래시 가동을 중단한 이유 중 하나다. **HTML5**는 HTML 진화의 산물인데, 이미지, 오디오, 비디오, 그리고 여타의 요소들을 프로세서 사용량을 늘리는 추가적인 프로그램 없이도 바로 문서에 삽입할 수 있도록 해줌으로써 이러한 문제를 해결하였다. 또한 HTML5는 웹페이지가 데스크톱뿐만 아니라 모바일 단말기들을 포함한 상이한 디스플레이 기기들에서 작동되도록 하는 것을 더욱 용이하게 해줄 것이고, 웹에서 돌아가는 앱의 데이터 저장소를 지원할 것이다.

다른 인기 있는 웹 애플리케이션 프로그래밍 도구들로는 루비(Ruby)와 파이썬(Python)을 들 수 있다. 루비는 웹 애플리케이션 구축 속도와 용이성의 장점을 가지는 객체 지향 프로그래밍 언어이며, 파이썬(명확성으로 칭송받는)은 클라우드 컴퓨팅 애플리케이션들을 구축하는 데 사용되고 있다.

웹서비스와 서비스 지향 아키텍처

웹서비스(web service)는 범용적인 웹 커뮤니케이션 표준들과 언어들을 사용하여 서로 정보를 교환하는 소프트웨어 구성요소들이 느슨하게 결합된 집합을 의미한다. 웹서비스는 시스템이 기반을 두고 있는 운영체제 또는 프로그래밍 언어들과 무관하게 2개의 상이한 시스템 간에 정보를 교환할 수 있으며, 또한 하나의 단일 기업 내에 존재하는 서로 다른 종류의 시스템들을 연결시키는 애플리케이션을 생성하는 데 사용될 수도 있다. 웹서비스는 2개의 상이한 조직의 시스템을 연결해주는 개방적인 표준 웹 기반 애플리케이션 구축에 활용될 수 있으며, 하나의 조직 내의 별개 시스템들을 연결해주는 애플리케이션을 생성하는 데도 사용될 수 있다. 상이한 애플리케이션들은 웹서비스를 이용하여 시간 소모적인 기존의 코딩 작업 없이도 표준화된 방식으로 서로 커뮤니케이션할 수 있다.

웹서비스를 위한 기반기술은 **XML**(extensible markup language)인데, 이 언어는 1996년 월드와이드웹 컨소시엄[World Wide Web Consortium(W3C), 웹의 발전을 감독하는 국제기구]에 의해 개발된 웹페이지를 위한 마크업(markup) 언어로서 HTML보다 더욱 강력하고 유연하다. HTML은 데이터가 웹페이지 폼에 표현되어야 하는 방식을 기술하는 데 한계가 있는 반면, XML은 데이터에 대한 표현, 처리, 저장을 수행할 수 있다. XML에서 하나의 숫자는 단순히 숫자가 아니다. XML 태그(tag)는 이 숫자가 가격인지, 날짜인지 또는 우편번호인지 구체적으로 지정한다. 표 5.3은 XML 문장 샘플을 보여준다.

XML은 문서의 콘텐츠 요소들의 의미를 나타내기 위해 태그를 부착함으로써 컴퓨터가 자동으로 데이터를 조작하고 해석할 수 있도록 해주며, 인간의 간섭 없이 데이터를 운영할 수 있도록 해준

표 5.3 XML의 예

평범한 영어	XML
Subcompact	<AUTOMOBILETYPE="Subcompact">
4 passenger	<PASSENGERUNIT="PASS">4</PASSENGER>
$16,800	<PRICE CURRENCY="USD">$16,800</PRICE>

다. 웹브라우저들과 주문처리 또는 전사적자원관리(ERP) 소프트웨어와 같은 컴퓨터 프로그램들은 데이터들을 적용하고 보여주는 데 필요한 프로그램 규칙들을 따를 수 있다. XML은 데이터 교환을 위한 표준 포맷을 제공하며, 웹서비스로 하여금 데이터를 하나의 프로세스에서 다른 프로세스로 전달할 수 있도록 해준다.

웹서비스는 표준 웹 프로토콜상의 XML 메시지들을 통해 커뮤니케이션한다. 기업들은 전화번호부에서 필요한 번호를 찾아내듯이 어떤 디렉토리를 통해 웹서비스를 찾아낼 수 있다. 웹 프로토콜들을 이용하여 하나의 소프트웨어 애플리케이션은 커뮤니케이션하려는 상이한 애플리케이션 각각에 대해 기존 방식의 프로그래밍 없이도 자유롭게 연결될 수 있다. 모든 사람들은 이와 똑같은 표준을 공유한다.

기업의 소프트웨어 시스템을 구축하는 데 사용되는 웹서비스들은 서비스 지향 아키텍처를 구성한다. **서비스 지향 아키텍처**(service-oriented architecture, SOA)는 소프트웨어 애플리케이션들을 생산하기 위해 서로 커뮤니케이션하는 필요 기능들이 완비된 서비스들의 집합이다. 비즈니스 업무들은 이런 일련의 서비스들을 수행시킴으로써 완수될 수 있다. 소프트웨어 개발자들은 이런 서비스들을 다른 조합으로 재사용하여 애플리케이션을 조립한다.

사실상 모든 주요 소프트웨어 벤더들은 웹서비스를 이용하여 소프트웨어 애플리케이션들을 구축하고 통합하기 위한 도구들과 플랫폼 전체를 제공하고 있다. IBM은 웹스피어(WebSphere)라는 전자상거래 소프트웨어 플랫폼을 기반으로 한 웹서비스를 가지고 있으며, 마이크로소프트는 웹서비스 도구들을 마이크로소프트 .NET 플랫폼에 통합해 놓았다.

달러렌트어카(Dollar Rent A Car)(줄여서 '달러'로 표기)의 시스템은 온라인 예약시스템을 사우스웨스트항공의 웹사이트와 연동시키기 위해 웹서비스를 이용하고 있다. 이 두 회사의 시스템은 서로 다른 기술 플랫폼에 기반을 두고 있지만, 사우스웨스트닷컴(Southwest.com)에서 비행을 예약하는 사람은 항공사의 웹사이트를 떠나지 않고도 달러로부터 자동차를 예약할 수 있다. 달러의 예약시스템이 사우스웨스트의 정보시스템들과 데이터를 공유하도록 애쓰는 대신, 달러는 마이크로소프트의 .NET 웹서비스들을 중개자 역할을 하는 기술로 사용하였다. 사우스웨스트의 예약은 웹서비스 프로토콜로 변환되고 난 다음, 달러의 컴퓨터들이 이해할 수 있는 포맷으로 변환된다.

예전에 다른 자동차 렌트회사들은 그들의 정보시스템을 항공사의 웹사이트들과 연결시켜 왔다. 그러나 웹서비스 없이 이런 연결들은 한 번에 하나씩 구축되어야 했다. 웹서비스들은 달러의 컴퓨터들이 다른 기업의 정보시스템 각각에 대해 특별한 연결관계를 구축할 필요 없이 이 정보시스템들에 '말할' 수 있는 표준화된 방법을 제공한다. 달러는 휴대전화와 스마트폰용 무선 웹사이트뿐만 아니라 하나의 소규모 여행사의 시스템과 하나의 대형 여행예약시스템에 자신의 시스템들이 직접 연결될 수 있도록 현재 웹서비스의 사용을 확장한다(그림 5.11 참조).

그림 5.11 달러렌트어카가 웹서비스를 이용하는 방식

달러렌트어카는 웹서비스를 이용하여 다른 기업의 정보시스템들에 '말하는' 표준 중개 계층을 제공한다. 달러렌트어카는 이런 웹서비스를 이용하여 다른 기업들의 정보시스템들을 연결할 수 있다.

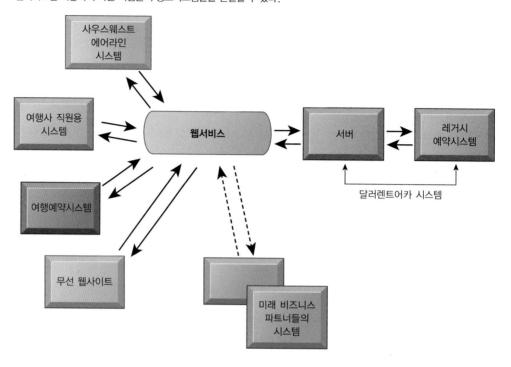

소프트웨어 아웃소싱과 클라우드 서비스

오늘날 대부분의 기업은 비즈니스 니즈를 지속적으로 만족시킬 수 있으며 대체하는 데는 많은 비용이 소요될 수 있는 레거시 시스템을 지속적으로 사용하고 있다. 그러나 이런 기업들은 대부분의 새로운 소프트웨어 애플리케이션들을 외부의 소스로부터 구매하거나 대여할 것이다. 그림 5.12는 미국 기업들의 소프트웨어에 대한 외부 소스들이 급속하게 성장하고 있음을 보여준다.

소프트웨어의 외부 소스는 세 가지로 분류할 수 있는데, 그것은 상업용 소프트웨어 벤더로부터 제공되는 소프트웨어 패키지, 맞춤화된 애플리케이션 개발을 위한 아웃소싱, 클라우드 기반 소프트웨어 서비스 및 도구이다(SaaS/PaaS).

소프트웨어 패키지와 전사적 소프트웨어

우리는 이미 전사적 애플리케이션용 소프트웨어 패키지를 IT 인프라의 주요 구성요소인 소프트웨어의 유형 중 하나로 설명한 바 있다. **소프트웨어 패키지**(software package)는 미리 개발된 사용 가능한 상업적 소프트웨어 프로그램들의 집합으로서, 기업이 급여처리 또는 주문처리 등과 같은 특정 목적을 위해 자신들만의 소프트웨어 프로그램을 개발할 필요성을 없애준다.

SAP와 오라클 같은 전사적 애플리케이션 벤더들은 강력한 소프트웨어 패키지를 개발해 왔는데, 이것들은 창고관리, 고객관계관리, 공급사슬관리, 그리고 재무에서 인적자원관리에 이르기까지 기업의 주요한 비즈니스 프로세스들을 지원할 수 있다. 대용량 전사적 소프트웨어들은 단일의, 통합된, 세계적인 소프트웨어 시스템을 기업들에게 제공하는데, 이때 드는 비용은 구매 기업들이 직접 개발할 때 드는 비용보다 훨씬 적다. 전사적 시스템은 제9장에서 자세히 논의한다.

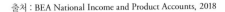

그림 5.12 기업 소프트웨어의 공급 소스의 변화

2017년 미국 기업들은 소프트웨어에 3,800억 달러 이상을 소비한 것으로 추정되었다. 그중 약 47%(1,790억 달러)는 기업 외부의 다양한 벤더들에게 지불되었고, 다른 13%(490억 달러)는 온라인 클라우드 기반 서비스로 소프트웨어를 제공하는 SaaS 벤더들에게 지불된 것으로 추정되었다.

출처 : BEA National Income and Product Accounts, 2018

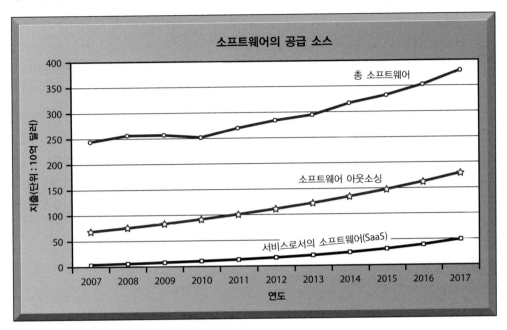

소프트웨어 아웃소싱

소프트웨어 **아웃소싱**(outsourcing)은 기업이 맞춤화된 소프트웨어 개발이나 기존의 레거시 프로그램들을 외부 기업에게 맡기는 계약을 하는 것인데, 이 외부 기업은 세계적으로 저임금 지역에 해당하는 외국에서 운영되는 기업인 경우가 대부분이다. 예를 들어 2013년 이케아는 독일 인프라 솔루션 회사인 윈코르 닉스도르프(Wincor Nixdorf)와 6년간의 해외 IT 아웃소싱 계약을 발표했다. 윈코르 닉스도르프는 25개국 이케아 매장 300개에 12,000개의 POS 시스템을 설치했다. 이 시스템은 윈코르 닉스도르프의 POS TP.net 소프트웨어를 사용하여 각 매장의 가구 결제 처리를 제어하고 각 매장에서 발생하는 모든 데이터들을 통합한다. 윈코르 닉스도르프는 이케아에게 시스템 운영 및 맞춤화 서비스는 물론 시스템에서 가동되는 소프트웨어 및 애플리케이션에 대한 업데이트 서비스도 제공한다. 이케아는 해외의 단일 소프트웨어 제공업체를 통해 매장 운영 작업을 줄일 수 있었다(Existek, 2017). 특히 인도에서와 같이 더욱 정교하고 경험 많은 해외 기업들이 새로운 프로그램 개발을 위해 고용되어 왔지만, 아직도 대부분의 해외 아웃소싱 기업들은 주로 낮은 수준의 유지보수, 데이터 입력, 콜센터 운영을 담당해 오고 있다. 그러나 해외의 임금 수준이 높아짐에 따라, 그리고 해외 프로젝트에 대한 관리비용을 고려할 때(제13장 참조), 해외에 맡겼던 어떤 일들은 국내업체들에게 다시 돌아오고 있다.

클라우드 기반 소프트웨어 서비스와 도구

과거 마이크로소프트 워드나 어도비 일러스트레이터(Adobe Illustrator)와 같은 소프트웨어들은 박스에 담겨 출시되었고 하나의 컴퓨터에서 작동되도록 설계되었다. 오늘날 여러분은 이 벤더들의 웹사이트에서 이 소프트웨어들을 다운로드 받거나 인터넷상의 클라우드 서비스를 통해 이 소프트웨어들을 제공받고 사용료를 지불할 가능성이 더욱 커졌다.

클라우드 기반 소프트웨어와 그것이 사용하는 데이터는 대형 데이터 센터의 강력한 서버에 의해 호스팅되며, 인터넷과 웹브라우저를 통해 접속될 수 있다. 구글이나 야후가 제공하는 개인이나 소기업들을 위한 무료 또는 저렴한 비용의 도구 외에도, 전사적 소프트웨어와 여타의 복잡한 비즈니스 기능들은 판매용 소프트웨어 벤더들로부터 제공되는 서비스를 통해 사용 가능하다. 기업들은 소프트웨어 프로그램을 구매하여 설치하는 대신 이러한 소프트웨어를 대여하는 기업들에게 가입비나 거래처리당 비용을 지불하고 빌려쓸 수 있다. 선도적인 기업의 예로는 이 장의 마무리 사례연구에서 소개할 세일즈포스닷컴을 들 수 있는데, 이 회사는 고객관계관리를 위한 온디맨드 소프트웨어 서비스를 제공하고 있다.

기업들은 아웃소싱 기업이나 기술 서비스 제공자들과의 관계를 관리하기 위해서 이들과 **서비스 수준 계약서**(service level agreement, SLA)를 포함한 계약 관계를 맺는다. SLA는 고객과 서비스 제공자 간의 공식적인 계약서로서 서비스 제공자의 구체적인 책임과 고객이 기대하는 서비스 수준에 대해 구체적으로 정의한다. SLA는 일반적으로 제공되는 서비스의 유형과 수준, 성능 측정 기준, 지원 방법, 보안 및 재해복구 지원, 하드웨어 및 소프트웨어 소유권 및 업그레이드, 고객 지원, 청구, 계약 종료 조건 등을 명시한다.

매시업과 앱

개인적인 작업이나 기업의 작업 모두에 대해 사용되는 소프트웨어는 독립적인 큰 프로그램들로 구성될 수도 있고, 아니면 인터넷을 통해 다른 애플리케이션들과도 자유롭게 통합될 수 있고 교체도 가능한 요소들로 구성될 수도 있다. 개인 사용자와 기업은 이러한 소프트웨어 요소들을 조합하고 연결해서 자신만의 맞춤화된 애플리케이션을 만들어낼 수 있으며 다른 사람 또는 기업들과 정보를 공유할 수 있다. 이렇게 만들어진 소프트웨어 애플리케이션을 **매시업**(mashup)이라 한다. 이 개념은 상이한 소스들을 가지고 그것들의 합보다 더 큰 새로운 결과물을 생산해내는 것이다. 여러분이 비디오나 슬라이드 쇼 기능을 이용하여 페이스북의 프로파일이나 블로그를 맞춤화해본 적이 있다면, 이는 매시업을 수행해본 것이다.

웹 매시업은 2개 이상의 온라인 애플리케이션들의 기능을 결합시킴으로써 원래의 애플리케이션이 독자적으로 고객에게 제공하던 가치보다 더 큰 가치를 제공한다. 예를 들어 집리얼티(ZipRealty)는 구글 맵스와 온라인 부동산 데이터베이스의 데이터를 이용한다. **앱**(app)은 인터넷이나 컴퓨터 또는 휴대전화에서 돌아가는 작은 소프트웨어인데 일반적으로 인터넷을 통해 전달된다. 구글은 앱을 통해 온라인 서비스를 제공하고 있는데, 여기에는 데스크톱 생산성 도구인 구글 앱스 스위트도 포함된다. 그러나 오늘날 사람들이 얘기하고 있는 앱은 일반적으로 모바일 디지털 플랫폼용으로 개발된 앱에 초점이 맞춰져 있다. 스마트폰이나 여타의 모바일 휴대용 기기들을 범용적인 컴퓨팅 도구로 변화시킨 것이 바로 이 앱들이다. 이제 IOS와 안드로이드 운영체제를 기반으로 한 앱들은 수없이 많다.

앱 중에는 웹에 접속이 필요 없는 것들도 있지만 대다수는 그렇지 않은데, 이러한 앱들은 기존의 웹브라우저보다 더 빠르게 웹콘텐츠에 접근할 수 있도록 해준다. 이러한 앱들은 브라우저 없이도 사용자들이 웹을 경험할 수 있는 경로를 제공하며, 뉴스 보기에서부터 쇼핑, 검색, 구매 등에 이르기까지 많은 작업을 수행한다. 이 앱들은 자사의 전사적 시스템에 대한 통로로서 관리자들의 사용이 증대되고 있다. 이제는 아주 많은 사람들이 모바일 기기를 통해 인터넷에 접속하고 있는데, 이러한 상황에서 어떤 이들은 앱이 '새로운 브라우저'라고 말하기도 한다. 또한 소비자들이 앱의 룩

앱필과 그 속도에 매료됨에 따라, 앱은 전통적인 웹사이트들의 디자인과 기능에 영향을 미치기 시작하고 있다.

앱 사용자들은 많은 앱을 무료로 또는 기존의 소프트웨어보다 훨씬 적은 금액으로 구매할 수 있는데, 이러한 점들은 앱이 사람들에게 더 어필하도록 만드는 요인이다. 이러한 모바일 플랫폼들의 성공은 그것들이 제공하는 앱의 개수와 품질에 달려 있다. 앱은 고객과 특정 하드웨어 플랫폼을 묶어주는 역할을 한다. 즉, 사용자가 앱을 자신의 모바일폰에 더 많이 담아 놓을수록 경쟁사 모바일 플랫폼으로의 전환비용이 더욱 커진다.

최근 가장 많이 다운로드된 앱들은 게임, 뉴스, 날씨, 지도/내비게이션, 소셜 네트워킹, 음악, 비디오/영화와 관련된 앱들이다. 그러나 앱 중에는 기업 사용자들로 하여금 문서를 생성하고 편집하며, 기업 시스템에 접속하고, 회의 계획을 짜거나 회의에 참여하고, 배송 상황을 파악하고, 음성 메시지를 기술할 수 있도록 해주는 업무용 앱들도 있다(제1장 '토론방 : 아이폰으로 회사를 운영할 수 있는가' 참조). 또한 제품이나 서비스를 온라인으로 조사하거나 구매하는 데 사용되는 수많은 전자상거래 앱들도 있다.

5-5   IT 인프라 관리와 관련된 도전과제와 해결방안은 무엇인가?

일관성 있는 IT 인프라를 구축하고 관리하기 위해서는 플랫폼과 기술 변화(클라우드 및 모바일 컴퓨팅 포함), 관리와 거버넌스, 인프라에 대한 현명한 투자 등과 같은 여러 가지 도전과제를 해결해야 한다.

인프라 변화에 대한 대응

기업들이 성장할 때 그들의 인프라가 따라오지 못할 수가 있다. 반면 기업들이 위축될 때에는 좋은 시절에 구매한 과도한 인프라 때문에 곤경에 처할 수도 있다. 기업의 IT 인프라에 대한 투자의 대부분이 구입비 및 라이선스 비용으로 고정되어 있을 때 기업은 어떻게 유연성을 유지할 수 있는가? 인프라는 어떻게 잘 확장될 수 있는가? **확장성**(scalability)은 많은 사용자들에게 시스템 중단 없이 서비스를 제공할 수 있는 컴퓨터, 제품 또는 시스템 등의 확장능력을 의미한다. 새로운 애플리케이션, 인수합병, 기업 규모의 변화, 이 모든 것은 컴퓨터의 작업량에 영향을 미치므로 하드웨어 용량을 계획할 때 반드시 고려되어야 한다.

모바일 컴퓨팅 플랫폼과 클라우드 컴퓨팅 플랫폼을 이용하는 기업들은 이러한 플랫폼들을 관리하는 데 필요한 새로운 정책과 절차가 필요할 것이다. 기업들은 회사의 모든 모바일 단말기들에 대한 목록을 작성할 필요가 있으며, 그 기기들의 상태를 파악하고, 업데이트하고, 안전을 관리하며 그것들에서 돌아가는 데이터와 애플리케이션들을 통제할 수 있는 정책과 도구들을 개발할 필요가 있다. 기업은 종종 **모바일 기기관리**(mobile device management, MDM) 소프트웨어를 사용하는데, 이 소프트웨어는 여러 모바일 서비스 제공업체들에 배치된 그리고 조직에서 사용되는 여러 모바일 운영체제에 배치된 모바일 기기들을 모니터링, 관리, 보호한다. IT 부서는 MDM 도구를 사용하여 모바일 사용을 모니터링하고, 모바일 소프트웨어를 설치 또는 업데이트하고, 모바일 기기들을 백업 및 복원하며, 도난 또는 분실된 기기의 소프트웨어나 데이터를 제거할 수 있다.

클라우드 컴퓨팅과 SaaS를 활용하는 기업들은 중요한 애플리케이션들과 관련된 하드웨어와 소프트웨어를 필요할 때 언제나 사용할 수 있도록 해주고 정보보안에 대한 기업 표준을 충족시키도록 해주는 외부 벤더들과 새로운 계약 조건들을 만들 필요가 있을 것이다. 기업이 기대했던 성과 수준을 유지하기 위해서는 컴퓨터의 응답 시간 및 기업의 중요한 시스템에 대한 가용성 수준을 결정해야 하는데, 이는 기업의 경영진에 달려 있다.

관리와 거버넌스

정보시스템 관리자들과 CEO들 간에 장기적으로 유지되어 오고 있는 이슈는 "누가 기업의 IT 인프라를 통제하고 관리할 것인가?"라는 질문이다. 제2장에서는 IT 거버넌스의 개념을 소개했고 그것이 해결해야 할 이슈들을 설명했다. IT 거버넌스에 관한 여타의 중요한 질문은 다음과 같다. 부서 및 부문이 직접 자신들의 정보기술을 결정해야 하는가? 또는 IT 인프라가 중앙집중적으로 통제되고 관리되어야 하는가? 중앙집중적인 정보시스템 관리와 사업단위의 정보시스템 관리 간의 관계는 무엇인가? 사업단위들에 대해 인프라 비용을 어떻게 할당할 것인가? 각 조직은 자신의 니즈를 기반으로 이런 질문들에 대한 해답에 도달할 필요가 있다.

인프라에 대한 현명한 투자

IT 인프라는 기업의 주요한 자본 투자 대상이다. 인프라에 자본이 너무 많이 지출된다면, 자금이 제대로 활용되지 못하는 것이며, 기업의 재무적 성과에 장애가 될 수도 있다. 너무 적게 지출된다면 중요한 비즈니스 서비스들이 수행될 수 없으며, 이런 기업의 경쟁자들(적절한 액수만큼만 소비하는)은 앞서 나가게 될 것이다. 기업은 인프라에 대해 얼마를 투자해야 하는가? 조직들은 나름대로의 니즈를 기반으로 이들 질문에 대한 답을 구할 필요가 있다. 그러나 답하기는 쉽지 않다.

이와 관련된 질문 중 하나는 기업 자신이 IT 인프라 구성요소들(클라우드 서비스 포함)을 구매하고 유지관리해야 하는지, 또는 클라우드 서비스 제공자를 포함한 외부의 공급자들로부터 빌려야 하는지에 관한 것이다. 여러분이 소유할 IT 자산들을 구매할 것인지 또는 외부의 공급자들로부터 대여할 것인지에 대한 결정은 일반적으로 대여 대 구매(rent-versus-buy) 결정이라 부른다.

클라우드 컴퓨팅은 저렴한 비용으로 확장성과 유연성을 증대할 수 있는 방법이 될 수 있지만, 기업들은 보안 측면에서 신중하게 대안들을 평가해야 하며 비즈니스 프로세스들과 업무 흐름에 대한 영향도 신중하게 평가해야 한다. 어떤 경우에는 소프트웨어를 빌리는 비용이 애플리케이션을 자체적으로 구매하고 유지관리하는 비용보다 많이 들 수도 있고, 또는 기업이 클라우드 서비스에 필요 이상의 비용을 소비할 수도 있다(Loten, 2018). 그러나 클라우드 서비스를 사용하면 하드웨어, 소프트웨어, 인적자원, 유지관리 관련 비용의 상당한 감소를 포함하여 많은 이점을 얻을 수 있다. 또한 기업은 클라우드 컴퓨팅으로의 전환을 통해 기술 문제가 아닌 핵심 비즈니스에 집중할 수 있다.

정보기술 자산에 대한 총소유비용

소유하고 있는 기술 자원들의 실제 비용에는 하드웨어 및 소프트웨어의 획득 및 설치에 관한 초기 비용뿐만 아니라 업그레이드, 유지보수, 기술적 지원, 교육, 그리고 심지어 유용성에 대한 지속적인 관리비용과 기술을 가동시키고 보관하는 데 드는 부동산 비용까지도 포함된다. **총소유비용**(total cost of ownership, TCO) 모델은 기업이 특정 기술에 대한 구현비용을 결정하기 위해 이런 직간접 비용들을 분석하는 데 사용될 수 있다. 표 5.4는 TCO 분석에서 고려되어야 할 가장 중요한 TCO 구성요소들을 설명하고 있다.

이와 같은 비용 요소들이 고려될 때 PC에 대한 TCO는 초기 구입비의 3배에 달할 수도 있다. 직원들에게 모바일 컴퓨팅 기기를 제공함으로써 얻을 수 있는 생산성 및 효율성의 이점은 이러한 기

표 5.4 총소유비용(TCO)의 요소

인프라 요소	비용 요소
하드웨어 획득	컴퓨터, 터미널, 저장장치, 프린터를 포함한 컴퓨터 하드웨어 장비들에 대한 구매 가격
소프트웨어 획득	각 사용자에 대한 소프트웨어 구매 비용 및 라이선스 비용
설치	컴퓨터 및 소프트웨어 설치 비용
교육	정보시스템 전문가 및 최종사용자들의 교육 비용
지원	지속적인 기술 지원, 헬프데스크 등의 비용
유지보수	하드웨어 및 소프트웨어에 대한 업그레이드 비용
인프라	(저장 백업 장비들을 포함한) 네트워크 및 전문적인 장비와 같은 인프라 요소에 대한 획득, 유지보수, 지원 비용
가동 중지	하드웨어 또는 소프트웨어 고장으로 인하여 시스템이 처리 또는 사용자 업무를 수행힐 수 없는 경우 발생하는 생산성 손실 비용
공간 및 에너지	기술에 대한 보유 공간 및 전력 공급에 대한 부동산 및 에너지 비용

기들을 기업의 IT 인프라에 통합하고 기술 지원을 제공하는 데 따르는 비용 증가와 균형을 이루어야 한다. 여타의 비용 구성요소들에는 무료 무선 휴대전화 사용, 최종사용자 교육훈련, 헬프데스크 지원, 특별한 애플리케이션을 위한 소프트웨어 등이 포함된다. 모바일 기기가 다수의 상이한 애플리케이션들에서 돌아가거나 전사적 애플리케이션과 같은 후방 시스템들로 통합되어야 한다면 비용이 더 높아질 것이다.

하드웨어 및 소프트웨어 획득비용은 TCO 중 겨우 20% 정도만 차지하므로 관리자들이 기업의 하드웨어 및 소프트웨어에 대한 전체 비용을 이해아기 위해서는 관리비용들에 주의를 기울여야 한다. 이런 관리비용 중 일부는 더 나은 관리를 통해 감소될 수 있다. 다수의 대기업들에는 중복되고, 양립될 수 없는 하드웨어 및 소프트웨어들이 존재하는데, 그 이유는 부서나 부문들이 직접 기술을 구매할 수 있었기 때문이다.

클라우드 서비스로 전환하는 것 외에도 이런 기업들은 하드웨어 및 소프트웨어 자원들에 대한 더 강력한 중앙집중화와 표준을 통해 TCO를 줄일 수도 있을 것이다. 기업이 직원들이 사용할 수 있는 상이한 컴퓨터 모델과 소프트웨어 수를 최소화한다면, 인프라를 지원하는 데 필요한 정보시스템 인력 규모를 줄일 수도 있을 것이다. 중앙집중화된 인프라 환경에서는 시스템들이 중앙 거점으로부터 관리될 수 있고 고장수리도 수행될 수 있다.

IT 인프라에 대한 경쟁세력 모델

그림 5.13은 여러분의 기업이 IT 인프라에 대해 얼마를 투자해야 하는가에 대한 질문에 대답하기 위해 사용할 수 있는 경쟁세력 모델(competitive forces model)을 보여주고 있다.

여러분 기업의 서비스에 대한 시장의 요구   여러분이 현재 고객, 공급자, 직원들에게 제공하고 있는 서비스 목록을 만들어라. 여러분이 현재 제공하고 있는 이 서비스들이 각 그룹의 니즈를 만족시키고 있는지 파악하기 위해 각 그룹을 조사하거나 목표 그룹을 선정하라. 예를 들어 고객들이 가격

그림 5.13 IT 인프라를 위한 경쟁세력 모델

여러분이 "우리 기업은 IT 인프라에 얼마나 투자해야 하는가?"라는 질문에 대한 대답을 위해 사용할 수 있는 요인은 여섯 가지가 있다.

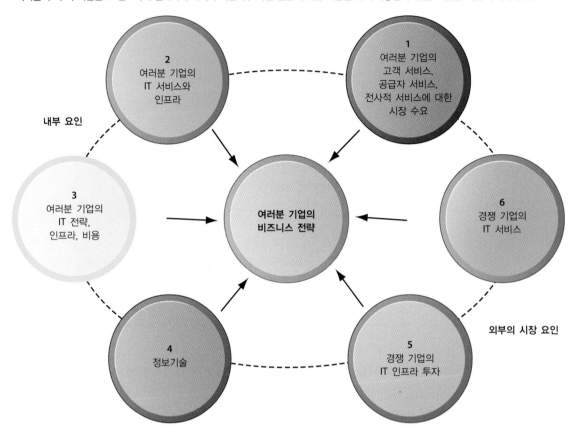

및 구매 가능성에 대한 질문에 대해 응답이 늦다고 불평하고 있는가? 직원들이 업무에 적합한 정보를 찾는 것이 어렵다고 불평하고 있는가? 공급자들이 제품에 대한 요구사항을 파악하는 것이 어렵다고 불평하고 있는가?

여러분 기업의 비즈니스 전략 여러분 기업의 5개년 비즈니스 전략을 분석하고, 전략적 목표를 달성하는 데 필요한 새로운 서비스와 역량을 평가하라.

여러분 기업의 IT 전략, 인프라, 비용 여러분 기업이 가지고 있는 향후 5년간의 정보기술 계획을 검토하고, 기업의 비즈니스 계획들과의 연계성을 평가하라. IT 인프라에 대한 총비용을 결정하라. 여러분은 TCO 분석 수행을 원할 것이다. 여러분의 기업이 IT 전략을 가지고 있지 않다면, 여러분은 기업의 5개년 전략 계획으로 고려되는 계획들을 고안할 필요가 있을 것이다.

정보기술 평가 여러분의 기업은 기술 발전을 외면하는가, 또는 정보기술의 최첨단에 있는가? 이 두 가지 상황은 피해야 할 것들이다. 일반적으로 여전히 실험적이고 종종 비싸며, 때로는 신뢰하기 어려운 최신 기술들에 대해 자원을 소모하는 것은 바람직하지 않다. 여러분은 표준이 확립되어 있고, IT의 공급자가 디자인이 아니라 가격에 대한 경쟁을 하며, 다수의 공급자가 존재하는 그러한 기술들에 투자하고자 한다. 그러나 여러분은 여러분의 경쟁사들이 새로운 비즈니스 모델과 역량을 개발하고 새로운 기술을 이용하는 경험을 쌓는 것을 지켜보면서 이런 신기술들에 대한 투자를 늦추는 것을 원치 않는다.

경쟁 기업 서비스 고객, 공급자, 직원들에게 제공하는 IT 서비스를 평가해보라. 그 결과를 여러분의 기업과 비교하기 위해 양적·질적 척도를 설정하라. 여러분 기업의 서비스 수준이 저조하다면, 여러분의 기업은 경쟁적 열세에 처한 것이다. 여러분 기업의 서비스 수준을 향상시킬 수 있는 방안들을 찾아보라.

경쟁 기업의 IT 인프라 투자 경쟁사와 맞서기 위해 여러분 회사가 IT 인프라에 대해 지출하는 비용을 조사하라. 많은 기업들이 IT에 대해 엄청난 지출을 하고 있다. 경쟁 기업들이 IT 지출을 공개하고 있지 않다면, 여러분은 이런 IT 지출 정보를 SEC Form 10-K 연례 보고서에서 찾아볼 수 있는데, 이 보고서는 이런 지출이 기업의 재무적 성과에 미치는 영향을 연방정부에 보고하기 위해 작성된 것이다.

여러분의 기업은 여러분의 경쟁사들만큼 또는 그 이상으로 반드시 지출해야 할 필요는 없다. 아마도 여러분의 기업은 훨씬 저렴하게 서비스를 제공할 수 있는 방식을 발견했을 수도 있는데, 이는 가격 경쟁에서 유리한 입지로 이끌어줄 수 있다. 이와는 달리 여러분의 기업은 경쟁사보다 훨씬 적은 비용을 소모하고 있으며, 이에 상응하는 만큼의 저조한 성과를 경험하고 있고, 시장점유율 또한 떨어지고 있을지 모른다.

5-6 MIS는 내 경력에 어떤 도움이 되는가?

다음은 제5장과 이 책이 당신이 초급 IT 컨설턴트로서 일자리를 찾는 데 어떻게 도움이 되는지 설명한다.

회사

애틀랜타에 본사를 둔 기술 컨설팅 회사인 A1 Tech IT Consulting은 신입 수준의 IT 컨설턴트를 찾고 있다. 이 회사는 기술 공급업체들과 파트너 관계를 맺고 클라우드, 네트워크, 관리형 IT 서비스를 기반으로 한 최첨단 기술 솔루션을 만들어 중소기업에 판매한다. 이 회사는 65명의 직원을 고용하고 있으며 탁월한 고객 서비스로 유명하다.

직무 기술

신입 수준의 IT 컨설턴트는 회사의 회계관리자와 협력하여 기존 고객과 좋은 관계를 유지하고 기술 컨설턴트가 잠재 고객을 위한 솔루션 및 제안서를 작성하는 일을 돕는다. 이 회사는 기술 산업 및 기술 컨설팅 프로세스에 대한 실무 교육을 제공할 것이다. 직무는 다음과 같다.

- 잠재 고객과 기존 고객 및 경쟁 환경에 대한 조사 보고서 작성
- 디지털 마케팅 캠페인 관리
- 비즈니스 기회를 식별 지원
- 고객 및 잠재 고객 선별, 추적, 모니터링에 대한 정기 보고서 준비

직무 요구사항

- 학사학위 또는 이에 준하는 학력

- 전화, 이메일, 대면을 통한 고객과의 의사소통 능력
- 뛰어난 조직성, 발표, 작문 능력
- 빠르게 변화하는 환경에서 작업하고 팀원으로서 효과적으로 협업할 수 있는 능력
- 마이크로소프트 오피스(워드, 엑셀, 파워포인트) 활용 능력
- 배우려는 의지

인터뷰 질문

1. 클라우드 컴퓨팅 및 관리형 IT 서비스에 대해 무엇을 알고 있는가? 일반적인 운영체제, 보안, 데이터 관리 플랫폼에 익숙한가? 이러한 서비스들을 직장에서 사용해본 적이 있는가? 그렇다면 그것으로 무엇을 했는가?
2. 고객과 직접 대면 접촉을 해본 적이 있는가? 고객과 어떤 작업을 했는지 설명할 수 있는가? 기술 문제로 고객을 도와준 적이 있는가?
3. 디지털 마케팅 경험이 있는가?
4. 영업 또는 여타의 비즈니스 문제를 해결하는 데 도움을 주었던 예를 설명해줄 수 있는가? 글쓰기와 분석을 하는가? 예를 들 수 있는가?
5. 마이크로소프트의 숙련도는 어느 정도인가? 엑셀 스프레드시트로 어떤 작업을 해보았는가?

저자 조언

1. 특히 클라우드 컴퓨팅, 네트워킹 기술, 관리형 기술 서비스에 주의하면서 이 장과 제6장 및 제8장을 살펴보라.
2. 이 회사에 대해서, 그리고 이 회사가 IT 서비스를 제공하기 위해 다른 기술업체들과 어떻게 협력하는지 웹을 통해 조사하라. 파트너 회사들이 제공하는 도구 및 서비스뿐만 아니라 그 파트너 회사들에 관해서 배울 수 있기 바란다.
3. 마이크로소프트 오피스 사용 방법을 정확하게 문의하고, 가능하다면 강의실에서 다루는 문제와 과제를 풀기 위해 이러한 도구들을 어떻게 사용했는지, 그 예들을 정리하여 제출하기 바란다. 여러분의 분석능력과 프로젝트 경험을 보여줄 수 있는 문서들도 가져오라.
4. 여러분이 기술 산업과 이 회사에서 사용되는 기술 및 서비스들에 대해 더 많은 것을 배우는 데 매우 관심이 있다는 것을 보여주라.
5. 회사의 링크드인 페이지, 페이스북, 트위터를 검토하여 이 회사의 전략적 동향과 중요한 이슈들에 대해 알아보라.

요약

5-1 IT 인프라는 무엇이고, IT 인프라의 발전 단계와 기술적 주도 요인은 무엇인가?

IT 인프라는 기업의 특정 정보시스템 애플리케이션에 대한 플랫폼을 제공하는 공유된 기술 자원들이다. IT 인프라에는 기업 전체를 통해 공유하는 하드웨어, 소프트웨어, 서비스들이 포함된다.

IT 인프라의 발전 단계는 메인프레임 시대, 개인용 컴퓨터 시대, 클라이언트/서버 시대, 전사적 컴퓨팅 시대, 클라우드 및 모바일 컴퓨팅 시대의 5단계로 구분할 수 있다. 무어의 법칙은 처리 성능의 급격한 증가와 컴퓨터 기술비용의 급격한 감소를 다루는데, 마이크로프로세서의 성능은 18개월마다 2배로 증가하며 컴퓨팅 가격은 반으로 감소한다고 언급하고 있다. 대용량 디지

틸 저장 법칙은 데이터 저장비용의 급격한 감소를 다루는데, 1달러로 마그네틱 매체에 저장될 수 있는 데이터의 킬로바이트 수는 15개월마다 대략 2배가 된다고 언급하고 있다. 멧칼프의 법칙은 네트워크 참여자들에 대한 네트워크의 가치가 네트워크에 더 많은 사람들이 참여할 때 급격하게 증가한다는 사실을 알려주고 있다. 그동안 통신비용이 급격히 감소하고 산업계에서 컴퓨팅 및 통신 표준들에 대한 합의가 증가해 왔는데, 이러한 점들이 바로 컴퓨터 사용을 폭발적으로 증가시키고 있는 주요 요인이다.

5-2 IT 인프라의 구성요소들은 무엇인가?

IT 인프라의 주요 구성요소로는 컴퓨터 하드웨어 플랫폼, 운영체제 플랫폼, 전사적 소프트웨어 플랫폼, 네트워킹 및 정보통신 플랫폼, 데이터베이스 관리 소프트웨어, 인터넷 플랫폼, 그리고 컨설팅 서비스 및 시스템 통합자(SI 업체)가 있다.

5-3 컴퓨터 하드웨어 플랫폼의 최근 동향은 어떠한가?

모바일 디지털 플랫폼에서 이루어지는 컴퓨팅이 계속해서 증가하고 있다. 양자 컴퓨팅은 여러 상황을 다룰 수 있는 능력을 통해 처리능력을 엄청나게 강화시킬 수 있는 최신 기술이다. IT 소비화는 소비자 시장에서 기인한 정보기술이 기업에서 활용되는 것을 말한다. 가상화는 컴퓨팅 자원들을 물리적 구성이나 지리적 위치에 제약 받지 않고 활용할 수 있도록 구성하는 것이다. 클라우드 컴퓨팅은 기업 및 개인이 하드웨어와 소프트웨어를 구입하거나 설치하는 것이 아니라 인터넷을 포함한 네트워크를 통해 컴퓨팅 파워와 소프트웨어를 제공받는 것이다. 에지 컴퓨팅은 네트워크 말단의 서버들에서 일부 데이터들을 처리함으로써 클라우드 컴퓨팅을 최적화한다. 멀티코어 프로세서는 성능 향상, 전력 소비 감소, 다중작업에 대한 효율적인 동시처리 등을 위해 2개 이상의 프로세서들이 결합된 마이크로프로세서이다. 그린 컴퓨팅은 환경에 대한 IT 하드웨어의 부정적인 영향을 최소화할 수 있는 방법으로 이를 생산하고, 사용하고, 폐기하는 활동 및 기술을 의미한다.

5-4 소프트웨어 플랫폼의 최근 동향은 어떠한가?

오픈소스 소프트웨어는 프로그래머들로 구성된 글로벌 커뮤니티에 의해 개발되고 유지관리되며, 무료로 다운로드받을 수 있다. 리눅스는 강력하고 장애 허용성이 좋은 오픈소스 운영체제로서 다수의 하드웨어 플랫폼들에서 가동될 수 있으며, 웹서버들에서도 널리 사용되고 있다. 자바는 운영체제와 하드웨어에 독립적인 프로그래밍 언어로서 웹을 대상으로 한 선도적인 쌍방향 프로그래밍 환경이다. HTML5는 추가적인 프로그램 노력 없이 이미지, 오디오, 비디오 요소들을 웹 문서에 바로 삽입할 수 있게 해준다. 웹서비스는 웹 표준에 기반을 둔 소프트웨어 요소들과 느슨하게 결합되어 있으며, 어떠한 애플리케이션이나 운영체제와도 연봉될 수 있다. 웹서비스는 2개의 상이한 조직들의 시스템을 연결시키거나 또는 하나의 기업에 존재하는 별개의 시스템을 연결시킬 수 있는 웹 기반 애플리케이션 구성요소로 사용될 수 있다. 기업들은 외부의 소스들로부터 소프트웨어 패키지를 포함하여 새로운 애플리케이션을 구매하고 있는데, 이런 구매는 어떤 외부 벤더(해외의 벤더일 수도 있음)에 의한 맞춤화된 애플리케이션 개발 아웃소싱, 또는 온라인 소프트웨어 서비스(SaaS) 대여 방식으로 수행된다. 매시업은 두 가지 서로 다른 소프트웨어 서비스를 결합하여 개발한 새로운 소프트웨어 애플리케이션 및 서비스이다. 앱이란 인터넷이나 컴퓨터 또는 모바일폰에서 돌아가는 작은 소프트웨어 조각인데, 일반적으로 인터넷을 통해 전달된다.

5-5 IT 인프라 관리와 관련된 도전과제와 해결방안은 무엇인가?

IT 인프라와 관련된 주요 도전과제들에는 인프라의 변화에 대한 대응, 인프라 관리 및 거버넌스, 인프라에 대한 현명한 투자 등이 포함된다. 관리 방안에는 경쟁세력 모델을 활용한 IT 인프라에 대한 투자 규모 및 전략적 인프라 투자 대상 결정과 정보기술 자산들에 대한 총소유비용(TCO) 계산이 포함된다. 기술 자원들을 소유하는 데 소요되는 TCO에는 컴퓨터 하드웨어 및 소프트웨어에 대한 초기 비용뿐만 아니라 업그레이드, 유지보수, 기술 지원, 교육 등에 대한 비용도 포함된다. 많은 기업들은 자신의 IT 플랫폼 비용을 줄이기 위해 클라우드 컴퓨팅으로 전환하고 있다. 기업들은 모바일 기기관리(MDM) 도구들을 이용하여 기업 전반에 배치된 모바일 기기들을 모니터링, 관리, 보호한다.

주요 용어

가상화	서비스로서의 소프트웨어(SaaS)	윈텔 PC
공공 클라우드	서비스 수준 계약서(SLA)	유닉스
그린 컴퓨팅(그린 IT)	소프트웨어 정의 스토리지(SDS)	자바
기술 표준	소프트웨어 패키지	자율 컴퓨팅
나노기술	아웃소싱	총소유비용(TCO)
다중계층(N-계층) 클라이언트/서버 아키	안드로이드	크롬 OS
텍처	양자 컴퓨팅	클라우드 컴퓨팅
레거시 시스템	애플리케이션 서버	클라이언트
리눅스	앱	클라이언트/서버 컴퓨팅
매시업	오픈소스 소프트웨어	태블릿 컴퓨터
멀티코어 프로세서	온디맨드 컴퓨팅	하이브리드 클라우드
멀티터치	운영체제	확장성
메인프레임	에지 컴퓨팅	BOYD
무어의 법칙	웹브라우저	HTML
모바일 기기관리(MDM)	웹서버	HTML5
미니컴퓨터	웹서비스	iOS
사설 클라우드	웹 호스팅 서비스	IT 소비화
서버	윈도우	XML
서비스 지향 아키텍처(SOA)	윈도우 10	

복습 문제

5-1 IT 인프라는 무엇이고, IT 인프라의 발전 단계와 기술적 주도 요인은 무엇인가?
- 기술과 서비스 관점 모두에서 IT 인프라를 정의하라.
- IT 인프라 발전 시대들을 열거하고 구별되는 특징들을 설명하라.
- 다음의 용어들을 정의하고 설명하라 — 웹서버, 애플리케이션 서버, 다중계층 클라이언트/서버 아키텍처.
- 무어의 법칙과 대용량 디지털 저장 법칙을 설명하라.
- 네트워크 경제가 어떻게 커뮤니케이션 비용을 감소시키는지 그리고 기술 표준이 IT 인프라에 어떻게 영향을 미치는지 설명하라.

5-2 IT 인프라의 구성요소들은 무엇인가?
- 기업이 관리해야 할 IT 인프라의 구성요소들을 열거하고 설명하라.

5-3 컴퓨터 하드웨어 플랫폼의 최근 동향은 어떠한가?
- 발전하고 있는 모바일 플랫폼과 IT 소비화, 그리고 클라우드 컴퓨팅에 대해 설명하라.
- 가상화, 그린 컴퓨팅, 멀티코어 프로세서 등에서 얻을 수 있는 비즈니스 이점들은 무엇인가?

5-4 소프트웨어 플랫폼의 최근 동향은 어떠한가?
- 오픈소스 소프트웨어와 리눅스를 정의하고 그것들의 비즈니스 이점들을 설명하라.
- 자바와 HTML5를 정의하고, 왜 중요한지 설명하라.
- 웹서비스를 정의하고 XML이 수행하는 역할을 설명하라.
- 소프트웨어에 대한 세 가지 외부 소스의 이름을 대고 설명하라.
- 소프트웨어 매시업과 앱을 정의하고 설명하라.

5-5 IT 인프라 관리와 관련된 도전과제와 해결방안은 무엇인가?
- IT 인프라에 의해 제기되는 경영상의 도전과제들에 대해 이름을 붙이고 설명하라.
- 기업이 기술 자산에 대한 TCO를 줄일 수 있는 방법들에 대해 설명하라.

토의 문제

5-6 조직에 대한 컴퓨터 하드웨어 및 소프트웨어를 선정하는 것은 왜 중요한 경영상의 의사결정인가? 컴퓨터 하드웨어 및 소프트웨어를 선정할 때 고려해야 하는 경영, 조직, 기술 관련 이슈들은 무엇인가?

5-7 조직은 그들의 모든 소프트웨어 니즈에 대해 소프트웨어 서비스 제공자를 이용해야 하는가? 왜 그런가, 혹은 왜 그렇지 않은가? 이런 의사결정을 할 때 고려해야 하는 경영, 조직, 기술 관련 이슈들은 무엇인가?

5-8 클라우드 컴퓨팅의 장점과 단점은 무엇인가?

MIS 실습 과제

이 절의 프로젝트를 통해 여러분은 IT 인프라 및 IT 아웃소싱을 관리하기 위한 해결책들의 개발, 스프레드시트를 이용한 데스크톱 시스템 대안 평가, 웹 조사를 통한 세일즈 컨퍼런스에 관한 예산계획 수립 등의 경험을 하게 될 것이다.

경영 의사결정 문제

5-9 피츠버그대학교 메디컬 센터(University of Pittsburgh Medical Center, UPMC)는 19개의 병원, 기타 치료시설 네트워크, 국제적 벤처를 운영하기 위해 정보시스템에 의존하고 있다. 추가 서버 및 저장기술에 대한 수요는 매년 20%씩 증가하고 있었다. UPMC는 모든 애플리케이션에 대해 각각 별도의 서버를 할당했으며, 서버 및 여타의 컴퓨터들은 다양한 버전의 유닉스 및 윈도우를 포함하여 여러 가지 다른 운영체제들을 바탕으로 가동되고 있었다. UPMC는 HP, 썬 마이크로시스템즈, 마이크로소프트, IBM을 비롯한 여러 공급업체로부터 들어온 기술들을 관리해야 했다. 이러한 상황이 비즈니스 성과에 어떠한 영향을 미칠지 평가하라. 이러한 문제에 대한 해결책을 개발할 때, 어떠한 요소들과 관리적 의사결정들이 고려되어야 하는가?

5-10 호주의 선도적인 항공사인 콴타스 항공(Qantas Airways)은 비싼 연료비와 글로벌 항공 수송량의 저하에 따른 압력에 직면하고 있다. 이 항공사는 경쟁력을 유지하기 위해 높은 수준의 고객 서비스를 제공하면서도 비용은 낮게 유지할 수 있는 방법을 찾아야 한다. 콴타스는 30년이 된 데이터 센터를 운영하고 있었다. 경영진은 IT 인프라를 새로운 기술로 교체하든지 아니면 아웃소싱을 하든지 결정해야 했다. 콴타스는 클라우드 컴퓨팅 벤더에게 아웃소싱하는 것이 바람직한가? 콴타스 경영진이 아웃소싱 문제를 결정할 때 고려해야 할 요인들은 무엇인가? 콴타스가 아웃소싱을 하기로 결정한다면, 서비스 수준 계약서에서 명시해야 할 포인트들을 열거하고 설명하라.

의사결정 능력 개선 : 스프레드시트를 이용한 컴퓨터 하드웨어 및 소프트웨어 대안 평가

소프트웨어 기술 : 스프레드시트 계산

경영 기술 : 정보기술 가격책정

5-11 이 연습문제에서 여러분은 스트레드시트 소프트웨어를 사용하여 데스크톱 시스템, 프린터, 소프트웨어 들에 대한 비용을 계산하게 될 것이다.

인터넷을 사용하여 30명이 일하는 사무실의 하드웨어 및 소프트웨어에 대한 가격정보를 얻어라. 당신은 레노보, 델, HP에서 제조한 30대의 PC 데스크톱 시스템(모니터, 컴퓨터, 키보드) 가격을 책정해야 한다. (이 실습 과제의 목적상 일반적으로 데스크톱 시스템에 포함되어 있는 소프트웨어 패키지들을 무시하라.) 또한 HP, 캐논, 브라더에서 제조한 15대의 데스크톱 프린터에 대한 가격을 산정하라. 이때 나름대로의 합리적인 최소 사양을 제시하고, 이를 충족하는 가격정보들을 활용하라.

또한 최신 버전의 마이크로소프트 오피스 365 비즈니스 버전과 아파치 오픈 오피스(이전엔 오라클 오픈 오피스)에 대한 30개 라이선스 또는 사본 그리고 30개의 마이크로 윈도우 10 프로에 대한 30개 사본에 대한 가격도 산정하라. 각 데스크톱 생산성 솔루션에는 워드 프로세싱, 스프레드시트, 데이터베이스, 프레젠테이션 등을 위한 소프트웨어들이 포함되어야 한다. 2년 동안 작업자당 최고 성능과 가격을 제공하는 데스크톱 시스템, 프린터, 소프트웨어의 조합에 대한 조사 결과를 보여주는 스프레드시트를 준비하라. 두 명의 작업자가 한 대의 프린터를 공유하므로(15대의 프린터/30 시스템), 계산 시 작업자당 프린터 비용은 프린터의 절반 비용을 가정하면 된다.

의사결정 능력 개선 : 웹 조사를 통한 세일즈 콘퍼런스 예산 수립

소프트웨어 기술 : 인터넷 기반 소프트웨어

경영 기술 : 교통 및 숙박비용 조사

5-12 포모스트 컴파짓 머티리얼즈(The Foremost Composite Materials Company)는 10월 19~20일에 걸쳐 열리는 세일즈 콘퍼런스를 계획하고 있는데, 이 회의는 10월 18일 저녁 리셉션으로 시작된다. 이 콘퍼런스에는 120명의 세일즈맨과 16명의 관리자로 구성된 영업부 전체가 참여해야 한다. 세일즈맨들은 각각 자신의 방을 요구하고 있으며, 회사는 영업부 전체 직원과 방문자들(총 200명)을 수용할 만한 크기의 대형 공동 회의실 1개와 영업부 직원들의 반 정도를 수용할 수 있는 공동 회의실 1개를 필요로 하고 있다. 경영진은 세일즈맨들의 방 대여를 위해 19만 5,000달러의 예산을 책정해 놓았다. 이 회사는 플로리다 주의 마이애미 또는 매크로 아일랜드에 있는 힐튼이나 메리어트 호텔에서 콘퍼런스를 개최하고 싶어 한다.

힐튼과 메리어트 호텔 사이트를 이용하여 이 도시 중 어디든 간에 예산 범위 내에서 세일즈 콘퍼런스를 개최할 수 있는 호텔을 선택하라. 그다음 이 콘퍼런스가 시작되기 전날 오후에 도착할 수 있는 비행기들을 찾아보라. 참가자들은 로스앤젤레스(51명), 샌프란시스코(30명), 시애틀(22명), 시카고(19명), 피츠버그(14명)에서 올 예정이다. 이런 도시들에서의 각 항공 티켓비용을 결정하라. 이 작업을 마치고 나면 콘퍼런스에 드는 예산을 산정하라. 예산에는 항공 티켓비용, 객실비용, 참가자 1인당 하루 식비 70달러가 포함된다.

협업 및 팀워크 프로젝트

서버 및 모바일 운영체제 평가

5-13 3~4명이 한 팀을 이루어 서버나 모바일 운영체제들을 선정해서 평가하라. 여러분은 리눅스와 유닉스 또는 서버용 윈도우 운영체제 최신 버전의 기능과 비용을 조사하고 비교할 수도 있을 것이다. 다른 방식으로는 안드로이드 모바일 운영체제와 아이폰용 iOS의 기능을 비교할 수도 있을 것이다. 가능하면 구글 문서와 구글 드라이브 또는 구글 사이트를 이용해 여러분이 발견한 사항들을 토론하고 수업 시간에 발표할 자료를 준비하라.

스마트폰을 가지고 있는 사람 중 거의 대부분은 폰을 일터로 가져가서 업무에 사용할 수 있기를 원하며, 많은 고용주들도 그렇게 하기를 원하고 있다. BYOD 동향과 관련하여 마켓앤마켓(MarketsandMarkets)이 수행한 한 조사에 따르면, 북미 회사 중 이러한 정책을 채택한 비율은 2018년 초 거의 50%에 달하는 것으로 나타난 바 있다. 사포(Sapho)의 직장 생산성 전문가에 따르면, 일반 직원은 직장에서 개인 기기를 사용하여 일주일에 81분을 절약할 수 있는 것으로 분석되었다.

BYOD가 새로운 표준이 될 수 있을까? 꼭 그럴 것 같지는 않다. 다수의 조사에 따르면 기업들의 절반은 BYOD가 조직에서 점점 확산되고 있는 것이 문제라고 생각하는 것으로 나타났다. BYOD는 직원의 업무 만족도와 생산성을 향상시킬 수 있지만 제대로 관리하지 않으면 많은 문제를 야기할 수도 있다. 개인 소유의 기기들을 지원하는 것은 회사가 지원하는 기기보다 어려운 점이 더 많고, 모바일 장치관리 비용이 증가할 수 있으며, 회사 데이터 및 네트워크를 보호하는 것이 더욱 어려워진다.

모든 직원이 자신의 기기를 일터로 가져오면 IT 부서는 거의 모든 하드웨어에 대한 통제 권한을 잃게 될 것이다. 어떤 앱이나 프로그램이 설치되어 있는지, 어떻게 보호되는지, 또는 어떤 파일이 다운로드되는지 통제할 수가 없을 것이다. 과거에 기업은 개인정보 침해, 해킹, 그리고 기업정보에 대한 비승인 접근을 방지하기 위해 누가 어떤 기기들을 사용하는지 통제할 수 있었다. 하드웨어를 통제할 수 없다는 것은 더 많은 취약점이 존재함을 의미한다. 이는 BYOD와의 큰 상쇄 관계로 볼 수 있다. 즉, 기업이 BYOD를 채택하는 것은 직원들에게 더 큰 유연성을 제공하지만, 다른 한편으로는 그 기업을 더 큰 위험 가능성에 노출시키는 결과를 초래한다.

BYOD 옹호자들은 이것이 직원 생산성을 향상시킨다고 주장해 왔지만, 항상 그런 것은 아니다. 직원들이 자신의 기기를 가지고 와서 업무를 수행할 때, 오락이나 친구와의 교류 유혹에 빠질 수 있다. 직원들이 문자 메시지, 유튜브 동영상, 페이스북 확인과 같은 끝없는 블랙홀에 빠지는 일이 발생할 가능성은 매우 크다. 생산성은 저하될 것이다(제7장 '토론방 : 네트워크에서의 직원 감시' 참조).

BYOD는 조직 내 다수의 개인 기기들을 관리하고 유지하는 데 필요한 상당량의 IT 자원들을 필요로 한다. 과거에는 기업들이 업무용 스마트폰 사용을 단일 플랫폼으로 제한하려고 했다. 이에 따라 모든 직원이 동일한 기기 또는 적어도 동일한 운영체제를 사용했기 때문에, 각 모바일 기기들을 추적하고 소프트웨어를 업그레이드하거나 수정하는 것이 용이했다. 오늘날 모바일 디지털 환경은 관리 및 보안을 위해 잘 개발된 도구가 없는 시장에서 다양한 기기와 운영체제들이 출시되는 바람에 훨씬 더 복잡하다. 안드로이드는 전 세계 스마트폰 시장의 80% 이상을 차지하지만, iOS 운영체제를 사용하는 애플 모바일 기기보다 회사 업무에 사용하기가 더 어렵다. iOS는 폐쇄 시스템으로 간주되며 제한적으로 애플 모바일 기기들에서만 가동되고 있다. 이에 반해 광범위하게 사용되고 있는 안드로이드는 기업 입장에서는 관리하기가 더 어렵고 비용이 많이 든다. 무선 네트워크 및 기기 조사기관인 오픈시그널(OpenSignal)의 보고서에 따르면, 전 세계에 약 25,000개의 안드로이드 기반 기기 모델들이 있다. 이와 같이 안드로이드의 거대한 소비자 시장점유율은 많은 해커들의 관심을 끌고 있다. 게다가 안드로이드는 오픈 소스 아키텍처를 기반으로 하고 있으며 다양한 버전들로 제공되고 있기 때문에 공격받을 여지도 크다.

직원들이 한 가지 이상의 모바일 단말기와 운영체제를 업무에 이용할 수 있는 상황이라면, 회사는 직원들이 사용하고 있는 모든 기기를 추적할 수 있는 어떤 효과적인 방법이 필요할 것이다. 회사 정보에 접속하기 위해서는 회사의 네트워크가 그 기기로부터 접속될 수 있도록 네트워크 환경이 설정되어야 한다. 직원들이 개인용 휴대전화와 관련된 어떤 사항을 변경하는 경우, 즉 통신회사를 변경하거나, 전화번호를 변경하거나, 또는 완전히 새로운 모바일 단말기를 구입하거나 하는 경우 회사는 그 직원이 계속해서 생산성을 유지할 수 있는지를 신속하고 유연하게 확인할 필요가 있을 것이다. 기업들은 직원들이 어떤 기기를 사용하고 있는지, 그 기기를 어디에 두었는지, 사용하고 있는 중인지, 그 기기에서는 어떤 소프트웨어가 사용되고 있는지 등을 효율적으로 파악할 수 있는 기기정보관리시스템이 필요하다. 이러한 준비가 안된 회사에게는 누가 어떤 데이터에 접근하는지를 파악하는 것은 아주 곤혹스러운 일이 될 수 있다.

다양한 휴대전화와 운영체제를 사용하는 모든 직원에 대

해 적절한 기술적 지원을 제공하는 것은 어려운 일이 될 것이다. 직원들이 중요한 데이터에 접근하거나 모바일 기기에 관한 여타의 문제들을 겪을 때, 그들은 정보시스템부서의 도움이 필요하다. 데스크톱에 의존하는 기업들은 기술 지원을 용이하게 하기 위해 컴퓨터들이 동일한 사양과 운영체제로 돌아가도록 하려는 경향이 있다. 모바일 기기의 사용은 기업들이 제공해야 하는 기술적 지원을 더욱 다양하고 복잡하게 만든다.

모바일 단말기로 접근되는 기업정보보호에 대해서는 상당한 우려가 존재한다. 회사는 만약 기기가 도난당했거나 위험한 상황에 노출되는 경우 민감하거나 기밀을 유지해야 하는 정보가 누군가에게 쉽게 사용되지 않도록 확실한 방법을 강구할 필요가 있다. 회사의 자산과 데이터가 회사 내부에 그리고 회사 컴퓨터에만 존재하더라도 모바일 특성은 이것들을 더 큰 위험에 빠뜨릴 수 있다. 마블시큐리티랩스(Marble Security Labs)는 120만 개의 안드로이드 앱과 iOS 앱을 분석한 결과 모바일 기기에서 돌아가는 소비자 앱들이 비즈니스 정보를 보호하기에는 적절하지 못하다는 점을 발견하였다. 회사는 기기가 도난당하는 경우 더 이상 사용될 수 없도록 만들기 위해 원격으로 기기의 데이터를 지우거나 암호화할 수 있는 기술을 종종 사용한다. 여러분은 제8장에서 모바일 보안 이슈들에 대해 더 자세히 살펴보게 될 것이다.

인텔은 BYOD 운동의 선구자였는데, 3만 명 이상의 직원이 소유한 모바일 기기를 대상으로 전사적 정책을 성공적으로 구현했다. 회사 BYOD 정책을 둘러싼 또 다른 주요 이슈는 경영진이 직원 기기의 개인 데이터에 접근할 때 발생하는 작업자와 관리자 간의 신뢰 부족이다. 이러한 문제를 해결하기 위해 인텔은 관리자가 직원 개인의 기기를 관리할 때 볼 수 있는 정보와 볼 수 없는 정보를 직원에게 알리는 명확한 지침을 마련했다. 인텔은 직원이 BYOD와 관련하여 궁금해하는 어떠한 질문에도 신속하게 응답할 것이다. 또한 인텔은 직원들은 회사시스템에 대한 다양한 수준의 모바일 접근을 선택할 수 있도록 했는데, 계층마다 다른 수준의 보안이 제공된다.

세계적인 기업 소프트웨어 공급업체인 SAP는 BYOD를 성공적으로 구현한 또 하나의 기술회사다. 이 회사는 다양한 업무 관련 애플리케이션을 위한 특수한 모바일 플랫폼을 개발하여 직원들이 어디서나 모바일 기기로 작업할 수 있도록 했다. 또한 SAP는 스마트폰이나 태블릿을 분실하거나 도난당할 때마다 1분 이내에 모바일 장치를 폐기할 수 있는 보안시스템을 개발했다. 전 세계 모든 SAP 부문은 BYOD로 인한

어떤 성공적인 결과들을 보고하였다. SAP 오스트레일리아/뉴질랜드에 따르면 BYOD 정책은 항상 모바일 기기에 연결되어 앱을 사용하는 젊은 직원들을 유치하는 데 핵심적인 요소로 작용한다.

글로벌 재보험의 거인 스위스리(Swiss Re)는 모든 직원은 자신이 선택한 방식으로 일할 수 있어야 하며, 점점 더 많은 직원들이 자신의 스마트폰과 태블릿을 사용하여 인트라넷 및 개인정보관리(personal information management, PIM) 앱에 접근할 수 있어야 한다고 생각한다. 스위스리는 BYOD를 성공적으로 구현했는데, 이는 여러 운영체제를 지원할 수 있는 안전하고 확장성이 뛰어난 EMM(enterprise mobility management) 시스템과 기술 및 조직 측면의 모든 것을 관리하는 로컬 파트너를 통해서 가능할 수 있었다.

지난 6년에 걸쳐 4,500명의 직원이 소유한 아이폰 및 아이패드가 기존의 회사 기기들에 통합되어 왔다. 스마트폰과 태블릿의 약 3분의 1은 회사 소유이고 나머지 3분의 2는 직원들 소유다. 스위스리는 이러한 기기들을 모바일아이론(MobileIron)의 EMM 시스템을 통해 관리하는데, 이 시스템은 전 세계 글로벌 기업들이 모바일 기기들과 데스크톱이 혼합된 세계에서 운영체제들을 보호하고 관리할 수 있도록 해준다. EMM은 기업 데이터 및 서비스에 대한 적절한 접근 수준을 설정하기 위해 ID, 정황, 개인정보보호를 통합적으로 고려한다.

스위스리는 로컬 파트너인 노마시스(Nomasis) AG의 도움으로 다중 운영체제 EMM 솔루션을 도입했다. 미래에는 안드로이드도 가능성이 있다. 만약 안드로이드가 회사의 보안 요건을 충족한다면, 안드로이드 기기를 사용하고자 하는 직원들은 아마도 스위스리의 BYOD 전략의 일환으로 모바일아이론의 틀 안에서 그렇게 할 수 있을 것이다.

거의 모든 현재 모바일 운영체제를 지원하는 것은 스위스리에게 큰 기술적 및 조직적 과제이지만 경영진은 그만한 가치가 있다고 생각하고 있다. 스위스리의 직원들은 사무실에 있든 출장 중이든 간에 모바일 기기를 통해 문서에 빨리 접근할 수 있었기 때문에 스위스리의 생산성이 크게 향상될 수 있었다.

글로벌 투자자문 회사인 블랙스톤(Blackstone)은 BYOD 정책을 구현했지만, 직원들이 사용할 수 있는 기기 유형에는 제한을 두었다. 블랙스톤의 BYOD 정책은 직원들이 아이패드와 같은 애플 제품만 사용을 허용하고 있다. 이 회사의 경우 애플 기기들은 다른 모바일 도구들에 비해 지원하기가 가장 쉬우며 유지관리가 거의 필요하지 않다.

다른 기기들은 블랙스톤의 IT 부서의 업무 부하를 가중시켜 BYOD로 인한 비용 절감 효과를 상쇄시킬 것이다. 애플의 인기로 인해 이의를 제기한 직원은 거의 없었다.

사이버 보안회사인 베나피(Venafi)에서는 직원이 자신의 스마트폰, 태블릿, 노트북 등을 가져와 업무에 사용할 수도 있고, 회사에서 제공한 기기들을 사용할 수도 있다. 이 회사는 잘 개발된 BYOD 정책을 가지고 있다. 베나피의 IT 부서는 직원들이 가져온 기기들은 지원하지 않는데, 그 이유는 직원들이 사용하는 모바일 기기와 소프트웨어를 모두 다루는 것은 매우 힘들기 때문이다. 이는 직원들이 자신의 개인적 기기의 문제 해결 및 수리를 책임진다는 것을 의미한다. 그러나 베나피는 직원들이 가져온 기기들을 회사 네트워크에 안전하게 연결되도록 해준다.

베나피의 CISO 및 CIO인 태미 모스키테에 따르면, BYOD 정책을 정의하는 데 가장 큰 괴제는 모든 사람이 만족할 수 있도록 위험과 유연성의 균형을 유지하는 것이다. 베나피는 직원들에게 자신의 모바일 기기를 사용할 수 있는 선택권을 주었지만, 필요한 경우 회사 데이터를 그들의 기기에서 제거할 수 있는 권한을 포함하여, 직원들이 자신의 기기를 업무에 사용하는 데 필요한 조건들을 계약서에 명시했다.

회사들의 많은 BYOD 정책들은 페이스북, 유튜브, 또는 트위터 같은 시간 낭비적인 사이트들에 대한 접근을 제한하고 있다. 그러나 베나피 경영진은 유튜브나 페이스북을 차단하고 모바일 사용을 금지하는 대신, 회사가 성과에 더 집중해야 한다고 생각한다. 직원들이 동기부여되고 성과를 발휘하는 한 불필요한 제한을 받지 않도록 해주어야 한다는 것이다. 직원은 일반적으로 BYOD의 의미와 느슨한 보안에 따르는 위험을 이해하지 못한다. 베나피의 IT 부서는 직원들에게 BYOD의 현실에 대해 교육하고 책임감 있게 기기들을 사용할 수 있는 힘을 제공하려고 노력한다.

토론토 첼시 호텔의 IT 책임자인 이프테카르 칸은 그다지 낙관적이지 않다. 그는 BYOD가 회사를 위해 사용될 수 있지만, 그 시점이 가까운 미래는 아니라 믿고 있다. 칸은 호텔 업계 및 다른 많은 업계들에서는 여전히 직원들이 회사 네트워크에 접속해야 하는 회사 소유의 랩톱, 태블릿, 스마트폰을 사용하기를 원하고 있다고 말한다. 그의 비즈니스는 민감한 정보를 다루므로 그러한 수준의 통제가 필요하다. 비록 호텔이 BYOD로 비용을 절감할 수는 있지만 궁극적으로는 생산성이 최고다.

출처 : "Swiss Re Chooses MobileIron 'Bring Your Own Device' Technology," www.mobileiron.com, accessed March 9, 2018; "5 BYOD Management Case Studies," Sunviewsoftware.com, accessed March 9, 2018; Stasmayer Incorporated, "The 'Bring Your Own Device' Trend: Is It Worth It?" www.stasmayer.com, accessed March 10, 2018; Lisa Phifer, "The Challenges of a Bring Your Own Device (BYOD) Policy," *Simple MDM*, January 5, 2017; Jonathan Crowl, "The Latest BYOD Trends and Predictions, from Mobile Focus to Endpoint Management." *Mobile Business Insights*, August 14, 2017; Ryan Patrick, "Is a BYOD Strategy Best for Business?" *IT World Canada*, March 22, 2016; Linda Gimmeson, "3 Companies Showing Success With BYOD," Toolbox.com, July 9, 2015; Alan F., "Open Signal: 24,093 Unique and Different Android-Powered Devices Are Available," Phonearena.com, August 5, 2015.

사례연구 문제

5-14 직원들이 업무에 개인용 스마트폰을 사용할 수 있도록 함으로써 얻을 수 있는 장점과 단점은 무엇인가?

5-15 직원들이 업무에 개인용 스마트폰을 사용할 수 있도록 할지 여부를 결정할 때 고려해야 할 경영, 조직, 기술 요소들은 무엇인가?

5-16 이 사례에서 설명된 회사들이 BYOD에 관한 도전을 어떻게 다루고 있는지 평가하라.

5-17 직원들이 자신의 스마트폰을 업무에 사용하는 것을 허용함으로써 회사는 비용을 절감할 수 있는가? 왜 그런가, 혹은 왜 그렇지 않은가?

참고문헌

Amazon Web Services. "Overview of Amazon Web Services." (April 2017).

Benitez, Jose, Gautam Ray, and Jörg Henseler. "Impact of Information Technology Infrastructure Flexibility on Mergers and Acquisitions." *MIS Quarterly* 42 No. 1 (March 2018).

Butler, Brandon. "Battle of the Clouds: Amazon Web Services vs. Microsoft Azure vs. Google Cloud Platform." *Network World* (February 22, 2017).

Carr, Nicholas. *The Big Switch*. New York: Norton (2008).

Choi, Jae, Derek L. Nazareth, and Hemant K. Jain. "Implementing Service-Oriented Architecture in Organizations." *Journal of Management Information Systems* 26, No. 4 (Spring 2010).

Cisco Systems. "Cisco Global Cloud Index: Forecast and Methodology, 2016–2021 White Paper." (February 1, 2018).

David, Julie Smith, David Schuff, and Robert St. Louis. "Managing Your IT Total Cost of Ownership." *Communications of the ACM* 45, No. 1 (January 2002).

Elumalai, Arul, Kara Sprague, Sid Tandon, and Lareina Yee. "Ten Trends Redefining Enterprise IT Infrastructure." McKinsey & Company (November 2017).

Existek. "Offshore Outsourcing: 3 Examples of Successful IT Outsourcing." (June 22, 2017).

Flamm, Kenneth. "Measuring Moore's Law: Evidence from Price, Cost, and Quality Indexes." University of Texas at Austin Preliminary Draft (2017).

Flinders, Karl. "Ofcom Outsources IT Management to Indian Services Supplier NIIT." *Computer Weekly* (January 12, 2016).

Follow, Jaewon Kang. "IBM Bets on Next-Gen Technologies as it Tries to Stave Off Rivals." TheStreet.com (May 5, 2016).

Gartner, Inc. "Gartner Forecasts Worldwide Public Cloud Services Revenue to Reach $260 Billion in 2017." (October 12, 2017).

_____. "Gartner Says Global IT Spending to Reach $3.7 Trillion in 2018." (January 18, 2018).

Guo, Zhiling, and Dan Ma. "A Model of Competition Between Perpetual Software and Software as a Service." *MIS Quarterly* 42 No. 1 (March 2018).

International Data Corporation. "Worldwide Public Cloud Services Spending Forecast to Double by 2019, According to IDC." (January 21, 2016).

Internet World Stats. "World Internet Usage and Population Statistics." Internetworldstats.com, accessed March 15, 2018.

Kauffman, Robert J., and Julianna Tsai. "The Unified Procurement Strategy for Enterprise Software: A Test of the 'Move to the Middle' Hypothesis." *Journal of Management Information Systems* 26, No. 2 (Fall 2009).

Letschin, Michael. "Six Trends That Will Change How You Think About Data Storage." *Information Management* (February 8, 2016).

Li, Shengli, Hsing Kenneth Cheng, Yang Duan, and Yu-Chen Yang. "A Study of Enterprise Software Licensing Models." *Journal of Management Information Systems* 34 No. 1 (2017).

Loten, Angus. "Rush to the Cloud Creates Risk of Overspending." *Wall Street Journal* (July 25, 2018).

Lyman, Peter, and Hal R. Varian. "How Much Information 2003?" University of California at Berkeley School of Information Management and Systems (2003).

Markoff, John. "Moore's Law Running Out of Room, Tech Looks for a Successor." *New York Times* (May 4, 2016).

Mearian, Lucas. "Data Storage Goes from $1M to 2 Cents Per Gigabyte." *Computerworld* (March 23, 2017).

Mell, Peter, and Tim Grance. "The NIST Definition of Cloud Computing." Version 15. *NIST* (October 17, 2009).

Metz, Cade. "Chips off the Old Block: Computers Are Taking Design Cues from Human Brains." *New York Times* (September 16, 2017).

Moore, Gordon. "Cramming More Components Onto Integrated Circuits," *Electronics* 38, No. 8 (April 19, 1965).

Netmarketshare. "Desktop Operating System Market Share." www.netmarketshare.com, accessed March 10, 2018.

Retana, German F., Chris Forman, Sridhar Narasimhan, Marius Florin Niculescu, and D. J. Wu. "Technology Support and Post-Adoption IT Service Use: Evidence from the Cloud." *MIS Quarterly* 42, No. 3 (September 2018).

Schuff, David, and Robert St. Louis. "Centralization vs. Decentralization of Application Software." *Communications of the ACM* 44, No. 6 (June 2001).

Song, Peijian, Ling Xue, Arun Rai, and Cheng Zha. "The Ecosystem of Software Platform: A Study of Asymmetric Cross-Side Network Effects and Platform Governance." *MIS Quarterly* 42 No. 1 (March 2018).

Stango, Victor. "The Economics of Standards Wars." *Review of Network Economics* 3, Issue 1 (March 2004).

Susarla, Anjana, Anitesh Barua, and Andrew B. Whinston. "A Transaction Cost Perspective of the 'Software as a Service' Business Model." *Journal of Management Information Systems* 26, No. 2 (Fall 2009).

Taft, Darryl K. "Application Development: Java Death Debunked: 10 Reasons Why It's Still Hot." *eWeek* (February 22, 2012).

Uotila, Juha, Thomas Keil, and Markku Maula. "Supply-Side Network Effects and the Development of Information Technology Standards." *MIS Quarterly* 41 No. 4 (December 2017).

Weitzel, Tim. *Economics of Standards in Information Networks*. Heidelberg, New York: Physica-Verlag (2004).

비즈니스 인텔리전스의 기반 : 데이터베이스와 정보관리

학습목표

이 장을 마치고 나면 다음 질문에 답할 수 있다.

6-1 전통적인 파일 환경에서 데이터 자원을 관리할 때 발생할 수 있는 문제점들은 무엇인가?

6-2 데이터베이스관리시스템(DBMS)의 주요 기능은 무엇이며, 관계형 DBMS가 그렇게 강력한 이유는 무엇인가?

6-3 비즈니스 성과와 의사결정 향상을 위해 데이터베이스로부터 정보를 제공해주는 도구와 기술은 무엇인가?

6-4 조직의 데이터 자원 관리를 위해 정보정책, 데이터 관리, 데이터 품질 보증이 필수적으로 요구되는 이유는 무엇인가?

6-5 MIS는 내 경력에 어떤 도움이 되는가?

이 장의 사례

- 샬럿 호네츠, 데이터 관리로 팬들에 대해 더 많은 것을 배우다
- 크래프트 하인즈, 데이터 분석을 위한 새로운 레시피 발견
- 데이터 없는 데이터베이스
- 빅데이터는 얼마나 신뢰할 수 있는가?

샬럿 호네츠, 데이터 관리로 팬들에 대해 더 많은 것을 배우다

NBA의 샬럿 호네츠(Charlotte Hornets)는 수많은 팬이 있지만 최근까지도 팬들에 대해 많이 알지 못했다. 노스캐롤라이나를 기반으로 한 샬럿의 농구팀은 온라인 티켓 및 팀 장비 구매, 시합에서의 음식 및 음료 구매, 소셜 미디어에서의 팀에 대한 의견 등 수많은 팬 데이터들을 보유하고 있었다. 팬이 이러한 작업 중 하나를 수행할 때마다 해당 팬에 대한 데이터가 추가된다. 호네츠가 한 번 시합을 할 때마다 300만 건의 식음료 구매 거래 기록이 생성된다. 의사결정자가 소화하기에는 정리되지 않은 고객 데이터가 너무 많았다.

이러한 누적 데이터들은 여러 원천에서 나왔는데, 이것들은 마이크로소프트 다이내믹스(Microsoft Dynamics) 고객관계 관리시스템에 부담을 주었다. 호네츠 팬들의 행위에 대한 데이터 원천들은 12~15개가 되었으며, 서로 통신할 수 없는 별도의 데이터 저장소에서 유지관리되었다. 호네츠는 팬들에 대해서 그리고 그들이 호네츠와 상호작용하는 방식을 이해하는 것이 점점 어려워졌다.

5년 전 호네츠의 경영진은 데이터 관리에 대한 접근방식을 개선하기로 결정했다. 이 팀은 다양한 원천들과 12개의 서로 다른 공급업체에서 제공되는 데이터들을 쉽게 유지관리할 수 있는 기술이 필요했으며, 각각의 팬에 대해 12개의 서로 다른 프로파일을 하나의 프로파일로 결합하고 통합할 수 있어야

© Oleksii Sidorov/Shutterstock

했다. 이를 통해 호네츠는 각각의 팬들의 행위를 훨씬 자세하게 이해하고 그들에게 보다 개인화된 경험을 제공할 수 있을 것이다.

호네츠팀은 비즈니스 인텔리전스 책임자인 크리스 제펜펠트의 주도하에 다양한 데이터 원천들에서 나오는 모든 호네츠 고객 데이터들을 업무 사용자들이 접근하고 분석할 수 있도록 하나의 장소에 통합한 데이터웨어하우스를 구축했다. 이 데이터웨어하우스는 초고속으로 대량의 데이터를 처리하도록 최적화된 SAP HANA 데이터베이스를 기반으로 하고 있으며, 수백만 개의 팬 기록들을 정리, 간소화, 결합하여 호네츠 팬 각각에 대해 하나의 프로파일을 생성하는 피즐 팬 트래커(Phizzle Fan Tracker™) 소프트웨어를 포함하고 있다. 피즐 팬 트래커는 여러 데이터 원천들에 대해 통합, 분석, 영향을 미치도록 설계된 팬 참여 플랫폼이다. 플랫폼이 가지고 있는 데이터 통합 기능, 혁신적인 데이터 시각화 도구, 소셜 청취 솔루션은 스포츠 선수들과 스포츠 제품업체들에게 디지털, 소셜, 실세계에서의 팬 참여를 수집하고 분석할 수 있는 역량을 제공한다.

팬 트래커는 SAP HANA 데이터베이스와 연동하여 고객 프로필을 통합하고, 실시간으로 온라인 행동을 분석 및 처리하며, 모든 기존 데이터 원천들을 통합하여 팬과 관련된 기록들을 고유하게 식별한다. 이 솔루션은 각 팬에 대한 통합된 개요와 더 깊은 이해를 제공함으로써 스포츠 팀들이 팬들에게 보다 개인화된 경험을 제공할 수 있도록 해준다.

호네츠는 팬 트래커와 통합 데이터웨어하우스를 사용하여 2,500만 팬과 소비자에 대한 상호작

용을 집계하고 종합함으로써 컨설팅 비용을 150만 달러 이상이나 절감할 수 있었다. 호네츠는 이제 150만 팬 모두에 대한 실시간 데이터 프로파일을 보유할 수 있게 되었는데, 이 프로파일에는 호네츠 자체의 데이터 원천뿐만 아니라 타사 애플리케이션에서 나오는 팬들의 최신 행위 데이터들이 포함된다. 각각의 프로파일은 다양한 접점을 통해 얻은 팬들의 감정, 구매 내역, 상호작용, 팬 평가 등을 포함한 팬들의 행위에 대한 자세한 통찰력을 제공해준다. 제펜펠트는 이와 같은 팬 데이터 관리 노력이 팀이 매년 새로운 시즌 전체 티켓 판매에 있어 상위 5위권을 유지하는 데 큰 도움이 되었다고 믿고 있다.

출처 : Jim O'Donnell, "Charlotte Hornets Use Phizzle Built on HANA to Analyze Fan Behavior," SearchSAPtechtarget.com, February 11, 2018; "NBA Team Charlotte Hornets/SAP Case Study," www.phizzle.com, accessed February 12, 2018; and Mark J. Burns, "Why The Charlotte Hornets Are Using Phizzle To Streamline Their Data Warehouse," *Sport Techie*, September 2016.

샬럿 호네츠의 경험은 데이터 관리의 중요성을 설명해주고 있다. 비즈니스 성과는 기업이 데이터를 가지고 할 수 있거나 할 수 없는 것에 달려 있다. 샬럿 호네츠 NBA 농구팀은 번창하는 조직이었지만 데이터들이 여러 위치에 분산되어 저장되는 바람에 접근하고 분석하기 어려워서 운영 효율성과 경영 의사결정 모두가 방해를 받았다. 기업들이 자신의 데이터를 저장하고 구성하고 관리하는 방법은 조직 성과에 지대한 영향을 미친다.

다음 도표는 도입 사례와 이 장에서 제기된 주요 주제를 환기시킨다. 샬럿 호네츠는 다양한 원천에서 나온 누적된 대용량의 팬 데이터들을 가지고 있었다. 각 고객에 대한 구체적인 이해를 얻는 데 필요한 데이터들을 모으고 이해하기가 어려웠기 때문에 마케팅 캠페인 및 팬들에게 제공되는 맞춤형 제안들은 그다지 효과적이지 않았다. 해결책은 모든 데이터 원천들로부터 호네츠의 고객 데이터를 얻어서 보고 및 분석을 위한 하나의 데이터 원천이 되는 데이터웨어하우스로 결합시키고, 팬 트래커 소프트웨어를 통해 분산된 고객 데이터들을 각 고객에 대해 하나의 프로파일로 통합시키는 것이었다. 호네츠는 데이터를 전사 표준 형식으로 재구성해야 했으며, 데이터에 접근하고 데이터를 사용하기 위한 규칙·책임·절차를 확립해야 했고, 쿼리 및 보고를 위해 사용자가 데이터에 접근할 수 있도록 해주는 도구들을 제공해야 했다.

데이터웨어하우스는 모든 개별 원천들로부터 나오는 기업의 데이터들을 하나의 포괄적인 데이터베이스로 통합하여 직접 쿼리할 수 있도록 해준다. 데이터들은 동일한 고객에 대해 여러 프로파일이 생성되는 것을 방지하도록 조정되었다. 이러한 해결책은 고객 마케팅, 판매, 서비스를 개선하는 동시에 비용을 절감시킨다. 호네츠는 SAP HANA 고속 데이터베이스 기술을 사용하여 대량의 데이터를 신속하게 분석하는 능력을 향상시켰다.

데이터웨어하우스는 보다 포괄적이고 정확한 고객 데이터를 제공하고 각 고객의 모든 비즈니스 데이터에 보다 쉽게 접근할 수 있게 함으로써 운영 효율성과 의사결정력을 향상시켰다. 호네츠는 자신의 고객을 더 잘 이해할 수 있게 됨으로써 마케팅 및 영업 캠페인의 효과뿐만 아니라 고객에 대한 판매 기회도 증대시킬 수 있었다.

다음의 몇 가지 질문에 대해 생각해보자. 호네츠의 데이터 관리 문제는 비즈니스에 어떤 영향을 미쳤는가? 호네츠가 고객 데이터를 더 잘 사용함으로써 운영 효율성과 경영 의사결정은 어떻게 개선될 수 있었는가?

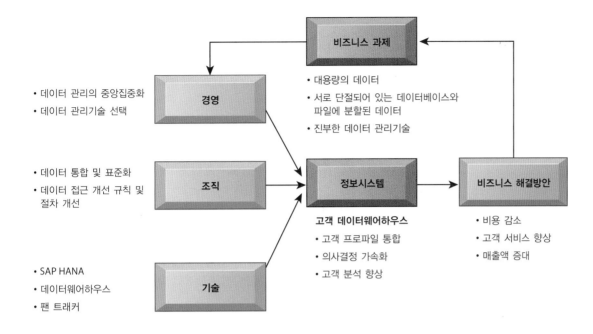

6-1 전통적인 파일 환경에서 데이터 자원을 관리할 때 발생할 수 있는 문제점들은 무엇인가?

효과적인 정보시스템은 사용자들에게 정확하고 시기적절하며 적합한 정보를 제공한다. 정보가 정확하다는 것은 정보에 오류가 없음을 의미한다. 정보가 시기적절하다는 것은 그 정보가 의사결정자들이 원하는 시점에서 사용될 수 있음을 의미한다. 정보가 적합하다는 것은 그 정보가 필요한 작업이나 의사결정에 대해 유용하고 적절함을 의미한다.

여러분은 많은 기업들의 정보시스템에 저장되어 있는 데이터들이 제대로 구성되어 있지 않고 제대로 관리되지 못한 탓에 시기적절하고, 정확하고, 또는 적절한 정보를 얻지 못한다는 것을 알면 놀랄지도 모른다. 이런 점 때문에 데이터 관리는 꼭 필요하다. 이런 문제점을 이해하기 위해 정보시스템들이 컴퓨터 파일들과 전통적인 파일관리 방식을 통해 데이터들을 어떻게 정렬하는지 살펴보자.

파일 구성 용어 및 개념

컴퓨터 시스템은 데이터들을 계층적 구조로 구성하는데, 이런 구조는 비트와 바이트로 시작하여 필드, 레코드, 파일, 그리고 데이터베이스로 확장되어 간다(그림 6.1 참조). **비트**(bit)는 컴퓨터가 다룰 수 있는 데이터의 가장 작은 단위이다. 비트들의 그룹을 **바이트**(byte)라 하는데, 하나의 문자를 표현하며, 이 문자는 하나의 글씨, 숫자, 혹은 기호가 될 수 있다. 사람의 이름 또는 나이와 같이 하나의 단어로 묶인 문자들의 그룹, 단어들의 그룹, 또는 하나의 완전한 숫자는 **필드**(field)라 한다. 학생 이름, 수강 과목, 날짜, 학점과 같은 연관된 필드들의 그룹은 하나의 **레코드**(record)를 구성한다. 같은 유형의 레코드들의 그룹은 **파일**(file)이라 한다.

예를 들어 그림 6.1의 학생 레코드들은 과목 파일을 구성할 수 있다. 연관된 파일들의 그룹은 하나의 데이터베이스를 구성한다. 학생 데이터베이스를 생성하기 위해 그림 6.1의 학생 과목 파일은 학생의 개인적 이력과 재무적 배경에 관한 파일들과 함께 하나의 데이터베이스를 구성할 수도 있을 것이다.

그림 6.1 데이터의 계층구조

컴퓨터 시스템은 0 또는 1을 표현하는 비트로 시작하는 계층구조로 데이터를 구성한다. 비트들은 모여서 하나의 글자, 숫자, 기호를 표현할 수 있는 하나의 바이트를 형성할 수 있다. 바이트들이 모여서 하나의 필드를 형성할 수 있으며, 관련된 필드들이 모여서 하나의 레코드를 형성할 수 있다. 관련된 레코드들이 모여서 하나의 파일을 형성할 수 있으며, 관련된 파일들이 모여서 하나의 데이터베이스를 구성할 수 있다.

하나의 레코드는 하나의 개체를 설명하는데, **개체**(entity)란 우리가 저장하고 유지관리하는 정보와 관련된 사람, 장소, 사물 또는 이벤트이다. 특정 개체를 기술하는 각 특성 또는 특질을 **속성**(attribute)이라 한다. 예를 들어 학번, 과목, 날짜, 학점은 과목 개체의 속성들이다. 이런 속성들이 가질 수 있는 구체적인 값들은 과목 개체를 기술하는 레코드의 필드들에서 찾아볼 수 있다.

전통적 파일 환경의 문제점

대부분의 조직에서 시스템은 전사적인 계획 없이 독자적으로 성장하는 경향이 있다. 회계, 재무, 제조, 인적자원관리, 판매 및 마케팅과 같은 모든 기능은 그들 자신만의 시스템과 데이터 파일을 개발했다. 그림 6.2는 정보처리에 대한 전통적인 접근방법을 그림으로 설명한다.

물론 각각의 애플리케이션은 자신만의 파일과 컴퓨터 프로그램이 필요했다. 예를 들어 인적자원 관리 기능 영역에는 직원 마스터 파일, 급여 파일, 의료보험 파일, 연금 파일, 주소 파일 등을 포함하여 파일과 프로그램이 수십 또는 수백 개에 이를 수도 있다. 회사 전체에서 이런 과정은 다수의 마스터 파일의 생성, 유지관리, 그리고 별개의 부문 또는 부서에서 사용을 주도했다. 이런 과정이

그림 6.2 전통적 파일처리

전통적인 파일처리 방식은 기업의 각 기능 영역에 특화된 애플리케이션과 파일을 개발하도록 요구한다. 각각의 애플리케이션은 마스터 파일의 일부분이 될 가능성이 큰 나름대로의 고유한 데이터 파일을 필요로 한다. 이런 파일들은 데이터 중복 및 불일치, 처리 유연성의 저하, 저장 자원의 낭비를 초래한다.

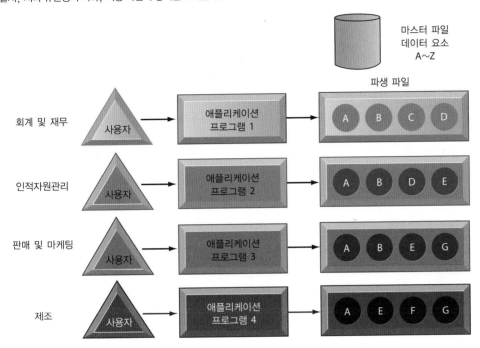

5년 또는 10년간 진행되면서 조직은 유지하고 관리하기가 매우 어려운 수많은 프로그램과 애플리케이션에 대한 책임을 떠안게 되었다. 이로 인해 초래되는 문제점들로는 데이터 중복과 불일치, 프로그램-데이터 의존성, 유연성 부족, 부실한 데이터 보안, 그리고 애플리케이션 간의 데이터 공유 불가능 등이 있다.

데이터 중복 및 불일치

데이터 중복(data redundancy)은 데이터가 하나 이상의 장소나 위치에 저장되어 여러 데이터 파일에 중복적으로 나타나는 것을 의미한다. 데이터 중복은 조직의 상이한 그룹들이 독자적으로 같은 데이터들을 수집하고 서로 독립적으로 저장할 때 발생한다. 데이터 중복은 저장 자원의 낭비뿐만 아니라 데이터 불일치를 초래하는데, **데이터 불일치**(data inconsistency)란 같은 속성이 서로 다른 값을 가지는 것을 말한다. 예컨대 그림 6.1에서 볼 수 있는 과목 개체의 인스턴스에서 날짜는 일부 다른 시스템에서 갱신될 수도 있다. 학번 속성은 조직 전반에 걸쳐 상이한 시스템에서 서로 다른 이름들로 표현될 수도 있다. 어떤 시스템들은 학번이라는 표현을 사용하고 또 다른 어떤 시스템들에서는 ID라고 사용할 수도 있다.

어떤 속성에 대한 값으로 표현되는 제품 코드들이 서로 다른 체계를 이용할 때 추가적인 혼란이 발생할 수도 있다. 예를 들어 의류소매에 관한 판매 · 재고 · 제조시스템들은 옷 사이즈에 대해 서로 다른 코드들을 사용할 수도 있다. 어떤 시스템은 'extra large'라는 표현을 쓸 수도 있지만, 다른 시스템은 같은 의미로 'XL'을 사용할 수도 있다. 이런 혼란은 기업이 상이한 자원들의 데이터를 통합해야 하는 고객관계관리시스템, 공급사슬관리시스템 또는 전사적 시스템의 구축을 어렵게 만들 것이다.

프로그램-데이터 의존성

프로그램-데이터 의존성(program-data dependence)은 프로그램의 변화가 데이터에 대한 변화를 요구하는 경우와 같이 파일에 저장된 데이터와 이런 파일을 갱신하고 유지하는 데 필요한 특정 프로그램 간의 결합 관계를 의미한다. 모든 전통적인 컴퓨터 프로그램은 관련된 데이터의 위치와 특성을 기술해야 한다. 전통적인 파일 환경에서는 소프트웨어 프로그램의 어떤 부분이 변경되면 그 프로그램을 통해 접근하는 데이터도 변경해야 하는 경우가 생길 수 있다. 어떤 프로그램은 5자리의 우편번호를 9자리로 수정할 수도 있다. 이에 따라 원래 데이터 파일이 5자리에서 9자리 코드로 변경된다면, 5자리 우편번호를 사용하는 다른 프로그램들은 더 이상 적절히 작업을 수행할 수 없을 것이다. 이런 변화에 적절히 대처하기 위해서는 엄청난 비용이 들 수 있다.

유연성 부족

전통적인 파일시스템은 상당한 프로그래밍 노력을 통해 반복적으로 정기적 보고서를 제공할 수 있지만, 이 시스템은 특별한 보고서 제공이나 예기치 못한 정보 요구에 대해 시기적절하게 대응할 수 없다. 특별한 요청에 필요한 정보는 시스템 어딘가 있지만 조회하기에는 너무 많은 비용이 들 수도 있다. 여러 명의 프로그래머가 새로운 파일에 필요한 데이터 아이템들을 담는 작업은 몇 주가 소요될 수도 있다.

부실한 보안성

데이터에 대한 통제 또는 관리 메커니즘이 거의 없기 때문에 정보에 대한 접근 및 분배가 통제 밖에 있을 수 있다. 관리자는 조직의 데이터에 누가 접근하는지 또는 심지어 누가 데이터를 변경하는지 파악할 방법이 없다.

데이터 공유 및 가용성 결여

상이한 파일과 조직의 상이한 부분에 존재하는 정보들은 서로 연관될 수 없기 때문에 정보가 가상 공간에서 시기적절하게 공유되거나 접근되는 것이 불가능하다. 정보는 조직의 상이한 기능 영역 또는 부분을 관통하여 자유롭게 흐를 수 없다. 만약 사용자들이 2개의 상이한 시스템에 있는 똑같은 정보의 값들이 서로 다르다는 것을 발견하게 된다면, 그들은 이런 데이터의 정확성을 신뢰할 수 없기 때문에 이런 시스템의 사용을 원치 않을 수 있다.

6-2 데이터베이스관리시스템(DBMS)의 주요 기능은 무엇이며, 관계형 DBMS가 그렇게 강력한 이유는 무엇인가?

데이터베이스 기술은 전통적 파일 조직에서 발생하는 다수의 문제점을 줄일 수 있다. **데이터베이스**(database)에 대한 더 엄밀한 정의는 데이터들의 중앙집중화와 중복 데이터에 대한 통제를 통해 다수의 애플리케이션을 효율적으로 지원할 수 있도록 구성된 데이터들의 집합이다. 데이터는 각 애플리케이션에 대한 별개의 파일들에 저장하기보다는 사용자들에게는 오직 한곳에만 저장된 것처럼 보일 수 있도록 저장된다. 하나의 데이터베이스는 여러 개의 애플리케이션을 지원한다. 예를 들어 기업은 직원 데이터를 직원, 급여, 복리후생에 관한 별개의 정보시스템들과 별개의 파일들에 저장하는 대신 하나의 공통된 인적자원 데이터베이스에 저장할 수 있을 것이다(그림 6.3 참조).

그림 6.3 여러 뷰를 제공하는 인적자원 데이터베이스

하나의 인적자원 데이터베이스는 사용자의 정보 요구에 따라 여러 가지 상이한 데이터 뷰를 제공한다. 여기서 설명된 예는 두 가지 뷰의 예를 보여주는데, 하나는 복리후생 전문가가 관심을 갖는 뷰이고 다른 하나는 급여 담당 직원이 관심을 갖는 뷰이다.

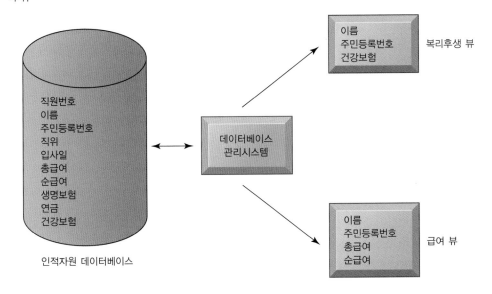

데이터베이스관리시스템

데이터베이스관리시스템(database management system, DBMS)은 조직이 데이터를 중앙집중화하고, 효율적으로 관리하며, 애플리케이션을 통해 저장된 데이터에 접근할 수 있도록 해주는 소프트웨어라 할 수 있다. DBMS는 애플리케이션과 물리적 데이터 파일 간에 인터페이스 역할을 한다. 애플리케이션이 총급여와 같은 데이터 아이템을 호출하면, DBMS는 데이터베이스에서 이 아이템을 찾아 애플리케이션에 제공한다. 전통적인 데이터 파일들을 이용하는 경우에는 프로그래머가 애플리케이션에서 사용되는 각각의 데이터 요소들의 크기와 형식을 규정하고, 그다음에는 이 요소들이 저장되는 컴퓨터를 지정해야 할 것이다.

DBMS는 데이터에 대한 논리적 뷰와 물리적 뷰를 구분함으로써 프로그래머 또는 최종사용자가 데이터들이 실제 어디에 어떻게 저장되는지 이해하는 부담을 덜어준다. **논리적 뷰**(logical view)는 데이터들이 최종사용자 또는 비즈니스 전문가들이 인지하는 방식으로 데이터를 표현하는 반면, 물리적 뷰(physical view)는 데이터가 실제 물리적 저장매체에 어떻게 구조화되는지 보여준다.

데이터베이스관리 소프트웨어는 사용자들이 요구하는 상이한 논리적 뷰들을 통해서 물리적 데이터베이스가 사용될 수 있도록 만들어준다. 그림 6.3에 묘사된 인적자원 데이터베이스와 관련하여, 복리후생 전문가는 직원의 이름, 주민등록번호, 건강보험으로 구성된 뷰가 필요할지도 모른다. 급여 담당 직원은 직원의 이름, 주민등록번호, 총급여, 순급여와 같은 데이터들이 필요할지도 모른다. 이와 같은 모든 뷰에 대한 데이터들은 하나의 데이터베이스에 저장되는데, 이를 통해 해당 조직은 이런 데이터들을 더 용이하게 관리할 수 있다.

DBMS가 전통적인 파일 환경의 문제점을 해결하는 방식

DBMS는 같은 데이터들이 반복되는 별개의 파일을 최소화함으로써 데이터 중복과 불일치를 감소시킨다. DBMS는 조직이 데이터 중복을 완전히 제거할 수 있도록 만들 수는 없지만, 중복에 대한

통제를 도와줄 수는 있다. 비록 조직이 어떤 중복 데이터들을 유지하더라도, DBMS는 조직이 모든 중복 데이터 발생이 같은 값들을 확실히 가질 수 있도록 도울 수 있기 때문에 DBMS 사용을 통해 데이터 불일치를 제거할 수 있다. DBMS는 데이터들이 제자리를 유지하면서도 프로그램들과 분리될 수 있도록 만들 수 있다. 관련 프로그램이 사용하는 데이터들에 대한 내역은 다른 프로그램이 작성될 때마다 다시 작성할 필요가 없다. 정보에 대한 접근 및 가용성이 증가할 수 있고 프로그램 개발 및 유지보수비용은 감소할 수 있는데, 왜냐하면 사용자 및 프로그래머들은 수많은 애플리케이션들과 관련하여 어떤 새로운 쿼리(query)를 할 필요가 있을 때 별도의 완전한 쿼리 프로그램을 작성할 필요 없이 해당 데이터베이스를 상대로 쿼리를 수행할 수 있기 때문이다. DBMS로 인해 조직은 중앙에서 데이터, 데이터 사용, 보안을 관리할 수 있다. 조직 전반에 걸쳐 데이터 공유가 용이한데, 그 이유는 데이터들이 다수의 상이한 시스템과 파일에 흩어져 있는 것이 아니라 하나의 장소에 있는 것처럼 사용자들에게 제시될 수 있기 때문이다.

관계형 DBMS

최신 DBMS는 개체(entity), 속성(attribute), 관계성(relationship)을 지속적으로 파악하기 위해 상이한 데이터 모델들을 사용하고 있다. 오늘날 대형 컴퓨터 및 메인프레임뿐만 아니라 PC에 대해서도 가장 보편적인 DBMS는 **관계형 DBMS**(relational DBMS)이다. 관계형 데이터베이스는 데이터들을 2차원의 테이블[관계(relation)라 부름]로 표현한다. 테이블은 파일로 언급되기도 한다. 각각의 테이블은 하나의 개체와 속성의 데이터로 구성된다. 마이크로소프트 액세스는 데스크톱 시스템용 관계형 DBMS인 반면 DB2, 오라클 데이터베이스, 마이크로소프트 SQL 서버 등은 대용량 메인프레임 및 중간급 컴퓨터들을 대상으로 하는 관계형 DBMS들이다. MySQL은 인기 있는 오픈소스 DBMS 중 하나이며, 오라클 데이터베이스 라이트(Oracle Database Lite)는 모바일 컴퓨팅 기기에 사용되는 DBMS이다.

관계형 데이터베이스가 공급자와 부품에 관한 데이터들을 어떻게 구성하는지 살펴보자(그림 6.4 참조). 이 데이터베이스에는 공급자 개체에 대한 테이블과 부품 개체에 대한 테이블이 있다. 각 테이블은 데이터들의 행과 열로 구성된다. 각 개체의 개별적인 데이터 요소들은 별개의 필드로 저장되는데, 각 필드는 해당 개체의 속성 하나를 의미한다. 관계형 데이터베이스의 필드는 열(또는 '컬럼')이라고도 부른다. 공급자 개체에 대해 공급자 식별번호, 이름, 거리, 도시, 주, 우편번호 등은 각각의 공급자 테이블 내의 각각의 필드에 저장되는데, 이런 필드들은 공급자 개체의 속성들을 의미한다.

하나의 테이블에서 하나의 공급자에 관한 실제 정보를 행이라 한다. 행들은 일반적으로 레코드(record)라 하는데, **튜플**(tuple)이라는 기술적 용어도 사용된다. 부품 개체에 대한 데이터들은 자신만의 개별적인 테이블을 가진다.

공급자 테이블에서 공급자_번호 필드는 레코드 각각을 고유하게 식별함으로써 레코드들을 조회, 갱신, 또는 정렬할 수 있도록 해주는데, 이런 필드를 **키 필드**(key field)라고 한다. 관계형 데이터베이스에 포함된 테이블들은 **주키**(primary key)로 지정된 필드를 하나씩 가진다. 키 필드는 테이블의 각 행의 모든 정보에 대한 고유한 식별자(identifier)이며 주키는 중복될 수 없다. 공급자_번호는 공급자 테이블의 주키이며 부품_번호는 부품 테이블의 주키이다. 공급자_번호는 공급자 테이블과 부품 테이블 모두에 나타난다. 공급자 테이블에서 공급자_번호는 주키이다. 부품 테이블에서 보이는 공급자_번호는 **외래키**(foreign key)라 하는데, 특정 부품의 공급자에 관한 데이터를 찾기 위해 반드시 필요한 색인 필드이다.

그림 6.4 관계형 데이터베이스 테이블

하나의 관계형 데이터베이스는 데이터들을 2차원 테이블 형태로 구성한다. 여기서 설명된 공급자와 부품 개체들에 대한 테이블은 각각의 개체와 속성이 어떻게 표현되는지를 보여준다. 공급자_번호는 공급자 테이블에 대해서는 주키이고 부품 테이블에 대해서는 외래키이다.

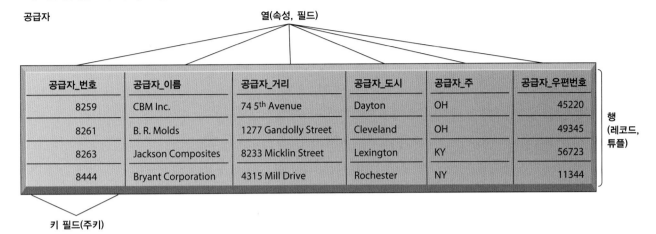

공급자

공급자_번호	공급자_이름	공급자_거리	공급자_도시	공급자_주	공급자_우편번호
8259	CBM Inc.	74 5th Avenue	Dayton	OH	45220
8261	B. R. Molds	1277 Gandolly Street	Cleveland	OH	49345
8263	Jackson Composites	8233 Micklin Street	Lexington	KY	56723
8444	Bryant Corporation	4315 Mill Drive	Rochester	NY	11344

열(속성, 필드)

행 (레코드, 튜플)

키 필드(주키)

부품

부품_번호	부품_이름	단위_가격	공급자_번호
137	Door latch	22.00	8259
145	Side mirror	12.00	8444
150	Door molding	6.00	8263
152	Door lock	31.00	8259
155	Compressor	54.00	8261
178	Door handle	10.00	8259

주키   외래키

관계형 DBMS 운영

관계형 데이터베이스 테이블은 2개의 테이블이 공통된 데이터 요소가 있는 상황에서 사용자가 요구하는 데이터들을 제공하기 위해 쉽게 결합될 수 있다. 이런 데이터베이스에서 부품 번호가 137이거나 150인 공급자들의 이름과 주소를 찾고자 한다고 해보자. 우리는 공급자 테이블과 부품 테이블, 이 2개를 바탕으로 생성되는 정보가 필요할 것이다. 이런 2개의 파일에 공급자_번호라는 공통된 데이터 요소들이 있음에 주목하라.

관계형 데이터베이스에서는 유용한 데이터를 도출하기 위해 그림 6.5에서 볼 수 있는 바와 같이 세 가지 기본적인 연산 — 고르기(select), 보여주기(project), 합치기(join) — 을 사용할 수 있다. 고르기(select) 연산은 기술된 조건을 만족시키는 파일의 모든 레코드(행들)로 구성된 부분집합을 생성한다. 이 예에서 우리는 고르기 연산을 통해 부품 테이블에서 부품_번호가 137 또는 150인 레코드들(행들)을 선택할 수 있다. 합치기(join) 연산은 사용자에게 개별 테이블들에서 제공 가능한 정보 이상의 정보들을 제공하기 위해 관계형 테이블들을 결합시킨다. 이 예에서 우리는 합치기 연산을 통해 부품_번호가 137 또는 150인 부품들만 포함된 축소된 테이블과 공급자 테이블을 하나의 새로운 테이블로 결합할 수 있다.

그림 6.5 관계형 DBMS의 세 가지 기본 연산

고르기, 합치기, 보여주기 연산은 2개의 상이한 테이블의 데이터들을 결합하고 오직 선택된 속성들만 볼 수 있도록 해준다.

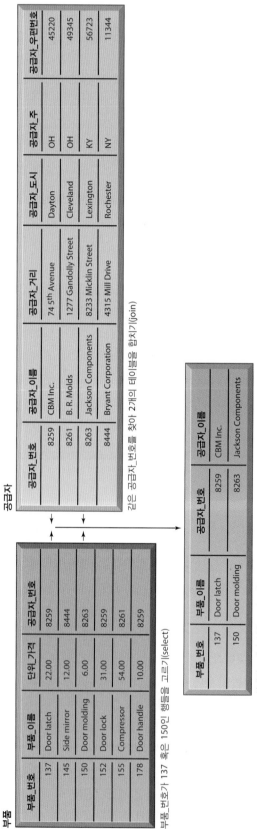

보여주기(project) 연산은 합치기 연산을 통해 만들어진 새로운 테이블로부터 필요한 속성들만 골라서 보여준다. 예를 들어 우리는 새로운 테이블로부터 부품_번호, 부품_이름, 공급자_번호, 공급자_이름과 같은 열들을 골라서 보여줄 수 있다.

데이터베이스관리시스템의 기능

DBMS는 데이터베이스의 데이터들을 구성하고, 관리하고, 접근하기 위한 기능과 도구들이 있다. 가장 중요한 것은 데이터 정의어, 데이터 사전, 데이터 조작어이다.

DBMS는 데이터베이스의 콘텐츠 구조를 규정하는 **데이터 정의**(data definition) 기능이 있다. 이 기능은 데이터베이스 테이블들을 생성하고 각 테이블의 필드 특성을 정의하는 데 사용된다. 데이터베이스에 대한 이와 같은 정보는 데이터 사전에 등록된다. **데이터 사전**(data dictionary)은 데이터 요소들의 정의와 특성을 자동 또는 수동으로 저장한 파일이다.

마이크로소프트 액세스에는 초보적인 데이터 사전 기능이 있는데, 이 기능은 테이블 각 필드의 이름, 설명, 크기, 유형, 포맷, 기타 특성들에 관한 정보를 보여준다(그림 6.6 참조). 기업들은 대용량 기업 데이터베이스용 데이터 사전을 통해 소유권(조직에서 누가 데이터를 유지관리하는 책임이 있는지), 인증, 보안, 직원, 비즈니스 기능, 프로그램, 데이터 요소들을 사용하는 보고서들과 같은 추가적인 정보들을 포착할 수도 있다.

쿼리와 리포팅

DBMS는 데이터베이스의 정보에 접근하고 이것을 처리하는 도구들을 포함한다. 대부분의 DBMS는 **데이터 조작어**(data manipulation language)라는 특별한 언어가 있는데, 이 언어는 데이터베이스의 데이터를 추가, 변경, 삭제, 조회하는 데 사용된다. 이 언어는 최종사용자와 프로그래밍 전문가들이 원하는 정보를 얻고 애플리케이션을 개발할 수 있도록 데이터베이스로부터 데이터를 추출해

그림 6.6 액세스의 데이터 사전 기능

마이크로소프트 액세스는 데이터베이스의 각 필드에 대한 사이즈, 포맷 및 여타의 특성들에 관한 정보를 보여주는 기본적인 데이터 사전 기능을 가지고 있다. 여기서는 공급자 테이블에서 유지관리되는 정보를 보여주고 있다. Supplier_Number(공급자_번호) 왼쪽의 작은 키 모양의 아이콘은 키 필드를 나타낸다.

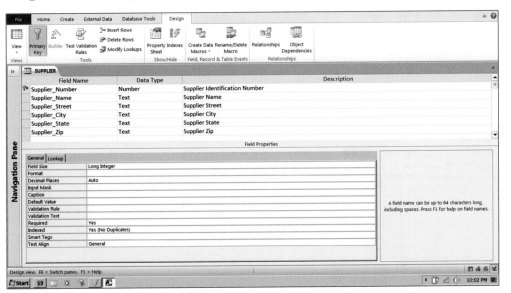

그림 6.7 SQL 쿼리 예

여기에서 기술된 것은 부품 137이나 150에 대해 공급자를 찾아내는 쿼리 SQL문이다. 이 SQL문은 그림 6.5와 동일한 결과를 제공한다.

> SELECT 부품.부품_번호, 부품.부품_이름, 공급자.공급자_번호, 공급자.공급자_이름
> FROM 부품, 공급자
> WHERE 부품.공급자_번호 = 공급자.공급자_번호 AND
> 부품_번호 = 137 OR 부품_번호 = 150;

주는 명령어들을 포함한다. 오늘날 가장 대표적인 데이터 조작어는 **SQL**(structured query language)이다. 그림 6.7은 그림 6.5의 새롭게 도출된 테이블을 생성하는 SQL을 설명한다.

DB2, 오라클, SQL 서버와 같은 대형 및 중형 컴퓨터용 DBMS의 사용자들은 데이터베이스에서 필요한 정보를 조회하기 위해 SQL을 사용한다. 마이크로소프트 액세스도 SQL을 사용하지만, 데이터베이스를 쿼리하고 데이터베이스의 데이터들을 이용하여 더 세련된 보고서를 생성하기 위해서 사용자가 사용하기 편한 도구들을 제공한다.

마이크로소프트 액세스에서는 사용자가 자신이 원하는 테이블과 필드들 그리고 결과물에 대한 조건을 지정하고 나서 지정한 조건을 만족하는 행들을 고를 수 있는 기능들을 제공한다. 사용자가 이러한 행위를 수행하고 나면, 그러한 행위들은 SQL 명령어들로 변환된다. 그림 6.8은 부품과 공급자들을 골라내는 SQL 쿼리와 동일한 쿼리가 마이크로소프트 쿼리 생성 도구들을 통해 어떻게 수행되는지를 보여주고 있다.

마이크로소프트 액세스와 여타의 DBMS는 관심 있는 데이터들을 단지 쿼리를 통해 볼 수 있는 형태보다 더욱 구조적이고 세련된 형태로 보여줄 수 있는 보고서를 생성하는 기능들이 있다. 크리스털 리포트(Crystal Reports)는 비록 액세스에서도 사용할 수 있지만, 일반적으로 대기업용 DBMS 리포트 생성기로 잘 알려져 있다. 액세스도 데스크톱 시스템 애플리케이션들을 개발하는 데 사용

그림 6.8 액세스 쿼리

여기서는 그림 6.7의 쿼리가 마이크로소프트 액세스의 쿼리 생성 도구들을 이용할 때 어떻게 만들어질 수 있는지를 보여준다. 이 그림은 쿼리에 필요한 테이블, 필드, 선정 기준을 보여준다.

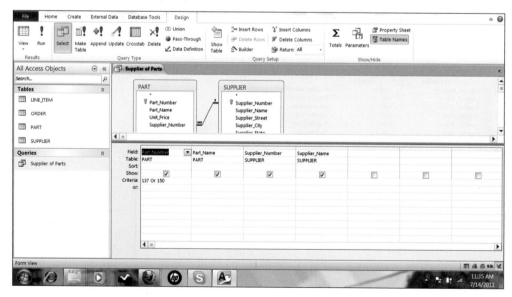

되는 기능이 있다. 이런 기능들에는 데이터 입력 화면, 리포트 생성 도구들과 더불어 트랜잭션 처리를 위한 로직 개발 도구들이 포함된다.

데이터베이스 설계

데이터베이스를 구축하기 위해서 여러분은 데이터 간의 관계성, 데이터베이스에 보관되어야 할 데이터 유형, 데이터가 사용되는 방식, 그리고 전사적 관점에서 조직이 데이터 관리 방식을 어떻게 변화시켜야 할지를 이해해야 한다. 데이터베이스는 개념적(conceptual) 설계와 물리적(physical) 설계가 모두 필요하다. 데이터베이스에 대한 개념적 설계, 즉 논리적(logical) 설계는 비즈니스 관점에서 데이터베이스에 대한 추상적 모델을 만드는 것인 반면, 물리적 설계는 직접 접근되는 저장장치상에서 실제 데이터베이스가 어떻게 배열되는지를 보여준다.

정규화와 개체관계성도

개념적 데이터 설계는 데이터베이스의 데이터 요소들을 그루핑하는 작업을 의미한다. 설계 프로세스는 데이터 요소들 간의 관계성과 비즈니스 정보에 대한 요구사항을 만족시키는 데이터 요소들을 가장 효율적으로 그루핑하는 방식을 규정한다. 또한 이 프로세스는 중복 데이터 요소와 특정 애플리케이션들에서 요구되는 데이터 요소의 그룹을 규정한다. 데이터베이스의 모든 데이터 간의 관계성에 대한 전체적인 논리적 뷰가 나타날 때까지 데이터 그룹은 조직화되고, 수정되고, 최적화된다.

관계형 데이터베이스 모델을 효과적으로 사용하기 위해, 복잡한 데이터로 구성된 데이터 그룹은 데이터 요소들과 다루기 불편한 다대다(many-to-many) 관계성들을 최소화하는 방향으로 합리화되어야 한다. 복잡한 데이터 그룹들로부터 작고 안정적이며 유연하고 적응력 있는 데이터 구조들을 생성하는 프로세스를 **정규화**(normalization)라 한다. 그림 6.9와 6.10은 이런 프로세스를 보여준다.

여기서 모델링된 비즈니스를 보면 하나의 주문은 하나 이상의 부품을 가질 수 있지만 각 부품은 오직 하나의 공급자에 의해 제공된다. 만약 우리가 여기서 포함된 모든 필드를 가진 주문이라는 관계를 만든다면, 주문이 단일 공급자로부터 제공되는 부품들에 관한 것일지라도, 우리는 주문에 포함된 모든 부품에 내해 공급자의 이름과 주소를 반복해야 할 것이다. 이런 관계는 소위 반복 데이터 그룹(repeating data group)을 포함하는데, 왜냐하면 주어진 하나의 공급자에 대한 단일 주문에는 여러 가지 부품이 포함될 수 있기 때문이다. 이런 데이터들을 배열하기 위한 더 효율적인 방법은 주문 관계를 더 작은 관계들로 분할하는 것인데, 분할된 각각의 관계는 하나의 개체를 설명한다. 만약 우리가 주문 관계를 점진적으로 정규화해 나간다면, 그림 6.10에서 설명하는 관계들이 만들어진다.

관계형 데이터베이스 시스템은 **참조무결성**(referential integrity) 규칙을 통해 연관된 테이블 간의 관계성들이 일관성 있게 유지될 수 있도록 해준다. 어떤 테이블이 다른 테이블을 가리키는 외래키를 가진 경우, 이 연결된 테이블 안에 처리 대상인 레코드가 없다면 외래키를 가진 테이블에서 그

그림 6.9 **정규화되지 않은 주문 관계**

정규화되지 않은 관계는 반복적인 그룹을 포함한다. 예를 들어 각 주문에는 다수의 부품과 공급자들이 있을 수 있다. 주문_번호와 주문_날짜 간에는 일대일 대응관계만이 존재한다.

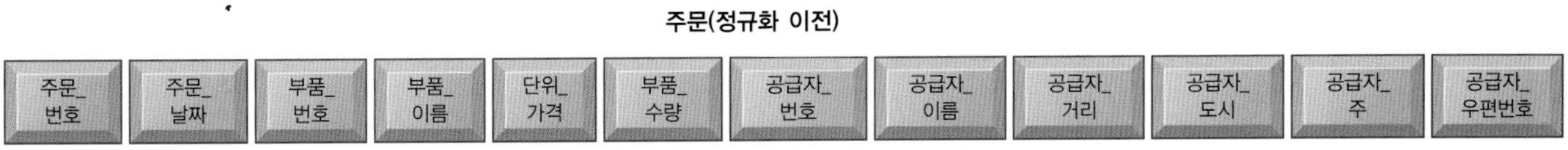

주문(정규화 이전)

주문_번호	주문_날짜	부품_번호	부품_이름	단위_가격	부품_수량	공급자_번호	공급자_이름	공급자_거리	공급자_도시	공급자_주	공급자_우편번호

그림 6.10   주문 관계로부터 생성된 정규화된 테이블

정규화를 통해 원래의 주문 관계는 4개의 더 작은 관계로 분할되었다. 주문 관계에는 단 2개의 속성만이 남게 되고, 라인_아이템 관계는 주문_번호와 부품_번호로 구성된 복합 키를 갖는다.

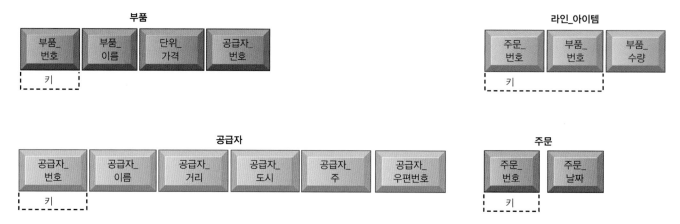

대상에 관한 레코드를 추가할 수 없을 것이다. 이 장의 앞부분에서 살펴본 데이터베이스에서 외래 키인 공급자_번호는 부품 테이블과 공급자 테이블을 연결시켜주고 있다. 공급자 테이블의 공급자_번호 8266이 없다면, 부품 테이블에서 공급자_번호 8266에 대한 레코드를 새로 추가할 수 없다. 또한 공급자 테이블에서 공급자_번호 8266에 대한 레코드를 삭제한다면, 부품 테이블에서 이 공급자에 대한 레코드도 삭제되어야 한다. 즉, 우리는 존재하지 않는 공급자로부터 제공되는 부품을 가질 수 없다는 것이다!

데이터베이스 설계자들은 그림 6.11에서 설명한 **개체관계성도**(entity-relationship diagram)로 데이터 모델을 작성한다. 이 다이어그램은 주문, 라인_아이템, 부품, 공급자 개체들 간의 관계성을 보여준다. 박스는 개체를 나타낸다. 박스들을 연결하는 선은 관계성을 나타낸다. 양쪽 끝이 2개의 짧은 선으로 끝나는 선은 일대일 관계성을 나타낸다. 한쪽 끝에는 2개의 짧은 선이 있고 다른 쪽 끝에 하나의 짧은 선과 까마귀발이 있는 선은 일대다 관계성을 나타낸다. 그림 6.11은 하나의 주문이 여러 개의 라인_아이템을 포함할 수 있음을 보여준다(하나의 부품은 여러 번 주문될 수 있으며 하나의 주문에 포함된 하나의 라인 아이템 형태로 여러 번, 즉 여러 주문서에서 나타날 수 있다). 각 **부품**은 오직 하나의 **공급자**에 의해서만 공급될 수 있지만, 이와 동일한 공급자는 여러 가지의 **부품**을 공급할 수 있다.

다음과 같은 사항들은 아무리 강조해도 지나치지 않다. 이 회사가 올바른 데이터 모델을 확보하지 못한다면, 관련 시스템들은 이 회사를 잘 지원할 수 없을 것이다. 즉, 이 회사의 시스템은 자신의 성능만큼 효과적이지 못할 것이다. 왜냐하면 이런 시스템들은 부정확하거나 불완전하고 또는 조회하기 어려운 데이터들을 가지고 작업해야 할 것이기 때문이다. 조직의 데이터와 이것들이 데이터베이스에서 어떻게 표현되어야 하는지를 이해하는 것은 아마도 여러분이 이 과목에서 배울 수 있

그림 6.11   개체관계성도

이 다이어그램은 그림 6.10의 데이터베이스를 모델링하는 데 사용될 수도 있는 공급자, 부품, 라인_아이템, 주문 개체 간의 관계성들을 보여준다.

는 가장 중요한 내용일 것이다.

49개 주에 걸쳐 800여 개의 지점을 가지고 있는 페이머스 풋웨어(Famous Footwear)라는 신발가게 체인은 "적합한 매장에서 적합한 스타일의 신발을 적합한 가격으로 판매한다."라는 목표를 달성할 수 없었다. 그 이유는 이 회사의 데이터베이스가 매장 재고를 신속하게 조정하는 데 적합하도록 설계되어 있지 않았기 때문이다. 이 회사는 중형 컴퓨터에서 돌아가는 오라클 관계형 데이터베이스를 가지고 있었지만, 이 데이터베이스는 시장의 변화에 대응하기 위해서가 아니라 주로 표준화된 리포트를 생성하도록 설계되어 있었다. 경영진은 각 매장의 재고 목록에 있는 특정 아이템에 관해 정확한 데이터들을 얻을 수 없었다. 이 회사는 분석과 재고관리를 위해 판매 및 재고 데이터가 더욱 잘 구성될 수 있는 새로운 데이터베이스를 구축함으로써 이러한 문제를 해결할 수 있었다.

비관계형 데이터베이스, 클라우드 데이터베이스, 블록체인

관계형 데이터베이스 기술은 30년 이상 최고의 표준으로 여겨져 왔다. 클라우드 컴퓨팅, 전례 없는 데이터량, 웹서비스에 대한 엄청난 작업량, 새로운 유형의 데이터 저장 필요성 등은 테이블, 열, 행과 같은 형태로 데이터를 구성하는 전통적인 관계형 모델에 대한 대안을 필요로 하고 있다. 이러한 맥락에서 기업들은 'NoSQL'이라는 비관계형 데이터베이스로 전환하고 있다. **비관계형 데이터베이스관리시스템**(non-relational database management system)은 보다 더 유연한 데이터 모델을 활용할 수 있으며, 다수의 하드웨어에 분산되어 있는 대규모 데이터들을 관리할 수 있고 데이터의 규모를 더 수월하게 확장하거나 줄일 수 있도록 설계되어 있다. 이러한 DBMS들은 기존의 SQL 기반의 도구들로는 분석이 어려운 웹, 소셜 미디어, 그래픽, 그리고 기타 다양한 형태의 데이터들을 포함한 대용량의 구조적·반구조적 데이터들에 대해 단순하게 쿼리할 수 있도록 해준다는 점에서 유용하다.

NoSQL 데이터베이스의 종류는 다양한데, 그것들은 각기 나름대로의 기술적 특성과 작동방식을 가지고 있다. 이러한 데이터베이스의 예로는 오라클의 NoSQL Database와 클라우드에서 작동되는 아마존 웹서비스 중 하나인 아마존의 SimpleDB를 들 수 있다. SimpleDB는 다수의 데이터 세트를 생성하고 저장하며, 데이터를 쉽게 조회할 수 있고, 그 결과를 보여줄 수 있는 단순한 형태의 웹서비스 인터페이스를 제공한다. 이 데이터베이스는 미리 정형화된 형태의 데이터베이스 구조를 정의할 필요가 없으며, 나중에 새로운 데이터를 추가할 때 그 데이터의 정의를 변경할 필요가 없다.

메트라이프(MetLife)의 MongoDB라는 오픈소스 NoSQL 데이터베이스는 70개 이상의 분리된 관리업무용 시스템들과 보상금 청구 시스템 그리고 여타의 데이터 원천들로부터 다양한 형태의 데이터 ― 건강 기록과 사망진단서에 관한 이미지와 같이 반구조적이고 비구조적인 데이터들을 포함하여 ― 를 가져올 수 있다. 이러한 NoSQL 데이터베이스는 지루하고, 비용이 많이 들고, 시간이 많이 드는 데이터베이스 매핑 작업 없이도 구조적·반구조적·비구조적인 정보들을 모두 다룰 수 있다.

클라우드 데이터베이스와 분산 데이터베이스

아마존과 여타의 클라우드 컴퓨팅 벤더들이 제공하는 서비스 중에는 관계형 데이터베이스 엔진이 있다. 아마존 RDS(Relational Database Service)는 데이터베이스 엔진들로 MySQL, 마이크로소프트 SQL 서버, 오라클 데이터베이스, PostgreSQL, 아마존 오로라를 제공한다. 비용은 사용에 기반해서 책정된다. 오라클은 관계형 오라클 데이터베이스를 사용하는 데이터베이스 클라우드 서비스를 제공하고 있으며, 마이크로소프트는 마이크로소프트 SQL 서버 DBMS를 기반으로 마이크로소프트 애저 SQL 데이터베이스라는 클라우드 기반 관계형 데이터베이스 서비스를 제공하고 있다.

구글은 현재 스패너(Spanner)라고 하는 분산 데이터베이스 기술을 클라우드 서비스로 제공하고 있다. **분산 데이터베이스**(distributed database)는 여러 물리적 위치에 저장된 데이터베이스다. 데이터베이스의 일부분 또는 복사본들이 한 위치에 물리적으로 저장되고, 다른 부분들이나 다른 복사본들은 다른 위치에서 유지관리된다. 스패너는 전 세계 수백 개의 데이터 센터에 있는 수백만 대의 컴퓨터에 정보를 저장할 수 있게 해주며, 특별한 시간관리 도구를 사용하여 모든 장소에 있는 데이터들이 정확하게 동기화되고 항상 일치성을 유지시켜준다. 구글은 스패너를 이용하여 구글 포토, 애드워즈(AdWords, 구글의 온라인 광고 시스템), 지메일을 비롯한 다양한 클라우드 서비스들을 지원하고 있으며, 글로벌 비즈니스 운영을 위해 이와 같은 서비스 기능들을 필요로 할 수 있는 기업들에게 스패너 기술을 이용할 수 있도록 해주고 있다.

블록체인

블록체인(blockchain)은 기업과 조직들이 중앙집중적인 권한 없이 거의 즉시 네트워크에서 거래를 생성하고 확인할 수 있는 분산 데이터베이스 기술이다. 블록체인은 거래를 컴퓨터 네트워크의 여러 컴퓨터에 분산 원장으로 저장한다. 데이터베이스에 저장된 정보는 네트워크 컴퓨터들이 지속적으로 조정한다.

블록체인은 지속적으로 늘어나는 기록 목록을 보유하는데, 각각의 기록은 블록으로 불린다. 각 블록은 타임스탬프를 포함하며, 이전 블록과 연결되어 있다. 데이터 블록은 블록체인 원장에 한 번 기록되고 나면, 소급해서 변경할 수 없다. 누군가가 거래를 추가하려고 할 때, 네트워크의 참가자들(모두 기존 블록체인의 사본을 가지고 있음)은 제시된 거래를 평가하고 확인하기 위해 알고리즘을 실행한다. 원장에 대한 정당한 변경사항은 몇 초 또는 몇 분 안에 블록체인에 기록되며 암호화를 통해 보호된다. 블록체인 시스템을 기업들에게 활용 가능하고 매력적으로 만드는 요인은 암호화와 행위자 및 참여 기업들에 대한 인증이다. 이러한 요소들은 타당한 행위자들만 정보를 입력할 수 있고, 검증된 거래만 허용된다. 일단 거래가 기록되고 나면 변경할 수 없다. 그림 6.12는 주문을 이행하기 위해 블록체인이 어떻게 작동하는지 보여준다.

⎾ 그림 6.12 불록체인의 작동 방식

블록체인 시스템은 P2P 컴퓨터 네트워크에서 거래를 기록하는 분산 데이터베이스이다.

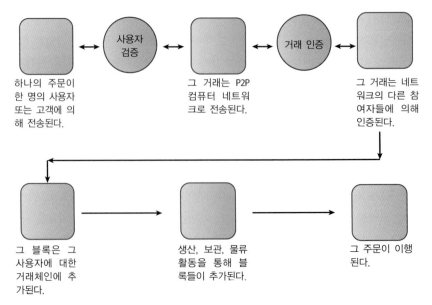

블록체인 데이터베이스를 사용하는 기업들에게는 많은 이점이 있다. 블록체인 네트워크는 사용자를 검증하고 거래 유효성을 인증하는 비용과 더불어 수많은 기업들에 걸친 거래 정보 저장 및 처리와 관련된 위험을 대폭 줄여준다. 수많은 기업들은 자체 거래시스템을 구축하고, 그것을 공급업체, 배송업체, 금융기관의 시스템과 통합해 왔지만, 블록체인은 그렇게 하는 대신 참여 기업들을 위한 하나의 간단한 저비용 거래시스템을 제공할 수 있다. 기록 거래의 표준화는 스마트 계약(smart contracts) 사용을 통해 지원된다. 스마트 계약이란 기업 간의 거래를 관리하는 규칙을 구현한 컴퓨터 프로그램이다(예 : 제품가격, 배송 방법, 거래 완료 시기, 거래 자금 제공자, 자금조달 조건 등등).

블록체인이 제공하는 단순성과 보안성은 금융 거래, 공급망 거래, 의료 기록을 비롯한 여타 유형의 데이터들을 저장하고 보호하는 데 매력적이다. 블록체인은 비트코인, 이더리움을 비롯한 여타 암호 화폐의 토대가 되는 기술이다. 제8장에서는 블록체인을 이용한 거래 보안에 대해 자세히 설명한다.

6-3 비즈니스 성과와 의사결정 향상을 위해 데이터베이스로부터 정보를 제공해주는 도구와 기술은 무엇인가?

기업은 공급자들에 대한 지불, 주문처리, 고객에 대한 지속적인 모니터링, 직원들에 대한 급여 지급 등과 같은 기본적인 트랜잭션을 지속적으로 파악하기 위해 데이터베이스를 사용한다. 그러나 이런 기업들은 업무를 더 효율적으로 수행하고 관리자와 직원들이 더 나은 의사결정을 내리는 데 도움이 되는 정보를 제공하기 위해 데이터베이스들이 필요하다. 어떤 기업이 어떤 제품이 가장 인기가 있는지 또는 어떤 고객이 수익성에 가장 높은 기여를 하는지 등을 알고자 한다면 그 대답은 바로 데이터에서 찾을 수 있다.

빅데이터의 도전과제

조직들에 의해 수집된 대부분의 데이터는 관계형 데이터베이스관리시스템의 행과 열에 쉽게 들어맞는 거래처리 데이터들인 경우가 많았다. 그러나 이제 우리는 웹 트래픽, 이메일 메시지, 소셜 미디어 콘텐츠[트윗(트위터에 올린 글), 상태 메시지(메신저에서 사용자의 상태를 알려주는 메시지)] 뿐만 아니라 센서(스마트 측정기, 제조 장비, 전자 측정기 등에 사용되는)로부터 자동으로 생성된 데이터들이나 전자적 거래시스템에서 나온 데이터들의 폭발적인 증가를 목격하고 있다. 이러한 데이터들은 비구조적이거나 반구조적일 수 있는데, 이런 경우 행과 열로 구성되는 관계형 데이터베이스에는 적합하지 않다. 이제 우리는 엄청난 양 때문에 일반적인 DBMS로는 포착하거나 저장하거나 분석하기 곤란한 데이터 세트를 의미하는 **빅데이터**(big data)라는 용어를 사용하고자 한다.

빅데이터는 종종 그 특성이 '3V'로 언급되는데, 데이터의 엄청난 양(volume), 광범위한(variety), 데이터 유형 및 원천, 그리고 데이터 처리에 요구되는 속도(velocity)가 바로 그것들이다. 빅데이터가 어떤 특정 수량을 의미하는 것은 아니지만, 보통은 페타바이트(petabyte)나 엑사바이트(exabyte) 수준(다양한 원천들로부터 나온 10억에서 1조 정도의 레코드)을 의미한다. 빅데이터는 전통적인 데이터들에 비해 훨씬 많은 양과 훨씬 빠른 속도로 생성된다. 예를 들어 어떤 제트 엔진은 단 30분 만에 10테라바이트의 데이터를 생성할 수 있고, 비행기들의 비행 횟수가 하루에 2만 5,000회 이상이 된다. '트윗' 하나에 140글자로 제한되어 있음에도 불구하고 트위터를 통해 생성되는 데이터들은 하루에 8테라바이트가 넘는다. 국제데이터센터(International Data Center)라는 기술 조사 기업에 따르면, 조직들이 사용할 수 있는 데이터의 양은 2년마다 2배 이상으로 폭증하고 있다.

기업들은 빅데이터에 많은 관심을 가지고 있는데, 그 이유는 빅데이터가 고객 행위, 기후 패턴, 금융시장에서의 행위, 또는 여타의 현상들에 대한 통찰을 제공해주는 잠재력을 가지고 작은 데이터 세트에 비해 더 많은 패턴들과 더 흥미로운 이상 현상들을 보여줄 수 있기 때문이다. 예를 들어 글로벌 온라인 이미지 마켓플레이스인 셔터스톡(Shutterstock)은 2,400만 개의 이미지를 저장하고 있는데, 매일 이미지를 10,000개씩 추가해 나가고 있다. 셔터스톡은 구매 경험을 최적화할 수 있는 방법을 찾기 위해, 빅데이터를 분석하여 웹사이트 방문자가 커서를 놓는 위치와 구매하기 전에 이미지 주변을 맴도는 시간을 파악한다. 또한 공공부문에서도 빅데이터를 활용할 수 있는 다양한 방안을 찾고 있는데, 예를 들어 시 정부들은 빅데이터를 활용하여 교통 흐름을 관리하고 범죄와 싸우고 있다.

그러나 조직들이 이러한 데이터들로부터 비즈니스 가치를 도출하기 위해서는 전통적인 전사적 데이터들은 물론 비전통적인 데이터들까지도 관리하고 분석할 수 있는 새로운 기술들과 도구들이 필요하다. 또한 조직들은 데이터에게 물어볼 질문과 빅데이터의 한계를 알아야 한다. 빅데이터를 확보, 저장, 분석하는 데는 많은 비용이 들 수 있으며, 빅데이터의 정보가 의사결정자에게 반드시 도움이 되는 것은 아니다. 빅데이터가 비즈니스를 위해 해결할 문제에 대해 명확하게 이해하는 것이 중요하다. '사례연구 : 빅데이터는 얼마나 신뢰할 수 있는가'는 이러한 이슈를 다룬다.

비즈니스 인텔리전스 인프라

여러분이 현재 기업 전반에 걸친 운영 상태, 동향, 변화 등에 관해 간결하고 신뢰할 수 있는 정보가 필요하다고 가정해보자. 여러분이 어떤 대기업에서 근무하고 있다면, 여러분은 판매, 제조, 또는 회계와 관련된 별개의 시스템에서 나온 데이터들과 심지어는 외부의 원천으로부터 얻을 수 있는 인구통계학적 데이터나 경쟁사에 대한 데이터들이 종합된 것들이 필요할 수도 있다. 여러분은 갈수록 빅데이터를 사용할 필요성이 점점 더 커질지도 모른다. 오늘날 비즈니스 인텔리전스를 위한 기업들의 최신 인프라는 엄청난 양의 반구조적 · 비구조적 빅데이터를 포함한 모든 다양한 유형의 데이터들로부터 유용한 정보를 생성해낼 수 있는 다수의 도구를 가지고 있다. 이러한 도구들로는 데이터웨어하우스와 데이터마트, 하둡, 인메모리 컴퓨팅, 분석 플랫폼 등을 들 수 있는데, 이러한 도구 중 일부는 클라우드 서비스를 통해서도 사용이 가능하다.

데이터웨어하우스와 데이터마트

지난 20년간 기업 데이터를 분석하는 전통적인 도구로 데이터웨어하우스가 활용되어 왔다. **데이터 웨어하우스**(data warehouse)는 기업 전반의 의사결정자들에게 관심이 될 만한 현재 및 과거 데이터들을 저장하는 데이터베이스다. 이 데이터들은 판매, 고객, 회계, 제조 등과 같은 다수의 핵심적인 거래처리시스템과 웹사이트 거래처리를 포함한 외부 소스들로부터 나온 것이다. 데이터웨어하우스에 저장할 데이터들을 생성하기 위해서는 우선 조직 내 다수의 운영시스템으로부터 현재 및 과거 데이터들을 추출한다. 그리고 이 데이터를 외부 원천들로부터 나온 데이터들과 결합하고 난 다음, 부정확하거나 불완전한 데이터들을 정정하는 과정을 거치고, 보고서와 분석을 위한 형태로 재구성하는 과정을 거쳐서, 최종적으로 생성된 데이터를 데이터웨어하우스로 이전한다.

데이터웨어하우스의 데이터는 필요한 누구라도 사용할 수 있지만 변경은 할 수 없다. 또한 데이터웨어하우스 시스템은 특별하고 표준화된 쿼리 도구, 분석 도구, 그래피컬한 리포팅 기능들을 제공한다.

기업은 종종 조직 전체를 대상으로 중앙의 데이터웨어하우스 역할을 하는 전사적 데이터웨어하우스를 구축하기도 하고, 데이터마트라 불리는 더 작고 분산된 데이터웨어하우스를 구축하기도 한다. **데이터마트**(data mart)는 데이터웨어하우스의 일부분으로서 요약되거나 매우 집중화된 조직 데이터의 일정 부분을 포함하며, 특정 사용자 집단을 위한 개별 데이터베이스에 위치한다. 가령 어떤 회사는 고객정보를 다루기 위해 마케팅 및 판매 데이터마트를 개발할 수도 있다. 도서 판매업체인 반스앤노블(Barnes & Noble)은 전사적 데이터웨어하우스를 구현하기 이전에 몇 가지 데이터마트를 관리했는데, 하나는 매장의 판매 시점 데이터에 대한 것이었고, 다른 하나는 대학 서점들의 판매에 관한 것이었고, 또 다른 하나는 온라인 판매에 관한 것이었다.

하둡

관계형 DBMS와 데이터웨어하우스 제품들은 빅데이터나 열과 행에 쉽게 들어맞지 않는 데이터들을 구성하고 분석하는 데는 적합하지 않다. 대량의 비구조적이고 반구조적인 데이터뿐만 아니라 구조적 데이터까지도 다루기 위해 조직들은 **하둡**(Hadoop)을 사용하고 있다. 하둡은 아파치 소프트웨어 재단이 관리하는 오픈소스 소프트웨어 프레임워크인데, 이것은 저렴한 컴퓨터들에 걸쳐 있는 방대한 양의 데이터들을 분산병행처리 방식으로 다룰 수 있게 해준다. 하둡은 빅데이터의 분석 문제를 작은 문제들로 분할하고, 그것들을 수많은 값싼 컴퓨터 처리 노드에 분산시키고, 그 결과를 분석하기 쉬운 작은 데이터 세트로 만들어낸다. 여러분은 아마 이미 하둡을 기반으로 한 인터넷 서비스를 통해 가장 유리한 항공료를 찾거나, 어떤 식당 가는 길을 찾거나, 구글에서 검색을 하거나, 또는 페이스북에서 친구를 찾아본 일이 있을 것이다.

하둡의 핵심 서비스로는 데이터 저장을 위한 하둡 분산파일시스템(Hadoop Distributed File System, HDFS)과 고성능 병행 데이터 처리를 위한 맵리듀스(MapReduce)를 들 수 있다. HDFS는 하나의 하둡 클러스터 내에 있는 수많은 파일시스템을 서로 연결하여 하나의 거대한 파일시스템으로 변환시킨다. 하둡의 맵리듀스는 구글의 맵리듀스 시스템에서 영감을 받아 만들어진 것인데, 구글의 맵리듀스는 거대한 데이터 세트의 처리 작업을 분할하고, 그것들을 클러스터상의 여러 노드에 할당하는 역할을 한다. 하둡의 비관계형 데이터베이스인 HBase는 HDFS에 저장된 데이터들에 빠르게 접근할 수 있도록 해주고 커다란 애플리케이션을 실시간으로 기동하기 위한 거래처리 플랫폼 역할을 한다.

하둡은 구조적인 거래처리 데이터, 페이스북이나 트위터의 글들과 같이 덜 구조적인 데이터, 웹 서버의 로그 파일들에 들어 있는 복잡한 데이터, 그리고 비구조적인 오디오 및 비디오 데이터 등과 같은 모든 유형의 데이터들의 방대한 양을 처리할 수 있다. 하둡은 저렴한 서버 그룹에서 가동되며, 프로세서들은 필요에 따라 추가되거나 제거될 수 있다. 기업은 비구조적이고 반구조적인 방대한 데이터들을 데이터웨어하우스에 이전시키기 전에 준비하는 단계에서는 물론 분석하기 위한 목적으로 하둡을 사용한다. 페이스북은 자사의 많은 데이터들을 거대한 하둡 클러스터에 저장한다. 이 클러스터가 보유한 저장공간은 100페타바이트로 추정되는데, 이는 미국 국회도서관이 보유한 저장공간의 10,000배 이상의 규모다. 야후는 하둡을 이용하여 사용자 행위를 추적함으로써 자사의 홈페이지를 사용자 관심사에 맞도록 수정할 수 있다. 생명과학 연구회사인 넥스트바이오(NextBio)는 하둡과 HBase를 이용하여 게놈 연구를 수행하고 있는 제약회사들을 위해 데이터들을 처리해준다. IBM, 휴렛팩커드, 오라클, 마이크로소프트 등과 같은 최고의 데이터베이스 벤더들은 나름대로의 하둡 소프트웨어 유통망을 가지고 있다. 다른 벤더들은 데이터들을 하둡으로 이동시키거나 하둡으로부터 꺼내올 수 있는 또는 하둡 내에서 데이터들을 분석할 수 있는 도구들을 제공하고 있다.

인메모리 컴퓨팅

빅데이터 분석을 도울 수 있는 또 하나의 방법은 **인메모리 컴퓨팅**(in-memory computing)을 이용하는 것인데, 이것은 주로 컴퓨터의 주기억장치(RAM)에 의존한다(기존의 DBMS는 디스크 저장시스템을 사용한다). 사용자들은 시스템의 주기억장치에 저장된 데이터에 접속함으로써 전통적인 디스크 기반의 데이터베이스에 저장된 데이터를 조회하고 읽는 데 걸리는 병목현상을 제거하고 쿼리에 대한 응답 시간을 급격하게 줄일 수 있다. 인메모리 프로세싱은 하나의 데이터마트나 데이터웨어하우스의 규모에 이르는 매우 방대한 양의 데이터가 모두 메모리에 상주하는 것을 가능케 해준다. 이로 인해 여러 시간 또는 여러 날이 소요되는 비즈니스와 관련된 복잡한 계산들이 단 몇 초 만에 처리될 수 있는데, 심지어는 휴대용 기기에서도 이러한 처리가 수행될 수 있다.

앞 장에서는 강력한 초고속 프로세스, 멀티코어 프로세싱, 떨어지는 컴퓨터 메모리 가격 등과 같이 인메모리 프로세싱을 가능케 해주는 최신 컴퓨터 하드웨어 기술의 발전 동향을 설명하고 있다. 이러한 기술들은 기업이 메모리의 활용을 최적화하고 비용은 떨어뜨리면서도 처리 성능을 향상시킬 수 있게 해준다.

인메모리 컴퓨팅 분야에서 주도적인 제품으로는 SAP HANA, 오라클 데이터베이스 인메모리, 테라데이터 인텔리전트 메모리(Teradata Intelligent Memory)를 들 수 있다. 이 장의 도입 사례인 샬럿 호네츠 사례와 크래프트 하인즈에 대한 토론방 사례는 조직들이 인메모리 기술의 이점을 어떻게 활용할 수 있는지 보여준다.

분석 플랫폼

상업용 데이터베이스 벤더들은 전문화된 초고속 **분석 플랫폼**(analytic platform)을 개발했는데, 이것은 관계형 기술과 대용량 데이터 세트에 특화된 비관계형 기술 모두를 활용한다. 분석 플랫폼들의 특징으로는 특히 쿼리 프로세싱과 분석에 맞도록 환경이 미리 설정되어 있는 하드웨어-소프트웨어 시스템들을 갖추고 있다는 점을 들 수 있다. 예를 들어 IBM 퓨어데이터 시스템(PureData system)은 데이터베이스, 서버, 저장 등의 요소들이 긴밀하게 통합되어 있는 점이 특징인데, 이러한 요소들은 기존의 시스템에 비해 복잡한 분석 쿼리들을 10~100배 정도 더 빠르게 처리할 수 있다. 또한 분석 플랫폼은 인메모리 시스템들과 NoSQL 비관계형 데이터베이스관리시스템들도 포함하고 있다. 분석 플랫폼은 이제 클라우드 서비스로도 활용 가능하다.

그림 6.13은 방금 설명한 이러한 기술들을 활용하고 있는 최신 비즈니스 인텔리전스(BI) 인프라를 보여주고 있다. 현재 및 과거 데이터들은 웹데이터, 소셜 미디어, 사물인터넷(IoT) 기계-생성 데이터, 비구조적인 오디오/비주얼 데이터, 그리고 여타의 외부 원천들로부터 나온 데이터 보고서 생성과 분석을 위해 재구조화되고 재구성된 외부 데이터와 더불어 다수의 운영시스템들로부터 추출된다. 일부 기업들은 이러한 모든 유형의 데이터들을 데이터 레이크에 쏟아붓기 시작했다. **데이터 레이크**(data lake)는 대부분의 경우 아직 분석되지 않은 원시 비구조적인 데이터 또는 구조적인 데이터 저장소인데, 이 데이터들은 여러 가지 방법으로 접근할 수 있다. 데이터 레이크는 이러한 데이터들을 필요할 때까지 기본 형식으로 저장한다. HDFS는 데이터 레이크의 콘텐츠를 종종 무리를 이루고 있는 컴퓨터 노드들에 저장하는 데 사용하며, 하둡 클러스터는 이러한 데이터들을 데이터웨어하우스, 데이터마트, 또는 분석 플랫폼을 위해 사전 처리하거나, 고급 사용자들의 직접적인 쿼리를 위해 사용할 수 있다. 이러한 처리 결과물로는 쿼리 결과뿐만 아니라 보고서와 대시보드들을 들 수 있다. 제12장에서는 다양한 유형의 BI 사용자와 BI 보고서에 대해 더욱 자세히 논의한다.

크래프트 하인즈, 데이터 분석을 위한 새로운 레시피 발견

크래프트 푸드 그룹(Kraft Foods Group)과 하인즈(Heinz)가 2015년 7월 합병을 완료했을 때, 그것은 두 거인의 결혼이었다. 이렇게 해서 만들어진 크래프트 하인즈 컴퍼니(Kraft Heinz Company)는 세계에서 다섯 번째로 큰 포장식품 및 음료회사가 되었다. 이 합병회사는 200개 이상의 글로벌 브랜드들을 가지고 있으며, 267억 달러의 매출과 4만 명 이상의 직원을 보유하고 있다. 브랜드 중 7개는 연매출이 10억 달러를 넘는다. 그 브랜드들은 하인즈(Heinz), 맥스웰 하우스(Maxwell House), 크래프트 런처블(Kraft Lunchables), 플랜터스(Planters), 벨비타(Velveeta), 필라델피아(Philadelphia), 오스카 메이어(Oscar Mayer)다. 이러한 회사들을 운영하려면 모든 브랜드에 대해 엄청난 양의 데이터가 필요했다. 이는 분명 빅데이터의 세계다.

빠르게 움직이는 소비자제품 산업의 기업들이 수익성을 유지하기 위해서는 매우 민첩한 운영이 필요하다. 불확실한 세계경제로 인해 소비지출이 줄어드는 상황에서, 크래프트 하인즈와 같은 기업은 운영 효율성을 개선하여 수익 마진을 유지할 수 있는 기회를 지속적으로 찾아야 한다. 크래프트 하인즈는 공급사슬 최적화, 각 제품의 최적 수량 제조, 가장 적은 시간과 비용으로 소매업체에 대한 제품 공급에 초점을 맞춤으로써 이러한 과제를 해결하기로 결정했다.

크래프트 하인즈만큼 큰 공급사슬을 관리하기 위해서는 종종 여러 원천들로부터 나오는 판매 예측, 제조 계획, 물류 등에 대한 시기적절하고 정확한 데이터가 필요하다. 크래프트 하인즈가 모든 전사적 비즈니스 데이터들을 효과적으로 사용할 수 있도록 하기 위해 경영진은 데이터를 북미 비즈니스용과 다른 모든 글로벌 비즈니스용, 이 두 개의 대규모 SAP ERP 시스템으로 분할하기로 결정했다. 또한 이 합병회사는 데이터웨어하우스에 대해서 다시 생각해야 했다.

합병 이전에 북미 지역 비즈니스는 SAP 비즈니스 웨어하우스(BW)에서 약 18TB의 데이터를 유지관리했으며 SAP 비즈니스 웨어하우스 엑셀러레이터를 이용하여 운영 상황에 대한 리포팅을 효율적으로 수행할 수 있었다. SAP 비즈니스 웨어하우스는 조직의 데이터를 통합하고 데이터 분석 및 리포팅을 지원하기 위한 SAP의 데이터웨어하우스 소프트웨어다. SAP 비즈니스 웨어하우스 엑셀러레이터는 데이터베이스 쿼리 속도를 높이는 데 사용된다. 크래프트 하인즈의 경영진은 의사결정자들이 효율성, 셀프 서비스 리포팅, 실시간 분석능력을 향상시킬 수 있는 기회를 드러낼 수도 있는 데이터에 대한 세분화된 관점들을 확보할 수 있기를 원했다.

그러나 SAP BW 엑셀러레이터는 이러한 작업들에 적합하지 않았다. 이 BW는 특정 데이터들에 대해서만 쿼리 런타임(쿼리 프로그램이 실행되는 기간)을 최적화할 수 있으며, 리포팅은 사전에 결정된 데이터 관점으로만 한정되었다. 이 BW는 데이터 처리 부담과 기대한 계산 성능을 소화할 수 없었고, BW 데이터를 별도의 엑셀러레이터에 복제하는 것을 처리할 수 없었다. 합병된 회사의 판매, 물류, 제조와 관련하여 급격하게 증가된 데이터로 인해, BW가 의사결정자들에게 시기적절한 리포트를 제공하기에는 무리가 있었던 것이다. 또한 크래프트 하인즈의 복잡한 데이터 모델로 인해, 새로운 보고서를 작성하는 데에는 많은 시간이 소요되었다. 보고서 작성을 완료하는 데 최대 6개월이 걸릴 수도 있었다. 크래프트 하인즈는 기본 운영체제의 성능에는 영향을 미치지 않으면서도 보다 자세한 보고서들을 보다 신속하게 제공할 수 있는 솔루션이 필요했다.

크래프트 하인즈의 사용자들은 마이크로소프트 엑셀 및 파워포인트를 포함하고 있는 마이크로소프트 오피스용 SAP 비즈니스오브젝트 애널리시스(BusinessObjects Analysis) 에디션을 사용하여 자체 보고서를 작성했다. 이 도구를 사용하면 즉석의 다차원 분석이 가능하다. 이 사용자들이 필요로 했던 것은 단일 데이터 원천을 바탕으로 셀프 서비스 보고서를 작성할 수 있고, 일이 어떻게 진행되고 있는지에 대한 전사적 관점을 얻기 위해 여러 원천에서 데이터를 수집할 수 있는 효율적인 방식을 찾을 수 있는 것이었다.

크래프트 하인즈는 데이터웨어하우스를 레거시 데이터베이스로부터 SAP의 인메모리 데이터베이스 플랫폼인 SAP HANA에 의해 구동되는 SAP BW로 이전시키기로 결정했는데, 이를 통해 데이터를 가져오고 처리하고, 계산을 수행하고, 쿼리와 리포트 생성을 수행할 수 있는 효율성이 크게 향상될 수 있었다. 새로운 데이터웨어하우스는 일상적인 비즈니스 운영을 수행하는 기존 SAP ERP 애플리케이션들과 통합될 수 있을 것이다. 이 회사는 IBM 글로벌 서비스의 컨설턴트들과 협력하여 기존 데이터베이스를 정리하고 간소화했다. IT 부서는 비즈니스 전문가와 긴밀히 협력하여 어떤 데이터가 중요한지, 어떤 데이터들이 계속해서 사용되고 있는지, 그리고 어떤 데이터들이 사용되지 않는지 파악하여 필요 없거나 사용되지 않는 데이터를 제거했다. 이러한 데이터 정리 작업을 통해 데이터베이스 크기가 9TB로 거의 50%나 줄었다.

크래프트 하인즈 그룹의 글로벌 비즈니스 인텔리전스 리더인 순다르 디타카비에 따르면, 새로운 데이터웨어하우스 환경은 표준 보고서 작성을 98%나 향상시켰다. 이는 데이터를 사용할 수 있도록 불러오는 데 걸리는 시간이 83% 단축되고 실행을 통해 분석이 완료되는 데까지 걸리는 시간이 단축됐기 때문이다. 크래프트의 글로벌 핵심성과지표는 SAP HANA에 내장되어 있다.

크래프트 하인즈는 이제 폭발적인 양의 데이터들과 더불어 데이터베이스 쿼리를 수월하게 처리할 수 있을 뿐만 아니라 예상치 못한 문제들을 처리할 수 있는 충분한 처리능력을 갖추고 있다. 또한 이 기업은 새로운 보고서를 훨씬 빠르게 작성할 수 있으며, SAP HANA의 유연성으로 인해 회사의 데이터 모델을 훨씬 쉽게 변경할 수 있게 되었다. 이제 크래프트 하인즈는 몇 개월이 아닌 몇 주 만에 비즈니스 사용자를 위한 새로운 보고서를 작성하고 의사결정자에게 효율성을 높이고 운영비용을 낮추는 데 필요한 통찰력을 제공할 수 있다.

출처 : Ken Murphy, "The Kraft-Heinz Company Unlocks Recipe for Strategic Business Insight," *SAP Insider Profiles*, January 25, 2017; "The Kraft Heinz Company Migrates SAP Business Warehouse to the Lightning-Fast SAP HANA Database," IBM Corp. and SAP SE 2016; and www.kraftheinzcompany.com, accessed February 15, 2018.

사례연구 문제

1. 이 사례연구에서 문제점을 파악하라. 문제점에서 기술 비중은 어느 정도인가? 경영 및 조직 요소들이 있는가?
2. 크래프트 하인즈의 정보기술이 비즈니스 성과에는 어떤 영향을 미치고 있었는가?
3. 새로운 기술이 어떻게 문제점에 대한 해결책을 제공했는가? 해결책이 얼마나 효과적이었는가?
4. 크래프트 하인즈가 새로운 데이터웨어하우스 솔루션을 선택하고 구현할 때 다루어야 할 경영, 조직, 기술 요소들을 식별하라.

분석 도구 : 관계성, 패턴, 추세

일단 데이터들이 방금 설명한 비즈니스 인텔리전스 기술들을 활용하여 포착되고 구조화되면, 이것들은 데이터베이스 쿼리 및 보고서 생성, 다차원 데이터 분석(OLAP), 그리고 데이터마이닝을 위한 소프트웨어들을 통한 보다 심층적인 분석에 활용될 수 있다. 이 절에서는 이러한 도구들을 소개하고, 비즈니스 인텔리전스 분석 및 응용에 대해서는 제12장에서 더욱 자세히 다룬다.

온라인분석처리(OLAP)

여러분의 회사가 너트, 볼트, 고리쇠, 나사와 같은 네 가지 제품을 동부·서부·중부지역에서 판매한다고 가정하자. 여러분은 고리쇠가 지난 분기에 얼마나 많이 팔렸는지와 같은 상당히 간단한 질문에 대한 답을 판매 데이터베이스 쿼리를 통해 쉽게 찾아낼 수 있다. 그러나 여러분이 고리쇠들이 각 판매지역에서 얼마나 많이 팔렸는지 알고 싶고 또한 실제 결과를 예상 매출액과 비교하고 싶다면 어떨까?

그림 6.13 최신 비즈니스 인텔리전스 인프라

최신 비즈니스 인텔리전스 인프라의 특징은 다양한 원천으로부터 제공되는 다양한 유형의 대용량 데이터들을 관리하고 분석할 수 있는 기능과 도구들을 가지고 있다는 점이다. 이러한 인프라는 일반 사용자들이 쉽게 사용할 수 있는 쿼리 및 보고서 생성 도구와 고급 사용자들을 위한 더 복잡하고 분석적인 분석 도구들을 포함하고 있다.

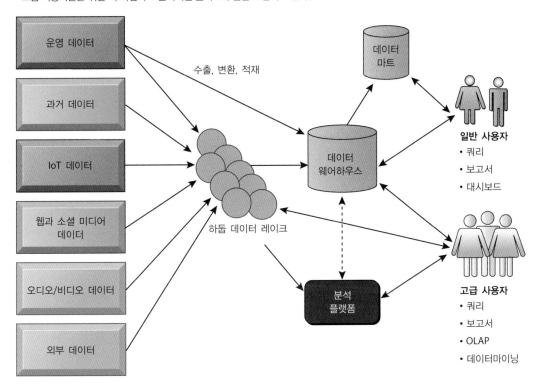

이 질문에 대한 답을 얻기 위해서 여러분은 **온라인분석처리**(online analytical processing, OLAP)가 필요한 것이다. OLAP은 사용자들이 동일한 데이터를 여러 기준을 이용하는 다양한 방식으로 바라보면서 다차원(multidimensional) 데이터 분석을 할 수 있도록 도와준다. 정보에 대한 각 측면(제품, 가격, 비용, 지역, 기간)은 하나의 상이한 차원을 표현한다. 제품 관리자가 6월에 동부지역에서 얼마나 많은 고리쇠들이 팔렸는지, 이런 판매량은 그 전월 및 작년 6월과 어떻게 비교되는지, 그리고 이 판매량은 판매 예상치와 어떻게 비교되는지 파악하기 위해 다차원 데이터 분석 도구를 이용할 수도 있다. 비록 다년간에 걸쳐 발생한 판매 수치들과 같이 엄청난 양의 데이터가 대용량 데이터베이스에 저장되어 있을지라도, OLAP은 사용자들이 이와 같은 특별한 질문들에 대한 답을 상당히 신속하게 얻을 수 있도록 해준다.

그림 6.14는 제품, 지역, 실제 판매량, 예상 판매량을 표현하기 위해 생성되었을 수도 있는 다차원 모델을 보여준다. 실제 판매량 매트릭스 옆에 예상 판매량 매트릭스를 놓음으로써 6개의 면으로 된 입방체를 형성할 수 있다. 여러분이 이 입방체를 한 방향으로 90도 회전시키면, 보이는 면이 제품 대 실제 및 예상 판매량이 될 것이다. 여러분이 이 입방체를 다시 90도 회전시키면, 지역 대 실제 및 예상 판매량을 볼 수 있다. 여러분이 이 입방체를 원래 방향으로부터 180도 회전시키면, 여러분은 예상 판매량 및 제품 대 지역을 볼 수 있다. 데이터의 복잡한 관점들을 생성하기 위해 입방체 내에 입방체가 존재할 수 있다. 회사는 특화된 다차원 데이터베이스나 관계형 데이터베이스의 데이터들에 대한 다차원 뷰를 생성하는 도구를 사용하게 될 것이다.

그림 6.14 다차원 데이터 모델

보이는 관점은 제품 대 지역이다. 여러분이 이 입방체를 90도 회전시키면 제품 대 실제 및 예상 판매량이 보일 것이다. 여러분이 이 입방체를 90도 다시 회전시키면, 지역 대 실제 및 예산 판매량을 볼 수 있다. 다른 관점들도 가능하다.

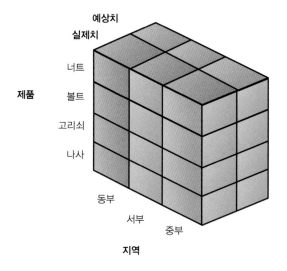

데이터마이닝

전통적인 데이터베이스 쿼리들은 "제품 번호 403이 2018년 2월에 얼마나 배송되었는가?"와 같은 질문들에 대한 답을 제공한다. OLAP, 즉 다차원 분석은 "제품 403의 지난 2년간 분기별, 지역별 매출액을 계획과 비교하라."와 같이 훨씬 더 복잡한 정보 요구를 지원한다. 사용자들은 OLAP과 쿼리 지향 데이터 분석을 활용하여 유용한 정보를 얻기 위한 아이디어를 생각해내야 한다.

데이터마이닝(data mining)은 발견에 더욱 중점을 둔다. 데이터마이닝은 대용량 데이터베이스들에 숨겨져 있는 패턴과 관계성을 찾아내고, 이런 패턴 및 관계성을 통해 미래의 행위를 예측해냄으로써 OLAP을 통해서는 얻을 수 없는 통찰을 제공한다. 이런 패턴과 규칙들은 의사결정을 도와주고 의사결정 효과를 예측하는 데 사용된다. 데이터마이닝을 통해 얻을 수 있는 정보의 유형들로는 연관, 순차, 분류, 군집화, 예측이 있다.

- 연관(association) 정보는 하나의 이벤트와 연결된 발생 건들을 의미한다. 예를 들어 슈퍼마켓 구매 패턴에 관한 조사에서는 옥수수칩이 구매될 때마다 콜라의 구매가 65% 발생하지만 판촉 활동이 있는 경우 콜라의 동반 판매는 85%가 된다는 점이 드러날 수도 있다. 이런 정보는 판촉의 수익 효과를 아는 관리자들에게는 더 나은 의사결정을 하는 데 도움이 된다.

- 순차(sequence) 정보는 이벤트들의 시간 흐름과 관련된다. 예를 들어 집을 구매한 사람이 2주 내에 새로운 냉장고를 구매하는 경우는 65%가 되며 1개월 내에 오븐을 구매하는 경우는 45%에 이른다는 점을 발견할지도 모른다.

- 분류(classification) 정보는 기존의 분류 체계에 속한 아이템들을 조사하고 일련의 규칙을 추론함으로써 어떤 아이템이 속한 그룹을 설명해줄 수 있는 패턴을 의미한다. 예를 들어 신용카드나 전화업체들과 같은 기업들은 안정적인 고객들의 유출에 관해 걱정한다. 분류 정보는 이탈할 것 같은 고객들의 특성을 발견하고 관리자들이 이런 고객들을 유지할 수 있는 특별한 캠페인을 고안하기 위해 이런 고객들을 예측할 수 있는 모델을 제공하는 데 도움을 준다.

- 군집화(clustering) 작업은 아직 한 번도 정의되지 않은 그룹들을 분류하는 것과 유사한 방식으로 수행된다. 데이터마이닝 도구는 은행카드에 관한 유사 그룹을 찾아내거나 인구통계 및 개

인 투자 유형을 기반으로 한 고객 그룹들로 데이터베이스를 분할하는 것과 같이 데이터를 통해 상이한 그룹들을 발견할 수 있다.

- 이런 응용 예들은 예측적인 측면을 포함하지만, 여기서 설명하려는 하나의 기법으로서의 **예측**(forecasting)은 위의 경우들과는 다른 방식으로 수행된다. 여기서 말하는 예측은 어떤 다른 값이 가능할지 예측하기 위해 일련의 기존 값을 이용한다. 예컨대 예측은 관리자들이 매출액과 같은 연속적인 변수의 미래 값을 추정하는 데 도움이 되는 패턴들을 데이터에서 찾아낼 수도 있다.

이와 같은 시스템들은 패턴 또는 추세에 대한 수준 높은 분석들을 수행하지만, 또한 필요한 경우 더 상세한 정보를 제공하기 위해 드릴다운할 수 있다. 기업의 모든 기능 영역과 정부 및 과학 분야에 대한 데이터마이닝 애플리케이션들이 존재한다. 데이터마이닝이 보편적으로 활용되는 사례 중 하나로 일대일 마케팅 캠페인이나 수익성 높은 고객들을 식별하기 위한 고객 데이터의 구체적인 패턴 분석을 들 수 있다.

예전엔 하라스 엔터테인먼트로도 잘 알려져 있던 시저스 엔터테인먼트는 세계에서 가장 큰 카지노업체다. 이 업체는 고객들이 슬롯머신을 사용하거나 하라스의 카지노와 호텔을 이용할 때 수집된 고객들의 데이터를 지속적으로 분석한다. 이 회사의 마케팅부서는 이러한 정보를 활용하여 특별한 고객들에 대한 프로파일을 구축했는데, 이는 이 고객들의 회사에 대한 가치를 기반으로 수행되었다. 예를 들어 시저스는 데이터마이닝을 통해 중서부 유람선 카지노 중 하나에서 정규 고객들이 가장 좋아하는 게임이 무엇인지 그리고 객실, 식당, 엔터테인먼트에 대한 선호도를 파악할 수 있었다. 이런 정보는 수익성이 매우 높은 고객들을 어떻게 늘려 나갈지, 어떻게 이런 고객들로 하여금 더 소비하게 만들지, 높은 수익성 창출 대상인 잠재 고객들을 어떻게 더 끌어들일지에 관한 경영진의 의사결정을 돕는다. 비즈니스 인텔리전스는 시저스의 수익을 크게 증대시켰고, 이에 따라 이것은 비즈니스 전략의 핵심적인 부분이 되었다.

텍스트마이닝과 웹마이닝

주로 텍스트 파일 형태로 된 비구조적 데이터들이 조직의 유용한 정보 중 80% 이상을 차지하는 것으로 보이는데, 이러한 데이터들은 회사가 분석하고 싶어 하는 빅데이터의 주요 원천 중 하나다. 이메일, 메모, 콜센터 상담 녹취록, 설문 응답, 고소장, 특허 기술, 서비스 보고서 등은 모두 직원들이 비즈니스 의사결정을 더욱 잘할 수 있도록 도움을 줄 수 있는 패턴과 추세들을 찾아내는 데 가치 있는 것들이다. 이제 기업들이 이러한 데이터들을 분석하는 데 **텍스트마이닝**(text mining) 도구들을 사용하는 것이 가능하다. 이러한 도구들은 대량의 비구조적 데이터들로부터 핵심적인 요소들을 추출하고, 패턴과 관계성을 발견하고, 정보를 요약해줄 수 있다.

기업들은 주요 고객 서비스를 식별하고 이슈를 바로잡거나 또는 회사에 대한 고객의 감정을 측정하기 위해 고객 서비스 센터에 걸려온 전화 녹취록을 분석하는 데 텍스트마이닝을 활용할 수도 있다. **감정 분석**(sentiment analysis) 소프트웨어는 이메일 메시지, 블로그, 소셜 미디어 대화, 또는 설문지 등의 문자들을 분석하여 어떤 특정 주제들에 대해 우호적인 의견들과 비우호적인 의견들을 탐지해낼 수 있다. 예를 들어 크래프트 푸드는 커뮤니티 인텔리전스 포털(Community Intelligence Portal)과 감정 분석을 사용하여 수많은 소셜 네트워크, 블로그, 그리고 여타의 웹사이트들에서 제품에 대한 소비자 대화를 열심히 듣는다. 크래프트는 브랜드 언급만 추적하기보다는 관련 의견들을 이해하려고 노력하는데, 고객이 바비큐하는 방식과 소스, 향신료에 대해 대화할 때 그들의 감정과 느낌을 파악할 수 있다.

웹은 고객 행위에 대한 패턴, 추세, 통찰을 드러내줄 수 있는 비구조적인 빅데이터에 대한 또 하나의 풍요로운 원천이다. 웹으로부터 유용한 패턴과 정보들을 발견해내고 분석하는 것을 **웹마이닝** (web mining)이라 부른다. 기업들은 웹마이닝을 통해 고객 행위를 이해하거나 어떤 특별한 웹사이트의 성과를 평가하거나 또는 마케팅 캠페인의 성공을 측정할 수도 있을 것이다. 예를 들어 마케터들은 Google Trends와 Google Insights for Search 서비스를 통해 구글 검색 쿼리에서 많이 쓰이는 다양한 단어와 구문들을 파악함으로써 사람들이 관심을 가지고 있는 것과 사고 싶어 하는 것들을 알 수 있도록 해준다.

웹마이닝은 콘텐츠마이닝, 구조마이닝, 사용마이닝을 통해 패턴을 찾는다. 웹콘텐츠마이닝(web content mining)은 웹페이지들의 콘텐츠들로부터 지식을 추출하는 프로세스인데, 웹페이지에는 텍스트, 이미지, 오디오, 비디오 데이터들이 포함되어 있을 수 있다. 웹구조마이닝(web structure mining)은 웹문서에 삽입되어 있는 링크들로부터 유용한 정보들을 추출하는 프로세스이다. 예를 들어 어떤 하나의 문서를 가리키는 링크들은 그 문서의 인기를 나타내는 한편, 어떤 문서들로부터 나오는 링크들은 그 문서에서 다루어지는 주제의 풍부함이나 다양성을 의미한다. 웹사용마이닝(web usage mining)은 어떤 웹사이트 자원들에 대한 요청이 인지될 때마다 웹서버에 기록된 사용자 상호작용 데이터를 조사한다. 사용자가 웹사이트에서 거래를 조회하거나 처리할 때 사용자의 행위는 사용 데이터로 기록되고 서버 로그에 저장된다. 이러한 데이터에 대한 분석은 기업이 특정 고객들에 대한 가치, 교차 마케팅 전략, 효과적인 캠페인 등에 대한 의사결정을 할 때 도움을 줄 수 있다.

이 장의 마무리 사례에서는 우리가 지금까지 '빅데이터' 도전과제를 해결하기 위해 설명한 분석도구들과 비즈니스 인텔리전스 기술들을 사용한 조직들의 경험을 설명한다.

데이터베이스와 웹

여러분은 웹을 이용하여 제품 카탈로그를 보거나 주문을 한 적이 있는가? 그렇다면 여러분은 아마 내부 기업 데이터베이스에 연결된 웹사이트를 사용했을 것이다. 많은 기업들은 현재 고객 및 비즈니스 파트너들이 내부 데이터베이스 정보의 일부를 사용할 수 있도록 하기 위해 웹을 이용한다.

웹을 사용하는 어떤 고객이 가격정보를 알아보기 위해 온라인 소매점 데이터베이스를 검색하고 싶어 한다고 가정해보자. 그림 6.15는 고객이 웹을 통해 이 소매점의 내부 데이터베이스에 어떻게 접근할 수 있는지 설명한다. 사용자는 자신의 클라이언트 PC에 있는 웹브라우저를 이용하여 소매점의 웹사이트에 접근할 것이다. 사용자의 웹브라우저 소프트웨어는 웹서버와 커뮤니케이션할 수 있는 HTML 명령어들을 이용하여 조직의 데이터베이스로부터 데이터를 요청할 것이다.

다수의 백엔드(back-end) 데이터베이스들은 HTML로 작성된 명령어들을 해석할 수 없기 때문에, 웹서버는 데이터에 대한 이런 요청들을 소프트웨어로 넘길 것이다. 이런 소프트웨어는 HTML 명령어들이 데이터베이스와 연동되는 DBMS가 처리할 수 있도록 SQL로 변환하는 역할을 한다. 클라이언트/서버 환경에서 DBMS는 **데이터베이스 서버**(database server)라는 특별한 전용 컴퓨터에 위치한다. DBMS는 SQL 요청들을 받고 요청된 데이터들을 제공한다. 미들웨어는 조직의 내부 데이터베이스에 있는 정보를 고객에게 페이지 형식으로 전달해주는 웹서버로 전송한다.

그림 6.15는 웹서버와 DBMS 사이에서 기능을 수행하는 미들웨어가 자신의 전용 컴퓨터에서 가동되는 애플리케이션 서버가 될 수 있음을 보여준다(제5장 참조). 이 애플리케이션 서버 소프트웨어는 브라우저 기반의 컴퓨터들과 기업의 후방 비즈니스 애플리케이션 또는 데이터베이스들 사이에서 일어나는 거래처리 및 데이터 접근을 포함한 모든 애플리케이션의 동작을 다룬다. 애플리

그림 6.15 웹에 대한 내부 데이터베이스의 연결

사용자들은 데스크톱 PC와 웹브라우저 소프트웨어를 사용함으로써 웹을 통해 조직의 내부 데이터베이스에 접근할 수 있다.

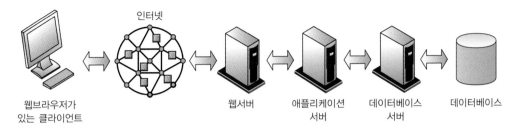

케이션 서버는 웹서버로부터 요청을 받고, 이런 요청을 기반으로 거래처리를 수행하는 비즈니스 논리들을 가동시키며, 웹서버를 조직의 후방 시스템이나 데이터베이스들과 연결하는 역할을 한다. 다른 방식으로는 이런 동작들을 다루기 위한 소프트웨어로서 맞춤 프로그램 또는 CGI 스크립트를 사용하는 방법이 있다. CGI 스크립트는 웹서버의 데이터 처리를 위해 Common Gateway Interface(CGI) 세부사항을 이용하는 요약 프로그램이다.

조직의 내부 데이터베이스에 접근할 수 있는 웹을 이용하는 것은 많은 상점이 있을 수 있다. 첫째, 웹브라우저 소프트웨어는 전용 쿼리 도구들에 비해 훨씬 사용하기가 쉽다. 둘째, 웹 인터페이스는 내부 데이터베이스에 대한 변경을 요구하지 않는다. 레거시 시스템의 앞에 웹을 통해 기업 데이터베이스들에 웹 인터페이스를 추가하는 것은 사용자 접근성을 향상시키기 위해 시스템을 재설계하고 재구축하는 것보다 비용이 훨씬 덜 든다.

웹을 통해 기업 데이터베이스에 접근하는 것은 새로운 효율성, 기회, 비즈니스 모델을 만들어낸다. 토머스넷닷컴(ThomasNet.com)은 화학, 철강, 플라스틱, 고무, 자동차 장비 등의 공산품을 취급하는 50만 개 이상의 공급자들에 대한 최신 온라인 디렉토리를 제공한다. 이전에 토머스 레지스터(Thomas Register)라 불리던 이 회사는 이런 정보를 엄청난 양의 종이 카탈로그를 통해 전달했었다. 현재 이 회사는 이러한 정보를 웹사이트를 기쳐 온라인으로 사용자들에게 제공하고 있으며 더 작고 든든한 회사가 되어 가고 있다.

웹을 통해 접근하는 대형 데이터베이스를 기반으로 완전히 새로운 비즈니스를 창출한 기업들도 있다. 그중 하나가 소셜 네트워킹 사이트인 페이스북인데, 이 사이트는 사람들이 지속적으로 서로 연결관계를 유지하거나 새로운 사람을 만날 수 있도록 해준다. 페이스북의 특징은 22억 명 이상의 적극적인 사용자들에 대한 정보를 보유한 '프로파일'인데, 여기에는 관심사, 친구, 사진, 소속된 그룹 등에 관한 정보가 담겨 있다. 페이스북은 이 모든 콘텐츠를 저장하고 관리할 수 있는 거대한 데이터베이스를 유지관리하고 있다. 공공부문에는 소비자와 시민들이 유용한 정보에 접속하는 데 도움이 되는 많은 웹 데이터베이스도 존재하고 있다.

6-4 조직의 데이터 자원 관리를 위해 정보정책, 데이터 관리, 데이터 품질 보증이 필수적으로 요구되는 이유는 무엇인가?

데이터베이스를 설치하는 것은 시작에 불과하다. 기업이 보유한 데이터를 정확하고 신뢰할 만하며 필요한 사람들이 충분히 사용할 수 있도록 만들기 위해서 기업은 데이터 관리를 위한 특별한 정책과 절차들이 필요할 것이다.

정보정책 수립

크건 작건 간에 모든 회사는 정보정책이 필요하다. 기업의 데이터는 중요한 자원이며, 사람들이 데이터를 가지고 자기가 원하는 것을 뭐든지 할 수 있도록 하는 것은 바람직하지 않다. 데이터가 구성되고 유지되는 방식에 관한 규칙과 데이터를 보거나 변경할 수 있는 사람들에 관한 규칙이 필요하다.

정보정책(information policy)은 정보를 공유하고, 분배하고, 획득하고, 표준화하고, 분류하고, 목록화하기 위한 조직의 규칙들을 규정한다. 정보정책은 특정 절차 및 책임 소재를 규정하는데, 구체적으로는 어떤 사용자나 조직단위들이 정보를 공유할 수 있는지, 정보가 어느 곳으로 유통될 수 있는지, 누구에게 정보에 대한 갱신과 유지관리 책임이 있는지 등을 규정한다. 예를 들어 일반적인 정보정책은 급여 및 인적자원 부서의 특정 직원들만이 직원 봉급이나 주민등록 번호와 같은 민감한 직원 데이터들을 변경하거나 볼 수 있는 권한을 가지며, 이런 부서들은 직원 데이터들을 정확하게 유지할 책임이 있다.

여러분이 규모가 작은 회사에 다닌다면, 정보정책은 기업주나 관리자가 수립하고 구현할 것이다. 대기업에서는 기업 자산인 정보에 대한 관리 및 계획수립을 종종 공식적인 데이터 관리 기능으로 규정하기도 한다. **데이터 관리**(data administration)는 데이터가 조직의 자원으로서 관리되는 데 필요한 특정 정책과 절차들에 대한 책임을 완수하는 것이다. 이런 책임 사항들에는 정보정책 개발, 데이터에 대한 계획수립, 논리적 데이터베이스 설계 및 데이터 사전 개발에 대한 감독, 그리고 정보시스템 전문가들과 최종사용자들이 데이터를 어떻게 사용하는지에 대한 감독 등과 같은 활동이 포함된다.

여러분은 이런 다수의 활동들을 설명하는 과정에서 **데이터 거버넌스**(data governance)라는 용어가 사용되는 것을 들어보았을지도 모른다. 데이터 거버넌스는 IBM에 의해 촉진되었는데, 기업에서 사용되는 데이터의 가용성(availability), 유용성(usability), 통합성(integrity), 보안성(security)을 관리하기 위한 정책과 프로세스들을 다루며 프라이버시, 보안성, 데이터 품질, 관리 규정 준수를 특히 강조한다.

대형 조직은 데이터베이스 설계와 관리 그룹을 발전시키는데, 관리 그룹은 정보시스템 부서 안에 속해 있으면서 데이터베이스의 구조와 콘텐츠를 정의하고 구성하며, 데이터베이스를 유지관리하는 역할을 담당한다. 설계 그룹은 사용자들과의 긴밀한 협조를 통해서 물리적 데이터베이스, 관련 요소 간의 논리적 관계 그리고 접근 규칙과 보안 절차를 수립한다. 이 그룹이 수행하는 기능을 **데이터베이스 관리**(database administration)라 부른다.

데이터 품질 보증

잘 설계된 데이터베이스와 정보정책은 기업이 필요한 정보를 확실히 확보하는 데 큰 도움이 된다. 그러나 조직 데이터베이스의 데이터들이 정확하고 신뢰할 수 있도록 유지되기 위해서는 추가적인 단계들이 수행되어야 한다.

만약 고객의 전화번화나 계좌번호가 잘못되어 있다면 어떤 일이 일어날까? 만약 데이터베이스에 이미 여러분이 판매한 제품의 가격이 잘못된 가격으로 기록되어 있거나 여러분의 판매시스템과 재고시스템이 동일 제품에 대해 서로 다른 가격을 보여주고 있다면, 이로 인해 어떤 일이 발생할까? 부정확하고, 시점에 맞지 않고, 또는 다른 소스의 정보와 불일치한 데이터들은 잘못된 의사결정, 제품 리콜, 심지어는 재무적 손실까지 초래한다. 가트너(Gartner Inc.)는 포춘 1,000대 기업들의 대용량 데이터베이스의 중요 데이터 중 25% 이상이 부정확하거나 불완전하다고 보고한 바 있다. 이런 데이터들에는 불량제품 코드와 제품 설명, 잘못된 재고기술, 잘못된 재무 데이터, 부정확한 공급자 정보, 부정확한 직원 데이터 등이 포함된다. 이러한 데이터 품질 문제들의 일부는 데이터웨어하우스에 데이터를 공급하는 여러 시스템에서 생성되는 데이터들의 중복과 불일치로 발생한다. 예를 들어 판매주문시스템과 재고관리시스템 모두는 조직의 제품들에 대한 데이터를 유지관리하는 역할을 하고 있을 것이다. 그러나 판매주문시스템은 어떤 속성에 대해 아이템 번호라는 표현을 사용하는 반면 재고관리시스템은 똑같은 속성에 대해 **제품 번호**라는 이름을 사용하고 있는지도 모른다. 어떤 의류 소매업체의 판매, 재고, 또는 제조시스템들은 하나의 동일한 속성에 대한 값을 표현하기 위해 서로 다른 코드값을 사용하고 있는지도 모른다. 어떤 시스템은 의류 사이즈를 'medium'으로 표현하고 있는 반면, 다른 시스템은 'M'이라는 코드값을 사용하고 있을지도 모른다. 창고 데이터베이스를 설계할 때 고객, 제품, 주문 등과 같은 개체들을 기술하는 데이터들의 이름과 정의를 결정해야 하는데, 이것들은 다른 비즈니스 영역에서 사용되는 이름 및 정의와 동일한 것들이어야 한다.

여러분이 항상 같은 날 같은 다이렉트 광고 메일을 여러 개 받는다고 생각해보라. 이런 일은 여러분의 이름이 데이터베이스에 여러 번 입력되어 있는 결과일 가능성이 크다. 여러분의 이름 철자가 잘못되어 있을 수도 있고 또는 여러분이 어떤 때에는 중간 이름을 사용하고 또 다른 어떤 때에는 그렇지 않았을 수도 있다. 또는 이런 정보들이 처음에는 종이 양식에 기록되었지만 시스템으로 입력될 때 제대로 스캔되지 못했을 수도 있다. 이런 불일치 때문에 데이터베이스는 여러분을 서로 다른 사람으로 취급하게 될 수도 있다! 저자들은 종종 Laudon, Lavdon, Lauden, 또는 Landon으로 기재된 메일들을 중복해서 받는다.

데이터베이스가 적절히 설계되고 전사적인 데이터 표준들이 수립된다면 중복되거나 불일치한 데이터 요소들이 최소화될 것이다. 그러나 잘못 기입된 이름, 순서가 바뀐 숫자, 또는 부정확하거나 누락된 코드와 같은 대부분의 데이터 품질 문제들은 데이터 입력 오류에서 발생한다. 이런 오류들의 발생률은 증가하는데, 왜냐하면 기업들이 비즈니스를 웹으로 옮겨 가면서 고객들과 공급자들이 내부 시스템을 직접 갱신하는 웹사이트에 데이터를 입력할 수 있도록 하기 때문이다.

새로운 데이터베이스가 적소에 구축되기 전이라면 조직들은 잘못된 데이터를 식별하여 수정할 필요가 있고, 일단 새로운 데이터베이스가 운영되면 더 나은 수정 절차들을 구축할 필요가 있다. 데이터 품질에 대한 분석은 종종 **데이터 품질 감사**(data quality audit)로 시작되는데, 이 감사는 정보시스템의 데이터에 대한 정확성과 더불어 완전성 수준에 대한 구조화된 조사이다. 데이터 품질 감사는 데이터 파일 전체에 대한 조사, 데이터 파일들의 샘플 조사, 또는 데이터 품질에 대한 최종사용자들의 인식 조사 등을 통해 수행될 수 있다.

데이터 정제(data cleansing)는 데이터 세정(data scrubbing)으로도 알려져 있는데, 데이터베이스 또는 파일 데이터 중 부정확하거나, 불완전하거나, 부적절한 포맷이거나, 중복된 데이터들을 찾아내고 수정하는 활동들로 구성된다. 데이터 정제는 데이터를 수정할 뿐만 아니라 개별 정보시스템에서 생성된 상이한 데이터 간의 일치성을 강화한다. 특화된 데이터 정제 소프트웨어는 데이터 파일들을 조사하고 데이터의 오류들을 수정하며 일관된 전사적 포맷으로 데이터들을 통합하는 작업을 자동으로 수행할 수 있다. '토론방 : 데이터 없는 데이터베이스'에서도 기술하고 있듯이, 불완전하고 부정확한 데이터베이스들은 형사사법제도과 공공안전에도 문제를 발생시킬 수 있다.

소수의 기업들에서는 개별 부서들이 자체적으로 데이터 품질을 유지관리하도록 할 수 있다. 그러나 최상의 데이터 관리를 위해서는 중앙집중식의 데이터 거버넌스, 조직 데이터 표준화, 데이터 품질 유지관리, 데이터 자산에 대한 접근성 통제가 필요하다.

토론방 조직

데이터 없는 데이터베이스

2017년 11월 5일, 데빈 패트릭 켈리는 텍사스 주 서덜랜드 스프링스에 있는 퍼스트 침례교회에 루거 AR-556 반자동 소총을 휴대한 채 걸어 들어가서 일요일 아침 예배를 위해 모인 회중에게 총을 난사했다. 불과 몇 분 만에 26명이 죽고 20명이 부상을 입었다. 켈리는 나중에 자신의 SUV에서 총으로 자살한 채 발견되었다. 텍사스의 예배당에서 개인이 일으킨 이 집단 총격 사건은 미국 현대사에서 다섯 번째로 치명적인 사건이었다.

이 비극은 피할 수도 있었다. 켈리는 미국 공군에서 복무하는 동안 법원에서 2012년 가정 폭력 유죄 판결로 총기 및 탄약을 구입하거나 소지하는 것을 법으로 금지당했다. 공군은 이러한 유죄 판결을 연방수사국(FBI) 국가범죄정보센터(NCIC)의 데이터베이스에 기록하지 못했는데, 이 데이터베이스는 NICS(National Instant Check System)를 통해 잠재적 총기 구매 금지자들을 확인하는 데 사용된다. 이로 인해 켈리는 이력 점검을 통과하고, 지난 4년 동안 총기를 매년 한 자루 씩, 총 4자루를 구매할 수 있었다.

연방정부의 라이선스를 받은 총기 딜러는 수백만 건의 범죄 기록 및 보호 명령이 포함된 NICS를 통해 모든 구매자를 대상으로 자격 여부를 확인해야 한다. 이 시스템은 도망자, 유죄 판결을 받은 중범죄자 또는 불명예 제대 등을 포함하여 판매를 금지하는 다양한 범주에 속하는 잠재적 총기 구매자들을 표시하도록 되어 있다.

공군은 켈리의 총기 구입을 막을 수 있었던 가정 폭력 유죄 판결 사항을 연방정부 당국에 알리지 않았다는 점을 인정했다. 공군 대변인 앤 스테파넥은 공군이 다른 사건에 대한 기록들이 올바르게 보고되도록 종합적인 검토를 수행하겠다고 밝혔다. 국방부는 모든 미군 병력이 이 같은 사건들을 신원 조회 시스템에 어떻게 보고토록 할지 검토할 계획이다. 미국 상원의원들은 NICS 기록 보관의 완전성을 개선하기 위한 법률제정을 요구했다.

NICS의 작동 방식을 잘 아는 사람들은 군대와 법무부 간 정보 공유에 큰 격차가 재향 군인의 이력 점검에서 사각지대를 만들어냄으로써 무기소지가 금지된 사람들이 무기소지 허가를 얻게 되었음을 발견했다. 그들은 켈리에 대해 표시하지 못한 점은 한 번의 실수라기보다는 체계상의 결함이 반영된 것일 가능성이 크다고 믿었다. 워싱턴 개인정보보호 변호사이자 FBI의 신원 심사 시스템 전문가인 로버트 벨에어는 공군 및 여타의 군부대들은 해당 군인의 범죄가 불명예 제대로 이어지지 않을 경우 군법회의 기록을 FBI의 심사 데이터베이스에 제출하는 경우가 거의 없었는데, 이는 군대의 입장에서는 우선순위가 아니었기 때문이라고 말했다.

미국 회계감사원(GAO)의 2016년 보고서에 따르면, FBI는 이력 체크를 위한 국내 범죄 기록을 수집하는 데 어려움을 겪어 왔는데, 이에 대한 이유 중 하나로 불완전하거나 누락된 범죄 기록으로 인해 총기 획득을 막아야 할 사람을 파악하는 것이 어렵기 때문이라는 점을 들었다. GAO는 주 당국 및 지방 당국의 보고에 중점을 두고 있는데, 2006년에서 2015년 사이에 약 6,700개의 총기가 가정 폭력 기록을 가진 사람들에게 잘못 제공되었다고 보고한 바 있다.

연방법에 따르면 군부대를 포함한 연방부서들은 총기 구매 자격이 없는 사람이 누구인지를 보여줄 수 있는 기록들에 관해 적어도 분기마다 법무부에 통지해야 한다. 그러나 주 차원에서는 이러한 의무에 대한 준수가 주법 또는 연방 자금 요건에 의해 명시되지 않는 한 자발적으로 이루어진다. 얼마나 많은 군법회의 기록들이 FBI에 제출되는지는 알려지지 않았는데, FBI는 이에 대한 정보는 제공할 수 없다고 밝혔다.

또한 군대와 법무부 간의 데이터베이스의 갭은 판결 및 가석방과 같은 법 집행의 다른 측면에도 영향을 미쳤다. 2017년 10월의 O. J. 심슨의 가석방 결정이 그 예이다. 9년 만에 감옥에서 심슨의 석방을 위한 투표 전에, 네바다 가석방위원회는 철창 속에 그를 가둔 강도 행위와 수감자로서의 그의 행위에 대해 자세히 논의했다. 네바다 주 가석방위원회 위원은 심슨이 2008년 라스베이거스 호텔 강도에 대한 유죄 판결을 받기 전까지는 범죄와 관련한 유죄 판결을 받은 적이 없다고 밝혔다. 심슨은 1995년 그의 전 부인 니콜 브라운 심슨과 로널드 골드만의 살인 사건과 관련하여 무죄 판결을 받았지만, 1989년 로스앤젤레스에서 부인에 대한 경범죄에 대해서는 인정하지 않았지만 책임은 받아들인 적이 있었다. 그런데 네바다 가석방위원회에는 그러한 정보가 없었다. 2017년

10월, 4명의 위원은 투표를 하여 만장일치로 그를 석방하였는데, 이때 1989년의 판결은 고려되지 않았다.

네바다와 같은 주정부는 수감자에 대한 위험을 평가할 때, 일반적으로 수감자의 기록을 살펴보고 NCIC에 확인한다. 심슨의 1989년 유죄 판결은 2008년 유죄 판결 이후 네바다 주 관리들이 선고 보고서를 준비할 때 NCIC 기록에는 나타나지 않았다. 네바다 가석방위원회의 청문 검사관 데이비드 M 스미스는 가석방위원들이 심슨의 석방 여부를 평가하는 데 있어 2008년 보고서의 정보에 부분적으로 의존했다고 말했다. 또한 스미스는 심슨의 경범죄 유죄 판결에 대한 지식이 네바다 가석방위원회의 결정에 영향을 미쳤는지는 알 수 없다고 믿고 있다.

심슨의 1989년 연방시스템 유죄 판결의 누락은 연방 범죄 데이터베이스의 틈에 관한 문제를 다시 강조하고 있는데, 이 문제는 주로 지방 및 주정부기관의 정확하고 완전한 보고에 달려 있다. 예를 들어 법무부는 많은 주들이 체포 영장의 대부분을 자체 데이터베이스에서 연방시스템으로 전송하지 못하고 유죄 판결을 받았는지 여부를 보여주는 기록들을 종종 업데이트하지 않고 있다고 보고한 바 있다. 일부 주들에서는 여전히 종이 파일을 사용하고 있어서, 연방전자기록 데이터베이스에 들어 가지 않을 가능성이 큰데, 이러한 기록 누락은 오래된 기록일수록 더 흔하게 발생된다.

출처 : Kristina Peterson and Jacob Gershman, "Lapses in Gun Buyers' Records Come Under Scrutiny," *Wall Street Journal*, November 7, 2017; Melissa Jeltsen, "Air Force Failed to Enter Church Shooter's Domestic Violence Record In U.S. Database," *Huffington Post*, November 6, 2017; Richard Perez-Pena, "Nevada Parole Board Unaware of O.J. Simpson's Old Conviction," *New York Times*, August 11, 2017; and Eli Rosenberg, Mark Berman, and Wesley Lowery, "Texas Church Gunman Escaped Mental Health Facility in 2012 after Threatening Military Superiors," *Washington Post*, November 7, 2017.

사례연구 문제

1. 이 사례에서 설명된 문제를 정의하라. 그 문제는 얼마나 심각한 문제인가?

2. 이 문제에는 어떤 경영, 조직, 기술 요소들이 원인이 되었는가?

3. FBI NCIC 및 NICS 데이터베이스의 불완전한 기록은 정치적, 사회적으로 어떤 영향을 미치는가?

6-5 MIS는 내 경력에 어떤 도움이 되는가?

다음은 제6장과 이 책이 당신이 초급 데이터 분석가로서 일자리를 찾는 데 어떻게 도움이 되는지 설명한다.

회사

오하이오 주 클리블랜드에 본사를 둔 대규모 다각화된 에너지회사인 메가 미드웨스트 파워(Mega Midwest Power)는 신입 수준의 데이터 분석가에게 일자리를 오픈하고 있다. 이 회사는 중서부 및 대서양지역의 500만 고객을 대상으로 에너지 관리 및 여타의 에너지 관련 서비스뿐만 아니라 전기의 분배, 전송, 생성에 관한 일들을 수행하고 있다.

직무 기술

직무는 다음과 같다.

- SAP를 포함한 여러 데이터베이스에서 변전소 장비 및 관련 데이터의 무결성을 유지관리
- 여러 시스템을 대상으로 데이터베이스 쿼리
- 적절한 데이터 관리 및 절차 제어를 위한 시스템 수정
- 식별된 데이터 문제를 바탕으로 한 프로세스 변경 권유 및 구현
- 비즈니스에 특화된 조사 수행, 데이터 수집, 보고서 및 요약 작성
- 정책, 관행, 절차에 대한 지식 확대

직무 요구사항

- 비즈니스, 재무, 회계, 경제학, 공학 또는 관련 분야의 학사학위
- 1~2년의 전문적 업무 경험 우대
- 마이크로소프트 오피스 도구들(엑셀, 파워포인트, 액세스, 워드)에 대한 활용 지식
- 세부 사항에 대한 주의력, 문제 해결 능력, 의사결정력을 포함한 뛰어난 분석능력
- 뛰어난 구두 및 서면 의사소통 능력과 팀워크 능력
- 변전소 장비에 대한 지식

인터뷰 질문

1. 변전소 장비에 대해 무엇을 알고 있는가? SAP for Utilities를 사용해본 적이 있는가?
2. 데이터 관리 및 데이터베이스에 대해 무엇을 알고 있는가? 데이터 관리 소프트웨어를 사용해 본 적이 있는가? 그렇다면 그것을 가지고 정확히 무엇을 했는가?
3. 액세스 및 엑셀로 수행할 수 있는 작업을 말해보라. 이 도구들을 이용하여 어떤 종류의 문제를 해결해보았는가? 액세스 또는 엑셀 수업을 들은 적이 있는가?
4. 문제를 분석하고 특정 해결책을 개발한 경험이 있는가? 당신이 도움을 해결하는 데 도움을 줄 수 있는 문제의 예를 제시할 수 있는가?

저자 조언

1. 전력설비 자산관리 및 예방적 유지보수를 위한 장비와 소프트웨어에 대해 조사하라. IBM, 딜로이트, 인텔의 예방적 유지보수에 대한 블로그를 읽고, 이 주제에 대한 GE 및 IBM의 유튜브 영상을 보라.
2. 데이터 관리 및 데이터베이스에 대한 제6장과 운영 인텔리전스에 대한 제12장 토론을 살펴보라. 여기서 제시된 직무와 관련하여 데이터베이스로 수행할 작업을 알아보라.
3. SAP for Utilities 기능에 대한 조사를 수행하고, 이 소프트웨어를 어떻게 사용하는지 그리고 어떤 능력이 필요한지 조사하라. SAP for Utilities에 관한 SAP의 유튜브를 보라.

6-1 **전통적인 파일 환경에서 데이터 자원을 관리할 때 발생할 수 있는 문제점들은 무엇인가?**

전통적 파일관리 기법들을 통해서는 조직이 사용하는 모든 데이터를 체계적인 방식으로 계속 추적하고 이런 데이터에 쉽게 접근할 수 있도록 데이터를 구성하는 것이 어렵다. 상이한 기능 영역과 그룹은 자기 자신만의 파일을 독립적으로 개발했었다. 이런 전통적 파일관리 환경에서는 시간이 지나면서 데이터 중복과 불일치, 프로그램-데이터 의존성, 유연성 부족, 부실한 보안, 데이터 공유와 가용성의 부족과 같은 문제점들이 발생한다. 데이터베이스관리시스템(DBMS)은 기업이 관심 있는 모든 데이터에 대해 단일의 일관성 있는 소스를 가질 수 있도록 데이터의 중앙집중화와 데이터 관리를 해줌으로써 이러한 문제점들을 해결해준다. DBMS를 이용함으로써 중복되거나 불일치한 데이터들을 최소화할 수 있다.

6-2 **데이터베이스관리시스템(DBMS)의 주요 기능은 무엇이며, 관계형 DBMS가 그렇게 강력한 이유는 무엇인가?**

DBMS의 주요 기능에는 데이터 정의 기능, 데이터 사전 기능, 데이터 조작어 등이 포함된다. 데이터 정의 기능은 데이터베이스의 구조와 콘텐츠를 규정한다. 데이터 사전은 데이터베이스의 데이터들에 관한 정보(데이터 요소들의 이름, 정의, 포맷, 설명 등을 포함하여)를 저장하는 자동화된 또는 수동적인 파일이다. SQL과 같은 데이터 조작어는 데이터베이스의 데이터들에 접근하고 이것들을 처리하는 데 사용되는 특별한 언어이다.

관계형 데이터베이스는 유연하고 접근이 용이하기 때문에 오늘날의 정보시스템에서 데이터를 구성하고 유지관리하는 데 주로 사용된다. 관계형 데이터베이스는 행과 열로 구성된 2차원의 테이블, 즉 관계에 데이터들을 구조화한다. 각 테이블은 하나의 개체와 속성에 관한 데이터들을 포함한다. 각 행은 레코드를 의미하며 각 열은 속성, 즉 필드를 의미한다. 또한 각 테이블은 조회나 조작을 위해 각 행을 고유하게 식별하는 키 필드를 포함한다. 관계형 데이터베이스는 공통된 데이터 요소를 공유하는 2개의 테이블을 이용하여 사용자들이 필요로 하는 데이터를 쉽게 제공할 수 있다. 비관계형 데이터베이스는 관계형 데이터 모델에서 쉽게 다룰 수 없었던 유형의 데이터들을 관리하는 데 있어 점점 더 사용이 늘어나고 있다. 관계형 및 비관계형 데이터베이스 제품 모두는 클라우드 컴퓨팅 서비스에서 사용 가능하다. 분산 데이터베이스는 원거리 클라우드 컴퓨팅 센터들을 포함하여 여러 곳의 물리적 장소들에 저장하는 데이터베이스다.

데이터베이스 설계 작업은 논리적 설계와 물리적 설계 모두를 요구한다. 논리적 설계는 비즈니스 관점에서 데이터베이스를 모델링하는 것이다. 조직의 데이터 모델은 핵심적인 비즈니스 프로세스들과 의사결정 요구사항들을 반영해야 한다. 관계형 데이터베이스를 설계할 때 복잡한 데이터 그룹에 대해 작고, 안정적이고, 유연하고, 적응력이 좋은 데이터 구조를 생성하는 과정을 정규화라 부른다. 잘 설계된 관계형 데이터베이스는 다대다 관계성을 갖지 않으며, 특정 개체의 모든 속성은 그 개체에만 적용된다. 관계형 데이터베이스는 참조무결성 규칙을 통해 연결된 테이블 간의 관계성을 일관되게 유지한다. 개체관계성도는 관계형 데이터베이스에서 개체(테이블) 간의 관계성을 도식적으로 묘사한다.

6-3 **비즈니스 성과와 의사결정 향상을 위해 데이터베이스로부터 정보를 제공해주는 도구와 기술은 무엇인가?**

오늘날 비즈니스 인텔리전스를 위한 기업들의 최신 인프라는 엄청난 양의 반구조적·비구조적 빅데이터를 포함한 모든 다양한 유형의 데이터들로부터 유용한 정보를 생성해낼 수 있는 다수의 도구나 기능을 가지고 있다. 이러한 역량들로는 데이터웨어하우스와 데이터마트, 하둡, 인메모리 컴퓨팅, 분석 플랫폼 등을 들 수 있다. 온라인분석처리(OLAP)는 다차원 구조로 되어 있는 데이터 간의 관계성을 표현하는데, 이런 다차원 구조는 데이터에 대한 입방체와 입방체 안에 포함된 입방체 모양으로 표현될 수 있으며, 더 복잡한 데이터 분석을 가능케 해준다. 데이터마이닝은 미래의 행위를 예측하고 의사결정을 유도하는 데 사용될 수 있는 패턴과 규칙들을 발견하기 위하여 데이터웨어하우스의 콘텐츠를 포함한 대규모 데이터들을 분석한다. 텍스트마이닝 도구들은 기업이 텍스트로 구성된 대용량의 비구조적 데이터 세트를 분석하는 데 도움을 준다. 웹마이닝은 웹페이지의 콘텐츠뿐만 아니라 웹사이트의 구조와 웹사이트상에서의 사용자 행위를 조사함으로써 웹으로부터 찾아낼 수 있는 유용한 패턴과 정보를 분석하는 데 초점을 두고 있다. 전통적인 데이터베이스들은 미들웨어를 통해 웹이나 웹 인터페이스에 연결될 수 있는데, 이를 통해 사용자들은 조직의 내부 데이터에 쉽게 접근할 수 있다.

6-4 조직의 데이터 자원 관리를 위해 정보정책, 데이터 관리, 데이터 품질 보증이 필수적으로 요구되는 이유는 무엇인가?

데이터베이스 환경을 구축하는 것은 바람직한 데이터 모델과 데이터베이스 기술뿐만 아니라 조직의 데이터를 관리하는 정책과 절차들이 필요하다. 공식적인 정보정책은 조직의 정보에 대한 유지관리, 유통, 사용을 통제한다. 대기업에서 공식적인 데이터 관리 기능은 정보정책뿐만 아니라 데이터 계획수립, 데이터 사전 개발, 데이터 사용에 대한 모니터링을 포함한다.

부정확하거나 불완전한 또는 불일치한 데이터들은 기업에서 심각한 운영적·재무적 문제들을 야기한다. 왜냐하면 이런 데이터들은 부정확한 제품가격, 고객 계좌, 재고 데이터들을 양산할 수 있으며, 기업에서 수행해야 할 행위들에 관해 부정확한 의사결정을 내리게 될 수 있기 때문이다. 기업들은 수준 높은 데이터 품질을 보장하기 위해 특별한 조치들을 취해야 한다. 이런 조치들에는 전사적인 데이터 표준, 불일치하고 중복되는 데이터들을 최소화할 수 있도록 설계된 데이터베이스, 데이터 품질 감사, 데이터 정제 소프트웨어 등이 포함된다.

주요 용어

감정 분석	데이터 정제	인메모리 컴퓨팅
개체	데이터 조작어	정규화
개체관계성도	데이터 중복	정보정책
관계형 DBMS	데이터 품질 감사	주키
데이터 거버넌스	레코드	참조무결성
데이터 관리	바이트	키 필드
데이터마이닝	분산 데이터베이스	텍스트마이닝
데이터마트	분석 플랫폼	튜플
데이터베이스	비관계형 데이터베이스관리시스템	파일
데이터베이스 관리	비트	프로그램-데이터 의존성
데이터베이스관리시스템(DBMS)	빅데이터	필드
데이터베이스 서버	블록체인	하둡
데이터 불일치	속성	SQL
데이터 사전	온라인분석처리(OLAP)	
데이터웨어하우스	외래키	
데이터 정의	웹마이닝	

복습 문제

6-1 전통적인 파일 환경에서 데이터 자원을 관리할 때 발생할 수 있는 문제점들은 무엇인가?

- 데이터 계층의 구성요소 각각을 열거하고 설명하라.
- 개체, 속성, 키 필드를 정의하고 그 의미를 설명하라.
- 전통적 파일 환경에서의 문제점들을 열거하고 설명하라.

6-2 데이터베이스관리시스템(DBMS)의 주요 기능은 무엇이며, 관계형 DBMS가 그렇게 강력한 이유는 무엇인가?

- 데이터베이스와 데이터베이스관리시스템을 정의하라.
- DBMS의 기능에 이름을 붙이고 간단히 설명하라.
- 관계형 DBMS를 정의하고, 어떤 방식으로 데이터들을 구조화하는지 설명하라.
- 관계형 DBMS의 세 가지 연산을 열거하고 설명하라.
- 비관계형 데이터베이스가 왜 유용한지 설명하라.
- 정규화와 참조무결성을 정의하고 이것들이 잘 설계된 관계형 데이터베이스에 어떻게 기여하는지 설명하라.
- 개체관계성도를 정의하고, 설명하고, 데이터베이스 설계에서의 역할을 설명하라.

6-3 비즈니스 성과와 의사결정 향상을 위해 데이터베이스로부터 정보를 제공해주는 도구와 기술은 무엇인가?

- 빅데이터를 정의하고 그것을 관리하고 분석하기 위한 기술들을 설명하라.

- 최신 비즈니스 인텔리전스 인프라의 요소들을 열거 하고 설명하라.
- 온라인분석처리(OLAP)의 기능들을 설명하라.
- 데이터마이닝을 정의하고, OLAP과는 어떻게 다른지 그리고 데이터마이닝을 통해 어떤 정보를 얻을 수 있는지 설명하라.
- 텍스트마이닝과 웹마이닝은 전통적 데이터마이닝과는 어떻게 다른지 설명하라.

- 사용자들은 웹을 통해 기업의 내부 데이터베이스 정보에 어떻게 접근할 수 있는지 설명하라.

6-4 조직의 데이터 자원 관리를 위해 **정보정책, 데이터 관리, 데이터 품질 보증이 필수적으로 요구되는 이유는 무엇인가?**
- 정보 관리에 있어 정보정책과 데이터 관리의 역할을 설명하라.
- 데이터 품질 감사와 데이터 정제는 왜 필수적인지 설명하라.

토의 문제

6-5 나쁜 데이터는 없고 나쁜 관리만 있다고 하는 말이 있다. 이 말의 의미에 대해 토의하라.

6-6 최종사용자들은 데이터베이스관리시스템의 선정과 데이터베이스 설계에 어느 정도 깊이 참여해야 하는가?

6-7 조직에 정보정책이 없으면 어떠한 결과가 초래될 수 있는가?

MIS 실습 과제

이 절의 프로젝트를 통해 여러분은 데이터 품질 문제를 분석하고, 전사적 데이터 표준을 수립하며, 재고관리를 위한 데이터베이스를 만들고, 웹을 이용하여 해외 비즈니스 자원들에 대한 온라인 데이터베이스를 검색하는 경험을 하게 될 것이다.

경영 의사결정 문제

6-8 텍사스 오스틴에 기반을 둔 에머슨 프로세스 매니지먼트(Emerson Process Management)라는 회사는 장비 및 서비스에 대한 측정, 분석, 모니터링 서비스를 제공하는 글로벌 기업이다. 이 회사는 서비스 및 마케팅 능력을 향상시키기 위한 목적으로 고객 활동 분석에 초점을 맞춰 설계된 데이터웨어하우스를 운용하고 있었는데, 그 데이터웨어하우스에는 부정확하거나 중복된 데이터들이 꽉 차 있었다. 이 데이터들은 유럽, 아시아, 그리고 지구 곳곳의 여러 지역에 펴져 있는 다수의 거래처리시스템들로부터 나오고 있었다. 이 웨어하우스를 설계했던 팀은 이 모든 지역의 판매팀들이 그들의 위치와 관계없이 고객 이름과 주소를 같은 방식으로 볼 수 있도록 개발하는 것을 전제했었다. 사실 에머슨이 흡수했던 회사들의 복잡성과 결합되어 있는 문화적 차이로 인해 가격 입력, 청구, 배송, 연락처 등에 대한 데이터들을 입력하는 방식이 다양하게 존재했었다. 이러한 데이터 품질 문제가 비즈니스에 미칠 영향을 분석하라. 해결책을 도출하기 위해서는 어떤 단계로 의사결정이 진행되어야 하는가?

6-9 여러분의 회사는 지역별로 가장 잘 팔리는 제품과 주요 고객, 그리고 매출 동향을 파악하기 위해 중요한 판매 정보들을 하나의 전사적 관점에서 볼 수 있는 데이터웨어하우스를 구축하고 싶어 한다. 판매 및 제품 정보는 유닉스 서버에서 돌아가는 부문 차원의 판매시스템과 IBM 메인프레임에서 돌아가는 회사 차원의 판매시스템에 저장되어 있다. 여러분은 이 두 시스템에서 나오는 데이터들을 통합하는 단일 표준의 포맷을 만들고 싶어 한다. 각 시스템에 저장된 데이터 테이블들을 가상으로 작성해보라. 그리고 다음의 질문들에 답하라.

- 이러한 데이터들이 하나의 표준 포맷을 가지고 있지 않음으로써 발생할 수 있는 비즈니스 문제점들은 무엇인가?
- 이 두 가지 시스템의 데이터를 저장할 수 있는 단일 표준 포맷의 데이터베이스를 생성하는 것은 얼마나 용이한 일이겠는가? 이 생성 과정에서 해결해야 할 문제들을 파악하라.
- 그 문제들은 데이터베이스 전문가나 일반 비즈니스 관리자들이 해결하는 것이 바람직한가? 설명하라.
- 이 데이터웨어하우스의 정보들에 대한 단일의 전사적 포맷을 최종 결정하는 권한은 누구에게 있는 것이 바람직한가?

운영 수월성 달성 : 재고관리를 위한 관계형 데이터베이스 구축

소프트웨어 기술 : 데이터베이스 설계, 쿼리 및 리포팅

경영 기술 : 재고관리

6-10 이 문제에서 여러분은 소기업의 재고관리를 위한 데이터베이스를 설계하기 위해 데이터베이스 소프트웨어를 사용하게 될 것이다. 캘리포니아 샌프란시스코에 위치한 실베스터즈 바이크숍(Sylvester's Bike Shop)은 도로용, 산악용, 혼합형, 레저용, 어린이용 자전거를 판매하고 있다. 현재 실베스터즈는 3개의 공급자에게 자전거를 구매할 수 있는데, 가까운 미래에 새로운 공 급자들을 추가할 계획이다. 이러한 시나리오를 바탕으로 실베스터즈에 대해 가상의 관계형 데이터베이스를 만들어 보라. 그리고 나서 다음과 같은 활동들을 수행하라.

- 가장 비싼 다섯 가지 자전거를 식별하는 보고서를 작성하라. 이 보고서는 가장 비싼 것부터 가장 싼 것으로 나열하는 내림차순 방식으로 자전거들을 열거해야 하고, 각각에 대한 가용 수량, 이윤 비율을 열거해야 한다.
- 각각의 공급자, 그들의 제품, 가용 수량, 연관된 재주문 수준을 열거하는 보고서를 작성하라. 이 보고서는 공급자를 기준으로 알파벳순으로 정렬되어야 한다. 공급자별로 제품들이 알파벳순으로 정렬되어야 한다.
- 재고가 부족하여 재주문이 필요한 자전거들만 나열하는 보고서를 작성하라. 이 보고서는 이런 아이템들에 대한 공급자 정보를 제공해야 한다.
- 비즈니스 관리를 더 향상시키기 위해 데이터베이스는 어떻게 향상될 수 있는지 간단히 기술하라. 어떤 테이블이나 필드가 추가되어야 하는가? 추가할 필요가 있는 유용한 보고서들로는 어떤 것들이 있을 수 있겠는가?

의사결정 능력 개선 : 해외 비즈니스 자원들에 대한 온라인 검색

소프트웨어 기술 : 온라인 데이터베이스

경영 기술 : 해외 운영에 대한 서비스 검색

6-11 이 프로젝트는 이런 온라인 데이터베이스들에 대한 검색능력을 개발하는 데 초점을 둔 것이다.

여러분의 기업, 칼레도니아 퍼니처(Caledonian Furniture)는 스코틀랜드에 위치하고 있으며, 다양한 사무 가구들을 제조하고 있다고 가정해보자. 여러분은 이 회사의 제품을 호주에서 제조하고 판매할 시설을 오픈하는 것을 고려하고 있다. 여러분은 법률, 회계, 수출입, 정보통신장비 및 지원 등을 포함하여 사무소와 제조시설을 준비하는 데 필요한 다양한 서비스를 제공해줄 수 있는 조직들을 만나고 싶어 한다. 다가오는 출장 기간에 여러분이 만나 보고 싶은 기업들을 찾기 위해 다음과 같은 온라인 데이터베이스들을 검색해보라: Australian Business Directory Online, AustraliaTrade Now, Nationwide Business Directory of Australia. 필요하다면 야후나 구글과 같은 검색엔진을 사용하라.

- 어떤 기업들이 여러분의 사무소 개설과 관련하여 중요한 일들을 도와줄 수 있는지 파악하기 위해 접촉할 만한 기업들을 열거해보라.
- 정확성, 완전성, 사용 용이성, 전체적인 도움 정도에 대해 여러분이 사용한 데이터베이스들을 평가해보라.

협업 및 팀워크 프로젝트

온라인 데이터베이스에서 개체와 속성 식별하기

6-12 3~4명이 한 팀을 이루어 AOL Music, iGo.com, 또는 Internet Movie Database와 같은 온라인 데이터베이스를 하나 선정하라. 이러한 웹사이트 중 하나를 탐색하여 어떤 정보들이 제공되고 있는지 알아보라. 그리고 나서 그 웹사이트를 운영하는 기업이 자신의 데이터베이스들에서 지속적으로 관리해야 할 개체와 속성들을 나열하라. 여러분이 찾아낸 개체 간의 관계성을 다이어그램으로 작성하라. 가능하면 구글 문서와 구글 드라이브 또는 구글 사이트를 이용해 여러분이 발견한 사항들을 토론하고 수업 시간에 발표할 자료를 준비하라.

빅데이터는 얼마나 신뢰할 수 있는가?

사례연구

오늘날의 기업들은 소셜 미디어, 검색, 센서뿐만 아니라 기존의 원천들로부터 나오는 어마어마한 양의 데이터들을 다루고 있다. 한 추정에 따르면 전 세계에서 하루에 2.5 퀸틸리온(quintillion) 바이트가 생성된다. 의사결정 및 비즈니스 성과를 향상시킬 수 있는 '빅데이터'에 대한 이해는 모든 형태와 규모의 조직에게 주요한 기회 중 하나가 되었지만 동시에 큰 과제이기도 하다.

아마존, 유튜브, 스포티파이와 같은 비즈니스는 고객 관심사 및 구매에 대해 수집한 빅데이터를 분석하여 수많은 개인화된 추천사항들을 생성함으로써 번창했다. 자동차, 컴퓨터, 휴대전화 요금제, 의류, 항공료, 호텔 객실, 그리고 여타 다양한 유형의 상품 및 서비스들에 대한 최저 가격을 찾기 위한 서비스들을 포함하여, 많은 온라인 서비스들이 빅데이터 분석을 통해 소비자에게 도움을 주고 있다. 빅데이터는 또한 스포츠(이 장의 도입 사례 참조), 교육, 과학, 건강관리, 법 집행 분야에서도 도움을 주고 있다.

영국 국민건강국(NHS)은 환자, 의료 서비스 제공자, 처방 및 치료효과에 대해 수집된 수십억 개의 데이터 포인트들을 분석하여 약 5억 8,100만 파운드(한화로 약 8,940억 원)를 절약할 수 있었다. 그 데이터들은 오라클 엑사데이터 데이터베이스 머신(Oracle Exadata Database Machine)에 저장되어 있는데, 이 시스템은 대용량 데이터를 빠르게 분석할 수 있다(이 장의 '분석 플랫폼'에 대한 논의 참조). NHS는 빅데이터 분석을 통해 얻은 결과들을 활용하여 한 번에 10가지 이상의 약물을 복용하는 환자와 항생제를 너무 많이 복용하는 환자를 식별하는 대시보드를 만들었다. NHS는 또한 암 환자에게 제공되는 약물 및 치료법에 관한 매우 많은 양의 데이터를 수집하고 그 정보를 환자 치료 결과와 연관시킴으로써 보다 효과적인 치료 방식을 찾아낼 수 있었다.

뉴욕시는 범죄율을 낮추기 위해 수집한 모든 범죄 관련 데이터들을 분석한다. 뉴욕시의 컴스탯(CompStat) 범죄 매핑 프로그램은 도시 전반에 걸친 76개 경찰 관할구에서 보고된 모든 범죄나 고소, 체포, 소환에 대한 포괄적인 데이터베이스를 사용하여, 관할구, 순찰 자치구, 도시 차원의 범죄고소 및 체포 활동에 대해 매주 보고한다. 뉴욕시는 컴스탯 데이터들을 범죄 및 체포 위치, 범죄 핫스폿, 그리고 여타의 관련 정보들을 보여주는 지도에 나타나게 함으로써 관할구 사령관이 패턴과 추세를 신속하게 식별하고 경찰 인력을 가장 필요한 곳에 배치하는 데 도움을 주고 있다. 이러한 범죄 행위에 대한 빅데이터는 또한 뉴욕시의 범죄전략부서를 강화시켜, 이 부서가 최악의 범죄자들을 공격적으로 기소할 수 있도록 만들고 있다. 최근 건강관리 회사들은 빅데이터를 분석하여 만성질환 및 흔한 질병에 대해 가장 효과적이고 경제적인 치료법을 결정하고 환자에게 개인화된 치료법을 권장하고 있다.

빅데이터 사용에는 한계가 있다. 많은 기업들이 이와 같은 새로운 정보나 핵심 성과지표들과 관련한 비즈니스 목표를 먼저 설정하지 않고 서둘러 빅데이터 프로젝트들을 시작하고 있다. 숫자를 가지고 작업한다고 해서 이것이 반드시 올바른 정보나 더 현명한 결정으로 귀결되는 것은 아니다. 빅데이터 분석 전문가들은 너무 많은 회사들이 빅데이터 전망에 현혹되어 노력에 비해 보여줄 만한 것을 얻기 어려움에도 불구하고, 빅데이터 프로젝트에 뛰어들고 있다고 생각한다. 이러한 회사들은 빅데이터 분석이 어떻게 목표를 달성하는지 또는 자신들이 어떤 질문에 대답하려고 하는지에 대한 분명하고 객관적인 이해 없이 엄청난 양의 데이터들을 모으기 시작한다. 조직들은 또한 올바르게 정리, 구성, 관리되지 않은 빅데이터를 가지고는 데이터 품질을 고려할 때 기대한 이점을 얻지 못할 것이다.

측정할 수 있다는 것이 측정해야 한다는 것을 의미하는 것은 아니다. 예를 들어 어떤 대기업이 트위터에서 언급되는 수와 관련하여 웹사이트 트래픽을 측정하려고 한다고 가정해보자. 이 회사는 측정 결과를 지속적으로 표시하기 위해 디지털 대시보드를 구축한다. 과거에 이 회사는 대부분의 판매 기회를 제품 전시회 및 콘퍼런스를 통해 창출했었다. 이 기업이 트위터에서의 언급을 영업부서에 대한 주요 측정기준으로 삼으면 영업부서의 초점이 바뀐다. 이 부서는 자신의 에너지와 자원을 웹사이트 클릭과 소셜 미디어 트래픽을 모니터링하는 데 쏟아붓게 될 것이며, 많은 경우 판매 실적으로 이어지지 못하는 부실한 판매 기회로 귀결될 것이다.

빅데이터는 상관관계, 특히 소량의 데이터 분석에서 놓칠 수 있는 미묘한 상관관계를 감지하는 데는 매우 우수하다. 하지만 빅데이터 분석이 반드시 인과관계를 보여주거나 또는 어떤 상관관계가 의미 있는지를 찾아내야 하는 것은 아니다. 예를 들어 빅데이터를 조사하면, 2006년부터 2011년까지 미국의 살인 비율이 인터넷 익스플로러의 시장점유율과 둘 다 급하게 감소추세를 보인다는 면에서 서로 높은 상관관계가 있는 것으로 보일 수도 있다. 그러나 이것이 반드시 두 현상 사이에 의미 있는 관계가 있다는 것을 의미하지는 않는다. 데이터 분석가는 빅데이터로 해결하려는 문제에 대한 비즈니스 지식이 필요하다.

빅데이터 예측 모델이 미래에 어떤 일이 일어날지 꼭 더 잘 알려줄 수 있는 것은 아니다. 뉴질랜드와 호주에서 운영되는 생산 및 배급 업체인 메리디안 에너지(Meridian Energy Ltd.)는 노화예측 장비유지 보수시스템 사용으로부터 벗어났다. 이 소프트웨어는 발전기, 풍력 터빈, 변압기, 회로 차단기, 산업용 배터리를 포함하여 이 회사가 소유하고 운영하는 모든 대형 장비의 유지관리 요구사항을 예측하는 역할을 했다. 그러나 이 시스템은 오래된 모델링 기법을 사용했고, 실제로 장비 고장을 예측할 수 없었다. 이 시스템은 서로 다른 시나리오의 시뮬레이션을 실행하고 장비들이 언제 고장날지를 예측했다. 그런데 이 소프트웨어는 장비들이 실제 고장날 시점을 정확하게 예측하지 못했기 때문에 이 소프트웨어의 권장사항은 쓸모가 없었다. 따라서 메리디안은 시스템을 IBM의 예측 유지관리 및 품질 소프트웨어로 대체했는데, 이 소프트웨는 장비의 실시간 데이터를 기반으로 예측을 수행한다.

모든 데이터들과 데이터 중심 예측 모델은 데이터를 선택하고 분석을 수행하는 사람들의 편견을 반영한다. 몇 년 전 구글은 인플루엔자에 걸린 사람들이 몇 명인지 그리고 이 질병이 어떻게 퍼져나가고 있는지를 정확히 파악하기 위해, 웹 검색을 통해 수집한 데이터들을 이용하여 최첨단 알고리즘을 개발했다. 이 알고리즘은 사람들의 위치를 구글의 독감 관련 검색들과 연결하여 미국에서 독감에 걸린 사람 수를 계산하려고 했다. 미국 질병통제센터(CDC)에서 사후적으로 수집한 기존 데이터와 비교했을 때, 구글은 독감 비율을 계속해서 높게 평가해 왔다. 몇몇 과학자들은 미국에서 그해의 독감이 광범위하게 퍼져나가면서 구글이 '속임수'에 빠졌다고 지적했다. 이러한 구글의 오류는 독감 추세 예측 모델이 잘못된 가정─구글에서의 독감 관련 검색들이 실제로 독감에 걸린 사람들의 수를 정확하게 나타내는 지표라는─을 기반으로 했기 때문이다. 구글의 알고리즘은 검색 결과의 맥락이 아니라 숫자만 보았던 것이다.

적대 국가의 선거 개입 외에도 상황과 잘못된 가정에 대해 충분히 관심을 기울이지 못한 점은 대부분의 정치 전문가들이 2016년 대선에서 힐러리 클린턴에 대한 도널드 트럼프의 승리를 예측하지 못하는 데 역할을 했을 수 있다. 트럼프의 승리는 거의 모든 주요 예측에 반하는 것이었는데, 클린턴의 승률은 70~99%로 예상되었었다.

정치 전문가들과 후보자의 캠페인 팀들이 수많은 데이터들을 분석했다. 클린턴은 압도적으로 데이터 중심의 캠페인을 운영했는데, 2008년과 2012년에 오바마의 승리에서도 빅데이터는 큰 역할을 했다. 클린턴 팀은 오바마 팀이 구축한 데이터베이스에 많은 데이터들을 추가했는데, 이 데이터베이스는 설문조사 및 현장 직원의 보고서와 같은 전통적인 원천의 개인 데이터들을 소비자 행동 예측에 사용되는 데이터들뿐만 아니라 소셜 미디어 게시물과 여타 온라인상의 행위 데이터들과 연결시켜주었다. 클린턴 팀은 오바마를 지지한 유권자들과 동일한 유권자들이 클린턴을 지지할 것으로 예상하고, 높은 유권자 투표율을 보이는 지역에서 유권자를 식별하는 데 초점을 맞췄다. 그러나 여성, 소수 민족, 대학 졸업자, 사무직 노동자 등의 오바마를 지지했던 주요 그룹들의 투표율은 클린턴의 기대에 못 미쳤다(트럼프는 빅데이터에도 관심을 기울였지만 타깃 유권자 그룹에 맞게 캠페인 메시지를 조정하는 데 더 중점을 두었다).

일부 예측 모델들이 넓은 오차 범위에 대해 정황을 고려한 해석을 제대로 해주지 못했기 때문에 정치 전문가들은 클린턴의 승리가 확실하다는 오판을 했던 것이다. 여론조사, 분석, 해석에 단점이 있었고, 분석가는 예측 모델에 사용된 데이터들이 어떻게 생성되었는지를 조사하는 데 시간을 충분히 들이지 않았다. 선거 예측에 사용된 많은 여론조사들은 트럼프에 대한 지지 강도를 과소 평가했다. 주 여론조사는 정확하지 않았으며, 아마도 처음에는 트럼프에 대한 투표를 거부하고 마지막 순간에 마음을 바꾼 공화당 지지자들의 마음을 사로잡는 데 실패했다. 선거 직전 위스콘신의 여론조사에서는 클린턴이 트럼프보다 훨씬 앞서 나갔다. 여론조사는 선거 예측에 중요하지만 참고에 필요한 많은 데이터 원천 중 하나일 뿐이다. 예측 모델들은 사람들이 누구를 찍을지는 예측할 수 있었지만, 이와는 반대로 정작 투표장에는 누가 나올지 예측할 수 없었다. 분석가들은 트럼프가 치열한 공방이 벌어지는 주들에서는 점점 앞서가고 있다는 신호를 간과했다. 영국도 이와 비슷한 놀라움을 겪었는데, 여론조사는 영국이 유럽연합에 머무르는 데 2018년 6월에 투표를 할 것이라고 잘못 예측한 바 있다.

빅데이터는 정보 보안과 개인정보보호와 관련하여 몇 가지 문제가 있음을 잊지 마라. 제4장에서도 지적한 바와 같이 기업들은 이제 사람들의 쇼핑 습관, 수입, 취미, 거주지, 그리고 (모바일 기기를 통한) 이곳저곳으로의 이동에 대한 방대한 데이터들을 적극적으로 수집하고 분석하고 있다. 기업은 이러한 빅데이터를 사용하여 사람들에 대해 새로운 사실을 발견하고, 그들을 세세한 패턴을 기준으로 분류하고, 그들에 대해 '위험'을 표시하고(예 : 대출 채무 불이행 위험 또는 건강 위험), 그들의 행동을 예측하고, 이윤 극대화를 위해 조종한다.

누군가에 대한 개인정보를 여러 출처에서 나온 여러 데이터들과 결합하면, 그 사람에 대해 새로운 사실(예 : 파킨슨병의 초기 징후를 보이고 있거나 파란색 또는 녹색의 제품에 무의식적으로 끌리는 사실)을 유추할 수 있다. 대부분의 사람들은 이러한 정보에 대한 공개를 요청받으면, 이에 응하고 싶지 않을 수도 있지만, 그러한 정보가 존재한다는 사실을 아예 모르고 있을 수도 있다. 개인정보보호 전문가들은 사람들이 적법한 절차나 반격 능력 없이 또는 심지어 자신들이 차별을 받아 왔다는 것을 알지 못한 채, 태깅되어 부정적인 결과를 겪게 될 수 있다는 점을 우려하고 있다.

출처 : Linda Currey Post, "Big Data Helps UK National Health Service Lower Costs, Improve Treatments," *Forbes*, February 7, 2018; Michael Jude, "Data Preparation Is the Key to Big Data Success," *InfoWorld*, February 8, 2018; Rajkumar Venkatesan and Christina Black, "Using Big Data: 3 Reasons It Fails and 4 Ways to Make

It Work," University of Virginia Darden School of Business Press Release, February 8, 3018; Ed Burns, "When Predictive Models Are Less Than Presidential," *Business Information*, February 2017; Aaron Timms, "Is Donald Trump's Surprise Win a Failure of Big Data? Not Really," *Fortune*, November 14, 2016; Steve Lohr and Natasha Singer, "The Data Said Clinton Would Win, Why You Shouldn't Have Believed It," *New York Times*, November 10, 2016; Nicole Laskowski and Niel Nikolaisen: "Seven Big Data Problems and How to Avoid Them," *TechTarget Inc.*, 2016; Joseph Stromberg, "Why Google Flu Trends Can't Track the Flu (Yet)," smithsonianmag.com, March 13, 2014; and Gary Marcus and Ernest Davis, "Eight (No, Nine!) Problems With Big Data," *New York Times*, April 6, 2014.

사례연구 문제

6-13 이 사례에서 설명한 조직은 빅데이터를 분석하고 사용하여 어떤 비즈니스 이점을 얻었는가?

6-14 이 사례에서 설명한 조직에서 빅데이터를 사용하여 개선된 두 가지 결정과 개선되지 못한 두 가지 결정을 찾아라.

6-15 빅데이터 사용에 대한 한계점들을 나열하고 설명하라.

6-16 모든 조직이 빅데이터를 수집하고 분석해야 하는가? 왜 그런가, 혹은 왜 그렇지 않은가? 기업이 빅데이터를 활용하기에 앞서 어떤 경영, 조직, 기술 이슈들을 해결해야 하는가?

참고문헌

Aiken, Peter, Mark Gillenson, Xihui Zhang, and David Rafner. "Data Management and Data Administration: Assessing 25 Years of Practice." *Journal of Database Management* (July-September 2011).

Beath, Cynthia, Irma Becerra-Fernandez, Jeanne Ross, and James Short. "Finding Value in the Information Explosion." *MIT Sloan Management Review* 53, No. 4 (Summer 2012).

Bessens, Bart. "Improving Data Quality Using Data Governance." *Big Data Quarterly* (Spring 2018).

Buff, Anne. "Adapting Governance to the Changing Data Landscape." *Big Data Quarterly* 3, No. 4 (Winter 2017).

Bughin, Jacques, John Livingston, and Sam Marwaha. "Seizing the Potential for Big Data." *McKinsey Quarterly* (October 2011).

Caserta, Joe, and Elliott Cordo. "Data Warehousing in the Era of Big Data." *Big Data Quarterly* (January 19, 2016).

Chai, Sen, and Willy Shih. "Why Big Data Isn't Enough." *MIT Sloan Management Review* (Winter 2017).

Clifford, James, Albert Croker, and Alex Tuzhilin. "On Data Representation and Use in a Temporal Relational DBMS." *Information Systems Research* 7, No. 3 (September 1996).

DalleMule, Landro, and Thomas H. Davenport. "What's Your Data Strategy?" *MIT Sloan Management Review* (Winter 2017).

Davenport, Thomas H. *Big Data at Work: Dispelling the Myths, Uncovering the Opportunities.* Boston, MA: Harvard Business School Press (2014).

Devlin, Barry. "The EDW Lives On: The Beating Heart of the Data Lake." *9Sight Consulting* (April 2017).

Eckerson, Wayne W. "Analytics in the Era of Big Data: Exploring a Vast New Ecosystem." *TechTarget* (2012).

Experian Information Solutions. "The 2017 Global Data Management Benchmark Report." (2017).

Henschen, Doug. "MetLife Uses NoSQL for Customer Service Breakthrough." *Information Week* (May 13, 2013).

Hoffer, Jeffrey A., Ramesh Venkataraman, and Heikki Toppi. *Modern Database Management* (12th ed.). Upper Saddle River, NJ: Pearson (2016).

Imhoff, Claudia. "Data Warehouse Appliances and the New World Order of Analytics." *Intelligent Solutions Inc.* (August 2017).

King, Elliot. "Has Data Quality Reached a Turning Point?" *Big Data Quarterly* 3 No. 4 (Winter 2017).

Kroenke, David M., and David Auer. *Database Processing: Fundamentals, Design, and Implementation* (14th ed.). Upper Saddle River, NJ: Pearson (2016).

Lee, Yang W., and Diane M. Strong. "Knowing-Why About Data Processes and Data Quality." *Journal of Management Information Systems* 20, No. 3 (Winter 2004).

Loveman, Gary. "Diamonds in the Datamine." *Harvard Business Review* (May 2003).

Marcus, Gary, and Ernest Davis. "Eight (No, Nine!) Problems with Big Data." *New York Times* (April 6, 2014).

Martens, David, and Foster Provost. "Explaining Data-Driven Document Classifications." *MIS Quarterly* 38, No. 1 (March 2014).

McAfee, Andrew, and Erik Brynjolfsson. "Big Data: The Management Revolution." *Harvard Business Review* (October 2012).

McKendrick, Joe. "Building a Data Lake for the Enterprise." *Big Data Quarterly* (Spring 2018).

McKinsey Global Institute. "Big Data: The Next Frontier for Innovation, Competition, and Productivity." *McKinsey & Company* (2011).

Morrow, Rich. "Apache Hadoop: The Swiss Army Knife of IT."

Global Knowledge (2013).

Mulani, Narendra. "In-Memory Technology: Keeping Pace with Your Data." *Information Management* (February 27, 2013).

O'Keefe, Kate. "Real Prize in Caesars Fight: Data on Players." *Wall Street Journal* (March 19, 2015).

Redman, Thomas. *Data Driven: Profiting from Your Most Important Business Asset.* Boston: Harvard Business Press (2008).

_____. "Data's Credibility Problem." *Harvard Business Review* (December 2013).

Ross, Jeanne W., Cynthia M. Beath, and Anne Quaadgras. "You May Not Need Big Data After All." *Harvard Business Review* (December 2013).

SAP. "Data Warehousing and the Future." (February 2017).

Shi, Donghui, Jian Guan, Josef Zurada, and Andrew Manikas. "A Data-Mining Approach to Identification of Risk Factors in Safety Management Systems." *Journal of Management Information Systems* 34 No. 4 (2017).

Wallace, David J. "How Caesar's Entertainment Sustains a Data-Driven Culture." *DataInformed* (December 14, 2012).

Zoumpoulis, Spyros, Duncan Simester, and Theos Evgeniou, "Run Field Experiments to Make Sense of Your Big Data." *Harvard Business Review* (November 12, 2015).

7

통신, 인터넷 그리고 무선기술

이 장의 사례

- 무선기술로 우승한 투르 드 프랑스
- 네트워크 중립성을 둘러싼 의견 대립
- 네트워크에서의 직원 감시, 비윤리적인가 아니면 좋은 경영 방법인가?
- 여러분의 인터넷 경험을 위한 구글, 애플, 페이스북의 대결

무선기술로 우승한 투르 드 프랑스

매년 7월에 약 200명의 사이클 선수들이 피레네와 알프스의 가파른 길을 포함하여 프랑스에서 가장 어려운 지형의 2,200마일(약 3,540km)을 가로질러 경주한다. '투르 드 프랑스'는 세계에서 가장 위대한 자전거 경주로 여겨진다.

첫 번째 투르 드 프랑스는 1903년에 L'Auto 신문의 판매를 촉진하기 위해 시작되었고, 초기에는 대부분 지역 경쟁자들과 관중을 끌어들였다. 신문, 라디오, TV 덕분에 행사에 대한 보도와 위신이 확대되었다. 축구, 야구, 테니스, 축구와 같은 다른 경쟁 스포츠와 마찬가지로 오늘날의 투르 드 프랑스 팬들은 스포츠를 그냥 보고 싶어 하지 않고, 스포츠에 직접 참여하고 싶어 하며, 데이터 강화, 라이브 스트리밍, 비디오 온 디맨드, 모바일 앱, 소셜 미디어 등과 더 많은 상호작용을 기대한다. 디지털 기술은 팬, 운동선수, 스폰서, 방송사를 끌어들이는 데 필수적이 되었다.

© Radu Razvan/Shutterstock

2014년까지 투르 드 프랑스는 기술적으로 뒤처져 있었다. 이 스포츠는 쉽게 실시간 통계를 내지 못한다. 실시간 정보의 유일한 출처는 사이클 선수들 앞에 오토바이에 탑승한 승객처럼 앉아 있는 경주 임원이 들고 있는 칠판이었다. TV 시청자들은 수많은 카메라 각도에서 타이밍과 경주를 볼 수 있었지만, 그 이상은 거의 볼 수 없었다.

오늘날 무르 드 프랑스 레이싱 자전거의 데이터는 2초 이내에 TV 시청자들에게 전달된다. 소형 경량 추적 센서는 경쟁하는 모든 자전거의 안장 아래 클립에 부착되어 있다. 센서에는 위성위치확인시스템(GPS) 칩, 무선주파수(RF) 칩, 충전용 배터리가 들어 있다. 각 센서는 매초 자전거의 GPS 위치와 속도에 대한 데이터를 전송하여 경주 도중 30억 개 이상의 데이터 포인트를 생성한다. 이러한 실시간 데이터는 기상 서비스, 도로 경사, 과거 경주 데이터와 같은 다른 소스의 피드와 결합된다. 이제 투르 드 프랑스 모바일 앱을 사용하는 경기 주최자, 방송사, 팀, TV 시청자와 팬 들은 경기 진행 상황에 대한 자세한 통계와 각 선수를 볼 수 있다. 선수들은 자전거를 탈 때 실시간 데이터를 전송하는 이어피스 라디오를 착용한다. 이 시스템에는 선수들의 신체적 기능을 모니터링하기 위한 생체 인식 데이터가 포함되지 않는다. 팀은 이러한 데이터를 비공개로 유지한다.

남아프리카공화국에 본사를 둔 글로벌 IT 서비스 회사인 디멘션 데이터(Dimension Data)는 투르 드 프랑스의 디지털 인프라를 구축하여 운영하고 있다. 각 경주용 자전거의 센서 데이터는 TV에 나갈 경기를 취재하기 위해 상공에서 날아다니는 비행기와 헬리콥터에 전달된다. 경주 데이터는 런던과 암스테르담의 원격 데이터 센터에 있는 디멘션 데이터의 클라우드 서비스로 전송되는데, 이 서비스는 사이클 전문가들이 개발한 강력한 알고리즘이 외부 피드를 포함한 데이터를 분석하여 방송사, 소셜 미디어, 투르 드 프랑스 레이싱 앱을 위한 실시간 정보를 생성한다. 자전거에서 뷰어까지 데이터를 가져오는 데 2초밖에 걸리지 않는다. 이 시스템은 경주 전과 경기 중, 선수와 경기 상태에 대한 현재 및 역사적 데이터를 기반으로 선수들이 이탈한 선수들을 따라잡을 가능성 같은 예측을 할 수 있다. 이 시스템은 또한 역사적 경주 결과와 성과에 기초하여 다양한 경주 조건에서 각 선수의 강점과 약점을 보여주는 선수 프로파일을 생성할 수 있다.

디지털 기술은 투르 드 프랑스 팬 참여를 극적으로 증가시켰다. 팬들은 TV에서 라이브 공연 정보를 볼 수 있고, 그 결과를 소셜 미디어에서 토론할 수 있다. 2014년 투르 드 프랑스 단체가 내놓은 동영상 조회수는 600만 건에 불과했다. 2016년까지 그 수는 5,500만 건으로 급증했다. 1,700만 명이 이 실시간 추적 웹사이트에 접속한다. 투르 드 프랑스의 목표는 팬, 바로 여러분을 경주에 끌어들이는 것이고, 이는 성공한 것으로 보인다.

출처 : www.letour.fr/en, accessed September 12, 2018; Bryan Glick, "Tour de France Pumps Tech," *Computer Weekly*, August 15-21, 2017; "Tour de France Behind the Scenes: How Dimension Data Rider Live Tracking Works," *DCRainmaker*, July 13, 2017; Dave Michels, "Adding an IoT Dimension to the Tour de France," *Network World*, May 23, 2017; and Scott Gibson, "5 Ways Tour de France Is Winning the Digital Race in 2017," *Dimension Data*, June 29, 2017.

투르 드 프랑스의 경험은 현대 네트워킹 기술이 제공하는 강력한 능력과 기회를 보여준다. 매년 열리는 투르 드 프랑스 자전거 경주는 이제 무선 네트워킹과 무선 센서 기술을 사용하여 경주 결과에 영향을 미치는 다른 변수들과 관련하여 자전거 이용자들의 속도와 위치를 면밀히 추적하고 팬과 방송사에 즉시 경주 정보를 전달한다.

다음 도표는 도입 사례와 이 장에서 제기된 주요 주제를 환기시킨다. 투르 드 프랑스 경주는 광활하고 지형적으로 도전적인 지형에서 열린다. 여기서는 라이더를 추적하고 실시간 경주 통계를 작성하는 것이 매우 어렵다. 이 전설적인 경주는 많은 팬층을 형성하고 있지만, 경영진은 무선 네트워킹 기술과 사물인터넷(IoT)이 제공하는 기회를 이용하여 팬층을 넓히고 팬 참여를 심화시킬 수 있다는 것을 깨달았다. 투르 드 프랑스는 이에 따라 실시간 경주 통계, 라이더 프로필, 경주 결과에 대한 예측, TV 방송과 소셜 미디어 콘텐츠 등을 제공할 수 있어 스포츠의 인기와 팬들의 관심을 높일 수 있다. 투르 드 프랑스 사이클 선수와 팀은 이 정보를 자신들의 경기력을 향상시키기 위해 사용할 수 있다.

다음의 몇 가지 질문에 대해 생각해보자. 투르 드 프랑스에서 무선기술이 왜 그렇게 중요한 역할을 했는가? 이 기술이 투르 드 프랑스의 데이터를 제공하고 사용하는 방식을 어떻게 변화시켰는지 설명해보자.

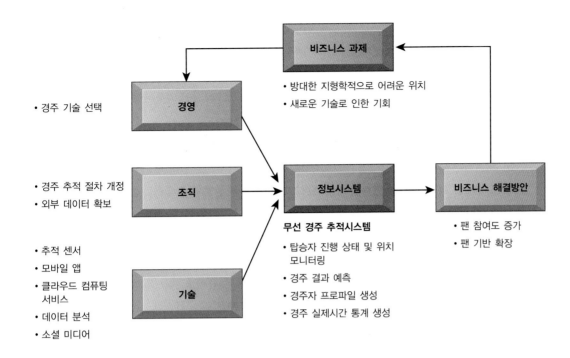

7-1 통신 네트워크의 주요 구성요소와 핵심 네트워킹 기술은 무엇인가?

만약 기업을 경영하거나 혹은 기업을 위해 일을 한다면 네트워크 없이는 아무것도 할 수 없다. 고객, 공급자, 직원 등과 아주 빠른 의사 교환이 필요하기 때문이다. 1990년경까지는 사무적인 통신 목적으로 우편이나 팩스, 음성통신을 지원하는 전화 사용이 보편적이었다. 그러나 오늘날은 컴퓨터, 이메일과 문자, 인터넷, 휴대전화, 무선 네트워크에 연결된 모바일 컴퓨터들이 대중적인 통신 수단이다. 네트워킹과 인터넷은 현재 '기업 업무'와 거의 동의어로 볼 수 있을 정도이다.

네트워킹과 통신 추세

기업들은 과거에 근본적으로 다른 두 가지 형식의 네트워크인 전화망과 컴퓨터 네트워크를 사용하였다. 전화망은 전통적으로 음성통신을, 컴퓨터 네트워크는 데이터 통신을 다루었다. 전화망은 음성전송기술(하드웨어와 소프트웨어)을 사용하여 1900년대에 전화회사들에 의해 구축되었으며, 전세계적으로 이들 기업들은 거의 대부분 합법적 독점 상태를 유지하였다. 한편 컴퓨터 네트워크는 서로 다른 지역의 컴퓨터 간 데이터 통신을 위해 컴퓨터 제조업체에 의해 구축되었다.

지속적인 통신 규제 완화와 정보기술의 발달로 전화와 컴퓨터 네트워크는 서서히 공유 인터넷 기반 표준과 기술을 사용하는 단일 디지털 네트워크로 통합되고 있다. AT&T, 버라이즌 같은 통신 사업자들은 음성통신은 물론 데이터 전송, 인터넷 접속, 휴대전화 서비스, TV 프로그래밍 서비스 등도 제공하고 있다. 케이블비전(Cablevision)이나 컴캐스트(Comcast) 같은 케이블 사업자들 역시 음성 서비스와 인터넷 접속 서비스를 제공한다. 컴퓨터 네트워크도 인터넷 전화와 영상 서비스를 포함하는 방향으로 발전하고 있다.

더욱이 음성과 데이터 통신 네트워크 둘 다 점점 더 강력해지고(빨라지고), 휴대가 더 용이해지고(작아지고, 이동성을 갖고), 더 저렴해졌다. 예를 들면 2000년도에 일반적인 인터넷 접속 속도는 56kbps였지만 오늘날 미국 가구의 대부분이 전화 또는 케이블 TV 회사가 제공하는 3~20mbps 속도의 초고속 **브로드밴드**(broadband) 회선을 사용하고 있다. 통신비용 역시 급격하게 떨어지고 있어

2000년에 킬로비트당 50센트였던 것이 지금은 단지 몇 분의 1센트밖에 되지 않는다.

인터넷 접속과 마찬가지로 음성과 데이터 통신도 점점 휴대전화, 휴대용 디지털 장치, 무선 네트워크상의 컴퓨터와 같은 광대역 무선 플랫폼을 통해 이루어지고 있다. 미국에 있는 인터넷 사용자 중 70% 이상(2억 3,200만 명)이 스마트폰과 태블릿 그리고 데스크톱을 이용하여 인터넷에 접속한다.

컴퓨터 네트워크란 무엇인가

만약 같은 사무실에 근무하는 2명 이상의 직원들을 위해 컴퓨터를 연결하려 한다면 컴퓨터 네트워크가 필요하다. 가장 단순한 형태의 네트워크는 2대 이상이 연결된 컴퓨터들로 구성할 수 있다. 그림 7.1은 단순한 네트워크에서 사용하는 주요 하드웨어, 소프트웨어 및 전송장치(클라이언트 컴퓨터와 서버 전용 컴퓨터, 네트워크 인터페이스, 전송매체, 네트워크 운영시스템 소프트웨어와 허브 또는 스위치)를 보여주고 있다.

네트워크상의 각 컴퓨터는 네트워크 인터페이스 장치로 컴퓨터를 네트워크에 연결한다. 네트워크 구성요소 간의 연결을 위한 매체로서 전화선과 동축 케이블(coaxial cable) 등을 사용하며 휴대전화와 무선 근거리 통신망(와이파이 네트워크)의 경우 무선 신호를 사용한다.

네트워크 운영시스템(network operating system, NOS)은 네트워크상의 통신에 대한 경로를 설정하고 관리하며 네트워크 자원을 조정하는 역할을 수행한다. NOS를 네트워크 안의 모든 컴퓨터에 설치할 수도 있고 혹은 네트워크상의 모든 애플리케이션을 위해 전용 서버 컴퓨터에만 우선적으로 설치할 수도 있다. 서버 컴퓨터는 웹페이지의 제공, 데이터의 저장, 네트워크를 제어하는 네트워크 운영시스템의 저장 등과 같이 클라이언트 컴퓨터 지원을 위해 네트워크 기능을 수행하는 네트워크상의 컴퓨터를 말한다. 마이크로소프트 윈도우 서버, 리눅스는 가장 널리 보급된 네트워크 운영시

그림 7.1 단순한 컴퓨터 네트워크의 구성요소

여기 예시된 네트워크는 매우 단순한 네트워크이며 컴퓨터, 전용 서버에 설치된 네트워크 운영시스템(NOS), 장치 간을 연결하는 케이블, 스위치, 라우터 등을 포함하고 있다.

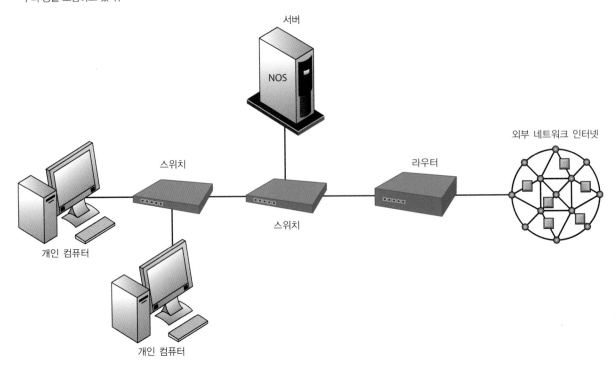

스템이다.

또한 대부분의 네트워크는 컴퓨터 간의 접속점(connection point)으로서 스위치나 허브를 포함하고 있다. **허브**(hub)는 네트워크 구성요소들을 연결하는 가장 단순한 장치로서 네트워크에 연결된 다른 장치로 데이터 패킷을 보낼 수 있다. 한편 **스위치**(switch)는 허브보다 조금 더 지능화된 장치로서 네트워크상의 특정 목적지로 데이터를 재전송하거나 필터링 기능을 수행할 수 있다.

만약 인터넷과 같은 외부 네트워크에 접근하고자 한다면 무엇이 더 필요할까? 바로 라우터이다. **라우터**(router)는 패킷 데이터를 다른 네트워크를 통해서 정확한 주소로 전달하기 위해 사용하는 통신 프로세서이다.

네트워크 스위치와 라우터는 네트워크에서 데이터의 이동을 관제할 목적으로 각 장치에 고유한 소프트웨어를 내장하고 있다. 이러한 상황은 네트워크에 병목 현상을 초래하며, 네트워크 설정과정을 더 복잡하게 만들고, 더 많은 시간을 소모하게 한다. **소프트웨어 정의 네트워킹**(software-defined networking, SDN)은 이와 같은 네트워크 장비들과는 독립적이고 저렴한 일반 서버에서 운영할 수 있는 하나의 중앙 프로그램을 통해 네트워크 제어 기능의 대부분을 관리하고자 하는 최신 네트워킹 방법을 말한다. 이러한 소프트웨어 정의 네트워킹은 다양한 하드웨어 장비들로 구성된 클라우드 컴퓨팅 환경에서 더욱 유용한데, 이는 네트워크 관리자가 통신 부하를 더 유연하고 효율적으로 관리할 수 있기 때문이다.

대기업의 네트워크

지금까지 설명한 네트워크는 소규모 기업에는 적합할지도 모른다. 그러나 수천 명의 직원과 많은 지역 거점을 두고 있는 대기업에도 적합할까? 기업이 성장하면서 수백 개의 소규모 근거리 통신망(LAN)을 갖게 되고, 이 네트워크를 함께 묶어서 기업 네트워킹 인프라(corporate-wide networking infrastructure)를 구축할 수 있다. 기업 네트워크와 다른 근거리 통신망들과 연결된 수많은 작은 규모의 근거리 통신망들이 대기업을 위한 네트워크 인프라를 구성하게 된다. 수많은 고성능 서버들은 기업 웹사이트, 기업 인트라넷, 나아가 엑스트라넷을 지원하게 되며, 이 중 일부 서버들은 백엔드 시스템을 지원하는 다른 대형 컴퓨터들과도 연결되어 있다.

그림 7.2는 이와 같은 대규모의 복잡한 기업 네트워크를 보여주고 있다. 그림에서 이 기업 네트워크 인프라는 휴대전화와 스마트폰을 사용하는 외부 판매직, 이동 중에 기업 웹사이트에 접속하는 직원, 이동형 무선 근거리 통신망(와이파이 네트워크)을 사용하는 내부 기업 네트워크, 전 세계에 파견한 관리자들을 지원하는 화상회의시스템 등을 지원하고 있다. 이러한 컴퓨터 네트워크 외에도 기업 인프라는 보통 대부분의 음성 데이터를 취급하는 별개의 전화 네트워크를 포함한다. 하지만 많은 기업들은 전통적인 전화 네트워크의 사용을 줄이거나 배제하고 기존의 데이터 네트워크를 통한 인터넷 전화를 사용하고 있다(뒤에서 설명).

이 그림에서와 같이 대기업 네트워크 인프라는 보통의 전화 서비스와 기업 데이터 네트워크에서부터 인터넷 서비스, 무선 인터넷, 휴대전화까지 다양하고 광범위한 기술들을 사용한다. 오늘날 기업들이 직면한 한 가지 중요한 문제점은 어떻게 서로 다른 통신 네트워크와 채널들을 정보가 기업의 한 부분에서 다른 부분으로, 한 시스템에서 다른 시스템으로 흐를 수 있는 일관된 시스템으로 통합할 수 있는가이다. 통신 네트워크들이 점점 더 디지털화되고 인터넷 기술을 기반으로 함에 따라 이들의 통합 문제는 점점 더 쉬워질 것이다.

│ 그림 7.2   기업 네트워크 인프라

오늘날의 기업 네트워크 인프라는 공공 교환 전화망에서 인터넷, 또한 작업 그룹, 부서 및 사무실들을 연결하는 기업 근거리 통신망에 이르기까지 수많은 네트워크들의 집합이다.

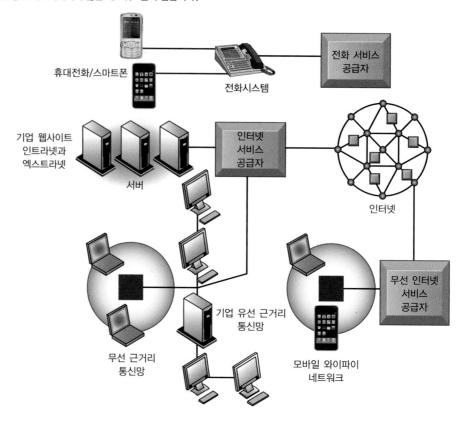

핵심 네트워킹 기술

현대의 디지털 네트워크와 인터넷은 세 가지 핵심기술에 기초를 두고 있는데, 클라이언트/서버 컴퓨팅, 패킷 교환 그리고 서로 이질적인 네트워크와 컴퓨터들을 연결하기 위한 범용 통신 표준(가장 중요한 표준은 TCP/IP 프로토콜)이 그것이다.

클라이언트/서버 컴퓨팅

이미 제5장에서 소개한 클라이언트/서버 컴퓨팅은 분산된 컴퓨팅 모델로서 정보처리 역량의 일부를 데스크톱 컴퓨터, 노트북 컴퓨터 또는 휴대용 단말기 등과 같은 작고 저렴한 클라이언트 컴퓨터에 부여하고 있다. 이러한 고성능 클라이언트들은 네트워크 서버 컴퓨터가 통제하는 네트워크를 통해 다른 클라이언트와 연결된다. 서버는 네트워크 통신을 위한 통신 규칙을 설정하고, 네트워크 상에서 서로를 인식할 수 있도록 모든 클라이언트에 주소를 할당한다.

클라이언트/서버 컴퓨팅은 대부분의 정보처리 작업을 대형 중앙 메인프레임 컴퓨터가 수행하는 중앙 집중형 메인프레임 컴퓨팅 방식을 많은 곳에서 대체하고 있다. 클라이언트/서버 컴퓨팅은 컴퓨팅을 부서, 작업 그룹, 공장의 작업장 및 중앙 집중형 구조가 적합하지 않은 비즈니스 분야에까지 확산시키고 있다. 그리고 이는 개인 컴퓨팅 장비인 PC, 노트북, 휴대전화가 인터넷 같은 네트워크에 접속할 수 있도록 도와준다. 인터넷은 가장 큰 규모의 클라이언트/서버 컴퓨팅인 것이다.

패킷 교환

패킷 교환(packet switching)은 디지털 메시지를 패킷이라고 불리는 작은 묶음으로 쪼개고, 준비된 패킷을 서로 다른 통신 경로를 따라 전송하며, 목적지에 도착한 패킷을 다시 재조합하는 방법을 말한다(그림 7.3 참조). 패킷 교환이 개발되기 전 컴퓨터 네트워크는 다른 원격의 컴퓨터와 통신하기 위해 전용 임대 전화 회선을 사용하였다. 전화시스템과 같은 회선-교환식(circuit-switched) 네트워크는 점 대 점(point-to-point) 회선을 확보하여 통신을 할 수 있었다. 이러한 전용 회선-교환식 기술은 비싸면서도 통신 용량을 낭비하게 되는데, 데이터가 전송 중인지에 관계없이 특정 시점에 특정 회선을 확보해야 하기 때문이다.

패킷 교환은 네트워크 통신 용량의 효율적 사용을 가능하게 한다. 메시지를 패킷이라 불리는 작은 일정 단위의 데이터 묶음들로 쪼갠다. 이 패킷은 전송할 데이터와 함께 정확한 주소로 패킷을 인도하고 전송 오류를 검사할 수 있는 정보를 담고 있다. 이러한 패킷들은 라우터를 통해 다양한 통신 경로를 따라 독립적으로 발송된다. 따라서 하나의 메시지에서 발생한 여러 데이터 패킷들은 최종 목적지에 도착하여 원래 메시지로 재조합되기 전까지 서로 다른 경로와 네트워크를 따라 전달되는 것이다.

TCP/IP와 접속 가능성

전형적인 통신 네트워크에서는 다양한 하드웨어와 소프트웨어 구성요소들이 정보를 전송하기 위해 함께 협력해야 한다. 네트워크의 구성요소들은 프로토콜이라고 부르는 공통 통신 규칙 집합에 따라 서로 다른 구성요소와 통신할 수 있다. 이러한 **프로토콜**(protocol)은 네트워크에서 두 지점 간 정보 전송을 관리하는 일단의 절차와 규칙 집합을 말한다.

과거에는 서로 배타적이며 호환되지 않는 다양한 프로토콜 때문에 대부분의 기업들은 특정 공급자로부터만 컴퓨팅 및 통신장비를 구매할 수밖에 없었다. 그러나 오늘날의 기업 네트워크는 점점 더 **TCP/IP**(Transmission Control Protocol/Internet Protocol)라 부르는 범세계적 단일 공통 표준을 채택하고 있다. TCP/IP는 1970년대 초 과학자들이 원격으로 서로 다른 유형의 컴퓨터 간에 데이

그림 7.3 패킷-교환식 네트워크와 패킷 통신

데이터를 다양한 통신 채널을 통해 독립적으로 전송하고 최종 목적지에서 재조합할 수 있는 작은 패킷 단위로 분리한다.

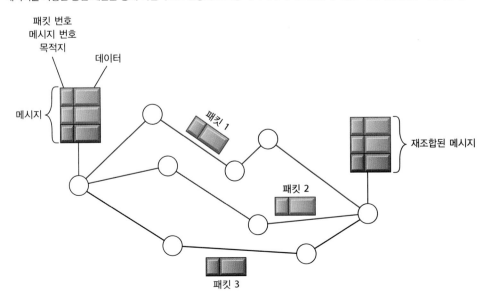

터를 전송할 수 있도록 하려는 미국 DARPA(Defense Advanced Research Project Agency)의 시도를 지원하기 위해 개발되었다.

TCP/IP는 일단의 프로토콜 집합으로 TCP와 IP가 주요한 구성요소이다. TCP는 Transmission Control Protocol의 약어이며 컴퓨터 간의 데이터 이동을 관리한다. TCP는 컴퓨터 간에 접속을 확보하고 순서에 따라 패킷을 전송하며 전송된 패킷의 수신을 알린다. IP는 Internet Protocol의 약어이며 패킷의 전송과 전송 과정에서의 패킷 분해와 재조합을 책임진다. 그림 7.4는 네 가지 층으로 구성된 미국 국방부의 TCP/IP 참조 모델을 보여주고 있으며, 이것을 다음과 같이 설명한다.

1. 애플리케이션 계층 : 클라이언트 애플리케이션 프로그램이 다른 계층에 접근할 수 있게 하고, 애플리케이션이 데이터 교환을 위해 사용하는 프로토콜을 정의한다. 애플리케이션 프로토콜 중 하나로 웹페이지 파일을 전송하는 데 사용하는 HTTP(Hypertext Transfer Protocol)를 들 수 있다.
2. 전송 계층 : 애플리케이션 계층에 통신 및 패킷 서비스를 제공하는 역할을 한다. 이 계층은 TCP와 함께 몇몇 프로토콜을 포함하고 있다.
3. 인터넷 계층 : 주소 지정, 경로 지정 및 IP 데이터그램이라는 데이터 패킷의 구성을 담당한다. 인터넷 프로토콜(IP)은 이 계층에서 사용하는 프로토콜 중 하나이다.
4. 네트워크 인터페이스 계층 : 참조 모델의 가장 바닥에 위치하며 특정 네트워킹 기술에 관계없이 네트워크 매체를 통한 패킷의 송신 및 수신을 담당한다.

2개의 컴퓨터가 서로 다른 하드웨어와 소프트웨어 플랫폼을 기반으로 하고 있어도 TCP/IP를 사용하여 통신할 수 있다. 하나의 컴퓨터에서 다른 컴퓨터로 전송되는 데이터는 송신 컴퓨터의 애플리케이션 계층에서 시작하여 네트워크 인터페이스 계층을 통과하며 아래쪽으로 4개의 계층 모두를 지나가게 된다. 데이터가 수신 호스트 컴퓨터에 도달한 후에는 이들 4개의 계층을 아래에서 위로 통과하고 컴퓨터가 사용할 수 있는 형태로 재조합된다. 수신 컴퓨터가 손상된 패킷을 발견할 경우 송신 컴퓨터에 재전송을 요청한다. 수신 컴퓨터가 응답할 때는 이와 동일한 과정이 반대 방향으로 발생하게 된다.

그림 7.4 TCP/IP 참조 모델

이 그림은 통신을 위한 TCP/IP 참조 모델의 네 가지 층을 보여주고 있다.

7-2 네트워크의 다른 유형으로 무엇이 있는가?

이제 기업 업무에 사용할 수 있는 여러 네트워킹 기술을 좀 더 자세히 살펴보자.

신호 : 디지털 대 아날로그

네트워크에서 메시지를 통신하는 두 가지 방법이 있는데, 하나는 아날로그 신호의 사용이고 다른 하나는 디지털 신호의 사용이다. 아날로그 신호는 통신매체를 통과하는 연속적 파장을 이용하여 표현하며 주로 음성통신을 위해 사용하였다. 가장 일반적인 아날로그 장치로는 전화 수화기, 컴퓨터 스피커, 아이팟 이어폰 등을 들 수 있으며, 이들 모두 사람의 귀로 들을 수 있는 아날로그 파장을 발생시킨다.

반면 디지털 신호는 연속적 파장이 아닌 이산적 이진(binary) 파장을 말한다. 디지털 신호는 2개의 불연속적 상태(온-오프의 전기 신호로 표현되는 1비트나 0비트)의 일련 집합으로써 정보를 통신한다. 컴퓨터는 이와 같은 디지털 신호를 사용하며 전화 회선, 케이블 회선, 아날로그 신호를 사용하는 무선매체를 통해 전송하거나 수신할 수 있는 아날로그 신호로 디지털 신호를 변환하기 위해서는 모뎀이 필요하다(그림 7.5 참조). **모뎀**(modem)은 modulation/demodulation의 합성어이다. 케이블 모뎀은 케이블 네트워크를 이용하여 컴퓨터가 인터넷에 접속할 수 있게 한다. DSL 모뎀은 전화 회사의 지상 통신선을 이용하여 컴퓨터를 인터넷에 접속하게 한다. 무선 모뎀 역시 전통적인 모뎀과 동일한 기능을 수행하며 휴대전화 네트워크나 와이파이 네트워크 등의 무선 네트워크에 컴퓨터를 연결시킨다.

네트워크의 종류

서로 다른 많은 종류의 네트워크가 있고, 구분하는 방법도 매우 다양하다. 네트워크를 구별하는 한 방법은 지리적 관점에서 구분하는 것이다(표 7.1 참조).

근거리 통신망

네트워킹을 활용하는 기업에 취업할 경우 아마 다른 동료 직원이나 그룹과 근거리 통신망을 통해 통신하게 될 것이다. **근거리 통신망**(local area network, LAN)은 800m 혹은 500m 반경 내에서 개인용 컴퓨터나 기타 디지털 장비들을 연결시키도록 고안되었다. LAN은 보통 작은 사무실에 있는 몇 대의 컴퓨터, 한 건물 내의 모든 컴퓨터 혹은 인접한 건물 내의 모든 컴퓨터를 연결하게 된다. LAN은 또한 장거리 광역 통신망(WAN, 이 절 후반부에서 설명할 것임)과 인터넷을 사용하는 세계 곳곳의 다른 네트워크에 연결하는 데도 사용한다.

그림 7.5 모뎀의 기능

모뎀은 디지털 신호를 아날로그 형식으로 변환(혹은 반대로)해 전화나 케이블 네트워크와 같은 아날로그 네트워크에서 데이터를 전송할 수 있게 해주는 장치이다.

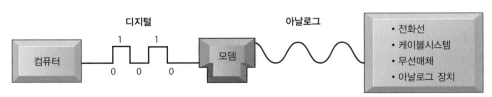

표 7.1 네트워크의 유형

종류	범위
근거리 통신망(LAN)	최고 500m 반경 이내 : 건물의 한 층이나 사무실
학내 정보 통신망(CAN)	최고 1,000m 반경 이내 : 대학 캠퍼스 또는 기업 시설
도시권 통신망(MAN)	도시 또는 복합도시권
광역 통신망(WAN)	대륙 간 또는 세계 전역

사무실에서 사용할 수 있는 소규모 LAN의 모델로 그림 7.1을 살펴보자. 한 컴퓨터는 네트워크상의 데이터 파일과 소프트웨어 프로그램 등을 포함한 공유된 컴퓨팅 자원에 사용자가 접근할 수 있도록 하는 전용 네트워크 서버이다.

서버는 누가 무엇을 어떤 순서로 접근할지를 결정한다. 한편 라우터는 인터넷이나 외부 기업의 네트워크와 같은 외부 네트워크에 LAN을 연결시키며, 이를 통해 LAN은 외부 네트워크와 정보를 교환할 수 있다. 가장 많이 쓰이는 LAN 운영시스템으로는 윈도우와 리눅스가 있다.

이더넷(Ethernet)은 물리적인 네트워크 수준에서 가장 많이 사용하는 LAN 표준으로서 컴퓨터 간의 신호를 전송하기 위한 물리적 매체, 접근 통제 규칙 및 시스템 간에 데이터를 전송하는 데 사용하는 표준 비트 집합 등을 명시하는 역할을 수행한다. 원래 이더넷은 10Mbps의 데이터 전송속도를 지원했다. 그러나 기가비트 이더넷(Gigabit Ethernet)과 같은 신규 버전은 1Gbps의 전송속도를 지원한다.

그림 7.1이 보여주는 LAN은 단일 파일 서버에 네트워크 운영시스템(NOS)을 설치한 클라이언트/서버 아키텍처를 사용하고 있으며, 서버는 네트워크의 전반적인 통제와 자원 제공을 담당한다. 이와는 다른 방식으로 LAN은 P2P 구조를 채택할 수도 있다. P2P 네트워크는 모든 프로세서를 동등하게 취급하며 주로 10명 미만의 사용자가 있는 소규모 네트워크에서 사용한다. 네트워크의 다양한 컴퓨터들은 별도의 서버를 통하지 않고서도 주변 장치를 공유하거나 서로 직접 접속을 통해 데이터를 교환할 수도 있다. 윈도우 서버군의 운영체제를 사용하는 LAN에서는 **P2P**(peer-to-peer) 구조를 작업 그룹 네트워크 모델(workgroup network model)이라 부르며, 소규모 그룹의 컴퓨터들이 전용 서버 없이 네트워크를 통해 프린터나 폴더, 파일 같은 자원을 공유할 수 있다. 이와 반대로 윈도우 도메인 네트워크 모델은 네트워크의 컴퓨터들을 관리하기 위해 전용 서버를 사용한다.

규모가 큰 LAN은 많은 클라이언트와 복수의 서버로 연결되며 데이터베이스와 파일의 저장 및 관리(파일 서버 또는 데이터베이스 서버), 프린터 관리(프린트 서버), 이메일의 저장 및 관리(메일 서버) 또는 웹페이지의 저장 및 관리(웹서버) 등의 특정 서비스를 위한 별도의 서버들도 포함한다.

도시권 통신망과 광역 통신망

광역 통신망(wide area network, WAN)은 지역 전체, 주, 대륙이나 지구 전체와 같은 광범위한 지역을 연결한다. 가장 보편적이고 강력한 WAN으로 인터넷을 들 수 있다. 컴퓨터들은 전화망이나 사설 케이블시스템과 같은 공중망이나 임대 회선이나 인공위성을 통해 WAN에 연결한다. **도시권 통신망**(metropolitan area network, MAN)은 도시와 주요 교외지역 정도의 도시권 지역을 연결하는 네트워크이다. 지리적 관점에서 보면 WAN과 LAN 중간쯤에 해당한다.

표 7.2 물리적 전송매체

전송매체	설명	속도
꼬임선(CAT 5)	2개 이상이 꼬인 구리 도선으로 구성된 케이블로서 음성 및 데이터 전송에 쓰인다. CAT 5는 가장 보편적인 10Mbps의 LAN 케이블이다. 최대 전송거리는 100m이다.	10~100Mbps
동축 케이블	두꺼운 절연 동선으로서 꼬임선에 비해 높은 주파수에서 빠른 데이터 전송이 가능하며 외부와의 차폐성이 좋아 간섭현상이 적다. 현재 케이블 TV와 장거리 통신(100m 이상)에 많이 사용되고 있다.	1Gbps까지
광케이블	투명한 유리섬유로 구성된 케이블로서 레이저를 통해 변환된 빛의 펄스로 데이터를 전송하며 대용량 데이터의 고속 전송에 유용하다. 다른 전송매체에 비해 비싸고 설치가 어렵다. 네트워크 백본(기간망)에서 주로 사용한다.	15Mbps~6+Tbps
무선 전송매체	다양한 주파수의 무선 신호에 따라 지상파와 위성 마이크로파 시스템 및 셀룰러 네트워크를 포함한다. 장거리 무선통신 및 인터넷 접속을 위해 사용된다.	600+Mbps까지

전송매체 및 전송속도

네트워크는 꼬임선, 동축 케이블, 광케이블 및 무선 전송매체를 포함한 다양한 종류의 물리적 전송매체를 사용한다. 이들 매체는 각각 장점과 단점이 있다. 하나의 매체도 소프트웨어와 하드웨어의 구성에 따라 다양한 전송속도를 낼 수 있다. 표 7.2는 매체들을 비교한 것이다.

대역폭 : 전송속도

임의의 통신매체를 통해 전송할 수 있는 디지털 정보의 총량은 초당 비트 전송률(bps)로 측정한다. 하나 혹은 몇 비트의 정보를 전송하는 데 한 번의 신호 변화 또는 신호 사이클이 필요하며, 따라서 각 통신매체의 전송 용량은 그 매체 주파수의 함수로 볼 수 있다. 매체를 통해 전송할 수 있는 초당 사이클 횟수는 **헤르츠**(hertz)로 측정하며 1헤르츠는 그 매체의 1사이클과 같다.

어느 특정 통신 채널에서 수용할 수 있는 주파수의 범위를 **대역폭**(bandwidth)이라고 부른다. 대역폭은 하나의 채널이 수용할 수 있는 최고 및 최저 주파수 간의 차이를 의미한다. 주파수의 범위가 커질수록 대역폭은 증가하고 그 채널의 전송 용량 역시 증가한다

7-3 인터넷과 인터넷 기술은 어떻게 작동하며, 통신과 e-비즈니스를 어떻게 지원하는가?

인터넷은 이제 개인과 기업에 없어서는 안 되는 가장 필수적인 도구이다. 그렇다면 인터넷이란 정확히 무엇인가? 인터넷은 어떻게 작동하며 인터넷 기술은 기업 활동에 어떤 도움을 줄 수 있는가? 이제부터 인터넷의 가장 중요한 특징들을 살펴보자.

인터넷이란 무엇인가

인터넷은 이제 도달률과 범위 면에서 전화시스템과 경쟁하는 세계에서 가장 규모가 큰 공공 통신 시스템이 되었다. 인터넷은 또한 전 세계에 퍼져 있는 수백만 개의 개별 네트워크들을 연결하는 클라이언트/서버 컴퓨팅과 인터네트워킹의 세계에서 가장 큰 실례이기도 하다. 이 거대한 네트워크

의 네트워크는 1970년대 초 세계 각지의 대학교수와 과학자들을 연결하기 위한 미국 국방부 프로젝트에서 출발하였다.

대부분의 가정과 소규모 기업은 인터넷 서비스 제공자의 서비스에 가입함으로써 인터넷에 연결할 수 있다. **인터넷 서비스 제공자**(internet service provider, ISP)는 영구적인 인터넷 회선을 가지고 가입자들에게 한시적 회선 접속 서비스를 판매하는 영리 조직이다. 어스링크(Earthlink), 넷제로(NetZero), AT&T 등이 대표적 ISP이다. 이와 달리 사람들은 전용 도메인을 가진 소속 기업, 대학, 연구소 등을 통해 인터넷에 연결할 수 있다.

다양한 ISP 인터넷 접속 서비스가 존재한다. 기존 전화선과 모뎀을 이용한 연결은 56.6Kbps의 속도를 내며 전 세계적으로 가장 보편적인 연결 방법이지만 매우 빠른 광대역 연결(high-speed broadband connection) 방식으로 크게 대체되고 있다. 디지털 가입자 회선, 케이블 및 위성 인터넷 접속과 T 라인(T lines) 등이 광대역 서비스를 제공한다.

디지털 가입자 회선(digital subscriber line, DSL) 기술은 기존의 전화선을 이용해 사용 패턴과 거리에 따라 385Kbps에서 최고 3Mbps의 전송속도로 음성, 데이터, 영상 등을 전송할 수 있는 기술이다. Fios(버라이즌의 광케이블 서비스)는 대부분의 홈 서비스가 100Mbps를 제공하지만 900Mbps 이상을 제공할 수 있다. 케이블 TV 공급자가 제공하는 **케이블 인터넷 접속**(cable internet connection)은 가정과 기업에 고속 인터넷 접속을 제공하는 디지털 케이블 동축 라인을 사용한다. 케이블 인터넷의 최대 접속 속도는 50Mbps에 이르지만 대부분의 공급자는 3~20Mbps의 서비스를 제공한다. DSL과 케이블 서비스가 불가능한 지역에서는 위성을 이용하여 인터넷을 사용할 수 있는데, 일부 위성 인터넷 접속은 다른 광대역 서비스보다 업로드 속도가 느리다.

T1과 T3는 디지털 통신을 위한 국제전화표준(telephone standard)이다. 이들 둘 다 고속 전송 속도의 보장이 필요한 기업이나 정부기관의 사용에 적합한 전용 임대 회선을 말한다. **T1 회선**(T1 lines)은 1.54Mbps의 전송속도를 보장하며, T3는 45Mbps 속도의 전송 서비스를 제공한다. 보통 인터넷은 이와 비슷한 서비스 레벨 수준을 보장하는 것이 아니라 간단히 말해 최선의 노력을 제공한다.

인터넷 주소와 구조

인터넷은 이 장의 앞에서 설명한 TCP/IP 네트워킹 프로토콜에 기반을 두고 있다. 인터넷(또는 다른 TCP/IP 네트워크)상에 연결된 모든 장치는 숫자로 구성된 **IP 주소**(Internet Protocol [IP] address)가 할당된다.

사용자가 인터넷, TCP/IP 네트워크에서 다른 사용자에게 메시지를 보낼 때 메시지를 패킷으로 분해한다. 각각의 패킷은 전송 목적지의 주소를 갖는다. 이후 이들 패킷은 클라이언트에서 네트워크 서버로 전송되고 거기서 다시 목적지 IP 주소를 갖는 특정 컴퓨터에 도착하기 위해 필요한 경로 상의 여러 서버를 경유하게 된다. 일단 목적지 주소에 도착하면 패킷들은 원래 메시지로 재조합되게 된다.

도메인 네임시스템

인터넷 사용자가 긴 숫자열로 이루어진 IP 주소를 기억하기란 매우 어려운 일이기 때문에 IP 주소는 도메인 이름이라고 불리는 자연어 관습으로 표현할 수 있다. **도메인 네임시스템**(domain name system, DNS)은 IP 주소를 도메인 네임으로 변환시킨다. **도메인 네임**(domain name)은 인터넷에 연결된 개별 컴퓨터 각각에 고유한 32비트의 수인 IP 주소에 대응하는 영어식의 이름을 말한다. DNS

서버는 IP 주소와 이에 대응하는 도메인 네임을 저장하는 데이터베이스를 유지관리하는 역할을 한다. 결과적으로 사용자는 단지 익스피디아와 같은 도메인 네임만 사용하여 인터넷의 특정 컴퓨터에 접근할 수 있다.

DNS는 계층적 구조를 가지고 있다(그림 7.6 참조). DNS 계층구조의 최상위에는 루트(root) 도메인이 있다. 루트 도메인의 바로 아래 단계 도메인은 1차(top-level) 도메인이라 부르며, 1차 도메인의 아래 단계 도메인은 2차(second-level) 도메인이라 부른다. 1차 도메인은 둘 혹은 세 글자로 이루어지며 웹서핑을 할 때 자주 볼 수 있는 .com, .edu, .gov 등이나 캐나다의 경우 .ca, 이탈리아의 경우 .it와 같은 다양한 국가 코드 등이 그 예이다. 한편 2차 도메인은 buy.com, nyu.edu나 amazon.ca와 같이 1차 도메인 네임과 2차 도메인 네임을 나타내는 두 부분으로 구성된다. 이러한 계층의 가장 아랫부분인 호스트 네임은 인터넷이나 사설 네트워크의 특정 컴퓨터를 가리킨다.

다음 목록은 현재 이용할 수 있고 공식적으로 승인된 가장 일반적인 도메인 확장자들을 보여주고 있다. 국가 역시 .uk, .au, .fr(각각 영국, 호주, 프랑스)과 같은 도메인 네임이 있으며, 영어 외 문자를 사용하는 새로운 유형의 '국제화된' 최상위 도메인이 있다. 가까운 미래에 이 목록은 더 많은 종류의 조직이나 산업을 포함할 수 있도록 확장될 것이고 다음과 같다.

.com 영리 조직/기업
.edu 교육기관
.gov 미국 정부기관
.mil 미군
.net 네트워크 컴퓨터
.org 비영리 단체 및 재단
.biz 비즈니스 기업
.info 정보 제공자

그림 7.6 도메인 네임시스템

도메인 네임시스템은 루트 도메인, 1차 도메인, 2차 도메인, 3차 도메인인 호스트로 이루어지는 계층적인 시스템이다.

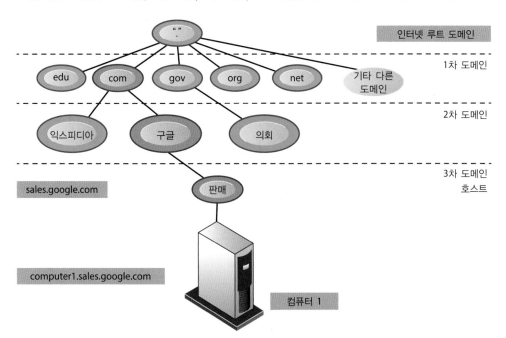

인터넷 아키텍처와 거버넌스

인터넷의 데이터 통신은 일반적으로 155Mbps에서 2.5Gbps(그림 7.7 참조) 속도 범위 내에서 운영하는 대륙 간 고속 백본을 통해 이루어진다. 이러한 중계선은 보통 장거리 전화회사(네트워크 서비스 제공자라고 부름)나 정부가 소유하고 있다. 미국과 다른 나라들의 경우 지역 연결 회선들은 지역 전화회사나 케이블 TV 회사가 소유하며 가정이나 기업의 사용자를 인터넷에 연결해주고 있다. 지역 네트워크는 인터넷 서비스 제공자(ISP), 기업, 정부기관에 네트워크 사용권을 임대하고 있다.

각 조직은 자체 네트워크와 지역 인터넷 접속 서비스에 대해 비용을 지불하고 있으며, 이 중 일부는 장거리 중계선 보유회사에 지불한다. 개인 인터넷 사용자는 서비스 사용에 대해 ISP 업자에게 비용을 지불하며 보통은 인터넷 사용량에 관계없이 정액 요금을 내고 있다. 이러한 요금 체계가 지속되어야 하는지 아니면 영상이나 음악 파일을 다운로드하는 대용량 인터넷 사용자는 소비하는 대역폭에 대해 요금을 더 지불해야 하는지에 대한 논란이 최근 매우 뜨거워지고 있다. '토론방 : 네트워크 중립성을 둘러싼 의견 대립'에서 네트워크 중립성에 대한 장단점을 살펴보면서 이 주제를 다루고 있다.

현재 누구도 인터넷을 '소유'하고 있지 않으며 공식적인 관리기관 역시 없다. 그러나 범세계적 인터넷 정책들은 수많은 전문 조직과 정부 부처에서 제정하고 있다. 이러한 대표적 기구로는 인터넷의 전체 구조를 정의하는 인터넷 아키텍처 위원회(IAB), 도메인 네임시스템을 관리하는 국제 인터넷 주소관리기구(ICANN), 하이퍼텍스트 마크업 언어(HTML)와 기타 웹 프로그래밍 표준을 제정

그림 7.7 인터넷 네트워크 아키텍처

인터넷 백본은 지역 네트워크를 연결하고 지역 네트워크는 다시 인터넷 서비스 제공자(ISP), 대기업, 정부기관 등을 네트워크에 연결시킨다. 네트워크 접근점(NAP)과 도시권 교환망(MAE)은 백본이 지역과 지방 네트워크와 교차하고 하나의 백본을 다른 백본과 연결하는 허브인 것이다.

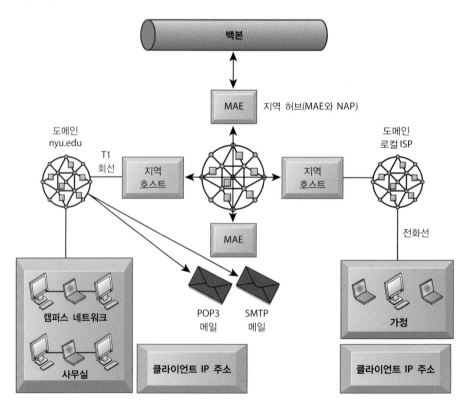

네트워크 중립성을 둘러싼 의견 대립

당신은 어떤 유형의 인터넷 사용자인가? 이메일을 주고받거나 온라인 뱅킹을 하는 데 주로 사용하는가? 아니면 유튜브 동영상을 보고 음악 파일을 다운로드하며 멀티플레이어 온라인 게임을 즐기면서 하루 종일 인터넷을 사용하는가? 아이폰을 통해 정기적으로 TV 쇼나 영화를 스트리밍하는가? 여러분이 인터넷이나 스마트폰을 잘 사용하는 사람이라면 대량의 대역폭을 소비하고 있는 것이다.

인터넷상의 모든 데이터를 관리하기 위해서는 새로운 네트워크를 구축하는 것이 필요하다. 인터넷 서비스 제공업체들은 네트워크를 확장하는 것은 소비자들에게 부담스러운 비용을 떠넘기게 될 것이라고 단언했다. 이 업체들은 소비된 대역폭 양에 따른 데이터 한도 및 계량된 사용료를 포함한 차등 가격 책정 방법이 네트워크 인프라에 필요한 투자를 조달하는 가장 공정한 방법이라고 생각한다. 그러나 인터넷 사용을 계량화하는 것은 네트워크 중립성에 대한 지속적인 논쟁 때문에 보편적으로 받아들여지지 않는다.

네트워크 중립성이란 콘텐츠의 출처와 특성에 관계없이 인터넷 서비스 제공자는 모든 고객이 콘텐츠와 응용 프로그램에 동등하게 접근할 수도 있도록 해야 한다는 것이다. 현재 인터넷은 매우 중립적인 위치에 있다. 모든 인터넷 통신은 인터넷 백본 소유자에 의해 선착순(first-come, first-served) 기준으로 동등하게 처리되고 있다. 그러나 이러한 할당 방식은 통신회사들과 케이블회사들이 대역폭 사용량에 근거하여 차등적인 가격을 부과하는 것을 막고 있다.

네트워크 중립성 옹호자들은 전자 프론티어 재단, 넷플릭스, 아마존, 구글과 같은 데이터 집약적인 웹 사업, 주요 소비자 그룹, 그리고 블로거들과 소규모 기업들을 포함한다. 그들은 차별화된 가격 책정이 유튜브, 스카이프, 그리고 다른 혁신적인 서비스와 같은 무거운 대역폭 사용자들에게 큰 비용을 부과하여 고대역폭 스타트업 회사들이 관심을 끌지 못하게 할 것이라고 주장한다. 네트워크 중립성 지지자들은 또한 순중립성이 없다면 컴캐스트와 같은 케이블회사인 ISP가 넷플릭스나 훌루에서 온 온라인 스트리밍 영상을 차단하여 고객이 케이블회사의 주문형 영화 대여 서비스를 사용하도록 강요할 수도 있다고 주장한다.

통신법 제2호에 따른 광대역 인터넷 서비스를 공익사업으로 간주한 오바마 행정부 시절 연방통신위원회(FCC)의 2015년 판결로 순중립성 문제가 확정적으로 해결된 것으로 생각되었다. 이 판결은 FCC가 인터넷 제공자에 대한 광범위한 권한을 부여했다. 인터넷 서비스 제공자들은 웹사이트나 앱을 차단함으로써 어떤 합법적인 콘텐츠도 차별할 수 없었고, 그것이 합법적인 한 콘텐츠의 성격에 근거한 데이터 전송을 늦출 수도 없었고, 혹은 보험료를 지불하는 기업과 소비자들을 위한 빠른 인터넷 전송망을 만들 수도 없었다. 정부 차원의 규제 완화를 위한 노력의 일환으로 순중립을 반대하는 트럼프 정부하에서 모든 것이 바뀌었다. 2017년 12월에 FCC는 인터넷 제공자에 대한 순중립성 규칙을 폐지하기로 투표했다.

트럼프 정부하의 아지트 파이 FCC 위원장은 2015년 순중립성 규정이 발효되기 전에는 통신사들이 이 규칙이 금지하는 어떤 관행에도 관여하지 않았다고 주장했다. 파이 위원장은 인터넷 서비스 제공자들이 그들의 콘텐츠를 더 빨리 전송하기 위해 웹사이트와의 유료 우선순위 거래를 사용함으로써 그들의 비용을 상쇄할 수 있기 때문에 순중립성을 종료하는 것이 소비자가격을 낮추는 데 도움이 될 수 있다고 믿었다.

네트워크 중립성 찬성 단체들은 순중립싱을 폐시하는 것이 더 빠르고, 더 비싸고, 더 혼란스러운 인터넷으로 이어질 것이라고 예측하며 즉각 반박했다. 규제 완화는 인터넷 서비스 제공자들이 웹사이트와 앱에 요금을 부과하기 시작하고, 지불하지 않는 사이트들의 속도를 늦추거나 차단하는 '2계층' 인터넷을 만들 수 있다. 결과적으로 사용자들은 인터넷의 일부에만 제한 없이 접근할 수 있고, 나머지는 접속이 불가능하거나 느려질 것이다.

소비자 지지자들은 더 나아가 순중립성 규칙이 없어지면, 광대역통신사 제공자들이 오늘날 케이블 TV가 판매되는 방식과 유사한 인터넷 서비스를 묶음으로 판매하기 시작할 것이라고 주장했다. 예컨대 만약 여러분이 번들링 시스템하에서 페이스북과 트위터에 접속하기를 원한다면, 여러분은 프리미엄 소셜 미디어 패키지를 지불해야 할 수도 있다. 소비자들은 유료거래로 고통을 겪을 수도 있다. 빠른 전송망은 매우 큰 기업과 미디어회사 그리고 부유한 가정이 점유할 수 있는 반면, 다른 모든 사람들은 느린 전송망으로 밀려날 것이다.

일부 중소기업들은 순중립성을 폐지하는 것이 대기업을 우대하는 불공정한 경쟁의 장을 만들 것이라고 우려한다. 전자상거래 스타트업의 웹사이트와 서비스는 넷플릭스나 페이스북 같은 매우 큰 인터넷 기업들이 운영하는 웹사이트보다 더 느리게 운영될 수 있다. 프리랜서와 프랜차이즈 업체를 포함한 모든 종류의 원격 근로자들은 비슷하게 집에서 일을 할 때 더 많은 비용을 부담해야 한다.

네트워크 중립성의 반대론자들은 기업이 차세대 구글, 페이스북, 넷플릭스, 아마존이 되는 가장 큰 장애물은 순중립성의 끝이 아니라 구글, 페이스북, 넷플릭스, 아마존 자신이

라고 반박했다. 이 회사들은 이미 그들의 점점 더 높은 대역폭 콘텐츠를 소비자들에게 제공하기 위해 막대한 돈을 쓰고 있다. 새로운 FCC 규칙이 발효된 이후 FCC의 새로운 인터넷 정책에 이의를 제기하는 많은 소송이 제기되었다. 순중립성을 위한 전투는 끝나지 않았다.

출처 : Cecelia Kang, "Flurry of Lawsuits Filed to Fight Repeal of Net Neutrality," *New York Times*, January 16, 2018; Nick Piette, "Net Neutrality: Why It's Vital for Digital Transformation," *Information Week*, February 9, 2018; Aaron Byrd and Natalia V. Osipova, "Why Net Neutrality Was Repealed and How It Affects You," *New York Times*, December 21, 2017; and "Christopher Mims, Get Ready for a Faster, Pricier, and More Confusing Internet," *Wall Street Journal*, December 18, 2017.

사례연구 문제

1. 네트워크 중립성이란 무엇인가? 누가 네트워크 중립성을 선호하는가? 누가 반대하는가? 이유는 무엇인가?

2. 만약 인터넷 제공자가 무선통신처럼 유선통신도 종량제 모델로 전환한다면 개인, 기업, 정부에는 어떤 영향을 주게 될 것인가?

3. 네트워크 중립성이 인터넷 등장 이후 가장 중요한 이슈라는 말이 있다. 이 주장의 의미에 대해 토론하라.

4. 네트워크 중립성을 강제하는 법안에 대해 찬성하는가? 찬성하거나 반대하는 이유는 무엇인가?

하는 월드와이드웹 컨소시엄(W3C) 등이 있다.

이러한 조직들은 인터넷이 가능한 효율적으로 운영되도록 하는 목적을 가지고 정부기관, 네트워크업자, ISP 및 소프트웨어 개발업체들에 영향력을 행사하고 있다. 인터넷은 또한 각 독립 지방정부나 국가 내부에 위치하는 기술적 인프라는 물론 인터넷이 운영되고 있는 지방정부나 국가의 법률과도 부합되어야 한다. 인터넷과 웹의 초창기 시절에는 법률적 혹은 행정적 간섭이 매우 적었으나 정보(누군가에게 적대적인 콘텐츠를 포함)와 지식의 유통에 있어 인터넷의 역할이 점점 커짐에 따라 이런 상황은 달라지고 있다.

미래의 인터넷 : IPv6와 인터넷 2

인터넷은 원래 수십억 사용자의 사용과 대량의 데이터 전송을 목적으로 설계되지 않았다. 인터넷 사용 인구의 증가로 사용 가능한 IP 주소가 거의 고갈되고 있다. 기존 주소체계는 **IPv6**(인터넷 프로토콜 버전 6)라고 부르고 신규 IP 주소체계로 대체되고 있으며, 이러한 IPv6는 128비트를 이용해 2의 128제곱 개 혹은 1,000조 개의 고유 주소를 가질 수 있다. IPv6는 오늘날 판매되는 대부분의 모뎀과 라우터와 호환되며, IPv6는 로컬 네트워크에서 IPv6를 사용할 수 없는 경우 이전 주소지정 시스템으로 되돌아갈 것이다. 시스템이 구형 장비를 대체하며 IPv6로의 전환은 몇 년이 걸릴 것이다.

인터넷2(Internet2)는 지금 500개 이상의 미국 대학, 기업 및 정부기관을 중심으로 94,000여 개에 달하는 미국 단체와 전 세계 100개 국가의 국제 파트너들로 구성된 선도 네트워킹 컨소시엄이다. 이러한 커뮤니티들을 연결하기 위해 인터넷2는 100Gbps 속도의 고성능 네트워크를 개발하였으며 이 네트워크는 궁극적으로 공공 네트워크에서 서비스할 대규모 네트워크 성능 측정 및 관리 툴, 안전한 ID 및 액세스 관리 툴, 고대역폭, 고성능 회로 스케줄링 기능 등 최첨단 기술에 대한 테스트베드로 사용하고 있다.

인터넷 서비스와 통신 도구

인터넷은 클라이언트/서버 기술을 기반으로 한다. 인터넷을 사용하는 개개인은 웹브라우저 소프트웨어와 같은 컴퓨터의 클라이언트 응용 프로그램을 통해 이용할 수 있다. 이메일 메시지와 웹페이지를 포함하여 모든 데이터는 서버에 저장된다. 클라이언트는 인터넷을 사용하여 원거리에 있는 컴퓨터의 특정 웹서버에 정보를 요청하고, 서버는 요청된 정보를 인터넷을 통하여 클라이언트에게 돌려보낸다. 오늘날의 클라이언트 플랫폼들은 PC나 다른 컴퓨터뿐만 아니라 스마트폰이나 태블릿까지도 포함한다.

인터넷 서비스

인터넷에 접속하는 클라이언트 컴퓨터는 다양한 종류의 서비스에 접근할 수 있다. 이러한 서비스로는 이메일, 전자 토론 그룹, 채팅과 인스턴트 메시징, **텔넷**(Telnet), **FTP**(file transfer protocol, 파일 전송 프로토콜), 웹 등이 있다. 표 7.3은 이 서비스들에 대한 간략한 설명을 제공하고 있다.

각각의 인터넷 서비스는 하나 이상의 소프트웨어 프로그램들에 의해 이루어진다. 모든 서비스를 하나의 서버 컴퓨터에서 실행할 수도 있고 서로 다른 서비스들을 여러 다른 서버에 할당할 수도 있다. 그림 7.8은 이러한 서비스들을 다중계층 클라이언트/서버 아키텍처(multi-tiered client/server architecture)에서 배치할 수 있는 한 방식을 보여준다.

이메일(e-mail)은 여러 사람에게 동시에 메시지를 보내고 메시지를 재전송하며 텍스트 문서나 멀티미디어 파일을 메시지에 첨부할 수 있는 기능을 가지고 컴퓨터에서 컴퓨터로의 메시지 교환을 가능하게 한다. 오늘날 내부분의 이메일은 인터넷을 통해 전송된다. 이메일 가격은 전화통화, 우편, 야간 배달비용보다 훨씬 싸고, 메시지들은 몇 초 안에 전 세계 어느 곳에나 도착할 수 있다.

표 7.3 주요 인터넷 서비스

종류	지원 기능
이메일	사람 간 메시지 주고받기, 문서 공유
채팅과 인스턴트 메시징	상호작용하는 대화
뉴스그룹	전자 게시판에서 토론하는 그룹
텔넷	한 컴퓨터 시스템에 로그온하여 다른 컴퓨터에 접속하여 작업
파일 전송 프로토콜(FTP)	컴퓨터에서 컴퓨터로 파일 전송
월드와이드웹	하이퍼텍스트 링크를 통해 검색, 서식 작성, 정보(텍스트, 오디오, 그래픽, 비디오) 출력

그림 7.8 인터넷에서의 클라이언트/서버 컴퓨팅

웹브라우저와 기타 소프트웨어를 실행시키는 클라이언트 컴퓨터는 인터넷을 통해 서버에 설치된 일단의 서비스에 접근할 수 있다. 이러한 서비스 모두 하나의 물리적 서버에서 실행될 수도 있고 복수의 특화된 물리적 서버들에 분산되어 실행될 수도 있다.

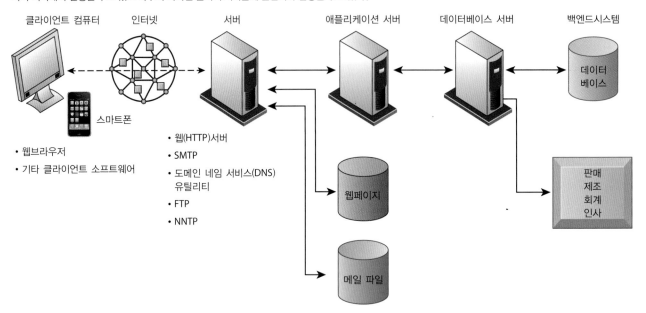

채팅(chatting)은 2명 이상이 동시에 인터넷에 접속하여 실시간 쌍방향 대화를 나눌 수 있게 한다. 채팅시스템은 이제 문자 대화는 물론 음성과 영상통신도 지원한다. 대다수의 소매기업들은 고객을 유치하고 재구매를 권유하며 고객 서비스 품질을 높이기 위해 자사의 웹사이트에 채팅 서비스를 제공하고 있다.

인스턴트 메시징(instant messaging)은 참여자 소유의 사적 채팅 공간을 만들어주는 채팅 서비스의 한 종류이다. 인스턴트 메시징 시스템은 사용자가 다른 사람과 채팅 세션을 시작할 수 있도록 사적 목록에 있는 누군가가 온라인 상태가 될 때마다 이를 통보해준다. 소비자들을 위한 인스턴트 메시징 시스템으로는 야후 메신저, 구글 행아웃, AOL 인스턴스 메신저, 페이스북 메신저 등이 있다. 보안에 대해 우려하는 기업들은 IBM의 세임타임(Sametime)과 같이 소유권을 주장할 수 있는 커뮤니케이션 및 메시징 시스템을 사용하기도 한다.

뉴스그룹(newsgroup)은 방사선학이나 록 밴드와 같은 특정 주제에 대해 정보와 아이디어를 공유하는 인터넷 전자게시판 위에 형성된 범세계적 토론 그룹을 말한다. 누구든지 다른 사람이 읽을 수 있도록 메시지를 게시판에 올릴 수 있다.

직원의 이메일, 인스턴트 메시징 및 인터넷 사용은 일반적으로 기업의 생산성을 높일 것이라고 기대하지만 '토론방 : 네크워크에서의 직원 감시, 비윤리적인가 아니면 좋은 경영 방법인가'에서는 항상 그렇지는 않을 수도 있다는 점을 상기시킨다. 최근 기업 경영자들은 직원들의 온라인 활동을 감시하고 심지어 규제할 필요가 있다고 믿고 있다. 그런데 과연 이러한 감시와 규제가 윤리적으로는 문제가 없는 것인가? 아무리 기업이 직원의 이메일과 웹에서의 활동을 감시해야만 하는 충분한 이유가 있다 하더라도 직원의 사생활 보호 측면에서는 어떤 의미를 갖는가?

인터넷 음성 프로토콜

인터넷은 음성통신과 기업 네트워킹의 가장 보편적인 플랫폼이 되었다. **인터넷 음성 프로토콜**(voice over IP, VoIP) 기술은 지역과 장거리 전화 네트워크 사용에 대한 요금 부담 없이 패킷 교환 방식을

네트워크에서의 직원 감시, 비윤리적인가 아니면 좋은 경영 방법인가?

인터넷은 매우 가치 있는 사업 도구가 되었지만, 그것은 또한 그 일에 종사하는 근로자들에게 큰 방해가 된다. 직원들은 부적절한 웹사이트(페이스북, 쇼핑, 스포츠 등)를 서핑하고, 개인 이메일을 주고받고, 친구와 문자를 주고받고, 동영상과 음악을 다운받으며 귀중한 회사 시간을 낭비하고 있다. 국제데이터코퍼레이션(IDC)의 조사에 따르면 인터넷 접속의 30~40%가 업무와 무관한 검색에 지출되고 있으며, 전체 온라인 구매의 60%가 근무 시간에 이루어지고 있다.

많은 회사들이 직원들의 이메일과 인터넷 사용을 감시하기 시작했고, 때때로 그들이 모르게 그러기도 했다. 이제 Veriato Investigator, OsMonitor, Work Examiner, Mobistealth, Spytech을 포함한 많은 도구들이 이러한 목적을 위해 이용된다. 이러한 제품은 회사들이 온라인 검색을 기록하고, 파일 다운로드와 업로드를 모니터하고, 키 입력을 기록하거나, 이메일을 감시하고, 채팅 사본을 만들거나, 컴퓨터 화면에 표시되는 특정 스크린샷을 찍을 수 있게 해준다. 인스턴트 메시징, 문자 메시지, 소셜 미디어 모니터링도 늘고 있다. 마이크로소프트는 직원들에게 이메일, 캘린더 및 기타 출처의 데이터를 조합한 MyAnalytics라는 소프트웨어를 제공하여 직원들이 시간을 어떻게 보내는지, 주요 연락처와 얼마나 자주 연락하고 있는지, 그리고 그들이 멀티태스킹을 과하게 하는지를 보여준다. 이 프로그램은 또한 매니저들이 그들의 팀이 어떻게 일하는지 볼 수 있도록 데이터를 통합한다.

미국 기업들은 근무 중에 직원 인터넷과 이메일 활동을 감시할 법적 권리가 있지만, 그러한 감시는 비윤리적인가, 아니면 단순히 좋은 사업인가?

경영자들은 직원들이 회사 사업보다는 개인에 초점을 맞추고 있을 때 시간과 직원 생산성의 손실을 걱정한다. 개인적인 일에 너무 많은 시간을 투자하면 수익이 손실된다. 일부 직원들은 사적 온라인 주식거래나 개인 용무처리에 사용한 시간을 고객에게 청구할지도 모르며 결과적으로 고객은 더 많은 비용을 부담하게 될 것이다.

회사 네트워크에 개인 트래픽이 너무 많을 때, 이것이 회사 네트워크를 막히게 하여 정당한 업무까지 수행할 수 없게

한다. 미국 운송업계의 GMI 보험 서비스는 직원들이 엄청난 양의 음악을 다운받아 동영상을 스트리밍하고 회사 서버에 파일을 저장하고 있다는 사실을 발견했다. 그 때문에 GMI의 서버 백업 공간이 소진되고 있었다.

직원들이 고용주 시설이나 고용주 장비에서 이메일이나 웹(소셜 네트워크 포함)을 사용할 때, 불법적인 것을 포함한 그들이 하는 모든 행위에 회사 이름이 따라붙는다. 따라서 고용주를 추적하여 책임을 져야 할 수도 있다. 많은 회사의 경영진은 직원들이 접근하거나 소비한 인종 차별주의, 성적으로 노골적인, 잠재적으로 불쾌한 자료들이 회사에 불리한 홍보와 심지어 소송까지 초래할 수 있다고 우려하고 있다. 회사가 법적 책임을 지지 않는 것으로 밝혀지더라도 소송에 대응하면 엄청난 법적 고지서가 쏟아질 수 있다. 기업들은 또한 이메일이나 소셜 네트워크를 통한 기밀정보유출과 거래기밀을 두려워한다. 미국 회사들은 직원들이 업무 시간 동안 회사 장비를 가지고 무엇을 하는지 감시할 법적 권리가 있다. 문제는 전자 감시가 효율적이고 긍정적인 업무 공간을 유지하기 위한 적절한 도구인지 여부다. 일부 회사는 회사 네트워크에서 모든 개인 활동을 금지한다. 즉 무관용 원칙을 시행하고 있다. 또 다른 회사들은 직원이 특정 웹사이트나 소셜 사이트에 액세스하는 것을 차단하고 이메일 메시지를 면밀히 모니터링하거나 웹에서 개인 시간을 제한하기도 한다.

플로리다 탬파에 본사를 둔 인프라 관리 및 지원 조직인 IT 당국은 직원 생산성을 향상시키기 위해 Veriato 360 직원 모니터링 소프트웨어를 사용하고 있다. 이 회사는 2016년에 이 소프트웨어를 구현하여 '비효율적인 활동'이라고 생각되는 것을 줄였다. CEO 제이슨 캐러스에 따르면 관리자들은 직원들이 일하고 있는지 그리고 그들이 정확히 어떻게 일하고 있는지를 볼 수 있다는 것을 아는 것은 낭비적인 활동에 대한 엄청난 억제책이라고 생각한다. 구체적으로 IT 당국을 위해 Veriato 360은 직원들이 방문 중인 웹사이트, 직원들이 어떤 문서(및 어떻게 전송하는지), 이메일과 인스턴트 메시징으로 무엇을 (그리고 누구에게) 보내고 있는지, 그리고 주어진 시간에 컴퓨터를 얼마나 멀리 했는지도 추적하고 기록

한다. Veriato 360을 사용하면 IT 당국과 같은 기업들은 개인의 업무에 대한 '정상적인' 활동 패턴뿐만 아니라 어떤 변칙도 파악할 수 있으므로 회사가 수천 달러 또는 수백만 달러의 업무 손실을 입기 전에 잠재적 생산성 손실을 신속하게 해결할 수 있다.

미국 대기업 5곳 중 1곳은 이메일 정책을 위반해 직원을 해고한 것으로 나타났다. 인터넷 오용으로 직원을 해고한 관리자 중 대다수는 직원들의 이메일에 민감하고 비밀스럽고 난처한 정보가 포함되어 있기 때문에 그렇게 했다.

어떤 해결책도 문제없지만 많은 컨설턴트들은 기업들이 직원들의 이메일, 소셜 미디어, 인터넷 사용에 기업정책을 적용해야 한다고 생각한다. 많은 근로자들은 고용주들이 자신에 대한 정보를 감시하고 수집할 권리가 있다는 것을 모르고 있다. 이러한 정책은 직원들이 이메일, 블로그 또는 웹서핑에 회사시설을 사용할 수 있는 상황에서 직위나 수준에 따라 명시하는 명시적인 기본 규칙을 포함해야 한다. 이 정책

들은 또한 직원들에게 이러한 활동이 감시되는지 여부를 알리고, 그 이유를 설명해야 한다.

규칙은 특정한 비즈니스 요구와 조직 문화에 맞춰져야 한다. 예를 들어 투자회사들은 많은 직원들이 다른 투자 사이트에 접속하는 것을 허용해야 할 것이다. 또한 폭넓은 정보를 공유하고, 혁신성 있고, 독립적인 기업은 오히려 이러한 정책은 문제들을 해결하기보다 더 많은 문제를 발생시킨다는 것을 매우 잘 알 수 있다.

출처 : "Technology Is Making It Possible for Employers to Monitor More Work Activity than Ever," *Economist*, April 3, 2018; www.privacyrights.org, accessed April 5, 2018; "Electronic Surveillance of Employees," www.thebalance.com, accessed April 5, 2018; "Office Slacker Stats," www.staffmonitoring.com, accessed May 3, 2017; "How Do Employers Monitor Internet Usage at Work?" wisegeek.org, accessed April 15, 2017; and Veriato, "Veriato 360 Helps IT Authorities Quickly Increase Employee Productivity," March 15, 2017.

사례연구 문제

1. 관리자는 직원의 이메일과 인터넷 사용을 통제해야만 하는가? 왜 그런가 혹은 왜 그러면 안 되는가? 이유를 설명하라.
2. 효과적인 기업의 이메일과 웹 사용 관리정책을 설명하라.
3. 관리자는 직원에게 그들의 웹 활동을 감시하고 있다는 점을 알려야만 하는가? 아니면 몰래 감시해야 하는가? 왜 그런가 혹은 왜 그러면 안 되는가? 이유를 설명하라.

통해 디지털 형식으로 음성정보를 전달한다(그림 7.9 참조). 보통 공중 전화망을 통해 전송되던 전화통화가 인터넷 프로토콜을 기반으로 하는 기업 네트워크나 공중 인터넷을 통해 이루어질 수 있다. 이제 마이크와 스피커를 장착한 데스크톱 컴퓨터나 VoIP를 지원하는 전화기를 통해 전화를 걸거나 받을 수 있다.

타임워너와 케이블비전과 같은 케이블회사들은 VoIP 서비스를 그들이 판매하는 고속 인터넷과 케이블 서비스와 함께 묶어서 제공하고 있다. 스카이프는 P2P 네트워크를 이용하여 전 세계적으로 무료 VoIP를 제공하고 있으며, 구글 역시 독자적인 무료 VoIP 서비스를 제공하고 있다.

IP 전화시스템 구축을 위해 선행 투자가 필요하긴 하지만 VoIP는 통신 및 네트워크 관리비용을 20~30% 절감시킬 수 있다. 예를 들어 버진 엔터테인먼트 그룹(Virgin Entertainment Group)은 VoIP를 이용하여 연간 70만 달러 상당의 장거리 전화비용을 절약하고 있다. 장거리 전화비용의 절감과 전용 회선에 대한 월정 요금 부담을 피하는 것 외에도 IP 네트워크는 통신과 컴퓨팅 서비스 둘 모두를 처리할 수 있는 단일 음성-데이터 인프라를 제공한다. 따라서 기업들은 더 이상 분리된 2개의 네트워크를 유지하거나 이들 상이한 네트워크 각각에 서비스와 인력 지원을 할 필요가 없다.

그림 7.9 VoIP는 어떻게 작동하는가

VoIP 전화는 음성 메시지를 디지털화하고 최종 목적지에서 재조합되기 전까지 서로 다른 경로를 통해 전달할 수 있는 데이터 패킷으로 쪼갠다. 일명 게이트웨이라고 하는 최종 목적지에 가장 가까운 프로세서는 이 패킷들을 순서에 맞게 정리하고 수신자의 전화번호나 수신 컴퓨터의 IP 주소로 보낸다.

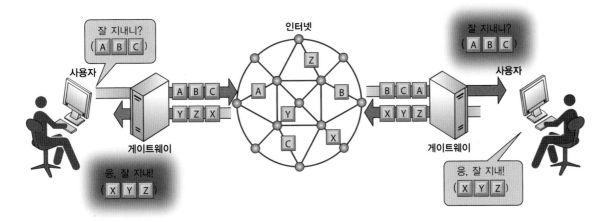

통합 통신망

과거에는 유무선 데이터 및 음성통신과 영상회의를 위한 기업 네트워크들은 서로 독립적으로 운영되고 정보시스템 부서가 개별적으로 관리하였다. 이제 기업들은 이러한 이질적 통신 방식들을 통합 통신기술을 사용하여 단일 범용 서비스로 통합시킬 수 있다. **통합 통신망**(unified communications)은 음성통신, 데이터통신, 인스턴트 메시징, 이메일 및 화상회의 등을 위한 이질적 채널을 통합하여 사용자가 서로 다른 통신 방식 간을 끊김 없이 전환할 수 있는 환경을 구축하고 있다. 소위 프레즌스 기술(presence technology)은 특정 사용자가 현재 전화를 받을 수 있는지 없는지를 알려준다.

시카고의 주요 산업부동산 업체인 센터포인트 부동산은 각각의 부동산 거래마다 협업 웹사이트를 구축하기 위해 통합 통신망 기술을 사용하고 있다. 각 웹사이트는 구조적 및 비구조적 데이터 모두에 대한 단일 접근 공간을 제공한다. 또한 통합 프레즌스 기술은 팀 구성원들이 단 한 번의 클릭으로 서로 이메일, 인스턴트 메시지, 전화 및 영상회의를 할 수 있도록 해준다.

가상 사설망

미국 전역에 흩어져 있는 구성원들과 함께 신규 상품과 서비스를 개발해야 하는 마케팅 그룹을 운영하려면 어떻게 해야 할까? 외부인이 통신 내용을 가로챌 염려 없이 구성원 간에 이메일을 주고받으며 본사와 통신할 수 있기를 바랄 것이다. 대형 사설 네트워킹 업체는 고객에게 안전한 사설 전용 네트워크를 제공하지만 이는 비용이 많이 든다. 훨씬 더 저렴한 방법은 공공 인터넷 내에서 가상 사설망을 구축하는 것이다.

가상 사설망(virtual private network, VPN)은 인터넷과 같은 대규모 네트워크 관리설비와 규모의 경제의 이점을 활용하기 위해 공공 네트워크 내에 구성된 안전하고 암호화된 사설 네트워크를 말한다(그림 7.10 참조). 가상 사설망(VPN)은 기업에 통신 보안을 위해 인터넷이 아닌 사설 네트워크를 사용하는 전통적인 통신망업체가 제공하는 통신 서비스와 동일한 수준의 보안 및 암호화된 통신 서비스를 훨씬 저렴하게 제공하고 있다. 가상 사설망은 또한 음성과 데이터 네트워크를 결합한 단일 네트워크 인프라를 제공한다.

점 대 점 터널링 프로토콜(point-to-point tunneling protocol, PPTP)을 포함하여 몇 개의 경쟁 관

그림 7.10 인터넷 기반의 가상 사설망

VPN은 인터넷상에서 안전한 터널 접속을 통해 연결한 컴퓨터들의 사설망을 말한다. VPN은 데이터를 암호화하고 인터넷 프로토콜(IP) 내에 래핑함으로써 공공 인터넷을 통해 전송하는 데이터를 보호한다. 콘텐츠를 숨기기 위해 네트워크 메시지에 래퍼를 추가함으로써 기업은 공공 인터넷을 이용하는 사설망을 구축할 수 있다.

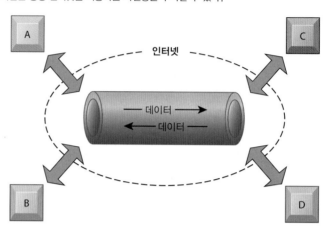

계에 있는 프로토콜들을 공공 인터넷을 통해 전송하는 데이터를 보호하는 데에 사용하고 있다. 소위 터널링이라는 과정에서 데이터 패킷을 암호화하고 IP 패킷으로 포장한다. 콘텐츠를 숨기기 위해 네트워크 메시지에 이러한 래퍼(wrapper)를 추가함으로써 기업은 공공 인터넷을 경유하는 사설망을 구축할 수 있다.

웹

웹은 가장 대중적인 인터넷 서비스이며 저장, 검색, 포매팅, 정보 디스플레이에 관련하여 범세계적으로 인정된 표준을 사용하는 클라이언트/서버 아키텍처 시스템이다. 웹페이지는 문서를 다른 문서로 연결하고 페이지를 소리, 영상이나 동영상 파일 같은 다른 객체로 연결하는 내재 링크(embedded link)를 갖는 하이퍼텍스트를 이용하여 구성된다. 그래픽이나 비디오 클립 재생을 클릭할 때 바로 이러한 하이퍼링크를 클릭한 것이다. 전형적인 **웹사이트**(website)는 하나의 홈페이지로 연결된 일단의 웹페이지 집합을 말한다.

하이퍼텍스트

웹페이지는 HTML(하이퍼텍스트 마크업 언어) 표준을 토대로 하는데, 이것은 문서를 형태화하고 동일 혹은 원격 컴퓨터에 저장된 다른 문서와 대상에 대한 동적 링크를 포함하고 있다(제5장 참조). 컴퓨터의 웹브라우저 소프트웨어가 HTTP를 이용하여 인터넷 호스트 서버에 저장된 웹페이지를 요청할 수 있기 때문에 웹페이지를 통해 접근 가능하다. **HTTP**(hypertext transfer protocol, 하이퍼텍스트 전송 프로토콜)는 웹에서 페이지를 전송하기 위해 사용하는 통신 표준이다. 예를 들어 브라우저에서 www.sec.gov 같은 웹주소를 입력하면 브라우저는 sec.gov의 홈페이지에 접근하기 위해 sec.gov 서버로 HTTP 요청을 보내는 것이다.

HTTP는 모든 웹주소의 처음에 오는 문자열로서 웹페이지를 저장하고 있는 조직의 서버 컴퓨터를 가리키는 도메인 이름이 웹주소에서 이를 뒤따르게 된다. 대부분의 기업은 공식적인 기업명과 같거나 비슷한 도메인 이름으로 설정한다. 한편 디렉터리 경로와 웹페이지 이름은 웹주소를 구성하는 또 다른 두 가지 정보이며, 브라우저가 요청한 페이지의 위치를 찾도록 도와준다. 이 모든 정보요소를 가지는 주소를 **URL**(uniform resource locator)이라 부른다. URL을 브라우저에 입력하면 URL은 브라우저 소프트웨어에게 정보를 어디에서 찾아야 할지 정확하게 알려준다. http://www.megacorp.com/content/features/082602.html이라는 URL에서 http는 웹페이지를 표시하기 위한 프로토콜을 의미하고 www.megacorp.com는 도메인 이름이며 content/features는 그 도메인 웹서버상 어디에 그 페이지가 저장되어 있는지 알 수 있게 하는 디렉터리 경로이고, 마지막으로 082602.html은 웹페이지 명과 저장형식(이 경우 HTML 형식임)을 알려준다.

웹서버

웹서버는 저장된 웹페이지를 찾고 관리하는 소프트웨어이다. 웹서버는 웹페이지들이 저장되어 있는 컴퓨터에서 사용자가 요청한 웹페이지의 위치를 찾아내고, 이를 사용자의 컴퓨터로 전달한다. 서버 응용 프로그램은 보통 개별 전용 컴퓨터에서 실행되지만 작은 조직에서는 전체를 하나의 컴퓨터에 배치하기도 한다.

오늘날 선도적인 웹서버는 마이크로소프트의 인터넷 정보 서비스(IIS)와 아파치 HTTP 서버가 있다. 아파치는 무료로 사용할 수 있는 공개 소스 제품으로 해당 웹사이트에서 다운로드할 수 있다.

웹에서 정보 검색하기

사실 얼마나 많은 웹페이지가 인터넷에 있는지 아무도 확실하게 알 수는 없다. 소위 표면 웹(surface Web)은 검색엔진이 방문할 수 있고 관련된 정보를 수집할 수 있는 웹의 일부분을 말한다. 예로 구글은 2017년에 35조 페이지로 추정되는 페이지를 인덱싱했고, 이것은 60조 페이지로 추정되는, 공개적으로 접근 가능한 전체 웹페이지의 큰 부분을 반영하고 있다. 반면 웹에는 약 1조 개의 페이지들로 추산되는 소위 '딥웹(deep Web)'이라는 부분이 남아 있으며, 이들 대부분은 접속 코드 없이는 방문이 불가능한 월 스트리트 저널 온라인과 같은 비공개 페이지이거나 보호된 기업 데이터베이스에 저장된 페이지들이다. 페이스북은 20억 명 이상의 회원을 위한 텍스트, 사진, 미디어의 웹페이지를 가진 폐쇄적인 웹이며, 그 페이지는 구글이나 다른 검색엔진에 의해 완전히 검색될 수 있는 것은 아니다. 다크웹이라고 부르는 딥웹의 작은 부분은 의도적으로 검색엔진으로부터 숨겼고, 마스크로 가려진 IP 주소를 사용했으며, 익명성을 보존하기 위해 특별한 웹브라우저를 통해서만 접속할 수 있다.

검색엔진 수많은 웹페이지 중에서 개인과 기업에 도움이 되는 특정 웹페이지를 거의 즉시 찾을 수 있는지의 여부는 매우 중요한 문제이다. 문제는 바로 "수십억 개의 색인된 웹페이지 중에서 정말 원하고 필요한 한두 개의 페이지를 어떻게 찾을 수 있는가?"이다. **검색엔진**(search engines)은 웹상에서 거의 순식간에 유용한 정보를 찾아야 하는 문제를 해결고자 하며 거의 확실히 인터넷 시대의 '킬러 앱(killer app)'이라 할 수 있다. 오늘날의 검색엔진은 음성, 동영상 및 사진 파일은 물론 HTML 파일, 마이크로소프트의 오피스 파일, PDF 파일 등도 검색 대상으로 하고 있다. 전 세계에 수백 개의 검색엔진이 있지만 대부분의 검색 결과는 구글, 바이두, 야후, 마이크로소프트 빙에서 얻는다(그림 7.11 참조). 우리는 일반적으로 아마존을 온라인 상점으로 생각하지만 아마존은 강력한 제품 검색엔진이기도 하다.

웹 검색엔진은 1990년대 초 초창기 웹을 돌아다니며 페이지를 방문하고 각 페이지의 콘텐츠에 대한 정보를 수집하는 비교적 간단한 소프트웨어 프로그램에서 시작되었다. 최초의 검색엔진은 방문한 모든 페이지의 단순 키워드 색인으로 사용자에게 정말 관련이 없을 수도 있는 페이지 리스트였다.

그림 7.11 전 세계 최상위 웹 검색엔진

구글은 전 세계에서 가장 인기 있는 검색엔진이다.

출처 : Net Market Share, April 2018.

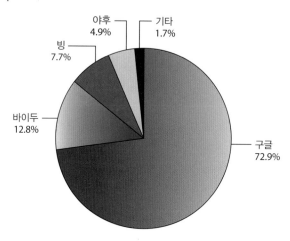

1994년, 스탠퍼드대학교의 컴퓨터과학과 학생인 데이빗 필로와 제리 양은 그들이 직접 선별한 인기 웹페이지 리스트를 만들었고, 이를 "Yet Another Hierarchical Officious Oracle", 즉 Yahoo로 이름을 붙였다. 야후는 초기에 실질적 검색엔진이라기보다는 차라리 편집자가 유용하다고 판단한 범주화된 웹사이트 모음집이었다. 현재 야후는 마이크로소프트 빙에 검색 결과를 의존하고 있다.

한편 1998년에는 또 다른 두 명의 스탠퍼드대학교 컴퓨터과학과 학생인 래리 페이지와 세르게이 브린이 구글의 첫 번째 버전을 발표하였다. 이 검색엔진은 기존의 검색엔진과 비교하여 다른 특징을 가지고 있었다. 먼저 각 웹페이지의 단어에 대해 색인뿐만 아니라 각 페이지의 관련성을 기반으로 검색 결과에 대한 순위를 매겼다. 래리 페이지는 특정 페이지에 대해 그 페이지에서 외부로 연결되는 페이지의 수는 물론 해당 페이지에 대한 링크를 가지는 사이트의 수도 계산함으로써 웹페이지의 대중성을 본질적으로 측정할 수 있는 페이지랭킹 시스템(PageRank System)의 아이디어에 대한 특허를 획득하였다. 이 시스템은 유명한 웹사이트가 사용자와 더 관련이 있을 것이라고 전제하고 있다. 브린 역시 페이지상의 키워드뿐만 아니라 단어의 조합(어떤 기사의 제목과 저자와 같은)까지도 색인할 수 있는 독특한 웹크롤러(Web crawler) 프로그램을 개발하였다. 이 두 아이디어가 구글 검색엔진의 기초를 이루고 있다. 그림 7.12는 이러한 구글이 어떻게 작동하는지를 보여주고 있다.

모바일 검색 스마트폰과 태블릿으로부터의 모바일 검색은 전체 검색의 50% 이상을 차지하며, 향후 몇 년 내에 급속도로 확대될 것이다. 구글, 아마존, 야후는 스마트폰에서 검색과 쇼핑을 더 편리하게 하기 위해 새로운 검색 인터페이스를 개발했다. 구글은 스마트폰 화면에 잘 어울리는 사이트를 선호하도록 검색 알고리즘을 개정했다. 스마트폰이 쇼핑에 널리 사용되지만 실제 구매는 랩톱 또는 데스크톱, 그다음으로 태블릿에 의해 진행된다.

시맨틱 검색 검색엔진이 더 차별적이고 도움이 되는 또 다른 방법은 우리가 진정으로 검색하고자 하는 것을 이해할 수 있는 검색엔진을 만드는 것이다. **시멘틱 검색**(semantic search)의 목표는 인간의 언어와 행동을 진정으로 이해할 수 있는 검색엔진을 구축하는 것이다. 구글과 다른 검색엔진 회사들은 사용자가 의도한 것과 검색의 의미를 더 많이 포착하기 위해 검색엔진 알고리즘을 개선하려고 시도하고 있다. 구글의 허밍버드 검색 알고리즘은 검색에서 각각의 단어를 별도로 평가하기보다는 단어 뒤에 숨은 의미에 초점을 맞추어 문장 전체를 평가하려고 한다. 만약 여러분의 검색이

그림 7.12 구글의 작동 원리

구글 검색엔진은 지속적으로 웹을 돌아다니며 각 페이지의 콘텐츠를 색인하고 대중성을 계산하며 해당 페이지를 저장한다. 이를 통해 특정 페이지를 보고자 하는 사용자의 질의에 빠르게 대응할 수 있는데, 전체 질의 과정을 처리하는 데 걸리는 시간은 고작 0.5초에 불과하다.

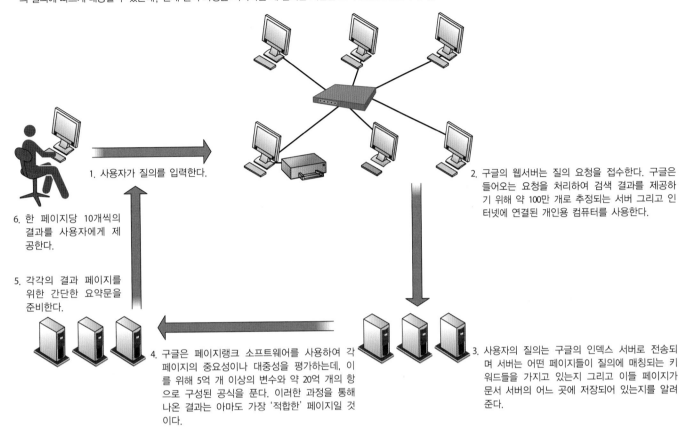

1. 사용자가 질의를 입력한다.

2. 구글의 웹서버는 질의 요청을 접수한다. 구글은 들어오는 요청을 처리하여 검색 결과를 제공하기 위해 약 100만 개로 추정되는 서버 그리고 인터넷에 연결된 개인용 컴퓨터를 사용한다.

6. 한 페이지당 10개씩의 결과를 사용자에게 제공한다.

5. 각각의 결과 페이지를 위한 간단한 요약문을 준비한다.

4. 구글은 페이지랭크 소프트웨어를 사용하여 각 페이지의 중요성이나 대중성을 평가하는데, 이를 위해 5억 개 이상의 변수와 약 20억 개의 항으로 구성된 공식을 푼다. 이러한 과정을 통해 나온 결과는 아마도 가장 '적합한' 페이지일 것이다.

3. 사용자의 질의는 구글의 인덱스 서버로 전송되며 서버는 어떤 페이지들이 질의에 매칭되는 키워드들을 가지고 있는지 그리고 이들 페이지가 문서 서버의 어느 곳에 저장되어 있는지를 알려준다.

'구글 연간 보고서 선정 금융 데이터'와 같은 긴 문장이라면, 허밍버드는 당신이 2018년 2월에 증권거래위원회에 제출된 구글의 모회사인 알파벳의 SEC Form 10K 보고서를 진정으로 원한다는 것을 알아낼 수 있을 것이다.

구글 검색은 또한 여러분이 어떤 주제를 검색할 때 더 알고 싶은 것을 예상하기 위한 검색 알고리즘의 결과인 지식 그래프를 이용한다. 지식 그래프의 결과는 많은 검색 결과 페이지의 화면 오른쪽에 나타나며 검색 중인 주제 또는 사용자에 대한 자세한 정보를 포함하고 있다. 예를 들어 '레이크 타호'를 검색하면, 검색엔진은 타호(고도, 평균 온도, 지역 어류), 지도, 호텔 숙박에 대한 기본적인 사실을 반환하게 된다. 구글은 대부분의 검색 결과의 일부를 **예측 조사**(predictive search)로 만들었다. 검색 알고리즘의 이 부분은 여러분이 찾고 있는 것을 추측하고 검색 단어를 입력할 때 검색 용어를 제안한다.

소셜 검색 구글과 기계적인 검색엔진의 한 가지 문제는 너무 철저하다는 것이다. 'ultra computers'에 대한 검색을 입력하면 0.2초 안에 3억 개 이상의 응답을 받게 된다. **소셜 검색**(social search)은 개인의 사회적 접촉망에 기초하여 더 적고, 더 합목적이며, 신뢰할 수 있는 검색 결과를 제공하기 위한 노력이다. 당신의 쿼리를 만족시키는 페이지를 찾기 위해 수학적 알고리즘을 사용하는 상위 검색엔진과는 대조적으로 소셜 검색은 소셜 네트워크 구성원이 만들거나 만진 콘텐츠를 강조할 것이다. 페이스북 검색은 사용자의 소셜 네트워크인 친구 및 연결 정보로 사용자 검색 질의에 응답하는 소셜 네트워크 검색엔진이다. 페이스북 검색은 개인과 조직과 연결되거나 연결될 수 있는 페이스북의 엄청난 양의 데이터에 의존한다. 여러분은 2016년 이전에 여러분 친구들이 좋아하는 보스턴 레스토랑이나 친구들의 사진을 검색하기 위해 페이스북 검색을 사용할 수도 있다.

비주얼 검색과 비주얼 웹   검색엔진은 원래 텍스트 문서를 검색하도록 설계되었지만, 인터넷에서 사진과 동영상이 폭발적으로 증가하면서 이러한 시각적인 것들을 검색하고 분류해야 한다는 요구가 생겨났다. 얼굴 인식 소프트웨어는 사람의 얼굴을 디지털 버전으로 만들 수 있다. 페이스북은 사용자들이 사진에서 친구들의 태그를 붙이는 것을 돕는 태그 제안 기능이 있다. 여러분 또한 사람들의 디지털 이미지를 이용하여 그들을 찾고 식별하여 페이스북에서 사람들을 검색할 수 있다. 페이스북은 이제 얼굴인식능력을 더 정확하게 만들기 위해 인공지능기술을 사용하고 있다.

웹이 더 시각화되면서 사진, 이미지, 영상 검색이 점점 더 중요해졌다. **비주얼 웹**(visual web)은 사진이 텍스트 문서를 대체하고, 사용자가 사진을 검색하며, 제품의 사진이 제품의 디스플레이 광고를 대체하는 핀터레스트와 같은 웹사이트를 말한다. 핀터레스트는 사용자에게 흥미로운 사진을 고정할 수 있는 온라인 게시판을 제공하는 소셜 네트워킹 사이트다. 핀터레스트는 2018년 전 세계적으로 2억 명의 월별 사용자를 보유하고 있었다. 인스타그램은 비주얼 웹의 또 다른 예다. 인스타그램은 페이스북이나 트위터 등 다른 소셜 사이트에서 사진을 찍고, 강화하며, 친구들과 공유할 수 있는 사진 및 동영상 공유 사이트다. 인스타그램은 2018년 월 8억 명의 액티브 유저를 보유했다.

인텔리전트 에이전트 쇼핑봇   제11장에서는 정보를 수집하거나 필터링을 하고 사용자를 지원하는 다른 작업을 수행할 수 있는 내장형 인텔리전스를 갖춘 소프트웨어 에이전트의 기능을 설명한다. **쇼핑봇**(shopping bots)은 인터넷 쇼핑정보를 검색하기 위해 지능형 에이전트 소프트웨어를 사용한다. 마이사이먼이나 프라이스그래버와 같은 쇼핑봇과 트리바고와 같은 여행 검색 도구는 휴게실 필터를 구입하거나 대여하는 것에 관심이 있는 사용자가 설정한 기준에 따라 정보를 검색하도록 이용자들을 도울 수 있으며, 어떤 경우에는 가격과 배송 조건을 위해 판매자와 협상할 수 있게 도울 수 있다.

검색엔진 마케팅   검색엔진은 현재 **검색엔진 마케팅**(search engine marketing)이라는 것을 제공함으로써 주요 광고 플랫폼과 쇼핑 도구가 되었다. 정보를 검색하는 것은 웹에서 가장 인기 있는 활동 중 하나이다. 미국에서 2019년까지 2억 4,200만 명이 검색엔진을 사용하였으며, 2억 1,500만 명이 모바일 검색을 사용했다. 이 많은 이용자들과 함께 검색엔진은 온라인 마케팅과 광고의 수익성이 가장 높은 형태인 검색엔진 마케팅의 토대가 되었다. 사용자가 구글, 빙, 야후 또는 이들 검색엔진에서 서비스하는 다른 사이트에서 검색어를 입력하면 광고주들이 목록화하기 위해 지불한 후원 링크(일반적으로 검색 결과 페이지 상단에 있음)와 후원되지 않은 유기적 검색 결과라는 두 가지 유형의 목록을 받는다. 게다가 광고주들은 검색 결과 페이지의 한쪽에 있는 작은 텍스트 박스를 구입할 수 있다. 유료 광고와 후원을 받는 광고는 인터넷 광고의 가장 빠르게 성장하는 형태로서 소비자의 이익을 적절한 순간에 광고 메시지와 정확하게 일치시키는 강력한 새로운 마케팅 도구다. 검색엔진 마케팅은 검색 프로세스의 가치를 수익화한다. 2018년에는 검색엔진 마케팅이 전체 온라인 광고(930억 달러)의 절반에 가까운 44.2%인 420억 달러를 창출하였다(eMarketer, 2018). 2017년 구글 매출액(1,100억 달러)의 약 90%가 온라인 광고에서 나왔으며, 광고 수익의 90%는 검색엔진 마케팅에서 나왔다(Alphabet, 2018).

검색엔진 마케팅은 매우 효과적이기 때문에(클릭률이 가장 높고 광고 투자 수익률이 가장 높기 때문에), 회사들은 검색엔진 인식을 위해 웹사이트를 최적화하려고 한다. 페이지가 최적화될수록 검색엔진 결과 목록에서 순위가 높아진다. **검색엔진 최적화**(search engine optimization, SEO)는 주요 웹사이트 검색엔진의 검색 필드에 특정 키워드와 구절을 넣으면 해당 웹사이트가 검색 결과의 상위에 나올 수 있도록 돕는 일련의 기술을 채택하여 웹사이트로 들어오는 트래픽의 양과 품질을 향상시키는 작업을 의미한다. 한 가지 기법은 웹사이트 설명에 사용된 키워드가 잠재 고객이 검색어로 사용할 가능성이 큰 키워드와 일치하는지 확인하는 것이다. 예를 들어 대부분의 잠재 고객이 '조명'이라는 키워드를 통해 검색하는 경우 여러분의 웹사이트가 '램프'보다는 '조명'을 키워드를 사용할 때 검색엔진에서 1위를 차지할 가능성이 더 크다. 또한 가능한 한 많은 다른 웹사이트에 여러분의 웹사이트를 연결하는 것이 유리하다. 검색엔진은 이러한 링크를 평가하여 웹사이트의 인기와 웹상의 다른 콘텐츠와 그것이 어떻게 연결되는지 판단하기 때문이다.

구글의 검색엔진을 속이기 위해 수천 개의 가짜 웹사이트 페이지를 만들어 하나의 소매업체 사이트와 연결시키는 사기꾼들에게 검색엔진이 당할 수 있다. 회사는 그들의 사이트와 자신들의 사이트를 연결하기 위해 소위 'link farm'이라는 돈을 지불할 수도 있다. 구글은 2012년 검색 알고리즘을 바꾸어 의심스러운 패턴으로 보이는 사이트들로 연결하려는 링크들의 품질을 보다 더 면밀히 검토함으로써 이러한 문제에 대응했다.

일반적으로 검색엔진은 대규모 마케팅 캠페인을 할 여력이 없는 중소기업에 큰 도움이 됐다. 쇼핑객들이 검색엔진을 사용할 때 특정 제품이나 서비스를 찾는데, 이들을 마케팅 담당자들은 정보를 찾으며 구매를 하려는 사람들, 즉 좋은 잠재적 고객이라 한다. 게다가 검색엔진은 클릭하여 사이트에 접속하는 것에만 요금을 부과한다. 상인들은 효과가 없는 광고에 대해서는 돈을 지불할 필요가 없고 오직 클릭 받는 광고들에 대해서만 하면 된다. 소비자들이 특정 상품을 찾을 때만 상인을 위한 광고가 나오기 때문에 소비자들은 검색엔진 마케팅의 혜택을 받는다. 소비자가 특정 상품을 찾고 있을 때만 상인을 위한 광고가 나타나기 때문에 소비자들은 검색엔진 마케팅의 혜택을 받는다. 따라서 검색엔진 마케팅은 소비자의 인지 에너지를 절약하고 검색비용을 절감한다(물리적으로 제품을 검색하는 데 필요한 교통비 포함). 한 연구는 판매자와 소비자 모두에게 검색의 전 세계적 가치를 8,000억 달러 이상이라고 추정했는데, 이 중 약 65%가 검색비용을 낮추고 가격을 낮추는 형태로 소비자에게 돌아간다(McKinsey & Company, 2011).

웹에서 정보 공유

오늘날의 웹사이트에는 고정된 콘텐츠만 포함되어 있는 것이 아니라 사람들이 온라인에서 협업하고, 정보를 공유하고, 새로운 서비스와 콘텐츠를 만들 수 있게 해준다. 오늘날의 웹은 상호작용성, 실시간 사용자 제어, 사회적 참여(공유) 및 사용자 생성 콘텐츠를 지원할 수 있다. 이러한 기능을 뒷받침하는 기술과 서비스는 클라우드 컴퓨팅, 소프트웨어 매시업 및 앱, 블로그, RSS, 위키 및 소셜 네트워크를 포함한다. 우리는 이미 제5장에서 클라우드 컴퓨팅, 매시업, 앱에 대해 설명하고 제2장에서 소셜 네트워크를 소개했다.

블로그(blog)는 웹로그의 대중적인 용어로 일반적으로 저자의 연재물(최신부터 오래된 것까지)을 포함하고 관련 웹페이지에 링크하는 개인 웹사이트다. 블로그는 **블로그롤**(관심 있는 블로그나 링크의 모음)과 **트랙백**(하나의 블로그에 게시된 글과 그것을 참조하는 다른 블로그의 글을 연결하는 연결고리)을 사용할 수 있다. 대부분의 블로그는 독자들이 블로그 항목에도 댓글을 달 수 있게 해준다. 블로그를 만드는 행위를 흔히 블로깅이라고 한다. 블로그는 Blogger.com이나 TypePad.com과 같은 제3자 서비스에서 호스팅할 수 있으며, 블로그 기능은 페이스북과 같은 소셜 네트워크와 IBM 노트와 같은 협업 플랫폼에 통합되었다. 워드프레스(WordPress)는 대표적인 오픈소스 블로그 툴과 콘텐츠 관리시스템이다. **마이크로블로깅**(microblogging)은 특정 공간이나 크기 제약이 있는 트위터나 다른 플랫폼에서 사용되는 블로그의 일종으로 짧은 문장, 개별 이미지, 비디오 링크와 같은 매우 작은 콘텐츠 요소를 특징으로 한다.

블로그 페이지는 대개 블로그 서비스나 소프트웨어에서 제공하는 템플릿을 기반으로 한다. 따라서 어떤 종류의 HTML 기술이 없는 수백만의 사람들도 자신의 웹페이지를 게시하고 다른 사람들과 콘텐츠를 공유할 수 있다. 웹사이트와 관련된 전체 블로그들을 **블로고스피어**(blogosphere)라고 일컫는다. 블로그는 인기 있는 개인 출판 도구가 되었지만, 비즈니스 용도로도 사용한다(제2, 10장 참조).

만약 여러분이 열렬한 블로그 리더라면, 여러분은 RSS를 이용하여 계속해서 업데이트를 확인하지 않고 여러분이 좋아하는 블로그를 따라잡을 수 있다. **RSS**(Really Simple Syndication or Rich Site Summary)는 웹사이트에서 특정 콘텐츠를 가져와 사용자의 컴퓨터에 자동으로 공급한다. RSS 리더 소프트웨어는 우리가 스캔하라고 요구하는 웹사이트나 블로그로부터 자료를 수집하여 새로운 정보를 가져다준다. RSS 리더는 구글과 야후 같은 웹사이트를 통해 이용할 수 있으며, 그것들은 주요 웹브라우저와 이메일 프로그램에 통합되었다.

블로그는 방문자들이 원래 내용에 주석을 추가할 수 있게 하지만 방문자들이 원래 게시된 자료를 변경할 수는 없게 한다. 이와는 대조적으로 **위키**(Wikis)는 방문자들이 이전 작가들의 작품을 포함하여 콘텐츠를 추가, 삭제 또는 수정할 수 있는 협업 웹사이트이다. 위키(Wiki)는 하와이의 '퀵(quick)'이라는 단어에서 유래되었다.

위키 소프트웨어는 일반적으로 모든 페이지에 공통되는 레이아웃과 요소를 정의하고, 사용자가 편집할 수 있는 소프트웨어 프로그램 코드를 표시한 다음 웹브라우저에 표시하기 위해 내용을 HTML 기반 페이지로 만드는 템플릿을 제공한다. 일부 위키 소프트웨어는 기본적인 텍스트 포맷만 허용하는 반면, 다른 도구는 표, 이미지 심지어는 투표나 게임과 같은 대화형 요소의 사용을 허용한다. 대부분의 위키는 다른 사용자의 작업을 모니터링하고 오류를 수정할 수 있는 기능을 제공한다. 위키는 정보 공유를 매우 쉽게 만들기 때문에 사업적 용도로 다양하게 사용할 수 있다.

미국 국토안보부 국가사이버보안센터(NCSC)는 위협, 공격, 대응에 관한 다른 연방기관과의 정보 공유를 용이하게 하고, 기술 및 표준 정보의 저장소로 활용하기 위해 위키를 구축했다. 픽사 위키(Pixar Wiki)는 픽사 애니메이션 스튜디오의 작품을 널리 알리기 위한 공동 커뮤니티 위키이다. 이 위키는 누구나 픽사 영화에 관한 기사를 만들거나 편집할 수 있다.

소셜 네트워킹(social networking) 사이트는 사용자들이 친구들과 전문적인 동료들의 공동체를 구축할 수 있도록 해준다. 회원들은 일반적으로 사진, 비디오, 오디오 파일 및 텍스트를 게시하기 위한 웹페이지인 프로필을 만든 다음, 친구나 연락처로 식별된 서비스에서 다른 사용자와 프로필을 공유한다. 소셜 네트워킹 사이트는 상호작용성이 높고, 실시간 사용자 제어를 제공하며, 사용자가 생성한 콘텐츠에 의존하며, 대체로 사회적 참여와 콘텐츠 및 의견의 공유에 기반을 두고 있다. 대표적인 소셜 네트워킹 사이트로는 페이스북, 트위터, 링크드인(전문적인 연락용) 등이 있다.

소셜 네트워킹은 사람들이 온라인에서 시간을 보내는 방법, 사람들이 의사소통하는 방법, 그리고 누군가와 소통하는 방법, 사업가들이 고객·공급자·직원들과 연락하는 방법, 재화와 서비스의 제공자들이 고객에 대해 배우는 방법, 그리고 광고주들이 잠재 고객에게 어떻게 접근하는지를 근본적으로 바꾸어 놓았다. 대형 소셜 네트워킹 사이트는 회원들이 지역사회의 다른 구성원들에게 소프트웨어 애플리케이션을 만들어 판매할 수 있는 애플리케이션 개발 플랫폼이기도 하다. 페이스북만 해도 게임, 동영상 공유, 친구, 가족과의 소통 등 700만 건이 넘는 앱과 웹사이트가 통합돼 있다. 우리는 제2장과 제10장에서 소셜 네트워킹의 비즈니스 애플리케이션에 대해 더 많이 이야기하며, 여러분은 이 책의 다른 많은 장에서 소셜 네트워킹 논의를 발견할 수 있을 것이다.

미래 웹

미래 인터넷이 가시화되고 있다. 주요 특징은 개인들이 인터넷상의 수조 개의 페이지에 걸쳐 이해할 수 있는 더 많은 도구들 또는 스마트폰과 비주얼에 사용할 수 있는 수백만 개의 앱, 심지어 3D 환경에서 페이지를 다룰 수 있는 3차원(3D) 웹이다(앞부분에서 언급한 시멘틱 검색과 비주얼 검색에 대한 논의 참조).

최근에는 도시의 교통 신호등과 수도 사용량, 거실 조명, 자동차의 백미러 등 모든 것을 제어하는 웹이 만연해 있다. 이를 **사물인터넷**(Internet of Things, IoT)이라고 하며, 우리의 물리적 세계 전체에 걸쳐 수십억 개의 인터넷 연결 센서를 기반으로 한다. 물체, 동물 또는 사람은 사람 대 사람 또는 사람 대 컴퓨터 상호작용을 요구하지 않고 네트워크를 통해 데이터를 전송할 수 있는 고유한 식별자와 기능을 제공한다. GE, IBM, HP, 오라클과 같은 기업과 수백 개의 소규모 신생기업들은 원격 센서와 빠른 클라우드 컴퓨팅의 광범위한 사용을 통해 스마트 머신, 공장 및 도시를 구축하는 방법을 탐구하고 있다. 우리는 다음 절에서 이 주제에 대해 좀 더 자세히 설명한다.

앱 인디넷은 미래 웹의 또 다른 요소다. 모바일 플랫폼 내의 앱의 성장은 놀랍다. 미국에서는 80% 이상의 모바일 분량이 브라우저가 아닌 앱을 통해 생성된다. 앱은 사용자에게 콘텐츠에 대한 직접적인 접근을 제공하며 브라우저를 로드하고 콘텐츠를 검색하는 것보다 훨씬 더 빠르다.

미래 웹을 지향하는 다른 상호 보완적인 트렌드는 클라우드 컴퓨팅과 소프트웨어의 서비스화(SaaS) 비즈니스 모델의 보다 광범위한 사용, 모바일 플랫폼과 인터넷 접속 장치 간의 유비쿼터스 연결, 그리고 분리된 사일로 애플리케이션과 콘텐츠의 네트워크에서 보다 상호 정보 교환이 가능하고 매끄러운 네트워크로 웹을 전환하는 것이다.

7-4 무선 네트워킹, 무선통신, 무선 인터넷 접속을 위한 주요 기술과 표준은 무엇인가?

무선혁명이 일어나고 있다. 휴대전화, 스마트폰, 태블릿 및 무선 개인 컴퓨터 등은 휴대형 미디어 및 컴퓨팅 플랫폼으로 변신하게 되었고, 기존에 책상 위에서 하던 컴퓨팅 업무의 대부분이 가능해졌다. 제1장과 제5장의 모바일 디지털 플랫폼에 대한 논의에서 이미 **스마트폰**(smartphone)에 대해 다루었다. 아이폰, 안드로이드폰, 블랙베리 등과 같은 스마트폰은 기존 휴대전화와 와이파이 기능을 갖춘 노트북을 통합하였다. 이러한 통합은 음악, 영상, 인터넷 접속, 전화 서비스를 하나의 기기에서 가능하게 만든 것이다. 스마트폰은 인터넷 접속 관점에서도 가장 빠르게 성장하고 있는 무선 기기이다. 미래 인터넷 서비스의 큰 부분은 영상, 음악, 웹 검색을 위한 어느 곳에서도 접근 가능한 모바일 브로드밴드 서비스가 될 것이다.

휴대전화 시스템

오늘날 미국 성인의 81%가 휴대전화를 소유하고 있으며, 69%가 스마트폰을 소유하고 있다(eMarketer, 2018). 스마트폰과 태블릿에서의 총활동이 디지털 미디어 시간의 3분의 2를 차지하며, 스마트폰 앱만으로도 디지털 미디어 시간의 절반 이상을 차지하고 있을 정도로 모바일은 이제는 선도적인 디지털 플랫폼이다(Comscore, 2017).

디지털 셀룰러 서비스는 몇 가지 경쟁하는 표준을 사용한다. 유럽 및 미국 이외의 많은 지역에서 표준은 GSM(Global System for Mobile Communications)이다. GSM의 강점은 국제적인 로밍 기능이다. 미국에는 T-모바일과 AT&T를 포함한 GSM 휴대전화 시스템이 있다.

다른 경쟁되는 미국의 표준은 버라이즌과 스프린트의 시스템인 CDMA이다. CDMA는 제2차 세계대전에 군이 개발한 시스템이다. 몇 개의 주파수를 통해 전송하고, 전체 스펙트럼을 차지하며, 시간이 지남에 따라 임의로 사용자를 주파수 범위에 할당하여 GSM보다 효율이 높다.

초기 디지털 휴대전화 시스템은 음성과 단문 메시지 형식의 제한된 데이터 전송을 목적으로 설계되었다. 오늘날의 이동통신회사들은 3G와 4G 네트워크를 제공한다. **3G 네트워크**(3G networks)는 이동하는 사용자들에게 144Kbps 이상의 전송속도를 정지된 상태의 사용자들에게 2Mbps 이상의 전송속도를 제공한다. 이메일을 보내거나 웹을 탐색하거나 온라인 쇼핑을 하기에 괜찮은 수준의 속도이지만 영상을 보기에는 많이 느리다. **4G 네트워크**(4G networks)는 훨씬 빠른 속도를 낸다. 초당 100Mbps 다운로드와 50Mbps의 업로드 속도를 내며, 스마트폰으로 고해상도 비디오를 충분히 시청할 수 있을 정도이다. 롱텀애볼루션(Long Term Evolution, LTE)과 와이맥스(Worldwide Interoperability for Microwave Access, WiMax)가 현재 4G의 표준이다.

차세대 무선기술인 5G는 아직 개발 중이다. 5G는 기가비트 범위 안에서 방대한 양의 데이터를 전송하는 기능을 지원하며, 전송 지연이 적고 기존 셀룰러 시스템보다 더 많은 장치(센서, 스마트 장치 등)를 한 번에 연결할 수 있다. 5G 기술은 자율주행차, 스마트시티, 사물인터넷의 광범위한 사용에 필요할 것이다. AT&T, 버라이즌 등 다양한 통신사들이 5G 네트워크를 출시하기 시작했다.

무선 네트워크와 인터넷 접속

일련의 기술이 컴퓨터나 기타 휴대형 무선기기들의 초고속 인터넷 접속을 가능하게 하고 있다. 이러한 새로운 초고속 서비스들은 기존의 유선 인터넷 서비스가 미치지 못했던 수많은 지역으로 인터넷 접근 영역을 넓히고 있으며, 언제 어디서나 유비쿼터스 컴퓨팅을 현실로 만들고 있다.

블루투스

블루투스(bluetooth)는 소규모 **개인 영역 네트워크**(personal area networks, PAN)의 구축에 유용한 802.15 무선 네트워킹 표준에 대한 일반 명칭이다. 블루투스는 저전력, 무선 신호 기반의 통신을 통해 반경 10m 이내에서 최대 8개의 기기를 연결할 수 있으며 2.4GHz 대역에서 772Kbps의 전송속도를 낼 수 있다.

블루투스를 사용하는 무선 전화기, 페이저(pager), 컴퓨터, 프린터 및 컴퓨팅 장치들은 직접적인 사용자의 개입 없이 상호 통신뿐만 아니라 상호 작동까지 가능하다(그림 7.13 참조). 예를 들어 사용자가 노트북 컴퓨터에 무선으로 문서 파일을 프린터에 전송하도록 지시하는 것도 가능하다. 블루투스는 무선 키보드와 무선 마우스를 PC와 연결하고 무선으로 휴대전화와 이어폰을 연결할 수도 있다. 블루투스는 전력 소모가 작고 따라서 배터리를 전원으로 사용하는 휴대용 컴퓨터, 휴대전화 및 PDA 등에 매우 적합하다.

원래 블루투스는 개인 네트워킹에 적합하지만 많은 대기업에서도 사용하고 있다. 페덱스 운전자는 휴대형 컴퓨터를 통해 획득한 배송 데이터를 블루투스를 이용해 본사 컴퓨터로 데이터를 재전송할 수 있는 셀룰러 전송기로 전송한다. 운전자는 더 이상 휴대형 기기를 전송기에 물리적으로 도킹시키는 일에 시간을 소비할 필요가 없으며 페덱스는 블루투스를 통해 연간 2,000만 달러의 비용을 절감하고 있다.

그림 7.13 블루투스 네트워크(PAN)

블루투스는 휴대전화, 개인 휴대정보 단말기(PDA), 무선 키보드와 마우스, PC, 프린터 등의 다양한 기기들이 10m 이내에서 무선으로 서로 통신할 수 있도록 해준다. 그림에 나타난 연결 외에도 블루투스는 하나의 PC에서 다른 PC로 데이터를 전송하기 위해 유사 기기를 네트워킹하는 데 사용할 수도 있다.

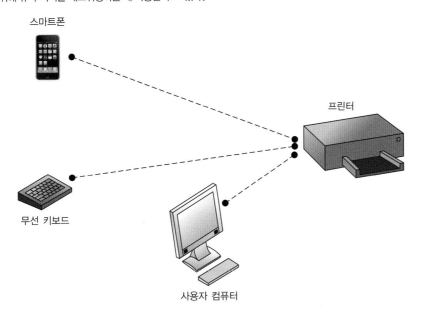

와이파이와 무선 인터넷 접속

무선 랜과 무선 인터넷 접근을 위한 802.11 표준들의 세트는 **와이파이**(Wi-Fi)로 알려져 있다. 이 표준 중에서 처음 폭넓게 사용된 것은 802.11b인데 이 표준은 2.4GHz 주파수 대역에서 11Mbps의 속도로 데이터를 전송할 수 있으며, 유효 전송 거리는 30~50m까지이다. 802.11g 표준은 2.4GHz 주파수 대역에서 54Mbps의 속도로 데이터를 전송할 수 있다. 802.11n은 100Mbps 이상의 전송속도가 가능하다. 오늘날의 PC와 태블릿은 아이폰, 아이패드 및 여타 스마트폰들처럼 와이파이 장치를 내장하고 있다.

대부분의 와이파이 통신에서 무선 장치는 접근점을 사용하여 무선 랜과 통신한다. 이러한 접근점은 전파 송수신기와 안테나로 구성된 박스로서 유선 네트워크, 라우터 및 허브와 연결되어 있다.

그림 7.14는 소수의 모바일 기기들을 유선 근거리 통신망(LAN)에 연결시키는 인프라 모드의 802.11 무선 근거리 통신망의 모습을 보여주고 있다. 대부분의 무선 기기들은 클라이언트 기기이며, 모바일 클라이언트 기기들이 사용하고자 하는 서버들은 유선 근거리 통신망상에 위치하고 있다. 이때 접근점은 무선 장치들을 통제하고, 유선 근거리 통신망과 무선 근거리 통신망을 연결시키는 브리지 역할을 하게 된다. 접근점은 무선 스테이션을 조정한다.

최근 가장 대중적인 와이파이의 사용 목적은 고속 무선 인터넷 서비스이다. 이때 접근점은 케이블 TV 회선 또는 디지털 가입자 회선(DSL) 서비스가 제공하는 인터넷망에 연결되는데, 접근점에서 일정 범위 내의 컴퓨터들은 접근점을 통해 무선으로 인터넷에 접속할 수 있게 된다.

핫스폿(hotspot)은 공공장소에서 무선 인터넷 접근을 제공하는 하나 이상의 접근점(AP)들로 구성된다. 핫스폿 중 일부는 무료이며 추가 소프트웨어를 요구하지 않지만, 다른 일부는 웹에서의 신용카드 번호 제공을 통한 사용자 계정 등록 및 활성화를 요구하기도 한다.

규모에 관계없이 모든 기업은 저비용의 무선 랜과 인터넷 접근을 제공하는 와이파이 네트워크를

그림 7.14 802.11 무선 랜(LAN)

네트워크 인터페이스 카드(NIC)를 장착한 모바일 노트북 컴퓨터는 접근점과의 통신을 통해 유선 랜(LAN)과 연결된다. 접근점은 유선 네트워크에서 클라이언트 어댑터로 무선 파장을 이용하여 네트워크 신호를 전송하는데 클라이언트 어댑터는 그 신호들을 모바일 기기가 이해할 수 있는 데이터로 변환하는 것이다. 클라이언트 어댑터는 다시 모바일 기기로부터의 데이터를 다시 접근점으로 전송하며 접근점은 다시 이 데이터를 유선 네트워크로 재전송한다.

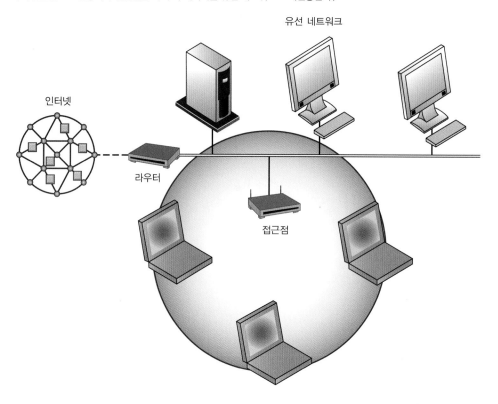

사용하고 있다. 인터넷으로의 모바일 접근을 제공하기 위한 와이파이 핫스폿은 호텔, 공항 라운지, 도서관, 카페 그리고 대학교 캠퍼스 등 여러 장소에서 발견할 수 있다. 다트머스대학교는 학생들이 지금 연구, 수업 및 여가를 위해 와이파이를 사용하고 있는 많은 대학 캠퍼스 중의 하나이다.

그러나 와이파이 기술 역시 몇 가지 도전에 직면해 있다. 와이파이의 주요 결점 중 하나는 보안에 대한 취약성으로 침입자에게 무선 네트워크가 공격받기 쉽게 만든다는 점이다. 우리는 제8장에서 따로 와이파이 보안 주제에 대해 더욱 자세히 다루고자 한다.

또 다른 와이파이 네트워크의 결점은 무선전화, 전자레인지 또는 다른 무선 근거리 통신망 같은 동일 스펙트럼에서 작동하는 인접시스템에 의한 간섭에 민감하다는 점이다. 802.11n 명세 기반의 무선 네트워크는 이러한 문제점을 다중 동시 라디오 신호를 통합하는 MIMO(Multiple Input Multiple Output)라고 부르는 기술과 데이터 송수신을 위한 직렬 다중 무선 안테나를 사용하여 해결할 수 있다.

와이맥스

아직도 미국을 비롯하여 전 세계적으로 수많은 지역에서 와이파이나 고정 광대역망의 접속이 불가능한 실정이다. 와이파이시스템 역시 그 접속 범위가 기지국에서 100m 이내이고, 따라서 이는 케이블이나 디지털 가입자 회선(DSL) 서비스가 제공되지 않는 시골지역에서의 무선 인터넷 접속을 어렵게 만들고 있다.

국제전기전자공학회(IEEE)는 이와 같은 와이파이의 문제점들을 해결하기 위해 **와이맥스**(WiMax)라는 새로운 표준군을 개발하였다. 'Worldwide Interoperability for Microwave Access'를 지칭하는 와이맥스는 널리 알려진 IEEE 표준 802.16의 통칭이다. 이러한 와이맥스는 50m 내에서 무선 접속이 가능하고, 데이터 전송속도는 30~40Mbps에 달한다(고정된 스테이션의 경우 최대 1Gbps).

와이맥스 송신 안테나는 몇 km 떨어진 가정이나 사무실 옥상 안테나로 고속 인터넷 접속 전파를 보낼 수 있을 정도로 강력하다. 모바일 와이맥스(MobileWiMax)는 앞에서 다루었던 4G 네트워크 기술 중 하나이기도 하다.

RFID와 무선 센서 네트워크

모바일 기술은 기업 전반에 걸쳐 새로운 효율성과 업무 방식을 생성시키고 있다. 방금 설명한 무선 시스템 외에도 RFID 시스템과 무선 센서 네트워크 역시 강력한 영향력을 미치고 있다.

무선인식(RFID)과 근거리 무선통신(NFC)

무선인식(radio frequency identification, RFID)시스템은 공급망 전반에 걸쳐 재화의 움직임을 추적할 수 있는 강력한 기술 수단을 제공한다. RFID 시스템은 가까운 거리의 RFID 판독기에 무선 신호를 전송하기 위해 제품과 그 위치에 대한 데이터를 저장한 마이크로 칩이 내장된 아주 작은 태그를 사용한다. 한편 RFID 판독기는 데이터 처리를 위한 컴퓨터로 네트워크를 통해 데이터를 전송하게 된다. 바코드와는 달리 RFID 태그는 판독을 위한 직접적 조준(line-of-sight) 접촉이 필요 없다.

RFID 태그는 특정 제품을 유일하게 식별할 수 있는 정보와 제품의 위치, 제조 장소와 시점, 가공 상태 정보 등과 같은 부가적인 제품정보를 전자적으로 프로그래밍하여 저장한다. 이러한 정보 저장을 위한 마이크로 칩이 태그 안에 내장되어 있다. 판독기는 2.5cm에서 30m까지의 범위에서는 어디든지 무선 전파를 방출할 수 있다. 판독기의 영향권에 RFID 태그가 들어오게 될 경우 그 태그는 활성화되어 데이터를 송출하기 시작한다. 판독기는 이 데이터를 포착하여 해독하고, 추가적인 데이터 처리를 위해 유선 혹은 무선 네트워크를 통해 호스트 컴퓨터로 데이터를 전송하게 된다(그림 7.15 참조). RFID 태그와 안테나는 모두 모양과 크기가 다양하다.

재고관리와 공급사슬관리 분야에서 RFID시스템은 바코드시스템에 비해 창고나 생산 현장에서 더 상세한 제품정보를 수집하고 관리할 수 있다. 대량의 제품들이 함께 선적되는 경우에도 RFID 시스템은 팰릿별, 로트별, 나아가 화물 내의 개별 제품 단위로도 추적이 가능하다. 이 기술은 월마트와 같은 기업이 창고나 상점 선반의 재고를 정확히 파악할 수 있는 기능을 개선시킴으로써 배송 및 재고관리 효율을 향상시킬 수 있게 돕고 있다. 메이시스는 RFID 기술을 사용하여 매장 선반에 판매되는 개별 아이템을 추적한다.

월마트는 RFID 판독기를 상점의 입고 도크(dock)에 설치하여 운송된 제품의 팰릿과 운반용기의 입고를 RFID를 이용하여 기록하고 있다. RFID 판독기는 점포 내부 저장소에서 매장으로 운반하는 용기의 태그를 다시 한 번 판독한다. 소프트웨어는 월마트의 POS(point-of-sales) 시스템의 판매 데이터와 매장으로 운반한 용기의 개수에 대한 RFID 정보를 비교하고 어떤 상품의 재고가 곧 떨어질지를 판단하여 품절되기 전에 창고에서 매장 선반으로 이동해야 할 품목 리스트를 자동으로 생성해준다. 이 정보는 월마트가 품절 품목을 줄이고 매출을 증가시키며, 나아가 관련 비용을 줄일 수 있도록 도와준다.

RFID 태그의 원가는 아직 범용으로 사용하기에 너무 비싸지만 그래도 미국에서 패시브 태그는

그림 7.15 RFID의 작동 원리

RFID는 2.5cm에서 30m의 범위에서 태그에 저장한 데이터를 판독하기 위해 저전력 무선 전송기를 사용한다. 판독기는 태그로부터의 데이터를 포착하고 네트워크를 통해 정보처리를 위한 호스트 컴퓨터로 전송한다.

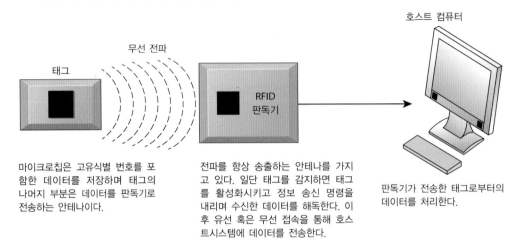

마이크로칩은 고유식별 번호를 포함한 데이터를 저장하며 태그의 나머지 부분은 데이터를 판독기로 전송하는 안테나이다.

전파를 항상 송출하는 안테나를 가지고 있다. 일단 태그를 감지하면 태그를 활성화시키고 정보 송신 명령을 내리며 수신한 데이터를 해독한다. 이후 유선 혹은 무선 접속을 통해 호스트시스템에 데이터를 전송한다.

판독기가 전송한 태그로부터의 데이터를 처리한다.

개당 7센트 미만이다. 가격이 떨어짐에 따라 RFID는 몇몇 응용 분야에서 비용 효과적인 대안으로 떠오르고 있다.

RFID 판독기와 태그부착시스템 설치 외에도 기업은 RFID시스템에서 얻은 몇십에서 몇백 테라바이트(terabyte)에 달하는 대용량 데이터를 처리하기 위해 하드웨어와 소프트웨어 역시 업그레이드해야 할지도 모른다

RFID 데이터를 걸러내고 통합하며, 데이터로 인한 비즈니스 네트워크와 시스템 애플리케이션의 과부하를 막기 위해서 특수한 소프트웨어를 사용한다. 응용시스템 역시 자주 발생하는 방대한 양의 RFID 데이터를 수용하고 다른 응용시스템과 이를 공유하기 위해 재설계가 필요한 경우가 많다. 주요 전사적 소프트웨어 공급자들은 현재 RFID용 공급사슬관리(SCM) 소프트웨어 버전을 판매하고 있다.

애플페이나 구글월렛과 같은 탭앤드고(Tap-and-go) 서비스는 근거리 무선통신(NFC)이라는 RFID 관련 기술을 사용한다. **근거리 무선통신**(near field communication, NFC)은 전자기 무선장을 이용해 호환되는 두 장치가 서로 몇 cm 이내에서 가져올 때 데이터를 교환할 수 있도록 하는 단거리 무선 연결 표준이다. 스마트폰 또는 기타 근거리 무선통신 호환장치는 호환 카드 판독기나 스마트 포스터에서 발견된 근거리 무선통신 태그와 상호작용하는 무선 주파수 신호를 전송한다. 근거리 무선통신은 무선 결제 서비스, 정보 검색, 심지어 이동 중인 친구들과 영상이나 정보를 교환하기 위해 사용된다. 신호는 근거리 무선통신 태그를 통해 흐르는 전류를 생성하여 장치와 태그가 서로 통신할 수 있게 한다. 대부분의 경우 태그는 수동적이며 다른 기기(스마트폰 등)가 활성화되어 정보를 주고받을 수 있는 동안에만 정보를 전송한다(두 구성요소가 모두 활성화된 근거리 무선통신 시스템이 있다).

여러분은 휴대전화를 친구의 전화로 건네줌으로써 웹사이트 링크를 공유할 수 있고, 반면에 근거리 무선통신 태그가 포함된 포스터나 디스플레이 앞에서 전화를 흔드는 것은 박물관이나 전시회에서 여러분이 보고 있는 것에 대한 정보를 보여줄 수 있다.

무선 센서 네트워크

기업이 공기 중의 위험물질을 탐색하거나 건물의 보안 상황을 감시하는 최첨단 기술을 사용하고자 한다면, 무선 센서 네트워크를 설치해야 할지도 모른다. **무선 센서 네트워크**(wireless sensor network, WSN)는 넓은 공간의 여러 지점에서 계측을 하기 위해 물리적 환경에 내장시킨 상호 연결된 무선 장치들의 네트워크를 말한다. 이 장치들은 내장형 정보처리기, 저장장치, 무선 주파수 센서 및 안테나를 장착하고 있다. 이 장치들은 수집한 데이터를 분석용 컴퓨터로 보낼 수 있는 네트워크에 상호 연결되어 있다. 이러한 네트워크는 수백에서 수천 개의 노드를 가질 수 있다. 그림 7.16은 개별 노드로부터 네트워크를 따라 정보처리 기술이 있는 서버로 데이터가 흐르는 한 무선 센서 네트워크의 유형을 보여주고 있다. 서버는 인터넷 기술에 기반한 네트워크로의 게이트웨이 역할을 수행한다.

무선 센서 네트워크는 환경 변화 감시, 교통 또는 군사 활동 감시, 재산 보호, 기계와 차량의 효율적인 운영과 관리, 보안 방어선 구축, 공급사슬관리(SCM) 감시, 화학적·생물학적, 혹은 방사성 물질 탐지 등과 같은 영역에서 유용하게 사용할 수 있다.

RFID 시스템과 무선 센서 네트워크 출력물은 앞에서 설명했던, 소위 산업 인터넷 또는 사물인터넷(IoT)의 재료가 된다. 즉, 제트 엔진, 발전소 터빈, 또는 농작물 센서들이 지속적으로 데이터를 수집하여 인터넷에 보내 분석할 수 있도록 하는 것이다. 이 데이터는 닳아가고 있는 부품을 교체하라고 하거나, 작업대에 재고를 보충하라고 하거나, 콩밭에 물을 주라고 하거나, 터빈의 속도를 늦추라고 하는 신호를 줄 수 있다. 시간이 가면서 더욱 많은 매일매일의 물리적 객체들이 인터넷과 연결될 것이고 다른 기계에서 식별할 수 있게 됨으로써, 데이터의 변화에 따라 자극을 감지하고 반응을 하는 네트워크를 만들게 될 것이다. 도입 사례에 기술된 투르 드 프랑스 경주 추적시스템은 사물인터넷 애플리케이션의 한 예다. 제2장과 제12장에서 사물인터넷의 예를 더 많이 볼 수 있을 것이다.

그림 7.16 무선 센서 네트워크

작은 원은 하위 노드를 나타내고 큰 원은 상위 노드를 나타낸다. 하위 노드는 데이터를 서로 혹은 상위 노드로 전송하는데 상위 노드는 더 빠르게 데이터를 전송할 수 있으며 네트워크 성능을 가속시킨다.

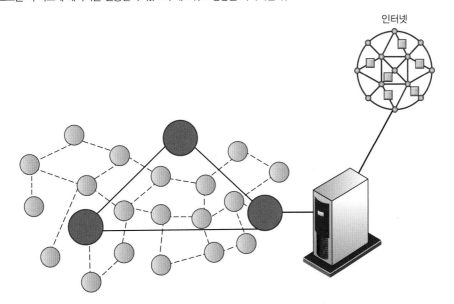

7-5 MIS는 내 경력에 어떤 도움이 되는가?

다음은 제7장과 이 책이 자동차 디지털 어드바이저라는 직업을 찾는 데 어떻게 도움이 되는지 설명한다.

회사

캘리포니아 남부 자동차 대리점인 A1 웨스턴카 딜러들은 디지털 마케팅 프로그램을 운영할 자동차 디지털 어드바이저를 찾고 있다. 이 회사는 판매용 차량 500여 대, 직원 170여 명, 신차 및 중고차 판매 및 서비스용 3개소를 보유하고 있다.

직무 기술

자동차 디지털 도우미는 검색엔진 최적화(SEO)와 검색엔진 마케팅(SEM), 소셜 미디어 및 평판관리, 웹사이트 관리 등 온라인 마케팅을 통해 대리점 그룹을 지원하는 팀의 일원이 될 것이다. 업무 책임에는 다음 영역에서 대리점 소유자, 대리점 관리자 및 마케팅 관리자를 위한 조정 작업이 포함된다.

- 온라인 광고, SEO 및 SEM
- 대리점의 전체 소셜 미디어 및 콘텐츠 캘린더 관리, 새로운 콘텐츠 개발 등 소셜 미디어 관리
- 온라인 평판관리
- 웹사이트 관리
- 대리점 블로그 유지관리

직무 요구사항

- 마케팅 분야의 학사학위
- 디지털 마케팅 및 소셜 미디어에 대한 지식
- 마이크로소프트 오피스 기술
- 바람직한 자동차 판매 및 콘텐츠 관리시스템에 대한 지식

인터뷰 질문

1. 디지털 마케팅 강좌를 들은 적이 있는가?
2. 디지털 마케팅 캠페인 운영 경험이 있는가? SEO와 SEM을 사용해보았는가? 소셜 미디어 캠페인의 효과와 시청자 성장률을 어떻게 측정하였는가?
3. 소셜 미디어 관리 소프트웨어에 대한 경험이 있는가?
4. 온라인 평판관리나 온라인 재고관리 경험이 있는가?
5. 블로그를 운영해본 적이 있는가?
6. 마이크로소프트 오피스 소프트웨어에 대한 숙련도는 어느 정도인가?

저자 조언

1. 이 장에서는 검색, 검색엔진 마케팅, 블로그에 대한 논의와 제10장에서는 전자상거래 마케팅

및 전자상거래 존재 구축에 대한 논의를 검토한다.

2. 웹을 사용하여 SEO, SEM, 소셜 미디어 관리, 온라인 평판관리 및 이 작업에 사용되는 소프트
   웨어 도구에 대해 자세히 알아보라. 표준화된 도구를 사용하여 메트릭 보고서를 생성하는 방
   법과 소셜 미디어 데이터를 기반으로 분석 및 권장 사항을 통합하는 방법을 살펴보라.

3. 대도시의 주요 자동차 판매상들이 소셜 미디어 채널을 어떻게 활용하고 있는지 살펴본다. 유
   튜브, 인스타그램, 페이스북, 트위터에서 콘텐츠를 어떻게 만들 것인가? 어떤 채널이 더 높은
   수준의 관객 참여를 유발하는가?

4. 웹사이트 관리 및 필수 소프트웨어 기술에 대해 정확히 질문해보라.

5. 이 작업에 필요한 마이크로소프트 오피스 기술에 대해 알아보라. 이 소프트웨어로 한 작업의
   예를 들어보라.

요약

7-1 통신 네트워크의 주요 구성요소와 핵심 네트워킹 기술은 무엇인가?

단순한 네트워크는 둘이나 그 이상의 연결된 컴퓨터로 구성한다. 기본 네트워크 요소로는 컴퓨터, 네트워크 인터페이스, 연결
매체, 네트워크 운영시스템 소프트웨어, 그리고 허브 또는 스위치 등이 있다. 대기업을 위한 네트워킹 인프라는 전통적인 전화
시스템, 휴대전화 통신, 무선 랜(LAN), 화상회의시스템, 기업 웹사이트, 인트라넷, 엑스트라넷, 인터넷을 포함한 일련의 지역
및 광역통신망 등을 포함한다.

현대의 네트워크는 클라이언트/서버 컴퓨팅의 등장, 패킷 교환의 사용, 인터넷을 포함한 서로 다른 종류의 네트워크와 컴퓨
터를 연결하기 위한 범용적 통신 표준인 TCP/IP의 채택 등에 의해 구체화되었다. 프로토콜은 통신 네트워크 내의 다양한 구성
요소 간의 통신을 가능하게 하는 일련의 공통 규칙을 제공한다.

7-2 네트워크의 다른 유형으로 무엇이 있는가?

주요 물리적 전송매체로는 꼬임선(CAT 5), 동축 케이블, 광케이블 그리고 무선 전송매체 등이 있다.

근거리통신망(LAN)은 500m 반경에서 PC와 다른 디지털 장치를 함께 연결하며 오늘날 많은 기업 컴퓨팅 업무에 사용되고
있다. 네트워크 요소들은 스타형, 버스형 또는 링형 위상구조를 사용하여 함께 연결된다. 광역 통신망(WAN)은 몇 마일에서 대
륙 간에 이르는 긴 지리적 거리를 연결하며 독립적으로 운영되는 사설 네트워크이다. 도시권 통신망(MAN)은 단일 도시지역
범위를 연결시킨다.

디지털 가입자 회선(DSL) 기술, 케이블 인터넷 접속, T1 회선은 대용량 인터넷 접속을 위해 주로 사용된다.

7-3 인터넷과 인터넷 기술은 어떻게 작동하며, 통신과 e-비즈니스를 어떻게 지원하는가?

인터넷은 클라이언트/서버 컴퓨팅 모델과 TCP/IP 네트워크 참조 모델을 사용하는 네트워크들의 범세계적 네트워크이다. 인터
넷상의 모든 컴퓨터는 유일한 숫자로 된 IP 주소를 할당 받는다. 도메인 네임시스템(DNS)은 IP 주소를 사용자 친화적 도메인
네임으로 변환한다. 범세계적 인터넷 정책은 인터넷 구조위원회(IAB)와 월드와이드웹 컨소시엄(W3C)과 같은 조직과 정부기
관에 의해 수립된다.

주요 인터넷 서비스로는 이메일, 뉴스그룹, 채팅, 인스턴트 메시징, 텔넷, FTP, 웹 등이 있다. 웹페이지는 하이퍼텍스트 마크
업 언어(HTML)를 토대로 하며 텍스트, 그래픽, 동영상, 오디오 등을 화면에 출력한다. 웹사이트 디렉토리, 검색엔진, RSS 기
술은 사용자가 웹에서 원하는 정보를 쉽게 찾을 수 있게 돕는다. RSS, 블로그, 소셜 네트워킹, 위키 소프트웨어 등은 웹 2.0의
주요 특징이다.

기업들은 또한 음성 전송을 위해 VoIP 기술을 사용하고 사설 광역 통신망(WAN)의 한 저렴한 대안인 가상 사설망(VPN)을
사용하여 경제적 효과를 누리기 시작하고 있다.

7-4 무선 네트워킹, 무선통신, 인터넷 접속을 위한 주요 기술과 표준은 무엇인가?

휴대전화 네트워크는 초고속, 고대역폭, 디지털 패킷 교환 전송 방식으로 진화하고 있다. 광대역 3G 네트워크는 144Kbps부터 2Mbps 이상의 속도로 데이터 전송이 가능하다. 100Mbps까지 전송속도를 낼 수 있는 4G 네트워크는 설치를 시작했다.

주요 휴대전화 표준으로 미국에서 주로 사용하는 부호분할다중접속(CDMA)과 유럽과 나머지 대부분의 국가에서 표준으로 사용하는 GSM을 들 수 있다.

무선 컴퓨터 네트워크를 위한 표준으로는 소규모의 개인 영역 네트워크(PANs)를 위한 블루투스(802.15), 랜(LAN)을 위한 와이파이(802.11), 도시권 통신망(MAN)을 위한 와이맥스(802.16)가 있다.

RFID시스템은 개별 제품과 그 제품의 위치에 대한 정보를 담고 있는 아주 작은 태그를 사용하여 제품의 위치를 추적하는 강력한 기술을 제공한다. RFID 판독기는 이 태그들이 전송하는 무선 신호를 수신하고 네트워크를 통해 정보처리용 컴퓨터로 데이터를 전송한다. 무선 센서 네트워크(WSN)는 넓은 공간에 걸쳐 다수의 지점에서 측정을 하기 위해 물리적 환경에 배치하는 무선 감지 및 전송장치의 연계 네트워크를 말한다.

주요 용어

가상 사설망	블로그	케이블 인터넷 접속
개인 지역 네트워크	블루투스	텔넷
검색엔진	비주얼 웹	통합 통신망
검색엔진 마케팅	사물인터넷(IoT)	패킷 교환
검색엔진 최적화	소셜 검색	프로토콜
광역 통신망(WAN)	소셜 네트워킹	핫스팟
근거리 무선통신(NFC)	소프트웨어 정의 네트워킹	헤르츠
근거리 통신망(LAN)	쇼핑봇	허브
네트워크 운영시스템	스마트폰	3G 네트워크
대역폭	스위치	4G 네트워크
도메인 네임	시맨틱 검색	FTP
도메인 네임 시스템	예측 조사	HTTP
도시권 통신망(MAN)	와이맥스	IP 주소
디지털 가입자 회선(DSL)	와이파이	IPv6
라우터	웹사이트	P2P
마이크로블로깅	위키	RSS
모뎀	이메일	T1 회선
무선 센서 네트워크(WSNs)	인스턴스 메시징	TCP/IP
무선인식(RFID)	인터넷 서비스 제공자	URL
브로드밴드	인터넷2	VoIP
블로고스피어	채팅	

복습 문제

7-1 통신 네트워크의 주요 구성요소와 핵심 네트워킹 기술은 무엇인가?

- 대기업을 위한 네트워크 인프라와 단순한 네트워크의 특징을 설명하라.
- 현재 텔레커뮤니케이션 기술을 형성하게 된 주요 기술과 트랜드의 이름을 말하고 설명하라.

7-2 네트워크의 다른 유형으로 무엇이 있는가?

- 아날로그 및 디지털 신호를 정의하라.
- LAN, MAN, WAN을 비교하라.

7-3 인터넷과 인터넷 기술은 어떻게 작동하며, 통신과 e-비즈니스를 어떻게 지원하는가?

- 인터넷의 정의와 작동 원리를 기술하고 비즈니스 가치를 어떻게 제공할 수 있는지 설명하라.
- 도메인 네임시스템(DNS)과 IP 주소시스템이 어떻게 작동하는지 설명하라.
- 주요 인터넷 서비스를 나열하고 각각을 설명하라.
- VoIP와 가상 사설망을 정의하고 설명하고, 어떻게 사업에 가치를 부여하는지 설명하라.
- 통합 통신망을 정의하고 설명하라. 이것이 어떻게 사업에 가치를 부여하는지 설명하라.
- 온라인 검색기술들이 마케팅에 어떻게 사용되는지 설명하라.

7-4 무선 네트워킹, 무선통신, 무선 인터넷 접속을 위한 주요 기술과 표준은 무엇인가?

- 블루투스, 와이파이, 와이맥스, 3G, 4G, 5G 네트워크는 무엇인지 설명하라.
- 위 기술 각각의 성능을 설명하고 이들 각각이 어떤 종류의 응용 분야에 적합한지 답하라.
- RFID가 무엇이고 어떻게 작동하는지 설명하고 어떻게 비즈니스 가치를 제공하는지 기술하라.
- 무선 센서 네트워크(WSN)는 무엇이며 어떻게 작동하는지 설명하고 사용 가능한 응용 분야를 들어보라.

토의 문제

7-5 몇 년 내에 스마트폰은 우리에게 가장 중요한 디지털 기기가 될 것이라고 한다. 이 말이 갖는 의미가 무엇인지 논의하라.

7-6 모든 주요 소매 및 제조회사가 RFID로 전환해야 하는가? 왜 그런가, 혹은 왜 그렇지 않은가?

7-7 인터넷이 귀사의 비즈니스에 경쟁우위를 제공할 것인지 여부를 결정할 때 고려해야 할 몇 가지 문제는 무엇인가?

MIS 실습 과제

다음의 프로젝트들은 통신기술의 선정과 평가, 통신 서비스 결정의 개선을 위한 스프레드시트 소프트웨어 사용, 사업 조사를 위한 웹 검색엔진 사용 등에 대한 실습 기회를 제공한다.

경영 의사결정 문제

7-8 한 기업이 프랑스에 있는 Home Depot, Lowe's 및 기타 주택 개선 용품점에 세라믹 바닥 타일을 공급하고 있다. 고객사가 창고에서의 제품관리를 개선하기 위해 납품하는 타일 포장용기마다 RFID 태그를 부착할 것을 요구하고 있다. 웹을 이용하여 이 기업의 RFID시스템 구축을 위해 필요한 하드웨어, 소프트웨어 및 네트워크 장비의 가격을 파악하라. 어떤 요인을 고려해야만 하는가? 이 기업이 RFID 기술을 채택해야 하는지 결정하는 데 내려야 하는 핵심 의사결정 사항은 무엇이 있는가?

7-9 베스트매드 의료기기 회사는 의료와 수술용 제품과 장비를 700개가 넘는 병원, 진료소 및 의료기관에 납품하고 있다. 이 회사는 회계 관리자, 고객 서비스, 지원팀 및 창고 관리자를 포함해 약 500여 명의 직원을 고용하고 있다. 직원들은 전통적인 전화 음성 서비스, 이메일, 인스턴트 메시징, 휴대전화를 통해 의사소통한다. 경영진은 회사가 통합 통신망 체계를 채택할 필요가 있는지 여부를 알고 싶어 한다. 어떤 요인을 고려해야 하는가? 이 기술을 채택할지를 판단하기 위해 내려야 하는 핵심 의사결정 사항은 무엇인가? 필요하다면 웹을 사용하여 통합 통신망과 그 비용에 대해 찾아보라.

의사결정 능력 개선 : 무선 서비스 평가를 위한 스프레드시트 소프트웨어의 활용

소프트웨어 기술 : 스프레드시트의 공식 사용과 포매팅
경영 기술 : 통신 서비스와 비용 분석

7-10 이 프로젝트에서 웹을 이용하여 무선 서비스의 대안들을 조사하고 스프레드시트 소프트웨어를 활용하여 판매부서의 무선 서비스에 대한 비용을 산출하라.

여러분은 미주리 주 세인트루이스에 근거를 둔 35명의 판매원에게 음성 전송, 문자 전송, 사진 촬영 및 전송 기능이 있는 휴대전화를 보급하고자 한다. 웹을 이용하여 본거지에서의 양질의 서비스뿐만 아니라 전국적 규모의 서비스를 제공하는 무선 서비스 공급자를 선정하라. 각각의 무선 서비스 공급자가 제공하는 휴대전화 단말기의 특징을 조사하라. 35명의 판매사원 각각이 근무시간(오전 8시~오후 6시) 중 매일 3시간 정도 음성통신을 하고, 하루에 30개의 문자 메시지를 보내며, 1개월에 1GB를 사용하며, 주당 5장의 사진을 전송한다고 가정하자. 스프레드시트 소프트웨어를 사용하여 2년 동안 사용자 각각에게 가장 유리한 가격을 제공하는 무선 서비스와 단말기를 결정하라. 문제를 풀 때 기업 할인을 고려할 필요는 없다.

운영 탁월성 성취 : 비즈니스 리서치를 위한 웹 검색엔진의 활용

소프트웨어 기술 : 웹 검색 도구 사용

경영 기술 : 신기술 조사

7-11 이 프로젝트는 비즈니스 리서치를 위한 웹 검색엔진의 사용을 통해 인터넷 기량을 향상시켜준다.

자동차용 대체 연료로 에탄올에 대한 정보를 얻으려면 구글과 빙을 사용하라. 원한다면 다른 검색엔진도 사용해보라. 각 검색엔진에서 찾아낸 정보의 양과 질적 수준을 비교하라. 어떤 검색엔진이 가장 사용하기 쉬운가? 가장 좋은 결과를 준 검색엔진은 무엇인가? 그 이유는 무엇인가?

협업 및 팀워크 프로젝트

스마트폰 평가

7-12 3~4명의 반 친구들과 그룹을 만들어라. 애플의 아이폰 기능을 비슷한 기능을 가진 다른 기업의 스마트폰과 비교해보라. 분석 시 각 장치의 구입비용, 각 장치가 작동할 수 있는 무선 네트워크, 설계 및 단말기 비용, 그리고 각 장치에 사용할 수 있는 서비스를 고려해야 한다. 또한 사용 가능한 소프트웨어, 보안 기능 및 기존 기업 또는 PC 애플리케이션과의 통합 기능을 포함한 각 장치의 다른 기능도 고려해야 한다. 어떤 장치를 선택하겠는가? 어떤 기준으로 선택하겠는가? 가능하면 구글 문서와 구글 드라이브 또는 구글 사이트를 이용해 여러분이 발견한 사항들을 토론하고 수업 시간에 발표할 자료를 준비하라.

여러분의 인터넷 경험을 위한 구글, 애플, 페이스북의 대결

사례연구

구글, 애플, 페이스북 3개의 인터넷 거물이 여러분의 인터넷 경험을 지배하기 위한 장편서사와 같은 투쟁을 벌이고 있으며, 우리가 모든 것에 사용하는 장치와 함께 검색, 음악, 동영상, 그리고 다른 미디어들이 십자 포화에 휘말려 있다. 첨단 기능과 유비쿼터스 인터넷 접속이 가능한 모바일 기기가 가장 인기 있는 컴퓨팅 형태로서 기존의 데스크톱 기기를 빠르게 추월하고 있다. 오늘날 사람들은 증가하는 컴퓨팅 용량의 클라우드를 이용하는 모바일 기기를 사용하여 온라인에서 그들의 시간의 절반 이상을 보낸다. 그렇다면 오늘날 기술 강국들이 이 용감한 새로운 온라인 세계를 장악하기 위해 적극적으로 싸우고 있는 것은 놀랄 일이 아니다.

개인용 컴퓨터회사로 출발한 애플은 소프트웨어와 가전제품으로 빠르게 확장했다. 애플은 아이팟 MP3 플레이어와 아이튠즈 디지털 음악 서비스로 음악 산업을 발전시킨 이후 아이폰, 아이팟 터치, 아이패드로 모바일 컴퓨팅을 급성장시켰다. 이제 애플은 인터넷을 위한 컴퓨터 플랫폼이 되기를 원한다.

애플의 경쟁력은 하드웨어 플랫폼이 아니라 선도업체인 우수한 사용자 인터페이스와 모바일 소프트웨어 애플리케이션(앱 응용 프로그램)에 기반을 두고 있다. 애플의 앱스토어는 200만 개가 넘는 모바일과 태블릿 기기를 위한 앱을 제공한다. 애플리케이션은 모바일 기기 사용 경험을 풍부하게 하며, 가장 호소력 있는 기기 및 애플리케이션을 만든 기업은 경쟁사에 비해 상당한 경쟁우위를 얻는다. 앱은 기존의 브라우저와 동등한 새 제품이다.

애플은 혁신의 유산을 바탕으로 번창하고 있다. 2011년에는 검색/내비게이션 도구와 개인 비서인 시리(Siri, 음성 해석 및 인식 인터페이스)를 공개했다. 시리는 모든 대화를 바탕으로 사용자 간에 친밀감을 통해 개선되는 개인화된 추천 방식을 제공한다. 구글은 자체 AI 툴인 구글 나우(Google Now)를 빠르게 출시하며 맞섰다. 페이스북은 M이라는 지능형 비서를 개발했다.

미국의 개발시장에서 애플은 저렴한 중국 스마트폰과 더 큰 화면과 더 낮은 가격으로 승부하는 삼성 안드로이드폰과의 강력한 경쟁상황에 직면해 있다. 아이폰 판매는 둔화되기 시작했지만, 애플은 향후 성장을 위해 하드웨어 장치만을 기대하지 않고 있다. 서비스는 항상 애플 생태계에서 큰 역할을 해왔고, 주요 수입원으로 부상했다. 애플은 13억 개 이상의 활성 기기를 유통하고 있어 서비스를 구매하고자 하는 사용자들의 거대한 설치 기반과 새로운 수익원을 창출하고 있다. 애플의 음악(다운로드와 구독 모두), 비디오 판매와 대여, 책, 앱(앱 내 구매, 구독 및 광고 포함), 아이클라우드 스토리지, 결제 등 애플 서비스 사업은 2배 이상 성장했다.

애플은 워치나 홈포드와 같은 더 많은 기기들을 출시함에 따라 서비스 수입은 계속해서 확대되고 다양해질 것이다. CEO 팀 쿡에 따르면 애플은 세계에서 가장 큰 서비스 기업 중 하나가 되었다. 구글과 페이스북 모두 서비스 분야에서 치열한 경쟁을 벌이고 있기 때문에 이러한 서비스 제공 전략은 걱정할 필요가 없다.

구글은 노트북과 데스크톱 기기로부터 웹 검색의 약 75%를 차지하고 모바일 검색시장의 90% 이상을 차지하는 세계 최고의 검색엔진이다(구글 또한 아이폰의 기본 검색엔진이다). 구글의 모회사인 알파벳 매출의 84%는 대부분 구글의 검색엔진에 있는 광고에서 나온다. 구글은 온라인 광고를 지배하고 있다. 하지만 구글은 인터넷의 관문이라는 위치에서 빠져들고 있다. 새로운 검색 스타트업은 웹 대신 작업과 앱에 초점을 맞춘다. 페이스북은 웹으로도 중요한 관문이 되었다. 2005년 구글은 모바일 컴퓨팅 분야에서 경쟁하기 위해 안드로이드 오픈소스 모바일 운영체제를 구입했다. 구글은 안드로이드를 스마트폰 제조사에 무료로 공급해 앱 구매와 광고를 통해 간접적으로 수익을 창출한다. 많은 다른 제조업체들이 안드로이드를 표준으로 채택했다. 이와는 대조적으로 애플은 자사의 전용 운영체제만을 사용할 수 있도록 하고, 판매하는 앱은 모두 애플 제품에서만 실행할 수 있다. 안드로이드는 전 세계 스마트폰의 80% 이상에 배치되어 있으며, 태블릿의 가장 일반적인 운영체제이며, 시계, 자동차 대시보드, TV로 구동되며, 4,000개 이상의 개별 장치를 갖추고 있다. 구글은 안드로이드를 가능한 한 많은 기기로 확장하고 싶어 한다.

구글의 안드로이드는 향후 몇 년 동안 훨씬 더 많은 시장 점유율을 확보할 수 있는데, 이는 애플이 고객 충성도를 유지하고 소프트웨어 개발자들이 iOS 플랫폼에 집중하도록 하기 때문에 문제가 될 수 있다. 스마트폰에서 우세한 운영체제를 가진 사람이라면 스마트폰 사용자들이 대부분의 시간을 소비하는 앱과 모바일 장치에 광고를 제공하는 내장 채널을 통제할 수 있을 것이다. 구글 검색기술은 사용자들이 대부분의 시간을 보내는 모바일 앱을 쉽게 탐색할 수는 없지만, 구글은 모바일 앱 내부의 콘텐츠를 인덱싱하고, 스마트폰에 구글 검색 결과에 나타난 콘텐츠를 가리키는 링크를 제공하기 시작하고 있다. 전 세계 검색 쿼리의 절반 이상이 모바일 기기에서 오기 때문에 회사는 검색엔진에서 웹사이트 순위를 매기기 위해 사용하는 200여 가지 요인에 '이동성 친화성'을 추가하기 위해 검색 알고리즘을 개정했다. 이것은 스마트폰 화면에 잘 보이는 사이트를 선호한다. 모바일 광고에 지불되는 클릭당 비용은 데스크톱 광고에 뒤처졌지만 컴퓨터와 모바일 광고료의 차이는 줄어들고 있다. 구글은 더 깨끗한 모바일 검색 페이지를 제공하기 위해 디자인 변경을 실시했다.

검색, 유튜브, 구글 맵 등 7개 구글 제품과 서비스 이용자가 각각 10억 명을 넘는다. 안드로이드 운영체제 소프트웨어에는 20억 명이 넘는 월간 활성 사용자가 있다. 구글의 궁극적인 목표는 구글 사용자들이 하루 종일 회사와 원활하게 소통하고 모두가 구글을 사용하도록 서비스와 장치를 함께 짜는 것이다. 구글이 향후 몇 년 동안 검색 및 관련 서비스를 더욱 강력하고 사용자 친화적으로 만들기 위해 기울인 노력의 상당 부분은 인공지능과 머신러닝에 대한 회사의 투자 때문이다(제11장 참조). 이러한 기술은 음성 검색, 구글 번역, 스팸 필터링 등의 애플리케이션에서 이미 구현되었다. 목표는 검색을 보다 스마트한 지원 기능으로 발전시키는 데 있는데, 여기서 컴퓨터는 사람들이 말하고 있는 것을 이해하고 적절한 순간에 적절한 정보로 대화적으로 대응할 수 있다. 알로(Allo)는 iOS 및 안드로이드용 스마트 메시징 앱으로, 시간이 지남에 따라 문자 패턴을 학습하여 보다 표현적이고 생산적인 대화를 할 수 있다. 알로는 들어오는 메시지에 대한 자동 응답을 제안하고, 여러분은 채팅에서 떠나지 않고도 제안서를 받고 레스토랑 예약까지 할 수 있다. 구글 어시스턴트는 사용자와 검색엔진 사이에 지속적이고 일상적인 대화를 제공하기 위한 것이다.

페이스북은 세계에서 가장 큰 소셜 네트워킹 서비스로 월 20억 명 이상의 사용자가 있다. 사람들은 페이스북을 친구나 가족과 계속 연락을 취하고 그들에게 가장 중요한 것을 표현하기 위해 사용한다. 페이스북 플랫폼은 개발자들이 페이스북과 통합되는 애플리케이션과 웹사이트를 구축하여 세계적인 사용자 네트워크에 도달하고 개인화된 사회적 제품을 만들 수 있도록 해준다. 페이스북은 너무 만연하고 매력적이라

서 이용자들의 주요 인터넷 관문이 되었다. 많은 사람들에게 페이스북은 인터넷이다. 그들이 인터넷에서 하는 것이 무엇이든 페이스북을 통해서이다.

페이스북은 수입이 점점 더 모바일 스마트폰과 태블릿에서 나올 것이라는 기대와 함께 페이스북의 인기와 사용자 데이터를 광고 수입으로 바꾸는 방법을 연구해 왔다. 2018년 초 현재 전 세계 활성 사용자 계정의 95% 이상이 스마트폰을 통해 소셜 네트워크에 접속했다. 페이스북 광고는 기업들이 웹브라우징 습관과 다른 온라인 행동에서 비롯된 교육적인 추측보다는 그들의 실제 정체성과 표현된 관심사에 근거하여 사용자들을 겨냥할 수 있게 해준다.

2018년 1분기 말 페이스북 글로벌 매출의 98%가 광고에서 나왔고, 그 광고 수익의 89%가 모바일 광고에서 나왔다. 그중 많은 광고들이 아주 높은 확률로 연령, 성별, 기타 인구통계에 의해 타깃을 결정한다. 페이스북은 이제 모바일 광고 시장에서 구글의 심각한 경쟁자가 되었고, 심지어 신흥 모바일 플랫폼과 경쟁하려고 애쓰고 있다. 페이스북과 구글이 함께 디지털 광고 산업을 장악하고 있으며, 거의 모든 성장을 책임져 왔다. 페이스북은 광고주들에게 더 많은 기회와 시장 공략을 위한 더 많은 정보를 주기 위해 홈페이지를 재정비했다. 이 회사는 인스타그램 피드, 스토리스, 왓츠앱, 페이스북 워치, 메신저 같은 제품에서 광고를 확대하고 있지만 여전히 광고 수익의 대부분은 뉴스 공급에서 나온다. 페이스북은 구글의 검색 독점에 도전하기 위한 자체 맞춤형 검색 툴을 보유하고 있다. 페이스북의 CEO 마크 저커버그는 소셜 네트워킹이 웹을 사용하고 뉴스나 비디오를 포함하여 사람들이 원하는 다른 모든 콘텐츠를 소비하는 이상적인 방법이라고 확신하고 있다. 그것은 기업들에게 이상적인 마케팅 플랫폼이 된다. 하지만 그는 또한 페이스북이 소셜 네트워킹만으로는 장기적인 성장과 번영을 이룰 수 없다는 것을 알고 있다. 지난 몇 년 동안 페이스북은 가상현실, 메시지, 비디오 등으로 옮겨갔다.

페이스북은 개인용 동영상의 최고 목적지로서 유튜브에 도전하고, 자체 TV 프로그램을 개발하고, 챗봇을 배치해 메시지를 더 스마트하게 만들고 있다. 챗봇은 여러분이 입력하거나 말하는 것을 이해하고 질문에 답하거나 작업을 실행하여 응답하는 가장 기본적인 소프트웨어 에이전트로서 페이스북의 메신저 서비스를 배경으로 실행된다(제11장 참조). 페이스북 메신저 내에서 우버를 예약할 수 있고, 뉴스 업데이트를 받을 수 있고, 비행 상태를 확인할 수 있고, 또는 증강현실을 이용하여 이미지나 영상 속의 운동화 모델의 3D

모델을 합성해 새로운 나이키 운동화 모델이 어떻게 생겼는지 상상할 수 있다. 새로운 독립 실행형 앱은 애플사의 애플 TV와 아마존닷컴의 파이어 TV와 삼성 인터넷 연결 TV와 같은 셋톱 박스를 통해 뉴스피드에 담긴 비디오를 스트리밍할 수 있게 해준다.

저커버그는 저렴한 웹 연결을 통해 개발도상국의 사용자들을 끌어들이면서 추가로 10억 명의 사람들을 온라인에 끌어들이는 데 도움을 줄 것이라고 말한다. 페이스북은 소셜 네트워크를 포함한 웹 애플리케이션을 탐색할 수 있도록 사람들을 온라인에 접속하도록 고안된 프리 베이직 서비스와 같은 신흥시장에서 몇 가지 서비스를 시작했다. 페이스북은 다른 기술과 함께 드론과 인공위성을 사용해 인터넷을 저개발지역으로 전송하기를 원한다. 또한 페이스북이 결국 소외된 지역에 인터넷 서비스 제공자가 될 수 있다고 생각한다.

개인 데이터를 통한 수익화는 페이스북과 구글의 비즈니스 모델 모두를 발진시킨다. 그러나 이러한 행위는 개인의 프라이버시를 위협하기도 한다. 페이스북과 구글의 무료 서비스에 기반한 소비자 감시는 대서양의 양쪽에 있는 사용자, 규제자, 입법자 들로부터 포위당했다. 페이스북과 구글의 개인 데이터 수집과 사용을 제한해야 한다는 요구는 특히 최근 페이스북을 이용해 미국 유권자들을 동요시키려는 러시아 요원들에 대한 폭로와 페이스북의 제3자 기업과의 사용자 데이터 공유(제4장 마지막 사례연구 참조) 이후 힘을 얻고 있다. 두 회사 모두 데이터를 처리하기 전에 사용자의 동의를 얻도록 하고, 미국에서 더 엄격한 개인정보 보호법안을 촉구할 수 있는 일반 데이터 보호 규정(GDPR)이라는 유럽연합의 새로운 개인정보 보호법을 받아들여야 할 것이다. 비록 소비자 데이터의 사용을 억제하기 위한 노력으로 광고에 덜 의존하고 구독에 더 많이 의존하는 사업 모델이 제안되었고, 이는 어쩌면 페이스북과 구글을 위험에 빠뜨릴 수 있다. 애플은 프라이버시 보호 기능을 강조하면서 고객 데이터를 다른 업체와 공유하지 않는다.

이들 기술 대기업들도 독점적 행위로 인해 정밀조사를 받고 있다. 미국에서는 구글이 89%의 인터넷 검색을 하고 있고, 인터넷상의 젊은 성인의 95%가 페이스북 제품을 사용하고 있으며, 구글과 애플은 99%의 휴대전화 운영체제를 제공하고 있다. 비평가들은 이러한 거대 기업을 해체하거나 한때 스탠더드 오일과 AT&T처럼 규제해야 한다고 주장하고 있다. 2018년 7월 유럽 규제 당국은 구글의 안드로이드 운영체제를 사용하는 휴대전화 제조업체들에게 구글 검색과 브라우저 앱을 설치하도록 강요한 것에 대해 50억 달러의 벌금을 부과했다. 이 회사들이 너무 커져서 소비자와 혁신을 압박하고 있는가? 정부가 이 질문에 어떻게 대답하느냐에 따라 애플, 구글, 페이스북의 성공 방법과 그들이 어떤 종류의 인터넷 경험을 제공할 수 있느냐에도 영향을 미칠 것이다.

출처 : Associated Press, "EU Fines Google a Record $5 Million over Mobile Practices," July 18, 2018; Christopher Mims, "How Apps, Music and More Can Buoy Apple Beyond the iPhone," *Wall Street Journal*, February 4, 2018; "Search Engine Market Share," www.netmarketshare.com, accessed April 16, 2018; "Facebook's Advertising Revenue Worldwide from 2009 to 2017 (in Million U.S. Dollars)," statista.com, accessed April 17, 2018; David Streitfeld, Natasha Singer, and Steven Erlanger, "How Calls for Privacy May Upend Business for Facebook and Google," *New York Times*, March 24, 2018; Natasha Singer, "Timeline: Facebook and Google Under Regulators' Glare," *New York Times*, March 24, 2018; David Streitfeld, "Google Wants to Be Everywhere with Everyone," *New York Times*, May 17, 2017; Tim Bajarin, "Learning This 1 Thing Helped Me Understand Apple's Strategy," *Time*, April 3, 2017; and Mathew Ingram, "How Google and Facebook Have Taken Over the Digital Ad Industry," *Fortune*, January 4, 2017.

사례연구 문제

7-13 구글, 애플, 페이스북의 비즈니스 모델과 핵심역량을 비교하라.

7-14 모바일 컴퓨팅이 이 세 회사에 왜 그렇게 중요한가? 각 기업의 모바일 전략을 평가하라.

7-15 어떤 회사와 비즈니스 모델이 인터넷을 지배할 가능성이 가장 크다고 생각하며, 그 이유는 무엇인가?

7-16 애플, 구글, 페이스북이 인터넷 경험을 지배한다면 기업이나 개인 소비자에게 어떤 변화를 가져올 것인가? 답에 대해 설명하라.

참고문헌

Alphabet, Inc. "Form 10K for the Fiscal Year Ending December 31, 2017." Securities and Exchange Commission, filed February 1, 2018.

Chiang, I. Robert, and Jhih-Hua Jhang-Li. "Delivery Consolidation and Service Competition Among Internet Service Providers." *Journal of Management Information Systems* 34, No. 3 (Winter 2014).

Comscore. "The 2017 Mobile App Report." (2017).

Eliason, Andy. "23 Search Engine Facts and Stats You Oughta Know." SEO.com, accessed May 8, 2017.

eMarketer. "US Ad Spending: The eMarketer Forecast for 2018." (2018).

"Facebook Company Statistics." www.statisticbrain.com, accessed April 18, 2018.

IBM Global Technology Services. "Software-Defined Networking in the New Business Frontier." (July 2015).

Iyer, Bala. "To Project the Trajectory of the Internet of Things, Look to the Software Industry." *Harvard Business Review* (February 25, 2016).

Manyika, James, Michael Chui, Peter Bisson, Jonathan Woetzel, Richard Dobbs, Jacques Bughin, and Dan Aharon. "Unlocking the Potential of the Internet of Things." *McKinsey Global Institute* (2015).

McKinsey & Company. "The Impact of Internet Technologies: Search." (July 2011).

Miller, Rich. "5G Wireless: A New Network to Enable the Data Deluge." *Data Center Frontier* (July 13, 2017).

National Telecommunications and Information Agency. "NTIA Announces Intent to Transition Key Internet Domain Name Functions." (March 14, 2014).

Panko, Raymond R., and Julia L. Panko. *Business Data Networks and Security*, 11th ed. (Upper Saddle River, NJ: Prentice-Hall, 2018).

Pew Research Center. "Mobile Fact Sheet." (January 12, 2017).

Segan, Sascha. "What Is 5G?" *PC Magazine* (May 1, 2017).

Varian, Hal. "Executive Assistants for Everyone." *MIT Sloan Management Review* (Fall 2016).

Wang, Weiquan, and Izak Benbasat. "Empirical Assessment of Alternative Designs for Enhancing Different Types of Trusting Beliefs in Online Recommendation Agents." *Journal of Management Information Systems* 33, No. 3 (2016).

정보시스템 보안

학습목표

이 장을 마치고 나면 다음 질문에 답할 수 있다.

8-1 왜 정보시스템은 파괴, 오류, 오남용 등에 취약한가?

8-2 보안과 통제의 비즈니스적 가치는 무엇인가?

8-3 보안과 통제를 위한 조직의 프레임워크 구성요소는 무엇인가?

8-4 정보 자원 보호를 위한 주요 도구와 기술은 무엇인가?

8-5 MIS는 내 경력에 어떤 도움이 되는가?

이 장의 사례

- 미국 대선을 겨냥한 해커들, 어떤 일이 일어났는가?
- 세계 컴퓨터를 괴롭히는 멜트다운과 스펙터
- 상호작용형 세션 관리
- 에퀴팩스 해킹이 역대 최악인가 — 그 이유는?

미국 대선을 겨냥한 해커들, 어떤 일이 일어났는가?

2015년 9월, 미국 연방수사국(FBI)의 에이드리언 호킨스 특수요원은 전산망에 관한 골치 아픈 소식을 받았는데, 적어도 한 대의 DNC 컴퓨터 시스템이 러시아 정부와 연계된 해커들에게 뚫렸다는 내용으로 민주당 전국위원회(DNC)에 전화하였다. 전화를 받은 DNC 기술지원 계약자인 야레드 타메네는 해킹 흔적을 찾기 위해 DNC 컴퓨터 로그를 검색했다. 타메네는 호킨스 요원이 몇 주 동안 계속해서 전화를 걸고 메시지를 남겼음에도 불구하고, 그 통화가 사기꾼의 장난 전화일 수도 있다는 생각에 주의 깊게 보지 않았다고 말했다.

DNC 해킹은 2016년 대선을 교란하기 위한 러시아 주도의 사이버 전쟁 캠페인의 첫 신호였다. DNC의 데비 와서먼 슐츠 회장은 사임할 수밖에 없었고, DNC와 클린턴 선거캠프의 기밀문서가 선거기간 중 위키리스크에 의해 언론에 공개되었다. 놀라운 역전패 속에, 도널드 트럼프가 대선에서 승리했고, 그의 승리는 아마도 유출된 문서들이 폭로되면서 촉진되었을지도 모른다.

러시아 정보부와 관련된 몇몇 러시아 해커 집단이 이번 사이버 공격의 근원으로 확인되었다. DNC 네트워크를 DNC 고위관리들이 공격에 대한 경고를 받고 사이버 보안회사인 크라우드스트라이크(CrowdStrike)를 고용하여 시스템 보호를 강화하기 전까지 약 7개월 동안 러시아 해커들은 자유롭게 돌아다니는 것이 가능했다. DNC 컴퓨터 시스템은 교체되었고 감염된 정보를 제거하기 위해 하드 드라이브들도 깨끗하게 지웠다.

그동안 해커들은 클린턴 선거캠프 시스템에 접속할 수 있었다. 해커들은 접속을 위해 어떤 정교한 도구도 사용할 필요가 없었고, 합법적인 시스템 사용자들을 속여 시스템에 접속하기 위한 패스워드를 얻을 수 있는

© Andriy Popov/123RF

피싱 이메일도 배포할 수 있었다. 클린턴 선거캠프의 보좌관인 찰스 델러번은 존 포데스타 선거운동 위원장의 개인 이메일로 보낸 이메일을 클릭해 여러 러시아인들에게 또 다른 문을 열어주었다. 누군가 피싱 메시지를 클릭할 때마다 러시아인은 네트워크에 접속해 관심문서를 '유출'하여 정보 목적으로 비축해두곤 했다. 2016년 여름까지 민주당 의원들의 개인 이메일과 기밀문서가 연일 위키리스크 등 웹사이트에 올라 언론에 보도됐다.

DNC는 스스로 사이버 공격으로부터 잘 보호되고 있다고 생각했지만, DNC 정도 규모의 기업이 책정한 보안 예산의 극히 일부만 예산으로 가지고 있었다. 합법적인 이메일과 유사하게 만들어진 피싱 공격과 악성코드를 차단하기 위한 표준 이메일 스팸 필터링 서비스를 갖추고 있었지만 의심스러운 트래픽을 추적할 수 있는 최첨단 시스템을 갖추고 있지 않았다.

2016년 대선 때 러시아 해커들은 DNC와 클린턴 선거캠프의 해킹을 넘어서 최소한 21개 주의 선거시스템에 침투하여 일리노이 주의 유권자 데이터를 삭제하거나 변경하려고 시도했다(관계자들

은 해커들이 결과에 영향을 미쳤다고 생각하지 않는다).

2018년 7월 13일 연방 대배심은 2016년 대통령 선거운동 중 러시아인 개입 의혹에 대한 특별검사 로버트 뮬러의 조사 일환으로 12명의 러시아 정보관을 기소했다. 이들은 민주당 의원 선거운동위원회, 민주당 전국위원회, 힐러리 클린턴 선거캠프 관련 네트워크를 해킹하기 위한 지속적인 노력을 한 혐의로 기소되었다. 러시아 해커들이 경선과 2018년 중간선거, 그리고 결국 2020년 대선에 영향을 미칠 기회를 노리며 미국 주 선거제도를 계속 겨냥하고 있다는 증거가 나오고 있다. 러시아 해커들은 유럽에서도 선거에 영향을 미치려고 적극적으로 노력하고 있다.

출처 : Lucien Bruggeman and Mike Levine, "Mueller indicts 12 Russian Intel Officers for Hacking Democrats," *Good Morning America*, July 13, 2018; Joseph O'Sullivan, "With Russian Hacking Fresh in Mind, Washington State Beefs Up Elections Cybersecurity," *Seattle Times*, July 8, 2018; Erin Kelly, "Russia So Far Not Mounting Robust Hacking Effort Against U.S. Election, Official Says," *USA Today*, July 11, 2018; Harold Stark, "How Russia 'Hacked' Us in 2016 [And What We did Wrong]," *Forbes*, January 24, 2017; Sue Marquette Poremba, "Data Security Lessons from the DNC Hack," *ITBusinessEdge*, March 7, 2017; Mark Moore, "Russian Hackers Infiltrated Voter Databases in Dozens of States," *New York Post*, June 13, 2017; and Eric Lipton, David E. Sanger, and Scott Shane, "The Perfect Weapon: How Russian Cyberpower Invaded the U.S.," *New York Times*, December 13, 2016.

2016년 미국 대선과 최근 선거를 교란시키려는 노력은 조직이 정보시스템 보안에 특별한 주의를 기울여야 하는 이유 중 일부를 보여준다. 러시아 해커들이 민주당이 사용하는 정보시스템에 침투할 수 있게 한 IT 보안 침입은 선거 과정과 어쩌면 국가의 운명을 바꿀 수 있는 잠재력을 지니고 있다. 취약한 IT 보안은 수십억 달러 규모의 기업과 소비자의 재정적 손실도 초래했다.

다음 도표는 도입 사례와 이 장에서 제기된 주요 주제를 환기시킨다. DNC와 클린턴 선거캠프는 직원들이 해커들의 피싱 공격에 순진하게 대응하는 것을 막기 위한 IT 보안의식, 도구, 전문지식이 부족했다. 또한 DNC가 FBI에게 받은 해커 공격 경고에 신속하게 대응하지 못한 것과 DNC와 클린턴 선거캠페인 회원들이 가짜 피싱 이메일을 확인하지 못한 것에서 증명된 무지, 오류, 부주의도 작용했다. DNC와 클린턴 선거캠프는 자신들이 원치 않는 침입자들을 막기 위한 충분한 보안 수단을 갖추고 있다고 생각했지만, 대통령 선거운동을 러시아의 영향으로부터 보호하기에는 충분하지 않았다. 결국 민주당은 시스템 보호를 강화하기 위해 외부 보안 전문가를 고용했다.

해커들이 공개한 이메일이 2016년 선거 결과에 얼마나 영향을 미쳤는지는 정확하게 알 수 없다. 그러나 우리는 그 일이 매우 심각했고 아마도 전 세계적으로 미래의 선거 분쟁에 대한 예고편이었을 것임을 안다. 마찬가지로 DNC와 클린턴 선거캠프의 해킹에 악용된 보안 취약성은 기업과 다른 조직에서도 흔하다.

다음의 몇 가지 질문에 대해 생각해보자. 어떤 보안 취약성을 해커들이 악용하는가? 이러한 보안 취약성에 어떤 경영, 조직 및 기술 요소가 기여했는가? 이러한 문제의 비즈니스 영향은 무엇이 있을까? 선거 해킹을 막을 수 있었을까?

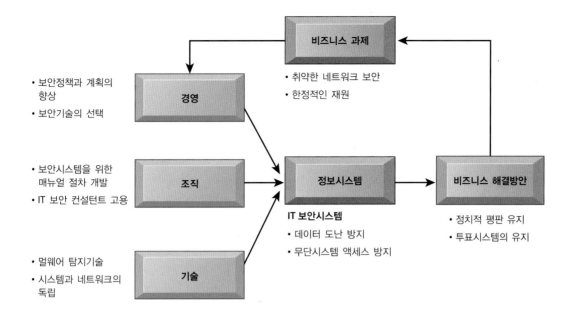

만약 방화벽이나 안티바이러스 소프트웨어 없이 인터넷에 접속하려 한다면 어떤 일이 일어날지 상상해보았는가? 컴퓨터는 몇 초 내에 사용 불능 상태에 빠질지도 모르며, 이를 복구하는 데 몇 날며칠을 보내야 할지도 모른다. 만일 컴퓨터를 비즈니스에 사용하고 있었다면 수리하는 동안 고객에게 물건을 팔지 못하거나 공급자에게 주문할 수 없을지도 모른다. 또한 컴퓨터에서 기밀고객 지불정보를 포함한 여러 가치 있는 데이터를 훔치거나 파괴하려는 외부인이 컴퓨터에 침입한 것을 발견할 수도 있다. 만약 이미 너무 많은 자료가 파괴되거나 유출되었다면 이 회사는 더 이상 영업을 못하게 될지도 모른다!

짧게 말하면 현재 기업을 운영하고 있다면 보안과 통제에 최고의 우선순위를 두어야 한다. **보안**(security)이란 정보시스템에 대한 인증되지 않은 접속, 변조, 절도 및 물리적 침해를 방지하기 위한 정책, 절차 및 기술적 기준을 말한다. **통제**(control)는 조직 자산의 안정성, 회계 기록의 정확성과 신빙성, 경영 표준에 대한 운영상의 엄수성을 확보하기 위한 방법, 정책 및 조직 절차 등을 말한다.

왜 시스템은 취약한가

대량의 데이터를 전자적 형식으로 저장할 경우 종이 형식으로 존재할 때보다 더 많은 종류의 위험에 노출되기 마련이다. 통신 네트워크를 통해 여러 다른 지점의 정보시스템은 서로 연결되어 있다. 비인가 접속, 오남용, 사기 행위 등이 한곳이 아닌 네트워크상의 어느 접근점에서도 발생할 수 있는 것이다. 그림 8.1은 현대의 정보시스템이 직면한 가장 일반적인 위협요소를 보여주고 있다. 이러한 위협요소는 잘못된 경영 의사결정에 의해 악화된 기술적·조직적·환경적 요인들에 기인할수 있다. 그림에서 볼 수 있는 다중계층 클라이언트/서버 컴퓨팅 환경에서 취약점은 각 계층과 계층 간의 통신 구간에 존재한다. 클라이언트 층의 사용자는 실수를 하거나 허가 없는 시스템 접속을 통해 시스템에 손상을 입힐 수 있다. 또한 네트워크를 통해 흐르는 데이터에 접근하거나 전송 중인 가치 있는 데이터를 훔치고, 나아가 허가 없이 메시지를 바꾸는 것도 가능하다. 복사 역시 마찬가지로 다양한 지점에서 네트워크를 중단시킬 수 있다. 침입자는 웹사이트의 운영을 마비시킬 수 있

그림 8.1 현대의 보안 문제와 취약점

웹 기반 응용시스템의 구조는 일반적으로 웹 클라이언트, 서버, 데이터베이스에 연결된 기업정보시스템 등을 포함한다. 이들 각각의 구성요소들은 보안 문제와 취약성을 가지고 있으며 홍수, 화재, 전력 고장 및 기타 전기적 문제 역시 네트워크의 어느 지점에서라도 장애를 초래할 수 있다.

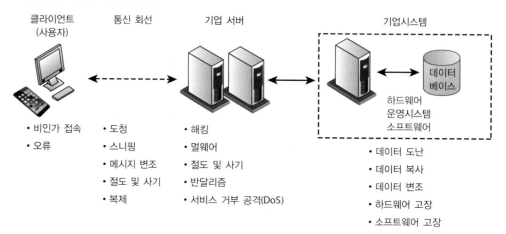

클라이언트 (사용자)	통신 회선	기업 서버	기업시스템

- 비인가 접속
- 오류

- 도청
- 스니핑
- 메시지 변조
- 절도 및 사기
- 복제

- 해킹
- 멀웨어
- 절도 및 사기
- 반달리즘
- 서비스 거부 공격(DoS)

하드웨어
운영시스템
소프트웨어

- 데이터 도난
- 데이터 복사
- 데이터 변조
- 하드웨어 고장
- 소프트웨어 고장

는 서비스 거부 공격(denial of service attack)이나 악성 소프트웨어를 실행할 수 있다. 기업시스템에 침입할 수 있는 해커는 데이터베이스나 파일에 저장한 기업 데이터를 파괴하거나 변조할 수도 있다.

컴퓨터 하드웨어가 고장나거나 적절히 설정되지 않았거나 혹은 부적절한 사용이나 범죄 행위로 인해 손상되었다면 시스템은 오작동할 것이다. 프로그래밍 오류, 부적절한 설치, 허가 없는 변경 등은 컴퓨터 소프트웨어를 제대로 작동하지 못하게 한다. 전력 고장, 홍수, 화재 및 기타 자연재해 역시 컴퓨터 시스템 작동을 정지시킬 수 있다.

국내나 해외의 다른 기업과의 제휴도 가치 있는 정보가 기업의 통제권 바깥의 네트워크와 컴퓨터에 존재한다면 시스템의 취약성을 높일 수 있다. 따라서 강력한 안전장치가 없다면 가치 있는 데이터가 분실되거나 파괴될 수 있으며, 더 나아가 중요한 영업비밀이나 개인 사생활을 침해할 수 있는 정보를 노출시키는 것은 물론 부적절한 용도로 이용될 가능성이 매우 크다.

휴대성은 휴대전화, 스마트폰, 태블릿 컴퓨터를 분실하거나 훔치기 쉽게 만든다. 스마트폰은 다른 인터넷 기기와 같은 보안 취약점을 공유하며 악성 소프트웨어와 외부인의 침투에 취약하다. 기업 직원들이 사용하는 스마트폰에는 판매 수치, 고객 이름, 전화번호, 이메일 주소 등 민감한 데이터가 들어 있는 경우가 많다. 침입자는 이러한 장치를 통해 기업 내부 시스템에 접속할 수도 있다.

인터넷의 취약성

인터넷과 같은 거대한 공공 네트워크는 사실상 누구에게나 개방되어 있기 때문에 내부 네트워크보다 훨씬 더 취약하다. 인터넷은 그 규모가 너무 방대해서 오남용이 발생했을 경우 엄청나게 광범위한 영향력을 미칠 수 있다. 특히 인터넷이 기업 네트워크의 일부를 구성하고 있다면 조직의 정보시스템은 외부로부터의 침입에 더욱더 취약해진다.

취약성은 이메일과 인스턴트 메시징(IM), P2P 파일 공유 프로그램의 광범위한 사용에 의해서도 증가하고 있다. 이메일은 악성 소프트웨어나 기업 내부 시스템으로의 허가 받지 않은 접근을 위한 발판이 될 첨부 파일들을 담고 있을 수 있다. 또한 내부 직원이 허가 받지 않은 수신자에게 영업비밀, 재무 자료, 비밀 고객정보 등을 전송하기 위해 이메일을 사용할 수 있다. 어떤 경우에서든 인터넷을 통한 인스턴트 메시징은 보안되어야 할 네트워크에 대한 침입 통로로 사용될 수 있다. 불법 음악 공유와 같은 P2P 네트워크를 통해 파일을 공유하는 것은 역시 악의적 소프트웨어를 전송하거나 개인이나 기업 컴퓨터의 정보를 외부인에게 노출시킬 수 있다.

무선 보안 과제

블루투스와 와이파이 네트워크 둘 다 도청자의 해킹에 취약하다. 802.11 표준을 사용하는 근거리 통신망(LAN)은 외부인이 노트북, 무선카드, 외장형 안테나와 해킹 소프트웨어를 사용하여 쉽게 침투할 수 있다. 해커는 이러한 장비를 이용하여 보안이 약한 네트워크를 찾아내고, 네트워크 통신을 감시하며, 경우에 따라 기업 네트워크나 인터넷으로의 접속을 한다.

와이파이 전송기술은 통신용 컴퓨터를 서로 찾고 상대방으로부터 수신하기 용이하도록 설계되었다. 와이파이 네트워크상에서 접근점들을 식별하는 SSID(service set identifiers)는 반복적으로 송출되며 따라서 침입자의 스니퍼(sniffer) 프로그램이 이를 포착하기란 정말 쉽다(그림 8.2 참조). 대다수의 무선 네트워크는 **워 드라이빙**(war driving)에 대한 기본적인 보안장치조차 갖추지 못하고 있는 실정이다. 워 드라이빙이란 도청자가 건물 주변이나 외부 공원 등을 자동차로 배회하면서 무선 네트워크 통신을 가로채려는 것을 말한다.

정확한 SSID를 사용하여 접근섬에 연결한 침입자는 네트워크에 연결하고 있는 다른 사용자를 찾고, 그 컴퓨터의 하드 드라이브에 접속하며, 파일을 열고 복사할 수 있는 윈도우 운영체제를 이용하여 네트워크 안의 다른 자원에 접근할 수 있다.

그림 8.2 와이파이 보안 문제

많은 와이파이 네트워크는 인가 없이 네트워크 자원에 접근하기 위한 주소를 훔칠 수 있는 스니퍼 프로그램을 사용하는 침입자의 침투를 받을 수 있다.

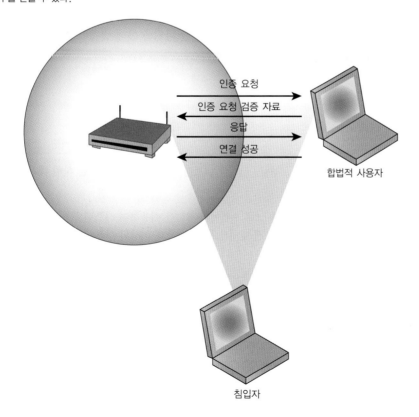

침입자는 또한 수집된 정보를 이용하여 사용자와 가까운 위치에 다른 주파수 채널을 갖는 가짜 접근점을 설치함으로써 사용자의 무선 네트워크 인터페이스 카드가 가짜 접근점에 연결되도록 만들 수 있다. 이러한 접속이 한 번 발생하면 해커는 가짜 접근점을 사용하여 사용자의 로그인 이름과 패스워드를 훔칠 수 있다.

악성 소프트웨어 : 바이러스, 웜, 트로이 목마, 스파이웨어

악성 소프트웨어 프로그램은 **멀웨어**(malware)라 부르기도 하며 컴퓨터 바이러스, 웜 바이러스, 트로이 목마 등과 같은 다양한 위협요소들을 포함한다(표 8.1 참조). **컴퓨터 바이러스**(computer virus)는 보통 사용자의 인지나 허락 없이 실행되도록 하기 위해 자신을 다른 소프트웨어 프로그램이나 데이터 파일에 첨부하는 악성 소프트웨어 프로그램을 말한다. 대부분의 컴퓨터 바이러스는 '페이로드(pay load)'를 전달한다. 이러한 페이로드는 메시지나 이미지를 디스플레이하기 위한 명령과 같은 온순한 것일 수도 있으나 프로그램이나 데이터를 완전히 파괴하고 컴퓨터 메모리에 부하를 가하며 하드 디스크를 재포맷하거나 프로그램을 부적절하게 작동시키는 악성일 수도 있다. 바이러스는 보통 이메일 첨부의 전송이나 감염된 파일의 복사와 같이 사람이 어떤 행동을 취할 때 컴퓨터에서 컴퓨터로 전파된다.

웜(worm)은 네트워크를 통해 한 컴퓨터에서 다른 컴퓨터로 자기 자신을 복사할 수 있는 독립적 컴퓨터 프로그램이다. 웜은 바이러스와는 달리 다른 컴퓨터 프로그램 파일에 첨부되지 않고 스스로 작동할 수 있으며 컴퓨터에서 컴퓨터로 빠르게 확산하기 위해 필요한 사람의 개입이 적다. 웜은 컴퓨터 네트워크의 운영을 방해하거나 심지어 중단시키는 것은 물론 데이터와 프로그램을 파괴할 수 있다.

웜과 바이러스는 다운로드한 소프트웨어의 파일, 이메일 전송에 첨부한 파일 또는 면역성이 없는 이메일 메시지, 온라인 광고와 인스턴트 메시징을 통해 인터넷으로 자주 확산되고 있다. 바이러스는 또한 감염된 외부 저장장치나 기계를 매개로 전산화된 정보시스템에 침입하고 있다. 최근에는 사용자가 알고 하든 모르고 하든 다운로드를 요청한 파일을 통해 멀웨어를 감염시키는 **드라이브 바이 다운로드**(drive-by download)가 창궐하고 있다.

표 8.1 악성코드 예시

이름	유형	설명
Cryptolocker	랜섬웨어/트로이	사용자의 사진, 영상 및 문서를 가로채어 사실상 깨지지 않는 비대칭 암호화를 하여 대가 지불을 요구한다.
Conficker	웜	2008년 11월 처음 감지되었다. 윈도우 소프트웨어의 결함을 이용하여 시스템을 인계하고 원격으로 명령할 수 있는 가상 컴퓨터에 연결한다. 전 세계적으로 500만 대 이상의 컴퓨터를 제어하고 있었으며, 뿌리 뽑기 어렵다.
Sasser.ftp	웜	2004년 5월 처음 나타났다. 임의의 IP 주소를 공격하여 인터넷을 통해 확산된다. 컴퓨터가 계속 충돌하고 재부팅하고 감염된 컴퓨터가 더 많은 피해자를 검색하도록 한다. 전 세계 수백만 대의 컴퓨터에 영향을 미쳤으며, 약 148억에서 186억 달러 정도의 피해를 입혔을 것이라고 추정한다.
ILOVEYOU	바이러스	2000년 3월 처음 나타났다. 비주얼 베이직 스크립트로 작성되며, 제목 줄 ILOVEYOU가 포함된 이메일의 첨부 파일로 전송되는 스크립트 바이러스이다. 음악, 이미지 및 기타 파일을 자체 사본으로 덮어쓰며 100억에서 150억 달러 정도의 피해를 입혔을 것이라고 추정한다.

해커는 사용자 개입 없이 악성 파일을 요청하고, 파일을 삭제하고, 파일을 전송하고, 백그라운드에서 실행 중인 프로그램을 설치하여 사용자 작업을 모니터링하고 잠재적으로 스마트폰을 로봇으로 변환할 수 있다. 봇넷 형태의 로봇은 이메일 및 문자 메시지를 다른 사람에게 보낼 수 있다. IT 보안 전문가에 따르면 이제 모바일 장치는 컴퓨터의 경우보다 훨씬 큰 보안 위험을 초래한다. 카스퍼스키 랩은 2017년에 570만 개의 모바일 악성 설치 패키지를 탐지했다고 보고했다(Kaspersky Lab, 2018).

세계 최고의 모바일 운영체제인 안드로이드는 대부분의 해커들이 목표로 삼고 있는 플랫폼이다. 많은 무선 장치가 기업정보시스템과 연계되어 있기 때문에 모바일 기기 바이러스는 엔터프라이즈 컴퓨팅에 심각한 위협을 가하고 있다.

블로그, 위키 및 페이스북, 트위터 및 링크드인과 같은 소셜 네트워킹 사이트가 멀웨어의 새로운 도서관으로 등장했다. 회원들은 비록 이 의사소통이 적법하지 않더라도 친구들로부터 받는 메시지를 더 신뢰하기 쉽다. 예를 들어 2018년 페이스북 메신저에 '파섹스 웜'이라는 멀웨어 변종 악성코드가 등장했다. 페이스북 메신저를 통해 링크를 클릭하면 피해자가 가짜 유튜브 페이지로 이동하는데, 이 페이지에서는 사용자가 인기 있는 크롬 브라우저를 위한 유튜브 확장 프로그램을 설치하도록 유도한다. 거기서부터 악성코드는 비밀번호를 훔치거나 비트 코인과 같은 비밀 통화 기금을 훔치려고 할 수 있다.

IoT(Internet of Things)는 인터넷 연결 기기 자체, 플랫폼 및 운영체제, 통신, 심지어 연결된 시스템으로부터 추가적인 보안 문제를 도입한다. IoT 기기와 플랫폼을 정보 공격과 물리적 변조로부터 모두 보호하고, 통신을 암호화하며, 배터리를 방전시키는 공격 등 새로운 문제를 해결하기 위해 새로운 보안 툴이 요구된다. 센서와 같은 IoT 장치에는 정교한 보안 접근을 지원하지 않을 수 있는 간단한 프로세서와 운영체제가 있다.

판다 시큐리티(Panda Security)는 2017년 총 7,500만 개의 악성코드를 식별해 중화시켰으며, 이는 하루에 약 28만 5,000개의 새로운 샘플이라고 보고했다(Panda Security, 2017).

많은 악성코드가 트로이 목마들이다. **트로이 목마**(trojan horse)는 양성인 것처럼 보이지만 예상과는 다른 일을 하는 소프트웨어 프로그램이나. 트로이 목마는 복제하지 않기 때문에 그 자체만으로 바이러스는 아니지만 바이러스가 다른 악성코드가 컴퓨터 시스템에 유입되는 경로가 되어 주는 경우가 많다. **트로이 목마**라는 용어는 그리스인들이 트로이인들을 속여 트로이 전쟁 중에 요새화된 도시에 성문을 열게 했던 거대한 목마를 기반으로 한다.

현대의 트로이 목마의 예로는 2009년에 360만 대 이상의 컴퓨터를 감염시켰지만 여전히 위협적인 제우스(Zbot) 트로이 목마가 있다. 제우스 트로이 목마는 사람들이 컴퓨터를 사용할 때 몰래 키를 눌러 은행을 위한 로그인 자격 증명을 훔치는 데 사용되었다. 제우스는 주로 드라이브별 다운로드와 피싱으로 전파되며, 최근의 변형들은 근절하기가 어려웠다.

SQL 주입 공격(SQL injection attacks)은 제대로 코드화되지 않은 웹 애플리케이션 소프트웨어의 취약성을 이용하여 회사의 시스템과 네트워크에 악성 프로그램 코드를 넣어 공격한다. 이러한 취약점은 웹 애플리케이션이 웹페이지에서 입력한 데이터를 적절히 검증하거나 필터링하는 데 실패하거나 온라인으로 무엇인가를 주문하는 등 사용자가 웹페이지에 접속할 때 발생할 수 있다. 공격자는 특정 데이터베이스에 접근하거나 악성코드를 심거나 네트워크상의 다른 시스템에 접근하기 위해 해당 데이터베이스에 악성 SQL 질의를 보낼 때 이러한 입력 검증 오류를 이용하는 것이다. 랜섬웨어라 알려진 멀웨어는 데스크톱과 모바일 기기 모두에서 급증하고 있다. **랜섬웨어**(ransomware)는 컴퓨터를 장악하거나 파일 접근을 차단하는 짜증나는 팝업 메시지를 표시해 사용자의 돈을 뜯어내려고 한다. 예를 들어 2017년 5월 150여 개국의 컴퓨터를 공격한 랜섬웨어 워너크라이(WannaCry)는 감염된 컴퓨터 파일을 암호화하여 사용자들이 접속을 되찾기 위해 수백 달러를 지불해야 했다. 랜섬웨어는 감염된 첨부 파일을 다운로드하거나, 이메일 내부의 링크를 클릭하거나, 잘못된 웹사이트를 방문하면 감염된다.

몇 종의 **스파이웨어**(spyware) 역시 악성 소프트웨어처럼 작동할 수 있다. 이러한 소형 프로그램들은 사용자 웹 서핑의 감시와 광고를 위해 스스로를 은밀하게 컴퓨터에 설치한다. 수천 가지 형태의 스파이웨어가 보고되어 있다. 많은 사용자들은 이와 같은 스파이웨어를 골치 아파하며 일부는 극도로 악질적이기도 하다. **키로거**(keylogger)는 소프트웨어의 일련번호를 훔치거나 인터넷 공격을 감행하고 이메일 계정의 권한을 얻으며 보안 컴퓨터 시스템의 암호를 획득하고 신용카드 번호와 같은 개인정보를 갈취하기 위해 컴퓨터에서 일어나는 모든 타이핑을 기록한다. 제우스 트로이 목마는 사용자가 컴퓨터에 데이터를 입력할 때 몰래 키보드 입력정보를 추적함으로써 온라인 뱅킹과 소셜 네트워킹 사이트에서의 금융정보와 개인정보를 훔쳤다. 다른 스파이웨어 프로그램들은 웹브라우저의 홈페이지를 재설정하거나 검색 요청을 다른 곳으로 보내거나 컴퓨터 리소스를 너무 많이 점유함으로써 컴퓨터 성능을 저하시키기도 한다.

해커들과 컴퓨터를 이용한 범죄

해커(hacker)는 컴퓨터 시스템에 허가 없이 접근하려고 하는 사람을 일컫는 말이다. 공공언론에서는 해커나 크래커(cracker) 모두 혼용하고 있지만 해킹 커뮤니티에서 크래커라는 용어는 범죄 의도를 가진 해커를 가리킬 때 주로 사용한다. 해커는 웹사이트와 컴퓨터 시스템 보안의 약점을 발견하고 이를 통해 허가 없는 접근을 하고자 한다. 해커의 활동 영역은 단순한 시스템 침입을 넘어 시스템에 대한 가해 및 **사이버 파괴 행위**(cybervandalism), 의도적 방해, 명예 훼손, 심지어 웹사이트나 기업정보시스템의 파괴는 물론 상품과 정보에 대한 절도에 이르기까지 확대되고 있다.

스푸핑과 스니핑

자신들의 진짜 정체를 숨기려는 해커는 가짜 이메일 주소를 사용하거나 다른 누군가로 위장하여 자신을 위장하거나 실체와 다르게 보이게 한다. **스푸핑**(spoofing)은 또한 원래 사용자가 방문하고자 하는 곳처럼 위장한 사이트를 이용하여 원래 의도한 주소와 다른 주소로 웹 연결을 재설정하는 행위를 포함하기도 한다. 예를 들어 만약 해커가 고객을 거의 진짜 사이트처럼 보이는 가짜 웹사이트로 방문하게 만들 수 있다면 해커는 고객의 주문을 받고 처리하면서 진짜 사이트로 가야 할 기밀을 요하는 고객정보는 물론 비즈니스까지도 효과적으로 훔칠 수 있다. 또 다른 형태의 스푸핑에 대해 좀 더 자세한 논의는 컴퓨터 범죄에 관한 절에서 추가적으로 다룰 것이다.

스니퍼(sniffer)는 네트워크를 통해 전달되는 정보를 감시하는 도청 프로그램의 한 유형이다. 합법적으로 사용될 경우에 스니퍼는 잠재적인 네트워크 문제 발생 지점이나 네트워크상의 범죄 행위를 발견하는 데 도움을 줄 수 있지만 범죄 목적으로 사용될 경우에는 치명적일 수 있으며 발견하기도 매우 어렵다. 스니퍼는 해커가 네트워크상의 어떤 지점에서든지 이메일 메시지, 기업 파일, 기밀 리포트 등과 같은 사유정보를 훔칠 수 있게 해준다.

서비스 거부 공격

서비스 거부 공격(denial-of-service [DoS] attack)이란 해커가 네트워크를 붕괴시키기 위해 수천 건의 잘못된 통신이나 서비스 요청을 네트워크 서버나 웹서버에 쏟아붓는 것을 말한다. 이때 네트워크는 동시에 감당할 수 없는 많은 질의를 받게 되며 결과적으로 실제 처리해야 할 요청에 대한 서비스를 할 수 없게 된다. **분산 서비스 거부 공격**(distributed denial of service [DDoS] attack)은 여러 공격 지점으로부터 네트워크를 범람시키고 전복시키기 위해 수많은 컴퓨터를 사용하는 것을 말한다.

서비스 거부 공격이 정보를 파괴하거나 기업정보시스템의 제한된 영역에 접근하는 것은 아니지만 웹사이트를 정지시킴으로써 실제 방문해야 할 사용자가 사이트에 접근하는 것을 불가능하게 한다. 바쁜 전자상거래 사이트들에게 이러한 공격은 많은 손실을 초래할 수 있으며 웹사이트가 정지될 경우 고객이 구매를 할 수가 없다. 이러한 공격에는 특히 대기업에 비해 보안관리가 허술한 네트워크로 운영되는 중소기업들이 더 취약하다.

DDoS 공격자는 종종 자신도 모르는 사이에 악성 소프트웨어에 감염된 수천의 좀비 PC들을 사용하여 **봇넷**(botnet)을 조직한다. 해커는 자신의 명령을 전달할 수 있는 통로인 백도어(back door)를 제공하는 봇 멀웨어를 다른 사람의 컴퓨터에 감염시킴으로써 이와 같은 봇넷을 구성할 수 있다. 이렇게 감염된 컴퓨터는 노예나 좀비가 되어 누군가가 소유한 주인 컴퓨터를 위해 일하게 된다. 해커가 컴퓨터를 충분히 감염시키면 봇넷의 축적된 자원을 이용해 디도스 공격, 피싱 캠페인 또는 원치 않는 스팸 메일을 시작할 수 있다.

전 세계 스팸의 90%와 멀웨어의 80%는 봇넷을 통해 전파되고 있다. 2016년 10월 수많은 IoT 기기(인터넷 연결 감시 카메라 등)를 감염시킨 뒤 이를 이용해 서버가 인터넷 트래픽을 감시하고 재라우팅하는 딘(Dyn)에 대한 디도스 공격을 감행한 미라이 봇넷이 대표적이다. 미라이 봇넷은 엣시, 깃허브, 넷플릭스, 쇼피파이, 사운드클라우드, 스포티파이, 트위터, 그리고 다른 많은 주요 웹사이트들을 장악하면서 딘 서버를 압도했다. 한 미라이 봇넷 변종이 2018년 1월 금융회사를 공격했다.

컴퓨터 범죄

대부분의 해커 활동은 범죄에 해당하는 공격이며 게다가 지금까지 논의한 시스템의 취약점은 시스템을 다른 유형의 **컴퓨터 범죄**(computer crime)의 표적으로 만들고 있다. 미국 법무부는 컴퓨터 범죄를 '범법 행위, 수사 및 기소를 위한 컴퓨터 기술 지식을 포함한 형사법에 대한 모든 위반 행위'로 정의하고 있다. 표 8.2는 범죄 대상으로서 컴퓨터와 범죄 도구로서 컴퓨터의 예를 모두 보여주고 있다.

컴퓨터 범죄의 규모, 즉 얼마나 많은 시스템이 침범된 것인지, 얼마나 많은 사람이 피해를 입었는지, 전체적인 경제적 손실 규모가 얼마인지 등을 누구도 알 수 없다. 포네몬 연구소의 2017 연간 사이버 범죄비용에 관한 연구에 따르면, 조사 대상 기업의 연평균 비용은 연간 1,170만 달러였다(Ponemon Institute, 2017a). 많은 기업들이 컴퓨터 범죄에 보통 직원이 연루되었거나 기업의 명성에 해가 될 약점이 기사화되는 것을 두려워하여 컴퓨터 범죄에 대해 보고하는 것을 꺼린다. 가장 경제적인 손실이 큰 컴퓨터 범죄는 DoS 공격, 악성 내부 공격, 웹 기반 공격이다.

신원도용

인터넷과 전자상거래의 발달과 함께 **신원도용**(identity theft)이 특히 문제가 되고 있다. 신원도용은 사기꾼이 다른 누군가로 가장하기 위하여 주민번호, 운전면허증 번호, 신용카드 번호 등과 같은 개인의 핵심정보를 빼내는 범죄이다. 이러한 정보는 피해자의 이름으로 신용대출, 신용 구매, 신용 서비스 등을 받는 데 사용할 수도 있으며, 절도자의 위조 신분 증명서를 만드는 데 사용할 수도 있다. 웹사이트 해커의 주요 표적인 신용카드 파일을 얻기 위해 신원도용이 인터넷에서 번성하고 있다('사례연구 : 에퀴팩스 해킹이 역대 최악이었는가 ― 그 이유는?' 참조). 2018년 제블린 전략연구

| 표 8.2 컴퓨터 범죄 예시

범죄 표적으로의 컴퓨터

보안 대상인 전산 데이터의 기밀성 침해
허가 없는 컴퓨터 시스템 접속
사기 행위를 위한 보안 대상 컴퓨터로의 의도적 접속
부주의 혹은 계획적인 보안 대상 컴퓨터에 대한 의도적 접속과 손상 유발 행위
보안 대상 컴퓨터에 의도적으로 손상을 입히는 프로그램, 프로그램 코드, 명령 등의 고의 전송
보안 대상 컴퓨터에 손상을 입힐 수 있는 위협

범죄 수단으로의 컴퓨터

기업 비밀의 절도
소프트웨어나 논문, 책, 음악, 영상 등과 같은 저작권이 있는 지적 소유물의 불법 복제
사기 모의
위협 또는 희롱을 위한 이메일의 사용
전자적 통신을 가로채기 위한 의도적인 시도
이메일과 음성메일을 포함하는 저장된 전자 통신에 대한 불법적 접근
컴퓨터를 사용한 아동 포르노그래피 전송과 처리

소(Javelin Strategy & Research)의 신원도용 연구에 의하면, 신원도용은 1,670만 명의 소비자들에게 영향을 끼쳤으며, 신분도용으로 인한 총손실액은 17억 달러로 증가했다(Javelin, 2018).

현재 증가 중인 대표적인 방법은 **피싱**(phishing)이라는 일종의 스푸핑이다. 피싱은 사용자에게 개인기밀 데이터를 요구하는 합법적 기업의 것처럼 보이는 가짜 웹사이트를 구축하거나 이메일이나 문자 메시지를 보내는 방법을 포함한다. 메시지는 답장 메일이나 가짜 웹사이트에서의 정보 입력 또는 특정 번호로의 전화통화를 통해 주민번호, 은행이나 신용카드 정보, 기타 개인기밀 데이터를 제공하여 기록을 정정하거나 확인하도록 유도한다. 이베이, 페이팔, 아마존, 월마트 등과 여러 은행이 가장 많이 스푸핑되었다. 이보다 정밀한 형태의 타기팅 수법인 스피어 피싱(spear phishing)은 메시지가 자기 회사 동료나 친구 등 믿을 만한 사람이 보낸 것으로 위장하는 방식이다.

피싱 기법인 이블 트윈스와 파밍은 더욱더 알아채기가 어렵다. **이블 트윈스**(evil twins)는 공항 대합실, 호텔, 커피숍 같은 장소 등에 설치한 것과 같은 신뢰할 수 있는 인터텟용 와이파이 접속을 제공하는 척 위장한다. 이러한 가짜 네트워크는 흡사 합법적인 네트워크처럼 보인다. 사기꾼은 이 네트워크에 로그온되어 있지만 눈치채지 못하는 사용자의 비밀번호나 신용카드 번호를 훔치려는 것이다.

파밍(pharming)은 사용자가 자신의 브라우저에 정확한 웹페이지 주소를 입력하더라도 이를 가짜 웹페이지로 방문하게 만든다. 이러한 파밍은 파밍 실행자가 웹 브라우징의 속도를 향상시키기 위해 인터넷 서비스 제공자(ISP)가 저장하고 있는 인터넷 주소 정보에 대한 접근 권한을 얻고, ISP 서버상의 결함이 있는 소프트웨어가 파밍 실행자가 해킹을 통해 인터넷 주소를 변경할 수 있도록 허가한다면 가능하다.

포네몬 연구소의 2017년도 데이터 침해 연구에 따르면, 전 세계적으로 조사된 419개 회사의 평균 침해비용은 362만 달러이다(Ponemon, 2017b). 게다가 비록 가격을 정하기가 어렵더라도 브랜드 손상은 상당할 수 있다. 이 외에도 표 8.3에서는 다른 주요 데이터 유출에 대해 설명한다.

미국 의회는 1986년 컴퓨터 사기와 오남용법을 제정함으로써 컴퓨터 범죄의 위협에 대처하고 있

표 8.3 주요 데이터 유출

데이터 유출	설명
야후	2016년 9, 12월에 야후는 2013년 10억 명 이상의 사용자 계정과 정보와 2014년 5억 건의 기밀정보를 해킹당하며 가장 큰 두 가지 데이터 유출 사고의 대상이었던 적이 있다. 주(State)에서 후원 받은 해커들은 비밀번호 없이 일부 사용자의 계정에 로그인하기 위해 자격 증명을 위조하는 방법을 찾았다. 이러한 데이터 유출로 인해 야후는 2017년 6월 버라이즌이 인수할 때 판매가격을 3억 달러까지 낮췄다. 2017년 10월 버라이즌은 야후, 이메일, 텀블러, 플리커, 판타지 등 30억 개의 모든 야후 계정이 실제로 해킹당했다고 보고했다.
앤섬건강보험	2015년 2월 해커들은 8,000만 명 이상의 고객에 대한 이름, 생일, 의료 ID, 주민등록 번호 및 수입 데이터를 포함한 거대 건강보험회사의 고객에 대한 개인정보를 훔쳤다. 다행히 훔쳐간 의료 또는 신용정보가 도용되지 않았다. 이것은 지금까지 기록된 가장 큰 의료 위반이다.
소니	2014년 11월, 해커들은 영업비밀, 이메일, 인사 기록 및 향후 개봉할 영화 복사본 등을 포함한 100TB 이상의 기업 데이터를 훔쳤다. 멀웨어는 소니의 기업시스템에서 데이터를 삭제하여 수억 달러의 손실과 브랜드 이미지를 잃게 만들었다. 소니는 2011년 4월 일찍이 침입자가 1억 명 이상의 플레이스테이션 네트워크 사용자 및 소니 온라인 엔터테인먼트 사용자로부터 신용, 직불 및 은행계좌 번호를 포함한 개인정보를 해킹당했었다.
홈디포	안티 바이러스 소프트웨어로 위장하며 상점 등록을 약탈하는 악성 소프트웨어 프로그램으로 2014년에 해킹당했다. 5,600만 신용카드 계정이 도용되었으며 5,300만 고객의 이메일 주소가 도난당했다.
이베이	2014년 2월과 3월 동안 이베이 서버에 사이버 공격이 이루어지며 1억 4,500만 명의 고객 이름, 암호화된 비밀번호, 이메일 주소, 실제 주소, 전화번호 및 생년월일이 포함된 데이터베이스가 손상되었다.

다. 이 법은 허가 없는 컴퓨터 시스템에 접근하는 것을 불법으로 규정하고 있다. 대부분의 미국 내 주들도 유사한 법률을 가지고 있으며 유럽 국가들도 관련법을 제정했다. 미국 의회는 또한 1996년에 바이러스의 배포와 웹사이트를 무력화하려는 해커의 공격을 연방 범죄로 규정하는 국가정보인프라보호법을 통과시켰다.

도청관련법, 전산사기법, 경제 스파이 규제법, 전자커뮤니케이션 프라이버시 보호법, 비요청된 포르노 및 마케팅법의 폭행 제어(CAN-SPAM Act), 그리고 2003년 PROTECT 법(Prosecutorial Remedies Other Tools Exploitation Children Today Act) 등과 같은 미국의 법률들도 전자통신 가로채기, 사기를 위한 전자통신의 사용, 영업비밀 절도, 저장된 전자통신 내역에 대한 불법적인 접근, 협박이나 희롱을 목적으로 하는 이메일 사용, 아동 포르노의 전송이나 소유 등의 컴퓨터 범죄를 규정하고 있다. 제안된 연방정부의 데이터 보안 및 위반 통지법은 아직 발효되지는 않았지만 개인정보를 보유하고 있는 모든 기관에 대해 데이터를 안전하게 보호하고 유출 사고 발생으로 영향을 받는 개인에게 통보하도록 강제하는 법이다.

클릭 사기

검색엔진이 보여주는 광고를 클릭하면 광고주가 보통은 클릭당 비용을 지불한다. 이 클릭이 광고 제품으로 잠재적 고객을 데려올 것이라 생각하기 때문이다. **클릭 사기**(click fraud)는 개인이나 컴퓨터 프로그램이 광고주에 대한 정보의 수집 혹은 제품 구매에 대해 아무런 관심이 없지만 온라인 광고를 잘못 클릭하는 경우에 발생한다. 클릭 사기는 '클릭당 지불'식 온라인 광고를 채택한 구글이나 다른 웹사이트들에게 심각한 문제가 되고 있다.

일부 기업들은 경쟁사의 광고비용을 증가시키고 결과적으로 경쟁사를 어렵게 만들기 위해 보통 저임금 국가의 제3자를 고용하여 부정하게 경쟁자의 광고를 클릭하게 한다. 클릭 사기는 또한 클릭을 대행하는 소프트웨어 프로그램을 통해 이루어질 수 있으며 봇넷도 자주 이 목적으로 사용된다. 구글과 같은 검색엔진들은 클릭 사기를 감시하려 시도하였으며, 이를 억제하기 위해 변화해왔다.

국제적 위협 : 사이버 테러리즘과 사이버 전쟁

멀웨어, DoS 공격, 피싱용 탐침을 이용한 사이버 범죄 행위는 국경이 없다. 멀웨어 공격의 근원지로는 미국, 중국, 브라질, 인도, 독일, 러시아를 포함하고 있다. 인터넷의 글로벌 특성은 사이버 범죄를 전 세계 어디에서도 일으킬 수 있고 또한 피해를 입을 수도 있게 만들고 있다.

인터넷 취약성은 개인은 물론 나아가 국가 전체를 사보타주(sabotage)나 간첩 행위를 수행하기 위한 정치적 목적의 해킹 대상으로 만들고 있다. **사이버 전쟁**(cyberwarefare)은 피해나 혼란 야기를 목적으로 다른 국가의 컴퓨터나 네트워크에 침투하여 대상 국가에 심각한 손상을 주고 승리하기 위해 고안된 국가 주도의 활동을 말한다. 한 예로 이 장의 앞에서 기술된 미국 대선을 방해하려는 러시아 해커들의 노력이 있다. 2014년 소니에 대한 악명 높은 해킹은 북한의 소행으로 추측하고 있다. 2017년 랜섬웨어로 가장한 워너크라이(WannaCry)와 페티야(Petya) 사이버 공격은 우크라이나뿐 아니라 영국국립보건원, 제약 대기업 머크 등 세계 각국에 대규모 차질을 빚었다. 러시아인들은 2014년 정치적 혼란기에 우크라이나에 사이버 공격을 가한 혐의를 받고 있다. 사이버 전쟁에는 이러한 유형의 공격에 대한 방어도 포함된다.

사이버 전쟁은 전통적인 전쟁보다 더 복잡하다. 많은 잠재적 목표들이 군사적 목적이지만 한 나라의 전력망, 댐, 금융시스템, 통신망 심지어 투표시스템도 마비될 수 있다. 테러범이나 범죄단체 같은 국가 소속이 아닌 단체들이 공격을 할 수 있고, 누구의 소행인지 알 수 없는 경우가 많다. 국가들은 자신들에게 불리하게 사용될 수 있는 새로운 악성코드와 다른 기술에 대해 끊임없이 경계해야 하며, 숙련된 해커 집단이 개발한 이러한 기술 중 일부는 관심 있는 정부들에게 공개적으로 팔려고 한다.

사이버 전쟁에서의 공격은 점점 더 광범위하고 더 정교해지고 있으며, 그 잠재적인 파괴력이 엄청나게 커지고 있다. 2011~2015년 사이 외국 해커들은 미국의 송유관과 송수관, 전력망에 소스 코드와 청사진을 훔쳐 150차례나 에너지부 네트워크에 잠입했다. 수년에 걸쳐 해커들은 미사일 추적 시스템, 위성항법장치, 첩보용 드론, 최첨단 제트 전투기 등에 대한 계획을 훔친 바 있다.

미국 정보 당국에 따르면 러시아, 중국, 이란, 북한 등 30여 개국이 사이버 공격 능력을 개발하고 있다. 이들의 사이버 공격에는 산업, 군사 및 중요 민간 인프라 컨트롤러를 침투하기 위한 악성 프로그램 모음, 중요한 대상에 대한 피싱 공격을 위한 이메일 목록과 텍스트, DoS 공격에 대한 알고리즘 등이 포함된다. 미국의 사이버 전쟁 노력은 국방부 정보망의 운용과 방어를 조정, 지휘하고 군사 사이버 공간 작전을 준비하는 미국 사이버 사령부에 집중되어 있다. 주요 금융, 보건, 정부, 산업기관들은 일상적인 작업을 인터넷에 의존하기 때문에 사이버 전쟁은 현대사회 인프라에 심각한 위협이 된다. 사이버 전쟁은 또한 이런 종류의 공격에 대해 방어하는 행위를 포함한다.

내부 위협 : 직원

보통 기업에 대한 보안 위협은 조직 외부에서 발생한다고 생각하는 경향이 있다. 사실은 기업 내부자가 더 심각한 보안 문제를 일으킨다. 많은 조사에서 사용자의 지식 부족이 네트워크 보안의 허점을 유발하는 가장 큰 단일요인이라는 점을 지적하고 있다. 대부분의 직원은 컴퓨터 시스템에 접근하기 위한 암호를 잊어버리거나 동료가 자신의 암호를 사용하도록 허용하고 있는데, 이는 시스템을 더욱 위태롭게 만들고 있는 것이다. 시스템에 접근하고자 하는 악의적 침입자는 가끔 정보가 필요한 기업의 정규 직원으로 위장하여 직원이 암호를 노출하도록 속임수를 쓴다. 이러한 수법을 소위 **사회공학**(social engineering)이라 부르고 있고, 앞에서 언급했던 클린턴 선거캠프 시스템 접근 사례 또한 이에 해당한다.

소프트웨어 취약성

소프트웨어 오류는 생산성에 막대한 손실을 초래할 수 있는 정보시스템에 대한 지속적인 위협요소이고 때때로 시스템을 사용하는 사람을 위험에 처하게 한다. 적시에 시장에 출시해야 하는 압력과 함께 소프트웨어의 규모와 복잡성의 증가는 소프트웨어의 결함과 취약성이 늘어나는 원인이 되고 있다. 예를 들어 2017년 2월, 웹사이트 성능과 보안의 최적화를 돕는 서비스 제공자인 클라우드플레어(Cloudflare)는 몇 달 동안 민감한 데이터가 유출된 소프트웨어 결함을 고쳤다고 발표했다. 이 데이터에는 사용자 암호, 쿠키 및 기타 인증 데이터가 포함되었다. 유출된 데이터의 양은 적지만, 이 버그는 클라우드플레어의 550만 고객 중 누구에게나 영향을 미칠 수 있다(McMillan, 2017).

소프트웨어의 가장 큰 문제는 숨겨진 **버그**(bug)와 프로그램 코드 결함의 존재이다. 여러 연구들은 대형 프로그램에서 모든 버그를 제거하는 것은 사실상 불가능하다는 것을 보여주고 있다. 버그의 주원인은 의사결정 코드의 복잡성이다. 몇백 라인의 상대적으로 작은 프로그램도 수십 개의 조건문으로 이루어진 것이며 결과적으로 수백 심지어 수천의 경우의 수를 가질 수 있다. 대부분의 기업이 사용하는 주요 프로그램은 보통 수만 심지어 수백만 라인으로 이루어진 훨씬 더 큰 규모이며 이들 각각은 소형 프로그램보다 몇 배나 많은 조건과 경로가 있다.

대형 프로그램에서 무결성은 달성하기 어렵다. 완벽한 검사는 불가능하다. 수천의 조건문과 수백만의 경로로 이루어진 프로그램을 완벽하게 테스트하기 위해서는 수천 년이 걸릴 것이다. 이러한 완벽한 테스트를 하더라도 실제 사용을 통해 증명하기 전까지는 소프트웨어의 한 부분이라도 신뢰할 수 있다고 장담하기는 어렵다.

상용 소프트웨어의 결점은 성능에 장애를 줄 뿐만 아니라 네트워크를 침입자에게 개방하는 보안 취약점을 제공할 수도 있다. 매년 보안업체들은 인터넷과 PC 소프트웨어에서 수천 건의 소프트웨어 취약점을 발견하고 있다. 최근의 예로는 웹서버의 3분의 2가 사용하는 오픈 소스 암호화 기술인 하트블리드(Heartbleed)의 버그가 있다. 해커들은 버그를 활용하여 방문자들의 개인 데이터와 암호화 키에 접근하여 '보호된' 데이터도 수집할 수 있었다.

특히 골치 아픈 것은 **제로 데이 취약성**(zero-day vulnerabilities)으로, 이 취약성은 창조자가 알 수 없는 소프트웨어 구멍이다. 그런 다음 해커들은 공급업체가 문제를 인지하기 전에 이 보안 구멍을 이용하여 해킹하려고 한다. 이런 유형의 취약성은 소프트웨어 작성자가 소프트웨어에 대해 배운 후 바로 공격에 악용될 수 있을 정도로 사용 가능하기에 제로 데이라고 부른다. 때때로 보안 연구원들은 소프트웨어 허점을 발견하지만, 더 자주 공격이 발생할 때까지 감지되지 않은 채로 남는다.

일단 소프트웨어의 결점이 발견되면 이를 수정하기 위해 소프트웨어업체들은 소프트웨어 고유의 작업을 방해하지 않고 결점을 치료할 수 있는 **패치**(patch)라는 소프트웨어의 작은 조각들을 만든다. 소프트웨어의 취약점을 주시하고 테스트하며 모든 패치를 적용하는 것은 소프트웨어 사용자의 몫이다. 이러한 과정을 **패치 관리**(patch management)라 부른다.

기업의 IT 인프라는 보통 다수의 비즈니스 응용시스템, 운영체제의 설치 및 기타 시스템 서비스들을 담고 있기 때문에 사용하는 모든 장치와 서비스에 대해 패치를 관리하는 작업에 시간과 비용이 매우 많이 든다. 그러나 멀웨어는 너무 빨리 나타나고 있어서 취약점이 알려지고, 이에 대한 패치가 발표되는 시점과 이 취약점을 이용하려는 악의적 소프트웨어가 출현하는 시점 사이에서 기업이 대응할 수 있는 여지는 너무 작다.

마이크로프로세서 디자인에서 새롭게 발견된 취약성

상호 대화형 세션 기술은 컴퓨터 마이크로프로세서 칩 설계의 결함으로 인해 새롭게 발견된 취약점을 보여주고 있는데, 이 취약점을 통해 악성 소프트웨어 프로그램을 사용하는 해커들은 완전히 보호된다고 생각되는 데이터에 접근할 수 있게 된다. 이러한 취약성은 지난 20년간 제조된 거의 모든 컴퓨터 칩에 영향을 끼친다.

8-2 │ 보안과 통제의 비즈니스적 가치는 무엇인가?

기업은 보호해야 할 매우 가치 있는 정보 자산을 보유하고 있다. 기업시스템은 개인의 세금, 금융 자산, 의료 기록, 업무 성과 평가 기록 등의 기밀정보를 저장하고 있다. 이 시스템은 또한 영업비밀, 신상품 개발 계획, 마케팅 전략 등 기업 운영에 대한 정보도 담고 있다. 정부시스템은 무기 체계, 첩보 작전, 군사 목표 등에 대한 정보도 저장하고 있을지 모른다. 이와 같은 정보 자산은 막대한 가치를 지니고 있으며 따라서 만약 이러한 정보가 분실 혹은 파괴되거나 나쁜 목적으로 사용된다면 그 파급 효과는 매우 충격적일 수 있다. 보안 침해, 재해 또는 오작동 때문에 운영이 불가능한 시스템은 기업의 재정 건전성에 영구적 손실을 입힐 수 있다. 일부 전문가들은 3일 이내에 복구할 수 없는 응용 프로그램이나 데이터 손실에 대해 약 40%의 기업들은 결국 회복할 수 없을 것이라 믿고 있다.

부적절한 보안과 통제는 심각한 법적 책임을 불러올 수도 있다. 기업은 자신의 정보 자산뿐만 아니라 고객, 직원, 비즈니스 파트너의 정보 자산도 보호할 책임이 있다. 이에 대한 보안의 실패는 바로 기업에게 데이터 유출이나 절도에 대한 고비용의 소송을 의미한다. 만약 기업이 기밀정보의 분실, 데이터 오염, 혹은 사생활 침해의 예방을 위해 적절한 보호 행위를 실행하지 못했다면 그로 인해 야기된 불필요한 위험과 손해를 책임져야 할 입장에 처할 수 있다. 예를 들면 2013년 4,000만 명에게 영향을 미치는 대상의 결제시스템 해킹으로 수백만 달러의 손실을 입었을 때 타깃은 고객들에게 보상해야 했던 몇몇 미국 은행들에게 3,900만 달러를 지불해야 했다. 타깃은 또한 데이터 해킹을 위해 비자에 6,700만 달러를 지불했고, 고객이 제기한 집단소송을 해결하기 위해 1,000만 달러를 지불했다. 비즈니스 정보 자산을 보호하는 견고한 보안 및 제어 프레임워크의 개발은 고위 경영진을 포함한 기업 전체에게 매우 중요하다. 이 일은 더 이상 IT 부서에 국한될 수 없다(Rothrock et al., 2018).

전자 기록관리를 위한 법적 및 규제적 요건

최근 미국 정부의 규제는 기업에게 오남용, 노출, 그리고 허가 없는 접근으로부터의 데이터 보호를 강제화하여 기업이 보안과 감독을 더욱 철저히 하도록 요구하고 있다. 이에 따라 기업은 사생활 보호는 물론 전자 기록의 유지와 저장에 대한 새로운 법적 의무에 직면하고 있다.

건강관리 산업에 속한 기업은 1996년에 제정된 **건강보험 양도 및 책임에 관한 법률**(Health Insurance Portability and Accountability Act, HIPAA)에 따라 운영해야 한다. HIPAA는 건강관리 서비스 제공자, 보험료 지불인, 보험제도 사이의 건강관리에 대한 청구관리의 단순화와 건강관리 데이터 전송의 자동화를 위한 절차와 의료 보안 및 프라이버시 규정을 명시하고 있다. HIPAA는 또

　기술

세계 컴퓨터를 괴롭히는 멜트다운과 스펙터

2018년 1월 초, 전 세계 컴퓨터 사용자들은 지난 20년 동안 제조된 거의 모든 컴퓨터 칩에 공격자들이 완벽하게 보호된다고 생각되는 데이터에 접근할 수 있게 하는 근본적인 보안 결함이 포함되어 있다는 것을 알고 충격을 받았다. 보안 연구원들은 2017년 말에 그 결함을 발견했다. 이 결함은 칩에 내장된 기능에서 비롯되며 칩이 더 빨리 작동하도록 도와준다. 이 취약성을 통해 악성 프로그램은 절대 볼 수 없는 데이터에 접속할 수 있다.

이러한 결점에는 멜트다운과 스펙터라는 두 가지 특정한 변형이 있다. 멜트다운은 하드웨어에 의해 일반적으로 적용되는 보안 경계를 '융합'하기 때문에 그렇게 이름이 붙여졌다. 멜트다운을 이용하여 공격자는 컴퓨터에서 실행 중인 프로그램을 사용하여 다른 프로그램에 속한 데이터와 관리자만 접속해야 하는 데이터를 포함하여 프로그램이 정상적으로 볼 수 없는 컴퓨터 전체에서 데이터에 접속할 수 있다(시스템 관리자는 컴퓨터 시스템의 유지보수, 구성 및 안정적인 작동을 책임진다). 멜트다운은 1995년 이후 생산된 특정 종류의 인텔 칩에만 영향을 미친다.

스펙터는 제조업체에 따라 달라지지 않으며 거의 모든 현대 프로세서에 영향을 미친다. 그것은 피해자 프로그램의 내부 활동에 대한 더 많은 친밀한 지식이 필요하다. 스펙터의 이름은 칩이 더 빨리 작동하기 위해 예측된 미래 운영에 대한 작업을 시작할 수 있는 추측성 실행에서 유래되었다. 이 경우 시스템은 응용 프로그램 동작을 잘못 예상하는 것으로 속인다. 이름으로 짐작건대 스펙터는 무력화되기 훨씬 더 어려울 것임을 암시한다. 같은 종류의 다른 공격들도 틀림없이 발각될 것이고, 스펙터도 한동안 우리를 괴롭힐 것이다.

멜트다운과 스펙터를 함께 사용하면 공격자는 비밀에 부쳐져야 할 일부 자신의 데이터를 프로그램에 공개하도록 할 수 있다. 예를 들어 스펙터는 웹브라우저에서 사용자와 비밀번호 정보를 공개하도록 하기 위해 웹사이트에서 자바스크립트 코드를 사용할 수 있다. 멜트다운은 다른 사용자가 소유한 데이터와 동일한 하드웨어에 호스팅된 가상 서버를 보기 위해 악용될 수 있으며, 이는 클라우드 컴퓨팅 호스트 컴퓨터에 특히 위험하다. 멜트다운과 스펙터의 가장 우려되는 측면은 보안 취약성 결함이 있는 소프트웨어에서 나오는 것이 아니라 소프트웨어 아래 하드웨어 플랫폼의 근본적인 설계에서 비롯된다는 점이다.

스펙터와 멜트다운을 이용했다는 증거는 없지만 이것은 탐지하기 어려울 것이다. 더욱이 보안상의 결함은 매우 근본적이고 광범위하게 퍼져 있어 특히 많은 사용자가 기계를 공유하는 클라우드 컴퓨팅 서비스에 대재앙이 될 수 있다. 글로벌 보안 소프트웨어 회사인 맥아피의 연구원들에 따르면, 이러한 취약성에서의 표면 공격은 전례가 없고 민감한 데이터 유출의 영향은 매우 해롭기 때문에 악의적인 행위자들에게 특히 매력적이다. 포레스터에 따르면 노트북, 데스크톱, 스마트폰의 성능은 영향을 덜 받을 것이라고 한다. 멜트다운과 스펙터의 근본적인 취약성은 하드웨어 수준에 있으므로 직접 패치할 수 없다. 기술 소프트웨어 공급업체는 문제를 해결하는 소프트웨어 수정만 출시할 수 있다. 이러한 수정은 소프트웨어 코드에서 기본 하드웨어에 내장된 추측성 실행 및 캐싱 기능을 사용하는 방식을 변경하거나 비활성화하여 취약성을 완화한다(캐싱은 메모리용 별도의 RAM 칩이 아닌 CPU 칩에서 소량의 메모리 저장장치를 찾아 컴퓨터 메모리 접속을 가속화하는 기술이다). 이러한 기능은 시스템 성능을 개선하기 위해 설계되었기 때문에 시스템 속도를 늦출 수 있다. 전문가들은 당초 시스템 성능이 30%까지 저하될 수 있다고 전망했지만, 5~10%의 둔화가 더 전형적으로 보인다.

주요 소프트웨어 공급업체들은 해결 방법을 모색하고 있다. 클라우드 공급업체는 운영체제 및 애플리케이션에 대한 패치를 설치할 것으로 예상되는 고객들과 함께 인프라를 패치하기 위해 조치를 취했다. 마이크로소프트는 윈도우 7 이상 버전용 운영체제 패치를 냈으며, 이 패치는 마이크로소프트의 인터넷 익스플로러 및 에지 브라우저에도 적용되었다. 애플은 사파리 브라우저와 iOS, macOS, tvOS 운영체제의 패치 버전을 출시했다. 구글은 어떤 크롬북 모델이 패치가 필요할지 또는 필요하지 않을지 목록을 제공하고 크롬 브라우저용 패치를 출시했다. 윈도우 때와 같은 오래된 운영체제와 구글로부터 보안 업데이트를 받지 못하는 수백만의 타사

저가 안드로이드 전화기는 패치되지 않을 가능성이 크다. 단체들은 업데이트와 패치를 사용할 수 있는 즉시 브라우저 소프트웨어에 적용해야 한다. 그리고 이러한 취약성은 공격자가 웹페이지에서 자바스크립트를 실행할 때 사용자 장치 메모리에서 비밀번호를 훔칠 수 있으므로, 이용자가 사용하지 않을 때는 항상 웹브라우저를 닫도록 지시하는 것이 좋다. 포레스터는 또한 기업이 수정사항을 적용하지 않은 사용자와 조직으로부터 데이터를 보호하기 위해 다른 기술을 사용할 것을 권고한다.

그러나 멜트다운과 스펙터를 진정으로 고치는 유일한 방법은 영향을 받는 프로세서를 교체하는 것이다. 새로운 프로세서와 아키텍처의 재설계 및 생산은 시장에 출시되는 데 5~10년이 걸릴 수 있다. 스펙터와 멜트다운에 대해 좋은 점이 있다면 소프트웨어와 하드웨어 보안에 더 세계적인 관심을 기울였고, 안전한 컴퓨터를 위한 보다 강력한 시스템 아키텍처를 개발할 필요성을 일깨워 주었다는 점이다.

출처 : Josh Fruhlinger, "Spectre and Meltdown Explained: What They Are, How They Work, What's at Risk," CSO, January 15, 2018; Warwick Ashford, "Meltdown and Spectre a Big Deal for Enterprises," *Computer Weekly*, January 9, 2018; Laura Hautala, "Spectre and Meltdown: Details You Need on Those Big Chip Flaws," CNET, January 8, 2018.

사례연구 문제

1. 스펙터와 멜트다운은 얼마나 위험한가? 그에 대한 이유를 설명하라.

2. 스펙터와 멜트다운의 위협을 클라우드 컴퓨팅 센서, 기업 데이터 센서, 개별 컴퓨터 및 스마트폰 사용자와 비교하라.

3. 공용 클라우드 컴퓨팅 센서를 운영하는 경우, 기업 데이터 센서를 운영하는 경우, 개별 컴퓨터 사용자인 경우 스펙터와 멜트다운으로부터 어떻게 보호하겠는가?

한 건강관리 산업관련 기업에게 6년 동안 환자정보를 유지하고 그 기록의 기밀성을 확보하도록 요구하고 있다. 이 법률은 환자의 정보를 취급하는 건강관리 서비스 제공자에 대한 사생활 보호, 보안 및 전자거래 표준을 명시하고 있으며, 의료 사생활 침해, 이메일을 통한 환자 기록 유출 또는 허가 없는 네트워크 접근 등에 대한 처벌 규정도 포함하고 있다.

만약 금융 서비스를 제공하는 기업이라면 그 기업은 법안 발기자의 이름을 딴 **그램-리치-블라일리법**(Gramm-Leach-Bliley Act, GLBA)으로 더 잘 알려진 1999년에 제정된 금융 서비스 개혁법을 준수해야 한다. 이 법은 금융기관에게 고객 데이터의 보안과 기밀성을 확보하도록 요구하고 있다. 법에 따르면 데이터는 반드시 안전한 매체에 저장해야 하며 저장 매체상의 데이터와 전송 중인 데이터를 보호하기 위해 각별한 보안 방법을 강구하도록 강제하고 있다.

기업이 만약 주식시장에 상장된 기업이라면 그 기업은 법안 발기자인 메릴랜드 주의 폴 사베인즈 상원의원과 오하이오 주의 마이클 옥슬리 하원의원의 이름을 딴 **사베인즈-옥슬리법**(Sarbanes-Oxley Act)으로 더 잘 알려진 2002년에 제정된 공개기업 회계개혁 및 투자자 보호법을 준수해야 한다. 이 법은 엔론(Enron), 월드컴(WorldCom) 및 기타 상장 기업에서 발생했던 금융 사고로부터 투자자를 보호할 목적으로 제정되었다. 이 법은 내부용과 외부공개용으로 사용하는 재무정보의 정확성과 통일성을 보장할 책임을 기업과 그 경영진에게 부과하고 있다.

사베인즈-옥슬리법은 본질적으로 재무제표 정보의 생성과 문서화를 관리하기 위한 내부 감독 체제의 확보를 목적으로 한다. 사실 정보시스템이 이와 같은 데이터를 생성하고 저장하며 전송하는 데 이용하고 있기 때문에 법률은 기업이 데이터에 대한 무결성, 기밀성 및 정확성을 보장하기 위해 필요한 정보시스템 보안과 기타 관리요소를 검토하도록 요구한다. 중대한 재무 보고 데이터를 다루는 각각의 시스템 응용 프로그램을 그 데이터의 정확성을 보장할 수 있도록 감독해야 한다. 기업 네트워크를 보호하고, 시스템과 데이터에 허가 없이 접근하는 것을 막으며, 재해나 다른 서비스의 장애가 발생할 경우에도 데이터 무결성과 가용성을 확보하기 위한 관리 체제는 마찬가지로 필수적이다.

전자적 증거와 컴퓨터 포렌식스

보안, 감독, 그리고 전자 기록관리는 법적 대응을 위한 필수 요건이 되고 있다. 오늘날 증권 사기, 도용, 영업비밀의 도난, 컴퓨터 범죄 및 많은 민사 사건에서 대부분의 증거들은 디지털 형식이다. 오늘날의 재판에서는 인쇄되거나 타자기로 친 서류정보 외에도 인터넷을 통한 이메일, 인스턴트 메시지, 전자상거래 거래 내역은 물론 휴대용 저장장치, CD, 컴퓨터 하드 디스크 드라이브에 저장된 디지털 데이터 형태의 증거물이 점점 더 많이 채택되고 있다

재판 과정에서 기업은 증거 채택 가능성이 있는 정보에 대한 접근 조사 요청에 대응해야 하며 이에 따라 기업이 요청한 데이터를 제출할 것을 법으로 규정하고 있다. 만일 기업이 요구한 데이터의 가공에 문제가 있거나 데이터가 오염되거나 이미 파괴되었다면 조사 요청에 대한 대응비용은 어마어마하게 커질 수 있다. 사법부는 현재 전자문서의 부적절한 파기에 대해 가혹한 벌금과 심지어 형사 처벌까지 내리고 있다.

효과적인 전자문서 유지정책은 전자문서, 이메일, 기타 기록 등이 잘 정리되고 접근 가능하며 너무 오래 보관하지도 너무 빨리 폐기되지도 않도록 해야 한다. 이 정책은 또한 컴퓨터 포렌식스를 위한 잠재적 증거에 대한 보존 방법에 대한 주의도 반영해야 한다. **컴퓨터 포렌식스**(computer forensics)란 정보가 법정에서 증거로 사용될 수 있도록 컴퓨터 저장매체에 남아 있거나 추출 가능한 데이터를 과학적 수집, 조사, 인증, 보존 및 분석하는 것을 말한다. 컴퓨터 포렌식스는 다음과 같은 문제들을 다루고 있다.

- 증거의 무결성을 보존하면서 컴퓨터에서 데이터를 복구
- 복구한 전자 데이터의 안전한 저장과 취급
- 대용량 전자 데이터에서 결정적 정보의 발견
- 법정에 정보의 제공

전자적 증거는 컴퓨터 파일의 형태지만 일반 사용자에게는 보이지 않는 앰비언트 데이터(ambient data)로서 컴퓨터 저장매체 안에 존재할 수 있다. 한 예로 PC 하드 드라이브에서 삭제된 파일을 들 수 있다. 사용자가 컴퓨터 저장매체에서 삭제한 데이터는 다양한 기법을 이용하여 복구할 수 있다. 컴퓨터 포렌식스 전문가는 증거로 제출하기 위해 숨겨진 데이터를 복구하려고 노력한다.

컴퓨터 포렌식스에 대한 주의는 기업의 상황 계획(contingency planning) 프로세스에 반영되어야 한다. 최고정보관리자(CIO), 보안 전문가, 정보시스템 참모 및 기업 법률 자문위원 등이 모두 만약의 법률상 요구가 발생할 때 실행할 수 있는 대응 계획을 함께 수립해야 한다.

8-3   보안과 통제를 위한 조직의 프레임워크 구성요소는 무엇인가?

최상의 보안 도구를 가지고 있다고 해도 이를 어떻게 어디에 배치했는지 알기 전까지는 정보시스템이 신뢰할 만하고 안전하다고 할 수 없다. 기업의 어느 부분이 위험에 노출되어 있고 정보시스템을 보호하기 위해 어떤 통제를 해야 하는지 파악해야 한다. 또한 정보시스템을 가동할 수 없는 상황에서도 기업을 운영할 수 있는 보안정책과 계획을 세워야만 한다.

정보시스템 통제

정보시스템 통제는 수작업 통제와 자동 통제로 나누어지며 일반 통제와 응용 통제로 구성된다. **일반 통제**(general control)는 컴퓨터 프로그램의 설계, 보안 및 사용과 기업의 IT 인프라 전반에 걸친 데이터 파일의 보안을 관리한다. 대체로 일반 통제는 모든 전산응용시스템에 적용하며 전체 통제 환경을 이루는 하드웨어, 소프트웨어 및 수작업 절차의 조합으로 구성된다.

일반 통제는 소프트웨어 통제, 물리적 하드웨어 통제, 컴퓨터 운영 통제, 데이터 보안 통제, 시스템 개발 프로세스 설치에 대한 통제, 관리적 통제 등을 포함한다. 표 8.4는 이러한 통제 각각의 기능을 설명하고 있다.

응용 통제(application control)는 급료 지급처리나 주문처리와 같은 전산응용시스템 각각에 따른 특정 통제를 말한다. 응용 통제는 각 응용시스템이 오로지 허가된 데이터를 완전하고 정확히 처리하도록 보장하는 자동 및 수동의 절차를 포함한다. 응용 통제는 (1) 입력 통제, (2) 프로세스 통제, (3) 출력 통제로 나뉜다.

입력 통제는 시스템에 데이터가 입력될 때 그 정확성과 완전성을 검사한다. 입력 승인, 데이터 변환, 데이터 편집, 오류처리 등 특수한 입력 통제들도 있다. 프로세스 통제는 데이터가 갱신되는 동안 데이터의 완벽성과 정확성이 보장된다는 것을 입증해야 한다. 출력 통제는 컴퓨터 처리 결과가 정확하고 완전하며 적절히 전달되는지를 확인해야 한다.

정보시스템 통제는 나중에 생각해서는 안 된다. 통제요소는 시스템의 설계에 통합될 필요가 있

표 8.4   일반 통제

일반 통제의 유형	설명
소프트웨어 통제	시스템 소프트웨어의 사용을 감시하고 소프트웨어 프로그램, 시스템 소프트웨어 및 컴퓨터 프로그램에 대한 허가 없는 접근을 방지한다.
하드웨어 통제	컴퓨터 하드웨어의 물리적 안전성을 확인하고 장비의 오작동을 검사한다. 컴퓨터에 매우 의존적인 조직은 또한 백업을 준비하고 지속적인 서비스 유지 작업을 해야 한다.
컴퓨터 운영 통제	준비한 절차를 데이터의 저장과 처리에 지속적으로 정확히 적용하도록 보장하기 위해 컴퓨터 부서의 작업을 감독한다. 컴퓨터 처리 작업의 설정과 비정상적으로 종료한 처리의 백업 및 복구 절차에 대한 통제도 포함한다.
데이터 보안 통제	내부, 외부에 호스팅 중인 가치 있는 기업 데이터 파일이 사용이나 저장 중에 허가 없는 접근, 변경, 혹은 파괴당하지 않도록 보장한다.
구현 통제	다양한 지점에서 시스템 개발 프로세스를 감사하여 프로세스가 적절히 제어되고 관리되는지 확인한다.
관리관련 통제	표준, 규칙, 절차 및 통제 분야를 공식화하여 조직의 일반 및 응용 프로그램 통제가 적절하게 실행 및 시행되도록 보장한다.

으며, 시스템이 가능한 모든 조건에서 어떻게 수행될 것인지뿐만 아니라 시스템을 사용하는 조직과 사람들의 행동도 고려한다.

위험도 평가

여러분의 기업은 보안에 자원을 투자하기 전에 먼저 어떠한 자산이 보호가 필요한지 또한 이들 자산이 현재 어느 정도로 위험에 노출되어 있는지를 파악해야 한다. 위험도 평가는 이러한 질문에 대한 대답을 도와주고 또한 기업이 자산 보호를 위해 가장 비용 효율적인 통제요소들을 판단하는 데 도움을 준다.

만약 특정 활동이나 프로세스가 적절하게 통제되고 있지 않다면 **위험도 평가**(risk assessment)는 기업에 그 위험 수준을 파악해줄 것이다. 모든 위험을 예측하거나 측정할 수 없지만 대부분의 기업들은 그들이 직면하고 있는 위험의 일부분이라도 이해할 수 있을 것이다. 정보시스템 전문가의 협조를 통해 기업 경영진은 정보 자산의 가치, 취약 지점, 문제 발생의 대략적 주기, 손실 발생 가능성 등을 파악하려 해야 한다. 가령 1년에 한 번 이상은 발생하지 않고 최대 1,000달러의 손실을 입는 사건을 예방하기 위한 통제 방법을 설계하고 유지하는 데 2만 달러를 사용하는 것은 현명하지 못한 선택이다. 그러나 같은 사건이 하루에 최소 한 번은 발생할 가능성이 있고, 이로 인한 연간 잠재적 손실 규모가 30만 달러 이상이라면 10만 달러를 통제를 위해 투자하는 것은 아주 적절한 선택이다.

표 8.5는 매일 3만 개의 주문을 처리하는 온라인 주문처리시스템에 대한 위험도 평가 결과의 예시를 보여주고 있다. 표에서는 먼저 각 위험에 대한 연간 발생 가능성을 백분율로 표시하고 있다. 두 번째 열은 위험이 발생하였을 때 예상되는 최고와 최저의 가능한 손실 규모를 보여주고 있으며 평균 손실 규모는 최고와 최저값의 합을 2로 나누어 계산한 것이다. 마지막으로 각 위험에 대한 노출로 인한 연간 예상 손실 규모는 평균 손실 규모를 발생 확률과 곱하여 결정할 수 있다.

표에서의 위험도 평가는 1년 동안 전력 공급 중단이 일어날 가능성이 30%임을 보여주고 있다. 전력이 끊긴 동안 주문거래 중지로 인한 손실 규모는 사건 발생당 5,000~200,000달러 범위(평균 102,500달러)이며 주문처리가 얼마나 오래 중단되는지에 따라 결정된다. 횡령 사건의 연간 발생 가능성은 약 5%이며 그 잠재적 손실 규모는 건당 작게는 1,000달러에서 많게는 50,000달러(평균 25,500달러)에 이를 것으로 추정한다. 한편 사용자 오류의 연간 발생 가능성은 98%에 달하며 그 손실 규모는 건당 200~40,000달러(평균 20,100달러)에 이를 것으로 추정하고 있다.

위험도가 평가되면 시스템 개발자는 가장 높은 취약성과 손실 잠재성이 있는 통제 지점에 집중할 수 있을 것이다. 이 사례에서는 해당 영역에서 연간 예상 손실 규모가 가장 큰 전력 공급 중단과 사용자 오류로 인한 위험을 최소화하는 방법에 초점을 맞추어야 한다.

표 8.5 온라인 주문처리의 위험도 평가

위험요인	발생 확률(%)	평균 손실 규모($)	연간 예상 손실 규모($)
전력 공급 중단	30%	5,000~200,000 (102,500)	30,750
횡령	5%	1,000~50,000 (25,500)	1,275
사용자 오류	98%	200~40,000 (20,100)	19,698

보안정책

시스템에 대한 주요 위험요소를 파악했다면 기업은 이제 기업 자산의 보호를 위한 보안정책 개발이 필요할 것이다. **보안정책**(security policy)은 정보 위험도의 순위화, 수용 가능한 보안 목표 식별, 그리고 이러한 목표를 달성하기 위한 방법의 식별을 위한 명세서로 이루어진다. 기업의 가장 중요한 정보 자산은 무엇인가? 누가 기업 내에서 이러한 정보를 생성하고 통제하는가? 어떤 보안정책이 정보를 보호하기 위해 적절히 배치되었는가? 자산별로 어느 정도의 위험도까지 경영진이 감수할 수 있는가? 예를 들어 10년마다 한 번씩 고객 신용 데이터가 분실되어도 괜찮은가? 아니면 100년에 한 번 발생할 정도의 큰 재해에도 견딜 수 있는 신용카드 데이터 보안시스템을 구축해야 하는가? 마지막으로 경영진은 수용 가능한 위험 수준을 충족시키기 위해 얼마의 비용을 부담해야 하는지 추정해야 한다.

누가 이 정보 자산에 대한 접근 권한을 갖는지를 규정하는 정책을 실행해야 한다. **이용목적 제한방침**(acceptable use policy, AUP)은 데스크톱과 노트북 컴퓨터, 무선 장치, 전화, 인터넷 등을 포함한 기업의 정보 자원과 컴퓨팅 장비의 이용목적을 정의한다. 잘 작성된 AUP는 모든 사용자에 대해 무엇이 허용되고 무엇이 허용되지 않는 행위인지 정의하고 위반에 따른 처벌도 명시해야 한다.

그림 8.3은 인적자원관리 업무에서 서로 다른 사용자 수준에 대한 접근 규칙을 보여주는 조직의 한 예이다. 이 예는 사용자의 직무에 필요한 정보에 기초하여 각 사용자가 접근할 수 있는 인적자원관리 데이터베이스의 영역이 어디인지를 명세하고 있다. 데이터베이스는 직원의 급여, 혜택, 의료 기록 등 민감한 개인정보를 포함하고 있다.

그림 8.3 인사관리시스템을 위한 접근 규정

이 두 예는 인사관리시스템에서 흔히 발견할 수 있는 2개의 보안 프로파일이나 데이터 보안 유형을 보여주고 있다. 보안 프로파일에 따라 사용자는 조직 내의 다양한 시스템, 구역, 데이터에 대한 접근에 있어 특정 제한을 받게 된다.

보안 프로파일 1

사용자 : 인사부서 사무원
위치 : 제1사업부
해당 프로파일에 대한 직원 식별 코드 : 00753, 27834, 37665, 44116

데이터 필드 제한	접근 유형
제1사업부 직원 데이터에 한함	조회 및 수정
• 의료 기록 데이터	해당 없음
• 급여	해당 없음
• 연금 소득	해당 없음

보안 프로파일 2

사용자 : 인사부서 관리자
위치 : 제1사업부
해당 프로파일에 대한 직원 식별 코드 : 27321

데이터 필드 제한	접근 유형
제1사업부 직원 데이터에 한함	읽기 전용

이 예에서 보여주고 있는 접근 규칙은 2개의 사용자 그룹을 위한 것이다. 한 사용자 그룹은 시스템에 직원 데이터를 입력하는 것과 같은 사무 기능을 수행하는 모든 직원들로 구성된다. 이 프로파일 유형에 해당하는 모든 직원은 전반적인 시스템 수정 권한을 갖지만 급여, 의료 기록, 수입 데이터 등과 같은 기밀이 필요한 항목에 대한 조회와 수정 작업은 할 수 없다. 또 하나의 프로파일은 부서 관리자에게 적용되는데 시스템 수정 권한은 없지만 의료 기록과 급여를 포함하여 부서 내 직원의 모든 자료를 조회할 수 있는 권한을 갖는다. 사용자 인증을 위한 기술에 대한 자세한 내용은 뒤에서 소개하고 있다.

업무 연속성과 재난 복구 계획

기업을 운영하고 있다면 정보시스템과 업무의 운영을 막는 정전, 홍수, 지진, 테러리스트의 공격 등과 같은 사건에 대한 대응 계획을 수립할 필요가 있다. **재난 복구 계획**(disaster recovery planning)은 중단된 컴퓨팅과 통신 서비스의 복구 계획을 수립하는 것이다. 재난 복구 계획은 주로 백업 파일의 선정과 백업 컴퓨터 시스템의 유지보수와 같이 시스템을 재가동하고 운전하는 것과 관련된 기술적 이슈나 재난 복구 서비스에 초점을 맞춘다.

예를 들어 마스터카드는 세인트루이스의 컴퓨터 센터에 대한 비상 백업으로서 미주리 주 캔자스시티에 복제 컴퓨터 센터를 유지하고 있다. 많은 기업들은 자체적인 백업 시설을 구축하기보다는 선가드 AS(SunGard Availability Services)와 같은 클라우드 기반 재난 복구업체를 이용하고 있다. 이러한 재난 복구업체는 전국에 걸쳐 여러 곳에 여유 컴퓨터 시설을 갖춘 사이트(site)를 제공하며 가입 기업이 재난 발생 시 주요 응용시스템을 운영할 수 있도록 해주고 있다.

비즈니스 연속성 계획수립(business continuity planning, BCP)은 재난이 발생한 후 기업이 비즈니스 업무를 재가동할 수 있는지에 초점을 맞추고 있다. 비즈니스 연속성 계획수립은 핵심 비즈니스 프로세스를 파악하고 시스템이 정지할 경우 핵심 업무 기능을 처리할 행동 계획을 수립하는 것을 말한다. 테네시 주 프랭클린에 본사를 둔 웰빙 개선회사 헬스웨이(Healthways)는 전사적으로 거의 70개 부서의 비즈니스 프로세스와 시스템 다운타임이 이러한 프로세스에 미치는 영향을 식별하는 비즈니스 연속성 계획을 구현했다. 헬스웨이는 가장 중요한 과정을 정확히 파악하고 각 부서와 협력하여 실행 계획을 마련했다.

기업 경영진과 정보기술 전문가는 어떤 시스템과 비즈니스 프로세스가 기업에 가장 핵심적인지를 결정하기 위해 두 가지의 계획수립에 협력해야 한다. 이들은 먼저 기업의 최고 핵심 시스템과 그 시스템의 정지가 기업에 미칠 영향을 파악하기 위한 비즈니스 영향 분석을 수행해야 한다. 경영진은 또한 시스템이 정지된 상태에서 기업이 최대 얼마나 생존할 수 있는지와 기업의 어느 부분을 가장 먼저 복구해야 하는지를 결정해야만 한다.

감사의 역할

경영진은 어떻게 정보시스템 보안과 통제가 효과적인지 확인할 수 있는가? 이 질문에 답하기 위해서 조직은 포괄적이고 시스템적인 감사를 수행해야 한다. **정보시스템 감사**(information system audit)는 개별 정보시스템을 관리하는 통제요소는 물론 기업의 전반적인 보안 환경도 검토한다. 감사자는 시스템에서 표본 업무처리의 흐름을 추적하고 필요하다면 자동화된 감사 소프트웨어를 사용하여 테스트를 수행해야 한다. 정보시스템 감사는 데이터의 품질검사도 포함할 수 있다.

보안감사는 기술, 절차, 문서화, 훈련, 인력에 대해 점검한다. 철저한 감사에서는 외부 공격이나

그림 8.4 통제 취약성에 대한 감사자의 검토 항목 예시

이 도표는 감사자가 지역 시중 은행의 대출시스템에서 발견할 수도 있는 통제 취약점 목록의 예시 페이지다. 이러한 양식은 감사자가 통제 취약점을 기록하고 평가하는 것을 도와주며 경영진이 대응한 어떤 정정 지시는 물론 경영진과 취약점에 대해 논의한 결과도 보여준다.

업무 : 대출 작성자 : 일리노이 주 피오리아	작성자 : J. 에릭슨 작성일 : 2018. 6. 16.		수진자 : T. 백슨 검토일 : 2018. 6. 28.	
취약점과 파급 효과	오류/오남용의 기회		경영진 보고사항	
	예/ 아니요	사유	보고일	경영진의 대응사항
패스워드를 잊어버린 사용자 계정	예	인가받지 않은 외부인 또는 공격자에게 시스템이 개방된 채로 방치됨	2018. 10. 5.	패스워드 없는 계정 삭제
시스템 파일의 공유를 허용하게 설정된 네트워크	예	핵심 시스템 파일을 네트워크에 연결된 적대적 집단에게 노출시킬 가능성이 있음	2018. 10. 5.	필요한 디렉터리만 공유되도록 하고 이를 강력한 패스워드로 보호해야 함
소프트웨어 패치는 표준 및 통제 그룹의 최종 승인 없이 업무 프로그램을 업데이트할 수 있음	아니요	모든 업무 프로그램은 관리자의 허가를 요구함. 표준 및 통제 그룹이 이 사례를 한시적 업무 진행 상태로 분류함		

재해에 대한 기술, 정보시스템 요원, 직원 등의 대응을 점검하기 위해 모의 시험을 할 수도 있다.

감사 업무는 모든 통제 취약점을 목록화하고 순위를 매기며 그 발생 가능성을 추정한다. 감사 업무는 다음으로 각 위협 요소의 재정적·조직적 영향을 평가한다. 그림 8.4는 감사자가 작성한 대출시스템에서의 통제 취약점 목록의 예시이다. 이 목록은 경영진에게 취약점을 통보하는 부분과 경영진의 대응을 기록하는 부분을 포함하고 있다. 경영진은 통제 측면에서의 주요 취약점에 대응하기 위한 계획을 마련해야 할 것이다.

8-4 정보 자원 보호를 위한 주요 도구와 기술은 무엇인가?

기업은 정보 자원 보안을 위한 일단의 도구와 기술을 이용할 수 있다. 시스템과 데이터를 안전하게 지키고 시스템 가용성을 확보하며 소프트웨어 품질을 확인할 수 있는 도구와 기술이 있다.

신원관리와 인증

대형 및 중규모 기업은 복잡한 IT 인프라와 각각에 대한 고유한 사용자 집단을 갖는 다양한 시스템을 가지고 있다. **신원관리**(identity management) 소프트웨어는 각 사용자에게 각 시스템에 대한 접근을 위한 고유 디지털 ID를 부여함으로써 모든 사용자의 활동과 시스템에서의 권한에 대한 추적 과정을 자동화한다. 이 소프트웨어는 또한 사용자 인증, 사용자 신원보호, 시스템 자원에의 접근 제어 등을 위한 도구도 포함하고 있다.

사용자는 접근 권한을 얻기 위해 인가와 인증을 받아야 한다. **인증**(authentication)은 특정 사람

이 본인이라고 주장하는 사람인지를 판별할 수 있는 능력을 말한다. 인증은 대개 인가받은 사용자만 아는 **패스워드**(password)를 사용하여 이루어진다. 최종사용자는 컴퓨터 시스템에 로그온하기 위해 패스워드를 사용하고 특정 시스템과 파일에 접근하기 위해서 패스워드를 사용할 수도 있다. 그러나 사용자는 자주 패스워드를 잊어버리거나 다른 사람과 공유하기도 하며 추측하기 쉬운 조잡한 패스워드를 사용하는데, 이는 곧 보안을 위태롭게 하는 것이다. 너무 엄격한 패스워드 시스템 역시 직원의 생산성을 떨어뜨린다. 만약 직원이 복잡한 패스워드를 자주 바꿔야만 한다면 기억하기 쉬운 패스워드를 사용하거나 책상의 보기 쉬운 곳에 적어 놓는 등 쉬운 방법을 찾을 것이다. 패스워드도 네트워크에서의 전송 중이나 사회공학을 통한 절도를 통해 스니핑당할 수 있다.

한편 토큰, 스마트 카드, 생체 인증과 같은 새로운 인증기술은 이러한 문제 중 일부를 해결할 수 있다. **토큰**(token)은 단일 사용자의 신원을 증명할 수 있게 설계된 식별카드 같은 물리적 장치이다. 토큰은 보통 열쇠고리에 부착할 수 있을 정도로 작으며 자주 바뀌는 패스코드(passcode)를 표시하는 장치이다. **스마트 카드**(smart card)는 신용카드 정도의 크기로 접속 허가와 기타 정보를 담은 칩을 내장한 장치이다. 스마트 카드는 전자지불시스템에서도 사용한다. 판독 장치는 스마트 카드에 있는 데이터를 해석하고 접근의 허가 여부를 결정한다.

생체 인증(biometric authentication)은 지문, 홍채, 음성 등과 같은 개인의 특성을 읽고 해석해 접근에 대한 허가 여부를 결정하는 시스템이다. 생체 인증은 각 개인을 유일하게 구별할 수 있는 물리적 혹은 행동적 특성의 측정치에 기반을 두고 있다. 생체 인증은 지문, 얼굴, 망막 이미지와 같은 인간의 고유한 특징과 이미 저장된 특징 프로파일을 비교함으로써 이들 사이에 차이점이 있는지 판단한다. 만약 2개의 프로파일이 일치하면 접근을 허용한다. 지문과 얼굴 인식 기술은 지문 인식 장치를 장착한 노트북(그리고 몇몇 스마트폰)과 웹 캠과 얼굴 인식 소프트웨어를 장착한 몇몇 모델들의 대중화와 함께 보안 애플리케이션에서 이제 막 사용하기 시작했다. 뱅가드(Vanguard)와 피델리티(Fidelity) 같은 금융 서비스 회사들은 고객들을 위해 음성인증시스템을 구현했다.

© Andreypopov/123RF

이 스마트폰은 파일과 네트워크에 빠르고 안전한 접속을 위해 지문 인식기를 장착하고 있다. 스마트폰의 신형 모델들은 사용자 인증을 위해 생체 인식 기술을 사용하기 시작했다.

해커들이 비밀번호들에 접근할 수 있었던 일련의 사건은 더 안전한 인증의 필요성을 내포하고 있다. **이중 인증**(Two-factor authentication)은 사용자가 여러 단계의 프로세스를 통해 사용자를 검증함으로써 보안을 강화한다. 인증을 받을 때 사용자는 두 가지가 필요한데, ID 또는 은행카드와 같은 물리적 토큰과 패스워드나 PIN(personal identification number)과 같은 데이터가 그것이다. 지문 인식, 홍채 인식, 음성 인식 등과 같은 생체 데이터 또한 인증 메커니즘 중 하나로 사용할 수 있다. 이중 인증의 일반적인 예로는 은행카드가 있다. 카드 자체는 물리적 토큰이며, PIN은 데이터로 함께 사용한다.

방화벽, 침입탐지시스템, 안티멀웨어 소프트웨어

멀웨어와 침입자에 대한 보안대책 없이 인터넷에 접속하는 것은 매우 위험하다. 방화벽, 침입탐지시스템, 안티멀웨어 소프트웨어는 필수적인 비즈니스 도구로 자리 잡고 있다.

방화벽

방화벽(firewall)은 인가받지 않은 사용자가 사설 네트워크에 접근하는 것을 막는다. 방화벽은 들어오고 나가는 네트워크 통신의 흐름을 통제하는 하드웨어와 소프트웨어로 구성된다. 방화벽은 기업 네트워크의 일부분을 나머지 부분으로부터 보호하는 목적으로도 사용하지만 일반적으로는 조직의 내부 사설 네트워크와 인터넷과 같은 신뢰할 수 없는 외부 네트워크 사이에 위치하게 된다(그림 8.5 참조).

그림 8.5 기업 방화벽

방화벽은 인가받지 않은 트래픽으로부터 기업의 사설망을 보호하기 위하여 기업의 사설망과 공공 인터넷 또는 다른 신뢰할 수 없는 네트워크 사이에 위치한다.

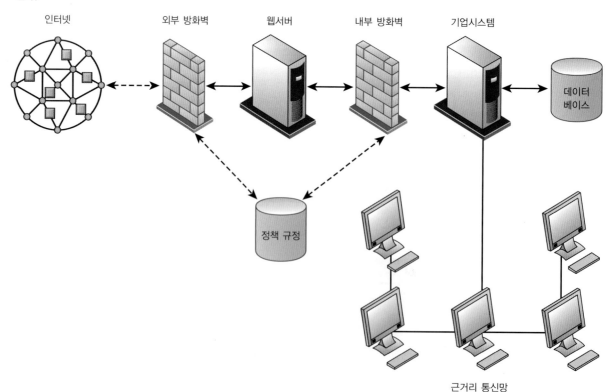

방화벽은 네트워크에 대한 접근을 허가하기 전에 사용자의 자격을 검사하는 문지기 역할을 수행한다. 방화벽은 들어오는 통신 트래픽의 이름, IP 주소, 응용 프로그램 및 기타 다른 특정 정보들을 확인한다. 방화벽은 또한 이 정보를 네트워크 관리자가 시스템에 설정한 접근 규칙과 비교하여 검사한다. 방화벽은 인가되지 않은 통신이 네트워크에 들어오고 나가는 것을 방지한다.

규모가 큰 조직에서는 방화벽을 종종 네트워크의 다른 부분과 분리된 특수한 전용 컴퓨터에 설치하는데, 이 경우 유입되는 어떤 요청도 사설 네트워크 자원에 직접 접근할 수 없게 된다. 정적 패킷 필터링, 정상 상태 검사, NAT, 응용 프록시 필터링 등을 포함하는 다수의 방화벽 차단기술들이 있다. 방화벽 보안을 위해 자주 이 기술들을 조합하여 사용한다.

패킷 필터링(packet filtering)은 신뢰할 수 있는 네트워크와 인터넷 사이를 이동하는 데이터 패킷의 헤더(header) 정보 중 일부 필드를 검사하는데, 이때 각각의 패킷을 개별적으로 검사한다. 이 필터링 기술은 많은 종류의 공격을 알아채지 못할 수 있다.

정상 상태 검사(stateful inspection)는 패킷이 송신자와 수신자 간에 진행되는 대화의 일부분인지를 파악함으로써 보안 수준을 높일 수 있다. 정상 상태 검사는 복수의 패킷에 흩어져 있는 정보를 추적하기 위해 상태 테이블을 구성한다. 패킷들은 각 패킷이 허가된 대화의 부분이거나 정당한 접속을 시도하려는 것인지에 따라 그 통과 허용 여부가 결정된다.

NAT(Network Address Translation)는 정적 패킷 필터링과 정상 상태 검사를 사용할 때 또 하나의 보호벽을 제공할 수 있다. NAT는 방화벽 외부의 스니퍼 프로그램이 내부 시스템 침투를 목적으로 조직 내부 호스트 컴퓨터의 IP 주소를 확인하고 사용하는 것을 막기 위하여 IP 주소를 숨긴다.

응용 프록시 필터링(application proxy filtering)은 패킷의 응용 콘텐츠를 검사한다. 프록시 서버는 조직의 외부에서 들어오는 데이터 패킷을 정지시키고 검사한 다음 프록시를 방화벽 너머로 통과시킨다. 만일 기업 외부의 사용자가 조직 내부의 사용자와의 통신을 원한다면 외부 사용자는 먼저 프록시 응용 프로그램과 통신한 후 프록시 응용 프로그램은 기업의 내부 컴퓨터와 통신한다. 마찬가지로 조직 내부의 컴퓨터 사용자가 외부 컴퓨터와 대화하려면 프록시 서버를 통해야 한다.

튼튼한 방화벽을 구축하기 위해 관리자는 허가하거나 거부해야 하는 사람, 응용 프로그램, 주소 등을 식별할 수 있는 상세한 내부 규칙을 가지고 있어야 한다. 방화벽은 완벽하지는 않지만 외부인에 의한 네트워크 침입을 방지할 수 있으며 따라서 전체 보안 계획의 한 요소로 취급해야 한다.

침입탐지시스템

방화벽과 더불어 민간 보안업체들은 현재 의심스러운 네트워크 트래픽과 파일 및 데이터베이스에 대한 접근 시도를 방지하는 침입 탐지 도구와 서비스를 제공하고 있다. **침입탐지시스템**(intrusion detection system, IDS)은 지속적으로 침입자를 탐지하고 막기 위해 기업 네트워크의 가장 취약한 지점이나 핫스폿에 위치하여 상시 감시할 수 있다. 시스템은 의심스럽거나 변칙적인 사건을 발견하면 경보를 울린다. 스캐닝 소프트웨어는 불량 패스워드와 같이 이미 알려진 컴퓨터 공격 방법과 유사한 패턴을 조사하고, 중요 파일이 수정되거나 삭제되었는지 확인하는 검사를 수행하며, 반달리즘이나 시스템 관리자 오류에 대해 경고를 보낸다. 또한 인가받지 않은 통신 트래픽을 수신하면 네트워크의 특히 민감한 부분을 폐쇄시키도록 침입 탐지 도구를 설정할 수 있다.

안티멀웨어 소프트웨어

개인과 기업 모두를 위한 방어기술 계획은 모든 컴퓨터에 대한 안티멀웨어 보안대책을 포함해야 한다. **안티멀웨어 소프트웨어**(anti-malware software)는 컴퓨터 바이러스, 컴퓨터 웜, 트로이 목마,

스파이웨어, 애드웨어를 포함한 악성 프로그램을 예방하고 탐지하고 제거한다. 그러나 대부분의 안티멀웨어는 소프트웨어에 기록된 이미 알려진 멀웨어에만 효과가 있다. 효과를 유지하기 위해서는 지속적으로 업데이트해야 한다. 업데이트 후에도 일부 악성코드가 탐지를 회피할 수 있기 때문에 소프트웨어가 항상 유효한 것은 아니다. 조직들은 더 나은 보안을 위해 추가적인 멀웨어 탐지 툴을 사용해야 한다.

통합 위협관리시스템

기업의 비용을 절감하고 관리 용이성을 높이기 위해 보안업체들은 방화벽, 가상 사설망(VPN), 침입탐지시스템, 웹 콘텐츠 필터링 및 안티스팸 소프트웨어를 포함하여 다양한 보안 도구들을 하나의 장비로 결합시키고 있다. 이러한 포괄적인 보안관리제품을 **통합 위협관리시스템**(unified threat management [UTM] system)이라고 부른다. 통합 위협관리 제품은 모든 규모의 네트워크에도 설치가 가능하다. 선도적 통합 위협관리(UTM) 업체로는 포티넷(Fortinet), 소포스(Sophos), 체크 포인트(Check Point) 등이며 시스코 시스템즈(Cisco Systems)와 주니퍼 네트웍스(Juniper Networks)와 같은 네트워크 업체들도 자신의 장비에 통합 위협관리 기능 일부를 포함시키고 있다.

무선 네트워크 보안

와이파이를 위해 개발된 초기 보안 표준 WEP(Wired Equivalent Privacy)는 암호화 키가 상대적으로 깨지기 쉬워서 효과적이지 않다. 그러나 WEP는 사용자들이 이를 연결하는 것을 기억한다면 보안에 약간의 이점을 제공한다. 기업은 내부 기업 데이터에 접근할 때 가상 사설망(VPN) 기술과 연계해 와이파이 보안을 더욱 향상시킬 수 있다.

2004년 6월, 와이파이연합의 산업거래 그룹은 더 강력한 보안 표준으로 WEP을 대체할 Wi-Fi Protected Access 2 혹은 WPA2로 부르는 802.11i 기술 명세를 최종 승인하였다. 이 신규 표준은 WEP에서 사용했던 정적 키 암호화 방식 대신 더 길고 지속적으로 바뀌는 키를 사용하여 해독하기 더 어렵게 만들었다. 가장 최근 사양은 2018년에 도입된 WPA3이다.

암호화와 공개 키 인프라

많은 기업들은 디지털 정보를 저장하거나 물리적으로 이동시키거나 인터넷을 통해 전송할 때 이를 보호하기 위해 암호화 기술을 사용한다. **암호화**(encryption)는 단순 텍스트나 데이터를 송신자와 수신 예정자 외의 다른 사람이 읽을 수 없는 암호문으로 바꾸는 과정을 말한다. 데이터는 평범한 데이터를 암호문으로 변환시키는 암호화 키라는 비밀 숫자 코드를 이용하여 암호화된다. 암호 메시지는 수신자가 해독할 수 있어야 한다.

웹에서 네트워크 통신 트래픽을 암호화하기 위한 두 가지 주요 방법은 **SSL**(Secure Sockets Layer)과 S-HTTP이다. SSL과 그 후속 기법인 TLS(Transport Layer Security)는 클라이언트와 서버 컴퓨터가 보안된 웹 세션 동안 서로 통신할 때 암호화와 해독을 관리할 수 있게 해준다. **S-HTTP**(Secure Hypertext Transfer Protocol)는 인터넷을 따라 흐르는 데이터를 암호화하기 위해 사용하는 또 하나의 프로토콜이긴 하지만 SSL과 TLS는 두 컴퓨터 사이의 안전한 연결을 확보하도록 설계된 반면 S-HTTP는 각각의 메시지 암호화에 그치고 있다.

보안 세션을 만드는 기능은 인터넷 클라이언트 브라우저 소프트웨어와 서버에 장착되어 있다. 클라이언트와 서버는 단지 어떤 키와 어떤 보안 수준을 사용할지 서로 협의하여 결정하기만 하면 된다. 일단 클라이언트와 서버 간의 보안 세션이 이루어지면 세션 안의 모든 메시지는 암호화된다.

암호화 방법으로 두 가지 대안이 있으며 대칭 키 암호화와 공개 키 암호화가 그것이다. 대칭 키 암호화 방법에서는 하나의 암호화 키를 만들고 그것을 수신자에게 보내어 송수신자 사이의 보안된 인터넷 세션을 구성하게 되며 결과적으로 양자가 같은 키를 공유하는 방식이다. 암호화 강도는 암호화 키의 비트 길이에 의해 측정한다. 오늘날 일반적인 키는 원하는 보안 수준에 따라 56~256비트 길이(56~256자리의 문자열)가 될 것이다. 키의 길이가 길어질수록 키를 풀어내기 어렵다. 단점은 키가 길수록 정상적인 사용자가 정보를 처리하는 데 더 많은 컴퓨팅 능력이 필요하다는 것이다.

대칭 키 암호화 방법의 문제점은 어떤 방법으로라도 암호화 키를 송수신자 모두 공유해야 한다는 점이다. 이로 인해 키를 가로채거나 키를 해독할 수 있을지도 모르는 외부인에게 키가 노출될 수도 있다. 더 강력한 보안을 제공하는 방법인 **공개 키 암호화**(public key encryption) 방식은 2개의 키를 사용한다. 그림 8.6에서 볼 수 있듯이 하나는 공개용(public)이며 다른 하나는 완전히 비밀용(private)이다. 이 두 암호화 키는 서로 수학적으로 연결되어 하나의 키로 암호화한 데이터는 오직 다른 하나의 키로만 해독할 수 있다. 메시지를 주고받기 위해 송수신자들은 먼저 각각 별도의 비밀 키와 공개 키의 쌍을 만들어야 한다. 공개 키는 공개 디렉터리에 두지만 비밀 키는 은밀하게 보관한다. 송신자는 수신자의 공개 키로 메시지를 암호화한다. 메시지를 받을 때 수신자는 그것을 해독하기 위해서 자신의 비밀 키를 사용한다.

전자인증서(digital certificate)는 온라인거래의 보호를 위해 사용자의 신원과 전자 자산의 고유성을 확립하기 위해 사용하는 데이터 파일이다(그림 8.7 참조). 전자인증서시스템은 사용자의 신원을 입증하기 위하여 인증기관(certificate authority, CA)으로 알려진 신뢰할 수 있는 제3자를 활용한다. 시맨틱(Symantec), 고대디(Godaddy), 코모도(Comodo) 같은 인증기관이 미국을 비롯해 전 세계적으로 많이 있다.

인증기관(CA)은 전자인증서 사용자의 신원을 오프라인으로 확인한다. 이 정보가 인증기관 서버로 입력되면 서버는 소유자 신원정보와 공개 키 사본을 담고 있는 암호화된 전자인증서를 만들어준다. 이 인증서는 해당 공개 키가 지정된 소유자의 것임을 인증하는 것이다. 인증기관은 출력물이나 인터넷에 인증기관의 공개 키를 공개하고 있다. 암호화된 메시지의 수신자는 메시지에 첨부된 전자인증서를 해독하기 위해 인증기관의 공개 키를 사용하는데, 이를 통해 해당 인증이 인증기관에 의해 발행되었음을 입증할 수 있는 것이다. 이후 수신자는 송신자의 인증서 내에 포함된 송신자의 공개 키와 신원정보를 가져올 수 있다. 이제 이렇게 얻은 정보를 사용하여 수신자는 암호화된 답장을 보낼 수 있다. 전자인증서시스템은 예를 들어 신용카드 사용자와 판매자가 데이터를 교환하기 전에 서로의 전자인증서가 신뢰할 만하고 공인된 제3자에 의해 발행되었음을 확인

그림 8.6 공개 키 암호화

공개 키 암호화 시스템은 데이터를 전송할 때는 잠그고 수신할 때는 여는 공개 키와 비밀 키의 시리즈로 볼 수 있다. 송신자는 수신자의 공개 키를 디렉토리에서 찾고 메시지를 암호화할 때 이를 사용한다. 메시지는 인터넷이나 사설 네트워크를 통해 암호화된 형식으로 전송된다. 암호화된 메시지가 도착하면 수신자는 데이터를 해독하고 메시지를 읽기 위해 자신의 비밀 키를 사용한다.

송신자 → 공개 키로 암호화함 → 암호화된 메시지 → 비밀 키로 복호화함 → 수신자

그림 8.7 전자인증서

전자인증서는 사람 또는 전자적 자산의 고유성을 확립하도록 돕는다. 전자인증서는 안전하고 암호화된 온라인 통신 방법을 제
공하여 온라인거래를 보호하고 있다.

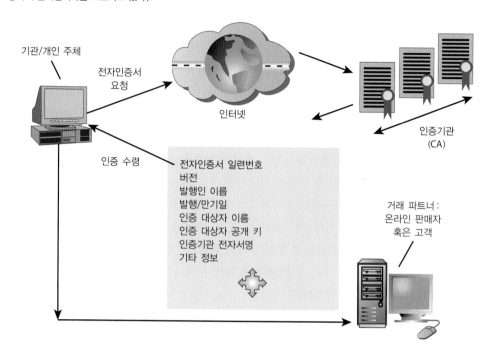

할 수 있게 해준다. 인증기관(CA)과 함께 운영되는 공개 키 암호화, 즉 **공개 키 인프라**(public key infrastructure, PKI)는 현재 전자상거래에서 가장 널리 사용하는 보안 기법이다.

블록체인을 통한 트랜잭션 보호

제6장에서 소개한 블록체인은 거래의 확보와 복수의 당사자 간의 신뢰 구축을 위한 대안적 접근방식으로 주목받고 있다. 블록체인은 거래 기록이 들어 있는 디지털 '블록' 체인이다. 각 블록은 그 전후의 모든 블록에 연결되어 있고, 블록체인은 지속적으로 업데이트되고 계속 동기화되어 있다. 이것은 탐지되지 않고 그 레코드와 연결된 블록을 변경해야 하기 때문에 단일 레코드를 조작하기가 어렵다.

일단 기록되면 블록체인 거래는 변경할 수 없다. 블록체인의 기록은 암호화를 통해 확보되며, 모든 거래는 암호화된다. 블록체인 네트워크 참가자는 자신이 만든 거래에 할당되어 개인 디지털 서명의 역할을 하는 개인 키를 가지고 있다. 기록이 변경되면 서명은 무효가 되고, 블록체인 네트워크는 즉시 무언가가 잘못되었다는 것을 알게 된다. 블록체인은 중앙 위치에 포함되어 있지 않기 때문에 단일 장애 지점이 없고 단일 컴퓨터에서 변경할 수 없다. 블록체인은 특히 보안 요구사항이 높은 환경과 상호 알려지지 않은 행위자에 적합하다.

시스템의 가용성 확보

기업이 점차 수익과 운영을 디지털 네트워크에 의존함에 따라 기업의 시스템과 응용 프로그램은 항상 사용 가능하도록 하기 위해 추가 조치를 취할 필요가 생겼다. 항공사나 금융 서비스 산업과 같이 온라인거래 처리를 하는 중요한 응용 프로그램이 필요한 회사들은 100%의 가용성을 확보하

기 위해 내결함성 컴퓨터 시스템을 이미 오랫동안 사용해 왔다. **온라인거래 처리**(online transaction processing)에서 온라인으로 입력되는 거래는 그 즉시 컴퓨터가 처리한다. 다양한 데이터베이스의 정정, 리포팅 및 정보 요청은 매 순간 발생하고 있다.

내결함성 컴퓨터 시스템(fault-tolerant computer system)은 지속적이고 중단 없는 서비스를 제공하는 환경을 만들기 위한 여분의 하드웨어, 소프트웨어, 전력공급장치 등으로 구성된다. 내결함성 컴퓨터는 하드웨어의 고장을 감지하기 위해 특수한 소프트웨어 루틴이나 회로에 심어진 자가 진단 논리를 사용하며 고장이 발생할 경우 자동으로 백업 장치로 전환시킨다. 이러한 컴퓨터의 부품은 컴퓨터 시스템에 장애나 **다운타임**(down time)을 주지 않고 제거하거나 수리할 수 있다. 다운타임이란 시스템이 작동하지 않는 기간을 말한다.

네트워크 통신 트래픽의 통제 : DPI

대학 캠퍼스 네트워크를 사용하다가 너무 느려졌다고 느낀 적이 있는가? 그것은 아마도 다른 학생들이 음악을 다운로드하거나 유튜브를 보기 위해 네트워크를 사용하고 있기 때문일 수도 있다. 파일 공유 프로그램, 인터넷 전화 서비스, 온라인 동영상 등 대역폭 소비가 심한 응용 프로그램들은 기업 네트워크의 성능을 저하시키면서 정체시키거나 느리게 할 수 있다. 소위 **심층 패킷 분석**(deep packet inspection, DPI)이라는 기술은 이러한 문제를 해결할 수 있게 도와준다. DPI는 데이터 파일을 조사하고 비즈니스에 중요한 파일에는 높은 우선순위를 주며 저순위 온라인 자료를 골라낸다. 네트워크 운영자가 정한 우선순위에 따라 DPI는 특정 데이터 패킷을 목적지로 가도록 통과시킬지 아니면 막거나 더 중요한 트래픽이 지나가는 동안 기다리게 할지를 결정한다.

보안 아웃소싱

많은 기업, 특히 소기업들은 안전한 고가용성 컴퓨팅 환경을 스스로 구축하기에 자원과 경험이 부족하다. 따라서 이 기업들은 많은 보안 업무를 네트워크 활동을 감시하고 취약성 검사와 침입탐지를 대행하는 **보안관리 서비스 업체**(managed security service provider, MSSP)에 맡길 수 있다. 시큐어웍스(SecureWorks), AT&T, 버라이즌, IBM, 퍼리미터 이시큐리티(Perimeter eSecurity), 시맨틱 등이 보안관리 서비스 분야의 선도적 기업들이다.

클라우드 컴퓨팅과 모바일 디지털 플랫폼의 보안 이슈

클라우드 컴퓨팅과 새롭게 등장하고 있는 모바일 디지털 플랫폼이 강력한 혜택을 가져올 잠재력을 가지고 있기는 하나 시스템 보안과 신뢰성에 새로운 문제도 불러오고 있다. 이러한 문제 중 일부와 이에 대한 대응 방법을 알아보자.

클라우드 컴퓨팅에서의 보안

클라우드 컴퓨팅에서 정보처리를 수행할 때도 민감한 데이터의 보안 책무와 책임은 여전히 그 데이터를 소유한 기업에 있다. 따라서 클라우드 컴퓨팅 업체가 어떻게 서비스를 조직하고 데이터를 관리하는지 파악하는 것은 매우 중요하다('토론방 : 상호작용형 세션 관리' 참조).

클라우드 컴퓨팅(cloud computing)은 광범위하게 분산된 시스템이다. 클라우드 애플리케이션은 여러 기업 고객에게 업무 서비스와 데이터 관리를 지원하는 대규모의 원격 데이터 센터와 서버 팜(server farm)에 설치된다. 비용을 절감하기 위해 클라우드 컴퓨팅 제공업체는 업무처리의 효율성을 높이기 위해 전 세계에 흩어져 있는 데이터 센터들에 업무를 배분하곤 한다. 사용자가 클라우드를

상호작용형 세션 관리

지난 몇 년 동안 많은 기업들이 증가하는 애플리케이션과 데이터 공유를 공공의 클라우드 인프라 및 플랫폼으로 전환하기 위해 IT 전략을 변경했다. 그러나 공공의 클라우드를 사용하면 많은 회사들이 수년간 구축해 온 전통적인 사이버 보안 모델에 지장을 준다. 결과적으로 기업들이 공공의 클라우드를 이용함에 따라 그들은 중요한 데이터를 보호하고 이들 서비스가 제공하는 속도와 민첩성을 충분히 이용할 수 있는 방식으로 공공의 클라우드 서비스를 소비하기 위해 그들의 사이버 보안 관행을 개정해야 한다.

클라우드 서비스의 보안 및 개인정보 보호관리는 기존 IT 인프라 관리와 유사하다. 그러나 전부는 아니지만 일부 책임은 클라우드 서비스 제공자로 이동하기 때문에 위험은 다를 수 있다. 클라우드 서비스 범주(IaaS, PaaS 또는 SaaS)는 이러한 책임을 공유하는 방법에 빈틈없이 영향을 미친다. IaaS의 경우 제공자는 일반적으로 기계, 스토리지 시스템, 네트워크와 같은 기본적인 IT 자원을 공급하고 이를 확보한다. 클라우드 서비스 고객은 일반적으로 클라우드 컴퓨팅 환경에 배치된 운영체제, 애플리케이션 및 기업 데이터를 책임진다. 이는 애플리케이션과 기업 데이터의 보안에 대한 책임이 대부분 고객에게 있다는 것을 의미한다.

클라우드 서비스 고객은 클라우드 서비스에서 호스팅되는 애플리케이션과 데이터를 보안 및 규정 준수정책에 따라 안전하게 보호하기 위해 클라우드 서비스 공급자와의 클라우드 서비스 계약을 신중하게 검토해야 한다. 그러나 이것은 전부를 뜻하지는 않는다. 많은 조직에서 자체 데이터 센터를 위한 보안관리 방법을 알고 있지만, 컴퓨팅 작업을 클라우드로 전환할 때 정확히 무엇을 해야 할지 확신할 수 없다. 클라우드 인스턴스를 구성 및 실행하고, ID 및 액세스 제어를 관리하고, 구성 변경사항에 맞게 보안 제어를 업데이트하고, 워크로드와 데이터를 보호하기 위해 클라우드 보안을 관리하는 새로운 툴 세트와 기술이 필요하다. 많은 IT 부서들 사이에 클라우드에서 발생하는 모든 일은 자신의 책임이 아니라는 잘못된 인식을 가지고 있다. 클라우드 서비스 이용에 적합한 요건을 생산하기 위해서는 기업 데이터 센터에 대해 개발된 보안 요구사항을 업데이트하는 것이 필수적이다. 클라우드 서비스를 사용하는 조직은 종종 사용자, 애플리케이션 및 데이터 수준에서 추가 제어를 적용할 필요가 있다.

클라우드 서비스 제공업체는 책임 분야에 대한 보안 강화에 큰 진전을 보였다. 클라우드 서비스에 대한 아마존의 보안은 거의 빈틈이 없다. 회사는 직원 주변에 세심한 제약조건을 유지하고, 그들이 매일 하는 일을 감시하며, 서비스팀에게 툴링과 자동화를 통해 데이터에 대한 접근을 제한하도록 지시한다. 아마존은 또한 신원확인을 위해 보안 자격증명을 순환시키고, 때로는 몇 시간 안에 자주 변경한다.

대부분의 기업에서 클라우드 데이터에 대한 가장 큰 위협은 소프트웨어 패치 적용 또는 잘못된 구성의 결함을 포함한다. 많은 조직에서 소프트웨어 패치를 사용할 수 있게 되거나 너무 오래 기다렸을 때 새로 식별된 보안 취약점에 적용하는 것을 소홀히 했기 때문에 이를 위반했다(309쪽 패치 관리에 대한 논의 참조). 기업들도 자신들의 책임인 클라우드 보안 측면을 구성하지 않아 보안 침해를 경험한 적이 있다. 일부 사용자는 AWS 버킷암호 보호설정을 잊는다(버킷은 Amazon Web Services [AWS] Simple Storage Solution S3 스토리지 서비스에 있는 스토리지의 논리적 단위다. 데이터를 설명하는 데이터와 메타데이터로 구성된 객체 저장에 버킷이 사용된다). 다른 이들은 자원 기반 액세스 정책(액세스 제어 목록)이나 버킷 권한 확인과 같은 아마존의 기본적인 보안 기능을 이해하지 못하여 자신도 모르는 사이에 공공 인터넷에 데이터를 노출한다.

다우 존스 금융출판사는 2017년 7월 **월스트리트저널**과 **바론즈** 가입자를 포함해 220만 고객의 개인 및 금융정보를 유출했을 가능성이 있다는 보도를 확인했다. 유출은 AWS S3 보안 저장소에 있는 구성 오류로 추적되었다. 다우존스는 인터넷을 통해 선별된 고객들에게 절반 정도의 공적인 접근을 제공할 계획이었다. 그러나 결국 AWS 계정에 (무료로) 등록한 모든 사람을 포함하는 '인증된 사용자'에게 URL을 통해 데이터를 다운로드할 수 있는 접근 권한을 부여하게 되었다. 액센츄어, 버라이즌, 바이어컴, 텔사, 우버 테크놀로지스는 AWS S3의 잘못된 보안 구성을 통해 민감한 정보 유출이 계속된 기업 중 주목을 받는 기업이다. 보안 구성은 숙련된 IT 전문가에게 처리되어야 하는데, 이러한 잘못된 구성은 보안 경험이 부족한 직원이 수행했을 때 발생했다. AWS 버킷의 잘못된 구성을 중지하려면 부주의하거나 숙련되지 않은 직원들로 인한 피해를 제한하는 정책을 제정해야 할 수도 있다.

고객이 클라우드에 대한 보안 구성을 선택할 수 있지만, 아마존은 잘못된 구성을 방지하기 위해 자체적인 조치를 취하고 있다. 2017년 11월 AWS 대시보드를 업데이트하여 클라우드 고객이 버킷 및 객체에 대한 액세스 권한 상태를 쉽게 볼 수 있도록 AWS S3 콘솔을 밝은 주황색으로 구성하였다. 이것은 아마존 S3 버킷이 대중에게 공개되었을 때 모든 사람이 더 쉽게 볼 수 있도록 해준다. 아마존은 또한 AWS 버킷과 지역 간 복제를 위한 액세스 제어 목록에 저장될 때 모든 개체에 기본 암호화를 추가했다. 젤코바(Zelkova)라고 불리는 또 다른 새로운 도구는 사용자가 어떤 것이 다른 것보다 더 관대한지를 식별하도록 돕기 위해 AWS S3 보안정책을 검토한다. Amazon Macie는 머신러닝으로 개인식별 가능정보와 지적재산을 탐지하는 관리형 서비스로 2017년 8월부터 S3에 보급되어 있다.

출처 : Kathleen Richards, "New Cloud Threats as Attackers Embrace the Power of the Cloud," SearchCloudSecurity.com, April 3, 2018; "AWS S3 Security Falls Short at High-profile Companies," SearchCloudSecurity.com, April 2018; "Making a Secure Transition to the Public Cloud," *McKinsey & Company*, January 2018; and "Security for Cloud Computing: Ten Steps to Ensure Success," Cloud Standards Customer Council, December 2017.

사례연구 문제

1. 클라우드 컴퓨팅은 어떤 종류의 보안 문제를 제기하는가? 얼마나 심각한가? 설명하라.

2. 클라우드 보안 문제의 원인이 되는 경영, 조직 및 기술 요소는 무엇인가? 클라우드 보안은 어느 정도까지 관리상의 문제인가?

3. 클라우드 기반시스템의 보안을 강화하기 위해 취할 수 있는 조치는 무엇인가?

4. 기업은 공용 클라우드를 사용하여 미션 크리티컬 시스템을 실행해야 하는가? 왜 그런가?

사용할 때 사용자는 자신의 데이터를 어디에서 처리하고 있는지 정확히 알 수 없을 수도 있다.

사실상 모든 클라우드 제공자들은 데이터 전송 중에 이 데이터를 안전하게 보호하기 위하여 암호화 기법을 사용하고 있다. 그러나 만약 특정 기업의 데이터가 다른 기업의 데이터와 동일한 저장 장치에 저장되고 있다면 이 데이터에 대한 암호화도 함께 확보되어야 한다. DDoS 공격은 합법적인 고객이 사용할 수 없는 클라우드 서비스를 제공하기 때문에 특히 해롭다.

기업들은 그들의 시스템이 항상 운영 중이기를 희망한다. 클라우드 제공업체들은 여전히 가끔 운영 중단을 경험하지만, 많은 대기업들이 IT 인프라의 일부에 클라우드 서비스를 이용하고 있을 정도로 신뢰성이 높아졌다. 대부분은 중요한 시스템을 사내 또는 프라이빗 클라우드에 보관한다.

클라우드 사용자는 자신의 데이터가 어디에 저장되고 어디로 이전되는지와는 관계없이 기업의 기준을 충족시킬 수 있는 수준으로 보호되고 있는지 확인해야 한다. 사용자는 또한 클라우드 업체가 데이터를 특정 관할구역의 보호 규정에 따라 관할지역에 저장하도록 요구해야 한다. 클라우드 고객은 클라우드 업체로 하여금 자신의 기업 데이터를 다른 기업 데이터로부터 격리시키는 방법을 찾고 암호화 방식이 확실한지 증명하도록 요구해야 한다. 클라우드 업체가 재난이 닥쳤을 때 어떻게 대응할지, 기업 데이터를 완벽히 복구할 수 있는지, 얼마나 걸리는지 등을 확인하는 것 역시 중요하다. 클라우드 사용자는 또한 클라우드 업체가 외부 감사와 보안 인증을 받는지도 물어봐야 한다. 이러한 통제 요건들은 클라우드 업체와 계약하기 전에 SLA(service level agreement)에 명시할 수 있다. CSA(Cloud Security Alliance)는 클라우드 컴퓨팅 보안을 위한 모범사례를 명시하여 업계 전반의 클라우드 보안을 위한 표준을 만들었다.

모바일 플랫폼의 보안

모바일 단말기가 PC의 기능 대부분을 수행하고 있다면 이 역시 데스크톱이나 노트북처럼 멀웨어, 도난, 우발적 손실, 비인가 접근, 해킹 시도 등에 대한 보안이 필요하다. 기업시스템과 데이터에 접속하는 모바일 단말기는 더 특별한 보호가 요구된다. 기업들은 보안정책이 모바일 단말기를 염두에 두고 있는지 나아가 어떻게 모바일 단말기를 지원하고 보호하며 사용할지에 대한 추가적인 상세 지침이 있는지 확인해야 한다. 기업은 모든 기기의 사용을 인허가할 수 있는 도구가 필요하다. 이는 모든 모바일 단말기, 사용자, 응용 프로그램에 대한 정확한 재고 기록을 유지하고 응용 프로그램의 업데이트를 통제하며 분실된 장치를 불능화하기 위한 것이다. 데이터 손실방지기술은 중요한 데이터를 저장하고, 데이터에 액세스하고, 어떻게 데이터가 회사를 떠나는지, 그리고 데이터가 어디로 가는지를 식별할 수 있다. 기업은 허가된 모바일 플랫폼과 소프트웨어 응용 프로그램뿐만 아니라 필수 소프트웨어와 기업시스템의 원격 접근을 위한 절차에 대한 규정을 개발해야 한다. 조직의 모바일 보안정책은 직원들이 회사 문서를 안전하지 않은 애플리케이션을 사용해 전송, 저장하는 것이나 암호화 없이 문서나 파일을 이메일로 전송하는 것을 금지해야 한다. 기업들은 가능한 한 모든 통신 내역을 암호화해야 한다. 모든 휴대용 기기 사용자들 역시 스마트폰에서 제공하는 비밀번호 기능을 사용해야만 한다.

소프트웨어 품질 확보

효과적인 보안과 통제의 구현에 덧붙여 조직은 소프트웨어 메트릭(metric)과 철저한 소프트웨어 검사를 통해 시스템 품질과 신뢰성을 개선할 수 있다. 소프트웨어 메트릭은 계량화된 측정 형식의 객관적인 시스템 평가 방식이다. 현재 사용이 늘어나고 있는 메트릭은 정보시스템 부서와 최종사용자가 함께 시스템의 성능을 측정하고 발생한 문제를 파악하게 해준다. 소프트웨어 메트릭의 예로 특정 시간 동안 처리한 거래의 수, 시간당 출력한 급여 수표의 수, 프로그램 코드 100라인당 발견한 버그의 수 등이 있다. 이러한 메트릭을 성공시키기 위해서는 잘 설계하고 공식적이며 객관적이고 지속적으로 사용해야 한다.

　초기의 정기적이고 철저한 테스트는 시스템 품질을 현저히 개선할 수 있다. 많은 사람들은 테스트를 완료한 작업의 정확성을 증명하는 방법으로 생각한다. 사실 모든 대형 소프트웨어는 오류로 가득하다는 것을 누구나 알고 있으며, 따라서 이러한 오류를 발견하려면 테스트를 해야 한다.

　훌륭한 테스트는 소프트웨어 프로그램을 작성하기도 전부터 시작하며 테스트의 특정 목적에 필요한 기술에 근거하여 세심하게 발탁한 소규모의 전문가 집단에 의한 검토 소위 **워크스루** (walkthrough)를 통해 이루어진다. 일단 개발자가 소프트웨어 프로그램을 작성하기 시작하면 프로그램 코드를 검토하기 위해 코딩 워크스루 또한 수행할 수 있다. 그럼에도 불구하고 코드는 반드시 컴퓨터 가동을 통해 테스트해야 한다. 오류가 발견되면 원인 제공 소스를 확인하고 **디버깅** (debugging)이라는 과정을 통해 이를 제거한다. 제12장에서 정보시스템을 구축 가동하기 위해 필요한 다양한 단계의 테스트를 소개하고 있다. 우리의 학습과정은 소프트웨어 품질에도 도움이 되는 소프트웨어 프로그램 개발을 위한 개발 방법론의 설명을 담고 있다.

8-5 MIS는 내 경력에 어떤 도움이 되는가?

다음은 제8장과 이 책을 통해 ID 접근 및 관리 지원 전문가로서의 초급 단계의 일자리를 찾는 데 어떻게 도움이 되는지 설명한다.

회사

텍사스 주 플라노에 본사를 둔 대형 슈퍼마켓 식료품 체인인 밸류 슈퍼마켓은 ID 접근 및 관리 지원 전문가를 위한 초급 단계의 자리를 채우는 방안을 모색하고 있다. 이 회사는 텍사스 23개 도시에 59개의 소매점을 가지고 있으며, 8,000명 이상의 노동자와 거의 100만 명에 가까운 주간 쇼핑객을 보유하고 있다.

직무 기술

ID 접근 및 관리 지원 전문가는 회사가 감사 및 규정 준수관리를 충족하는지 확인하기 위해 회사의 ID 관리시스템을 모니터링할 책임이 있다. 이 직책은 회사의 보안운영책임자에게 보고한다. 직무 책임에는 다음이 포함된다.

- 비즈니스 애플리케이션과의 ID 관리시스템 통합에 대한 데이터 무결성 테스트 수행
- 윈도우 액티브 디렉토리 파일을 ID 관리시스템과 통합
- 시스템 사용자 역할 및 권한에 대한 정보 유지

직무 요구사항

- 학사학위
- 컴퓨터에 대한 숙련도
- 독립적으로 멀티태스킹 및 작업 가능
- 세부사항에 대한 꼼꼼함
- 시간 약속 엄수
- 기술 인력 및 비기술 직원과 의사소통할 수 있는 능력

인터뷰 질문

1. 인증과 신분관리에 대해 무엇을 알고 있는가? ID 관리 또는 기타 IT 보안시스템을 사용해본 적이 있는가? 이 소프트웨어로 무엇을 했는가?
2. 윈도우 액티브 디렉토리에서 작업해본 적이 있는가? 이 소프트웨어로 정확히 무엇을 했는가?
3. 데이터 무결성을 보장하는 데 대해서 어떤 지식과 경험을 가지고 있는가?
4. 멀티태스킹을 해야 하고 당신의 시간을 관리해야 했던 상황과 그때 어떻게 대처했는지 예를 들 수 있는가?
5. 컴퓨터 경험에 대해 말해줄 수 있는가? 어떠한 소프트웨어 도구로 작업했는가?

저자 조언

1. 이 장의 마지막 두 절, 특히 신원관리와 인증에 대한 내용에 대해서 복습하라. 또한 데이터 품

질과 데이터 무결성에 대한 제6장의 논의를 검토하라.

2. 웹을 이용해서 신원관리, 데이터 무결성 테스트, 주요 신원관리 소프트웨어 툴, 윈도우 액티브 디렉토리에 대해서 자세히 알아보라.

3. 웹을 이용해서 회사, 회사에서 사용하는 시스템의 종류, 그리고 이러한 시스템을 사용하는 사람에 대해서 자세히 알아보라.

요약

8-1 왜 정보시스템은 파괴, 오류 및 오남용 등에 취약한가?

디지털 데이터는 파괴, 오용, 오류, 사기, 하드웨어나 소프트웨어의 고장 등에 취약하다. 인터넷은 개방형 시스템으로 설계되었으며 기업 내부 시스템을 외부인의 공격에 더 취약하게 만들고 있다. 해커는 서비스 거부(DoS) 공격을 퍼붓거나 기업 네트워크에 침투하여 심각한 시스템 파괴를 불러온다. 와이파이 네트워크는 네트워크의 자원에 접근하기 위한 주소를 얻기 위해 스니퍼 프로그램을 사용하는 침입자가 침투하기 쉽다. 멀웨어는 모바일 기기를 주 타깃으로 하여 시스템과 웹사이트를 무력화할 수 있다. 클라우드 컴퓨팅의 분산 특성은 비인가 행위를 추적하거나 원거리에서 통제하는 것을 어렵게 만들고 있다. 소프트웨어는 소프트웨어 버그를 제거하기가 거의 불가능하고 소프트웨어 취약점을 해커나 악성 소프트웨어가 이용할 수 있기 때문에 문제가 된다. 최종사용자는 자주 오류를 범하고 있다.

8-2 보안과 통제의 비즈니스적 가치는 무엇인가?

견고한 보안과 통제의 부재는 핵심 업무 기능을 컴퓨터 시스템에 의존하는 기업에게 매출과 생산성의 손실을 일으킬 수 있다. 기밀 직원 기록, 영업비밀이나 사업 계획 등과 같은 정보 자산은 외부인에게 유출되거나 기업에 관련된 법적 책임이 있다면 정보 가치의 대부분을 잃게 될 것이다. HIPAA, 사베인즈-옥슬리법, 그램-리치-블라일리법 등과 같은 법률은 기업에게 철저한 전자문서관리를 실시하고 보안, 사생활 보호 및 통제를 위해 엄격한 기준을 충족시킬 것을 요구하고 있다. 전자적 증거와 컴퓨터 포렌식스가 필요한 법적 소송 역시 기업에게 보안과 전자문서관리에 더 주의를 기울일 것을 요구한다.

8-3 보안과 통제를 위한 조직의 프레임워크 구성요소는 무엇인가?

기업은 정보시스템을 위한 일단의 잘 정비된 일반 통제와 응용 통제 방침을 수립해야 한다. 위험도 평가는 정보 자산의 가치를 평가하고 통제 지점과 통제 취약점을 파악하며 가장 비용 효과적인 통제 방침을 결정해준다. 기업은 또한 재난이나 파괴 상황에서도 기업 업무를 지속할 수 있는 일관된 기업 보안정책과 계획을 수립해야 한다. 보안정책은 허용 가능한 이용과 신원관리 방침도 포함하여 다루어야 한다. 포괄적이고 체계적인 정보시스템 감사는 조직이 정보시스템에 대한 보안과 통제의 효과를 가늠할 수 있게 도와준다.

8-4 정보 자원 보호를 위한 주요 도구와 기술은 무엇인가?

방화벽은 사설 네트워크가 인터넷과 연결될 때 비인가 사용자가 접근하는 것을 막는다. 침입탐지시스템은 사설 네트워크에서 의심스러운 네트워크 통신 트래픽이나 기업시스템으로의 접근 시도를 감시한다. 패스워드, 토큰, 스마트 카드, 생체 인증 등은 시스템 사용자를 인증하기 위해 사용된다. 안티멀웨어 소프트웨어는 바이러스와 웜의 감염을 검사하고 대부분의 악성 소프트웨어를 제거한다. 메시지에 대한 코딩과 난수화, 즉 암호화는 보호받기 어려운 네트워크를 통한 전자적 전송을 보호하기 위해 가장 널리 사용하는 기술이다. 블록체인 기술은 회사들이 중심 허가 없이 네트워크에서 위조 방지 거래를 만들고 확인할 수 있게 해준다. 전자인증서는 공개 키 암호화 기술과 함께 사용자의 신분을 인증함으로써 전자적 거래에 추가적인 보호 방법을 제공하고 있다. 기업들은 정보시스템을 항상 사용할 수 있게 만들기 위해 내결함성 컴퓨터 시스템을 사용할 수도 있고 고가용성 컴퓨팅 환경을 구축할 수도 있다. 소프트웨어 메트릭과 엄격한 소프트웨어 테스트의 활용을 통해 소프트웨어의 품질과 신뢰성을 개선할 수 있다.

주요 용어

건강보험 양도 및 책임에 관한 법률 (HIPAA)	생체 인증	전자인증서
공개 키 암호화	서비스 거부[DoS] 공격	정보시스템 감사
공개 키 인프라(PKI)	스니퍼	제로 데이 취약성
그램-리치-블라일리법(GLBA)	스마트 카드	침입탐지시스템(IDS)
내결함성 컴퓨터 시스템	스파이웨어	컴퓨터 바이러스
다운타임	스푸핑	컴퓨터 범죄
드라이브바이 다운로드	신원관리	컴퓨터 포렌식스
랜섬웨어	신원도용	클릭 사기
멀웨어	심층 패킷 분석(DPI)	키로거
방화벽	안티멀웨어 소프트웨어	토큰
버그	암호화	통제
보안	온라인거래 처리	통합 위협관리시스템
보안관리 서비스 업체(MSSP)	워 드라이빙	트로이 목마
보안정책	웜	파밍
봇넷	위험도 평가	패스워드
분산 서비스 거부[DDoS] 공격	응용 통제	패치
비즈니스 연속성 계획수립(BCP)	이블 트윈스	피싱
사베인즈-옥슬리법	이용목적 제한방침(AUP)	해커
사이버 전쟁	이중 인증	S-HTTP
사이버 파괴 행위	인증	SQL 주입 공격
사회공학	일반 통제	SSL
	재난 복구 계획	

복습 문제

8-1 정보시스템은 왜 파괴, 오류 및 오남용 등에 취약한가?
- 최신 정보시스템에 가장 공통적인 위협요소를 들고 설명하라.
- 멀웨어를 설명하고 바이러스, 웜 및 트로이 목마와 비교하라.
- 해커를 정의하고 해커들이 어떻게 보안 문제를 만들어내고 시스템을 손상시키는지 설명하라.
- 컴퓨터 범죄를 정의하라. 컴퓨터 자체가 표적인 범죄와 컴퓨터를 범죄의 도구로 사용하는 범죄 각각 두 가지씩 예를 들라.
- 신원도용과 피싱에 대해 설명하고 왜 신원도용이 최근 큰 문제인지 밝혀라.
- 직원들이 만들어내는 보안과 시스템 안정성 문제에 대해서 설명하라.
- 소프트웨어의 결점이 시스템 신뢰성과 보안에 어떻게 영향을 줄 수 있는지 설명하라.

8-2 보안과 통제의 비즈니스적 가치는 무엇인가?
- 보안과 통제가 기업에 어떻게 가치를 제공할 수 있는지 설명하라.
- 보안과 통제, 그리고 최근 미국 정부의 규제 요건과 컴퓨터 포렌식스 간의 관계를 설명하라.

8-3 보안과 통제를 위한 조직의 프레임워크 구성요소는 무엇인가?
- 일반 통제를 정의하고 일반 통제의 각 유형을 설명하라.
- 응용 통제를 정의하고 응용 통제의 각 유형을 설명하라.
- 위험도 평가의 기능을 설명하고 정보시스템에 대해 어떻게 수행할 수 있는지 설명하라.
- 보안정책, 이용목적 제한방침, 신원관리 각각을 정의하고 설명하라.
- 정보시스템 감사가 어떻게 보안과 통제를 개선할 수 있는지 설명하라.

8-4 정보 자원 보호를 위한 주요 도구와 기술은 무엇인가?
- 세 가지 인증 방법을 들고 설명하라.
- 보안을 개선함에 있어 방화벽, 침입탐지시스템, 안티멀웨어 소프트웨어 역할을 설명하라.
- 암호화가 어떻게 정보를 보호할 수 있는지 설명하라.
- 공개 키 인프라에서 암호화와 전자인증서의 역할을 설명하라.

- 재난 복구 계획과 비즈니스 연속성 계획 사이의 차이를 논하라.
- 클라우드 컴퓨팅이 가져오는 보안 문제를 파악하고 설명하라.
- 소프트웨어 품질과 신뢰성을 향상시키기 위한 조치를 설명하라.

토의 문제

8-5 보안은 단순히 기술적 이슈가 아니라 기업의 문제이다. 이에 대해 토의하라.

8-6 여러분이 비즈니스 연속성 계획을 수립하고 있다면 어디서부터 시작할 것인가? 그 계획은 사업의 어떤 측면을 다룰 것인가?

8-7 기업이 전자상거래 웹사이트에서 제품을 판매하고 신용카드 결제를 받는다고 가정하자. 이 웹사이트에 대한 주요 보안 위협과 이의 잠재적 영향에 대해 논의하라. 무엇이 이러한 위협을 최소화할 수 있겠는가?

MIS 실습 과제

다음 과제들은 보안 취약성을 분석하고 위험도 분석을 위해 스프레드시트 소프트웨어를 사용하며 보안 아웃소싱 서비스를 조사하기 위해 웹 도구를 사용해보는 실습 경험을 제공한다.

경영 의사결정 문제

8-8 징가는 Farmville, Zynga Poker, Hit it Rich!, CSR Racing과 같은 게임의 웹 버전과 모바일 버전을 제공하고 있는 대표적인 온라인 게임회사이다. 징가의 게임은 애플 iOS, 구글 안드로이드, 페이스북, 징가닷컴을 포함한 수많은 글로벌 플랫폼에서 이용 가능하며, 10억 명이 넘는 사람들이 게임을 하고 있다. 이 인터넷 기반의 사업에 대해서 보안 분석을 준비하라. 어떤 종류의 위협이 예상되는가? 이 비즈니스에 어떠한 영향을 줄 것으로 보이는가? 웹사이트와 지속적인 운영에 손상을 입히는 것을 막기 위해 어떠한 조치를 취할 수 있는가?

의사결정 능력 개선 : 보안 아웃소싱 평가

소프트웨어 기술 : 웹브라우저와 프레젠테이션 소프트웨어 사용
경영 기술 : 비즈니스 아웃소싱 서비스 평가

8-9 이 프로젝트는 보안 아웃소싱 서비스를 조사하고 평가하기 위해 인터넷 기량을 향상시키는 데 도움을 줄 것이다.

보안 아웃소싱을 할지 아니면 기업 내부에 보안 기능을 둘지에 대한 경영진의 의사결정을 지원해야 한다. 웹을 검색하여 보안 아웃소싱 여부와 한다면 어떤 보안 아웃소싱 서비스를 이용할지의 결정에 도움이 될 만한 정보를 수집하라.

- 컴퓨터 보안 아웃소싱에 대한 찬성과 반대 주장을 간단한 요약문으로 작성하라.
- 컴퓨터 보안 아웃소싱 서비스를 제공하는 2개의 기업을 선택하고 기업과 제공하는 서비스를 비교하라.
- 경영진에게 분석 결과를 요약 보고할 전자 프레젠테이션 자료를 준비하라. 발표는 해당 기업이 시스템 보안을 아웃소싱해야 하는지 아닌지의 주장을 입증해야 한다. 만약 아웃소싱하는 것이 더 나은 결정이라고 믿는다면 발표에 어떤 보안 아웃소싱 서비스를 선택해야 하는지와 그 선택의 정당성에 대한 설명을 포함해야 한다.

협업 및 팀워크 프로젝트

8-10 3~4명이 한 팀을 이루어 웹을 사용해 안티멀웨어 소프트웨어, 방화벽, 혹은 안티스파이웨어 소프트웨어와 같은 제품을 판매하는 두 경쟁사의 보안제품을 조사하고 평가하라. 각 제품에 대해서 이들의 기능, 어떤 형태의 비즈니스가 가장 적합할지, 구매하고 설치하는 데 들어가는 비용에 대해서 설명하라. 어떤 제품이 최고의 제품인가? 왜 그런가? 가능하면 구글 문서와 구글 드라이브 또는 구글 사이트를 이용해 여러분이 발견한 사항들을 토론하고 수업 시간에 발표할 자료를 준비하라.

에퀴팩스 해킹이 역대 최악인가 — 그 이유는?

사례연구

에퀴팩스(트랜스유니언, 엑스피리언과 함께)는 미국의 3대 신용조사국 중 하나로 소비자가 신용카드, 담보 대출, 혹은 기타 대출을 신청할 때 대출자가 신용의 가치를 판단하기 위해 사용되는 개인 및 금융자료의 방대한 저장소이다. 이 회사의 웹사이트에 따르면, 회사는 8억 2,000만 명 이상의 소비자 데이터와 전 세계적으로 9,100만 개 이상의 비즈니스 정보를 처리하고 있으며 7,100명 이상의 고용주로부터 받은 직원정보로 데이터베이스를 관리하고 있다. 이러한 데이터들은 은행과 다른 회사들로부터 에퀴팩스와 다른 신용기관에 직접 제공된다. 소비자들은 그들의 개인 데이터와 금융 데이터를 신용조사국이 어떻게 수집하고 저장하는지에 대해서 선택의 여지가 거의 없다.

에퀴팩스는 어떤 다른 사람보다 여러분에 관한 더 많은 데이터를 가지고 있다. 만약 어떤 회사가 정보시스템에 대해 철저한 보안이 필요하다면, 이는 에퀴팩스와 같은 신용보고 회사일 것이다. 하지만 불행하게도 그렇지 않았다.

2017년 9월 7일, 에퀴팩스는 2017년 5월 중순부터 7월까지 해커들이 일부 시스템과 잠재적으로 사회보장번호와 운전면허 번호를 포함한 약 1억 4,300만 명의 미국 소비자의 개인정보에 접근할 수 있었다고 보고했다. 소비자 20만 9,000명의 신용카드 번호와 분쟁에 사용된 18만 2,000명의 개인정보도 훼손되었다. 에퀴팩스는 데이터 유출을 보고했으며, 이를 조사하기 위해 사이버 보안회사를 고용하였다. 이번 유출로 인해 손상된 개인정보의 중요도, 양, 크기는 전례 없는 것으로 생각되고 있다.

에퀴팩스가 유출을 발견하자마자 존 갬블 최고재무관리자(CFO)를 포함한 3명의 최고경영진이 180만 달러 상당의 주식을 매각했다고 증권거래위원회(SEC)가 밝혔다. 회사 대변인은 이들 3명이 8월 1일과 8월 2일 주식을 매각할 때 침입한 사실을 전혀 몰랐다고 주장했다. 블룸버그통신은 주식 매매가 사전에 계획되지 않았다고 보도했다. 2017년 10월 4일, 에퀴팩스의 CEO인 리처드 스미스는 의회 앞에서 증언하고 데이터 유출에 대해서 사과했다.

에퀴팩스의 데이터 침해 규모는 야후 고객 30억 명의 데이터에 영향을 준 2013년 야후의 데이터 유출에 이어 두 번째이다. 에퀴팩스의 데이터 유출은 민감한 개인정보 및 금융정보가 대량으로 포함되어 있으며, 그러한 데이터가 소비자의

은행 계좌, 의료 기록 및 자금조달 접근에 미치는 역할이 상당했기 때문에 특히 피해가 심했다. 단번에 해커들은 공격자들이 사기를 치는 데 도움을 줄 수 있는 몇 가지 필수적인 개인정보에 접근할 수 있게 되었다. 가드너의 사기 분석가인 아비아 리탄에 따르면, 소비자들에게 위험 척도가 1부터 10까지 있다면 이것은 10에 해당한다고 말했다.

에퀴팩스를 2005년에 상장한 이후, CEO인 스미스는 에퀴팩스를 1년에 1~2% 성장을 하는 성장세가 둔화된 신용평가 회사에서 글로벌 데이터 회사로 탈바꿈시켰다. 에퀴팩스는 소비자들의 고용 기록, 저축 및 급여에 대한 정보를 저장하는 데이터베이스를 보유한 회사를 인수하였고, 국제적으로 확장하였다. 이 회사는 대부업체, 지주, 보험회사들이 신용 공여, 취업준비생 채용, 아파트 임대에 관한 의사결정을 내릴 수 있는 자료들을 사고팔았다. 에퀴팩스는 12조 달러의 소비자 재산 데이터를 수용하는 수익성 있는 사업체로 변화했다. 2016년에는 31억 달러의 매출을 올렸다.

경쟁사들은 에퀴팩스가 공격적인 성장에 보조를 맞추기 위한 기술력을 업그레이드하지 않았다고 관측했다. 에퀴팩스는 사용화할 수 있는 데이터를 증가시키는 것에 더 초점을 두었던 것으로 보인다.

해커들은 고객 이름, 사회보장번호, 생년월일, 주소를 저장하고 있는 에퀴팩스 시스템에 접근할 수 있었다. 이 네 가지 자료는 일반적으로 개인이 신용카드와 개인 대출을 포함한 다양한 형태의 소비자 신용을 신청하는 데 필요하다. 그러한 데이터에 접근할 수 있는 범죄자들은 다른 사람의 이름을 이용하여 신용에 대한 승인을 얻는 데 사용할 수 있다. 신용 전문가이자 전 에퀴팩스 매니저인 존 울츠하이머는 이를 '악몽의 시나리오'라고 부르는데, 이는 신원도용에 관한 네 가지 중요한 정보가 모두 한곳에 있기 때문이다.

이번 해킹은 에퀴팩스와 다른 회사들이 웹사이트를 만드는 데 사용하는 오픈소스 소프트웨어인 Apache Struts에 알려진 취약성을 포함했다. 이 소프트웨어 취약성은 2017년 3월 공개적으로 확인되었으며, 당시에 이를 해결하기 위한 패치가 출시되었다. 그것은 에퀴팩스가 데이터 유출이 발생하기 두 달 전에 이 취약성을 제거할 정보를 가지고 있었다는 것을 의미한다. 이는 소용이 없었다.

대규모 해킹이 있기 전에 에퀴팩스 보안시스템의 취약성이

명백했다. 해커는 2013년 4월부터 2014년 1월까지 신용 보고 데이터에 접근할 수 있었다. 이 회사는 2015년 소프트웨어 변경과정에서 발생한 '기술적 오류'로 인해 소비자 데이터를 잘못 유출한 사실을 발견했다. 2016년과 2017년의 데이터 유출은 에퀴팩스 장치에 의해서 저장된 소비자의 W-2 양식에 관한 정보를 손상시켰다. 추가적으로 에퀴팩스는 2017년 2월 LifeLock의 ID 도용 보호 서비스를 이용했던 일부 소비자들의 신용정보를 '기술적 문제'로 훼손했다고 밝혔다.

공개된 정보를 바탕으로 기업의 보안 상태를 평가하는 4개 기업에 의해 2017년 초에 수행된 분석은 에퀴팩스가 민감한 소비자정보를 전달하는 데 관여했을 수 있는 웹사이트의 기본적인 유지관리에 뒤처져 있음을 보여주었다. 사이버 위험 분석회사인 사이언스(Cyence)는 향후 12개월 동안 에퀴팩스에서의 데이터 유출 위험을 50%로 평가했다. 또한 사이언스는 에퀴팩스가 다른 금융 서비스 업체와 비교하였을 때 실적이 저조함을 발견했다. 또 다른 분석에서는 에퀴팩스의 전체적인 순위가 더 높았지만, 이 회사는 전반적인 웹서비스 보안, 애플리케이션 보안, 소프트웨어 패치에서 낮은 점수를 받았다.

신용평가 서비스에 포커스를 맞춘 데이터 분석회사인 FICO(Fair Isaac Corporation)의 보안 분석은 7월 14일까지 에퀴팩스에 의해서 운영되는 공공장소 웹사이트는 인증서가 만료되었거나, 인증서 체인의 오류 또는 다른 웹 보안 문제가 있다고 밝혔다. 인증서는 사용자의 웹사이트와의 연결이 합법적이고 안전한지 확인하는 데 사용된다.

외부 보안 분석 결과는 사이버 보인이 최우선 순위라고 한 에퀴팩스 경영진의 공개 발언과 충돌하는 것으로 보인다. 고위 경영진은 이전에 사이버 보안이 회사의 비용 지출이 가장 빠르게 증가하는 분야 중 하나라고 말한 바 있다. 에퀴팩스의 임원들은 회사가 공격을 발견한 지 몇 주 후에 열린 투자 설명회에서 에퀴팩스가 보안에 초점을 두고 있음을 칭찬했다.

에퀴팩스는 공격에 대한 구체적인 내용은 밝히지 않았지만 데이터베이스는 암호화되지 않았고, 해커들은 애플리케이션의 취약성을 통해 암호화되지 않은 상태에서 데이터에 접근할 수 있었다. 전문가들은 해커들이 신원도용을 위한 완전한 데이터 프로파일을 만드는 데 필요한 운전면허나 사회보장번호와 같은 정보를 일치시키기 위해 에퀴팩스의 암호화된 모든 데이터베이스에 접근할 수 없었다고 생각하고, 그렇기를 희망한다.

에퀴팩스 경영진은 비록 해킹이 약 1억 4,300만 명의 미국 소비자에 대한 데이터에 잠재적으로 접근했지만, 회사의 핵심 신용 보고 데이터베이스에서 허가받지 않은 활동에 대한 어떠한 증거도 발견하지 못했다고 언급했다. 해킹은 소비자와 금융기관, 사생활 옹호자, 그리고 언론 사이에서 소란을 일으켰다. 에퀴팩스는 주식시장 가치의 1/3을 잃었다. 에퀴팩스 CEO인 스미스는 사임했으며, CSO, CIO는 회사를 떠났다. 은행들은 이번 데이터 유출에서 도난당한 약 20만 9,000개의 신용카드를 교체해야 할 것이다. 소송은 진행 중이다.

사회보장번호, 주소 이력, 채무 이력, 생년월일과 같이 개인을 고유하게 식별하는 개인정보의 도난은 영구적으로 영향을 미칠 수 있기 때문에 불행하게도 소비자 자신에게 가장 나쁜 영향을 끼친다. 이런 중요한 개인정보들은 착취와 신원 도용에 악용되면서 수년간 다크 웹을 떠돌 수 있다. 그러한 정보는 해커들이 종종 금융 계좌에 접근하는 데 필요한 일련의 보안 질문에 대답하는 데 도움이 될 것이다. 월드 프라이버시 포럼(World Privacy Forum)의 전무이사인 파멜라 딜슨에 따르면, "이것은 거의 최악이다." 만약 당신이 신용 보고서를 가지고 있다면, 이번 데이터 유출로 인해 당신의 데이터가 도난당했을 가능성은 적어도 50% 이상이다.

비록 현 대통령 정부하에서 규제 환경이 더 관대해질 가능성이 크지만, 데이터 유출은 에퀴팩스를 법적, 재정적 어려움에 노출시켰다. 이는 이미 너무 관대하다. 에퀴팩스와 같은 신용 보고국은 매우 가볍게 규제된다. 훼손된 데이터의 스케일을 감안한다면, 데이터 유출에 대한 처벌은 없는 것에 가깝다. 연방예금보험공사가 손실 후에 은행에 보험을 제공하는 방식처럼, 데이터 저장에 대한 연방에서 인가된 보험이나 감사시스템이 존재하지 않는다. 많은 유형의 데이터의 경우, 개인식별 가능정보를 수용하는 것을 위한 면허 조건이 거의 없다. 많은 경우에 있어서 서비스 조건 문서는 데이터 유출에 대한 법적 결과에 대해서 회사에게 보상한다.

전문가들은 어떤 규제기관도 이번 데이터 유출로 인해 에퀴팩스를 폐쇄할 가능성은 매우 작다고 말했다. 이 회사는 미국 금융시스템에 너무 중요한 것으로 여겨진다. 에퀴팩스에 대한 관할권을 가지고 있는 두 감독 당국인 연방거래위원회와 소비자금융보호국은 신용기관의 데이터 유출에 대한 어떠한 처벌도 언급하지 않았다.

심지어 역사상 가장 심각했던 데이터 유출이 발생하고 나서 누구도 에퀴팩스가 평상시처럼 사업을 계속하는 것을 막을 수 있는 위치에 있지 않다. 그리고 문제의 범위는 훨씬 넓다. 공공정책은 우리의 데이터를 보호하는 데 실패한 기업들에 대한 강력한 처벌을 할 좋은 방법이 없다. 미국과 다른 국가들은 금융회사, 기술회사, 의료단체, 광고주, 보험사, 소매업체, 그리고 정부가 이용할 수 있는 개인정보로 가득 찬 엄청나게 상세한 데이터베이스의 출시를 허용했다.

에퀴팩스는 소비자들에게 매우 약한 치료법을 제공했다. 사람들은 그들의 정보가 훼손되었는지 보기 위해서 에퀴팩스의 웹사이트에 갈 수 있다. 이 웹사이트는 고객들에게 그들의 성과 사회보장번호의 마지막 여섯 자리를 제공하라고 요구한다. 하지만 그렇게 한다고 해서 그들이 영향을 받았는지 아닌지를 반드시 알게 되는 것은 아니다. 대신에 웹사이트는 보호 서비스에 대한 등록 날짜를 제공한다. 에퀴팩스는 2017년 11월 이전에 등록한 소비자들에게 무료 신용보호 서비스를 제공했다. 분명히 도난당한 개인 데이터들은 앞으로 몇 년 동안 다크 웹의 해커들이 이용할 수 있기 때문에 이러한 모든 조치들은 큰 도움이 되지는 않을 것이다. 국가가 후원하는 사이버 전쟁에 참여하는 정부는 협박이나 미래의 공격에 사용될 수 있는 상세한 개인정보 및 의료정보로 구성된 데이터베이스를 만드는 데 이 데이터를 사용할 수 있다. 역설적이게도 에퀴팩스가 제공하는 신용보호 서비스는 가입자들이 이 서비스를 이용하기 위해 에퀴팩스로부터 손실에 대해 보상을 받을 법적 권리를 포기하도록 요구하고 있지만, 에퀴팩스는 처벌받지 않고 있다. 2018년 3월 1일, 에퀴팩스는 데이터 유출로 인해 추가적으로 240만 명의 미국인의 이름과 운전면허번호가 훼손되었음을 발표했다.

유해한 데이터 유출은 계속해서 발생하고 있다. 거의 모든 경우에 있어서, 심지어 데이터가 수천만 명이나 수억 명에 관한 것일지라도 에퀴팩스나 야후와 같은 기업들은 해킹을 당한 후에도 계속 운영하고 있다. 해킹은 앞으로도 있을 것이며, 그 후에도 계속 있을 것이다. 기업들은 IT 인프라와 시스템 개발 활동의 모든 측면에 보안을 통합하는 것에 훨씬 더

공격적으로 달려들 필요가 있다. 리탄에 따르면, 에퀴팩스와 같은 데이터 유출을 방지하기 위해서 조직들은 많은 층의 보안 통제가 필요하다. 그들은 예방 방법이 실패할 것이라고 가정할 필요가 있다.

출처 : Selena Larson, "Equifax Says Hackers Stole More than Previously Reported," CNN, March 1, 2018; AnnaMaria Andriotis and Michael Rapoport, "Equifax Upends CEO's Drive to Be a Data Powerhouse," *Wall Street Journal*, September 22, 2017; AnnaMaria Andriotis and Robert McMillan, "Equifax Security Showed Signs of Trouble Months Before Hack," *Wall Street Journal*, September 26, 2017; AnnaMaria Andriotis and Ezequiel Minaya, "Equifax Reports Data Breach Possibly Affecting 143 Million Consumers," *Wall Street Journal*, September 7, 2017; Tara Siegel Bernard and Stacy Cowley, "Equifax Hack Exposes Regulatory Gaps, Leaving Customers Vulnerable," *New York Times*, September 8, 2017; Farhad Manjoo, "Seriously, Equifax? This Is a Breach No One Should Get Away With," New York Times, September 8, 2017; Eileen Chang, "Why Equifax Breach of 143 Million Consumers Should Freak You Out," thestreet.com, September 8, 2017; Tara Siegel Bernard, Tiffany Hsu, Nicole Perlroth, and Ron Lieber, "Equifax Says Cyberattack May Have Affected 143 Million Customers," *New York Times*, September 7, 2017; and Nicole Perlroth and Cade Metz, "What We Know and Don't Know About the Equifax Hack," *New York Times*, September 14, 2017.

사례연구 문제

8-11   이 사례에서 논의된 보안 및 통제의 약점을 파악하고 기술하라.

8-12   이러한 문제에 기여한 경영, 조직 및 기술 요소는 무엇인가?

8-13   에퀴팩스 해킹의 영향에 대해 논의하라.

8-14   이와 같은 데이터 유출을 어떻게 방지할 수 있겠는가? 답을 설명하라.

참고문헌

Anderson, Chad, Richard L. Baskerville, and Mala Kaul. "Information Security Control Theory: Achieving a Sustainable Reconciliation Between Sharing and Protecting the Privacy of Information." *Journal of Management Information Systems* 34 No. 4 (2017).

Bauer, Harald, Ondrej Burkacky, and Christian Knochenhauer. "Security in the Internet of Things." *McKinsey and Company* (May 2017).

Carson, Brant, Giulio Romanelli, Patricia Walsh, and Askhat Zhumaev. "Blockchain Beyond the Hype: What Is the Strategic Business Value?" *McKinsey and Company* (June 2018).

Cloud Standards Customer Council. "Security for Cloud Computing: Ten Steps to Ensure Success, Version 3.0" (December 2017).

Esteves, Jose, Elisabete Ramalho, and Guillermo de Haro. "To Improve Cybersecurity, Think Like a Hacker." *MIT Sloan Management Review* (Spring 2017).

Goode, Sigi, Hartmut Hoehle, Viswanath Venkatesh, and Susan A. Brown. "User Compensation as a Data Breach Recovery Action: An Investigation of the Sony PlayStation Network Breach." *MIS Quarterly* 41 No. 3 (September 2017).

Gwebu, Kholekile L., Jing Wang, and Li Wang. "The Role of Corporate Reputation and Crisis Response Strategies in Data Breach Management." *Journal of Management Information Systems* 35 No. 2 (2018).

Hui, Kai-Lung, Seung Hyun Kim, and Qiu-Hong Wang. "Cybercrime Deterrence and International Legislation: Evidence from Distributed Denial of Service Attacks." *MIS Quarterly* 41, No. 2 (June 2017).

Iansiti, Marco, and Karim R. Lakhani. "The Truth About Blockchain." *Harvard Business Review* (January–February 2017).

Javelin Strategy & Research. "2018 Identity Fraud Study." (February 6, 2018).

Kaminski, Piotr, Chris Rezek, Wolf Richter, and Marc Sorel. "Protecting Your Digital Assets." McKinsey & Company (January 2017).

Kaspersky Lab. "Mobile Malware Evolution 2017." (2018).

McMillan, Robert. "Software Bug at Internet Service Provider Sparks Privacy Concerns." *Wall Street Journal* (February 24, 2017).

Menard, Philip, Gregory J. Bott, and Robert E. Crossler. "User Motivations in Protecting Information Security: Protection Motivation Theory Versus Self-Determination Theory." *Journal of Management Information Systems* 34 No. 4 (2017).

Moody, Gregory D., Mikko Siponen, and Seppo Pahnila. "Toward a Unified Model of Information Security Policy Compliance." *MIS Quarterly* 42 No. 1 (March 2018).

Panda Security. "Cybersecurity Predictions 2018." (2017).

Panko, Raymond R., and Julie L. Panko. *Business Data Networks and Security,* 11th ed. (Upper Saddle River, NJ: Pearson, 2019).

Ponemon Institute. "2017 Cost of Cybercrime Study and the Risk of Business Innovation." (2017a).

_____. "2017 Cost of Data Breach Study: Global Analysis." (2017b).

Rothrock, Ray A., James Kaplan, and Friso Van der Oord. "The Board's Role in Managing Cybersecurity Risks." *MIT Sloan Management Review* (Winter 2018).

Samtani, Sagar, Ryan Chinn, Hsinchun Chen, and Jay F. Nunamaker. "Exploring Emerging Hacker Assets and Key Hackers for Proactive Cyber Threat Intelligence." *Journal of Management Information Systems* 34 No. 4 (2017).

Symantec Corporation. "Internet Security Threat Report." (2018).

Tapscott, Don, and Alex Tapscott. "How Blockchain Will Change Organizations." *MIT Sloan Management Review* (Winter 2017).

Verizon. "2018 Data Breach Investigations Report." (2018).

Wang, Jingguo, Manish Gupta, and H. Raghav Rao. "Insider Threats in a Financial Institution: Analysis of Attack-Proneness of Information Systems Applications." *MIS Quarterly* 39, No. 1 (March 2015).

Young, Carl S. "The Enemies of Data Security: Convenience and Collaboration." *Harvard Business Review* (February 11, 2015).

PART 3

디지털 시대의 핵심적인 시스템 애플리케이션

제3부는 오늘날 기업들이 운영 수월성과 의사결정 능력을 향상시키기 위해 사용하고 있는 핵심적인 정보시스템 애플리케이션들을 살펴본다. 이러한 애플리케이션들에는 전사적 시스템, 공급사슬관리시스템, 고객관계관리시스템, 지식관리시스템, 전자상거래 애플리케이션, 의사결정지원시스템 등이 있다. 제3부는 다음과 같은 질문에 대한 대답을 제공한다. 전사적 애플리케이션은 비즈니스 성과를 어떻게 향상시킬 수 있는가? 기업들은 전자상거래를 통해 비즈니스 영역을 어떻게 확장시킬 수 있는가? 시스템들은 협업과 의사결정 능력을 어떻게 향상시킬 수 있으며 인공지능과 지식경영을 통해 기업에게 어떻게 도움을 줄 수 있는가?

운영 수월성 및 고객 친밀성 달성 : 전사적 애플리케이션

에이본, 공급사슬을 아름답게 하다

에이본 프로덕츠(Avon Products Inc.)는 미국에서 가장 오래된 화장품회사로, 130년 이상 사업을 해왔다. 화장품, 향수, 세면용품, 액세서리, 의류, 그리고 다양한 장식용 가구들을 제조 및 판매한다. 에이본은 세계 최고의 미용 및 관련 제품의 직접 판매자로, 143개국에 600만 명의 독립적 방문 영업 담당자들을 보유하고 있으며, 연간 80억 달러 이상의 매출을 올리고 있다. 또한 에이본은 인터넷, 카탈로그, 물리적 매장을 포함한 여타의 채널들을 통해서도 제품을 판매하고 있다.

경쟁이 치열하고 빠르게 변화하는 업계에서 살아남기 위해서 그리고 영업 담당자들을 동기부여시키고 촉진하기 위해서 에이본은 몇 주마다 새로운 제품과 프로모션을 통해 마케팅 캠페인을 시작한다. 에이본이 성공을 하기 위해서는 시장 동향 및 고객 선호도를 신속하게 예측하고 이에 대응할 수 있어야 한다. 에이본은 매일 5만 건의 주문을 처리하는데, 오류는 거의 없다. 에이본의 창고는 고객이 원하는 품목을 보관하고, 자주 신속하게 전 세계 지역들로 배송해야 한다.

최근까지 에이본의 글로벌 공급사슬은 그 일을 감당하지 못했다. 에이본은 최근 유럽, 중동 및 아프리카에서 비즈니스를 확장했지만, 기업 전체의 수요, 재고, 공급을 위한 계획을 담당하는 중앙 계획 기능은 없었다. 독일, 영국, 폴란드에 있는 에이본의 3개 공장의 생산 계획은 매우 수동적이고, 융통성이 없으며, 새로운 시장에서 에이본의 성장을 지원할 수 없었다.

에이본은 제품 가용성 및 재고를 처리하는 방식을 개선하기 위해 JDA 소프트웨어의 제조 및 지능형 이행(Manufacturing and Intelligent Fulfillment) 솔루션을 구현하여 전 세계 자사 조직들에 대한 수요, 재고, 공급 계획수립을 중앙집중화했다. 이 소프트웨어는 에이본이 더 짧은 제품 수명주기, 계절성, 여러 판매 채널, 잦은 프로모션, 지속적으로 변화하는 현지화된 고객 선호도와 같은 환경요소들을 고려하여 예측을 계속해서 정확히 할 수 있도록 돕는다. JDA의 지능형 이행 솔루션은 기업이 지능적이고 수익성 있는 유통 결정을 내릴 수 있도록 도와준다. 이 소프트웨어는 재고 수준과 비용을 줄이고 고객 서비스를 향상시키며, 보다 민첩하고, 수익성에 도움이 되며, 반응이 빠른 운영을 지원한다. 에이본은 이러한 하나의 소프트웨어 구현으로 시장의 다양한 요구를 충족시킬 수 있게 되었다.

© Casimiro PT/Shutterstock

JDA 소프트웨어는 에이본의 다양한 시장들로부터 재고, 미래의 판매 수요, 운송 일정, 판매 이력에 대한 공급사슬 데이터들을 수집한다. 이 시스템은 이러한 데이터들을 JDA 고급 계획 매개변수와 함께 사용하여 전략적 유통 및 제조 계획을 수립한다. 또한 이 시스템은 에이본에게 재고 불균형, 서비스 리스크, 배송 요구사항 목록을 제공한다. 에이본은 이제 국경을 넘는 주문처리를 간소화하고 고객 수요 변화에 보다 신속하게 대응할 수 있다.

에이본은 고급 계획수립 및 유통을 위한 JDA의 기능과 융통성으로 인해, 하나의 시스템으로 다양한 유형의 에이본 시장의 니즈를 충족시킬 수 있었다. 에이본은 유럽, 중동, 아프리카의 29개 시장에 걸쳐 JDA 소프트웨어를 채 4개월이 안 되는 기간에 구현을 완료하고, 이 지역에서 8개 언어로 교육을 제공했다. 에이본은 JDA 공급사슬 솔루션을 구현한 이후 고객 서비스 비용이 절감되었으며, 고객 서비스 등급은 99.5%로 증가했다. 재고 수준이 단 6개월 만에 17% 감소하여 2,000만 달러의 즉각적인 절감 효과를 얻었다. 에이본은 이제 공급망의 모든 측면을 완벽하게 파악할 수 있으며 새로운 국가와 시장에 훨씬 쉽게 진입할 수 있게 되었다.

출처 : https://jda.com, accessed January 21, 2018; https://about.avon.com, accessed January 20, 2018; and "Avon Supply Chain Makeover," JDA Software Group, 2016.

에이본이 가지고 있는 글로벌 다채널 시장에서의 계획, 재고, 공급상의 문제점들은 비즈니스에 있어 공급사슬관리시스템 중요성을 보여주고 있다. 에이본은 전 세계 여러 시장에서 제품의 공급과 지속적으로 변하는 수요 간의 균형을 맞추기 힘들었는데, 이러한 점이 에이본의 비즈니스 성과에 부정적인 영향을 미쳤다. 에이본의 기존 시스템들은 매우 수동적이었으며 새로운 시장에서 에이본의 성장을 지원하는 데 필요한 유연성이 부족했다. 고객이 제품을 주문할 때 그 제품이 항상 바로 제공될 수 있었던 것은 아니다. 이러한 점 때문에 에이본은 때로는 다 팔 수 없을 정도로 재고를 많이 가지고 있어야 했고, 필요한 시점이나 장소에 맞춰 고객 주문을 이행하기에는 재고가 충분치 않은 경우도 발생했다.

다음 도표는 도입 사례와 이 장에서 제기된 주요 주제를 환기시킨다. 에이본은 고객의 취향이 빠르게 변하고 수요가 매우 변동이 심한 글로벌 뷰티 산업에서 경쟁하고 있으며, 회사는 매력적인 제품을 시장에 신속하게 출시해 나갈 것으로 예상된다. 이 회사의 공급사슬은 광범위하고 복잡하며, 전 세계 여러 곳의 고객들에게 주문제품을 제공할 수 있다. 에이본의 레거시 시스템들은 전 세계 지사들을 대상으로 수요, 재고, 공급 계획을 조종해 나갈 수 없었다. 에이본은 공급사슬 계획 및 이행을 위한 JDA 소프트웨어 도구들을 구현함으로써 경영진은 예측, 재고 계획 및 이행에 대한 수요 데이터에 보다 쉽게 접근하고 분석하여 전 세계 지사들의 의사결정 및 운영 효율성을 크게 향상시킬 수 있었다.

다음의 몇 가지 질문에 대해 생각해보자. 에이본의 비즈니스 모델은 비효율적인 공급사슬로 인해 어떤 영향을 받았는가? JDA 소프트웨어 도구들은 에이본의 비즈니스 수행 방식을 어떻게 향상시켰는가?

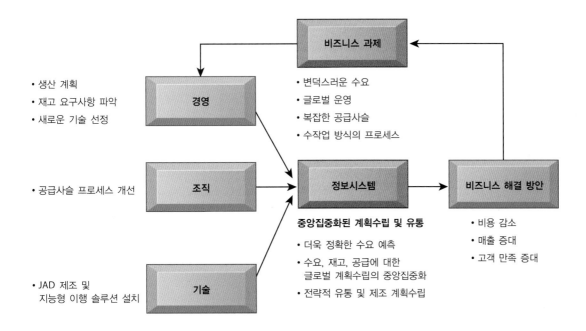

9-1 전사적 시스템은 기업의 운영 수월성 달성에 어떻게 도움이 되는가?

전 세계적으로 기업은 내부적으로 그리고 다른 기업들과 더 긴밀히 연결되어 가고 있다. 여러분이 회사를 운영한다면, 여러분은 고객이 대량 주문을 하거나 공급자에게서 배달이 지연될 때 즉각적으로 대응할 수 있기를 바랄 것이다. 또한 여러분은 이런 대응이 회사의 전 영역에 걸쳐 어떤 영향을 미치는지 알고 싶어 할 것이며, 어떠한 시점에서라도 비즈니스가 어떻게 진행되고 있는지 알고 싶어 할 것이다. 특히 여러분의 회사가 대기업이라면 더욱 그러할 것이다. 전사적 시스템은 이러한 여러분의 요구를 성취시켜줄 수 있는 통합성을 제공한다. 전사적 시스템이 어떻게 작동되는지 그리고 기업에 어떤 일들을 해줄 수 있는지 살펴보자.

전사적 시스템이란 무엇인가

여러분이 수십 개 또는 심지어 수백 개의 상이한 데이터베이스 및 시스템에서 나오는 정보들을 기반으로 회사를 운영해야 한다고 상상해보라. 이때 이런 데이터베이스나 시스템들이 서로 연동되지 못한다면 어떻게 되겠는가? 여러분의 회사가 10개의 상이한 주요 제품라인을 가지고 있으며, 이것들 각각은 별개의 설비를 통해 운영되고 있다고 상상해보자. 그리고 각각의 라인은 생산, 창고 보관, 유통을 통제하는 별개의 양립할 수 없는 시스템을 가지고 있다고 상상해보자.

이러한 경우 여러분의 의사결정은 종종 수작업을 통한 진부한 방식으로 생산된 출력본 리포트들을 바탕으로 이루어지게 될 것이며, 이 회사 전반에 걸쳐 일어나고 있는 일들을 제대로 파악하기 어려울 것이다. 영업사원들은 주문 받을 때 재고가 있는지 여부를 바로 고객에게 얘기하기 어려울 수도 있다. 또한 생산부서 직원들은 새로운 생산 계획을 세울 때 필요한 판매 데이터들을 쉽게 얻지 못할 수도 있다. 여러분은 이제 기업들이 정보를 통합해줄 수 있는 특별한 전사적 시스템이 왜 필요한지 이해할 수 있을 것이다.

제2장에서 전사적자원관리(ERP)시스템으로도 알려져 있는 전사적 시스템을 소개한 바 있는데, 이것은 소프트웨어 모듈들이 통합된 하나의 스위트(suite)와 공유되는 중앙 데이터베이스에 기반을 둔 시스템이다. 이 데이터베이스는 기업 내 다수의 상이한 부문이나 부서들에서 나오는 데이터들

그림 9.1 전사적 시스템의 작동 방식

전사적 시스템은 통합된 소프트웨어 모듈과 중앙 데이터베이스를 특징으로 하는데, 이 데이터베이스는 전사에 걸친 서로 다른 비즈니스 프로세스 및 기능 영역에서 데이터들이 공유될 수 있도록 해준다.

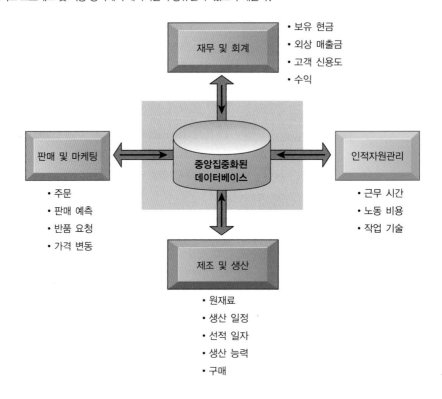

과 제조 및 생산, 재무 및 회계, 판매 및 마케팅, 인적자원 등과 관련된 다수의 핵심 비즈니스 프로세스들에서 나오는 데이터들을 모아서 조직의 거의 모든 내부 비즈니스 활동들을 지원하는 애플리케이션에서 사용될 수 있도록 해준다. 새로운 정보가 어떤 프로세스에서 입력되면, 그 정보는 즉시 다른 프로세스들에서도 사용이 가능하다(그림 9.1 참조).

예를 들어 어떤 영업사원이 타이어 골격을 주문했다면, 전사적 시스템은 고객의 신용한도를 조회하고, 배송 계획을 짜고, 최적의 경로를 찾아내고, 재고 중에서 필요한 품목을 지정해 놓을 것이다. 만약 재고량이 주문량에 비해 부족하다면, 이 시스템은 공급자에게 필요한 원자재와 부품을 주문하는 가운데 타이어 골격을 더 생산하기 위한 계획을 마련할 것이다. 그리고 판매와 생산에 관한 예측 정보는 즉시 업데이트될 것이다. 총계정원장과 기업의 현금보유율도 주문에서 발생하는 수익과 비용 정보를 통해 자동으로 업데이트될 것이다. 사용자들은 이러한 시스템을 활용해서 특정 주문품이 어디에 있는지 언제라도 파악할 수 있고, 관리자는 비즈니스 진행상황에 대한 정보를 언제라도 얻을 수 있을 것이다. 또한 이 시스템은 생산비용과 수익성에 대한 경영분석을 위해 전사적 차원의 데이터들을 생산해낼 수도 있을 것이다.

전사적 소프트웨어

전사적 소프트웨어(enterprise software)는 베스트프랙티스들을 반영하여 미리 정의된 수많은 비즈니스 프로세스를 근간으로 만들어진 것이다. 표 9.1은 전사적 소프트웨어가 지원하는 주요 비즈니스 프로세스들을 설명하고 있다.

이 소프트웨어를 구현하는 기업은 우선 그들이 사용하고자 하는 시스템의 기능을 선택하고, 그

표 9.1 전사적 시스템에 의해 지원되는 비즈니스 프로세스

재무 및 회계 프로세스 : 총계정원장, 외상매입금, 외상매출금, 고정자산, 현금관리 및 예측, 제품비용 회계, 비용중심 회계, 자산 회계, 세무 회계, 외상관리, 재무 보고서 작성

인적자원관리 프로세스 : 직원관리, 시간 계산, 급여, 직원 계획 및 개발, 복리후생 회계, 지원자 추적, 시간관리, 보상, 노동력 계획, 성과관리, 출장 경비 보고서 작성

제조 및 생산 프로세스 : 조달, 재고관리, 구매, 선적, 생산 계획, 생산 일정, 자재 요구 계획, 품질관리, 유통, 수송, 설비 및 장비관리

판매 및 마케팅 프로세스 : 주문 프로세스, 시세, 계약, 제품 구성, 가격책정, 청구, 신용조회, 인센티브 및 커미션 관리, 판매 계획

다음 그들의 비즈니스 프로세스를 소프트웨어에 이미 반영되어 있는 비즈니스 프로세스들과 대응시키는 작업을 수행해야 한다. 기업은 비즈니스를 수행하는 방식에 따라 시스템을 맞춤화시켜야 하는데, 이를 위해서 아마 전사적 소프트웨어가 제공하는 구성 테이블을 사용하게 될 것이다. 예를 들어 기업이 생산라인, 지리적 조직단위, 또는 유통채널별로 수익을 파악하고자 한다면 이 테이블을 이용하여 그렇게 할 수 있을 것이다.

만약 전사적 소프트웨어가 조직의 비즈니스 수행 방식을 지원하지 않는다면, 기업은 비즈니스 프로세스가 작동하도록 지원하기 위해 일부 소프트웨어를 다시 프로그래밍할 수도 있다. 그러나 전사적 소프트웨어는 매우 복잡하기 때문에 너무 대규모로 맞춤화를 시도하면 시스템의 주요 이점인 정보와 프로세스의 통합성을 손상시키게 되고, 이에 따라 시스템의 성능이 저하될 수도 있다. 만약 기업이 전사적 소프트웨어로부터 얻을 수 있는 이점들을 극대화하고자 한다면, 소프트웨어에서 제공하는 비즈니스 프로세스들에 맞춰 기업의 일하는 방식을 변경해야 한다.

테이스티 베이킹 컴퍼니(Tasty Baking Company)는 새로운 전사적 시스템을 구축하기 위해서 자사의 기존 비즈니스 프로세스들을 파악하고 그다음 그것들을 SAP ERP 소프트웨어에 들어 있는 프로세스로 전환시켰다. 그리고 이 회사는 이 전사적 소프트웨어의 장점을 극대화하기 위해 그 시스템의 5% 이내의 수준으로 맞춤화시킬 계획을 신중히 세웠고, 이에 따라 SAP 소프트웨어 자체는 거의 변경되지 않았다. 이 회사는 SAP 소프트웨어에 이미 포함되어 있었던 도구와 특성들을 가능한 한 많이 사용했다. SAP는 전사적 소프트웨어에 사용할 수 있는 3,000개 이상의 구성 테이블을 가지고 있다.

선도적인 전사적 소프트웨어 벤더들로는 SAP, 오라클, IBM, 인포 글로벌 솔루션즈(Infor Global Solutions), 마이크로소프트 등을 꼽을 수 있다. 전사적 소프트웨어에는 중소기업용으로 설계된 버전과 클라우드에서 돌아가는 소프트웨어와 같은 다양한 온디맨드 버전들도 있다(9-4절 참조).

전사적 시스템의 비즈니스 가치

전사적 시스템은 조직의 효율성을 증대시키고 관리자들이 더 바람직한 의사결정을 내릴 수 있도록 기업 전반의 정보를 제공함으로써 가치를 창출할 수 있다. 서로 다른 여러 지역에 걸쳐 다수의 운영단위가 있는 대기업들은 세계 어느 곳에서든 같은 방식으로 비즈니스를 수행하기 위해 업무 수행과 데이터에 대한 표준을 강화할 수 있는 전사적 시스템을 사용해 왔다.

코카콜라는 SAP 전사적 시스템을 구현함으로써 200여 국가에 걸쳐 중요한 비즈니스 프로세스들이 표준화되어 서로 연동되도록 만들었다. 전사적 비즈니스 프로세스들이 제대로 표준화되어 있지 않다면 전 세계를 대상으로 원재료를 낮은 가격으로 구매할 수 있는 구매력 확보와 시장 변화에

대한 신속한 대응이 어려웠을 것이다.

전사적 시스템은 정보나 제품에 대한 고객 요구에 대해 기업이 더 빠르게 대응할 수 있도록 도와준다. 이 시스템은 주문, 제조, 배송 데이터들을 통합적으로 제공해주기 때문에 제조과정에서 고객이 주문한 것만 생산하는 것, 주문에 소요되는 부품이나 원재료를 필요한 양만큼만 정확히 조달하는 것, 생산 계획을 수립하는 것, 그리고 부품이나 최종재의 재고를 최소화하는 것 등에 관한 정보들을 더 잘 파악할 수 있다.

알코아(Alcoa)라는 세계적인 알루미늄 및 알루미늄 제품 생산업체는 31개국에 걸쳐 200여 개의 지점을 두고 있는데, 이 회사는 초기에 부서 중심으로 조직화되어 있었고, 각 부서들은 자기 나름대로의 정보시스템을 가지고 있었다. 이러한 시스템 중 상당수는 서로 중복된 부분들이 있었고 비효율적이었다. 알코아는 동종업계의 다른 회사들과 비교할 때 조달 및 재무 프로세스들을 수행하는 비용은 훨씬 더 높았으며, 그 사이클 타임 역시 길었다(사이클 타임이란 어떤 프로세스의 시작부터 끝나는 시점까지 걸린 시간을 의미한다). 전 세계에 퍼져 있는 이 회사의 지사들은 하나의 조직처럼 운영될 수 없었다.

알코아는 오라클의 전사적 소프트웨어 구현을 통해 다수의 중복적인 프로세스와 시스템을 제거할 수 있었다. 이 전사적 시스템을 통해 제품 영수증 확인과 지불 생성이 자동화됨에 따라 알코아는 청구 사이클 타임을 줄일 수 있었다. 알코아의 미지급금 거래처리 업무 부담이 89%나 줄었다. 알코아는 재무 및 조달 활동을 중앙집중화할 수 있었고, 이로 인해 전 세계에 걸친 비용을 거의 20%가량 줄일 수 있었다.

전사적 시스템은 경영 의사결정 능력을 향상시킬 수 있는 매우 가치 있는 정보들을 제공한다. 기업의 본사에서는 판매, 재고, 생산에 관한 최신 데이터를 볼 수 있고, 이 정보들을 활용하여 더욱 정확한 판매 예측과 생산 예측을 할 수 있다. 전사적 소프트웨어는 조직의 시스템에 의해 포착된 데이터들을 활용하여 전반적인 조직 성과를 평가할 수 있는 분석 도구들을 포함하고 있다. 전사적 시스템의 데이터들은 조직 전체에서 통용될 수 있는 공통의 표준화된 정의 및 포맷을 가지고 있다. 성과 수치들은 기업 전체를 통해 같은 의미로 이해된다. 상위 관리자들은 전사적 시스템을 통해 언제라도 어떤 특정 조직단위의 업무 수행 성과를 파악할 수 있고, 어떤 제품들이 가장 수익성이 높은지 또는 가장 수익성이 낮은지도 파악할 수 있으며, 기업 전체의 비용도 산출해낼 수 있다. 예를 들어 알코아의 전사적 시스템은 글로벌 인적자원관리 기능을 포함하고 있는데, 이 기능은 직원에 대한 교육 훈련 투자와 품질 간의 상관관계를 보여주고, 전사적 차원에서 직원들에 대한 서비스 제공 비용을 측정해주고, 직원 채용, 보상, 교육 훈련 성과를 측정해준다. '토론방 : 소마 베이, 클라우드 ERP로 변영하다'에서는 이러한 이점들에 대해서 보다 자세히 논의한다.

9-2 공급사슬관리시스템은 계획수립, 생산, 물류에 있어 공급자들과 어떻게 협업할 수 있도록 해주는가?

여러분이 소수의 제품을 생산하거나 소수의 서비스를 제공하는 소기업을 경영하고 있다면, 몇몇 공급자들과 관계를 맺을 기회가 생길 것이다. 이때 여러분은 공급자들에게 주문이나 배송을 전화나 팩스로 요청할 수도 있다. 그러나 여러분이 더 복잡한 제품과 서비스들을 생산하는 기업을 관리하는 상황에 있다면, 여러분은 수많은 공급자와 거래하고 있을 것이며, 그 공급자들 또한 나름대로의 공급자들과 거래하고 있을 것이다. 그런데 갑자기 여러분이 제품과 서비스를 생산하기 위한 목적으로 다수의 공급자와 협업할 필요가 있는 상황에 처했다고 해보자. 이와 같은 공급사슬의 복잡

소마 베이, 클라우드 ERP로 번영하다

소마 베이(Soma Bay)는 홍해의 이집트 해안에 있는 6,323만 m²의 리조트다. 이곳에는 5개의 호텔, 챔피언십 골프 코스, 수상 스포츠 시설, 세계적 수준의 스파, 고급 휴가용 주택을 포함하여 최고의 휴가 천국으로 만들어주는 많은 명소들이 있다. 소마 베이 개발회사는 이집트 후르가다에 본사를 두고 있으며, 2,000명 이상의 직원을 고용하고 있다.

불행하게도 정치적 격변과 경제 상황은 점유율과 수익성에 큰 타격을 주었다. 2011년 이집트 혁명을 통해 호스니 무바라크 대통령이 타도당했을 때, 이집트 화폐의 평가절하가 급격히 이루어졌다. 그 후 몇 년에 걸쳐 정치 상황이 안정되고 이집트 경제가 회복되었지만, 2015년 말 시나이 사막에 여객기가 추락한 후 관광 산업은 13억 달러의 손실을 입게 되었다. 소마 베이 개발회사의 호텔 점유율은 2015년 50% 이상에서 2016년 1분기 25%로 급락했다.

외환 변동과 정치적 격변은 소마 베이의 통제 영역 밖의 일이었지만, 회사의 운영과 비용을 면밀히 모니터링하여 지능적으로 대응하는 것은 경기 침체기 중에 경영진이 할 수 있는 일이었다. 그런데 이러한 대응은 오라클 클라우드 IaaS에 상주하는 애플리케이션들과 데이터를 다루는 오라클의 JD Edwards Enterprise One ERP 시스템 덕분에 가능했다.

과거에 소마 베이 개발회사는 다루기 불편한 엑셀 기반 시스템들을 사용하여 회사의 많은 부분을 운영하려고 시도했었다. 관리자들은 수익성의 주도 요인들을 이해하기 위해 수동으로 스프레드시트를 조작해야 했으며, 타당한 의사결정에 필요한 정보들을 얻는 데 시간이 너무 오래 걸렸다. 이러한 시스템들로 인해 소마 베이는 5년에 걸친 1,000여 개의 새로운 주택 건설을 포함한 공격적인 성장 계획들을 관리하기가 힘들었다.

소마 베이의 CFO 모하메드 세리와 그의 팀은 솔루션으로 JD Edwards Enterprise One을 선택했는데, 그 이유는 그것이 기능별 영역에 걸친 표준화된 비즈니스 프로세스를 생성할 수 있고, 표준 차트를 사용하여 각 사업부의 수익성을 보여주는 시기적절한 보고서를 제공할 수 있었기 때문이다. 이 소프트웨어는 비즈니스의 수익성 주도 요인과 성장 주도 요인을 파악할 수 있다. Enterprise One은 총계정원장 및 기타 재무시스템들을 운영시스템들로부터 나오는 데이터들과 완벽하게 결합시켜준다.

소마 베이의 Enterprise One 클라우드 플랫폼을 사용하면, 소마 베이의 분산된 하위 조직들은 현금흐름 보고서, 프로젝트관리 보고서, 외상매출금 보고서, 시설관리 보고서, 그리고 핵심 성과지표 보고서를 쉽게 만들 수 있다. 또한 회사 경영진은 오라클 클라우드 IaaS 재해 복구 기능도 높이 평가한다. 몇 년 전, 상층부의 물이 쏟아져 소마 베이의 카이로 데이터 센터가 침수된 적이 있었다. 다행히 데이터가 오라클 클라우드에 백업되어 있어서, 소마 베이는 신속하게 데이터를 복원하고 작업을 재개할 수 있었다.

JD Edwards Enterprise One에는 광범위한 비즈니스 프로세스를 지원하도록 설계된 80개 이상의 애플리케이션 모듈이 포함되어 있다. 또한 이 소프트웨어 제품군은 iOS와 안드로이드 모두에서 그리고 스마트폰과 태블릿 모두에서 사용할 수 있는 모바일 애플리케이션을 가지고 있다는 특징이 있다. 소마 베이는 JD Edwards Enterprise One의 모듈을 사용하여 재무, 조달, 재고관리, 작업비용, 부동산관리, 주택 건설업체 관리, 자본자산 유지관리, 서비스관리, 그리고 시간 및 노동력을 관리한다. JD Edwards Enterprise One Homebuilder Management는 소마 베이가 주택 건설주기 내 세부적인 작업 구역 수준의 활동들까지 조정하고 수익성을 분석할 수 있도록 도와준다. JD Edwards Enterprise One Real Estate Management는 완성된 건물에 대한 재무, 운영, 시설관리 프로세스를 간소화하고, 팀들 간 작업을 조정하며, 각 부서에 대한 포괄적인 관리 관점을 제공한다. Job Cost 모듈은 부동산 사업에 대한 지속적인 비용을 보여주는데, 이는 경영진이 자재, 인건비, 기타 요구 등에 대한 비용을 할당하고, 각 시설관리 프로젝트의 초기에 수립된 예산 및 예측비용과 대비하여 비용을 추적하는 데 도움을 준다. 관리자들은 코드로 프로젝트들을 식별하고 그 코드들을 재무 계정 번호와 병합하여 예산비용과 실제비용을 파악할 수 있다. 따라서 복잡한 프로젝트가 제대로 진행되고 있는지 확인하고, 부서 간에 비용 데이터를 공유할 수 있다.

Enterprise One 소프트웨어는 통화 중립의 재무 보고서를 작성한다. 이를 통해 소마 베이의 관광 사업부(독일 및 유럽의 다른 지역에 서비스를 제공하는)의 수익을 주택판매부서(주로 이집트인을 대상으로 함)의 수익과 융화시켜 다양한 통화가 재무 결과에 미치는 효과를 없앤다. 소마 베이에서 주택 건설 사업은 기업 수익의 약 25%를 차지하고 있다.

수익원을 이중으로 확보하면 위험을 완화시킬 수 있다. 소마 베이는 관광 비즈니스가 잘 안 될 때는 부동산 비즈니스에서 계속 수입을 얻으면 되고, 그 반대가 되어도 된다. ERP 시스템은 비용을 면밀히 추적하는 데 필요한 데이터를 제공한다. 예를 들어 2017년 소마 베이는 신축 공사에 이집트 파운드로 1억 파운드(한화로는 약 76억 원 상당)를 소비했다. Enterprise One 시스템은 이러한 수준의 확장을 유지하는 데 필요한 현금관리 및 현금흐름에 대한 정보를 제공했다. 소마 베이는 현금흐름과 계약자에 대한 지불을 신중하게 모니터링할 수 있다.

2016년의 침체기 동안 소마 베이는 Enterprise One 비용관리 및 수익성 기능을 사용하여 관리자가 고정 운영비를 신중하게 제어하여 손실을 최소화할 수 있도록 상세한 재무 데이터를 제공했다. Enterprise One은 수익이 다른 통화 및 시장에서 나왔지만, 비용과 수익성에 대한 확실한 이해를 제공했다. 이는 경영진이 이 회사의 전반적인 성과를 측정할 수 있도록 점유율 하락이 비즈니스에 미치는 영향을 외환 효과를 배제한 채 보여줄 수 있었다. 이러한 지식은 소마 베이가 침체를 극복해 나가고 공격적인 턴어라운드 계획을 이행하는 데 도움이 되었다.

현재 소마 베이 직원의 95%가 Enterprise One 소프트웨어를 부분적으로 사용하고 있다. 이 회사는 보다 안정적인 운영 모델을 보유하고 있다. 5개 호텔의 점유율이 상승하고 있다. 소마 베이 개발회사는 6개의 해변지역에 500개의 별장을 짓고 있다. 소마 베이의 재무관리자인 셰리프 사미르에 따르면 회사가 프로젝트에 소비하는 모든 비용을 추적할 수 있게 되면서 비즈니스에 혁명을 일으켰다.

출처 : www.searchoracle.com, accessed January 30, 2018; David Baum, "Destination: Cloud," *Profit Magazine*, Fall 2017; and www.somabay.com, accessed January 31, 2018.

사례연구 문제

1. 이 사례에서 논의된 문제를 식별하고 설명하라. 이 문제에는 어떤 경영, 조직, 기술 요소들이 원인이 되었는가?
2. 문제 해결을 위해 ERP 시스템이 필요했던 이유는 무엇인가? 클라우드 기반 ERP 시스템이 문제 해결에 어떻게 기여했는가?
3. 소마 베이의 새로운 전사적 시스템의 비즈니스 이점은 무엇인가? 이 시스템은 회사의 의사결정과 운영 방식을 어떻게 바꾸었는가?

성 및 규모와 관련된 문제점들에 대해 제2장에서 소개한 공급사슬관리시스템이 해결방안이 될 것이다.

공급사슬

기업의 **공급사슬**(supply chain)은 원재료들을 획득하고, 이 원재료들을 중간재나 최종재로 변환하고, 최종제품을 고객들에게 유통시키기 위한 조직 및 비즈니스 프로세스들의 네트워크이다. 공급사슬은 제품 및 서비스가 근원지로부터 소비에 이르는 단계까지 공급될 수 있도록 공급업체, 제조공장, 유통센터, 소매할인점, 고객들을 연결한다. 공급사슬상에서 물질, 정보, 지불은 양방향으로 흐른다.

제품은 원재료에서부터 시작하여 공급사슬을 따라 이동하면서 중간재(요소 또는 부품으로 언급되기도 하는)를 거쳐 끝으로 최종재가 된다. 최종재는 유통센터로 배송되고 그곳으로부터 소매점과 고객에게 다시 배송된다. 반품 처리는 구매자에서 판매자 방향으로, 즉 역방향으로 진행된다.

나이키 운동화에 대한 공급사슬을 예로 살펴보자. 나이키는 전 세계 곳곳에서 운동화, 양말, 운동복, 부속물 등을 설계, 생산, 판매한다. 나이키의 주요 공급자들은 중국, 타이, 인도, 브라질, 그리고 기타 여러 나라에 공장이 있는 계약 제조업자들이다. 이 회사들은 나이키의 완제품들을 만들어낸다.

나이키의 계약 공급자들은 본질적으로 운동화 제조업자는 아니다. 그들은 운동화 관련 부품[끈, 아일릿(운동화끈 구멍에 들어가는 금속성 원형 틀), 어퍼(신발 바닥을 제외한 윗부분), 신발 밑창]을 다른 공급자들로부터 확보하고, 그다음 그것들을 조립하여 운동화를 제작한다. 이러한 공급자들은 그들 나름대로의 공급자들을 두고 있다. 예를 들어 아일릿을 공급하는 업체는 합성고무 공급자, 주물작업을 위해 고무를 녹이는 데 사용되는 화학약품 공급자, 고무를 부어 넣는 주조틀 공급자를 두고 있다. 끈을 공급하는 공급자는 실, 염료, 끈 끝에 끼우는 플라스틱으로 된 필터 등을 제공하는 공급자들이 있다.

그림 9.2는 나이키 운동화에 대한 공급사슬을 단순화된 형태로 보여주고 있다. 이 그림은 공급자, 나이키, 나이키의 유통업자, 소매업자, 고객 간에 정보와 물질이 어떻게 흐르고 있는지 보여주고 있다. 나이키의 주요 공급자는 나이키의 계약 제조업자들이다. 신발 밑창, 아일릿, 어퍼, 끈을 제공하는 공급자들은 2차(2단계) 공급자들이다. 이 공급자들에 대한 공급자들은 3차(3단계) 공급자들이다.

공급사슬의 상류(upstream) 영역에는 자신에 대한 공급업체와 그 공급업체에 대한 또 다른 공급

그림 9.2 나이키의 공급사슬

이 그림은 나이키 공급사슬의 주요 참여 주체들을 보여주고 있으며, 제품의 구매, 제조, 이동상의 활동을 협력적으로 연계하는 상류 및 하류에서의 정보 흐름을 보여준다. 여기서 상류 영역은 운동화 및 신발 밑창에 대한 공급자들에만 초점을 맞춰 단순하게 표현하였다.

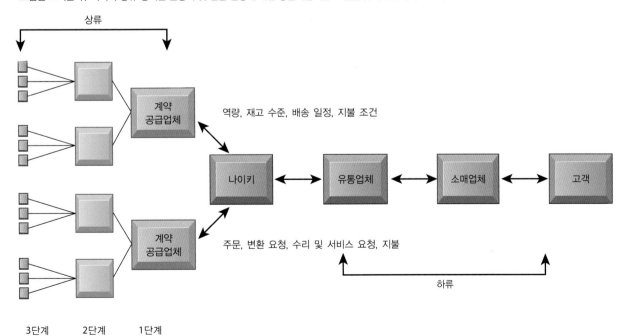

업체가 포함되며 이 업체들 간의 관계를 관리하기 위한 프로세스들이 포함된다. **하류**(downstream) 영역은 최종 고객에게 제품을 유통시키고 전달하는 조직과 프로세스들로 구성된다. 또한 운동화 계약 공급자들과 같은 제조업체들은 고객들을 위해 그리고 원재료 및 재고를 관리하기 위해 그들 나름대로의 **내부 공급사슬 프로세스**(internal supply chain processes)를 관리한다. 이 프로세스는 공급 자들로부터 제공받은 원재료, 부품, 서비스를 가지고 완제품이나 중간제품(요소나 부품)을 생산하 는 프로세스를 의미한다.

그림 9.2에 묘사된 공급사슬은 단지 운동화에 대한 2개의 계약 제조업체와 신발 밑창에 대한 상 류 공급사슬만을 보여줄 뿐이다. 나이키는 운동화, 양말, 운동복 등의 완제품을 만들어내는 계약 제조업체도 있으며, 이 계약 제조업체들 각자도 상당수의 공급업체들이 있다. 나이키 공급사슬의 상류 영역은 실제 수천 개의 주체들로 구성된다. 또한 나이키는 수많은 유통업체와 신발을 파는 수 많은 소매업자와 거래하고 있기 때문에 공급사슬의 하류 영역 또한 거대하고 복잡하다.

정보시스템과 공급사슬관리

부품 부족, 공장의 낮은 가동률, 과대한 완제품 재고, 또는 끝없이 치솟는 수송비와 같은 공급사슬 의 비효율성들은 부정확하거나 시기적절하지 못한 정보에서 비롯된다. 예를 들어 제조업체는 납품 업체로부터 다음 배송물을 언제 받게 될지 정확히 모르기 때문에 너무 많은 부품이 재고로 남을 수 도 있다. 또 납품업체는 정확한 수요 정보가 없기 때문에 원재료를 너무 적게 주문할 수도 있다. 이 런 공급사슬의 비효율성들로 인해 회사 운영경비의 25%가량이 낭비될 수도 있다.

만약 제조업체가 고객이 원하는 제품 수량에 대한 정확한 정보를 그들이 필요로 하는 시점이나 제품이 생산되는 시점에서 알 수 있다면, 고도의 **JIT 전략**(just-in-time strategy)을 구현하는 것이 가 능할 것이다. 부품은 고객이 필요한 순간에 정확히 도착할 것이고, 완성된 제품은 생산라인을 벗어 나자마자 선적될 것이다.

그러나 공급사슬에는 불확실성이 존재하는데, 그 이유는 불확실한 제품 수요, 공급업체의 선적 지연, 불량 부품이나 불량 원재료, 또는 생산 프로세스 중단 등을 예측할 수 없기 때문이다. 제조업 체들은 고객을 만족시키기 위해 이러한 불확실성과 예측할 수 없는 사건들에 대비할 수 있어야 하 는데, 이를 위해 실제 필요할 것으로 예측되는 양보다 더 많은 재료와 제품을 보유하는 경우가 자 주 발생한다. **안전 재고량**(safety stock)은 공급사슬의 유연성 부족에 대해 완충 역할을 한다. 초과 재고를 유지하는 데 따른 비용이 발생하기는 하지만, 낮은 재고율로 인해 주문이 취소되는 경우에 발생하는 사업상의 손실이 더 클 수 있기 때문에 안전 재고량을 유지하는 것이 필요하다.

공급사슬관리에서 반복적으로 발생하는 문제점 중 하나가 **채찍효과**(bullwhip effect)인데, 이것은 제품에 대한 수요 정보가 공급사슬을 구성하고 있는 업체들을 상류 방향으로 거쳐 나갈 때마다 점 점 더 왜곡되어 가는 현상을 의미한다. 어떤 아이템에 대한 약간의 수요 변동은 공급사슬상의 다른 구성원들 — 유통업체, 제조업체, 공급업체, 2차 공급업체(공급업체의 공급업체), 3차 공급업체(2차 공급업체의 공급업체) — 이 각자의 입장에서 '만약에 대비하기'에 충분할 정도의 재고를 축적하도 록 만든다. 이런 대응 추세는 주문 계획의 작은 변화가 확대되어 가고 재고, 생산, 창고, 운송과 관 련된 과도한 비용이 발생되는 가운데 공급사슬을 통해 확산되어 나간다(그림 9.3 참조).

예를 들어 P&G(Procter & Gamble)는 왜곡된 정보로 인해 공급사슬상의 여러 지점에서 과도하 게 많은 양의 팸퍼스 일회용 기저귀를 재고로 보유한다는 사실을 알게 되었다. 비록 매장 고객의 구매량은 제법 안정되어 있긴 했지만, P&G가 적극적으로 가격에 대한 판촉 활동을 하던 당시로서 는 유통업체들의 주문은 실망스러운 수준이었다. 팸퍼스 기저귀와 부속품들은 실제로 존재하지 않

그림 9.3   채찍효과

제품 수요에 대한 부정확한 정보로 인해 제품 수요의 작은 변동은 공급사슬의 앞부분으로 전달되어 갈수록 더욱 과장될 수 있다. 소매 판매의 작은 변동이 유통업체, 제
조업체, 공급업체에 대해 과도한 재고를 야기할 수 있다.

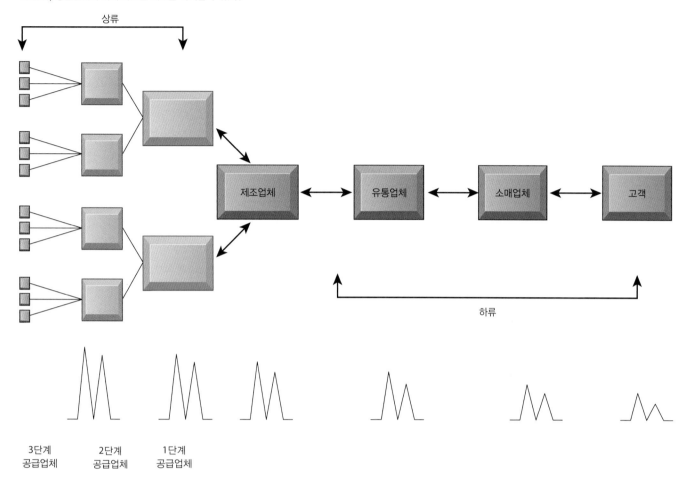

앉던 수요에 대응할 수 있는 수준으로 공급사슬상의 창고들에 축적되어 있었던 것이다. P&G는 이
러한 문제를 없애기 위해 마케팅, 영업, 공급사슬에 관련된 프로세스들을 수정하였고, 더 정확한
수요 예측 기법을 도입하였다.

  채찍효과는 공급사슬상의 모든 구성원이 정확한 최신 정보를 얻을 수 있을 때 수요 및 공급에 대
한 불확실성의 감소를 통해 통제된다. 만약 공급사슬의 모든 구성원이 재고 수준, 일정, 예측, 배송
에 관한 정보들을 공유할 수 있다면, 그들은 조달, 생산, 유통 계획을 더 정확하게 조정해 나갈 수
있을 것이다. 공급사슬관리시스템은 공급사슬상의 구성원들이 조달 및 일정 계획수립에 관한 의사
결정에 유용한 정보들을 제공해줌으로써 더 나은 의사결정을 가능케 한다.

공급사슬관리 소프트웨어

공급사슬 소프트웨어는 공급사슬을 계획하는 데 도움을 주는 소프트웨어(공급사슬계획)와 공급사
슬 단계들을 수행하는 데 도움을 주는 소프트웨어(공급사슬실행)로 구분할 수 있다. **공급사슬계획
시스템**(supply chain planning systems)은 기업이 기존의 공급사슬을 모델링할 수 있도록 해주고, 제
품에 대한 수요를 예측할 수 있도록 해주며, 제품에 대해 최적화된 조달 계획 및 생산 계획을 수립
할 수 있도록 해준다. 이러한 시스템은 기업이 주어진 기간 안에 얼마나 많은 제품을 제조할 수 있

는지를 결정하고, 원재료에 대한 재고 수준을 설정하며, 완성된 제품을 어디에 저장할지 결정하고, 제품 전달을 위해 사용할 운송 수단을 판단하는 등 더 나은 운영상의 의사결정을 할 수 있도록 도와준다.

예를 들어 대형 고객사가 평소보다 많은 양을 주문하거나 간단한 통보로 주문을 변경한다면, 이것은 공급사슬 전반에 영향을 미칠 수 있다. 공급업체들은 추가적인 원재료나 서로 다른 방식으로 혼합된 원재료를 주문해야 할 수도 있다. 생산업체는 작업 일정을 변경해야 할 수도 있다. 운송업체는 배송 일정을 다시 작성해야 할 수도 있다. 공급사슬계획 소프트웨어는 생산 및 유통 계획에서 필요한 조정 작업을 수행한다. 변경사항에 대한 정보가 공급사슬 구성원 간에 공유됨으로써 이들 작업은 조정될 수 있다. 가장 중요하고 복잡한 공급사슬계획 기능 중 하나는 **수요계획수립**(demand planning)인데, 이것은 기업이 고객의 모든 수요를 만족시키는 데 필요한 제품의 양을 결정하는 기능이다. JDA 소프트웨어, SAP, 오라클 모두는 공급사슬관리 솔루션을 제공하고 있다.

공급사슬실행시스템(supply chain execution systems)은 제품이 적정 장소에 가장 효율적인 방법을 통해 전달될 수 있도록 유통센터 및 유통창고를 거치는 제품의 흐름을 관리한다. 이 시스템은 제품의 물리적 상태, 원재료에 대한 관리, 창고 및 수송에 대한 운영, 모든 이해 당사자에 관한 재무 정보를 파악한다. 하워스 인코퍼레이티드(Haworth Incorporated)의 WMS(Warehouse Management System)는 하나의 예가 될 수 있다. 하워스는 사무용 가구 설계 및 제조 분야의 세계적인 선두기업으로 4개 주에 걸쳐 유통센터를 운영하고 있다. WMS는 완제품이 하워스의 유통센터들로부터 고객들에게 전달되는 흐름을 파악하고 관리한다. WMS는 고객 주문에 대한 배송 계획을 수행할 때 공간, 장비, 재고, 인력 등을 고려하여 제품 운반을 지시한다.

글로벌 공급사슬과 인터넷

인터넷이 사용되기 전에는 공급사슬에서 협력이 제대로 이루어지지 못했는데, 그것은 구매, 자재관리, 제조, 유통을 위한 서로 다른 종류의 내부 공급사슬시스템 간에 정보 흐름이 원활하지 못했기 때문이다. 또한 외부의 공급사슬 파트너들과의 정보 공유도 어려웠는데, 이는 공급업체, 유통업체, 물류업체의 시스템들이 서로 호환되지 않는 기술 플랫폼 및 표준에 기반을 두고 있었기 때문이다. 인터넷 기술을 통해 향상된 전사적 시스템과 공급사슬관리시스템은 이러한 과거의 통합 문제를 상당 부분 해결해주었다.

관리자는 재고 및 생산 역량이 기업의 제품 수요를 감당할 수 있는지를 결정하기 위해 웹 인터페이스를 이용하여 공급업체들의 시스템에 접근할 수 있다. 비즈니스 파트너들은 온라인상에서 예측을 위한 협력을 하려고 웹 기반 공급사슬관리 도구들을 이용할 수도 있다. 영업점은 고객의 주문처리 상태를 파악하기 위해 공급업체의 생산 일정과 물류 정보에 접근할 수도 있다.

글로벌 공급사슬 이슈

더욱더 많은 기업들이 국제시장에 진출하고 제조 활동을 아웃소싱하고 있으며 해외에 물품들을 판매하고 있을 뿐만 아니라 다른 국가들로부터 물품들을 사들이고 있다. 이러한 기업들의 공급사슬은 여러 나라와 지역들로 확장되어 가고 있다. 글로벌 공급사슬관리에는 복잡성과 도전과제들이 추가된다.

글로벌 공급사슬은 국내 공급사슬에 비해 일반적으로 포괄하는 지리적 영역과 시차 범위가 더 넓으며 여러 나라의 많은 참여업체들을 포함한다. 성과에 대한 판단 기준은 지역별로 또는 나라별로 다른 경향이 있다. 공급사슬관리는 외국 정부의 규제와 문화적 차이를 반영할 필요가 있다.

인터넷의 도움으로 기업들은 조달, 운송, 커뮤니케이션, 국제 재무 등을 포함한 글로벌 공급사슬의 다양한 측면을 관리할 수 있게 되었다. 예를 들어 오늘날 의류 산업은 중국의 계약 제조업체들과 여타의 저임금 국가들에 대한 외주에 상당히 의존하고 있다. 의류기업들은 그들의 글로벌 공급사슬과 생산 이슈들을 관리하기 위해 웹을 사용하기 시작했다(제3장의 리앤펑에 대한 논의 참조).

글로벌화는 위탁 생산 외에도 창고관리, 운송관리, 운영 등을 UPS Supply Chain Solutions와 Schneider Logistics Services와 같은 제3자 물류 서비스 제공자들에게 위탁하는 것을 촉진시켜 왔다. 이러한 물류 서비스들은 웹 기반 소프트웨어를 통해 고객사에게 글로벌 공급사슬을 더 잘 보여주고 있다. 고객사들은 보안장치가 있는 웹사이트를 통해 재고와 운송을 모니터링할 수 있는데, 이는 물류 서비스 업체들이 글로벌 공급사슬을 더욱 효율적으로 운영하는 데 도움이 된다.

수요 주도의 공급사슬 : 푸시 방식에서 풀 방식으로의 생산과 효율적인 고객 대응

공급사슬관리시스템은 기업이 고객 수요를 중심으로 운영되도록 변화시키는 가운데, 비용 감소뿐만 아니라 효율적인 고객 대응도 촉진한다(우리는 제3장에서 효율적인 고객대응시스템을 소개하였다).

초기 공급사슬관리시스템은 푸시 기반 모델[우선생산(build-to-stock)으로도 알려져 있음]에 의해 주도되었다. **푸시 기반 모델**(push-based model)에서는 최적의 제품 수요 예측을 기반으로 생산일정을 수립하며, 이렇게 생산된 제품들은 고객에게 '내보내진다'. 웹 기반 도구들을 통해 새로운 정보흐름이 가능해지자 공급사슬관리는 풀 기반 모델을 더 손쉽게 따를 수 있게 되었다. **풀 기반 모델**(pull-based model)은 수요 주도 모델 또는 주문생산(build-to-order) 모델로도 알려져 있는데, 이는 고객 주문이나 구매에 대한 실제 행위로 인해 공급사슬의 운영이 촉발된다. 풀 기반 모델에서는 고객의 주문에 의해 시작된 거래처리는 소매업체에서 유통업체와 제조업체를 거쳐 마침내 공급업체에 이르기까지 공급사슬의 상류 방향으로 이동한 후, 이 거래처리를 통해 생산된 제품들은 소매업체에 이르기까지 공급사슬 아래로 다시 이동한다. 그림 9.4에서 볼 수 있듯이 제조업체들은 오직 실제 발생한 주문 수요 정보만을 이용하여 생산 일정을 수립하고 부품 및 원재료를 조달한다. 이미 제3장에서 설명한 월마트의 연속보충시스템(continuous replenishment system)은 풀 기반 모델의 예이다.

그림 9.4 푸시 대 풀 기반 공급사슬 모델

푸시 기반 모델과 풀 기반 모델의 차이점은 "우리가 만든 것을 파는 게 아니라 우리가 팔 것을 만들자."라는 구호로 요약될 수 있다.

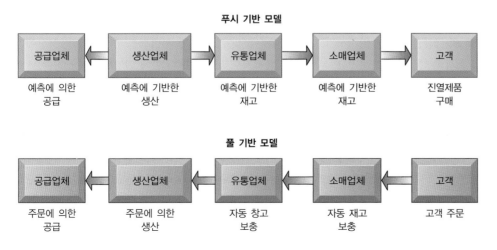

그림 9.5 최신 인터넷 주도 공급사슬

최신 인터넷 주도 공급사슬은 디지털 물류민감시스템처럼 운영된다. 이런 공급사슬은 공급사슬 파트너들의 전체 네트워크가 재고, 주문, 생산능력을 즉각적으로 조정할 수 있도록 기업 상호 간의 커뮤니케이션, 기업 네트워크, e-마켓플레이스를 제공한다.

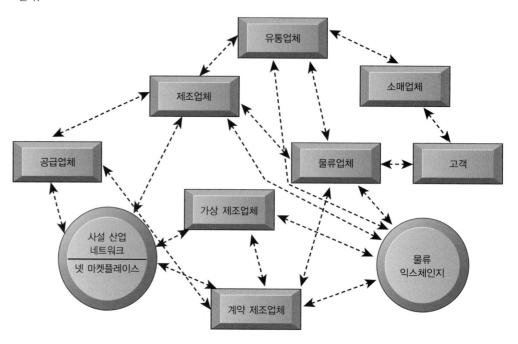

인터넷과 인터넷 기술로 인해 정보와 물질이 기업에서 기업으로 차례로 흐르는 순차적 공급사슬은 공급사슬 네트워크의 구성원 간에 다양한 방향으로 동시에 정보 흐름이 발생하는 동시적 공급사슬로 변화가 가능해졌다. 제조업체, 물류업체, 위탁 생산업체, 소매업체, 유통업체 등으로 구성되는 복잡한 공급 네트워크는 일정이나 주문상의 변화를 즉각적으로 조정할 수 있게 되었다. 이에 따라 결국 인터넷으로 인해 공급사슬 전체에 대해 적용되는 디지털 물류민감시스템(digital logistics nervous system)을 구축할 수 있었다(그림 9.5 참조).

공급사슬관리시스템의 비즈니스 가치

여러분은 이제 기업이 어떻게 공급사슬관리시스템을 통해 내부 및 외부 공급사슬 프로세스들을 최적화할 수 있으며, 관리자는 무엇을 생산하고, 저장하고, 이동시킬지에 관해 더 정확한 정보를 제공받을 수 있다는 것을 알게 되었다. 기업은 네트워크화되고 통합된 공급사슬관리시스템을 구현함으로써 공급을 수요에 일치시키고, 재고 수준을 낮추고, 전달 서비스를 향상시키고, 시장에 대한 제품 출시 속도를 가속화시키고, 자산을 더 효과적으로 활용할 수 있게 되었다.

다수 기업들의 경우 공급사슬 총비용은 운영경비에서 큰 비중을 차지하고 있으며, 일부 산업에서는 총 운영예산의 75%에 이르기도 한다. 공급사슬비용의 감소는 기업의 수익성에 많은 영향을 미칠 수 있다.

공급사슬관리시스템은 비용을 감소시킬 뿐만 아니라 매출액을 증대시키기도 한다. 고객이 제품을 원할 때 그 제품이 없다면, 이 고객은 다른 누군가로부터 그 제품을 구매하려 할 것이다. 공급사슬에 대한 더욱 정확한 통제는 고객이 원하는 시점에 원하는 제품을 구매할 수 있도록 해주는 기업의 능력을 향상시킨다.

9-3 고객관계관리시스템은 기업의 고객 친밀성 달성에 어떻게 도움이 되는가?

여러분은 아마 '고객은 항상 옳다'거나 '고객은 항상 우선'이라는 표현을 들어보았을 것이다. 오늘날 이런 말들은 예전보다 더욱 현실로 다가온다. 기업들은 혁신적인 신제품이나 새로운 서비스를 기반으로 한 경쟁우위가 종종 단기간에 그치는 경우를 보면서, 경쟁력 유지를 위한 유일한 힘은 고객과의 관계에서 나온다는 것을 깨달아 가고 있다. 오늘날 많은 이들은 기업들의 경쟁 기반이 누가 가장 좋은 제품과 서비스를 파는지에서 누가 그들만의 고객을 '가지고' 있는지로 바뀌었고, 따라서 고객관계는 기업의 가장 가치 있는 자산이라고 말하고 있다.

고객관계관리란 무엇인가

장기적으로 지속될 수 있는 강력한 고객관계를 구축하고 육성하려면 어떤 종류의 정보들이 필요하겠는가? 여러분은 고객이 누구인지, 그들을 어떻게 접촉할 수 있는지, 그들에게 서비스를 제공하고 제품을 판매하는 데 비용이 많이 드는지, 그들은 어떤 종류의 제품들과 서비스에 관심이 있는지, 그들이 여러분 회사에 대해 얼마나 돈을 쓸 수 있는지 등을 정확히 알고 싶을 것이다. 여러분은 할 수만 있다면 마치 소도시에서 가게를 운영할 때처럼 고객 각각에 대해 잘 안다고 자신하고 싶을 것이다. 그리고 여러분은 여러분이 좋아하는 고객들이 특별한 감정을 느낄 수 있도록 만들고 싶을 것이다.

여러분 주변에 있는 어떤 작은 기업이 있다고 할 때, 그 기업의 소유주와 관리자들이 고객과 직접 대면을 통해 고객들을 정말 알고 지내는 것은 가능할 수 있다. 그러나 대도시, 지역, 국가, 또는 심지어 글로벌 기반으로 운영되는 대기업에서는 개인적 대면을 통한 방식으로 '고객을 아는 것'은 불가능하다. 대기업들은 매우 많은 고객을 보유하고 있으며, 그 고객들과 (웹, 전화, 이메일, 블로그, 직접 대면을 통해) 상호작용하는 방식은 매우 다양하다. 이와 같은 다양한 방식을 통해 생성되거나 전달되는 다양한 고객 정보를 통합하는 것과 많은 고객들과의 관계를 다루는 것은 점점 어려운 일이 되어 가고 있다.

대기업의 영업, 서비스, 마케팅 프로세스들이 철저히 구분되어 가는 경향이 있으며, 관련 부서들 간에 상당량의 중요한 고객 정보들이 공유되지 못하고 있다. 어떤 특정 고객에 대한 정보들은 고객 계정을 기준으로 저장되고 정리되어 있을 수도 있다. 그 고객에 관한 다른 정보들은 그 고객이 구매한 제품을 기준으로 정리되어 있을 수도 있다. 이러한 경우 이 회사 전반에 걸쳐 그 고객에 대한 통합된 정보를 제공하는 것은 불가능하다.

이러한 포인트가 바로 고객관계관리(customer relationship management, CRM)시스템이 도와줄 수 있는 부분이다. CRM 시스템은 제2장에서 소개되었는데, 이것은 조직 전반을 통해 발생하는 고객 데이터들을 포착하여 연계시키고, 이를 바탕으로 이 데이터들을 통합하고, 분석하고, 그다음 그 결과를 기업 전반에 걸친 다양한 시스템과 고객 접점들에 제공한다. **고객 접점**(touch point 또는 contact point)은 전화, 이메일, 고객 서비스 데스크, 오프라인 메일, 페이스북, 트위터, 웹사이트, 무선 장비, 또는 소매점과 같은 고객과의 상호작용 방식을 의미한다(그림 9.6 참조).

바람직한 CRM 시스템은 다음과 같은 질문들에 답을 제공할 수 있는 데이터와 분석 도구들을 제공한다. 어떤 특정 고객이 기업에 대해 제공할 수 있는 평생의 가치는 무엇인가? 누가 가장 충성도가 높은 고객인가(기존 고객에게 물건을 팔 때보다 새로운 고객에게 물건을 팔 때 비용이 6배나 더 들 수 있다)? 누가 우리에게 가장 높은 수익성을 가져다주는 고객인가? 수익성 높은 고객들이

그림 9.6 고객관계관리(CRM)

CRM 시스템은 여러 측면에서 고객을 분석한다. 이 시스템은 고객 서비스, 판매, 마케팅 등을 포함하여 고객관계에 관한 모든 측면을 다루기 위해 통합된 애플리케이션을 사용한다.

구매하고자 하는 것은 무엇인가? 기업들은 이런 질문들에 대한 답을 활용하여 새로운 고객을 확보하고, 기존 고객들에게 더 나은 서비스를 제공하고, 고객 선호도에 따라 제품이나 서비스들을 더욱 정확하게 맞춤화시키고, 수익성 높은 고객들을 유지하기 위해 지속적으로 가치를 제공한다.

고객관계관리 소프트웨어

상업용 CRM 소프트웨어 패키지들은 특정 사용자에 대한 웹사이트 개인화와 같이 특정 기능을 제한적으로 수행하는 도구들로부터 대규모의 전사적 애플리케이션에 이르기까지 다양한 범위에 걸쳐 있다. 여기서 대규모의 전사적 애플리케이션은 고객과의 무수한 상호작용을 포착하고, 이런 상호작용들을 복잡한 리포팅 도구로 분석하고, 공급사슬관리 및 전사적 시스템과 같은 여타의 주요한 전사적 애플리케이션들과 연동시키는 애플리케이션을 의미한다. 더 종합적인 CRM 패키지들은 **파트너관계관리**(partner relationship management, PRM)와 **직원관계관리**(employee relationship management, ERM)를 위한 모듈을 포함한다.

PRM은 고객관계관리가 가지고 있는 것과 동일한 많은 데이터, 도구, 시스템을 이용하여 기업과 판매 파트너 간의 협력을 향상시킨다. 어떤 기업이 고객에게 직접 물건을 판매하지 않고 대신에 유통업체나 소매업체들을 통해 판매하는 경우, PRM은 이러한 채널들의 판매 활동에 도움을 줄 수 있다. PRM은 고객 욕구 창출, 가격 책정, 판매 촉진, 주문처리 방식 설정, 가용성 등을 통합적으로 다룰 수 있게 해주는 가운데, 기업 및 영업 파트너들이 정보를 교환하고 고객 욕구와 고객 데이터를 공유할 수 있도록 해준다. 또한 PRM은 파트너의 성과를 평가할 수 있는 도구를 제공하는데, 이를 통해 최고의 파트너들이 비즈니스를 완수하는 데 필요한 지원을 제대로 받고 있는지 확인할 수 있다.

ERM 소프트웨어는 목표 설정, 직원 성과관리, 성과 기반 보상, 직원 교육과 같이 CRM과 긴밀히 관련된 직원 이슈들을 다룬다. 주요 CRM 애플리케이션 소프트웨어 벤더들로는 오라클, SAP, 세일즈포스닷컴, 마이크로소프트 다이내믹스 CRM 등이 있다.

고객관계관리시스템들은 일반적으로 영업, 고객 서비스, 마케팅을 위한 소프트웨어 및 온라인 도구들을 제공한다. 이에 관한 설명은 다음과 같다.

영업자동화(SFA) 시스템

CRM 시스템에서 **영업자동화**(sales force automation, SFA) 모듈은 영업사원들이 가장 수익성이 높은 고객들에 대해 영업 노력을 집중시킴으로써 생산성을 증대시킬 수 있도록 도와준다. SFA 모듈은 판매 전망 및 접촉 정보, 제품 정보, 제품 구성 기능, 거래가격 산출 기능 등을 제공한다. 이 소프트웨어는 고객의 과거 구매 이력에 관한 정보들을 결합하여 제공함으로써 영업사원이 고객에게 맞춤화된 추천을 할 수 있도록 도와준다. SFA 모듈은 영업, 마케팅, 배송부서들이 기존 고객과 잠재 고객에 대한 정보를 손쉽게 공유할 수 있도록 해준다. SFA로 인해 영업사원은 새로운 고객을 획득하고 기존 고객을 유지하는 비용뿐만 아니라 거래에 수반되는 비용을 효율적으로 감소시킬 수 있다. 또한 SFA 모듈은 판매 예측, 지역관리, 팀 판매를 위한 기능들을 제공해준다.

고객 서비스

CRM 시스템의 고객 서비스 모듈은 콜센터, 헬프데스크, 고객 지원팀의 효율성을 더욱 높일 수 있는 정보와 도구를 제공한다. 이 모듈은 고객 서비스에 대한 요청을 담당자에게 할당하고 관리할 수 있는 기능을 한다.

이러한 기능 중 하나는 예약 또는 전화 상담이다. 고객이 대표 전화번호로 전화를 걸면, 시스템은 이 요청을 적절한 서비스 직원에게 할당하는데, 이 직원은 그 고객에 관한 정보를 이 시스템에 한 번만 입력하면 된다. 이렇게 고객 데이터가 이 시스템에 입력되면, 어떤 서비스 직원이라도 이 고객에 대해 응대할 수 있다. 이 시스템에서 제공되는 일관되고 정확한 고객정보를 통해 콜센터가 하루에 더 많은 통화를 할 수 있고 통화당 소요되는 시간도 줄일 수 있다. 따라서 콜센터와 고객 서비스팀은 생산성 향상, 거래처리 시간 감소, 저비용 고품질의 서비스 제공 등과 같은 성과를 달성할 수 있다. 고객은 고객 서비스 직원에게 자신의 문제를 다시 설명하느라 시간을 소모하지 않아도 되기 때문에 더욱 만족스러워진다.

또한 CRM 시스템은 웹 기반의 셀프서비스 기능들을 포함하기도 한다. 회사의 웹사이트는 자체적으로 제공하는 지원 외에 추가적인 지원이 가능하도록 고객 서비스 직원과의 전화 통화를 할 수 있도록 안내해줄 뿐만 아니라 문의 고객에게 맞춤화된 지원정보도 제공해준다.

마케팅

CRM 시스템은 잠재 고객 및 기존 고객에 대한 데이터를 포착하고, 제품 및 서비스에 관한 정보를 제공하고, 타깃 마케팅을 위한 대상자를 평가하고, 다이렉트 마케팅 메일 또는 이메일을 계획하는 기능들을 제공함으로써 다이렉트 마케팅 캠페인을 지원한다(그림 9.7 참조). 또한 마케팅 모듈들은 마케팅 데이터 및 고객 데이터를 분석하기 위해 수익성 높은 고객과 그렇지 않은 고객들을 식별하고, 특정 고객의 니즈 및 관심을 만족시킬 수 있는 제품 및 서비스를 설계하고, 교차판매에 대한 기회를 식별해주는 도구들을 가지고 있다.

교차판매(cross-selling)는 고객에게 보완제품을 마케팅하는 것이다(예 : 금융 서비스에서 수표 계좌를 가진 고객은 현금 계좌를 만들거나 주택 대출을 할지도 모른다). 또한 CRM 도구들은 기업이

┃그림 9.7 CRM 시스템이 마케팅을 지원하는 방식

고객관계관리 소프트웨어는 사용자가 이메일, 다이렉트 메일, 전화, 웹, 무선 메시지 등을 포함한 여러 채널을 대상으로 마케팅 캠페인을 관리하고 평가할 수 있는 통합된 하나의 지점을 제공한다.

2019년 1월의 판촉 캠페인에 대한 채널별 반응

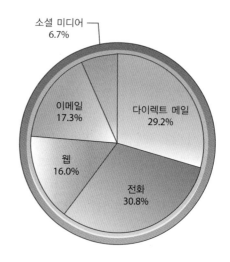

마케팅 캠페인의 계획부터 성과 판단에 이르는 모든 단계를 관리하고 실행하는 것을 도와준다.

그림 9.8은 판매, 서비스, 마케팅 프로세스들과 관련하여 주요 CRM 소프트웨어 제품들에서 찾아볼 수 있는 매우 중요한 기능들을 보여주고 있다. 전사적 소프트웨어처럼 CRM 소프트웨어도 비즈니스 프로세스 주도형으로서 프로세스의 각 영역에서 베스트프랙티스로 여겨지는 수많은 비즈니스 프로세스들이 결합되어 있다. 최대의 효과를 얻기 위해서는 기업이 자신의 비즈니스 프로세스를 CRM 소프트웨어에 내장되어 있는 베스트프랙티스 비즈니스 프로세스를 따르도록 수정할 필요가 있다.

그림 9.9는 고객 서비스를 통해 고객 충성도를 증가시키는 베스트프랙티스가 어떻게 CRM 소프트웨어로 모델링될 수 있는지를 보여준다. 고객 서비스는 장기적으로 수익성이 높은 고객에게 차별화된 대우를 제공함으로써 고객 보유율 증가의 기회가 될 수 있다. CRM 소프트웨어는 고객의 가치와 기업에 대한 충성도를 기반으로 고객별로 점수를 산출해줄 수 있으며, 콜센터가 고객 서비스 요청에 대해 이를 가장 잘 해결해줄 수 있는 담당자에게 할당하는 데 필요한 정보를 제공해준다. CRM 시스템은 고객의 가치 및 충성도에 관한 점수를 포함하여 다양한 정보를 서비스 담당자에게 자동으로 전달해준다. 서비스 담당자는 고객이 자사와 지속적인 거래 관계를 유지하도록 만들기 위해 이러한 정보들을 이용하여 해당 고객에게 특별한 제안이나 추가적인 서비스를 제시할 수 있다.

운영적 CRM과 분석적 CRM

우리가 바로 앞에서 설명한 모든 애플리케이션은 고객관계관리의 운영적 또는 분석적 측면을 지원한다. **운영적 CRM**(operational CRM)은 영업 자동화, 콜센터 및 고객 서비스 지원, 마케팅 자동화를 위한 도구들과 같은 고객 응대 애플리케이션들을 포함한다. **분석적 CRM**(analytical CRM)은 비즈니스 성과 향상에 필요한 정보를 제공하기 위한 목적으로 운영적 CRM 애플리케이션들에 의해 생성되는 고객 데이터를 분석하는 애플리케이션들을 포함한다.

그림 9.8 CRM 소프트웨어의 기능

주요 CRM 소프트웨어 제품들은 다수의 상이한 원천에서 제공되는 고객정보를 통합하는 가운데 영업, 서비스, 마케팅과 관련된 비즈니스 프로세스들을 지원한다. 이런 제품들에는 CRM의 운영적 관점과 분석적 관점 모두와 관련된 지원 기능이 포함되어 있다.

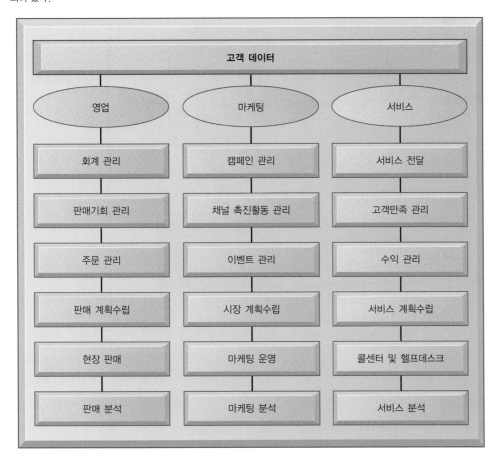

그림 9.9 고객 충성도 관리 프로세스 맵

이 프로세스 맵은 고객 서비스를 통해 고객 충성도를 높이는 베스트프랙티스가 고객관계관리 소프트웨어에 의해 어떻게 모형화되는지 보여준다. CRM 소프트웨어는 회사가 우대 고객을 식별하는 데 도움을 준다.

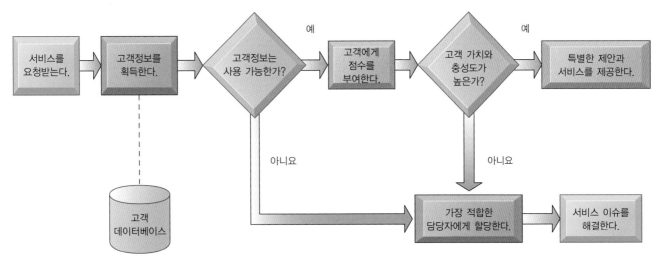

그림 9.10 분석적 CRM

분석적 CRM은 기업의 고객 접점 및 기타 원천에서 수집한 고객 데이터를 분석하기 위해 고객 데이터웨어하우스와 여러 가지 도구를 이용한다.

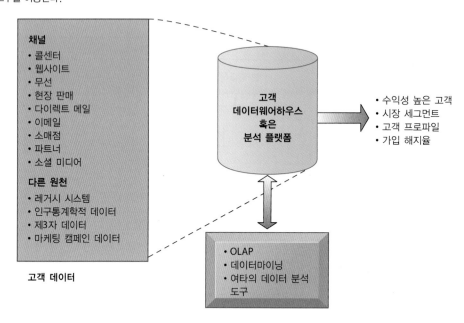

분석적 CRM 애플리케이션들은 운영적 CRM 시스템과 고객 접점에서 제공하는 데이터들이 통합된 데이터웨어하우스에 기반을 두며, 온라인분석처리(OLAP), 데이터마이닝, 그리고 여타의 데이터 분석 기법들(제6장 참조)을 활용한다. 조직에 의해 수집된 고객 데이터는 다이렉트 마케팅 캠페인을 위해 다른 기업에서 구매한 고객 리스트 또는 인구통계학적 데이터와 같이 여타의 원천들에서 나오는 데이터들과 결합될 수도 있다. 이런 데이터들은 구매 패턴을 식별하고, 타깃 마케팅을 위한 세그먼트를 생성하고, 수익성이 높은 고객과 수익성이 낮은 고객을 가려내기 위한 분석에 사용된다(그림 9.10 참조).

분석적 CRM의 또 다른 중요한 결과물은 기업에 대한 고객의 평생가치이다. **고객평생가치**(customer lifetime value, CLTV)는 특정 고객에 의해 발생한 수입, 그 고객의 요청과 그 고객에 대한 서비스로 인해 발생한 비용, 그 고객과 기업 간의 관계에 대한 기대수명과 같은 요인들을 기반으로 산출된다.

고객관계관리시스템의 비즈니스 가치

고객관계관리시스템을 효율적으로 운영하는 기업들은 고객만족 증대, 다이렉트 마케팅 비용 감소, 더 효과적인 마케팅, 고객 획득 및 유지비용 감소를 포함하여 다양한 이점을 실현할 수 있다. CRM 시스템에서 제공하는 정보들을 활용하여 수익성 높은 고객과 고객 집단을 식별함으로써 집중화된 마케팅과 교차판매를 할 수 있고, 이를 통해 기업은 판매수익을 증대시킬 수 있다.

고객의 가입해지는 판매, 서비스, 마케팅이 고객 니즈에 더 잘 대응할수록 감소된다. **가입 해지율**(churn rate)은 제품이나 서비스 이용이나 구매를 중단한 고객 수를 측정하는 것이다. 가입 해지율은 고객 수의 증가 또는 감소를 나타내는 중요한 지표이다.

9-4 전사적 애플리케이션으로 인해 제기되는 도전과제들은 무엇이며, 전사적 애플리케이션은 새로운 기술을 어떻게 활용하고 있는가?

많은 기업들은 전사적 시스템과 공급사슬관리 및 고객관계관리를 위한 시스템을 구축해 오고 있는데, 왜냐하면 이러한 시스템들은 운영 수월성과 의사결정 능력 향상에 필요한 강력한 도구들이기 때문이다. 더 정확하게 말하면 이러한 시스템들은 조직의 일하는 방식을 바꾸어 주기 때문에 조직들은 이러한 시스템 구현에 도전하고 있는 것이다. 이러한 도전과제뿐만 아니라 이러한 시스템으로부터 가치를 얻을 수 있는 새로운 방법들도 간단히 살펴보자.

전사적 애플리케이션의 도전과제

주문에서 전달까지 걸리는 시간과 재고비용의 급격한 감소뿐만 아니라 더 효율적인 고객 대응, 더 높은 제품 및 고객 수익성에 대한 기대효과 때문에 전사적 시스템과 공급사슬관리 및 고객관계관리시스템은 매우 매력적으로 여겨지고 있다. 그러나 이러한 가치를 얻기 위해 기업들은 그들의 비즈니스가 이런 시스템들을 효과적으로 활용할 수 있도록 바뀌어야 하는 방법을 분명하게 알아야 한다.

전사적 애플리케이션들에 사용되는 복잡한 소프트웨어들은 구매하거나 구현하는 데 매우 많은 비용이 든다. 포춘 500대 기업과 같은 대기업들의 경우에는 전사적 시스템이나 SCM 시스템 또는 CRM 시스템을 구현하는 데 몇 년이 걸릴 수도 있다. 2018년 237개의 기업을 대상으로 한 파노라마 컨설팅 솔루션즈(Panorama Consulting Solutions) 조사에 따르면, ERP 프로젝트들을 완료하는 데에는 평균적으로 17.4개월이 걸렸고, 프로젝트의 44%가 기대했던 것에 비해 50% 이하의 성과밖에 내지 못했다. 또한 ERP 프로젝트들의 약 64%는 비용 초과를 경험했고, 79%는 초기에 계획했던 일정을 초과하였다(Panorama Consulting Solutions, 2018). 프로젝트 범위의 변경과 추가적인 맞춤화 작업은 구현 일정을 지연시키고 비용을 증대시킨다.

전사적 애플리케이션들은 깊이 뿌리내린 기술에 대한 변화뿐만 아니라 비즈니스 운영 방식에 대한 근본적인 변화를 요구한다. 기업들이 이런 소프트웨어를 가지고 업무를 수행하기 위해서는 비즈니스 프로세스들을 광범위하게 변화시켜야 한다. 직원들은 새로운 업무 기능과 책임을 받아들여야 한다. 직원들은 새로운 프로세스를 어떻게 수행하는지 배워야 할 것이며, 시스템에 입력한 정보들이 기업의 다른 부분들에 어떻게 영향을 미치는지 이해해야 한다. 이러한 이해를 위해서는 새로운 조직학습이 필요하다.

SCM 시스템은 여러 조직이 정보와 비즈니스 프로세스들을 공유하도록 요구한다. 이 시스템에 참여하는 조직들은 이 시스템을 공급사슬 전체에 최상의 서비스를 제공하는 것으로 만들기 위하여 자신의 프로세스들과 이 프로세스들이 정보를 사용하는 방식을 변경해야 할 수도 있다.

어떤 기업들은 전사적 애플리케이션을 처음으로 구현했을 때 조직의 변화가 얼마나 필요한지 이해하지 못한 탓에 엄청나게 많은 운영상의 문제점과 손실을 경험했다. 예를 들어 K마트는 i2 테크놀로지스(현재는 JDA 소프트웨어)의 SCM 소프트웨어를 처음으로 구현했을 때, 제품들을 매장으로 내보내는 데 많은 문제를 겪었다. K마트는 제품 수요에 있어 상당한 변동을 초래하는 판촉 주도 비즈니스 모델을 사용했는데, 이 i2 소프트웨어는 이런 모델과 잘 조화되지 못했다. 대형 슈퍼마켓인 울워스(Woolworth) 오스트레일리아는 자체적으로 개발한 구식 ERP 시스템을 SAP 솔루션 기반의 ERP 시스템으로 전환할 때 데이터 관련 문제들이 발생했다. 개별 매장에 대한 주간 손익 보고서들을 거의 18개월 동안 생성할 수 없었다. 이 회사는 데이터 수집 절차를 변경해야 했지만, 자체

토론방   조직

케냐 항공, 고객관계관리로 높이 날다

케냐 항공(Kenya Airways)은 케냐의 대표 항공사인데, 좌석 규모면에서 아프리카 10대 항공사 중 하나로, 국내외 53개 목적지를 운항하는 33대의 항공기를 보유하고 있다. 케냐 항공은 델타 항공, 에어 프랑스, 알리탈리아, 아에로 멕시코, 중화 항공 및 대한 항공 등 20개 회원사를 보유하고 있는 스카이팀(SkyTeam) 연합의 유일한 아프리카 항공사이며, 매우 높은 국제 표준을 충족시킬 것으로 기대된다.

그럼에도 불구하고 개선이 필요한 비즈니스 영역들이 있었는데, 그중 하나가 바로 고객 관계였다. 아프리카의 현재 인구는 10억인데 이는 10년 안에 15억에 달할 것으로 예상되고, 아프리카의 많은 국가에서는 중산층이 빠르게 증가하고 있다. 최근까지 케냐 항공은 고객에 대해 충분히 알지 못했기 때문에 시장 기회를 최대한 활용할 수 없었다. 케냐 항공은 비행기 대수를 더 늘렸음에도 불구하고, 에볼라 바이러스 발발에 대한 두려움, 지역 테러, 페르시아만 항공사들과의 경쟁 심화로 인해 승객 수가 감소하고 있었다. 이에 따라 수익성이 악화되었다.

케냐 항공은 누가 이메일 캠페인을 클릭했는지 알지 못했다. 케냐 항공은 캠페인 효과를 측정할 방법이 없는 빌보드, 신문, 전단지에 주로 광고를 싣고 있었다. 경영진은 다른 사무실의 영업 담당자가 무엇을 하고 있는지 알 수 없었다. 고객 데이터는 회사와 파트너 여행사들의 사무실에 있는 스프레드시트 및 파일, 예약시스템 등과 같은 다양한 저장소에 분산되어 있었다. 즉, 고객에 대한 데이터가 통합되어 있지 않았다. 고객 데이터를 저장할 수 있는 단일 저장소가 없었던 탓에 케냐 항공은 상업 거래자, 기업 임원, 정부 관료, 학생, 선교사, 의료 관광객 등과 같은 '손님들'의 선호도, 특별 요구사항, 또는 기타 개인 특성을 식별할 수 없었다. 마케팅, 영업, 고객 서비스 활동들은 어둠 속에서 이루어지고 있었다. 예를 들어 이 항공사는 매년 5월 분산된 데이터 저장소들에 저장된 모든 고객에게 어머니의 날 인사 메시지를 보냈는데, 그 중 다수는 어머니가 아니었다.

케냐 항공은 2014년에 오라클의 마케팅, 영업, 데이터, 서비스 클라우드를 통해 효과적인 고객관계관리를 할 수 있도록, 모든 고객 데이터를 자동화하고 통합하는 장기 프로젝트를 시작했다. Oracle Marketing Cloud는 클라우드 기반 플랫폼을 제공하여 기업의 마케팅 데이터들을 연결하고, 교차채널 고객 상호작용을 중앙에서 조율하고, 적절한 고객을 확보하고, 성과를 분석한다. 이 클라우드는 마케팅 자동화 캠페인 관리, 교차채널 고객 경험 제공, 매력적인 콘텐츠 작성 및 관리, 그리고 제품, 브랜드, 서비스에 대한 고객 대화 '듣기' 및 메시지 전달(소셜 마케팅)을 위한 도구들을 제공하고 있다.

케냐 항공은 Oracle Marketing Cloud를 구현한 후 몇 주 만에 첫 번째 자동화된 마케팅 캠페인을 진행했다. 이 캠페인은 특별 휴가 시즌 요금에 대해서 이메일, SMS 텍스트, 소셜 미디어 게시물을 두바이에 사는 케냐 이민자들에게 보냈다. 그런 다음 케냐 항공은 하노이와 잔지바르행의 새롭고 확장된 노선을 홍보하는 캠페인을 만들었다. 시간이 지남에 따라 이 항공사의 마케팅팀은 해당 캠페인을 통해 생성된 매출 흐름을 추적하고 캠페인을 보다 효과적으로 타기팅하기 위한 새로운 데이터 원천들을 파악하는 데 더 능숙해졌다. 케냐 항공의 마케팅 자동화 책임자인 해리엇 루아이가 2015년 초에 보고한 바에 따르면, '연결 가능한 연락처'가 40%에서 89%로 증가했으며, 마케팅 이메일을 수신자가 열어보는 비율이 40%에서 65%로 증가했고, 이 항공사의 '획득률'(캠페인에 참여한 응답자 비율)이 최대 20%에 달했다. 또한 케냐 항공은 마케팅 캠페인이 티켓 판매에 미치는 영향도 측정할 수 있다. 과거에는 이러한 측정이 대행사를 통해 이루어졌고 시간도 3일이나 걸렸었는데, 이제는 30분 만에 훨씬 저렴한 비용으로 수행될 수 있다.

케냐 항공은 Oracle Marketing Cloud를 구현한 후, 영업 활동을 자동화하기 위해 Oracle Sales Cloud를 그리고 고객 서비스 활동을 위해 Oracle Rightnow Cloud Service를 사용하기 시작했는데, 이때 이러한 3개의 클라우드는 하나의 중앙 데이터 저장소에 연결된 상태였다. 마케팅, 영업, 서비스는 이제 통합된 고객 데이터들과 잘 연계된 비즈니스 프로세스들을 바탕으로 수행될 수 있다. 이 항공사는 고객과 관련하여 연령, 수입, 교육 수준, 직무 기능, 직무 수준, 수익, 지리, 상태, 선호도, 관심 분야, 서비스 요청, 이메일 활동, 양식 제출, 구매 이력에 대한 정보들을 수집하여, 개인화된 제안을 위한 매우 상세한 고객 프로파일을 생성할 수 있게 되었다.

케냐 항공은 마케팅팀이 티켓 판매, 웹사이트 트래픽, 소셜 팔로워를 늘려서 추가 수익을 창출할 수 있도록 Oracle Social Cloud를 구현했다. 이 도구는 케냐 항공 고객 서비스팀이 고객들이 소셜 미디어에 항공사 서비스에 대해 올리는 게시물과 토론을 모니터링하고 질문이나 문제제기에 대해 30분 이내에 응답할 수 있도록 해준다. 또한 이 도구는 상담원들이 자신들의 응답 게시물에 대해 우선순위를 정하고 적합한 승인과 문제해결을 위한 업무 흐름 과정을 관리할 수 있도록 해준다.

케냐 항공은 고객 충성도 프로그램을 운용하고 있었음에도 불구하고, 이전에는 가치가 높은 고객을 제대로 식별할 수 없었다. 그러나 케냐 항공은 이제 모든 고부가가치 고객들을 추적하고 각 고객이 케냐 항공의 수익 창출에 얼마나 기여하는지 파악할 수 있다. 또한 고객 라이프 사이클 전반에 걸쳐 고객들을 분류하여 신규 고객과 오랜 고부가가치 고객을 구별해낼 수 있다. 케냐 항공은 이제 각 고객을 360도로 바라볼 수 있게 되었다.

케냐 항공은 오라클 클라우드 제품군을 구현하는 데 예상했던 것보다 훨씬 더 시간이 많이 걸렸다. 원래는 6개월을 예상했었지만, 실제로는 1년 이상 걸렸던 것이다. 필수 데이터들은 여러 애플리케이션에 저장되어 있었는데, 이것들은 모두 새로운 데이터 저장소로 이전될 수 있도록 사전에 적합한 형식으로 만들기 위한 정제 과정을 거쳐야 했는데, 이 작업의 대부분은 수작업으로 이루어졌다. 케냐 항공 직원들은 이전에는 많은 업무들을 수작업 방식으로 수행했었기 때문에, 디지털 CRM 도구 도입으로 인해 새로워진 업무 방식을 익히기 위해서는 교육을 받아야 했다. 케냐 항공의 경영진은 이 항공사가 이러한 노력에 대해 충분한 보상을 받았다고 생각하고 있다.

출처 : "Company View of Kenya Airways PLC," www.bloomberg.com, accessed January 31, 2018; Rob Preston, "First-Class Flight," *Profit Magazine*, August 2016; www.kenya-airways.com, accessed January 31, 2018; "Kenya Airways Turns to McKinsey for Turnaround Strategy," Consultancy.uk, February 8, 2016; and Tilde Herrera, "Kenya Airways Fuels with Data to Lift Marketing," October 29, 2015.

사례연구 문제

1. 이 사례에서 설명된 케냐 항공의 문제점은 무엇이었는가? 이 문제에는 어떤 경영, 조직, 기술 요소들이 원인이 되었는가?

2. 케냐 항공의 고객관계관리와 비즈니스 성과 및 비즈니스 전략 간의 관계는 어떻게 설명할 수 있는가?

3. 케냐 항공의 문제점에 대한 해결책은 무엇이었는가? 이러한 해결책에 의해 다루어져야 했던 경영, 조직, 기술 이슈들은 무엇인가?

4. 이 해결책은 얼마나 효과적이었는가? 그 해결책은 케냐 항공의 비즈니스 운영 방식과 비즈니스 성과에 어떠한 영향을 미쳤는가?

프로세스들을 이해하지 못하거나 제대로 문서화하지 못해서 데이터 수집 절차를 적절하게 변경하지 못했던 것이다.

전사적 애플리케이션들은 전환비용을 초래하기도 한다. 일단 기업이 전사적 애플리케이션을 SAP나 오라클 등과 같은 벤더 중 하나에서만 도입했다면, 벤더를 변경하는 데 매우 많은 비용이 들며, 설치한 제품을 업그레이드하고 유지보수할 때 그 벤더에게 의존하게 된다.

전사적 애플리케이션은 전사적 데이터 정의를 기반으로 구축된다. 따라서 여러분은 데이터들이 비즈니스에서 어떻게 사용되는지 그리고 데이터들이 CRM, SCM, 또는 ERP 시스템에서 어떻게 구성되는지 정확히 이해할 필요가 있다. CRM 시스템은 일반적으로 데이터 정제 작업이 필요하다.

전사적 소프트웨어 벤더들은 중소업체들에게는 소프트웨어를 단순화시킨 버전과 신속하게 구현할 수 있는 방법들을 제공하고, 그보다 좀 더 큰 회사들에게는 베스트프랙티스 가이드라인을 제공함으로써 이러한 문제들을 해결해 나가고 있다. 또한 기업들은 다재다능한 하나의 시스템에 얽매이지 않기 위해 기본적인 전사적 소프트웨어에서 다루지 않는 기능들에 대해서는 클라우드 애플리케이션들을 활용하고 있는데, 이를 통해 더욱 큰 유연성을 얻고 있다.

전사적 애플리케이션을 사용하는 기업들은 최소한의 맞춤화를 통해 시간과 돈을 절약할 수 있다. 예를 들어 펜실베이니아 주에 소재한 20억 달러 가치의 케나메탈(Kennametal)이라는 금속 절단기 회사는 6,400여 가지 이상의 맞춤화 작업을 통한 ERP 시스템 유지보수에 13년 동안 1,000만 달러를 소요했다. 이 회사는 현재 그 시스템을 맞춤화하지 않은 SAP 전사적 소프트웨어로 교체하고 있으며, 자사의 비즈니스 프로세스들을 이 새로운 소프트웨어에 맞춰 변경하고 있다. 오피스디포(Office Depot)는 자체 제작 시스템에서 오라클 ERP 클라우드로 이동할 때 맞춤화를 피했다. 소매업체는 오라클의 Supply Chain Management Cloud와 클라우드 기반 Human Capital Management(HCM) 및 EPM(Enterprise Performance Management) 시스템에 내장된 베스트프랙티스들을 사용하고 있다. 오피스디포는 오라클 ERP 애플리케이션들을 맞춤화시키지 않음으로써, 자신의 정보시스템을 단순화시키고 유지관리에 드는 비용을 절감했다(Thibodeau, 2018).

차세대 전사적 애플리케이션

오늘날 전사적 애플리케이션 벤더들은 더욱 유연하고, 웹 기반에서 운영되며, 다른 시스템들과 통합 가능한 방향으로 애플리케이션을 발전시킴으로써 그 가치를 더욱 높여 가고 있다. 다른 시스템과 연계되지 못하고 독자적으로 운영되는 전사적 시스템, 고객관계관리시스템, 공급사슬관리시스템 등은 이제 과거의 유산이 되어 가고 있다. 전사적 소프트웨어의 주요 벤더들은 그들이 소위 전사적 솔루션(enterprise solution), 전사적 스위트(enterprise suite), e-비즈니스 스위트(e-business suite)라 하는 것들을 개발해 왔다. 이것은 벤더들의 CRM, SCM, ERP 시스템들이 서로 밀접하게 연동되도록 해주고, 고객 및 공급자들의 시스템들과도 연동시켜주는 역할을 한다.

또한 차세대 전사적 애플리케이션들은 오픈소스와 클라우드 솔루션들뿐만 아니라 모바일 플랫폼에서 사용 가능한 기능들도 포함하고 있다. SAP, 오라클, 마이크로소프트, 에피콜과 같은 대형 전사적 소프트웨어 벤더들은 이제 자신들의 대표격인 ERP 시스템들에 대한 클라우드 버전뿐만 아니라 중소기업들을 대상으로 한 클라우드 기반 제품들을 특징으로 하고 있다('토론방 : 소마 베이, 클라우드 ERP로 번역하다'에서 설명했듯이). 예를 들어 SAP는 대기업을 대상으로 SAP S/4HANA 클라우드를 제공하고 있으며, 중소기업들을 대상으로는 SAP Business ByDesign과 SAP Business One 전사적 소프트웨어를 제공하고 있다. 마이크로소프트는 ERP와 CRM 소프트웨어에 대한 Dynamics 365 클라우드 버전을 제공하고 있다. 또한 클라우드 기반의 전사적 시스템들은 NetSuite와 같이 규모가 더 작은 벤더들에 의해서도 제공되고 있다.

클라우드 기반 CRM 시스템 분야의 최고 기업이라는 데 이견이 없는 기업은 바로 세일즈포스닷컴인데, 이 기업에 대해서는 제5장에서도 설명했다. 세일즈포스닷컴은 인터넷에 연결된 컴퓨터나 모바일 기기들을 통해 자신들의 서비스를 제공하고 있는데, 그 서비스는 중소기업과 대기업에 의해서 널리 이용되고 있다. 클라우드 기반의 제품들이 성숙되어 감에 따라 **포춘 500대 기업들을** 포함하여 더 많은 기업들이 자신의 전사적 애플리케이션들의 일부 또는 전체를 클라우드에서 가동시키는 방향으로 가고 있다.

소셜 CRM

CRM 소프트웨어 벤더들은 자사 제품들을 소셜 네트워킹 기술을 활용할 수 있도록 향상시키고 있다. 이러한 소셜 기능의 향상은 기업들이 새로운 아이디어를 더욱 신속하게 파악하고, 팀 생산성을 향상시키고, 고객들과의 상호작용을 깊이 있게 하는 데 도움이 된다(제10장 참조). 기업들은 **소셜 CRM**(social CRM) 도구들을 활용하여 고객들의 관계를 발전시켜 나갈 수 있는데, 자사 제품과 서비스에 대한 고객들의 감정을 분석함으로써 그렇게 할 수 있다.

소셜 CRM 도구는 기업이 소셜 네트워킹 사이트와 CRM 프로세스 들을 통해 고객과 대화하고 관계를 맺을 수 있도록 해주고 있다. 현재 선도적인 CRM 벤더들은 이러한 도구들을 제공함으로써 소셜 네트워크에서 나오는 데이터들을 그들의 CRM 소프트웨어로 연결해주는 도구를 제공하고 있다. SAP와 세일즈포스닷컴 그리고 오라클의 CRM 제품들은 현재 페이스북, 링크드인, 트위터, 유튜브, 그리고 여타의 사이트들에서 소셜 미디어 활동들을 모니터링하고 추적하고 분석할 수 있는 기술을 특징으로 하고 있다. 또한 SAS를 비롯한 비즈니스 인텔리전스와 분석 소프트웨어 벤더들도 소셜 미디어 분석(다양한 소셜 네트워크에서 고객들의 활동을 측정할 수 있는 여러 가지 측정 기준을 가진)에 대한 역량을 가지고 있으며, 소셜 네트워크와 기존의 웹 기반 캠페인 모두를 테스트하고 최적화할 수 있는 캠페인 관리 도구를 가지고 있다.

세일즈포스닷컴은 영업 프로세스상에서 영업 기회를 만들 수 있는 단서들을 추적할 수 있는 시스템을 소셜 청취 및 소셜 미디어 마케팅 도구들과 연결했는데, 이로 인해 사용자들은 소셜 마케팅 비용을 핵심 고객들에 집중하고 그들의 의견을 관찰할 수 있게 되었다. 세일즈포스의 이러한 역량은 광고 제작사들이 페이스북이나 트위터에서 광고하기를 원하는 경우, 영업 단서들과 관련된 고객들이 이미 CRM 시스템을 통해 파악되어 있기 때문에, 이러한 고객들을 구체적으로 겨냥하여 광고를 전달할 수 있도록 해준다. 사용자들은 실시간으로 트윗을 볼 수 있고 아마도 새로운 단서들을 발견할 수 있게 될 것이다. 또한 사용자들은 여러 캠페인을 관리할 수 있으며, 또한 그것들을 비교함으로써 어떤 캠페인이 가장 높은 클릭 수를 기록했는지 그리고 클릭당 비용은 얼마나 들었는지를 파악할 수도 있다.

전사적 애플리케이션 속 비즈니스 인텔리전스

애플리케이션 벤더들은 관리자들이 사물인터넷(IoT) 데이터들을 포함하여 전사적 애플리케이션을 통해 생성되는 엄청난 양의 데이터들로부터 더욱 의미 있는 정보를 얻을 수 있도록, 비즈니스 인텔리전스 기능들을 강화시켜 왔다. SAP는 현재 자사의 전사적 애플리케이션들이 HANA 인메모리 컴퓨팅 기술 활용을 가능케 함으로써, 그 애플리케이션들이 훨씬 더 빠르게 복잡한 데이터들을 분석할 수 있는 역량을 갖추도록 만들었다. 즉, 유연한 보고서 작성, 비정기적 분석, 상호작용적 대시보드, what-if 시나리오 분석, 데이터 시각화, 머신러닝 등을 위한 도구들을 애플리케이션에 포함시킴으로써 운영 최적화를 위해 매우 큰 용량의 데이터들을 분석하고, 연결시키고, 예측하고, 추천사항들을 제공할 수 있는 능력을 갖추도록 했다. 예를 들어 SAP는 머신러닝과 신경망 애플리케이션을 만들었는데(제11장 참조), 이것은 정유산업에서 기계의 성능과 관련된 패턴들을 찾아준다. 이 소프트웨어는 자동적으로 기계 오류 가능성에 대한 통지를 생성하고 그것을 SAP Plant Maintenance 시스템에 전송하는데, 이 시스템은 계획을 수립하는 사람들이 기계 수리 및 대체 일정을 계획하는 데 사용되는 시스템이다(Franken, 2018). 주요 전사적 애플리케이션 벤더들은 그들 제품 중 상당 부분을 모바일 단말기에서 돌아가도록 제공하고 있다.

9-5 MIS는 내 경력에 어떤 도움이 되는가?

다음은 제9장과 이 책이 여러분이 제조관리 수습사원 일자리를 찾는 데 어떻게 도움이 되는지 설명한다.

회사

XYZ 글로벌 인더스트리얼 컴포넌트(Global Industrial Components)는 미시간 주에 본사를 둔 대기업으로 40개의 글로벌 제조 공장과 전 세계 4,000명 이상의 직원을 고용하고 있으며, 자사의 제조관리 프로그램을 이수한 내학 졸업생들에게 일자리를 개방하고 있다. 이 회사는 전 세계 자동차, 대형 트럭, 항공우주, 전기, 통신, 그리고 기타 산업을 대상으로 조임장치, 공구, 연결장치, 서스펜션 부품 등을 생산하고 있다.

직무 기술

이 회사의 제조관리 프로그램은 2년 단위로 운영되는 프로그램으로 최근 대학 졸업생들이 식물, 기술 및 기업 환경에서 중요한 기술과 산업 경험을 습득함으로써 미래 관리자가 될 수 있도록 육성하고 훈련하도록 설계되어 있다. 직무는 다음과 같다.

- ERP 및 JDA 제조시스템의 구현을 포함한 시스템 구현을 위해 사업부 및 프로젝트 팀과 협력
- 각 사업부의 비즈니스 프로세스 및 데이터 요구사항 이해
- 비즈니스 요구사항 분석 활동 지원 및 수행
- 조직의 기능 및 비즈니스 내역에 대한 변경사항을 추적하고 문서화
- 사용자 설명서, 지침서, 절차서 작성
- 구현 이후의 문제점 및 수정 요청에 대한 모니터링 및 문서화

직무 요구사항

- IT, MIS, 공학, 또는 관련 분야의 학사학위 또는 동등한 자격을 갖추고 있으며, GPA가 3.0 이상
- 마이크로소프트 오피스 제품군에 대한 입증된 능력
- 우수한 작문 및 구두 의사소통 능력
- 교육 환경 내외에서 성취한 입증된 실적
- 팀의 리더 역할 경험

인터뷰 질문

- 당신이 참여했던 팀 프로젝트에 대해 설명하라. 리더 역할을 했는가? 팀의 목표 달성을 돕기 위해 당신이 한 일은 정확히 무엇인가? 당신이 참여했던 프로젝트 중 IT 프로젝트가 있는가?
- ERP 또는 JDA 제조시스템에 대해 무엇을 알고 있는가? 그러한 시스템과 관련된 일을 해본 적이 있는가? 있다면 정확히 어떤 일을 했는가?
- 마이크로소프트 소프트웨어로 할 수 있는 작업들을 알려 달라. 어떤 도구를 사용해보았는가? 액세스와 엑셀을 사용할 줄 아는가? 이러한 도구들을 사용하여 어떤 종류의 문제들을 해결해 보았는가? 액세스나 엑셀에 관한 수업을 수강한 적이 있는가?

저자 조언

1. 회사, 업계, 그리고 직면한 문제의 유형에 대해 조사하라. 회사의 링크드인 페이지를 살펴보고 지난 12개월 동안의 게시물들을 읽어보라. 이 회사의 링크드인 게시물에서 어떤 주요 추세를 발견할 수 있는가?

2. 제9장의 전사적 애플리케이션에 관한 내용, 제13장의 시스템 개발에 관한 내용, 제14장의 IT 프로젝트 관리 및 구현에 관한 내용을 살펴보라.

3. 주요 IT 컨설팅 회사들이 제작한 유튜브 영상 중 제조기술 및 전사적 시스템 관련 최신 동향에 대해 논의하는 영상을 찾아서 시청하라.

4. 여러분이 업무를 수행할 때 마이크로소프트 도구들을 어떻게 사용하게 될지 그리고 어떤 엑셀 및 액세스 능력을 보여주기를 기대하는지 문의하라. 여러분이 이 소프트웨어로 수행했던 작업의 예를 들어보라. 여러분에게 부여된 업무를 수행하기 위해 이러한 도구들에 대해 모르는 것이 있으면 열심히 배우겠다는 의사를 표현하라.

5. 여러분의 분석능력과 프로젝트 경험을 보여줄 수 있는 예들을 글로 작성해보라.

요약

9-1 전사적 시스템은 기업의 운영 수월성 달성에 어떻게 도움이 되는가?

기업 소프트웨어는 통합된 소프트웨어 모듈들과 공유될 수 있는 중앙 데이터베이스를 기반으로 한다. 이 데이터베이스는 거의 모든 조직의 내부 비즈니스 활동들을 지원할 수 있는 수많은 애플리케이션에서 데이터를 수집하기도 하고, 이런 시스템들로 데이터를 제공하기도 한다. 새로운 정보가 하나의 프로세스를 통해 입력될 때, 이런 정보는 다른 비즈니스 프로세스들에서도 즉시 사용할 수 있게 된다.

전사적 시스템은 기업과 하나의 통합된 기술 플랫폼 전반을 통해 통일된 데이터 표준들과 비즈니스 프로세스들을 강요함으로써 조직의 중앙집중화를 지원한다. 전사적 시스템에 의해 생성된 전사적 데이터들은 관리자들이 조직 성과를 감시하는 데 도움을 준다.

9-2 공급사슬관리시스템은 계획수립, 생산, 물류에 있어 공급자들과 어떻게 협업할 수 있도록 해주는가?

공급사슬관리시스템은 공급사슬상의 구성원들이 언제 얼마만큼 구매, 생산, 배송할지에 관해 더 나은 의사결정을 할 수 있도록 공급사슬상 구성원들 간의 정보 흐름을 자동화시킨다. 공급사슬관리시스템에서 제공되는 더 정확한 정보는 불확실성과 채찍효과의 영향을 감소시킨다.

공급사슬관리 소프트웨어는 공급사슬계획을 위한 소프트웨어와 공급사슬실행을 위한 소프트웨어로 구분할 수 있다. 인터넷 기술은 상이한 국가들에 있는 조직들이 공급사슬 정보를 공유할 수 있도록 이들에 대한 연결성을 제공함으로써 글로벌 공급사슬에 대한 관리를 촉진한다. 또한 공급사슬 구성원들 간의 향상된 커뮤니케이션은 효율적인 고객 대응과 수요 주도 모델로의 이동을 촉진한다.

9-3 고객관계관리시스템은 기업의 고객 친밀성 달성에 어떻게 도움이 되는가?

고객관계관리(CRM)시스템은 고객에 대한 전사적인 관점을 제공하는 가운데 영업, 마케팅, 고객 서비스에 있어 고객과 대면하는 프로세스들을 통합하고 자동화한다. 기업들은 고객들과 상호작용할 때 이런 지식을 활용하여 고객들에게 더 나은 서비스를 제공하거나 새로운 제품 및 서비스를 판매할 수 있다. 또한 CRM 시스템은 수익성이 높은 고객과 그렇지 않은 고객을 식별하거나 가입 해지율을 감소시킬 수 있는 기회를 식별할 수 있다.

주요한 고객관계관리 소프트웨어 패키지들은 영업, 마케팅, 고객 서비스에 있어 고객 관련 프로세스들을 통합하고 운영적 CRM과 분석적 CRM 모두에 관한 기능들을 제공한다. 이러한 패키지들은 종종 판매 파트너들과의 관계를 관리하고[파트너관계관리(PRM)] 직원과의 관계를 관리하기 위한 모듈을 포함한다.

9-4 전사적 애플리케이션으로 인해 제기되는 도전과제들은 무엇이며, 전사적 애플리케이션은 새로운 기술을 어떻게 활용하고 있는가?

전사적 애플리케이션은 구현하기가 매우 어렵다. 이것들은 광범위한 조직 변화, 새로운 소프트웨어에 대한 대규모의 투자, 조직 성과 향상에 미치는 영향에 대한 신중한 평가를 요구한다. 만약 전사적 애플리케이션들이 결함 있는 프로세스들에서 구현되거나 성과 향상을 측정하기 위해 이런 시스템들을 어떻게 활용해야 할지 기업이 알지 못한다면, 그것들은 가치를 제공할 수 없다. 직원들은 새로운 절차와 역할들에 대한 준비 교육이 필요하다. 데이터 관리가 필수적이라는 점에 유의하라.

전사적 애플리케이션들은 웹서비스와 서비스 지향 아키텍처(SOA)를 이용하여 이제 더욱더 유연해지고 웹 가동성이 향상되었으며, 여타 시스템들과의 통합 능력이 강화되었다. 또한 전사적 애플리케이션들은 오픈소스 버전과 온디맨드 버전도 가지고 있으며, 클라우드 인프라나 모바일 플랫폼에서도 돌아갈 수 있다. CRM 소프트웨어들은 소셜 네트워킹 기능들을 추가함으로써 내부 협력을 향상시키고, 고객과의 상호삭용을 깊이 있게 만들고, 소셜 네트워킹 사이트들에서 나오는 데이터들을 활용할 수 있도록 해준다. 전사적 애플리케이션들은 대용량 데이터들을 분석할 수 있는 비즈니스 인텔리전스 기능들을 통합시켜 나가고 있다.

주요 용어

가입 해지율	분석적 CRM	채찍효과
고객 접점	소셜 CRM	파트너관계관리(PRM)
고객평생가치(CLTV)	수요 계획수립	푸시 기반 모델
공급사슬	영업자동화(SFA)	풀 기반 모델
공급사슬계획시스템	운영적 CRM	JIT 전략
공급사슬실행시스템	전사적 소프트웨어	
교차판매	직원관계관리(ERM)	

복습 문제

9-1 전사적 시스템은 기업의 운영 수월성 달성에 어떻게 도움이 되는가?
- 전사적 시스템을 정의하고 전사적 소프트웨어가 어떻게 작동하는지 설명하라.
- 전사적 시스템 기업에 어떻게 가치를 제공하는지 설명하라.

9-2 공급사슬관리시스템은 계획수립, 생산, 물류에 있어 공급자들과 어떻게 협업할 수 있도록 해주는가?
- 공급사슬을 정의하고 어떤 요소들을 가지고 있는지 설명하라.
- 공급사슬관리시스템이 채찍효과를 감소시키는 데 어떻게 도움이 되는지 그리고 기업에 가치를 어떻게 제공하는지 설명하라.
- 공급사슬과 관련하여 발생하는 이슈들을 기술하고 그 원인들에 대해서 설명하라.
- 공급사슬계획시스템과 공급사슬실행시스템을 정의하고 비교하라.
- 글로벌 공급사슬의 도전과제를 설명하고 기업은 인터넷 기술을 활용하여 공급사슬을 어떻게 더 잘 관리할 수 있는지 설명하라.
- 공급사슬관리에서 푸시 기반 모델과 풀 기반 모델 간의 차이점을 설명하고, 최신 공급사슬관리스템들은 풀 기반 모델을 어떻게 활용하고 있는지 설명하라.

9-3 고객관계관리시스템은 기업의 고객 친밀성 달성에 어떻게 도움이 되는가?
- 고객관계관리를 정의하고 고객관계가 오늘날 왜 그렇게 중요한지 설명하라.
- 파트너관계관리(PRM)와 직원관계관리(ERM)는 고객관계관리(CRM)와 어떤 관련이 있는지 설명하라.
- 판매, 마케팅, 고객 서비스를 위한 고객관계관리 소프트웨어의 도구와 기능을 설명하라.
- 운영적 CRM과 분석적 CRM 간의 차이점을 설명하라.

9-4 전사적 애플리케이션으로 인해 제기되는 도전과제들은 무엇 이며, 전사적 애플리케이션은 새로운 기술을 어떻게 활용하고 있는가?

- 전사적 애플리케이션들로 인해 발생하는 도전과제들을 열거하고 설명하라.
- 이러한 도전과제들을 어떻게 해결할 수 있는지 설명

하라.

- 전사적 애플리케이션들은 클라우드 컴퓨팅과 비즈니스 인텔리전스를 어떻게 활용하고 있는지 기술하라.
- 소셜 CRM을 정의하고, 고객관계관리시스템이 소셜 네트워킹을 어떻게 활용하고 있는지 설명하라.

토의 문제

9-5 공급사슬관리는 제품의 물리적 이동보다는 정보의 이동 을 관리하는 것이라 할 수 있다. 이 말의 의미에 대해 토 의하라.

9-6 만약 어떤 기업이 전사적 애플리케이션을 구축하고자 한 다면 사전조사를 충분히 하는 것이 좋다. 이 말의 의미에 대해 토의하라.

9-7 기업은 ERP, SCM, CRM 시스템 중 어떤 전사적 애플리 케이션을 가장 먼저 구축하는 것이 바람직한가? 여러분 의 대답에 대해 설명하라.

MIS 실습 과제

이 절의 프로젝트들을 통해 비즈니스 프로세스 통합을 분석하고, 공급사슬관리 및 고객관계관리 애플리케이션들을 제시하고, 데이 터베이스 소프트웨어를 이용하여 고객 서비스 요청을 관리하고, 공급사슬관리 서비스를 평가해볼 수 있는 경험을 해볼 수 있을 것 이다.

경영 의사결정 문제

9-8 토론토를 기반으로 하는 메르세데스-벤츠 캐나다는 55개의 딜러로 구성된 네트워크를 가지고 있는데, 고객들에 대해서는 충분 히 알고 있지 못했다. 딜러들은 간헐적으로 이 회사에 고객 데이터들을 제공해왔다. 메르세데스는 이 딜러들로 하여금 이러한 정보를 보고하도록 강요할 수 없었다. 딜러들로 하여금 이 회사와 정보를 공유하게 할 만한 실질적인 인센티브가 없었던 것이 다. CRM과 PRM 시스템들은 이러한 문제를 해결하는 데 어떻게 도움이 될 수 있겠는가?

9-9 오피스디포는 미국 시장과 해외 시장을 대상으로 매우 다양한 사무용품과 서비스를 판매하는 회사이다. 이 회사는 JIT 보충 방 식과 정교한 재고관리시스템을 통해 다른 소매업체들보다 더욱 저렴한 가격으로 다양한 사무용품들을 제공하려 노력하고 있 다. 이 회사는 수요예측시스템에서 나오는 정보와 판매시점(POS) 데이터를 활용하여 1,600여 개에 이르는 소매 점포들에 대해 재고를 보충하고 있다. 이 시스템들이 오피스디포가 비용과 이로 인한 손해를 최소화하는 데 어떻게 도움이 될 수 있는지 설명 하라. 그리고 오피스디포에 특별히 도움이 될 수 있는 다른 공급사슬관리 애플리케이션들은 어떤 것들이 있는지 파악하고 설명 하라.

의사결정 능력 개선 : 고객 서비스 요청관리를 위한 데이터베이스 소프트웨어 활용

소프트웨어 기술 : 데이터베이스 설계, 쿼리 및 리포팅
경영 기술 : 고객 서비스 분석

9-10 이 문제를 통해 여러분은 데이터베이스 소프트웨어를 이용하여 고객 서비스 요청들을 파악하고 우선적으로 조치를 받을 만한 고객을 식별하기 위해 고객 데이터들을 분석하는 애플리케이션을 개발하게 될 것이다.

프라임 서비스(Prime Service)는 뉴욕, 뉴저지, 코네티컷에서 1,200여 개에 이르는 회사들을 대상으로 유지보수 및 수리 서비스를 제공 하는 대형 서비스업체이다. 이 업체의 고객들을 보면 모든 규모의 회사들이 총망라되어 있다. 서비스 니즈를 가진 고객들은 난방배관,

깨진 유리창, 비가 새는 지붕, 파열된 수도관, 기타 파손물 수리 요청을 고객 서비스 부서에 전달한다. 이 회사는 각 요청에 대해 수작업을 통해 번호를 할당하고 그 번호와 더불어 고객에 대한 식별 번호, 서비스 요청 날짜, 수리가 필요한 설비 유형, 문제에 대한 간단한 설명을 기술한다. 서비스 요청들은 접수되는 순서에 따라 처리된다. 프라임은 서비스 작업이 완료된 후 작업비용을 계산하고, 서비스 요청 양식에 그 비용을 입력하고, 고객에게 청구서를 보낸다. 이러한 업무처리 순서는 가장 중요하고 수익성이 높은 고객, 즉 7만 달러 이상의 거래관계 고객에게도 작은 거래관계 고객과 동일하게 적용되고 있다. 경영진은 우수 고객에게 더 나은 서비스를 제공할 수 있는 방법을 찾고 싶어 한다. 또한 경영진은 서비스와 관련해서 가장 빈번히 발생하는 문제점이 무엇인지 알고 싶어 한다. 왜냐하면 이러한 문제점들을 제대로 해결하기 위해서는 필요한 자원을 적절히 보유하고 있는지 판단할 필요가 있기 때문이다.

프라임 서비스는 고객 계정 정보가 담긴 작은 데이터베이스가 있다는 가정하에, 여러분이 가지고 있는 데이터베이스 소프트웨어를 사용하여 프라임의 고객 서비스 담당자가 가장 중요한 고객들을 식별할 수 있도록 해주는 방안을 개발하라. 이 방안은 중요한 고객들이 서비스의 우선권을 가질 수 있도록 하는 데 초점을 맞추어라. 여러분의 방안은 1개 이상의 테이블을 필요로 할 것이다. 여러분의 데이터베이스에 최소한 10개 이상의 서비스 요청들을 입력하라. 우선순위가 가장 높은 고객 계정 리스트나 우선순위가 가장 낮은 고객 계정 리스트 또는 가장 빈번히 발생하는 서비스 요구사항들을 보여주는 리포트와 같이 경영진이 관심을 보일 만한 여러 가지 리포트를 생성하라. 어떤 고객 서비스 담당자가 어떤 서비스 요청에 대해 언제 처음 응대했는지를 보여주는 리포트도 생성하라.

운영 탁월성 성취 : 공급사슬관리 서비스 평가

소프트웨어 기술 : 웹브라우저 및 프레젠테이션 소프트웨어

경영 기술 : 공급사슬관리 서비스 평가

9-11 어떤 운송회사들은 제품을 한 장소에서 다른 장소로 운반하는 일 외에도 고객들에게 공급사슬관리 서비스들을 제공하고 고객들이 자신의 정보를 관리할 수 있도록 도움을 준다. 이 프로젝트에서 여러분은 웹을 이용하여 이와 같은 두 가지 서비스를 조사하고 평가하게 될 것이다. UPS 로지스틱스(USP Logistics)와 슈나이더 로지스틱스(Schneider Logistics) 웹사이트를 조사하고 이 회사들의 서비스가 공급사슬관리에 어떻게 활용될 수 있는지 알아보라. 그리고 나서 다음 질문에 답하라.

- 이 회사들의 공급사슬 프로세스들은 고객을 어떻게 지원할 수 있는가?
- 고객들은 회사 각각의 웹사이트의 공급사슬관리를 통해 어떤 도움을 받을 수 있는가?
- 이 두 회사의 공급사슬관리 서비스들을 비교하라. 어떤 회사가 여러분 회사의 공급사슬관리에 더욱 도움이 되겠는가? 왜 그런가?

협업 및 팀워크 프로젝트

전사적 애플리케이션 벤더 분석하기

9-12 3~4명이 한 팀을 이루어 웹을 통해 전사적 애플리케이션 소프트웨어 벤더 2개의 제품을 조사하고 평가하라. 여러분은 SAP와 오라클의 전사적 시스템, 또는 JDA 소프트웨어와 SAP의 공급사슬관리시스템, 또는 오라클과 세일즈포스닷컴의 고객관계관리 시스템을 비교해볼 수 있을 것이다. 이러한 회사들의 웹사이트로부터 여러분이 배운 것들을 활용하여, 여러분이 선택한 소프트웨어 제품들을 비즈니스 기능에 대한 지원, 기술 플랫폼, 비용, 사용 용이성 측면에서 비교하라. 여러분은 어떤 벤더를 선택하겠는가? 왜 그런가? 대기업뿐만 아니라 소기업(50~300명의 직원)에 대해서도 그 벤더를 선택하겠는가? 가능하면 구글 문서와 구글 드라이브 또는 구글 사이트를 이용해 여러분이 발견한 사항들을 토론하고 수업 시간에 발표할 자료를 준비하라.

클레멘스 푸드 그룹, 새로운 전사적 애플리케이션을 통해 제공하다
사례연구

클레멘스 푸드 그룹(Clemens Food Group)은 베이컨 및 기타 제품들에 대한 주부들의 선호도가 높은 것으로 유명하다. 펜실베이니아 주 하트필드에 위치한 클레멘스 푸드는 무항생제 돼지농장, 식량 생산, 물류 서비스, 운송과 같은 기능들을 수행하는 기업이다. 이 기업은 파트너들의 운영을 단순화하는 고급 솔루션뿐만 아니라 반응형 돼지고기 생산시스템을 사용하여 최고 품질의 제품을 파트너들에게 공급하는 데 중점을 두고 있다.

클레멘스 푸드 그룹의 서비스 및 브랜드 제품군에는 돼지고기 생산업체인 하트필드 퀄리티 미츠(Hatfield Quality Meats)와 닉스 소시지 컴퍼니(Nick's Sausage Company) 그리고 물류 및 운송회사인 PV 트랜스포트(PV Transport) 그리고 계약하에 돼지를 키우는 100개가 넘는 가족농장을 통해 돼지를 조달하고 생산하는 CFC 로지스틱스 컨트리 뷰 패밀리 팜스(CFC Logistics Country View Family Farms)가 포함된다. 클레멘스 푸드 그룹의 제품은 미국 북동부 및 중부 대서양지역의 식료품점 및 식품 서비스 운영자들에 의해 판매된다. 클레멘스 푸드 그룹은 매년 약 500만 마리의 돼지를 키우고 처리하는데, 이 과정에서 출생부터 최종 음식제품에 이르기까지의 조달, 생산, 물류 서비스를 관리한다. 클레멘스의 직원 수는 3,350명이다.

클레멘스 푸드와 같이 부패하기 쉬운 제품을 다루는 회사가 수익성을 유지하기 위해서는 주문의 적시성과 정확성을 확고히 파악하고 농장 및 생산시설에 대한 자사의 네트워크를 통해 제품 및 창고 활동 상태에 대한 매우 정확한 정보를 확보해야 한다. 급변하는 시장에서 수확량, 비용, 가격을 파악하는 데 있어 정확성은 수백만 달러의 차이를 만들어낼 수 있다. 그러나 불행히도 클레멘스 푸드의 레거시 시스템들은 더 이상 생산량의 증가속도를 따라잡을 수 없었으며 향후 성장을 지원할 수 없었다. 경영진은 이 회사가 생산에 대한 가시성을 높이고, 보다 효율적인 계획을 세우고, 약속 가능(available-to-promise, ATP; 고객 주문 문의에 대해 가능한 생산량과 전달 날짜를 생성하여 응답하는 것을 의미) 프로세스들을 더욱 강력하게 통제할 수 있는 새로운 플랫폼이 필요하다는 것을 깨달았다. 클레멘스 푸드는 또한 주문에 따른 일일 수익성을 포함하여 플랜트 수익성에 대한 실시간 정보를 원했다.

클레멘스 푸드는 2010년에 IT 인프라를 현대화하기 위한 5개년 계획을 수립했는데, 이것은 시스템들이 여러 비즈니스를 동시에 운영함에 있어 공급사슬을 최적화하고, 일정 계획 수립, 최적화, 이윤 가시화에 대한 기능을 향상시킬 수 있는 통합 플랫폼에 초점을 맞추었다. 이 계획은 클레멘스 푸드가 2014년 미시간 주 콜드워터 타운십에 51,097m²의 제3의 돼지고기 가공공장을 개발하겠다고 발표하면서부터 시작되었다. 클레멘스 푸드의 기존 ERP 시스템은 증가된 생산량과 다중 플랜트 복잡성을 처리할 수 있는 시스템으로 교체될 필요가 있었다.

클레멘스 푸드 그룹의 부사장인 조슈아 레넬스와 그의 팀은 새로운 기술을 광범위하게 연구했다. 핵심 요구사항은 부패하기 쉬운 식품 산업에서 유용한 역할을 할 수 있는 입증된 최고의 기술을 사용하는 것이었다. 부패하기 쉬운 제품 판매로 인해 시장 변동성과 내재된 위험이 존재하는 경우 생산량과 비용에 대한 정확한 정보가 특히 중요하다. 클레멘스 푸드는 SAP 소프트웨어가 회사가 성장 목표를 달성하고 조직 경계를 넘어 완전히 통합된 최첨단 시스템과 데이터를 공유할 수 있도록 해주는 최고의 솔루션이라고 믿었으며, 레넬스는 SAP S/4HANA 플랫폼이 향후 15년 동안은 중요한 업그레이드가 필요하지 않을 것이라 믿었다.

SAP S/4HANA는 SAP HANA 인메모리 컴퓨팅 플랫폼을 기반으로 하는 비즈니스 스위트이다. 그것은 기업의 모든 일상 프로세스를 다루는 전사적자원관리 소프트웨어를 특징으로 하며, 또한 고객관계관리, 공급업체관계관리, 공급사슬관리를 위한 SAP 비즈니스 스위트 제품의 일부를 포함하고 있다. SAP S/4HANA는 사내, 클라우드, 하이브리드 컴퓨팅 플랫폼들에서 사용할 수 있다.

클레멘스 푸드는 새로운 시스템을 점진적으로 구현해 나가는 대신, SAP S/4HANA Finance를 자재관리 및 생산계획 기능들과 함께 전사를 대상으로 한 포괄적 '빅뱅' 접근방식으로 구현하기로 결정했다. 이 새로운 시스템은 콜드워터 플랜트의 개장 시점에 맞춰 운영될 필요가 있었다. 레넬스에 따르면 클레멘스 푸드는 15년 전에 이미 이전 ERP 구현에 단계적 접근방식을 사용한 적이 있었다. 이 시스템을 오픈하는 데는 여러 해가 걸렸고 상당히 부담스러운 맞춤화 과정을 겪어야 했다. 클레멘스 푸드가 SAP S/4HANA로 이전할 때 기존의 ERP 시스템은 70개 이상의 애플리케이션과 연결되어 있었다. 콜드워터 플랜트를 가동하기 위해서는 빅뱅 방식을 사용하는 것이 유일한 방법이었다.

클레멘스 푸드는 부패하기 쉬운 제품들을 다루기 때문에 생산 또는 운송 기능의 중단을 피하는 것이 중요했고, 이를 위해 새로운 시스템은 가동될 때 마스터 데이터를 확보해야 했다(마스터 데이터는 고객, 직원, 재고, 또는 공급업체에 대한 데이터와 같이 핵심 비즈니스 운영에서 핵심적인 역할을 하며, 일반적으로 조직 전반에 걸쳐 다수의 사용자들과 그룹들에 의해 공유된다). 클레멘스 푸드의 레거시 시스템의 마스터 데이터들은 테스트에서 상당수의 결함을 보였다. 클레멘스 푸드는 엄격한 마스터 데이터 정제 노력이 필요했다.

클레멘스 푸드는 마스터 데이터 및 기타 이전 문제를 해결하기 위해 아이텔리전스 그룹(itelligence Group)의 구현 컨설턴트를 선택했다. 아이텔리전스 그룹은 25년 이상의 경험을 가진 글로벌 SAP 플래티넘 파트너이다. 이 회사는 구현 컨설팅에서부터 고객을 위한 관리형 서비스들을 광범위하게 제공한다. 클레멘스 푸드 그룹은 아이텔리전스가 신선하고 가공된 육류를 포함한 SAP의 식품 관련 지식과 경험을 가지고 있다는 점에서 아이텔리전스를 파트너로 선정했다. 아이텔리전스 그룹은 클레멘스가 이용할 수 있는 독점적인 돼지 구매(Hog Procurement) 솔루션을 보유하고 있어서 비즈니스 중단을 최소화하면서도 시간과 예산에 맞춰 프로젝트를 수행할 수 있었다.

아이텔리전스 그룹은 다른 육류 가공회사를 대상으로 유사한 대규모 구현 프로젝트를 수행한 경험이 있다. 레넬스는 아이텔리전스가 비즈니스 프로세스 전문가로서 클레멘스 푸드가 수행했던 방식을 재검토해주기를 원했다. 클레멘스 푸드는 수정, 예산관리, 전체 테스트 주기, 그리고 구현 철학에 대해 아이텔리전스의 제안을 따랐다.

아이텔리전스의 특히 유용한 프로젝트 지침 중 하나는 프로젝트 참여자들은 IT 프로젝트를 구현이 아닌 비즈니스에 의해 주도되는 것으로 봐야 한다는 것이었다. 클레멘스 푸드는 IT 주도형 프로젝트로 시작했지만, 5개월 후에는 내부의 비즈니스 리더가 프로젝트 리더가 되었다. 이러한 변경으로 인해 프로젝트팀은 모든 다른 테스트 단계에서 보다 객관적일 수 있었다. 일련의 테스트가 수행된 후에 각 테스트는 프로젝트를 비즈니스 프로세스 개선으로 바라보는 주요 팀 멤버들로부터 객관적인 점수를 받았다. 이들은 과거 어느 부분이 테스트에서 문제가 있었는지를 알기 위해서는 시스템이 가동될 때까지 기다려야 했지만, 이제는 직접 테스트에

참여함으로써 최종 목표 시스템에 더 가까이 다가갈 수 있게 되었다. 또한 시스템을 업데이트할 때에도 비즈니스 쪽 멤버들을 동등한 파트너로 포함시켰는데, 이는 사후에 추가적인 맞춤화를 피하는 데 도움이 되었다.

2017년 5월, 콜드워터 설비가 가동되기 3개월 전 2개의 클레멘스 푸드의 생산공장이 SAP S/4HANA로 가동되기 시작했다. 비즈니스 중단은 없었다. 이 회사는 생산 또는 운송 기능의 중단을 피하기 위해 생산 중지 시간 계획을 미리 마련함으로써 운송 또는 조달과 관련된 모든 문제를 해결하였는데, 이를 통해 이 회사의 운송 및 조달은 콜드워터 플랜트의 주요 유통체계와 잘 결합될 수 있었다. 또한 생산 중지 계획을 통해 테스트에서 발견될 가능성이 있는 모든 마스터 데이터의 결함을 미리 정리할 수 있었고, 마스터 데이터가 시스템이 실제로 가동되기 전에 제자리에 있도록 만들 수 있었다. 경영진은 새로운 시스템을 안정화하는 데 약 6개월이 소요될 것으로 예상했는데, 이는 정확하게 들어맞았다.

육류 가공 산업에서의 판매 예측은 부패하기 쉬운 제품, 원료 부산물, 계절성과 같은 고려사항들로 인한 다양한 변수 때문에 나름대로의 고유한 어려움이 있다. 클레멘스 푸드는 기존 시스템을 사용할 때 목요일마다 이전 주별 판매량을 보여주는 보고서들을 작성했었다. 당시 실제 수익성에 대한 정보는 바로 제공되지 못했었다. 그러나 이제 이 회사는 청구서별로 수익성을 측정할 수 있으며, 각 주문의 수익성을 즉시 알 수 있다. 부패하기 쉬운 식품 사업에서는 가격이 매일 바뀌므로, 실시간으로 수익성 정보를 파악하는 것이 중요하다는 것은 아무리 강조해도 지나치지 않을 것이다.

새로운 시스템으로부터 심층적인 통찰력과 가시성을 얻을 수 있게 된 점은 고객 서비스 향상으로 이어졌다. 클레멘스 푸드는 SAP S/4HANA를 통해 약속 가능 프로세스를 실행하고 회사의 창고관리시스템과의 통합 운영을 통해 전화주문 고객에게 재고 여부를 바로 확인해줄 수 있다. 돼지고기 산업에서 이러한 일은 매우 복잡한 작업일 수 있는데, 왜냐하면 한 마리의 돼지는 수많은 부산물로 나뉠 수 있기 때문이다. 클레멘스 푸드는 SAP S/4HANA를 구현하기 전에는 주문에 대해 배송 준비가 완료되는 시점이 되어야 비로소 고객에게 이와 동일한 확인을 해줄 수 있었다.

클레멘스 푸드는 새 시스템이 일단 완전히 안정화되고 나면 SAP HANA Live를 기존 SAP BusinessObjects Business Intelligence 스위트와 함께 사용하여 보고서 제공 기능을 업그레이드할 계획이다. 이 회사는 이제 하나의 '진정한 원천'을 보유하고 있으며 통합된 데이터들을 가지고 있지만, 과거

에는 여러 시스템에 분산된 유사한 데이터들을 처리해야 했었다. 클레멘스 푸드는 하나의 진정한 원천과 사람들의 손끝에 정보를 제공할 수 있는 기능을 통해 대시보드를 생성하고 보고서를 이전보다 훨씬 간단하게 만드는 데 집중하고 있다.

출처 : Ken Murphy, "Clemens Food Group Corrals the Power of the Digital Core," *SAP Insider*, January 24, 2018; www.itelligencegroup. com, accessed March 27, 2018; "Clemens Food Group LLC," www. vault.com, accessed March 27, 2018; and www.clemensfoodgroup. com, accessed March 27, 2018.

사례연구 문제

9-13 클레멘스 푸드 그룹에게 공급사슬관리는 왜 그렇게 중요한가?

9-14 이 회사는 어떤 문제점에 직면했었는가? 이 문제에는 어떤 경영, 조직, 기술 요소들이 원인이 되었는가?

9-15 SAP S/4HANA는 클레멘스 푸드 그룹에게 유용한 솔루션이었는가? 여러분의 대답에 대해 설명하라.

9-16 클레멘스 푸드 그룹에서 SAP S/4HANA를 구현하기 위해 다루어야 했던 경영, 조직, 기술 이슈들은 무엇인가?

참고문헌

Bowers, Melissa R., Adam G. Petrie, and Mary C. Holcomb." Unleashing the Potential of Supply Chain Analytics." MIT Sloan Management Review (Fall 2017).

Bozarth, Cecil, and Robert B. Handfield. *Introduction to Operations and Supply Chain Management*, 5th ed. (Upper Saddle River, NJ: Prentice-Hall, 2019).

D'Avanzo, Robert, Hans von Lewinski, and Luk N. van Wassenhove. "The Link Between Supply Chain and Financial Performance." *Supply Chain Management Review* (November 1, 2003).

Davenport, Thomas H. *Mission Critical: Realizing the Promise of Enterprise Systems.* (Boston: Harvard Business School Press, 2000).

Franken, Govert. "SAP AI: Machine Learning in Oil and Gas." blogs.sap.com, accessed April 11, 2018.

Fruhlinger, Josh, and Thomas Wailgum. "15 Famous ERP Disasters, Dustups and Disappointments." *CIO* (July 10, 2017).

Hitt, Lorin, D. J. Wu, and Xiaoge Zhou. "Investment in Enterprise Resource Planning: Business Impact and Productivity Measures." *Journal of Management Information Systems* 19, No. 1 (Summer 2002).

Hu, Michael, and Sean T. Monahan. "Sharing Supply Chain Data in the Digital Era." *MIT Sloan Management Review* (Fall 2015).

Kitchens, Brent, David, Dobolyi, Jingjing Li, and Ahmed Abbasi. "Advanced Customer Analytics: Strategic Value Through Integration of Relationship-Oriented Big Data." *Journal of Management Information Systems* 35, No. 2 (2018).

Klein, Richard, and Arun Rai. "Interfirm Strategic Information Flows in Logistics Supply Chain Relationships." *MIS Quarterly* 33, No. 4 (December 2009).

Laudon, Kenneth C. "The Promise and Potential of Enterprise Systems and Industrial Networks." Working paper, The Concours Group. Copyright Kenneth C. Laudon (1999).

Lee, Hau L., V. Padmanabhan, and Seugin Whang. "The Bullwhip Effect in Supply Chains." *Sloan Management Review* (Spring 1997).

Liang, Huigang, Zeyu Peng, Yajiong Xue, Xitong Guo, and Nengmin Wang. "Employees' Exploration of Complex Systems: An

Integrative View." *Journal of Management Information Systems* 32, No. 1 (2015).

Maklan, Stan, Simon Knox, and Joe Peppard. "When CRM Fails." *MIT Sloan Management Review* 52, No. 4 (Summer 2011).

Malik, Yogesh, Alex Niemeyer, and Brian Ruwadi. "Building the Supply Chain of the Future." *McKinsey Quarterly* (January 2011).

Nadeau, Michael. "ERP Heads for the Cloud." *CIO* (September 20 2016).

_____. "Hybrid ERP Matures as Companies Develop Better Strategies." *CIO* (February 22, 2017).

Oracle Corporation. "Alcoa Implements Oracle Solution 20% Below Projected Cost, Eliminates 43 Legacy Systems." www. oracle.com, accessed August 21, 2005.

Panorama Consulting Solutions. "2018 ERP Report" (2018).

Rai, Arun, Paul A. Pavlou, Ghiyoung Im, and Steve Du. "Interfirm IT Capability Profiles and Communications for Cocreating Relational Value: Evidence from the Logistics Industry." *MIS Quarterly* 36, No. 1 (March 2012).

Ranganathan, C., and Carol V. Brown. "ERP Investments and the Market Value of Firms: Toward an Understanding of Influential ERP Project Variables." *Information Systems Research* 17, No. 2 (June 2006).

Sarker, Supreteek, Saonee Sarker, Arvin Sahaym, and Bjørn-Andersen. "Exploring Value Cocreation in Relationships Between an ERP Vendor and Its Partners: A Revelatory Case Study." *MIS Quarterly* 36, No. 1 (March 2012).

Seldon, Peter B., Cheryl Calvert, and Song Yang. "A Multi-Project Model of Key Factors Affecting Organizational Benefits from Enterprise Systems." *MIS Quarterly* 34, No. 2 (June 2010).

Sodhi, ManMohan S., and Christopher S. Tang. "Supply Chains Built for Speed and Customization." *MIT Sloan Management Review* (Summer 2017).

Strong, Diane M., and Olga Volkoff. "Understanding Organization-Enterprise System Fit: A Path to Theorizing the Information Technology Artifact." *MIS Quarterly* 34, No. 4 (December 2010).

Sykes, Tracy Ann, Viswanath Venkatesh, and Jonathan L. Johnson. "Enterprise System Implementation and Employee Job

Performance: Understanding the Role of Advice Networks." *MIS Quarterly* 38, No. 1 (March 2014).

Tate, Wendy L., Diane Mollenkopf, Theodore Stank, and Andrea Lago da Silva. "Integrating Supply and Demand." *MIT Sloan Management Review* (Summer 2015).

Thibodeau, Patrick. "Office Depot Says 'No' to Oracle ERP Cloud Customizations." *TechTarget* (February 1, 2018).

Tian, Feng, and Sean Xin Xu. "How Do Enterprise Resource Planning Systems Affect Firm Risk? Post-Implementation Impact." *MIS Quarterly* 39, No. 1 (March 2015).

"Top 5 Reasons ERP Implementations Fail and What You Can Do About It." Ziff Davis (2013).

Van Caeneghem, Alexander, and Jean-Marie Becquevort. "Turning on ERP Systems Can Turn Off People." *CFO* (February 5, 2016).

Wailgum, Thomas. "What Is ERP? A Guide to Enterprise Resource Planning Systems." *CIO* (July 27, 2017).

Wong, Christina W. Y., Kee-Hung Lai, and T. C. E. Cheng. "Value of Information Integration to Supply Chain Management: Roles of Internal and External Contingencies." *Journal of Management Information Systems* 28, No. 3 (Winter 2012).

Zhang, Jonathan Z., George F. Watson IV, and Robert W. Palmatier. "Customer Relationships Evolve—So Must Your CRM Strategy." *MIT Sloan Management Review* (May 1, 2018).

10 전자상거래 : 디지털 시장, 디지털 제품

학습목표

이 장을 마치고 나면 다음 질문에 답할 수 있다.

10-1 전자상거래의 고유한 특성, 디지털 시장, 디지털 제품은 무엇인가?

10-2 전자상거래의 주요 비즈니스 모델과 수익 모델로는 어떤 것들이 있는가?

10-3 전자상거래는 마케팅을 어떻게 변화시켰는가?

10-4 전자상거래는 B2B 거래에 어떤 영향을 미쳤는가?

10-5 비즈니스에서 m-커머스의 역할은 무엇이고, 가장 중요한 m-커머스 애플리케이션은 무엇인가?

10-6 전자상거래 공간을 구축할 때 해결해야 할 이슈는 무엇인가?

10-7 MIS는 내 경력에 어떤 도움이 되는가?

이 장의 사례

- 유튜브, 미디어의 지평을 바꾸다
- 우버, 디지털 파괴자
- 고객과의 '소셜라이징'
- 내스티 갤의 고난스러운 결말

유튜브, 미디어의 지평을 바꾸다

유튜브(YouTube)에 게시된 첫 번째 영상은 2005년 샌디에이고 동물원 창립자 중 한 명이 코끼리 우리 앞에서 찍은 19초짜리의 짧은 동영상이었다. 이 온라인 동영상 공유 서비스가 세계에서 매달 18억 명 이상의 사용자들이 시청하는 두 번째로 인기 있는 웹사이트로 급성장할 것이라고 감히 누가 상상이나 했겠는가? 현재 전 세계 유튜브 사용자들은 하루에 50억 개 이상의 동영상을 시청하고 있다. 그리고 유튜브에는 매분 300시간 분량의 동영상들이 올라오고 있다.

유튜브에서 사용자들은 동영상을 보고, 평가하고, 공유하고, 즐겨찾기에 추가하고, 신고하고, 댓글을 달 수 있으며, 다른 사용자의 동영상 채널을 구독할 수도 있다. 수많은 사람들이 자신의 아이나 개 또는 고양이가 성장해 나가는 모습을 열심히 동영상으로 올리고 있지만, 유튜브는 주요 영화 및 TV 쇼의 클립, 뮤직 비디오, 스포츠 동영상, 브랜드 홍보 동영상, 집 수리, 원예 및 컴퓨터 문제 해결에 관한 수많은 '방법' 등 훨씬 더 많은 동영상을 제공하고 있다. 대부분의 유튜브 콘텐츠는 개인이 올린 것들이지만 CBS, BBC, 베보, 홀루와 같은 미디어 회사들도 유튜브와의 파트너십 프로그램에 따라 자신들 콘텐츠의 일부를 유튜브에 올리고 있다.

© Bloomicon/Shutterstock

유튜브는 동영상 콘텐츠 및 사용자의 행동을 추적하기 위해 매우 큰 데이터베이스를 유지관리하고 있다. 유튜브는 여기에 있는 데이터들을 정성들여 채굴함으로써 사용자들이 더 오래 시청하도록 유도하는 맞춤형 동영상을 각 사용자에게 추천하고 있다. 유튜브에는 수많은 시청자들이 밀착되어 있는데, 이는 마케팅 담당자에게 금광이다. 그리고 유튜브에서 콘텐츠는 분 단위로 계속해서 늘어나고 있으며, 유튜브 조회수의 절반 이상은 휴대용 기기에서 발생하고 있다.

유튜브는 2006년 구글에 매각되었는데, 전 세계 인터넷 검색의 약 80%를 처리하고 있는 구글의 엄청난 영역으로부터 상당한 혜택을 누리고 있다. 유튜브 수익은 사이트 콘텐츠 및 잠재 고객을 대상으로 동영상에 수반되어 제공되는 광고에서 발생한다. 또한 유튜브는 구독 기반 프리미엄 채널, 영화 대여 서비스를 제공하고 있으며, 자신의 웹사이트와 특정 독점 콘텐츠를 광고 없이 볼 수 있는 '유튜브 레드(YouTube Red)'라는 구독 서비스도 제공하고 있다. 이 시점에서 유튜브가 실제로 수익성이 있는지 확실하지 않다. 전문가들은 유튜브를 운영하고 유지하는 데 드는 연간 비용이 60억 달러를 초과할 것으로 믿고 있다.

한때 해적판 비디오의 자석으로 알려진 유튜브는 할리우드와 연예계에서 받아들여져 왔다. 거의 모든 영화 예고편 또는 뮤직 비디오가 유튜브에서 출시되고 있으며, 모든 주요 스포츠팀들도 하이라이트 영상들을 올리고 있고, 방송 네트워크들은 토크쇼 진행자인 제임스 코든의 '카풀 가라오케(Carpool Karaoke)' 시리즈처럼 공유할 수 있는 동영상으로 기존의 방송 프로그램을 보완하고 있다. 유튜브는 주요한 엔터테인먼트 사이트가 되었으며, 미디어 지형을 한층 더 변화시키고 있다.

유튜브는 실시간 TV 방송은 시청하지만, 케이블 TV나 위성 TV는 포기하려는 소비자를 타깃으로 하는 서비스 제공에 합류했다. 2017년 초 유튜브는 유튜브 TV라는 구독 서비스를 발표했다. 이 서비스는 월 40달러에 FX, ESPN, 디즈니 채널과 같은 주요 방송사들을 포함하여 60개 이상의 채널들을 제공해주고, 그뿐만 아니라 최대 6개의 계정을 대상으로 클라우드 기반 디지털 동영상 기록 장치에 무제한으로 프로그램들을 저장할 수 있는 기능까지도 제공해준다. 유튜브 TV 가입자들은 PC, 태블릿, 스마트폰, 대형 스크린 TV를 포함하여 어떠한 플랫폼에서도 콘텐츠를 시청할 수 있다.

이 모든 TV 콘텐츠의 구입비용을 고려할 때 구글은 유튜브 TV 구독 수익을 많이 올리지 못할 수도 있다. 그래도 구글은 아직까지는 괜찮은데, 왜냐하면 유튜브 TV를 이용하여 TV 광고 시장에 진출하여 기존엔 케이블 사업자에게 돌아갔던 타깃 광고 기회를 판매하고 있기 때문이다. 장기적으로 이러한 비즈니스는 중요할 수 있는데, 미국에서 매년 TV 광고에 약 700억 달러나 쓰고 있기 때문이다.

출처 : David Pierce, "Why You Should Cut Cable — and What You'll Miss," *Wall Street Journal*, February 14, 2018; Douglas MacMillan, "Investors Want More Transparency about YouTube's Sales, Profit," *Wall Street Journal*, April 10, 2018; "37 Mind Blowing YouTube Facts, Figures and Statistics — 2018," *MerchDope*, August 4, 2018; www.tv.youtube.com, accessed July 30, 2018; Jack Nicas, "YouTube Tops 1 Billion Hours of Video a Day, on Pace to Eclipse TV," *Wall Street Journal*, February 27, 2017; Jack Nicas and Shalini Ramachandran, "Google's YouTube to Launch $35-a-Month Web-TV Service," *Wall Street Journal*, February 28, 2017; and Peter Kafka and Rani Molla, "2017 Was the Year Digital Ad Spending Finally Beat TV," *Recode*, December 4, 2017.

유튜브는 오늘날 전자상거래의 주요 동향 중 일부를 보여준다. 유튜브는 제품을 판매하는 것이 아니라 혁신적인 서비스를 판매하는데, 다른 전자상거래 기업들도 이러한 방향으로 점점 더 많은 노력을 기울이고 있다. 유튜브 서비스는 스트리밍 동영상 콘텐츠를 무료(광고 지원에 의한)로 또는 구독을 통해 제공하고 있으며, 사용자가 자신의 동영상을 업로드하고 저장할 수 있도록 해주고 있다. 유튜브는 고급 데이터마이닝 및 검색기술을 사용하여 광고 수익을 창출한다. 유튜브는 '사회적' 특성을 가지고 있는데, 즉 사람들이 동영상으로 관심사와 매력 공유를 통해 서로 연결될 수 있도록 해준다. 또한 유튜브는 모바일 특성을 가지고 있다. 즉, 사용자들은 기존 컴퓨터와 TV 화면에서뿐만 아니라 스마트폰과 태블릿에서도 유튜브를 볼 수 있는데, 유튜브 시청의 절반 이상이 모바일 기기상에서 이루어지고 있다.

다음 도표는 도입 사례와 이 장에서 제기된 주요 주제를 환기시킨다. 유튜브의 주요 도전과제는 시청자들에게 제공하는 수많은 스트리밍 동영상을 통한 수익 창출을 위해 인터넷과 검색 및 데이터마이닝 기술의 새로운 발전에 의해 제공되는 기회들을 어떻게 활용할 것인가이다. 분명히 유튜브는 동영상 업로드 및 다운로드, 거대한 동영상 및 사용자 데이터베이스, 이미지 태그 지정, 소셜 네트워킹 도구를 지원하기 위해 기술에 큰 투자를 해야 했다. 유튜브는 동영상 시청자들을 타깃으로 한 광고들로부터 그리고 새로운 주요 TV 채널을 포함한 스트리밍 콘텐츠 서비스 구독으로부터

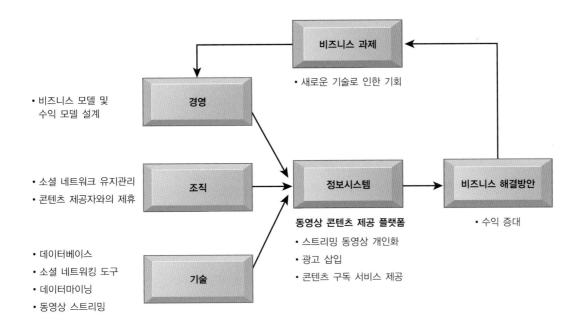

수익을 창출하고 있다. 유튜브가 장기적으로 수익성을 달성해 왔는지는 확실하지 않지만, 구글에게는 또 하나의 광고 수단으로 매우 가치가 있다.

다음의 몇 가지 질문에 대해 생각해보자. 유튜브가 가치를 제공하는 방법은 무엇인가? 유튜브를 운영하는 데 비용이 많이 드는 이유는 무엇인가? 유튜브는 성공 가능한 비즈니스 모델인가? 왜 그런가, 혹은 왜 그렇지 않은가?

10-1 전자상거래의 고유한 특성, 디지털 시장, 디지털 제품은 무엇인가?

2019년 스마트폰, 태블릿, 데스크톱 컴퓨터를 통한 온라인 제품 및 서비스 구매는 도처에서 이루어졌다. 2019년 미국에서 온라인 쇼핑몰을 방문한 고객은 2억 2,400만 명으로 추산되며(인터넷 인구의 약 92%), 전 세계의 수많은 사람들이 그리했듯이 1억 9,500만 명은 온라인으로 무엇인가를 구매했다. 아직도 전통적인 채널을 통해 구매가 이루어지고 있긴 하지만, 전자상거래는 계속해서 급속하게 커지고 있으며 많은 기업들의 비즈니스 방식을 바꾸어 가고 있다(eMarketer, 2018h). 전자상거래의 주요 영역은 소매제품, 여행 및 서비스, 온라인 콘텐츠, 이렇게 세 가지로 구분될 수 있다. 2019년, 전자상거래를 통한 제품(5,980억 달러), 여행 및 서비스(2,130억 달러), 온라인 콘텐츠(230억 달러)에 대한 매출액을 모두 합치면, 약 8,300억 달러에 이른다. 소매제품 판매만 따져보면 5조 9,000억 달러의 미국 소매시장 규모에서 약 11%의 비중을 차지하는데, 그 성장률은 매년 12%에 달하고 있다(이는 전통적인 소매 판매가 연 3.3%의 증가율을 보인 것과는 대조적이다)(eMarketer, 2018e; 2018c). 전자상거래는 소매 판매 규모는 물리적 매장에서 이루어지는 소매제품 판매에 비하면 여전히 적은 부분에 불과하다. 그러나 전자상거래는 데스크톱 및 가정용 컴퓨터로부터 모바일 단말기로, 독자적인 거래로부터 새로운 소셜 커머스로, 그리고 전국적인 고객망을 갖춘 **포춘 1,000대 기업**으로부터 자신의 위치가 모바일 단말기에 알려진 지역 상인들과 소비자들로 확장되어 가고 있다. 상위 100개의 전자상거래 소매 사이트들에서는 온라인 쇼퍼들의 반 이상이 스마트폰을 통해 들어오며, 현재 전자상거래 매출의 48%는 모바일로, 52%는 데스크톱으로 이루어지고 있다. 2019년의 전자상거래를 이해하는 데 필요한 키워드는 '소셜, 모바일, 로컬'이다(eMarketer, 2018d).

오늘날의 전자상거래

전자상거래(e-commerce)는 인터넷과 웹을 이용한 거래를 의미한다. 더 정확하게 말하면 조직과 개인 간에 디지털 방식으로 수행되는 상거래 활동이다. 대부분의 전자상거래는 인터넷과 웹상에서 일어나는 거래를 의미한다. 상거래는 조직이나 개인 간에 제품이나 서비스에 대한 가치(예 : 돈)를 교환하는 것이다.

전자상거래는 1995년에 시작되었는데, 이 시기는 초기 인터넷 포털 중 하나인 넷스케이프닷컴(Netscape.com)이 주요 기업들의 광고를 게재하고, 웹이 광고나 판매를 위한 새로운 매체로 사용될 수 있다는 생각이 보편화되기 시작하던 무렵이었다. 당시에는 소매 전자상거래가 1년에 2~3배로 급속하게 성장할 것이라고는 아무도 예측하지 못했다. 전자상거래는 2008~2009년 경기 침체기 전까지는 두 자릿수의 비율로 성장했다. 2009년 전자상거래 수익은 수평 걸음을 했는데(그림 10.1 참조), 이는 전통시장의 소매 판매가 매년 5%씩 감소하고 있던 당시의 추세를 고려하면 그리 나쁜 상황은 아니었다. 그 이후 오프라인 소매 판매는 1년에 몇 퍼센트씩밖에 증가하지 못했던 반면, 온라인 전자상거래는 대성공을 거두어 왔다.

전자상거래 초기의 매우 급속한 성장은 전자상거래 주식시장에서 거품을 만들어냈는데, 그 거품은 2001년 3월 마침내 터지고 말았다. 많은 전자상거래 업체들이 이 과정에서 망했다. 그럼에도 불구하고 아마존, 이베이, 익스피디아, 구글과 같은 다수의 기업들은 치솟는 수익, 이윤 창출에 유리한 잘 조율된 비즈니스 모델, 주식가격 상승 등과 같은 긍정적인 결과들을 보였다. 2006년 전자상거래 수익은 견고한 성장으로 돌아섰고, 미국, 유럽, 아시아에서 가장 빠르게 성장하는 소매거래 형태가 되었다.

- 온라인 소비자 매출액(여행 및 디지털 콘텐츠를 포함하여)은 2019년 8,300억 달러로 성장할 것으로 추정되었는데, 이는 온라인 구매자가 1억 9,500만 명에 이르고, 여기에 추가적으로 쇼핑 및 정보를 수집한(구매는 하지 않고) 사람들이 2억 2,400만 명에 이르렀던 2018년에 비해 12% 이상 증가한 수치이다(eMarketer, 2017b). 인터넷은 물리적 매장에서 발생되는 소매거래에 2조

그림 10.1 전자상거래의 성장

소매 전자상거래 수익은 일시적인 후퇴를 보였던 2008~2009년까지 매년 15~25%가량 성장했다. 2018년 전자상거래 수익은 연 12%의 성장을 이룬 것으로 추정된다.

출처 : eMarketer, "US Retail Ecommerce Sales, 2018-2022," 2018c; eMarketer, "US Digital Travel Sales, 2018-2022," 2018a; and eMarketer chart, "US Mobile Downloads and In-App Revenues, 2013-2017," 2017a.

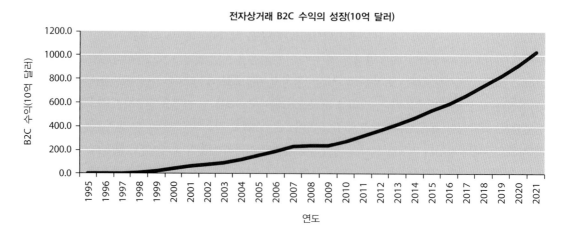

달러 이상의 영향을 미치고 있는데, 이는 전체 소매 매출액의 약 40%에 해당한다.

- 미국의 온라인 고객 수는 2004년에는 1억 4,700만 명이었던 것이 2018년에는 2억 7,900만 명으로 증가했다. 이제는 세계에서 37억 명 이상이 인터넷에 접속하고 있다. 인터넷 인구의 증가는 전자상거래 성장을 급격하게 촉진시켰다(Internet World Stats, 2018).
- 2018년, 약 1억 600만 세대의 가구가 인터넷 접속을 위해 광대역 통신망을 이용하고 있는데, 이는 모든 가구의 82%에 해당된다.
- 2019년, 약 2억 3,200만 명의 미국인이 같은 스마트폰을 이용하여 인터넷에 접속하고 있다. 모바일 전자상거래는 앱, 벨소리, 다운로드 엔터테인먼트, 위치 기반 서비스 등을 기반으로 급속하게 증가하기 시작했다. 모바일 전자상거래는 2019년 약 2,670억 달러로, 전체 전자상거래의 44%에 이른다. 모바일폰과 태블릿은 가장 보편적인 인터넷 접속 기기가 되어 가고 있다. 모바일폰 사용자들은 데스크톱을 가지고 있지만, 모든 모바일폰 사용자의 80% 이상은 모바일폰을 이용하여 인터넷에 접속하고 있다(eMarketer, 2018b).
- B2B 전자상거래(인터넷을 이용한 기업 간 상거래와 비즈니스 파트너 간의 협업) 규모는 7조 7,000억 달러 이상으로 증대되었다. 표 10.1은 이와 같이 새로운 전자상거래의 발전 양상들을 보여주고 있다.

새로운 전자상거래 : 소셜, 모바일, 로컬

오늘날 전자상거래의 가장 큰 변화는 소셜, 모바일, 로컬과 같은 특성이 강해진다는 점이다. 온라인 마케팅은 크게 기업의 웹사이트를 구축하고, 야후로 하여금 디스플레이 광고를 게시하도록 하며, 구글로 하여금 광고 키워드를 제공하도록 하고, 고객들에게 이메일을 보내는 등의 활동들로 구성된다. 온라인 마케팅을 열심히 수행하는 요소는 디스플레이 광고였다. 지금도 여전히 그러하다. 그러나 한편으로는 현재 이러한 광고들이 훨씬 더 효과적인 비디오 광고로 계속해서 대체되어 가고 있다. 인터넷 초창기의 디스플레이 광고들은 즉각적으로 반응하거나, 질문을 하거나, 관찰을 하는 것이 예상되지 않는 수많은 사용자들 앞에서 잠깐 번쩍하고 보여주는 브랜드 메시지를 내보내는 TV 광고에 기반을 두고 있었다. 이러한 광고들이 효과를 제대로 발휘하지 못하는 경우 사용된 해결책은 광고를 반복해서 노출시키는 것이었다. 웹사이트 광고의 성공에 대한 주요 기준은 웹사이트의 방문자 수가 얼마나 되었는지 그리고 광고 노출 횟수가 얼마나 많은지였다. 이러한 기준 모두는 TV를 바탕으로 한 것인데, 이것은 시청자 규모의 광고 노출 관점에서 마케팅 효과를 측정하는 방법이다.

방문자에서 대화로 : 대화형 커머스

2007년 이후, 페이스북과 여타의 소셜 사이트들의 급속한 성장, 애플의 아이폰으로 시작된 스마트폰의 폭발적인 성장, 그리고 로컬 마케팅에 대한 관심 증대로 모든 것이 달라졌다. 새로운 소셜-모바일-로컬 전자상거래의 세계가 이전과 달라진 점은 대화와 몰입이라는 두 가지 연관된 개념으로 설명될 수 있다. 이러한 새로운 시기에 마케팅은 고객, 잠재 고객, 그리고 심지어는 비평가들과의 다양한 온라인 대화에 몰입하고 있는 기업을 통해 이루어지고 있다. 웹과 소셜 미디어에서 브랜드에 대한 이야기들이 오가고 있으며, 브랜드가 기업을 선전하고 있고, 브랜드들이 구축되고 복구되고 있으며, 브랜드는 여러분이 이러한 대화들을 찾고, 확인하고, 참여하도록 요구하고 있다. 소셜 마케팅은 듣고, 토의하고, 상호작용하고, 공감하고, 몰입하는 것들과 같이 소셜한 모든 것을 의미한다. 방문자에 초점을 맞추었던 온라인 마케팅은 이제 그 초점을 고객 지향적 대화에 맞추고 있

표 10.1 전자상거래의 새로운 발전 양상

기업 변모

- 전자상거래는 물리적 소매점, 서비스, 엔터테인먼트와 비교할 때 매우 빠른 성장세를 유지하고 있다. 소셜, 모바일, 로컬 커머스가 가장 빠르게 성장하고 있는 전자상거래 형태들이다.
- 전자상거래를 통해 제공되는 제품 및 서비스들의 범위가 넓어졌는데, 특히 소셜 네트워킹, 여행, 정보 센터, 오락, 소매 의류, 가전제품, 가정용품 분야들에서 그렇다.
- 온라인 구매자들에 대한 인구통계치들은 일반 구매자들에 버금갈 정도로 늘어났다.
- 순수 전자상거래 비즈니스 모델들은 더 높은 수준의 이윤을 달성하기 위해 더욱 정교해지고 있으며, 월마트, JC페니, LL빈, 메이시스와 같은 전통적인 소매업체들은 우세한 물리적인 소매 자산을 강화시키기 위해 다채널 비즈니스 모델을 발전시켜 나가고 있다. 세계 최대 소매업체인 월마트는 전자상거래에 대한 노력 차원에서 10억 달러 이상을 투자하여 아마존을 인수하기로 결정했다.
- 소기업들은 계속해서 전자상거래 시장에 몰려들고 있는데, 종종 아마존, 애플, 구글과 같은 거대 기업들이 구축해 놓은 인프라를 이용하고 있으며 클라우드 기반 컴퓨팅 자원들의 활용을 늘려 가고 있다.
- 미국에서 기존의 모바일 전자상거래는 위치 기반 서비스 중심으로 그리고 전자책, 영화, TV 쇼 등을 포함한 엔터테인먼트 다운로드를 중심으로 발전하고 있다. 모바일 전자상거래는 2019년 2,670억 달러 이상의 시장규모를 창출할 것이다.

기술 기반

- 무선 인터넷 접속(와이파이, 와이맥스, 4G 스마트폰)이 빠르게 늘어나고 있다.
- 강력한 휴대용 모바일 장비들이 음성 통화는 물론이고 음악, 웹 서핑, 엔터테인먼트도 지원한다. 팟캐스팅과 스트리밍은 비디오, 라디오, 사용자 생성 콘텐츠의 새로운 유통매체로 발전하고 있다.
- 모바일 기기들은 애플워치와 핏비트 추적기와 같은 웨어러블 컴퓨터들을 포함하도록 확장된다.
- 통신가격이 떨어짐에 따라 인터넷 광대역 기반은 가정과 회사에서 점점 강력해지고 있다.
- 페이스북, 트위터, 링크드인, 인스타그램 등과 같은 소셜 네트워킹 앱과 사이트들이 전자상거래, 마케팅, 광고에 대한 새로운 주요 플랫폼이 되어 가고 있다. 페이스북 사용자는 전 세계적으로 22억 명에 달하며 미국에서는 2억 1,400만 명에 이르고 있다(Facebook, 2018).
- 스마트폰 앱, 클라우드 컴퓨팅, SaaS, 데이터베이스 소프트웨어들과 같은 인터넷 기반의 컴퓨팅 모델들이 전자상거래 웹사이트 비용을 크게 줄여주고 있다.

새로운 비즈니스 모델의 부상

- 인터넷 사용자의 70% 이상이 온라인 소셜 네트워크에 가입했으며, 블로그를 만들며, 사진을 공유하고 있다. 이러한 사이트들은 광고주들에게 매력적인, TV가 가지는 시청자들만큼이나 많은 온라인 독자들을 만들어내고 있다. 2018년에는 소셜 네트워킹이 온라인 사용 시간의 15%를 차지하는 것으로 추정되었다. 소셜 사이트는 뉴스, 음악, 그리고 점점 더 많은 제품과 서비스에서 인터넷의 주요 관문이 되었다. (eMarketer, 2018f)
- TV나 인쇄물 광고에 비해 온라인 광고가 2배나 빨리 증가함에 따라 전통적인 광고 산업이 붕괴되고 있는데, 구글, 야후, 페이스북은 1년에 1조 개 이상에 달하는 광고를 게시하고 있다.
- 우버, 리프트, 에어비앤비와 같은 온디맨드 서비스 전자상거래 사이트들은 시장 생성자 비즈니스 모델(온디맨드 모델)을 새로운 경제 영역으로 확장하고 있다.
- 신문과 여타의 전통적 매체들은 온라인 기반의 쌍방향 모델들을 채택함으로써 온라인 독자들을 확보하고 있음에도 불구하고, 광고 수익은 온라인 전문업체들에게 빼앗기고 있다. 뉴욕타임스는 280만 명 이상의 가입자를 확보하고, 매년 25%씩 성장하고, 2018년에는 40만 명의 새로운 디지털 가입자를 늘리는 데 성공했다. 서적 출판은 전자책의 성장과 전통적인 책의 지속적인 호소로 인해 5%씩 천천히 성장하고 있다.
- TV, 영화, 음악, 게임 등을 제공하는 온라인 엔터테인먼트 비즈니스 모델들은 할리우드와 뉴욕의 주요 저작권 소유자들 간의 협력을 통해 그리고 애플, 아마존, 구글, 유튜브, 페이스북과 같은 인터넷 유통업체들과의 협력을 통해 성장해 나가고 있다. 점점 더 많은 온라인 유통업체들이 영화 및 TV 제작으로 전환하고 있다. 일부 시청자들이 케이블 구독을 중단하거나 줄이고 로쿠나 유튜브 TV와 같은 인터넷 기반 대안들에 의존함에 따라 케이블 TV는 완만하게 하락하고 있다.

다. 이러한 의미에서 소셜 마케팅은 단순히 새로운 광고 채널이 아니라 쇼퍼들과의 커뮤니케이션을 위한 기술 기반의 도구 모음인 것이다. 대표적인 소셜 커머스 플랫폼은 페이스북, 인스타그램, 트위터, 핀터레스트이다.

과거에 기업들은 자신의 브랜드 메시지를 강력하게 통제할 수 있었고 소비자들을 구매에 이르는 통로로 유인할 수 있었다. 그러나 이러한 점들은 소셜 마케팅에 해당되는 얘기가 아니다. 소비자들의 구매 의사결정은 그들의 소셜 네트워크의 대화, 선택, 취향, 의견에 의해 주도되는 경향이 점점 더 강해지고 있다. 소셜 마케팅은 이러한 소셜 프로세스에 참여하고 소셜 프로세스를 만들어 가는 모든 기업 활동이라 할 수 있다.

데스크톱에서 스마트폰으로

기존의 온라인 마케팅(브라우저 기반의, 검색 및 디스플레이 광고, 이메일, 게임)은 여전히 모든 온라인 마케팅(1,070억 달러)에서 큰 비중(58%)을 차지하고 있지만, 증가 속도는 소셜-모바일-로컬 마케팅에 비해 훨씬 더 느리다. 이제 모바일 마케팅은 온라인 마케팅에서 70%의 비중을 차지하고 있다. 소셜-모바일-로컬 마케팅의 규모는 PC에서 모바일 기기로 이동한 고객들과 쇼퍼들의 규모를 따라가고 있다(eMarketer, 2018g).

소셜, 모바일, 로컬 전자상거래는 서로 연결되어 있다. 모바일 기기들이 점점 더 강력해짐에 따라 이 기기들은 페이스북을 비롯한 소셜 사이트들에 접속하는 데 더욱더 유용해지고 있다. 모바일 기기를 사용하는 사람들이 늘어남에 따라 고객들은 이 기기를 이용하여 로컬 상인들을 찾을 수 있게 되었고, 상인들은 자기 주변의 고객들에게 특가 판매 행사를 알릴 수 있게 되었다.

전자상거래는 왜 다른가

전자상거래는 왜 그렇게 빠르게 성장했는가? 그 대답은 인터넷과 웹의 고유한 특성에서 찾을 수 있다. 간단히 말하면 인터넷과 전자상거래 기술은 라디오나 TV 또는 전화와 같은 이전의 기술 혁명들에 비해 훨씬 더 혜택이 많고 강력하다. 표 10.2는 상업적 매체로서의 인터넷과 웹의 고유한 특성들을 설명하고 있다. 이 고유한 특성 각각에 대해 자세히 살펴보자.

유비쿼티

전통적인 상거래에서 시장이란 소매점과 같이 물리적 장소로서 여러분이 비즈니스를 수행하기 위해 방문하는 곳을 의미한다. 전자상거래는 유비쿼터스(ubiquitous) 특성이 있는데, 이 특성은 언제, 어느 곳에서든지 상거래가 수행될 수 있음을 의미한다. 이러한 유비쿼터스 특성으로 인해 집이나 직장 또는 심지어 자동차에서조차 모바일 커머스(mobile commerce)가 가능하다. 이런 상거래 장소(시장의 범위가 전통적 경계를 넘어 확장되고 시간과 지리적 제약이 사라진 시장)를 **마켓스페이스**(marketspace)라고 한다.

소비자 관점에서 유비쿼티는 **거래비용**(transaction costs, 시장에 참여하는 비용)을 줄여준다. 거래를 위해 여러분은 더 이상 시장을 돌아다니는 데 드는 시간이나 돈을 소모할 필요가 없으며, 구매 과정에서 요구되는 정신적 노력도 훨씬 적게 소모된다.

세계적인 도달성

전자상거래 기술은 전통적 상거래와는 달리 상거래가 문화와 국경을 넘어 더욱 편리하고 더욱 적은 비용으로 이루어질 수 있도록 해준다. 결과적으로 전자상거래 상품의 잠재적인 시장규모는 세

표 10.2 전자상거래 기술의 8가지 특징

전자상거래 기술 유형	비즈니스 중요성
유비쿼티 : 인터넷/웹 기술은 데스크톱과 모바일 기기를 통해서 언제든지, 직장에서, 집에서, 그리고 그 밖의 어느 곳에서나 사용 가능하다. 모바일 기기들은 지역과 상인들로 서비스를 확장하고 있다.	시장 범위가 전통적 경계를 넘어 확장되고, 시간적·지리적 제약을 받지 않는다. 마켓스페이스를 통해 언제 어디서든 쇼핑을 할 수 있다. 고객 편리성이 향상되고, 쇼핑비용이 감소된다.
세계적인 도달성 : 이 기술은 국경을 넘어 지구 전체로 영향을 미친다.	상거래는 문화와 국경을 넘어 연속적으로 조정 없이 이루어질 수 있다. 마켓스페이스에는 전 세계 수많은 소비자와 기업이 참여한다.
만국통용의 표준 : 하나의 기술 표준, 즉 인터넷 표준이 존재한다.	전 세계에 걸쳐 하나의 기술 표준을 가진 개별적인 컴퓨터 시스템은 서로 쉽게 통신할 수 있다.
풍부성 : 비디오, 오디오, 텍스트 메시지들이 사용 가능하다.	비디오, 오디오, 텍스트 마케팅 메시지들이 하나의 마케팅 메시지와 소비자 경험으로 통합된다.
상호작용성 : 사용자와 상호작용을 통해 제기능을 한다.	소비자들은 개인적인 경험을 역동적으로 조정할 수 있고 제품을 시장에 출시하는 과정에서 소비자를 참가자로 만드는 대화에 참여한다.
정보 밀도 : 정보비용을 줄여주고 품질을 높여준다.	정보에 대한 처리·저장·통신비용이 급격하게 떨어지는 반면, 최신성, 정확성, 적시성은 크게 향상된다. 정보는 점점 풍부해지고, 저렴해지고, 더욱 정확해진다.
개인화/맞춤화 : 개인화된 메시지들이 집단뿐만 아니라 개인들에게도 전달될 수 있도록 해준다.	마케팅 메시지에 대한 개인화와 제품 및 서비스에 대한 맞춤화는 개인 특성을 기반으로 이루어진다.
소셜 기술 : 콘텐츠 생성과 소셜 네트워킹을 지원한다.	새로운 인터넷 소셜 모델 및 비즈니스 모델은 사용자 콘텐츠 생성 및 배포를 가능케 해주고 소셜 네트워크를 지원한다.

계의 온라인 인구규모(30억 명 이상으로 추정되는)와 대응되는 수준으로 볼 수 있다.

반면에 많은 전통적 상거래들은 지역에 국한하여 이루어진다. 이 상거래에는 지역 상인들이나 지역 매장을 가진 전국 규모의 상인들이 관련된다. 예를 들어 TV 방송국과 라디오 방송국 그리고 신문은 나름대로 한계가 있긴 하지만, 일반적으로 강력한 전국적인 네트워크를 가진 지역기관들이다. 이들의 네트워크는 전국의 시청자들의 관심을 받을 수는 있지만 국경을 넘어 전 세계 시청자들의 관심을 받기는 쉽지 않다.

만국통용의 표준

전자상거래 기술 중 이목을 끄는 특징 중 하나는 인터넷 기술 표준으로 전자상거래 수행에 필요한 기술 표준은 만국통용이라는 점이다. 이러한 표준들은 전 세계 모든 국가에서 사용되며, 어떤 컴퓨터라도 기술 플랫폼과 상관없이 다른 컴퓨터에 연결될 수 있도록 해준다. 반면 대부분의 전통적인 상거래 기술은 이웃한 국가 간에도 서로 다르다. 예를 들어 전 세계적으로 휴대전화 기술 표준이 서로 다르듯이 TV와 라디오 표준 또한 서로 다르다.

만국통용의 인터넷 및 전자상거래 기술 표준들은 상인들이 단순히 상품을 시장에 출시하는 데 지불해야 하는 비용인 **시장 진입비용**(market entry costs)을 엄청나게 낮춰준다. 동시에 이런 만국통용의 표준들이 고객들에게는 적합한 제품을 찾는 데 소요되는 노력인 **탐색비용**(search costs)을 크게 줄여준다.

풍부성

정보 **풍부성**(richness)은 메시지의 복잡성과 콘텐츠를 의미한다. 전통적인 시장, 전국적인 영업 조직, 소매점들은 제품을 판매할 때 청각적이고 시각적인 단서들을 이용하여 개인적인 면대면 서비스를 제공한다. 이러한 전통시장의 정보 풍부성은 비즈니스 주체들에게 강력한 판매나 교역 환경을 제공한다. 웹이 나오기 이전에 정보 풍부성과 도달성 간에는 상쇄관계가 존재했었다. 즉, 메시지가 전달되는 고객이 많을수록 그 메시지의 풍부성 수준은 떨어졌었다. 그러나 웹에서는 텍스트, 오디오, 비디오 요소들이 결합된 메시지들을 동시적으로 더 많은 사람들에게 전달할 수 있다.

상호작용성

21세기의 여느 상업적 기술들과는 달리(전화는 제외하고), 전자상거래 기술들은 상호적인데, 이는 이런 기술들이 상인과 소비자 간에 쌍방향 커뮤니케이션을 가능하게 한다는 의미이다. 예를 들어 TV는 시청자들에게 아무 질문도 할 수 없고, 또한 대화 상황으로 들어갈 수도 없으며, 고객 정보를 입력해 달라고 요청할 수도 없다. 반면에 이런 모든 행위가 전자상거래 웹사이트에서는 가능하다. 상호작용성은 온라인 상인이 다수를 대상으로 한 글로벌 규모가 아니라 일대일 대면과 유사한 방식으로 고객과 접촉할 수 있도록 해준다.

정보 밀도

인터넷과 웹은 모든 시장 참여자, 소비자, 상인이 똑같이 사용할 수 있는 정보의 총수량과 품질인 **정보 밀도**(information density)를 상당히 증대시킨다. 전자상거래 기술들은 정보에 대한 수집 · 저장 · 처리 · 통신비용을 감소시키는 반면, 정보의 전달성, 정확성, 적시성은 크게 증대시킨다.

전자상거래 시장에서 정보 밀도는 가격과 비용을 더 투명하게 만든다. **가격 투명성**(price transparency)은 소비자가 시장에서 다양한 가격을 쉽게 찾을 수 있는 것을 의미한다. **비용 투명성**(cost transparency)은 상인이 제품에 대해 실제 비용을 소비자들이 파악할 수 있도록 해주는 능력을 의미한다.

상인들에 대한 이점도 있다. 온라인 상인들은 과거보다 소비자들에 관해 훨씬 많은 것을 알아낼 수 있다. 이런 점은 상인들이 기꺼이 상이한 가격을 지불하는 집단들로 시장을 분할할 수 있도록 해주고 또한 상인들이 같은 제품 또는 거의 유사한 제품을 서로 다른 목표 집단들에게 서로 다른 가격으로 판매하는 **가격 차별화**(price discrimination)를 할 수 있도록 해준다. 예를 들어 어떤 온라인 상인은 고가품에 대한 소비자의 열망, 즉 이국적인 휴가에 대한 열망을 발견할 수 있는데, 그다음에 그 상인은 이 소비자가 그러한 휴가에 대해 기꺼이 추가 지불을 할 것이라는 점을 알고서 그 고객에 대해 프리미엄 가격의 최고 수준의 계획에 대해 허풍을 떨 수도 있다. 정보 밀도는 또한 상인들이 비용, 브랜드, 품질과 관련하여 그들의 제품들을 차별화시키는 데 도움이 된다.

개인화/맞춤화

전자상거래 기술들은 **개인화**(personalization)를 할 수 있도록 해준다. 상인들은 소비자의 이름, 관심사, 과거 구매이력을 기반으로 시장에 전달할 메시지를 조정하여 특정 고객에 맞는 마케팅 메시지를 만들어낼 수 있다. 이 기술은 또한 전달될 제품이나 서비스를 사용자의 선호도나 사전 행위를 기반으로 변화시키는 **맞춤화**(customization)도 할 수 있도록 해준다. 전자상거래 기술의 상호적인 특성을 고려할 때, 소비자에 관한 많은 정보들은 시장에서 구매시점에서 수집될 수 있다. 정보 밀도의 증가로 인해 소비자의 과거 구매이력 및 행위에 관한 상당히 많은 양의 정보들은 온라인 상인들에 의해 저장되고 활용될 수 있다.

이런 결과는 전통적 상거래 기술에서는 생각할 수도 없는 개인화 및 맞춤화 수준에 해당한다. 예를 들어 여러분은 TV 채널 선택을 통해 원하는 것을 볼 수 있지만, 여러분이 선택한 채널의 콘텐츠를 바꿀 수는 없다. 이와는 대조적으로 월스트리트 저널 온라인은 여러분이 맨 처음 보고자 하는 뉴스 종류를 선택할 수 있도록 해주고 어떤 특정 이벤트가 발생할 때 이를 알려주기도 한다.

소셜 기술 : 사용자 콘텐츠 생성 및 소셜 네트워킹

이전 기술들과는 대조적으로 인터넷 및 전사상거래 기술들은 사용자들로 하여금 비디오, 음악, 또는 사진 등과 같은 콘텐츠를 생성하고 이것들을 친구들(더 넓게는 전 세계에 걸친 커뮤니티)과 공유할 수 있게 해주는 등 훨씬 더 사회적인 방향으로 발전해 왔다. 이러한 형태의 커뮤니케이션을 통해 사용자들은 새로운 소셜 네트워크를 생성하고 기존의 네트워크를 강화할 수 있게 되었다.

현대사에서 인쇄기를 포함한 기존의 모든 대중매체는 콘텐츠가 전문가(전문 작가, 편집자, 감독, 프로듀서)에 의해 중앙에서 생성되는 배포 모델(일대다)을 사용해 왔으며 청중 및 독자는 표준화된 제품을 소모하는 거대한 집단으로 존재해 왔다. 새로운 인터넷 및 전자상거래는 사용자들에게 엄청난 양의 콘텐츠를 생성하고 유포할 수 있도록 해주었으며, 사용자들이 그들 나름대로의 콘텐츠 소비 계획을 세울 수 있도록 해주었다. 인터넷은 고유의 다대다 형태의 고유한 대중 커뮤니케이션 모델을 제공한다.

전자상거래의 주요 개념 : 디지털 시장과 디지털 제품

비즈니스의 위치, 시점, 수익 모델은 상당 부분 정보의 비용과 유통에 기반한다. 인터넷은 수많은 사람들이 엄청난 양의 정보를 직접적으로, 즉시 무료로 교환할 수 있도록 해주는 디지털 마켓플레이스를 만들어냈다. 결과적으로 인터넷은 기업들이 비즈니스를 수행하는 방식을 바꾸어 놓았고 그들의 글로벌 도달성을 증대시켰다.

인터넷은 정보 불균형을 감소시킨다. **정보 불균형**(information asymmetry)은 거래 주체의 한쪽이 다른 쪽보다 거래에 대한 중요한 정보가 더 많을 때 발생한다. 이때 정보는 그들의 상대적 교섭력을 결정하는 데 영향을 미친다. 디지털 시장에서 소비자와 공급자는 제품에 가격이 매겨지는 것을 파악할 수 있으며, 이런 의미에서 디지털 시장은 전통적 시장에 비해 더욱 '투명'하다고 할 수 있다.

예를 들어 웹에 자동차 소매상이 등장할 때까지 자동차 판매업자와 고객 간에는 분명한 정보 불균형이 존재했었다. 자동차 판매업자들만이 제조업체의 가격을 알고 있는 상황에서 소비자들은 최적의 가격으로 구매하기 어려웠다. 자동차 판매업자들의 이익은 이런 정보 불균형에 의존했던 것이다. 오늘날의 소비자들은 가격 정보를 제공하는 웹사이트들에 접근할 수 있으며, 미국의 자동차 구매자 중 3/4은 인터넷을 이용하여 최상에 근접한 수준으로 구매를 한다. 이와 같이 웹은 자동차 구매를 둘러싸고 있는 정보 불균형을 감소시켜 왔다. 또한 인터넷은 기업 간의 거래에 있어서도 정보 불균형을 감소시킴으로써 더 나은 가격과 조건을 찾는 데 도움을 준다.

디지털 시장은 감소된 조사비용 및 거래비용, 낮은 **메뉴비용**(menu cost)(상인들의 가격 변동비용), 가격 차별화, 시장 상황을 기반으로 역동적으로 가격을 변화시키는 능력 때문에 매우 유연하고 효율적이다. **동적 가격결정**(dynamic pricing)은 제품가격이 고객의 수요 특성이나 판매자의 공급 상황에 따라 달라지는 것을 의미한다. 예를 들어 아마존에서 월마트에 이르는 온라인 소매업체들은 하루 중 시간대에 따라, 제품의 수요에 따라, 그리고 사용자들의 방문 횟수에 따라 여러 제품의 가격을 변경하여 판매한다. 일부 온라인 기업들은 빅데이터 분석을 사용하여, 소비자가 가격을 깎으려고 하는(즉, 더 낮은 가격 제안을 받아들일) 사람인지 아니면 그냥 제안된 가격을 받아들이고 더 낮은 가격을 검색하지 않을 사람인지와 같은 행위 타기팅 매개변수를 기반으로 개인 수준에서 가격을 조정할 수 있다. 가격은 우편번호에 따라 달라질 수도 있다. 우버는 다른 승차 서비스와 함께 급등가격 책정방식을 사용하여 수요에 따른 승차가격(폭풍 및 주요 조건 발생 시 항상 상승하는)을 조정한다.

이런 시장들은 판매되는 제품이나 서비스의 특징에 따라 전환비용을 줄이거나 증가시키기도 하며, 배송시간 때문에 고객이 만족을 느낄 수 있는 시점을 지연시키기도 한다. 물리적인 시장과는 달리 여러분은 웹을 통해 옷과 같은 제품을 즉시 소비할 수는 없다(디지털 음악 다운로드나 여타의 디지털 제품은 즉각적인 소비가 가능하지만).

디지털 시장은 유통업체나 소매점과 같은 중개상을 거치지 않고 소비자들에게 직접 판매할 수 있는 많은 기회를 제공한다. 유통채널상에서 중개상들을 제거함으로써 구매 거래비용을 상당히 낮출 수 있다. 전통적인 유통채널의 모든 단계에 대한 비용을 지불하기 위해서는 제품가격이 제조원가에 비해 135%나 증가되어야 할 수도 있다.

그림 10.2는 유통과정에서 이런 단계들 각각을 제거할 때 발생하는 비용 절감액을 보여주고 있다. 고객들에게 직접 판매하거나 중개상들의 숫자를 감소시킴으로써 기업들은 더 가격을 낮출 수 있고 동시에 더 높은 수익을 얻을 수 있다. 가치사슬상의 중개 단계들을 담당하는 조직들이나 비즈니스 프로세스 단계들을 제거하는 것을 **중개소멸**(disintermediation)이라 한다. 전자상거래는 아마존, 이베이, 페이팔, 블루나일과 같이 완전히 새로운 중개업체들을 발생시키기도 하였다. 중개소멸은 산업에 따라 다른 형태로 나타난다.

중개소멸은 서비스 시장에서도 발생할 수 있다. 항공사와 호텔은 자신만의 예약 사이트를 운영함으로써 중개상 역할을 하는 여행사들을 배제할 수 있기 때문에 티켓당 더 많은 수익을 올릴 수 있다. 표 10.3은 디지털 시장과 전통시장 간의 차이점을 요약해서 보여주고 있다.

디지털 제품

인터넷 디지털 마켓플레이스로 인해 디지털 제품들의 판매는 엄청나게 늘어났다. **디지털 제품**

그림 10.2 **소비자들에 대한 중개소멸의 이점**

전형적인 유통채널은 여러 중개 단계를 거치는데, 이들 각각은 스웨터처럼 제품의 최종가격을 증가시킨다. 중개 단계를 제거하면 소비자들이 지불해야 할 최종가격이 낮아진다.

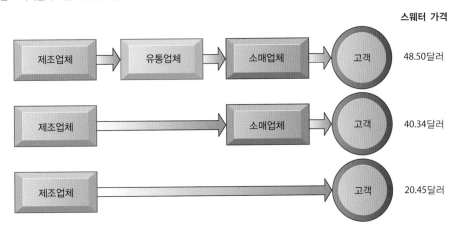

스웨터 가격

제조업체 → 유통업체 → 소매업체 → 고객				48.50달러
제조업체 → 소매업체 → 고객				40.34달러
제조업체 → 고객				20.45달러

표 10.3 디지털 시장과 전통 시장 비교

	디지털 시장	전통 시장
정보 불균형	낮은 불균형	높은 불균형
조사비용	낮음	높음
거래비용	낮음(때로는 거의 없음)	높음(시간, 이동)
지연 수용	높음(또는 디지털 제품은 낮음)	더 낮음: 바로 구매
메뉴비용	낮음	높음
동적 가격결정	낮은 비용, 즉시	높은 비용, 지연
가격 차별화	낮은 비용, 즉시	높은 비용, 지연
시장 세분화	낮은 비용, 적절한 정확성	높은 비용, 낮은 정확성
전환비용	더 높음/더 낮음(제품 특성에 따라)	높음
네트워크 효과	강함	더 약함
중개소멸	더욱 가능함/가능성 큼	덜 가능함/가능성 작음

(digital goods)은 디지털 네트워크를 통해 전달될 수 있는 제품을 의미한다. 음반, 비디오, 할리우드 영화, 소프트웨어, 신문, 잡지, 책 등은 완전한 디지털 제품으로 표현될 수 있고, 저장될 수 있으며, 전달될 수 있고, 판매될 수 있다. 대부분의 경우 디지털 제품들은 '정신적 결과물'로 정의되는 지적재산이다. 지적재산은 저작권, 특허, 영업비밀 관련 법규들에 의해 불법적인 사용으로부터 보호된다(제4장 참조). 오늘날 이러한 모든 제품은 디지털 스트리밍이나 다운로드 방식으로 제공되는 반면, 이러한 제품들에 상응하는 물리적 형태의 제품들은 그 판매가 줄어들고 있다.

일반적으로 디지털 제품은 하나를 더 생산하는 데 드는 추가비용이 거의 제로에 가깝다(이는 단지 음악 파일을 하나 더 복사하는 것에 불과하므로). 그러나 원제품을 생산하는 비용은 상대적으로 높다. 사실 이 비용은 거의 제품의 총비용이나 마찬가지인데, 그 이유는 재고비용이나 유통비용이 거의 들지 않기 때문이다. 인터넷을 통한 전달비용은 매우 낮으며, 마케팅비용은 일정하게 유지되지만 가격은 매우 가변적이다. 인터넷에서 가격을 변경하는 비용은 매우 낮기 때문에 상인들은 원하는 만큼 자주 가격을 바꿀 수 있다.

인터넷이 디지털 제품들을 다루는 시장에 미치는 영향은 그야말로 혁명적이며, 우리는 매일 주변에서 그 영향의 결과들을 보고 있다. 서점, 출판사, 음반사, 영화사와 같이 물리적 제품들에 의존하는 기업들은 매출 감소의 가능성에 직면하고 있으며 심지어는 파산 위협도 겪고 있다. 기존의 신문과 잡지의 독자들은 줄어들고 있는 반면, 온라인 독자층과 구독자들은 증가하고 있다.

음반산업의 전체 수익은 1999년 140억 달러에서 2016년 77억 달러로 거의 50%가 감소했는데, 이는 거의 전적으로 CD 앨범 매출이 줄고, 대신 디지털 음악 서비스가 증가했기 때문이다(정품 및 불법제품 모두에 대해). 그러나 유료 구독의 증가를 통해 2017년 매출은 16% 증가한 87억 달러를 기록했다(RIAA.com, 2018). 애플의 아이튠즈 스토어에서는 2003년 서비스를 시작한 이래 한 곡당 99센트로 500억 곡 이상이 팔렸다. 이는 디지털 음악 채널들로 인해 사라진 수익들의 일부를 복구해주는 효과를 미친다. 그러나 이러한 애플의 다운로드 비즈니스는 스트리밍 음악이 음악에 대한 주요 소비 경로가 되어 감에 따라 최근 몇 년 동안 25% 이상 감소하면서 빠르게 사라져 가고 있다. 아이튠즈가 생긴 이후 불법 다운로드가 반으로 줄었고, 2017년에 합법적인 온라인 음악 판매(다운로드와 스트리밍 모두)는 약 57억 달러로 추정된다. 클라우드 스트리밍 서비스가 확장되면 불법 다운로드는 더욱 줄어들 것이다. 디지털 다운로드 및 스트리밍을 통한 디지털 음원 판매는 모든 뮤직산업 매출의 80% 이상을 차지한다. 음원가격은 단일 트랙 다운로드의 경우 약 32센트, 스트리밍 트랙의 경우에는 0.5센트이다. 음반사는 음원의 소유권(가사와 곡 모두)으로 수익을 창출하지만, 음원을 연주하는 아티스트는 스트리밍 음악에서 거의 수익을 얻지 못하고 있다. 스포티파이와 같은 광고 지원 플랫폼에서 스트리밍 곡에 대한 아티스트들의 수입은 100만 스트리밍당 동전 몇 개 수준에 불과하다.

영화계는 그동안 뮤직 산업에 비해서는 그 심각성이 덜한 수준이었는데, 그 이유는 고품질의 해적판 영화 전체를 다운로드받는 것이 음악에 비해 더욱 어려웠고, 합법적으로 저가격, 고품질의 영화들을 볼 수 있는 환경이 만들어졌기 때문이다. 할리우드는 넷플릭스, 구글, 홀루, 아마존, 애플과 수익성 좋은 유통 계약을 맺었는데, 이로 인해 시청자들은 고품질의 영화와 TV 시리즈물들을 편리하게 다운로드하고 지불할 수 있게 되었다. 그런데 할리우드는 이러한 방식만으로는 2006년에서 2017년까지 60% 감소한 DVD 판매 손실을 전적으로 보상하기에 충분하지 않다. 2017년, 디지털 형식의 스트리밍 및 다운로드는 20% 증가했으며, 처음으로 소비자들은 DVD 또는 관련 물리적 제품들보다 다운로드 영화를 더 많이 시청했다. TV 시리즈물과 마찬가지로 스마트폰, 태블릿 및 스마트 TV의 성장으로 인해 장편 할리우드 영화에 대한 수요가 확대되고 있는 것으로 보이며, 더 많은 지역에서 영화를 보다 쉽게 볼 수 있게 되었다.

2019년에는 약 2억 5,800만 명의 인터넷 사용자들이 영화를 봤으며, 그중 82%는 성인 관객인 것으로 추정된다. 인터넷이 케이블 TV와 경쟁하면서 주요한 영화 유통 및 TV 채널이 되어 가고 있다는 점은 의심의 여지가 없으며, 인터넷이 언젠가는 케이블 TV를 완전히 대체하는 상황이 올 수도 있을 것으로 전망된다.

표 10.4는 디지털 제품들이 전통적인 물리적 제품들과 어떻게 다른지 보여주고 있다(eMarketer, 2018i).

▌표 10.4 인터넷으로 인한 디지털 제품시장의 변화

	디지털 제품	전통적 제품
단위당 추가비용	없음	0보다 큼, 높음
생산비용	높음(비용의 대부분)	가변적
복제비용	거의 0	0보다 큼, 높음
유통 전달비용	낮음	높음
재고비용	낮음	높음
마케팅비용	가변적	가변적
가격결정	더욱 가변적(번들링, 무작위 가격결정 게임)	고정적, 단위비용에 기반함

10-2 전자상거래의 주요 비즈니스 모델과 수익 모델로는 어떤 것들이 있는가?

전자상거래는 매력적인 비즈니스 모델들의 결합체이고 새로운 정보기술이라 할 수 있다. 전자상거래 유형에 대한 기본적인 이해로부터 시작하여 전자상거래의 비즈니스 모델과 수익 모델의 구체적인 내용을 설명한다.

전자상거래 유형

전자상거래 거래들을 구분하는 방식은 여러 가지가 있다. 이 중 하나는 전자상거래의 참여자 속성에 의한 구분이다. 세 가지 주요한 전자상거래 유형으로는 B2C, B2B, C2C 전자상거래가 있다.

- **B2C**(business-to-consumer) 전자상거래는 개인 소비자들을 대상으로 제품 및 서비스를 판매하는 것이다. 아마존, 월마트, 아이튠즈는 B2C의 예들이다. 반스앤노블닷컴(BarnesandNoble.com)은 개인 소비자들에게 책, 소프트웨어, 음원을 판매하는데, 이는 B2C 전자상거래의 한 예이다.
- **B2B**(business-to-business) 전자상거래는 기업 간의 제품 및 서비스 판매를 의미한다. 엘레미카(Elemica)의 웹사이트에서는 화학원료와 에너지를 구매하고 판매하는데, 이 사이트는 B2B 전자상거래의 한 예가 된다.
- **C2C**(consumer-to-consumer) 전자상거래는 소비자 간의 직접거래를 의미한다. 예를 들어 거대웹 경매 사이트 이베이에서는 가장 높은 가격을 제시한 입찰자에게 경매를 통해서 또는 고정된 가격으로 자신들의 물건을 판매할 수 있다. 크레이그스리스트(Craigslist)는 소비자들이 서로 직접거래를 하는 데 가장 널리 사용하는 플랫폼이다.

전자상거래를 분류하는 또 다른 방식은 참여자들의 웹에 대한 물리적인 연결성과 관련된다. 최근까지 대부분의 전자상거래는 유선 네트워크들에 연결된 개인용 컴퓨터를 이용하여 수행되었다. 여러 가지 무선 모바일 방식들이 출현했는데, 스마트폰과 태블릿 컴퓨터를 들 수 있다. 장소에 구애받지 않고 휴대용 무선 기기들을 이용하여 제품 및 서비스들을 구매하는 것을 **모바일 커머스**(mobile commerce) 또는 **m-커머스**(m-commerce)라 한다. B2B 전자상거래와 B2C 전자상거래 둘다 m-커머스 기술을 이용하여 수행될 수 있는데, 이에 관해서는 10-3절에서 자세히 논의한다.

전자상거래 비즈니스 모델

앞에서 설명한 정보경제의 변화들은 완전히 새로운 비즈니스 모델이 등장할 수 있는 여건을 만들어냈으며 동시에 과거의 비즈니스 모델들을 파괴하였다. 표 10.5는 새롭게 등장한 주요 인터넷 비즈니스 모델들을 설명한다. 이들은 모두 어떤 방법으로든 간에 인터넷(모바일 기기상의 앱들도 포함하여)을 이용하여 기존 제품과 서비스에 대한 가치를 증대시키거나 또는 새로운 제품이나 서비스들에 대한 기반을 제공한다.

포털

포털은 웹에 대한 관문으로서 사용자가 자신의 브라우저 시작 페이지로 설정하는 사이트들로 정의되기도 한다. 포털의 어떤 정의는 시작 페이지로는 잘 설정되지 않는 구글이나 빙 같은 검색엔진을 의미하기도 한다. 야후, 페이스북, MSN, AOL 등과 같은 포털은 뉴스, 이메일, 메신저, 지도, 달력,

표 10.5 인터넷 비즈니스 모델

유형	설명	예
e-소매자	고객 또는 개별 기업에게 직접 물리적 제품들을 판매한다.	Amazon Blue Nile
거래 중개자	온라인 판매거래를 통해 사용자들의 돈과 시간을 절약시키며, 거래가 발생할 때마다 수수료를 받는다.	ETrade.com Expedia
시장 생성자	구매자와 판매자가 만날 수 있고, 제품을 검색하며, 제품을 진열하고, 이런 제품들에 대한 가격을 설정할 수 있는 디지털 환경을 제공한다. 개인 고객 대상의 전자상거래 또는 B2B 전자상거래 서비스를 제공하고 거래 수수료를 통해 수익을 창출한다.	eBay Priceline.com Exostar Elemica
콘텐츠 제공자	웹을 통해 디지털 뉴스, 음악, 사진 또는 비디오와 같은 디지털 콘텐츠를 제공함으로써 수익을 창출한다. 콘텐츠 접속료나 광고 공간 제공을 통해 수익을 창출할 수 있다.	WSJ.com GettyImages.com iTunes.com MSN Games
커뮤니티 제공자	유사한 관심사들을 가진 사람들이 커뮤니케이션하고 유용한 정보를 찾을 수 있는 온라인 미팅 장소를 제공한다.	Facebook Twitter
포털	특정 콘텐츠 및 여타 서비스들과 함께 웹으로 들어가는 초기 관문을 제공한다.	Yahoo MSN AOL
서비스 제공자	사진 공유, 비디오 공유, 사용자 생성 콘텐츠 등과 같은 애플리케이션들을 제공한다. 온라인 데이터 저장 및 백업 등과 같은 여타의 서비스들도 제공한다.	Google Docs Photobucket.com Dropbox

쇼핑, 음악 다운로드, 비디오 스트리밍 등과 같은 콘텐츠 및 서비스도 제공할 뿐만 아니라 강력한 웹 검색 도구들을 모두 한곳에서 제공한다. 포털 비즈니스 모델을 적용한 사이트들은 사용자들이 웹 검색을 시작하여 뉴스를 읽고, 오락물을 찾고, 다른 사람들을 만나고, 물론 광고에도 노출되도록 해준다. 페이스북은 소셜 네트워킹을 기반으로 하는 매우 다른 종류의 포털인데, 2018년 미국인들은 하루에 약 2시간 동안 페이스북에서 온라인에 머무르는 시간의 절반 이상을 보냈다! 포털들은 주로 엄청난 방문자들을 끌어들이고, 광고주들로부터 게재비용을 받고(전통적인 신문들처럼), 고객들을 다른 사이트로 안내하는 역할에 대한 수수료를 받고, 고급 서비스에 대해 사용료를 부과함으로써 수익을 창출하고 있다. 2019년 포털들(구글, 페이스북, 빙 제외)은 디스플레이 광고로 100억 달러의 수익을 창출한 것으로 추산되었다. 포털/검색엔진 사이트들이 수없이 많지만, 그중에서도 최고의 사이트 야후, MSN, AOL은 인터넷 포털 통신량의 80% 이상을 차지하고 있는데, 이는 그 사이트들의 강력한 브랜드 인지도 때문이다.

e-소매자

e-소매자(e-tailer)라고도 부르는 온라인 상점들은 2017년 1,780억 달러 이상의 수익을 창출한 거대 규모의 아마존에서부터 웹사이트를 가지고 있는 작은 지방 점포에 이르기까지 그 규모가 매우 다양하다. e-소매자는 고객이 재고를 알아보고 주문을 하기 위해 인터넷에 접속해야 하는 것만 빼고

는 일반적인 브릭앤모타르(bricks-and-mortar) 상점과 유사하다. 온라인 소매점(물리적 제품의 온라인 판매)은 2019년에 약 5,980억 달러의 시장을 창출하였다. e-소매자의 가치는 고객에게 연중 무휴로 24시간 내내 편리하고 저렴하며 다양한 선택을 할 수 있는 쇼핑 환경을 제공해준다는 데 있다. 브릭앤모타르로 언급되기도 하는 월마트나 스테이플스닷컴(Staples.com)과 같은 e-소매자들은 기존의 물리적 상점들의 부속물이나 부서로서 동일한 상품을 취급하고 있다. 그러나 순전히 가상세계에서만 운영되는 e-소매자들도 있는데, 예로는 애쉬포드닷컴(Ashford.com)과 e비타민닷컴(eVitamins.com)을 들 수 있다. 이 외에도 다이렉트 메일 카탈로그, 온라인 몰, 생산자 온라인 직판 등과 같은 다양한 유형의 e-소매자들이 존재하고 있다.

콘텐츠 제공자

전자상거래는 점점 더 글로벌 콘텐츠 채널이 되어 가고 있다. **콘텐츠**(content)는 모든 형태의 지적재산을 포함하는 것으로 폭넓게 정의될 수 있다. **지적재산**(intellectual property)은 텍스트, CD, DVD 또는 웹과 같은 여타의 디지털(또는 다른 기술이 적용된) 저장매체와 같은 유형적 매체에 입력할 수 있는 모든 형태의 인간 표현물이라 할 수 있다. 콘텐츠 제공자는 디지털 비디오, 음악, 사진, 텍스트, 미술품 등과 같은 정보 콘텐츠를 웹을 통해 제공한다. 온라인 콘텐츠 제공자에 대한 가치는 소비자들이 다양한 컴퓨터 장비나 스마트폰으로 다양한 콘텐츠를 온라인으로 편리하게 찾을 수 있도록 해주고, 이러한 콘텐츠를 저렴하게 구매하거나 감상하거나 볼 수 있도록 해준다는 데 있다.

콘텐츠 제공자라 해서 반드시 콘텐츠 생성자가 될 필요는 없으며(때로는 디즈니닷컴과 같은 제공자도 존재하지만), 콘텐츠 제공자들은 오히려 다른 회사에서 만들어진 콘텐츠를 인터넷 기반으로 유통시키는 경우가 더 많다. 예컨대 애플은 음반을 아이튠즈 스토어에서 판매하지만, 이 회사가 새로운 음악을 만들어내는 것은 아니다.

아이폰, 아이팟, 아이패드와 같이 인터넷 연결 모바일 기기들의 경이적인 대중성은 팟캐스팅을 통해 모바일 스트리밍으로 새로운 디지털 콘텐츠 전달 방식을 가능케 한다. **팟캐스팅**(podcasting)은 인터넷을 통해 통신 오디오 방송을 퍼블리싱하는 방식으로, 가입자들이 오디오 파일을 그들의 PC나 휴대용 뮤직 플레이어에 다운로드할 수 있도록 해준다. **스트리밍**(streaming)은 음원 파일과 비디오 파일을 사용자의 기기에 저장하지 않은 채 그 기기에서 연속적으로 가동되도록 해주는 디지털 콘텐츠 제공 방식이다.

평가는 다양할 수 있지만 2019년 온라인 콘텐츠 시장은 약 230억 달러의 시장을 창출하였는데, 이 시장은 전자상거래 분야에서 가장 빠르게 성장하는 분야로 성장률은 연 18%로 추정된다.

거래 중개자

거래 중개자(transaction broker)는 보통 고객들을 대상으로 직접 대면해서 또는 전화나 메일을 이용해서 거래를 처리하는 사이트를 의미한다. 이 모델에 기반한 가장 큰 산업은 금융 서비스와 여행 서비스이다. 온라인 거래 중개자들의 경우 시간과 경비를 절감해줄 뿐만 아니라 엄청난 금융상품들과 여행 패키지들을 한곳에서 제공해준다는 점에서 그 가치를 찾아볼 수 있다. 주식거래를 하거나 여행 예약 서비스를 이용하는 경우 기존의 오프라인 방식에 비해 훨씬 적은 비용이 요구된다. 거래 중개자 모델에 기반한 가장 큰 온라인 금융 및 여행 서비스 기업으로는 피델리티 파이낸셜 서비스(Fidelity Financial Services)와 익스피디아(Expedia)를 들 수 있다.

시장 생성자

시장 생성자(market creator)는 구매자와 판매자가 서로 만나고, 제품을 보여주고, 제품을 검색하고, 가격을 결정할 수 있는 디지털 환경을 제공한다. 온라인 시장 생성자는 판매자들이 제품을 쉽게 진열하고 구매자들은 판매자로부터 직접 제품을 구매할 수 있는 플랫폼을 제공한다는 점에 그 가치를 부여할 수 있다. 이베이나 프라이스라인과 같은 온라인 경매시장들은 시장 생성자 비즈니스 모델의 좋은 예이다. 다른 예로는 아마존의 머천트(Merchant) 플랫폼(이베이의 이와 유사한 프로그램 등)을 들 수 있는데, 이 플랫폼은 아마존 웹사이트에서 매장을 열고 고정가격으로 제품을 고객들에게 팔 수 있도록 해준다. 우버('토론방 : 우버, 디지털 파괴자' 참조)와 에어비앤비를 예로 들 수 있는, 소위 온디맨드 경제(종종 실수로 공유경제라고도 하는)는 공급이 수요를 충족시키는 디지털 플랫폼을 구축하는 시장 생성자 개념을 기반으로 하고 있다. 여분의 자동차 또는 객실을 대여할 수 있는 능력을 갖춘 사람은 운송 또는 숙박을 원하는 개인을 찾는다. 킥스타터닷컴(Kickstarter.com)과 같은 크라우드소스 펀딩시장들은 개인자산 투자자들과 기업가들을 펀딩시장으로 데려온다.

서비스 제공자

e-소매자가 제품을 온라인으로 파는 동안, 한편에서는 서비스 제공자들이 서비스를 온라인으로 제공한다. 사진 공유, 데이터 백업 및 저장 사이트 모두는 서비스 제공자 비즈니스 모델을 이용하는 것들이다. 소프트웨어는 더 이상 박스에 담긴 CD에 저장된 물리적 제품보다는 오피스 365와 같이 온라인으로 구독하는 서비스로서의 소프트웨어(SaaS) 형태로 제공되는 경우가 증가하고 있다. 구글은 G 스위트, 구글 사이트, 지메일, 온라인 데이터 저장 서비스와 같은 소프트웨어 서비스 애플리케이션 개발을 주도해 오고 있다. 세일즈포스닷컴은 고객관리를 위한 클라우드 기반의 소프트웨어를 제공하는 주요 업체이다(제5장 참조).

커뮤니티 제공자(소셜 네트워크)

커뮤니티 제공자(community provider)는 유사한 관심사를 가진 사람들이 물건을 사고팔고, 관심사와 사진, 비디오 등을 공유하고, 생각이 비슷한 사람들과 소통하고, 관심사와 관련된 정보를 주고받고, 심지어는 아바타(avarta)라는 온라인 캐릭터를 이용하여 공상세세를 즐기기까지 알 수 있는 디지털 온라인 환경을 제공하는 사이트를 의미한다. 페이스북, 텀블러, 인스타그램, 링크드인, 트위터와 같은 소셜 네트워킹 사이트, 여타의 수많은 다른 소규모 틈새 사이트들은 사용자들에게 커뮤니티를 생성할 수 있는 도구와 서비스를 제공하고 있다. 소셜 네트워킹 사이트들은 최근 몇 년간 매년 가입자들이 2배씩 증가하는 가운데 빠르게 성장해 왔다.

전자상거래 수익 모델

기업의 **수익 모델**(revenue model)이란 기업이 수입을 올리고 이윤을 창출하며 강력한 투자회수율(ROI)을 얻어내는 방법을 말한다. 그동안 개발되어 온 전자상거래 수익 모델은 상당히 많지만, 대부분의 기업들은 광고, 판매, 구독료, 무료/유료, 거래 수수료, 제휴 등과 같은 여섯 가지 수익 모델 중 한 가지 또는 몇 가지의 결합 방식에 의존하고 있다.

광고 수익 모델

광고 수익 모델(advertising revenue model)을 따르는 웹사이트는 방문자들의 관심을 끌어 광고에 노출시킴으로써 수익을 창출한다. 광고 모델은 전자상거래에서 가장 널리 사용되는 수익 모델이며,

우버, 디지털 파괴자

여러분이 뉴욕, 파리, 시카고, 또는 다른 어떤 주요 도시에 있다면 차를 탈 필요가 있다. 이러한 경우 '택시'라고 외치는 대신 여러분은 스마트폰을 꺼내서 우버 앱을 누르기만 하면 된다. 그러면 구글 지도가 나타나서 주변 지역을 보여준다. 여러분이 화면에서 이용 가능한 운전자가 있는 지점을 선택하면, 그 앱이 탑승을 확정지어주고, 목적지에 도착하는 데까지 걸리는 시간과 비용을 보여준다. 일단 목적지에 도착하면 요금이 자동으로 신용카드로 청구된다. 돈을 찾으려고 뒤적거릴 필요가 없다.

요금은 시간과 거리와 같은 일반적인 요소들뿐만 아니라 수요도 고려해서 결정된다. 우버의 소프트웨어는 하루 중 시간대별로 승차 수요가 높은 지역을 예측한다. 이 정보는 운전자의 스마트폰에 표시되므로 운전자는 어느 지역에 머무르는 것이 유리할지 알 수 있으며, 이상적으로는 탑승 요청 후 몇 분 안에 고객을 픽업할 수 있다. 우버는 또한 기업 임원을 위한 고가의 타운카 서비스와 차량 공유 서비스도 제공한다. 어떤 특정 조건하에서 수요가 많으면, 우버는 택시보다 비쌀 수 있지만, 승객에게는 전통적인 택시 서비스보다 더 신뢰할 수 있고, 빠르고, 편리한 대안으로 어필되고 있다.

우버는 전통적인 택시회사보다 훨씬 더 군살이 없다. 우버는 택시를 소유하지 않으며 유지보수 및 금융비용도 없다. 우버는 직원은 없지만 대신 독립 계약자라 부르는 운전자들이 운임을 저렴하게 받을 것이라고 주장한다. 우버는 근로자 보상, 최저임금 요건, 운전자에 대한 이력 조회, 운전자 교육, 건강보험, 또는 상업용 라이선스 비용과 같은 직원 관련 비용 부담으로부터 벗어날 수 있다. 우버는 택시 서비스 운영비용을 전적으로 운전자와 휴대전화를 사용하는 고객에게 전가했다. 운전자는 자신의 자동차, 연료, 보험에 대한 비용을 지불한다. 우버는 단지 택시와 같은 서비스를 원하는 사람들이 그 요구를 충족시킬 수 있는 서비스 제공자를 찾을 수 있도록 해주는 스마트폰 기반 플랫폼을 제공하는 역할만 수행하면 되는 것이다.

우버는 문제가 있는 운전자를 식별하기 위해서는 운전자와 승차 경험에 대한 사용자 리뷰에, 그리고 문제가 있는 승객을 식별하기 위해서는 고객에 대한 운전자 리뷰에 의존하고 있다. 우버는 또한 청결 표준을 설정했다. 우버는 리뷰들을 활용하여 운전자들을 교육시킨다. 우버는 시스템에서 등급이 낮은 운전자나 승객 수를 공개적으로 제공하지는 않는다. 또한 우버는 운전자의 스마트폰 센서를 모니터링할 수 있는 소프트웨어를 통해 운전자의 행위를 모니터링한다.

우버는 트래비스 칼라닉과 개럿 캠프가 2009년 설립하였으며, 샌프란시스코에 본사를 두고 있다. 2018년에는 전 세계 600개 도시에서 300만 명 이상의 운전자들이 근무했으며, 2018년 1분기에는 26억 달러의 매출을 올렸다. 우버는 운전자, 마케팅, 그리고 여타의 운영비용을 지불하고 나면, 적자 상태로 운영해야 했다. 우버 사용자는 7,500만 명이 넘는다. 그러나 우버의 과도한 성공은 나름대로의 새로운 도전과제들을 만들어냈다.

우버는 전통적이고 고도로 규제된 산업을 디지털 방식으로 파괴함으로써 미국과 전 세계의 기존 택시 서비스업체 및 종사자들로부터 큰 반발을 불러일으켰다. 택시 수요가 적을 때 40%의 가격 인하를 제공하는 신생 기업과 누가 경쟁할 수 있겠는가? (수요가 높을 때에는 우버 가격이 급등한다.) 어떤 도시나 주가 승객 안전에 대한 규제 통제, 범죄자로부터의 보호, 운전자 교육, 택시회사에 택시 면허에 대한 청구 등으로부터 발생하는 건전한 수입원을 포기하고 싶겠는가?

우버는 새로운 온디맨드 경제의 전형적인 사례인 반면, 새로운 유형의 비즈니스 모델과 관련된 사회적 비용 및 갈등에 대한 상징적 예이기도 하다. 우버는 운전자를 계약자로 분류함으로써 직원 입장에서 누릴 수 있는 혜택들을 거부하고, 미국과 전 세계의 대중교통법과 규정을 위반하고, 일반인에게 수집한 개인정보를 남용하고, 교통혼잡을 증가시키고, 대중교통을 저해했다는 혐의와 운전자에 대한 범죄, 의료, 재정적인 배경에 대한 충분한 점검을 거부함으로써 시민들의 안전을 보호하는 데 실패했다는 혐의로 기소되었다. 우버의 브랜드 이미지는 공격적이고 통제되지 않는 직장 문화, CEO 칼라닉의 행동 등에 대한 부정적인 보도로 인해 더욱 더 변색되어 왔다.

우버는 몇 가지 조치를 취했다. 우선 운전자가 작업 중에 휴식을 취하기 쉽도록 앱을 향상시켰다. 또한 운전자들은 이

제 승객 운송비에 대해 매주가 아니라 운송을 완료할 때마다 즉시 비용을 지불받을 수 있게 되었고, 앱 대시보드에서 그동안의 자신의 수익을 확인할 수 있게 되었다. 우버는 승객이 미국 운전기사에게 팁을 줄 수 있는 옵션을 앱에 추가했으며, 클라닉은 2017년 6월 우버 책임자 자리에서 내려왔다(다라 코스로샤히로 교체되었다).

비평가들은 우버와 다른 온디맨드 회사들이 시간제, 저임금, 비정규직 노동사회를 창출함으로써 전통적인 풀타임의 안전한 직장을 대체(소위 직업의 우버화)할 수 있는 잠재력을 가지고 있다고 주장한다. 한 연구에 따르면 우버 운전자의 절반은 해당 주에서 최저임금보다 적은 임금을 받고 있다. 이에 대해 우버는 운송비용을 낮추고, 승차 서비스 수요를 늘리며, 자동차 운전자들이 택시 운전사들과 거의 비슷한 수익을 얻을 수 있는 기회를 확대하고 있다는 말로 대응하고 있다.

우버는 지속 가능한 비즈니스 모델을 보유하고 있는가? 이 회사는 여전히 수익을 내지 못하고 있으며, 많은 승차비용을 계속 보조하고 있다. 우버는 미국의 리프트(Lyft) 그리고 아시아 및 유럽의 다양한 현지 회사들을 포함한 많은 경쟁업체들과 경쟁하고 있다. 사이드카(Sidecar)나 비아(Via)와 같이 앱 기반의 호출 택시 서비스를 제공하는 새롭고 소규모의 경쟁사들이 성장하고 있다. 뉴욕과 다른 도시에 설립된 택시회사들이 자체 호출 앱을 개시하고 고정 요금제를 열심히 알리고 있다.

우버는 당일 배송 서비스, 출장 고객, 자율주행차에 대한 투자를 강조하고 있는데, 경영진은 이러한 것들이 인건비를 낮추고 장기적인 수익성을 확보하는 데 핵심적인 역할을 할 것으로 기대하고 있다. 2018년 3월 애리조나 주 템피에서 자율주행 우버 차량이 한 여성을 치어 사망케 한 후 애리조나 주는 주 내에서의 자율주행차 테스트를 금지시켰으며, 우버는 캘리포니아, 피츠버그, 토론토에서 자율주행차 테스트를 중단했다. 이 사고가 발생하기 전에도 우버의 자율주행차는 건설 구역과 대형 트럭과 같은 대형차 옆에서 운행하는 데 문제가 발견되었다. 테스트 운전자는 거의 1마일마다 차를 새로 인계받아야 했다. 우버와 여타 온디맨드 기업들 성공 여부에 대해서 말하기는 아직 이르다.

출처 : Steven Hill, "New Leadership Has Not Changed Uber," *New York Times*, March 26, 2018; Bloomberg, "Uber Revenue Spiked 70% Last Quarter, But It Still Lost Tons of Money," May 24, 2018; Daisuke Wakabashai, "Uber's Self-Driving Cars Were Struggling Before Arizona Crash," *New York Times*, March 23, 2018; Craig Smith, "100 Amazing Uber Statistics, Demographics and Facts (July 2018)," *DMR*, July 29, 2018; "Rob Berger, "Uber Settlement Takes Customers for a Ride," *Forbes*, April 22, 2016; and Mike Isaac and Noam Scheiber, "Uber Settles Cases with Concessions, But Drivers Stay Freelancers," *New York Times*, April 21, 2016.

사례연구 문제

1. 경쟁세력 모델과 가치사슬 모델을 활용하여 우버를 분석하라. 우버의 경쟁우위는 무엇인가?

2. 정보기술과 우버의 비즈니스 모델 간에는 어떤 관계가 있는가? 여러분의 대답에 대해 설명하라.

3. 우버는 얼마나 파괴적인가?

4. 우버는 생존 가능한 회사인가? 여러분의 대답에 대해 설명하라.

광고 수익이 없었다면 틀림없이 웹은 오늘날과는 매우 다른 길을 걸었을 것이다. 뉴스에서 비디오나 의견 개진에 이르는 모든 웹상의 콘텐츠는 방문자들에게 무료로 제공되고 있는데, 그 이유는 방문자들에게 광고를 노출시킬 수 있는 권한을 주는 대가로 이러한 콘텐츠의 생산과 배포비용을 광고주들이 지불하기 때문이다. 2019년에 기업들이 온라인 광고비로 지출한 금액은 1,250억 달러였다(웹사이트상에서 메시지 형태에 대해 지불된 비용, 검색 리스트, 비디오, 앱, 게임, 또는 메신저와 같은 여타의 온라인 매체 등에 대해 지불된 비용). 이 중 약 900억 달러는 가장 빠르게 성장하고 있는 모바일 광고에 대한 지출과 관련된다. 모바일 광고는 디지털 광고의 72%를 차지한다. 최근 5년 간 광고주들은 온라인 광고비를 늘려 왔으며 라디오나 신문 같은 전통적인 채널들에 대한 경비는 줄여 왔다. 2019년, 미국에서 온라인 광고는 18%가 증가했으며, 전체 광고에서 온라인 광고가 차지하는 비중은 53%에 이른다(eMarketer, 2018g).

많은 방문자를 가지고 있거나, 가장 전문화되고, 차별화된, 그리고 사용자의 이목을 계속해서 유지할 수 있는 수 있는 웹사이트들은 더 높은 광고비를 부과할 수 있다. 예를 들어 야후는 디스플레이 광고(배너 광고), 비디오 광고, 그리고 이에는 못 미치지만 검색엔진을 통한 텍스트 광고가 수익의 거의 대부분을 차지하고 있다. 구글과 페이스북은 광고주들에 대한 키워드 판매(AdWord), 광고 공간 판매(AdSense), 디스플레이 광고 공간 판매로부터 수익의 90% 이상이 나온다. 2019년에는 페이스북 혼자서 모든 사이트에서 보이는 수많은 디스플레이 광고의 1/3을 보여준 것으로 추정된다.

판매 수익 모델

판매 수익 모델(sales revenue model)을 적용한 회사들은 제품, 정보 또는 서비스를 고객들에게 판매함으로써 수익을 창출한다. 아마존(책, 음악, 그리고 여타의 제품들을 판매하는), LL빈닷컴, 갭닷컴 등과 같은 회사들은 모두 판매 수익 모델을 가지고 있다. 콘텐츠 제공자들은 음반(아이튠즈 스토어), 책 등의 파일들을 다운로드하는 데 비용을 부과하거나 음악이나 비디오 스트림(훌루닷컴의 TV 쇼)을 다운로드하는 데 비용을 부과함으로써 수익을 창출한다. 애플은 소액지불 수용을 선도하고 강화해 왔다. **소액지불시스템**(micropayment system)은 콘텐츠 제공자들에게 대량의 소액거래 (거래 건당 25센트에서 5달러에 이르는)를 매우 효과적인 비용으로 처리할 수 있는 방법을 제공한다. 웹에서 가장 큰 소액지불시스템은 애플의 아이튠즈 스토어인데, 10억 명 이상의 고객을 보유하고 있으며, 고객들은 음반을 99센트에 그리고 장편영화를 다양한 가격 구매하고 있다.

구독료 수익 모델

구독료 수익 모델(subscription revenue model)을 적용하여 콘텐츠나 서비스를 제공하는 웹사이트들은 일정 기간을 기준으로 제공물의 일부 또는 전체에 접근하는 것에 대해 구독료를 부과한다. 콘텐츠 제공자들은 종종 이 수익 모델을 이용한다. 가령 컨슈머리포트의 온라인 버전은 구체적인 순위, 검토, 추천 등과 같은 특별한 콘텐츠를 구독자들에게만 연 35달러에 제공한다. 넷플릭스는 가장 성공적인 구독 사이트 중 하나로서 2018년 기준으로 1억 명 이상을 보유하고 있다. 구독 모델이 성공하기 위해서는 제공하는 콘텐츠가 부가가치가 높고, 차별화되고, 다른 곳에서는 쉽게 접할 수 없는 것으로 인식되어야 한다. 구독료 기반의 온라인 방식으로 콘텐츠나 서비스를 제공하는 회사들로는 Match.com(데이트 서비스), Ancestry.com(가계도 조사), 마이크로소프트의 Xbox Live(비디오 게임) 등을 들 수 있다.

무료/프리미엄 수익 모델

무료/프리미엄 수익 모델(free/freemium revenue model)을 적용하는 기업들은 기본적인 서비스나 콘텐츠는 무료로 제공하는 한편 고급의 또는 특별한 콘텐츠는 유료로 제공한다. 예를 들어 구글은 무료 애플리케이션을 제공하지만, 특별한 서비스에 대해서는 사용료를 부과한다. 판도라는 가입자 기반 라디오 서비스는 일정 시간만 무료로 들을 수 있도록 해주고, 무제한으로 듣는 경우에는 일정 요금을 부과한다. 이러한 아이디어는 무료 서비스로 많은 고객들을 끌어들인 다음, 이들을 고급 서비스 구독료를 지불하는 고객으로 변환시키는 것이다. 이 모델에서 어려운 점은 무임 승차자들을 지불 고객으로 변환하는 것이다. '무료'는 경제적 손실을 초래할 가능성이 큰 모델이다. 프리미엄 음악 스트리밍 사이트 중 오늘날 수익을 내는 곳은 아무 곳도 없다. 그럼에도 불구하고 그 사이트들은 광고 수익을 내는 무료 서비스가 유료 서비스보다 더 수익성이 높다는 것을 알아가고 있는 중이다.

거래 수수료 수익 모델

거래 수수료 수익 모델(transaction fee revenue model)을 사용하는 회사는 거래를 가능케 해주거나 수행해주는 대가로 수수료를 받는다. 이베이는 온라인 경매시장을 제공하고 판매자가 제품 판매에 성공하면 그 판매자로부터 소액의 거래 수수료를 받는다. 온라인 주식 중개상인 이트레이드 (E*Trade)는 고객을 대신해서 주식거래를 수행해주고 거래 건당 수수료를 받는다. 거래 수수료 모델은 어느 정도 널리 통용되고 있는데, 플랫폼에 대한 실제 사용 경비가 고객에게 곧바로 명확하게 알려지지 않기 때문이다.

은행에서 지불시스템에 이르기까지 온라인 금융 서비스들은 거래 수수료 모델에 의존하고 있다. 온라인 뱅킹 및 서비스는 수백만 명의 고객을 보유한 대형 은행이 지배하고 있지만, **핀테크** (FinTech) 기업이라고도 하는 스타트업 금융기술 회사들은 P2P(peer-to-peer), 청구서 지불, 송금, 대출, 크라우드 소싱, 재정 자문, 계정 통합 서비스 분야에서 은행과 경쟁하기 위해 빠르게 성장하고 있다. 핀테크의 가장 큰 성장에는 벤모(Venmo) 및 스퀘어(Square)와 같은 P2P 지불 서비스업체들이 기여해 왔는데, 이 두 업체는 은행 및 페이팔(2013년 페이팔이 벤모를 인수함)과 같은 온라인 결제 거인들과 경쟁하는 수백 개의 핀테크 회사들에 속한다. 핀테크 기업들은 일반적으로 수익성이 높지 않고, 기술 및 고객 기반을 위해 대규모 금융 서비스 회사에 인수되는 경우가 많다.

제휴 수익 모델

제휴 수익 모델(affiliate revenue model)을 따르는 웹사이트(제휴 웹사이트라 불리는)는 방문자들을 다른 웹사이트로 보내고 소개료나 판매 결과의 일정 비율을 수익으로 취한다. 이러한 소개료 (referral fee)는 판매기회 생성료(lead generation fee)라고도 한다. 예를 들어 마이포인츠(MyPoints)는 가입자들에게 특별 거래를 제공하는 방식으로 그들을 마이포인츠와 연계되어 있는 회사들과 연결시켜줌으로써 수익을 얻는다. 가입자들이 제안을 받아들이고 구매를 할 경우 그들은 이 사이트의 제품이나 서비스를 무료로 얻을 수 있는 포인트를 받게 되며, 이 사이트는 연계된 회사로부터 소개료를 받는다. 이피니언스(Epinions)나 옐프(Yelp)와 같은 커뮤니티 피드백 사이트는 잠재 고객들을 구매 사이트로 유도하고 이에 대한 대가로 많은 수익을 올리고 있다. 아마존은 제휴자들의 블로그에 아마존 로그를 삽입하고 이를 통해 아마존으로 고객들을 끌어들이고 있다. 개인 블로그는 제휴 마케팅에 활용될 수 있다. 어떤 블로거들은 제품에 대해 칭찬을 하고 판매채널로 연결된 링크를 제공함으로써, 판매업체들로부터 직접 돈을 받기도 하며 때로는 무료로 제품을 받기도 한다.

10-3 전자상거래는 마케팅을 어떻게 변화시켰는가?

전자상거래와 인터넷으로 인해 산업 전체가 변화되고 새로운 비즈니스 모델들이 실행되고 있지만, 마케팅과 마케팅 커뮤니케이션 분야 이상으로 영향을 많이 받은 산업은 없을 것이다.

인터넷은 마케터들에게 검색엔진 마케팅, 데이터마이닝, 추천시스템, 타깃 이메일 등을 포함한 새로운 잠재 고객 식별 및 커뮤니케이션 방식들을 기존의 매체보다 훨씬 저렴한 비용으로 제공하

표 10.6 온라인 마케팅과 광고 형태(단위 : 10억 달러)

마케팅 형태	2018년 수익($)	설명
검색엔진	53.3	고객이 쇼핑하거나 구매할 때 고객이 기대하는 것에 미리 초점을 맞추어 놓은 텍스트 광고. 영업 중심
디스플레이 광고	67.1	상호작용 특성을 가진 배너 광고(팝업 및 메인 화면 광고)로서 개인의 웹 활동에 초점을 맞춘 행위적 특성이 강화됨. 브랜드 개발 및 영업. 블로그 디스플레이 광고를 포함함
비디오	21.2	빠르게 성장하고 있는 형태로서 흡입력과 오락성이 강함. 행위 타기팅, 상호작용적. 브랜딩 및 영업
항목 분류 광고	2.1	구직, 부동산, 서비스 광고들로서 상호작용적, 리치 미디어적이고, 사용자 검색에 개인화되었음. 영업 및 브랜딩
리치 미디어	18.3	애니메이션, 게임, 퍼즐. 상호작용적, 목표지향적, 오락적임. 브랜딩 지향적
판매 기회 생성	2.3	온라인상에서 판매 및 마케팅 실마리들을 수집하고, 이것을 다양한 캠페인을 수행하는 온라인 마케터들에게 판매함. 판매 및 브랜딩 지향적
후원	2.1	기업이 제품 촉진 활동을 위해 후원하는 온라인 게임, 퍼즐, 콘테스트, 쿠폰 사이트들. 영업 지향적
이메일	0.47	상호작용적이고 리치 미디어적일 수 있는 효과적인 타깃 마케팅 도구

출처 : eMarketer, "Digital Ad Spending by Format,, 2018" eMarketer, March 2018.

고 있다. 인터넷으로 인해 **롱테일 마케팅**(long tail marketing)이 가능해졌다. 인터넷이 나오기 이 전에는 다수의 청중에 도달하려면 매우 많은 비용이 들었는데, 마케터들은 인기 있는 제품을 가지고 그것이 음악이든, 할리우드 영화이든, 또는 책이나 자동차든 간에 최대한 많은 고객들의 관심을 끄는 데 초점을 맞추어야 했다. 이와 대조적으로 인터넷을 이용할 수 있게 되자 마케터들은 저렴한 비용으로 수요가 매우 낮은 고객들, 즉 종형(정규분포) 커브의 극단 쪽에 위치한 잠재 고객들을 찾아낼 수 있다. 예를 들어 인터넷을 통해 인디 뮤직을 극소수의 청중에게 팔아 수익을 올릴 수 있게 되었다. 어떠한 제품이라도 항상 어느 정도의 수요는 있기 마련이다. 이제는 이러한 일련의 롱테일 영업들을 묶어 수익성 있는 비즈니스를 만들어낼 수 있게 되었다.

또한 인터넷을 통해 종종 즉각적이고 자발적인 새로운 방식으로 고객들의 정보를 수집하고 제공 제품을 맞춤화하고, 고객 가치를 증대시킬 수 있게 되었다. 표 10.6은 전자상거래에서 사용되는 주요한 마케팅 및 광고 형태들을 설명하고 있다.

행위 타기팅

많은 전자상거래 마케팅 회사들은 행위 타기팅 기법을 이용하여 배너 광고, 리치 미디어 광고, 비디오 광고들의 효과를 증대시키고 있다. **행위 타기팅**(behavioral targeting)은 개인들의 관심사와 의도를 이해하기 위한 목적으로 수많은 웹사이트에서 개인들이 행한 클릭스트림(클릭한 행위의 기록)을 파악하고, 그들의 행위에 특별히 적합한 광고를 그들에게 제공하는 것을 의미한다. 지지자들은 이러한 방식이 고객의 욕구를 더욱 정확하게 이해할 수 있도록 해줌으로써 더욱 효율적인 마케팅(기업들이 자신들의 제품에 가장 관심이 많은 고객들만을 대상으로 한 광고에 돈을 쓰는 것)을 가능케 하고, 더 많은 매출과 수익을 창출하게 해준다고 믿는다. 불행히도 수많은 웹 사용자들에 대한 행위 타기팅이 사용자의 승인 없이 이루어진다면, 이는 개인의 프라이버시를 침범하는 것이 된다. 소비자들이 웹 경험에 있어 신뢰를 잃게 되면 그들은 아무것도 구매하지 않으려 할 것이다. 소비자들이 구매 및 메시지 전송에 더욱 안전한 안식처를 추구함에 따라 공격적인 개인정보 사용에 대한 반발도 커지고 있다. 스냅챗(SnapChat)은 소멸 메시지들을 보내고, 심지어 페이스북은 기본 설정을 새로운 게시글이 '친구들에게만' 보이도록 해놓음으로써 한발 물러섰다.

행위 타기팅은 개별 웹사이트 수준에서 수행되거나 수많은 웹사이트에 걸쳐 사용자를 추적하는 다양한 광고 네트워크를 통해 수행될 수 있다. 모든 웹사이트는 방문자의 브라우저상에서의 행위에 관한 데이터들을 수집하고 데이터베이스에 저장한다. 이러한 사이트들은 방문자가 자신의 사이트에 오기 전에 방문했던 사이트들, 자신의 사이트를 떠나서 가는 곳, 사용자들이 사용하는 운영체제 유형, 브라우저에 대한 정보, 그리고 심지어는 위치 데이터들까지도 기록하는 도구들을 내장해 두었다. 그들은 또한 방문했던 특정 사이트의 특정 페이지에 대한 것도 기록하고, 방문자들이 구매한 것도 기록에 남긴다(그림 10.3 참조). 기업들은 이렇게 수집한 고객 관심사와 행위에 관한 정보를 분석하여 기존 고객 및 잠재 고객의 정확한 프로파일을 개발한다. 게다가 대부분의 주요 웹사이트들은 매우 다양한 추적 프로그램을 운용하고 있는데, 이것들은 여러분이 사이트들을 이동할 때 따라다니면서 여러분의 클릭스트림 행위를 추적하여, 여러분이 다른 사이트에 있을 때도 똑같은 광고가 여러분에게 노출되도록 광고를 재목표화시킨다. 대표적인 온라인 광고 네트워크는 구글의 더블클릭(DoubleClick)이다.

이러한 정보들을 통해 기업은 자신의 웹사이트가 얼마나 역할을 잘 수행하고 있는지를 이해할 수 있고, 사용자 각각의 특별한 관심에 맞는 제품이나 서비스에 대한 콘텐츠를 보여줄 수 있는 고유하게 개인화된 웹페이지를 생성할 수 있고, 고객의 경험을 향상시킬 수 있고, 쇼퍼의 지식을 높여줌으로써 부가가치를 생성할 수 있다(그림 10.4 참조). 마케터들은 고객별로 맞춤화된 웹페이지를 제공해주는 개인화 기술을 활용하여 엄청나게 저렴한 비용으로 판매 직원을 사용하는 것과 같은 효과를 볼 수 있다. 예를 들어 GM은 쉐보레 배너 광고를 안전성과 효율성을 강조하는 여자들에게 보여줄 수 있을 것이고, 한편 남자들에게는 힘과 강인함을 강조하는 다른 자동차의 광고들을 보

그림 10.3 웹사이트 방문자 추적

전자상거래 웹사이트들은 온라인 상점 전반에 걸친 구매자의 모든 행위 단계를 추적할 수 있는 도구들을 내장하고 있다. 여성용 의류를 판매하는 웹사이트에서의 고객 행위에 대한 면밀한 조사는 이 상점이 각 단계에서 배울 수 있는 것이 무엇인지 그리고 판매량을 증가시킬 수 있는 조치가 무엇인지를 알려준다.

출처 : 구글 제공

구매자들이 홈페이지를 클릭한다. 상점은 이 구매자가 오후 2 : 30에 야후! 포털을 통해 도착했다는 사실(이것은 고객 서비스 센터의 업무를 도울 수 있다)과 홈페이지에 얼마 동안이나 머물러 있었는지(이것은 이 사이트의 내비게이션상의 문제점을 나타낼 수도 있다)를 알려줄 수 있다.

구매자는 블라우스를 클릭하고, 이어서 여성용 하얀색 블라우스를 선택하기 위해 클릭한다. 그다음 같은 블라우스에 대해 분홍색을 보기 위해 클릭을 한다. 이 구매자는 사이즈가 10인 분홍색 블라우스를 선택하기 위해 클릭하고 그것을 쇼핑카트에 담기 위해 클릭한다. 이런 정보는 이 상점이 어떤 사이즈와 색상이 가장 인기가 좋은지 파악하는 것을 도울 수 있다. 만약 방문자가 다른 사이트로 이동하면 동일한 업체 또는 다른 업체가 제공하는 분홍색 블라우스들에 대한 광고가 나타날 것이다.

쇼핑카트 페이지에서 구매자는 이 블라우스를 구매하지 않고 웹사이트를 나가기 위해 브라우저 닫기를 클릭한다. 이런 행동은 이 구매자가 자신의 마음을 바꾸었거나, 또는 이 웹사이트의 결재와 지불 프로세스상에서 어떤 곤란한 문제를 겪었음을 나타내는 것일 수도 있다. 이런 행위는 이 웹사이트가 잘 설계되지 못했음을 알려주는 신호일 수 있다.

그림 10.4   웹사이트 개인화

기업들은 사용자 각각의 특별한 관심사와 관련된 제품과 서비스에 대한 콘텐츠 또는 광고를 보여주면서, 고객의 경험을 증진
시키고 부가적인 가치를 창출할 수 있는 개인화된 개인 고유의 웹페이지를 제공할 수 있다.

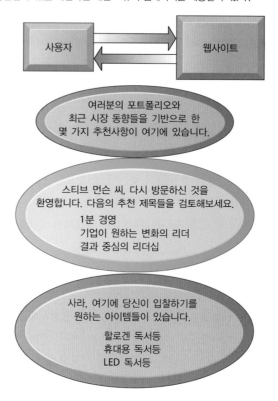

여줄 수 있을 것이다.

광고 네트워크를 통해 사전 절차에 따라 진행되는 광고 구매는 간단히 수행될 수 있다. 광고 네트워크는 실시간 입찰 플랫폼(real-time bidding platforms, RTB)을 제공하는데, 이 플랫폼에서는 마케터들이 웹 게시자들이 제공하는 사용 가능 타깃 슬롯들(광고 게시 기회들)을 대상으로 자동화된 환경에서 입찰을 한다. 여기서 광고 플랫폼은 얼마나 많은 타깃 고객들이 그 광고를 보게 될지 예측할 수 있으며, 광고 구매자는 그 광고의 노출이 그들에게 얼마나 가치를 제공할지 추정할 수 있다.

여러분이 많은 고객들에게 도달하고자 애쓰는 여러 고객사들을 대상으로 하고 있는 전국적인 대형 광고회사의 관리자라면 어떻게 하겠는가? 여러분이 잠재 고객들에게 여러분의 제품을 알리려고 애쓰는 대형 글로벌 제조업체의 관리자라면 어떻게 했겠는가? 수많은 웹사이트들이 상대와 개별적으로 작업한다는 것은 비현실적이다. 광고 네트워크는 이러한 문제들을 해결하기 위해 많은 사람들이 방문하는 다수의 인기 있는 웹사이트로 구성된 네트워크를 생성하고, 이 네트워크 전체를 통해 사용자들의 행위를 추적하고, 사용자 각각에 대한 프로파일을 구축하고, 그다음 이 프로파일을 광고주들에게 판매한다. 인기 있는 웹사이트들은 고객들로 하여금 여러 가지 추적 쿠키, 웹버그, 웹비콘을 다운로드하도록 만들고 있는데, 이러한 것들은 사용자의 의도된 행위 없이 온라인상에서의 사용자 행위를 멀리 떨어져 있는 서버들에 제공한다. 젊고 미혼이며 학사학위를 소유하고 있고 북동부에 살고 있는 18~34세의 사람 중 유럽 자동차 구매에 관심을 가지고 있는 사람들은 누구인가? 이에 대한 답을 찾는 것은 어려운 일이 아니다. 광고 네트워크는 이러한 프로파일을 가진 수많은 사람들을 식별하여 알려줄 수 있고 그들이 웹사이트를 옮겨 다닐 때마다 유럽 차에 대

한 광고를 볼 수 있도록 할 수 있다. 여러 가지 광고 중에서도 행위 타기팅 광고는 무작위 배너 광고나 비디오 광고보다 10배 이상 고객의 반응을 얻어낼 수 있다(그림 10.5 참조). 소위 광고 익스체인지(exchange)라는 것은 이와 동일한 기술을 경매에 적용한 것인데, 이를 통해 광고주들은 순식간에 특정 고객 프로파일을 가진 사람들에게 접근할 수 있다. 2016년, 온라인 디스플레이 광고의 약 50%는 프로그래마틱 광고에 기반한 타깃 광고였고, 나머지 광고는 쇼퍼의 웹페이지 방문 상황에 따라, 즉 추정된 방문자의 인구통계학적인 특성에 따라 제공되거나, 또는 소위 무차별 살포 방식, 즉 어떤 날이나 계절 등 특정 시기와 같이 최소의 목표에 맞춰 가능한 웹페이지에 무작위로 제공되었다. 여기서 무차별 살포 방식은 특정 시간대 또는 특정 기간에 적은 수의 목표 고객들을 대상으로 가능한 웹페이지에서 무작위로 광고를 게재하는 방식을 의미한다.

또 하나의 간단한 방식은 **네이티브 광고**(native advertising)이다. 네이티브 광고는 광고를 소셜 네트워크 뉴스피드에 싣거나 신문기사와 같은 전통적인 편집 콘텐츠에 삽입시키는 광고를 의미한다. 네이티브 광고는 유기적 광고라고도 불리는데, 콘텐츠와 광고가 매우 근접하거나 통합되어 있는 광고를 의미한다.

인터넷 사용자들의 2/3(68%)는 타깃 광고를 목적으로 온라인 행위를 추적하는 검색엔진과 웹사이트들을 용인하지 않고 있다. 조사에 응답한 사람 중 28%는 자신과 연관성이 있는 광고와 정보를 받게 될 가능성이 크다는 이유로 행위 타기팅을 용인하고 있다. 미국인 중 다수는 온라인상에서 자신들의 행위에 대한 정보를 수집하는 것을 중단시킬 수 있는 "추적하지 마시오."라는 옵션이 웹브라우저에 추가되기를 원하고 있다. 응답자 중 50% 이상이 온라인상에 개인 데이터가 많이 존재한다는 사실에 대해 매우 심각한 우려를 나타냈고, 86%의 응답자들은 온라인상에서의 자신의 행위를 감추기 위한 조치를 취한 적이 있으며, 웹 사용자들의 25%는 광고차단 소프트웨어를 사용하고 있는 것으로 나타났다(Rainie, 2016).

그림 10.5 더블클릭과 같은 광고 네트워크는 어떻게 작동하는가?

광고 네트워크는 인터넷 전반에 걸친 소비자들에 대한 추적 기능으로 인해 프라이버시 옹호자들 사이에서 논쟁거리가 되고 있다.

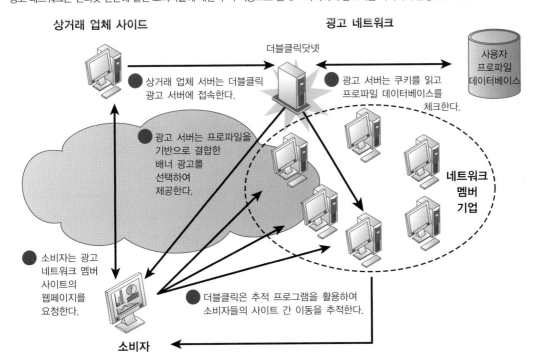

소셜 커머스와 소셜 네트워크 마케팅

2019년, 브랜드와 마케팅 분야에서 가장 빠르게 성장하고 있는 미디어 중 하나가 소셜 미디어다. 기업들은 페이스북, 인스타그램, 트위터, 링크드인과 같은 소셜 네트워크를 사용하여 소셜 사이트에서 하루에 몇 시간씩 소비하는 수백만 명의 소비자들에게 다가가기 위해 2019년에 약 300억 달러를 지출하였다. 소셜 미디어 마케팅에 대한 지출은 TV, 잡지, 심지어 신문보다 훨씬 적지만 미래에는 이와 달라질 것이다. 오프라인 세계의 소셜 네트워크는 장기간에 걸쳐 자발적으로 서로 소통하는 사람들의 모음이다. 페이스북, 인스타그램, 핀터레스트, 링크드인, 트위터, 텀블러와 같은 온라인 소셜 네트워크들과 더불어 소셜 요소를 가진 여타의 사이트들은 사용자들이 서로 의사소통하고 그룹과 개별적인 관계를 형성하며 관심, 가치, 아이디어를 공유할 수 있도록 해주는 웹사이트들이다.

소셜 커머스는 디지털 **소셜 그래프**(social graph)에 대한 개념에 바탕을 둔 상거래다. 디지털 소셜 그래프는 온라인상의 모든 중요한 소셜 관계를 대응시켜 놓은 것이다. 소셜 그래프는 오프라인상에서 사용되는 '소셜 네트워크'와 같은 개념이다. 여러분은 여러분과 제일 가까운 10명으로 선을 그음으로써 여러분 자신의 소셜 그래프(네트워크)를 작성할 수 있다. 만약 그들이 서로 아는 사이라면, 그들 간에도 선을 긋는다. 만약 여러분이 더 의욕이 있다면, 이 10명에게 그들과 가까운 10명의 이름을 적고 선을 그으라고 요구하라. 이 작업을 통해 나타난 모습이 바로 여러분의 소셜 네트워크에 대한 초안이 될 것이다. 이제 인터넷상에 있는 모든 사람이 이와 똑같은 작업을 하고 그 결과를 웹사이트와 연결된 대용량의 데이터베이스에 올린다고 상상해보라. 이러한 일은 결국 여러분이 페이스북이나 그와 유사한 사이트를 이용하는 것으로 귀결될 것이다.

소천지(small world) 이론에 따르면, 여러분은 6단계의 관계만 거치면 지구상의 다른 사람들과 연결될 수 있다. 만약 여러분이 개인 주소록에 있는 100명의 리스트를 여러분 친구들에게 보내고, 이번엔 그 친구들이 거기에 50명을 추가해서 또 그들의 친구들에게 보내고, 이런 식으로 6번을 해 나가면, 이렇게 연결된 소셜 네트워크는 31억 명을 포함한다! 이러한 소셜 그래프는 수많은 사람들의 소셜 그래프들(과 그 안에 있는 모든 사람)을 모아 놓는 결과가 된다.

만약 여러분이 사람들 간의 상호 연결성을 이해한다면, 이러한 개념이 전자상거래에 대해 얼마나 중요한지 알게 될 것이다. 여러분이 구입한 제품 및 서비스는 여러분 친구들의 의사결정에 영향을 미칠 것이고, 반대로 그들의 의사결정은 여러분에게 영향을 미칠 것이다. 이러한 사실들을 고려할 때 여러분이 브랜드를 구축하고 강화시키려 애쓰고 있는 마케터라면 다음과 같은 명확한 시사점을 얻을 수 있을 것이다. 즉, 사람들이 소셜 네트워크들에 얽혀 있다는 사실을 활용하고, 관심과 가치를 공유하고, 서로 소통하고 영향을 주어라. 마케터로서 여러분이 타깃으로 삼아야 할 것은 TV 쇼를 보고 있는 고립된 수많은 사람이 아니라, 그 쇼를 보는 사람들의 소셜 네트워크다. 표 10.7은 소셜 커머스의 성장을 주도하고 있는 특징을 설명하고 있다.

미국의 전체 소셜 마케팅의 74%와 2018년 미국의 월별 방문자 2억 800만 명을 보유한 페이스북은 소셜 네트워킹에 대한 대중의 관심을 크게 받고 있다. 반면 다른 4대 소셜 사이트는 과거보다 훨씬 느린 속도로 성장하고 있다. 링크드인은 2018년 한 달 방문자 수가 9,300만 명에 달했었다. 트위터의 2018년 활성 사용자 수는 1억 4,600만 명에 달했는데, 그 성장세는 미국보다 해외에서 더 강했다. 핀터레스트는 2018년 전년보다 25% 늘어난 1억 1,000만 명의 사용자로 상위 50개 웹사이트들을 강타했다. 분석가들에 따르면, 미국 사람들은 온라인에서 보내는 전체 시간의 25%(하루 약 56분)를 소셜 네트워크 사이트에서 보냈으며, 소셜 네트워킹은 가장 일반적인 온라인 활동이 되었

표 10.7 소셜 커머스의 특징

소셜 커머스 특징	설명
뉴스피드	사용자들이 자신의 페이지에서 볼 수 있는 친구들이나 광고에 대한 알림 정보
타임라인	과거의 사진들과 활동 내역들이 시간 흐름에 따라 게시된 개인적인 기록으로서 친구들과 공유될 수 있다.
소셜 사인온(sign-on)	웹사이트들은 사용자들이 페이스북이나 다른 소셜 사이트들의 소셜 네트워크 페이지를 통해 자신의 사이트로 로그인해서 들어오는 것을 허용하고 있다. 이를 통해 웹사이트들은 페이스북으로부터 가치 있는 소셜 프로파일 정보들을 받아서 자신의 마케팅 활동에 활용한다.
협력적 쇼핑	소비자들이 다른 사람들에게 제품을 보여주거나, 채팅하거나 또는 문자를 보냄으로써, 다른 사람들과 자신의 쇼핑 경험들을 공유할 수 있도록 해주는 환경을 제공한다.
네트워크 통지	소비자들이 친구들과 제품, 서비스, 또는 콘텐츠 등에 대한 찬성과 반대 의견을 공유하거나 식당이나 클럽 등에 대한 지리적 위치를 공유할 수 있는 환경을 제공한다. 페이스북의 여기저기서 볼 수 있는 '좋아요' 버튼이 하나의 예가 된다. 다른 예로는 트위터의 트윗과 팔로워를 들 수 있다.
소셜 검색(추천)	소비자들이 친구들에게 제품이나 서비스 또는 콘텐츠 구매에 대해 조언을 요청할 수 있도록 해준다. 구글은 여러분이 직접 어떤 대상을 찾을 수 있도록 도와주지만, 소셜 검색은 그것에 대한 친구들 또는 그 친구들의 친구들의 평가를 알 수 있게 해줌으로써 여러분이 그것을 평가하는 데 도움을 줄 수 있다. 예를 들어 아마존의 소셜 추천 시스템은 페이스북 소셜 프로파일을 이용하여 제품을 추천해줄 수 있다.

다. 가장 빠르게 성장하는 스마트폰 애플리케이션들은 소셜 네트워크 앱들이다. 스마트폰 사용자의 거의 절반이 매일 소셜 사이트를 방문한다. 2018년 페이스북 전체 방문의 70% 이상이 스마트폰을 통해서 이루어졌다.

핀터레스트와 같은 **소셜 쇼핑**(social shopping) 사이트들에서는 쇼핑에 관한 생각을 친구들과 교환할 수 있다. 페이스북은 '좋아요' 버튼을 통해, 여러분 친구들이 여러분이 어떤 제품이나 서비스, 또는 콘텐츠에 대해서 감탄했는지를 알 수 있도록 해주며, 때로는 온라인으로 무엇인가를 구매하도록 만들기도 한다. 온라인 커뮤니티들도 구전 마케팅 기법을 적용하기에 이상적인 장소이다. 온라인 구전 마케팅은 말이 온라인 커뮤니티를 통해 빠른 속도로 퍼져나갈 수 있다는 점과 지리적으로 훨씬 먼 곳까지 전달될 수 있다는 점을 제외하고는 전통적인 구전 마케팅과 유사하다.

집단지성

수많은 사람들이 서로 상호작용할 수 있는 사이트는 비즈니스 기업들에게 그 기업이 고객이 원하는 제품을 제공하고 광고할 수 있고, 그 기업의 제품을 누가 좋아하는지(또는 싫어하는지)를 알아낼 수 있는 새로운 방식을 제공해준다. **집단지성**(wisdom of crowds)이라 불리는 현상 속에서는 한 사람 또는 소규모의 전문가 집단이 다양한 주제나 제품에 대해 의사결정을 할 때보다 많은 수의 군중이 더 나은 의사결정을 할 수 있다고 주장하는 이들이 있다.

이런 일이 항상 일어나는 것이 아니라는 점은 분명하지만 이런 일이 일어나는 방식은 흥미롭다. 마케팅에 있어 집단지성 개념은 첫째, 기업들이 많은 고객들과의 관계를 구축하는 방법으로 고객들과 상담하는 것이 바람직하다는 점을 제시하며, 둘째, 자신들의 제품과 서비스가 어떻게 사용되고 인정받는지(또는 거부되는지)를 더 잘 이해할 필요가 있다는 점을 제시한다. 기업은 고객들에게 코멘트를 적극적으로 요청함으로써 고객들과의 신뢰를 구축하고 고객들에게 메시지를 보낼 수 있다.

기업들은 단순하게 충고를 요청하는 수준이 아니라 소위 **크라우드소싱**(crowdsourcing)을 이용하여 비즈니스 문제들을 적극적으로 해결할 수 있다. BMW는 2025년을 위한 도심용 자동차를 설계하는 데 고객들의 도움을 요청하기 위해 크라우드소싱 프로젝트를 주최하였다. 킥스타터닷컴은 분명 가장 유명한 전자상거래 시민기금 사이트 중 하나인데, 여기에서는 방문자들이 신생 기업들에 대해 투자한다. 다른 예로는 기계 설계를 더 잘하기 위해 고객들과 함께 작업하는 캐터필러, 이케아 가구 디자인, 슈퍼볼 관중을 활용하여 온라인 비디오를 만든 펩시콜라를 들 수 있다.

소셜 미디어를 이용한 마케팅은 아직 초기 단계에 머물러 있는데, 기업들은 성공적인 공식을 찾고자 하는 희망을 품고 실험 중에 있다. 소셜 상호작용과 고객 감성을 관리하는 것은 항상 쉬운 일은 아니며, 그들의 브랜드를 열심히 보호하고자 하는 기업들에게는 새로운 도전과제를 제공한다. '토론방 : 고객과의 소셜라이징'은 페이스북과 트위터를 이용한 기업들의 소셜 마케팅 노력을 자세히 설명한다.

10-4 전자상거래는 B2B 거래에 어떤 영향을 미쳤는가?

비즈니스 기업들 간의 교역(기업 간 전자상거래 또는 B2B)은 거대한 시장을 의미한다. 미국에서 2019년 B2B 교역 총액은 약 13조 5,000억 달러에 달한 것으로 추정되며, 그중 B2B 전자상거래(온라인 B2B)는 약 6조 2,000억 달러로 추정된다(U.S. Census Bureau, 2018; 저자 추정). 2020년까지 미국의 B2B 시장규모는 약 6조 9,000억 달러로 성장할 것으로 전망된다.

비즈니스 회사들 간의 교역 프로세스는 복잡하며 사람이 직접 관여해야 하는 부분이 상당히 많기 때문에 엄청난 자원이 소요된다. 어떤 회사들은 조직에서 지원 물품들에 대한 구매 주문을 할 때 평균적으로 적어도 100달러의 관리 간접비가 소요된다고 추정하고 있다. 관리 간접비에는 종이 서류 작성, 구매 의사결정 승인, 제품조사와 구매 준비를 위한 전화 및 팩스 이용 시간, 배송 준비, 제품 수령 등과 관련된 비용이 포함된다. 경제 전반을 놓고 볼 때 이러한 일들로 인한 비용은 수조 달러에 이르는 구매 처리비용을 더 늘어나게 하고 있다. 만약 기업 간 교역의 일정 부분만이라도 자동화되어 있고, 전체 구매 프로세스 중 일부분만이라도 인터넷으로 지원되고 있다면, 문자 그대로 수조 달러라는 액수는 더욱 생산적으로 활용될지도 모르고, 소비자가격이 감소될 수도 있으며, 생산성이 증가될 수도 있고, 국가의 경제적 부가 증가할 수도 있을 것이다. 이러한 점이 바로 B2B 전자상거래의 전망이다. B2B 전자상거래의 도전과제는 기존의 구매 패턴과 시스템들을 바꾸고 새로운 인터넷 기반의 B2B 솔루션을 설계하고 구현하는 것이다.

전자문서교환(EDI)

B2B 전자상거래는 비즈니스 기업들 간에 일어나는 상업적 거래를 의미한다. 이러한 거래들은 인터넷 기반의 다양한 메커니즘을 통해 지속적으로 증가하고 있다. B2B 전자상거래의 약 80%가 여전히 **전자문서교환**(electronic data interchange, EDI) 전용시스템을 기반으로 이루어지고 있다. EDI 시스템은 2개의 조직 간에 컴퓨터 대 컴퓨터 통신을 통해 청구서, 선하증권, 배송 일정, 구매 주문서 처리와 같은 표준 업무 수행을 가능케 한다. 거래 내역들은 하나의 정보시스템에서 네트워크를 통해 다른 정보시스템으로 자동적으로 전송된다. 이런 과정에서는 한쪽에서 서류를 작성하고 프린트하면 다른 쪽에서는 이것을 받아 자신의 시스템에 데이터를 다시 입력하는 작업들이 불필요하게 된다. 미국과 전 세계의 주요 산업들 각각은 그 산업에 맞는 전자문서에 대한 구조와 정보들을 정

토론방 경영

고객과의 '소셜라이징'

전 세계 30억 명 이상의 사람들이 소셜 미디어를 사용하는데, 이러한 소셜 미디어가 기업들이 소비자를 끌어들이고, 제품 메시지 전달을 확장시키며, 트렌드와 인플루언서들을 발견하고, 브랜드 인지도를 높이고, 고객의 요청과 권고에 대한 조치를 취할 수 있는 플랫폼 역할을 한다는 점은 명확하다. 8,000만 개 이상의 기업들이 페이스북 브랜드 페이지를 보유하고 있는데, 이는 사용자들로 하여금 블로그, 댓글 페이지, 공모전, 해당 브랜드 페이지에 대한 제안 등을 통해 브랜드와 상호작용할 수 있도록 해준다. '좋아요' 버튼은 사용자들에게 그들이 보고 있는 콘텐츠와 방문하고 있는 웹사이트에 대한 자신의 감정을 다른 소셜 네트워크 참여자들과 공유할 기회를 준다. 페이스북은 수백만 개의 웹사이트에 있는 '좋아요' 버튼을 통해 다른 사이트에서의 사용자 행동을 추적하여, 그 정보를 마케팅 담당자들에게 판매할 수 있다. 페이스북은 또한 회사들에게 사용자의 홈페이지와 사진, 앱과 같은 페이스북 인터페이스의 다른 대부분 페이지에 나타나는 디스플레이 광고를 판매한다. 광고주들은 트위터에서 '프로모션 중'인 트윗을 생성할 수 있는 기능들을 통해 자신의 트윗을 특정 키워드를 검색하는 사용자들의 눈에 더 잘 띄도록 보여줄 수 있다.

미국의 대표적인 트럭 제조업체인 맥 트럭스(Mack Trucks)는 새로운 앤섬(Anthem) 모델을 출시할 때 고객, 운전사, 딜러들을 끌어들이기 위해 소셜 마케팅 캠페인을 벌였다. 맥은 새로운 제품을 출시할 때 주요 마케팅 채널로서 전통적으로 트럭 관련 출판물, 브로셔, 산업무역박람회를 활용했다. 그러나 이러한 채널들은 맥이 고객별로 메시지를 맞춤화하고 전달할 수 있게 해주지 못했다. 예를 들어 대형 운송업체의 관리자는 연료 효율에 가장 관심이 많은 반면, 개인 트럭 운전사는 설계 스타일에 더 끌릴 수 있다. 맥의 마케팅팀은 인지도를 넓히기 위해서는 계속해서 전통적인 채널을 사용했으며 세분화와 측정을 위해서는 소셜 마케팅에 의존했다.

맥은 2017년 7월부터 앤섬 모델을 위한 관심을 구축하기 위해 격주 유튜브 영상물을 게시했고, 그해 9월에는 유튜브와 페이스북에서 앤섬 공개의 라이브 스트림도 내보냈다. 맥은 티저 캠페인을 통해 이메일 주소 7,000개를 건졌으며, 런칭 이벤트의 라이브 스트림을 3,700명이 시청하는 수확을 거두었다. 이러한 점들은 10만 달러 이상의 비용이 소요되는 제품에는 중요한 숫자로 여겨진다. 또한 맥의 마케팅팀은 회사의 페이스북 팔로워 17만 4,000명, 트위터 팔로워 2만 4,000명, 링크드인 팔로워 1만 5,000명, 유튜브 구독자 1만 5,000명, 그리고 새로운 앤섬 라인의 모든 측면들을 설명하는 사진, 비디오, 텍스트 요약을 비롯한 여타의 콘텐츠들에 대한 소셜 커뮤니티들을 겨냥하여 포괄적인 소셜 미디어 캠페인을 시작했다. 이러한 활동들은 4만 명 이상의 새로운 소셜 팔로워들을 맥 브랜드로 끌어들이는 데 기여한 것으로 인정받았다.

맥은 Oracle Eloqua Marketing Cloud Service와 Oracle Social Cloud를 사용하여 자신의 소셜 활동들을 Oracle Eloqua 데이터베이스에 있는 고객 및 잠재 고객에 대한 17만 5,000개의 프로파일과 연결한다. 이를 통해 디지털 마케팅팀은 데이터베이스에 있는 사람이 앤섬 관련 동영상을 보기 위해 페이스북 게시물을 클릭했는지 아니면 회사의 웹사이트에서 다른 정보를 찾는지 알 수 있다. 이와 같이 개인화된 뛰어난 콘텐츠는 잠재 고객을 끌어들이고 고객이 맥 트럭 딜러와의 대화 요청에 이르는 데까지의 영업 프로세스를 진행시키는 데 도움이 된다. 이 지점에서 잠재 고객은 가능성이 큰 판매 기회의 대상으로 간주된다. Oracle Social Cloud는 다양한 소셜 사이트들에서 맥 앤섬이 언급되면 이를 팀원들에게 알려주는데, 팀원들은 적절한 곳에 대응할 수 있다.

맥은 또한 앤섬 캠페인에 유명인사인 인플루언서들을 동원했다. 컨트리 뮤직 아티스트 스티브 모클러는 앤섬에 대해 "준비된 상태로 태어났어요"라는 드라이브 송을 녹음하여 운전자들에게 헌정했다. 5만 5,000명 이상의 사람들이 유튜브에서 모클러의 공연을 보았다. 이 마케팅팀은 또한 오클랜드 레이더스 미식축구팀의 칼릴 맥과 함께 "무엇이 맥을 만드나?"라는 유튜브 비디오를 제작했는데, 이것은 7만 5,000명이 넘는 시청자들의 눈길을 끌었다. 맥은 새로운 제품을 가장 먼저 보고 소셜 미디어를 통해 적극적인 옹호자로서의 역할을 할 고객들과 운전자들을 식별해주는 광범위한 프로그램을 개발하고 있다.

맥 앤섬 캠페인은 9,300명 이상의 참여를 유도했고, 약 1,700건의 판매 기회를 창출했다. 앤섬 랜딩 페이지는 14만 6,000명 이상의 방문객을 끌어 모았는데, 그들은 거기서 모 클러 비디오를 보고 새로운 트럭 라인에 대한 모든 정보를 얻을 수 있다. 맥의 고위 경영진은 이러한 결과들과 더불어 마케팅 정보의 상세함과 정확성에 매우 만족해하고 있다. 존 윌시 마케팅 부사장은 맥에 대한 비용을 통해 어떤 일이 일 어나는지 파악할 수 있다.

고객의 90%가량이 온라인 리뷰의 영향을 받고 있으며, 미국 소셜 미디어 사용자의 절반 가까이가 소셜 미디어를 통해 적극적으로 고객 서비스를 찾고 있다. 결과적으로 마케팅은 이제 고객 만족과 서비스에 훨씬 더 큰 비중을 두고 있다. 소셜 미디어 모니터링은 마케팅 담당자와 사업주가 고객이 원하는 제품, 추가 제품, 또는 제품 변경과 관련하여 구매자의 호감, 혐오, 불만사항뿐만 아니라 사람들이 브랜드에 대해 어떻게 말하는지(긍정적 또는 부정적 정서)에 대해 더 잘 이해할 수 있도록 도와준다.

패스트푸드 샌드위치 체인점인 아르비(Arby)는 로스트 비프 이외의 고기들에 대한 소셜 미디어의 고객 논평에 고무되어, 로스트 비프 이외의 다양한 고기들을 소개하는 'Meat Mountain' 캠페인 포스터를 만들었다. 아르비의 고객들은 그 포스터가 새로운 샌드위치를 보여준다고 잘못 생각했고, 소셜 미디어를 통해 그것을 먹어 보고 싶어 한다는 의견을 나타냈다. 그러자 아르비는 새로운 10달러짜리 'Meat Mountain' 샌드위치로 대응했다.

소셜 미디어 캠페인은 조정하기가 까다로울 수 있으며, 그 결과가 항상 예측 가능한 것은 아니다. 도널드 트럼프 대통령의 소셜 팔로워들은 이방카 트럼프의 의류 브랜드를 자사 매장에서 치운 노스트롬 백화점에 대한 보이콧을 주장하자, 노스트롬의 주가는 상승했고 이후 몇 달 동안 실적에서 많은 소매업 경쟁업체들을 앞질렀다. 노스트롬 고객들은 그 브랜드에 충실했다. 예전에 트럼프의 트윗이 록히드마틴과 같은 다른 브랜드들에 대해 언급했을 때에는 주가가 부정적인 영향을 받았었다. 2016년 9월 샌안토니오에 본사를 둔 미라클 매트리스(Miracle Mattress)가 '트윈 타워 판매'라는 광고하는 페이스북 동영상을 올렸는데, 이것은 소셜 미디어에서 큰 분노와 반발을 불러일으켰다. 이 동영상은 고객들에게 "9/11을 기억하라" 그리고 "모든 매트리스를 트윈 사이즈 가격으로 가져가라."고 고객들을 독려했던 것이다. 결국 미라클 매트리스는 페이스북 타임라인에서 그 동영상을 삭제했고, 기업주 마이크 보난노는 사과문을 올렸다.

출처 : Rob Preston, "Open Road," *Profit Magazine*, Spring 2018; Melody Hahm, "26-Year-Old Launches Instagram-Fueled Fast Fashion Brand," *Yahoo Finance*, July 25, 2018; Craig Smith, "844 Amazing Facebook Statistics (July 2018) by the Numbers," Dmr, July 30, 2018; www.Macktrucks.com, accessed July 29, 2018; Janet Morrissey, "Brands Heed Social Media. They're Advised Not to Forget Word of Mouth," *New York Times*, November 26, 2017; Farhad Manjoo "How Battling Brands Online Has Gained Urgency, and Impact," *New York Times*, June 21, 2017; and Lindsay Friedman, "The 12 Worst Social-Media Fails of 2016," www.entrepreneur.com, September 22, 2016.

사례연구 문제

1. 고객들과의 소통을 위해 소셜 미디어 기술을 활용할 때 발생할 수 있는 경영, 조직, 기술 이슈들에 대해 논의하라.
2. 광고, 브랜드 구축, 시장조사, 고객 서비스를 위한 소셜 미디어 활용의 장단점은 무엇인가?
3. 이 사례연구에서 소셜 미디어를 활용한 고객과 상호작용

을 통해 촉진된 비즈니스 의사결정의 예를 제시하라.

4. 모든 기업이 고객 서비스와 마케팅에 소셜 미디어 기술을 사용하는 것이 바람직한가? 왜 그런가? 또는 왜 그렇지 않은가? 어떤 기업들이 이러한 플랫폼을 사용하기에 가장 적합한가?

그림 10.6 전자문서교환(EDI)

기업들은 B2B 전자상거래와 연속 보충에 대한 업무들을 자동화하기 위해 EDI를 이용한다. 공급자들은 구매 기업에게 배송과 관련된 데이터를 자동으로 보낼 수 있다. 구매 기업들은 EDI를 이용하여 생산 및 재고에 관련된 요구사항들과 지불 데이터를 공급자들에게 제공한다.

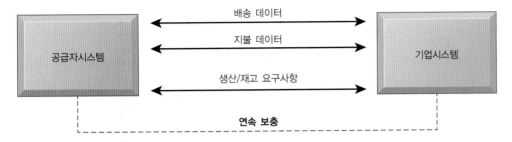

의한 EDI 표준이 있다.

EDI는 원래 구매 주문서, 청구서, 배송 고지서와 같은 문서들의 교환을 자동으로 수행했다. 일부 기업들은 아직도 자동화된 문서처리를 위해 EDI를 사용하지만, JIT(just-in-time) 방식의 재고 보충과 연속 생산 방식을 사용하는 기업들은 EDI를 연속 보충을 위한 시스템으로 활용한다. 공급자들은 구매 기업의 생산 및 배송 일정에 대해 관련 부품들을 온라인으로 파악할 수 있고, 구매 중개업체의 개입 없이도 사전에 설정된 목표에 부합하는 원재료 및 제품들을 자동으로 배송할 수 있다(그림 10.6 참조).

많은 조직이 아직도 독자적인 네트워크를 이용하여 EDI를 사용하고 있지만, 인터넷 기술이 다른 기업과 연결하는 데 있어 훨씬 많은 유연성과 저비용 플랫폼을 제공해주기 때문에 웹 기반 네트워크가 급증하고 있다. 기업들은 이제 디지털 기술을 더 넓은 범위의 활동들에 적용하고 거래 파트너들의 범위 또한 넓혀 나갈 수 있게 되었다.

예를 들어 조달은 제품 및 원재료들을 구매하는 것뿐만 아니라 아웃소싱, 공급자와의 협상, 제품에 대한 대금 지불, 전달 방식에 대한 합의 등과 같은 업무들을 포함한다. 기업들은 이제 인터넷을 이용하여 가장 저렴한 공급자를 찾고, 공급자 제품들의 온라인 카탈로그들을 검색하고, 공급자들과 협상하고, 수분을 내고, 지불하고, 운송 방식을 결정할 수 있다. 기업들은 전통적인 EDI 네트워크에 의해 연결된 협력사들이 어떤 업체든 간에 이에 제한 받지 않고 이런 일들을 수행할 수 있다.

새로운 B2B 구매 및 판매 방식

인터넷과 웹 기술로 인해 기업들은 B2C 상거래와 마찬가지로 여타 기업들을 대상으로 멀티미디어 그래픽을 제공하고 쌍방향 특징을 가진 새로운 전자 상점을 구축할 수 있다. 이러한 전자 상점 외에도 기업들은 인터넷 기술을 이용하여 엑스트라넷을 구축하거나 구매 및 판매를 원하는 다른 기업들을 연결해줄 수 있는 e-마켓플레이스를 구축할 수도 있다.

사설 산업 네트워크(private industrial network)는 일반적으로 공급자 및 여타 주요한 비즈니스 파트너들과 연결해주는 엑스트라넷을 사용하는 하나의 대기업에 존재한다(그림 10.7 참조). 이 네트워크는 대기업과 같은 구매자가 소유하며, 이 기업과 지정된 공급업체, 유통업체, 그리고 여타의 비즈니스 협력사들이 서로 제품 설계 및 개발, 마케팅, 생산 일정, 재고관리, 그림 및 이메일을 포함한 비구조적인 커뮤니케이션을 공동으로 수행할 수 있도록 해준다. 사설 산업 네트워크의 또 다른 용어로는 **사설 익스체인지**(private exchange)가 사용된다.

사설 산업 네트워크의 예로는 VW Group Supply를 들 수 있는데, 이 사이트는 폭스바겐 그룹

그림 10.7 사설 산업 네트워크

사설 산업 네트워크는 사설 익스체인지로도 알려져 있으며, 효율적인 공급사슬관리와 여타 협업 활동을 위해 기업을 공급업체, 유통업체, 기타 중요한 비즈니스 협력업체들과 연결해준다.

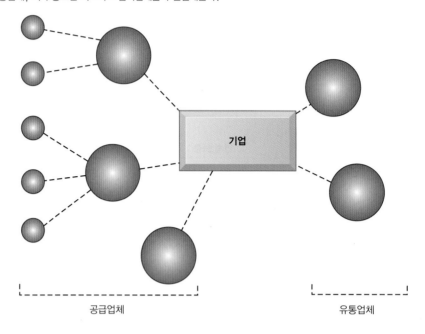

공급업체   유통업체

(Volkswagen Group)과 공급자들을 연결해준다. VW Group Supply는 모든 자동차 및 부품들을 포함하여 폭스바겐 글로벌 구매의 90%를 처리한다.

넷 마켓플레이스(net marketplace)는 종종 e-허브(e-hub)라고도 하는데, 이것은 다수의 구매업체와 판매업체를 대상으로 인터넷 기술 기반의 단일 디지털 마켓플레이스 역할을 한다(그림 10.8 참조). 넷 마켓플레이스는 산업에 국한해서 소유되거나 또는 구매업체와 판매업체 사이에서 독립적인 중개자로 운영된다. 넷 마켓플레이스는 구매 및 판매거래와 여타의 고객들에게 제공되는 서비스들을 통해 수익을 창출한다. 넷 마켓플레이스의 참여자들은 온라인 협상, 경매, 시세 요청을 통해 가격을 설정하거나 혹은 고정가격제를 적용할 수도 있다.

넷 마켓플레이스에 대해서는 다수의 상이한 유형과 분류 방식들이 존재한다. 어떤 넷 마켓플레이스는 직접재를 팔기도 하고, 또 다른 마켓플레이스는 간접재를 팔기도 한다. **직접재**(direct goods)는 자동차 몸체 생산에 사용되는 얇은 철판과 같이 생산 프로세스에서 사용되는 재화이다. **간접재**(indirect goods)는 유지 및 수리를 위한 사무용품 또는 제품들과 같이 생산 프로세스에 직접 투입되지 않는 재화들이다. 어떤 넷 마켓플레이스는 지정된 공급자들과의 장기적인 관계에 기반한 계약 구매를 지원하지만, 또 다른 넷 마켓플레이스는 다수의 상이한 공급자들로부터 즉각적인 필요성에 따라 제품을 구매하는 단기적인 단발성 구매를 지원한다.

어떤 넷 마켓플레이스는 자동차, 정보통신, 기계장비와 같은 특정 산업에 대한 수직적 시장(vertical market) 역할을 하는 반면, 어떤 넷 마켓플레이스는 사무비품 및 운송과 같이 다양한 산업에 걸쳐 요구되는 재화 및 서비스들을 대상으로 한 수평적 시장(horizontal market) 역할을 하기도 한다.

엑소스타(Exostar)는 산업 소유 넷 마켓플레이스의 예인데, 이 마켓플레이스는 장기적인 계약 구매 관계와 공급사슬 비효율성을 감소시키기 위한 공동의 네트워크 및 컴퓨팅 플랫폼을 제고하는 데 초점을 맞추고 있다. 이 기업은 항공 및 국방산업이 후원하는 넷 마켓플레이스로서 BAE 시스템즈(BAE Systems), 보잉(Boeing), 록히드마틴(Lockheed Martin), 레이시언(Raytheon), 롤스로이스

그림 10.8 넷 마켓플레이스

넷 마켓플레이스는 여러 구매업체가 다수의 판매업체로부터 구매할 수 있는 온라인 시장이다.

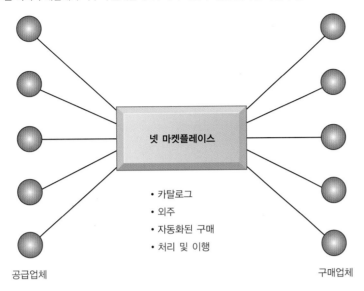

공급업체   넷 마켓플레이스

- 카탈로그
- 외주
- 자동화된 구매
- 처리 및 이행

구매업체

(Rolls-Royce) PLC가 설립하였는데, 이 마켓플레이스는 이와 같은 기업들을 공급자들과 연결시키고 협업을 촉진시키는 것을 목적으로 하고 있다. 상업, 국방, 정부 부문들에서 12만 5,000개 이상의 거래 파트너들은 직접재와 간접재 모두를 대상으로 엑소스타의 외주, e-조달, 협업에 관한 도구들을 사용한다.

익스체인지(exchange)는 단발성 구매를 위한 수많은 공급자와 구매자를 연결해주는 독자적인 제3자 넷 마켓플레이스이다. 다수의 익스체인지는 식료, 전자, 산업장비와 같은 단일 산업에 대한 수직적 시장을 제공하며 주로 직접재를 다룬다. 예를 들어 Go2paper는 75개 이상의 국가들에 걸쳐 있는 구매자와 판매자 간에 종이, 칠판, 크래프트(kraft) 종이 등을 단발성으로 거래하는 것을 자동화시켜주고 있다.

익스체인지는 전자상거래 초기에 몇 년간 지속적으로 확산되었지만 다수는 실패하였다. 공급자들의 저조한 참여가 원인이었는데, 이는 익스체인지들이 가격을 낮추는 경쟁 입찰을 부추겼으며 구매자들과의 장기적인 관계 또는 낮춘 가격에 대해 보상이 될 만한 서비스들을 제공하지 못했기 때문이다. 다수의 필수적인 직접 구매들은 단발성 구매를 기반으로 수행되지 않는데, 이런 구매들은 인도 시점, 맞춤화, 제품의 품질과 같은 이슈들에 대한 계약이나 고려가 필요하기 때문이다.

10-5 비즈니스에서 m-커머스의 역할은 무엇이고, 가장 중요한 m-커머스 애플리케이션은 무엇인가?

어떤 주요 대도시는 길을 걸어 내려가면서 아이폰이나 삼성 스마트폰 또는 블랙베리를 얼굴에 갖다 대고 있는 사람들의 수를 세어보라. 기차나 비행기를 타면 온라인 뉴스를 읽고 있거나 전화기로 비디오를 보고 있는, 혹은 킨들로 소설을 읽고 있는 여행객들을 볼 수 있을 것이다. 모바일 사용자가 급격히 증가함에 따라 모바일 광고 및 모바일 상거래는 이미 날아오르기 시작했다.

2019년 m-커머스는 음악, 비디오, 벨소리, 애플리케이션, 영화, TV, 그리고 지역 식당 찾기 및 교통정보 제공 등과 같은 위치 기반 서비스 등을 통해 연간 약 2,700억 달러의 수익을 창출했는데,

그림 10.9　**모바일 커머스 매출의 증가 추세**

m-커머스는 가장 빠르게 성장하고 있는 B2C 전자상거래 유형으로, 2018년에는 전체 전자상거래 규모에서 약 34%를 차지했다.

출처 : eMarketer chart "Retail Mcommerce Sales, US, (billions) 2018~2022," eMarketer, 2018d

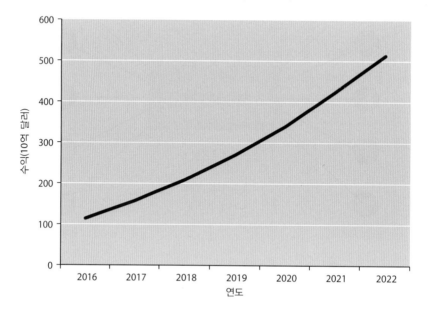

이는 전체 전자상거래의 48%를 차지할 것으로 추정되었다. m-커머스는 가장 빨리 성장하는 전자상거래의 한 형태로서 매년 30% 또는 그 이상으로 성장을 하고 있으며, 2022년까지는 5,000억 달러로 성장할 것으로 예측되고 있다(그림 10.9 참조)(eMarketer, 2018d).

　모바일 전자상거래에서 성장률이 높은 영역은 아마존과 같은 대중시장의 소매 판매 부문인데, 여기에는 음원, TV 쇼, 영화, e-북과 같은 디지털 콘텐츠에 대한 판매와 모바일 기기를 대상으로 한 인앱(in-app) 판매 등이 포함된다. 우버(이 장에 앞부분에서 기술한) 및 에어비앤비와 같은 온디맨드 기업들은 위치 기반 서비스로 모바일 커머스의 사례이기도 하다. 더 커진 모바일 화면과 보다 편리한 지불 절차도 모바일 상거래 확장에 중요한 역할을 하고 있다.

위치 기반 서비스와 애플리케이션

위치 기반 서비스(location-based services)에는 지오소셜, 지리광고, 지리정보 서비스가 포함된다. 스마트폰 소유자의 74%는 지역 기반 서비스를 이용하고 있다. 이러한 서비스를 함께 묶어주고 모바일 전자상거래의 기반이 되는 것은 위성위치확인시스템(global positioning system, GPS)인데, 이것은 스마트폰에서 지도 서비스를 가능케 해준다. **지오소셜 서비스**(geosocial service)는 여러분에게 여러분의 친구들이 어디서 만나고 있는지 알려줄 수 있다. **지리광고 서비스**(geoadvertising service)는 여러분에게 가장 가까운 이탈리아 식당이 어디 있는지 알려줄 수 있고, **지리정보 서비스**(geoinformation service)는 여러분이 찾고 있는 주택가격이 얼마인지 또는 여러분이 지나치고 있는 박물관에 있는 특별한 전시품에 관해 알려줄 수 있다. 2019년, 가장 빠르게 성장하고 가장 인기 있는 위치 기반 서비스는 우버, 리프트, 에어비앤비를 비롯한 수많은 온디맨드 경제 기업들인데, 이것은 지역 내에서 또는 이용자의 위치(또는 에어비앤비의 경우 이용자의 목적지)에 기반해서 서비스를 제공한다.

웨이즈(Waze)는 인기 있는 소셜 지리정보 서비스의 한 예다. 웨이즈는 스마트폰용 GPS 기반 지도 및 내비게이션 앱으로 현재 구글이 소유하고 있다. 웨이즈는 GPS를 사용하여 디지털 지도에서 사용자의 자동차를 찾고, 다른 내비게이션 프로그램과 마찬가지로 사용자의 속도와 방향에 대한 정보를 지속적으로 수집한다. 웨이즈를 차별화시키는 요인은 사고 보고서, 속도 측정기, 랜드마크, 거리 박람회, 시위, 심지어는 주소까지 고객들이 알려주는 많은 정보를 수집한다는 점이다. 웨이즈는 이러한 정보를 활용하여 대체 경로, 이동 시간, 경고 등을 제시해주며, 심지어는 가는 길에 있는 주유소까지 추천해줄 수 있다. 웨이즈 앱은 우버와 리프트 운전자 및 미국의 5,000만 명 이상의 다른 운전자들에 의해 광범위하게 사용되고 있다.

위키튜드닷미(Wikitude.me)는 지리정보 서비스의 한 예다. 위키튜드닷미는 스마트폰에 사용되는 특별한 종류의 브라우저를 제공하는데, 이 브라우저에는 GPS가 내장되어 있고 자신의 위치를 정확히 알려주는 나침반이 포함되어 있다. 위키피디아에서 볼 수 있는 80만 개 이상의 관심 지점과 여타의 수많은 지역 사이트로부터 나오는 정보들을 이용하여, 이 브라우저는 여러분이 보고 있는 관심 지점에 관한 정보들을 지도나 사용자가 방금 찍은 사진과 결합하여 보여준다. 예를 들어 사용자들이 관광 버스에서 스마트폰 카메라를 산이 있는 방향으로 향하면, 화면에 보이는 그 산의 이름과 높이에 대한 정보를 화면에서 볼 수 있다. 또한 위키튜드닷미에서는 자신의 주변에 대해 위치 태그(geo-tag)를 붙일 수 있고 그 태그를 다른 사용자들과 공유하기 위해 위키튜드에 전송할 수도 있다.

포스퀘어(Foursquare) 위치 기반 소셜 네트워킹 서비스를 6,000만 명 이상의 개인 가입자들에게 제공함으로써 그들이 친구들과 연결되고, 자신의 위치정보를 업데이트하고, 즐길 수 있는 장소에 대한 리뷰 및 팁들을 제공할 수 있도록 해주고 있다. 지정된 장소에서 체크인을 하면 포인트가 제공된다. 사용자들은 자신의 계정에 대한 체크인 상태를 트위터나 페이스북, 또는 둘 다에 대해 보낼지 말지를 선택할 수 있다. 또한 사용자들은 어떤 특정 태그를 가진 장소에서 체크인할 때 체크인 빈도 또는 체크인 시간에 대해 증표들을 얻을 수 있다.

사람들을 지역 상인들에게 지리광고의 형태로 연결시키는 것은 모바일 커머스의 경제적인 토대가 된다. 지리광고는 광고들을 GPS를 기반으로 사용자들에게 보낸다. 스마트폰은 사용자의 위치를 구글과 애플로 알려준다. 상인들은 자기 영역으로 들어오는 소비자들에 대한 접속 권한을 구매한다. 예를 들어 키엘 스토어(Kiehl Stores) 화장품 소매점은 특별 제안과 안내 고지를 매장으로부터 약 90m 내에 있는 소비자들에게 전송하고 있다.

기타 모바일 커머스 서비스

은행 및 신용카드 회사들은 고객들이 모바일 단말기를 이용하여 자신들의 계좌를 관리할 수 있는 서비스를 실행하고 있다. J. P. 모건 체이스와 뱅크오브아메리카(BoA)의 고객들은 휴대전화를 이용하여 계좌 잔고를 체크하고, 자금을 이체하고, 청구액을 납부할 수 있다. 애플 페이는 여타의 안드로이드 및 윈도우 스마트폰 모델들과 함께 아이폰과 애플워치에서 사용되는데, 사용자는 애플 페이를 이용하여 자신의 폰에서 신용카드 결제를 할 수 있다.

모바일 광고시장은 가장 빠르게 성장하고 있는 온라인 광고 플랫폼으로 2019년에 900억 달러의 광고 수익을 올리고, 매년 20%씩 성장하고 있다. 광고는 결국 쳐다보는 사람들이 있는 곳으로 옮겨가기 마련인데, 이에 따라 점점 더 태블릿에서보다는 휴대전화에서 광고가 더 많이 늘어나고 있다. 구글은 모바일 광고시장의 최대 주자인데, 전체 광고 매출의 60%에 해당하는 약 230억 달러의 모바일 광고시장을 차지하고 있으며, 2위인 페이스북은 194억 달러(전체 디지털 광고 사업의 90%)

를 차지하고 있다. 구글은 자사의 모바일 버전 검색엔진을 통해 휴대전화에 연결된 광고를 보여주고 있는데, 광고들은 게임, 비디오, 그리고 다른 모바일 애플리케이션에 내장된 형태로 보인다.

숍킥(Shopkick)은 베스트바이나 스포츠 어소리티(Sports Authority), 메이시스(Macy's)와 같은 소매점들로 하여금 매장으로 걸어 들어가는 사람들에게 쿠폰을 제공할 수 있도록 해주고 있다. 숍킥의 앱은 사용자가 파트너사의 매장으로 들어갈 때 이를 자동으로 인식하여 킥벅스(kickbucks)라는 새로운 가상 통화를 제공하는데, 이 통화는 매장에서 사용할 수 있는 기프트 카드로 교환될 수 있다.

소매점들의 55%가 m-커머스 웹사이트(자신의 웹사이트를 단순화한 버전)를 가지고 있는데, 이 웹사이트를 통해 쇼퍼들은 휴대전화로 주문할 수 있다. 사실 세포라, 홈디포, 아마존, 월마트와 같은 모든 대형 전통 및 온라인 소매상들은 m-커머스 판매를 위한 앱을 운용하고 있다. 2019년, m-커머스 매출의 66% 이상이 모바일 웹브라우저가 아닌 앱을 통해 발생할 것이다. 브라우저 커머스는 적어도 모바일 사용자들에게는 앱 커머스가 되었다.

10-6   전자상거래 공간을 구축할 때 해결해야 할 이슈는 무엇인가?

성공적인 전자상거래 공간을 구축하기 위해서는 비즈니스, 기술, 사회적 이슈뿐만 아니라 체계적인 접근방법에 대해서도 날카로운 이해가 필요하다. 오늘날 전자상거래 공간에는 단지 웹사이트뿐만 아니라 페이스북의 소셜 네트워크, 회사의 트위터 메시지, 고객들이 서비스에 접속할 수 있는 스마트폰 앱들까지도 포함된다. 이와 같이 상이한 고객들이 활동하는 공간을 개발하고 연동하는 것은 어려운 일이 될 수 있다. 이 주제를 완벽하게 다루는 것은 이 책의 범위를 넘어선 것이며, 학생들은 이 주제만을 전적으로 다루는 책(Laudon and Traver, 2019)을 참고하는 것이 바람직하다. 성공적인 전자상거래 공간을 구축하는 데 있어 가장 중요한 두 가지 도전과제는 (1) 비즈니스 목표에 대해 명확히 이해하는 것과 (2) 그러한 목표들을 달성하는 데 가장 적합한 기술을 선택할 수 있는 지식을 갖추는 것이라 할 수 있다.

전자상거래 공간 맵 개발

전자상거래는 PC를 기반으로 한 활동에서 모바일과 태블릿 기반의 활동으로 변해 왔다. 현재 미국에서는 다수의 인터넷 사용자들이 스마트폰과 태블릿을 사용하여 꼭 구매 목적이 아니더라도 제품 및 서비스를 구경하고, 가격을 조사하고, 오락을 즐기고, 소셜 사이트에 접속하고 있다. 여러분의 잠재 고객들은 자신이 하고 있는 활동, 즉 친구들과 연락하거나 트윗을 하거나 또는 블로그를 읽거나 간에 따라 하루 중 다양한 시점에서 여러 가지 기기들을 사용하여 다양한 대화에 참여하고 있다. 이러한 활동 공간 각각은 여러분이 고객을 만족시킬 수 있는 고객 접점인데, 여러분은 이와 같이 상이한 가상 공간들에서 어떻게 자신의 공간을 개발할 것인지 생각해봐야 한다. 그림 10.10은 여러분이 전자상거래 공간을 개발할 때 생각할 필요가 있는 플랫폼과 관련 활동들에 대한 로드맵을 제공하고 있다.

그림 10.10은 웹사이트, 이메일, 소셜 미디어, 오프라인 미디어와 같은 네 가지 상이한 전자상거래 공간 유형을 설명하고 있다. 이들 각각에 대해 여러분이 다룰 필요가 있는 서로 다른 플랫폼들이 존재한다. 예를 들어 웹사이트 공간의 경우 전통적인 데스크톱, 태블릿, 스마트폰과 같이 각기 다른 기능을 가진 세 가지 플랫폼이 존재한다. 그리고 각각의 전자상거래 공간마다 여러분이 고려할 필요가 있는 관련 활동들이 있다. 예를 들어 웹사이트의 경우 여러분은 검색엔진 마케팅, 디스

그림 10.10 전자상거래 공간 맵

기업은 전자상거래 공간으로 네 가지의 상이한 유형을 관련된 특정 플랫폼과 이와 연계된 활동들과 함께 고려할 필요가 있다.

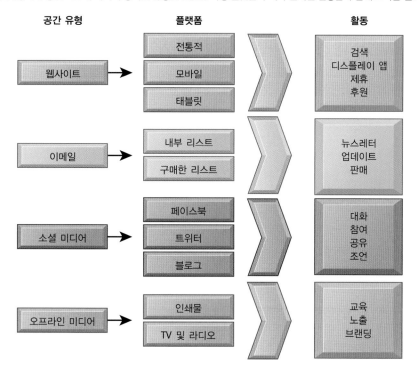

플레이 광고, 제휴 프로그램, 후원 등과 같은 것들을 다루고자 할 것이다. 네 번째 전자상거래 공간
인 오프라인 미디어는 많은 기업들이 인쇄 광고를 통해 고객들이 웹사이트를 방문하도록 하는 다
중 플랫폼, 즉 통합 방식의 마케팅 방식을 많이 사용하고 있기 때문에 전자상거래 유형에 포함되
었다.

진행 계획수립 : 이정표

여러분은 지금부터 1년 뒤에 어떤 상황에 놓이기를 바라는가? 여러분이 전자상거래 공간 개발과
관련해서 개략적인 시간 계획을 세우고 이 일을 시작한다면 좋을 것이다. 여러분은 프로젝트를 특
정 시간 내에 완료될 수 있는 소수의 단계로 구분할 필요가 있다. 표 10.8은 청소년 의류에 종사하

표 10.8 전자상거래 공간 타임라인

단계	활동	이정표
1단계 : 계획수립	웹 공간 구상, 인력 결정	웹 미션 선언문
2단계 : 웹사이트 개발	콘텐츠 확보, 사이트 설계, 사이트 호스팅 준비	웹사이트 계획
3단계 : 웹 구현	키워드와 메타태그 개발, 검색엔진 최적화, 후원 가능자 식별	기능하는 웹사이트
4단계 : 소셜 미디어 계획	제품 및 서비스에 적합한 소셜 플랫폼과 콘텐츠 파악	소셜 미디어 계획
5단계 : 소셜 미디어 구현	페이스북, 트위터, 핀터레스트에 공간 개발	기능하는 소셜 미디어 공간
6단계 : 모바일 계획	모바일 계획수립, 웹사이트를 스마트폰으로 이전시키는 방법 고려	모바일 미디어 계획

는 스타트업 기업이 1년 동안 전자상거래 장소 개발을 위해 시간에 따라 진행할 내용들을 보여주고 있다.

10-7 MIS는 내 경력에 어떤 도움이 되는가?

다음은 제10장과 이 책이 여러분이 전자상거래 데이터 분석가 일자리를 찾는 데 어떤 도움이 되는지 설명한다.

회사

스포츠판타지 엠파이어(SportsFantasy Empire)는 디지털 스포츠 경기를 만드는 기술회사인데, 최근 대학 졸업자를 대상으로 전자상거래 데이터 분석가를 맡아줄 사람을 찾고 있다. 스포츠판타지 엠파이어는 선수들에게 웹과 모바일 기기를 통해 상금이 걸린 판타지 스포츠 경기 참가할 수 있는 기회를 제공하고 있다. 이 회사는 2012년에 설립되었고 로스앤젤레스에 본사를 두고 있으며, 샌프란시스코와 뉴욕에 별도의 사무실을 두고 있다.

직무 기술

초급 전자상거래 데이터 분석가는 수익을 증대시킬 게임과 고객에 대한 비즈니스 통찰력을 얻기 위해 스포츠판타지 엠파이어의 분석팀과 협력하여 대량의 데이터를 분석하게 될 것이다. 직무는 다음과 같다.

- 사용자 경험과 비즈니스 효율성을 명확히 해줄 수 있는 경기 규모 설정
- 회사의 성장을 견인할 기업 인수비용 및 마케팅 전략의 최적화
- 경기장 요소의 변경을 통한 고객 게임 개선 방법 파악
- 새로운 기능이나 사이트 변경으로 고객 행동이 어떻게 변화하고 있는지 측정
- 경기 성과, 선수 활동, 세그먼트 성과, 주요 선수 성과에 대한 보고서를 포함해 주요 비즈니스 결과에 대한 표준 보고 체계 개발

직무 요구사항

- 공학, 수학, 경영학, 또는 관련 분야 학사학위 소지자
- 전자상거래 데이터 분석 경험 우대
- 통계 지식
- 독자적으로 데이터로부터 새로운 통찰력을 분석해낸 이력
- 모델 구축, SQL, SAS, 또는 여타의 프로그래밍 언어 경험 우대
- 우수한 의사소통 및 조직적 능력
- 열렬한 판타지 스포츠 플레이어

인터뷰 질문

1. 판타지 스포츠를 하는가? 얼마나 자주 하는가? 판타지 스포츠에 관한 데이터를 가지고 일해본 적이 있는가? 왜 자신이 이 일에 적합하다고 생각하는가?

2. 통계학을 배운 적이 있는가? 어떤 과목을 수강하였는가? 통계를 사용해야 했던 업무 경험이 있는가?

3. 웹사이트 성과나 온라인 고객 행동에 대한 데이터를 분석해본 적이 있는가?

4. 소셜 미디어 채널을 통한 고객 확보비용에 대해 무엇을 알고 있는가(즉, 소셜 네트워크에서의 고객 확보 평균비용 측정, 확보 대 보유비용)?

5. 고객 데이터 통찰력에 관한 논의에 있어 비기술적 팀들이 고객 참여와 충성도를 견인하고 그들이 이러한 노력을 더욱 효과적으로 실행할 수 있도록 만들기 위해 그들과 어떻게 작업을 할 수 있을지 제안해보라.

6. SQL이나 SAS 그리고 사이트 분석 도구 등에 대한 숙련도 수준은 어떻게 되는가? 이러한 도구들을 활용하여 일을 해본 적이 있는가? 그러한 도구들을 가지고 어떤 작업을 했는가?

7. 데이터 분석을 활용하여 문제를 해결했던 예를 들 수 있는가? 어떤 분석을 하고 어떤 문서를 작성했는가? 예를 들 수 있는가?

저자 조언

1. 이 장과 제7장의 검색 및 검색엔진 마케팅에 대한 논의를 다시 보라. 이 직업에 적합한 자격을 갖추기 위해서는 통계학 과목을 수강했어야 했다. SQL과 SAS의 교육과정이나 현장 교육도 도움이 될 것이다.

2. 웹을 이용하여 이 회사에 대해 더 많은 조사를 하라. 이 회사의 전략, 경쟁업체, 비즈니스 도전 과제에 대해 자세히 알아보라. 또한 지난 12개월 동안의 이 회사 소셜 미디어 채널을 검토하라. 이 회사의 소셜 미디어 채널이 주목하는 것처럼 보이는 특정 주제나 동향을 찾아낼 수 있겠는가?

3. 스포츠판타지 엠파이어의 경기와 경쟁사들이 제공하는 경기에 대해 이야기할 준비를 해서 그 산업에 대해 잘 알고 있다는 것을 보여주도록 하라. 이 회사가 온라인에서의 존재감을 조정하는 방식을 알아보라. 판타지 게임이 온라인에서 어떻게 존재감을 향상시킬 수 있는지 그 예를 준비하라.

4. 웹을 이용하여 판타지 스포츠 회사가 수행하는 데이터 분석의 예를 찾아보라.

요약

10-1 전자상거래의 고유한 특성, 디지털 시장, 디지털 제품은 무엇인가?

전자상거래는 조직과 개인 간에 디지털 방식으로 수행되는 상거래들을 포함한다. 전자상거래의 고유한 특성들로는 유비쿼티, 세계적인 도달성, 만국통용의 표준, 풍부성, 상호작용성, 정보 밀도 개인화와 맞춤화 기능, 소셜 기술을 들 수 있다. 전자상거래는 점점 더 소셜, 모바일, 로컬 특성이 강해지고 있다.

디지털 시장은 전통 시장에 비해 더욱 '투명'하다고 이야기되며, 정보 불균형, 탐색비용 및 거래비용, 메뉴비용도 더 낮고, 시장 상황을 기반으로 역동적으로 가격을 변화시킬 수 있다. 디지털 제품은 음반, 비디오, 소프트웨어, 신문, 잡지, 책과 같은 제품들이 디지털 네트워크를 통해 전달될 수 있는 제품이다. 일단 디지털 제품이 한 번 생산되면, 그것을 디지털 방식으로 전달하는 비용은 매우 저렴하다.

10-2 전자상거래의 주요 비즈니스 모델과 수익 모델로는 어떤 것들이 있는가?

전자상거래 비즈니스 모델들로는 e-소매자, 거래 중개자, 시장 생성자, 콘텐츠 제공자, 커뮤니티 제공자, 서비스 제공자, 포털

이 있다. 주요 전자상거래 수익 모델로는 광고, 판매, 구독료, 무료/유료, 거래 수수료, 제휴 모델 등이 있다.

10-3 전자상거래는 마케팅을 어떻게 변화시켰는가?

인터넷은 마케터들에게 전통적인 매체보다 훨씬 더 저렴한 비용으로 수많은 잠재 고객들을 식별하고 이들과 커뮤니케이션할 수 있는 새로운 방법들을 제공해준다. 제품 '집단지성'을 활용하는 크라우드소싱은 기업이 제품 제공 능력을 향상시키고 고객 가치를 증대시키기 위해 고객들로부터 배우는 데 도움이 된다. 행위 타기팅 기법은 배너, 리치 미디어, 비디오 광고의 효과를 증대시킨다. 소셜 커머스는 소셜 네트워크와 소셜 네트워크 사이트들을 이용하여 제품 및 서비스의 목표 고객에게 맞추는 것을 향상시킨다.

10-4 전자상거래는 B2B 거래에 어떤 영향을 미쳤는가?

B2B 전자상거래는 기업들이 전자적으로 공급자들을 찾고, 입찰을 요청하고, 주문을 내고, 배송 중인 주문품들을 추적할 수 있도록 함으로써 기업의 효율성을 높여준다. 넷 마켓플레이스는 다수의 구매자와 판매자에게 인터넷 기술을 기반으로 한 단일의 디지털 시장을 제공한다. 사설 산업 네트워크들은 기업이 고도로 효율적이고 즉각적인 공급사슬을 구축하고 고객 수요에 대해 신속하게 대응할 수 있도록 기업을 공급자 및 여타의 전략적 비즈니스 협력사들과 연결해준다.

10-5 비즈니스에서 m-커머스의 역할은 무엇이고, 가장 중요한 m-커머스 애플리케이션은 무엇인가?

m-커머스는 특히 지역 호텔이나 음식점들을 찾는 것과 같은 위치 기반 애플리케이션, 지역 교통 및 날씨정보 모니터링, 개인화된 위치 기반 마케팅 제공에 적합하다. 모바일폰과 휴대용 장비들은 모바일 지불, 뱅킹, 주식거래, 운송 일정 갱신, 음악, 게임, 비디오 클립들과 같은 디지털 콘텐츠 다운로드 등에 사용되고 있다. m-커머스는 무선 포털과 소액지불을 다룰 수 있는 특별한 지불시스템이 필요하다. 스마트폰의 GPS 기능은 지리광고, 지오소셜, 지리정보 서비스들을 가능케 해준다.

10-6 전자상거래 공간을 구축할 때 해결해야 할 이슈는 무엇인가?

성공적인 전자상거래 사이트 공간을 구축하기 위해서는 사이트를 통해 달성하고자 하는 비즈니스 목표들을 명확히 이해하고 그 목표들을 효과적으로 달성할 수 있는 플랫폼, 활동, 일정 계획을 결정해야 한다. 전자상거래 사이트 공간으로는 기업의 웹사이트뿐만 아니라 페이스북, 트위터, 그리고 여타의 소셜 네트워킹 사이트와 스마트폰 앱들이 활용될 수 있다.

주요 용어

가격 차별화	비용 투명성	지리정보 서비스
가격 투명성	사설 산업 네트워크	지오소셜 서비스
간접재	사설 익스체인지	지적재산
개인화	소셜 그래프	직접재
거래비용	소셜 쇼핑	집단지성
거래 수수료 수익 모델	소액지불시스템	커뮤니티 제공자
광고 수익 모델	수익 모델	크라우드소싱
구독료 수익 모델	스트리밍	탐색비용
네이티브 광고	시장 생성자	판매 수익 모델
넷 마켓플레이스	시장 진입비용	팟캐스팅
동적 가격결정	위치 기반 서비스	핀테크
디지털 제품	익스체인지	풍부성
롱테일 마케팅	전자문서교환(EDI)	행위 타기팅
마켓스페이스	정보 밀도	B2B
맞춤화	정보 불균형	B2C
메뉴비용	제휴 수익 모델	C2C
모바일 커머스(m-커머스)	중개소멸	e-소매자
무료/프리미엄 수익 모델	지리광고 서비스	

복습 문제

10-1 전자상거래의 고유한 특성, 디지털 시장, 디지털 제품은 무엇인가?

- 오늘날의 전자상거래 모습을 보여주는 네 가지 비즈니스 트렌드와 세 가지 기술 트렌드에 대해 이름을 붙이고 설명하라.
- 전자상거래의 여덟 가지 고유한 특성을 나열하고 설명하라.
- 디지털 시장과 디지털 제품을 정의하고 그것들의 차별화된 특징을 설명하라.

10-2 전자상거래의 주요 비즈니스 모델과 수익 모델로는 어떤 것들이 있는가?

- 주요 전자상거래 비즈니스 모델들에 이름을 붙이고 설명하라.
- 주요 전자상거래 수익 모델들에 이름을 붙이고 설명하라.

10-3 전자상거래는 마케팅을 어떻게 변화시켰는가?

- 소셜 네트워킹과 집단지성은 기업들이 마케팅을 증진하는 데 어떻게 도움이 될 수 있는지 설명하라.

- 행위 타기팅을 정의하고 그것이 웹사이트와 광고 네트워크에서 어떻게 수행될 수 있는지 설명하라.
- 소셜 그래프를 정의하고 그것이 전자상거래 마케팅에서 어떻게 사용될 수 있는지 설명하라.

10-4 전자상거래는 B2B 거래에 어떤 영향을 미쳤는가?

- 인터넷 기술이 B2B 전자상거래를 어떻게 지원하는지 설명하라.
- 넷 마켓플레이스를 정의하고 설명하라. 그리고 그것이 사설 산업 네트워크(사설 익스체인지)와는 어떻게 다른지 설명하라.

10-5 비즈니스에서 m-커머스의 역할은 무엇이고, 가장 중요한 m-커머스 애플리케이션은 무엇인가?

- m-커머스 서비스와 애플리케이션의 주요 유형을 열거하고 설명하라.

10-6 전자상거래 공간을 구축할 때 해결해야 할 이슈는 무엇인가?

- 전자상거래 웹사이트 공간의 네 가지 유형을 나열하고 설명하라.

토의 문제

10-7 인터넷은 기업의 소비자들과 공급자들에 대한 관계를 어떻게 변화시키는가?

10-8 인터넷이 기업을 쓸모없게 만들지 않을지는 모르지만, 기업은 자신의 비즈니스 모델을 스스로 변화시켜 나가야 할

것이다. 여러분은 동의하는가? 왜 그런가, 혹은 왜 그렇지 않은가?

10-9 소셜 기술들은 전자상거래를 어떻게 바꾸어 놓았는가?

MIS 실습 과제

이 절의 프로젝트들은 전자상거래 회사의 수익성을 조사하기 위해 스프레드시트 소프트웨어를 사용하고 전자상거래 호스팅 서비스를 조사하고 평가하기 위해 웹 도구들을 활용하여, 기업을 위한 전자상거래 전략을 개발해보는 실제 경험을 제공할 것이다.

경영 의사결정 문제

10-10 콜롬비아나는 카리브해에 위치한 작은 섬 국가이다. 이 섬은 관광 산업을 발전시키고 더 많은 방문객을 유치하고 싶어 한다. 이 섬은 열대우림과 빼어난 경관의 산들과 더불어 다수의 역사적인 건물과 요새, 그리고 여타의 특별한 장소들이 산재해 있다. 이 섬에서는 아름다운 백사장 해변가를 따라 늘어서 있는 몇몇 특급 호텔과 다수의 저렴한 숙박시설들을 찾아볼 수 있다. 주요 항공사들은 콜롬비아나로 정기운항을 하고 있으며, 여러 개의 작은 항공사들도 그러하다. 콜롬비아나 정부는 관광시장을 확대하고 시골의 열대 농작물들에 대한 새로운 시장을 개발하기를 원하고 있다. 전자상거래 참여는 어떻게 도움을 줄 수 있겠는가? 어떤 인터넷 비즈니스 모델이 적합하겠는가? 전자상거래 공간에서는 어떤 기능들이 수행되는 것이 좋겠는가?

10-11 Swatch, Lowe's, Priceline의 웹사이트를 살펴보라. 이 회사들이 후원하는 블로그를 통해 가장 높은 수익을 올릴 수 있을 것 같

은 웹사이트는 어떤 것인가? 블로그에 대한 비즈니스 이점들을 열거하라. 블로그에 대한 타깃 고객을 규정하여라. 이 회사에서 누가 블로그를 작성하는 것이 바람직한지 결정하고, 블로그에 올릴 몇 가지 주제들을 선정해보라.

의사결정 능력 개선 : 스프레드시트를 이용한 닷컴 기업 분석

소프트웨어 기술 : 스프레드시트 다운로딩, 포매팅, 공식

경영 기술 : 재무제표 분석

10-12 예를 들어 Ashford, Yahoo, Priceline과 같은 전자상거래 기업을 인터넷상에서 하나 골라라. 이 기업에 대해 설명하고, 목표와 조직 구조를 설명하는 웹페이지들을 조사하라. 웹을 이용하여 이 회사에 대해 코멘트한 기사들을 찾아보라. 그다음 Securities and Exchange Commission의 웹사이트인 www.sec.gov를 방문하여 손익계산서와 대차대조표를 보여주는 10-K(연간 리포트) 양식에 접근하기 위하여 Filings and Forms를 선택하라. 10-K 양식에서 여러분이 조사할 필요가 있는 재무제표의 적정 부분을 포함한 부분만 선택하고, 여러분의 스프레드시트로 다운로드하라. 이 기업의 최근 3년에 걸친 대차대조표와 손익계산서에 대해 단순화된 스프레드시트를 작성하라.

- 이 닷컴 기업은 성공적인가, 기준에 미달하는가, 또는 실패했는가? 어떤 정보가 여러분의 판단의 기초가 되었는가? 왜 그런가? 이런 질문에 대답할 때 이 기업의 최근 3년간 수익, 판매비용, 총수익, 운영비, 순수익에 대한 경향에 특히 주의를 기울여라.
- 적절한 스프레드시트 또는 차트를 포함하는 발표 자료(최소 5장의 슬라이드)를 작성하고, 담당 교수 또는 같은 반 학생들에게 여러분의 작업 내용을 설명하라.

운영 수월성 달성 : 전자상거래 호스팅 서비스 평가

소프트웨어 기술 : 웹브라우저 소프트웨어

경영 기술 : 전자상거래 호스팅 서비스 평가

10-13 이 프로젝트는 소규모의 초창기 단계 기업을 대상으로 한 전자상거래 사이트 호스팅 서비스 평가를 통해 여러분의 인터넷 능력을 개발하는 데 도움이 될 것이다.

여러분은 포르투갈에서 수입되는 수건, 리넨류, 도자기, 식기를 판매하는 웹사이트를 구축하고자 소기업의 인터넷 상점에 대한 호스팅 서비스를 조사한다. 여러분의 웹사이트는 신용카드 지불이 안전하게 수행될 수 있도록 해야 하며 배송비용과 세금을 계산할 수 있어야 한다. 처음에 여러분은 40여 개의 상이한 제품들에 대한 사진과 설명을 보여주고 싶어 할 것이다. Wix, GoDaddy, iPage를 방문해서 이들이 소기업에게 제공하는 전자상거래 호스팅 서비스들의 범주, 기능, 비용을 비교하라. 또한 이들이 전자상거래 사이트 구축을 위해 제공하는 도구들을 조사하라. 사이트의 서비스들을 비교하고, 여러분이 실제 웹 상점을 구축하려 할 때 어느 쪽을 사용할지 결정하라. 여러분의 선택과 사이트 각각에 대한 강약점들을 설명하는 간단한 리포트를 작성하라.

협업 및 팀워크 프로젝트

전자상거래 사이트에 대한 경쟁력 분석하기

10-14 3~4명이 한 팀을 이루어 같은 업종에서 경쟁하고 있으며 자신의 웹사이트를 통해 전자상거래를 하고 있는 기업 2개를 선택하라. 그 웹사이트들을 방문하라. 여러분은 예컨대 Pandora와 Spotify, Amazon과 BarnesandNoble, E*Trade와 TD Ameritrade의 웹사이트를 비교할 수 있을 것이다. 각 기업의 웹사이트 기능, 이용자 친근성, 기업의 비즈니스 전략 지원 능력 등의 관점에서 평가를 준비하라. 어떤 웹사이트가 더 효과적인가? 왜 그런가? 여러분은 이 웹사이트들을 개선시킬 수 있는 권고를 할 수 있겠는가? 가능하면 구글 문서와 구글 드라이브 또는 구글 사이트를 이용해 여러분이 발견한 사항들을 토론하고 수업 시간에 발표할 자료를 준비하라.

2006년, 22살의 소피아 아모루소는 무료로 차를 얻어 타고, 쓰레기통을 뒤지는 대학 중퇴자로서 시간이 남아돌고 있었다. 그녀는 바보들을 위한 이베이 사업 시작하기(*Starting an eBay Business for Dummies*)라는 책을 읽은 후, 전설적인 마일즈 데이비스의 두 번째 부인인 재즈 가수 베티 데이비스가 부른 노래와 1975년 앨범의 이름을 딴 '내스티 갤 빈티지(Nasty Gal Vintage)'라는 이베이 가게를 열었다.

내스티 갤의 스타일은 세련되고 신선했는데, 약간의 록큰롤, 약간의 디스코, 현대적이긴 하지만 결코 너무 과격한 분위기는 아니었다. 내스티 갤은 설립 8년 후, 참신하고 빈티지한 의류와 액세서리는 1억 달러 이상 판매했고, 직원은 350명 이상을 고용했으며, 페이스북과 인스타그램에서는 100만명 이상의 팬들을 보유한 세계적인 브랜드가 되어 있었다. 이 회사는 진정한 전자상거래의 성공 사례처럼 보였다. 실제로 그러했던 것일까?

아모루소가 사업을 시작했을 때 그녀는 샌프란시스코의 작은 아파트에서 판촉 계획수립, 사진 촬영, 광고문안 작성, 배송 등 모든 일을 직접 했다. 그녀는 새벽 6시에 일어나서 중고품 가게에서 흥정을 통해 제품을 판매를 하고, 많은 시간을 들여 자신이 디자인한 이미지들을 포토샵하고 자신이 모집한 모델을 기용하여 직접 사진을 찍었고, 제품을 고급스럽게 포장했다.

그녀는 물건이 팔기에 좋은 상태인지 확인하기 위해 물건을 검사하곤 했다. 그녀는 지퍼를 올리고, 단추를 채우고, 옷의 후크를 걸고, 옷가지들을 하나씩 접어서 스티커로 봉인된 투명한 비닐봉지에 넣었다. 그리고 그 물건을 상자에 넣고 배송 라벨을 붙였다. 그녀는 고객들이 그녀만큼 특별하고 미적인 부분에 관심을 가지고 있다고 가정해야 했다.

아모루소는 커뮤니티 칼리지에서 사진 수업을 들었는데, 이를 통해 그녀는 실루엣과 조합의 중요성을 이해하게 되었다. 드라마틱한 실루엣의 빈티지한 옷들, 예를 들어 퍼플 칼라 코트, 50년대 스타일의 플레어 스커트, 또는 소매가 불룩한 빅토리아식 재킷과 같은 옷들을 구입했다.

아모루소는 사진 찍는 각도를 통해 실루엣의 모든 측면을 부각시켰는데, 이를 이용한 이베이의 섬네일은 진지한 입찰자들의 관심을 끌어들이는 데 효과를 발휘했다. 그녀는 어떤 물품을 선택하고, 가장 좋은 점을 추출한 다음, 그 물품의 특질을 과장함으로써, 심지어 그것이 가장 작게 표현될 때에도 눈에 잘 띄도록 만들 수 있었다. 그러한 섬네일을 확장했을 때에는 정말 대단해 보였다.

아모루소는 사업을 홍보하기 위한 소셜 도구를 많이 사용했다. 처음 시작했을 때는 마이스페이스를 사용했는데, 거기에서 그녀는 6만 명이 넘는 팬들로 이루어진 추종 세력을 끌어들였다. 그 회사는 전위적이고 화려한 내스티 갤의 미적 특성으로 소셜 미디어상에서 관심을 받았다.

아모루소는 고객들의 의견을 매우 진지하게 받아들였고 내스티 갤이 하는 모든 일의 중심에 고객이 있다고 믿었다. 이베이에서 제품을 팔 때, 그녀는 누가 물건을 사는지, 그들이 원하는 것이 무엇인지를 정확히 이해하는 데 도움이 되는 모든 고객의 의견에 어떻게 대처해야 하는지를 배웠다. 아모루소는 내스티 갤 고객들이 만든 콘텐츠는 항상 내스티 갤 브랜드의 큰 부분을 차지한다고 말했다. 고객들이 내스티 갤의 어떤 옷을 입고 어떤 사진을 찍었는지를 파악하는 것은 매우 중요했다. 그녀는 그러한 사실들을 통해 영감을 얻을 수 있었다.

공유에 기반을 두고 있는 소셜 미디어에서 내스티 갤은 추종자들에게 매일 공유하고 이야기할 수 있는 매력적인 이미지, 단어, 콘텐츠를 제공했다. 그것들은 별나 보이는 빈티지한 옷일 수도 있고, 인용문일 수도 있고, 비하인드 사진일 수도 있을 것이다. 대부분의 회사에서 트위터와 페이스북 계정을 관리하는 사람은 고위 경영진과는 멀리 떨어져 있다. 아모루소는 항상 모든 내스티 갤 트윗을 작성하지는 않았지만, 여전히 모든 코멘트를 읽었다. 고객들이 무엇인가에 불만이 있다면 그녀는 바로 그 얘기를 듣고 싶었던 것이다. 다른 기업들에서는 고객의 피드백이 CEO에게 전달되는 데까지 수개월이 걸릴 수도 있다. 내스티 갤이 스냅챗에 처음 합류했을 때, 아모루소는 몇 번의 스냅으로 상황을 시험해보았는데, 내스티 갤 추종자들은 이에 대해 힘차게 응수했다.

2008년 6월, 아모루소는 이베이 있던 내스티 갤 빈티지를 자체 웹사이트(www.nastygal.com)로 옮겼다. 2012년, 내스티 갤은 자체 브랜드로 옷을 판매하기 시작했고, 또한 켄터키 주 셰퍼즈빌에 있는 52만 7,000제곱피트(48,960m²)의 전국적인 유통센터에 1,800만 달러를 투자하여 자체적인 배송과 물류를 처리했다. 벤처 투자사인 인덱스 벤처스는 적어도

4,000만 달러의 자금을 제공했다. 내스티 갤은 2014년 로스앤젤레스에 그리고 2015년에는 산타모니카에, 브릭앤모타르 매장들을 오픈했다.

내스티 갤은 소비자에 대한 직접 판매 수요 증가와 더불어 신규 매장 개장에 따른 재고 보충 요구의 증가로 인해 새로운 창고관리시스템에 투자했다. 창고관리시스템은 창고 생산성을 높이고 주문 주기 시간을 줄임으로써 내스티 갤의 공급사슬이 급증하는 판매에 더 나은 서비스를 제공할 수 있도록 설계되었다(주문 주기 시간은 한 주문과 다음 주문 사이의 기간을 말한다). 충족률을 99% 이상으로 유지하면서 가시성과 전반적인 생산성을 높이겠다는 목표로 하이점프사의 창고관리시스템(warehouse management system, WMS)을 선정했다(충족률은 재고로부터 주문 수량을 만족시킬 수 있는 비율이다).

내스티 갤의 주요 고려사항은 소비자에 대한 직접 판매와 더불어 소매 보충을 처리하기 위한 확장성과 역량이었다. 하이점프의 구현팀은 WMS 소프트웨어 맞춤화를 통해 대부분의 제품은 고객에게 직접 배송하고 일부만 소매점에 전달하도록 하는 방식으로 전자상거래 소매업체에게 가장 적합한 비즈니스 프로세스를 구축했다. 또한 WMS 소프트웨어는 미래에 성장으로 인해 프로세스가 확장되더라도 이를 지원하도록 구성되었다. 주문량이 증가했음에도 불구하고, 출고 효율성과 주문 충족률이 치솟았는데, 충족률은 99%를 넘어섰다.

내스티 갤은 2012년 INC 매거진에서 가장 빠르게 성장하는 소매업체로 선정되었고, 2016년엔 인터넷 리테일러 500대 가이드에서 1위를 차지하며, 초창기에 엄청난 성장을 경험했다. 2011년경 연간 매출은 2,400만 달러, 2012년에는 거의 1억 달러를 기록했다. 그러나 매출은 2014년에 8,500만 달러, 2015년에는 7,700만 달러로 줄어들기 시작했다. 내스티 갤의 급속한 확장은 광고와 마케팅에 많은 돈을 쏟아부은 결과였던 것이다. 이러한 접근은 많은 스타트업들이 사용해 온 전략이지만, 장기적으로는 한 번 구매한 사람들이 충성 구매자가 될 수 있어야 그 기업은 성공할 수 있다. 단기적 관점으로만 접근하면, 배너 광고와 같은 온라인 마케팅과 인플루언서에 대한 지불에 너무 많은 돈이 소비될 것이다. 만약 어떤 회사가 어떤 고객을 확보하기 위해 마케팅에 70달러를 지출했는데, 그 고객은 그 회사제품을 단 한 번만 구매한다면, 그 회사는 돈을 벌지 못할 것이다. 매출 1억 달러를 벌기 위해 2억 달러를 쓰는 기업은 지속 가능한 기업이 아니다. 내스티 갤은 '밑빠진 독'과 같은 상황을 겪었다. 조달한 자금을 소진하고 마케팅을 줄이자 매출이 계속해서 줄어들었던 것이다.

내스티 갤은 고객을 계속해서 붙들어 둘 수가 없었다. 제품 품질에 불만을 품은 사람들도 있었지만, 많은 이들이 자라와 H&M과 같은 패스트 패션 브랜드들에 더 매력을 느꼈던 것이다. 이러한 브랜드들은 온라인과 브릭앤모타르 매장들을 통해 최신 유행 옷들을 저렴한 가격에 판매하고 있었으며, 신상품을 끊임없이 만들어내고 있었다. 내스티 갤 브랜드의 실질적인 시장은 빠르게 포화상태가 되었다. 내스티 갤이 대상으로 삼은 여성들의 수에는 한계가 있었다. 내스티 갤은 캘리포니아의 세련미와 소녀 같은 이미지를 내걸었는데, 그것이 미국의 다른 지역과 전 세계에서는 얼마나 매력적인지 확실하지 않았다.

또한 내스티 갤은 많은 비용을 지불할 필요가 없는 것들에 돈을 낭비했다. 내스티 갤은 2013년 로스앤젤레스 시내에 있는 50,300제곱피트(4,673m²)의 장소로 이사하면서 본사 공간의 규모를 5배나 늘렸는데, 업계 전문가들에 따르면 이 공간은 이 회사가 필요로 하는 공간에 비해 너무 넓었다. 내스티 갤은 또한 로스앤젤레스와 산타모니카에 2개의 브릭앤모타르 매장뿐만 아니라 자체 유통과 물류를 처리하기 위해 켄터키에 50만 제곱피트(46,450m²)의 고객주문처리 센터도 오픈했다. 심지어는 최첨단 패션 비즈니스 분야에서조차도 기업들이 이윤을 낼 만큼 큰 규모로 제품을 팔기 위해서는 생산비, 유통비, 운영비를 면밀하게 감시해야 한다. 내스티 갤의 젊은 직원들 대부분은 이러한 관리적 측면이 아니라 창조적인 측면에만 너무 집중했다.

내스티 갤은 성장하는 동안 어번 아웃피터스 같은 소매점의 열정적인 후배들을 고용하면서 경영팀을 만들었다. 그러나 그들의 전통적 소매업 경험은 스타트업의 사고방식과 충돌했다. 내스티 갤이 확장되면서 아모루소 자신의 명성도 커졌고, 그녀는 다른 프로젝트들 때문에 곁길로 새게 되었다. 그녀는 두 권의 책을 썼다. 첫 번째 작품 #걸보스(#Girlboss)는 내스티 갤의 설립과 아모루소의 사업철학을 설명했는데, 넷플릭스는 이 책을 보고 아모루소를 참여시켜서 프로그램을 제작하게 되었다(작품 시리즈는 2017년 6월 한 시즌 만에 방영이 취소되었다). 직원들은 아모루소의 경영 스타일과 집중력 부족에 대해 불만을 토로했다.

아모루소는 2015년 최고경영자 자리에서는 물러났지만, 내스티 갤 이사회 멤버로서 2016년 11월 9일 이 회사가 파산 신청을 할 때까지 남아 있었다. 2015년과 2016년 사이, 내스티 갤은 벤처 투자사인 Stamos Capital Partners LP와 Hercules Technology Growth Capital Inc.로부터 자본금 및 채권차입금 2,400만 달러를 추가로 조달했다. 비록 그러한 자금 지원이 내스티 갤이 파산을 당하지 않고 버티는 데에는 도움이 되었지만, 그 회사는 여전히 새로운 재고, 임대료, 그리고 다른 운영비를 지불하는 데 어려움을 겪었다.

그러나 결국 내스티 갤은 법정관리를 신청한 지 몇 주 만인 2017년 2월 28일 자신의 브랜드 이름과 기타 지적재산을 경쟁 온라인 패션 사이트인 영국의 부후닷컴(Boohoo.com)에 2,000만 달러에 팔았다. 부후는 내스티 갤을 독립된 웹사이트로 운영하고 있지만, 내스티 갤의 매장들은 문을 닫고 있다. 부후는 내스티 갤의 매력적인 스타일과 충성 고객 기반이 부후를 보완하고 세계적인 성장 기회를 확대할 것이라고 믿고 있다. 많은 고객들이 옷감의 질과 고객 서비스에 대해 불평을 해왔다.

아모루소는 이후 걸보스를 발전시키는 데 집중했다. 걸보스는 웹사이트, 팟캐스트, 그리고 걸보스 랠리라는 2개의 연례회의를 개최한다. 또한 그녀는 걸보스 재단을 출범시켰는데, 이 재단은 여성 소유 중소기업들에게 13만 달러를 기부했다.

출처 : Cady Drell, "Sophia Amoruso on the Strange and Difficult Upside of Making Big Mistakes," *Elle*, July 24, 2018; Aundrea Cline-Thomas, "How Girlboss's Sophia Amoruso Continues to Chart Her Career Course," www.nbcnews.com, July 26, 2018; Sarah Chaney, "How Nasty Gal Went from an $85 Million Company to Bankruptcy," *Wall Street Journal*, February 24, 2017; Shan Li, "Nasty Gal, Once a Fashion World Darling, Went Bankrupt: What Went Wrong?," *Los Angeles Times*, February 24, 2017; "Case Study Nasty Gal," *HighJump*, 2016; and Yelena Shuster, "NastyGal Founder Sophia Amoruso on How to Become a #GirlBoss," *Elle*, May 15, 2014.

사례연구 문제

10-15 소셜 미디어는 내스티 갤의 비즈니스 모델과 어떻게 연관되는가? 내스티 갤은 어느 정도나 '소셜한' 회사였는가?

10-16 내스티 갤의 사업 실패에는 경영, 조직, 기술상의 어떤 문제들이 영향을 미쳤는가?

10-17 내스티 갤이 파산을 피할 수 있었을까? 여러분의 대답에 대해 설명하라.

참고문헌

Almquist, Eric, Jamie Cleghorn, and Lori Sherer. "The B2B Elements of Value." Harvard Business Review (March–April 2018).

Bapna, Ravi, Jui Ramaprasad, and Akmed Umyarov. "Monetizing Freemium Comunities: Does Paying for Premium Increase Social Engagement?"MIS Quarterly 42, No. 3 (September 2018).

Bell, David R., Santiago Gallino, and Antonio Moreno. "The Store Is Dead - Long Live the Store." MIT Sloan Management Review (Spring 2018).

Brynjolfsson, Erik, Tomer Geva, and Shachar Reichman. "Crowd-Squared: Amplifying the Predictive Power of Search Trend Data." MIS Quarterly 40, No. 4 (December 2016).

"Do Search Ads Really Work?" Harvard Business Review (March–April 2017).

eMarketer. "US Mobile Downloads and In-App Revenue." (November, 2017a).

_____. "US Time Spent with Media." eMarketer Chart (April 2017b).

_____. "Digital Travel Sales 2018–2022." eMarketer (June 2018a.)

_____. "Internet Users by Device, 2016–2022." eMarketer (February 2018b).

_____. "Retail Ecommerce Sales 2018–2022." eMarketer (May 2018c.)

_____. "Retail Mcommerce Sales 2018–2022." eMarketer (July 2018d.)

_____. "Retail Sales North America 2018–2022." eMarketer (May 2018e).

_____. "Social Network Share of Average Time Spent Per Day with Digital Media by Platform." 2015–2020, eMarketer (April 2018f.)

_____. "US Ad Spending." eMarketer (April 2018g.)

_____. "US Digital Users Estimates for 2018." eMarketer (March 2018h).

_____. "US Digital Video Viewers and Penetration, 2016–2022." eMarketer (February 2018i).

Facebook. "Stats." https://newsroom.fb.com, accessed July 20, 2018.

Fang, Xiao, and Paul Jen-Hwa Hu. "Top Persuader Prediction for Social Networks." MIS Quarterly 42 No. 1 (March 2018).

Gomber, Peter, Robert J. Kauffman, Chris Parker, and Bruce W. Weber. "On the Fintech Revolution: Interpreting the Forces of Innovation, Disruption, and Transformation in Financial Services." Journal of Management Information Systems 35 No. 1 (2018).

Gosline, Renee Richardson, Jeffrey Lee, and Glen Urban. "The Power of Customer Stories in Digital Marketing." MIT Sloan Management Review (Summer 2017).

Gunarathne, Priyanga, Huaxia Rui, and Abraham Seidmann. "When Social Media Delivers Customer Service: Differential Customer Treatment in the Airline Industry." MIS Quarterly 42 No. 2 (June 2018).

Hoang, Ai-Phuong, and Robert J. Kauffman. "Content Sampling, Household Informedness, and the Consumption of Digital Information Goods." *Journal of Management Information Systems* 35 No. 2 (2018).

Hong, Yili, Paul A. Pavlou, Nan Shi, and Kanliang Wang. "On the Role of Fairness and Social Distance in Designing Effective Social Referral Systems." *MIS Quarterly* 41 No. 3 (September 2017).

Hu, Nan, Paul A. Pavlou, and Jie Zhang. "On Self-Selection Biases in Online Product Reviews." *MIS Quarterly* 41, No. 2 (June 2017).

Huang, Ni, Yili Hong, and Gordon Burtch. "Social Network Integration and User Content Generation: Evidence from Natural Experiments." *MIS Quarterly* 41 No. 4 (December 2017).

Internet World Stats. "Internet Users in the World." Internetworldstats.com (2018).

John, Leslie K., Daniel Mochon, Oliver Emrich, and Janet Schwartz. "What's the Value of a 'Like'?" *Harvard Business Review* (March–April 2017).

Kwark, Young, Jianqing Chen, and Srinivasan Raghunathan. "Platform or Wholesale? A Strategic Tool for Online Retailers to Benefit from Third-Party Information." *MIS Quarterly* 41 No. 3 (September 2017).

Laudon, Kenneth C., and Carol Guercio Traver. *E-commerce: Business, Technology, Society*, 15th ed. (Upper Saddle River, NJ: Prentice-Hall, 2019).

Lin Zhije, Khim-Yong Goh, and Cheng-Suang Heng. "The Demand Effects of Product Recommendation Networks: An Empirical Analysis of Network Diversity and Stability." *MIS Quarterly* 41, No. 2 (June 2017).

Liu, Qianqian Ben, and Elena Karahanna. "The Dark Side of Reviews: The Swaying Effects of Online Product Reviews on Attribute Preference Construction." *MIS Quarterly* 41, No. 2 (June 2017).

Luo, Xueming, Bin Gu, Jie Zhang, and Chee Wei Phang. "Expert Blogs and Consumer Perceptions of Competing Brands." *MIS Quarterly* 41, No. 2 (June 2017).

Mo, Jiahui, Sumit Sarkar, and Syam Menon. "Know When to Run: Recommendations in Crowdsourcing Contests." *MIS Quarterly* 42, No. 3 (September 2018).

Oh, Hyelim, Animesh Animesh, and Alain Pinsonneault. "Free Versus For-a-Fee: The Impact of a Paywall on the Pattern and Effectiveness of Word-of-Mouth via Social Media." *MIS Quarterly* 40, No. 1 (March 2016).

Orlikowski, Wanda, and Susan V. Scott. "The Algorithm and the Crowd: Considering the Materiality of Service Innovation." *MIS Quarterly* 39, No. 1 (March 2015).

Rainie, Lee. "Americans' Complicated Feelings about Social Media in an Era of Privacy Concerns." Pew Research Center (May 2018).

_____. "The State of Privacy in Post-Snowden America." Pew Research Center (September 21, 2016).

RIAA.com, accessed July 30, 2018.

Schlager, Tobias, Christian Hildebrand, Gerald Häubl, Nikolaus Franke, and Andreas Herrmann. "Social Product-Customization Systems: Peer Input, Conformity, and Consumers' Evaluation of Customized Products." *Journal of Management Information Systems* 35 No.1 (2018).

Shuk, Ying Ho, and Kai H. Lim. "Nudging Moods to Induce Unplanned Purchases in Imperfect Mobile Personalization Conexts." MIS Quarterly 42, No. 3 (September 2018).

U.S. Bureau of the Census. "E-Stats." www.census.gov, accessed July 8, 2018.

Ye, Shun, Siva Viswanathan, and Il-Horn Hann. "The Value of Reciprocity in Online Barter Markets: An Empirical Investigation." *MIS Quarterly* 42 No. 2 (June 2018).

11

지식경영과 인공지능

학습목표

이 장을 마치고 나면 다음 질문에 답할 수 있다.

11-1 기업에서 지식경영시스템의 역할은 무엇인가?

11-2 인공지능(AI)과 머신러닝이란 무엇이며, 기업들은 어떻게 AI를 활용하는가?

11-3 전사적 지식경영을 위해 사용되는 시스템 종류에는 무엇이 있고 어떻게 기업에 가치를 제공하는가?

11-4 주요 지식작업시스템 종류에는 무엇이 있고 어떻게 기업에 가치를 제공하는가?

11-5 MIS는 내 경력에 어떤 도움이 되는가?

이 장의 사례

- 아케르스후스대학병원의 더 나은 치료 결정을 도와주는 머신러닝
- 직원 지식관리를 배우는 서전트 앤 런디
- 가상현실의 현실
- 자동차가 스스로 운전할 수 있나 — 그래야 하나?

아케르스후스대학병원의 더 나은 치료 결정을 도와주는 머신러닝

의료 산업은 환자 이력, 임상 기록, 차트, 테스트 결과 등 빅 데이터가 넘쳐나고 있다. 의료정보는 현재 3년마다 2배로 증가하고 있으며, 2020년에는 73일마다 2배로 증가할 것이다. 인간이 쉽게 분석하고 흡수하기에는 너무 많은 데이터가 있을 때, 의료 전문가가 자신의 분야에 대한 지식을 유지할 수 있는 방법과 이 지식을 사용하여 치료 옵션 및 의료비용 관리에 대한 보다 현명한 결정을 내릴 수 있는 방법은 무엇인가?

이 문제로 어려움을 겪고 있는 많은 의료기관 중 하나는 노르웨이 오슬로 주변에 거주하는 50여만 명에게 의료 서비스를 제공하고 9,500명을 고용하고 있는 노르웨이공립대학병원인 아케르스후스대학병원(Akershus University Hospital, Ahus)이다. Ahus는 환자와 치료에 관한 방대한 양의 데이터를 축적했지만, 이 정보의 대부분은 구조화되지 않은 텍스트 보고서로 작성되어 의미 있는 정보를 추출하는 것이 매우 어렵고 시간이 많이 걸렸다. 수천 개의 복잡한 임상 문서를 수작업으로 결합하는 것은 불가능했다.

Ahus는 캡제미니(Capgemini) 컨설턴트와 함께 IBM Watson Explorer에서 인공지능 기술을 사용하여 이 문제를 해결하려고 한다. IBM Watson Explorer는 정형 및 비정형 데이터를 분석하여 불가능하지는 않지만 인간이 식별하기 어려운 경향과 패턴을 발견할 수 있는 인지 컴퓨팅 플랫폼이다. 그것은 자연어 처리(natural language processing)를 사용하여 일상어로 표현된 데이터를 검색하고 머신러닝 알고리즘(machine learning algorithms)을 사용하여 검색 결과를 개선시킨다. 자연어 처리기술은 기계가 인간 언어에서 의미를 이해하고 분석하고 유추할 수 있게 한다. 머신러닝 소프트웨어는 비록 상당한 인적 훈련이

© Panchenko Vladimir/Shutterstock

있더라도 명시적 프로그래밍 없이 매우 큰 데이터베이스에서 패턴을 식별할 수 있다. IBM Watson Explorer는 대량의 데이터를 신속하게 채굴하고, 음성 및 텍스트를 해석하고, 의미와 맥락의 뉘앙스를 포착하고, 질문에 답하고, 결론을 내리고, 경험을 통해 배울 수 있다. 그것은 수집하는 콘텐츠에 대해 추론 및 상관 관계를 설정하고 사용자가 선택할 수 있는 잠재적인 응답의 순위를 지정할 수 있다.

병원의 영상진단부서는 응급상황에서 CT 검사의 사용을 개선하고자 했다. Ahus는 응급상황에서 소아 환자에 대한 CT 스캔이 권장 지침에 부합하는지 분석하기 위해 IBM Watson Explorer를 사용하였다. CT 스캔은 중요한 상황에서 생명을 구할 수 있지만 방사선은 잠재적으로 해로울 수 있으므로 CT 스캔을 과도하게 사용해서는 안 된다. 많은 Ahus의 CT 스캔 데이터는 텍스트 형식이었다. Ahus는 Watson Explorer를 사용하여 5,000개가 넘는 익명의 CT 시험 보고서에서 비정형 데이터를 수집하고 머신러닝 및 자연어 처리기술을 적용하여 CT 스캔이 얼마나 자주 수행되는지

와 그 스캔 결과를 알아냈다.

Ahus와 캡제미니는 2016년 여름 7주 동안 그 프로젝트를 진행했다. Watson은 의학에서 사용되는 언어를 배워야 하고, 그 언어가 어떻게 사용되는지에 대한 맥락을 이해해야 했다. 캡제미니는 그 기술을 노르웨이어에 맞게 조정했으며 Ahus는 의학 단어와 문구를 이해하도록 Watson을 교육했다. 이 프로젝트는 또한 분류 스키마를 작성하여 Watson이 긍정적 스캔 결과를 보고한 파일과 부정적 결과를 보고한 파일을 구별하고 그에 따라 데이터를 분류하도록 지시하였다.

여러 번 테스트한 후 Watson Explorer는 콘텐츠 분류에서 99%의 정확도를 달성했다. 최종 분석 결과 Ahus의 CT 스캔 빈도는 수용 가능한 수준에 있으며, 병원은 잠재적인 유해 영향과 긍정적인 이득의 가능성 사이에서 적절한 균형을 이루고 있음을 확인했다. Watson이 몇 분 안에 처리할 수 있는 데이터와 동일한 양의 데이터를 사람이 분석하는 데는 몇 달 혹은 몇 년이 걸릴 수 있다.

출처 : IBM Corporation. "Akershus University Hospital," and "IBM Watson Explorer," www.ibm.com, accessed May 17, 2018; and "Akershus University Hospital Optimizes the Use of CT Examinations," www.capgemini.com, accessed May 18, 2018.

CT 스캔이 권장 지침에 해당하는지 여부를 결정하기 위해 머신러닝과 자연어 처리와 같은 인공지능기법을 적용한 아케르스후스대학병원(Ahus) 사례는 지식 수집 및 적용을 용이하게 하는 기술 사용이 조직의 성과에 어떤 이점이 있는지 보여준다. 지식에 대한 접근을 촉진하고, 지식 도구를 사용하여 새로운 지식을 창출하고 활용하며, 그 지식을 사용하여 비즈니스 프로세스를 개선하는 것은 민간 기업과 공공 조직 모두의 성공과 생존에 필수적이다.

다음 도표는 도입 사례와 이 장에서 제기된 주요 주제를 환기시킨다. 다른 의료시설과 마찬가지로 아케르스후스대학병원은 "데이터는 풍부하지만 지식이 부족하다." 많은 양의 환자 및 치료 데이터가 있었지만, 구조화되어 있지 않아 정보와 통찰력을 얻기 위한 분석은 매우 어려웠다. 머신러닝 및 자연어 처리와 같은 AI 기술은 Ahus가 치료를 최적화하고 의사와 직원이 모범 사례를 준수할 수 있도록 수천 개의 CT 스캔 레코드에서 새로운 통찰력과 지식을 얻도록 도와준다.

다음의 몇 가지 질문에 대해 생각해보자. IBM Watson Explorer의 사용은 Ahus가 지식을 개선하는 데 어떻게 도움이 되었나? 병원의 비즈니스 프로세스에 어떤 영향을 미쳤나?

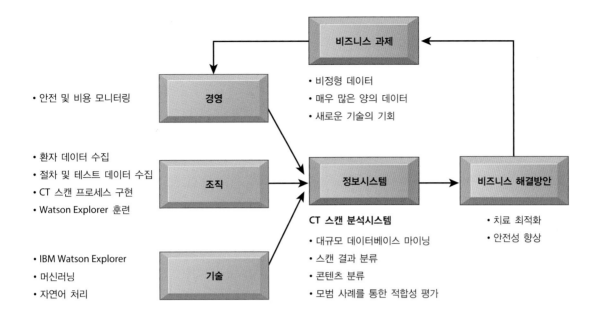

11-1 기업에서 지식관리시스템의 역할은 무엇인가?

기업과 정부에서 지식관리와 협업시스템은 가장 빠르게 성장하는 소프트웨어 투자 분야이다. 지난 10년 동안 지식과 지식경영에 대한 연구는 경제·경영·정보시스템 분야에서 활발하게 이루어졌다.

지식경영과 협업은 밀접하게 연관되어 있다. 다른 사람들과 소통 또는 공유되지 못하는 지식은 거의 쓸모가 없다. 지식은 전사적으로 공유될 때 비로소 실행 가능한 유용한 지식이 된다. 제2장에서는 협업과 소셜 비즈니스에 사용되는 주요 도구들을 설명했다. 이 장은 지식경영시스템에 초점을 맞추고 지식의 소통과 공유가 점차 중요해지고 있다는 점에 대해 자세히 살펴볼 것이다.

우리는 부와 번영의 주요 원천이 정보와 지식의 생산과 분배에 있는 정보경제시대를 살고 있다. 미국 전체 경제 생산량 4조 달러의 최소 20%는 정보 및 지식 부문에서 발생하며, 이 부문은 최소 3,000만 명의 고용을 창출한다(U. S. Department of Labor, 2017; Bureau of Economic Analysis, 2018).

관리자들이 회사의 가치는 지식을 창출하고 관리하는 회사의 능력에 상당히 좌우된다는 것을 깨달으면서 지식경영이 많은 기업에서 중요한 주제가 되었다. 기업의 주식시장 가치는 브랜드, 평판, 독특한 비즈니스 프로세스, 특히 지식과 같은 무형자산과 밀접하게 관련되어 있다는 연구 결과들이 있다. 비록 지식 기반 투자의 효과를 측정하는 것은 어렵지만, 잘 실행된 지식 기반 프로젝트는 상당한 투자 수익을 창출한다고 알려져 있다(Gu and Lev, 2001).

지식에 대한 주요 관점

데이터, 정보, 지식, 지혜 사이에는 중요한 차이가 있다. 제1장에서 **데이터**(data)는 조직의 시스템이 획득한 사건이나 거래처리의 흐름이라고 정의하였으며, 그것만으로는 거래처리 이외에 유용한 곳이 많지 않다고 설명하였다. 데이터를 유용한 **정보**로 변환하려면, 데이터를 월별, 일별, 지역별, 매장별과 같은 범주로 체계화하기 위해 자원을 투입해야 한다. 정보를 **지식**(knowledge)으로 변환하기 위해서는 지식이 사용되는 맥락, 패턴, 규칙을 발견하기 위해 추가적인 자원을 투입해야 한다. 마지막으로 **지혜**(wisdom)는 지식을 문제 해결에 적용한 집합적이고 개인적인 경험이다. 지혜는 언제, 어디서, 어떻게 지식을 적용했는지를 포함한다.

지식은 개인적 속성과 기업의 집합적 속성을 모두 가지고 있다. 지식은 사람의 머릿속에서 일어나는 인지적·생리학적 사건이면서 동시에 도서관과 기록실에 보관되고 강의로 공유되며 비즈니스 프로세스와 직원들의 노하우의 형태로 기업에 저장된다. 직원들 마음속에 존재하는 문서화되지 않은 지식을 **암묵지**(tacit knowledge)라 부르는 반면에, 문서화된 지식을 **형식지**(explicit knowledge)라 부른다. 지식은 구조적 문서뿐만 아니라 이메일, 음성메일, 그래픽, 그리고 비구조적 문서에도 존재할 수 있다. 일반적으로 지식은 사람의 마음이나 특정 비즈니스 프로세스에 위치한다고 여겨진다. 지식은 '고착적'이고 일반적으로 응용되거나 쉽게 이동되지 않는다. 마지막으로 지식은 상황적이고 정황적이다. 예를 들어 여러분은 어떻게 업무를 수행할지뿐만 아니라 언제 수행해야 하는지도 알아야 한다. 표 11.1은 이러한 지식의 범위를 정리한 것이다.

우리는 지식이 건물, 금융 자산과 같은 기업 자산과는 다른 종류이고, 지식은 복잡한 현상이며, 지식을 관리하는 절차에 여러 가지 측면이 있다는 것을 알고 있다. 또한 우리는 기업의 지식 기반 핵심역량(조직이 최선을 다하는 2~3개의 것)이 조직의 핵심자산이라는 것을 알고 있다. 다른 조직들이 모방할 수 없는 방식으로 효과적이고 효율적으로 사업하는 방법을 아는 것은 경쟁우위의 주요한 원천이다.

예를 들면 독특한 주문생산시스템은 다른 기업이 쉽게 복제할 수 없는 지식과 독특한 자산으로 구성되어 있다. 지식을 보유하고 있는 기업들은 부족한 자원을 보다 효율적이고 효과적으로 활용하는 반면, 그렇지 않은 기업들은 자원 활용에 낭비가 있으며 궁극적으로 사업에 실패하게 된다.

┃표 11.1 지식에 대한 주요 관점

지식은 기업 자산이다.

지식은 무형 자산이다.

데이터를 유용한 정보와 지식으로 변환하기 위해서는 조직의 자원이 필요하다.

지식은 물리적 자산처럼 수확체감의 법칙을 따르는 게 아니라, 더 많은 사람이 지식을 공유하면 할수록 그 가치가 더욱 증대되는 경험 네트워크 효과(수확체증의 법칙)를 따른다.

지식은 여러 가지 형태가 있다.

지식은 암묵지 또는 형식지(부호화)일 수 있다.

지식은 노하우, 전문적인 기술, 일반적인 기술을 포함한다.

지식은 작업 수행 절차를 아는 것을 포함한다.

지식은 단순히 언제가 아니라 왜 사건이 발생하는지 아는 것을 포함한다.

지식은 위치를 가지고 있다.

지식은 개개인의 정신적 모델을 포함하고 있는 인지적 사건이다.

지식의 사회적 기반과 개인적 기반이 모두 존재한다.

지식은 고착적(고정적인), 내재적(기업 문화에 흡수되어 있는), 정황적(특정 상황에서만 적용되는)이다.

지식은 상황적이다.

지식은 조건적이다. 언제 작업절차를 적용하는지를 아는 것은 작업절차를 아는 것만큼 중요하다.

지식은 맥락과 관계되어 있다. 여러분은 어떤 도구를 어떻게 사용해야 하는지뿐만 아니라 어떤 환경에서 사용해야 하는지도 알아야 한다.

조직학습과 지식경영

조직은 인간과 마찬가지로 다양한 조직적 학습 메커니즘을 이용해 지식을 생성하고 수집한다. 조직은 데이터 수집, 계획된 활동의 세심한 측정, 시행착오(실험), 그리고 환경과 고객으로부터의 피드백을 통해 경험을 얻는다. 학습하는 조직들은 새로운 비즈니스 프로세스 창출과 경영 의사결정 패턴의 변화를 반영하기 위해 행동을 조정한다. 이러한 변화의 과정을 **조직학습**(organizational learning)이라 부른다. 환경 변화를 빠르게 감지하고 즉각 반응할 수 있는 조직들이 열악한 학습 메커니즘을 가진 조직들보다 오래 존속한다는 것은 명확한 사실이다.

지식경영 가치사슬

지식경영(knowledge management)은 지식의 생성, 저장, 전달, 적용을 위해 조직에서 개발된 일련의 비즈니스 프로세스를 말한다. 지식경영은 환경으로부터 학습하고 지식을 비즈니스 프로세스에 통합하는 조직의 능력을 향상시킨다. 그림 11.1은 지식경영 가치사슬의 가치부가 5단계를 나타낸다. 원시 데이터와 정보는 가치사슬의 각 단계를 거치면서 가치가 부가되며 이를 통해 유용한 지식으로 변환된다.

그림 11.1의 중간과 하단에 각각 정보시스템 활동과 관리 및 조직 활동들이 표현되어 있다. "효과적인 지식경영은 80%의 관리적·조직적 노력과 20%의 기술에 의해 이루어진다."라는 슬로건은 지식경영 분야에 널리 알려져 있다.

제1장에서 조직 및 관리자본을 정보시스템 투자로부터 가치를 얻기 위해 필요한 비즈니스 프로세스, 문화, 행동의 집합으로 정의했다. 다른 정보시스템 투자와 마찬가지로 지식경영의 경우 지식경영 프로젝트의 투자 수익률을 극대화하기 위해 협력적 가치, 구조, 행동 패턴들이 개발되어야 한다. 그림 11.1에서 그림 하단에 있는 관리 및 조직 활동들은 그림 상단에 있는 시스템과 정보기술

그림 11.1 지식경영 가치사슬

오늘날 지식경영은 정보시스템 활동과 다수의 실행 가능한 관리 및 조직 활동을 포함하고 있다.

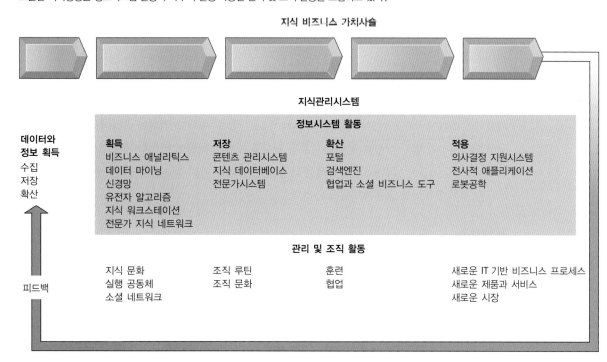

지식 비즈니스 가치사슬

지식관리시스템

정보시스템 활동

데이터와 정보 획득
수집
저장
확산

획득	저장	확산	적용
비즈니스 애널리틱스	콘텐츠 관리시스템	포털	의사결정 지원시스템
데이터 마이닝	지식 데이터베이스	검색엔진	전사적 애플리케이션
신경망	전문가시스템	협업과 소셜 비즈니스 도구	로봇공학
유전자 알고리즘			
지식 워크스테이션			
전문가 지식 네트워크			

관리 및 조직 활동

피드백

지식 문화	조직 루틴	훈련	새로운 IT 기반 비즈니스 프로세스
실행 공동체	조직 문화	협업	새로운 제품과 서비스
소셜 네트워크			새로운 시장

투자에서 많은 수익을 얻기 위해 필요한 조직자본의 투자를 나타낸다.

지식획득

조직은 그들이 추구하는 지식의 유형에 따라 여러 가지 방법으로 지식을 획득한다. 최초의 지식관리시스템은 문서, 보고서, 발표 자료, 그리고 베스트프랙티스에 대한 기업 저장소를 구축하고자 했다. 이러한 노력은 이메일과 같은 비구조적 문서들을 포함하도록 확장되었다. 다른 경우는 온라인 전문가 네트워크를 개발하여 직원들이 회사 내 전문가를 찾을 수 있도록 하여 지식을 획득하는 경우도 있다.

또 다른 경우는 기업들이 머신러닝(신경망, 유전자 알고리즘, 자연어 처리, 기타 AI 기법 등)을 통해 데이터 속에 숨어 있는 패턴을 발견하거나 기술자들이 새로운 지식을 발견할 수 있는 지식 워크스테이션을 이용함으로써 새로운 지식을 창출해야 한다. 이 장에서는 이러한 다양한 노력들을 소개한다. 또한 일관되고 조직적인 지식시스템은 매출, 급여, 재고, 고객, 그리고 기타 필수 데이터 등을 관리하는 거래처리시스템에서 나온 체계적인 데이터뿐만 아니라 뉴스, 산업 보고서, 법적 견해, 과학연구, 정보 통계조사와 같은 외부 자원으로부터의 데이터도 필요로 한다.

지식저장

일단 문서나 패턴 또는 전문가 규칙 등의 지식이 발견되면, 이것은 직원들이 검색하고 사용할 수 있도록 저장되어야 한다. 지식저장소는 일반적으로 데이터베이스를 이용한다. 문서관리시스템은 통일된 프레임워크에 따라 문서를 디지털화하고 색인을 달며 꼬리표를 붙여 수집된 문서를 저장하는 대규모 데이터베이스이다. 또한 전문가시스템은 기업이 조직 프로세스와 문화에 내재되어 있는 지식을 유지하는 데 도움을 준다. 각각에 대한 자세한 내용은 이 장의 뒷부분과 제12장에서 논의한다.

경영진은 지식저장시스템과 문서의 인덱싱을 위한 전사적 스키마(schema) 개발을 지원해야 한다. 그리고 문서를 저장하고 갱신하는 데 기여한 직원들을 보상해야 한다. 예를 들어 잠재 고객 명단을 기업 데이터베이스에 올려 다른 영업사원들이 그 내용을 볼 수 있도록 한 영업사원을 보상해야 한다.

지식확산

포털, 이메일, 인스턴트 메시지, 위키, 소셜 네트워크, 검색엔진 기술이 기존 협업도구들에 추가되어 일정, 문서, 데이터, 그래픽 등의 공유가 가능해졌다(제2장 참조). 최근에는 기술발달로 정보와 지식이 부족하기는커녕 오히려 넘쳐나서 문제가 되고 있다. 정보와 지식의 바다에서 관리자와 직원들이 의사결정과 업무 수행에 정말로 필요한 정보와 지식을 어떻게 발견할 수 있을까? 여기에서 훈련 프로그램, 비공식 네트워크, 협력적 문화를 통해 공유된 관리 경험은 관리자들이 그들의 관심을 중요한 지식과 정보에 집중하도록 도와준다.

지식적용

지식관리시스템의 종류에 관계없이 공유되지 못하고 기업과 관리자들이 직면한 실제적인 문제에 적용되지 못하는 지식은 기업에 가치를 주지 못한다. 조직의 지식이 투자 수익을 내는 데 기여하기 위해서는 경영 의사결정의 체계적인 한 부분이 되어야 하며, 의사결정지원시스템에 내재되어야 한다(제12장에서 설명). 궁극적으로 새로운 지식은 기업의 비즈니스 프로세스와 전사적 애플리케이션 등 핵심 응용시스템에 포함되어야 한다. 경영진은 새로운 지식에 근거해서 새로운 비즈니스 실행 방식, 새로운 제품과 서비스, 새로운 시장을 창출함으로써 이 과정을 지원한다.

조직 및 관리자본 구축 : 협업, 실행 공동체, 사무실 환경

관리자들은 방금 설명한 활동들 이외에 최고지식관리자와 같은 새로운 조직의 역할과 책임을 정의함으로써 지식획득을 지원할 수 있다. **실행 공동체**(communities of practice, CoP)는 비슷한 직무 관련 활동이나 관심사를 가지고 있는 기업 안팎에 있는 전문가와 직원들의 비공식적인 소셜 네트워크이다. 이 공동체는 자율 및 집단 교육, 학술대회 개최, 온라인 소식지, 그리고 특정 업무 문제의 해결을 위한 경험과 기술 공유 등의 활동을 수행한다. IBM과 같은 대기업, 미 연방 도로국, 그리고 세계은행 등은 수천 개의 온라인 실행 공동체를 운영하고 있다. 이러한 실행 공동체는 협업과 의사소통을 위한 소프트웨어 환경이 필요하다.

실행 공동체는 회원들에게 유용한 문서와 필요한 정보를 제공하며 문서저장소를 운영함으로써 지식의 재사용을 용이하게 한다. 공동체 회원들은 참여와 토론을 이끌어내는 촉진자 역할을 한다. 게다가 실행 공동체는 신입사원들이 특정 분야의 전문가와 접촉할 수 있도록 해주며, 공동체에 축적된 방법론과 도구들을 활용할 수 있도록 한다. 마지막으로 실행 공동체는 새로운 아이디어, 기술, 의사결정 행동을 위한 시발점 역할을 담당한다.

지식관리시스템의 종류

지식관리시스템에는 전사적 지식관리시스템, 지식작업시스템, 지능형 기술 등 세 가지 주요 범주가 있다. 그림 11.2는 각 범주에 속하는 지식관리시스템 애플리케이션을 정리한 것이다.

전사적 지식관리시스템(enterprise-wide knowledge management systems)은 기업 차원에서 디지털 콘텐츠와 지식을 수집, 저장, 배포, 적용할 수 있도록 지원하는 시스템이다. 이러한 시스템들은 정보 검색, 정형·비정형 데이터의 저장, 회사 내 전문가의 위치 제공 등의 기능들을 가지고 있다. 또한 포털, 검색엔진, 협업 및 소셜 비즈니스 도구, 학습관리시스템 등의 기능들을 제공한다.

그림 11.2 지식관리시스템의 종류

세 송류의 주요 지식관리시스템이 있으며, 각각은 더욱 전문화된 지식관리시스템으로 나뉜다.

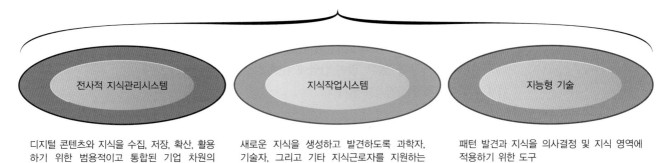

전사적 지식관리시스템	지식작업시스템	지능형 기술
디지털 콘텐츠와 지식을 수집, 저장, 확산, 활용하기 위한 범용적이고 통합된 기업 차원의 노력	새로운 지식을 생성하고 발견하도록 과학자, 기술자, 그리고 기타 지식근로자를 지원하는 전문화된 워크스테이션과 시스템	패턴 발견과 지식을 의사결정 및 지식 영역에 적용하기 위한 도구
전사적 콘텐츠관리시스템 협업 및 소셜 도구 학습관리시스템	컴퓨터 지원 설계(CAD) 가상현실	데이터마이닝 신경망 전문가시스템 자연어 처리 컴퓨터 비전시스템 로봇공학 유전자 알고리즘 지능형 에이전트

기술자와 과학자들이 새로운 지식을 발견하도록 지원하는 CAD, 시각화 도구, 시뮬레이션 도구, 그리고 가상현실시스템과 같은 지식작업시스템들이 개발되어 왔다. **지식작업시스템**(knowledge work systems, KWS)은 새로운 지식의 발견과 생성 임무가 있는 기술자, 과학자, 기타 지식근로자들을 위해 만들어진 전문화된 시스템이다. 11-4절에서 지식작업 애플리케이션들에 대해 자세히 설명한다.

또한 지식경영은 데이터마이닝, 전문가시스템, 머신러닝, 신경망, 자연어 처리, 컴퓨터 비전 시스템, 로봇공학, 유전자 알고리즘, 지능형 에이전트와 같은 다양한 **'지능형' 기술**(intelligent technique)을 포함한다. 이러한 기술들은 각기 다른 목적을 위해 사용될 수 있다. 데이터마이닝과 신경망은 지식의 발견에, 전문가시스템은 지식을 컴퓨터 프로그램에 적합한 규칙 형태로 표현하는 데, 그리고 유전자 알고리즘은 최적해를 발견하는 데 초점을 맞추고 있다. 11-2절에서 이러한 '지능형' 기술에 대해 좀 더 자세히 살펴본다.

11-2 인공지능(AI)과 머신러닝이란 무엇이며, 기업들은 어떻게 AI를 활용하는가?

'지능형' 기술은 흔히 **인공지능**(AI)으로 표현된다. 인공지능에는 많은 정의가 있다. 가장 야심찬 비전으로 AI는 인간처럼 생각하고 행동하는 컴퓨터 시스템을 구축하려는 시도를 포함한다. 인간은 자연어를 보고 듣고 의사소통하고, 의사결정을 하고, 미래를 계획하며, 목표를 달성하고, 환경 패턴을 인지하고, 다른 많은 능력 중에서 배운다. 인간은 또한 그들이 추구하고 싶은 목표를 사랑하고, 미워하고, 선택한다. 이른바 '인간의 지능'과 '상식' 또는 '일반화된 지능'이라고 하는 기초가 바로 이것들이다.

지금까지 AI의 '큰 비전'은 먼 꿈으로 남아 있다. 인간의 지능이나 상식을 일반화한 컴퓨터 프로그램은 없다. 인간의 지능은 가장 정교한 컴퓨터 프로그램보다 훨씬 더 복잡하고, '지능적인' 컴퓨터 시스템과 장치를 통해 현재 가능한 것보다 더 광범위한 활동을 다룬다. 인공지능에 대한 협의의 정의는 훨씬 현실적이고 유용하다. 과장해서 말하면 인공지능 프로그램은 모든 컴퓨터 프로그램과 같다. 그들은 환경으로부터 데이터 입력을 가져오고, 그 데이터를 처리하고, 출력을 생산한다. AI 프로그램은 데이터 입력과 처리에 사용하는 기법과 기술에서 기존의 소프트웨어 프로그램과 다르다. 오늘날 AI 시스템은 인간이 성취하기 불가능한 많은 작업을 수행할 수 있으며, CT 스캔의 해석, 얼굴과 목소리 인식, 체스나 바둑과 같은 게임, 그리고 잘 정의된 특정 작업에서 인간과 동등하거나 가까이 다가갈 수 있다. 많은 산업에서 AI 시스템은 비즈니스 수행 방식, 직원 채용 위치 및 업무 수행 방식을 변화시키고 있다.

AI의 진화

지난 10년 동안 AI의 이 제한된 비전 내에서 상당한 진전이 있었다. AI의 급속한 진화를 견인하는 주요 요인은 인터넷, 전자상거래, 사물인터넷, 소셜 미디어에서 생성된 빅데이터 데이터베이스의 개발이다. 2차적인 요인은 컴퓨터 처리비용의 급격한 감소와 프로세서의 성능 향상 등이다. 그리고 마지막으로 AI의 성장은 기업과 정부의 상당한 투자와 함께 수만 명의 AI 소프트웨어 기술자와 대학 AI 연구소에 의한 알고리즘의 고도화에 의존해 왔다. 이 기간 AI에 있어서, 또는 인간이 어떻게 생각하는지를 이해하는 데 있어서 근본적인 개념적 돌파구는 거의 없었다. 많은 알고리즘과 통계 기법은 수십 년 전에 개발되었지만 현재와 같은 대규모로 구현하고 다듬을 수는 없었다.

중요한 진전이 있었다. 이미지 인식 프로그램의 오류율은 25%에서 2018년 3% 미만으로, 자연어 음성 인식 오류율은 15%에서 6%로, 번역은 구글 번역 프로그램이 인간과 비교했을 때 약 85%의 정확도를 달성하고 있다(Technology Quarterly, 2017; Hirschberg and Manning, 2016). 이러한 발전은 시리(애플), 알렉사(아마존), 코타나(마이크로소프트), 나우(구글)와 같은 개인 비서와 자동차에서의 음성작동시스템을 가능하게 했다.

유명한 1950년 논문에서 컴퓨터 과학자 앨런 튜링은 인공 지능형 컴퓨터 프로그램을 인간이 대화할 수 있고 그것이 컴퓨터라는 것을 알 수 없는 것으로 정의했다(Turing, 1950년). 우리는 여전히 컴퓨터 AI 시스템과 진정한 대화를 할 수 없다. 왜냐하면 그것은 세상에 대한 진정한 이해와 상식이 없고, 인간을 진정으로 이해하지 못하기 때문이다. 그럼에도 불구하고 AI 시스템은 인간과 기업들에게 엄청난 도움이 될 수 있다.

AI의 주요 유형

인공지능(AI)은 프로그래밍 기법과 기술의 계열로, 각각 선택 애플리케이션에서 장점을 가지고 있다. 표 11.2는 AI의 주요 유형인 전문가시스템, 머신러닝, 신경망, 딥러닝, 유전자 알고리즘, 자연어 처리, 컴퓨터 비전시스템, 로봇공학, 지능형 에이전트 등을 설명한다.

전문가시스템

전문가시스템(expert system)은 1970년대에 개발되었으며, 기업 및 기타 조직에서 최초의 대규모 AI 응용 프로그램이었다. 전문가시스템은 오늘날 모든 AI 시스템의 약 20%를 차지한다. 전문가시스템은 심층 인터뷰를 통해 조직의 개별 전문가의 지식을 획득하고, 그 지식을 규칙 집합으로 나타낸다. 그런 다음 이러한 규칙은 IF-THEN 규칙의 형태로 컴퓨터 코드로 변환된다. 이러한 프로그램은 사용자에게 의사결정 과정을 안내하는 앱을 개발하는 데 종종 사용된다.

전문가시스템은 의사결정 개선, 오류 감소, 비용 절감, 교육 시간 단축, 품질 및 서비스 개선과

표 11.2 **AI 기법의 주요 유형**

전문가시스템	컴퓨터가 인간 의사결정자를 도울 수 있도록 프로그램할 수 있는 일련의 규칙으로 전문가의 지식을 표현함
머신러닝	비록 상당한 인적 훈련이 필요하지만 명시적인 프로그래밍 없이 매우 큰 데이터베이스에서 패턴을 식별할 수 있는 소프트웨어
신경망과 딥러닝	인간 뉴런(신경세포)을 기반으로, 데이터 입력에 기초하여 개체를 알려진 범주로 분류하도록 학습할 수 있는 알고리즘. 딥러닝은 신경망의 여러 층을 사용하여 데이터의 기본 패턴을 파악하고, 제한된 경우 인간의 훈련 없이 패턴을 식별함
유전자 알고리즘	일반적으로 최적화 및 검색 문제에 대한 고품질 해결책을 생성하는 데 사용되는 진화론의 자연선택과 돌연변이에 기반을 둔 알고리즘
자연어 처리	컴퓨터가 인간의 언어를 이해하고 분석하는 것을 가능하게 하는 알고리즘
컴퓨터 비전시스템	실제 이미지에서 정보를 보고 추출할 수 있는 시스템
로봇공학	제어 및 정보처리를 위해 컴퓨터 시스템뿐만 아니라 사람의 움직임을 대체할 수 있는 기계 사용
지능형 에이전트	개인에 대한 특정 작업 또는 서비스를 수행하기 위해 기본 제공 또는 학습된 지식을 사용하는 소프트웨어 에이전트

같은 이점을 제공한다. 전문가시스템은 의료 진단, 법률 연구, 토목공학, 건물 유지보수, 건축 계획수립, 교육기술(개인화된 학습 및 대응 테스트)뿐만 아니라 신용 대출, 장비 문제 진단 등을 위한 의사결정 응용 프로그램에 사용되었다(Maor, 2003; Mishra, 2016). 예를 들어 만약 당신이 14층짜리 사무실 건물의 프로젝트 매니저이고 수백 개의 부품과 부속품을 가지고 있는 건물의 에어컨시스템을 구성하는 임무를 받았다면, 전문가시스템은 당신에게 일련의 질문을 하고, 공급자에게 주문을 하고, 전반적인 비용을 제공함으로써 몇 주가 아니라 몇 시간 이내에 그 과정을 안내할 수 있을 것이다. 그림 11.3은 신용 대출 전문가시스템이다.

전문가시스템 작동 방식

전문가시스템은 **지식 베이스**(knowledge base)라고 불리는 규칙의 집합으로서 인간의 지식을 모델링한다. 전문가시스템은 문제의 복잡성에 따라 수 개에서 수천 개의 규칙이 있다. 규칙의 집합을 통해 검색하고 결론을 도출하는 데 사용되는 전략을 **추론 엔진**(inference engine)이라고 한다. 추론 엔진은 규칙을 검색하고 사용자가 수집하고 입력하는 사실에 의해 촉발된 규칙을 실행함으로써 작동한다.

전문가시스템에는 여러 가지 한계가 있는데, 그중 가장 중요한 것은 전문가들조차 자신이 어떻

그림 11.3 **전문가시스템의 규칙**

전문가시스템은 많은 규칙을 포함하고 있다. 이 규칙들은 상호 연결되어 있고, 결과의 수는 미리 알려져 있으며 제한적이다. 같은 결과에 이르는 다양한 경로가 있으며, 동시에 여러 개의 규칙을 적용할 수 있다. 이 예는 간단한 신용 대출 전문가시스템의 규칙들이다.

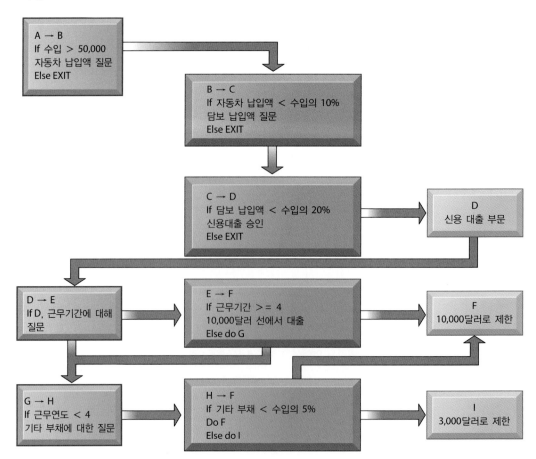

게 의사결정을 내리는지 설명할 수 없다는 것이다. 전문가들은 자신이 말할 수 있는 것보다 더 많이 알고 있다. 예를 들어 사람들은 차를 운전하지만, 어떻게 운전하는지 설명하는 데 어려움을 겪는다. 규칙의 수가 수천 개에 이를 수 있기 때문에 지식 베이스는 매우 복잡할 수 있다. 의료 진단과 같이 급변하는 환경에서는 규칙이 변경되며 지속적으로 업데이트되어야 한다. 전문가시스템은 관리자와 직원이 일반적으로 직면하는 비구조적 문제를 처리하는 데 유용하지 않으며, 의사결정을 안내하기 위해 실시간 데이터를 사용하지 않는다. 전문가시스템은 인터넷과 사물인터넷(IoT)에서 생성되는 매우 큰 데이터 세트의 종류에 따라 잘 확장되지 않으며, 구축비용이 많이 든다. 이러한 이유로 전문가시스템 개발은 지난 10년간 자동차 진단과 같은 전문가 지식의 작은 영역으로 둔화되었다.

머신러닝

오늘날 AI 개발의 75% 이상은 신경망, 유전 알고리즘, 딥러닝 네트워크에 의해 달성된 일종의 **머신러닝**(machine learning, ML)이 포함되며, 데이터에서 패턴을 찾아내고 데이터 입력을 알려진(및 알려지지 않은) 출력으로 분류하는 데 주력한다. 머신러닝은 전문가시스템과는 전혀 다른 AI 패러다임에 바탕을 두고 있다. 머신러닝에는 전문가가 없으며 전문가의 이해를 반영하는 규칙에 대한 컴퓨터 코드를 작성하려는 노력이 없다. 대신 ML은 수천만에서 수억의 데이터 포인트를 가진 매우 큰 데이터 세트에서 시작하여 대규모의 예제를 분석하고 통계적 추론을 함으로써 패턴과 관계를 자동으로 찾아낸다. 표 11.3은 선도적인 기업체들이 다양한 유형의 머신러닝을 어떻게 사용하고 있는지를 보여주는 몇 가지 예를 제공한다.

페이스북은 미국에서 매일 평균 35분을 사용하는 2억 명 이상의 월간 사용자들을 보유하고 있다. 이 회사는 이 사용자들에게 매달 약 10억 건의 광고를 내보이며, 1초 이내에 각 개인에게 어떤 광고를 보여줄지 결정한다. 각 개인에 대해 페이스북은 공유된 정보(포스트, 댓글, 좋아요), 소셜 네트워크 친구의 활동, 페이스북에 제공된 배경정보(연령, 성별, 위치, 사용된 기기), 광고주가 제공한

표 11.3	머신러닝의 예
웰스파고	아이에라(Aiera) 시스템은 매일 1,600개의 주식에 대한 50만 건의 문서를 읽고 분석하며, 550개의 주식에 대한 매입 및 매도 호출을 실시하고, 그다음으로 자산관리 부문을 생산한다.
올스테이트 보험	아멜리아(Amelia) 시스템은 콜센터 직원들이 고객 질문를 처리하는 데 도움을 주기 위해 딥러닝과 자연어 처리를 이용한다. 40개의 보험 주제에 대해 학습하고, 상황을 이해하고, 경험을 통해 배운다.
넷플릭스	비디오 유사성 알고리즘에 기반한 추천시스템은 통계 및 머신러닝을 사용하여 전 세계 1억 2,500만 명의 가입자를 위한 맞춤형 비디오 선택을 지원한다.
아마존	알렉사(Alexa)는 지능적인 음성 제어 개인 비서로 머신러닝과 음성 인식을 사용한다.
쉰들러 그룹	GE의 Predix 운영체계와 머신러닝을 사용하여 100만 개 이상의 엘리베이터와 보행로를 모니터링하여 필요한 유지관리에 대한 예측을 수행한다.
페이팔	머신러닝 알고리즘을 사용하여 매년 40억 건의 거래를 생성하는 1억 7,000만 고객을 대상으로 사기 패턴을 식별한다.

정보(이메일 주소, 이전 구매), 그리고 페이스북이 추적할 수 있는 앱과 다른 웹사이트에서의 사용자 활동 등 이용자의 사전 행동에 따라 이 결정을 내린다. 페이스북은 데이터 세트의 패턴을 식별하기 위해 ML을 사용하고, 그들이 확인한 행동 패턴에 기초하여 특정 사용자가 특정 광고를 클릭할 확률을 추정한다.

페이스북 광고에 대한 현재 응답률(클릭률)은 0.1%로, 표적형 이메일 캠페인(약 3%)이나 구글 검색 광고(약 2%)에 비해 좋지 않지만, 목표되지 않은 디스플레이 광고의 약 4배다. 아마존, 알파벳의 구글, 마이크로소프트, 알리바바, 텐센트, 넷플릭스, 바이두를 포함한 모든 거대 인터넷 소비자 회사들은 유사한 ML 알고리즘을 사용한다. 분명 어떤 인간이나 집단도 엄청난 데이터베이스 크기, 트랜잭션의 속도, 또는 실시간으로 작업하는 복잡성을 고려할 때 이러한 결과를 달성할 수 없었다. 이 간단한 예로 설명된 ML의 장점은 수백만 명의 패턴을 몇 초 안에 인지하고 개체를 별개의 범주로 분류할 수 있는 특별한 기능으로 귀결된다.

지도학습과 비지도학습

오늘날 거의 모든 머신러닝에는 **지도학습**(supervised learning)이 포함되는데, 이 학습에서는 인간이 사전에 식별한 원하는 입력과 출력의 구체적인 예를 제공함으로써 시스템이 '훈련'된다. 인터넷에 게시된 1,000만 장의 사진과 같이 매우 큰 데이터베이스가 개발된 다음, 개발 데이터베이스와 테스트 데이터베이스의 두 부분으로 나뉜다. 인간은 대상을 선택하고 자동차 이미지가 포함된 모든 사진을 식별한다고 가정하자. 인간은 자동차 이미지가 포함된 검증된 사진 모음을 신경망에 공급하면, 신경망은 개발 데이터베이스를 통해 시스템이 자동차가 있는 사진을 식별할 수 있을 때까지 수백만 번 반복 진행한다. 그런 다음 그 알고리즘이 다른 사진으로도 동일한 결과를 얻을 수 있는지 확인하기 위해 테스트 데이터베이스를 이용해 머신러닝 시스템을 검증한다. 전부는 아니지만 많은 경우에 있어서 머신러닝은 인간의 노력에 가깝거나 동등할 수 있지만, 훨씬 더 큰 규모로 이루어질 수 있다. 시간이 지남에 따라 프로그래머에 의한 수정을 통해, 그리고 데이터베이스를 훨씬 더 크게 만들고, 더 큰 컴퓨터 시스템을 사용함으로써 시스템은 그 성능을 향상시킬 수 있을 것이고, 그런 점에서 학습할 수 있을 것이다. 지도학습은 사람, 다른 자동차, 건물, 도로 위의 선 등 주변의 물체를 인식할 수 있어야 하는 자율주행차량을 개발하는 데 사용되는 기법 중 하나이다('사례연구 : 자동차가 스스로 운전할 수 있나 — 그래야 하나?' 참조).

비지도학습(unsupervised learning)에서 동일한 절차를 따르지만 인간은 시스템에 예제를 제공하지 않는다. 대신 시스템은 개발 데이터베이스를 처리하고 찾은 패턴을 보고하도록 요청받는다. 예를 들어 종종 'The Cat Paper'라는 연구의 일환으로, 연구원들은 비디오에서 유튜브의 1,000만 장의 사진을 수집하고 검증된 인간 얼굴 사진으로 기계에 라벨을 붙이거나 '교육'하지 않고 사람의 얼굴을 감지할 수 있는 ML 시스템을 구축했다(Le et al., 2011). 연구원들은 구글이 빌린 16,000개의 코어 프로세서를 갖춘 1,000대의 기계로 구성된 무차별 대입(brute force) 신경망 컴퓨터 시스템을 개발했다. 시스템 프로세서는 서로 총 10억 개로 연결되며, 인간 두뇌의 뉴런과 시냅스(연결)를 소규모로 모방한 매우 큰 네트워크를 만들었다. 그 결과 고양이 얼굴과 인체는 물론 사진에서 사람의 얼굴을 감지할 수 있는 시스템이 만들어졌다. 그 후 이 시스템은 ImageNet(대규모 온라인 시각 데이터베이스)의 22,000개의 객체 이미지에서 테스트되었고 16%의 정확도를 달성했다. 그러면 원칙적으로 인간의 개입 없이 세상에 대해 '자신을 가르칠 수 있는' 머신러닝 시스템을 만드는 것이 가능하다. 그러나 갈 길이 멀다. 16%의 정확도로 시스템에 의해 안내된 자율주행차를 사용하고 싶지 않을 것이다! 그럼에도 불구하고 이 연구는 이전의 노력에 비해 75% 향상된 것이었다.

이것을 좀 더 자세히 설명하면 한 살배기 아기는 얼굴, 고양이, 탁자, 문, 창문, 그리고 지금까지 노출되어 온 수백 개의 다른 사물들을 인식할 수 있고, 미래의 인식을 위해 스스로 추구하는 새로운 경험들을 지속적으로 목록화할 수 있다. 그러나 아기는 우리의 가장 큰 ML 연구시스템보다 큰 계산 이점을 가지고 있다. 인간의 성인 뇌는 약 840억 개의 뉴런으로 이루어져 있으며, 각각 다른 뉴런(시냅스)에 10,000개 이상의 연결을 가지고 있으며, 네트워크(뇌)에 1조 개 이상의 총 연결을 가지고 있다. 현대의 호모 사피엔스는 약 30만 년 동안, 그 이전은 250만 년 동안 자연적으로 프로그래밍되었다. 이러한 이유로 오늘날 머신러닝은 매우 큰 데이터베이스와 컴퓨팅 시설이 있고, 대부분의 바람직한 결과는 이미 인간에 의해 정의되며, 출력은 이진(0, 1)이며, 문제를 해결하는 매우 재능 있고 큰 소프트웨어와 시스템 엔지니어 그룹이 있는 매우 제한된 상황에서 적용할 수 있다.

신경망

신경망(neural network)은 뉴런이라고 부르는 상호 연결된 단위로 구성되어 있다. 각 뉴런은 다른 뉴런으로부터 데이터를 가져오고, 그 시스템의 다른 뉴런으로 데이터를 전송할 수 있다. 인공 뉴런은 인간의 뇌에서와 같이 생물학적 물리적 실체가 아니라 뉴런의 입력과 출력 기능을 수행하는 소프트웨어 프로그램과 수학적 모델이다. 연결 강도(가중치)는 학습 규칙(learning rule)을 사용하여 연구자가 제어할 수 있다. 학습 규칙은 뉴런 사이의 연결 강도를 체계적으로 변경하는 알고리즘으로 종양 사진, 사기성 신용카드 거래 또는 의심스러운 전화통화 패턴 등을 식별할 수 있도록 원하는 최종 출력을 생성한다.

신경망은 생물학적 인간의 뇌가 어떻게 작동하는지에 기반을 둔 머신러닝 알고리즘과 계산 모델을 사용하여 인간이 분석하기에는 너무 복잡하고 어려운 대량의 데이터에서 패턴과 관계를 찾는다. 신명망은 **패턴 인식 프로그램**(pattern detection programs) 데이터를 통해 선별하고 궁극적으로 수천 개의 뉴런 네트워크를 통해 경로를 찾음으로써 대량의 데이터에서 패턴을 학습한다. 일부 경로는 자동차, 동물, 얼굴 및 음성과 같은 물체를 식별하는 능력에서 다른 경로보다 더 성공적이다. 그 데이터에는 수백만 개의 경로가 있을 수 있다. 알고리즘(위에서 언급한 학습 규칙)은 이러한 성공적인 경로를 식별하고, 이러한 경로에서 뉴런 사이의 연결을 강화한다. 이 프로세스는 가장 성공적인 경로만 확인될 때까지 수천 번 또는 수백만 번 반복된다. 힉습 규칙은 데이터를 통한 최상의 경로 또는 최적의 경로를 식별한다. 어떤 시점에서 수백만 개의 경로가 분석된 후, 예컨대 인간보다 종양을 성공적으로 식별하는 것과 같이 허용 가능한 수준의 패턴 인식에 도달하면 프로세스가 중지된다.

그림 11.4는 입력층(input layer), 출력층(output layer), 은닉층(hidden layer)으로 구성된 신경망의 한 형태를 보여주고 있다. 인간은 기계가 배우길 원하는 일련의 결과를 제공함으로써 네트워크를 훈련시킨다. 예를 들어 부정 신용카드 구매의 패턴을 식별할 수 있는 시스템을 구축하는 것이 목적이라면, 부정거래의 실제 예를 사용하여 시스템을 훈련시킨다. 데이터 세트는 100만 건의 부정거래 사례로 구성될 수 있다. 데이터 세트는 훈련 데이터 세트와 검증 데이터 세트의 두 세그먼트로 나눈다. 훈련 데이터 세트는 시스템을 훈련시키는 데 사용된다. 수백만 번의 테스트 실행 후 프로그램은 데이터를 통한 최상의 경로를 식별할 것이다. 시스템의 정확성을 검증하기 위해 검증 데이터 세트에서 사용하는데, 이 데이터 세트는 이전에 시스템이 분석하지 않았다. 그림 11.4의 신경망은 사기성 신용카드 구매 가능성을 식별하는 방법을 학습한다.

의료, 과학 및 기업에서의 신경망 애플리케이션은 패턴 분류, 예측, 제어, 최적화 등의 문제를 해결한다. 먼저 의료 분야에서 신경망 애플리케이션은 관상동맥질환 환자의 선별, 간질 및 알츠하이

그림 11.4 신경망 작동 방식

신경망은 은닉층의 논리를 만들기 위해 데이터의 패턴에서 '학습'한 규칙을 사용한다. 그런 다음 은닉층은 입력값을 모델에 기반하여 분류한다. 이 예에서는 신용카드의 정상 구매와 부정 구매를 구분하기 위해 신경망이 사용된다.

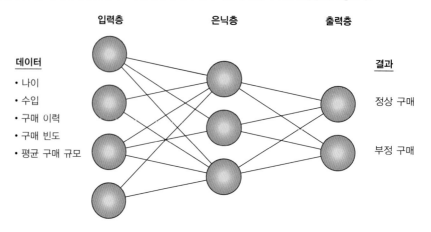

머 질환 진단, 특정 암을 포함한 병리 영상의 패턴 인식에 사용된다. 금융 산업에서는 투자회사들이 방대한 양의 데이터로부터 투자 성과, 회사채 평가, 회사 부도 등을 예측하는 데 도움이 되는 패턴을 찾기 위해 신경망을 사용한다. 비자 인터내셔널은 카드 소지자의 갑작스러운 구매 패턴 변화 등을 감시함으로써 신용카드 부정 사용을 적발하기 위해 신경망을 사용하고 있다. 표 11.4는 신경망의 예이다.

딥러닝 신경망

딥러닝(deep learning)' 신경망은 더 복잡하며, 목표 출력을 생성하기 위해 입력 데이터를 변환하는 층이 많다. 뉴런의 집합은 노드 또는 레이어(layer, 층)라고 불린다. 딥러닝 네트워크는 초기 단계에 있으며, 시스템이 구체적으로 무엇을 찾아야 하는지 알려주지 않고 단순히 데이터에서 패턴을 발견하는 라벨 없는 데이터에 대한 패턴 인식을 위해 거의 독점적으로 사용된다. 이 시스템은 스스로 가르칠 것으로 예상된다(그림 11.5 참조).

표 11.4 신경망의 예

기능	입력	프로세스	출력/애플리케이션
컴퓨터 비전	수백만 개의 디지털 이미지, 비디오 또는 센서	이미지 및 객체의 패턴 인식	사진 태깅, 안면 인식, 자율주행차
음성 인식	디지털 사운드트랙, 음성	사운드트랙과 음성에서 패턴과 의미를 인식	디지털 어시스턴트, 챗봇, 헬프 센터
기계 제어, 진단	사물인터넷 : 수천 개의 센서	작동 상태, 고장 패턴 식별	예방 정비, 품질관리
언어 번역	다양한 언어로 된 수백만 문장	여러 언어로 패턴 식별	한 언어에서 다른 언어로 문장 번역
거래 분석	수백만 개의 대출 신청, 주식거래, 전화통화	금융 및 기타 거래에서 패턴 식별	사기 통제, 서비스 도난, 주식시장 예측
타기팅된 온라인 광고	수백만 개의 브라우저 기록	소비자 집단 식별, 환경 설정	프로그래밍 광고

그림 11.5 딥러닝 네트워크

딥러닝 네트워크는 패턴을 탐지하는 계층적 방식으로 작용하는 많은 신경망 층으로 구성되어 있다. 여기에 보이는 것은 1계층에 대한 확대된 모습이다. 다른 층도 같은 구조로 되어 있다.

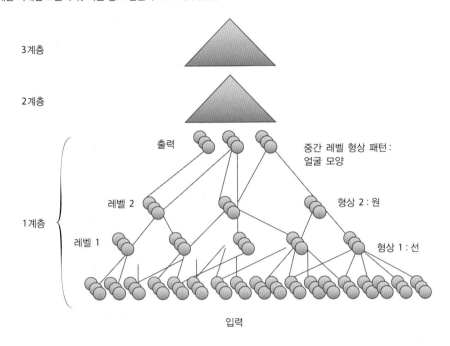

예를 들어 훈련 없이 고양이(The Cat Paper)와 다른 물체를 식별할 수 있는 머신러닝 시스템 등 앞에서 설명한 비지도학습의 예에서 사용된 시스템은 딥러닝 네트워크였다. 그것은 신경망(1, 2, 3계층)의 3개 층으로 구성되어 있었다. 이러한 각 계층에는 두 가지 수준의 패턴 검출(레벨 1과 레벨 2)이 있다. 각 레벨은 사진의 낮은 레벨의 형상을 식별하기 위해 개발되었다: 레벨 1은 선, 레벨 2는 원을 식별. 첫 번째 계층의 결과는 흐릿한 가장자리일 수 있다. 두 번째와 세 번째 계층은 시스템이 고양이, 개 및 인간을 구별할 수 있을 때까지 첫 번째 계층에서 나오는 이미지를 정교하게 다듬는다. 비록 이 경우는 16%의 정확도로밖에 구분하지 못하지만 말이다.

많은 전문가들은 딥러닝 네트워크가 ML 시스템이 인간처럼 학습할 수 있는 AI의 '그랜드 비전'에 더 가까이 다가가고 있다고 믿고 있다. ML과 딥러닝에서 일하는 다른 사람들은 비판적이다(Marcus, 2018; Pearl, 2016).

신경망과 머신러닝의 한계

신경망에는 현재 여러 가지 한계가 있다. 신경망은 패턴을 식별하기 위해 매우 큰 데이터 세트를 필요로 한다. 대형 데이터 세트에는 흔히 비논리적인 패턴이 많이 있으며, 어떤 패턴이 '이치에 맞는'지를 선택하기 위해서는 인간이 필요하다. 대규모 데이터 세트의 많은 패턴은 일시적이다. 주식시장이나 프로 스포츠팀의 성적에 패턴이 있을 수 있지만 오래 지속되지는 않는다. 많은 중요한 의사결정 상황에서는 큰 데이터 세트가 없다. 당신은 A대학에 지원해야 하는가, B대학에 지원해야 하는가? 다른 회사와 합병해야 하나?

신경망, 머신러닝 시스템, 그리고 그들과 함께 일하는 사람들은 시스템이 어떻게 특정한 해결책에 도달했는지 설명할 수 없다. 예를 들어 제퍼디(Jeopardy) 게임을 하는 IBM 왓슨 컴퓨터의 경우 연구원들은 왓슨이 왜 그 대답을 선택했는지 정확히 말할 수 없었고, 단지 그것들이 옳거나 그르다는 것만을 말할 수 있었다. 비즈니스에서 대부분의 실제 ML 애플리케이션은 디지털 개체를 단순한 2진수 범주(예, 아니요, 0 또는 1)로 분류한다. 그러나 관리자, 회사 및 조직이 직면하고 있는 많은 중요한 문제들은 이진 해결책이 없다. 신경망은 훈련이 너무 적거나 너무 많은 데이터를 포함한다면 잘 수행되지 않을 수 있다. AI 시스템은 윤리 의식이 없다. 그들은 불법적이거나 부도덕한 행동을 추천할 수도 있다. 대부분의 최신 애플리케이션에서 AI 시스템은 비교적 낮은 수준의 의사결정을 위한 도구로 적합하지만 관리자를 대체하지는 않는다.

유전자 알고리즘

유전자 알고리즘(genetic algorithm)은 머신러닝의 또 다른 형태다. 유전자 알고리즘은 주어진 문제에 대해 매우 많은 수의 가능한 해결책을 검토하여 그 문제에 대한 최적의 해결책을 찾기 위해 사용된다. 유전자 알고리즘은 상속(inheritance), 돌연변이(mutation), 선택(selection), 교차(crossover) 등 진화생물학에서 아이디어를 얻은 기법들을 활용한다.

유전자 알고리즘은 무작위로 생성된 이진 숫자의 문자열을 검색하여 문제에 대한 최선의 해결책을 나타내는 올바른 문자열을 식별하는 방식으로 작동한다. 해결책들이 변화하고 결합함에 따라 최악의 해결책들은 버려지고 더 나은 해결책들은 더 나은 해결책을 계속 생산하기 위해 살아남는다. 그림 11.6에서 각 스트링은 문제의 변수에 해당한다. 모집단에 있는 각 스트링은 해결책으로서 바람직한 수준을 의미하는 적합도가 계산된다. 초기 모집단의 적합도가 계산된 후 이 알고리즘은 적합도 시험에서 살아남은 스트링들과 스트링들의 교배에 의해 생성된 스트링들로 구성된 다음 세대 스트링들을 생성한다. 이 과정은 해결책에 도달할 때까지 계속된다.

유전자 알고리즘은 수백, 수천 개의 변수 또는 공식을 포함하는 아주 동적이고 복잡한 문제를 해결하기 위해 사용된다. 그 문제는 해결책의 가능한 범위가 유전적으로 표현 가능하고 적합도 평가를 위한 기준이 설정될 수 있어야 한다. 유전자 알고리즘은 많은 수의 해결책 대안들을 신속하게 평가할 수 있기 때문에 최적의 해결책을 빠르게 찾을 수 있다. 예를 들어 GE 기술자들은 100개 이

그림 11.6 유전자 알고리즘의 구성요소

이 예는 각각 다른 해결책을 의미하는 '염색체'들의 초기 모집단을 설명하고 있다. 유전자 알고리즘은 초기 해결책을 보다 높은 적합도를 갖는 더 나은 해결책으로 진화시키며 궁극적으로 최상의 해결책으로 수렴되도록 하기 위해 반복 과정을 거친다.

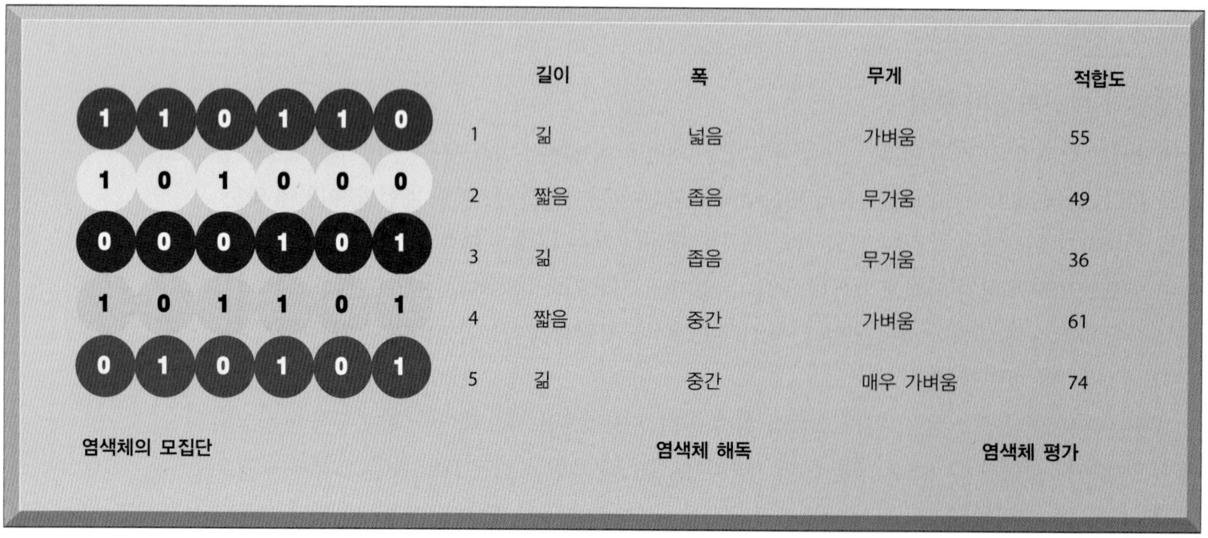

	길이	폭	무게	적합도
1	김	넓음	가벼움	55
2	짧음	좁음	무거움	49
3	김	좁음	무거움	36
4	짧음	중간	가벼움	61
5	김	중간	매우 가벼움	74

염색체의 모집단	염색체 해독	염색체 평가

상의 설계변수로 구성된 제트터빈 비행기 엔진의 설계를 최적화하기 위해 유전자 알고리즘을 사용했다. JDA 소프트웨어의 공급사슬관리 소프트웨어는 고객 주문, 자재와 자원의 가용성, 제조와 유통 능력, 그리고 배송날짜 등에 대한 수십만 개의 세부사항을 고려한 생산 계획 모델을 최적화하기 위해 유전자 알고리즘을 사용한다.

자연어 처리, 컴퓨터 비전시스템 및 로봇공학

다른 중요한 AI 기술로는 자연어 처리, 컴퓨터 비전시스템, 로봇공학 등이 있다.

자연어 처리

인간의 언어가 항상 정확한 것은 아니다. 그것은 모호한 경우가 많고, 말의 의미는 속어, 지역 방언, 사회적 맥락과 같은 복잡한 변수에 따라 달라질 수 있다. **자연어 처리**(natural language processing, NLP)는 컴퓨터가 이해할 수 있도록 특별히 포맷된 언어가 아니라 인간이 본능적으로 사용하는 자연어를 이해하고 분석할 수 있게 해준다. NLP 알고리즘은 일반적으로 딥러닝을 포함한 머신러닝에 기초하며, 많은 예에서 말하는 사람의 의도를 확인하는 방법을 배울 수 있다. 도입 사례에서 설명된 아케르스후스대학병원은 NLP와 IBM Watson Explorer를 사용하여 자연어와 같은 일상어로 표현된 비정형 텍스트 데이터로 수천 개의 의료 기록을 조사했다. 이 알고리즘은 의료 기록의 텍스트를 읽고 그 의미를 해석할 수 있었다. 구글, 스팸 필터링 시스템, 텍스트마이닝 감성 분석(제6장) 등 선도적인 검색엔진에서도 자연어 처리를 볼 수 있다.

도쿄에 본사를 둔 미즈호 은행은 고급 음성인식기술, IBM® 왓슨™ 콘텐츠 분석 소프트웨어 및 클라우드 서비스 인프라를 사용하여 고객과의 컨택 센터(contact center) 에이전트의 상호작용을 개선했다. 이 솔루션은 고객의 음성을 텍스트 데이터로 변환한 후 수천 명의 고객과의 상호작용에 대한 머신러닝 분석을 기반으로 자연어 처리 알고리즘을 적용한다. 이 시스템은 각 고객 상호작용에서 점점 더 많은 것을 배우므로 결국 각 대화 지점에서 고객의 특정 요구 또는 목표를 추론할 수 있다. 그런 다음 상담원 화면에 프롬프트로 실시간 전달되는 최적의 응답을 공식화한다. 컨택 센터 상담원이 고객 요구를 보다 효율적으로 감지하고 대응할 수 있도록 지원함으로써 이 솔루션은 고객 상호작용의 평균 지속 시가을 6% 이상 줄였다(IBM, 2018).

컴퓨터 비전시스템

컴퓨터 비전시스템(computer vision systems)은 컴퓨터가 인간의 시각시스템을 모방하여 실제 이미지에서 정보를 보고 추출하는 방법을 다룬다. 그러한 시스템은 이미지 처리, 패턴 인식 및 이미지 이해를 포함한다. 예를 들어 페이스북의 얼굴 인식 도구인 딥페이스(DeepFace)는 얼굴을 인식하는 데 있어 인간의 뇌만큼이나 정확하다. 딥페이스는 페이스북의 기존 얼굴 인식 기능의 정확성을 향상시켜 페이스북 사용자의 모든 사진이 해당 개인의 페이스북 계정에 연결되도록 한다. 컴퓨터 비전시스템은 드론, 자율주행차('사례연구 : 자동차가 스스로 운전할 수 있나 — 그래야 하나?' 참조), 산업 기계 비전시스템(예 : 병 검사), 군사 응용 프로그램, 로봇 도구 등에도 사용된다.

2017년 미국프로농구(NBA)는 스폰서들이 선수 유니폼에 브랜드를 나타내는 작은 로고 패치를 부착할 수 있도록 허용하기로 했다. 이 광고 투자는 수백만 달러의 가치가 있는 것으로 밝혀졌다. 컴퓨터 비전기술에 주력하고 있는 AI 업체인 검검(GumGum)에 따르면 굿이어 타이어 & 러버(The Goodyear Tire & Rubber Co.)가 클리블랜드 캐벌리어스의 유니폼에 붙인 이미지는 야구 시즌 전반기 소셜 미디어 노출만으로 340만 달러의 가치를 창출했다고 한다. 검검은 컴퓨터가 이미지에서 무슨 일이 일어나고 있는지 확인할 수 있는 알고리즘을 개발한다. 검검은 컴퓨터 비전기술을 사용하여 온라인이나 TV로 제작한 NBA 콘텐츠에 등장하는 굿이어 이미지와 관련된 방송 및 소셜 미디어 콘텐츠를 배치, 노출 및 지속 시간을 철저하게 분석하였다. 인간이 로고가 화면에 나타난 횟수를 감시하려는 대신, 검검의 비전기술은 데이터를 추적하여 보고한다(Albertson, 2018).

로봇공학

로봇공학(robotics)은 인간을 대신할 수 있는 이동식 기계의 설계, 시공, 작동 및 사용과 컴퓨터 시스템의 제어, 감각 피드백 및 정보처리를 다룬다. 로봇은 전적으로 사람을 대신할 수는 없지만 특정한 일련의 행동을 자동으로 수행하도록 프로그래밍되어 있다. 그것들은 위험한 환경(폭탄 탐지 및 제거 등), 제조 공정, 군사 작전(드론), 의료 절차(수술용 로봇) 등에서 자주 사용된다. 많은 직원들은 이제 로봇이 사람들을 완전히 대체하고 그들의 직업을 빼앗을지 걱정한다(제4장 '토론방 : 자동화는 일자리를 사라지게 하는가' 참조).

로봇기술이 가장 광범위하게 사용되는 곳은 제조 분야이다. 자동차 조립라인은 무거운 리프팅, 용접, 접착제 도장, 페인팅 등에 로봇을 사용한다. 사람들은 여전히 자동차 최종 조립의 대부분을 수행한다. 특히 작은 부품이나 배선을 설치해야 할 때 특히 그렇다. 프랑스 클레온에 있는 르노 SA 공장은 현재 덴마크의 유니버설 로봇 AS의 로봇을 사용하여 엔진에 나사를 박는데, 특히 사람들이 접근하기 어려운 장소에 들어가는 로봇은 더욱 그렇다. 로봇은 부품이 올바르게 고정되어 있는지 확인하고 올바른 부품이 사용되는지 확인한다. 르노 로봇은 또한 사람들에게 가까이 다가가서 일을 할 수 있고, 사람들을 다치게 하지 않기 위해 속도를 줄이거나 멈출 수 있다.

지능형 에이전트

지능형 에이전트(intelligent agent)는 사용자, 비즈니스 프로세스, 또는 소프트웨어 응용 프로그램의 전문적이고 반복적이며 예측 가능한 업무를 인간의 직접적인 개입 없이 이면에서 수행하는 소프트웨어 프로그램이다. 이 에이전트는 사용자를 대신하여 스팸메일 삭제, 일정 약속, 또는 캘리포니아까지 가는 가장 싼 항공권을 찾기 위해 상호 연결된 네트워크를 검색하는 등의 업무 수행이나 의사결정을 위해 학습된 지식 베이스를 사용한다.

최근 운영시스템, 응용 소프트웨어, 이메일 시스템, 모바일 컴퓨팅 시스템, 네트워크 도구 등에 지능형 에이전트 응용 프로그램들이 많이 사용되고 있다. 비즈니스에 특별한 관심사는 인터넷에서 정보를 검색하는 지능형 에이전트봇이다. 제7장에서 쇼핑봇(shopping bots)이 어떻게 소비자의 제품 검색과 가격 및 사양 비교를 지원하는지 설명한다.

몇몇 소프트웨어 에이전트는 간단한 규칙 집합을 따르도록 프로그래밍되어 있지만, 다른 것들은 경험으로부터 배우고 머신러닝과 자연어 처리를 이용하여 행동을 조정할 수 있다. 애플의 아이폰과 아이패드의 가상 어시스턴트 애플리케이션인 시리(Siri)가 그 예다. 시리는 자연어 처리를 사용하여 질문에 답하고, 권고를 하고, 행동을 한다. 그 소프트웨어는 시간이 지남에 따라 사용자의 개별 선호도에 적응하고 결과를 개인화하며, 방향 파악, 예약, 메시지 전송과 같은 작업을 수행한다. 비슷한 제품들로는 구글 나우, 마이크로소프트의 코타나, 아마존의 알렉사가 있다.

챗봇(chatbots, chatterbots)은 텍스트 또는 청각적 방법을 통해 하나 이상의 사용자와 대화를 시뮬레이션하도록 설계된 소프트웨어 에이전트다. 챗봇은 여러분이 타이핑하거나 말하는 것을 이해하려고 노력하며 질문에 답하거나 과제를 실행함으로써 응답한다. 또한 사용자들이 날씨 확인, 개인 재정관리, 온라인 쇼핑, 고객 서비스에 대한 질문이 있을 때 도움을 받을 수 있도록 자동화된 대

그림 11.7 P&G 공급사슬망의 지능형 에이전트

지능형 에이전트는 P&G가 티드(Tide) 박스 같은 제품의 보충 주기를 단축하는 것을 돕고 있다.

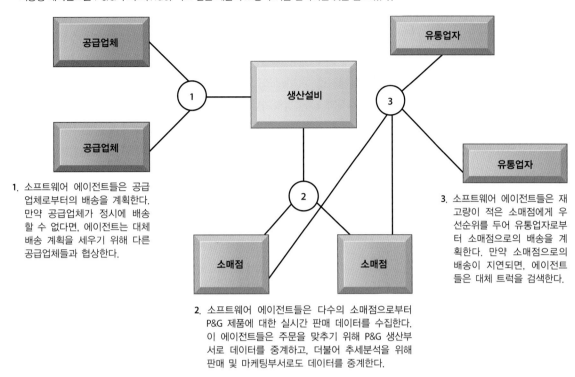

1. 소프트웨어 에이전트들은 공급업체로부터의 배송을 계획한다. 만약 공급업체가 정시에 배송할 수 없다면, 에이전트는 대체 배송 계획을 세우기 위해 다른 공급업체들과 협상한다.

2. 소프트웨어 에이전트들은 다수의 소매점으로부터 P&G 제품에 대한 실시간 판매 데이터를 수집한다. 이 에이전트들은 주문을 맞추기 위해 P&G 생산부서로 데이터를 중계하고, 더불어 추세분석을 위해 판매 및 마케팅부서로도 데이터를 중계한다.

3. 소프트웨어 에이전트들은 재고량이 적은 소매점에게 우선순위를 두어 유통업자로부터 소매점으로의 배송을 계획한다. 만약 소매점으로의 배송이 지연되면, 에이전트들은 대체 트럭을 검색한다.

화를 제공한다. 다국적 통신사인 보다폰(Vodafone)은 챗봇을 이용해 매달 8만 개의 질문에 답하고 있어 컨택 센터 전화를 75% 줄였다. 보다폰 직원들은 보다폰 제품 및 서비스에 대한 정확하고 최신 정보에 액세스하기 위해 챗봇을 사용한다. 페이스북은 메신저 메시징 앱에 챗봇을 통합해 페이스북 브랜드 페이지를 가진 외부업체가 채팅 프로그램을 통해 페이스북 사용자와 소통할 수 있도록 했다. 오늘날의 챗봇은 매우 기본적인 기능을 수행하지만 미래에는 기술적으로 더 발전할 것이다.

P&G(프록터 앤드 갬블)는 지능형 에이전트 기술을 사용하여 공급망을 보다 효율적으로 만들었다(그림 11.7 참조). 복잡한 공급사슬을 트럭, 생산설비, 유통업자 또는 소매점과 같은 개별 공급사슬 구성요소를 나타내는 반자율 '에이전트'의 그룹으로 모델링했다. 각 에이전트의 행동은 '트럭에 물건이 완전히 적재되면 출발시켜라'와 같이 실제 행동을 모방하는 규칙을 따르도록 프로그램되었다. 이 에이전트를 이용한 시뮬레이션은 기업이 재고 수준, 재고 품절, 그리고 운송비용에 대한 what-if 분석을 수행할 수 있도록 한다.

P&G는 지능형 에이전트 모델을 사용하여 종종 트럭을 완전히 적재하기 전에 출발시켜야 하는 것을 발견했다. 부분 적재된 트럭들을 사용하면 운송비용은 높아지지만, 소매점에서 재고 품절로 인한 판매 기회의 상실이 줄게 되어 추가 운송비용보다 더 많은 이익을 가져다준다는 것을 알 수 있었다. 에이전트 기반 모델링을 통해 P&G는 연간 3억 달러를 절감할 수 있었으며, 이에 소요된 투자비용은 연간 절감액의 1%에 불과했다.

11-3 전사적 지식경영을 위해 사용되는 시스템 종류에는 무엇이 있고 어떻게 기업에 가치를 제공하는가?

기업들은 적어도 세 가지 종류의 지식을 관리해야 한다. 첫째, 일부 지식은 보고서나 발표자료처럼 구조화된 문서 형태로 회사 내에 존재한다. 다음으로 의사결정자들은 이메일, 음성메일, 비디오, 디지털 사진, 브로슈어, 게시판 게시글 등 반구조적인 지식이 필요하다. 마지막으로 기업에는 여전히 종업원들의 머릿속에 있는 지식과 같은 정형화나 디지털화되지 않은 지식들이 존재한다. 이러한 지식들의 대부분은 문서화하기 어려운 암묵지이다. 전사적 지식관리시스템은 이러한 세 가지 종류의 지식을 다룬다.

전사적 콘텐츠관리시스템

오늘날 기업들은 구조적·반구조적 지식자산 모두를 조직·관리할 필요가 있다. **구조적 지식**(struc-tured knowledge)은 전문가와 그들의 의사결정 행위를 관찰하여 얻은 규칙이나 정형화된 문서에 존재하는 형식지이다. 그러나 전문가에 따르면 조직의 콘텐츠 중 적어도 80%가 반구조적 또는 비구조적 정보이다—폴더, 메시지, 메모, 제안서, 이메일, 그래픽, 파워포인트 문서, 비디오 등 다양한 형태로 생성되어 여러 곳에 저장되어 있는 정보.

　전사적 콘텐츠관리시스템(enterprise content management [ECM] systems)은 조직들이 두 가지 종류의 정보를 관리할 수 있도록 지원한다. 이 시스템은 지식의 획득, 저장, 검색, 배포, 보존 등의 기능을 제공한다. 이 시스템은 기업의 문서, 보고서, 발표자료, 베스트프랙티스 등의 저장소일 뿐 아니라 이메일과 같은 반구조적 지식을 수집하고 체계화할 수 있도록 지원한다(그림 11.8 참조). 또한 주요 전사적 콘텐츠관리시스템은 사용자들이 뉴스나 연구 보고서와 같은 기업 외부정보에 접근할 수 있도록 하며 이메일, 채팅, 인스턴트 메시징, 그룹 토론, 화상회의 등을 통해 의사소통할 수

그림 11.8 전사적 콘텐츠관리시스템

전사적 콘텐츠관리시스템은 구조적·반구조적 지식을 분류, 조직, 관리하고 그것을 전사적으로 활용할 수 있도록 하는 기능들이 있다.

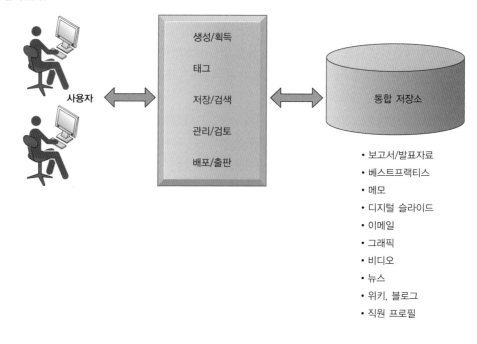

있도록 지원한다. 그들은 블로그, 위키 및 기타 엔터프라이즈 소셜 네트워킹 도구를 통합하기 시작했다. 오픈 텍스트코퍼레이션(Open Text Corporation), IBM, 오라클 등이 주요 전사적 콘텐츠관리 소프트웨어 제공업체들이다.

지식관리의 핵심적인 문제는 정보를 의미 있는 범주로 조직화하여 찾기 쉽도록 하기 위해 분류 스키마 또는 **분류체계**(taxonomy)를 만드는 것이다. 일단 지식 분류를 위한 범주가 만들어지면, 각 지식 개체들은 쉽게 검색될 수 있도록 분류 또는 태깅되어야 한다. 전사적 콘텐츠관리시스템은 태깅, 기업의 데이터베이스 및 콘텐츠 저장소와의 인터페이스, 그리고 정보 자원의 접속을 위한 단일 창구를 제공하는 전사적 지식 포털을 생성하는 기능을 제공한다.

출판, 광고, 방송, 그리고 엔터테인먼트 기업들은 사진, 그래프 이미지, 비디오, 음성 콘텐츠 등 비정형 디지털 데이터를 저장, 관리할 필요성이 있다. 예를 들어 코카콜라는 회사의 표준 BI(brand image) 사용과 BI 제작에 불필요한 노력이 들어가는 것을 막기 위해 전 세계 지점에서 만든 모든 코카콜라 BI를 관리해야 한다. **디지털 자산관리시스템**(digital asset management system)은 기업들이 이러한 디지털 객체들을 분류, 저장, 배포하는 것을 지원한다.

전문지식의 위치 파악 및 공유

기업이 필요로 하는 일부 지식은 디지털 문서 형태가 아니라 기업 내 전문가들의 머릿속에 있다. 최근 전사적 콘텐츠관리시스템은 제2장에서 설명한 협업 및 소셜 비즈니스를 위한 시스템과 함께 전문가들의 위치를 파악하고 그들의 지식을 획득하는 기능을 가지고 있다. 이 시스템은 기업 전문가 및 그들의 직무 경험, 프로젝트, 보고서, 학위 등의 프로필에 대한 온라인 디렉터리, 그리고 전문가 생성 콘텐츠의 저장소 등을 포함한다. 전문 검색 도구들은 직원들이 기업 내 적합한 전문가들을 쉽게 찾을 수 있게 한다. 기업 외부에 있는 지식 자원의 경우 소셜 네트워킹과 소셜 비즈니스 도구는 사용자들이 관심 있는 웹페이지를 북마크하고, 이러한 북마크를 키워드로 태그하며 이 태그들과 웹페이지 링크를 다른 사람들과 공유할 수 있게 한다.

학습관리시스템

기업들은 직원들의 교육을 관리하고 그것을 지식경영 및 다른 시스템들에 통합하는 방안이 필요하다. **학습관리시스템**(learning management system, LMS)은 다양한 유형의 교육 훈련을 관리, 실행, 평가하기 위한 도구들을 제공한다.

최근 LMS는 CD-ROM, 다운로드 가능한 비디오, 웹 기반 강의실, 강의실 또는 온라인상의 실시간 강의, 그리고 온라인 포럼과 채팅 세션의 집단 학습 등을 포함한 다양한 형태의 학습을 지원한다. LMS는 이러한 혼합매체 훈련을 통합하고 교육과정의 관리와 선택을 자동화하며 학습 콘텐츠를 전달하고 학습 효과를 측정한다. 경영에 관한 토론방은 서전트 앤 런디(Sargent & Lundy)가 직원 전문성과 직원 학습의 공유를 증가시키기 위해 학습관리 및 엔터프라이즈 협업시스템을 어떻게 사용했는지를 보여준다.

기업들은 직원 교육을 위하여 자신의 학습관리시스템을 운영하지만 공개적으로 이용 가능한 **온라인 대중 공개강좌**(massive open online Course, MOOC)를 이용하기도 한다. MOOC는 많은 참가자들이 웹을 통해 이용할 수 있는 온라인 강좌이다. 기업들은 MOOC를 학습자가 서로 협력하고 짧은 비디오를 시청하며 주제별 토론 그룹에 참여할 수 있는 온라인 학습을 설계하고 전달하는 새로운 방법으로 보고 있다. 마이크로소프트, AT&T, 테나리스 같은 기업들은 자체 MOOC를

토론방   경영

직원 지식관리를 배우는 서전트 앤 런디

서전트 앤 런디(Sargent & Lundy)는 복합 발전 및 송전 프로 젝트를 위한 종합 엔지니어링, 프로젝트 관리 및 컨설팅 서비스를 제공하는 125년 된 회사이다. 125년의 역사 동안 이 회사는 전 세계에 958개의 발전소를 설계했다. 본사는 시카고에 있으며 캐나다와 아랍에미리트에 글로벌 지사가 있다. 서전트 앤 런디는 업계지식, 엔지니어링 전문지식 및 고품질 작업으로 유명하다. 2,500명의 직원 중 약 87%가 엔지니어와 디자이너이다.

이 회사는 직원 전문가들의 지식의 깊이와 회사에 대한 충성도에 자부심을 가지고 있다. 직원은 평균적으로 15년, 종종 훨씬 더 오래 회사에 근무한다. 서전트 앤 런디는 다양한 유형의 작업에서 직원을 교차 활용하려고 한다. 왜냐하면 그들이 그 직무에 가장 적합한 사람들이라고 믿기 때문이다. 서전트 앤 런디의 학습 및 개발 담당 수석 관리자인 디에나 마이어스는 직원들이 경력 전반에 걸쳐 우수성을 달성하는데 필요한 기술, 도구 및 자원을 갖도록 하기 위해 노력한다.

서전트 앤 런디의 경영진은 2010년 12월에 엔지니어, 디자이너 및 전력 전문가를 포함한 회사의 가장 숙련된 직원의 약 절반이 2015년까지 은퇴할 수 있음을 알게 되었다. 그들은 회사를 떠날 때 중요한 비즈니스 지식을 가지고 있을 것이다. 엔지니어는 회사의 문서화된 프로세스 및 절차에 대한 지식 데이터베이스에 접근할 수 있었지만 전문가의 암묵적 지식은 포착하기가 더 어려웠다.

이 회사는 퇴직자를 대체하기 위해 대규모의 신입 사원을 매우 빠르게 채용했다. 그러나 전 세계에 걸친 야심찬 확장 계획으로, 이 회사는 암묵적 지식을 포함한 노련한 직원의 전문지식을 그들이 어디에 있든 신입 사원에게 전수하는 더 좋은 방법을 찾아야 했다. 전문가 암묵적 지식뿐만 아니라 업계 경험과 기술을 더 쉽게 공유할 수 있도록 기업 교육 및 학습시설을 중앙집중식으로 정비해야 했다.

과거에 서전트 앤 런디의 강사 주도형 과정은 일정이 관리되지 않았는데, 이는 종종 기존 교육과 겹쳤다. 강사 주도형 과정이 끝나는 순간, 회사는 해당 과정이 필요한 또 다른 2~3명을 채용했을 수 있다. 이는 실제로 교육이 필요한 직원 중 일부가 교육을 받지 못했음을 의미했다. 신입 사원을

위한 사내 컴퓨터 기반 교육은 없었다.

이 회사는 학습 모델을 전환하기로 결정하고 SAP SuccessFactors 학습관리시스템을 기반으로 새로운 인재관리 플랫폼을 구현했다. SAP SuccessFactors는 클라우드 기반 HCM(Human Capital Management) 소프트웨어 제품군이다. 이것은 신입 사원, 소셜 비즈니스 및 협업 도구, LMS(학습관리시스템), 성과관리, 채용 소프트웨어, 지원자 추적 소프트웨어, 승계 계획, 인재관리 및 HR 분석을 지향하고 교육하기 위한 소프트웨어를 통합하여 회사에서 직원을 보다 전략적으로 관리하고 성과를 극대화할 수 있도록 한다. SAP SuccessFactors는 개별 직원 개발을 보고하고 추적하기 위한 자세한 기능을 제공한다.

서전트 앤 런디의 기술 교육팀은 회사 전문가와 협력하여 SuccessFactors를 사용하여 다양한 기술과 관련된 교육 프로그램 및 학습 계획을 개발했다. 특정 분야 및 기술을 사용하는 사람들을 위한 맞춤형 학습 계획과 함께 비디오 및 온라인 과정이 회사의 교육 프로그램에 추가되었다. 예를 들어 변속기 프로젝트를 수행하는 전기 기술자는 원자력 발전소에서 작업하는 전기 기술자와는 다른 과정 및 목표를 가진 학습 계획을 따른다.

서전트 앤 런디의 신입 사원은 일상적인 성과에 대해 더 많은 토론과 피드백을 원했기 때문에 이 회사는 SAP의 클라우드 기반 소셜 협업 프로그램인 SAP Jam도 구현했다. SAP Jam을 사용하면 직원들이 실시간으로 지식을 공유하기가 훨씬 쉽다.

대면회의는 여전히 직원들이 업계 동향, 모범 사례 및 혁신적인 솔루션에 대한 지식을 공유할 수 있는 기본 방법이다. 그러나 서전트 앤 런디의 직원은 직접 만나기에는 지리적으로 흩어져 있었다. 회사의 지식 공유 모델은 온라인에서 더 많은 지식을 공유하고 직원들의 대화를 제공하기 위해 변경되어야 했다.

서전트 앤 런디의 새로운 소셜 플랫폼에는 지진 해석에서 특정 밸브 유형까지 모든 것을 다루는 온라인 토론 포럼이 있다. 질문이 있는 신입 사원은 몇 번의 마우스 클릭만으로 SAP Jam을 통해 전문가와 연결할 수 있다. 사내 전문가

는 질문에 답변하고 경험을 공유한다. SAP Jam을 구현하기 전에는 소수의 지역 직원만이 실행 공동체(CoP) 토론에 참여했다. 서전트 앤 런디의 CoP 프로그램을 통해 직원 전문가는 특정 주제에 대해 초보 직원과 협력할 수 있다(431쪽 참조).

SAP Jam의 주요 초점은 토론 그룹이다. 사용자가 로그인하면 자신이 가입한 토론 그룹의 이벤트를 보여주는 홈 피드(home feed)가 표시된다. 특정 피드로 드릴다운하거나 관심있는 주제에 대한 모든 CoP 그룹을 찾아볼 수 있다. 질문, 토론 주제 또는 기사를 게시할 수 있는 사람에는 제한이 없다. 변속기 그룹의 디자이너는 다른 그룹의 디자이너가 마지막 CoP 회의에서 언급한 내용, 참조 및 시각자료, 그리고 도움이 될 만한 전문가 또는 솔루션을 검토하여 유사한 문제를 해결한 방법을 살펴볼 수 있다.

SAP Jam은 2015년 말에 시작되었으며 그 다음해에 참여도가 125% 증가했다. 현재 열 유압과 같은 특정 기술 주제 그룹과 리더십이 있는 여성을 위한 비기술 그룹 등 많은 CoP 그룹은 SAP Jam을 사용하고 있다. 모든 레벨의 직원은 Jam을 사용하여 관심 있는 주제에 대해 토론하고, 질문에 대한 답변을 찾고, 사실을 확인할 수 있다. 직원 학습을 향상시키는 것 외에도 이 도구는 직원 참여도를 높였다. SAP Jam 대화에서 기술 직원의 즉각적인 주의가 필요한 프로세스 개선 및 문제 영역이 확인되었다.

출처 : www.sargentlundy.com, accessed May 28, 2018; Lauren Bonneau, "Creating a Culture of Collaboration at Sargent & Lundy," *SAP Insider Profiles*, March 24, 2017; and SAP SE, "Sargent & Lundy: Powering the Next Generation on Blended Learning with SAP SuccessFactors Solutions," 2016.

사례연구 문제

1. 지식관리는 서전트 앤 런디의 비즈니스 모델과 어떤 관련이 있는가?
2. 서전트 앤 런디가 직면한 지식관리 문제를 파악하라. 어떤 경영, 조직 및 기술 요소가 문제의 원인이 되었는가?
3. 이 문제점에 대해 선택된 해결책을 설명하라. 그것은 효과적인가? 그 이유는 무엇인가? 회사의 운영 및 의사결정에 얼마나 많은 변화가 있었는가?
4. 해결책 선택 및 구현 시 어떤 경영, 조직 및 기술 이슈를 해결해야 하는가?

개발했고 뱅크오브아메리카, 퀄컴 등 다른 기업들은 핵심역량에 맞춰 공개적으로 이용할 수 있는 MOOC를 채택하고 있다.

11-4 주요 지식작업시스템 종류에는 무엇이 있고 어떻게 기업에 가치를 제공하는가?

앞에서 설명한 전사적 지식시스템은 조직 내 많은 사람들이 이용할 수 있는 다양한 기능들을 제공한다. 기업은 지식근로자들이 새로운 지식을 생성하고 이 지식이 기업에 제대로 통합되도록 지원하는 지식근로자들을 위한 전문화된 시스템도 보유하고 있다.

지식근로자와 지식작업

제1장에서 소개한 지식근로자는 조직에 필요한 지식과 정보를 생성하는 연구자, 설계자, 건축가, 과학자, 기술자 등을 포함한다. 일반적으로 지식근로자들은 교육 수준이 높으며 업무를 처리함에

있어 독립적인 판단능력이 중요하다. 예를 들어 지식근로자들은 새로운 제품을 개발하거나 기존 제품을 개선하는 방법을 찾는다. 지식근로자들은 조직에 중요한 다음의 세 가지 핵심역할을 수행한다.

- 조직이 기술, 과학, 예술 등 다양한 분야에서 최신 지식을 유지하도록 한다.
- 그들의 지식 영역에서 내부 컨설턴트로서의 역할을 담당한다.
- 변화 관리자로서 활동하며 변화 프로젝트를 평가, 주도, 촉진한다.

지식작업시스템의 요건

대부분의 지식근로자들은 업무 생산성 향상을 지원하는 워드프로세스, 음성메일, 이메일, 화상회의, 그리고 일정시스템과 같은 오피스시스템을 필요로 한다. 그러나 지식근로자들은 강력한 그래픽, 분석 도구, 의사소통과 문서관리 기능을 갖춘 고도로 전문화된 지식작업시스템도 필요하다.

이러한 시스템들은 과학자, 제품 설계자, 재무 분석가와 같은 지식근로자들에게 필요한 정교한 그래픽이나 복잡한 연산을 처리하기 위한 상당한 수준의 컴퓨팅 능력이 있어야 한다. 지식근로자들은 외부에 있는 지식에 관심이 많기 때문에, 이러한 시스템들은 외부 데이터에 쉽고 빠르게 접근할 수 있어야 한다. 주로 이러한 시스템들은 사용자들이 사용법 학습에 많은 시간을 들이지 않고도 필요한 작업을 수행할 수 있도록 사용자 친화적인 인터페이스를 갖는다. 지식근로자들은 고급 인력이기 때문에 그들의 시간을 낭비하는 것은 많은 비용을 낭비하는 것이다. 그림 11.9는 지식작업시스템의 요건을 정리한 것이다.

지식작업시스템의 예

주요 지식작업 응용 프로그램으로는 CAD 시스템, 시뮬레이션과 모델링을 위한 가상현실시스템, 그리고 재무 워크스테이션 등이 있다. **컴퓨터 지원 설계**(computer-aided design, CAD)는 컴퓨터와

| 그림 11.9 | **지식작업시스템의 요건**

지식작업시스템은 전문화된 하드웨어와 소프트웨어 이외에 외부 지식 베이스와의 밀접한 연계가 필요하다.

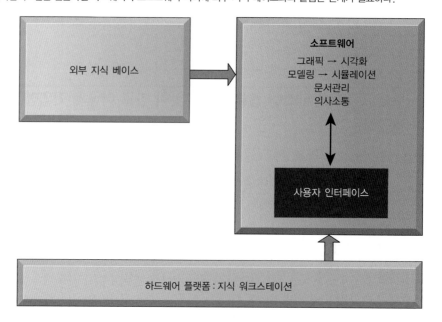

정교한 그래픽 소프트웨어를 이용하여 설계 제작 및 수정과정을 자동화한다. 전통적인 물리적 설계 방법을 이용하면 설계가 변경될 때마다 성형을 만들고 시제품을 제작해야 한다. 그 과정은 여러 차례 반복되어야 하며 많은 비용과 시간이 소요된다. CAD 워크스테이션을 사용하면 설계자는 설계를 컴퓨터상에서 쉽게 시험하고 변경할 수 있기 때문에 설계 프로세스의 마지막 단계에 실물 모형(physical prototype)만 만들면 된다. 가공 및 제조과정에 필요한 설계 명세서를 제공하는 CAD 소프트웨어는 제조과정에서 발생하는 문제를 줄이면서 많은 시간과 비용을 절감하도록 지원한다.

예를 들면 포드 자동차는 엔진 실린더를 만들기 위해 컴퓨터 시뮬레이션을 이용하여 가장 효율적인 디자인을 내놓았다. 엔지니어들은 제조상의 제약조건들을 고려하여 그 디자인을 변경하였으며, 재료 특성과 엔진 성능에 대한 10여 년간 데이터를 이용해 수정된 디자인을 가상으로 테스트하였다. 그런 다음 포드는 추가 테스트를 위해 엔진 위에 볼트로 고정될 실제 부품을 제작하기 위한 금형을 만들었다. 기존에 몇 달 걸리던 이 전체 프로세스는 며칠 내에 끝났으며 비용도 기존 수백만 달러에서 수천 달러로 줄었다.

CAD 시스템은 **3D 프린팅**(3D printing)에 필요한 데이터를 제공할 수 있는데, 3D 프린팅은 디지털 파일의 명세서를 이용해 여러 층을 겹겹이 인쇄하면서 적층하는 방식으로 물체를 만들기 때문에 적층가공(additive manufacturing)이라고도 부른다. 3D 프린팅은 금형에서 물건을 잘라내거나 구멍을 뚫어 자재를 낭비하는 기존의 기법과 달리 작업자가 컴퓨터로 물건을 모델링하여 플라스틱, 금속 또는 복합 재료로 인쇄할 수 있게 한다. 3D 프린팅은 현재 소규모 생산 작업으로 시제품 제작, 주문 제작 및 패션 아이템 제작에 사용되고 있다. 오늘날의 3D 프린터는 플라스틱, 티타늄, 인간 연골 등을 포함한 재료를 다룰 수 있고 배터리, 트랜지스터, 보철 장치, LED, 기타 복잡한 메커니즘을 포함한 완전한 기능을 갖춘 부품을 생산할 수 있으며, 현재 스테이플(Staples)이 제공하는 것과 같이 클라우드에서 운영되는 3D 프린팅 서비스가 있다.

가상현실시스템(virtual reality [VR] systems)은 전통적인 CAD 시스템의 기능을 훨씬 넘어선 시각화, 렌더링(rendering), 시뮬레이션 기능 등을 가지고 있다. 가상현실시스템은 상호작용 그래픽을 이용해 컴퓨터 생성 시뮬레이션을 만드는데, 사용자들은 그것이 현실과 너무 비슷해서 거의 현실세계에 참여하고 있다고 믿게 된다. 많은 가상현실시스템에서 사용자는 특수 옷, 헤드기어, 장비 등을 착용한다. 옷에는 사용자의 움직임을 기록하고 그 정보를 즉시 컴퓨터로 보내는 센서들이 부착되어 있다. 예를 들어 가상현실 시뮬레이션에서 집 안을 걷는다면 손, 발, 머리의 움직임을 파악하는 복장이 필요할 것이다. 또한 비디오 스크린이 있는 고글이 필요하고, 오디오 부착물과 물체를 만지는 느낌을 주는 장갑도 필요할 것이다.

미국 뉴욕대학교 랑곤 메디컬 센터(Langone Medical Center)에서는 3D 안경을 낀 학생들이 스크린에 투사된 가상 시신을 이용해 해부 실습을 할 수 있다. 컴퓨터의 도움으로 학생들은 가상 신체를 살펴보면서 근육층을 면밀히 살펴보거나 동맥과 정맥을 따라 심장박동을 가까이에서 볼 수 있다. 3D 가상 시신은 귀중한 보조 교육도구이다. '토론방 : 가상현실의 현실'에서는 VR 기술의 적용으로 제기된 몇 가지 문제를 설명한다.

증강현실(augmented reality, AR)은 디지털 데이터와 영상을 물리적 실생활 환경에 중첩시켜 시각화를 강화하기 위한 관련 기술이다. 이 디지털 기술은 현실 인지 정도를 향상시키고 주변 환경들을 보다 상호작용적이며 의미 있게 만들기 위해 부가적인 정보를 제공한다. CT와 MRI 영상으로부터 얻은 데이터를 이용해 수술실에 있는 환자의 몸에 영상을 투영하고 영상을 따라 수술하는 영상유도수술이나 TV 화면에 보이는 미식축구의 노란색 퍼스트다운(first-down) 표시가 증강현실의 예이다. 군사훈련, 엔지니어링 디자인, 로봇공학, 소비자 디자인 등에 증강현실이 활용된다. 예를 들어

토론방 기술

가상현실의 현실

과거에는 가상현실(virtual reality, VR)을 경험할 수 있는 가장 좋은 기회는 할리우드 영화를 보는 것이었다. 오늘날 이 기술은 더욱 정교해지고 몰입감이 높아졌으며 더 많은 비즈니스 용도를 찾고 있다.

엔터테인먼트 외에 가장 인기 있는 가상현실 응용 프로그램은 현재 소매 및 제조 분야에 있으며, 몰입형 경험을 통해 고객은 제품을 시각화하거나 공장 직원에게 복잡한 장비를 사용하는 방법을 교육할 수 있다. 아우디는 'dealership in a briefcase' 프로그램에서 가상현실 기술을 사용했다. 잠재 구매자는 오큘러스 리프트(Oculus Rift) 가상현실 헤드셋을 착용함으로써 마치 뒷좌석에 앉아 있거나 트렁크를 여는 것처럼 느낄 수 있다. VR 헤드셋은 실제 아우디를 보고 있을 때 정확히 3D로 표시된다. 뱅앤올룹슨(Bang & Olufsen) 헤드폰은 문소리와 차량의 스테레오 시스템에서 나오는 음악 소리를 시뮬레이션한다. 이 VR 경험은 전체 아우디 모델 범위 및 사용자 정의 옵션에 사용할 수 있다.

폭스바겐 그룹은 차량 설계 및 개발 속도를 높이고 개발주기 초기에 잠재적으로 비용이 많이 드는 설계 문제를 파악하기 위해 가상현실을 실험하고 있다. 폭스바겐은 비용이 많이 드는 실제 프로토 타입의 제작을 그만두고, 가상현실 HTC Vive 헤드셋을 사용하여 디지털로 구현된 차량의 내부 및 외부 구성요소에 대한 몰입형 360도 뷰로 대체할 수 있었다. 설계 프로세스 중에 버튼, 조명 또는 콘솔과 같은 내부 및 외부 부품을 포함하여 자동차의 가상 구성요소를 몇 줄의 소프트웨어 코드로 쉽게 교체할 수 있다.

가상현실의 주요 단점은 사람들이 헤드셋에 싸여 있는 가상세계에 잠겨 있기 때문에 사람들을 다른 사람과 실제 환경으로부터 격리시키는 방법이다. 페이스북은 가상현실을 사용하여 새로운 유형의 공유 소셜 경험을 만들어 이를 변화시키려고 한다. 페이스북은 실제 사람처럼 보이는 아바타가 친구 및 가족을 대표하는 다른 아바타와 '시간을 보내는' 가상의 소셜 공간으로 가상세계를 상상한다. CEO인 마크 저커버그는 가상현실이 회사가 성장할 수 있는 새롭고 강력한 방법을 제공하며 10억 명의 사람들이 이 매체를 사용할 것으로 기대한다.

2014년 3월 페이스북은 가상현실 작업을 시작하기 위해 오큘러스 VR을 20억 달러에 구매했다. 오큘러스는 리프트 고급 VR 헤드셋과 리프트보다 사용하기 쉬운 단 199달러의 독립형 헤드셋인 오큘러스 고(Oculus Go)를 생산한다. 오큘러스 리프트용 페이스북의 가상현실 앱인 스페이스(Spaces) 베타 버전은 2018년 4월에 출시되었다. 스페이스는 가상 행아웃을 의미하며, 각자가 직접 만든 디지털 아바타로 표시되는 최대 4명의 친구와 대화할 수 있다. 스페이스 안에서 페이스북 메신저를 통해 친구들과 화상 채팅을 하거나 페이스북 라이브 방송을 하거나 VR에서 '셀카'를 찍어 페이스북 친구와 공유할 수 있다.

사람들은 오큘러스 룸(Oculus Rooms)에서 오큘러스 고를 이용해 가상세계에서 채팅을 하거나 영화를 보거나 카드 놀이를 하며 시간을 보낼 수 있다. 오큘러스 고에는 오큘러스 TV라는 가상현실 TV 시청 앱이 있다. 이 앱에서는 사용자가 대규모 화면으로 3D 환경에 '앉아' 친구와 비디오를 볼 수 있다. 넷플릭스, 훌루 쇼타임, 레드불, 플루토 TV, 페이스북 비디오 및 ESPN의 콘텐츠를 이용할 수 있다. 오큘러스 베뉴(Venues)를 통해 가상현실에서 친구나 다른 사람들과 스포츠를 보거나 콘서트를 볼 수 있다.

페이스북은 사용자가 보다 생생한 특징과 제스처로 아바타를 개인화할 수 있도록 하는 기술을 사용하여 자신이 대표하는 사람들과 더욱 닮은 사실적인 아바타를 만들려고 노력한다. 페이스북의 아바타는 여전히 만화처럼 보인다. 페이스북이 원하는 가상현실 경험을 만들려며 향후 10년 동안 약 30억 달러의 투자가 필요하다. 페이스북이 광범위하게 사용하기 위해 가상현실을 혁신할 수 있는지 여부를 말하기에는 아직 이르다.

모든 조직이 VR의 혜택을 받는 것은 아니다. 데이터 통신 및 통신 장비 공급업체인 모토로라 솔루션(Motorola Solutions)의 CIO인 그레그 마이어스는 회사의 성장을 이끌 수 있는 분명한 가상현실 응용 분야를 찾지 못했다. 가상현실은 보다 효과적인 회의를 준비하는 데 유용할 수 있지만, 마이어스는 AI 기술을 사용하여 보다 빠르고 정확한 의사결정을 내리는 데 도움이 될 것으로 생각한다.

과대 광고와 VR이 실제로 비즈니스를 위해 할 수 있는 일의 현실에는 차이가 있다. 경영진은 회사가 실질적인 투자수익률을 얻도록 해야 한다. 포레스터 리서치(Forrester Research)의 분석가 J. P. 가운더에 따르면 가상현실을 모든 사람이 사용할 다음 플랫폼으로 간주해서는 안 된다. 기업은 VR이 매우 특정한 비즈니스 문제를 해결할 수 있다는 것을 입증할 수 있어야 하고, VR 기술이 어떻게 운영을 개선하고, 구성 가능한 상품에 대한 고객의 참여를 유도하거나, 새로운 소비자 경험을 제공할 수 있는지 정확히 파악해야 한다.

몰입형 기술의 많은 전사적 애플리케이션은 여전히 시험 및 문제 해결 단계에 있다. 오늘날의 가상현실 기술은 VR 애플리케이션을 조직의 데이터베이스 및 주요 회사시스템에 연결해야 하는 등 전사적 채택에 필요한 강력한 보안 및 관리 기능도 부족하다.

리서치 애널리스트 이안 휴즈에 따르면, 대부분의 작업장 애플리케이션의 경우 가상 환경에 참여하기 위해 다른 사람과 현실세계에서 사람들을 차단하는 것은 사람들의 행동 방식에 적합하지 않다. 휴즈는 대부분의 작업에 대해 완전히 시뮬레이션 된 작업 환경이 아니라 실제세계와 가상세계를 혼합할 것을 권장한다. 기술이 현실을 대체하는 대신 현실세계를 확장하는 것이 좋다.

출처 : Kurt Wagner, "Oculus Go, the Virtual Reality Headset Facebook Hopes Will Bring VR to the Mainstream, Is Finally Here," *Recode*, May 1, 2018; Sara Castellanos, "Volkswagen Brings Sense of Touch to Virtual Reality," *Wall Street Journal*, April 25, 2018; Chuong Nguyen, "Facebook Wants to Make Your Virtual Self Appear as Real as Possible in VR," *Digital Trends*, May 3, 2018; "Virtual and Augmented Reality — Reshaping Business Futures," ETCIO.com, March 12, 2018; Matt Kapko, "Making Waves with Immersive Technologies," *CIO*, May-June 2017; and Lisa Eadiccio, "Inside Facebook's Plan to Take Virtual Reality Mainstream," *Time*, August 2, 2017.

사례연구 문제

1. 회사에서 가상현실 애플리케이션을 구현하려는 경우 어떤 경영, 조직 및 기술 요소를 고려해야 하는가?

2. 모든 기업이 가상현실을 사용해야 하는가? 그 이유는 무엇인가? 어떤 종류의 조직이 이 기술을 가장 많이 활용할 수 있는가?

3. 페이스북의 가상현실 전략이 성공할 것이라고 생각하는가? 그 이유는 무엇인가?

미국 해군항공모함을 설계 · 제조하는 뉴포트 뉴스 조선소(Newport News Shipbuilding)는 AR을 이용해 제조 마무리 공정에서 선박을 검사한다. 최종 설계가 배 위에 겹쳐져 있는 것을 보고 엔지니어들은 검사 시간을 36시간에서 90분으로 96% 단축했다(Porter and Heppelmann, 2017).

11-5 MIS는 내 경력에 어떤 도움이 되는가?

다음은 제11장과 이 책이 AI 회사의 영업 보조원으로서의 초급 일자리를 찾는 데 어떻게 도움이 되는지 설명한다.

회사

캘리포니아 산호세에 위치한 인공지능 회사인 래즐대즐 테크놀로지(RazzleDazzle Technology)는 신입 영업 보조원을 찾고 있다. 래즐대즐은 컴퓨터 비전기술을 전문으로 하며, 다양한 데이터 세트에서 매일 생산되는 시각적 콘텐츠의 가치를 활용하여 광고 및 프로 스포츠를 포함한 다양한 산업의 문제를 해결하고자 한다.

직무 기술

영업 보조원은 영업 및 마케팅 목표를 지원하기 위해 이벤트 계획 및 준비 이벤트, 데이터베이스 관리, 관리 작업 및 계정 조사와 관련하여 영업팀과 긴밀히 협력한다. 직무에는 다음이 포함된다.

- 리드(lead) 생성 수집, 데이터 입력 및 유지관리에 Salesforce.com 사용
- 엑셀을 사용하여 영업팀 자원 업데이트
- 회의 예약 및 회의 메모
- 영업 계정, 새로운 이벤트 아이디어 및 위치에 대한 연구 지원
- 고객 회의 준비를 통한 판매 지원
- 홍보자료 수집

직무 요구사항

- 최근 대학 졸업
- 마케팅, MIS, 재무 또는 인문학 학사학위
- 비즈니스 및 산업 학습에 대한 깊은 관심
- 마이크로소프트 오피스에 대한 지식
- 세심함, 효과적인 의사소통 기술, 열정적인 태도, 빠르게 변화하는 환경에서 잘 이겨내는 힘

인터뷰 질문

1. 회사와 컴퓨터 비전시스템에 대해 무엇을 알고 있는가? AI 기술로 작업한 적이 있는가?
2. Salesforce.com을 사용한 적이 있는가? 그 소프트웨어를 어떻게 사용했는가?
3. 마이크로소프트 오피스 도구의 숙련도는 어느 정도인가? 엑셀 스프레드시트로 어떤 작업을 수행했는가?
4. 의사소통 기술과 세부적인 감각을 보여주기 위해 작문 샘플을 보여줄 수 있는가?

저자 조언

1. 이 장의 AI에 대한 절을 검토하고 웹을 사용하여 컴퓨터 비전시스템에 대한 자세한 내용을 확인하라.
2. 웹 및 링크드인을 사용하여 회사, 회사의 제품 및 서비스, 경쟁업체, 운영 방식에 대해 자세히 알아보라. 영업팀을 지원하는 데 필요한 사항과 구체적으로 기여할 수 있는 방법에 대해 생각해보라.
3. 리드 생성, 데이터 입력 및 유지관리를 처리하는 방법에 주의하여 Salesforce.com에서 무엇을 할 수 있는지 알아보라.
4. 이 작업에서 엑셀을 어떻게 사용하는지 정확하게 문의하라. 수행한 엑셀 작업 중 일부를 설명하고 인터뷰에 샘플을 가져오라.

11-1 기업에서 지식경영시스템의 역할은 무엇인가?

지식경영은 조직에서 지식을 창출, 저장, 전달, 적용하는 일련의 프로세스이다. 기업 가치의 상당 부분은 지식을 창출하고 관리하는 능력에 좌우된다. 지식경영은 조직 환경으로부터의 학습능력과 비즈니스 프로세스에 지식을 통합시키는 능력을 향상시킴으로써 조직적 학습을 촉진한다. 지식관리시스템에는 전사적 지식관리시스템, 지식작업시스템, 지능형 기법 등 세 가지 중요한 형태가 있다.

11-2 인공지능(AI)과 머신러닝이란 무엇이며, 기업들은 어떻게 AI를 활용하는가?

인공지능(AI)은 인간처럼 생각하고 행동하는 컴퓨터 시스템을 구축하려는 시도를 포함한다. 인공지능은 인간의 지능에 비해 유연성과 사고의 폭 그리고 일반화 능력이 부족하지만, 조직의 지식을 획득하고 코드화하며 확장하기 위해 사용될 수 있다.

전문가시스템은 한정된 분야의 전문가로부터 암묵지를 획득하고 그 지식을 규칙 형태로 표현한다. 머신러닝 소프트웨어는 이전 데이터와 예제를 통해 배울 수 있다. 머신러닝 소프트웨어는 비록 상당한 인적 훈련이 있더라도 명시적 프로그래밍 없이 매우 큰 데이터베이스에서 패턴을 식별할 수 있다.

신경망은 인간 두뇌의 사고과정을 모사하기 위한 하드웨어와 소프트웨어로 구성되어 있다. 신경망은 약간의 훈련으로 스스로 학습하고 인간이 쉽게 식별할 수 없는 패턴을 인식하는 능력으로 유명하다. 딥러닝 신경망은 여러 레이어(층)의 신경망을 사용하여 데이터의 기본 패턴을 드러내고, 일부 경우에는 인간의 훈련 없이 패턴을 식별한다.

유전자 알고리즘은 적합도, 교차, 돌연변이 등 유전학에 기반한 처리를 이용해 주어진 문제에 대한 해결책을 도출한다. 유전자 알고리즘은 최적해를 구하기 위해 수많은 대안과 변수를 평가해야 하는 최적화와 관련된 문제를 해결하는 데 유용하다.

지능형 에이전트는 사용자, 비즈니스 프로세스, 또는 소프트웨어 응용 프로그램에 대한 특정 작업을 수행하는 기본 제공 또는 학습된 지식 베이스가 있는 소프트웨어 프로그램이다. 지능형 에이전트는 유용한 정보를 찾기 위해 대량의 데이터를 항해하거나 때로는 사용자를 대신하여 그 정보에 행위를 가하도록 프로그램될 수 있다. 챗봇은 텍스트 또는 청각적 방법을 통해 하나 이상의 인간 사용자와 대화를 시뮬레이션하기 위해 고안된 소프트웨어 에이전트다.

자연어 처리기술은 기계가 인간의 언어를 이해하고 정보를 처리하는 것을 가능하게 한다. 컴퓨터 비전시스템은 컴퓨터가 어떻게 인간의 시각시스템을 모방하여 실제 이미지에서 정보를 보고 추출할 수 있는지를 다룬다. 로봇공학은 인간의 행동을 대신할 수 있는 이동식 기계의 설계, 시공, 작동 및 사용을 다룬다.

11-3 전사적 지식경영을 위해 사용되는 시스템 종류에는 무엇이 있고 어떻게 기업에 가치를 제공하는가?

전사적 지식관리시스템은 기업 차원에서 디지털 콘텐츠와 지식을 수집, 저장, 배포, 적용할 수 있도록 지원한다. 전사적 콘텐츠 관리시스템은 구조적 문서뿐만 아니라 이메일이나 리치미디어와 같은 반구조적 지식까지 조직·저장하기 위한 데이터베이스와 도구들을 제공한다. 이러한 시스템에는 종종 그룹 협업 도구, 정보 접근을 단순화하기 위한 포털, 검색 도구, 전문가 찾기 도구 및 조직에 적합한 분류체계를 기반으로 정보를 분류하는 도구가 포함된다. 학습관리시스템은 다양한 유형의 직원 학습 및 교육에 대한 관리, 전달, 추적 및 평가를 위한 도구를 제공한다.

11-4 주요 지식작업시스템 종류에는 무엇이 있고 어떻게 기업에 가치를 제공하는가?

지식작업시스템(KWS)은 새로운 지식의 창출과 창출된 지식의 조직 내 통합을 지원한다. KWS는 간편한 외부 지식 베이스 접근, 그래픽, 분석, 문서관리, 통신기능을 갖춘 강력한 컴퓨터 하드웨어, 그리고 사용하기 쉬운 인터페이스가 필요하다. KWS에는 컴퓨터 지원 설계(CAD) 시스템, 증강현실 애플리케이션, 가상현실시스템 등이 포함되어 있어 집중적인 그래픽과 강력한 모델링 기능을 통해 실제 세상과 같이 동작하는 인터랙티브 시뮬레이션을 만들어낸다.

주요 용어

가상현실시스템	유전자 알고리즘	지식 베이스
구조적 지식	인공지능(AI)	지식작업시스템(KWS)
데이터	자연어 처리(NLP)	지혜
디지털 자산관리시스템	전문가시스템	챗봇
딥러닝	전사적 지식관리시스템	추론 엔진
로봇공학	전사적 콘텐츠관리시스템	컴퓨터 비전시스템
머신러닝	조직학습	컴퓨터 지원 설계(CAD)
분류체계	증강현실(AR)	패턴 인식 프로그램
비지도학습	지능형 기술	학습관리시스템(LMS)
신경망	지능형 에이전트	형식지
실행 공동체(COP)	지도학습	3D 프린팅
암묵지	지식	
온라인 대중 공개강좌(MOOC)	지식경영	

복습 문제

11-1 기업에서 지식경영시스템의 역할은 무엇인가?
- 지식경영을 정의하고 그것이 기업에 주는 가치를 설명하라.
- 지식의 주요 차원들을 설명하라.
- 데이터, 지식, 지혜의 차이점을 설명하라. 그리고 암묵지와 형식지의 차이점을 설명하라.
- 지식경영 가치사슬의 단계들을 설명하라.

11-2 인공지능(AI)과 머신러닝이란 무엇이며, 기업들은 어떻게 AI를 활용하는가?
- 인공지능(AI) 및 주요 AI 기법을 정의하라.
- 전문가시스템을 정의하고 작동 방식과 기업에 주는 가치를 설명하라.
- 머신러닝을 정의하고, 어떻게 작동하는지 설명하며, 해결할 수 있는 문제의 몇 가지 예를 제시하라.
- 신경망과 딥러닝 신경망을 정의하고, 작동 방식과 조직에 어떤 이점이 있는지 설명하라.
- 유전자 알고리즘 및 지능형 에이전트를 정의하고 설명

하라. 각각의 작동 방식을 설명하고, 각각 어떤 문제에 적합한지 설명하라.
- 컴퓨터 비전시스템, 자연어 처리시스템, 로봇공학을 정의 및 설명하고 조직 내 응용 프로그램의 예를 제시하라.

11-3 전사적 지식경영을 위해 사용되는 시스템 종류에는 무엇이 있고 어떻게 기업에 가치를 제공하는가?
- 전사적 지식관리시스템의 다양한 종류를 정의하고 설명하라. 그리고 기업에 어떻게 가치를 제공하는지 설명하라.
- 지식경영을 촉진하는 데 있어 다음의 역할을 설명하라: 분류체계, 온라인 대중 공개강좌, 학습관리시스템

11-4 주요 지식작업시스템 종류에는 무엇이 있고 어떻게 기업에 가치를 제공하는가?
- 지식작업시스템을 정의하고 지식작업시스템의 일반적인 요구사항들을 설명하라.
- CAD, 가상현실, 증강현실 등 지식 작업을 지원하는 시스템에 대해 설명하라.

토의 문제

11-5 지식관리는 기술이 아니라 비즈니스 프로세스이다. 토론하라.

11-6 지식관리시스템이 영업 및 마케팅 또는 제조 및 생산 관

련 기업에 도움이 될 수 있는 다양한 방법을 설명하라.

11-7 인공지능과 인간의 지능을 비교하라. 오늘날 인공지능은 얼마나 '지능적'인가?

MIS 실습 과제

이 절의 프로젝트를 통해 지식 포털 설계, 고객 유지 문제 해결을 위한 협업 도구 적용, 간단한 전문가시스템 개발을 위한 전문가시스템 또는 스프레드시트 도구 사용, 그리고 웹상의 판매제품 조사를 위한 지능형 에이전트 사용에 대한 실제 경험을 하게 된다.

경영 의사결정 문제

11-8 US Pharma는 뉴저지 주에 본사를 두고 있지만 독일, 프랑스, 영국, 스위스, 호주 등에 연구소가 있다. 신약의 연구개발은 지속적인 수익 확보의 핵심이며, 이 회사는 수천 개의 가능성 있는 약을 연구하고 실험한다. 이 회사의 연구자들은 미국식품의약국, 세계보건기구, 국제제약사협회 등 회사 내부 또는 외부 사람들과 정보를 공유할 필요성이 있다. 또한 미국 보건복지부와 같은 건강정보 사이트나 산업체 컨퍼런스, 그리고 전문 학술지에 접근하는 것은 매우 중요하다. US Pharma 연구자들을 위한 지식포털을 설계하라. 내부 시스템과 데이터베이스에 타당한 설계 명세서, 외부정보 원천, 내·외부 의사소통과 협업 도구를 포함하라. 포털의 홈페이지를 설계하라.

11-9 캐나디안 타이어(Canadian Tire)는 캐나다 전역에 걸쳐 50,000명의 종업원과 1,100개의 점포 및 주유소가 있는 캐나다에서 가장 큰 회사 중 하나로, 자동차용품뿐만 아니라 스포츠, 레저, 가정용품, 의류, 금융 서비스까지 판매한다. 이 소매 아웃렛은 점포별로 소유주가 다르며 각자 운영하고 있다. 캐나디안 타이어는 딜러들에게 신제품, 상품 구성, 베스트프랙티스, 제품 주문, 문제 해결 등의 정보를 제공하기 위해 매일 우편물과 두꺼운 제품 카탈로그를 이용하였으며, 직원에게 인사 및 관리 문서를 제공하는 더 좋은 방법을 찾고 있다. 이러한 비즈니스 수행 방식으로 인해 발생하는 문제와 지식관리시스템이 어떻게 도움이 될 수 있는지 설명하라.

의사결정 능력 개선 : 은퇴계획을 위한 간단한 전문가시스템 개발

소프트웨어 기술 : 스프레드시트 수식과 IF 기능 또는 전문가시스템 도구

경영 기술 : 퇴직급여 결정

11-10 전문가시스템은 일반적으로 많은 규칙을 사용한다. 이 프로젝트는 규칙의 수를 줄이기 위해 단순화되었지만 여러분에게 응용 프로그램 개발을 위해 일련의 규칙을 사용하는 경험을 제공할 것이다. 직원들은 퇴직할 때 현금 보너스를 받는다. 이러한 현금 보너스는 근무기간과 퇴직연령에 따라 결정된다. 보너스를 받으려면 50세 이상이고 근무경력이 5년 이상이어야 한다. 다음은 보너스 결정 기준을 요약한 표이다.

근무기간	보너스
5년 미만	보너스 없음
5~10년	현재 연봉의 20%
11~15년	현재 연봉의 30%
16~20년	현재 연봉의 40%
21~25년	현재 연봉의 50%
26년 이상	현재 연봉의 100%

제공된 정보를 이용하여 간단한 전문가시스템을 만들라. 웹에서 다운로드할 수 있는 데모용 전문가시스템 소프트웨어를 찾거나 스프레드시트 소프트웨어를 이용하여 전문가시스템을 만들라(만약 스프레드시트를 사용한다면 규칙들이 어떻게 생성되는지 볼 수 있도록 IF 기능을 활용하라).

의사결정 능력 개선 : 지능형 에이전트를 활용한 비교 쇼핑

소프트웨어 기술 : 웹브라우저와 쇼핑봇 소프트웨어

경영 기술 : 제품 평가와 선택

11-11 이 프로젝트는 여러분에게 쇼핑봇을 활용하여 온라인상에서 제품 및 제품정보 검색, 그리고 최적의 가격과 업체를 찾는 경험을 제공할 것이다. 캐논 PowerShot SX540 또는 올림푸스 Tough TG-5와 같이 구매를 희망하는 디지털카메라를 하나 선택하라. 선택한 디지털카메라를 최대한 저렴하게 구매하기 위해 가격 비교 서비스를 제공하는 몇몇 쇼핑봇 사이트를 이용하라. mysimon.com, bizrate.com, 구글 제품검색을 방문하라. 이러한 쇼핑 사이트들을 사용 편의성, 제공 상품 수, 정보 획득 속도, 상품과 판매업체 정보의 완전성, 가격 선택 측면에서 비교하라. 여러분은 어떤 사이트를 이용하겠는가? 그 이유는 무엇인가? 이러한 사이트들이 여러분에게 얼마나 도움이 되었는가?

협업 및 팀워크 프로젝트

전사적콘텐츠관리시스템 평가

11-12 3~4명이 한 팀을 이루어 오라클, 오픈텍스트 및 IBM 제품 등 두 가지 전사적 콘텐츠관리(ECM) 제품을 선택하라. 그들의 특징과 기능을 비교하라. 분석을 준비하기 위해 컴퓨터 잡지 및 ECM 소프트웨어 공급업체 웹사이트의 기사를 사용하라. 가능하면 구글 문서와 구글 드라이브 또는 구글 사이트를 이용해 여러분이 발견한 사항들을 토론하고 수업 시간에 발표할 자료를 준비하라.

자동차가 운전자 없이 스스로 운전할 수 있을까? 그래야 하나? 그리고 스스로 운전하는 차는 좋은 사업 투자인가? 모두가 답을 찾고 있다.

자율주행차량 기술은 자동차 제조업체가 이를 무시할 수 없는 수준에 도달했다. 모든 주요 자동차 제조사는 자율주행차를 개발하고 완성하기 위해 경주하고 있으며, 그 시장은 언젠가 수조 달러에 이를 것이라 믿고 있다. 포드, 제너럴 모터스, 닛산, 메르세데스, 테슬라 등의 회사들은 자율기술 연구 및 개발에 수십억 달러를 투자했다. 포드는 AI 회사 아르고 AI(Argo AI)에 10억 달러를 투자했으며, GM은 크루즈(Cruise)라는 자율주행차 신생 기업을 인수했다. 포드는 2021년까지 페달이 없는 자율주행차량을 생산한다는 목표를 세웠다. 우버나 리프트 같은 콜 서비스 회사는 인건비를 없애는 무인 자동차가 장기 수익성의 핵심이라고 생각한다. 캘리포니아, 애리조나, 미시간, 파리, 런던, 싱가포르 및 베이징의 일부 지역에서는 스스로 운전하는 자동차가 도로에 있다. 구글의 자율주행차 프로젝트에서 나온 회사인 웨이모(Waymo)는 2020년까지 자율주행차가 하루에 100만 건을 운행할 것이라고 예측했다.

인간에게 운전을 인계받는 자동차에는 무수한 센서, 카메라 및 기타 장치에서 생성된 대량의 데이터를 처리하고 분석하여 실시간 상황에 조향, 가속 및 제동을 제어하고 조정하기 위한 강력한 컴퓨터 시스템이 필요하다. 주요 기술은 다음과 같다.

센서 : 자율주행차에는 다양한 유형의 센서가 장착되어 있다. 자동차 바퀴의 센서는 자동차 속도를 측정한다. 초음파 센서는 차선, 보도 및 차량과 매우 가까운 물체의 위치를 측정하고 추적한다.

카메라 : 고속도로의 차선, 속도 표시 및 신호등과 같은 물체를 탐지하려면 카메라가 필요하다. 앞 유리 장착 카메라는 전방의 3D 이미지를 만든다. 백미러 뒤의 카메라는 차선 표시에 중점을 둔다. 적외선 카메라는 야간 운전을 위한 시야를 넓히기 위해 헤드 램프에서 방출되는 적외선 빔을 감지한다.

라이더 : 라이더는 대부분의 자율주행차 위에 있는 빛 감지 및 거리 측정 장치이다. 라이더는 매초 수백만 개의 레이저 빔을 발사하여 반송하는 데 걸리는 시간을 측정한다. 이 라이더는 자동차 주변을 360도로 보고 최대 2cm의 정확도로 주변 물체를 식별한다. 라이더는 매우 비싸지만 아직 움푹 들어간 곳, 극한의 온도, 비 또는 눈에 충분히 견고하지는 않다.

GPS : GPS(Global Positioning System)는 차량의 매크로 위치를 정확하게 나타내며 1.9m 이내의 정확도를 제공한다. GPS는 타코미터, 자이로스코프 및 고도계의 판독값과 결합하여 초기 위치를 제공한다.

레이더 : 레이더는 사각지대를 포함하여 자동차의 주변을 볼 수 있도록 물체에서 전파를 반사하며 특히 다른 차량과 같은 큰 금속 물체를 발견하는 데 도움이 된다.

컴퓨터 : 이러한 기술들로 생성된 모든 데이터는 지침에 따라 결합되고 분석되며 로봇 친화적인 세계로 전환되어야 하는데, 이는 거의 슈퍼컴퓨터와 같은 처리능력이 필요하다. 이 소프트웨어는 장애물 회피 알고리즘, 예측 모델링 및 '스마트한' 물체 식별(예 : 자전거와 오토바이의 차이를 아는 것)을 통해 차량이 교통 규칙을 따르고 장애물을 탐색할 수 있도록 도와준다.

머신러닝, 딥러닝, 컴퓨터 비전기술 : 자동차의 컴퓨터 시스템은 머신러닝과 딥러닝을 이용하여 수백만의 예를 보여줌으로써 '훈련'되어 차선을 감지하고 자전거를 식별하는 등의 일을 한다. 세계는 가능한 모든 시나리오에 대한 규칙을 작성하기에는 너무 복잡하기 때문에 자동차는 경험에서 '학습'하고 스스로 탐색하는 방법을 파악할 수 있어야 한다.

지도 : 자율주행차가 거리로 이동하기 전에 개발자는 카메라와 라이더를 사용하여 해당 지역을 매우 상세하게 지도로 만든다. 이 정보는 자동차의 센서 판독값을 확인하는 데 도움이 되며, 모든 차량은 자체 위치를 아는 것이 중요하다.

자율주행차 회사는 자신들의 진전을 과대 평가하는 경향이 있다. 우리는 그들을 믿어야 하나? 이 시점에서 그들에 대한 전망은 흐려졌다.

2018년 3월, 애리조나 주 템피에서 한 여자가 자율 모드로 운행하던 자율주행 우버 볼보 XC90에 치여 사망했다. 충돌

이후 애리조나 주는 자율주행차 테스트를 중단했으며, 우버는 캘리포니아에서 자율주행차 테스트 허가를 갱신하지 않고 있다. 이 회사는 또한 피츠버그와 토론토에서 자율주행차 테스트를 중단했으며 언제 재개할지 불분명하다. 사고가 발생하기 전에도 우버의 자율주행차는 공사 구역과 대형 트럭 리그와 같은 큰 차량 옆에서 운전하는 데 문제가 있었다.

우버 사고는 자율주행차량이 공공도로에서 테스트할 준비가 되었는지 여부와 규제 기관이 이를 어떻게 처리해야 하는지에 대한 의문을 제기했다. 자율주행차량 기술의 옹호자들은 매년 약 4만 명의 사람들이 미국 도로에서 사망하고 인적 오류로 인해 충돌의 90% 이상이 발생한다고 지적했다. 그러나 자율주행이 아무리 빠르게 증가하더라도, 로봇이 그 숫자를 획기적으로 줄이고 일상 사람들에게 자동차가 운전을 하게 하는 것이 더 낫다는 인식을 확신시키기까지는 오랜 시간이 걸릴 것이다.

테슬라의 엘론 머스크(Elon Musk)와 같은 자율주행차의 지지자들은 거의 모든 교통사고가 없어지고 노인과 장애인이 자유롭게 여행할 수 있는 자율주행 세상을 상상하지만 대부분의 미국인들은 다르게 생각한다. 퓨 리서치 센터(Pew Research Center) 조사에 따르면 대부분의 사람들은 자율주행차를 타기를 원하지 않았고 도로를 더 위험하거나 또는 더 안전하게 만드는지 확신하지 못했다. 87%는 항상 운전대 뒤에 사람이 있어 무언가 잘못되었을 경우 제어하기를 원했다.

자율주행차량이 안전하게 도로로 이동하려면 개선해야 할 부분이 여전히 많다. 자율주행차량은 아직 모든 기상 조건에서 안전하게 작동할 수 없다. 폭우나 눈이 내리면 현재 자동차 레이더와 라이더 시스템이 혼동될 수 있다. 자율주행차량은 이러한 기상 조건에서 자체적으로 작동할 수 없다. 이 차량은 나뭇가지가 너무 낮거나 다리와 도로에 희미한 차선 표시가 있을 때 문제가 있다. 일부 도로에서는 자율주행차가 봇스 도트(차선을 정의하는 작은 플라스틱 마커)를 포함하여 도로 가장자리에서 흰색 선이나 명확한 경계선의 이점 없이 주행 결정을 내려야 한다. 봇스 도트는 자율주행차량에 효과적인 차선 표시라고 생각되지 않는다.

컴퓨터 비전시스템은 물체를 확실하게 인식할 수 있다. 남아 있는 어려운 과제는 '장면 이해'이다. 이것은 예를 들어 도로 위의 가방이 비어 있는지 또는 내부에 벽돌이나 무거운 물건이 숨겨져 있는지 결정하는 능력이다. 자율주행차량 비전시스템은 이제 신호등을 안정적으로 선택할 수 있지만, 신호등이 작동하지 않는 경우 항상 올바른 결정을 내릴 수는 없다. 이를 위해서는 경험, 직관 및 여러 차량 간의 협력 방법을 알아야 한다. 자율주행차량은 도로를 따라 움직이는 사람을 인식하고 그 사람이 자전거를 타는지 여부와 그 사람이 어떻게 반응하고 행동할 것인지를 판단할 수 있어야 한다. 자율주행차가 지금 당장 하는 것은 여전히 어렵다. 자동차, 보행자 및 자전거로 가득한 혼잡한 거리와 같은 혼란한 환경은 자율주행차가 운행하기 특히 어렵다.

빠르게 흐르는 차선에 합류하기 위해 자동차를 운전하는 것은 종종 다가오는 운전자와 눈을 마주치는 복잡한 작업이다. 자율주행차는 어떻게 인간과 다른 기계와 통신하여 그들이 원하는 것을 알 수 있을까? 연구자들은 전자 간판과 차량 간 통신시스템이 이 문제를 해결할 수 있는지 조사하고 있다. '트롤리 문제'라고 하는 것도 있다. 충돌이 불가피한 상황에서 로봇 자동차는 누가 또는 무엇을 쳐야 하는지 어떻게 결정하나? 왼쪽에 있는 차나 도로 옆에 있는 나무를 쳐야 하나?

자율주행차량 기술의 초기 버전은 이미 시장에 나와 있다. 캐딜락 슈퍼 크루즈, 닛산 프로 파일럿 어시스트 및 테슬라 오토 파일럿은 차선을 따라가고 다른 차량과 안전거리를 유지할 수 있어, 사람이 주의를 기울이고 필요한 경우 통제할 준비가 된 경우 사람이 운전대에서 손을 뗄 수 있다. 이 덜 발달된 시스템은 정차한 소방차나 신호등 같은 것을 볼 수 없다. 그러나 인간은 주의력이 분산되는 경향이 있기 때문에 좋은 운전 백업이 되지 못한다. 미국에서 최소 2명의 테슬라 운전자가 시스템을 사용하여 사망했다(한 명은 2016년에 트럭을 쳤고, 다른 한 명은 2018년에 고속도로 장벽을 쳤다). 소위 '핸드오프 문제(handoff problem)'라고 하는 것이 있다. 반자율주행차는 '운전자'가 무엇을 하고 있는지, 그리고 필요할 때 그 운전자가 운전대를 잡는 방법을 결정할 수 있어야 한다.

그리고 보안을 잊지 말자. 자율주행차는 본질적으로 외부 세계에 무선으로 연결된 네트워크 컴퓨터 및 센서의 모음이며 다른 네트워크 시스템보다 안전하지 않다. 자동차를 파괴하거나 무기화하려는 침입자로부터 시스템을 안전하게 지키는 것은 미래에 자율주행차가 직면한 가장 큰 과제일 수 있다.

오늘날의 자동차가 차고, 주유소 및 고속도로 시스템에 많이 의존하는 것처럼 자율주행차는 그것을 지원하기 위한 새로운 생태계가 필요하다. 자율주행차를 위해 새로운 도로, 고속도로, 그리고 자동차 공급망이 재구축되어야 한다. 매년 수백만 대의 자동차를 생산하는 대형 자동차 제조업체는 자동차 부품 공급업체, 자동차 서비스업체 등 수백 개 회사 간의 복잡하고 정확한 상호작용에 의존한다. 그들은 자동차를 판매하는 딜러, 연료 펌프 또는 충전소, 자동차 정비소, 주차장 등이 필요하다. 자율주행차 제조업체는 한 세기에 걸쳐 구축된 상호작용 및 프로세스를 다시 생각해야 한다. 자율주행차량을 지원하려면 고속도로 인프라가 시간이 지남에 따라 변경되어야 한다. 웨이모는 아비스(Avis)와 제휴하여 애리조나에 있는 무인 미니밴을 관리했으며, 트로브(Trov)라는 스타트업과 협력하여 승객을 보호하고 있다. GM은 운전대나 페달 없는 쉐보레 볼트(Chevrolet Bolts)를 생산하기 위해 공장 중 하나를 개조하고 있다.

모든 조건의 인간뿐만 아니라 모든 상황을 처리할 수 있는 컴퓨터 구동 자동차는 기껏해야 수십 년 후에 가능하다. 많은 분석가들은 자율주행 기술의 첫 번째 적용 분야는 제한된 조건과 지역에서 운영하는 로봇 택시 서비스가 될 것으로 기대하므로, 그 운영자는 특히 까다로운 교차로를 피하고 모든 것이 상세하게 매핑되도록 할 수 있다. 보스턴 컨설팅 그룹은 2030년까지 미국에서 운전의 25%가 공유 자율주행차량일 수 있다고 예측한다. 차를 타려면 미리 정해진 승하차 지점을 사용해야 하므로 차를 항상 안전하고 합법적으로 이용할 수 있다. 자율주행차 제조업체는 연구개발비용을 회수하기 위해 가격을 책정할 것이지만 잠재 고객을 설득할 정도로 높지 않은 가격일 것이다. 그들은 피할 수 없는 사고 발생시 해야 할 일에 대해 규제 당국 및 보험회사와 씨름할 것이다.

일부 전문가들은 향후 수십 년 동안 무인기술이 세계 경제에 7조 달러의 가치를 창출하고 수십만 명의 생명을 구할 것이라고 예측한다. 동시에 주유소, 택시 운전사, 트럭 운전사 등 자동차 산업을 황폐화시킬 수 있다. 사람들은 자율주행차를 이용하는 우버와 같은 서비스가 더 저렴하기 때문에 자동차 구입을 중단할 수 있다. 이로 인해 택시 운전사의 대량 실직과 자동차 판매 감소가 발생할 수 있다. 또한 많은 주차장과 주차 공간의 필요성을 줄여 귀중한 부동산을 다른 목적으로 확보할 수 있게 된다. 더 많은 사람들이 직장에서 더 멀리 살기로 결정할 수 있다. 왜냐하면 교통시스템에 연결된 자율주행차량은 교통 흐름을 보다 원활하게 만들고 통근하는 동안 업무를 보거나 낮잠을 자거나 또는 비디오를 시청할 수 있게 해주기 때문이다. 어떤 사람들은 번창할 것이다. 대부분은 아마 이익이 될 것이지만, 많은 사람들이 뒤처질 것이다. 무인기술이 일자리의 9개 중 1개 비율로 변화를 줄 것으로 예상되지만 새로운 일자리도 창출할 것이다. 또 다른 고려사항은 매년 약 320억 달러로 추정되는 자율주행차량에 대한 막대한 투자가 기차 및 지하철과 같은 대중교통시스템 개선에 더 잘 사용될 수 있다는 것이다. 이미 교통체증이 심한 도시지역에 더 많은 자동차가 필요한가?

지금까지 경험한 자율주행차의 사고는 신뢰성과 안전성을 측정하기 위한 신뢰할 수 있는 표준을 만들어야 할 필요성을 제기했다. 2018년, 21개 주에서 자율주행차량을 규제하는 법안을 제정했으며, 몇몇 주에서는 항상 안전 운전자가 차량을 제어할 준비가 되어 있어야 한다. 미연방 규제 당국은 자율주행차량 표준의 공식화를 연기했으며, 주정부가 관여할 여지를 남겼다. 연방정부는 이제 자율주행차량에 대한 최초의 법률을 만들 준비가 되어 있다. 이 법은 애리조나 주의 법과 유사하며 몇 년 안에 수십만 대의 자율주행차를 배치할 수 있게 하며, 주가 업계에 장애물을 놓는 것을 제한할 것이다.

출처 : Christopher Mims, "Driverless Hype Collides with Merciless Reality," *Wall Street Journal*, September 13, 2018; National Conference of State Legislatures, "Autonomous Vehicles—Self Driving Vehicles Enacted Legislation," June 25, 2018; Jack Karsten and Darrell West, "The State of Self-Driving Car Laws Across the U.S.," Brookings Institute, May 1, 2018; Alex Davies, "The WIRED Guide to Self-Driving Cars," *WIRED*, May 17, 2018; Daisuke Wakabashai, "Uber's Self-Driving Cars Were Struggling Before Arizona Crash," *New York Times*, March 23, 2018; Kevin Roose, "The Self-Driving Car Industry's Biggest Turning Point Yet," *New York Times*, March 29, 2018; Tim Higgins, "VW, Hyundai Turn to Driverless-Car Startup in Silicon Valley," *Wall Street Journal*, January 4, 2018; John Markoff, "A Guide to Challenges Facing SelfDriving Car Technologists," *New York Times*, June 7, 2017; and The Editorial Board, "Would You Buy a Self-Driving Future from These Guys?" *New York Times*, October 14, 2017.

사례연구 문제

11-13 자율주행차 기술로 인해 발생하는 경영, 조직 및 기술 과제는 무엇인가?

11-14 자율주행차는 좋은 사업 투자인가? 그 이유는?

11-15 자율주행차 기술로 인해 어떤 윤리적·사회적 문제가 제기되는가?

11-16 자동차는 실제로 운전자 없이 운전할 수 있는가? 그래야 하는가?

참고문헌

Agrawal, Ajay, Joshua S. Gans, and Avi Goldfarb. "What to Expect from Artificial Intelligence." *MIT Sloan Management Review* (February 7, 2017).

Albertson, Mark. "NBA Advertisers Chew on Data from GumGum's Comqputer Vision Tool." *Silicon Angle* (March 22, 2018).

Althuizen, Niek, and Astrid Reichel. "The Effects of IT-Enabled Cognitive Stimulation Tools on Creative Problem Solving: A Dual Pathway to Creativity." *Journal of Management Information Systems* 33, No. 1 (2016).

Bureau of Economic Analysis. "Gross Output by Industry." (April 19, 2018).

Burtka, Michael. "Generic Algorithms." *The Stern Information Systems Review* 1, No. 1 (Spring 1993).

Chui, Michael, James Manyika, and Mehdi Miremadi. "What AI Can and Can't Do (Yet) for Your Business." *McKinsey Quarterly* (January 2018).

D'Aveni, Richard A. "The 3-D Printing Playbook." *Harvard Business Review* (July–August 2018).

Davenport, Thomas H., and Vikram Mahidhar. "What's Your Cognitive Strategy?" *MIT Sloan Management Review* 59, No. 4 (Summer 2018).

Davenport, Thomas H., and Julia Kirby. "Just How Smart Are Smart Machines?" *MIT Sloan Management Review* 57, No. 3 (Spring 2016).

Davenport, Thomas H., and Lawrence Prusak. *Working Knowledge: How Organizations Manage What They Know.* Boston, MA: Harvard Business School Press (1997).

Davenport, Thomas H., Laurence Prusak, and Bruce Strong. "Putting Ideas to Work." *Wall Street Journal* (March 10, 2008).

Davenport, Thomas H., and Rajeev Ronaki. "Artificial Intelligence for the Real World." *Harvard Business Review* (January–February 2018).

Dawar, Niraj. "Marketing in the Age of Alexa." *Harvard Business Review* (May–June 2018).

Dhar, Vasant, and Roger Stein. *Intelligent Decision Support Methods: The Science of Knowledge Work.* Upper Saddle River, NJ: Prentice Hall (1997).

eMarketer. "Artificial Intelligence: What's Now, What's New, and What's Next." (May 2017).

Gelernter, David. "Machines That Will Think and Feel." *Wall Street Journal* (March 18, 2016).

Gu, Feng, and Baruch Lev. "Intangible Assets: Measurements, Drivers, Usefulness." (2001). http://pages.stern.nyu.edu/~blev/.

Hamori, Monoika. "Can MOOCs Solve Your Training Problem?" *Harvard Business Review* (January–February 2018).

Havakhor, Taha, and Rajiv Sabherwal. "Team Processes in Virtual Knowledge Teams: The Effects of Reputation Signals and Network Density." *Journal of Management Information Systems* 35, No. 1 (2018).

Hirschberg, Julia, and Christopher D. Manning. "Advances in Natural Language Processing." *Science* (May 12, 2016).

Holland, John H. "Genetic Algorithms." *Scientific American* (July 1992).

Huang, Peng, Ali Tafti, and Sunil Mithas. "Platform Sponsor Investments and User Contributions in Knowledge Communities: The Role of Knowledge Seeding." *MIS Quarterly* 42, No. 1 (March 2018).

IBM Corporation. "Mizuho Bank." www.ibm.com, accessed May 17, 2018.

Kim, Seung Hyun, Tridas Mukhopadhyay, and Robert E. Kraut. "When Does Repository KMS Use Lift Performance? The Role of Alternative Knowledge Sources and Task Environments." *MIS Quarterly* 40, No. 1 (March 2016).

Kuang, Cliff. "Can AI Be Taught to Explain Itself?" *New York Times* (November 21, 2017).

Kyriakou, Harris, Jeffrey V. Nickerson, and Gaurav Sabnis. "Knowledge Reuse for Customization: Metamodels in an Open Design Community for 3D Printing." *MIS Quarterly* 41, No. 1 (2017).

Le, Quoc V., et al. "Building High-level Features Using Large Scale Unsupervised Learning." arXiv.org:1112.6209, Machine Learning, Cornell University Library (November 2011).

Lev, Baruch. "Sharpening the Intangibles Edge." *Harvard Business Review* (June 1, 2004).

Lohr, Steve. "Is There a Smarter Path to Artificial Intelligence? Some Experts Hope So " *New York Times* (June 20, 2018).

Malone, Thomas W. "How Human-Computer 'Superminds' Are Redefining the Future of Work." *MIT Sloan Management Review* 59, No. 4 (Summer 2018).

Maor, Itzakh., and T. A. Reddy. "Literature Review of Artificial Intelligence and Knowledge-based Expert Systems in Buildings and HVAC&R System Design," in M. Geshwiler, E. Howard, and C. Helms (Eds.), *ASHRAE Transactions* (2003).

Marcus, Gary. "Deep Learning: A Critical Appraisal." (January 2, 2018).

Markoff, John. "How Many Computers to Identify a Cat? 16,000." *New York Times* (June 26, 2012).

McCarthy, John. "Generality in Artificial Intelligence." *Communications of the ACM* (December 1987).

Mims, Christopher. "Without Humans, Artificial Intelligence Is Still Pretty Stupid." *Wall Street Journal* (November 12, 2017).

Mishra, Divya, et. al. "Rule Based Expert System for Medical Diagnosis—A Review." *International Journal of Engineering Technology, Management and Applied Sciences* (December 2016).

Nurmohamed, Zafred, Nabeel Gillani, and Michael Lenox. "New Use for MOOCs: Real-World Problem-Solving." *Harvard Business Review* (July 2013).

Pearl, Judea. "Theoretical Impediments to Machine Learning." (November 2016).

Porter, Michael E., and James Heppelmann. "Why Every Organization Needs an Augmented Reality Strategy." *Harvard Business Review* (November–December 2017).

Pyle, Dorian, and Cristina San Jose. "An Executive's Guide to Machine Learning." *McKinsey Quarterly* (June 2015).

Ross, Jeanne. "The Fundamental Flaw in AI Implementation." *MIT Sloan Management Review* 59, No. 2 (Winter 2018).

Rouse, Margaret. "Natural Language Processing." Searchbusinessanalytics.com (September 27, 2017).

Samuelson, Douglas A., and Charles M. Macal. "Agent-Based Simulation." *OR/MS Today* (August 2006).

Technology Quarterly. "Language: Finding a Voice." *The Economist* (May 1, 2017).

Trantopoulos, Konstantinos, Georg von Krogh, Martin W. Wallin, and Martin Woerter. "External Knowledge and Information Technology: Implications for Process Innovation Performance." *MIS Quarterly* 41, No. 1 (March 2017).

Turing, A. M. "Computing Machinery and Intelligence." *Mind* 49 (1950).

U.S. Department of Labor. "Table 2.1. Employment by Major Industry Sector, 2006, 2016, and Projected 2026." Bureau of Labor Statistics (2017).

Wakabayashi, Daisuke, and Nick Wingfield. "Alexa, We're Still Trying to Figure Out What to Do with You." *New York Times* (January 15, 2018).

Wilson, H. James, and Paul R. Daugherty. "Collaborative Intelligence: Humans and AI Are Joining Forces." *Harvard Business Review* (July–August 2018).

Zhang, Xiaojun, and Viswanath Venkatesh. "A Nomological Network of Knowledge Management System Use: Antecedents and Consequences." *MIS Quarterly* 41, No. 4 (December 2017).

12

의사결정 강화

학습목표

이 장을 마치고 나면 다음 질문에 답할 수 있다.

12-1 의사결정의 유형은 무엇이고, 의사결정은 어떤 과정으로 이루어지는가?

12-2 정보시스템은 관리자의 활동과 경영 의사결정을 어떻게 지원하는가?

12-3 비즈니스 인텔리전스와 비즈니스 분석은 어떻게 의사결정을 지원하는가?

12-4 조직 내 의사결정 구성원들은 어떻게 비즈니스 인텔리전스를 사용하는가? 그룹으로 일하는 사람들이 좀 더 효율적인 의사결정을 하도록 돕는 정보시스템의 역할은 무엇인가?

12-5 MIS는 내 경력에 어떤 도움이 되는가?

이 장의 사례

- 빅데이터와 사물인터넷이 정밀농업을 주도하다
- 지멘스, 비즈니스 프로세스의 가시성을 높이다
- 앤섬, 더 많은 비즈니스 인텔리전스의 혜택을 받다
- 프레딕스는 GE의 미래인가?

빅데이터와 사물인터넷이 정밀농업을 주도하다

2050년까지 세계 인구는 98억 명이 될 것으로 예측되고 있으며, 이들 인구를 먹여 살리기 위해서는 2배의 농업생산량이 필요하다. 사물인터넷, 무선과 모바일 기술, 데이터 수집과 분석의 자동화와 같은 정보기술이 이들 문제의 해결책을 일부 제공할 것 같다.

퍼듀농과대학은 더 높은 데이터 기반 농업을 추구하는 길을 선도하는 기관 중 하나이다. 연구자들이 식물의 성장과 식품 생산과정을 연구하고 개선할 수 있도록 하는 고급 무선인터넷 센서와 장비를 이용하는 농업 지향 네트워크를 이 대학은 개발하였다. 인디애나 주 웨스트 라피엣에 있는 퍼듀 농업 IT의 센터장인 팻 스모커에 따르면, 정보기술을 좀 더 잘 이용하면 농장에서 식탁까지의 모든 과정을 개선할 수 있다.

퍼듀농과대학은 휴렛 팩커드 엔터프라이즈(HPE)와 디지털 농업 이니셔티브와 관련하여 협약을 맺었다. 2016년 가을에 대학은 1,408에이커 규모의 연구와 교육을 위한 연구농장인 농경학센터(ACRE)에 사물인터넷(IoT) 설치를 시작하였다. 이 시스템은 센서, 카메라, 사람들로부터 매일 테라바이트의 데이터를 수집하고 있다. 이런 대용량 데이터를 수집하고, 집계하고, 처리하고, HPE의 슈퍼컴퓨터로 다시 전송하기 위해서 대학은 무선컴퓨팅과 엣지컴퓨팅 기술(제5, 7장 참조)의 조합을 전개하고 있다. 태양열로 작동하는 모바일 와이파이 핫스팟, ACRE 전구역에 고속연결망을 제공하는 적응형 날씨 타워, 식물을 이용한 센서

로부터 실시간으로 데이터를 수집하기 위해서 ACRE 연구 경작지 내를 돌아다니는 반자동 이동차량인 PhenoRover도 포함된다. 퍼듀대는 드론을 이용하여 식물의 성장 데이터 수집도 실험하고 있다. ACRE의 연구원들은 현장에서 모바일 기기에 데이터를 입력하고, 분석을 위해서 HPE 데이터센터로 무선 네트워크를 통해서 데이터들을 전송할 수 있다.

이전에는 퍼듀 교수진들이 센서에서 실험실로 데이터를 전송하는 방법들을 생각해내고, 데이터를 분석하기 위한 소프트웨어를 개발하기 위해서 누군가를 지명해야 했다. 새로운 시스템은 더 빠르고 즉각 반응한다. 예를 들면 연구자들이 수위, 비료량, 토양 종류의 영향을 분석하기 위해서 현장에서 모바일 장비를 사용하여 연구자들이 씨앗의 성장 데이터를 ACRE 실험실로 전송할 수 있다. 그러면 실험실은 분석 결과를 현장으로 다시 전송하여 신속하게 조정할 수 있다. 파종과 분무기계가 씨앗과 영양분을 들판에 어떻게 뿌릴 것인가를 컴퓨터가 통제한다.

퍼듀 프로젝트는 디지털 기기를 이용하여 수집되고 분석된 데이터들이 비료 수준, 파종 깊이, 토

지의 작은 구역 또는 개별 식물에 적합한 관개 요구사항에 대한 의사결정을 주도하고, 특정 잡초에 대한 최적의 처리 방법을 자동화된 장비가 조치할 수 있는 정밀농업(precision agriculture)의 예이다.

자신들의 종자, 비료, 제초제를 사용하는 농부들에게 컴퓨터 데이터 분석과 파종 추천을 제공하는 몬산토(Monsando)와 듀퐁(DuPont) 같은 대규모 농업회사가 정밀농업의 주요 참여자들이다. 농부들이 농장의 경계, 과거의 수확량, 토양의 상태에 대한 데이터를 이들 회사나 다른 농업 데이터 분석회사에 제공하면, 이들 회사들은 종자의 성과, 날씨 조건, 다른 지역의 토양 종류 등에 대해 수집한 다른 데이터와 함께 이들 데이터를 분석한다. 데이터를 분석한 회사들이 추천 내용을 컴퓨터 파일로 농부들에게 다시 보내주면, 농부들은 컴퓨터기 설치된 파종 기계에 데이터를 적재하고 추천에 따라서 농지에 파종을 하게 된다. 예를 들면 에이커당 파종하는 씨앗 수를 줄이거나, 옥수수 수확량을 늘릴 수 있는 특정 토지 구역에는 에이커당 더 많은 씨앗을 파종하도록 아이오와 주의 옥수수 농부들에게 추천할 수 있다. 농부들은 서로 다른 지역에 파종해야 하는 정확한 종자가 무엇인지, 비료를 얼마나 사용해야 하는지에 대해서도 조언을 얻을 수 있다. 옥수수 수확량을 늘릴 수 있을 뿐만 아니라 비료, 물, 장비를 보다 정확히 가동하기 위한 에너지 등을 사용하는 데 농부들은 낭비를 줄일 수 있고, 이는 식물들의 건강 역시 촉진시킨다.

출처 : "Envision: The Big Idea," https://ag.purdue.edu, accessed April 26, 2018; "Precision Agriculture," www.farms.com, accessed April 26, 2018; www.monsanto.com, accessed May 1, 2018; and Eileen McCooey, "Purdue Uses IoT to Reinvent Farming, Boost Output," *Baseline*, December 6, 2017.

정밀농업은 정보시스템이 어떻게 의사결정을 극적으로 개선할 수 있는가를 보여주는 강력한 사례이다. 과거에는 무엇을, 어떻게, 어디에, 언제 파종을 할지 결정하는 것은 농부의 토지에 대한 과거 경험과 최상의 예측에 기반을 두고 이루어졌다. 무선 네트워크, 토지에 설치된 무수히 많은 센서, 모바일 장비, 강력한 컴퓨터, 빅데이터 분석 도구 들이 이러한 의사결정을 훨씬 신속하고도 정확하게 내릴 수 있는 시스템을 창조하였다.

다음 도표는 도입 사례와 이 장에서 제기된 주요 주제를 환기시킨다. 급속히 증가하는 세계 인구를 먹여 살리고 농가들의 수익을 증가시키기 위해서 전 세계적으로 식품의 생산량을 증가시켜야 할 필요가 있다. 거의 개별 식물 하나하나를 기준으로 작물을 관리할 수 있는 새로운 기회를 무선 기술과 빅데이터 분석이 창출하였다. 토지를 컴퓨터로 이런 수준까지 정밀하게 관리하면 수확량을 증가시키면서도 개별 농가당 수천 달러를 절약할 수 있도록 농부들이 비료사용량을 줄이고 단위 면적당 파종하는 종자의 수를 줄일 수 있다. 정밀농업은 세계 식량위기를 해결하는데도 역시 도움이 될 수 있다.

다음의 몇 가지 질문에 대해 생각해보자. 정보기술은 농부들이 농사짓는 방식을 어떻게 변화시켰는가? 정밀농업은 의사결정 방식을 어떻게 변화시켰는가? 정밀농업을 이용하여 개선된 의사결정의 예를 2개 들어보자.

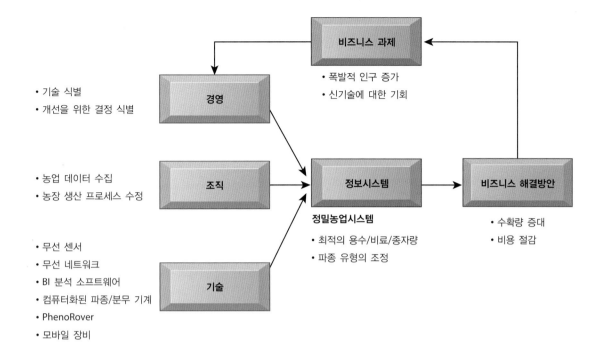

12-1 의사결정의 유형은 무엇이고, 의사결정은 어떤 과정으로 이루어지는가?

기업의 의사결정은 경영진에게만 한정된 것으로 여겨졌었다. 오늘날 정보시스템은 기업의 일선 관리자들도 정보를 이용 가능하게 만들었으므로, 일선 관리자들도 기업 의사결정의 일부를 맡게 되었다. 그렇다면 더 나은 의사결정이란 무엇인가? 기업과 다른 조직에서는 의사결정을 어떻게 하는가? 자세히 알아보자.

의사결정 개선의 비즈니스 가치

기업에서 더 나은 의사결정을 한다는 것은 무엇을 의미하는가? 더 나은 의사결정의 금전적 가치는 얼마나 되는가? 표 12.1은 연간 수익 2억 8,000만 달러, 종업원 140명 규모의 한 중소기업에서 의사결정 개선을 통해 얻은 금전적 이득을 측정한 것이다. 이 기업은 새로운 정보시스템 투자가 의사

표 12.1 의사결정 개선의 비즈니스 가치

의사결정 예	의사결정자	연간 의사결정 횟수	하나의 의사결정을 개선했을 때의 추정 가치	연간 가치
가장 가치 있는 고객 지원	회계 관리자	12	$100,000	$1,200,000
콜센터의 일일 문의 수요 예측	콜센터 관리자	4	$150,000	$600,000
일별 부품 재고 수준 결정	재고 관리자	365	$5,000	$1,825,000
주요 공급자들의 경쟁 입찰 확인	고위 관리자	1	$2,000,000	$2,000,000
주문 완수를 위한 생산 일정 계획	제조 관리자	150	$10,000	$1,500,000
직무 완수를 위한 인력 할당	작업장 관리자	100	$4,000	$400,000

결정의 질을 향상시킬 수 있는 다수의 핵심 의사결정 분야를 확인하였다. 이 표는 기업의 특정 영역에서 더 나은 의사결정이 가져오는 연간 가치(비용 절감이나 수익 증가 중 하나)의 추정값을 나타낸다.

표 12.1에서 기업은 모든 계층에서 의사결정을 내리며, 어떤 의사결정들은 매우 일반적이고 반복적이며 여러 번 발생한다는 것을 알 수 있다. 비록 하나의 의사결정을 개선하는 가치는 작을 수 있지만, 개선된 작은 의사결정이 하나씩 모이다 보면 결국 수십만 개의 의사결정을 개선하게 되어 그 가치는 엄청나게 커지게 된다.

의사결정의 유형

제1장과 제2장에서 조직 안에는 각기 다른 계층이 있음을 알았다. 각 계층은 의사결정을 지원하기 위해 서로 다른 정보를 요구하고, 서로 다른 유형의 의사결정에 책임을 진다(그림 12.1 참조). 의사결정의 유형은 비구조적 의사결정, 구조적 의사결정, 준구조적 의사결정으로 구분할 수 있다.

비구조적 의사결정(unstructured decision)은 의사결정자가 문제를 해결하기 위해서 판단, 평가, 통찰을 제공해야만 하는 것을 말한다. 이들 각 의사결정은 새롭고 중요하며 일상적이지 않으며, 의사결정에 사용할 수 있는 이해하기 쉽거나 합의된 절차가 존재하지 않는다.

구조적 의사결정(structured decision)은 이와는 반대로 반복적이고 일상적이며 이를 다루기 위한 확실한 절차가 있으므로 의사결정을 내릴 때마다 매번 새로운 것처럼 다룰 필요가 없다. 많은 의사결정은 두 가지 유형의 요소를 모두 가지고 있는 **준구조적 의사결정**(semi-structured decision)인데, 여기서는 문제의 일부만이 승인된 절차에 따라 제공되는 확실한 답을 가지고 있다. 일반적으로 구조적 의사결정은 조직의 하위 계층에서 좀 더 자주 일어나며, 비구조적 문제는 기업의 상위 계층에서 보다 일반적이다.

고위 관리자는 기업의 5년이나 10년 뒤의 장기 목표를 설정하거나 새로운 시장으로의 진입 여부

그림 12.1 회사 내 핵심 의사결정 그룹의 정보 요구사항

고위 관리자, 중간 관리자, 운영 관리자, 일반 직원들은 서로 다른 유형의 의사결정을 내리고, 정보 요구사항도 서로 다르다.

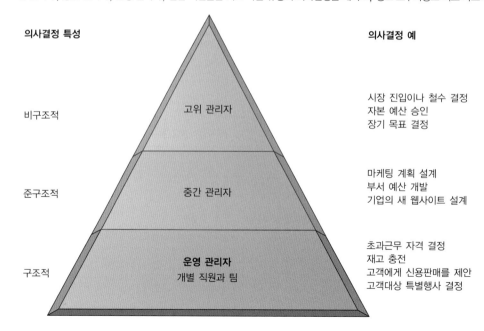

를 결정하는 것과 같은 많은 비구조적 의사결정 상황에 직면하게 된다. "새로운 시장으로 진입해야 하는가?"라는 질문에 답하려면, 기업 성과에 대한 높은 수준의 요약뿐만 아니라 뉴스나 정부자료, 산업 전망 등이 필요하다. 다른 한편으로 고위 관리자는 자신의 최상의 판단력을 이용하거나 다른 관리자들의 의견을 조사할 수 있어야 답을 구할 수 있다.

중간 관리자는 좀 더 구조적인 의사결정 시나리오에 직면하지만 그들의 의사결정은 비구조적 요소를 포함할 수도 있다. 중간 관리자의 전형적인 의사결정 문제는 "미니애폴리스의 유통센터에서 보고된 주문조달보고서는 왜 지난 6개월 동안 감소 추세를 보이는가?"와 같은 것이다. 이 중간 관리자는 기업의 전사적 시스템이나 유통관리시스템에서 미니애폴리스 유통센터의 주문 활동과 운영 효율성에 관한 보고서를 구할 수 있다. 이것은 의사결정의 구조적 부분이다. 그러나 질문의 답을 구하기 위해서 이 중간 관리자는 직원들을 면담하고 지역경제 상황이나 판매 추세 등에 관한 외부 자료에서 비구조적인 정보들을 좀 더 모아야 할 것이다.

운영 관리자와 일반 직급의 직원들은 좀 더 구조적인 의사결정을 하는 경향이 있다. 예를 들어 조립라인의 감독관은 시급 근로자들이 초과근무수당을 받을 자격이 있는지를 결정한다. 근로자들이 어떤 날에 8시간 이상 일했다면, 감독관은 그날 근무시간에서 8시간 이상 일한 부분에 대해서는 일상적으로 초과근무수당을 지급할 것이다.

판매계정 직원은 고객의 신용정보가 들어 있는 기업의 고객 데이터베이스를 참고하여 고객의 신용 한도를 확대할 것인지를 종종 결정해야 한다. 기업이 정한 사전 기준에 고객의 신용이 부합한다면, 판매계정 직원은 그 고객에게 구매할 수 있도록 신용 한도를 승인한다. 두 경우 모두의 의사결정은 매우 구조적이며, 대부분의 큰 기업에서 매일 수천 번씩 내리는 일상적인 의사결정 모습이다. 기업의 급여시스템과 외상매출시스템에 이미 프로그램되어 있는 절차에 따라 이들 문제의 답을 구하게 된다.

의사결정 과정

의사결정은 다단계 과정이다. 사이먼(Simon, 1960)은 의사결정을 탐색, 설계, 선택, 구현 네 단계로 설명하였다(그림 12.2 참조).

탐색(intelligence) : 조직에서 발생하는 문제를 발견하고 확인하며 이해하는 과정이다. 즉, 문제가 왜 존재하며, 어디에서 발생하였고, 회사에 어떤 영향을 미치는지 알아가는 과정이다.

설계(design) : 다양한 문제 해결 방법을 확인하고 탐색하는 과정이다.

선택(choice) : 해결방안 중에서 하나를 선정하는 과정이다.

구현(implementation) : 선택한 대안이 작동하도록 만들고, 해결책이 잘 작동하는지 지속적으로 감독하는 것을 포함한다.

선택한 해결책이 제대로 작동하지 않을 때는 어떻게 해야 하는가? 그림 12.2는 필요하다면 의사결정 과정에서 이전 단계로 되돌아가 이전 단계를 반복할 수 있음을 보여준다. 예를 들어 판매가 감소하면 판매관리팀은 판매 노력에 박차를 가하기 위해 매출액이 증가한 판매사원들에게 더 높은 커미션을 지불하도록 결정할 수 있다. 이것이 판매 증가를 가져오지 못한다면, 관리자는 제품 디자인이 잘못된 것인지, 고객 지원이 잘못된 것인지, 아니면 다른 해결책이 필요한 또 다른 문제가 있는지를 조사할 필요가 있다.

그림 12.2 의사결정 단계

의사결정 과정은 네 단계로 나눌 수 있다.

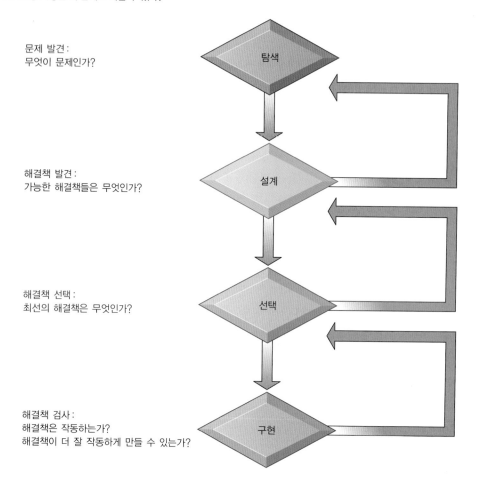

문제 발견 :
무엇이 문제인가?

해결책 발견 :
가능한 해결책들은 무엇인가?

해결책 선택 :
최선의 해결책은 무엇인가?

해결책 검사 :
해결책은 작동하는가?
해결책이 더 잘 작동하게 만들 수 있는가?

탐색

설계

선택

구현

12-2 정보시스템은 관리자의 활동과 경영 의사결정을 어떻게 지원하는가?

이 책과 이 장의 기본 전제는 의사결정을 지원하는 시스템은 관리자들과 직원들이 더 나은 의사결정을 하고, 기업이 평균보다 높은 투자 수익을 얻게 하여, 궁극적으로 높은 수익성을 가져오게 한다는 것이다. 그러나 정보시스템이 조직에서 발생하는 모든 종류의 의사결정을 향상시킬 수는 없다. 이유를 알아보기 위해 조직에서의 관리자의 역할과 의사결정을 살펴보자.

관리자의 역할

관리자들은 조직에서 핵심적인 역할을 담당한다. 그들의 책임은 의사결정을 내리는 것부터 보고서 작성, 회의 참석, 생일파티 준비까지 다양하다. 우리는 관리자 행동에 대한 전통적 모델과 현대적 모델들을 살펴봄으로써 관리자의 기능과 역할을 더 잘 이해할 수 있다.

관리자들이 해야 할 일을 설명하는 **전통적 관리 모델**(classical model of management)은 1920년대 이래로 70년 이상 동안 큰 반론이 없었다. 헨리 페욜(Henry Fayol) 등 초기 연구자들은 관리자의 다섯 가지 전통적 기능을 계획, 조직, 지휘, 조정, 통제로 설명하였다. 경영관리 활동에 대한 이런 설명은 오랫동안 지배적인 경영관리 사상이었고 오늘날에도 여전히 대중적이다.

전통적인 모델은 공식화된 관리 기능을 묘사하지만 관리자들이 계획하고, 어떤 사안을 결정하고, 다른 사람들의 작업을 통제할 때 정확히 무엇을 하고 있는지는 설명하지 못한다. 이를 위해 일상 활동에서 관리자를 탐구하는 현대 행동과학자들의 연구에 주의를 돌려야 한다. **행동 모델**(behavioral model)에서는 관리자들의 실제 행동들은 전통적인 모델에서 보이는 것보다 덜 체계적이고, 더 비공식적이고, 덜 사색적이고, 더 반응적이며, 덜 조직화되어 있다고 설명한다.

관찰자들은 관리자 행동이 실제로 전통적 설명과 상당히 다른 다섯 가지 특성이 있다는 것을 발견하였다. 첫째, 관리자들은 꾸준한 속도로 상당히 많은 일을 수행한다. 관리자들은 자신들의 일처리 속도를 유지하면서 매일 600개 이상의 서로 다른 활동을 수행한다는 연구 결과도 있다. CEO들이 책임지고 있는 모든 일을 하기에는 항상 시간이 부족하다(Porter and Nohria, 2018). 둘째, 관리자 행동들은 단편적이다. 9분 이상 지속되는 활동은 거의 없으며, 단지 10%의 활동만이 1시간 넘게 지속되었다. 셋째, 관리자들은 현재의, 구체적인, 특정 문제와 관련된 정보를 원한다(출력된 정보는 일반적으로 너무 오래된 것이다). 넷째, 관리자들은 서면 형태보다 구두 형태의 커뮤니케이션을 선호한다. 이것은 구두 매체가 더 큰 유연성을 제공하고 노력이 적게 들며 반응이 빠르기 때문이다. 다섯째, 관리자들은 비공식적인 정보시스템 역할을 담당하면서 그들의 개인 의제와 장단기 목표 수행을 지원하는 다양하고 복합적인 연락망을 유지하는 것에 우선순위를 높게 둔다.

관리자들의 일상 행동을 분석한 결과 헨리 민츠버그(Henry Mintzberg)는 그것을 열 가지 관리적 역할로 분류할 수 있음을 발견하였다(Mintzberg, 1971). **관리적 역할**(managerial role)은 관리자들이 조직에서 수행해야 할 것으로 기대되는 활동들이다. 민츠버그는 이런 관리적 역할은 대인관계의 역할, 정보관리의 역할, 의사결정의 역할 등 세 가지 범주에 속한다는 것을 발견했다.

대인관계의 역할

관리자들은 조직의 대표자로 회사를 외부에 나타내거나, 사원들에게 상을 수여하는 것처럼 상징적 의무를 수행할 때 **대인관계의 역할**(interpersonal role)을 수행한다. 관리자들은 부하직원들에게 동기를 부여하고 상담 및 지원을 하는 리더 역할도 한다. 관리자들은 또한 다양한 조직 계층 사이의 연락관 역할을 하며 동시에 경영진 내에서의 각 구성원 사이의 연락관 역할을 수행한다. 관리자들은 시간과 호의를 제공하고, 이에 대해 보상받을 것을 기대한다.

정보관리의 역할

정보관리의 역할(informational role)에서 관리자들은 가장 구체적이고 최신의 정보를 받아서, 그 정보에 대해 알아야 하는 사람들에게 재분배하는 조직의 신경센터 역할을 한다. 그러므로 관리자들은 자기 조직의 정보 배포자이면서 동시에 대변인 역할을 수행한다.

의사결정의 역할

관리자들은 의사결정을 한다. **의사결정의 역할**(decisional role)에서 그들은 새로운 종류의 활동들을 시작하는 기업가 역할을 맡고, 조직에서 발생하는 혼란을 관리하며, 필요한 직원들에게 조직의 자원을 분배하고, 갈등을 협상하고 조직 내 분쟁 집단을 조정한다.

민츠버그의 역할 분류에 기초한 표 12.2는 정보시스템이 관리자들을 지원할 수 있는 분야와 그렇지 못한 분야를 보여준다. 이 표는 정보시스템이 전부는 아니지만, 상당히 많은 관리자의 역할을 지원할 수 있음을 보여준다.

표 12.2 관리자 역할과 이를 지원하는 정보시스템

역할	활동	지원시스템
대인관계의 역할		
대표자		텔레프레전스 시스템
리더	대인관계	텔레프레전스, 소셜 네트워크, 트위터
연락관		스마트폰, 소셜 네트워크
정보관리의 역할		
신경센터		경영정보시스템, 중역지원시스템
배포자	정보처리	문자, 이메일, 소셜 네트워크
대변인		웹 세미나, 텔레프레전스
의사결정의 역할		
기업가		없음
혼란 관리자	의사결정	없음
자원 분배자		비즈니스 인텔리전스, 의사결정지원시스템
협상자		없음

출처 : Authors and Mintzberg, Henry, "Managirial Work: Analysis from Observation." Management Science 18(October 1971)

현실에서의 의사결정

이제 우리는 정보시스템이 관리자의 모든 역할을 지원하지는 못한다는 것을 알았다. 정보시스템이 의사결정을 향상시킬 수 있는 관리자 역할에서도, 정보기술에 대한 투자가 반드시 긍정적인 결과를 가져오지는 않는다. 여기에는 정보의 질, 관리자 여과, 조직의 타성과 정치라는 세 가지 주요 원인이 있다(제3장 참조).

정보의 질

양질의 의사결정을 위해서는 양질의 정보가 필요하다. 표 12.3은 의사결정의 질에 영향을 미칠 수 있는 정보의 질적 요소를 설명한다.

정보시스템의 출력 결과가 이런 질적 기준에 부합하지 않는다면 의사결정은 어려움을 겪을 것이

표 12.3 정보의 질적 요소

질적 요소	설명
정확성	데이터가 사실을 나타내는가?
무결성	데이터의 구조, 개체와 속성 사이의 관계 등이 일관되었는가?
일관성	데이터의 요소들이 일관되게 정의되었는가?
완결성	필요한 데이터가 모두 있는가?
타당성	데이터 값들이 규정된 범위 안에 있는가?
적시성	데이터가 필요할 때 이용될 수 있는가?
접근성	데이터가 접근하기 쉽고, 이해하기 쉽고, 사용하기 편한가?

다. 제6장은 기업 데이터베이스와 파일들이 정확성과 완결성이 떨어지는 경우가 있으며, 이는 의사결정의 질을 악화시키는 결과를 낳을 수 있다는 것을 설명했다.

관리자 여과

적시에 정확한 정보가 있는데도 일부 관리자는 잘못된 의사결정을 내릴 수 있다. 관리자들은 (모든 인간과 마찬가지로) 자기 주위의 세계에 맞도록 일련의 여과를 통하여 정보를 흡수한다. 관리자들도 다른 사람들처럼 위험평가에 서툴고, 위험을 싫어하고, 존재하지 않은 패턴을 인식하며, 직관과 감정과 경험적 데이터와 반하는 문제의 틀에 기반하여 의사결정을 내리는 것을 인지과학자, 행동경제학자, 최근 신경경제학자들이 발견하였다(Kahneman, 2011; Tversky and Kahneman, 1986).

예를 들어 베어 스턴스(Bear Stearns)나 리먼 브라더스(Lehman Brothers)와 같은 월스트리트 기업들은 채무불이행 가능성이 큰 서브프라임 대출에 기반을 둔 복잡한 주택저당증권의 투자 위험성을 과소평가한 이유로 2008년에 파산하였다. 이들과 다른 금융기관들이 위험을 관리하기 위해 사용한 컴퓨터 모델들은 낙관적인 가정과 잘못될 가능성에 대해 너무 단순한 데이터들을 기반으로 한 것들이었다. 경영자들은 기업 자금이 위험한 투자에 대한 완충 역할을 하는 데 묶여서 이들 자금이 수익을 창출할 수 있는 투자에 사용될 수 없게 되는 것을 바라지 않았다. 그래서 위험관리시스템 설계자들은 위험요소들의 중요성을 최소화하는 방식으로 위험을 측정하도록 고무되었다.

조직의 타성과 정치

조직은 단호한 행동을 하기에는 능력과 권한이 제한되어 있는 관료제도이다. 변화된 환경에 기업이 살아남기 위하여 새로운 비즈니스 모델을 채택해야 하는 경우에 조직 내의 강력한 세력들이 큰 변화를 요구하는 의사결정에 저항하기도 한다. 기업에서 채택한 의사결정은 종종 문제 해결의 최선의 방법이라기보다는 기업 내부의 다양한 집단의 이익 균형을 위한 타협인 경우도 있다.

기업 구조조정에 대한 연구들은 기업들이 외부 매수에 위협받기 전까지는 실적 악화를 무시하는 경향이 있으며, 중간 및 고위 관리자의 잘못된 경영 의사결정을 비난하기보다는 경기 상황(경제), 외부 경쟁자, 가격 인상 등 자신들이 통제할 수 없는 외부적인 힘에 나쁜 실적의 원인이 있다고 조직적으로 비난한다는 사실을 발견하였다. 기업의 외부환경이 긍정적이어서 기업의 성과가 개선될 때에는 개선된 성과의 공적을 긍정적인 환경보다는 일반적으로 경영자 자신들에게 돌린다.

고속의 자동화된 의사결정

오늘날 조직에서 행해지는 많은 의사결정은 관리자나 사람에 의해서 이루어지지 않는다. 일례로 구글 검색엔진에 검색어를 입력하면, 구글은 평균 0.5초 내에 어떤 URL을 보여줄 것인지를 정해야 한다. 검색 요청이 있을 때마다 모든 색인을 탐색하는 것은 아니지만 구글은 500억 개 이상의 웹페이지들에 대한 색인을 관리한다. 전자증권거래소의 고속 트레이딩은 증권거래를 0.03초 이내에 처리하고 있다.

고속의 의사결정 환경에서는 탐색, 설계, 선택, 구현의 의사결정 과정들이 소프트웨어 알고리즘에 표현된다. 소프트웨어를 작성하는 사람들이 이미 문제를 규명하고, 해결책을 찾기 위한 방법을 설계하고, 수용 가능한 해결책들의 범위를 정의하고, 해결책을 구현하였다. 의사결정 과정에서 인간을 배제할 때에는 시스템이 치명적인 해를 끼치지 않도록 많은 주의가 필요하다.

이러한 분야의 조직에서는 관리자들이 감시하고 통제할 수 있는 것보다 더 신속하게 의사결정을 내린다. 소프트웨어 오류 때문에 나이트 캐피털(Knight Capital)에서 1시간도 되지 않는 사이에 수백만 건의 잘못된 거래 주문을 발생시킨 2012년 8월 1일의 사건을 포함하는, 자동화된 트레이딩 시스템의 일련의 유사한 실패를 지난 몇 년간 목격하였다. 트레이딩의 작은 결함이 거의 150개 주식에 대한 급격한 등락을 발생시켜 나이트 캐피털은 4억 4,000만 달러의 손실을 입었다.

12-3 비즈니스 인텔리전스와 비즈니스 분석은 어떻게 의사결정을 지원하는가?

제2장에서 경영 의사결정을 지원하는 서로 다른 유형의 정보시스템들을 소개하였다. 모든 의사결정지원시스템의 근본에는 의사결정을 지원하는 데 필요한 데이터와 분석 도구를 제공하는 비즈니스 인텔리전스와 비즈니스 분석 인프라가 있다.

비즈니스 인텔리전스의 정의

비즈니스 인텔리전스(BI)란 빅데이터를 포함한 기업 환경에서 발생하는 데이터를 저장하고, 결합하고, 보고하고, 분석하는 인프라를 설명하기 위해서 하드웨어와 소프트웨어 공급자들과 정보기술 컨설턴트들이 사용하는 용어이다. 기초 인프라는 관련 정보를 수집하고, 저장하고, 정제하여 관리자들이 사용할 수 있도록 만든다. 제6장에서 설명한 데이터베이스, 데이터웨어하우스, 데이터마트, 하둡, 분석 플랫폼들을 생각해보자. 비즈니스 분석(BA)은 데이터를 분석하고 이해하기 위한 도구들과 기법을 좀 더 강조하기 위해 공급자들이 사용하는 용어이다. 제6장에서 이미 설명한 온라인분석처리(OLAP), 통계기법, 수리적 모델, 데이터마이닝을 생각해보자.

비즈니스 인텔리전스와 비즈니스 분석은 기업이 생성하는 모든 정보 흐름을 하나의 일관된 기업 전체 차원의 데이터로 통합하고, 모델이나 통계분석 도구 또는 데이터마이닝 도구를 이용하여 이들 데이터들의 의미를 파악하여 관리자들이 더 나은 의사결정과 계획을 수립하도록 지원하는 것이다. 도입 사례에서 소개한 퍼듀농과대학은 비료 사용량, 파종 깊이, 토지의 작은 구역 또는 개별 식물에 적합한 관개 요구사항에 대한 농부들의 매우 자세한 의사결정을 돕기 위해서 비즈니스 인텔리전스와 비즈니스 분석을 사용하였다.

비즈니스 인텔리전스와 분석은 기술 공급자들과 컨설팅 회사에서 만든 용어라는 것을 기억해야 한다. 이들 시스템의 주요 공급자들은 오라클, SAP, IBM, 마이크로소프트, SAS이다. 상당수의 BI와 BA 제품들은 오늘날 클라우드와 모바일 환경을 지원한다.

비즈니스 인텔리전스 환경

그림 12.3은 주요 공급자들이 제안하고 장기간 개발해 온 하드웨어, 소프트웨어, 관리 기능을 중심으로 비즈니스 인텔리전스 환경의 개요를 나타낸 것이다. 이 환경에는 여섯 가지 요소가 있다.

- **비즈니스 환경에 대한 데이터** : 비즈니스는 빅데이터를 포함하는 다양한 원천으로부터 발생하는 구조적 및 비구조적 데이터를 다루어야 한다. 이러한 데이터들은 통합되고 조직화되어 의사결정자들이 이들 데이터를 분석하고 사용할 수 있어야 한다.
- **비즈니스 인텔리전스 인프라** : 비즈니스 인텔리전스는 비즈니스 운영을 위해 필요한 모든 관련 데이터들을 집적할 수 있는 강력한 데이터베이스가 있어야 한다. 데이터들은 거래처리 데이터베이스에 저장되거나 전사적인 데이터웨어하우스 또는 일련의 상호 연관된 데이터마트에 결합되고 통합된다.

그림 12.3   **의사결정을 지원하기 위한 비즈니스 인텔리전스와 비즈니스 분석**

비즈니스 인텔리전스와 비즈니스 분석은 강력한 데이터베이스, 일련의 분석 도구, 지능적인 질문과 분석을 수행하는 관리직 사용자를 필요로 한다.

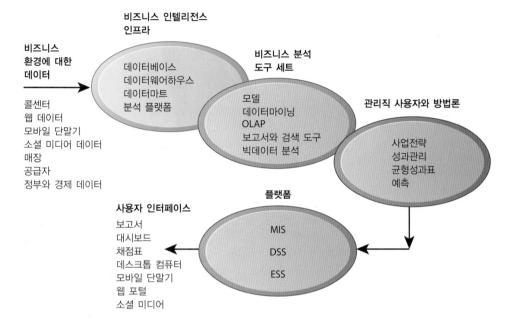

- **비즈니스 분석 도구 세트** : 데이터를 분석하여 보고서를 작성하고, 관리자들이 제기한 질문에 응답하고, 핵심 성과지표를 이용하여 사업 진척도를 추적하는 데 일련의 소프트웨어 도구 세트가 사용된다.

- **관리직 사용자와 방법론** : 비즈니스 인텔리전스 하드웨어와 소프트웨어의 활용 효과는 사용자에 따라 달라진다. 관리자들은 전략적 사업 목표를 설정하고 사업 진척을 측정하는 방법을 구체적으로 명시하는 다양한 관리적 방법론에 따라서 데이터를 분석하도록 지시한다. 관리적 방법론에는 핵심 성과지표에 초점을 두는 비즈니스 성과관리와 균형성과표 접근법이 있고, 경쟁 시에 특히 주의하면서 일반적인 사업 환경의 변화에 초점을 두는 산업전략분석 등이 있다. 고위 관리자의 강력한 감독이 없다면, 비즈니스 분석들이 잘못된 문제에 초점을 맞춘 정보나 보고서와 온라인 화면 등을 대량으로 생성하여 실제 문제들이 외면받을 수 있다.

- **전달 플랫폼 – MIS, DSS, ESS** : 비즈니스 인텔리전스와 비즈니스 분석의 결과는 자신의 업무를 수행하기 위해서 알아야 하는 것이 무엇인지에 따라 다양한 방법으로 관리자와 종업원들에게 전달된다. 제2장에서 소개한 MIS, DSS, ESS는 운영 관리자, 중간 관리자, 고위 관리자 등 기업 내 서로 다른 계층의 서로 다른 관리자들에게 정보와 지식을 전달한다. 과거에 이들 시스템은 데이터를 공유할 수 없었으며, 서로 독립적인 시스템으로 운영되었다. 오늘날에는 비즈니스 인텔리전스와 비즈니스 분석이 패키지가 되어 하드웨어와 소프트웨어가 하나의 세트로 제공되어 모든 정보를 통합하여 관리자의 데스크톱 컴퓨터와 모바일 단말기에 전달된다.

- **사용자 인터페이스** : 관리자들은 행과 열을 이용한 표 형식의 무미건조한 보고서보다 데이터를 시각화한 보고서로부터 더 빨리 학습한다. 오늘날의 비즈니스 분석 소프트웨어 세트들은 다양한 그래프, 차트, 대시보드나 지도 등과 같은 **데이터 시각화**(data visualization) 도구를 지원하며, 회사의 웹 포털뿐만 아니라 모바일 단말기와 태블릿에도 보고서를 전달할 수 있다. 예를 들면 태블로 소프트웨어는 스프레드시트, 기업 데이터베이스, 웹 데이터 등 다양한 데이터를

데이터 시각화 도구들은 사용자들이 데이터로부터 통찰력을 쉽게 얻을 수 있도록 그래프, 차트, 대시보드, 지도 등을 만드는 것을 용이하게 한다.

© NicoElNino/Shutterstock

이용하여 사업 통찰력을 제공할 수 있는 맞춤형 대화식 대시보드를 기술을 모르는 일반 사용자들도 쉽게 만들고 공유할 수 있게 해준다. 또 다른 예로는 지멘스 AG의 프로세스 마이닝 소프트웨어를 사용하면 비즈니스 프로세스를 시각화하고 분석할 수 있다('토론방 : 지멘스는 비즈니스 프로세스의 가시성을 높인다' 참조). BA 소프트웨어들은 직접 대면보다 온라인상에서의 의사결정을 지원하기 위해 트위터, 페이스북, 기타 사내 소셜 미디어 등에도 정보를 올릴 수 있는 기능들을 추가하였다.

비즈니스 인텔리전스와 비즈니스 분석능력

비즈니스 인텔리전스와 비즈니스 분석은 의사결정자들에게 정확하고 거의 실시간에 가까운 정보를 제공하며, 분석 도구들은 신속하게 정보를 이해하고 필요한 조치를 취할 수 있도록 의사결정자들을 지원한다. BI 시스템들에는 이러한 목표를 달성할 수 있도록 지원하는 여섯 가지 분석 기능이 있다.

- **일반 보고서** : 특정 산업 분야의 필요에 기반을 두고 미리 정의해둔 보고서들이다(표 12.4 참조).
- **매개변수를 사용하는 보고서** : 사용자들이 피벗 테이블에 매개변수 값을 입력하여 데이터들을 필터링하고, 매개변수의 영향을 분석한다. 예를 들면 기간별·시간별 제품 판매량의 변동을 이해하기 위해서 특정 지역과 하루 중 시간을 입력한다. 스타벅스는 동부지역의 고객들은 아침에 커피를 구매하지만, 북서부지역의 고객들은 하루 중 특정 시간대에 관계없이 커피를 구매한다는 것을 알았다. 이러한 발견에 따라 지역별로 서로 다른 마케팅과 캠페인 광고를 시행할 수 있다(12-4절의 피벗 테이블에 대한 논의 참조).
- **대시보드와 채점표** : 사용자들이 정의한 성과 데이터를 시각화하여 보여주는 도구들이다.
- **임시 쿼리/검색/보고서 작성** : 사용자들이 쿼리와 검색을 이용해 보고서를 작성할 수 있도록 지원한다.

지멘스, 비즈니스 프로세스의 가시성을 높이다

지멘스(Siemens) AG는 산업용 자동화, 건강관리, 에너지, 건설시공, 운송 분야의 시스템과 구성요소들을 생산하는 독일의 제조업 복합기업이다. 뮌헨과 베를린에 본사가 있으며, 전 세계 37만 2,000명의 직원을 두고 2017년 회계연도의 전 세계 수익은 830억 유로(약 990억 달러)였다. 지멘스는 해외 사무실을 가지고 있는 유럽에서 가장 큰 산업용 제조기업이다. 지멘스는 비즈니스 프로세스의 효율성과 품질 혁신과 지속적인 개선을 자랑하는 기업이다.

지멘스는 수많은 비즈니스 프로세스로 작동되고 있으며, 이들 중 일부는 매우 복잡하다. 경영진들은 사업을 좀 더 효율적으로 만들 수 있는 더 나은 방법들을 찾았으며, 비즈니스 프로세스 마이닝 기술에 의지하게 되었다. 2014년 모든 지멘스 본부의 글로벌 프로세스 최적화를 적극적으로 지원하기 위해서 프로세스 대시(DAsh)[데이터 분석과 스마트한 업무처리(Data Analytics, smart handling)를 의미]라고 하는 조직을 설립하였다. 셀로니스(Celonis) 프로세스 마이닝 분석과 시각화 소프트웨어를 사용하여 생산, 배송, 지불 업무의 병목구간을 규명하기 위하여 지멘스는 ERP 데이터를 수집하고 분석하기 시작하였다. 셀로니스는 SAP의 파트너가 되었고 셀로니스 소프트웨어는 SAP HANA 인메모리 데이터베이스 플랫폼에서 작동된다.

병목구간과 비효율적인 영역을 찾아서 개선할 수 있도록 비즈니스 프로세스가 실제로 어떻게 작동되는지를 규명하기 위해서 프로세스 마이닝은 전사적 애플리케이션 이벤트 목록의 데이터를 분석한다. 기술은 수백만 건의 거래 기록을 분석해서 정상적인 업무 흐름에서 벗어나는 지점을 찾아낸다. 버튼만 한 번 누르면 전체 비즈니스 프로세스를 한 번에 볼 수 있다. 많은 정보시스템의 개별 데이터를 받아서 기존의 비즈니스 프로세스의 논리적 모델을 구축하고 자동으로 시각화하기 위해서 프로세스 대시는 셀로니스의 소프트웨어를 사용한다. 일련의 이벤트들이 발생함에 따라 소프트웨어는 실제 프로세스를 실시간으로 문서화한다.

프로세스 마이닝 소프트웨어가 ERP나 CRM 시스템의 거래 목록을 분석할 경우 특정 시간대에 실제 작동 중인 프로세스가 무엇인지를 데이터 시각화 기능이 사용자들에게 보여줄 수 있다. ERP 시스템의 외상 매입 계정 모듈의 목록을 조사하여 송장처리에 있어서 예상하지 못했던 지연 원인을 규명하기 위해서 기업들은 프로세스 마이닝 소프트웨어를 사용할 수 있다. 어디에서 병목구간, 불필요한 우회, 수작업 간섭 등의 비효율이 발생하는지 또는 어디에서 규정 준수 문제가 제기될 수 있는지를 사용자들은 한눈에 볼 수 있다. 셀로니스를 포함하여 일부 프로세스 마이닝 소프트웨어들은 사용자들이 프로세스와 관련된 개별 문서들을 볼 수 있도록 드릴다운을 지원한다.

셀로니스는 사용자들의 목표 운영 모델과 현재 프로세스를 비교하여, 차이를 맞출 수 있는 분석을 자동으로 제공하는 기능도 있다. 셀로니스는 편차와 실적 손실의 근본원인을 분석하여 프로세스 실적에 가장 큰 영향을 주는 주제들을 강조한다. 버튼을 한 번만 누르면 목표 프로세스와 실제 프로세스를 비교해주고, 지연과 추가 지출의 주요 원인을 시각화해서 사용자들이 볼 수 있다.

만일 기존 프로세스가 없다면 머신러닝(제11장 참조)과 같은 인공지능을 가끔 이용하여 소프트웨어가 자동으로 프로세스를 생성해준다. 만일 프로세스가 이미 존재하면, 프로세스 마이닝 소프트웨어가 차이와 가능한 원인을 규명하기 위해서 프로세스 모델과 이벤트 목록을 비교한다. 지멘스는 파이 적합성과 머신러닝(Pi Conformance and Machine Learning)이라는 셀로니스 도구를 사용한다. 이 소프트웨어는 지멘스의 실적을 계속 학습하는 알고리즘을 이용하여 어떤 고객 주문이 늦게 도착할 것 같은지를 예측한다.

공급자들에게 얼마나 빨리 대금을 지급하는지 알기 위해서 지멘스는 셀로니스 분석 및 시각화 도구를 사용하기 시작하였다. 일부 공급자들은 조기 대금결제에 할인을 제안한다. 지멘스는 조기 대금결제의 기한을 맞출 수 없어서 이러한 할인 혜택을 자주 받을 수 없었다. 왜 이러한 일들이 발생하는지 이해하기 위해서 지멘스는 프로세스 마이닝을 이용하여 ERP, 회계, 지급승인 시스템들의 데이터를 분석하였다. 주문을 받고 고객이 대금을 지불하는 과정(주문에서 결제까지의 프로세스)에서 비효율을 검토하기 위해서도 지멘스는 프로세스 마이닝을 이용하였다.

셀로니스 소프트웨어를 구축하기 전에는 비즈니스 프로세스를 지멘스는 수작업으로 관리해야 했다. 개별 감독관이 특정 프로세스를 책임지고 있었다. 기계 고장이나 부품 도착 지연과 같이 일이 예상대로 되지 않았을 경우, 이러한 사건들이 전체 운영에 어떻게 영향을 미칠지를 정확히 결정하기 쉽지 않았다.

프로세스를 효율적으로 관리히기 위해서는 어떻게 해야 하는지를 이미 자신들이 알고 있다고 생각한 장기 근무 지멘스 관리자들 사이에서는 프로세스 마이닝에 대한 일부 거부감도 있었다. 지멘스 글로벌 프로세스 마이닝 서비스의 책임자인 라스 레인케마이어는 프로세스 마이닝을 수용하는 개인들을 찾아내어 새로운 기술을 장려하도록 요청하여 분석

도구의 채택을 촉진할 수 있었다. 지멘스 AG는 프로세스 마이닝을 도입하고 나서, 기업에 수백만 달러의 비용을 발생시키는 부품 조달의 둔화, 제품 인도의 지연, 청구의 비효율 등을 찾아낼 수 있었다. 오늘날 지멘스 AG에는 전 세계에 2,500명이 넘는 프로세스 DAsh 사용자가 있다.

출처 : Lindsay Clark, "Siemens Success Sets the Scene for Growth in Process Mining," *Computer Weekly*, April 12, 2018; Julian Baumann, "Siemens Is the World's Biggest User of Process Mining," www.celonis.com, accessed April 22, 2018; "Success Story Siemens," www.celonis.com, accessed April 22, 2018; Margaret Rouse, "Process Mining Software," searchERP.com, Jun 30, 2017; and Ed Burns, "Siemens Uses Process Mining Software to Improve Manufacturing Visibility," SearchBusinessAnalytics.com, December 15, 2016.

사례연구 문제

1. 본 사례의 문제는 무엇인가? 어떤 경영, 조직, 기술 요소들이 이들 문제에 기여하였는가?

2. 프로세스 마이닝 소프트웨어의 기능을 기술하라. 이것은 효과적인 해결책인가? 자신의 대답을 설명하라.

3. 프로세스 마이닝은 지멘스의 의사결정을 어떻게 변화시켰는가?

4. 프로세스 마이닝 시스템을 구현하기 위해서는 어떤 경영, 조직, 기술 요소들이 다루어져야 하는가?

- **드릴다운** : 전반적인 요약으로부터 자세한 하위 단계로의 상세한 분석을 지원한다.
- **예측, 시나리오, 모델** : 선형 예측과 가정(what-if) 시나리오 분석을 수행하며, 표준 통계 도구들을 사용하여 데이터를 분석할 수 있다.

표 12.4 비즈니스 인텔리전스가 제공하는 일반 보고서

기업 기능 분야	일반 보고서
판매	판매 예측, 판매팀 성과, 교차판매, 판매주기
서비스/콜센터	고객만족, 서비스 비용, 해결률, 이탈률
마케팅	캠페인 효과성, 충성도와 이탈 가능성, 시장바구니 분석
구매와 지원	직·간접 지출, 무계약 거래, 공급자 성과
공급망	수주잔고, 주문처리 상태, 주문주기, 자재소요 명세분석
재무	총계정원장, 외상매출금과 외상매입금, 현금흐름, 수익성
인적자원	종업원 생산성, 보상, 인력 인구통계, 유지

예측 분석

비즈니스 인텔리전스 분석의 중요한 기능은 고객이 제품 구매를 제안받았을 때 반응할 확률과 같이 미래의 사건과 행동을 모델화하는 것이다. 미래의 추세와 행동 유형을 예측하기 위해서 **예측 분석**(predictive analytics)은 통계 분석, 데이터마이닝 기법, 과거 데이터와 미래 상황에 대한 가정들을 이용한다. 미래 행동을 예측하기 위해서 측정해야 하는 변수들을 찾아야 한다. 예를 들면 자동차 보험증을 발행할 때 운전 안전성을 예측하기 위한 변수로 나이, 성별, 운전경력과 같은 변수들을 보험회사는 사용할 수 있다. 수용 가능한 신뢰 수준에서 미래 확률을 예측하기 위한 예측 모델과 이러한 예측변수들의 집합을 결합한다.

페덱스는 예측 분석을 사용하여 가격 변화와 새로운 서비스에 대해 고객이 어떻게 반응하는지, 어떤 고객들이 경쟁사로 옮겨 갈 위험이 가장 높은지, 새로운 점포나 택배 수거 창구의 개설에 따른 수익이 얼마나 되는지를 예측하는 모델을 개발하였다. 페덱스의 예측분석시스템 정확도는 65~90% 수준에 달한다.

판매, 마케팅, 재무, 사기 적발, 건강관리 등을 위한 다양한 비즈니스 인텔리전스 응용 분야에 예측 분석이 포함되고 있다. 가장 잘 알려진 사례는 금융 서비스 산업에 광범위하게 사용되고 있는 신용평가 분야이다. 새로운 신용카드를 신청하면 앞으로 신용카드 대금을 정시에 납부할 가능성을 결정하기 위해 신용평가 모델이 과거의 신용이력, 대출신청, 구매 데이터를 분석한다. 건강보험회사들도 어떤 환자들이 가장 고비용을 발생시키는지를 예측하기 위해서 수년간 데이터들을 분석해 왔다.

직접 마케팅 캠페인에 대한 반응을 예측하기 위해서 많은 기업들은 예측 분석을 사용한다. 반응이 높을 것으로 예상되는 고객들에게 자원을 집중하여 기업들은 마케팅과 판매비용을 낮출 수 있다. 예를 들면 6,800만 명의 실제 사용자들에게 클라우드를 이용한 팀 협업 도구와 서비스를 제공하는 슬랙테크놀로지(Slack Technologies)는 이들의 제품을 가장 자주 사용하여 유료 서비스로 등급을 올릴 것 같은 고객을 찾는 데 예측 분석을 사용하고 있다(McDonough, 2017).

빅데이터 분석

예측 분석은 소셜 미니어, 고객 거래내역, 센서와 기계들의 산출물 등을 포함하는 사적·공적 영역에서 생성되는 빅데이터를 사용하기 시작하였다. 많은 온라인 소매상들은 웹사이트 방문객들에게 구매를 자극하고, 어떤 상품을 갖추어야 하는지를 안내하기 위해서 개인화된 온라인 상품 추천 기능을 갖추고 있다. 그러나 이러한 상품 추천의 대부분은 연간 수입이 5만 달러 이하인 고객들이거나 18~25세 연령대와 같은 비슷한 유형의 고객들의 행동에 기반하여 이루어진다. 오늘날 몇몇 소매상들은 온라인 매장과 오프라인 매장에서 수집한 수많은 고객 데이터들을 소셜 미디어 데이터와 결합하여 이러한 추천을 보다 개인화할 수 있도록 분석하기 시작하였다. 이러한 노력들은 고객들의 소비를 증가시키고 고객 유지율을 높여준다. 표 12.5는 빅데이터 분석을 사용하는 기업들을 예시한 것이다.

공공부문의 빅데이터 분석은 디지털 기술을 광범위하게 사용하여, 더 나은 의사결정으로 도시를 운영하고 주민에게 봉사하는 '스마트 도시'를 향한 진전을 촉진시키고 있다. 공공부문의 기록보존은 재산권 이전, 세금 기록, 기업 서류, 환경규정 준수감사, 식당 위생검사, 건물 유지보수 보고서, 대중교통 평가서, 범죄 데이터, 위생국 통계, 공교육 보고서, 유틸리티 보고서 등의 창고 역할을 수행한다. 지자체들은 센서, 모바일 단말기의 위치 데이터, 특정 스마트폰 앱을 통해서 수집된 데이터를 추가하고 있다. 예측 모델 프로그램들은 유틸리티 관리, 교통 운영, 보건진료 보급, 공중 안전

표 12.5 빅데이터 분석 응용 분야

뱅크오브아메리카(BOA)	개별 고객에 대한 모든 채널과 접촉을 이해하고, 일관되고 섬세하게 맞춤형으로 설계된 제안을 위해서 5,000만 명에 달하는 전체 고객을 동시에 분석 가능. 신용카드와 주택담보대출 고객 중에서 경쟁회사에서 차환대출을 받는 것이 오히려 이익이 되는 고객을 분석 가능. 고객이 홈페이지에 접속하거나 콜센터에 전화를 걸거나 지점을 방문할 때 해당 정보를 온라인 앱이나 은행 담당자에게 알려서 뱅크오브아메리카의 경쟁 제안을 고객에게 제공
베스타스 윈드시스템	IBM 빅인사이트 소프트웨어와 IBM 슈퍼컴퓨터를 이용하여 날씨정보, 조수시기, 지형공간과 센서 데이터, 위성사진, 삼림벌채지도, 일기예보모델 등과 같은 2.8페타바이트에 달하는 구조적 · 비구조적 데이터를 분석하여 최적의 에너지 산출을 위한 풍력 터빈 위치를 개선. 통상 수주일씩 소요되던 분석이 1시간 이내에 가능
헌치닷컴(Hunch.com)	사용자들과 사용자들의 제품, 서비스, 웹사이트와의 예측 관련성을 보여주는 '취향 그래프'를 생성하기 위해서 고객의 구매, 소셜 네트워크, 웹 주위에 있는 신호들로부터 수집한 데이터를 포함하는 광범위한 데이터베이스를 분석. '취향 그래프'는 약 5억 명의 사람과 (비디오, 도구, 책과 같은) 2억 개의 제품과 사람과 제품 사이의 300억 개의 관련성에 대한 예측을 포함. 이베이가 보다 정교한 맞춤형 상품 제안을 할 수 있도록 지원
독일 월드컵 축구팀	자기 팀과 경쟁팀의 개별 선수들과 팀 성적에 대한 대규모 비디오 데이터와 수치 데이터를 분석하여 운동 방법을 개선하고 경쟁팀의 강점과 약점을 이용하기 위해서 무엇을 학습해야 하는지를 파악하는 데 사용. 빅데이터 분석을 잘 사용한 것이 2014 월드컵 우승에 기여함

들에 대한 공익 정책을 결정하는 데 사용된다. 더욱이 어떤 서비스의 변경이 다른 서비스의 운영과 배급에 미치는 영향을 평가할 수 있는 능력으로 이전 세대에서는 꿈에서나 가능했던 전체적 관점의 문제 해결이 가능하게 되었다.

운영적 인텔리전스와 분석

도시들의 일상적인 비즈니스 수행과 관련된 의사결정은 주로 운영적 의사결정 문제로 이러한 비즈니스 활동 모니터링을 **운영적 인텔리전스**(operational intelligence)라고 한다. 사물인터넷은 웹 활동, 스마트폰, 센서, 측정기, 감시 장비로부터 조직 내외의 활동에 대한 운영적 인텔리전스에 사용할 수 있는 많은 데이터 흐름을 발생시킨다. 운영적 인텔리전스와 분석을 위한 소프트웨어는 조직들이 실시간으로 발생하는 빅데이터의 이러한 흐름을 분석하는 것을 가능하게 해준다. 도입 사례에서 소개한 데이터 기반 농업시스템은 운영적 인텔리전스의 하나의 예이다. 운영적 인텔리전스의 또 다른 예로는 북미에서 가장 큰 화물, 물류, 협동 일괄수송 서비스를 제공하는 슈나이더 내셔널(Schneider National)이 소유하고 있는 트럭, 트레일러, 협동 일괄수송 컨테이너에 부착된 센서에서 생성된 데이터를 사용하는 것이다. 센서는 차량 위치와 운전 습관, 연료량, 트레일러와 컨테이너에 화물이 적재되어 있는지 빈차인지를 모니터링한다. 연료탱크 센서의 데이터는 탱크에 남은 연료량과 목적지, 경로상의 유류 가격을 기준으로 최적의 주유소 위치를 슈나이더가 찾을 수 있도록 도와준다. 마무리 사례의 GE는 발전기, 제트 엔진, 차량과 정유시설의 성능을 감시하고 분석하며, 이들 장비를 클라우드에 연결하기 위해서 운영적 인텔리전스를 사용하고 있다.

위치 분석과 지리정보시스템

위치 데이터를 기반으로 하는 의사결정도 있다. 모바일 폰의 위치 데이터, 센서나 스캐닝 장비의 출력, 지도 데이터 등을 포함하는 데이터의 위치(지리적) 요소로부터 비즈니스 통찰력을 얻는 능력을 의미하는 **위치 분석**(location analytics)은 BI 분석에 포함되어 있다. 예를 들면 주위에 있는 식당

Courtesy of U.S. National Oceanic and Atmospheric Administration (NOAA) Office for Coastal Management

미국 국립해양대기청(NOAA) 해안관리사무소는 해안 홍수 또는 평균 만조보다 6피트 이상의 해수면 상승이 지역사회에 미치는 영향을 시각화할 수 있는 웹지도 도구를 제공한다. 미래의 홍수가 지역의 주요 지점에 미치는 영향의 시뮬레이션 결과와 수심, 연결성, 홍수 빈도, 사회경제적 위험성, 습지 손실과 이주와 관련된 데이터를 제공한다.

이나 상점에 대한 모바일 광고는 누구를 대상으로 해야 하는지를 결정하거나, 상점을 방문한 고객들에 대한 모바일 광고의 영향을 마케팅 담당자들이 계량화하는 데 위치 분석은 도움을 줄 수 있다. 위치 분석은 유틸리티 회사들이 단수나 정전과 관련된 비용을 고객의 위치를 고려하여 측정할 수 있게 하여 마케팅, 시스템 기능개선, 고객 서비스 노력 등의 우선순위를 결정하는 데 도움을 준다. 제1장에서 소개한 UPS의 소화물 추적 및 배달경로 시스템은 스타벅스가 새 매장의 위치를 정할 때와 같이 위치 분석을 사용하고 있다. 기존 매장의 매출에 악영향을 미치지 않고 더 많은 매장을 낼 수 있는 최적의 위치를 선정하기 위해서 스타벅스 시스템은 많은 위치 기반 데이터와 인구통계 데이터를 분석한다. 지역 영업 구역, 소매 클러스터, 인구통계 자료, 교통 및 운송점, 고객의 중요한 공급원이 될 수 있는 새로운 지점의 위치 등을 사용자들은 지도 위에 나타낼 수 있다.

스타벅스 사례는 **지리정보시스템**(geographic information system, GIS)의 예이다. GIS 도구들은 지도제작에서 이익을 얻을 수 있는 문제들을 시각화하여 이사결정자들에게 도움을 준다. GIS 소프트웨어들은 사람이나 다른 자원들의 지리적 분포에 대한 위치 데이터를 지도의 점, 선, 면들과 결합한다. 어떤 GIS들은 데이터를 변경하면 자동으로 비즈니스 시나리오를 수정하는 기능을 탑재하고 있다.

GIS는 주정부나 지방정부들이 자연재해나 기타 비상사태에 대응할 수 있는 시간을 계산하는 데 도움을 주기도 하고, 은행들이 새로운 지점을 개설하거나 새로운 ATM 기계를 설치하는 최적의 위치를 선정하는 데 도움을 주기도 하며, 경찰이 가장 범죄가 높은 지역을 정확히 찾아내는 것을 도와주는 데도 사용된다.

12-4 조직 내 의사결정 구성원들은 어떻게 비즈니스 인텔리전스를 사용하는가? 그룹으로 일하는 사람들이 좀 더 효율적인 의사결정을 하도록 돕는 정보시스템의 역할은 무엇인가?

이 책과 이 장의 앞부분에서 고위 관리자부터 중간 관리자, 분석가, 운영 종업원들까지 기업의 서로 다른 정보 계층에 대해서 설명하였다. 이것은 BI와 BA 시스템에도 적용된다(그림 12.4 참조). BI

그림 12.4 비즈니스 인텔리전스의 사용자

일반 사용자들은 BI 산출물의 소비자들인 반면에, 고급 사용자들은 보고서, 새로운 분석, 모델, 예측 등의 생산자들이다.

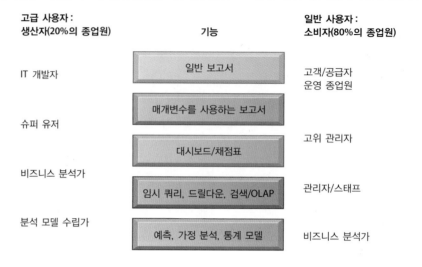

사용자의 80% 이상은 일반 보고서에 주로 의존하는 일반적인 사용자들이다. 고위 경영자들은 대시보드나 채점표와 같은 시각적 인터페이스를 이용하여 기업 활동을 감시하기 위해서 BI를 사용한다. 중간 관리자들과 분석가들은 쿼리를 입력하고 단면 자르기(slicing and dicing)를 통해서 데이터를 다양한 차원에서 분석하는 등 데이터와 소프트웨어에 몰두하게 된다. 운영 종업원들은 고객 및 공급자들과 함께 미리 설정된 보고서들을 주로 참고한다.

운영 관리자와 중간 관리자를 위한 의사결정 지원

운영 관리자와 중간 관리자의 주된 임무는 공장에서의 기계 고장 시간에서부터 식품가맹점의 일자별 또는 시간별 매출액 또는 회사 웹사이트의 일간 방문자 수 등까지 사업의 핵심항목들의 성과를 감시하는 것이다. 이들 관리자들이 내리는 의사결정은 상당히 구조적인 의사결정들이다. 제2장에서 소개한 경영정보시스템(MIS)은 이런 유형의 의사결정을 지원하기 위해서 중간 관리자들이 일반적으로 사용한다. 중간 관리자들은 갈수록 점점 더 이러한 보고서를 온라인으로 받을 수도 있고, 사건이 발생한 이유를 발견하기 위해서 대화식으로 데이터를 쿼리할 수도 있다. 이 계층의 관리자들은 특정 지역의 매출액이 기대 수준 이하로 하락하거나 종업원들이 치과치료 지원금을 개별 한도를 초과하여 청구하는 등 예외적인 상황만을 강조하여 나타내주는 예외 보고서에 주로 의존한다. 표 12.6은 비즈니스 인텔리전스를 위한 MIS를 예시한 것이다.

준구조적 의사결정을 위한 지원

일부 관리자들은 '고급 사용자'들이며, 스스로 보고서를 만들고, 데이터 패턴을 발견하고 비즈니스 시나리오의 새로운 대안들을 모델링하고 특정 가정들을 검정하기 위해서 복잡한 분석이나 모델 사용을 원하는 훌륭한 분석가들이다. 의사결정지원시스템(DSS)은 이런 유형의 사용자들에게 준구조적인 의사결정을 지원하기 위한 BI 제공 플랫폼이다.

DSS는 가정(what-if) 분석이나 다른 분석들을 하기 위해서 수리적 또는 분석적 모델들을 광범위하게 사용하므로 MIS에 비하여 모델에 대한 의존도가 높다. 이미 알려져 있거나 가정된 조건에서 분석을 실시하는 '가정' 분석은 사용자들이 어떤 값들을 변경시켜 가면서 실제로 그 값이 변경되었

표 12.6 MIS 응용시스템의 예

기업	MIS 응용 프로그램
캘리포니아 피자키친	인벤토리 익스프레스(Inventory Express) 응용 프로그램은 각 레스토랑의 주문 유형을 기억하고 메뉴당 사용되는 재료의 주문량을 관리자들이 미리 설정해둔 수치와 비교한다. 이 시스템은 주문량이 일치하지 않는 레스토랑을 확인하고 그 관리자들에게 주문량을 확인하도록 통지한다.
블랙앤비치	인트라넷 MIS는 미 전역에 걸친 다양한 프로젝트의 건축비용을 추적한다.
타코벨	타코(Total Automation of Company Operations, TACO)시스템은 식재료, 인건비, 현재까지의 원가 등에 대한 정보를 매장별로 제공한다.

을 때 예상되는 결과를 검토해볼 수 있게 한다. 제품가격을 5% 인상한다면 어떻게 될까? 또는 광고예산을 100만 달러 증액한다면 어떻게 될까? **민감도 분석**(sensitivity analysis)은 몇 가지 변수의 값을 여러 차례 변경해보면서 결과값들의 범위를 예측하기 위해 가정 질문을 반복적으로 실행한다(그림 12.5 참조). 역방향 민감도 분석은 의사결정자들의 목표 탐색을 돕는다. 만일 내년에 100만 개를 판매하려면 제품 가격을 얼마나 인하해야 하는가?

제6장에서는 비즈니스 인텔리전스의 핵심기술 중 하나로 다차원 데이터 분석과 OLAP를 설명하였다. 스프레드시트는 '고급 사용자'인 관리자들과 분석가들이 비즈니스 정보에서 준구조적 의사결정에 유용한 패턴을 찾고 이해하기 위해서 사용하는 다차원 분석과 유사한 **피벗 테이블**(pivot table) 기능이 있다.

그림 12.6은 경영 교육에 관한 비디오와 도서를 온라인으로 판매하는 어떤 회사의 주문거래를 분석하기 위한 엑셀의 피벗 테이블을 나타낸 것이다. 이 테이블은 각각의 고객 주문을 판매지역과 고객 접촉방법(웹 배너 광고 또는 이메일) 2개 차원의 관련성을 나타내고 있다. 지역뿐만 아니라 고객 접촉방법에 따라 고객 주문에 차이가 있는가? 피벗 테이블은 대부분의 고객들은 서부지역에서 주문을 하였고, 모든 지역에서 배너 광고가 보다 효과적이라는 것을 보여주고 있다.

과거에는 이러한 모델링의 대부분이 스프레드시트나 독립적인 데이터베이스를 이용하여 수행되었다. 오늘날 이런 기능들은 더 큰 전사적 BI 시스템에 포함되어 대용량의 전사 데이터베이스의 데이터들을 분석할 수 있게 되었다. BI 분석 도구들도 앞에서 언급하였던 고급 모델링 도구들을 포함

그림 12.5 민감도 분석

이 표는 넥타이의 판매가격과 단위당 변동비용이 변함에 따라 제품의 손익분기점이 어떻게 변하는지에 대한 민감도 분석의 결과이다. 즉, "판매가격과 단위당 변동비용이 한 단위씩 증가하거나 감소할 때의 손익분기점은 얼마인가?"라는 질문에 답하고 있다.

총고정비용	19000					
단위당 변동비용	3					
평균 판매가격	17					
공헌 이익	14					
손익분기점	1357					
				단위당 변동비용		
판매량	1357	2	3	4	5	6
가격	14	1583	1727	1900	2111	2375
	15	1462	1583	1727	1900	2111
	16	1357	1462	1583	1727	1900
	17	1267	1357	1462	1583	1727
	18	1188	1267	1357	1462	1583

그림 12.6 **고객의 지역적 분포와 광고 방법을 분석하는 피벗 테이블**

피벗 테이블을 이용하여 온라인 교육회사의 고객 데이터를 판매지역과 고객 접촉방법의 관점에서 분석할 수 있다.

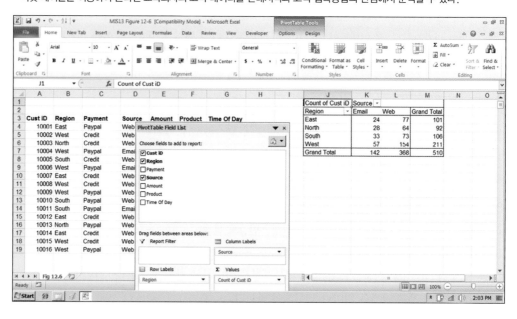

하게 되었다. 이러한 기능들은 프로그레시브 보험사(Progressive Insurance)가 보험상품에 대한 최적의 고객들을 찾을 수 있도록 도와주었다. 쉽게 사용할 수 있는 보험산업의 데이터를 이용하여 프로그레시브는 고객들을, 대학교육을 마친 30대 이상으로서 신용등급이 특정 등급 이상이고 지금까지 사고 경험이 없는 오토바이 애호가 등과 같이 세분화하고, 이들 소규모 집단을 '셀(cell)'이라 하였다. 각 '셀'에 대해서 집단별로 특징적인 보험손실의 요소들과 밀접한 관련이 있는 요인들을 찾기 위해서 회귀 분석을 실시하였다. 그다음에 셀별로 보험료를 결정하고, 이들 보험료 정책이 회사에 수익을 가져올 수 있는지를 확인하기 위해서 시뮬레이션 소프트웨어를 사용하였다. 이런 분석 도구들을 이용하여 프로그레시브는 전통적으로 고위험 고객군에 속하여 다른 보험회사들이 상대하지 않던 고객들에게도 수익을 남기면서 보험을 판매할 수 있었다.

고위 관리자를 위한 의사결정 지원 : 균형성과표와 전사적 성과관리 방법론

제2장에서 소개한 중역지원시스템(executive support system, ESS)의 목표는 전반적 수익성과 기업의 성공에 영향을 미치는 정말로 중요한 성과정보에 최고급(C level) 관리자들이 집중할 수 있도록 돕는 것이다. ESS 개발과 관련하여 두 가지 주제가 있다. 첫째로 특정 기업의 경영자들이 필요로 하는 '정말로 중요한 성과정보'가 무엇인지를 이해할 수 있는 방법론이 우선 있어야 하고, 둘째로 이러한 정보들을 시기에 알맞게 필요한 사람들에게 전달할 수 있는 시스템을 개발해야 한다.

최근에 기업 경영자들이 필요로 하는 정말 중요한 정보들을 이해하는 방법론 중에서 가장 선도적인 것은 **균형성과표 방식**(balanced scorecard method)이다(Kaplan and Norton, 1992, 2004). 균형성과표는 기업성과를 재무, 비즈니스 프로세스, 고객, 학습과 성장의 네 가지 차원에서 측정 가능한 결과에 집중함으로써 기업의 전략계획을 실행하려는 프레임워크이다(그림 12.7 참조).

각 차원의 성과들은 **핵심 성과지표**(key performance indicator, KPI)에 의해서 측정되는데, 이들 지표들은 각 차원에서 기업이 얼마나 성과를 내고 있는지를 이해할 수 있도록 고위 관리자들이 제안한다. 예를 들면 온라인 소매상이라면 주문품이 고객에게 전달되기까지의 평균 배달시간을 고객

그림 12.7 균형성과표 프레임워크

균형성과표 프레임워크에서는 기업의 전략적 목표가 재무, 비즈니스 프로세스, 고객, 학습과 성장의 네 가지 차원에서 실행된다. 각 차원은 다양한 KPI를 이용하여 측정된다.

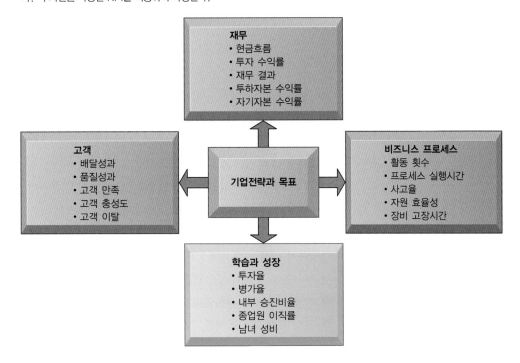

차원 성과목표의 달성 정도를 측정하기 위한 주요 지표로 사용할 수 있다. 은행이라면 신규 고객 계좌 개설과 같은 기본적인 업무를 수행하는 데 소요되는 시간을 비즈니스 프로세스 성과를 측정하기 위한 KPI로 사용할 수 있다.

균형성과표 프레임워크는 재무성과 외에 다른 차원들에도 집중한다는 점에서 '균형'을 이루고 있다. 이런 관점에서 재무성과는 과거 활동의 결과로 과거의 역사이다. 관리자들은 비즈니스 프로세스 효율성, 고객 만족, 직원 훈련 등과 같은 현재에 영향을 미치는 활동들에 집중해야 한다. 컨설턴트와 고위 관리자들이 균형성과표를 만들면, 다음 단계는 각 핵심 성과지표에 대한 정보들이 임원진들과 다른 경영자들에게 자동적으로 흐를 수 있도록 만들어야 한다('토론방 : 앤섬, 더 많은 비즈니스 인텔리전스의 혜택을 받다' 참조). 이러한 시스템이 구축되면 이들 시스템을 ESS라 부른다.

관련된 또 다른 대중적 관리방법론으로 **비즈니스 성과관리**(business performance management, BPM)가 있다. 2004년에 오라클, SAP, IBM과 같이 전사적 시스템과 데이터베이스 시스템을 판매하는 기업들에 의해서 주도된 산업 단체에서 처음 정의된 BPM은 차별화, 저비용 생산, 시장점유율 확대, 사업 영역 등의 기업전략을 체계적으로 운영목표로 전환하고자 한다. 일단 전략과 목표가 정해지면 목표 달성 정도를 측정할 수 있는 KPI들을 개발한다. 그러면 기업성과는 기업의 전사적 데이터베이스에서 만들어지는 정보들을 이용하여 측정된다. BPM은 균형성과표와 같은 개념을 사용하지만 전략적 성향을 더 많이 가지고 있다.

ESS를 위한 기업 데이터들은 기존의 전사적 애플리케이션, 즉 전사적 자원관리(ERP), 공급사슬관리(SCM), 고객관계관리(CRM) 등에 의해서 제공된다. ESS는 뉴스 서비스, 금융시장 데이터베이스, 경제정보, 기타 고위 관리자들이 원하는 외부 데이터에 대한 접근을 제공한다. ESS는 관리자

앤섬, 더 많은 비즈니스 인텔리전스의 혜택을 받다

앤섬은 미국에서 규모가 가장 큰 건강보험회사 중 하나이다. 미국인 8명 중 1명은 앤섬과 제휴된 보험을 통해서 의료보험 보상을 받고 있다. 앤섬은 치과보험, 안과보험, 행동건강 서비스, 장기요양보험과 유연 지출 계정 등과 같은 의료보험과 다양한 특수보험을 판매하고 있다. 앤섬은 인디애나 주 인디애나폴리스에 본사가 있으며, 2017년에는 900억 달러 이상의 수익을 올렸다.

앤섬은 사기와 낭비를 줄이고, 고객을 새로 발굴하고, 자신들의 보험상품을 상황에 맞게 조정하고, 건강관리 비용을 낮추기 위해서 데이터를 분석해 온 업계의 선도자이다. 예를 들면 각 개인의 응급실 방문 또는 심장마비의 위험성을 결정하기 위해서 보험금 청구, 임상 데이터, 전자 건강 기록, 실험실 결과, 콜센터에서 수집한 데이터를 분석한다. 이러한 정보들을 개선의 기회와 추가적인 서비스 또는 건강 코칭으로부터 이익을 얻을 수 있는 개인들을 찾아내는 데 활용하였다.

앤섬은 이제는 또, 전략적 자원으로 종업원들을 어떻게 배치하고 개발시킬 것인가에 대한 더 정확한 의사결정을 내리기 위해서 내부적으로 분석기술들을 적용하고 있다. 앤섬은 56,000명의 종업원을 채용하고 있는데, 다음과 같은 질문에 더 잘 대답할 수 있게 되었다: 미국 전역과 콜로라도 스프링스의 콜센터 직원들의 이직률은 얼마인가? 이러한 이직의 비용은 얼마인가? 우수 사원에 대해서는 특별히 보상하고 있는가? 앞으로 몇 년 이내에 퇴직할 간호사는 몇 명인가? 고용시간 수치와 전국 실업률과의 관계는 무엇인가?

앤섬은 내부와 제3자 데이터를 이용하여 앤섬의 인적자원부서와 다른 사용자들이 데이터에 접속하고 이러한 질문을 할 수 있도록 지원하는 대화형 '종업원 인텔리전스' 대시보드를 갖춘 인적 데이터 센터(PDC) 포털을 새로 만들었다. 이 포털은 이해하고 조작하기 쉬운 대시보드, 그래픽, 보고서, 기타 매우 시각적인 형식으로 데이터를 56,000명의 종업원들에게 제공하고 있다.

고급 '임원성과표' 기능은 단기와 장기 계획에 사용할 수 있도록 인적자원 수치와 사업성과 간의 관계를 탐색한다. 어떤 성과표는 고객 증가율, 앤섬의 순고용률과 내부 및 외부 노동과 관련된 총비용 관계를 나타낸다. PDC는 채용에서 퇴직까지의 인적자원 운영에 대한 총 7개의 대시보드, 좀 더 자세한 분석을 위해서 사용자들이 드릴다운이 가능한 50개의 요약 보고서, 관련된 데이터와 훈련원에 대한 링크를 제공한다.

보다 정교한 데이터 분석을 개발하고, 사용자들이 이들 데이터를 사용할 수 있도록 지원하기 위해 MBA, 박사, 공인회계사 등을 구성원으로 하는 인재 평가팀을 구성하였다. 예를 들면 잦은 결근이나 직원 이직을 줄이는 데 관련이 있는지를 결정하기 위해 인재 평가팀은 앤섬의 건강팀과 함께 회사 건강 점수를 사용하여 종업원들에 대한 데이터를 조사하기 위한 공동 작업을 수행하였다. 팀은 매달 기업성과, 종업원들의 건강 프로그램 참여율, 잦은 결근의 감소율과 같은 다양한 지표를 이용하여 데이터를 다양한 관점에서 분석하고 있다. 예를 들면 포털의 통찰력 스포트라이트 부분에서의 분석을 강조하면서 어떤 달에는 앤섬의 노동자들을 세대별로 구간을 나누어서 기업성과에 대한 잠재적 파급효과를 조사하였다.

PDC는 오라클 인적자원관리(HCM) 클라우드와 오라클 비즈니스 인텔리전스 클라우드 서비스를 사용한다. 오라클 HCM 클라우드는 인재관리와 인력관리를 위한 도구를 포함하여 인적자본관리(인적자원관리)를 위한 도구를 클라우드에서 지원하는 것이다. 오라클 비즈니스 인텔리전스 클라우드 서비스는 회사의 모든 직원이 사용할 수 있도록 강력한 데이터 분석 도구를 클라우드 서비스로 제공하고 있다. 서비스는 임시 쿼리와 분석, 대화형 대시보드, 보고서 등의 도구를 포함하고 있다. 앤섬의 오라클 기반 클라우드 플랫폼은 배치하는 데 6개월이 걸리지 않았다.

앤섬의 인력관리 및 인재관리 데이터들은 서로 다른 많은 시스템과 스프레드시트에 분산되어 있어서 통합하고 비교하는 것이 매우 어려웠다. "이직률은 얼마인가?", "몇 명이나 채용해야 하는가?"와 같은 기본적인 질문에 대해서도, 심지어 같은 지역의 같은 그룹 내에서도 응답자에 따라서 서로 다르게 대답하였다. HR 부서의 구인, 채용, 승진, 직원개발 프로그램을 개선하기 위해서 앤섬은 더 나은 분석도구와 데이터에 대해서 하나의 전사적인 표준 관점이 필요하였다.

PDC는 감정 분석(제6장 참조)이 가능하다. 포털은 직원들이 이모티콘과 문자 입력을 사용하여 자신들의 의견에 대해서 목소리를 낼 수 있는 채널을 가지고 있다. 시스템은 이러한 진행 중인 감정을 분석하여 팀의 활력에 대한 보고서를 작성하여 경영진들이 잠재적 생산성 위험을 식별하고 다룰 수 있도록 돕고 있다. 앤섬은 프로세스를 개선하거나 자원의 우선순위를 재조정하는 것과 같이 즉각적인 조치를 취할 수 있는 정보들을 자주 발견하였다.

앤섬의 인재 평가팀은 인적자원부서 이외의 다른 부서에서도 데이터를 더 잘 사용할 수 있도록 지원하고 있다. 다른 부서에서 온 직원들은 일반적으로 자신의 부서 데이터에만 접속이 가능하였다. 인재 평가팀은 자기 부서의 데이터를 HR 데이터와 통합하여, 경력이 우수한 자기 부서의 직원이 회사 내의 다른 부서의 직원과 비교하여 얼마나 잠재력이 우수한지를 알 수 있게 해준다. 팀은 첫해의 직원 이탈을 정확히 예측하고 직원 이직의 원인을 규명하는 모델을 개발하였다. 앤섬의 경영진들은 이 정보를 이용하여 직원 유지율을 높이고, 향후 채용에 대한 보다 정확한 계획을 세울 수 있었다.

출처 : Rob Preston, "People Data Central," *Profit Magazine*, Winter 2018; Michael Singer, "Anthem Prescribes Oracle Analytics for Talent Lifecycle," blogs.oracle.com, February 26, 2018; www.antheminc.com, accessed April 24, 2018; and Jennifer Bresnick, "Borrowed from Retail, Anthem's Big Data Analytics Boost Member Engagement," *HealthIT Analytics*, August 4, 2017.

사례연구 문제

1. 왜 앤섬은 HR에 대한 더 나은 데이터와 분석 도구가 필요했는가? 앤섬이 더 나은 HR 데이터와 분석 도구가 필요하게 된 경영, 조직, 기술 요소들은 무엇인가?
2. PDC 포털의 비즈니스 인텔리전스 기능을 서술하라.
3. 앤섬의 새로운 분석 도구들로부터 혜택을 받게 되는 사내 집단은 누구인가?
4. 앤섬의 새로운 데이터 분석 기능은 HR 부서를 어떻게 변화시켰는가?

들에게 데이터에 대한 보다 자세한 관점을 제공하기 위해서 **드릴다운**(drill-down) 기능도 중요하게 제공한다.

잘 설계된 ESS는 고위 관리자들이 조직성과를 감시하고, 경쟁자의 활동을 추적하고, 시장조건의 변화를 인식하며, 문제와 기회를 확인할 수 있도록 지원한다. 회사 조직도의 아랫부분에 있는 종업원 역시 자신이 책임을 맡고 있는 분야의 비즈니스 성과를 감시하고 측정하기 위해서 이러한 시스템을 사용할 수 있다. 이러한 비즈니스 인텔리전스 시스템이 정말 유용하기 위해서는 정보들이 '실행 가능한', 즉 의사결정을 할 때 바로 사용할 수 있고 사용하기 쉬워야 한다. 사용자들이 받은 보고서에서 특정 수치를 찾는 데 어려움이 있다면 종업원의 생산성과 비즈니스 성과는 어려움을 겪게 될 것이다.

그룹 의사결정지원시스템(GDSS)

지금까지 설명했던 시스템은 개인의 의사결정에 주로 초점을 맞추었다. 그러나 만일 팀원의 일원으로 의사결정을 해야 한다면 어떻게 될까? **그룹 의사결정지원시스템**(group decision support system, GDSS)은 이러한 목적을 위해서 있다. 제2장에서 소개한 것과 같이 협업 환경은 같은 장소 또는 서로 다른 장소에서 비구조적인 문제에 대한 해결책을 찾기 위해서 그룹으로 함께하는 의사결정자들을 지원하는 데 사용될 수 있다. 원래 GDSS는 그룹 의사결정을 지원하는 특별한 하드웨어와 소프트웨어 도구를 갖춘 전용회의실을 필요로 하였다. 그러나 오늘날의 GDSS의 기능은 데스크톱 컴퓨터의 성능, 모바일 컴퓨팅의 폭발적인 증가, 와이파이와 무선 네트워크 대역폭의 빠른 확장과 함께 진화하고 있다. 이동이 자유로운 직원과 고품질 비디오와 오디오 환경의 데스크톱 컴퓨터에 앉아 있는 동료들을 연결할 수 있는 훨씬 비용이 저렴하고 유연한 가상 협업실로 전용실들이 대체될 수 있다.

예를 들면 시스코의 협업 회의실(CMR) 하이브리드는 WebEx 비디오 소프트웨어를 통하여 어떤 단말기를 이용해서도 일련의 종업원들과 회의를 할 수 있도록 지원하는데, WebEx는 특별한 네트워크 접속이나 특별한 디스플레이 장비, 또는 복잡한 소프트웨어를 필요로 하지 않는다. CMR을 실행시키는 소프트웨어는 회사 내의 서버 또는 클라우드에서 서비스될 수 있다. 회의는 필요할 때 언제나 종업원들이 일정을 잡을 수 있다. 드물기는 하지만 500명까지 참석하는 회의를 CMR은 다룰 수 있다. 온라인 회의와 문서, 오디오, 비디오 공유를 지원하기 위해서 Skype for Business라는 MS 오피스와 결합된 유사한 클라우드 기반 협업 환경을 스카이프는 전개하기 시작하였다.

12-5 MIS는 내 경력에 어떤 도움이 되는가?

다음은 제12장과 이 책이 초급 데이터 분석가로서 직업을 찾는 데 어떻게 도움이 되는지 설명한다.

회사

콜로라도 대도시권에 있는 덴버의 주요 의료 서비스 공급자인 웨스턴 웰 헬스(Western Well Health)는 운영/임상부서에서 데이터 분석과 보고를 담당할 초급 데이터 분석가를 모집한다. 회사의 의료 서비스 네트워크는 콜로라도와 서부 캔자스 주 지역의 18개의 병원, 6개의 노인 생활 공동체, 긴급 진료소, 협력 병원, 자택 요양과 호스피스 서비스를 포함한다.

직무 기술

데이터 분석가는 만족도 조사 프로그램, 치료의 품질에 대한 벤치마킹과 추적, 임상 결과 실적, 자산 활용 등을 포함하는 다양한 품질과 성과 측정 계획의 조정을 책임진다. 맡을 직무는 다음과 같다.

- 핵심 이해관계자들과 의사결정자들을 위한 보고서를 작성하기 위해서 SAS 데이터, MS 액세스 데이터베이스, 외부 웹사이트, 비즈니스 인텔리전스 플랫폼에 기반한 데이터 분석 수행
- 인터뷰, 문서 분석, 요구사항 연수회, 현장 방문, 유스 케이스, 데이터 분석, 워크플로 분석 등을 이용하여 데이터와 보고 요구사항을 도출
- 보고서 설계, 유지보수, 배포 업무와 보고서를 균형성과표로 통합하는 업무를 스태프들과 함께 진행
- 최종사용자 사양과 품질 보증 절차에 맞게 필요에 따라 데이터베이스와 보고서를 분석, 테스트, 수정
- 사용성을 개선하고, 사용자 채택을 증진시키며, 지원을 간소화하기 위하여 비즈니스 인텔리전스 보고 도구, 대시보드, 모바일 BI를 개선하는 것을 지원

직무 요구사항

- 정보시스템 또는 통계학 학사학위
- 마이크로소프트 액세스, SQL과 비즈니스 오브젝트, SAS BI, 태블로 같은 비즈니스 인텔리전스 도구에 대한 지식
- 데이터 관리, 분석, 정보시스템 경험 선호
- 의료 사업과 의료기록시스템에 대한 지식 우대
- 프로젝트 관리기술과 경험 우대

인터뷰 질문

1. 비즈니스 인텔리전스 소프트웨어를 사용한 경험이 있는가? 어떤 도구였는가? 어느 수준으로 사용할 수 있는가? 해당 도구를 사용하여 데이터 분석이나 보고서를 작성한 경험을 예를 들어 설명할 수 있는가?
2. 데이터 분석과 비즈니스 인텔리전스 경험에서 사용자에게 친숙하지 않은 도구를 사용해본 적이 있는가? 사용자들을 위해서 도구를 개선하기 위해서 무엇을 추천하겠는가?
3. 사용자들을 위한 분석 보고서를 백지에서 시작해서 개발해본 경험이 있는가? 어떤 BI 도구와 데이터들을 사용하였는가? 보고서를 위한 정보 요구사항을 도출하기 위해서 사용자들과 어떻게 같이 일했는지 좀 더 이야기할 수 있는가?
4. 의료 산업과 전자의료기록에 대해서 무엇을 알고 있는가? 의료기록시스템과 소프트웨어를 사용해본 적이 있는가? 어떤 일들을 했는가?
5. 프로젝트팀에서 일해본 적이 있는가? 어떤 일들을 책임 맡았는가? 지도자 역할을 수행하였는가?

저자 조언

1. 의사결정에 대한 이 장의 첫 2개 절과 데이터 관리에 대한 제6장과 시스템 구축과 정보 요구사항에 대한 제13장을 복습한다.
2. 회사에 대한 좀 더 많은 조사를 위해서 웹을 사용한다. 회사의 전략, 경쟁회사, 사업상 도전과제 등에 대해서 추가로 조사한다. 이뿐만 아니라 지난 12개월 동안의 회사 소셜 미디어 채널을 검토한다. 추세나 소셜 미디어 채널이 집중하는 것 같은 어떤 주제가 있는가?
3. 직업에 필요한 BI 소프트웨어 경험이 없다면, 이런 도구들에 대해서 좀 더 배우기 위해서 그리고 다른 의료 기업들이 어떻게 이들 도구들을 사용하는지 알기 위해서 웹을 사용하라. 맥킨지 앤 컴퍼니, 보스턴 컨설팅 그룹, 베인 앤 컴퍼니, 액센츄어와 같은 주요 컨설팅 회사의 웹사이트를 방문해서 기술이 의료 서비스 산업을 어떻게 변화시키는지에 대한 연구기사를 읽어보자.
4. 수업에서 자신이 작성한 쿼리/보고서 작업이나 자신의 마이크로소프트 액세스 활용능력의 예제를 지참하자.

요약

12-1 의사결정의 유형은 무엇이고, 의사결정은 어떤 과정으로 이루어지는가?

조직의 상이한 수준들(전략, 관리, 운영)은 각기 서로 다른 의사결정 요구사항을 가지고 있다. 의사결정은 구조적 · 준구조적 · 비구조적으로 나눌 수 있는데, 구조적 의사결정은 조직의 운영 수준에 밀집되어 있고, 비구조적 의사결정은 전략 수준에 밀집되어 있다. 의사결정은 개별적으로나 그룹으로 수행될 수 있으며 운영 관리자, 중간 관리자, 고위 관리자뿐만 아니라 일반 직원을 포함한다. 의사결정 과정은 탐색, 설계, 선택, 구현의 4단계로 설명된다.

12-2 정보시스템은 관리자의 활동과 경영 의사결정을 어떻게 지원하는가?

관리자 활동에 대한 초기의 전통적인 모델들은 계획, 조직, 지휘, 조정, 통제 기능을 강조하였다. 관리자의 실제 행동을 조사한 최신 연구들은 관리자의 실제 활동이 매우 단편적이고 다양하며 기간이 짧고, 현대의 관리자들은 야심차고 완전한 정책 결정에 소극적이라는 것을 발견하였다.

정보기술은 관리자에게 그들의 전통적인 역할과 새로운 역할 양측을 수행하기 위한 새로운 도구를 제공하여 그들이 이전보다 훨씬 더 정확하고 빠르게 모니터, 계획, 예측을 할 수 있게 하고, 변화하는 기업 환경에 좀 더 빠르게 반응할 수 있게 한다. 정보시스템은 정보를 확산하고, 조직 계층 간을 연결하고, 자원을 분배하는 관리자 역할을 지원하여 관리자에게 가장 큰 도움이 되었다. 그러나 정보시스템은 비구조적 의사결정을 지원하는 데는 덜 성공적이다. 정보시스템이 유용해도 정보의 질, 관리자 여과, 조직 문화 때문에 의사결정의 가치가 저하될 수 있다.

12-3 비즈니스 인텔리전스와 비즈니스 분석은 어떻게 의사결정을 지원하는가?

비즈니스 인텔리전스와 분석은 의사결정자들에게 정확하고 거의 실시간에 가까운 정보를 제공하도록 약속하고, 분석 도구들은 의사결정자들이 신속하게 정보를 이해하고 필요한 조치를 취할 수 있도록 도와준다. 비즈니스 인텔리전스 환경은 비즈니스 환경에 대한 데이터, 비즈니스 인텔리전스 인프라, 비즈니스 분석 도구 세트, 관리직 사용자와 방법론, BI 전달 플랫폼(MIS, DSS, ESS), 사용자 인터페이스로 구성되어 있다. 이러한 목표를 달성하기 위해서 BI 시스템은 사전에 정의된 일반 보고서, 매개변수를 사용하는 보고서, 대시보드와 채점표, 임시 쿼리와 검색, 데이터에 대한 상세한 관점을 분석할 수 있는 드릴다운 기능, 시나리오를 만들고 예측할 수 있는 기능 등과 같은 여섯 가지 분석 기능을 제공한다. BI 분석은 빅데이터를 처리하기 시작하였다. 예측 분석, 위치 분석, 운영적 인텔리전스들은 중요한 분석 기능들이다.

12-4 조직 내 의사결정 구성원들은 어떻게 비즈니스 인텔리전스를 사용하는가? 그룹으로 일하는 사람들이 좀 더 효율적인 의사결정을 하도록 돕는 정보시스템의 역할은 무엇인가?

운영 관리자들과 중간 관리자들은 일반적으로 기업성과의 감시를 담당하고 있다. 이들이 내리는 대부분의 의사결정들은 구조적인 의사결정이며, 일상적인 일반 보고서를 만드는 경영정보시스템(MIS)은 일반적으로 이런 유형의 의사결정을 지원한다. 비구조적 의사결정을 위해서 중간 관리자들과 분석가들은 스프레드시트와 피벗 테이블 등의 분석과 모델링 도구들을 갖춘 의사결정지원시스템(DSS)을 사용한다. 비구조적 의사결정을 수행하는 고위 관리자들은 기업의 전반적인 수익성, 성공, 전략 등에 영향을 미치는 핵심 성과정보를 표시해주는 대시보드나 시각적 인터페이스를 사용한다. 균형성과표와 비즈니스 성과관리는 중역지원시스템(ESS)을 설계할 때 사용되는 두 가지 방법론이다. 그룹 의사결정지원시스템(GDSS)은 그룹 내에서 함께 일하는 사람들이 보다 효율적으로 합의에 도달하도록 지원한다.

주요 용어

관리적 역할	그룹 의사결정지원시스템(GDSS)	민감도 분석
구조적 의사결정	대인관계의 역할	비구조적 의사결정
구현	데이터 시각화	비즈니스 성과관리(BPM)
균형성과표 방식	드릴다운	선택

설계	전통적 관리 모델	피벗 테이블
예측 분석	정보관리의 역할	핵심 성과지표(KPI)
운영적 인텔리전스	준구조적 의사결정	행동 모델
위치 분석	지리정보시스템(GIS)	
의사결정의 역할	탐색	

복습 문제

12-1 의사결정의 유형은 무엇이고, 의사결정은 어떤 과정으로 이루어지는가?

- 각기 다른 의사결정의 수준과 의사결정의 구성원들을 열거하고 설명하라. 이들의 의사결정 요구사항이 어떻게 다른지 설명하라.
- 비구조적 · 준구조적 · 구조적 의사결정의 차이점을 설명하라.
- 의사결정의 각 단계를 열거하고 설명하라.

12-2 정보시스템은 관리자의 활동과 경영 의사결정을 어떻게 지원하는가?

- 전통적 모델과 행동 모델에서 설명하는 관리자 행동을 비교하라.
- 정보시스템이 지원할 수 있는 구체적인 관리자의 역할을 확인하라.

12-3 비즈니스 인텔리전스와 비즈니스 분석은 어떻게 의사결정을 지원하는가?

- 비즈니스 인텔리전스와 비즈니스 분석을 정의하고 설명하라.
- 비즈니스 인텔리전스 환경의 요소들을 열거하고 설명하라.
- BI 시스템이 제공하는 분석 기능들을 열거하고 설명하라.
- 예측 분석, 위치 분석, 운영적 인텔리전스를 정의하고, 각각의 예를 제시하라.

12-4 조직 내 의사결정 구성원들은 어떻게 비즈니스 인텔리전스를 사용하는가? 그룹으로 일하는 사람들이 좀 더 효율적인 의사결정을 하도록 돕는 정보시스템의 역할은 무엇인가?

- 조직 내의 주요 의사결정 구성원들을 열거하고, 각 구성원이 내리는 의사결정의 유형을 설명하라.
- MIS, DSS, ESS가 이들 구성원 그룹의 의사결정을 어떻게 지원하는지 설명하라.
- 균형성과표 방식과 비즈니스 성과관리를 정의하고 설명하라.
- 그룹 의사결정지원시스템(GDSS)을 정의하고 DSS와 어떻게 다른지 설명하라.

토의 문제

12-5 정보시스템의 관리자나 사용자로서 DSS나 ESS의 설계와 사용에 참여하기 위해 알아야 하는 것은 무엇인가? 그 이유는 무엇인가?

12-6 기업에서 DSS, GDSS, ESS의 사용이 증가되면, 관리자들과 직원들은 더 나은 의사결정을 하는가? 그렇다면 또는 그렇지 않다면 그 이유는 무엇인가?

12-7 비즈니스 인텔리전스와 비즈니스 분석은 비즈니스 전략을 정제하는 데 얼마나 도움이 되는가? 자신의 답을 설명해보라.

MIS 실습 과제

이 절의 프로젝트는 판매 데이터를 분석하기 위한 스프레드시트 피벗 테이블과 재무 계획을 위한 온라인 퇴직 계획 도구를 사용하여 DSS의 기회를 확인할 수 있는 실무 경험을 제공한다.

경영 의사결정 문제

12-8 스바루(Subaru)와 다른 자동차의 딜러들은 자신들이 판매하고 서비스한 자동차의 주행거리를 기록하고 있다. 주행거리 데이터는 고객들에게 정기 검사일이 언제인지를 알려주는 데 사용되지만, 다른 용도로도 사용될 수 있다. 이러한 데이터들은 자동차 딜러들에게 어떤 의사결정을 지원하는가? 자동차 생산업체들에게는 어떤 의사결정을 지원하는가? 주행거리를 30,000 대신에 130,000으로 기록하는 경우와 같이 이런 데이터에 오류가 있으면 어떤 일들이 발생하는가? 데이터 오류는 의사결정에 어떤 영향을 미치는가? 오류가 비즈니스에 미치는 영향을 평가하라.

12-9 애플비(Applebee's)는 미국 전역에 1,900개의 매장을 보유하고 있고, 전 세계 20여 개국에 진출해 있는 외식업 체인이다. 햄버거, 파스타, 해산물, 쇠고기, 닭고기, 돼지고기 요리들을 주로 취급한다. 애플비의 CEO는 더 맛있고, 고객들이 원하고, 유류비와 농산물 가격이 인상되고 있지만 고객들이 기꺼이 지불하기를 원하는 새로운 메뉴를 개발하여 외식업체들의 수익성을 높이기를 원했다. 경영진들이 이런 전략을 실행하는 데 비즈니스 인텔리전스가 어떻게 도움을 줄 수 있는가? 애플비는 어떤 데이터들을 수집해야 하는가? 경영자들이 메뉴와 수익성을 개선하기 위한 의사결정을 내리는 데 어떤 보고서들이 유용할 수 있는가?

의사결정 능력 개선 : 은퇴계획을 위한 웹 기반 DSS의 사용

소프트웨어 기술 : 인터넷 기반의 소프트웨어

경영 기술 : 재무 계획

12-10 이 프로젝트는 재무 계획을 위한 웹 기반 DSS 사용 기술의 개발을 도울 것이다.

CNN 머니(CNN Money)와 키플링거(Kiplinger) 웹사이트는 재무 계획과 의사결정을 위한 웹 기반 DSS를 제공하고 있다. 퇴직을 계획하기 위해서 둘 중 하나의 사이트를 선택하여 퇴직 후 충분한 소득을 얻기 위해 얼마나 저축해야 하는지를 알아보자. 현재 50세 독신이며, 17년 후에 퇴직할 계획이다. 10만 달러가 저축되어 있고, 현재의 연간 소득은 8만 5,000달러이고, 은퇴 후에 사회보장연금을 포함하여 연간 6만 달러의 퇴직 후 소득을 얻는 것이 목표이다.

위에서 선택한 웹사이트를 이용하여 은퇴 후 목표를 달성하기 위해 얼마나 저축해야 하는지를 계산하라. 사회보장연금의 추정액을 계산해야 한다면, 사회보장국 웹사이트의 Quick Calculator를 사용하라.

사용의 용이성, 명확성, 도출된 결론의 가치, 투자자가 자신의 재무적 욕구와 금융시장을 이해하는 데 도움을 준 정도 등의 관점에서 해당 사이트를 평가하라.

협업 및 팀워크 프로젝트

스포츠 분야의 데이터 기반 분석 조사

12-11 3~4명이 한 팀을 이루어 미식축구, 야구, 농구, 축구 등 종목을 선정하고, 선수들의 경기력 향상과 경기 입장권 매출 증대를 위해서 스포츠단들이 어떻게 데이터와 분석 기능을 사용하고 있는지 웹에서 조사해보자. 가능하면 구글 문서와 구글 드라이브 또는 구글 사이트를 이용해 여러분이 발견한 사항들을 토론하고 수업 시간에 발표할 자료를 준비하라.

터빈에서 제트엔진과 의료장비까지 다양한 제품을 생산하는 전 세계에서 가장 큰 제조기업 중 하나인 제너럴 일렉트릭(GE)은 사업전략과 비즈니스 모델을 기술 중심으로 탈바꿈하고 있다. 2000년부터 2017년까지 GE의 최고경영자를 맡았던 제프리 이멜트는 2020년까지 GE를 세계 10위의 소프트웨어 회사로 변화시키기를 원했다. 이러한 목적으로 GE라는 대기업 안에 GE 디지털을 자신들의 사업으로 2015년에 새로 구축하였다.

GE는 발전기, 제트엔진, 기관차, 정유시설, 이들 장비들을 클라우드에 연결하기 위한 소프트웨어에 집중해 왔다. 고객들이 장비 성능을 감시하고, 고장을 방지하며, 기계의 전반적인 상태를 평가할 수 있도록 돕기 위해서 GE는 산업용 기계에 부착된 센서에서 만들어진 데이터를 이용해 왔다. GE가 전통적인 제조기업에서 현대의 디지털 기업으로 변신하도록 돕는 동시에, GE 고객들이 자신들의 IoT 데이터를 분석할 수 있는 새로운 기회를 이 신기술이 열었다.

기존 설비들의 생산성을 한 자리 숫자만 향상시킬 수 있어도 많은 산업 분야에서는 큰 이익을 남길 수 있다. 이것은 정유와 가스 분야의 실제 이야기이며, 유전의 평균 회수율은 35%에 불과하다. 현재의 기술이 원유를 모두 추출하기에는 비용이 너무 많이 발생하기 때문에 65%의 원유는 땅속에 그대로 남겨두게 된다는 것을 의미한다. 만일 원유 추출회사가 회수율을 35%에서 36%까지 올릴 수 있는 기술이 있다면, 세계 원유 생산량은 800억 배럴이 증가하게 되고, 이것은 전세계 3년치 공급량에 해당한다.

정유와 가스 산업은 장비가 고장 때문에 작동하지 않는 예기치 못한 정지시간 때문에 심각한 영향을 받고 있다. 액화천연가스(LNG) 설비의 하루 가동 중단은 2,500만 달러의 비용을 발생시키고, 중간 규모의 LNG 설비는 평균적으로 연간 5일간의 가동 중단을 경험한다. 이것은 1억 2,500만 달러에서 1억 5,000만 달러의 손실을 의미한다. 특히 에너지 가격의 하락에 따른 수익 악화를 생각하면 정지시간의 최소화는 매우 중요하다.

GE의 산업용 IoT 응용기술의 근간은 프레딕스(Predix)이다. 2015년에 발족된 소프트웨어 플랫폼인 프레딕스는 산업용 센서로부터 데이터를 수집하고, 클라우드에서 정보를 분석한다. 프레딕스는 모든 클라우드 환경에서 동작할 수 있다. 고객들이 보다 쉽고 빠르게 산업용 인터넷과 자신들의 기계를 연결시킬 수 있도록 허용하기 위해서 플랫폼은 표준과 프로토콜을 개방하였다. 모든 고객이 사용하고 있는 현재 수준의 데이터 크기와 규모를 수용할 수 있지만, 수요가 증대함에 따라서 확대할 수 있도록 플랫폼은 설계되었다. 프레딕스는 자체 설비 또는 클라우드에서 제공되는 GE뿐만 아니라 다른 회사가 개발한 앱도 지원할 수 있으며, 자신들의 데이터, 알고리즘, 코드를 사용하고자 하는 고객들에게까지 확장될 수 있다. 고객들은 프레딕스 플랫폼를 이용하여 자신들의 맞춤형 애플리케이션을 개발할 수 있다. GE는 프레딕스에 탑재할 수 있는 앱을 개발하는 개발자 공동체도 역시 구축하고 있다. 프레딕스가 산업용 애플리케이션으로만 제한된 것은 아니다. 예를 들면 프레딕스는 의료시스템의 데이터도 분석할 수 있다. GE는 프레딕스에서 동작하는 의료 클라우드도 운영하고 있다. 데이터 보안 기능이 모든 플랫폼 애플리케이션 층에 내재되어 있는데, 이것은 사업을 인터넷과 연결하고자 하는 기업들에게 필수적이다.

풍력터빈, 제트엔진, 수력발전 터빈시스템과 같은 자신들의 산업용 제품들을 감시하고 유지하기 위해서 GE는 현재 프레딕스를 사용하고 있다. 프레딕스는 유지보수 점검을 위한 일정, 기계 효율성 개선, 정지시간 감축을 위한 실시간 정보를 GE의 기업 고객들의 기계 운영자와 유지보수 엔지니어들에게 제공할 수 있다. 이러한 운영 데이터를 수집하고 사용할 수 있도록 고객들을 선제적으로 지원하는 것은 GE의 서비스 계약비용을 낮출 수 있다. GE가 고객들의 기계에 대한 서비스를 제공하기로 약속할 때, 성능에 대한 보증도 함께하게 된다. 현장 방문에 따른 비용이 발생하는 잠재적인 문제점을 선제적으로 파악하는 것은 고객뿐만 아니라 GE에도 도움이 된다.

2013년 초부터 GE는 자신들의 기계제품군 전반에 걸쳐 데이터를 분석하는 데 프레딕스를 활용하기 시작하였다. 어떤 기계가 보다 효율적이거나 다른 기계에 비해서 고장 나기 쉬운 요인이 무엇인지를 규명해 가면서 GE는 운영을 엄격하게 관리할 수 있었다. 예를 들면 고성능 분석을 통해서 어떤 제트엔진은 예정에 없던 정비를 좀 더 자주해야 한다는 것을 GE는 알게 되었다. 모든 기계제품군 전체에 대한 대규모 데이터를 수집하고 분석하면서 GE는 엔진 데이터를 운영 환경별로 집단화할 수 있었다. 중동과 중국의 덥고 열악한 환경은 엔진을 막히게 하고, 열을 발생시켜 효율성을 잃게 만든다는 것을 GE는 발견하고 유지보수가 더 필요하다는 것을 알게 되었다. 엔진을 자주 세척하면 이러한 문제점이 훨씬 줄어든다는 것도 데이터 분석을 통해서 알게 되었다. 차량 분석은 엔진 수명을 늘리고, 엔진의 유지보수를 줄일 수 있도록 도와주었다. 엔진의 효율성이 증대되면서 고객 항공사들이 연간 제트엔진 항공유 사용액을 평균 700만 달러 절약할 수 있게 되었다.

프레딕스는 GE 고객사들에게 해결책을 제시하기 시작하였다. 미국 내에서 주정부가 소유하고 있는 유틸리티 회사 중에서 가장 규모가 큰, 뉴욕전력청은 GE 디지털과 함께 발전기와 전력망의 효율성을 개선하기 위한 앱을 개발하고 있다. GE와의 시범사업에서 뉴욕전력청은 300만 달러의 비용을 절감하였으며, 다음 10년간 5억 달러를 절감하는 것을 목표로 하고 있다. 영국의 정유 및 가스회사인 브리티시 페트롤륨(BP)은 자신들의 유전 상태를 감시하기 위해서 자사의 소프트웨어에서 프레딕스로 전환하였다. 2015년 말에 BP는 1,000개가 넘는 유전 중에서 650개의 유전에 프레딕스와 연결되어 있는 GE 센서 설치를 마쳤다. 유전별로 압력과 온도를 측정하기 위해서 20~30개의 센서들이 설치되어 있으며, 15초마다 50만 개가 넘는 데이터 항목을 프레딕스 클라우드로 전송하고 있다. BP는 데이터를 분석하여 각 유전의 흐름과 유효 수명을 예측하고, 궁극적으로는 전체 유전들에 대한 성과를 전사적인 관점에서 파악할 수 있기를 기대한다.

GE는 정유 및 가스회사의 가장 큰 도전과제로 송유관 위험관리를 꼽고 있다. 정유 추출에서 가공을 거쳐 시장에 이르는 모든 지점에 석유와 가스를 흐르게 하는 200만 마일에 달하는 송유관이 전 세계에 있다. 송유관 유출이 잦은 것은 아니지만, 사고가 나면 송유관 운영 기업과 에너지회사에 대한 여론이 악화될 뿐만 아니라 심각한 경제적 환경적 손실이 발생한다. 송유관 운영 기업들은 다음 파열이 어디에서 발생할지 알기 위해 항상 걱정했지만, 송유관의 적합성을 측정하기 위한 데이터는 이전까지 부족하였다. 송유관 운영 기업들이 다양한 원천에서 나오는 데이터를 한곳에 모아서 송유관의 위험을 보면서 이해할 수 있는 방법이 없었다.

GE는 오래된 시설들을 감시할 수 있는 위험평가 도구를 포함하여, 송유관의 안전관리를 위하여 중요한 데이터에 접속하여, 관리하고, 통합할 수 있는 송유관 관리 소프트웨어 세트를 개발하였다. GE의 위험평가 솔루션은 내부와 홍수와 같은 외부 요인을 결합하여 송유관의 위험 지점에 대한 정확

한 최신 정보를 시각적 표현으로 나타낸다. 위험 분석 도구는 송유관 운영 기업들이 최근의 사건들이 위험에 미치는 영향을 볼 수 있고, 송유관을 따라서 현장 서비스 요원을 어디에 위치시켜야 할지에 대한 의사결정을 실시간으로 내릴 수 있도록 지원한다. 위험관리 도구의 시각화와 분석 기능은 프레딕스에서 작동된다.

GE는 송유관 네트워크에 대한 좀 더 종합적인 관점을 제공하기 위해서 기상시스템과 채굴보고 서비스로부터 데이터를 받는다. 날씨는 지진활동, 수로, 토사유출에 취약한 지역의 송유관 위험에 상당한 영향을 미친다. 강수 또는 홍수 지역의 수천 마일에 달하는 송유관의 날씨 패턴을 점검하고, 이들 데이터를 다른 복잡한 송유관 데이터들과 통합하는 것을 수작업으로 하기에는 매우 어렵다. 그러나 관련된 모든 데이터를 한곳에 가져오면, GE는 송유관 운영 기업들에게 잠재적 영향이 가장 높을 것으로 예상되는 지점을 쉽게 지정할 수 있는 정보들을 제공한다.

모든 현재의 위험을 검토할 수 있을 뿐만 아니라, 작동 압력의 조정에 따른 영향을 평가하거나 부식이 진행 중인 송유관의 위치를 지정하는 등의 가상적인 시나리오를 모델링할 수 있는 가정(what-if) 분석 계산 도구로부터도 송유관 운영 기업들은 도움을 받을 수 있다. 이러한 조치들이 송유관 위험에 미치는 영향을 색상을 이용하여 보여주는 도구들도 GE는 제공하고 있다.

IoT 데이터를 통합하고 분석하는 자본과 인프라를 갖추고 있는 기업이 많지는 않지만 아마존·마이크로소프트·구글과 같은 대규모 클라우드 서비스를 제공하는 기업들, 오라클·SAP·IBM·SAS와 같은 주요 업무용 소프트웨어를 만드는 기업들, 지멘스·허니웰·ABB와 같은 산업계의 대기업은 물론 C3 IoT·업테이크·포그혼 시스템즈와 같은 신생기업 등 다양한 기업들과 GE는 경쟁하고 있다. GE의 산업계 고객 중에서 지금까지 프레딕스 제품군을 사용하고 있는 비율은 8%에 불과하다.

이멜트의 후임자로 GE 최고경영자에 오른 제프 플래너리는 2017년 11월에 GE 디지털과 프레딕스에 대한 지출을 25% 이상 약 4억 달러를 삭감한다고 발표하였다. 그럼에도 불구하고 디지털 계획은 GE에게 여전히 대단히 중요하며, 플래너리는 프레딕스가 연간 10억 달러의 수익을 창출하기를 원한다. 그러나 플래너리는 좀 더 집중화된 전략을 이용하여 이러한 성과를 얻기를 바란다. 2018년 6월, GE는 디지털 부문의 핵심부서를 구매할 기업을 찾고 있다고 발표하였다.

GE는 광범위한 산업에 걸친 비즈니스 프로세스를 개선하

기 위해서 IoT 데이터를 분석하는 데 필요한 모든 소프트웨어를 개발하는 도전을 너무 과소평가하였다. GE의 기술적 전문성은 파워 제트엔진, 플랜트 터빈, 의료영상장비와 같은 기계를 설계하고 제조하는 데 그리고 공장 운영에 필요한 기계를 제어하는 특별한 소프트웨어를 개발하는 데 있었다. 전체 산업용 인터넷을 위한 모든 종류의 센서와 기계가 만드는 데이터와 빅데이터 분석을 다루는 클라우드 소프트웨어로 신속하게 전환하는 것은 GE 디지털에게 너무 큰 변화였다. GE는 자신들의 전통적 애플리케이션을 프레딕스에 조정하는 데도 어려움을 겪었다. GE는 자신들의 기계를 모니터링하기 위한 많은 알고리즘을 가지고 있었지만, 이들은 대부분 다른 프로그래밍 언어로 작성되어 있었으며, GE 사업부서의 다른 시스템에 설치되어 있었다. 프로그램이 프레딕스에서 작동되도록 변환시키는 것은 시간과 비용이 많이 드는 작업이었다. 프레딕스는 데이터 분석을 자동화하도록 코드층을 연계하던 것과는 반대로 주로 애플리케이션을 작성하는 데 도움을 줄 수 있는 소프트웨어 도구 세트들로 기능이 축소되었다. 이제 GE 디지털은 광범위한 산업계의 다목적 소프트웨어 대신에 GE의 기존 산업계 고객들에 맞는 특정 산업용 애플리케이션 제품을 판매하는 데 집중하고 있다.

출처 : Dana Cimilucca, Dana Mattioli, and Thomas Gryta, "GE Puts Digital Assets on the Block," *Wall Street Journal*, July 30, 2018; Steve Lohr, "GE Makes a Sharp 'Pivot' on Digital," *New York Times*, April 19, 2018; www.ge.com, accessed May 3, 2018; Courtney Biorlin, "GE Predix Platform's Focus Narrows as Flannery Cuts Digital Spending," *Internet of Things Institute*, November 15, 2017; Alwyn Scott, "GE Is Shifting the strategy for Its $12 Billion Digital Business," Reuters, August 28, 2017; Laura Winig, "GE's Big Bet on Data and Analytics," *MIT Sloan Management Review*, February 2016; Devin Leonard and Rick Clough, "How GE Exorcised the Ghost of Jack Welch to Become a 124-Year-Old Startup," *Bloomberg Businessweek*, March 21, 2016; and Holly Lugassy, "GE Leverages Pivotal Cloud Foundry to Build Predix, First Cloud for Industry," CloudFoundry.org, May 11, 2016.

사례연구 문제

12-12 GE는 사업전략과 비즈니스 모델을 어떻게 변화시켰는가? GE의 사업에 있어서 정보기술의 역할은 무엇인가?

12-13 GE는 어떤 사업부서와 경영층의 의사결정에 집중하였는가?

12-14 프레딕스의 지원을 받을 수 있는 의사결정의 세 가지 유형은 무엇인가? 이러한 의사결정으로 GE가 얻은 이익은 무엇인지 설명하라.

12-15 GE는 어느 정도 소프트웨어 기업이 되었는가? 자신의 답을 설명해보라.

참고문헌

Breuker, Dominic, Martin Matzner, Patrick Delfmann, and Jörg Becker. "Comprehensible Predictive Models for Business Processes." *MIS Quarterly* 40, No. 4 (September 2016).

Brynjolfsson, Erik, Tomer Geva, and Shachar Reichman. "Crowd-Squared: Amplifying the Predictive Power of Search Trend Data." *MIS Quarterly* 40, No. 4 (December 2016).

Chen, Daniel Q., David S. Preston, and Morgan Swink. "How the Use of Big Data Analytics Affects Value Creation in Supply Chain Management." *Journal of Management Information Systems* 32, No. 4 (2015).

Davenport, Thomas H. "Analytics 3.0." *Harvard Business Review* (December 2013).

Davenport, Thomas H., and Jill Dyche. "Big Data in Big Companies." *International Institute of Analytics* (May 2013).

Davenport, Thomas H., and Jeanne G. Harris. *Competing on Analytics: The New Science of Winning: Updated, with a New Introduction.* Boston: Harvard Business Review Press (2017).

De la Merced, Michael J., and Ben Protess. "A Fast-Paced Stock Exchange Trips over Itself." *New York Times* (March 23, 2012).

Dennis, Alan R., Jay E. Aronson, William G. Henriger, and Edward D. Walker III. "Structuring Time and Task in Electronic Brainstorming." *MIS Quarterly* 23, No. 1 (March 1999).

Dietvorst, Berkeley J. "When People Don't Trust Algorithms." *MIT Sloan Management Review* (July 5, 2017).

Grau, Jeffrey. "How Retailers Are Leveraging 'Big Data' to Personalize Ecommerce." *eMarketer* (2012).

Hardin, Andrew, Clayton A. Looney, and Gregory D. Moody. "Assessing the Credibility of Decisional Guidance Delivered by Information Systems." *Journal of Management Information Systems* 34, No. 4 (2017).

Kahneman, Daniel. *Thinking, Fast and Slow.* New York: Farrar, Straus and Giroux (2011).

Kaplan, Robert S., and David P. Norton. "The Balanced Scorecard: Measures That Drive Performance." *Harvard Business Review* (January–February 1992).

_____. *Strategy Maps: Converting Intangible Assets into Tangible Outcomes.* Boston: Harvard Business School Press (2004).

Leidner, Dorothy E., and Joyce Elam. "The Impact of Executive Information Systems on Organizational Design, Intelligence, and Decision Making." *Organization Science* 6, No. 6 (November–December 1995).

Luca, Michael, Jon Kleinberg, and Sendhil Mullainathan. "Algorithms Need Managers, Too." *Harvard Business Review* (January–February 2016).

Marchand, Donald A., and Joe Peppard. "Why IT Fumbles Analytics." *Harvard Business Review* (January–February 2013).

Martens, David, Foster Provost, Jessica Clark, and Enric Junqué de Fortuny. "Mining Massive Fine-Grained Behavior Data to Improve Predictive Analytics." *MIS Quarterly* 40, No. 4 (December 2016).

McDonough, Brian. "How Slack Uses Big Data to Grow Its Business." *Information Management* (May 3, 2017).

McKinsey Global Institute. "The Age of Analytics: Competing in a Data-Driven World" (December 2016).

Mintzberg, Henry. "Managerial Work: Analysis from Observation." *Management Science* 18 (October 1971).

Porter, Michael E., and Nitin Nohria. "How CEOs Manage Time." *Harvard Business Review* (July–August 2018).

Ransbotham, Sam, David Kiron, and Pamela Kirk Prentice. "Minding the Analytics Gap." *MIT Sloan Management Review* (Spring 2015).

Sharda, Ramesh, Dursan Delen, and Efraim Turban. *Business Intelligence, Analytics, and Data Science: A Managerial Perspective*, 4/e. New York: Pearson (2018).

Shi, Donghui, Jian Guan, Jozef Zurada, and Andrew Manikas. "A Data-Mining Approach to Identification of Risk Factors in Safety Management Systems." *Journal of Management Information Systems* 34, No. 4 (2017).

Simchi-Levi, David. "The New Frontier of Price Optimization." *MIT Sloan Management Review* (Fall 2017).

Simon, H. A. *The New Science of Management Decision*. New York: Harper & Row (1960).

Tversky, Amos, and Daniel Kahneman. "Rational Choice and the Framing of Decisions." *Journal of Business* (1986).

PART 4

시스템 개발과 관리

제4부는 이전 장에서 학습한 지식을 활용하여 비즈니스 문제에 대한 정보시스템 해결책을 분석하고 설계하는 방법을 설명한다. 제4부는 다음과 같은 질문에 답변을 제공한다. 진정한 비즈니스 혜택을 제공하는 정보시스템 문제에 대한 해결책을 어떻게 개발할 수 있는가? 기업이 새로운 시스템 해결책으로 인한 변화에 어떻게 적응할 수 있는가? 시스템 해결책을 개발하기 위해 어떤 방법들이 사용될 수 있는가?

13

정보시스템 개발

새로운 재무보고시스템을 구축하는 카메론 인터내셔널

카메론 인터내셔널(Cameron International)은 슐룸베르거 홀딩스(Schlumberger Holdings)의 자회사이며 석유, 가스 및 공정 산업의 프로젝트 관리와 애프터 마켓 서비스는 물론 압력 제어, 처리, 흐름 제어 및 압축시스템을 제공하는 세계적인 공급업체이다. 텍사스 휴스턴에 본사를 둔 카메론은 약 23,000명의 직원이 있으며 5개 대륙에 걸친 영업 및 서비스 네트워크를 보유하고 있다.

2010년 카메론은 정보기술 플랫폼 및 재무보고 프로세스를 단순화하기 위해 전사적 표준화 프로젝트에 착수했다. 이 회사는 새로운 보고 구조를 갖는 5개의 사업부에 5개 손익 센터로 통합했다. 제조 공장은 손익 계산서 등의 정보를 보고하기 위해 재무 데이터를 손익 센터에 통합해야 했다. 이러한 통합을 통해 고위 관리자는 회사의 전체 재무 건전성을 보다 잘 평가하기 위해 손익 센터 데이터에 대한 종합적인 관점을 사용할 수 있었다. 그러나 카메론의 시스템은 제조 공장 수준에서 데이터 보기를 제공할 수 없었다. 공장 수준의 보고를 원하는 관리자는 한 시스템에 데이터를 입력한 다음 다른 시스템에서 데이터를 검토해야 했다.

카메론 중앙 통합 애플리케이션에 공장 수준의 재무 데이터를 포함하는 솔루션이 필요했다. 이 회사는 여러 계획 및 통합 소프트웨어 도구를 평가하고 SAP BPC(SAP Business Planning and Consolidation) 버전 7.5를 선택했다. BPC 소프트웨어는 단일 애플리케이션에서 계획, 예산 책정, 예측 및 재무 통합 기능을 제공한다. SAP BPC는 공장 수준에서 보고 기능을 제공했으며 카메론이 이미 사용하고 있던 SAP의 ERP 시스템과 통합할 수 있었다. 각 공

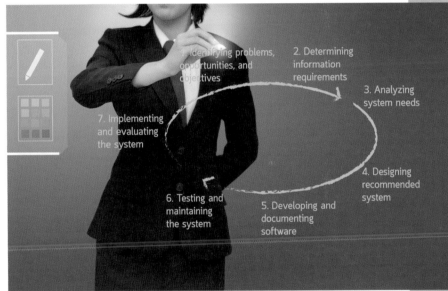

© A. Singkham/123RF

장은 각자의 손익계산서 및 모든 차이는 물론 손익 센터별로 집계된 데이터를 볼 수 있다.

카메론은 미국부터 시작하여 새로운 SAP 계획 및 통합시스템을 단계별로 구현했으며, 일정 기간 기존 시스템과 병행하여 운영했다. 병행 기간에 카메론은 재무 데이터가 올바른지 확인하기 위해 두 시스템의 데이터를 비교했다. 두 달 동안 병행으로 성공적으로 운영한 후 새로운 시스템은 회사 전체에 사용되었으며 레거시 시스템은 폐기되었다.

SAP 소프트웨어의 고객화가 필요했다. 카메론은 비즈니스 규칙을 고객화하기 위해 소프트웨어를 수정했다. 또한 데이터 로드 중 타이밍 차이를 수정하기 위해 플러그인(plug-in)을 사용했다(플러그인은 기존 컴퓨터 프로그램에 특정 기능이나 서비스를 추가하기 위해 쉽게 설치할 수 있는 소프트웨어 모듈이다).

프로젝트팀의 3분의 2를 차지하는 최종사용자는 새로운 시스템의 개발 및 구현에 적극적으로 참여했다. 재무 담당자는 시스템 개발자에게 보고 요구사항에 대한 세부사항을 제공했다. 최종사용

자는 시스템 가동 단계 이전에 시스템의 보고 기능 및 출력을 검토하여 보고서를 개선할 수 있었다. 또한 새로운 시스템에 익숙해지도록 도와준다. 새로운 시스템이 회사가 원하는 방식으로 재무제표를 신속하게 생성했기 때문에 경영진은 만족했다. 새로운 시스템의 구현은 정해진 시간과 예산 내에서 원활하게 진행되었다. 새로운 시스템은 비즈니스 사용자가 IT 직원의 도움 없이도 스스로 더 많은 일을 할 수 있도록 도와주는 도구가 있어 사용자에게 친숙하다.

SAP BPC를 통해 카메론은 수동으로 데이터 가져오기에서 완벽한 자동화로 전환했다. 새로운 시스템 사용자는 데이터를 자세히 보려면 손익 센터를 두 번 클릭하면 된다. 그들은 얼마나 많은 공장이 있고 각 공장에 대한 데이터를 볼 수 있다. 레거시 시스템에서는 통합이 올바르게 수행되도록 하기 위해서는 하루 종일 수동 작업이 필요했다. 비즈니스 사용자는 데이터를 모으는 데 90%의 시간을 소비했으며 정보 분석에는 10%만 사용했다. 새로운 시스템을 사용하는 카메론의 비즈니스 사용자는 이제 90%의 시간을 보고 결과 분석에 사용할 수 있다.

출처 : www.sap.com, accessed January 5, 2018; Lauren Bonneau, "Cameron Achieves Complete Plant-Level Visibility with SAP Business Planning and Consolidation," *SAP Insider Profiles*, October 30, 2017; and www.cameron.slb.com, accessed January 5, 2018.

카메론의 경험은 새로운 정보시스템을 설계하고 구축하는 데 필요한 몇 가지 단계를 보여준다. 재무 통합을 위한 새로운 시스템을 구축하려면 기존 시스템과 관련된 조직의 문제를 분석하고, 정보 요구사항을 평가하고, 적절한 기술을 선택하고, 비즈니스 프로세스 및 작업을 재설계해야 한다. 경영진은 시스템 구축 노력을 감독하고 혜택과 비용을 평가해야 했다. 정보 요구사항은 계획된 조직 변경 프로세스를 나타내는 새로운 시스템 설계에 반영되었다.

다음 도표는 도입 사례와 이 장에서 제기된 주요 주제를 환기시킨다. 카메론은 5개의 수익 센터를 개편했다. 제조 공장과 손익 센터 수준 모두에서 재무 데이터를 분석하는 기능은 오래된 레거시 통합 시스템과 비효율적인 수동 프로세스로 인해 비용이 증가하고 작업 속도가 느려지고 재무 데이터를 신속하고 철저하게 분석하는 능력이 제한되었다.

해결책은 제조 공장과 손익 센터 수준 모두에서 보고를 제공할 수 있는 새로운 사업 계획 및 통합시스템을 구현하는 것이었다. 카메론의 정보 요구사항이 시스템 설계에 반영되었다. 이 시스템은 보다 사용자 친화적이었다. 이 해결책에는 새로운 기술 적용뿐만 아니라 기업 문화, 비즈니스 프로세스 및 직무 기능의 변화도 포함되었다. 카메론의 재무 기능은 계획 및 분석에 더 많은 시간을 할애할 수 있었다.

다음의 몇 가지 질문에 대해 생각해보자. 카메론의 새로운 SAP BPC 시스템은 정보 요구사항을 어떻게 충족시켰나? 새로운 시스템은 카메론의 사업 운영 방식을 얼마나 많이 변경시켰나?

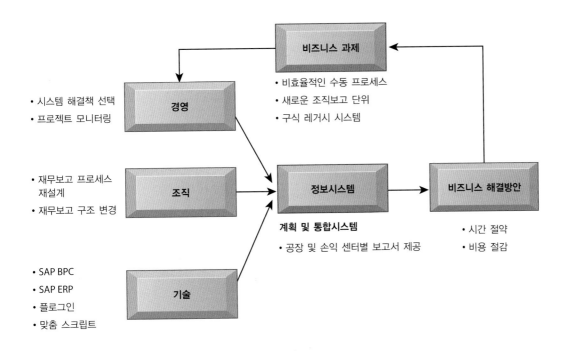

13-1 새로운 시스템은 어떻게 조직의 변화를 일으키는가?

새로운 정보시스템의 개발은 조직을 변화시키는 요인 중 하나이다. 새로운 정보시스템의 도입은 단순히 새로운 하드웨어나 소프트웨어를 도입하는 것 이상으로 영향을 주며, 직무·기능·관리 방식 조직구조까지도 변화시킨다. 일반적으로 새로운 정보시스템을 설계할 때는 조직의 재설계까지 검토하게 되므로 시스템 개발자는 시스템이 조직에 어떤 영향을 주는지 명확하게 이해해야 한다.

시스템 개발과 조직 변화

정보기술은 다양한 조직 변화를 유발할 수 있다. 그림 13.1은 정보기술에 의해 가능한 네 가지 종류의 구조적 조직 변화를 보여주고 있다: (1) 자동화, (2) 절차의 합리화, (3) 비즈니스 프로세스 새설계, (4) 패러다임 변화. 각각은 다른 정도의 보상과 위험을 수반한다.

　IT에 의한 조직 변화 중 가장 일반적인 형태는 **자동화**(automation)이다. 이는 직원이 업무를 보다 효율적이고 효과적으로 수행하도록 지원하는 것이다. 급여계산 지원, 은행 출납계에서 고객예금 기록에 대한 신속한 접근, 항공예약을 위해 전국적인 항공예약 터미널 구축 등이 초기 자동화의 예이다.

　초기 자동화에 이은 다음 단계의 조직 변화는 **절차의 합리화**(rationalization of procedures)이다. 자동화는 종종 기존 업무절차나 구조를 상당히 성가시고 번거롭게 만드는 새로운 문제점을 드러냈다. 절차의 합리화는 표준운영절차를 간소하고 합리적으로 만드는 것이다. 예를 들어 카메론 인터내셔널의 새로운 재무보고 시스템은 컴퓨터 기술을 사용할 뿐만 아니라 비즈니스 프로세스를 단순화했기 때문에 효과적이다. 수작업을 필요로 하는 절차가 줄어들었다.

　절차의 합리화는 전사적 품질경영이나 6시그마와 같은 제품, 서비스, 운영의 지속적인 품질 개선 프로그램에서 종종 발견된다. **전사적 품질경영**(total quality management, TQM)은 조직의 모든 구성원과 부서가 주어진 역할을 제대로 수행할 수 있도록 만든다. TQM은 W. 에드워즈 데밍과 조셉 주란과 같은 미국 품질 전문가가 개발한 품질경영 개념에서 시작되었으나 일본에서 대중화되었다.

그림 13.1 위험과 보상을 수반하는 조직 변화

조직 변화의 가장 일반적인 형태는 자동화와 합리화이다. 이들은 상대적으로 서서히 조직의 변화를 추구하며 중간 정도의 보상과 작은 위험이 뒤따른다. 리엔지니어링과 패러다임 변화와 같이 보다 빠르고 전면적인 변화는 많은 보상을 제공하지만 상대적으로 높은 실패 위험이 존재한다.

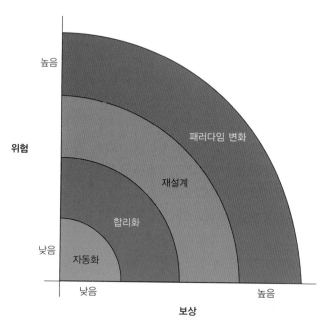

6시그마(six sigma)는 100만 번당 발생하는 결함의 수가 3.4개 정도인 특정한 품질 수준을 나타낸다. 이는 대부분의 기업에게 달성하기 어려운 품질 수준이지만, 지속적인 품질개선 프로그램의 목표 수준으로 6시그마를 이용한다.

조직 변화의 더 강력한 형태는 비즈니스 프로세스를 분석하고 단순화하며 재설계하는 **비즈니스 프로세스 재설계**(business process redesign)이다. 비즈니스 프로세스 재설계는 낭비를 없애기 위해 업무 단계들을 결합하거나 반복적이고 서류 중심인 작업들을 제거함으로써 워크플로(work flows)을 재조직한다. 프로세스가 어떻게 조직화되어야 하는지에 대한 새로운 비전이 요구되는 비즈니스 프로세스 재설계는 절차의 합리화보다 훨씬 도전적이며 방대한 작업이다. '토론방 : 비즈니스 프로세스를 재설계하는 카터스'는 다른 예를 제시한다.

절차의 합리화와 비즈니스 프로세스의 재설계는 기업의 특정 영역에 한정되어 있다. 새로운 정보시스템은 조직의 사업 수행 방식을 바꾸거나 사업의 성격 자체를 바꾸게 함으로써 궁극적으로 전체 조직의 설계에 영향을 미칠 수 있다. 예를 들면 장거리 운송회사인 슈나이더 내셔널(Schneider National)은 새로운 정보시스템을 활용해 비즈니스 모델을 바꿨다. 슈나이더는 다른 회사의 물류를 관리하는 새로운 비즈니스를 창출하였다. 이러한 형태의 혁신적인 사업 변화를 **패러다임 변화**(paradigm shift)라고 부른다. 패러다임 변화는 사업 본질의 재검토와 새로운 비즈니스 모델의 정의, 그리고 조직 자체의 본질까지도 변화시키는 것을 포함한다.

광범위한 조직의 변화를 조정하기가 어려워 패러다임 변화와 비즈니스 프로세스 재설계가 실패하는 경우가 많다(제14장 참조). 그렇다면 왜 많은 기업들이 그렇게 혁신적인 변화를 고려하는 것일까? 그것은 보상이 많기 때문이다(그림 13.1 참조). 많은 경우 패러다임 변화와 리엔지니어링 전략을 추구하는 기업들은 깜짝 놀랄 만한 투자 수익률(ROI)이나 생산성 향상을 달성한다. 일부 성공사례와 실패사례들이 이 책 전반에 걸쳐 소개되어 있다.

비즈니스 프로세스를 재설계하는 카터스

카터스(Carter's)는 아동복을 만드는 규모가 큰 회사로 자라면서 한 번쯤 이 회사의 제품을 입어 봤을 것이다. 이 회사는 유아 및 어린이를 위한 미국 최대의 브랜드 의류 판매업체로 오시코시 비고시(OshKosh B'gosh) 브랜드를 포함하고 있다. 카터스의 상품은 온라인, 미국과 캐나다의 1,000개 이상의 회사 매장, 그리고 18,000개의 백화점과 전문점에서 판매된다. 이 회사는 연간 30억 달러를 넘는 매출을 올리고 있으며 조지아 주 애틀랜타에 본사를 두고 있다. 카터스의 재무시스템은 매일 수십만 건의 거래를 처리한다.

최근까지 카터스가 이러한 거래를 처리하는 데 사용한 시스템은 매우 수동적이고 종이에 기반을 두었으며 회사의 성장이나 점점 더 디지털화되는 비즈니스 환경에 더 이상 보조를 맞출 수 없었다. 이 회사는 여러 해 동안 20개 이상의 레거시 재무시스템에 의존해 왔으며, 그중 일부는 자체 개발되고 구식이었다. 만약 시스템이 원하는 대로 서로 통합되지 않은 경우 카터스는 수작업 프로세스를 사용하여 모든 작업을 계속 유지했다. 이로 인해 병목 현상이 발생하여 처리 속도가 느려지고 인적 오류 가능성이 커졌다. 예를 들어 차지백(chargeback)을 관리하려면 많은 양의 수작업 데이터 입력과 다양한 시스템에서 스프레드시트, 이메일, 폴더 및 팩스를 관리해야 했다(차지백은 구매자가 구매에 대해 이의를 제기한 경우 구매자에게 구매하는 데 사용된 자금을 반환하는 것이다).

카터스의 경영진은 재무 기능의 역할을 트랜잭션 처리에서 재무 데이터 분석 및 의사결정 지원에 중점을 두는 것으로 전환하고자 했다. 이 목표를 달성하기 위해 회사는 재무 프로세스와 기술 모두에서 프로세스 개선이 필요했다. 이는 재무 프로세스를 간소화하고 단순화하여 재무부서가 분석 및 보고 작업에 더 많은 시간을 할애했음을 의미했다. 2015년 카터스는 이 목표를 달성하기 위해 'Vision to Value' 이니셔티브를 시작했다.

이 프로젝트는 오래된 시스템을 중앙집중식 ERP 시스템을 포함한 최신 기술로 교체하는 것 외에도 재무 프로세스를 현대화할 수 있는 기회를 제공했다. 카터스는 이러한 목적으로 SAP Business Suite 4 SAP HANA(SAP S/4HANA라고

도 함) 소프트웨어를 선택했으며 시스템 통합 및 구현을 위해 딜로이트 컨설턴트와 협력했다. SAP S/4HANA는 SAP의 HANA 초고속 데이터 관리 및 컴퓨팅 플랫폼을 기반으로 하는 비즈니스 소프트웨어 제품군으로 기업의 모든 일상 프로세스를 지원하도록 설계되었다. 새로운 소프트웨어 솔루션은 주문관리시스템 및 POS 시스템과 같은 재무 이외의 다른 관련 시스템과 잘 상호작용해야 했다. SAP S/4HANA는 다양한 SAP 및 비SAP 애플리케이션, 재무 및 기타의 다양한 데이터 소스에 대한 통합 기능을 제공한다.

비즈니스 프로세스 재설계는 프로젝트의 성공에 새로운 기술만큼이나 중요했다. SAP 소프트웨어 구현은 카터스에게 오래되고 비효율적인 프로세스를 비즈니스 및 산업 분야의 모범 사례를 반영한 최신 프로세스로 변환할 수 있는 기회를 제공했다. 카터스는 이러한 모범 사례들에 대한 재무 프로세스를 벤치마킹해야 했으며, 그중 대부분은 SAP 소프트웨어에 통합되어 있었다. 철저한 벤치마킹은 모든 핵심 재무 프로세스의 이면에 있는 근거에 의문을 제기할 필요가 있었다. 기존 기술에 기반한 각 프로세스에 대해 구현은 그것이 보다 효율적이기 위해 새로운 기술 플랫폼에 재설계될 수 있는지 물어봐야 했다. 또한 카터스는 프로세스를 SAP S/4HANA로 옮기기보다 레거시 시스템에 두는 것이 더 나은 서비스를 제공할 수 있는지 여부를 조사했다. 카터스는 SAP S/4HANA로 옮기는 것이 확실한 이점을 제공하지 않는 한 기존 시스템에서 프로세스를 유지하기로 결정했다. 핵심 재무 프로세스를 실행하는 시스템의 경우 SAP S/4HANA가 더 우수했다.

2016년 7월, 카터스는 구매-지불, 송장-대금, 고정 자산 및 기록-보고 프로세스를 지원하는 SAP S/4HANA Finance를 가동했다. 구매-지불 프로세스를 SAP S/4HANA로 이전하여 수작업 데이터 입력을 없애고 시스템을 통해 유입되는 거래처리의 가시성을 높여 효율성이 향상되었다(구매-지불은 상품을 구매하는 프로세스이며 구매를 위한 초기 결정, 상품 선택 프로세스 및 구매한 상품에 대한 지불거래를 포함한다). 소프트웨어는 다양한 전화, 이메일 및 지원 문서 사본을 요구하지 않고 대신 프로세스를 안내한다. SAP 송장관리

애플리케이션은 광학 문자 인식(OCR)을 통해 송장을 스캔, 판독 및 제출하여 중앙화된 송장 발행 프로세스를 가능하게 하며, 사전 설정된 코더(coder) 및 승인자 목록을 통해 대금 지급까지의 송장 워크플로를 시작한다. 송장정보가 입력되면 프로세스 수명주기의 어느 곳에서나 자동으로 접근할 수 있으며, 사용자는 송장거래와 관련된 모든 정보를 단일 화면에서 볼 수 있다. 예를 들어 송장을 승인할 때 시스템은 카터 직원들이 지불 절차를 시작하기 위해 지불해야 하는 계좌로 흘러가는 송장 데이터를 볼 수 있게 한다.

시스템에서 생성된 차지백 관리와 시스템에서 차지백 상태를 모니터링할 수 있는 개선된 기능은 청구 및 징수에 상당한 시간 절약과 효율성을 가져왔다. 모든 정보는 SAP 시스템에 있으므로 차지백을 승인하는 사람은 모든 기록을 한 곳에서 볼 수 있다. 차지백 이력 외에도 차지백이 승인되면 시스템은 특정 차지백을 총계정원장에 보낸다. 또한 이 시스템은 수작업 라우팅 및 스프레드시트 의존성을 제거함으로써 고정 자산에 대한 프로세스를 보다 효율적으로 만들었다.

출처 : "Transforming a Retail Brand Leader with SAP S/4HANA Finance," events.sap.com, accessed February 24, 2018; Ken Murphy, "A Next-Generation Finance Platform at Carter's," *SAP Insider Profiles*, December 19, 2016; and www.corporate.carters.com, accessed February 26, 2018.

사례연구 문제

1. 카터스의 기존 비즈니스 프로세스는 비즈니스 성과에 어떤 영향을 미쳤는가?
2. 카터스의 비즈니스 프로세스 문제에 어떤 경영, 조직 및 기술 요소가 원인이 되었는가?
3. 송장 지불을 위한 카터스의 기존 및 재설계된 비즈니스 프로세스를 다이어그램으로 그려라.
4. 카터스의 비즈니스 프로세스 변경에서 기술의 역할을 설명하라.
5. 카터스의 재설계된 비즈니스 프로세스는 회사의 업무 방식을 어떻게 변화시켰는가? 그것들의 비즈니스 영향은 무엇인가?

비즈니스 프로세스 재설계

이 장의 도입 사례에서 소개된 카메론 인터내셔널과 같이 최근 많은 기업들은 그들의 비즈니스 프로세스를 개선하기 위해 새로운 정보기술의 활용을 모색하고 있다. 이러한 시스템의 일부는 점진적인 프로세스 변화를 요구하는 반면, 다른 일부는 비즈니스 프로세스의 급격한 재구조화를 요구하고 있다. 이러한 변화를 관리하기 위해 조직들은 비즈니스 프로세스 관리에 관심을 갖게 되었다. **비즈니스 프로세스 관리**(business process management, BPM)는 기존 프로세스를 분석하고 새로운 프로세스를 설계하며 그러한 프로세스들을 최적화하기 위한 다양한 도구와 방법을 제공한다. 프로세스 개선은 지속적인 변화를 요구하기 때문에 BPM은 일시적으로 끝나지 않고 지속된다. BPM을 시행하는 기업들은 다음과 같은 단계를 거친다.

1. **변화가 필요한 프로세스 파악** : 기업이 내릴 수 있는 가장 중요한 전략적 의사결정 중 하나는 비즈니스 프로세스 개선을 위해 컴퓨터를 어떻게 활용할 것인지가 아니라 어떤 비즈니스 프로세스의 개선이 필요한지 이해하는 것이다. 잘못된 비즈니스 모델이나 비즈니스 프로세스를 위해 시스템이 활용된다면, 하지 말아야 할 일을 더 효율적으로 하게 되는 꼴이다. 결과적으로 그 기업은 올바른 비즈니스 모델을 가진 경쟁 기업에 비해 경쟁력이 떨어지게 된다. 조직의 전

반적인 성과와 수익에 미치는 영향이 미미한 비즈니스 프로세스를 개선하기 위해 많은 시간과 비용을 소모하게 된다. 관리자들은 어떤 비즈니스 프로세스가 가장 중요하고 이러한 프로세스를 개선하는 것이 어떻게 기업의 성과에 도움이 되는지 결정할 필요가 있다.

2. **기존 프로세스 분석** : 기존 비즈니스 프로세스의 입력, 출력, 자원, 그리고 활동들의 순서를 모델링하고 문서화해야 한다. 프로세스 설계팀은 중복적인 단계, 서류 집약적인 작업, 병목, 기타 비효율적인 요소들을 파악한다.

3. **새로운 프로세스 설계** : 기존 프로세스를 시간과 비용 측면에서 측정했다면, 프로세스 설계팀은 새로운 프로세스를 설계하여 그 프로세스를 개선하기 위해 노력할 것이다. 새로운 'to-be' 프로세스는 기존 프로세스와 비교하기 위해 모델링과 문서화가 이루어질 것이다.

4. **새로운 프로세스 구현** : 일단 새로운 모델이 완벽하게 분석되고 모델링되면, 그것을 새로운 절차나 근무 규칙으로 변환해야 한다. 새로운 정보시스템 또는 기존 시스템의 개선은 재설계된 프로세스를 지원하도록 구현되어야 한다. 문제를 해결하기 위해 새로운 프로세스와 지원시스템을 적용하며, 이 과정에서 직원들은 업무 관행에 대한 개선이 필요하게 된다.

5. **지속적인 측정** : 일단 프로세스를 구현하고 최적화하면 지속적으로 측정할 필요가 있다. 왜 그런가? 그 프로세스는 시간이 지남에 따라 직원들이 기존 방식으로 돌아가면서 성능이 떨어지거나, 기업이 다른 변화를 경험할 경우 그 효과를 잃을 수도 있다.

그림 13.2는 서점에서 책을 구매하는 프로세스의 'as-is'를 설명하고 있다. 고객이 서점을 방문하여 책을 찾을 때 어떤 일이 발생할지 생각해보라. 만약 책을 찾으면, 그 사람은 책을 계산대로 가지고 가서 신용카드나 현금 또는 수표로 계산할 것이다. 만약 책을 찾을 수 없다면, 그 사람은 서점 직원에게 그 책의 위치나 재고 유무를 묻게 될 것이다. 직원이 책을 찾는다면, 고객은 그 책을 구매

그림 13.2 서점에서 책을 구매하는 AS-IS 비즈니스 프로세스
실제 서점에서 책을 구매하기 위해 판매자와 고객은 많은 단계를 수행해야 한다.

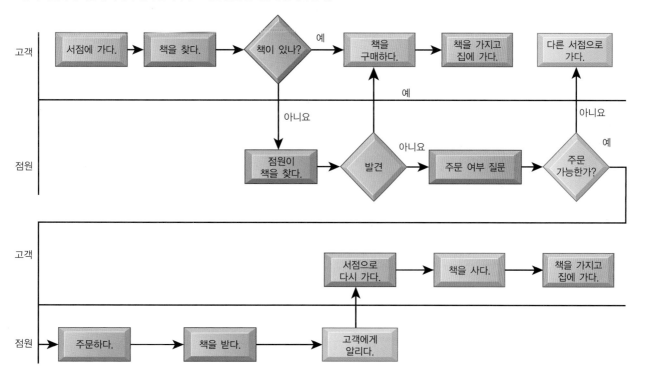

해서 집으로 갈 것이다. 만약 그 서점에 책이 없다면, 직원은 고객에게 창고나 출판사로부터 책을 주문할지 물어보게 된다. 주문한 책이 서점에 도착하면, 서점 직원은 고객에게 전화로 도착 사실을 알려준다. 그러면 그 고객은 다시 한 번 서점에 가서 책을 받고 책값을 지불해야 한다. 만약 고객이 요청한 책을 주문할 수 없다면, 그 고객은 다른 서점에 가봐야 한다. 이 프로세스는 많은 단계가 있고 고객이 서점을 여러 번 방문하게끔 한다.

　그림 13.3은 인터넷의 장점을 이용해 책 구매 프로세스가 어떻게 재설계될 수 있는지 보여준다. 고객은 컴퓨터로 인터넷을 통해 온라인 서점에 접속한다. 고객은 온라인 카탈로그에서 원하는 책이 있는시 검색한다. 만약 책이 있다면 고객은 온라인에서 주문하고 신용카드와 배송지 정보를 제공한다. 그러면 그 책은 고객의 집으로 배송된다. 만약 온라인 서점에 원하는 책이 없다면, 고객은 다른 온라인 서점을 선택하여 그 책이 있는지 다시 검색한다. 이 프로세스는 실제 서점에서 책을 구매하는 것보다 훨씬 적은 단계를 거치고, 고객 서비스를 위한 판매 직원도 덜 필요로 한다. 따라서 새로운 프로세스는 훨씬 더 효율적이고 시간을 절약한다.

　새로운 프로세스 설계는 시간과 비용을 얼마나 절약하고 고객 서비스와 가치를 향상시키는지 보여줌으로써 정당화될 필요가 있다. 관리자는 먼저 기존 프로세스의 시간과 비용을 측정하여 기준선으로 삼는다. 우리의 예에서 서점에서 책을 구매하는 데 소요되는 시간은 15분(고객이 원하는 책을 직접 찾을 수 있을 때)에서 30분(재고는 있지만 직원이 찾아줄 때) 정도이다. 그 책을 다른 곳에서 주문해야 하면 그 프로세스는 1~2주 소요되고 고객은 다시 한 번 서점에 방문해야 한다. 만약 고객이 서점에서 멀리 살고 있다면, 서점에 가는 데까지 걸리는 시간도 고려해야 한다. 만약 그 책을 다른 곳에서 구해야 하면 그 서점은 재고비용, 배송비용 등을 지불해야 한다.

　온라인을 통해 책을 구매하는 새로운 프로세스는 비록 고객이 책을 받기까지 며칠 혹은 일주일가량 기다려야 하고 배송비를 지불하는 경우도 있지만, 주문은 단지 몇 분 정도밖에 소요되지 않는다. 고객은 서점을 직접 방문하거나 책을 수령하기 위해 재방문을 하지 않아도 되기 때문에 시간과 비용을 절약할 수 있다. 서점 공간이나 재고를 가지고 있지 않아도 되기 때문에 책 판매자의 비용도 낮아진다.

　비록 많은 비즈니스 프로세스 개선이 점진적이고 지속적으로 이루어지지만, 보다 혁신적인 변화가 일어나야 하는 경우가 있다. 책 구매 프로세스를 재설계하여 온라인에서 책을 구매할 수 있도록 변화시킨 것은 이러한 혁신적인 변화의 예이다. 비즈니스 프로세스 재설계는 적절하게 구현된다면 상당한 생산성과 효율성 향상을 가져오며 비즈니스 방식까지도 변화시킨다. 경우에 따라서는 비즈

그림 13.3　재설계된 온라인 책 구매 프로세스
인터넷 기술을 이용해 책을 구매하는 프로세스를 재설계하여 책 구매에 소요되는 단계와 소비되는 자원을 줄였다.

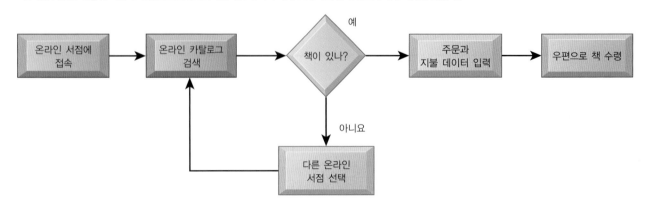

니스 프로세스 재설계는 비즈니스 자체의 성격을 변화시키는 '패러다임 변화'를 유발한다.

이것은 아마존이 온라인 소매 모델과 킨들 전자책 리더로 전통적인 물리적 서점에 도전했을 때 실제로 도서 소매업에서 일어났다. 책을 출판, 구입, 판매할 수 있는 방법을 근본적으로 재설계함으로써 아마존과 다른 온라인 서점들은 놀라운 효율성, 비용 절감, 그리고 완전히 새로운 사업 방식을 달성했다.

BPM을 추진하는 데 어려움이 존재한다. 성공적인 비즈니스 프로세스 변화의 가장 큰 장벽은 조직의 문화라는 조사 결과가 있다. 직원들은 익숙하지 않은 업무 방식을 좋아하지 않고 종종 변화를 거부한다. 이러한 현상은 조직의 변화가 크게 일어나야 하는 프로젝트에서 특히 그렇다. 변화를 관리하는 것은 간단하지도 직관적이지도 않으며, 광범위한 프로세스 개선을 하려는 기업들은 좋은 변화관리 전략이 필요하다(제14장 참조).

비즈니스 프로세스 관리를 위한 도구

IBM, 오라클, TIBCO 등을 포함한 많은 소프트웨어 회사들이 BPM의 다양한 측면을 지원하는 도구들을 제공하고 있다. 이러한 도구들은 개선이 필요한 프로세스의 파악과 문서화, 개선된 프로세스 모델의 생성, 프로세스 실행을 위한 비즈니스 규칙의 생성 및 실행, 그리고 기존 시스템을 신규 또는 재설계된 프로세스를 지원하도록 통합하는 것을 지원한다. 또한 BPM 소프트웨어 도구들은 프로세스 개선을 측정하고 프로세스 변화가 핵심 비즈니스 성과지표에 미친 영향을 분석할 수 있는 기능을 제공한다.

예를 들어 생명보험, 의료보험, 손해보험, 투자 서비스 등을 제공하는 아메리칸 내셔널 보험회사(American National Insurance Company)는 페가시스템즈(Pegasystems) BPM 소프트웨어를 사용해 4개 사업군에 걸쳐 고객 서비스 프로세스를 간소화했다. 이 소프트웨어는 여러 시스템에 산재해 있는 고객정보를 통합하여 하나의 뷰(single view)로 제공하여 고객 서비스 대표를 안내하는 규칙을 만들었다. 고객과 대리점의 요구사항을 처리하기 위해 여러 개의 애플리케이션을 동시에 실행할 필요가 없어짐으로써 개선된 프로세스는 고객 서비스 대표들의 업무능력을 192% 향상시켰다.

13-2 시스템 개발 프로세스의 핵심활동은 무엇인가?

새로운 정보시스템은 조직의 문제 해결 프로세스의 자연스러운 결과물이다. 새로운 정보시스템은 조직이 당면한 특정 유형의 문제 또는 일련의 문제를 해결하기 위해 개발된다. 그 문제는 조직의 성과가 기대보다 좋지 않다거나, 더 큰 성과를 내기 위해서 새로운 기회를 활용해야 한다는 관리자 또는 직원의 인식에서 시작된다.

조직의 문제나 기회에 대한 정보시스템 해결책을 만드는 활동을 **시스템 개발**(system development)이라 부른다. 시스템 개발은 뚜렷한 활동들로 이루어진, 일종의 구조화된 문제 해결이다. 이러한 활동들은 시스템 분석, 시스템 설계, 프로그래밍, 검사, 전환, 그리고 가동과 유지보수 등으로 구성된다.

그림 13.4는 시스템 개발 프로세스를 설명한 것이다. 여기서 설명된 시스템 개발 활동들은 보통 순차적으로 발생한다. 그러나 시스템 개발 방법에 따라 이 활동들의 일부는 반복되거나 동시에 발생할 수 있다(13-4절 참조).

그림 13.4 시스템 개발 프로세스

시스템 개발은 6개의 핵심활동으로 구성된다.

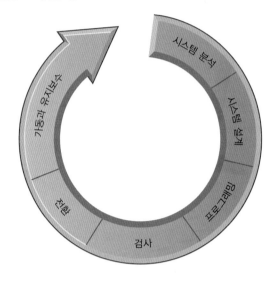

시스템 분석

시스템 분석(system analysis)은 조직이 정보시스템을 이용해 해결하고자 하는 문제를 분석하는 것이다. 이는 문제 정의, 문제의 원인 파악, 해결책 명시, 정보 요구사항 파악 등으로 구성된다.

시스템 분석가는 현행 하드웨어 및 소프트웨어의 주요 소유자와 데이터 사용자를 파악하여 현행 조직과 시스템에 대한 로드맵을 작성한다. 그다음 시스템 분석가는 현행 시스템의 문제점들을 상세하게 기술한다. 서류, 작업 문서, 절차 등의 검토, 시스템 운영 상황의 관찰, 그리고 시스템 핵심 사용자들과의 인터뷰 등을 통해 분석가는 문제의 영역과 해결책의 목표를 설정할 수 있다. 흔히 해결책은 새로운 시스템을 구축하거나 현행 시스템을 개선할 것을 요구한다.

시스템 분석은 해결책의 타당성과 달성 가능성을 재무적·기술적·조직적 관점에서 검토하는 **타당성 조사**(feasibility study)를 포함한다. 타당성 조사는 제안된 시스템이 만족할 만한 투자인지, 시스템 개발에 필요한 기술이 활용 가능하며 해당 기업의 정보시스템 담당자가 그 기술을 다룰 수 있는지, 그리고 조직이 새로운 시스템 도입에 따른 변화를 이루어낼 수 있는지 등을 검토한다.

일반적으로 시스템 분석 프로세스에서는 해결책에 대한 몇 가지 대안을 찾고 그다음에 각 대안에 대한 타당성을 조사한다. 시스템 제안서에는 각 대안의 비용과 효과, 장점과 단점 등을 기술하게 되는데, 어떤 대안을 선택할지는 기업의 상황과 관리 수준에 따라 달라진다.

정보 요구사항 분석

아마도 시스템 분석가에게 가장 중요한 업무는 선택된 시스템 해결책이 만족시켜야 하는 정보 요구사항을 정의하는 것이다. 가장 기본적인 **정보 요구사항**(information requirements) 분석은 누가 어떤 정보를, 언제, 어디에서, 어떻게 필요한지 파악하는 것이다. 요구사항 분석은 신규 또는 수정 시스템의 목표를 정의하고 새로운 시스템이 수행해야 할 기능들을 상세하게 정의한다. 잘못된 요구사항 분석은 시스템 실패와 높은 시스템 개발비용의 주요 원인이다(제14장 참조). 잘못 정의된 요구사항으로 설계된 시스템은 더 이상 사용되지 않거나 많은 수정을 해야 한다. 13-4절에 이러한 문제를 최소화하기 위해 필요한 요구사항 도출 방법들에 대해 설명한다.

일부 문제의 경우 새로운 정보시스템 개발보다 관리방법의 변경, 추가적인 교육 훈련, 또는 업무

처리 절차의 수정 등이 필요할 수 있다. 만약 그 문제가 정보와 관련되어 있다면 시스템 분석은 여전히 문제를 진단하고 적절한 해결책을 제시하게 된다.

시스템 설계

시스템 분석은 시스템이 정보 요구사항을 충족하기 위하여 무엇을 해야 하는지 기술하며, **시스템 설계**(system design)는 시스템이 이 목적을 어떻게 이행할 것인지를 보여준다. 정보시스템의 설계는 그 시스템의 전체 계획이나 모델이다. 건물이나 집의 설계도와 마찬가지로 시스템의 형태와 구조를 제공하는 모든 명세서로 구성되어 있다.

시스템 설계자는 시스템 분석 단계에서 파악된 기능들의 구현 방법을 시스템 명세서에 상세하게 기술한다. 이러한 명세서는 시스템 해결책의 경영적 · 조직적 · 기술적 요소 등을 고려해야 한다. 표 13.1은 시스템 설계 단계에서 산출되어야 하는 명세서의 종류를 정리한 것이다.

주택이나 빌딩과 같이 정보시스템도 여러 개의 설계안이 가능하다. 각 설계는 사용되는 기술과 조직 구성요소 측면에서 서로 다른 조합으로 구성된다. 다른 것에 비해 우수한 설계란 주어진 기술, 조직, 재무, 그리고 시간 제약 내에서 사용자 요구사항을 만족시키면서 사용하기 쉽고 효과적인 것이다.

최종사용자의 역할

사용자의 정보 요구사항은 전체 시스템 구축에 있어 매우 중요한 역할을 담당한다. 사용자는 그들

│표 13.1 시스템 설계 명세서

출력	처리	문서화
매체 내용물 시점	계산 프로그램 모듈 요구 보고서 출력 시점	운영 문서화 시스템 문서 사용자 문서
입력	**수작업 절차**	**전환**
원천 흐름 데이터 입력	활동 내용 수행 주체 일시 방법 장소	데이터 전환 규칙 검사 방법 전환 전략
사용자 인터페이스		**훈련**
단순성 효율성 논리 피드백 오류	**통제** 입력통제(문자, 한계, 타당성) 처리통제(일관성, 레코드 수) 출력통제(총계, 출력 샘플) 절차통제(비밀번호, 특수형식)	훈련 기법 훈련 모듈 **조직 변화**
데이터베이스 설계	**보안**	업무 재설계 직무 설계 프로세스 설계 조직구조 설계 리포팅 관계
논리적 데이터 모델 저장공간과 속도 요구사항 레코드 명세서	접근통제 비상계획 감사추적	

의 사업 우선순위와 정보 요구가 시스템에 제대로 반영되도록 설계 과정에 적극 참여해야 한다. 그렇게 함으로써 사용자는 시스템에 대한 이해도가 높아질 뿐만 아니라 구축된 시스템을 더욱 적극적으로 수용하게 된다. 제14장에서 설명하겠지만 설계 과정에 불충분한 사용자 참여는 시스템 실패의 주요한 원인이 된다. 13-4절에서 사용자 참여 문제를 강조하는 시스템 개발 방법에 대해 설명하기로 한다.

시스템 개발 프로세스 마무리

시스템 개발 프로세스에서 남아 있는 단계들은 시스템 분석과 설계 단계를 통해 만들어진 해결책 명세서를 운영정보시스템으로 전환하는 것이다. 이 마무리 단계는 프로그래밍, 검사, 전환, 가동 및 유지보수 등이다.

프로그래밍

설계 단계에서 만들어진 시스템 명세서는 **프로그래밍**(programming) 단계를 거치면서 소프트웨어 프로그램 코드로 전환된다. 최근 많은 기업들이 새로운 시스템 개발을 위해 더 이상 자체적으로 프로그래밍을 하지 않는다. 대신 기업들은 상업용 소프트웨어 벤더의 소프트웨어 패키지, 소프트웨어 서비스 제공자의 소프트웨어 서비스, 또는 고객용 맞춤형 애플리케이션 소프트웨어를 개발하는 아웃소싱 회사 등 외부로부터 새로운 시스템에 대한 요구사항을 충족하는 소프트웨어를 구입한다 (13-4절 참조).

검사

시스템이 올바른 결과를 산출하는지 확인하기 위해서는 철저한 **검사**(testing)가 필요하다. 검사는 "시스템이 원하는 결과를 산출합니까?"와 같은 질문에 답하는 것이다. 일부 회사들은 이러한 작업을 위해 클라우드 컴퓨팅 서비스를 활용하기 시작했다.

일반적으로 프로젝트 계획을 수립할 때 검사에 소요되는 시간을 적게 산정하는 경우가 많다(제14장 참조). 그러나 검사는 시간이 많이 걸리는 단계이다. 검사 데이터를 신중하게 준비하고 결과를 분석하며 필요하면 시스템 수정도 해야 한다. 시스템의 일부분을 다시 설계해야 하는 경우도 발생한다. 이 단계를 소홀히 했을 때 발생하는 위험은 상상을 초월할 정도로 크다.

정보시스템의 검사는 단위 검사, 시스템 검사, 인수 검사의 세 가지로 구분된다. 프로그램 검사라고도 부르는 **단위 검사**(unit testing)는 시스템 내의 각 프로그램을 개별적으로 검사한다. 그러한 검사의 목적은 프로그램에 오류가 없도록 보장하는 것이지만, 현실적으로 이 목적을 달성하는 것은 쉽지 않은 일이다. 대신 프로그램 내 오류의 위치를 찾아내는 수단으로 보아야 하며, 일단 오류를 찾아내면 문제는 수정될 수 있다.

시스템 검사(system testing)는 정보시스템의 기능을 총체적으로 검사하는 것이다. 이는 통합된 각 모듈이 원래 계획했던 대로 작동하는지, 그리고 시스템의 실제 동작과 원래 의도했던 것과는 차이가 없는지 등을 판단하게 된다. 수행 시간, 파일 저장 및 처리능력, 최대 부하, 복구 및 재시동능력, 수작업 절차 등을 점검한다.

인수 검사(acceptance testing)는 시스템이 실제 운영 환경에서 사용될 준비가 되었는지 최종적으로 확인하는 단계이다. 시스템 검사는 사용자에 의해 평가되고 관리자에 의해 점검된다. 모든 관계자가 새로운 시스템에 대해 만족하면 시스템은 설치를 위해 정식적으로 인수된다.

시스템 개발팀은 사용자와 협력하여 체계적인 검사 계획을 세운다. 그 **검사 계획**(test plan)은 위

그림 13.5 레코드 변경 검사를 위한 검사 계획(샘플)

검사 계획을 세울 때는 반드시 다양한 검사 조건, 각 검사 조건에 대한 요구사항, 그리고 예상되는 결과를 포함해야 한다. 검사 계획은 최종사용자와 정보시스템 전문가의 의견을 반영해야 한다.

절차	주소와 유지보수 '레코드 변경 시리즈'		테스트 시리즈 2		
담당자 :		날짜 :	버전 :		
검사 번호	검사 조건	특별 요구사항	예상 결과	출력지	다음 화면
2.0	레코드 변경				
2.1	기존 레코드 변경	키필드	허용하지 않음		
2.2	존재하지 않는 레코드 변경	다른 필드	'유효하지 않은 키' 메시지		
2.3	삭제된 레코드 변경	삭제된 레코드는 이용할 수 있어야 한다.	'삭제' 메시지		
2.4	두 번째 레코드 생성	위의 2.1 변경	맞으면 OK	트랜잭션 파일	V45
2.5	레코드 삽입		맞으면 OK	트랜잭션 파일	V45
2.6	변경 중에 취소	2.5 취소	변경 없음	트랜잭션 파일	V45

에서 언급한 일련의 검사를 위한 모든 준비를 포함한다.

그림 13.5는 검사 계획의 한 가지 사례이다. 검사하는 일반적인 조건은 레코드의 변화이다. 그 문서는 데이터베이스(아마도 PC 데이터베이스)에 저장된 일련의 검사 계획 화면으로 구성된다.

전환

전환(conversion)은 기존 시스템에서 새로운 시스템으로 변환하는 과정이다. 병렬 전략, 직접 전환 전략, 파일럿 검토 전략, 단계적 접근 전략 등 네 가지 주요 전환 전략이 가능하다.

병렬 전략(parallel strategy)은 새로운 시스템이 기능적으로 제대로 작동한다는 것을 모든 사람이 확신할 때까지 당분간 기존 시스템과 새로운 시스템을 병행하여 사용하는 전략이다. 이 접근은 새로운 시스템에 오류나 처리상의 문제가 발생해도 기존 시스템을 이용할 수 있으므로 가장 안전한 전환 방법이라 할 수 있다. 그러나 이 접근은 비용이 많이 들며, 2개 시스템 운영에 따른 추가적인 지원인력 또는 자원이 필요하다.

직접 전환 전략(direct cutover strategy)은 한순간에 기존 시스템을 새로운 시스템으로 완전히 바꾸는 전략이다. 이 접근은 새로운 시스템에 심각한 문제가 발견된다면 2개 시스템을 병행해서 운영하는 것보다 더 많은 비용이 들 수 있는 매우 위험한 접근이다. 백업할 시스템이 없어 엄청난 혼란과 수정비용이 발생하게 된다.

파일럿 검토 전략(pilot study strategy)은 새로운 시스템을 한 부서 또는 한 운영 단위 등과 같이 조직의 일부 영역에만 도입하는 것이다. 이 파일럿 버전이 완벽하고 순조롭게 작동되면, 조직의 나머지 영역에 동시 또는 순차적으로 시스템을 도입하게 된다.

단계적 접근 전략(phased approach strategy)은 새로운 시스템을 기능 또는 조직 단위에 따라 단계적으로 도입하는 방식이다. 예를 들어 새로운 급여시스템을 기능에 따라 단계적으로 도입한다면, 우선 시간제 직원을 대상으로 그 시스템을 적용하고 6개월 뒤에 정규 직원에게 적용할 수 있다. 조직 단위에 따라 도입된다면, 본부 조직에서 그 시스템을 우선 도입한 후 일정 기간 뒤에 운영 조직을 뒤따라 도입할 수 있다.

기존 시스템에서 새로운 시스템으로 전환하기 위해서는 최종사용자가 새로운 시스템을 사용할

표 13.2   시스템 개발

핵심활동	설명
시스템 분석	문제 파악 해결책 명시 정보 요구사항 분석
시스템 설계	설계 명세서 생성
프로그래밍	설계 명세서를 프로그램 코드로 변환
검사	단위 검사 시스템 검사 인수 검사
전환	전환 계획 문서 준비 사용자와 기술 지원인력 교육훈련
가동 및 유지보수	시스템 운영 시스템 평가 시스템 수정

수 있도록 교육훈련을 하는 것이 필요하다. 전환 기간에 시스템 작동 방식을 최종사용자 관점에서 상세히 설명한 **문서**(documentation)가 작성되며, 이 문서는 교육훈련과 일상 운영을 위해 사용된다. 적절한 교육훈련과 문서화가 이루어지지 않으면 시스템 실패가 발생할 수 있으며, 따라서 시스템 개발 프로세스에서 이 부분이 매우 중요하다 할 수 있다.

가동 및 유지보수

새로운 시스템이 설치되고 전환이 마무리되면, 그 시스템은 **가동**(production) 중이라고 말한다. 이 단계 동안 사용자와 기술 전문가는 시스템이 원래 목적에 얼마나 잘 부합하는지 그리고 어떤 수정이 필요한지 등을 지속적으로 살피게 된다. 어떤 경우에는 **사후 구현 감사**(post-implementation audit) 문서가 만들어지기도 한다. 시스템이 미세하게 조정된 후, 그 시스템은 가동 상태에서 오류 수정이나 요구사항 충족 또는 처리 효율성 향상 등을 위해 유지보수되어야 한다. 오류 수정, 요구사항 부합, 처리 효율성 향상 등을 위해 하드웨어, 소프트웨어, 문서, 그리고 절차 등을 변경하는 것을 **유지보수**(maintenance)라고 한다. 일상적인 유지보수는 많은 기업에서 IT 예산의 상당 부분을 차지하지만, 보다 최신 시스템 구축 방식과 기술을 통해 크게 감소될 수 있다. 표 13.2에는 시스템 개발 활동이 요약되어 있다.

13-3   시스템 모델링과 설계를 위한 주요 방법론에는 무엇이 있는가?

시스템 모델링과 설계를 위한 방법론은 여러 가지가 있다. 그중 가장 자주 사용되는 방법론은 구조적 방법론과 객체 지향 개발이다.

구조적 방법론

구조적 방법론은 1970년대 이후 정보시스템의 분석, 설계, 문서화를 위해 사용되어 왔다. **구조적**(structured)이란 그 기법이 단계적이라는 것을 의미하며, 각 단계는 이전 단계의 토대 위에서 진행된다. 구조적 방법론은 가장 상위의 추상적인 수준에서 가장 상세한 수준으로, 그리고 일반적인 것에서 구체적인 것으로 진행되는 하향식 방법이다.

구조적 개발 방법은 프로세스 지향적 방법으로 주로 데이터를 획득, 저장, 조작, 분배하는 프로세스 또는 활동들의 모델링에 집중하고 있다. 이러한 방법은 프로세스로부터 데이터를 분리한다. 특정 데이터에 조치를 취하고 싶을 때마다 개별 프로그래밍 프로시저를 작성해야 한다. 프로시저들은 프로그램이 전달한 데이터를 처리한다.

시스템 구성요소인 프로세스와 프로세스 간 데이터 흐름을 표현하기 위한 주요한 도구는 **데이터 흐름도**(data flow diagram, DFD)이다. 데이터 흐름도는 정보 흐름에 대한 논리적 도식 모델을 제공하고, 시스템을 관리 가능한 수준의 모듈로 분해한다. DFD는 각 모듈 내에서 발생하는 프로세스(또는 전환)와 프로세스 간에 존재하는 상호작용을 정확하게 명시한다.

그림 13.6은 대학의 수강신청시스템에 대한 간단한 데이터 흐름도를 보여주고 있다. 그림에서 둥근 사각형은 데이터 변환을 나타내는 프로세스이다. 직사각형은 시스템 외부에 위치한 데이터의 발생점 또는 최종 도착점을 나타내는 외부 개체이다. 점선으로 된 열린 직사각형은 데이터 저장소를 나타내는데, 이는 수작업 또는 자동화된 데이터 저장소이다. 화살표는 프로세스, 외부 개체, 그리고 데이터 저장소 간의 데이터 흐름을 나타내는 것으로 화살표 옆에 데이터의 이름이나 내용을 기입한다.

이 데이터 흐름도는 학생들이 이름, 학번, 수강신청 과목번호 등을 기록한 수강신청서를 제출하는 것을 보여준다. 프로세스 1.0에서 시스템은 과목 파일을 참조하여 학생이 신청한 과목들이 개설되어 있는지 확인한다. 과목 파일은 개설된 과목과 폐강된 과목, 수강인원이 꽉 찬 과목 등을 구분

그림 13.6   대학 수강신청시스템에 대한 데이터 흐름도

이 시스템에는 세 가지 프로세스가 있다. 신청 가능성 확인(1.0), 학생 등록(2.0), 등록 확인(3.0). 각 데이터 흐름의 이름과 내용은 각 화살표 근처에 있다. 이 시스템에는 한 가지 외부 개체가 있는데 바로 학생이다. 데이터 저장소는 학생 마스터 파일과 과목 파일 두 가지가 있다.

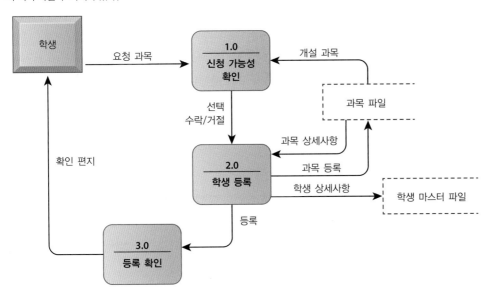

그림 13.7 급여시스템의 상위 수준 구조도

이 구조도는 전체 시스템의 개요를 제공하는 급여시스템의 최고 또는 가장 추상적인 설계 수준을 보여준다.

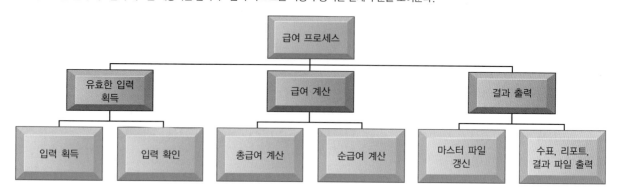

하여 보여준다. 그러면 프로세스 1.0은 학생들이 신청한 과목 중 어떤 과목이 수강신청 가능한지 결정하게 된다. 프로세스 2.0은 수강 가능한 과목에 그 학생을 등록하며, 과목 파일을 갱신하고 수강인원을 재계산한다. 만약 수강 최대 인원에 도달하게 되면, 그 과목은 수강인원이 꽉 찬 것으로 변경된다. 또한 프로세스 2.0은 학생에 관한 정보를 보관하고 있는 학생 마스터 파일을 갱신한다. 다음으로 프로세스 3.0은 각 학생에게 수강신청한 과목들을 확인하는 편지를 보낸다.

데이터 흐름도는 하위 수준의 상세사항뿐만 아니라 상위 수준의 프로세스를 표현하기 위해 사용될 수 있다. 단계화된 데이터 흐름도를 통해 복잡한 프로세스는 하위 수준의 프로세스들로 분해될 수 있다. 전체 시스템은 몇 개의 하위 시스템으로 나눌 수 있다. 마찬가지로 각 하위 시스템은 두 번째 단계의 데이터 흐름도를 갖는 몇 개의 하위 시스템으로 또 나눌 수 있다. 이런 방식으로 계속 진행하면 가장 하위 수준의 상세사항까지 나눌 수 있다.

구조적 분석을 위한 다른 도구로는 데이터 사전이 있는데, 이는 시스템에 존재하는 개별 데이터와 데이터 그룹에 대한 정보를 제공한다(제6장 참조). 데이터 사전은 데이터 흐름과 데이터 저장소에 있는 데이터의 내용을 구체적으로 정의하여 시스템 개발자가 시스템 내에 어떤 데이터가 있는지 명확하게 이해하도록 지원한다. **프로세스 명세서**(process specification)는 데이터 흐름도의 가장 하위 수준에 있는 각 프로세스의 변환 내용과 논리를 기술한 것이다.

구조적 방법론에서는 소프트웨어 설계를 계층적 구조도로 모델링한다. **구조도**(structure chart)는 설계의 각 수준, 다른 수준과의 관계, 전체 설계 구조에서의 위치 등을 보여주는 하향식 차트이다. 먼저 프로그램 또는 시스템의 주요 기능을 고려하고, 다음으로 이 기능을 하위 기능으로, 그리고 각 하위 기능은 가장 하위 수준의 기능에 도달할 때까지 계속 분해된다. 그림 13.7은 급여시스템의 상위 수준 구조도이다. 너무 수준이 많아 하나의 구조도로 표현하기 어려우면 몇 개의 하위 구조도로 분해할 수 있다. 구조도는 하나의 프로그램, 하나의 시스템(프로그램의 집합), 또는 한 프로그램의 일부를 문서화한다.

객체 지향 개발

구조적 방법은 프로세스 모델링에는 유용하나 데이터 모델링에는 적합하지 못하다. 또한 구조적 방법은 데이터와 프로세스를 논리적으로 분리된 개체로 취급하는데, 현실세계에서는 그러한 분리가 부자연스럽게 보인다. 그리고 구조적 방법은 분석(데이터 흐름도)과 설계(구조도)에 다른 모델링 방법이 사용된다.

객체 지향 개발(object-oriented development)은 이러한 문제를 해결하기 위한 접근방법이다. 객체 지향 개발은 시스템 분석과 설계의 기본 단위로서 **객체**(object)를 사용하며, 객체는 데이터와 그 데이터를 조작하기 위한 특정 프로세스를 결합시킨다. 객체에 캡슐화된 데이터는 그 객체와 관련된 연산 또는 메소드에 의해서만 접근과 수정이 가능하다. 데이터를 프로시저로 전달하는 방식 대신, 프로그램은 객체에 메시지를 보내 객체 내에 이미 내장되어 있는 조작을 수행하도록 한다. 시스템은 객체의 집합과 그들 간의 관계를 이용해 모델링된다. 별도로 분리된 소프트웨어 프로그램이 아닌 객체 내에 상주하는 논리를 처리하기 때문에 시스템이 동작하도록 하기 위해서는 객체는 다른 것들과 반드시 협조해야 한다.

객체 지향 모델링은 클래스(class)와 상속(inheritance) 개념에 기초한다. 하나의 특정 클래스(또는 비슷한 객체들의 일반적인 카테고리)에 속하는 객체들은 그 클래스의 특징을 갖는다. 객체들의 클래스는 좀 더 일반적인 클래스의 구조와 속성을 상속받을 수 있으며, 상속 후에는 각 객체에 유일한 변수와 속성을 추가하게 된다. 새로운 클래스를 만들 때 매번 처음부터 설계하여 만드는 것보다 기존의 클래스를 선택하여 새로운 클래스가 그 기존 클래스로부터 다른 점이 무엇인지를 명시함으로써 만드는 것이 편리하다.

클래스와 상속이 어떤 방식으로 운영되는지 그림 13.8을 통해 살펴보자. 이 그림은 직원에 관한 클래스 간의 관계와 그들이 어떻게 월급을 받는지를 설명한 것이다. 클래스 직원은 다른 3개 클래스에 대한 공통의 조상 또는 상위 클래스이다. 그림에서 각 클래스의 이름, 속성, 연산이 상자의 위, 중간, 아래에 각각 위치해 있다. 상위 클래스 직원에는 모든 직원의 공통된 특징인 사번, 이름, 주소, 입사일자, 직위, 임금이 저장되어 있는 반면, 각 하위 클래스는 직원 종류에 따라 각기 다른 특징들을 저장하고 있다. 예를 들어 시급제 직원의 경우 시간당 급여와 잔업시간당 급여가 바로 그것이다. 하위 클래스에서 상위 클래스로 그어진 실선 화살표는 정규직, 시급직, 임시직 등 하위 클래스가 상위 클래스 직원으로 일반화될 수 있는 공통된 특징을 보여주는 일반화 경로이다.

객체 지향 개발은 전통적인 구조적 개발보다 더 반복적이고 점증적이다. 분석하는 동안 시스템

그림 13.8 클래스와 상속

이 그림은 각 글래스가 상위 클래스의 공통된 속성들을 어떻게 상속받는지 보여준다.

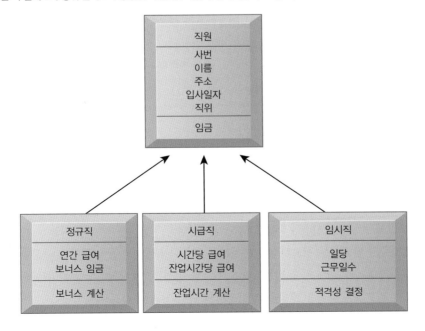

개발자는 시스템의 가장 중요한 특성과 제안된 시스템이 반드시 해야 하는 일을 명시한 기능적 요구사항을 문서화한다. 시스템과 사용자 간의 상호작용을 분석하여 필요한 객체들을 파악한다(객체는 데이터와 프로세스를 포함한다). 객체 지향 설계 단계에서는 객체들이 행위와 객체 간의 상호작용을 결정한다. 비슷한 객체들은 그룹으로 형성되어 클래스를 구성하며, 클래스들은 하위 클래스가 상위 클래스로부터 속성과 메소드를 상속받도록 계층구조를 형성한다.

정보시스템은 설계를 프로그램 코드로 변환하고, 재사용 소프트웨어 객체 라이브러리에 있는 클래스를 재사용하며, 객체 지향 설계 단계에서 생성된 새로운 객체를 추가함으로써 구현된다. 또한 구현 단계는 객체 지향 데이터베이스의 생성을 포함한다. 구현된 시스템은 철저하게 검사되고 평가되어야 한다.

객체 지향 개발은 다른 프로그램에서 이미 만들어진 소프트웨어 객체를 재사용할 수 있기 때문에(객체의 재사용성) 소프트웨어 개발에 필요한 시간과 비용을 상당히 절감할 수 있다. 새로운 시스템은 기존 객체를 그대로 활용하거나 기존 객체의 변경 또는 새로운 객체의 생성 등을 통해 만들 수 있다. 객체 지향 프레임워크는 재사용, 미완성 애플리케이션을 제공하여 약간의 고객화 과정을 통해 최종 애플리케이션을 만들 수 있도록 발전되어 왔다.

컴퓨터 지원 소프트웨어 공학

컴퓨터 지원 소프트웨어 공학(computer-aided software engineering, CASE)은 컴퓨터 지원시스템 공학이라고도 불리는데, 이는 방금 소개한 방법론들의 자동화를 지원하는 소프트웨어 도구들을 제공함으로써 시스템 개발에서 개발자의 반복적인 작업의 양을 줄이도록 한다. CASE 도구는 차트와 다이어그램을 자동으로 생성하는 그래픽 기능, 화면 및 보고서 생성기, 데이터 사전, 광범위한 보고 기능, 분석 및 검사 도구, 코드 생성기 및 문서 생성기 등을 제공한다. 또한 CASE 도구는 다이어그램 및 명세서를 검증할 수 있는 기능이 있다. 팀원들은 서로의 파일에 접근하여 작업을 검토하거나 수정할 수 있다. 도구를 올바르게 사용하면 생산성 향상의 이점을 얻을 수 있다.

13-4 | 정보시스템 개발을 위한 방법에는 무엇이 있는가?

시스템은 그 규모와 기술적 복잡성, 그리고 해결하고자 하는 조직의 문제들에 있어서 서로 다르다. 이러한 차이로 인해 많은 시스템 개발 방법이 개발되어 왔다. 이 절에서는 전통적인 시스템 생명주기, 프로토타이핑, 최종사용자 개발, 애플리케이션 소프트웨어 패키지, 소프트웨어 서비스, 아웃소싱 등 여러 시스템 개발 방법에 대해 설명한다.

전통적인 시스템 생명주기

시스템 생명주기(system life cycle)는 가장 오래된 정보시스템 개발 방법이다. 생명주기 방법론은 시스템을 개발하기 위한 단계적 접근방법으로, 시스템 개발을 몇 개의 정형화된 단계들로 구분한다. 시스템 개발 전문가들은 시스템 개발 단계를 어떻게 나눌 것인가에 대해 각기 다른 의견을 가지고 있으나 대략 앞에서 설명한 시스템 개발 단계와 일치한다.

시스템 생명주기 방법론은 정보시스템 전문가와 최종사용자의 역할을 명확히 구분한다. 시스템 분석가와 프로그래머와 같은 기술 전문가들은 시스템 분석, 설계, 구현 작업에 많은 책임이 있고, 최종사용자는 정보 요구사항을 제공하고 기술진의 작업 결과를 검토하는 역할을 수행한다. 또한

그림 13.9 전통적인 시스템 개발 생명주기

시스템 개발 생명주기는 시스템 개발을 몇 개의 정형화된 단계로 구분하며, 각 단계는 다음 단계가 시작되기 전에 끝마쳐야 한다.

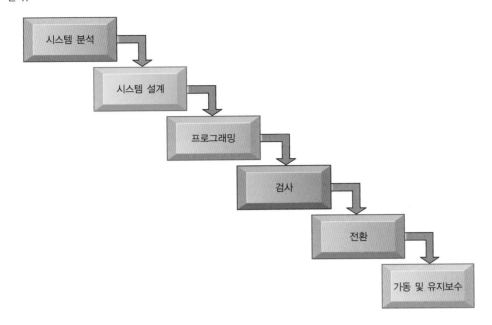

생명주기는 정형화된 명세서와 문서 작업을 강조하여 시스템 프로젝트 과정에서 많은 문서가 생성된다.

시스템 생명주기는 엄밀하고 정형화된 요구사항 분석, 미리 정의된 명세서, 그리고 시스템 개발 과정에 대한 엄격한 통제가 필요한 거대하고 복잡한 시스템을 개발할 때 여전히 사용된다. 그러나 이 접근은 많은 비용과 시간이 소요되며 유연성이 부족하다. 시스템 개발자는 생명주기상의 단계를 앞뒤로 오갈 수 있지만, 시스템 생명주기는 한 단계의 작업이 끝나야 다음 단계의 작업이 시작되는 '폭포수(waterfall)' 접근이 일반적이다. 활동들은 반복될 수 있으나 요구사항과 명세서가 수정되면 방대한 양의 새로운 문서들이 생성되어야 하고, 이미 수행한 단계들이 다시 반복되어야 한다. 따라서 가급적 개발 프로세스의 초기 단계에 명세서를 확정 짓는 것이 필요하다. 또한 생명주기 접근은 덜 구조화되고 개별적 특성이 많은 소규모 데스크톱 시스템에는 적합하지 않다.

프로토타이핑

프로토타이핑(prototyping)은 저렴한 비용으로 신속하게 실험시스템을 만들어 사용자의 평가를 받아보는 방식이다. 사용자들은 시제품과의 상호작용을 통해 그들의 정보 요구사항에 대한 더 좋은 아이디어를 제공할 수 있다. 사용자가 선호하는 시제품은 최종 시스템을 만들기 위한 템플릿으로 사용될 수 있다.

시제품(prototype)은 정보시스템의 전체 또는 일부 기능이 실제로 작동되도록 구현되었지만 단지 예비적인 모델이다. 운영을 위해서는 그 시제품은 사용자의 요구사항에 정확히 부합하도록 더 다듬어져야 한다. 일단 설계가 마무리되면 시제품은 완성된 가동시스템으로 변환될 수 있다.

프로토타이핑 방식은 예비 모델 개발, 적용, 개선, 그리고 재적용 과정을 반복하기 때문에 **반복적**(iterative) 시스템 개발 프로세스라고 부른다. 프로토타이핑은 전통적인 생명주기보다 더 반복적이며, 반복이 진행됨에 따라 시스템 설계에 많은 변화가 일어난다. 시제품의 버전이 높아지면서 사용자의 요구를 더욱 정확히 반영하기 때문에 프로토타이핑이 비계획적 재작업을 계획적 반복으로 대체했다고 말하기도 한다.

프로토타이핑의 단계

그림 13.10은 프로토타이핑 프로세스의 4단계 모델을 보여주며, 다음과 같이 구성되어 있다.

1단계: 사용자의 기본적인 요구사항 파악. 시스템 설계자(통상 정보시스템 전문가)는 사용자의 기본적인 정보 요구를 충분히 파악하기 위해 사용자와 함께 작업한다.

2단계: 초기 시제품 개발. 시스템 설계자는 시제품 개발 소프트웨어를 이용해 실제 작동하는 시제품을 신속하게 만든다.

3단계: 시제품 사용. 사용자는 만들어진 시제품을 이용해 작업하면서 그 시제품이 자신의 요구사항을 얼마나 만족시키는지 확인하고 시제품의 개선을 위한 제안을 한다.

4단계: 시제품 수정 및 개선. 시스템 개발자는 사용자가 요구한 모든 변화 요청사항을 기록하고 그에 따라 시제품을 수정한다. 시제품이 수정된 후 3단계로 돌아가 사용자가 만족할 때까지 3·4단계를 반복한다.

더 이상의 반복이 필요하지 않게 되면, 그 시제품은 응용 프로그램의 최종 명세서를 제공하는 운영 시제품(operational prototype)이 된다. 때때로 시제품을 그냥 시스템으로 사용하기도 한다.

프로토타이핑의 장점과 단점

프로토타이핑은 요구사항이나 설계 해결책에 불확실성이 있을 때 상당히 유용하다. 프로토타이핑

│ 그림 13.10 **프로토타이핑 프로세스**

시제품을 개발하는 프로세스는 4단계로 구분된다. 시제품은 신속하고 저렴하게 개발될 수 있기 때문에 시스템 개발자는 3단계와 4단계를 수차례 반복하여 최종 운영 시제품을 만든다.

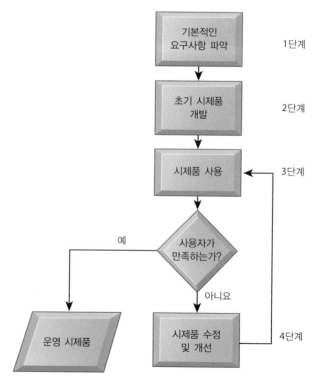

은 정보시스템의 **최종사용자 인터페이스**(end-user interface, 온라인 디스플레이나 데이터 입력 화면, 보고서, 웹페이지 등과 같이 사용자와 상호작용하는 부분)를 설계할 때 특히 유용하다. 프로토타이핑은 시스템 개발 생명주기 전반에 걸쳐 최종사용자가 적극적으로 참여하기 때문에 사용자의 요구사항을 충족시키는 시스템을 개발할 가능성이 크다.

그러나 프로토타이핑은 철저한 검사와 문서화와 같은 시스템 개발의 필수 단계를 간과할 우려가 있다. 만약 최종 시제품이 잘 작동한다면 관리자들은 완벽한 시스템 개발의 필요성을 느끼지 못할 수 있다. 이렇게 급히 만들어진 시스템은 대용량 데이터나 많은 수의 사용자를 쉽게 수용하지 못하는 경우가 있다.

최종사용자 개발

최종사용자 개발(end-user development)은 최종사용자들이 기술 전문가의 도움 없이(또는 약간의 도움만으로) 간단한 정보시스템을 만들 수 있도록 하여 최종 애플리케이션을 만드는 데 소요되는 시간과 단계를 줄여준다. 최종사용자들은 사용자 친화형 질의어와 보고서, 웹사이트 개발, 그래픽, 그리고 PC 소프트웨어 도구 들을 이용하여 데이터에 접근하고 보고서를 생성하며 간단한 애플리케이션을 직접 개발할 수 있다. **질의어**(guery language)는 "영업실적이 누가 가장 좋은가?" 등과 같이 미리 정의되지 않은 정보 요청에 대해 즉각적인 온라인 답변을 제공하는 소프트웨어 도구이다. 질의어는 데이터 관리 소프트웨어와 관계되어 있다(제6장 참조). 예를 들어 건설 산업의 제품을 국제적으로 공급하는 CEMEX는 정보 구축업체 WebFOCUS를 사용하여 금융 및 운영 데이터를 시각화하는 셀프 서비스 보고 포털을 만들었다.

대체로 최종사용자 개발시스템은 전통적인 시스템 생명주기를 통한 시스템 개발보다 빨리 완성된다. 사용자에게 자신들의 비즈니스 요구를 직접 명시하도록 함으로써 요구사항 수집이 용이하며, 적극적인 사용자 참여와 만족도 제고가 가능하다. 그러나 최종사용자 소프트웨어 도구는 대규모 거래나 복잡한 절차적 논리와 요구사항이 필요한 애플리케이션들을 처리하는 것이 쉽지 않기 때문에 여전히 일부 비즈니스 애플리케이션에 사용되는 전통적인 도구들을 대체할 수 없다.

또한 최종사용자 컴퓨팅은 정보시스템 부서의 관리와 통제 범위를 벗어난 외부에서 이루어지기 때문에 조직적 위험이 존재한다. 시스템이 전형적인 개발 방법론 없이 단기간에 만들어질 때 검사와 문서화가 불충분하게 이루어질 수 있다. 데이터의 통제권 역시 정보시스템 부서를 벗어나게 된다. 최종사용자 애플리케이션 개발의 이점을 극대화하기 위해 관리자들은 최종사용자 정보시스템 프로젝트의 투자 타당성 검토와 사용자 개발 애플리케이션에 대한 하드웨어, 소프트웨어, 그리고 품질에 대한 표준 설정을 통해 최종사용자 애플리케이션 개발을 관리해야 한다.

애플리케이션 소프트웨어 패키지, 소프트웨어 서비스, 아웃소싱

제5장에서 최근에는 소프트웨어를 자체 개발하기보다 외부에서 구매하여 사용한다고 설명했다. 기업은 온라인 소프트웨어 서비스 제공업체로부터 소프트웨어를 대여하거나, 사내에서 실행하기 위한 패키지로 상용 공급업체로부터 소프트웨어를 구매하거나, 외부 아웃소싱 업체가 개발한 맞춤형 애플리케이션을 사용할 수 있다.

애플리케이션 소프트웨어 패키지와 클라우드 소프트웨어 서비스

오늘날 많은 시스템은 상용 애플리케이션 소프트웨어 패키지(application software packages) 또는 클라우드 서비스로서의 소프트웨어(software as a service, SaaS)를 기반으로 하고 있다. 예를 들어 기업은 오라클 전사적 자원관리, 공급망관리 또는 인적자원관리 소프트웨어를 사내에서 구현하거나 오라클 클라우드 플랫폼에서 실행되는 이 소프트웨어를 비용을 지불하고 사용할 수 있다. 마이크로소프트 오피스 데스크톱 생산성 소프트웨어는 데스크톱과 클라우드(오피스 365) 버전 모두에 포함되어 있다. 급여, 매출채권, 총계정원장, 재고관리 등과 같은 많은 애플리케이션들은 모든 기업에서 공통적으로 사용될 수 있다. 시간이 흘러도 크게 변하지 않는 표준 프로세스를 갖는 그러한 기능들은 일반화된 시스템으로 많은 조직들의 요구사항을 만족시킬 수 있다.

만약 상용 소프트웨어 패키지나 클라우드 소프트웨어 서비스가 어떤 회사의 요구사항을 대부분 만족시킨다면, 그 회사는 소프트웨어를 자체 개발하지 않아도 된다. 회사는 소프트웨어 공급업체가 이미 만든 패키지를 사용함으로써 시간과 비용을 절약할 수 있다. 패키지 및 SaaS 공급업체는 시스템에 대한 지속적인 유지보수와 지원의 상당 부분을 제공하며, 여기에는 지속적인 기술적·비즈니스적 발전과 보조를 맞추기 위한 시스템 개선이 포함된다.

만약 어떤 조직에 패키지가 지원하지 못하는 고유한 요구사항이 있다면, 이는 패키지의 고객화 기능을 이용해 해결할 수 있다. **고객화**(customization) 기능을 사용하면 상용 소프트웨어 패키지 또는 클라우드 기반 소프트웨어를 수정하여 소프트웨어의 무결성을 훼손하지 않고 조직의 고유한 요구사항을 충족할 수 있다(이 장 도입 사례의 카메론 인터내셔널과 이 장 마지막 사례의 히타치 컨설팅 참조). 그러나 많은 부분에서 고객화가 요구된다면 추가적인 프로그래밍과 고객화 작업에 많은 비용과 시간이 소요되어 소프트웨어 패키지와 서비스의 도입 효과는 사라진다.

시스템이 애플리케이션 소프트웨어 패키지나 클라우드 소프트웨어 서비스를 사용하여 개발되는 경우, 시스템 분석에는 최종사용자와 정보시스템 전문가가 모두 참여하는 소프트웨어 패키지 또는 서비스에 대한 공식적인 평가가 포함된다. 가장 중요한 평가 기준은 소프트웨어가 제공하는 기능들, 유연성, 사용자 편의성, 하드웨어와 소프트웨어 자원, 데이터베이스 요구사항, 설치 및 유지보수에 드는 노력, 문서, 공급업체의 수준, 비용 등이다. 패키지나 서비스 평가 과정은 보통 패키지 소프트웨어 공급업체에게 전달되는 **제안 요청서**(request for proposal, RFP)에 근거한다.

외부에서 제공하는 소프트웨어를 선택하면 조직은 더 이상 시스템 설계 프로세스에 대한 완전한 통제권을 갖지 못한다. 시스템 설계 명세서를 사용자 요구사항에 직접 맞추는 대신, 사용자 요구사항을 패키지 또는 소프트웨어 서비스의 특징에 부합하도록 맞춰 나가는 설계 노력이 필요하다. 조직의 요구사항이 패키지 또는 소프트웨어 서비스의 작동 방식과 상충되고, 이 소프트웨어를 고객화할 수 없는 경우 조직은 패키지 또는 소프트웨어 서비스에 적응하고 절차를 변경해야 할 것이다.

아웃소싱

만약 어떤 기업이 정보시스템의 개발이나 운영에 기업 내부 자원의 활용을 원하지 않는다면, 그 기업은 이러한 서비스를 전문적으로 제공하는 외부 조직에게 아웃소싱할 수 있다. 제5장에서 설명한 클라우드 컴퓨팅과 SaaS 제공자는 아웃소싱의 한 형태이다. 서비스 제공자와 계약한 기업들은 서비스 제공자가 제공하는 소프트웨어와 컴퓨터 하드웨어를 그들이 보유한 시스템의 기술 플랫폼으로 사용하게 된다. 아웃소싱의 또 다른 형태로 소프트웨어 설계와 개발은 외부업체를 활용하지만 개발된 시스템 운영은 자사 컴퓨터를 이용하는 방식이 있다. 아웃소싱 업체는 국내 또는 해외에 있을 수 있다.

국내 아웃소싱은 고객사가 가지고 있지 못한 기술, 자원, 자산을 아웃소싱 기업이 보유하고 있다는 사실 때문에 주로 추진된다. 대규모 회사에서 새로운 공급사슬관리시스템을 구현하기 위해서는 30~50명 정도의 공급사슬관리 전문가들을 추가로 고용해야 한다. 소프트웨어 패키지에 대한 광범위한 훈련이 필요한 그들을 정규직으로 고용하여 시스템이 구축된 뒤 내보내기보다는 12개월 동안 아웃소싱하는 것이 상식적이며 일반적으로 비용도 더 적게 든다.

해외 아웃소싱(offshore outsourcing)의 경우 그 의사결정은 훨씬 비용 중심적인 경향이 있다. 인도 또는 러시아에 있는 숙련된 프로그래머의 연간 인건비는 1~3만 달러로, 이는 미국에 있는 비슷한 수준의 프로그래머가 받는 연간 인건비 6만 달러 이상을 받는 것과 비교하면 훨씬 저렴하다. 인터넷과 통신기술의 발달로 해외에 있는 글로벌 팀과 협업하는 데 드는 비용과 어려움은 상당히 줄어들었다. 비용 절감 측면뿐만 아니라 많은 해외 아웃소싱 기업들은 세계적 수준의 기술 자산과 기술을 제공한다. 최근 해외 국가들의 임금 인상은 이러한 장점을 감쇄시키고 있어 일부 업종은 자국으로 돌아오고 있다. 기업은 일반적으로 IT 시스템의 개념, 시스템 분석 및 설계를 해외 기업에 아웃소싱하지 않고, IT 시스템의 프로그래밍, 검사, 유지보수 및 일상적인 운영을 아웃소싱하는 경우가 많다.

아웃소싱이 목적에 부합하고 그로 인한 위험을 충분히 검토했다면 그 기업은 아웃소싱을 통해 많은 이득을 얻을 것이다. 애플리케이션을 아웃소싱하려는 기업들은 요구사항, 구현 방법, 기대효과, 비용, 성과 측정 방법 등을 포함하여 프로젝트에 대해 충분히 이해해야 한다.

많은 기업들이 정보기술 서비스 업체를 파악하고 평가하는 비용, 새로운 업체로 전환하는 비용, 아웃소싱 업체에 맞도록 내부 소프트웨어 개발 방법을 개선하는 비용, 그리고 아웃소싱 업체들이 계약 의무를 제대로 이행하는지 감시하는 비용 등을 낮게 평가하고 있다. 기업들은 요구 조건의 문서화, RFP 송부, 출장 경비, 계약 협상, 그리고 프로젝트 관리 등을 위한 자원을 할당해 놓아야 한다. 전문가들은 업무를 해외 파트너에게 이관하고 사업을 충분히 이해시키는 데 최소 3개월에서 많게는 1년까지 소요된다고 말한다.

해외 아웃소싱은 생산성을 떨어뜨리는 문화적 차이에 대처하고 국내 직원들을 해고하거나 재배치하는 것과 같은 인적자원관리 문제를 처리하기 위한 추가비용이 발생한다. 이러한 숨어 있는 비용이 아웃소싱의 기대효과를 약화시킨다. 기업들은 특히 경쟁우위를 제공하는 애플리케이션을 개발하거나 운영하기 위해 아웃소싱 업체를 이용하는 경우 주의를 기울여야 한다.

GM은 데이터센터, 애플리케이션 개발 등 IT 서비스의 90%를 아웃소싱했다. 그러나 최근 이 회사는 IT 인프라의 10%만 아웃소싱하고 90%를 자체 운영하기로 결정했다. GM이 아웃소싱 비중을 낮춘 주요 이유는 비용을 절감하는 것도 중요하지만 경쟁적 기회에 신속하게 대응할 수 있도록 정보시스템에 대한 통제권을 확보하는 것이 더 중요하다고 생각했기 때문이다. 정보시스템을 자체 운영하는 것은 GM이 시스템과 데이터센터를 표준화하고 능률화하는 것을 더 쉽게 만들 것이다. 그림 13.11은 해외 아웃소싱 프로젝트의 총비용에 대한 최선과 최악의 시나리오를 보여준다. 또한 숨겨진 비용이 총프로젝트 비용에 얼마나 많은 영향을 주는지도 보여준다. 최선의 사례는 추가비용을 가장 낮게 추정하고 최악의 사례는 가장 높게 추정한 것이다. 숨겨진 비용은 해외 아웃소싱 프로젝트의 총비용을 15~57%까지 증가시킨다. 이러한 추가비용에도 불구하고 해외 아웃소싱을 잘 관리한다면 많은 기업들은 이익을 얻을 것이다.

그림 13.11 해외 아웃소싱의 총비용

만약 어떤 기업이 해외 아웃소싱 계약에 1,000만 달러를 지출한다면, 그 기업은 최선의 시나리오를 생각해도 15.2%의 추가 비용을 지출해야 한다. 생산성의 심각한 저하와 매우 높은 전환 및 해고비용을 고려한 최악의 시나리오 경우에는 해외 계약을 위한 1,000만 달러 이외에 추가로 57%의 비용을 더 지불해야 할 것으로 예상된다.

해외 아웃소싱의 총비용				
아웃소싱 계약비용			**$10,000,000**	
숨겨진 비용	최선	추가비용($)	최악	추가비용($)
1. 업체 선정	.02%	20,000	2%	200,000
2. 전환비용	2%	200,000	3%	300,000
3. 해고 및 유지	3%	300,000	5%	500,000
4. 생산성 저하/문화적 이슈	3%	300,000	27%	2,700,000
5. 개발 프로세스 개선	1%	100,000	10%	1,000,000
6. 계약관리	6%	600,000	10%	1,000,000
총 추가비용		1,520,000		5,700,000
	아웃소싱 계약($)	추가비용($)	총비용($)	추가비용
총 아웃소싱 비용(TCO) 최선	10,000,000	1,520,000	11,520,000	15.2%
총 아웃소싱 비용(TCO) 최악	10,000,000	5,700,000	15,700,000	57.0%

13-5 디지털 기업 시대의 시스템 개발을 위한 새로운 접근방법에는 무엇이 있는가?

기술과 비즈니스 환경이 매우 빠르게 변화하여 기업들은 모바일 애플리케이션을 포함한 더 짧고 비공식적인 시스템 개발 프로세스를 채택하고 있다. 소프트웨어 패키지와 온라인 소프트웨어 서비스 사용 외에도 기업은 신속 애플리케이션 개발, 공동 애플리케이션 설계, 애자일 개발, 완전한 소프트웨어 시스템으로 조립할 수 있는 재사용 가능한 표준화된 소프트웨어 구성요소와 같은 빠른 주기의 기법에 더 많이 의존하고 있다.

신속 애플리케이션 개발, 애자일 개발, 데브옵스

신속 애플리케이션 개발(rapid application development, RAD)이라는 용어는 프로젝트가 진행함에 따라 적응할 수 있는 유연성을 갖고 매우 짧은 시간 내에 실행 가능한 시스템을 만드는 프로세스를 말한다. RAD에는 그래픽 사용자 인터페이스 개발을 위한 비주얼 프로그래밍 등의 도구 활용, 시스템 핵심요소의 반복적 프로토타이핑, 프로그램 코드 생성의 자동화, 최종사용자와 정보시스템 전문가 간의 긴밀한 팀워크가 포함된다. 간단한 시스템은 이미 만들어진 컴포넌트를 조립하여 만들 수 있다. 그 프로세스는 반드시 순차적일 필요는 없으며 개발의 핵심부분은 동시에 진행될 수 있다.

때때로 정보 요구사항의 신속한 수집과 초기 시스템 설계를 위해 **공동 애플리케이션 개발**(joint application design, JAD)이라는 기법이 사용된다. JAD는 최종사용자와 정보시스템 전문가가 한자리에 모인 대화의 자리에서 시스템 설계에 대해 논의할 수 있게 한다. JAD 세션은 설계 단계를 상당히 가속화시킬 수 있으며 사용자의 적극적 참여를 유도할 수 있다.

애자일 개발(agile development, 민첩 개발)은 반복, 지속적 피드백, 그리고 지속적인 사용자 참여를 통해 큰 프로젝트를 짧은 기간에 마무리할 수 있는 일련의 작은 하위 프로젝트들로 분할하여 가동시스템을 빨리 전달하는 데 초점을 맞춘다. 각 미니 프로젝트는 팀이 마치 완전한 프로젝트인 것처럼 작업하고 고객에게 정기적으로 공개한다. 개발자가 요구사항을 명확히 함에 따라 다음 반복 기간 내에 새로운 기능의 개선 또는 추가가 이루어진다. 테스트는 개발 과정 전반에 걸쳐 조기에 자주 발생한다. 이 방법은 대면 커뮤니케이션을 강조하여 사람들이 빠르고 효과적으로 협업하고 의사결정을 하도록 장려한다.

데브옵스(DevOps)는 신속하고 민첩한 개발 관행을 더욱 촉진하는 문화와 환경을 조성하기 위한 조직 전략으로서 애자일 개발 원칙을 구축한다. 데브옵스는 '개발(development)과 운영(operations)'을 의미하며, 애플리케이션을 개발하는 소프트웨어 개발자와 애플리케이션을 실행하고 유지하는 IT 운영 직원 간의 긴밀한 협력을 강조한다. 전통적으로 대기업에서는 애플리케이션 개발팀이 애플리케이션의 비즈니스 요구사항 수집, 애플리케이션 설계, 소프트웨어 작성 및 테스트 등을 담당하게 된다. 운영팀은 일단 소프트웨어가 가동되기 시작하면 실행하고 유지보수할 것이다. 소프트웨어가 예상대로 작동하지 못하게 하는 운영상의 문제를 개발팀이 알지 못하는 경우 문제가 발생하여 소프트웨어를 수정하는 데 추가 시간과 재작업이 필요하다.

데브옵스는 전체 애플리케이션 개발 수명주기 동안 시스템 개발 그룹과 운영 그룹 간의 더 우수하고 빈번한 커뮤니케이션과 협업, 그리고 빠르고 안정적인 워크플로를 촉진함으로써 이러한 관계를 변화시키려 한다. 민첩한 기술, 표준화된 프로세스, 보다 강력한 자동화된 소프트웨어 생성 및 테스트 도구와 함께 이러한 유형의 조직 변화를 통해 애플리케이션을 더욱 빠르고 자주 구축, 테스트 및 출시할 수 있다. 예를 들어 데브옵스는 넷플릭스 개발자들이 매일 수백 개의 소프트웨어 변경을 하도록 돕는다.

컴포넌트 기반 개발과 웹서비스

앞 절에서 웹 애플리케이션 등 빠르게 변화하는 비즈니스 환경에 대응할 수 있는 시스템을 개발하기 위한 객체 지향 개발의 장점에 대해 설명했다. 그래픽 사용자 인터페이스나 온라인 주문과 공통적으로 사용되는 기능들은 이미 개발해 놓은 소프트웨어 컴포넌트를 이용하면 소프트웨어 개발 시간을 단축할 수 있다. 여러 컴포넌트들이 결합되어 대규모 비즈니스 애플리케이션이 만들어진다. 이러한 소프트웨어 개발 방식을 **컴포넌트 기반 개발**(component-based development)이라고 하며, 이 접근방식은 기존 소프트웨어 컴포넌트를 조립하고 통합하여 시스템을 개발한다. 이러한 소프트웨어 컴포넌트들은 점차적으로 클라우드 서비스에서 얻을 수 있게 되었다. 기업들은 쇼핑 카트, 사용자 인증, 검색엔진, 카탈로그 등 상업적으로 이용 가능한 컴포넌트를 결합하여 그들의 전자상거래 응용 프로그램을 개발하는 컴포넌트 기반 개발을 사용한다.

웹서비스와 서비스 지향 컴퓨팅

제5장에서 웹서비스를 XML(extensible markup language)과 개방형 프로토콜에 기반한 느슨하게 결합된 재사용 가능한 소프트웨어 컴포넌트이자 맞춤형 프로그래밍 없이도 애플리케이션들이 서로 통신할 수 있도록 지원하는 표준이라고 설명했다. 웹서비스는 내외부 시스템의 통합을 지원하는 것 이외에도 새로운 정보시스템을 개발하거나 기존 시스템을 개선하기 위한 도구로 사용될 수 있다. 이러한 소프트웨어 서비스는 보편적인 표준들을 사용하기 때문에 전용 컴포넌트를 사용하는 것보다 비용이 저렴하며 결합하여 사용하는 것이 용이하다.

웹서비스는 스스로 특정 기능을 수행할 수 있으며, 신용 확인, 조달, 제품 주문 등 보다 복잡한 거래를 완료하기 위해 다른 웹서비스도 관여할 수 있다. 웹서비스는 운영체제, 프로그래밍 언어,

클라이언트 장치에 관계없이 데이터를 통신하고 공유할 수 있는 소프트웨어 구성요소를 만들어 다른 회사와의 협업을 위한 새로운 기회를 열어주는 동시에 시스템 구축에 있어 상당한 비용 절감을 제공할 수 있다.

모바일 애플리케이션 개발 : 멀티 스크린 세상을 위한 설계

오늘날 직원들과 고객들은 그들이 원하는 모바일 기기를 사용하여 언제 어디서나 정보를 얻거나 거래를 수행할 수 있기를 기대하며 심지어 요구하기도 한다. 이러한 요구를 충족시키기 위해 기업들은 전통적인 정보시스템뿐만 아니라 모바일 웹사이트, 모바일 앱, 그리고 네이티브 앱을 개발할 필요가 있다.

일단 어떤 조직이 모바일 앱을 개발하기로 결정했다면 이러한 앱을 개발하기 위한 기술과 모바일 웹사이트의 구성 등 몇 가지 중요한 선택을 해야 한다. **모바일 웹사이트**(mobile website)는 일반 웹사이트를 작은 모바일 화면에서 접속하거나 검색하기 용이하도록 콘텐츠와 내비게이션을 축소시킨 버전이다(아마존 웹사이트를 PC와 스마트폰에서 각각 접속하여 차이점을 비교하라).

모바일 웹 앱(mobile web app)은 모바일 기기 전용 기능을 갖춘 인터넷 지원 앱이다. 사용자는 모바일 기기의 웹브라우저를 통해 모바일 웹 앱에 접속한다. 웹 앱은 주로 서버에 위치하여 인터넷을 통해 접속되며 개별 기기에 설치할 필요가 없다. 브랜드에 상관없이 웹을 서핑할 수 있는 대부분의 기기에 동일한 앱이 사용될 수 있다.

네이티브 앱(native app)은 특정 플랫폼과 기기에서 실행되도록 설계된 독립 실행형 애플리케이션(standalone application)이다. 네이티브 앱은 모바일 기기에 직접 설치된다. 네이티브 앱은 인터넷에 연결되어 데이터를 다운로드하고 업로드할 수 있으며, 인터넷에 연결되지 않은 경우에도 이러한 데이터에서 작동할 수 있다. 예를 들어 킨들 소프트웨어와 같은 전자책 읽기 앱은 인터넷에서 책을 다운로드하고, 인터넷과 연결을 끊으며, 독서를 위한 책을 제시할 수 있다. 네이티브 모바일 앱은 빠른 성능과 높은 신뢰성을 제공한다. 또한 카메라나 터치 기능 같은 모바일 기기의 특정 기능들을 활용할 수 있다. 그러나 네이티브 앱은 다른 모바일 운영체계와 하드웨어에 대해 여러 버전의 앱을 프로그램해야 하기 때문에 개발비용이 많이 든다.

모바일 플랫폼용 애플리케이션 개발은 PC 및 훨씬 더 큰 화면을 위한 개발과는 상당히 다르다. 모바일 단말기는 크기가 작기 때문에 키보드보다 손가락을 이용한 멀티터치 동작이 용이하도록 발전해 왔다. 모바일 앱은 수행해야 하는 업무에 최적화되어야 하며 너무 많은 업무들을 수행하지 않도록 하고 사용성을 고려해 설계해야 한다. 모바일 상호작용에 대한 사용자 경험은 데스크톱이나 랩톱과는 근본적으로 다르다. 대역폭, 화면 공간, 메모리, 프로세싱, 데이터 입력, 사용자 제스처 등 자원 사용을 줄이는 것이 최우선 과제이다.

데스크톱 화면 크기로 개발된 웹사이트를 스마트폰 화면 크기로 줄이게 되면 사용자는 그 사이트를 이용하는 데 어려움을 느낀다. 사용자는 원하는 정보를 찾기 위해 계속해서 확대와 축소, 스크롤을 반복해야 한다. 그래서 기업들은 항상 모바일 인터페이스를 고려해 웹사이트를 설계하고 스마트폰, 태블릿, 데스크톱 브라우저 등 다양한 환경에 적합하도록 여러 개의 모바일 사이트들을 개발해야 한다. 이는 별도의 콘텐츠, 유지보수, 비용이 필요한 적어도 3개의 사이트가 필요하다는 것을 의미한다. 사용자가 로그인하면 브라우저는 사용자가 이용하는 장치에 대한 정보를 서버에 보낸다. 그러면 서버는 그 정보를 이용해 적합한 화면을 보내게 된다.

이 문제를 해결하는 한 가지 방법은 **반응형 웹 설계**(responsive web design)를 이용하는 것이다. 반응형 웹 설계는 랩톱, 태블릿, 스마트폰 등 방문자의 접속 기기와 화면 해상도에 따라 웹사이트가

토론방 | 기술

모바일 앱의 시스템 개발은 다르다

오늘날의 거의 모든 기업이 모바일 앱을 구축하고 싶어 하며, 그들은 이 앱들을 아주 짧은 기간 내에 개발하기를 원한다. 그건 그렇게 쉬운 일이 아니다.

성공적인 모바일 앱 개발은 몇 가지 독특한 과제를 내포하고 있다. 모바일 기기에서의 사용자 경험은 PC에서의 경험과는 근본적으로 다르다. 모바일 기기에는 위치 기반 서비스와 같은 기업들이 의미 있는 새로운 방식으로 고객들과 상호작용을 할 수 있는 특별한 기능이 있다. 기업은 이러한 기능을 활용하는 동시에 작은 화면에 적합한 경험을 제공할 수 있어야 한다. iOS, 안드로이드, 윈도우 10을 포함한 모바일 소프트웨어용 플랫폼이 여러 개 있으며, 기업은 크기와 기능이 다른 기기에서뿐만 아니라 각각에서 실행하기 위해 다른 버전의 애플리케이션을 필요로 할 수 있다. 모바일 기기는 작고 손목에 착용되거나 고화질 태블릿 디스플레이일 수 있다. 그것들은 센서와 오디오 출력 그리고 심지어 실제와 가상 이미지를 결합한 디스플레이를 포함할 수 있다. 시스템 개발자는 고객이 모바일 기기를 사용하는 방법, 이유 및 위치와 이러한 모바일 경험이 비즈니스 상호작용과 행동을 어떻게 변화시키는지 이해할 필요가 있다. 웹사이트나 데스크톱 애플리케이션을 스마트폰이나 태블릿에 단순히 이식할 수는 없다. 그것은 다른 시스템 개발 과정이다. 많은 기업들은 데스크톱뿐만 아니라 모바일 기기에서도 기업시스템과 기능을 연결하는 애플리케이션을 필요로 한다. 예를 들어 미국에서 두 번째로 큰 퇴직 서비스 회사인 그레이트웨스트(Great-West) 금융을 예로 들어보자. 그 회사는 약 4,610억 달러의 자산을 보유하고 있는 정부 산하기관이다. 회사 직원들은 사무실에서가 아니라 현장에서 고객을 위해 더 많은 시간을 보내고 있으며, 지불 송장 승인을 처리하기 위해 일하는 곳에서 회사의 ERP Financials 시스템에 연결이 필요했다. 그레이트웨스트는 이를 위해 돌핀 모바일 승인 앱을 구축하기로 했다.

그레이트웨스트가 돌핀을 선택한 이유는 모든 SAP 워크플로를 단일 앱으로 처리할 수 있기 때문에 직원들이 송장을 승인하기 위해 한곳에 갈 필요가 없고 다른 곳에 가서 모든 것을 승인할 필요가 없기 때문이다. 그레이트웨스트는 사용자가 데스크톱에서 액세스했던 애플리케이션과 모양과 느낌이 최대한 비슷하도록 앱을 구성했다. 사용자는 데스크톱 컴퓨터 화면에서와 같이 모바일 기기의 송장 헤더 및 라인 항목에서 동일한 데이터 필드를 볼 수 있으며, 송장 승인 절차의 단계는 동일하다. 그러나 모바일 기기에서 서로 다른 화면 사이를 왔다 갔다 하는 것이 어렵다는 점을 감안하여 모바일 앱은 PDF 첨부 파일에 이러한 코드를 표시하지 않고 필요한 송장 승인 코드를 라인 항목 세부사항에 통합한다. 데스크톱에서 사용자는 송장을 보려면 SAP 시스템에 로그인해야 하며 이메일을 통해 송장을 승인할 수 있다는 통지를 받는다. 모바일 앱의 팝업 알림은 사용자가 송장에 대해 알기 전에 앱에 로그인할 필요가 없게 한다.

그레이트웨스트는 모바일 앱을 구축하기 전에 보안, 로그인, 백엔드 통합 등의 요인을 고려해 적절한 모바일 인프라를 구축해야 했다. 이 애플리케이션이 SAP 시스템에 연결된 최초의 모바일 애플리케이션이었기 때문에, 회사는 모바일 앱이 SAP 시스템의 전체 워크플로를 통합하고 모든 데이터가 암호화되고 안전하게 보호되도록 해야 했다. 그레이트웨스트는 모바일 승인 앱(iOS와 안드로이드 기기와 호환)을 위해 1,000개의 라이선스를 구입하고, 회사 소유의 기기를 고위 임원과 가장 많은 송장 사용자에게 지급했다. 나머지 사용자들은 회사의 BYOD 정책에 부합하는 한 자신의 기기에서 앱을 사용할 수 있다.

지난 몇 년 동안 UPS는 고객들에게 UPS 모바일 앱을 제공하여 스마트폰과 태블릿을 사용하여 배송을 추적하고 가격정보를 얻었다. UPS 개발자는 처음에 오브젝티브-C(Objective-C)의 iOS용 버전과 자바의 안드로이드용 버전을 포함하여 여러 버전의 UPS 모바일을 작성하고 유지관리했다. 이것은 UPS 모바일 개발자들에게 2배의 작업을 의미했다. 여러 버전의 앱이 동시에 업데이트되지 않을 수 있으므로 다른 유형의 기기를 사용하는 고객이 항상 최신 기능에 동시에 액세스할 수 있는 것은 아니다.

UPS는 UPS 모바일 앱을 하나의 개발 플랫폼으로 옮길 수 있었지만, 이것은 엄청난 양의 작업이 수반되었다. 이 회사는 개발자들이 여러 플랫폼에서 하나의 C# 코드 기반을 공유하고 완전한 네이티브 앱을 고객에게 제공할 수 있도록 하기 위해 자마린(Xamarin)용 비주얼 스튜디어 도구를 선택했다. 자마린은 또한 모바일 기기의 고유한 하드웨어 및 기능과 더 잘 통합되었다. UPS는 4년에 걸쳐 작성된 13만 라인 이상의 코드를 다시 작성해야 했지만, 경영진은 다시 작성하는 것이 장기적으로 시간과 비용을 상당히 절약할 수 있다는 것을 깨달았다. 이 회사는 단일 플랫폼으로 개발을 진행했다. 자마린 코드의 대부분은 한 번만 개발하면 향후 몇 년 동안 여러 플랫폼을 효율적으로 지원할 수 있다. UPS 모바일 개발자들은 모든 버전의 UPS 모바일을 자마린용 비주얼 스튜디오 도구로 다시 작성했다. UPS는 이제 몇 달이 아닌 몇 주 또는 며칠 만에 모든 모바일 기기에 새로운 기능을 추가할 수 있다.

출처 : Rob Bamforth, "Developers at the Mobile Edge," *Computer Weekly*, January 30-February 5, 2018; Mary K. Pratt, Linda Tucci, "Enterprise Mobile App Development: No Easy Answers," searchCIOtechtarget.com, accessed February 20, 2018; Microsoft, "UPS Paves the Way for Better Service with Faster Development and Artificial Intelligence," September 28, 2017; www.greatwest.com, accessed February 20, 2018; and Ken Murphy, "Great-West Financial Establishes Its Mobile Footprint," *SAP Insider Profiles*, October 31, 2016.

사례연구 문제

1. 모바일 애플리케이션을 구축할 때 해결해야 할 경영, 조직 및 기술 과제는 무엇인가?

2. 모바일 애플리케이션에 대한 사용자 요구사항 정의가 기존 시스템 분석과 어떻게 다른가?

3. 모바일 애플리케이션이 구축된 후 그레이트웨스트의 송장 승인 프로세스가 어떻게 변경되었는지 설명하라.

자동으로 레이아웃을 변경할 수 있도록 한다. 이 방법은 환경에 맞게 설계를 최적화할 수 있도록 유연 그리드와 레이아웃, 유연 이미지, 미디어 질의 등을 이용한다. 이것은 새로운 기기에 따라 별도의 설계와 개발을 해야 하는 수고를 덜어준다. 제5장에서 소개한 HTML5는 플랫폼 간 모바일 애플리케이션을 지원할 수 있기 때문에 모바일 애플리케이션 개발에도 사용된다.

'토론방 : 모바일 앱의 시스템 개발은 다르다'는 일부 회사들이 우리가 방금 확인한 모바일 개발 과제를 어떻게 해결했는지 설명한다.

13-6 MIS는 내 경력에 어떤 도움이 되는가?

다음은 제13장과 이 책이 초급 주니어 비즈니스 시스템 분석가로서의 직업을 찾는 데 어떻게 도움이 되는지 설명한다.

회사

시카고에 본사를 둔 전문 기술 서비스 회사인 Systems 100 Technology Consultants는 다른 미국 회사들에게 인력 및 정보기술 컨설팅 서비스를 제공하고 있으며, 초급 비즈니스 시스템 분석가를 위한 개방형 직책을 두고 있다. 이 회사는 금융 서비스, 의료, 통신, 운송, 에너지, 소비재 및 기술 분야 150개 이상의 기업에 비즈니스 및 기술 컨설턴트를 제공하여 이들이 비즈니스 및 기술 이니셔티브를 비용 효율적으로 구현할 수 있도록 지원한다.

직무 기술

주니어 비즈니스 시스템 분석가는 비즈니스 요구사항 정의, 세부 설계 사양 개발, 애플리케이션 개발자와의 협력을 통해 시스템 및 비즈니스 프로세스를 구축 또는 향상시키는 등 소프트웨어 개발 수명주기의 모든 단계에서 프로젝트팀과 함께 작업할 것으로 예상된다. 과제를 수행하기 전에 새로운 비즈니스 시스템 분석가들은 그들의 임무를 성공시키기 위해 필요한 배경 교육을 받는다. 첫 번째 임무는 미시간 주에 있는 한 신생 데이터 분석회사에서 중간 규모 조직에 서비스를 제공하는 계약을 기반으로 일하는 것이다. 주니어 비즈니스 시스템 분석가는 데이터 과학자팀과 협력하여 고객이 데이터 원천을 통합하고, 지저분한 데이터를 정리 및 구성하고, 패턴과 추세에 대한 이해를 향상시킬 수 있도록 도울 것이다.

직무 요구사항

- 경영정보시스템, 재무, 심리학 또는 관련 분야의 학사학위를 취득한 최근 대학 졸업자 또는 졸업 예정자
- 프로젝트팀과의 업무 경험을 포함하여 3~6개월 이상의 기업 업무 또는 인턴십 경험
- 강력한 분석, 커뮤니케이션 및 문제 해결 기술
- 팀 환경에서 편안하게 작업할 수 있는 능력
- 소프트웨어 개발 수명주기 및 비즈니스 프로세스 개선에 대한 지식과 이해
- MS 오피스 응용 프로그램에 대한 지식
- SQL에 대한 경험이 있으면 좋지만 꼭 필요하지는 않음

인터뷰 질문

1. MIS, 데이터베이스, 데이터 분석, 시스템 개발 등 어떤 정보시스템 과정을 수강했는가? SQL 쿼리를 작성할 수 있는가?
2. 시스템 개발 프로젝트에서 일해본 적이 있는가? 만약 그렇다면 정확히 무엇을 했는가? 어떤 시스템 개발 관행을 사용했는가?
3. 다른 종류의 프로젝트에서 일한 적이 있는가? 어떤 역할을 했는가? 그 프로젝트에 대해 작성한 문서 또는 출력 샘플이 있는가?
4. 어떤 MS 오피스 도구를 사용해보았는가? 이러한 도구를 사용하여 어떤 문제를 해결했는가?
5. 애자일 소프트웨어 개발 경험이 있는가?

저자 조언

1. 제2장과 제13장의 비즈니스 프로세스에 대한 논의와 IT 프로젝트 관리 및 구현에 대한 제14장의 논의를 검토한다. 비즈니스 프로세스를 분석하거나 재설계하는 등 지금까지 경험한 시스템 개발 경험에 대해 이야기할 준비를 하라. 또한 최근 시스템 개발 관행에 대해 논의할 준비를 하라.
2. 업무에 SQL 및 MS 오피스 도구를 사용하는 방법과 시연할 기술에 대해 문의하라. 이 소프트웨어로 수행한 작업 샘플을 준비하라. 직무를 수행하기 위해 이러한 도구에 대해 모르는 것을 배우는 데 관심을 가져라.
3. 분석 및 비즈니스 응용기술과 프로젝트 경험을 보여주는 문서 샘플을 준비하라.

요약

13-1 새로운 시스템은 어떻게 조직의 변화를 일으키는가?

새로운 정보시스템의 개발은 계획된 조직 변화의 한 형태이다. 기술에 의한 네 가지 변화는 (a) 자동화, (b) 절차의 합리화, (c) 비즈니스 프로세스 재설계, (d) 패러다임 변화이다. 많은 조직들이 획기적인 생산성 향상을 위해 비즈니스 프로세스 관리를 사용하여 워크플로와 비즈니스 프로세스를 재설계하고 있다. 비즈니스 프로세스 관리는 전사적 품질경영(TQM), 6시그마, 그리고 기타 프로세스 개선을 위한 유용한 도구이다.

13-2 시스템 개발 프로세스의 핵심활동은 무엇인가?

시스템 개발의 핵심활동들은 시스템 분석, 시스템 설계, 프로그래밍, 검사, 전환, 가동 및 유지보수이다. 시스템 분석은 기존 시스템의 문제점을 분석하고 이의 해결을 위한 해결책의 요구사항을 정의하는 단계이다. 시스템 설계는 기술적·조직적 구성요소들을 어떻게 결합해야 할지 보여주는 정보시스템 해결책의 명세서를 제공한다.

13-3 시스템 모델링과 설계를 위한 주요 방법론에는 무엇이 있는가?

정보시스템 모델링과 설계를 위한 두 가지 중요한 방법론은 구조적 방법론과 객체 지향 개발이다. 구조적 방법론은 프로세스와 데이터를 분리하여 모델링한다. 데이터 흐름도는 구조적 분석을 위한 주요 도구이며 구조도는 구조적 소프트웨어 설계를 표현하기 위한 주요 도구이다. 객체 지향 개발은 시스템을 프로세스와 데이터가 결합된 객체 집합으로 모델링한다. 객체 지향 개발은 클래스와 상속의 개념에 기반한다.

13-4 정보시스템 개발을 위한 방법에는 무엇이 있는가?

시스템 개발을 위한 가장 오래된 방법론은 시스템 생명주기로, 이 방법론은 정형화된 단계를 통해 정보시스템이 개발되도록 한다. 각 단계는 순차적으로 진행되며 단계별로 산출되어야 할 결과물들이 정의되어 있다. 시스템 생명주기는 엄격하고 비용이 많이 들지만 시스템 개발의 각 단계에 대한 정형화된 명세서와 엄격한 관리 통제가 필요한 대규모 프로젝트에 유용하다. 그러나 이 방법은 유연성이 부족하고 비용이 많이 든다.

프로토타이핑은 저렴한 비용으로 신속하게 실험시스템을 만들어 최종사용자가 그 시스템을 사용하면서 평가하는 접근방법이다. 프로토타이핑은 시스템 개발 과정에 사용자가 적극적으로 참여하도록 독려하며 명확한 명세서가 만들어질 때까지 설계가 반복된다. 그러나 시제품의 신속한 개발은 완전하게 검사 또는 문서화되지 않은, 또는 기술적으로 부적합한 시스템을 만들 우려가 있다.

소프트웨어 패키지나 온라인 소프트웨어 서비스(SaaS)를 사용하면 설계, 프로그래밍, 검사, 설치, 그리고 유지보수에 소요되는 시간을 줄일 수 있다. 애플리케이션 소프트웨어 패키지 또는 SaaS는 회사 내부에 정보시스템 지원 인력이 없거나 자체 개발하기에는 비용 부담이 큰 경우에 도움이 된다. 그러나 조직의 고유한 요구사항을 만족시키기 위해서는 패키지의 수정이 필요한데, 이는 개발비용의 상승을 초래한다.

최종사용자 개발은 정보시스템 전문가의 지원 없이 또는 최소한의 지원만으로 최종사용자가 정보시스템을 개발하는 것이다. 최종사용자 개발시스템은 사용자 친화형 소프트웨어 도구를 이용하여 신속하게 개발될 수 있다. 그러나 최종사용자 개발은 품질보증 표준에 부합하지 못하는, 그리고 전통적인 방법에 의해서는 통제되지 못하는 정보시스템을 만들 수 있다는 새로운 문제를 안고 있다.

아웃소싱은 내부 정보시스템 지원 인력 대신 외부 공급업체를 활용하여 기업의 정보시스템을 개발하는 것이다. 아웃소싱은 애플리케이션 프로그램 개발비용을 절감할 수 있으며, 내부 정보시스템 지원 인력 없이도 애플리케이션 프로그램을 개발할 수 있도록 한다. 그러나 기업은 그들의 정보시스템에 대한 통제권을 상실할 우려가 있으며 외부 공급업체에 의존적이 될 가능성이 크다. 또한 아웃소싱은 특히 작업을 해외로 보낼 때 숨겨진 비용이 발생한다.

13-5 디지털 기업 시대의 시스템 개발을 위한 새로운 접근방법에는 무엇이 있는가?

기업들은 시스템 개발 프로세스의 속도를 높이기 위해 신속 애플리케이션 개발(RAD), 공동 애플리케이션 개발(JAD), 애자일 개발, 그리고 재사용 가능한 소프트웨어 컴포넌트를 활용하고 있다. RAD는 매우 빠른 시스템 생성을 위해 객체 지향 소프트웨어, 비주얼 프로그래밍, 프로토타이핑 및 도구를 사용한다. 애자일 개발은 대형 프로젝트를 몇 개의 작은 하위 프로젝트로 분해하여 반복과 지속적인 피드백을 통해 단기간에 완성하는 방법이다. 컴포넌트 기반 개발은 대형 비즈니스 애플리케이션을 개발하기 위해 객체들을 소프트웨어 컴포넌트로 그룹화한다. 데브옵스(DevOps)는 애플리케이션을 개발하는 소프트웨어 개발자와 애플리케이션을 실행하고 유지하는 IT 운영 직원 간의 긴밀한 협업을 강조한다. 웹서비스는 표준 플러그 앤 플레이 방식을 통해 기술 플랫폼에 관계없이 시스템을 연결할 수 있는 표준에 관한 공통 집합을 제공한다. 모바일 애플리케이션 개발은 단순성, 사용성, 그리고 작은 화면에 적합하도록 작업을 최적화하는 것에 주의를 기울여야 한다.

주요 용어

가동	반응형 웹 설계	절차의 합리화
객체	병렬 전략	정보 요구사항
객체 지향 개발	비즈니스 프로세스 관리	제안 요청서(RFP)
검사	비즈니스 프로세스 재설계	직접 전환 전략
검사계획	사후 구현 감사	질의어
고객화	시스템 개발	최종사용자 개발
공동 애플리케이션 개발(JAD)	시스템 검사	최종사용자 인터페이스
구조도	시스템 분석	컴포넌트 기반 개발
구조적	시스템 생명주기	컴퓨터 지원 소프트웨어 공학(CASE)
네이티브 앱	시스템 설계	타당성 조사
단계적 접근 전략	시제품	파일럿 검토 전략
단위 검사	신속 애플리케이션 개발(RAD)	패러다임 변화
데브옵스	애자일 개발	프로그래밍
데이터 흐름도	유지보수	프로세스 명세서
문서	인수 검사	프로토타이핑
모바일 웹 앱	자동화	해외 아웃소싱
모바일 웹사이트	전사적 품질경영(TQM)	6시그마
반복적	전환	

복습 문제

13-1 새로운 시스템은 어떻게 조직의 변화를 일으키는가?
- 정보기술에 의해 가능한 네 가지 조직 변화를 설명하라.
- 비즈니스 프로세스 관리를 정의하고 이를 수행하는 데 필요한 단계를 설명하라.

13-2 시스템 개발 프로세스의 핵심활동은 무엇인가?
- 시스템 분석과 시스템 설계를 비교하라. 그리고 시스템 분석과 시스템 설계 각각에 포함된 활동들을 설명하라.
- 정보 요구사항을 정의하고 그것을 정확하게 정의하는 것이 왜 어려운지 설명하라.
- 왜 시스템 개발에서 검사 단계가 중요한지 설명하라. 정보시스템 검사의 3단계를 설명하라.

- 시스템 개발에서 프로그래밍, 전환, 가동, 유지보수의 역할을 설명하라.

13-3 시스템 모델링과 설계를 위한 주요 방법론에는 무엇이 있는가?
- 모델링과 시스템 설계를 위한 객체 지향과 전통적인 구조적 접근을 비교하라.

13-4 정보시스템 개발을 위한 방법에는 무엇이 있는가?
- 전통적인 시스템 생명주기를 정의하라. 각 단계를 설명하고 장점과 단점을 설명하라.
- 정보시스템 프로토타이핑을 정의하라. 장점과 한계를 설명하라. 프로토타이핑 프로세스의 단계들을 나열하고 설명하라.

- 응용 소프트웨어 패키지를 정의하라. 소프트웨어 패키지를 이용해 정보시스템을 개발하는 장점과 단점을 설명하라.

- 최종사용자 개발을 정의하고 장점과 단점을 설명하라. 최종사용자 개발을 관리하기 위한 정책이나 절차에는 어떤 것이 있는가?

- 정보시스템 개발을 위해 아웃소싱하는 장점과 단점을 설명하라.

13-5 디지털 기업 시대의 시스템 개발을 위한 새로운 접근방법에는 무엇이 있는가?

- 신속 애플리케이션 개발, 애자일 개발, 데브옵스(DevOps)를 정의하고 어떻게 이 방법들이 시스템 개발을 가속화하는지 설명하라.

- 컴포넌트 기반 개발과 웹서비스가 어떻게 기업들이 정보시스템을 개발하고 개선하는 데 도움을 주는지 설명하라.

- 모바일 앱 개발과 반응형 웹 설계의 특징을 설명하라.

토의 문제

13-6 시스템 개발 접근법을 선택하는 것이 중요한 비즈니스 결정인 이유는 무엇인가? 선택 프로세스에 누가 참여해야 하는가?

13-7 일부에서는 시스템 개발비용을 절감할 수 있는 최선의 방법은 애플리케이션 소프트웨어 패키지, SaaS 또는 사용자

친화적인 도구를 사용하는 것이라고 말한다. 동의하는가? 그 이유는?

13-8 새로운 정보시스템을 개발하려고 할 때 비즈니스 프로세스가 어떻게 작동하는지 이해하는 것이 왜 그렇게 중요한가?

MIS 실습 과제

이 절의 프로젝트는 비즈니스 프로세스 분석, 자동차 판매를 위한 고객시스템 설계와 개발, 그리고 웹사이트 정보 요구사항 분석 등의 실전 경험을 제공한다.

경영 의사결정 문제

13-9 시어즈 로벅(Sears Roebuck)에서 세탁기와 같은 가전제품을 구매하는 고객은 추가비용을 지불하고 3년 서비스 계약도 같이 체결한다. 그 계약은 공인된 서비스 제공업자를 통해 특정 가전제품의 무상 수리 서비스와 부품들을 제공한다. 시어즈 서비스 계약을 체결한 고객이 가전제품의 수리가 필요하면, 그 고객은 서비스센터에 전화를 걸어 수리기사 방문 일정을 잡는다. 수리기사는 정해진 시간대에 도착하여 문제를 진단한다. 문제가 부품 고장으로 밝혀지면, 수리기사가 부품을 가지고 왔으면 교체를 하고 그렇지 않으면 시어즈에 부품을 주문한다. 만약 그 부품이 재고가 없으면 부품을 주문하며 고객에게 부품이 도착할 대략적인 시간을 알려준다. 부품은 고객에게 직접 배송된다. 부품이 도착한 후에, 고객은 부품 교체를 위한 수리기사의 두 번째 방문 날짜를 잡기 위해 시어즈에 전화한다. 이 프로세스는 매우 길다. 수리기사가 첫 번째 방문하기까지 2주일, 주문한 부품이 도착하기까지 2주일, 그리고 수리기사의 두 번째 방문까지 또다시 1주일이 소요된다.

- 기존 프로세스를 다이어그램으로 그려라.

- 기존 프로세스가 시어즈의 운영 효율성과 고객관계에 미치는 영향은 무엇인가?

- 이 프로세스를 보다 효율적으로 만들려면 어떤 변화가 필요한가? 정보시스템이 이러한 변화를 어떻게 지원할 수 있는가? 새롭게 개선된 프로세스를 다이어그램으로 그려라.

13-10 농약회사의 관리자는 생산계획에 불만을 가지고 있다. 생산계획은 각 제품에 대한 지난번 주문량에 기초한 추측에 의해 수립되고 있다. 고객이 예상치 못한 주문을 하거나 기존 주문의 변화를 요청하면 생산계획을 조정할 방법이 없다. 이럴 경우 이 회사는 고객에게 주문을 충족시킬 수 없다고 말하거나 재고 품절을 막기 위해 많은 재고를 유지하여 추가비용이 발생할 것이다.

매월 말 주문이 집계되고 수작업으로 회사의 생산계획시스템에 입력되었다. 지난달 생산 및 재고시스템에서 받은 데이터는 주문관리시스템에 수작업으로 입력된다. 영업부서와 생산부서의 분석가들은 다음 달의 판매목표와 생산목표를 결정하기 위해

각 시스템의 데이터를 분석한다. 이러한 추정은 분석가에 따라 매번 다르다. 분석가들은 회의를 통해 최고관리자의 시장점유율 목표, 수익, 이익 등을 고려하여 생산과 영업목표를 수정한다. 그 회의의 산출물은 확정된 기준생산계획이다.

전체 생산계획 프로세스는 17영업일이 소요된다. 9일 동안 데이터 입력과 신뢰성을 검증한다. 나머지는 생산과 영업목표를 결정하고 최종 기준생산일정을 확정하는 데 소요된다.

- 기존 생산계획 프로세스를 다이어그램으로 그려라.
- 이 프로세스의 문제점들을 분석하라.
- 어떻게 전사적 시스템이 이 문제들을 해결할 수 있는가? 어떤 방법이 비용이 적게 드는가? 이 회사가 전사적 소프트웨어를 구현한다고 할 때 생산계획 프로세스가 어떻게 바뀔지 다이어그램으로 그려라.

의사결정 능력 개선 : 데이터베이스 소프트웨어를 활용한 자동차 판매용 고객시스템 설계

소프트웨어 기술 : 데이터베이스 설계, 질의, 보고서 작성, 양식

경영 기술 : 납기관리 및 고객 분석

13-11 이 프로젝트는 여러분이 시스템 분석을 수행한 뒤 데이터베이스 소프트웨어를 이용해 시스템 해결책을 설계하도록 한다.

에이스 오토 딜러(Ace Auto Dealers)는 오리건 포틀랜드에서 스바루(Subaru) 자동차를 전문적으로 판매하고 있다. 이 회사는 지역신문에 광고를 하고 있으며, 스바루 웹사이트와 다른 주요 자동차 구매 사이트에 인증된 딜러로 등록되어 있다. 이 회사는 좋은 평판을 받고 있다.

에이스는 고객에 대한 충분한 정보를 보유하고 있다고 생각하지 않는다. 방문 고객 중 어떤 고객이 자동차를 구매했는지, 방문 고객의 몇 퍼센트가 자동차를 구매했는지 등에 대한 정보를 알 수 없다. 신문, 웹, 타인 소개 중 어떤 고객 접점이 가장 많은 판매를 일으켰는지 분석할 수 없어 집중해야 할 광고와 마케팅 채널을 결정할 수 없다.

에이스 문제에 대한 시스템 분석 보고서와 PC 데이터베이스 관리 소프트웨어를 이용하여 구현할 수 있는 시스템 해결책을 마련하라. 그리고 데이터베이스 소프트웨어를 이용하여 간단한 시스템을 개발하라.

운영 수월성 달성 : 웹사이트 설계 및 정보 요구사항 분석

소프트웨어 기술 : 웹브라우저 소프트웨어

경영 기술 : 정보 요구사항 분석, 웹사이트 설계

13-12 임의의 웹사이트를 하나 선택하여 자세히 살펴보라. 그 웹사이트에서 제공하는 다양한 기능과 정보 요구사항을 분석한 보고서를 준비하라. 분석 보고서는 다음과 같은 질문들에 대한 답을 제공해야 한다. 그 웹사이트가 수행하는 기능은 무엇인가? 어떤 데이터가 사용되는가? 입력, 출력, 처리는 무엇인가? 다른 설계 명세는 무엇인가? 웹사이트가 내부 또는 외부의 다른 시스템과 연결되어 있는가? 그 웹사이트는 기업에게 어떤 가치를 주는가?

협업 및 팀워크 프로젝트

웹사이트 설계 명세서 준비

13-13 3~4명이 한 팀을 이루어 이 교재에 설명된 웹을 사용하는 시스템을 선택하라. 선택한 시스템에 대한 웹사이트를 검토하라. 웹사이트에서 배운 내용과 이 책의 설명을 사용하여 선택한 시스템의 설계 명세서를 설명하는 보고서를 준비하라. 가능하면 구글 문서와 구글 드라이브 또는 구글 사이트를 이용해 여러분이 발견한 사항들을 토론하고 수업 시간에 발표할 자료를 준비하라.

히타치 컨설팅, 인적자원을 클라우드로 이전하다
사례연구

히타치 컨설팅(Hitachi Consulting)은 텍사스 댈러스에 본사를 둔 국제 경영 및 기술 컨설팅 회사로, 일본 도쿄에 본사를 둔 히타치사의 자회사이다. 히타치 컨설팅은 현재 미국, 일본, 브라질, 중국, 인도, 포르투갈, 싱가포르, 스페인, 영국, 독일, 베트남을 포함한 22개국에서 약 6,500명의 직원을 고용하고 있다. 이 회사는 컨설팅 서비스를 제공하기 때문에 직원들이 가장 중요한 자원이다. 경쟁에서 성공하기 위해서는 히타치 컨설팅은 컨설팅 서비스의 필요성이 발생할 때마다 적합한 기술과 전문지식을 갖춘 적절한 수의 직원을 확보해야 한다. 이런 종류의 회사에서는 인적자원 기능이 특히 중요하다.

히타치 컨설팅은 4년 전, 전통적인 컨설팅 서비스뿐만 아니라 비즈니스 베스트프랙티스와 사물인터넷(IoT)과 같은 최첨단 기술을 결합한 턴키 및 맞춤형 솔루션을 포함하도록 비즈니스 모델을 확장하기로 결정했다. 히타치는 철도와 교통, 에너지, 물, 도시, 의료, 공공 안전 등 여러 분야를 대상으로 하고 있다. 주요 성공 요인은 전체 산업에서 파트너, 고객 및 기타 이해관계자와 협력하는 것이다. 이러한 새로운 서비스에는 히타치 컨설팅의 새로운 솔루션 포트폴리오를 제공하기 위해 적절한 재능과 기술을 갖춘 사람들이 필요하다. 이 회사는 인적자원부서를 보다 전략적으로 운영하여 업무를 수행할 수 있는 적절한 인적자원을 갖출 수 있도록 재구성해야 했다.

히타치 컨설팅에는 귀중한 직원 데이터를 보관하는 여러 가지 이질적인 지역 인사시스템(일부 경우에는 스프레드시트만 포함)이 있었다. 이 시스템들은 미국에 있는 회사의 레거시 인사시스템과 통합되지 않았다. 회사의 인력을 전사적으로 쉽게 볼 수 있는 방법은 없었다. 고위 임원이 의사결정을 위해 이러한 전사적 데이터를 요청했을 때 HR 직원은 필요한 데이터를 수동으로 수집하고 집계해야 했다. 그 과정은 며칠이 걸렸다. 이렇게 복잡한 수동 프로세스와 단절된 데이터를 처리함으로써 회사는 '진실의 단일 원천(single source of truth)' 아래에서 운영할 수 없었다.

회사가 앞으로 나아가기 위해서는 인적자원 기능이 바뀌어야 했고, 기존의 HR 시스템을 교체해야 했다. 히타치 컨설팅이 적합한 인재를 더 낫고, 더 빠르고, 더 저렴하게 찾을 수 있도록 인재 획득 및 개발을 위한 비즈니스 프로세스를 개선하는 것이 최우선 과제였다. 과거에 히타치 컨설팅은 새로운 인재를 적극적으로 채용하기 전에 새로운 직책이 열릴 때까지 기다렸다. 새로운 HR 기능은 직원 추천 및 소셜 네트워크를 통해 최고의 후보자와의 관계를 발전시키기 위해 노력했다. 지속적인 대화를 통해 HR 직원은 스타 인재를 식별하고 적절한 시기에 이 사람들을 신속하게 채용할 수 있었다. 히타치는 새로운 HR 시스템이 채용비용을 줄이고, 후보 경험, 참여 및 보유를 개선하며, 히타치에 대한 인식이 확대되기를 희망했다.

또 다른 높은 우선순위는 HR 데이터를 위한 중앙 저장소가 있는 단일 기록 시스템을 구축하여 모든 히타치 컨설팅 지역을 지원하는 것이었다. 전사적 클라우드 애플리케이션을 통해 HR과 IT 관리자는 역할과 책임에 따라 데이터 액세스 권한을 중앙에서 할당하는 동시에 글로벌 보안 및 규제 정책을 시행할 수 있었다. 히타치 컨설팅의 직원들은 정기적으로 고객 사이트에서 일하고 태블릿과 스마트폰에서 전사 데이터와 애플리케이션에 액세스해야 하기 때문에 새로운 솔루션은 히타치 컨설팅의 기존 레거시 시스템에서는 불가능했던 모바일 액세스도 제공해야 했다. 그 밖의 목표에는 분석 및 보고 기능 확대, 보상, 편익 및 부재관리를 간소화하는 글로벌 플랫폼이 포함되었다.

HR, 비즈니스, IT 리더십으로 구성된 운영위원회는 다양한 기술 옵션을 평가하여 오라클 HCM(Human Capital Management) 클라우드를 솔루션으로 선정했다. 오라클 HCM 클라우드는 직원 기록 유지, 공통 HR 프로세스 조정, 최고의 인재 유치, 개발 및 보유, 직원 생산성 향상, 인건비 관리, 단순하고 복잡한 직원 보상 요구사항 해결 등을 위한 단일 글로벌 인력 솔루션을 제공하는 HCM용 클라우드 기반 시스템이다. 여기에는 후보자 모집, 성과관리, 경력 개발, 학습 제공, 재능 평가 수행 및 승계 계획 등의 기능이 있다.

오라클 HCM 클라우드는 이러한 모든 요구사항을 충족했으며, 히타치 컨설팅의 기존 시스템의 구형 인터페이스보다 직원들이 시스템을 훨씬 쉽게 사용할 수 있도록 하는 간소화된 최신 인터페이스를 특징으로 했다. 오라클 클라우드 플랫폼의 유연성은 운영위원회에도 어필했다. 많은 클라우드 서비스를 사용하는 고객은 프로세스를 서비스 요구사항에 맞게 조정해야 한다. 오라클 HCM 클라우드는 표준 프로세스를 제공하지만 필요한 경우 조직에서 프로세스를 재정의할 수도 있다.

히타치 컨설팅팀 운영위원회는 또한 오라클 HCM 클라우드가 HR 데이터(그중 일부는 매우 민감한 데이터)를 보호하는 데 필요한 엄격한 보안 및 규제 제어를 제공한다는 사실을 발견했다. 수년 동안 많은 회사들이 클라우드 컴퓨팅을 채택하기를 꺼렸는데, 외부 서비스 제공업체가 시스템을 현장에 보관하고 관리하는 것만큼 효과적으로 민감한 데이터를 보호할 수 없을 것이라고 우려했기 때문이다. 시간이 지나면서 클라우드 컴퓨팅의 신뢰성과 보안에 대한 명성은 높아졌다. 더 많은 기업들이 클라우드 보안이 사내에서 할 수 있는 것과 동등하다고 판단했다. 히타치 컨설팅 운영위원회는 오라클이 최신 보안 위협을 해결하고 직원 데이터를 보호하기 위해 회사 이상으로 모든 작업을 수행하고 있다고 확신했다.

고위 경영진은 2014년 초 HR 현대화 계획을 승인했으며 새로운 시스템은 2015년 9월에 가동되었다. 프로젝트 리더들은 직원들이 새로운 시스템이 만들어내는 변화에 익숙해질 수 있도록 직원 경험을 세심하게 관리해야 할 필요가 있다는 것을 깨달았다. HR 현대화 프로젝트와 직접 관련된 HR과 IT 직원들 모두 일상적인 업무를 수행해야 했다. 프로젝트 리더들은 개인들의 전문성이 가장 필요할 때 프로젝트에 투입하는 시간 공유 계획을 고안했지만, 히타치 컨설팅의 사업을 정상 궤도에 올려놓기 위해 재빨리 그들을 정규 직무로 복귀시켰다.

히타치 컨설팅의 전체 글로벌 인력에게 서비스를 제공하기 위해 오라클 HCM 클라우드를 구현함으로써 히타치 컨설팅에 많은 이점을 제공했다. 신입사원을 채용하는 시간과 비용을 절감하고 최고의 인재 파악, 개발, 보유를 개선했다. 직원 추천 프로세스는 직원들이 그들의 제안이 실제로 이행되었는지에 대해 의문을 제기했기 때문에 흔들리곤 했다. 새로운 시스템으로 추천 당사자는 더 명확하게 식별되고, 만약 추천이 성공적인 신규 고용으로 이어질 경우 최종 보상을 위해 꼬리표를 달게 된다. 히타치 컨설팅의 현 직원의 신규 인재 추천 비율이 17%에서 35%로 늘어났다. 이 회사는 인력 검색회사에 대한 지불을 줄임으로써 시스템이 운영되던 첫해에 100만 달러를 절약할 수 있었다. 인수를 통해 직원들을 흡수하고 통합하는 것이 쉬워졌다.

히타치 컨설팅의 고위 임원 및 지역 관리자는 이제 히타치 컨설팅의 새로운 사업 방향에 대한 의사결정을 내릴 때 인력정보에 액세스할 수 있다. 예를 들어 히타치 컨설팅의 고위 임원들은 최근 히타치 컨설팅의 서비스 제공 담당이사인 매튜 리벨에게 히타치 컨설팅의 판매 및 솔루션 조직에 있는 사람들을 위해 투자 매니저가 만들고 있는 투자액을 평가하기 위해 지난 12개월 동안 회사의 직원 수와 매출액 추이를 요청했다. 과거에 그 정보를 수집하기 위해 리벨 직원들은 각 히타치 컨설팅 지역의 관리자들에게 자료를 요청하고 나서 그 정보를 표준화해야 했다(이것은 정규 직원, 임시 직원과 같은 일부 정의가 일관되지 않았기 때문이다). 그런 다음에야 히타치 컨설팅의 미국 기반 분석 그룹이 데이터를 집계하고 최종 보고를 할 수 있었다. 오라클 HCM 클라우드는 히타치 컨설팅의 모든 HR 정보를 중앙집중화 했으며 공통의 전사적 정의를 사용한다. 보고 및 분석 작업을 훨씬 더 빠르고 정확하게 수행할 수 있다.

또한 새로운 중앙집중식 시스템은 다양한 지역에서 운영되던 수십 개의 개별 프로세스를 표준화된 관행으로 대체하고 직원 데이터를 전략적으로 분석할 수 있는 능력을 향상시킴으로써 HR 부서를 더욱 효율적으로 만들었다. 예를 들어 히타치 컨설팅은 전문기술이 필요한 고객 계약을 위해 매년 수백 명의 개인들을 본국 외부에 재배치한다. 새롭고 간소화된 글로벌 시스템은 글로벌 전송 프로세스를 크게 개선했으며, 또한 업무에 필수적인 많은 하부시스템에 직원 데이터를 제공하는 기록시스템 역할을 한다. 이는 데이터 무결성을 향상시켰지만 히타치 컨설팅 직원의 글로벌 가시성도 크게 향상시켜 글로벌 직원 데이터의 전략적 분석을 용이하게 했다.

히타치 컨설팅 혁신 전문가는 근본적인 변화는 지속적인 과정이며, 이는 회사의 HR 및 IT 부서가 염두에 두고 있는 교훈이라고 강조한다. 히다치 건실팅 리너들은 이제 오라클 HCM 클라우드가 제공하는 보상 기능을 확대하여 영업 인력 보상을 보다 면밀히 관리하려고 한다. 히타치 컨설팅의 오라클 HCM Cloud Practice 부사장인 소나 만조에 따르면, 이 회사는 판매 조직을 어떻게 변화시킬 것인지를 결정할 시간이 필요했기 때문에 판매 보상을 별도의 이니셔티브로 유지했다. 히타치 컨설팅은 오라클 HCM 클라우드의 새로운 기능을 지속적으로 활용하여 비즈니스 성장을 돕고 있다. 새로운 시스템은 각국의 판매원들에게 맞춘 복잡한 보너스 패키지를 처리할 수 있었다. 예를 들어 'hot skill' 보너스는 아시아 태평양 지역의 인재 유치에 중요하지만, 미주 지역 등 다른 지역에서는 사용되지 않는다. 히타치 컨설팅은 조만간 각국의 복수 보너스 계획을 추적할 수 있고, 관리자가 모바일 기기를 통해 보너스나 급여 인상을 요청하고 승인할 수 있는 기능을 조사할 계획이다.

출처: April Mazon, "Hitachi Consulting Realizes Significant Value with HCM Cloud Transformation," https://blogs.oracle.com, accessed January 10, 2018; Alan Joch, "Disrupt Yourself," *Profit Magazine*, Summer 2017; and www.hitachiconsulting.com, accessed January 19, 2018.

사례연구 문제

13-14 히타치 컨설팅의 기존 레거시 인적자원시스템의 문제를 분석하라. 이러한 문제에 대한 경영, 조직 및 기술 요소는 무엇인가? 이러한 문제의 비즈니스 영향은 무엇인가?

13-15 히타치 컨설팅의 새로운 HR 시스템에 대한 주요 정보 요구사항을 열거하고 기술하라.

13-16 히타치 컨설팅에 클라우드 기반 시스템이 적합한가? 그 이유는?

13-17 히타치 컨설팅은 새로운 HR 시스템을 성공시키기 위해 어떤 조치를 취했는가?

13-18 새로운 HR 시스템의 이점은 무엇인가? 이 시스템은 히타치 컨설팅에서 운영 활동과 의사결정을 어떻게 변화시켰는가? 이 시스템 해결책은 얼마나 성공적이었는가?

참고문헌

AppDynamics. "10 Things Your CIO Should Know about DevOps." www.appdynamics.com, accessed March 3, 2018.

Aron, Ravi, Eric K. Clemons, and Sashi Reddi. "Just Right Outsourcing: Understanding and Managing Risk." *Journal of Management Information Systems* 22, No. 1 (Summer 2005).

Benaroch, Michael, Yossi Lichtenstein, and Lior Fink. "Contract Design Choices and the Balance of Ex Ante and Ex Post Transaction Costs in Software Development Outsourcing." *MIS Quarterly* 40, No. 1 (March 2016).

Bossert, Oliver, Chris Ip, and Irina Starikova. "Beyond Agile: Reorganizing IT for Faster Software Delivery." *McKinsey & Company* (2015).

Chang, Young Bong, Vijay Gurbaxani, and Kiron Ravindran. "Information Technology Outsourcing: Asset Transfer and the Role of Contract." *MIS Quarterly* 41, No. 3 (September 2017).

Comella-Dorda, Santiago, Swati Lohiya, and Gerard Speksnijder. "An Operating Model for Company-Wide Agile Development." *McKinsey & Company* (May 2016).

Edberg, Dana T., Polina Ivanova, and William Kuechler. "Methodology Mashups: An Exploration of Processes Used to Maintain Software." *Journal of Management Information Systems* 28, No. 4 (Spring 2012).

El Sawy, Omar A. *Redesigning Enterprise Processes for E-Business*. McGraw-Hill (2001).

Furneaux, Brent, and Michael Wade. "Impediments to Information Systems Replacement: A Calculus of Discontinuance." *Journal of Management Information Systems* 34, No. 3 (2017).

Gnanasambandam, Chandra, Martin Harrysson, Rahul Mangla, and Shivam Srivastava. "An Executive's Guide to Software Development." *McKinsey & Company* (February 2017).

Goo, Jahyun, Rajiv Kishore, H. R. Rao, and Kichan Nam. "The Role of Service Level Agreements in Relational Management of Information Technology Outsourcing: An Empirical Study." *MIS Quarterly* 33, No. 1 (March 2009).

Hahn, Eugene D., Jonathan P. Doh, and Kraiwinee Bunyaratavej. "The Evolution of Risk in Information Systems Offshoring:

The Impact of Home Country Risk, Firm Learning, and Competitive Dynamics." *MIS Quarterly* 33, No. 3 (September 2009).

Hammer, Michael, and James Champy. *Reengineering the Corporation*. New York: HarperCollins (1993).

Hoehle, Hartmut, and Viswanath Venkatesh. "Mobile Application Usability: Conceptualization and Instrument Development." *MIS Quarterly* 39, No. 2 (June 2015).

Hua Ye, Jonathan, and Atreyi Kankanhalli. "User Service Innovation on Mobile Phone Platforms: Investigating Impacts of Lead Userness, Toolkit Support, and Design Autonomy." *MIS Quarterly* 42, No. 1 (March 2018).

Kelleher, Justin. "Debunking the Myths Around Agile Development." *Information Management* (August 21, 2017).

Kendall, Kenneth E., and Julie E. Kendall. *Systems Analysis and Design* (9th ed.). Upper Saddle River, NJ: Prentice Hall (2019).

Kotlarsky, Julia, Harry Scarbrough, and Ilan Oshri. "Coordinating Expertise Across Knowledge Boundaries in Offshore-Outsourcing Projects: The Role of Codification." *MIS Quarterly* 38, No. 2 (June 2014).

Levina, Natalia, and Jeanne W. Ross. "From the Vendor's Perspective: Exploring the Value Proposition in Information Technology Outsourcing." *MIS Quarterly* 27, No. 3 (September 2003).

Mani, Deepa, and Anitesh Barua. "The Impact of Firm Learning on Value Creation in Strategic Outsourcing Relationships." *Journal of Management Information Systems* 32, No. 1 (2015).

McKinsey & Company. "Agile with a Capital 'A': A Guide to the Principles and Pitfalls of Agile Development." (February 2018).

Nelson, H. James, Deborah J. Armstrong, and Kay M. Nelson. "Patterns of Transition: The Shift from Traditional to Object-Oriented Development." *Journal of Management Information Systems* 25, No. 4 (Spring 2009).

Ozer, Muammer, and Doug Vogel. "Contextualized Relationship Between Knowledge Sharing and Performance in Software

Development." *Journal of Management Information Systems* 32, No. 2 (2015).

Pollock, Neil, and Sampsa Hyysalo. "The Business of Being a User: The Role of the Reference Actor in Shaping Packaged Enterprise System Acquisition and Development." *MIS Quarterly* 38, No. 2 (June 2014).

Saunders, Adam, and Erik Brynjolfsson. "Valuing Information Technology Related Intangible Assets." *MIS Quarterly* 40, No. 1 (March 2016).

Sircar, Sumit, Sridhar P. Nerur, and Radhakanta Mahapatra. "Revolution or Evolution? A Comparison of Object-Oriented and Structured Systems Development Methods." *MIS Quarterly* 25, No. 4 (December 2001).

Su, Ning, Natalia Levina, and Jeanne W. Ross. "The Long-Tail Strategy for IT Outsourcing." *MIT Sloan Management Review* (Winter 2016).

Valacich, Joseph A., and Joey George. *Modern Systems Analysis and Design*, 8th ed. Upper Saddle River, NJ: Prentice-Hall (2017).

14 프로젝트 관리

학습목표

학습목표

이 장을 마치고 나면 다음 질문에 답할 수 있다.

14-1 프로젝트 관리의 목적은 무엇이며, 정보시스템을 개발할 때 프로젝트 관리가 핵심적인 이유는 무엇인가?

14-2 정보시스템 프로젝트를 평가하고 선택하고, 프로젝트를 기업의 비즈니스 목표와 일치시키기 위해서는 어떤 방법론을 사용할 수 있는가?

14-3 정보시스템의 비즈니스 가치를 기업은 어떻게 평가할 수 있는가?

14-4 정보시스템 프로젝트의 주요 위험 요인은 무엇이며, 이들은 어떻게 관리될 수 있는가?

14-5 MIS는 내 경력에 어떤 도움이 되는가?

이 장의 사례

- 스테판 컴퍼니, 견실한 프로젝트 관리로 재무 계획과 보고시스템을 개선하다
- 코노코필립스, 새로운 접속통제시스템을 구축하다
- 아럽, 프로젝트 관리를 클라우드로 옮기다
- 펜실베이니아 실업수당 현대화 시스템 : 아직 끝나지 않은 사업

스테판 컴퍼니, 견실한 프로젝트 관리로 재무 계획과 보고시스템을 개선하다

일리노이 주 노스필드에 본사를 두고 있는 스테판 컴퍼니(Stepan Company)는 계면활성제나 중합체와 같은 특수 및 중간 화학물질과 다른 제조사들에게 판매하는 특수제품을 생산하는 주요 글로벌 기업이다. 청소 및 세척 화합물(세정제, 샴푸, 섬유유연제, 치약, 가정용 세제 등), 페인트, 화장품, 식품, 음료, 영양보충제, 농업제품, 플라스틱, 가구, 차량 장비, 단열재, 냉각제 등을 생산하는 제조사들이 이 회사의 주요 고객이다. 스테판 컴퍼니는 전 세계 18개 제조시설에 2,000명의 직원을 채용하고 있다.

오랜 기간 스테판의 기업 재무 계획 및 분석(FP&A)팀은 전사적 차원에서 통합하기가 쉽지 않은 스프레드시트와 데이터베이스를 이용하여 글로벌 금융에 대한 예산과 예측을 관리하였다. FP&A는 스프레드시트를 유지하면서 시스템으로부터 데이터를 수집하고, 통합하고, 추출하는 데 많은 시간이 소요되었다. 월간 재무제표를 작성하는 데 수백 시간이 걸렸고, 그래서 전략적 분석과 사고에는 늘 시간이 부족하였다.

지난 10년 동안 스테판은 급속히 성장하여 기존의 보고 및 계획 프로세스로는 더 이상 처리가 곤란하게 되었다. 2014년에 스테판은 'DRIVE'라는 전사적 사업 변신 계획을 시작하였다. 목표 중 하나는 구식화된 재무 보고 및 계획 프로세스를 글로벌하게 개선하는 것이었다. 스테판은 SAP 사업 계획 및 통합(BPC) 시스템에 기반을 둔 시스템을 해결책으로 선택하였는데, 이 시스템은 계획, 예산, 예측, 재무 통합의 기능을 하나의 애플리케이션에서 제공하면서 스테판의 전 세계 SAP ERP 시스템과도 통합될 수 있었다.

ⓒ Canbedone/Shutterstock

새로운 시스템을 위한 스테판의 프로젝트팀들은 개선과 구현 컨설턴트들을 만나고, 전략적 사고의 적용에 대한 과정을 훈련하는 등 탐색 기간을 가졌으며, 여러 동종 기업들의 현장을 방문하였다. SAP 분석 그룹의 컨설턴트의 도움으로 얼마나 많은 시간을 보고와 계획에 종업원들이 사용하고 있는지를 결정하기 위해서 프로젝트팀은 종업원들을 조사하고 개별적으로 면담하였다.

프로젝트팀은 더 나은 계획 도구가 필요한 경영 사례를 개발하였다. 프로젝트팀은 전략적으로 일하고 있는 비슷한 규모의 다른 화학회사에 비하여 스테판의 재무부서가 뒤처져 있다는 것을 보여주는 데이터를 경영층에게 제시하였다. 같은 규모의 다른 회사에 비해서 스테판의 예산주기에 소요되는 기간이 거의 2배나 된다는 것도 보여주었다.

스테판은 단계적 구현 전략을 따랐다. 1단계에서는 경영보고와 공급사슬 예측에 집중하였다. 2017년 1월에 경영보고 기능은 작동하기 시작하였으며, 공급사슬 예측 및 보고도 곧 이어 가동되기 시작하였다. 2단계에서는 2017년 4분기의 예산, 예측, 수익 추정 기능의 구현에 집중하였다. 모든 통합과 외부 보고 기능을 구현하기 위한 3단계는 2018년까지로 일정이 정해졌다. 데이터 확인 검정을 위해서 FP&A 팀과 최종사용자의 참여는 필수적이었다. 스테판은 글로벌 재무팀을 발족시키기 전에 사용자 그룹의 선발을 먼저 시작하였다. 이러한 접근방식으로 이익이 실현되는 데는 시간이 더 걸렸지만, 스테판은 소규모 사용자 그룹에 훈련 자원을 배정할 수 있게 되었다.

프로젝트의 범위와 사용자들의 기대를 관리하는 것이 가장 중요하였다. 스테판의 FP&A 프로젝트팀은 프로젝트의 범위를 명확히 정의하였으며, 새로운 개발이나 변화에 대해서 회사의 모든 구성원이 분명히 알 수 있도록 하였다. 통제가 되지 않는 기대에 대응하기 위해서는 프로젝트 단계마다 모든 기대에 대해서 프로젝트에 포함할 부분과 제외할 부분을 목록화하여 배포하였다. SAP BPC의 기능과 함께 새로운 기능이 추가될 때마다 사용자들이 기대할 수 있는 기능에 대한 세부적인 설명과 함께 참조 안내서를 작성하였다. 프로젝트팀은 애플리케이션이 다루고 있는 각각의 문제점들을 강조하고, 금융에 대해서 잘 알지 못하는 사내 구성원들을 교육시키도록 노력하였다. 프로젝트의 범위에 포함되지 않는 것이 무엇인지를 분명하게 설명하는 것이 프로젝트의 범위에 무엇을 포함할 것인지를 정의하는 것보다 훨씬 중요하다고 스테판의 FP&A 선임관리자인 앤드류 채프먼은 믿었다.

정보의 단면 자르기를 위한 더 나은 도구와, 수작업이 많지 않은 프로세스와, 비용을 분석하고 운영비용과 수익이 얼마인지를 정확히 알기 위해 필요한 노력이 절감됨에 따라 스테판의 프로젝트 이익들이 실현되고 있다. 스테판 컴퍼니는 더욱 전략적인 조직이 되었다.

출처 : www.stepan.com, accessed January 5, 2018; Ken Murphy, "Planning Tips Scales in Stepan Company's Favor," *SAP Insider Profiles*, August 10, 2017; and www.sap.com, accessed January 5, 2018.

정보시스템이 제기한 주요 과제 중 하나는 이들 정보시스템이 진정으로 비즈니스 혜택을 가져올 수 있도록 보장하는 것이다. 조직들이 자신들의 비즈니스 가치를 틀리게 평가했거나 기업들이 새로운 기술의 도입이 가져올 조직의 변화를 관리하는 데 실패했기 때문에 정보시스템 프로젝트의 실패율은 높은 편이다. 정보시스템을 개발하거나 개선하고자 하는 프로젝트가 효과를 내기 위해서는 특별한 관리적 조직적 기술이 필요하다.

스테판의 경영진들은 새로운 재무 계획 및 통합시스템을 구현하기 위한 프로젝트에 착수했을 때 이것을 인식하고 있었다. 새로운 기술은 새로운 소프트웨어와 함께 중요한 비즈니스 프로세스의 변화를 동반한다. 강력한 프로젝트 관리와 조직 변화에 대한 주의가 프로젝트 성공에 필수적이라는 것을 스테판의 경영진들이 분명하게 이해하고 있었기 때문에 프로젝트를 성공시킬 수 있었다.

다음 도표는 도입 사례와 이 장에서 제기된 주요 주제를 환기시킨다. 스테판의 급속한 글로벌 성장과 구식화된 예산 및 예측 프로세스는 전사적인 재무 데이터를 신속하게 통합시킬 수 있는 좀 더 자동화된 최신 시스템을 요구하였다. 오래된 기존 시스템은 재무 업무를 비효율적으로 만들었고, 재무 계획 및 분석부서가 재무 분석을 개선하고 좀 더 전략적으로 사고하는 것에 집중하는 것을 방해하였다. 경영진들은 현명하게 프로젝트팀을 구성하였고, 프로젝트 범위를 주의 깊게 정의하였으며, SAP 전문 컨설턴트와 재무 분야에 지식이 있는 최종사용자와 함께 긴밀하게 작업하였다. 새로운 시스템은 사용자들을 신중하게 훈련시킬 수 있는 관리 가능한 단계에서 구현되었다.

다음의 몇 가지 질문에 대해 생각해보자. 왜 이 프로젝트는 성공적이었는가? 프로젝트 범위에 세심한 주의를 기울이는 것이 왜 중요한가?

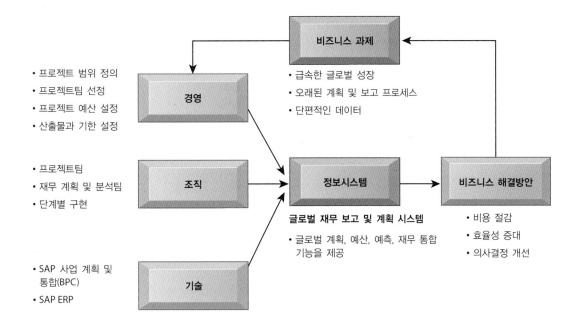

14-1 프로젝트 관리의 목적은 무엇이며, 정보시스템을 개발할 때 프로젝트 관리가 핵심적인 이유는 무엇인가?

정보시스템 프로젝트의 실패율은 매우 높은 편이다. 거의 모든 조직에서 정보시스템 프로젝트는 처음에 예상했던 것보다 완료하는 데 더 많은 시간과 비용이 소요되거나, 완료되었다 하더라도 시스템들이 올바르게 작동하지 않는 경우도 있다. 정보시스템이 기대에 부응하지 못하거나 개발하는 데 비용이 너무 많이 소요된다면 기업들은 정보시스템 투자로 별다른 혜택을 얻지 못할 수도 있으며, 시스템이 목표로 하였던 문제들을 해결하지 못할 수도 있다. 새로운 시스템의 개발은 조심스럽게 관리되고 조율되어야 하며, 프로젝트가 수행되는 방법은 그 결과에 영향을 미치는 가장 중요한 요소 중 하나이다. 정보시스템 프로젝트를 어떻게 관리하고, 프로젝트들이 왜 성공하거나 실패하는지에 대해 아는 것이 중요한 이유도 바로 이 점 때문이다.

통제되지 않는 프로젝트와 실패한 시스템

프로젝트가 얼마나 잘못 관리되고 있는가? 평균적으로 민간부문의 프로젝트는 시스템 계획에서 약속된 완전한 시스템을 완성하는 데 필요한 비용과 시간이 2분의 1가량 낮게 책정되어 있다. 많은 프로젝트가 (향후 버전에서 구현하기로 약속하고) 중요 기능이 누락된 상태에서 인도되기도 한다. 맥킨지와 옥스퍼드대학교의 공동연구는 대형 소프트웨어 프로젝트의 평균 66%는 예산을 초과하고 33%는 일정을 초과했음을 발견하였다. 클라우드 프로젝트 포트폴리오 관리 제공업체인 이노타스(Innotas)가 최근에 조사한 기업들의 50% 이상은 지난 12개월 내에 IT 프로젝트의 실패를 경험하였다고 대답하였다(Florentine, 2016).

그림 14.1과 같이 관리를 제대로 하지 못하면 시스템 개발 프로젝트는 다음과 같은 문제점을 겪을 가능성이 크다.

- 예산을 막대하게 초과하는 비용
- 예상하지 못한 일정 지연

그림 14.1 잘못된 프로젝트 관리의 결과

적절한 관리가 없으면 시스템 개발 프로젝트는 일정이 지체되며 할당된 예산을 대부분 초과할 가능성이 크다. 그 결과 개발된 정보시스템은 조직에 별다른 효과를 나타내지 못할 수도 있다.

기대 이하의 기술적 성능

예상된 효과의 달성 실패

- 기대 이하의 기술적 성능
- 예상된 효과의 달성 실패

실패한 정보시스템 프로젝트에 의해 만들어진 시스템들은 종종 의도한 대로 사용되지 않거나 전혀 사용되지 않는다. 사용자들은 종종 이 시스템을 작동시키기 위해서 수작업을 함께 수행해야 한다.

시스템의 실제 설계가 필수적인 비즈니스 요구 조건을 포착하거나 조직성과를 개선하는 데 실패할 수도 있다. 정보가 도움이 될 만큼 빨리 제공되지 않을 수도 있고, 정보가 받아들이고 사용하기에 불가능한 형식으로 되어 있을 수도 있고, 잘못된 데이터를 나타낼 수도 있다.

기술적 지식이 없는 일반 시스템 사용자들에게는 시스템과 상호작용하는 방법들이 너무 복잡하고 실망스러울 수도 있다. 시스템의 **사용자 인터페이스**(user interface)가 잘못 설계되었을 수도 있다. 사용자 인터페이스는 최종사용자가 시스템과 상호작용하는 부분이다. 예를 들어 입력 양식이나 온라인 자료 입력 화면이 제대로 배열되어 있지 않으면 아무도 자료 입력이나 정보 요청을 원하지 않을 것이다. 시스템의 결과 자료들이 이해하기에 너무 어려운 형식으로 표시될 수도 있다.

만약 웹페이지들이 뒤죽박죽이고 제대로 정렬되어 있지 않거나, 사용자가 자신이 찾고 있는 정보를 쉽게 찾을 수 없거나, 사용자의 컴퓨터에서 웹페이지 접속과 검색 결과의 출력이 너무 느리다면, 방문객들은 웹사이트 검색을 포기할 것이다.

더욱이 시스템에 있는 데이터들의 정확성과 일치성이 매우 떨어질 수도 있다. 특정 분야의 정보는 잘못되었거나 애매모호할 수도 있고, 비즈니스 용도로 적절하게 구성된 정보가 아닐 수도 있다. 데이터들이 불완전하기 때문에 특정 비즈니스 용도로 요구되는 정보에 접근하기 어려울 수도 있다.

프로젝트 관리의 목표

프로젝트(project)는 특정 비즈니스 목표를 달성하기 위해 계획된 일련의 관련 활동들이다. 정보시스템 프로젝트는 새로운 정보시스템의 개발, 기존 시스템의 개선, 기업 IT 인프라의 업그레이드와 교체를 포함한다.

프로젝트 관리(project management)는 정해진 비용과 일정의 제한 내에서 특정 목표를 달성하기 위한 지식, 기술, 도구, 기법의 적용을 말한다. 프로젝트 관리 활동은 작업 계획, 위험평가, 작업 달성에 필요한 자원 추정, 작업 조직, 인적·물적 자원 획득, 과업 할당, 활동 지시, 프로젝트 실행 통제, 진척도 보고, 결과 분석 등을 포함한다. 비즈니스의 다른 분야처럼 정보시스템을 위한 프로젝트 관리는 다섯 가지 변수(범위, 일정, 비용, 품질, 위험)를 다루어야 한다.

범위(scope)는 프로젝트에 무엇이 포함되며 무엇이 포함되지 않는지를 규정한다. 예를 들어 새로운 주문처리시스템을 위한 프로젝트의 범위는 주문 입력을 받아서 이를 생산 및 회계로 전송하기 위한 새로운 모듈들은 포함하지만 관련된 외상매출금, 제조, 배송, 재고통제시스템과 관련된 변경은 포함하지 않는다. 프로젝트 관리는 프로젝트를 성공적으로 완수하는 데 필요한 모든 작업을 규정하고, 프로젝트의 범위가 최초 의도한 것을 넘어서 확대되지 않도록 해야 한다.

일정(time)은 프로젝트를 완수하는 데 필요한 시간량이다. 프로젝트 관리는 일반적으로 프로젝트의 주요 구성요소를 완료하는 데 필요한 시간량을 설정한다. 각각의 구성요소는 활동과 과업으로 세분화된다. 프로젝트 관리는 각 과업을 완료하는 데 필요한 시간을 결정하고, 작업을 완성하기 위한 일정 계획을 수립한다.

비용(cost)은 프로젝트를 완료하기 위한 시간에 프로젝트를 완료하는 데 요구되는 인적자원의 비용을 곱하여 계산된다. 정보시스템 프로젝트 비용은 하드웨어, 소프트웨어, 작업 공간의 비용 등도 포함한다. 프로젝트 관리는 프로젝트를 위한 예산을 수립하고, 진행 중인 프로젝트 비용들을 감시한다.

품질(quality)은 프로젝트의 최종 결과가 경영자에 의해 규정된 목표를 얼마나 잘 충족시키는지를 나타낸다. 정보시스템 프로젝트의 품질은 일반적으로 조직성과와 의사결정의 개선으로 귀결된다. 품질은 새로운 시스템에 의해 만들어진 정보의 정확성과 시의적절성, 그리고 사용 편리성을 고려하기도 한다.

위험(risk)은 프로젝트의 성공을 위협할 잠재적인 문제들을 말한다. 이 잠재적인 문제들은 일정과 비용을 증가시키거나, 프로젝트 결과의 품질을 낮추거나, 전체적으로 프로젝트가 잘 완결되는 것을 방해하여 프로젝트의 목표 달성을 막을 수 있다. 14-4절은 정보시스템에서 가장 중요한 위험요소들을 설명하고 있다.

14-2 정보시스템 프로젝트를 평가하고 선택하고, 프로젝트를 기업의 비즈니스 목표와 일치시키기 위해서는 어떤 방법론을 사용할 수 있는가?

일반적으로 기업은 문제를 해결하고 실적을 향상시키기 위해 많은 프로젝트들을 제안받는다. 기업이 지원할 수 있는 자원들보다 훨씬 더 많은 시스템 프로젝트들이 제안된다. 기업은 제안된 프로젝트 중에서 기업에 대한 효과가 가장 클 것으로 예상되는 프로젝트를 선정해야 한다. 당연히 기업의 전반적 비즈니스 전략을 고려하여 프로젝트를 신성해야 한다. 모든 대안 중에서 경영자는 어떻게 선정해야 하는가?

정보시스템 프로젝트를 위한 관리 구조

그림 14.2는 정보시스템 프로젝트를 위한 대기업의 관리 구조 요소를 보여준다. 이것은 가장 중요한 프로젝트에 우선권이 주어지도록 돕는다.

이 구조의 정점에 기업전략 계획 그룹과 정보시스템 운영위원회가 있다. 기업전략 계획 그룹은 새로운 시스템 개발이 필요할지도 모르는 기업의 전략 계획을 수립하는 책임이 있다. 흔히 이들 그룹은 회사의 성과에 대한 객관적인 지표(제2장과 제12장에 소개한 '핵심 성과지표')를 개발하고, 핵심 성과지표를 상당히 개선할 수 있는 IT 프로젝트들을 지원하도록 선정한다. 이러한 성과지표들은 회사의 이사회에서 검토하고 논의한다.

정보시스템 운영위원회는 시스템 개발과 운영에 책임이 있는 고위 경영진이다. 이는 최종사용자 부서와 정보시스템 부서 양쪽에서 온 관리자들로 구성된다. 운영위원회는 모든 부서의 시스템에 대한 계획을 검토 및 승인하고, 시스템을 조정 및 통합하고, 종종 구체적인 정보시스템 프로젝트를 선정하게 된다. 이들 그룹들은 상위 경영진과 이사회에서 정해진 핵심 성과지표에 대해서 잘 알고

그림 14.2   시스템 프로젝트의 관리 통제

관리의 각 단계는 시스템 프로젝트의 특정 측면에 책임을 진다. 그리고 이 구조는 조직에 있어 가장 중요한 시스템 프로젝트에 우선권을 주도록 돕는다.

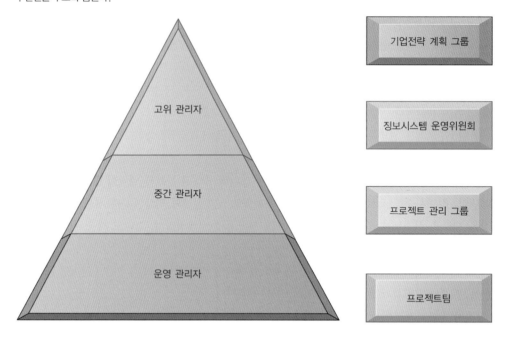

있어야 한다.

프로젝트팀은 정보시스템 프로젝트를 감독할 책임이 있는 정보시스템 부서와 최종사용자 부서 관리자들로 구성된 프로젝트 관리 그룹에 의해서 감독을 받는다. 프로젝트팀은 개별 시스템 프로젝트에 대해 직접적으로 책임을 진다. 이 팀은 시스템 분석가, 최종사용자 업무의 전문가, 응용시스템 프로그래머, 데이터베이스 전문가들로 구성된다. 프로젝트팀의 규모와 기술의 혼합비율은 시스템 솔루션의 구체적 성격에 따라 달라진다.

시스템 프로젝트와 비즈니스 계획과의 연계

최고의 비즈니스 가치를 가져올 정보시스템 프로젝트를 확인하기 위해서는 조직들이 자신의 비즈니스 계획을 지원하는 **정보시스템 계획**(information systems plan)을 개발하여 전략시스템이 최고 수준의 계획에 포함되도록 해야 한다. 이 계획은 (계획의 목적인) 시스템 개발 방향, 개발의 타당성, 현행 시스템의 상황, 고려하고자 하는 새로운 시스템, 경영전략, 구현 계획, 예산 등을 포괄하는 로드맵 역할을 담당한다(표 14.1 참조).

정보시스템 계획은 기업의 목표를 포함하며 정보기술이 어떻게 그 목표를 달성할 수 있도록 지원하는지를 구체적으로 기술한다. 계획은 일반적인 목표가 특정 시스템 프로젝트에 의해 어떻게 달성될 수 있는지 보여준다. 계획은 구체적인 목표 일정과 이정표를 나타낸다. 이들 목표 일정과 이정표는 계획에 명시된 일정 내에 얼마나 많은 목표가 실제로 달성되었는지를 나타내는 달성도를 이용하여 계획의 진행 정도를 나중에 평가하기 위해서 사용될 수 있다. 계획은 중요한 경영 의사결정, 기술, 필요한 조직 변화를 나타낸다.

효과적으로 계획하기 위해 기업은 자신의 정보시스템 애플리케이션과 IT 인프라 구성요소, 장기와 단기 정보 요구사항을 문서화하고 저장할 필요가 있다. 의사결정을 향상시키기 위한 프로젝트

표 14.1 정보시스템 계획

1. 계획의 목적
   계획의 전반적인 내용
   현행 비즈니스 조직과 미래 조직
   핵심 비즈니스 프로세스
   경영 전략

2. 전략적인 비즈니스 계획의 타당성
   현재 상황
   현행 비즈니스 조직
   변화하는 환경
   비즈니스 계획의 주요 목표
   기업의 전략적 계획

3. 기존 시스템
   비즈니스 기능과 프로세스를 지원하는 주요 시스템
   현재 인프라 기능
      하드웨어
      소프트웨어
      데이터베이스
      통신과 인터넷
      클라우드 서비스
   비즈니스 요구사항 충족의 어려움
   미래 요구사항

4. 새로운 시스템
   새로운 시스템 프로젝트
      프로젝트 기술서
      비즈니스 타당성
      전략에서 애플리케이션의 역할
   요구되는 새로운 인프라 기능
      하드웨어
      소프트웨어
      데이터베이스
      통신과 인터넷
      클라우드 서비스

5. 경영전략
   확보 계획
   이정표와 시기
   조직 재배치
   경영 통제
   주요 훈련 계획
   인사 전략

6. 시스템 구현 계획
   예상되는 구현상의 문제점
   진도 보고서

(계속)

7. 소요예산
   요구사항
   예상 절약
   예산조달
   확보주기

라면 관리자는 기업에 가장 큰 부가가치를 제공하는 의사결정의 향상을 확인하도록 노력해야 한다. 그리고 나서 의사결정의 결과로 나온 시의직절하고 정확한 정보의 가치를 측정할 수 있는 척도를 개발해야 한다(이 주제에 대한 더 자세한 내용은 제12장 참조).

포트폴리오 분석

일단 전략적 분석이 시스템 개발의 전반적 방향을 결정하면 **포트폴리오 분석**(portfolio analysis)을 통해서 시스템 프로젝트의 대안들을 분석할 수 있다. 포트폴리오 분석은 인프라, 하청업체와의 계약, 라이선스 등을 포함하는 모든 정보시스템 프로젝트와 자산 목록을 먼저 만든다. 정보시스템 투자의 포트폴리오는 재무 포트폴리오와 마찬가지로 회사에 대한 위험과 이익에 대한 프로파일로 나타낼 수 있다(그림 14.3 참조).

각각의 정보시스템 프로젝트는 고유한 위험과 이익을 가지고 있다(14-4절에서는 시스템 프로젝트의 위험을 증가시키는 요인을 다루고 있다). 기업들은 시스템 투자의 위험과 수익의 균형을 통해 정보기술 자산 포트폴리오에 대한 수익을 높이려 노력한다. 비록 모든 기업을 위한 이상적인 프로파일은 없지만 정보집약 산업들(예 : 금융)은 기술흐름에 뒤떨어지지 않기 위해 고위험, 고수익 프로젝트들을 얼마간 포함하고 있어야 한다. 정보집약 산업에 속하지 않는 기업들은 고수익, 저위험 프로젝트들에 주력해야 한다.

물론 가장 바람직한 시스템은 고수익, 저위험 시스템이다. 이것들은 빠른 수익의 회수와 낮은 위험부담을 약속한다. 다음으로 고수익, 고위험 시스템들을 검토해야 한다. 저수익, 고위험 시스템들은 확실히 피해야 한다. 그리고 저수익, 저위험 시스템들은 다시 구축하거나 더 높은 수익을 낼 수 있는 시스템으로 대체할 수 있는지 재검토되어야 한다. 포트폴리오 분석을 사용함으로써 경영진은 더 위험하지만 높은 보상과 더 안전하지만 낮은 보상 간의 균형을 맞춘 투자의 위험과 수익의 최적

│ 그림 14.3 시스템 포트폴리오

기업들은 잠재적 이익과 예상 위험의 관점에서 프로젝트의 포트폴리오를 검토해야 한다. 어떤 프로젝트들은 철저히 피해야 하고 어떤 프로젝트들은 신속히 개발되어야 한다. 이상적인 최적 혼합이란 없다. 서로 다른 산업의 기업들은 서로 다른 프로파일을 갖는다.

프로젝트 위험

	고	저
고	주의 깊게 검토	식별 후 개발
저	회피	일상적인 프로젝트

(세로축: 잠재적 이익)

혼합을 결정할 수 있다. 포트폴리오 분석이 사업전략과 보조를 같이하는 기업들은 IT 자산에 대해 더 많은 수익을 얻고 있으며, IT 투자들이 사업 목표와 보조를 같이하고, IT 투자에 대한 조직 전체의 조정을 더 잘하고 있는 것으로 밝혀졌다(Jeffrey and Leliveld, 2004).

평점 모델

평점 모델(scoring model)은 많은 기준을 고려해서 프로젝트들을 선택해야 하는 경우에 유용하다. 이는 시스템의 다양한 특징에 중요도를 부여하고 가중치 합계를 계산한다. 표 14.2를 사용하여 기업은 전사적 자원관리(ERP)시스템의 두 가지 대안 중에서 하나를 선택해야 한다. 첫 번째 열은 의사결정자들이 시스템 평가에 있어 사용할 기준들을 나열한 것이다. 이 기준들은 대부분 의사결정 그룹 사이의 장시간 토론을 통해서 결정된다. 종종 평점 모델의 가장 중요한 결과는 점수 자체가 아니라 시스템을 판단하는 데 사용할 기준에 대해서 동의하였다는 것이다.

표 14.2에서 보듯이 이 기업은 주문처리, 재고관리, 창고관리에 대한 능력을 가장 중요하게 여긴다. 표 14.2에서 두 번째 열은 의사결정자들이 의사결정 기준에 부여했던 중요도를 나열한 것이다. 세 번째와 다섯 번째 열은 각 기능에 대해서 제안된 시스템들이 제공하는 이들 기능의 충족률을 나타낸다. 각 벤더의 점수는 각 기능에 부여된 중요도에 그 기능에 대한 충족률을 곱하여 계산할 수 있다. ERP 시스템 B가 보다 높은 합계 점수를 받았다.

모든 '객관적인' 기법들처럼 평점 모델을 사용할 때는 많은 질적인 판단이 필요하다. 평점 모델

표 14.2 ERP 시스템을 위한 평점 모델의 예

기준	중요도	ERP 시스템 A (%)	ERP 시스템 A 평점	ERP 시스템 B (%)	ERP 시스템 B 평점
1.0 주문처리					
1.1 온라인 주문 입력	4	67	268	73	292
1.2 온라인 가격 결정	4	81	324	87	348
1.3 재고 확인	4	72	288	81	324
1.4 고객 신용 확인	3	66	198	59	177
1.5 송장 작성	4	73	292	82	328
주문처리 총점			1,370		1,469
2.0 재고관리					
2.1 생산 예측	3	72	216	76	228
2.2 생산 계획	4	79	316	81	324
2.3 재고 통제	4	68	272	80	320
2.4 보고서 작성	3	71	213	69	207
재고관리 총점			1,017		1,079
3.0 창고관리					
3.1 입고	2	71	142	75	150
3.2 선별 및 포장	3	77	231	82	246
3.3 출고	4	92	368	89	356
창고관리 총점			741		752
전체 총점			3,218		3,300

의 사용에는 쟁점과 기술을 이해하는 전문가가 요구된다. 결과가 얼마나 기준의 합리적인 변화에 민감한지 살펴보기 위해 기준과 중요도를 변화시키면서 평점 모델을 여러 번 반복해보는 것이 적절하다. 평점 모델은 시스템 선택을 최종 결정할 때보다는 결정을 확인하고 합리화하고 지원하는 데 일반적으로 사용된다.

14-3 정보시스템의 비즈니스 가치를 기업은 어떻게 평가할 수 있는가?

비록 시스템 프로젝트가 기업의 전략적 목표를 지원하고 사용자의 정보 요구사항에 부합해도, 시스템 프로젝트는 기업에 좋은 투자가 되어야 한다. 재무적 관점의 시스템 가치는 본질적으로 자본의 투자수익률에 집중된다. 특정 정보시스템 투자가 그 비용을 정당화할 만한 충분한 수익을 창출하는가?

정보시스템의 비용과 이익

표 14.3은 정보시스템들의 일반적인 비용과 이익을 나타낸다. **유형이익**(tangible benefit)은 측정될 수 있고 금전적 가치로 전환될 수 있다. 효율적인 고객 서비스나 의사결정 개선 등의 **무형이익** (intangible benefit)은 즉각적으로 측정될 수는 없지만 장기적으로 측정 가능한 이득을 낳는다. 인력을 재배치하고 공간을 절약하는 거래처리시스템과 사무시스템들은 경영정보시스템, 의사결정지원시스템, 컴퓨터지원 협업시스템보다 측정 가능한 유형 이익을 항상 더 많이 생산해낸다(제2, 12장 참조).

제5장에서 하드웨어와 소프트웨어의 구입과 설치를 위한 최초 비용들을 초과하는 정보기술 비용의 구성요소를 확인하고 측정하기 위해 설계된 총소유비용(total cost of ownership, TCO)의 개념을 소개하였다. 그러나 TCO 분석은 이익, 복잡성 비용과 같은 비용 범주, 그리고 나중에 다루게 될 소프트하고 전략적인 요소들은 일반적으로 다루지 않기 때문에 정보기술 투자 평가에 필요한 정보의 일부를 제공하는 데 그친다.

정보시스템을 위한 자본예산

특정 프로젝트의 이익을 결정하기 위해서는 프로젝트의 비용과 이익을 모두 계산해야 한다. 당연히 비용이 이익을 초과하는 경우라면 해당 프로젝트는 피해야 한다. 이익이 비용을 초과하는 경우에도 프로젝트가 투자자본에 대한 수익률이 높은지를 결정하기 위해서 추가적인 재무 분석이 필요하다. **자본예산**(capital budgeting) 모델은 장기간의 자본투자 프로젝트에 있어 투자 가치를 평가하기 위해 사용되는 방법 중 하나이다.

자본 프로젝트들은 기업 안팎으로의 현금흐름을 만들어내므로, 자본예산 방법론은 기업 안팎으로 움직이는 현금흐름의 측정에 의존한다. 정보시스템에 대한 투자비용은 하드웨어, 소프트웨어, 인력 등의 비용 지출이 발생하므로 즉각적인 현금의 유출이다. 이후 몇 년 동안 투자의 결과로 생기는 현금 유입으로 균형을 이루게 되겠지만 투자에 따른 추가적인 현금의 유출을 발생시킬 수 있다. 현금의 유입은 (신제품, 고품질, 또는 시장점유율의 증가와 같은 이유로) 더 많은 제품들의 판매 증가나 생산과 운영비용 감소를 통해서 이루어진다. 현금의 유출과 유입의 차이가 투자의 재무적 가치를 계산하는 데 쓰인다. 일단 현금흐름이 결정되면 다른 프로젝트들을 비교하고 투자를 결정하기 위한 몇 가지 대안적 방법을 이용할 수 있다.

| 표 14.3 | 정보시스템의 비용과 이익 |

비용

하드웨어
통신
소프트웨어
서비스
인력

유형이익(비용 절감)

생산성 증가
운영비 감소
인력 감소
컴퓨터 비용 감소
외부 공급업체 비용 감소
사무직원과 전문인력 인건비 감소
비용 증가율의 감소
설비비용 감소

무형이익

자산이용 개선
자원통제 개선
조직계획 개선
조직 유연성 증가
시기 적절한 정보 제공
더 많은 정보
조직 학습 증가
법적 요구사항 달성
직원의 호의 증가
직무 만족도 증가
의사결정 개선
운영 개선
고객 만족도 제고
회사 이미지 개선

IT 프로젝트를 평가하는 중요한 자본예산 모델로는 회수기간법, 투자 수익률법(return on investment, ROI), 순현재가치법, 내부 수익률법(internal rate of return, IRR)이 있다.

재무 모델의 한계

정보시스템의 재무적·기술적 측면에 대한 전통적인 시각은 투자의 실제 비용과 이익에 영향을 미칠 수 있는 정보시스템의 사회적·조직적 차원을 간과하는 경향이 있다. 많은 기업들의 정보시스템에 대한 투자 결정은 최종사용자를 교육시키는 비용이나 새로운 시스템을 배우는 사용자의 학습 곡선이 생산성에 미치는 영향, 관리자가 새로운 시스템과 관련된 변화를 감독하는 데 필요한 시간과 같이 새로운 시스템이 야기한 조직상의 혼란에서 발생하는 비용을 적절하게 고려하지 못하고 있다. 새로운 시스템을 이용한 시기적절한 의사결정이나 직원들의 학습과 지식의 향상 등과 같은 무형이익들도 전통적인 재무 분석에서는 간과될 수 있다.

14-4 정보시스템 프로젝트의 주요 위험 요인은 무엇이며, 이들은 어떻게 관리될 수 있는가?

정보시스템의 위험 및 위험평가와 관련된 주제들을 제8장에서 소개하였다. 이 장에서는 정보시스템 프로젝트와 관련된 구체적인 위험들을 설명하고, 이들 위험을 효과적으로 관리하기 위해 무엇을 할 수 있는지 살펴보자.

프로젝트 위험의 요인

각각의 시스템은 크기와 범위, 복잡성의 수준, 그리고 조직적·기술적 구성요소 등에 있어 상당히 다르다. 어떤 시스템 개발 프로젝트는 다른 프로젝트에 비해서 훨씬 높은 위험성을 안고 있기 때문에 앞에서 언급한 문제들이 발생하거나 지연될 가능성이 크다. 프로젝트 위험성은 프로젝트의 크기, 프로젝트의 구조, 그리고 정보시스템 부서 직원과 프로젝트팀의 기술 경험에 영향을 받는다.

- **프로젝트 크기** : 프로젝트 관련 지출, 프로젝트 수행 직원의 수, 프로젝트 소요 기간, 프로젝트의 영향을 받는 조직 단위의 수 등으로 표현되는 프로젝트의 크기가 클수록 프로젝트의 위험성도 커진다. 프로젝트가 복잡하고 통제가 어렵기 때문에 대규모 프로젝트는 일반 프로젝트에 비해 50~75%가량 실패 확률이 높다. 얼마나 많은 부서와 그룹이 시스템을 사용하는지, 그리고 비즈니스 프로세스에 얼마나 영향을 미치는지 등과 같은 시스템의 조직상 복잡성은 프로그램 코드라인의 수, 프로젝트 기간, 프로젝트 예산과 같은 프로젝트의 기술적 특성만큼 대규모 시스템 프로젝트의 복잡성에 기여한다. 그뿐만 아니라 대규모 정보시스템을 개발하는 데 소요되는 일정과 비용을 예측하는 신뢰할 만한 방법은 거의 없다.
- **프로젝트 구조** : 어떤 프로젝트는 다른 프로젝트에 비해 훨씬 구조적이다. 이런 프로젝트들은 요구사항이 명확하고 직접적이기 때문에 결과물과 처리 과정을 명확히 정의할 수 있다. 사용자는 자신이 무엇을 원하는지, 시스템이 무엇을 해야 하는지를 정확하게 알고 있다. 사용자가 마음을 바꿀 가능성 역시 매우 희박하다. 이러한 구조적 프로젝트들은 명확하지 않고 변동이 심하며 지속적으로 요구사항을 바꾸는 프로젝트, 사용자의 생각이 변경되면서 결과물을 쉽게 결정할 수 없는 프로젝트, 자신들이 무엇을 원하는지에 대해 의견 일치를 보지 못하는 사용자들이 있는 프로젝트들에 비해 위험이 대단히 낮다.
- **기술 경험** : 프로젝트팀과 정보시스템 부서 직원들이 필요한 기술에 대한 전문지식이 부족하다면 프로젝트의 위험도는 상승한다. 또한 프로젝트 팀원들이 프로젝트가 요구하는 하드웨어, 시스템 소프트웨어, 애플리케이션 소프트웨어, 데이터베이스 관리시스템에 친숙하지 않다면 프로젝트는 기술적인 문제를 일으키거나 새로운 기술을 습득해야 하기 때문에 프로젝트가 지체될 가능성이 매우 크다.

비록 기술의 어려움이 정보시스템 프로젝트의 위험 요인 중 하나지만, 다른 요인들은 정보 요구사항의 복잡성, 프로젝트의 범위, 새로운 정보시스템에 의해 영향을 받는 부서의 수 등을 다루는 조직적인 요인들이다.

변화관리와 구현 개념

정보시스템의 새로운 도입이나 변경은 강력한 행위적 · 조직적 영향력을 미친다. 조직의 자원을 관리하기 위하여 정보를 규정하고 정보에 접근하고 정보를 사용하는 방식을 변화시키면, 그 변화는 종종 권한과 권력의 새로운 배분을 초래한다. 이러한 내부의 조직 변화는 저항과 반대를 불러일으키며, 좋은 시스템의 종말을 초래할 수도 있다.

시스템 구축을 둘러싼 조직 변화 과정이 적절하게 다루어지지 않았기 때문에 매우 높은 비율의 정보시스템 프로젝트들이 실패하게 된다. 성공적인 시스템 구축은 조심스러운 **변화관리**(change management)가 요구된다.

구현 개념

새로운 시스템의 도입을 둘러싸고 있는 조직적 변화를 효과적으로 관리하기 위해서는 구현 과정을 검토해야 한다. **구현**(implementation)은 새로운 정보시스템과 같은 혁신의 채택, 관리, 일상화를 위해 일하는 모든 조직적 활동을 말한다. 구현 과정에서 시스템 분석가는 **변화 에이전트**(change agent) 역할을 한다. 시스템 분석가는 기술적인 해결책 개발뿐만 아니라 시스템의 구성, 상호작용, 과업 활동, 그리고 여러 조직 그룹의 역학관계를 재정립한다. 시스템 분석가는 전체 변화 과정을 위한 촉매자인 동시에 관련된 모든 그룹이 새로운 시스템에 의해 만들어진 변화를 받아들일 수 있도록 만드는 책임이 있다. 조직 변화 에이전트는 사용자들과 의사소통하고, 이익이 상충되는 집단들 사이에서 중재 역할을 하며, 이런 변화들에 대한 조직적 조정이 완성될 수 있게 해야 한다.

최종사용자의 역할

일반적으로 높은 수준의 사용자 참여와 경영진 지원은 시스템 구현에 도움이 된다. 정보시스템의 설계와 운영에 있어 사용자 참여는 여러 가지 긍정적인 결과를 가져온다. 첫째, 만약 사용자들이 설계에 깊이 참여하게 되면, 사용자들의 우선권과 비즈니스 요구에 맞게 시스템을 만들 기회가 많아지고 결과를 통제할 수 있는 기회 역시 증가한다. 둘째, 사용자들이 시스템의 변화 과정에 활동적으로 참여하였기 때문에 완성된 시스템에 긍정적으로 반응할 가능성이 크다. 사용자의 지식과 전문기술의 통합은 더 나은 해결책을 내놓을 수 있다.

사용자와 정보시스템 전문가 사이의 관계는 정보시스템 구현 노력에 있어 전통적으로 문제가 되어 왔다. 사용자와 정보시스템 전문가는 서로 다른 배경과 이해관계와 우선순위를 갖는 경향이 있다. 이것을 **사용자-설계자의 의사소통 격차**(user-designer communication gap)라고 부른다. 이런 차이점들은 조직 충성도와 문제 해결 방식 및 사용 어휘의 차이를 가져온다.

예를 들어 정보시스템 전문가들은 종종 문제 해결을 위해 매우 기술적이거나 기계 지향적인 태도를 취한다. 그들은 사용 편의성이나 조직 효과성을 희생하고라도 하드웨어와 소프트웨어의 효율성이 최적화되는 매우 우아하고 정교한 기술적 해결책들을 찾는다. 반면 사용자들은 비즈니스 문제 해결에 유용하거나 조직 과업을 용이하게 하는 시스템을 선호한다. 때때로 두 그룹이 지향하는 바가 너무 달라 서로 다른 말을 하는 것처럼 보인다.

표 14.4는 새로운 정보시스템 개발에 대한 최종사용자와 기술 전문가(정보시스템 설계자) 간의 전형적인 주요 관심사의 시각차를 보여준다. 최종사용자와 설계자 사이의 의사소통 문제가 사용자의 요구사항이 정보시스템에 제대로 반영되지 않고, 사용자들이 구현 과정에서 배제되는 주된 이유이다.

사용자와 기술 전문가 사이에 현저한 차이가 있거나 이들 그룹이 다른 목적을 추구한다면 시스

표 14.4 사용자 – 설계자의 의사소통 격차

사용자 관심	설계자 관심
업무에서 우리가 원하는 정보를 시스템이 제공해줄까?	이 시스템은 서버에 무엇을 요구할까?
스마트폰, 테블릿, PC에 있는 데이터에 접근할 수 있을까?	이것은 어떤 프로그램 요구를 주문할까?
데이터를 시스템에 입력하기 위해서 어떤 새로운 절차가 필요할까?	데이터는 어디에 저장할까? 데이터를 가장 효율적으로 저장하는 방법은 무엇일까?
시스템 운영이 직원들의 일과를 어떻게 변화시킬까?	데이터를 안전하게 관리하기 위해서 어떤 기술을 사용해야 할까?

템 개발 프로젝트는 실패할 위험이 매우 높다. 이런 상황에서는 사용자들이 자주 프로젝트에서 멀어지게 된다. 기술 전문가들의 이야기를 이해할 수 없기 때문에 사용자들은 정보시스템 전문가에게 전체 프로젝트를 맡기는 것이 최선이라고 생각한다.

경영진의 지원과 참여

만약 다양한 계층의 경영진들의 지원과 참여가 있다면, 정보시스템 프로젝트가 사용자와 정보기술 서비스 직원 양쪽에 의해서 긍정적으로 인식될 수 있을 것이다. 양쪽 그룹 모두 개발 과정에서 그들의 참여가 높은 수준의 관심과 우선권을 받을 것이라고 믿는다. 시스템의 구현을 위해서 투자한 시간과 노력은 인정될 것이고 보상받을 것이다. 경영진의 지원은 시스템의 성공을 위한 충분한 자금과 자원을 보장해야 한다. 더 나아가 업무 습관과 절차에 있어서의 변화나 새로운 시스템과 관련된 조직 개편도 경영진의 지원에 의존한다. 만약 경영진이 새로운 시스템을 우선적으로 생각한다면, 그 시스템은 하위 직원들에 의해서도 그렇게 취급될 것이다. 프로젝트 관리 협회에 따르면 프로젝트에 적극적으로 참여하는 임원급 후원자가 프로젝트 성공의 핵심요소이다(Kloppenborg and Tesch, 2015; Project Management Institute, 2017).

업무재설계, 전사적 응용시스템, 인수합병을 위한 변화관리 과제

혁신과 구현이라는 도전이 주어지면, 전사적 애플리케이션과 업무재설계(BPR) 프로젝트들은 전형적으로 폭넓은 조직적 변화를 요구하고 서로 연관된 많은 비즈니스 과정에 깊게 뿌리내린 낡은 기술과 레거시 시스템들의 교체를 필요로 할 수 있으므로, 이들 프로젝트의 실패율이 매우 높은 것은 놀랄 일이 아니다. 많은 연구들이 전체 업무재설계 프로젝트의 약 70%가 약속한 이익을 창출하지 못하였다고 지적하였다. 마찬가지로 많은 전사적 애플리케이션들이 완전히 구현되지 못했으며, 운영된 지 3년이 지나도 사용자들의 요구사항을 충족시키지 못하고 있다.

종업원들의 변화에 대한 염려를 검토하지 못하는 잘못된 구현 및 변화관리 관행은 많은 전사적 애플리케이션과 업무재설계 프로젝트를 위험하게 한다. 조직 내에 퍼져 있는 두려움과 걱정을 처리하고, 핵심 관리자의 반발을 극복하며, 직무 기능과 경력 진로와 고용 관행을 변화시키는 것이 기업들이 비즈니스 프로세스에 있어 획기적인 변화를 가시화하고 설계하면서 맞부딪히는 어려움보다 업무재설계에 더욱 위협적이다. 모든 전사적 애플리케이션은 광범위한 비즈니스 프로세스의 변화는 물론 서로 상이한 기능 조직 간의 긴밀한 조정을 필요로 한다(제9장 참조).

인수합병과 관련된 프로젝트들도 비슷한 실패율을 보인다. 인수합병은 인수기업의 IT 인프라뿐만 아니라 조직 특성에 크게 영향을 받는다. 서로 다른 두 회사의 정보시스템을 통합하는 일은 엄청난 조직적 변화와 관리하기에 복잡한 시스템 프로젝트를 필요로 한다. 만약 통합이 제대로 관리되지 않는다면 한 회사의 시스템에 다른 회사의 시스템이 단순히 결합되어 기존 시스템들이 서로 뒤범벅이 될 수 있다. 성공적인 시스템 합병 없이는 인수합병의 기대이익은 창출되지 않거나 심한 경우 합병기업은 비즈니스 프로세스를 효과적으로 수행할 수 없게 된다.

위험요소의 통제

다양한 프로젝트 관리, 요구사항 수집, 계획방법론 등이 구현과 관련된 문제 해결을 위한 구체적인 범주들로 개발되어 왔다. 구현 기간에 사용자들이 적절한 역할을 하도록 보장하고 조직의 변화 과정을 관리하기 위한 전략들이 고안되어 왔다. 구현 과정의 모든 요소가 손쉽게 관리되거나 계획되는 것은 아니다. 그러나 구현과 관련된 잠재적인 문제를 예상하고 적절한 교정전략을 적용하는 것은 시스템의 성공 기회를 높여준다.

프로젝트 위험을 관리하는 첫 번째 단계는 그 프로젝트가 직면하고 있는 위험의 성격과 수준을 파악하는 것이다. 그리고 나서 구현자들은 각각의 프로젝트를 그 위험 수준에 맞는 도구와 위험관리 접근법 등을 가지고 처리할 수 있다. 모든 위험을 미리 파악할 수는 없지만 프로젝트를 잘 관리하면 대부분은 파악할 수 있다. 빈번한 의사소통과 협업 문화는 프로젝트 팀이 예상치 못한 문제가 발생했을 때 적응하는 데 도움이 된다(Browning and Ramasesh, 2015; Laufer et al., 2015; McFarlan, 1981).

기술적 복잡성의 관리

사용자들이 도전적이고 복잡한 기술을 숙달해야 하는 프로젝트들은 **내부 통합 도구**(internal integration tool)에서 도움을 얻을 수 있다. 이러한 프로젝트의 성공 여부는 기술적 복잡성을 어떻게 잘 관리하느냐에 달려 있다. 프로젝트 리더들은 많은 기술적 · 관리적 경험이 필요하다. 리더들은 어떠한 문제가 발생할지 예상할 수 있어야 하며 기술팀 사이에 부드러운 업무관계를 조성해야 한다. 팀은 뛰어난 기술과 프로젝트 관리 경력을 지닌 리더의 지휘 아래 있어야 하고 팀원들은 경험이 풍부해야 한다. 팀 미팅은 자주 이루어져야 한다. 내부에 없는 핵심기술 능력이나 전문지식은 조직 외부로부터 획득할 수 있어야 한다.

공식적 계획과 통제 도구

대규모 프로젝트는 프로젝트 계획을 문서화하고 감시하기 위해서 **공식적 계획 도구**(formal planning tool)와 **공식적 통제 도구**(formal control tool)를 적절히 사용하여 도움을 받을 수 있다. 프로젝트 계획의 문서화를 위해 가장 일반적으로 사용되는 방법은 간트 차트와 PERT 차트다. **간트 차트**(Gantt chart)는 프로젝트 활동들과 각 활동들의 시작과 종료 날짜를 나열한 것이다. 간트 차트는 프로젝트 개발에서 필요한 인적자원뿐만 아니라 서로 다른 과업들의 순서와 기간을 시각적으로 보여준다(그림 14.4 참조). 간트 차트는 그 길이가 각 과업을 완료하는 데 요구되는 기간과 비례하는 수평막대로 각 업무를 나타낸다.

간트 차트는 비록 프로젝트 활동이 언제 시작되고 언제 끝나는지는 보여주지만 과업 의존성, 즉 어떤 과업이 계획보다 지연된다면 다른 과업들이 어떤 영향을 받는지, 과업들이 어떤 순서로 진행되어야 하는지 등은 설명하지 못한다. 이 점에서는 **PERT 차트**(PERT chart)가 유용하다. PERT(Program Evaluation and Review Technique)는 1950년대 폴라리스 잠수함 미사일 프로그램을 관리하기 위해 미국 해군이 개발하였다. PERT 차트는 프로젝트 과업들을 나타내고, 과업들 사

그림 14.4 간트 차트

이 표의 간트 차트는 과업, 일일 필요인력, 각 분야의 책임자와 더불어 각 과업의 시작과 종료 날짜를 보여준다. 자원 요약은 프로젝트 관리자들에게 프로젝트를 성공적으로 관리하기 위해서 프로젝트에 참여하는 개인별, 그리고 월별 필요한 인력의 총량을 요약하여 제공해준다. 여기서 설명된 프로젝트는 데이터 관리 프로젝트이다.

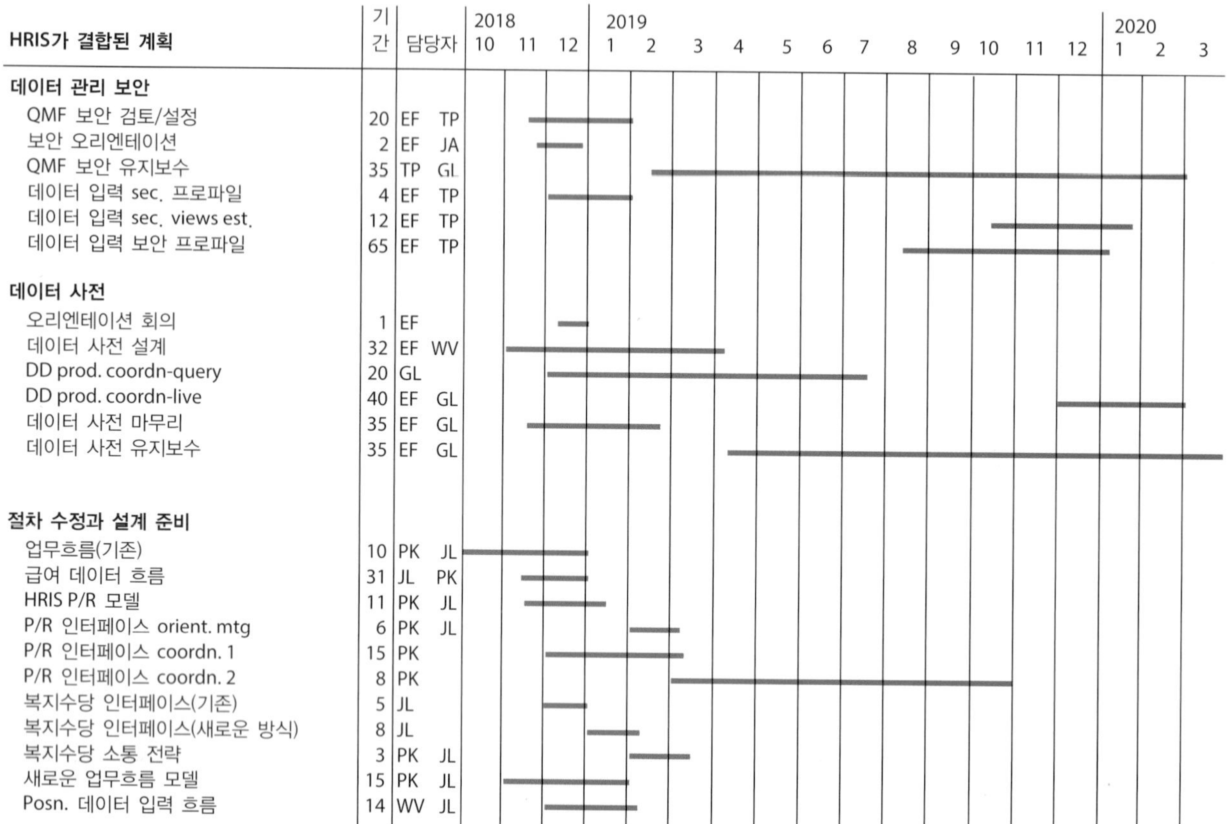

HRIS가 결합된 계획	기간	담당자		2018 10	11	12	2019 1	2	3	4	5	6	7	8	9	10	11	12	2020 1	2	3

데이터 관리 보안
- QMF 보안 검토/설정 — 20 — EF TP
- 보안 오리엔테이션 — 2 — EF JA
- QMF 보안 유지보수 — 35 — TP GL
- 데이터 입력 sec. 프로파일 — 4 — EF TP
- 데이터 입력 sec. views est. — 12 — EF TP
- 데이터 입력 보안 프로파일 — 65 — EF TP

데이터 사전
- 오리엔테이션 회의 — 1 — EF
- 데이터 사전 설계 — 32 — EF WV
- DD prod. coordn-query — 20 — GL
- DD prod. coordn-live — 40 — EF GL
- 데이터 사전 마무리 — 35 — EF GL
- 데이터 사전 유지보수 — 35 — EF GL

절차 수정과 설계 준비
- 업무흐름(기존) — 10 — PK JL
- 급여 데이터 흐름 — 31 — JL PK
- HRIS P/R 모델 — 11 — PK JL
- P/R 인터페이스 orient. mtg — 6 — PK JL
- P/R 인터페이스 coordn. 1 — 15 — PK
- P/R 인터페이스 coordn. 2 — 8 — PK
- 복지수당 인터페이스(기존) — 5 — JL
- 복지수당 인터페이스(새로운 방식) — 8 — JL
- 복지수당 소통 전략 — 3 — PK JL
- 새로운 업무흐름 모델 — 15 — PK JL
- Posn. 데이터 입력 흐름 — 14 — WV JL

자원 요약

이름		코드	2018 10	11	12	2019 1	2	3	4	5	6	7	8	9	10	11	12	2020 1	2	3
에디스 파렐	5.0	EF	2	21	24	24	23	22	22	27	34	34	29	26	28	19	14			
우디 빈톤	5.0	WV	5	17	20	19	12	10	14	10	2								4	3
찰스 피어스	5.0	CP		5	11	20	13	9	10	7	6	8	4	4	4	4	4			
테드 레우스	5.0	TL		12	17	17	19	17	14	12	15	16	2	1	1	1	1			
토니 콕스	5.0	TC	1	11	10	11	11	12	19	19	21	21	21	17	17	12	9	5		
패트리샤 크놉	5.0	PC	7	23	30	34	27	25	15	24	25	16	11	13	17	10	8		3	2
제인 로튼	5.0	JL	1	9	16	21	19	21	21	20	17	15	14	12	14	8	5			
데이비드 홀로웨이	5.0	DH	4	4	5	5	5	2	7	5	4	16	2							
디아나 오닐	5.0	DO	6	14	17	16	13	11	9	4										
조앤 앨버트	5.0	JA	5	6		7	6	1					5	5	1					
마리 마르쿠스	5.0	MM	15	7	2	1	1													
돈 스티븐스	5.0	DS	4	4	5	4	5	1												
임시직	5.0	CASL		3	4	3		4	7	9	5	3	2							
케이시 맨디즈	5.0	KM		1	5	16	20	19	22	19	20	18	20	11	2					
안나 보던	5.0	AB				9	10	16	15	11	12	19	10	7	1					
게일 로링	5.0	GL		3	6	5	9	10	17	18	17	10	13	10	10	7	17			
미지정	0.0	X										9			236	225	230	14	13	
공동부담	5.0	CO		6	4			2	3	4	4	2	4	16				216	178	
임시직	5.0	CAUL								3	3	3								
총 일수			49	147	176	196	194	174	193	195	190	181	140	125	358	288	284	237	196	12

이의 상호 연관성을 도표로 나타낸다. PERT 차트는 그림 14.5와 같이 프로젝트를 구성하는 세부 활동과 특정 활동을 시작하기 전에 반드시 완성되어야 하는 활동들을 나열한다.

PERT 차트는 프로젝트 과업들을 번호가 매겨진 (원형이나 사각형으로 된) 노드들로 표시하고

그림 14.5 PERT 차트

소규모 웹사이트를 만들기 위한 간단한 PERT 차트이다. 프로젝트 과업들의 순서와 특정 과업의 이전 과업들과 이후 과업들과의 관련성을 보여준다.

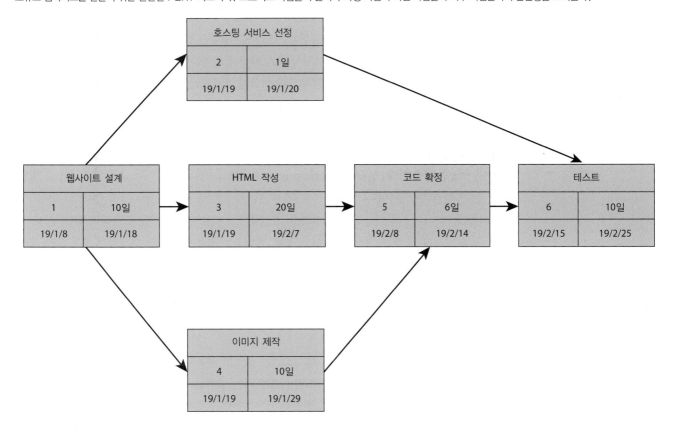

이들 노드를 연결한 네트워크 도표로 프로젝트를 나타낸다. 각 노드는 일련번호와 과업의 이름, 기간, 시작일, 종료일을 나타낸다. 화살표 방향은 과업 순서를 나타내며 다른 활동의 시작 전에 어떤 활동들이 완료되어야 하는지를 보여준다. 그림 14.5에서 노드 2, 3, 4의 과업은 서로에게 독립적이므로 동시에 진행된 수 있기만, 가까운 첫째 과업에 의존하고 있으므로 첫째 과업이 완성되어야 시작할 수 있다. 복잡한 프로젝트의 PERT 차트는 해석하기 어려울 수 있으므로 프로젝트 관리자는 두 가지 기법을 모두 사용한다.

이러한 프로젝트 관리기술은 관리자들이 프로젝트의 병목구간을 발견하고 문제점들이 프로젝트 종료일에 어떠한 영향을 주는지 파악하는 데 도움을 준다. 또한 시스템 개발자가 프로젝트들을 측정 가능한 비즈니스 결과를 가지는 좀 더 작고 관리 가능한 단위로 세분화할 수 있도록 도움을 준다. 표준 통제기술은 프로젝트의 진행 상황을 예산과 목표 일정들과 비교할 수 있게 하여 계획으로부터의 이탈을 쉽게 나타나게 한다.

사용자 참여의 증가와 사용자 거부 극복

상대적으로 구조화 수준이 낮고 명확하지 않은 요구사항을 포함하는 프로젝트는 반드시 모든 단계마다 사용자를 철저히 참여시켜야 한다. 사용자가 많은 설계 선택사항 중에 하나를 선택하게 하고, 선택한 설계를 고수할 수 있도록 해야 한다. **외부 통합 도구**(external integration tool)는 모든 조직 수준의 사용자를 구현팀과 연결하는 방법들로 구성되어 있다. 예를 들어 사용자는 프로젝트팀의 참여 구성원이 될 수도 있고, 리더 역할을 맡을 수도 있으며, 설치와 훈련을 책임지는 역할을 맡을 수도 있다. 구현팀은 사용자의 질문에 즉각 응답하고, 사용자의 피드백을 구체화하고, 사용자를 도우려는 노력을 보임으로써 사용자에 대한 반응을 나타낼 수 있다.

구현 활동의 참여가 조직 변화에 대한 사용자의 저항 문제를 극복하기에 충분하지 않을 수도 있다. 서로 다른 사용자들은 시스템으로부터 서로 다른 영향을 받는다. 어떤 사용자들은 새로운 시스템이 가져오는 변화가 자신들에게 이익이 되기 때문에 환영하는 반면, 다른 사용자들은 변화가 자신들의 이익에 해가 되는 것으로 믿기 때문에 변화에 저항한다.

만약 시스템 사용이 자발적이라면, 사용자들은 그 시스템 사용을 거부할지도 모른다. 만약 사용이 의무적이라면, 저항은 불량률 증가, 중단, 이직, 방해 행위 등의 형태를 취할 것이다. 그러므로 구현 전략은 사용자들의 관여와 참여를 격려하는 동시에 시스템 구축 반대라는 문제도 다루어야 한다. **시스템 구축 반대**(counterimplementation)는 정보시스템의 구현이나 조직 내의 혁신을 방해하기 위한 고의적인 전략이다.

사용자 저항을 극복하는 전략은 (설계를 개선하거나 사용자의 참여를 도출하기 위한) 사용자 참여, 사용자 교육 및 훈련, 경영 명령이나 정책, 협력하는 사용자에 대한 인센티브 제공 등을 포함한다. 새로운 시스템은 최종사용자 인터페이스의 개선을 통해 사용자들과 보다 친숙해질 수 있다. 새로운 시스템의 도입 전에 조직적 문제가 해결된다면 사용자들도 좀 더 협력적이 될 것이다.

조직을 위한 설계

새로운 시스템의 목적은 조직성과를 향상시키는 것이기 때문에 모바일과 웹 애플리케이션 등을 포함하는 새로운 시스템이 설치될 때 조직이 겪게 되는 변화를 정보시스템 프로젝트는 분명하게 언급해야 한다. 업무 절차의 변경과 함께 업무 기능, 조직 구조, 권력 관계, 업무 환경의 변환을 조심스럽게 계획해야 한다.

사용자들이 시스템과 결합되는 영역에는 인간공학의 이슈에 대해 민감성을 갖고 특별한 주의가 필요하다. **인간공학**(ergonomics)은 일터에서 사람과 기계 간의 상호작용을 가리킨다. 이것은 직무 설계, 건강문제, 정보시스템의 최종사용자 인터페이스들을 고려한다. 표 14.5는 정보시스템을 계획하고 구축할 때 다루어져야 하는 조직적 요인들을 나열한 것이다.

시스템 분석 및 설계 활동이 조직 영향 분석을 포함하는 것을 가정하지만 이 분야는 전통적으로 소홀히 여겨져 왔다. **조직 영향 분석**(organizational impact analysis)은 제안된 시스템이 조직 구조, 태도, 의사결정, 운영에 어떻게 영향을 미칠지를 설명한다. 정보시스템을 조직과 성공적으로 통합

┃ 표 14.5 시스템 계획과 구현에 있어서의 조직적 요인

종업원 참여와 관여

직무 설계

표준과 성과 감시

인간공학(장비와 사용자 인터페이스와 작업 환경 포함)

종업원 고충처리 과정

건강과 안전

정부규정의 준수

시키기 위해서는 개발 노력에 있어서 조직 영향 평가를 철저하고 완전하게 문서화하는 것에 더 많은 관심이 요구된다.

사회기술적 설계

개인과 조직 문제를 다루는 한 가지 방법은 **사회기술적 설계**(sociotechnical design)를 정보시스템 프로젝트에 구체화시키는 것이다. 설계자들은 별도의 기술적 · 사회적 설계 해결책을 제창하였다. 사회적 설계 계획은 다른 방식의 작업 그룹 구조, 과업 할당, 개인 직무의 설계 등을 탐구한다. 제안된 기술적 해결책은 제안된 사회적 해결책과 비교된다. 사회적 목표와 기술적 목표에 가장 잘 부합하는 해결책이 최종적인 설계로 선택된다. 그 결과로 생긴 사회기술적 설계는 기술적 효율성과 조직과 개인의 요구에 대한 민감성을 결합시켜 높은 직무만족과 생산성을 가져오는 정보시스템을 만들 것으로 기대된다.

코노코필립스(ConocoPhillips)가 새로운 통제시스템을 어떻게 구축하였는지를 설명하는 '토론방 : 코노코필립스는 새로운 접속통제시스템을 구축하였다'는 직장에서의 프로젝트 관리 전략을 보여준다.

프로젝트 관리 소프트웨어 도구

프로젝트 관리의 다양한 측면을 자동화한 상업 소프트웨어 도구는 프로젝트 관리 프로세스를 용이하게 한다. 프로젝트 관리 소프트웨어는 일반적으로 과업을 규정하고 순서를 정하고, 과업에 자원을 할당하고, 과업의 시작일과 종료일을 정하고, 프로젝트의 진행을 개인과 팀 수준에서 추적하고, 과업과 자원에 대한 변경을 용이하게 하는 등의 기능을 갖고 있다. 많은 도구들은 간트 차트와 PERT 차트의 생성을 자동화하고, 의사소통과 협업 그리고 소셜 도구들을 제공한다.

이 도구 중 일부는 매우 큰 프로젝트와 분산된 작업 그룹, 전사적 기능을 관리하기 위한 크고 복잡한 프로그램들이다. 이런 고성능 도구들은 매우 많은 과업과 활동, 그리고 복잡한 관계들을 관리할 수 있다. 마이크로소프트 프로젝트가 오늘날 가장 널리 사용되는 프로젝트 관리 소프트웨어이지만, 소규모 프로젝트와 소기업들을 위한 좀 더 저비용의 도구들도 있다. 프로젝트팀 구성원들이 어디에서나 프로젝트 관리 노구들과 데이터에 접속할 수 있도록 많은 프로젝트 관리 애플리케이션이 클라우드 기반으로도 제공되어 있다. '토론방 : 아럽은 프로젝트 관리를 클라우드로 옮겼다'는 클라우드 기반 마이크로소프트 프로젝트 온라인 기능을 설명하고 있다.

프로젝트 관리 소프트웨어는 조직들이 개별 프로젝트와 개별 프로젝트에 할당된 자원과 비용을 추적할 수 있도록 도움을 주는 반면에, **프로젝트 포트폴리오 관리**(project portfolio management) 소프트웨어는 조직들이 프로젝트 포트폴리오와 프로젝트 사이의 의존성을 관리할 수 있도록 도움을 준다. 프로젝트 포트폴리오 관리 소프트웨어는 경영자들이 조직의 전략 목표를 달성하기 위한 최상의 프로젝트 조합과 프로젝트 순서를 결정할 수 있도록 제안서와 프로젝트들을 예산과 자원 수용력 수준에 맞추어 비교할 수 있도록 도와준다.

14-5 MIS는 내 경력에 어떤 도움이 되는가?

다음은 제14장과 이 책이 초급 IT 프로젝트 관리 보조원으로서 직업을 찾는 데 어떻게 도움이 되는지 설명한다.

코노코필립스, 새로운 접속통제시스템을 구축하다

코노코필립스는 텍사스 주 휴스턴에 본사를 두고 있는 미국의 다국적 에너지 기업이다. 전 세계에서 가장 규모가 큰 독립적인 석유 및 천연가스 탐사 및 생산기업으로 2017년 3월 현재 자산은 880억 달러에 달한다. 17개국에 있는 11,600명이 석유와 천연가스 탐사를 위해서 근무하고 있다. 탐사와 생산공정을 관리하고, 부서와 사업단위 간의 협업을 증진시키고, 우수한 재능의 과학자와 엔지니어를 채용하여 성장시키고, 위험을 관리하고, 건전한 투자를 결정하는 데 정보시스템은 중요한 역할을 하고 있다.

코노코필립스의 시스템에 접속하고자 하는 전 세계 사용자들의 네트워크는 광대하고도 복잡하다. 결과적으로 정보시스템에 대한 접속을 통제하는 것은 매우 어려운 작업이며, 접속통제와 업무분장(segregation of duties, SoD)과 같은 지배구조, 위험, 규정 준수(governance, risk, ad compliance, GRC) 요구사항을 충족시키기 위해서는 특히 노력해야 한다(이들 주제에 대한 내용은 제8장 참조).

2009년에 코노코필립스는 이런 목적으로 SAP Access Control을 사용하기 시작하였다. SAP Access Control을 애플리케이션과 데이터에 대한 사용자의 접속을 관리하고 승인하는 절차를 간소화하기 위한 SAP의 제품이다. SAP Access Control은 SAP Finance, SAP Sales & Distribution과 오라클 소프트웨어 도구 등과 같은 SAP와 다른 회사들의 애플리케이션과 함께 작동된다. SAP Access Control은 사용자 접속 할당을 자동화하고, 사용자 접속과 인증 검토, 위험 침해의 탐지 및 해결을 자동으로 처리할 수 있다. SAP Access Control은 직원들이 서로 상충되는 활동이나 권리를 갖지 않도록 업무분장에 대한 정책도 지원해준다.

SAP는 안정성과 맞춤형 기능을 강화하여 소프트웨어를 크게 개선하였다. 코노코필립스는 애플리케이션에 대한 새로운 배포판들을 꾸준히 구현해 왔으며, 가장 최근에는 10.0에서 10.1로 업그레이드하였다. SAP에서 소프트웨어를 업그레이드할 때마다 이전 버전에서 작동되던 일부 기능들은 최신 배포판으로 전환되는 과정에서 영향을 받았다. 코노코필립스가 기대한 대로 다시 작동하기 위해서는 수개월이 걸리기도 하였다. 가장 최근의 SAP Access Control 업그레이드는

1년짜리 안정화 프로젝트가 되었다. 업그레이드와 안정화 프로젝트 내내, SAP와 코노코필립스는 계속 연락망을 열어두고 소통하였다. 코노코필립스는 SAP와 긴밀하게 협조하면서, SAP 전문가와의 직통 전화를 개통하였다. 그 결과 코노코필립스는 SAP Access Control의 차기 배포판에 개선되어야 할 아이디어와 제안을 제공할 수 있었다. SAP 전문가들과 협업하는 한편 다른 접근방법을 시험해보면서, 코노코필립스의 필요에 딱 맞도록 시스템을 설정할 수 있게 되었다. 코노코필립스는 필요한 일자리의 일정을 계획하고, 긴급 접속을 관리하며, 업무분장의 위험을 평가하는 기능이 개선되었다.

코노코필립스가 10.1 버전으로 옮겨 간 주된 이유 중 하나인 맞춤형 사용자 인터페이스 설정 기능이 SAP Access Control이 10.1에 새로 추가되었다. 사용자 인터페이스를 설정하여, 사용자들이 사용하지 않는 데이터 항목들을 제거하고 사용자들이 실제 필요한 것들만 볼 수 있게 하였다. 추가적인 도움말 기능도 더해졌다. 그 결과로 만들어진 사용자 인터페이스 덕분에 사용자들은 현저하게 쉽게 요청을 제출하고 처리할 수 있게 되었다.

프로젝트는 업무흐름을 최소화하여 시스템 가용성을 증가시켰다. 코노코필립스의 GRC 관리자인 트레버 와이어트는 업무흐름을 통제 가능한 숫자로 유지하도록 노력하여 프로젝트를 간소화하고 시스템 해결책을 사용하기 쉽도록 만들었다. 비록 다른 조직들이 수백 개의 업무흐름을 처리하도록 SAP Access Control을 설정하기도 하였지만, 코노코필립스는 몇 개만 처리하도록 하였다. 와이어트에 따르면 업무흐름이 많을수록 장애 발견이 어렵고, 잘못될 가능성은 커진다. 최종사용자들의 업무흐름을 단순화하는 것은 위험 감소를 의미한다. 승인은 몇 달씩 걸리던 대신에 몇 분 내에 처리되었다. 업무흐름을 간단하게 하는 것은 복잡성을 최소화하는데, 이러한 복잡성은 업무흐름에서 위험을 발생시키는 요인이 된다.

코노코필립스는 업그레이드와 안정화 프로젝트의 모든 과정과 이후에도 최종사용자의 요구사항에 많은 주의를 기울였다. 작업 보조, 현장 훈련, 강의실 훈련 등을 필요에 따라

서 사용자들에게 제공하였다. 특히 사용자들이 기술에 대한 경험이 없을 경우에는 지속적인 훈련이 매우 중요하다고 와이어트는 믿고 있다. 코노코필립스는 훈련을 반복적으로 실시하였다. 철저한 훈련을 통해서 코노코필립스는 별다른 불평 없이 SAP Access Control 10.1의 새로운 기능에 익숙한 수천 명의 사용자를 보유할 수 있었다.

일단 구축이 완료되자 몇 가지 업무흐름에 대한 문제가 있었지만 SAP Access Control 10.1은 매끄럽게 작동하였다. 정상적으로 작동하는지를 확인하기 위해서 내부와 외부 감사인들이 Access Control을 철저히 조사하였다. 이러한 조사와 업그레이드의 성공 덕분에 감사 시간에 해야 할 업무가 경감되었다. SAP Access Control이 안정화되어 감에 따라 감사인들은 시스템을 더욱 신뢰하게 되었고, 심층적인 조사가 필요 없게 되었다. 그뿐만 아니라 감사인들이 GRC 부서에 정보를 요청할 필요 없이 시스템으로부터 정보를 직접 받을 수 있게 되었다. 이것은 감사인들과 GRC 전문직원들의 시간을 절감하고 업무를 간소화하게 만들었다.

시스템에서 발생할 수 있는 문제들을 제거하고, 사업에 최적화되도록 설정하는 과정을 주의 깊게 진행한 결과 코노코필립스는 신뢰할 수 있는 접속통제 과정을 구축하게 되었다. 시스템을 예측할 필요가 없으며, 예상대로 정확히 작동하고 있다고 완전히 신뢰할 수 있게 되었다.

출처 : www.sap.com, accessed January 7, 2018; Nicole D'Angelo, "ConocoPhillips Drills Down into Access Control," *SAP Insider Profiles*, July 12, 2017; and www.conocophillips.com, accessed January 7, 2018.

사례연구 문제

1. 코노코필립스에게 이 프로젝트는 얼마나 중요한가? 그 이유는 무엇인가?

2. 새로운 버전의 SAP Access Control을 구현하기 위해서 이 장에서 설명한 프로젝트 관리 기술 중에서 사용된 것은 무엇인가?

3. 어떻게 프로젝트가 성공하였는가? 어떤 경영, 조직, 기술 요소들이 제기되었는가?

회사

로스앤젤레스에 본사를 둔 매스미디어와 엔터테인먼트 다국적 대기업인 XYZ 멀티미디어 엔터테인먼트에서는 초급 IT 프로젝트 관리 보조원을 모집한다. XYZ 멀티미디어는 영화, TV 쇼, 음반 제작, 인터넷 콘텐츠 스트리밍, 대화형 게임, 전 세계 청중을 위한 소비자 제품들을 생산하고 있다. 제품, 서비스, 운영에 있어서 최첨단 정보기술을 집중적으로 사용한다.

직무 기술

IT 프로젝트 관리 보조원은 회사 내의 정보기술 프로젝트의 계획, 예산, 모든 측면의 감독에 있어서 IT 프로젝트 관리자를 보조한다. 맡을 직무는 다음과 같다.

- 회사의 중앙집중식 프로젝트 관리부서에서 제공되는 기능과 서비스를 개선하도록 설계된 업무를 수행. 모범사례의 발굴과 문서화, 사용 가능한 도구들 조사, 과정과 절차의 개선을 위한 권고를 포함
- 각 기술 프로젝트들의 범위와 방향이 일정을 준수할 수 있도록 프로젝트 관리자와 협업
- 다른 프로젝트 이해관계자들에 대한 지원 업무

기술

아럽, 프로젝트 관리를 클라우드로 옮기다

런던에 본사를 두고 있는 아럽그룹(Arup Group Limited)은 인류 건축물의 구조와 환경의 모든 측면과 관련된 엔지니어링, 디자인, 기획, 프로젝트 관리, 컨설팅 서비스 등을 제공하는 다국적 전문 서비스 기업이다. 1946년에 설립된 아럽은 오늘날 전 세계 35개국, 85개 지점에 13,000명의 직원이 근무하고 있다. 독립적으로 일할 때보다 더 나은 품질의 프로젝트와 서비스를 제공할 수 있도록 엔지니어, 도시계획설계자, 디자이너, 재무전문가, 전문 컨설턴트, 지속가능성 전문가 등 다양한 분야의 전문가들이 함께 일할 수 있는 기업 중 하나라고 아럽은 자신들을 정의하고 있다. 아럽은 파리의 퐁피두 센터, 시드니 오페라 하우스, 런던과 파리 간 고속철도, 2008년 베이징 올림픽의 국립수영장 등 160개국이 넘는 곳에서 프로젝트를 수행했다.

아럽은 고객과의 업무, 건물 디자인, 구조 시뮬레이션, 프로젝트 조정을 포함하는 모든 업무에 정보기술을 집약적으로 사용하고 있다. 경영진들은 아럽의 정보시스템 부서가 사업 발전을 위한 모든 적절한 IT 프로젝트를, 적절한 방식으로 수행되는지를 보증하기를 원했다. 아럽의 시스템은 직원들이 언제나 어디에서나 자신이 필요한 정보에 접근할 수 있도록 안정적이고, 최첨단이며, 항상 사용 가능해야 했다.

최근까지 아럽의 IT 담당자들은 프로젝트 관리 도구로 마이크로소프트의 엑셀이나 워드 문서에 의존하였다. 보고서는 여기저기 산재해 있었고, 양식도 다양하여 통합은 매우 제한적이었으며, 프로젝트 인도 유형도 일관성이 없었으며, 각 프로젝트에 대해서 어떤 일이 진행되고 있는지 중앙에서 확인할 수도 없었다. IT 프로젝트의 전체 포트폴리오를 감독하기 위해서 아럽은 글로벌 IT 포트폴리오 관리사무소를 신설하였지만, 각 지역 사무소로부터의 스프레드시트와 이메일 수정본을 이용하여 수작업으로 작성해야 했기 때문에 보고서는 지체되었다.

프로젝트 포트폴리오 관리 전문 기업인 프로그램 프레임(Program Framework)의 컨설턴트와 협의하여, 아럽은 프로젝트 관리를 개선하기 위해서 마이크로소프트 Project Online을 채택하기로 결정하였다. Project Online은 마이크로소프트의 클라우드 기반 프로젝트 관리 도구로 프로젝트

계획, 진척상황 추적, 협업이 어디에서나 어떤 장비에서나 효율적으로 가능하도록 조직을 지원한다. 전 세계의 아럽 직원들은 근무 장소에 상관없이 언제나 프로젝트 데이터에 즉각적으로 접속할 수 있다. 서비스와 변화관리와 같은 다른 업무와 결합시킬 수 있는 시스템 덕분에 클라우드 해결책은 프로젝트에 대한 살아 있는 데이터를 이용한 보고서를 만드는 것이 가능해졌다. 프로그램 프레임의 컨설턴트는 아럽이 Project Online을 구축하고 직원을 훈련시키는 것을 지원하였다. 이들은 Project Online이 지원하는 프로젝트와 프로그램 진척상황 보고 기능을 맞춤형으로 개발하였다.

과거에는 아럽의 글로벌 IT 포트폴리오 관리사무소에서 보고서를 수작업으로 작성하는 데 월간 40시간이 소요되었다. 진척상황 보고서가 만들어졌을 때는 이미 유효기간이 지난 것이었다. Project Online은 모든 IT 프로젝트의 진척상황을 즉각적으로 확인할 수 있게 해주었다. 각 지역의 직원들은 자신들의 프로젝트 포트폴리오를 확인할 수 있고, 아럽의 글로벌 IT 포트폴리오 관리사무소는 전 세계 프로젝트를 바로 확인할 수 있다. 아럽의 경영진들은 전사적인 전체 프로젝트를 검토하고, 진척상황을 적색, 청색, 황색의 경보를 이용하여 분류할 수 있게 되었다(적색은 심각한 상태, 황색은 위험한 상태의 프로젝트를 나타냄). 아럽의 경영진들이 전체 프로젝트 포트폴리오를 확인할 수 있게 됨에 따라서 경영진들은 프로젝트 인도에 대한 더 나은 통찰력을 갖게 되었다. 프로젝트 진척상황에 대한 주요 요약 보고서를 만들 수 있고, 좀 더 자세한 내용을 드릴다운할 수 있도록 개별 프로젝트에 대한 보고를 표시하고 강조할 수 있게 됨에 따라서 글로벌 IT 포트폴리오 관리사무소는 가장 최근 데이터를 이용한 더 나은 의사결정을 내릴 수 있게 되었다. Project Online은 전 세계에서 프로젝트 관리를 위한 일반적인 접근방법을 지원하는 필수적인 요소가 되었다. 아럽의 전반적인 프로젝트 포트폴리오는 노력의 중복을 줄이면서 더욱 전략적인 가치를 얻게 되었다.

Project Online은 마이크로소프트의 클라우드 기반 오피스 365 소프트웨어 세트의 일부로, 아럽이 소프트웨어 개발 프로젝트에 사용하고 있는 OneDrive for Business(클라우드 저

장), Skype for Business(음성, 비디오, 채팅), 야머(전사적 소셜 네트워킹), Visual Studio Team Foundation Server 등과 같은 마이크로소프트의 생산성과 의사소통을 위한 도구들과 완벽하게 작동한다. 아럽은 수요 및 용량 계획, 포트폴리오 우선순위 결정, 포트폴리오 수지 계산 등의 Project Online의 추가 기능도 구현할 계획이다. 사용자들은 Project Online으로부터 정보를 쉽게 복사하여 파워포인트와 워드와 같은 오피스 애플리케이션에서 쉽게 사용할 수 있다.

아럽은 Project Online을 향후 개발을 위한 아이디어의 중앙 저장소인 IT Project Pipeline을 위해서 이용하고 있다. 파이프라인에 저장되는 각각의 아이디어는 제안자들이 프로젝트에 대한 설명, 예산, 필요한 자원들과 같은 정보를 제공하도록 요구하고 있다. 아럽의 글로벌 IT 포트폴리오 관리사무소는 이러한 정보를 새로운 계획을 위해서 검토하고 우선순위를 정할 수 있도록 아럽의 경영위원회 위원들에게 제공하고 있다.

아이디어가 승인되면 Project Pipeline에 저장된 정보는 실제 프로젝트로 쉽게 전환될 수 있다. Project Pipeline이 Project Online에서 프로젝트나 프로그램을 생성하는 데에는 겨우 몇 분이 걸릴 뿐이다. 각 프로젝트들은 프로젝트 상세 페이지로 운영되고 있는데, 이것은 내장된 일정 템플릿과 문서 저장소와 진척상황 보고 기능을 갖춘 마이크로소프트 셰어포인트 서버와 연결이 포함되어 있다. 이러한 기능은 아럽의 글로벌 IT 포트폴리오 관리사무소의 관리자인 캐롤린 번데이가 각각의 새로운 프로젝트에 필요한 수일간의 작업을 감소해주며, 거의 180개의 IT 프로젝트에 달하는 연간 포트폴리오 관리에 상당한 시간을 절감시켜준다.

몇 년 전에는 Project Online의 사용자는 약 150명이었지만, 아럽은 모든 직원에게 이 도구를 제공할 생각이었다. 아럽은 Project Online의 세 가지 다른 버전의 라이선스를 체결하였다. 프로젝트 관리자, 소유자, 관리직은 웹브라우저의 사용과 관계없이 프로젝트 계획을 생성하고 편집할 수 있도록 Project Professional for Office 365판 Project Online을 사용한다. 아럽의 임원진들은 프로젝트의 진척상황을 검토하는 데 Project Online을 사용한다. 프로젝트 팀원들은 저비용의 Project Lite 버전을 이용하여 작업 할당과 다른 팀원들과의 협업을 확인한다.

출처 : "Engineering Firm Uses Cloud-Based Solution to Generate, Execute, and Monitor IT Projects," www.microsoft.com, accessed January 2, 2018; "Leading Arup at the Forefront of Innovation in Today's Built Environment," www.gineersnow.com, accessed January 3, 2018; and www.arup.com, accessed January 2, 2018.

사례연구 문제

1. 정보기술, 프로젝트 관리, 아럽의 비즈니스 모델과 사업 전략 간의 관계는 무엇인가?

2. 마이크로소프트 Project Online은 아럽의 사업전략을 어떻게 지원하였는가? 회사의 업무 방식을 어떻게 변화시켰는가?

3. 글로벌 프로젝트 포트폴리오 관리 도구로 마이크로소프트 Project Online을 선정하였을 때 아럽은 어떤 경영, 조직, 기술 요소들을 제기하였는가?

직무 요구사항

- 컴퓨터과학, 컴퓨터공학, 경영정보시스템, 프로젝트 분야 또는 관련 분야의 학사학위
- 프로젝트 관리(PMI) 교육에 대한 지식
- 프로세스 문서화에 대한 지식(처리 순서도)
- 마이크로소프트 워드, 엑셀, 파워포인트에 대한 숙달
- 우수한 면접과 연구 기량
- 셰어포인트와 마이크로소프트 프로젝트에 대한 경험 우대

인터뷰 질문

1. IT 프로젝트를 수행한 경험이 있는가? 어떤 역할을 했는가? 마이크로소프트 프로젝트와 같은 프로젝트 관리 도구들을 사용해본 경험이 있는가?

2. IT와 관련이 없는 프로젝트를 수행한 경험이 있는가? 어떤 부분을 책임졌는가? 업무에서 프로젝트 관리 소프트웨어를 사용하였는가?

3. 프로젝트 관리를 수강한 적이 있는가? 프로세스 문서화에 대해서 아는 것이 있는가?

4. 마이크로소프트 오피스, 마이크로소프트 프로젝트, 셰어포인트의 활용능력 수준은 어떠한가?

저자 조언

1. 프로젝트 관리와 시스템 개발기술과 방법론에 익숙해지도록 이 장과 정보시스템 개발에 대한 제13장을 복습한다.

2. 프로젝트 관리 방법론과 도구에 대해서 웹에서 조사해본다. 프로젝트관리협회(Project Management Institute, PMI) 웹사이트를 탐색해보거나, PMI의 교재인 프로젝트 관리 지식 체계 가이드북(A Guide to the Project Management Body of Knowledge)을 검토한다.

3. XYZ 멀티미디어는 프로젝트 관리를 어떻게 하는지에 대한 정보를 찾아보도록 노력한다. 이 회사에서는 어떤 프로젝트 관리 방법론과 도구들을 사용하는지 조사해본다. 가능하면 자신이 이러한 도구와 접근법에 얼마나 익숙한지를 보여준다.

4. 자신이 수업이나 직장에서 수행한 프로젝트 관리의 예제를 제시한다. 그렇지 않으면 작문과 구두 의사소통 역량을 보여줄 수 있는 예제를 제시한다.

요약

14-1 프로젝트 관리의 목적은 무엇이며, 정보시스템을 개발할 때 프로젝트 관리가 핵심적인 이유는 무엇인가?

프로젝트 관리를 잘하는 것은 시스템이 일정과 예산에 맞추어 인도되어 진정한 비즈니스 가치를 제공하도록 보증하기 위해 꼭 필요하다. 프로젝트 관리 활동들은 업무를 계획하고, 위험을 평가하고, 업무를 달성하기 위해서 필요한 자원을 추정하여 획득하고, 업무를 조직하고, 집행을 지휘하고, 결과를 분석하는 활동들을 포함한다. 프로젝트 관리는 5개의 주요 변수, 즉 범위, 일정, 비용, 품질, 위험을 다루어야 한다.

14-2 정보시스템 프로젝트를 평가하고 선택하고, 프로젝트를 기업의 비즈니스 목표와 일치시키기 위해서는 어떤 방법론을 사용할 수 있는가?

조직은 정보기술이 비즈니스 목표의 달성을 어떻게 지원하는지 서술하고, 시스템 애플리케이션과 IT 인프라 구성요소들을 모두 기록하는 정보시스템 계획을 필요로 한다. 대기업들은 가장 중요한 시스템 프로젝트에 우선권이 있다는 것을 확인할 수 있는 관리구조를 이루게 된다. 포트폴리오 분석과 평점 모델들이 대안적 정보시스템 프로젝트들을 확인하고 평가하는 데 사용될 수 있다.

14-3 정보시스템의 비즈니스 가치를 기업은 어떻게 평가할 수 있는가?

정보시스템 프로젝트가 좋은 투자인지를 확인하기 위해서 프로젝트 비용과 이익을 계산해야 한다. 유형이익들은 측정할 수 있고, 즉각적으로 측정할 수 없는 무형이익들도 장기적으로 측정 가능한 이익을 가져올 수 있다. 비용을 초과하는 이익들은 프로젝트들이 기업의 자본투자에 대한 수익률이 높은지를 확인하기 위하여 자본예산 방법론을 이용하여 분석해야 한다.

14-4 정보시스템 프로젝트의 주요 위험 요인은 무엇이며, 이들은 어떻게 관리될 수 있는가?

시스템 개발 프로젝트의 위험 수준은 (1) 프로젝트 크기, (2) 프로젝트 구조, (3) 기술 경험에 의해서 결정된다. 시스템 개발 과정에 사용자의 참여가 불충분하거나 부적절한 경우, 경영진의 지원이 부족할 경우, 구현 과정을 제대로 관리하지 못할 경우에 정보시스템 프로젝트들은 실패할 가능성이 커진다. 업무재설계와 전사적 응용시스템, 인수합병과 관련된 프로젝트들은 광범위한 조직의 변화를 필요로 하기 때문에 특히 실패율이 높다.

구현은 새로운 정보시스템의 도입을 둘러싼 조직 변화의 전체 과정과 관련이 있다. 각각의 새로운 시스템 프로젝트의 위험 수준을 다루는 메커니즘이 필수적인 것처럼 사용자의 지원과 참여, 경영지원, 구현 과정의 통제는 필수적이다. 프로젝트 위험 요소들은 프로젝트 관리에 대한 상황적 접근을 통해 통제될 수 있다. 각 프로젝트의 위험 수준은 외부 통합 도구, 내부 통합 도구, 공식적 계획 도구와 공식적 통제 도구를 어떻게 적절히 혼합하여 사용할지를 결정한다. 프로젝트 관리 소프트웨어는 조직이 개별 프로젝트를 추적할 수 있도록 지원하며, 프로젝트 포트폴리오 관리 소프트웨어는 프로젝트의 포트폴리오와 프로젝트 간의 의존성을 관리하는 데 도움을 준다.

주요 용어

간트 차트	사용자-설계자 의사소통 격차	정보시스템 계획
공식적 계획 도구	사용자 인터페이스	조직 영향 분석
공식적 통제 도구	사회기술적 설계	평점 모델
구현	시스템 구축 반대	포트폴리오 분석
내부 통합 도구	외부 통합 도구	프로젝트
무형이익	유형이익	프로젝트 관리
변화 관리	인간공학	프로젝트 포트폴리오 관리
변화 에이전트	자본예산	PERT 차트

복습 문제

14-1 프로젝트 관리의 목적은 무엇이며, 정보시스템을 개발할 때 프로젝트 관리가 핵심적인 이유는 무엇인가?
- 프로젝트 관리를 잘못하였을 경우에 발생하는 정보시스템의 문제점을 설명하라.
- 프로젝트 관리를 정의하라. 프로젝트 관리에서 제시하는 프로젝트 관리 활동과 변수를 나열하고 설명하라.

14-2 정보시스템 프로젝트를 평가하고 선택하고, 프로젝트를 기업의 비즈니스 목표와 일치시키기 위해서는 어떤 방법론을 사용할 수 있는가?
- 정보시스템 프로젝트의 관리에 책임이 있는 부서들을 제시하고 설명하라.
- 정보시스템 계획의 목적을 설명하고 계획의 주요 항목들을 나열하라.
- 정보시스템 프로젝트를 선정하기 위해서 포트폴리오 분석과 평점 모델을 어떻게 사용할 수 있는지 설명하라.

14-3 정보시스템의 비즈니스 가치를 기업은 어떻게 평가할 수 있는가?
- 정보시스템의 주요 비용과 이익을 나열하고 설명하라.
- 유형이익과 무형이익을 구분하라.

14-4 정보시스템 프로젝트의 주요 위험 요인은 무엇이며, 이들은 어떻게 관리될 수 있는가?
- 정보시스템 프로젝트의 주요 위험 요인을 나열하고 설명하라.
- 새로운 정보시스템의 개발자들은 왜 구현과 변화관리를 검토할 필요가 있는지 설명하라.
- 정보시스템 프로젝트의 성공적인 구현을 위해서 경영진과 최종사용자의 지원을 이끌어내는 것이 왜 절대적으로 필요한지 설명하라.
- 전사적 응용시스템, 업무재설계, 인수합병과 관련된 구현이 왜 실패 가능성이 큰지를 설명하라.
- 프로젝트 위험을 통제하는 전략을 나열하고 설명하라.

- 프로젝트 계획과 구현에서 검토되어야 하는 조직적 고려사항에 대해서 설명하라.

- 프로젝트 관리 소프트웨어 도구들이 성공적인 프로젝트 관리에 어떻게 기여할 수 있는지를 설명하라.

토의 문제

14-5 프로젝트 관리가 새로운 정보시스템의 성공에 얼마나 영향을 미치는가?

14-6 시스템 개발자들이 조직행위의 문제점들을 무시하여 많은 시스템들이 실패하였다고 한다. 이런 현상이 왜 일어나는가?

14-7 정보시스템 프로젝트 관리에서 최종사용자의 역할은 무엇인가?

MIS 실습 과제

이 절의 프로젝트는 정보시스템 프로젝트를 평가해보고, 새로운 정보시스템 투자를 위한 자본예산 분석을 수행하는 스프레드시트 소프트웨어를 이용하여 정보시스템 프로젝트를 평가하고, 새로운 주택을 위한 자금조달을 분석하기 위한 웹 도구를 사용해보는 실무 경험을 제공한다.

경영 의사결정 문제

14-8 미국 통계국은 현장의 인구조사원들이 인구 데이터를 직접 본부로 전송하게 하여 인구조사 예산을 절약할 수 있는 최첨단 휴대용 단말기를 현장의 인구조사원에게 보급하는 IT 프로젝트를 시작하였다. 2006년에 통계국 관리들은 50만 개의 장비를 설치하기 위해서 해리스(Harris Corporation)와 6억 달러의 계약을 체결하였지만, 그들이 원하는 기능 중에서 어떤 것을 장비에 포함시켜야 하는지를 명시하지 않았다. 통계국 관리들은 휴대용 단말기의 성능을 측정하기 위한 시험 절차도 구체화하지 않았다. 프로젝트가 진행되면서 프로젝트 요구사항에 대해 400개의 변경요청이 더해졌다. 2년의 기간과 수많은 예산을 낭비하고도, 휴대용 단말기는 2010년 미국 인구조사에 사용하기에는 너무 느리고 불안정하였다. 통계국과 해리스는 이러한 결과를 방지하기 위해서 무엇을 할 수 있었는가?

14-9 캐터필러(Caterpillar)는 세계적인 토목기계류 생산업체이며 농업용 장비의 공급업자이다. 캐터필러는 딜러들에게 자신들의 사업을 운영하는 데 도움을 주기 위해 면허를 발급하는 딜러 비즈니스 시스템(Dealer Business System, DBS)에 대한 지원의 중단을 원했다. 이 시스템의 소프트웨어는 구식이 되었고, 고위 관리자들은 소프트웨어의 현재 버전을 액센츄어의 컨설턴트들에게 양도하고 회사는 핵심사업에 집중하고자 하였다. 캐터필러가 딜러들에게 DBS를 사용하도록 요청한 적은 없지만, 시스템은 회사와의 사업을 영위하기 위한 사실상의 표준이 되었다. 북미의 50개 캐터필러 딜러 대부분이 DBS 시스템을 사용하고 다른 나라의 약 200개 딜러의 반 정도가 이 시스템을 사용하고 있었다. 캐터필러가 이 제품을 액센츄어에 넘기기 전에 어떤 요소와 주제들을 고려해야 하는가? 캐터필러는 어떤 질문들을 해야 하며, 딜러들은 어떤 질문을 해야 하는가?

의사결정 능력 개선 : 주택 구입과 자금조달을 위한 웹 도구 사용

소프트웨어 기술 : 인터넷 기반의 소프트웨어

경영 기술 : 재무 계획

14-10 이 프로젝트는 주택을 검색하고, 해당 주택에 대한 주택저당융자를 계산하기 위해 웹 기반 소프트웨어를 사용하는 기술개발을 도울 것이다.

콜로라도 주 포트 콜린스에서 주택을 구입하려 한다. 17만 달러에서 30만 달러 사이의 30년 고정이자 주택저당융자로 최소 3개의 침실과 1개의 화장실을 갖춘 한 가구용 주택을 찾고자 한다. 주택가격의 20% 정도는 계약금으로 지불할 능력이 있다. 주택을 구입하기 전 가지고 있는 예산에서 구입할 수 있는 주택과 융자제도, 매달 지불할 할부금액을 알고자 한다. Realtor.com을 이용하여 다음을 실행하라.

- 콜로라도 주 포트 콜린스에서 원하는 사양의 주택을 찾아라.
- 주택가격의 80%에 해당하는 주택담보융자를 찾아라. 최소 3개 사이트의 이자율을 비교해보라(야후 이외의 다른 검색엔진을 활용하라).
- 융자를 선택한 후에 부동산 매매수수료와 융자에 대한 월 지불액을 계산하라.

위 과정을 모두 마친 후 전체 과정을 평가하라. 예를 들어 해당 사이트의 사용 용이성, 주택과 융자에 관한 정보를 찾는 자신의 능력, 찾은 정보의 정확성, 주택과 융자에 대한 선택의 폭 등을 평가하라.

협업 및 팀워크 프로젝트

기업 윤리규범 개발

14-11 3~4명이 한 팀을 이루어 토론방과 마무리 사례에서 소개된 시스템 중 하나에서 직면할 것으로 예상되는 구현 문제를 설명하라. 이러한 문제들을 해결하거나 방지하기 위해서 취해야 하는 각 단계의 분석을 기술하라. 가능하면 구글 문서와 구글 드라이브 또는 구글 사이트를 이용해 여러분이 발견한 사항들을 토론하고 수업 시간에 발표할 자료를 준비하라.

펜실베이니아 실업수당 현대화 시스템 : 아직 끝나지 않은 사업
사례연구

펜실베이니아 노동산업국(DLI)은 주정부의 실업수당프로그램 관리와 운영을 책임지고 있는데, 실업수당은 자격을 갖춘 실업자들에게 임금 손실을 보전하기 위해서 한시적 수입을 제공하고 있다. 노동산업국은 펜실베이니아 주 전체 200개 사무실에 500명이 넘는 직원이 근무하고 있으며, 640만 근로자와 거의 30만에 달하는 고용주들을 지원하고 있다. 실업수당 청구는 온라인, 전화, 우편으로 주로 신청되고 있다.

노동산업국은 40년도 더 된 구형 메인프레임 시스템에서 실업급여를 처리했다. 그러나 유지보수에 비용이 점차 많이 들어가고, 보험청구 사례관리와 생산성 향상을 위한 새로운 도구와 기술과의 통합 기능이 제한되어 수정이 매우 어렵게 되었다.

2006년 6월, 노동산업국은 IBM과 실업수당 현대화시스템(Unemployment Compensation Modernization System, UCMS)을 위해 총 1억 990만 달러의 고정가격 계약을 체결하였는데, 이것은 오래된 메인프레임 시스템을 교체하는 것이었다. IBM과의 초기 계약은 (1) 임금 기록관리, (2) 고용주 세금처리, (3) 급여 청구처리, 지급, 청원을 담당하는 기술과 비즈니스 프로세스를 좀 더 현대화하고 효율화하는 것을 2010년 2월까지 마치는 것이었다. 완전히 통합된 컴퓨터 시스템을 지원하는 능력을 갖춘 독점적 데이터베이스를 제공할 수 있는 유일한 공급자라고 주장하면서 3년간의 입찰과정을 거쳐서 IBM은 UCMS의 계약을 따냈다.

그러나 프로젝트는 심각한 지연과 비용 초과를 경험하였으며, 궁극적으로 비용은 거의 1억 8,000만 달러에 육박하고, 계약이 종료된 2013년 9월까지 시스템의 많은 기능들이 완성되지 못했다. 그때까지 프로젝트는 45개월이 지연되었고, 예산은 6,000만 달러나 초과되었다. 펜실베이니아 주의 납세자들은 1억 7,000만 달러를 종합적·통합적·현대적일 것으로 예상했지만, 완성된 적이 없는 시스템에 지불하였다. IBM의 계약은 갱신되지 않았다. 2017년 3월에 펜실베이니아 주는 계약 위반, 사기 및 과실 허위 진술, 제공되지 않은 서비스에 대한 부당청구 등으로 IBM을 기소하였다. IBM은 펜실베이니아 주의 주장은 가치가 없다며 소송에 맞서 싸울 것이라고 하였다. IBM의 대변인은 시스템의 성능과 서비스 인도와 관련해서는 양측에 모두 책임이 있다고 하면서 프로젝트의 문제는 주정부에도 있다고 비난하였다. 어떻게 이 모든 것이 발생했는가?

UCMS의 1단계인 임금 기록은 2008년 5월에 구현이 되었다. 고용주의 세금처리를 포함하는 2단계는 2011년 3월에 가동이 되었지만, 추가 작업들이 요구되었고, 수정하는 데 몇 년이 걸렸다. 급여 청구처리, 지급, 청원을 위한 3단계는 여러 가지 문제로 계속 지연이 되었으면, 결국 완성되지 못했다.

2012년, 노동산업국은 카네기멜론 소프트웨어공학연구소에 UCMS에 대한 독립적인 평가를 요청하였다. 조사는 2013년 6월에 종료되었고, 2단계 문제점들은 계속 해결하되, 3단계 작업들은 중지하도록 권고받았다. 3단계와 관련해서 발견된 많은 문제점들은 해결할 수 없었다.

카네기멜론 소프트웨어공학연구소의 조사는 시스템 개발 단계에서 많은 문제점을 발견하였다. IBM은 광범위한 경험과 기술에 대한 지식이 있었지만, IBM의 제안서는 프로젝트의 범위와 복잡성을 과소평가하였다. 노동산업국은 계약과 프로젝트에 대한 효과적인 감독과 관리를 위한 충분한 인력과 경험이 부족하였다. 공식적인 역할 위임과 프로젝트 관리에 대한 책임이 없었다. 노동산업국의 누구도 책임을 지지 않았으며, 계약자인 IBM의 자율관리에 기본적으로 의존하였다.

UCMS는 복잡성, 많은 정보 요구사항과 사업규칙, 비용 때문에 대규모 소프트웨어 프로젝트에 해당하였다. 노동산업국의 UCMS에 대한 제안서 요청은 이러한 모든 요구사항들을 전달하는 데 애매모호하였으며, 제안된 시스템의 정량적 및 정성적 성능에 대한 측정과 지표에 대한 정의 또한 등한시하였다.

UCMS와 같이 대규모의 소프트웨어 집약적 시스템은 엄격하고 규율화된 테스팅 전략이 필요하지만, 실행되지 못했다. IBM은 테스트 스크립트를 개발하는 데 노동산업국 사용자들의 도움을 받기로 결정하였다. 사용자들은 업무 지식들을 제공하였지만 IBM은 결국 IT 테스트 전문가를 사용하지 않았다. 사용자의 인수검사는 2단계와 3단계의 시스템 검사가 끝나기도 전에 시작되었으며, 엄격한 테스트는 너무 늦게 시작되었다. 노동산업국은 UCMS 시스템 성능에 대한 최소 지표도 규정하지 않아서, 2단계와 3단계 애플리케이션의 배포가 안정화되었는지를 결정할 수 있는 식별 가능한 기준이나 증거가 없었다.

자신들이 무엇을 승인했는지도 정확히 알지 못한 채 비즈니스 시스템의 요구사항에 대한 IBM의 분석을 노동산업국 담당자들이 승인하였다. IBM은 소프트웨어 개발이나 프로그램 테스트에 있어서 엄격함이 없었다. 그 결과 업계의 평균보다 더 많은 소프트웨어 결함이 있었고, 소프트웨어 코드는 과도하게 복잡해졌으며, 이는 테스트를 더욱 어렵게 만들어 비즈니스 요구사항이 누락된 것을 너무 늦게 발견하게 되었다.

대부분의 소프트웨어 결함들은 심각한 것이었고, 시스템 개발주기의 마지막 단계인 사용자의 인수검사 때까지 이들 결함의 50%는 발견되지도 않았다. 개발 과정에서 테스트를 철저하고 완벽하게 하지 않았기 때문에 소프트웨어에 내재되어 있는 전체 결함이 시스템을 사용하면서 얼마나 발견될 것인지를 예상할 수 있는 방법이 없었다. 카네기멜론 소프트웨어공학연구소는 IBM이 UCMS 시스템의 성능 한계를 결정하기 위해서 스트레스 테스트를 하지 않았다는 것도 발견하게 되었다. IBM의 소프트웨어 개발 계획은 산업계와 회사의 표준과 관행을 따를 것으로 예상되었지만, 프로젝트 진행 동안 이러한 표준과 관행이 실행되기 위한 규율이 지속적으로 지켜진 것도 아니었다. 소프트웨어 결함, 해결되지 못한 데이터 전환 문제, 일괄처리 작업의 문제 등 시스템의 성능에 영향을 미치는 결함을 알고도 2011년 3월에 2단계를 조급하게 가동하도록 노동산업국은 수락하였다.

이런 복잡성과 규모의 프로젝트는 시스템 개발주기 내내 높은 수준의 지식 연속성이 요구되었지만, 이것도 이루어지지 않았다. 요구사항을 설정하는 동안 프로젝트의 기술진능과 함께 공동 애플리케이션 개발(JAD)(제13장 참조) 과정에 참여하여, 사용자와 관련된 주제를 담당할 전문가를 노동산업국은 충분히 확보하지 못했다. 36개의 JAD 하청업자들이 너무 이른 시기에 프로젝트에서 빠지게 되면서, IBM은 실업급여 청구업무의 요구사항을 제대로 이해할 수 없게 되었다. 시스템 설계와 테스트 직원들이 JAD 과정에 포함되지 않아, 정상적인 사업 관행을 위반하게 되었다. 실업수당 업무의 요구사항이 테스트할 수 있도록 충분히 자세하게 정의되었다고 확신하기 위해서는 이들을 포함시키는 것이 필수적이었다. 짧은 승인 만기일에 맞추어야 한다는 압박에 노동산업국 담당자들은 JAD 요구사항 문서와 상세시스템 설계를 자주 승인하였다.

비효율적인 프로젝트 관리와 계약 인력들의 지속적인 교체도 전체 프로젝트에 대한 필수적인 지식이 전달되는 것을 방해하여 프로젝트에 대한 기억 손실을 초래하였다. UCMS 프로젝트가 시작된 이래, 638명의 서로 다른 계약자와 담당자들이 프로젝트를 맡았다. 대부분의 인력들은 프로젝트에 1년 이하로 관여하였고, 75%는 2년을 넘지 못했다. 이러한 단절과 인력 교체는 IBM이 일정을 지연시키고 프로젝트 상태에 대한 정확한 그림을 제공할 수 없도록 하는 데 크게 기여한 듯하다.

펜실베이니아 실업수당 작업은 IBM을 배제시키고 계속 진행되었다. 2013년에 펜실베이니아 입법부는 법률 34호를 통과시켰는데, 법률 34호는 실업수당 서비스와 시스템을 개선하기 위한 임시적인 보충자금공급원으로 서비스 인프라 개선기금(Services Infrastructure Improvement Fund, SIIF)을 설정하였다. 총 1억 7,840만 달러가 승인되어 2013년부터 2016년까지 집행되었다. 이때조차도 프로젝트는 휘청거렸다. 펜실베이니아 주의 감사담당관인 유진 데파스쿠알레는 2017년 1월에 SIIF에서 1억 7,800만 달러가 어떻게 사용되었는지에 대한 감사를 시작하였다. 감사관은 노동산업국이 구체적인 SIIF 지출 기록에 정당한 회계 방식을 따르지 않은 것을 발견하였다. 노동산업국은 실업수당 관리를 위한 주정부 자금, 실업수당 세금기금의 이자, SIIF의 지원금 등 모든 자금원으로부터의 실업수당 관리기금을 혼합하였다.

그나마 긍정적인 내용은 수당 청구인에 대한 서비스와 실업수당 시스템의 인프라에 괄목할 만한 개선과 효율성 향상이 2013년부터 2016년 동안 이루어졌다는 것이다. 예를 들면 첫 번째 청구가 신속하게 이루어진 비율이 81.6%에서 93.4%로 개선되었다. 그러나 SIIF의 지출이 이러한 결과에 정확히 얼마나 기여하였는지를 노동산업국은 보여줄 수 없었다.

SIIF 기금이 재승인되지 않아 보충기금이 2016년 12월에 종료되었을 때, 노동산업국은 실업수당 관리의 2017년 예산을 5,750만 달러 삭감해야 했고, 그 결과 8개 실업수당 서비스 센터 중 3개를 2016년 12월에 즉각 폐쇄하여 521명의 일자리가 사라졌다. 수당 청구인들이 더 이상 전화로 신청을 할 수 없게 되었고, 수당청구 업무가 지연됨에 따라서 고객 서비스는 현저하게 위축되었다.

이전의 차질에도 불구하고 노동산업국은 실업수당 급여전달시스템의 현대화를 완성하기로 결정하였다. 고객 서비스를 개선하고, 품질을 개선하고, 운영을 좀 더 효율화하고, 장래에도 지속가능한 시스템을 구축하기 위해서 플로리다 소재의 지오그래픽 솔루션즈(Geographic Solutions)와 노동산업국은 3,500만 달러의 계약을 2017년 6월에 체결하였다. 지오그래픽 솔루션즈는 인력개발과 실업보험 산업에서 웹 기반 시스템의 설계, 개발, 유지보수 전문기업으로 미국 전역에서 주정부와 지역기관을 위해서 80개가 넘는 인력시스템을 개발하였다. 지오그래픽 솔루션즈는 완성하는 데 18~24개월이 예상되며 2017년 8월 1일에 시스템 작업을 시작할 예정이었다.

2015년에 노동산업국은 이 프로젝트의 계획과 감시를 지원하기 위해서 시카고에 소재한 CSG Government Solutions를 610만 달러에 고용하였다. CSG는 대규모 정부 프로그램의 정보기술과 비즈니스 프로세스 현대화를 위한 복잡한 프로젝트를 계획하고, 관리하고, 지원하는 데 특화된 기업이다. CSG는 기존의 시스템과 업무흐름을 분석하고, 프로젝트 전략과 기술 로드맵을 개발하고, 제안요청서를 작성하는 데 필요한 업무 요구사항과 기술 요구사항을 수집하였다. CSG는 프로젝트 진행을 감시하기 위해 종합 서비스를 제공하는 프로젝트 관리사무소를 설치하여, 시스템의 현대화 전 과정에서 기술 감독, 실업수당 업무에 대한 전문지식, 요구사항 관리, 테스트 지원을 제공하고 있다. 일단 새로운 시스템이 완전히 구축되면 현대화에 따른 비용 절감은 실업수당 관리비용의 5~10%가 예상된다.

출처 : www.geographicsolutions.com, accessed January 3, 2018; www.csgdelivers.com, accessed January 3, 2018; Jan Murphy, "Take Two: Labor & Industry Tries Again to Modernize Jobless Benefits Computer System," *Penn Live*, June 23, 2017; Commonwealth of Pennsylvania Department of the Auditor General, "Performance Audit Report: Pennsylvania Department of Labor and Industry Service and Infrastructure Improvement Fund (SIIF)," April 2017; and Constance Bennett, Nanette Brown, Julie Cohen, Dr. Betsy Clark, Jeff Davenport, Eric Ferguson, John Gross, Michael H. McLendon, and Gregory Such, "Independent Assessment of the Commonwealth of Pennsylvania Unemployment Compensation Modernization System Program (UCMS)," Carnegie Mellon University Software Engineering Institute, July 2013.

사례연구 문제

14-12 펜실베이니아 주를 위한 실업수당 현대화 시스템 프로젝트의 중요성을 평가하라.

14-13 실업수당 현대화가 왜 펜실베이니아 주에서 위험한 프로젝트가 되었는가? 이 프로젝트의 주요 위험요소를 나열하라.

14-14 UCMS 프로젝트에서 직면한 문제들을 분류하고 설명하라. 어떤 경영, 조직, 기술 요소가 이들 문제에 책임이 있는가?

14-15 이 프로젝트의 위험을 경감시키기 위해서 무엇을 할 수 있었는지 설명하라.

참고문헌

Appan, Radha, and Glenn J. Browne. "The Impact of Analyst-Induced Misinformation on the Requirements Elicitation Process." *MIS Quarterly* 36, No 1 (March 2012).

Ariel Avgar, Prasanna Tambe, and Lorin M. Hitt. "Built to Learn: How Work Practices Affect Employee Learning During Healthcare Information Technology Implementation." *MIS Quarterly* 42, No. 2 (June 2018).

Baird, Aaron, Elizabeth Davidson, and Lars Mathiassen. "Reflective Technology Assimilation: Facilitating Electronic Health Record Assimilation in Small Physician Practices." *Journal of Management Information Systems* 34, No. 3 (2017).

Balaji, Arjun, Raghavan Janardhanan, Shannon Johnston, and Noshir Kaka. "How Predictive Analytics Can Boost Product Development." *McKinsey & Company* (August 2018).

Bloch, Michael, Sen Blumberg, and Jurgen Laartz. "Delivering Large-Scale IT Projects on Time, on Budget, and on Value." *McKinsey Quarterly* (October 2012).

Brock, Jon, Tamim Saleh, and Sesh Iyer. "Large-Scale IT Projects: From Nightmare to Value Creation." Boston Consulting Group (May 20, 2015).

Browning, Tyson, R., and Ranga V. Ramasesh. "Reducing Unwelcome Surprises in Project Management." *MIT Sloan Management Review* (Spring 2015).

Brynjolfsson, Erik, and Lorin M. Hitt. "Information Technology and Organizational Design: Evidence from Micro Data." (January 1998).

Chandrasekaran, Sriram, Sauri Gudlavalleti, and Sanjay Kaniyar. "Achieving Success in Large Complex Software Projects." *McKinsey Quarterly* (July 2014).

Clement, Andrew, and Peter Van den Besselaar. "A Retrospective Look at PD Projects." *Communications of the ACM* 36, No. 4 (June 1993).

Davies, Andrew, Mark Dodgson, David M. Gann, and Samuel C. MacAulay. "Five Rules for Managing Large Complex Projects. *MIT Sloan Management Review* (Fall 2017).

Dubravka Cecez-Kecmanovic, Karlheinz Kautz, and Rebecca Abrahall. "Reframing Success and Failure of Information Systems: A Performative Perspective." *MIS Quarterly* 38, No. 2 (June 2014).

Florentine, Sharon. "More Than Half of IT Projects Are Still Failing." *CIO* (May 11, 2016).

Flyvbjerg, Bent, and Alexander Budzier. "Why Your IT Project May Be Riskier Than You Think." *Harvard Business Review* (September 2011).

He, Jun, and William R. King. "The Role of User Participation In Information Systems Development: Implications from a Meta-Analysis." *Journal of Management Information Systems* 25, No. 1 (Summer 2008).

Hu, Paul Jen-Hwa, Han-fen Hu, and Xiao Fang. "Examining the Mediating Roles of Cognitive Load and Performance Outcomes in User Satisfaction with a Website: A Field Quasi-Experiment." *MIS Quarterly* 41, No. 3 (September 2017).

Jeffrey, Mark and Ingmar Leliveld. "Best Practices in IT Portfolio Management." *MIT Sloan Management Review* 45, No. 3 (Spring 2004).

Karhade, Prasanna, Michael J. Shaw, and Ramanath Subramanyam. "Patterns in Information Systems Portfolio Prioritization: Evidence from Decision Tree Induction." *MIS Quarterly* 39, No.2 (June 2015).

Keen, Peter W. "Information Systems and Organizational Change." *Communications of the ACM* 24 (January 1981).

Keil, Mark, H. Jeff Smith, Charalambos L. Iacovou, and Ronald L. Thompson. "The Pitfalls of Project Status Reporting." *MIT Sloan Management Review* 55, No. 3 (Spring 2014).

Keil, Mark, Joan Mann, and Arun Rai. "Why Software Projects Escalate: An Empirical Analysis and Test of Four Theoretical Models." *MIS Quarterly* 24, No. 4 (December 2000).

Kim, Hee Woo, and Atreyi Kankanhalli. "Investigating User Resistance to Information Systems Implementation: A Status Quo Bias Perspective." *MIS Quarterly* 33, No. 3 (September 2009).

Kloppenborg, Timothy J., and Debbie Tesch. "How Executive Sponsors Influence Project Success." *MIT Sloan Management Review* (Spring 2015).

Kolb, D. A., and A. L. Frohman. "An Organization Development Approach to Consulting." *Sloan Management Review* 12 (Fall 1970).

Lapointe, Liette, and Suzanne Rivard. "A Multilevel Model of Resistance to Information Technology Implementation." *MIS Quarterly* 29, No. 3 (September 2005).

Laudon, Kenneth C. "CIOs Beware: Very Large Scale Systems." Center for Research on Information Systems, New York University Stern School of Business, working paper (1989).

Laufer, Alexander, Edward J. Hoffman, Jeffrey S. Russell, and W. Scott Cameron. "What Successful Project Managers Do." *MIT Sloan Management Review* (Spring 2015).

Lee, Jong Seok, Mark Keil, and Vijay Kasi. "The Effect of an Initial Budget and Schedule Goal on Software Project Escalation." *Journal of Management Information Systems* 29, No. 1 (Summer 2012).

Li, Xitong, and Stuart E. Madnick. "Understanding the Dynamics of Service-Oriented Architecture Implementation." *Journal of Management Information Systems* 32, No. 2 (2015).

Liang, Huigang, Zeyu Peng, Xue Zeyu, Guo Yajiong, and Wang Xitong. "Employees' Exploration of Complex Systems: An Integrative View." *Journal of Management Information Systems* 32 No. 1 (2015).

Liang, Huigang, Nilesh Sharaf, Qing Hu, and Yajiong Xue. "Assimilation of Enterprise Systems: The Effect of Institutional Pressures and the Mediating Role of Top Management." *MIS Quarterly* 31, No. 1 (March 2007).

McFarlan, F. Warren. "Portfolio Approach to Information Systems." *Harvard Business Review* (September–October 1981).

Mumford, Enid, and Mary Weir. *Computer Systems in Work Design: The ETHICS Method.* New York: John Wiley (1979).

Polites, Greta L., and Elena Karahanna. "Shackled to the Status Quo: The Inhibiting Effects of Incumbent System Habit, Switching Costs, and Inertia on New System Acceptance." *MIS Quarterly* 36, No. 1 (March 2012).

Pratt, Mary K. "Why IT Projects Still Fail." *CIO* (August 1, 2017).

Project Management Institute. *A Guide to the Project Management Body of Knowledge* (6th ed.). Newtown Square, PA: Project Management Institute (2017).

Ramasubbu, Narayan, Anandhi Bharadwaj, and Giri Kumar Tayi. "Software Process Diversity: Conceptualization, Measurement, and Analysis of Impact on Project Performance." *MIS Quarterly* 39, No. 4 (December 2015).

Rivard, Suzanne, and Liette Lapointe. "Information Technology Implementers' Responses to User Resistance: Nature and Effects." *MIS Quarterly* 36, No. 3 (September 2012).

Ryan, Sherry D., David A. Harrison, and Lawrence L. Schkade. "Information Technology Investment Decisions: When Do Cost and Benefits in the Social Subsystem Matter?" *Journal of Management Information Systems* 19, No. 2 (Fall 2002).

Schwalbe, Kathy. An *Introduction to Project Management* (6th ed.). Cengage (2017).

Sharma, Rajeev, and Philip Yetton. "The Contingent Effects of Training, Technical Complexity, and Task Interdependence on Successful Information Systems Implementation." *MIS Quarterly* 31, No. 2 (June 2007).

Swanson, E. Burton. *Information System Implementation.* Homewood, IL: Richard D. Irwin (1988).

Sykes, Tracy Ann. "Support Structures and Their Impacts on Employee Outcomes: A Longitudinal Field Study of an Enterprise System Implementation." *MIS Quarterly* 39, No. 2 (June 2015).

Sykes, Tracy Ann, and Viswanath Venkatesh. "Explaining Post-Implementation Employee System Use and Job Performance: Impacts of the Content and Source of Social Network Ties." *MIS Quarterly* 41, No. 3 (September 2017).

Tornatsky, Louis G., J. D. Eveland, M. G. Boylan, W. A. Hetzner, E. C. Johnson, D. Roitman, and J. Schneider. *The Process of Technological Innovation: Reviewing the Literature.* Washington, DC: National Science Foundation (1983).

Weinnschenk, Carl. "How Project Management Software Increases IT Efficiency." *IT Business Edge* (January 18, 2018).

Yin, Robert K. "Life Histories of Innovations: How New Practices Become Routinized." *Public Administration Review* (January–February 1981).

Zhang, Xiaojun. "Knowledge Management System Use and Job Performance: A Multilevel Contingency Model." *MIS Quarterly* 41, No. 3 (September 2017).

15

글로벌 시스템의 관리

학습목표

이 장을 마치고 나면 다음 질문에 답할 수 있다.

15-1 비즈니스의 국제화를 추진하는 주요 요인은 무엇인가?

15-2 글로벌 비즈니스를 개발하는 대안전략은 무엇인가?

15-3 글로벌 정보시스템이 제기한 도전과 이들 도전에 대한 관리적 해결책은 무엇인가?

15-4 국제 정보시스템을 개발할 때 고려해야 하는 주제와 기술적 대안은 무엇인가?

15-5 MIS는 내 경력에 어떤 도움이 되는가?

이 장의 사례

- 엘리 릴리를 글로벌 회사로 표준화시켜준 새로운 시스템
- 글로벌 인터넷은 멀티미디어가 되고 있다
- 애브비, 글로벌 시스템의 인프라를 구축하다
- 중국의 전자상거래 : 기회와 장애물

엘리 릴리를 글로벌 회사로 표준화시켜준 새로운 시스템

엘리 릴리(Eli Lilly and Company)는 120개국에 제약 및 동물건강 관리제품을 판매하는 전 세계 주요 제약 제조회사 중 하나이다. 인디애나 주 인디애나폴리스에 본사를 둔 릴리는 미국과 세계 73개국에 41,000명의 직원이 근무하고 있으며, 2017년 수익은 229억 달러였고, 전 세계에 13개 제조시설과 6개 연구개발센터를 가지고 있다.

세계적인 기업인 릴리는 각 지역 본부의 비즈니스 프로세스를 지원하기 위해서 맞춤화되어 있는 이질적인 현지 및 지역 정보시스템들을 많이 가지고 있어, 이들을 조정하는 것이 매우 힘들었다. 서로 다른 40개 지역본부의 회계담당자들이 서로 다른 데이터 표준을 가지고, 40개의 서로 다른 시스템에서 월말 재무 결산 업무를 할 때의 데이터 중복과 비효율성을 상상해보라!

글로벌 기업으로 경영하고 비용을 절감하기 위해서 릴리는 공통 업무를 지역본부 수준에서 중앙집중식으로 처리하거나 완전히 외주를 하는 공유서비스 모델로 전환하였다. 인디애나, 아일랜드, 멕시코, 말레이시아에 4개의 지역본부 공유서비스 센터를 설립하였다. 공유서비스 모델은 중복을 제거하고, 현장 사업부서에서 비즈니스 프로세스를 분리하여 이들을 공유서비스 센터에 지역별로 집단화하여 비용을 절감하는 데 도움이 되었다.

기존의 시스템들은 퇴역시키고 하나의 공통 IT 플랫폼, 즉 하나의 전사적 자원관리(ERP)시스템으로 교체할 필요가 있었다. 2010년부터 릴리는 단일 글로벌 수행 개체로 SAP를 전 세계에 구축하기 시작하였다. 오늘날 릴리의 모든 글로벌 업무는 기본적으로 SAP ERP와 지배구조, 위험관리, 규정 준수(governance,

© Docstockmedia/Shutterstock

risk management, and compliance, GRC)를 위한 시스템을 포함하여 17개의 다른 SAP 소프트웨어 시스템에서 운영된다.

프로세스 자동화를 위해서 릴리가 SAP GRC 프로세스 컨트롤을 2013년에 도입한 것은 특히 중요했다. 이전에는 릴리의 재무통제 그룹이 서로 다른 지역의 통제를 알아보기 위해 개별 스프레드시트를 사용하는 지역별 통제구조를 관리하고자 노력하였다. 회사의 주된 통제 행렬(control matrix)은 파일의 변경사항을 색상으로 구분한 개별 스프레드시트의 데이터가 포함된 커다란 작업일지였다. 릴리의 글로벌 조직 전체를 통틀어 특정 시점에 각 지역의 통제를 파악하는 것은 불만을 야기하고 시간도 많이 들었다.

SAP GRC 프로세스 컨트롤은 사베인즈-옥슬리(Sarbanes-Oxley, SOX)법의 준수, 업무분장(segregation of duties, SoD), 사업관리를 위한 운영통제 등과 같은 모든 비즈니스 프로세스에서 규정 준수의 주요 활동을 연속적으로 조직에 보여주는 도구이다. (SOX는 재무제표에 보고된 데이터의 정확성과 보안을 통제하며, SoD는 사기와 오류를 방지하기 위해서 하나의 업무를 한 사람 이상이 수행하도록 배정한다.) SAP GRC 프로세스 컨트롤은 릴리의 전체 기업의 글로벌 통제 행렬의 데이터를 저장하는 중앙저장소로서의 역할을 하면서, 자동으로 감시될 수 있도록 이러한 통제관리를 개선하였다. 프로세스 컨트롤 도구들은 통제에 대한 검사가 필요할 경우의 경고 발령, 수정계획의 작성 및 위임, 통제 변경에 대한 감사 추적 등이 가능하다. 엘리 릴리는 전체 기업에 대한 업무절차 통제의 실행과 사업규칙을 표준화하고 간소화하여 더 효율적이고 효과적인 글로벌 기업이 되었다.

출처 : www.sap.com, accessed January 9, 2018; Lauren Bonneau, "Eli Lilly and Company Continues Its Global Standardization and Automation Initiative with a rollout of SAP Process Control," *SAP Insider Profiles*, August 10, 2017; www.lilly.com, accessed January 9, 2018; and Dave Hannon, "Lilly Brings Process Consistency to a Diversified Global Organization," *SAP Insider Profiles*, April 1, 2011.

글로벌 보고시스템과 지역별 공유서비스 모델을 구축하고자 하는 엘리 릴리의 노력은 기업들이 전 세계적으로 운영되기를 원할 때 진정한 글로벌 조직이 고려해야 할 주제들이 무엇인지를 보여주고 있다. 대부분의 대규모 다국적 기업과 마찬가지로 엘리 릴리도 서로 다른 많은 국가에 여러 사업부서를 가지고 있다. 각 사업부서는 자신들의 시스템, 비즈니스 프로세스, 보고 표준을 가지고 있다. 그 결과 엘리 릴리는 효과적으로 글로벌 사업을 조정하고, 여러 나라와 지역에 걸친 재무보고 통제를 관리하는 것이 불가능하였다. 경영진들은 전체 기업 차원에서 릴리가 GRC를 어떻게 충족시키는지를 확인하는 것이 불가능하였다.

다음 도표는 도입 사례와 이 장에서 제기된 주요 주제를 환기시킨다. 글로벌 경영과 비즈니스의 도전을 해결하기 위해서 엘리 릴리는 공유서비스 모델로 전환하고, 글로벌 수준에서 비즈니스 프로세스를 표준화하고 간소화하였다. 릴리는 단일 글로벌 수행 개체로 SAP ERP 소프트웨어를 전 세계에 구축하는가 하면 GRC에 대한 글로벌 체계를 위해서도 SAP 프로세스 컨트롤을 구축하였다. 엘리 릴리의 글로벌 시스템은 기업 운영과 재무성과에 대한 전사적인 정보를 제공하여 글로벌 관점에서의 회사 경영과 조정을 좀 더 쉽게 할 수 있었다.

다음의 몇 가지 질문에 대해 생각해보자. 정보기술들은 엘리 릴리의 운영과 경영 의사결정을 어떻게 개선하였는가? 릴리의 새로운 프로세스 컨트롤 시스템은 릴리가 더 글로벌화된 조직이 되도록 어떻게 도움을 주었는가?

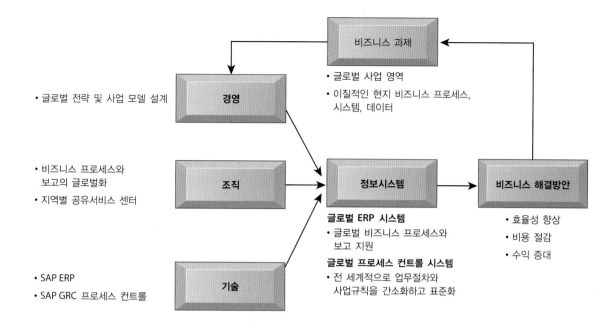

비즈니스 과제
• 글로벌 사업 영역
• 이질적인 현지 비즈니스 프로세스, 시스템, 데이터

• 글로벌 전략 및 사업 모델 설계

경영

• 비즈니스 프로세스와 보고의 글로벌화
• 지역별 공유서비스 센터

조직

정보시스템

비즈니스 해결방안

• 효율성 향상
• 비용 절감
• 수익 증대

글로벌 ERP 시스템
• 글로벌 비즈니스 프로세스와 보고 지원

글로벌 프로세스 컨트롤 시스템
• 전 세계적으로 업무절차와 사업규칙을 간소화하고 표준화

• SAP ERP
• SAP GRC 프로세스 컨트롤

기술

15-1 비즈니스의 국제화를 추진하는 주요 요인은 무엇인가?

앞 장에서 네트워크와 정보시스템의 발달이 가져온 글로벌 경제시스템과 글로벌 세계 질서를 설명하였다. 새로운 세계 질서는 국내 정치인에 의해서 통제받던 국내 기업, 국가 산업, 국가 경제들을 완전히 없애고 있다. 지역 기업들이 국가 간의 경계를 넘어서 고속의 네트워크로 연결된 기업들로 많이 대체될 것이다. 국제 무역의 성장은 전 세계의 국내 경제를 근본적으로 변화시켰다.

그림 15.1에 표시한 것과 같은 아이폰의 판매 경로를 생각해보자. 아이폰은 미국의 애플 기술자들이 설계를 하면 200개도 넘는 전 세계의 첨단기술회사에서 부품을 제공하여, 중국에서 조립된다. 타이완, 한국, 일본, 프랑스, 이탈리아, 독일, 미국의 기업들이 케이스, 카메라, 응용 프로그램

그림 15.1 애플 아이폰의 글로벌 공급망

애플은 아이폰을 미국에서 설계하고, 다른 부품들은 미국, 독일, 이탈리아, 프랑스, 일본, 한국의 공급자에 의존하고 있다. 최종 조립의 대부분은 중국에서 이루어진다.

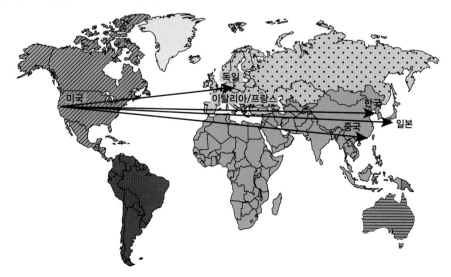

처리기, 가속장치, 자이로스코프, 전자나침판, 전원관리 칩, 터치스크린 조정장치, 고화질 디스플레이 화면 등의 부품을 제공한다. 그러면 대만의 홍하이(Hon Hai) 그룹의 중국 자회사인 폭스콘(Foxconn)이 생산과 조립을 한다.

국제 정보시스템 아키텍처의 개발

이 장은 기업의 국제화 전략에 맞는 국제 정보시스템 아키텍처를 구축하는 방법에 대해서 설명하고 있다. 국제 정보시스템 아키텍처는 조직이 국제무역과 다른 활동들을 조율하기 위해 필요한 기본적인 정보시스템으로 구성되어 있다. 그림 15.2는 이 장을 통해서 설명할 논리 체계를 나타내며, **국제 정보시스템 아키텍처**(international information systems architecture)의 주요 차원을 묘사하고 있다.

국제 정보시스템을 개발할 때 따라야 하는 기본 전략은 기업의 글로벌 환경을 이해하는 것이다. 이것은 산업을 글로벌 경쟁으로 밀어넣는 전반적인 시장의 힘, 즉 비즈니스 동인에 대한 이해를 의미한다. **비즈니스 동인**(business driver)은 주어진 환경에서 기업이 대응해야 하고 기업의 방향에 영향을 미치는 힘을 의미한다. 마찬가지로 글로벌 비즈니스의 개발을 무산시킬 수 있는 요소를 의미하는 경영의 도전과제가 되는 방해요소와 부정적인 요소도 주의 깊게 살펴야 한다. 일단 글로벌 환경을 조사하고 나면, 이러한 환경에서 경쟁하기 위한 기업전략을 고려할 필요가 있다. 기업들은 어떻게 환경에 대응할 것인가? 글로벌 시장을 무시하고 국내 경쟁에만 집중할 수 있다. 국내를 기반으로 글로벌 시장에서 판매할 수도 있다. 아니면 생산과 유통을 전 세계에 조직화할 수도 있다. 이들 사이에 중간적인 선택 방안도 여러 가지 있다.

전략을 개발한 후에는 이러한 전략을 추진하기 위해서 조직을 어떻게 구성할지 고려해야 한다. 글로벌 환경에서 분업을 어떻게 달성할 것인가? 생산, 일반관리, 회계, 마케팅, 인적자원 기능은 어디에 위치시킬 것인가? 시스템 기능은 누가 다룰 것인가?

다음은 전략을 구현하고 조직설계를 실행하는 관리 문제를 고려해야 한다. 여기에서의 핵심은

│그림 15.2│ 국제 정보시스템 아키텍처

국제 정보시스템 아키텍처를 개발하기 위한 주요 차원은 글로벌 환경, 기업 글로벌 전략, 조직 구조, 관리와 비즈니스 프로세스, 기술 플랫폼이다.

비즈니스 프로세스의 설계에 있다. 사용자의 요구사항을 어떻게 발견하고 관리할 것인가? 국제적 요구사항에 일치시키기 위해서 현지 부서의 변화를 어떻게 유도할 것인가? 글로벌 규모에서 업무를 어떻게 재설계하고, 시스템 개발을 어떻게 조율할 것인가?

고려해야 할 마지막 주제는 기술 플랫폼이다. 변화하는 기술이 글로벌 시장으로 인도하는 주요 동인이기는 하지만, 올바른 기술을 합리적으로 선택하기 전에 먼저 기업 전략과 구조를 설정해야 한다.

이러한 논리체계가 완성되어야 기업 목표를 달성할 수 있는 적절한 국제 정보시스템 포트폴리오를 잘 수행할 수 있다. 전반적인 글로벌 환경부터 살펴보자.

글로벌 환경 : 비즈니스 동인과 도전과제

표 15.1은 모든 산업을 글로벌 시장과 경쟁으로 이끄는 글로벌 환경의 비즈니스 동인을 나열하고 있다.

글로벌 비즈니스 동인은 일반적 문화요인과 구체적인 비즈니스 요인의 두 가지로 세분화할 수 있다. 쉽게 인지되는 일반적 문화요인은 제2차 세계대전 이후의 세계화를 추진하였다. 정보와 통신과 교통기술은 (전화, TV, 라디오, 컴퓨터 네트워크 등을 통하여) 전 세계적인 통신을 특정 지역 내에서의 통신처럼 쉽게 만들어 지구촌을 탄생시켰다. 지리적으로 떨어져 있는 지역 간에 재화나 용역을 이동시키는 비용 또한 급격하게 하락하였다.

글로벌 통신의 발달은 또 다른 의미에서 지구촌을 탄생시켰다. TV와 인터넷 그리고 영화와 같이 전 세계가 공유하는 미디어에 의해서 생성된 **글로벌 문화**(global culture)는 서로 다른 문화와 사람들이 선과 악에 대해서, 바람직한 것과 바람직하지 않은 것에 대해서, 영웅적인 것과 비겁한 것에 대해서 공통된 기대를 할 수 있게 하였다.

마지막으로 고려할 요소는 글로벌 지식 베이스의 성장이다. 제2차 세계대전이 끝났을 때 지식, 교육, 과학, 산업기술들은 북미, 서유럽, 일본 등에 집중되어 있었고, 다른 지역들은 완곡한 표현으로 제3세계라고 불렸다. 이것은 더 이상 사실이 아니다. 중남미, 중국, 남아시아, 동유럽들도 우수한 교육, 산업, 과학센터들을 개발하였으며, 그 결과 보다 민주적이고 넓게 분포되어 있는 지식 베이스를 갖추게 되었다.

국제화를 이끄는 이러한 일반적 문화요인들은 대부분의 산업에 영향을 미치는 구체적 비즈니스 국제화 요인을 낳았다. 강력한 통신기술의 발달과 글로벌 문화의 출현은 문화적으로 수용되는 비슷한 제품의 소비에 관심을 보이는 전 세계 소비자들로 구성된 **글로벌 시장**의 성공 기틀을 마련하였

표 15.1 **글로벌 환경 : 비즈니스 동인과 도전과제**

일반적 문화 요인	구체적인 비즈니스 요인
글로벌 통신과 교통기술	글로벌 시장
글로벌 문화의 개발	글로벌 생산과 운영
글로벌 사회규범의 출현	글로벌 조정
정치적 안정성	글로벌 인력
글로벌 지식 베이스	글로벌 규모의 경제

다. 코카콜라, (LA에서 디자인되고 한국에서 생산되는) 미국 운동화, CNN 프로그램 들은 중남미, 아프리카, 아시아 등에서 이제 판매되고 있다.

글로벌 생산과 운영은 이러한 수요에 대응하기 위해서 멀리 떨어진 생산시설과 수천 마일 떨어져 있는 중앙 본부 사이의 정확한 온라인 조정을 탄생시켰다. 덴마크의 코펜하겐에 소재하고 있는 글로벌 운송회사인 머스크(Maersk)에서는 코펜하겐과 다른 지역의 운송관리자들이 로테르담의 화물 선적을 온라인으로 감시할 수 있으며, 선박의 트림과 밸러스트를 점검하고, 선적 활동이 진행되는 동안 화물선의 특정 위치까지 화물을 추적할 수 있다. 이 모든 활동은 국제위성통신망을 통해서 수행 가능하다.

새로운 글로벌 시장과 글로벌 생산과 운영을 위한 압력들은 완전히 새로운 글로벌 조정을 요구하였다. 생산, 회계, 마케팅과 판매, 인적자원, (모든 주요 비즈니스 기능에 대한) 시스템 개발들이 세계적 규모에서 조정 가능해졌다.

예를 들면 프리토레이(Frito-Lay)는 마케팅 영업자동화시스템을 미국에서 개발하여, 다른 나라에 설치하면 스페인에서도 같은 기법과 기술을 시도할 수 있다. 아주 세분화된 지역과 사회 단위를 대상으로 하는 마케팅을 의미하는 마이크로 마케팅은 더 이상 특정 국가에 한정된 것이 아니라 전 세계를 대상으로 하고 있다. 인터넷 기반 마케팅은 개인과 전 세계의 소셜 네트워크를 대상으로 하는 마케팅을 의미한다. 이러한 새로운 수준의 글로벌 조정은 역사상 처음으로 비교우위에 따라 기업 활동을 실행하는 위치를 선택하는 것을 가능하게 하였다. 디자인을 가장 잘할 수 있는 곳에서 디자인을 하고, 마케팅과 생산과 재무 기능들도 최적의 장소에서 수행되어야 한다.

마지막으로 글로벌 시장, 생산, 관리는 강력하고도 지속적인 글로벌 규모의 경제를 위한 환경을 생성한다. 전 세계의 수요에 기반한 생산은 최적지에서의 생산을 집중할 수 있으며, 제한되어 있는 자원들을 보다 대규모 생산에 할당할 수 있고, 대형 공장에서의 생산을 보다 효율적으로 계획하고 보다 자세하게 예측할 수 있다. 생산비용을 낮출 수 있는 요소가 있다면 어디에서나 이들 기회를 활용할 수 있다. 그 결과는 세계적인 조직을 갖춘 기업들에게 강력한 전략적 우위를 제공한다. 이러한 일반적 요인과 구체적 비즈니스 동인들은 국제 무역과 교역을 크게 증가시켰다.

모든 산업이 이러한 추세에 같은 영향을 받는 것은 아니다. 분명한 것은 현지 시장 중심적이고 아직도 매우 비효율적인 서비스 산업에 비해서는 제조업의 영향이 훨씬 크다는 것이다. 그러나 통신, 엔터테인먼트, 수송, 금융, 법률, 그리고 일반 기업 등의 분야에서도 서비스의 지역성이 깨지고 있다. 이러한 산업에 속해 있는 기업 중에서 산업의 국제화를 이해하고 적절히 대응할 수 있는 기업들은 생산성과 안정성에서 막대한 성과를 얻을 수 있다.

사업의 도전과제

사업 성공을 위한 세계화의 가능성이 중요해졌지만, 글로벌 경제를 억제하고 국제적 사업을 방해하는 근본적인 세력들이 있다. 표 15.2는 글로벌 시스템을 개발하는 데 가장 일반적이고 어려운 도전과제들을 나열한 것이다.

문화적 수준에서는 (종교적, 민족적, 인종적, 지역주의, 지정학적 위치 등) 모든 형태에서 편협된 또는 개인적 특성에 기반하여 판단하고 행동을 취하는 문화적 **배타주의**(particularism)가 공유하는 글로벌 문화라는 개념을 거부하고, 외국의 상품과 서비스가 국내시장에 들어오는 것을 거부한다. 문화의 차이는 사회적 기대와 정치와 궁극적으로는 법률의 차이를 가져온다. 미국과 같은 국가에서는 소비자들이 국내의 유명 브랜드 제품들은 국내에서 생산되었을 것으로 기대하지만, 국내에서 생산되었을 것으로 생각했던 많은 제품들이 실제로는 외국에서 생산되었다는 것을 알게 되었을 때

표 15.2 글로벌 비즈니스 시스템의 도전과제와 장애

글로벌 요소	구체적인 요소
문화적 배타주의 : 지역주의, 민족주의, 언어의 차이	표준 : 서로 상의한 EDI, 이메일, 통신 표준들
사회적 기대 : 브랜드에 대한 기대, 근무시간	신뢰성 : 신뢰성이 동일하지 않은 전화통신망
정치적 법률 : 국경 간 데이터 이동과 프라이버시법, 상업규제	속도 : 대부분 미국보다 느린 서로 다른 데이터 전송속도
	인력 : 노련한 컨설턴트의 부족

소비자들은 실망한다.

서로 다른 문화는 서로 다른 정치체제를 이룬다. 정보의 이동, 자국민들의 정보 프라이버시, 시스템의 소프트웨어와 하드웨어의 원산지, 라디오와 위성통신에 대한 법률은 세계의 많은 국가들에서 서로 상이하다. 심지어 근무시간과 거래 조건들도 정치적 문화에 따라서 차이가 매우 크다. 이렇게 서로 다른 법률체제는 글로벌 비즈니스를 어렵게 하고, 글로벌 시스템을 구축할 때 반드시 고려되어야 한다.

예를 들면 유럽국가들은 국경 간 데이터 이동과 프라이버시에 대해 미국과는 상이한 법률을 가지고 있다. **국가 간 데이터 흐름**(transborder data flow)이란 국가 간 경계를 넘어서는 모든 형태의 정보 이동을 의미한다. 유럽연합 내 국가들의 프라이버시 보호를 확대하고 표준화하는 동시에 유럽의 프라이버시 표준을 충족하는 미국이나 다른 나라에 있는 시스템으로 개인 데이터를 전송하는 것을 허용하는 데이터 보호지침을 유럽의회는 1998년에 채택하였다. 2018년 5월에 발효된 일반 데이터 보호 규정(General Data Protection Regulation, GDPR)은 유럽 시민들에게 추가적인 프라이버시 보호를 제공하였으며, 데이터를 수집하는 문제의 기업이 EU 국가 내에 있든 없든 간에 EU 시민이 생성한 모든 데이터와 대상자가 실제로 EU 시민이든 아니든 간에, EU 국가 내에 저장되는 모든 데이터의 대상자들에게 적용된다(GDPR은 제4장 참조).

문화의 정치적 차이는 조직의 비즈니스 프로세스와 정보기술의 응용 분야에 크게 영향을 미친다. 전화통신망에 대한 신뢰성의 차이에서부터 노련한 컨설턴트의 부족까지 모든 구체적 장애요소들은 일반적인 문화적 차이 때문에 발생한다.

국가의 법률이나 전통은 이익과 손해를 분석하는 방법에 영향을 미치는 다양한 국가의 이질적인 회계관행을 탄생시켰다. 독일 회사들은 프로젝트가 종료되고 자금이 회수되기 전에는 벤처 투자의 수익을 일반적으로 인식하지 않는다. 반면에 영국에서는 합리적으로 대금을 회수할 것으로 확실히 예상할 수 있다면 프로젝트가 종료되기 전에도 이익을 발표하고 있다.

이러한 회계관행은 각국의 법률체계와 비즈니스 철학과 세금체계와 밀접하게 관련이 되어 있다. 영국과 미국과 네덜란드 회사들은 이익이 얼마나 빨리 증가되고 있는가를 이해관계자들에게 알려주는 데 집중하기 위해서 세금 계산과 이해관계자에 대한 보고서를 분리하는 앵글로색슨 관점을 대개 공유한다. 유럽 대륙의 기업들은 엄격한 법률 준수를 입증하고, 납세의무를 최소화하는 데 초점을 두는 반면에 투자자들에게 깊은 인상을 주는 것에는 관심이 적다. 이러한 상반된 회계관행은 서로 다른 나라에 사업부서를 가지고 있는 대규모 다국적 기업들이 자신들의 성과를 평가하는 데 어려움을 겪게 한다.

언어도 심각한 장애요소이다. 비록 영어가 일종의 표준 비즈니스 언어가 되었지만, 회사의 고위층에서나 그러하고 중간 관리층이나 하위 관리층에는 아직 그렇지 못하다. 새로운 정보시스템을

성공적으로 구축하기 위해서는 소프트웨어들이 해당 국가의 언어를 사용하는 인터페이스로 만들어져야 한다.

환율의 변화도 예측 모델과 추정을 엉망으로 만들 수 있다. 멕시코와 일본에서 수익이 나는 것처럼 보이던 제품들도 외환 환율의 변동 때문에 실제로는 손실을 초래할 수도 있다.

사업을 위해서 국제시스템을 설계하고 구축할 때에는 이러한 장애요인을 고려해야 한다. 예를 들면 국가 간 경계를 넘어서 린(lean) 생산방식을 채택하고자 하는 기업들은 서로 다른 국가 사이에 재화와 정보들이 자유롭게 흐를 수 있도록 만들기 위해서 필요한 시간과 비용과 물류의 어려움을 일반적으로 과소평가하고 있다.

현재의 기술 수준

이미 설명한 경쟁우위를 달성하기 위한 기회와 미래의 응용 분야에 대한 관심을 고려할 때, 대부분의 다국적 기업들은 놀라운 국제시스템 아키텍처를 합리적으로 개발하였다고 생각할 수 있다. 그러나 실상은 완전히 다르다. 대부분의 기업은 먼 과거에 개발된 정보처리 개념에 기반을 둔 국제시스템들을 서로 모아놓은 것에 불과한 시스템을 아직 사용하고 있다. 독립적인 외국 사업부서에서 본사로 보고하기도 하고, 기존 시스템의 결과를 다른 시스템에 수작업으로 입력하기도 하고, 온라인 통제와 통신이 잘 되지 않는 시스템을 사용하기도 한다. 이런 상황의 기업들은 진정한 국제시스템이 합리적으로 설계되어 있는, 시장 내의 다른 기업들로부터 강력한 경쟁 도전을 점점 더 많이 받게 된다. 어떤 기업들은 최근에 국제시스템을 위한 기술 플랫폼을 개발하였지만 글로벌 전략이 부족하여 더 나아가지 못하는 경우도 있다.

적절한 국제 정보시스템 아키텍처를 구축하는 데는 커다란 어려움이 있다. 기업의 글로벌 전략에 맞도록 시스템을 계획해야 하고, 시스템과 사업부서를 조직화해야 하며, 구축 단계의 문제점들을 해결하고, 적절한 기술 플랫폼을 선정해야 한다. 이러한 문제들을 좀 더 자세히 살펴보자.

15-2 글로벌 비즈니스를 개발하는 대안전략은 무엇인가?

국제적 위상을 추구하는 기업들은 전략 선택, 사업 조직화, 시스템 관리 영역 조직화 등 조직과 관련된 세 가지 주제에 직면하게 된다. 첫 두 가지 주제는 서로 관련이 있으므로 이들을 함께 논의해 보자.

글로벌 전략과 사업 조직

네 가지 주요 글로벌 전략은 글로벌 기업의 조직구조를 결정하는 근거가 된다. 이들은 자국 기반 수출기업, 다국적(multinational), 프랜차이저, 초국가적(transnational) 전략들이다. 기업들은 독특한 사업조직구조를 가지고 이들 전략을 추구한다(표 15.3 참조). 단순화시키기 위해서 (본사가 있는 국가에) 집중화, (외국의 지역 사업본부에) 분권화, (모든 사업본부가 같은 중요도를 가지는) 균형화의 세 가지 조직구조와 지배구조에 대해서 설명하였다. 다른 유형의 지배구조(예 : 특정 부서에 의한 권위주의적 지배, 동일한 권력의 연합, 전략사업부서 사이에 권력의 균형을 유지하는 연방구조 등)를 특정 기업에서 관찰할 수도 있다.

자국 기반 수출기업(domestic exporter) 전략은 본사가 있는 국가에 기업 활동을 고도로 집중화시키는 특징이 있다. 거의 대부분의 국제적 기업들은 이러한 방식으로 시작하고 일부는 다른 방식으

표 15.3 글로벌 사업전략과 조직

사업 기능	자국 기반 수출기업	다국적	프랜차이저	초국가적
생산	집중화	분권화	균형화	균형화
재무/회계	집중화	집중화	집중화	균형화
판매/마케팅	혼합화	분권화	균형화	균형화
인적자원	집중화	집중화	균형화	균형화
전략경영	집중화	집중화	집중화	균형화

로 전환한다. 생산, 재무/회계, 판매/마케팅, 인적자원, 전략경영 등은 본사가 있는 국가의 자원을 최적화할 수 있도록 설정된다. 국제적 판매는 대리인 계약이나 자회사를 이용하여 분권화 전략을 이용하기도 하지만, 이러한 경우에도 국외 마케팅은 마케팅 주제와 전략을 만들기 위해서 국내의 본사에 의존하게 된다. 캐터필러와 같은 대규모 자본설비 제조업체들은 이런 부류의 회사에 해당한다.

다국적(multinational) 전략은 생산, 판매와 마케팅 운영 등은 국외 사업부서에 분권화하면서 재무관리와 국외 사업부서에 대한 통제는 집중화한다. 서로 상이한 국가에서의 제품과 서비스 판매는 역내 시장 조건에 적합하도록 조정된다. 서로 다른 국가에 있는 생산과 마케팅 설비의 광범위한 연합체 형태의 조직을 가지게 된다. 제너럴모터스, 인텔 등과 같은 많은 제조업체와 금융 서비스 회사들에 적합하다.

프랜차이저(franchiser)는 구식 방식과 신식 방식의 흥미로운 조합이다. 제품개발, 디자인, 자금조달, 초기 생산들은 본사가 있는 국가에서 이루어지지만 제품의 특성 때문에 추가적인 생산, 마케팅, 인적자원은 외국의 가맹점 인력에 많이 의존해야 한다. 맥도날드, KFC 등과 같은 식품 프랜차이저들은 이런 부류이다. 맥도날드는 미국에서 새로운 방식의 패스트푸드 체인을 탄생시켰으며, 새로운 제품에 대한 영감이나 신탁경영과 자금조달 등은 주로 미국에 계속해서 의존하고 있다. 그럼에도 불구하고 제품들이 상하기 쉽기 때문에 생산의 광범위한 조정과 분산, 현지 마케팅, 현지 채용 등이 필요하다.

일반적으로 외국의 가맹점들은 본사를 복제한 지점들이지만, 생산요소들을 최적화할 수 있도록 전 세계의 생산을 전면적으로 조정하는 것은 불가능하다. 예를 들면 감자나 쇠고기는 일반적으로 세계시장 중에서 가장 저렴한 곳에서 구매할 수가 없기 때문에 소비자와 합리적으로 가까운 곳에서 생산되어야 한다.

초국가적 기업은 국적이 없는, 진정으로 글로벌하게 관리되는 기업으로 미래의 국제 비즈니스의 상당 부분을 차지하게 될 것이다. 초국가적 기업은 하나의 국가본부가 존재하지 않으며 대신에 많은 지역본부와 세계본부를 가지고 있다. **초국가적**(transnational) 전략에서는 수요와 공급이 발생하는 지역에서 외부 구매를 최적화하고, 지역적 경쟁우위를 모두 활용하면서, 거의 모든 부가가치 활동을 국가 간 경계를 고려하지 않고 글로벌 관점에서 관리한다. 초국가적 기업은 본국이 아닌 전 세계를 참조하여 관리기준으로 삼고 있다. 의사결정은 강력한 중앙 관리층의 핵심에서 행해지지만, 전 세계 지점에서도 권한과 자금 담당의 상당 부분을 맡고 있는 초국가적 기업의 지배구조는 연방구조에 비유할 수 있다. 몇몇 기업만 실질적으로 초국가적 기업의 단계에 이르렀다.

정보기술과 전 세계 통신망의 발전은 국제 기업들에게 글로벌 전략을 수립하는 데 더 많은 유연성을 제공하였다. 보호무역주의와 현지 시장을 지금보다 중시해야 하는 요구들이 생산설비들을 분산시켜서 기업의 다국적화를 촉진시키고 있다. 동시에 규모의 경제를 달성하고 현지의 단기적인 장점을 활용하고자 하는 동인들에 의해 초국가적 기업들이 글로벌 경영 관점을 가지고 권력과 권한을 집중하도록 하고 있다. 그래서 집중과 글로벌 조정의 힘과 함께 분권과 분산의 힘이 공존하고 있다.

전략에 맞는 글로벌 시스템

정보기술과 전 세계 통신망의 발전은 국제 기업들에게 글로벌 전략을 수립하는 데 더 많은 유연성을 제공하였다. 시스템의 구성, 관리, 개발은 선택한 글로벌 전략을 따르게 되어 있다. 그림 15.3은 이들 간의 전형적인 관계를 나타낸다. 전략적 사업 계획의 개념과 동조화, 시스템 개발, 계속되는 운영과 유지보수 등 정보시스템의 개발과 운영과 관련된 모든 활동을 시스템이라 정의한다. 논의를 간단히 하기 위해 네 가지 유형의 시스템 구성만 고려한다. 집중시스템은 시스템의 개발과 운영이 전적으로 본국의 국내에서만 이루어진다. 복제시스템의 개발은 본국에서 이루어지지만 운영은 외국의 독립적인 사업부서들에 넘겨진다. 분산시스템은 각 외국의 사업부서들이 자신들의 고유한 해결책과 시스템을 설계한다. 네트워크방식시스템은 시스템의 개발과 운영이 모든 사업부서가 통합되고 조정되면서 진행된다.

그림 15.3과 같이 자국 기반 수출기업들은 본국에 있는 특정 시스템 개발 직원이 전 세계의 응용 프로그램을 개발하는 매우 집중된 시스템을 갖는 경향이 있다. 다국적 기업은 직접적이고 현저하게 대조되는 방식을 제안한다. 다국적 기업들은 외국의 사업부서들이 현지의 필요에 따라서 자신의 시스템 해결책을 개발하고, 재무보고와 통신 등 예외적으로 본부와 공통으로 사용해야 하는 일부 응용 프로그램들은 본부와 공통으로 사용한다. 프랜차이저들은 가장 간단한 시스템 구성을 사용한다. 자신들이 판매하고 있는 상품과 마찬가지로 가맹주들이 본국에서 일반적으로 하나의 시스템을 개발한 후에, 전 세계의 가맹점들은 이들 시스템을 복제하여 사용한다. 각 사업부서들은 위치에 관계없이 동일한 응용 프로그램을 사용한다. 마지막으로 시스템 개발의 가장 야심적인 방식은 초국가적 기업에서 찾을 수 있다. 네트워크방식시스템은 구체적인 단일 글로벌 환경의 시스템 개발과 운영 방식이다. 이것은 강력한 통신 기간망, 시스템 개발을 공유하는 문화, 문화적 경계를 초월하여 관리를 공유하는 문화를 전제로 한다. 네트워크방식시스템은 금융 서비스 분야에서 가장

│ 그림 15.3 글로벌 전략과 시스템 구성

대문자 X는 가장 지배적인 유형을, 소문자 x는 최근에 새로 생겨난 유형이다. 예를 들면 자국 기반 수출기업은 대개 집중시스템에 의존한다. 그러나 현지 마케팅에 대한 압력이 증가되고 있으므로 분산시스템도 개발되고 있다.

시스템 구성	전략			
	자국 기반 수출기업	다국적	프랜차이저	초국가적
집중시스템	X			
복제시스템			X	
분산시스템	x	X	x	
네트워크방식시스템		x		X

많이 사용하는데, 자금과 금융상품과 같은 제품들의 동질성이 문화적 경계를 극복하고 있는 것 같다.

비즈니스의 재조직화

기업들이 국제적 규모에서 사업하기 위해서는 어떻게 자신들을 조직화해야 하는가? 글로벌 회사가 되고 정보시스템 지원 구조를 구축하기 위해서는 다음과 같은 원칙을 따라야 한다.

1. 비교우위 분야에 따라 부가가치 활동들을 조직한다. 예를 들면 비용을 최소화하면서 영향을 극대화하기 위해 가장 잘 수행할 수 있는 지역에 마케팅/판매 기능을 배치해야 한다. 생산, 재무, 인적자원, 정보시스템도 마찬가지이다.
2. 지역별, 국가별, 국제 등 기업 활동의 수준별로 시스템을 개발하고 운영한다. 현지 수요를 충족시키기 위해서 일정 규모의 국가별 시스템이 있어야 한다. 유럽, 아시아, 미주 등 주요 지리학적 지역 내에서 국가 간의 경계를 넘어서는 통신과 시스템 개발은 지역별 시스템이 담당해야 한다. 주요 지역별 경계를 넘어서는 연결을 구축하고, 국제적 통신과 시스템의 개발과 운영을 조정하기 위해서는 초국가적 시스템이 구축되어야 한다(Roche, 1992).
3. 국제시스템 개발을 책임지는 전담 임원인 글로벌 최고정보관리자(CIO)를 세계본부에 임명한다.

많은 성공적인 기업들이 이러한 원칙에 따라서 조직구조를 고안하였다. 이들 기업의 성공은 기업 활동을 적절히 조직화하는 것뿐만 아니라 핵심요소, 즉 국제시스템의 위험과 편익을 잘 이해하고, 이러한 위험을 극복할 수 있는 전략을 잘 수립할 수 있는 관리팀을 필요로 한다. 이러한 관리적 주제는 다음 절에서 살펴보자.

15-3 글로벌 정보시스템이 제기한 도전과 이들 도전에 대한 관리적 해결책은 무엇인가?

표 15.4는 글로벌 정보시스템의 개발이 제기한 주요 관리적 문제들이다. 이러한 문제점들은 일반적인 국내 시스템 개발 시에도 관리자들이 생각하는 주요 문제들이라는 것이 흥미롭다. 그러나 이런 문제점들은 국제적 환경에서 훨씬 복잡하다.

전형적인 시나리오 : 글로벌 규모로 조직화되지 못한 조직

일반적인 시나리오를 검토해보자. 미국에 기반을 두고 있고 유럽에서도 운영되고 있는 전통적인 다국적 소비재회사가 아시아 시장으로 확장하기 위해서 초국가적 전략과 이를 지원하는 정보시스

표 15.4 글로벌 시스템을 개발할 때의 관리적 도전과제

사용자들의 공통 요구사항에 대한 합의
비즈니스 프로세스의 변경
응용 프로그램 개발의 조정
소프트웨어 배포의 조정
현지 사용자들에게 글로벌 시스템을 사용하도록 권장

템 구조를 개발하려고 한다. 대부분의 다국적 기업과 마찬가지로 이 기업은 세계본부와 전략 경영은 미국에서 수행하면서 생산과 마케팅은 국가별 본부와 지역별 본부에 분산하려고 한다. 역사적으로 각 해외 자회사들은 자신들의 시스템을 각자 개발하도록 허용되어 왔다. 재무관리 및 보고시스템만 유일하게 중앙에서 조정을 받았다. 미국의 중앙시스템 부서들은 국내 기능과 생산에만 집중하였다.

자율적 시스템 개발의 결과로 하드웨어, 소프트웨어, 통신은 뒤죽박죽이 되었다. 유럽과 미국 사이의 이메일 시스템이 호환되지 않는다. 각 생산설비들은 서로 다른 생산자원 계획시스템을 사용하고 (혹은 같은 ERP 시스템이라도 버전이 다른 시스템을 사용하고), 서로 다른 마케팅, 판매, 인적자원시스템을 사용하고 있다. 하드웨어와 데이터베이스 플랫폼도 크게 다르다. 유럽 내의 국가 간 통신의 고비용을 고려할 때 서로 다른 지역 간의 통신도 별로였다.

초국가적 전략을 개발하고 높은 수준의 조정이 필요한 글로벌 시스템 환경을 지원하는 정보시스템 아키텍처를 개발하고자 하는 이들 회사의 고위 경영층 리더들에게 무엇을 추천해야 하는가? 표 15.4를 다시 살펴보면서 기업들이 직면한 문제점들을 생각해보자. 외국의 지점들은 사용자들의 공통 요구사항에 대한 합의 노력에 반대할 수 있다. 지점들은 자신들의 요구사항 외에는 생각해본 적이 없다. 최근에 사업이 확장되었고 현지 수요에 집중하라는 이야기를 들어왔던 미국 각 지역의 시스템 사용자들은 초국가적 전략을 추천하는 조언을 쉽게 받아들이지 않게 된다. 다른 나라에 있는 사업단위와 맞추어 조정하기 위해서 자신들의 비즈니스 프로세스를 변경하도록 현지 관리자들을 확신시키는 것은 어렵다. 특히 이러한 변경이 자신들의 현지 실적에 방해가 되는 경우는 더욱 어렵다. 어쨌든 현지 관리자들은 자신들의 사업부서나 공장의 현지 목표의 달성 여부에 따라서 보상을 받게 된다. 끝으로 강력한 통신망이 없다면 전 세계적인 프로젝트의 개발을 조정한다는 것은 어렵게 되고, 그래서 각 현지 사용자들에게 개발된 시스템의 소유권(ownership)에 대한 책임을 지도록 권장하기가 더욱 어렵다.

글로벌 시스템 전략

그림 15.4는 해결책의 주요 차원을 나타내고 있다. 첫째, 모든 시스템이 초국가적으로 조정될 필요는 없다는 것을 고려하자. 단지 몇 가지 핵심시스템만 비용과 타당성 관점에서 공유될 가치가 있다. **핵심시스템**(core system)은 조직에 절대적으로 중요한 기능들을 지원한다. 주요 요소들을 공유는 하지만 국경을 넘어서 완전히 공통적일 필요가 없는 다른 기능들은 부분적인 조정만으로 충분하다. 이러한 시스템들은 현지 상황에 맞도록 변형을 상당히 허용하고 이러한 변형은 오히려 바람직하다. 시스템의 마지막 부분은 주변적 시스템으로 정말로 지방과 관련된 현지의 요구사항에만 맞출 필요가 있다.

핵심 비즈니스 프로세스 정의

핵심시스템은 어떻게 정의해야 하는가? 첫 단계는 중요한 핵심 비즈니스 프로세스의 간단한 목록을 만드는 것이다. 비즈니스 프로세스는 제2장에서 정의하고 설명하였으므로 복습하기 바란다. 간단히 설명하면 고객이 주문한 것을 정확히 출하하거나 시장에 혁신적인 제품을 출시하는 것과 같은 특정 업무 결과를 산출하기 위해 논리적으로 관련된 직무의 집합을 비즈니스 프로세스라 한다. 각 비즈니스 프로세스는 많은 기능 영역, 의사소통과 조정 작업, 정보, 지식 등과 관련되어 있다.

이러한 핵심 비즈니스 프로세스를 찾기 위해서는 비즈니스 프로세스 분석을 수행해야 한다. 고객의 주문을 어떻게 접수하는가? 주문 접수 후에는 어떻게 하는가? 누가 주문을 채우고, 어떻게 고

그림 15.4 현지·지역적·글로벌 시스템

기업들이 현지 선택시스템에서 지역 조정시스템과 글로벌 핵심시스템으로 옮겨 감에 따라 대리인비용과 기타 조정비용은 증가한다. 그러나 글로벌 시장에 참여하는 거래비용은 기업들이 글로벌 시스템을 개발함에 따라서 아마도 감소할 것이다. 글로벌 운영에 필수적인 몇 가지 핵심 글로벌 시스템만 개발하고 다른 시스템은 지역 사업부서와 현지 사업부서에 맡겨서 대리인비용을 줄이는 것이 합리적인 전략이다.

출처 : *Managing Information Technology in Multinational Corporations* by Edward M. Roche, ⓒ 1992. Adapted by permission of Prentice Hall, Inc., Upper Saddle River, N.J.

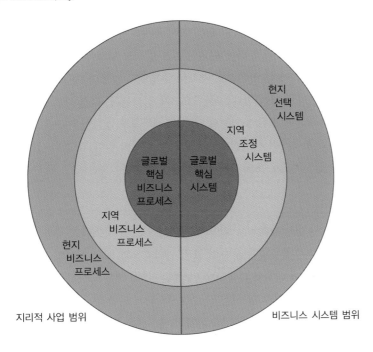

객에게 발송하는가? 공급자들은 어떤가? 공급자들이 생산자원 계획시스템에 접속해서 공급이 자동으로 수행되는가? 절대적으로 중요한 열 가지 비즈니스 프로세스를 나열하고 이들 간의 우선순위를 정할 수 있어야 한다.

다음으로 이러한 프로세스들의 우수 센터를 확인할 수 있는가? 고객의 주문처리는 미국이 제일 우수하고, 생산공정 제어는 독일이 제일 우수하며, 인적자원은 아시아가 제일 우수한가? 하나 또는 여러 개의 비즈니스 기능의 성과에서 특출한 지점이나 사업부서를 회사 내의 어떤 영역이나 사업 분야에서 확인할 수 있어야 한다.

회사의 비즈니스 프로세스를 이해하고 나면 이들의 순서를 매길 수 있다. 그러면 어떤 프로세스들이 중앙에서 조정하고, 설계해서 전 세계에 구축해야 하는 핵심 프로세스인지 어떤 프로세스들이 현지 프로세스 또는 지역 프로세스인지를 결정할 수 있다. 동시에 정말로 중요한 핵심적인 비즈니스 프로세스를 확인하면서 앞으로 수행해야 할 미래의 비전을 설정하는 긴 여정을 시작할 수 있다.

중앙에서 조정해야 하는 핵심시스템의 확인

중요한 핵심 비즈니스 프로세스를 확인하면 초국가적 시스템을 위한 기회를 볼 수 있다. 전략의 두 번째 단계에서는 핵심시스템을 완전히 이해하고 이들 시스템이 진정으로 초국가적 시스템이 되도록 정의한다. 초국가적 시스템을 정의하고 구현하는 금융비용과 정치적 비용은 극도로 높다. 그러므로 경험이 안내하고 미니멀리즘(minimalism) 측면에서 실수가 최소가 되도록 핵심 프로세스의 목록을 최소화한다. 시스템의 작은 부분을 절대적으로 중요한 것으로 세분화하여, 초국가적 전략에 대한 반대를 분열시킬 수 있다. 동시에 기술적 플랫폼에 대한 요구사항을 제외하고는 주변 시스템의 개발을 그대로 진행하도록 허용하여 초국가적 시스템이 암시하는, 전 세계를 중앙에서 조정하는 방식에 반대하는 사람들을 달랠 수 있다.

접근방식 선택 : 점진적, 원대한 설계, 진화적

세 번째 단계는 접근방식을 선택하는 것이다. 단편적인 접근법은 피해야 한다. 단편적 접근법은 가시성이 부족하고, 초국가적 시스템 때문에 형세가 불리해지는 측의 반대에 부딪히고, 초국가적 시스템의 가치를 고위 관리층에 확신시킬 수 있는 힘이 부족하기 때문에 틀림없이 실패하게 된다. 같은 이유로 모든 것을 한 번에 하려고 하는 원대한 설계 방식도 피해야 한다. 자원을 집중할 수 없기 때문에 이 방식도 실패하기 쉽다. 아무것도 제대로 수행되지 않으며, 변화 노력에 많은 자원이 필요하기 때문에 조직적 변화에 대한 반대는 불필요하게 강화된다. 다른 대안으로 향후 5년 후에 조직이 갖추어야 할 초국가적 시스템의 기능에 대한 자세하고도 정확한 비전을 가지고 현재의 응용 시스템에서 점진적으로 초국가적 시스템으로 진화하는 방식이 있다. 이것은 살라미 전략으로 불리며 한 번에 한 조각씩 점진적으로 초국가적 시스템을 구축한다.

편익을 분명하게 명시

회사에 어떤 도움이 되는가? 피해야 할 최악의 경우는 글로벌 시스템의 구축 자체를 위해 글로벌 시스템을 개발하는 것이다. 처음부터 본사의 고위 관리자들과 외국 지사의 관리자들이 회사와 개별 사업부서에 가져올 편익에 대해서 분명하게 인식하는 것이 매우 중요하다. 각 시스템이 제공하는 독특한 편익은 예산에 따라 차이가 있지만, 글로벌 시스템의 전반적인 기여는 네 가지 영역에 있다.

진정으로 통합되어 있고, 분산되어 있는 초국가적 시스템은 더 나은 관리와 조정에 기여를 한다. 이러한 기여의 가치는 한마디로 표현할 수 없으며 어떤 자본 예산 모델로도 편익을 나타낼 수 없다. 이것은 위기상황에서 한순간의 통지로 한 지역에서 다른 지역으로 공급자를 전환할 수 있으며, 자연재해에 따른 대응으로 생산을 이동할 수 있고, 한 지역의 엄청난 수요를 충족시키기 위해서 다른 지역의 초과 생산능력을 활용할 수 있는 능력을 제공한다.

두 번째 기여는 생산, 운영, 공급과 유통시스템의 방대한 개선이다. 글로벌 공급망과 글로벌 유통망을 가진 글로벌 가치사슬을 생각해보자. 비로소 처음으로 고위 관리자들이 부가가치 활동들을 가장 경제적으로 수행할 수 있는 지역에 위치시킬 수 있다.

세 번째, 글로벌 시스템은 글로벌 고객과 글로벌 시장을 의미한다. 전 세계의 고정비는 훨씬 큰 고객 기반에 의해서 분할상환된다. 이것은 생산설비의 새로운 규모의 경제를 촉발시킨다.

마지막으로, 글로벌 시스템은 훨씬 넓은 자본 기반에 걸쳐 기업자본의 사용을 최적화할 수 있는 능력을 의미한다. 예를 들면 여유가 있는 지역의 자본을 자본이 부족한 지역의 생산을 확장하는 데 효율적으로 이동시킬 수 있다는 것을 의미하며, 자금이 회사 내에서 보다 효과적으로 관리되고 효과적으로 사용될 수 있다는 것을 의미한다.

이러한 전략들이 스스로 글로벌 시스템을 만드는 것은 아니다. 수립된 전략을 실행하는 것이 필요하다.

관리적 해결책 : 구현

표 15.4에서 설명한 글로벌 정보시스템 아키텍처를 개발할 때 관리자들이 직면하게 되는 가장 까다로운 문제들을 어떻게 다루어야 하는지를 다시 고려해보자.

사용자들의 공통 요구사항에 대한 합의

핵심 비즈니스 프로세스와 이들을 지원하는 핵심시스템의 간단한 목록을 작성해보면, 회사 내의 많은 부서들에 대한 논리적 비교를 시작으로, 비즈니스 프로세스를 논의할 수 있는 공통언어를 개발하면서 (지역별로 간직해야 할 고유한 특성과) 공통요소들에 대한 이해를 자연스럽게 가져올 수 있다.

비즈니스 프로세스의 변경

변화 에이전트로서의 성공은 사용자들을 변화 설계 과정에 참여시킬 수 있는 **정통성**(legitimacy)과 권한과 능력에 달려 있다. 정통성이란 능숙함이나 비전 또는 다른 특성에 근거하여 권한이 구성원들 사이에서 받아들여지는 정도로 정의된다. 점진적이지만 비전을 가지고 정의한 실행가능한 변화 전략을 선택하는 것은 이러한 변화들이 실행가능하며 바람직하다는 것을 다른 사람들에게 확신시키는 데 도움이 된다. 변화에 사람들을 참여시키고, 변화가 회사와 현지 사업부서의 최대 관심사라는 것을 확신시키는 것이 핵심전술이다.

응용 프로그램 개발의 조정

변화 전략의 선택이 이 문제에서 가장 중요하다. 글로벌 수준에서는 변화를 위한 원대한 설계 전략을 시도하는 것은 너무 복잡하다. 큰 비전을 향해서 조금씩 점진적 조치를 취하면서 변화를 조정하는 것이 훨씬 쉬운 방식이다. 2년 단위의 계획보다는 5년 단위의 계획을 생각해보고, 조정비용을 줄이기 위해서 초국가적 시스템의 기능을 최소한으로 축소시킨다.

소프트웨어 배포의 조정

모든 사업부서가 동시에 새로운 소프트웨어로 수정하여 모든 소프트웨어들이 호환성을 가질 수 있도록 확신할 수 있는 절차를 수행하여야 한다.

현지 사용자들에게 글로벌 시스템을 사용하도록 권장

국지적인 이해관계에 따라 프로젝트가 개발되지 않도록 통제하면서 사용자들을 설계 과정에 참여시키는 것이 이 문제의 핵심이다. 초국가적 기업의 현지 사업부서의 저항을 다루는 전반적인 전술은 포섭이다. **포섭**(cooptation)은 변화의 방향과 성격을 통제하면서 해결책을 설계하고 구현하는 과정에 반대를 수용하는 것이다. 포섭을 위해서 가능한 한 원초적인 권력의 행사는 피해야 한다. 그러나 현지 사업부서들이 초국가적 시스템의 최소한 몇 가지 기능에 대해서는 동의하고, 약간의 초국가적 시스템 기능은 정말 필요하다는 생각을 굳히게 만들기 위해서는 원초적인 권력이 필요할 수도 있다.

어떻게 포섭을 진행해야 하는가? 여러 가지 대안이 가능하다. 한 가지 방법은 각국의 사업부서들이 처음에는 자국 내에서 나중에는 전 세계에서 사용할 하나의 초국가적 응용 프로그램을 개발할 수 있는 기회를 허용하는 것이다. 이렇게 하면 주요 각국의 시스템 그룹들에게 초국가적 시스템을 개발하는 일련의 활동이 주어지고, 각 현지의 사업부서들은 초국가적 시스템의 개발 노력에서 소유권 의식을 느끼게 된다. 우려되는 측면은 우수한 품질의 시스템을 개발할 수 있는 능력이 널리 분포되어 있을 것이라고 가정하는 것이다. 예를 들면 독일 팀들이 프랑스나 이탈리아에서도 성공적으로 시스템을 구축할 수 있어야 하지만, 현실이 항상 그렇게 되는 것은 아니다.

두 번째 전략은 초국가적 우수센터를 단일 우수센터로 신설하는 것이다. 특정 비즈니스 프로세스에 집중하는 여러 개의 센터가 전 세계에 분포되어 있을 수 있다. 이들 센터는 현지의 국내 조직에서 시작해서 다국적 팀을 구성하고, 전 세계 관리자들에게 보고한다. 우수센터는 비즈니스 프로세스를 초기에 파악하고 구성하며, 정보 요구사항을 정의하고, 비즈니스와 시스템 분석을 실시하고, 모든 시스템 설계와 테스트를 담당하게 된다. 그러나 구현과 파일럿 테스트는 전 세계의 현지 부서에서 수행된다. 초국가적 우수센터를 구축하기 위해서 많은 현지 그룹으로부터 채용을 하는 것은 설계 단계에 모든 주요 그룹들이 참여하였다는 메시지를 보내고 영향을 미치는 데 도움이 된다.

  적절한 조직구조와 적합한 관리 방식을 선택해도 기술적 주제들 때문에 휘청거릴 가능성이 있다. 기술 플랫폼, 네트워크, 하드웨어와 소프트웨어의 선택은 초국가적 정보시스템 아키텍처를 구축하는 마지막 요소들이다.

15-4 국제 정보시스템을 개발할 때 고려해야 하는 주제와 기술적 대안은 무엇인가?

기업들이 글로벌 비즈니스 모델과 시스템 전략을 정의하고 나면, 글로벌 비즈니스 프로세스를 지원하기 위한 주요 시스템 응용 프로그램에 맞는 하드웨어, 소프트웨어, 네트워크 표준을 결정해야 한다. 하드웨어와 소프트웨어와 네트워크들을 국제적으로 설정하기 위해서는 특별한 기술적 과제들이 제기된다.

  주요 과제 중의 하나는 운영 단위마다, 그리고 국가마다 서로 상이한 점이 많을 경우 글로벌 컴퓨팅 플랫폼을 표준화시키는 방안을 찾는 것이다. 또 다른 과제는 국제적 업무팀들의 생산성을 진정으로 향상시킬 수 있는 사용자 친화적인 특정 소프트웨어 응용 프로그램을 찾는 것이다. 전 세계에서 인터넷을 수용하고 있으므로 네트워크와 관련된 문제들은 많이 감소하였다. 그러나 모든 사업부서들이 같은 응용 프로그램을 사용하고 있지 않으며, (전화 서비스 경우와 마찬가지로) 인터넷 서비스의 품질에도 차이가 많기 때문에 인터넷의 존재 자체가 전 세계 조직 사이에 정보가 균일하게 흐르고 있다고 보장하는 것은 아니다. 예를 들면 독일의 사업부서들이 문서 공유와 의사소통을 위해 공개 소프트웨어 협업 도구를 사용하고 있다면, 마이크로소프트 솔루션을 사용하는 미국의 본사 팀들과 호환되지 않을 수도 있다. 이러한 도전과제를 극복하기 위해서는 시스템이 전 세계적으로 통합되고 연결되어야 한다.

컴퓨팅 플랫폼과 시스템 통합

핵심시스템의 개념에 기반하여 초국가적 정보시스템 아키텍처를 개발하는 것은 전 세계 서로 다른 사업부서에서 서로 다른 개발자에 의해서 개발되어 서로 다른 하드웨어에서 동작하고 있는 기존의 응용 프로그램들을 새로운 핵심시스템과 어떻게 어울리게 만들 것인가 하는 문제를 제기한다. 국가의 경계를 가로지르는 디지털 비즈니스 프로세스를 지원하는, 분산되어 있으면서도 통합되어 있는 글로벌 시스템을 개발하는 것이 목표이다. 간단히 말해 이것은 대형 국내시스템 개발 과정에서 직면하는 문제들과 동일하다. 그러나 문제들은 국제적 환경에서 확대된다. 윈도우 시스템과 리눅스, 유닉스 또는 IBM, 오라클, HP, 기타 하드웨어에서 작동하는 독점적인 운영체제와 많은 다른 국가의 많은 다른 운영 단위에서 사용하고 있는 하드웨어를 통합하는 과제를 한번 가정해보라!

  더욱이 모든 사이트가 같은 하드웨어와 같은 운영체제를 사용하고 있다고 해서 통합이 보장되는 것도 아니다. 기업 내의 중앙기관에서 데이터 표준과 사이트들이 준수해야 하는 다른 기술적 표준을 설정해야 한다. 예를 들면 시스템 간의 인터페이스, 통신 속도와 아키텍처, 네트워크 소프트웨어들이 수용 가능해야 할 뿐만 아니라 회계연도의 시작일과 마감일과 같은 회계용어들도 표준화되어야 한다(표 15.2 참조).

연결성

진정으로 통합된 글로벌 시스템은 연결성이 있어야 한다. 연결성은 글로벌 기업의 모든 시스템과 직원들을 음성뿐만 아니라 데이터와 영상 전송까지 가능하도록 전화망처럼 하나의 통합 네트워크로 연결시킬 수 있는 능력이다. 인터넷은 분산되어 있는 글로벌 기업의 사업부서들 사이에 연결성을 제공할 수 있는 매우 강력한 기반을 제공하고 있다. 그러나 공용 인터넷은 서비스의 일정한 수준을 (미국에서조차) 보장해주지 못한다. 글로벌 기업들은 인터넷 보안을 거의 신뢰하지 않으며 민감한 데이터 통신을 위해서는 전용망을, 보안이 덜 필요한 통신을 위해서는 인터넷 가상 사설망(VPN)을 일반적으로 사용한다. 신뢰할 수 있는 회선을 확보하고, 서로 다른 통신회사와 지역의 통신 당국 사이를 조정하고, 제공하는 통신 서비스 수준에 대한 표준 계약을 확보하는 데 필요한 기본적인 인터넷 서비스조차 어떤 국가에서는 지원되지 않는다. 표 15.5는 국제 네트워크와 관련된 주요 도전과제들을 나열한 것이다.

전용망이 서비스 수준을 보장하고 인터넷보다 더 나은 보안을 제공하고는 있지만, 낮은 보안과 서비스 수준이 문제되지 않는다면 인터넷은 글로벌 기업 네트워크의 주요 기반이 된다. 기업들은 내부 의사소통을 위한 글로벌 인트라넷이나 공급사슬의 비즈니스 파트너와 신속하게 정보를 교환하기 위해서 엑스트라넷을 구축할 수 있다. 공용 인터넷을 통해서 전용망의 많은 기능들을 제공하고 있는 인터넷 서비스 제공업체들의 VPN을 사용해서도 공용 인터넷을 이용하는 글로벌 네트워크를 구축할 수 있다(제7장 참조). 그러나 인터넷 통신량이 매우 혼잡한 시간대에는 특히 VPN은 전용망과 같은 수준의 신속하고도 예측가능한 응답을 제공하기 어렵고, 많은 수의 원거리 사용자들을 제대로 지원하지 못할 수 있다.

많은 개발도상국에서는 인터넷 서비스에 대한 접근이 제한되어 있다(그림 15.5 참조). 인터넷 인프라가 갖추어져 있는 저개발국가에서는 대역폭 용량이 부족하고, 전력망과 관련된 문제 때문에 인터넷이 불안하다. 개발도상국에서는 저렴한 모바일 단말기와 저비용 데이터 요금제가 점보다는 널리 사용 가능하지만, 구매력 때문에 현지 통화로 계산하면 인터넷 서비스에 대한 접근은 아직도 매우 비싸다.

| 표 15.5   국제 네트워크의 도전과제

서비스 품질
보안
비용과 관세
네트워크 관리
설치 지연
국제 서비스의 낮은 품질
규제적인 제약
네트워크 용량

그림 15.5 해당 국가들의 인터넷 인구

개발도상국의 인터넷 사용자 인구비율은 급속히 증가하고는 있지만 미국과 유럽에 비하여 현저하게 낮은 수준이다.

출처 : Internetworldstats.com, 2017 and authors.

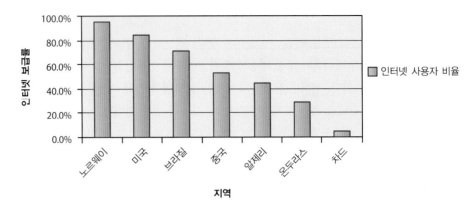

그뿐만 아니라 많은 국가에서 인터넷 전송을 감시하고 있다. 중국, 이란, 사우디아라비아 등은 인터넷 통신량을 감시하고, 도덕적으로 정치적으로 유해한 웹사이트의 접속을 금지하고 있다. 반면에 아시아, 아프리카, 중동의 인터넷 사용자의 증가속도는 북미나 유럽보다 훨씬 빠르다. 그러므로 인터넷 연결성은 저개발 국가지역까지 앞으로는 더욱 확대되고 신뢰성도 높아져서 인터넷 연결성이 이들 지역의 경제를 세계 경제와 연결하는 중요한 역할을 할 것이다.

소프트웨어 현지화

핵심시스템의 개발은 응용 소프트웨어에도 특별한 도전과제를 제기한다. 이전 시스템을 새 시스템과 어떻게 인터페이스시킬 것인가? 이전 시스템이 현지에 국한되어 있다면(이것이 일반적이다) 완전히 새로운 인터페이스를 개발하고 테스트해야 한다. 이러한 인터페이스를 개발하는 것은 비용도 많이 들고 쉬운 일도 아니다. 만약 새로운 시스템을 개발해야 한다면, 자신들의 고유한 비즈니스 프로세스와 데이터에 대한 정의에 익숙해져 있는 여러 나라의 여러 사업부서들이 실제로 사용하게 할 수 있는 소프트웨어를 개발해야 한다는 또 다른 도전과제가 있다.

새로운 시스템을 기존의 시스템과 통합하는 것 외에도 사용자 인터페이스 설계와 시스템의 기능과 관련된 문제들이 있다. 예를 들면 전 세계 종업원들의 생산성을 향상시키는 데 정말 유용하기 위해서는, 소프트웨어 인터페이스는 쉽게 이해되고 숙달될 수 있어야 한다. 국제시스템이 지식근로자들만 포함하고 있다면, 영어가 국제 표준으로 간주될 수도 있다. 그러나 국제시스템이 관리층이나 사무직까지 깊게 전파되면, 공용어를 전제로 할 수 없으며 서로 다른 언어와 관습을 수용하기 위해서 사용자 인터페이스가 구축되어야 한다. 현지의 언어로 운영될 수 있도록 소프트웨어를 완전히 전환하는 프로세스를 **소프트웨어 현지화**(software localization)라 한다.

전 세계 인구의 대부분은 모바일 단말기로 인터넷에 접속하고 있으므로 앱들은 모바일 플랫폼에서, 작은 화면으로, 낮은 대역폭을 사용할 수 있도록 개발되어야 한다. 읽거나 쓸 수 없는 많은 모바일 인터넷 사용자들을 위해서 비디오나 오디오를 이용한 특별한 인터페이스를 만들어야 한다. '토론방 : 글로벌 인터넷은 멀티미디어가 되고 있다'에서 이 문제를 다루고 있다.

소프트웨어 응용 프로그램에서 가장 중요한 것은 무엇인가? 많은 국제시스템들은 기본적인 거래처리와 경영보고시스템에 초점을 맞추고 있다. 기업들은 전 세계적으로 비즈니스 프로세스를 표준화시키고, 공동으로 작용하는 글로벌 공급사슬을 구축하기 위해서 공급사슬관리와 전사적 시스템

글로벌 인터넷은 멀티미디어가 되고 있다

메그 싱(Megh Singh)은 인도 뉴델리 철도역에서 하루에 8달러도 벌지 못하는 짐꾼이다. 하루 종일 시간날 때마다 역 계단 아래에서 스마트폰에 속삭이는 메그 싱을 발견할 수 있다. 싱(Singh)은 기차역의 무료 와이파이를 이용하여 인터넷에 접속하기 위해 음성인식 소프트웨어를 사용하고 있다. 선진국에서는 32기가바이트가 가장 일반적이지만, 그의 스마트폰은 4기가바이트로 메모리를 최소화하여 가장 기본적인 기능만 제공하는 소니 모델이다. 싱(Singh)의 스마트폰은 구글 검색, 페이스북의 왓츠앱(WhatsApp) 등이 내장되어 있지만, UC 브라우저, MX 플레이어, SHAREit 등과 같이 느린 통신망과 데이터 저장을 최소화하도록 특별히 설계된 앱도 사용한다.

대부분의 인도 짐꾼은 스마트폰을 부자들이나 배운 사람들이 사용하는 것이라고 믿고 있지만, 철도역에서 2015년부터 무료 와이파이 서비스를 제공하기 시작하면서, 저가 스마트폰을 사용하는 사람들이 소수이지만 증가하고 있다. 싱(Singh)은 스마트폰으로 기차시간표를 확인하고, 가족들에게 메시지를 보내고, 영화를 다운로드받는 데 사용한다. 그는 매일 아침 일찍 역에 도착해서 왓츠앱을 통해서 녹음된 메시지를 가족들과 친구들에게 보내고, 하루 종일 그들로부터 녹음된 대답을 받는다. 싱(Singh)은 쇼나 농영상을 인터넷에서 검색하기 위해서 유튜브, 구글, MX 플레이어를 이용한다. 다른 다섯 명의 짐꾼과 같이 살고 있는 숙소에 돌아가서 저녁에 보기 위해서 그는 유튜브에서 음성 검색을 이용하여 하루에 20개의 동영상을 다운로드받는다.

싱(Singh)은 읽는 것과 키보드 사용이 익숙하지 않다. 이메일에 대해서는 아는 것이 없으며, 사용할 줄도 모른다. 그러나 비디오와 음성에 의존해서 인터넷을 최상으로 즐길 수 있다고 주장한다. 싱(Singh)은 전 세계에 새로 유행하는 인터넷의 새로운 사용자들을 대표한다. 검색과 이메일을 타이핑하는 대신에 인터넷을 새로 사용하는 수십억에 달하는 새로운 사용자들은 주로 음성으로 구동하고, 영상으로 소통하게 될 것이다.

문자는 인터넷에서 완전히 사라지지는 않고 여전히 쓰임이 있다. 그러나 검색을 타이핑하고 문자로 된 웹페이지를 읽는 대신에 인터넷 사용자들은 점차 음성과 비디오를 사용할 것이다. 영향력 있는 커뮤니케이터들은 팟캐스트, 인스타그램, 유튜브 비디오, HHQ Trivia와 같은 앱에 더욱더 의존하게 될 것이다. 이것은 미국이나 독일과 같은 선진국은 물론이고 1인당 소득이 낮고 인터넷 보급률이 낮은 저소득 국가에서도 현실이 되고 있다.

인터넷의 보급 초기 단계에서는 문자가 컴퓨터가 쉽게 처리할 수 있는 유일한 형식이었다. 오늘날 좀 더 강력하고 정교한 하드웨어와 소프트웨어 덕분에, 컴퓨터는 멀티미디어를 해석하고 조작할 수 있게 되었다. 읽기와 쓰기가 되지 않는 사람들을 포함해서 많은 사람들에게는 문자 대신에 영상과 음성으로 소통하는 것이 훨씬 쉬워졌다.

인도의 13억 인구 중에 겨우 4억 인구만이 온라인으로 연결되어 있고, 대부분은 모바일 단말기를 이용하여 인터넷에 접속하고 있다. 가격 전쟁과 저소득층 사용자를 대상으로 한 공급업체의 노력 덕분에 이 숫자는 증가하고 있다. 보더폰의 자회사인 보더폰 인디아(Vodafone India)는 신규 가입자들이 데이터 사용한도를 이해하지 못한다는 것을 알게 되었다. 보더폰 인디아는 시간당 25센트보다 낮은 비용으로 가입자들이 원하는 만큼의 데이터를 사용할 수 있는 새로운 요금제를 세상하기도 실상하였다. 페이스북은 인도 전역에 비교 페이파이 핫스폿을 후원하였는데, 실제 사용자가 2억 명이나 된다. 캘리포니아의 멘로파크에 있는 페이스북 본사의 개발자들은 페이스북이 느린 인터넷 접속 환경에서 어떻게 작동하는지를 경험할 수 있도록 '2G 화요일'(역주 : 인터넷이 느린 지역의 어려움을 이해하기 위해 매주 화요일 2G로 연결된 인터넷을 이용하도록 함)을 선보였다. 페이스북은 링크드인과 마찬가지로 신흥시장을 위해서 데이터를 덜 사용하는 좀 더 간단한 버전의 페이스북을 제공하고 있다. 링크드인 라이트(LinkedIn Lite)는 2G 전화기에서도 작동하도록 데이터를 많이 사용하지 않는 앱으로 생산직 근로자들이 구직 활동에 사용할 수 있도록 지원하고 있다.

새로운 기업들이 덜 풍요롭고 덜 교육받은 인터넷 사용자들에게 맞는 앱과 서비스를 제공하기 위해서 생겨나고 있다. 메그 싱의 폰에 설치된 앱이 좋은 예들이다. 알리바바 홀딩스 그룹의 UC웹(Alibaba Holdings Group's UCWeb)에서 만든 UC 브라우저는 느린 통신망에서 데이터를 적게 사용하도록 최적화되어 있다. UC 브라우저는 인도의 모바일 브라우저 시장의 40% 이상을 차지하고 있다. 레노보 그룹(Lenovo Group)의 SHAREit는 와이파이 직접 연결을 이용하여 파일, 사진, 영상, 앱을 단말기에서 다른 단말기로 전송할 수 있다. 인도를 위한 유튜브 앱은 느린 인터넷에서도 작동하고, 오프라인으로 시청할 수 있도록 영상을 저장하고, 자신들의 데이터 사용을 감시하기 쉽게 한다.

구글은 인도에서의 검색 결과를 인터넷에 보여주는 방식을 변경하였다. 예를 들면 사용자들이 지역의 크리켓 스타 선수를 검색하면, 문자로 된 긴 링크 목록 대신에 영상과 사진을 검색 결과의 상단에 나타낸다.

2016년에 인도은행들은 기술에 익숙하지 못한 고객들이 자신들의 전화기를 사용해 결제와 송금을 할 수 있도록 모바일 결제시스템을 개발하여 신청과정을 간단하게 하였다. Paytm은 인도에서 가장 큰 모바일 결제 앱으로 인도에서 신용카드를 소지하고 있는 사람들보다 더 많은 2억 명이 넘는 사용자가 있다.

출처 : Farhad Manjoo, "Welcome to the Post-Text Future," *New York Times*, February 14, 2018; www-shareit.com, accessed February 16, 2018; Eric Ballman, "The End of Typing: The Next Billion Mobile Users Will Rely on Voice and Video," *Wall Street Journal*, August 7, 2017; and Julia Love, "YouTube Unveils India Mobile App for Spotty Internet Signals," Reuters, April 4, 2017.

사례연구 문제

1. 왜 음성 및 영상이 인터넷 커뮤니케이션의 주요 수단이 되어 가는가?

2. 이러한 추세는 전 세계에서 사업을 하려는 기업들에 어떻게 영향을 미치고 있는가? 이것은 기업을 운영하고 고객과 소통하는 방식에 어떻게 영향을 주는가?

3. 멀티미디어 인터넷이 더욱 진행되면 어떠한 기업들이 혜택을 보게 되는가? 그 이유를 설명하라.

에 갈수록 더 의존하고 있다('토론방 : 애브비는 글로벌 시스템의 인프라를 구축하였다' 참조). 그러나 이런 복합기능시스템들이 다른 국가의 언어, 문화유산, 비즈니스 프로세스 차이와 항상 호환이 되는 것은 아니다. 기술적으로 복잡하지 않은 국가의 사업부서들이 전사적 시스템의 복잡한 기능들을 관리하려고 하면 문제에 봉착할 수도 있다.

전자데이터교환(electronic data interchange, EDI) 시스템과 공급사슬관리시스템은 전 세계의 공급자들과 연결하기 위해서 제조업과 유통업에 널리 사용되고 있다. 광고회사, 의학과 공학 분야의 연구 기반 회사, 그래픽과 출판회사와 같은 지식과 데이터를 기반으로 하는 회사들에서 협업과 전사적 소셜 네트워킹 시스템, 이메일, 화상회의시스템들은 특히 중요한 세계적 도구들이다.

15-5 MIS는 내 경력에 어떤 도움이 되는가?

다음은 제15장과 이 책이 글로벌 데이터 서비스 기업의 초보 영업 및 마케팅 수습사원으로서 직업을 찾는 데 어떻게 도움이 되는지 설명한다.

토론방 경영

애브비, 글로벌 시스템의 인프라를 구축하다

일리노이 주 시카고에 본사가 있는 애브비(AbbVie)는 2013년 1월에 애벗래버러토리스(Abbott Laboratories)에서 분사한 세계적인 연구 기반 바이오 제약회사이다. 독립된 기업체로 애브비는 대기업에 속하며, 70개국에 29,000명 이상의 직원이 재직하고 있으며, 전 세계에 19개의 연구 및 생산 현장을 운영하고 있다. 2017년의 애브비의 수익은 282억 달러에 달한다. 류머티스 관절염과 크론병을 치료하기 위한 휴미라(Humira)는 가장 판매가 잘되는 글로벌 제품 중 하나이다.

애브비가 애벗래버러토리스에서 분사했을 때 전 세계 100개가 넘는 지역의 필수적인 공정을 지원하는 50~60개의 레거시시스템을 물려받았다. 레거시시스템들은 전환서비스계약(transitional services agreement, TSA)에 의해서 애벗으로부터 지원을 받고 있었는데, 이 계약은 2015년 말에 종료될 예정이었다. 이들 레거시시스템을 자력으로 계속 운영할 것인가? 아니면 전 세계 계열사와 제조 현장의 비즈니스 프로세스를 지원할 수 있는 좀 더 현대적인 플랫폼의 개발에 투자해야 하는가를 애브비의 경영진들은 결정해야 했다.

결정을 어렵게 만든 것은 시간에 대한 압박이었다. TSA의 규정에 따라 인프라를 구축하는 데 2년 조금 넘는 기간이 남아 있었고, 약 3년 정도 남은 2015년 말까지는 해결책을 구축해야 했다. 애브비는 전체 계열사와 제조설비의 모든 비즈니스 프로세스를 표준화하기로 결정하였고, 이 모든 프로세스를 SAP ERP 하나로 전 세계에 지원하기로 결정하였다. 프로젝트는 매우 야심찬 것이었다. 3년 안에 150개가 넘는 국가에서 새로운 시스템이 가동되어야 했다. 애브비는 비즈니스 프로세스의 외주, 최우수센터, 지역별 공유 서비스 등을 포함하는 많은 조직 변화와 함께 운영 모델을 새롭게 설계해야 했다.

애브비는 조금도 시간을 허비하지 않았다. SAP를 전 세계에 배치하는 것을 이끌기 위하여 IBM 글로벌 비즈니스 서비스의 컨설턴트들을 선택하였다. 2013년 8월에 시작하여 18개월 만에 110개 계열사와 제조 현장에 SAP ERP를 설치하였다. SAP의 글로벌 템플릿을 이용하여 회사의 모든 프로세스를 표준화하고, 국가별로 특별한 요구가 있을 때만 소프트웨어의 수정을 허용하였다. 이러한 요구사항은 현장 구현 지침서를 작성한 팀에 의해서 미리 파악되어 있었다.

애브비의 비즈니스 프로세스팀은 조달에서 지불까지, 주문에서 출납까지, 기록에서 보고까지 그리고 창고관리와 같은 전체 프로세스의 표준 정의를 고안해내었다. 여러 나라의 통화와 언어기능을 추가하고, 현지 규제와 법적 요구사항에 따라서 템플릿을 국가별로 맞춤식으로 수정하여, 템플릿을 전 세계에서 사용할 수 있도록 만들었다.

계열사에서 맞춤형 수정에 대한 요구가 있을 때마다 애브비의 프로젝트팀은 미리 수집해 둔 각 지역의 법적 요구사항과 대조하여 검토하였다. 맞춤형 수정에 대한 요청이 다른 국가에서도 있는지 아니면 해당 국가뿐인지를 결정하고, 요구사항 목록에 기록하였다. 여러 계열사의 테스트와 확인은 템플릿이 대부분 국가의 요구사항을 충족한다는 것을 확인시켜 향후 맞춤형 수정에 대한 필요를 최소화하였다.

개발 과정에서는 채택, 적응, 추가, 기권 등의 수치를 조사하여 글로벌 템플릿의 유효성을 검사하였다. 프로젝트팀은 이들 수치에 대한 비율을 국가별로 비교하여 그 결과를 애브비의 사업부서 책임자에게 전달하였다. 예를 들어 독일의 템플릿 채택률이 82%인 데 반하여 프랑스의 비율이 70%라면, 사업지원단이 프랑스에서 수정할 필요가 있는 프로세스가 있는지를 조사할 수 있게 되었다. 이것이 18개월 이내에 전 세계에 SAP ERP를 전개할 수 있었던 핵심이었다.

프로젝트팀은 서로 다른 레거시시스템의 응용 프로그램들을 글로벌 SAP ERP 시스템의 데이터 구조로 이전하는 작업도 수행해야 했다. 각각의 독립형 레거시시스템으로부터 원시데이터를 추출하여, 안전한 데이터웨어하우스에 저장하고, 누락되거나 부정확한 필드나 다른 데이터 정제 요구사항이 있는지를 찾아내었다. 프로젝트팀은 데이터를 통합하고 정제하는 한편, SAP 특유의 데이터 필드, 이러한 필드의 사용법, 이에 따른 이전 비즈니스 프로세스의 변경 등에 대해서 사용자들을 교육시켰다. 팀은 현업으로부터 데이터를 구해서 데이터 매핑 템플릿에 넣고, 여러 가지 테스팅 환경에 데이터를 적재하였다. 일단 실무부서에서 데이터의 정확성을 확인하면 바로 사용할 수 있게 되었다.

이러한 활동들은 시스템 투명성과 훈련에 높은 가치를 부여하여 변화관리를 수월하게 하였다. 새로운 지역에 시스템을 설치하기 약 6개월 전에 해당 지역의 전환 대표자가 사용자들에게 템플릿을 훈련시켜서 프로세스 변화가 사용자에게 익숙해지게 하였다. 전환 대표자는 애브비의 기술팀과 비즈니스 프로세스팀을 연결하는 역할을 수행하여, 변화관리와 관련된 문제가 제기되었을 때 신속하게 해결할 수 있도록 회사를 노왔다.

애브비는 구현 과정에서도 시스템이 현지의 데이터 프라이버시 규정을 준수하고 있는지를 확인하기 위해 충분한 시간을 사용하였다. 2015년 5월에 애브비는 SAP ERP의 구현을 전 세계에 완료하였다. 글로벌 프로세스를 성공적으로 표준화하였고 TSA를 맞출 수 있었다. 새로운 글로벌 시스템의 또 다른 주요 장점은 전례 없는 민첩성과 투명성이다.

애브비는 신규 고객을 확보하는 데 소요된 기간, 공급업체 지불, 지불조건, 주문 이행과 같은 주요 지표들을 매월 말에 측정할 수 있게 되었다. 글로벌 시스템은 경영자들이 개별 국가들을 살펴보고, 결과를 측정하고, 문제의 근원을 파악하며, 시정 조치를 손쉽게 할 수 있는 대시보드 기능을 갖추고 있다.

애브비는 미래를 바라보았고, 잘 조직되어 있었으며, 프로젝트 초기 단계에 전 세계적으로 프로세스를 간소화하는 어려운 작업을 수행하였기 때문에 중요한 글로벌 시스템의 구현을 해낼 수 있었다. 글로벌 SAP 프로젝트팀은 기존의 프로세스에 의문을 가졌고, 많은 부분을 간소화할 수 있다는 것을 발견하여 기업을 더욱 민첩하게 만들었다. 시정조치들이 자주 추가적인 프로세스 개선을 가져왔으므로 애브비의 사업 효율성도 개선되었다. 지표들을 살펴보면서 프로젝트팀은 회사의 투자 수익률을 높일 수 있는 프로세스 개선을 위한 방법들을 제안할 수 있게 되었다. 애브비는 이제 전 세계에 걸쳐 하나의 사업을 운영할 수 있게 되었다.

출처 : "AbbVie Builds a Global Pharmaceuticals Company on New Foundations with SAP and IBM," https://www-01.ibm.com, accessed January 6, 2018; Ken Murphy, "Biopharmaceutical Startup AbbVie Receives Healthy Long-Term Prognosis," *SAP Insider Profiles*, September 19, 2017; and www.abbvie.com, accessed January 6, 2018.

사례연구 문제

1. 글로벌 시스템의 어떤 전형적인 경영 문제를 애브비는 경험하였는가? 이러한 문제점에 책임이 있는 경영, 조직, 기술 요소는 무엇인가?
2. 이 장에서 설명한 글로벌 시스템 전략 중 어떤 요소를 애브비는 추구하였는가?
3. 애브비의 새로운 SAP ERP 시스템은 글로벌 사업전략을 어떻게 지원하였는가?
4. 애브비의 새 시스템은 어떻게 운영과 경영 의사결정을 개선하였는가?

회사

수치 데이터, 통계, 시장조사 등을 제공하는 선도적인 글로벌 기업인 글로벌 온라인 스태츠(Global Online Stats)에서는 초보 영업 및 마케팅 수습사원을 모집한다. 회사는 보스턴, 런던, 파리에 500명이 넘는 직원이 근무하고 있다. 회사는 다양한 국가와 산업의 컨설팅 회사, 언론사, 대기업의 마케팅부서를 포함하는 모든 규모의 기업에 온라인 수치 데이터베이스에 접근할 수 있는 도구와 서비스를 제공한다.

직무 기술

판매 유도와 새로운 고객의 개발과 유지를 위해서 관리이사와 글로벌 영업책임자를 가까이에서 보조한다. 맡을 직무는 다음과 같다.

- 기존 고객에 의해서 형성된 판매 유도와 미디어와 산업협회 또는 전화를 통한 권유, 이메일, 온라인 탐사 등을 통한 관계를 이용하여 새로운 고객을 개발
- 간헐적 구매 고객을 장기적 사업 고객으로 전환하기 위한 고객과의 관계 형성
- 여러 사업 분야의 제품들에 대한 판매 기회 개발
- 새로운 유망 고객을 발굴하고 약속 잡기
- 고객의 프로파일 관리 및 수정

직무 요구사항

- 4년제 대학 학위
- 우수한 구술 및 서면 의사소통 기술
- 마이크로소프트 오피스 활용능력
- 판매나 마케팅 인턴 또는 전화를 통한 권유 경험 우대
- 외향적이고 경쟁적이며 능동적인 영업 성격

인터뷰 질문

1. 대학이나 이전 직장에서 수치 데이터를 다루어 본 적이 있는가? 데이터로 어떤 업무를 했는가?
2. 온라인 데이터베이스나 데이터베이스 소프트웨어로 업무를 한 적이 있는가? 이들 데이터베이스로 정확히 어떤 일을 했는가? 데이터베이스 수업을 들은 적이 있는가?
3. 마이크로소프트 오피스 도구들, 즉 워드, 엑셀, 파워포인트, 액세스 활용능력 수준은 어떠한가?
4. 어떤 판매 경험이 있는가?
5. 대화 가능한 외국어가 있는가?
6. 외국 기업에 우리 제품과 서비스를 판매하는 과정에서 어떤 도전과제를 예상하는가?

저자 조언

1. 이 장의 15-1, 15-3, 15-4절과 데이터 관리에 대한 제6장과 비즈니스 인텔리전스와 분석에 대한 제12장을 복습한다.
2. 지원할 회사, 주요 제품과 서비스, 고객, 회사 운영 방식을 웹에서 조사해본다. 판매를 전 세계로 확대하기 위해서 필요한 것이 무엇일지를 생각해본다.
3. 업무에서 마이크로소프트 오피스 도구들로 정확이 어떤 일을 하는지 물어본다.
4. 회사의 데이터 제품을 사용하기 위해서 얼마나 훈련을 받아야 하는지 물어본다.

요약

15-1 비즈니스의 국제화를 추진하는 주요 요인은 무엇인가?

저렴한 국제통신과 교통의 발전은 안정적 기대와 규범을 가진 세계 문화를 탄생시켰다. 정치적 안정성과 널리 공유될 수 있는 글로벌 지식 베이스의 성장도 세계 문화에 기여하였다. 이러한 일반적인 요소들은 글로벌 시장, 글로벌 생산, 조정, 유통, 글로벌 규모의 경제를 위한 조건이 되었다.

15-2 글로벌 비즈니스를 개발하는 대안전략은 무엇인가?

국제화에는 자국 기반 수출기업, 다국적, 프랜차이저, 초국가적의 네 가지 기본 전략이 있다. 초국가적 전략은 생산의 모든 요소들이 글로벌 규모에서 조정된다. 그러나 전략은 사업 유형이나 제품에 따라서 결정되어야 한다.

기업전략과 정보시스템 설계 사이에는 관련성이 있다. 초국가적 기업들은 네트워크 방식 시스템의 구성을 개발해야 하며, 개발과 운영에 상당한 분권화를 허용해야 한다. 프랜차이저는 거의 모든 경우에 많은 국가에서 시스템을 복제하여 사용하고 재무관리는 중앙에서 집중식으로 관리한다. 다국적 기업들은 네트워크 개발을 향한 움직임을 보이면서 외국 사업부서들 사이에 분산된 독립성에 주로 의존한다. 자국 기반 수출기업은 일부 분산 운영을 허용하지만 국내의 본사에서 대부분을 집중식으로 운영한다.

15-3 글로벌 정보시스템이 제기한 도전과 이들 도전에 대한 관리적 해결책은 무엇인가?

문화, 정치, 언어의 차이는 조직 문화와 비즈니스 프로세스의 차이를 증대시키고, 통합하기 어려운 분산된 현지 정보시스템의 확산을 장려하기 때문에 글로벌 정보시스템은 도전과제들을 발생시킨다. 일반적으로 글로벌 시스템들은 의식적인 계획 없이 발달되어 왔다. 해결책은 핵심 비즈니스 프로세스의 작은 하위단위를 정의하고, 이들 프로세스를 지원하는 시스템을 구축하도록 집중하는 것이다. 전반적인 통제를 유지하도록 주의하면서 이러한 시스템의 개발과 운영에 참여할 수 있도록 관리자들은 널리 분산되어 있는 외국 사업부서들을 전략적으로 포섭해야 한다.

15-4 국제 정보시스템을 개발할 때 고려해야 하는 주제와 기술적 대안은 무엇인가?

글로벌 시스템을 구축하기 위해서는 비즈니스 설계와 기술 플랫폼을 동시에 고려하는 구현전략이 필요하다. 하드웨어와 통신과 관련된 주된 과제는 시스템 통합과 연결성이다. 통합 방식은 독점적 아키텍처와 공개시스템 기술 방식이 있다. 글로벌 네트워크는 구축하고 운영하기가 매우 어렵다. 기업들은 전용 글로벌 네트워크를 구축하거나 인터넷을 이용하여 인트라넷과 가상 사설망(VPN)과 같은 글로벌 네트워크를 구축할 수 있다. 소프트웨어와 관련된 과제들은 기존 시스템과 인터페이스를 구축하고 다수의 문화, 언어, 조직 구조를 지원하는 응용 프로그램을 선택하는 것이다.

주요 용어

국가 간 데이터 흐름	비즈니스 동인	포섭
국제 정보시스템 아키텍처	소프트웨어 현지화	프랜차이저
글로벌 문화	자국 기반 수출기업	핵심시스템
다국적	정통성	
배타주의	초국가적	

복습 문제

15-1 비즈니스의 국제화를 추진하는 주요 요인은 무엇인가?

• 국제 정보시스템 아키텍처를 개발하는 다섯 가지 주요 차원을 나열하고 설명하라.

• 글로벌 비즈니스의 성장을 선도하는 다섯 가지 일반적 문화요소와 네 가지 구체적 비즈니스 요인에 대해서 서술하라. 이들 요인 간의 상호 관련성을 서술하라.

- 글로벌 시스템을 개발할 때의 주요 도전과제를 나열하고 설명하라.
- 어떤 기업들이 왜 국제시스템의 개발을 계획하지 않는지 설명하라.

15-2 글로벌 비즈니스를 개발하는 대안전략은 무엇인가?
- 네 가지 글로벌 사업전략과 조직구조에 대해서 서술하라.
- 서로 다른 글로벌 전략을 지원하는 데 사용될 수 있는 네 가지 시스템 구성을 서술하라.

15-3 글로벌 정보시스템이 제기한 도전과 이들 도전에 대한 관리적 해결책은 무엇인가?
- 국제시스템을 개발할 때의 주요 관리적 문제들을 나열

하고 서술하라.
- 글로벌 비즈니스를 위해서 기업을 조직화할 때 따라야 하는 세 가지 원칙을 확인하고 서술하라.
- 글로벌 시스템을 개발하고 구현하기 위한 관리 전략의 세 단계를 확인하고 서술하라.
- 포섭을 정의하고, 글로벌 시스템을 구축할 때 이것이 어떻게 사용될 수 있는지 설명하라.

15-4 국제 정보시스템을 개발할 때 고려해야 하는 주제와 기술적 대안은 무엇인가?
- 글로벌 시스템이 직면하고 있는 주요 기술적 문제에 대해서 서술하라.
- 글로벌 시스템을 개발할 때 도움이 되는 기술을 나열하라.

토의 문제

15-5 여러 국가에서 가맹점을 운영하고 있는 회사의 관리자가 글로벌 응용 프로그램을 개발해야 하는지, 현지 응용 프로그램을 개발해야 하는지를 결정하기 위해 사용할 수 있

는 기준은 무엇인가?
15-6 인터넷을 국제 정보시스템에 활용하는 방법을 설명하라.

MIS 실습 과제

이 절의 프로젝트는 국제 시장조사를 수행하고, 사업을 확장하기 위한 국제시스템 문제를 분석하고, 국제 기업을 위한 채용 공고 데이터베이스와 웹페이지를 구축해보는 실무 경험을 제공한다.

경영 의사결정 문제

15-7 UPS는 다국적 기업과 현지 기업들에게 소포 배달과 물류 서비스를 제공하기 위해서 중국에 진출하였다. 중국의 UPS 운전수들은 소포 배달 정보를 수집하기 위해서 UPS 시스템과 휴대용 운전수 정보 및 배송정보 수집장비(Driver Information and Delivery Acquisition Device)와 같은 도구들을 사용해야 한다. UPS는 WorldShip과 기타 운송관리 서비스를 중국인과 다국적 고객들이 웹을 통해서 접속 가능하도록 만들기를 원했다. 국제시스템을 중국에서 성공적으로 운영하기 위해서 UPS가 고려해야 하는 문제들은 무엇인가?

15-8 테니스 라켓을 제조하고 판매하는 회사가 미국 밖에서의 판매를 시작하고 싶어 한다. 글로벌 웹 전략을 개발하여야 하며, 목표로 하고 있는 국가들은 브라질, 중국, 독일, 이탈리아, 일본 등이다. CIA 월드 팩트북(World Factbook)의 통계를 이용하여, 이들 중 어떤 나라를 먼저 목표로 해야 하는지 결정하라. 어떤 기준들을 사용하였는가? 웹 전략에서 언급해야 할 다른 고려요소들은 무엇인가? 목표로 하고 있는 국가의 구매자들을 끌어들이기 위해서 웹사이트에 사용해야 하는 기능은 무엇인가?

운영 수월성 달성 : 국제 컨설팅 기업을 위한 채용 데이터베이스와 웹페이지 구축

소프트웨어 기술 : 데이터베이스와 웹페이지 디자인
경영 기술 : 인적자원 내부 채용 공고

15-9 외국 지사가 많은 기업들은 이들 지사의 채용정보를 회사 내의 직원들에게 알릴 필요가 있다. 내부 채용 공고를 위한 데이터베이스와 이들 정보를 보여주는 웹페이지 설계를 데이터베이스 소프트웨어를 이용하여 해보자.

KTP 컨설팅은 여러 나라에서 운영되고 있다. KTP 컨설팅은 중기업과 대기업을 위한 전사적 시스템을 설계하고, 개발하고, 구현하는 것을 전문으로 하고 있다. KTP 컨설팅은 현지에 거주하며 근무하면서 미국, 유럽, 아시아의 여러 지역을 출장다닐 수 있는 기회들을 종업원들에게 제공하고 있다. 회사의 인적자원부서에서는 구인 요청을 직원들이 확인할 수 있는 간단한 데이터베이스를 가지고 있다. 직원들이 전근에 관심이 있으면, KTP 컨설팅의 구인 목록을 인적자원부서에 문의할 수 있다. KTP는 구인정보를 회사의 홈페이지에도 게시하고 있다.

어떤 종류의 데이터들이 KTP 구인 데이터베이스에 포함되어야 하는가? 어떤 정보들은 데이터베이스에 포함되지 않아야 하는가? 자신의 대답에 근거하여 KTP의 구인 데이터베이스를 구축하라. 최소한 20개의 구인 데이터를 입력하라. 새로 만든 데이터베이스로부터 구인 데이터를 포함하는 간단한 웹페이지를 개발하라. KTP 데이터베이스와 웹페이지의 복사본을 제출하라.

의사결정 능력 개선 : 국제적 시장 및 가격 조사를 실행

소프트웨어 기술 : 인터넷 기반의 소프트웨어

경영 기술 : 국제 가격책정 및 마케팅

15-10 웹을 이용하여 외국의 유통업체와 고객 규제를 조사해보고 인터넷 기반의 소프트웨어를 이용하여 외환가격을 계산해보자.

마케팅 담당자는 미국에서 생산된 사무용 가구를 세계시장에 판매하기로 결정하였다. 약 165달러에 판매하려고 하는 어떤 책상 의자의 판매를 제안하기 위해 유럽의 사무용 가구 소매업체와 접촉하면서 시장을 테스트해보고자 한다. 웹을 이용하여 이 회사와 접촉하기 위해 필요한 정보와 현지시장에서 이 의자의 가격을 몇 유로로 해야 하는지를 알기 위한 정보를 검색하라. 한 나라의 화폐가치를 다른 나라의 화폐가치로 표현해주는 전 세계 환율 계산기 웹사이트의 이용도 고려해보자. 회사를 접촉할 때 필요한 정보와 의자가격의 현지 가격을 구해보자. 미국에서 수출하는 제품에 대해 판매상이 위치한 수입국에서 부과되는 세관 규제와 법적 규제를 검색해서 구해보자. 마지막으로 세관업무를 대행할 수 있는 회사를 검색하고 운송비용에 대한 정보를 수집하라.

협업 및 팀워크 프로젝트 ━━━━━━━━━━━

글로벌 비즈니스 전략을 위한 기술 파악

15-11 급우들과 함께 정보기술 분야을 확인하고, 이들 기술이 글로벌 비즈니스 전략을 어떻게 지원할 수 있는지 탐색해보라. 예를 들면 이메일, 스마트폰, 가상 사설망, 전사적 시스템, 협업 소프트웨어, 웹 등을 선정할 수 있다. 기술들을 설명하기 위한 비즈니스 시나리오를 알아볼 필요가 있다. 대상 기업으로 익스프레스(Express)와 같은 자동차 부품 프랜차이즈와 의류 프랜차이즈를 선택할 수 있다. 어떤 응용시스템을 글로벌화할 것인가? 어떤 핵심 비즈니스 프로세스를 선정할 것인가? 기술이 어떻게 도움을 줄 것인가? 가능하면 구글 문서와 구글 드라이브 또는 구글 사이트를 이용해 여러분이 발견한 사항들을 토론하고 수업 시간에 발표할 자료를 준비하라.

중국의 전자상거래 : 기회와 장애물

사례연구

세계에서 규모가 가장 크고, 가장 빠르게 성장하는 전자상거래(e-commerce) 시장은 어디일까? 단연 8억 명이 넘는 인터넷 사용자와 전 세계 전자상거래 소매판매의 50% 이상을 차지하는 (2021년까지는 거의 60%에 달할 것으로 예상되는) 중국이다. 중국의 모바일 결제시장은 미국보다 11배나 큰 엄청난 규모이다. 중국의 온라인 판매량은 미국의 판매량을 능가하였다. 중국의 전자상거래는 2021년까지 모든 소매판매의 40.8%에 달할 것으로 예상된다.

중국의 전자상거래는 단연 모바일이다. 2018년 말까지 1조 달러가 넘는 중국의 전자상거래 판매액의 75% 이상은 모바일 단말기를 이용하여 거래되었다. 2017년 중국 전자상거래의 81.6%는 모바일 상거래(m-commerce)가 차지하였다. 온라인과 상점 내 판매에 대해서 위챗(WeChat)과 같은 모바일 단말기 서비스를 이용한 결제가 중국을 휩쓸었다. 중국 기업인 iResearch 컨설팅 그룹에 의하면 중국 내의 모바일 결제액은 2016년에 9조 달러였고, 같은 기간 미국은 1,120억 달러를 기록하였다. 중국은 세계에서 가장 큰 모바일 결제시장이 되었다.

9억 명이 넘는 실제 사용자를 가진 텐센트의 위챗은 중국에서 지배적인 모바일 플랫폼이다. 고객들이 직접 접속해야 하는 자체 모바일 앱을 개발하는 대신에, 고객들의 관심을 끌기 위해서는 위챗 플랫폼이 환경 내에서 동작하도록 하는 것이 필요하다는 것을 소매상과 유명 기업들은 알게 되었다. 에스티 로더, 코치, 갭과 같은 소매상들은 위챗 앱 내에 자신들의 로열티 프로그램을 운영하고, 고객관계관리(CRM)도 위챗 플랫폼 자체에서 시행하고 있다. 맥스팩터(Max Factor)도 새로운 소셜 CRM 시스템을 위챗 플랫폼에서 개발하였다. 온라인과 오프라인의 데이터를 이용하여 36개 유형의 태그를 사용하는 자세한 고객 데이터베이스를 구축하였다. 맥스팩터는 위챗 플랫폼을 이용하여 고객 수명주기의 다양한 주기에 따라 개인화된 메시지를 보내기 위해서 실시간 데이터를 사용할 수 있다.

신용카드는 중국에서 광범위하게 사용되지 못했다. 많은 중국인들이 최근까지 재량지출(discretionary spending)(역주 : 의무지출을 제외하고 대상과 규모를 어느 정도 통제할 수 있는 지출)의 여유가 실제로 가능하지 않았고, 부채에 대한 오래된 거부감도 있었다. 그 위에 중국 정부가 비자나 마스터와 같은 신용카드 회사가 지점을 개설하는 것을 어렵게 하였다.

전자상거래는 중국의 디지털 소비자들에게 외국제품에 대한 접근을 제공하였고, 상당한 소비자들이 혜택을 누렸다. 해외직구 구매자들은 국내에서 매우 비싸거나, 매우 귀한 제품들을 선호한다.

중국인들이 온라인에서 구매하기를 가장 선호하는 상품 유형은 의류, 식품과 음료, 가정용 제품, 가전제품, 소형 가전제품, 개인 위생제품 등이다. 식품과 럭셔리 상품, 스포츠 용품, 웰빙제품들이 미래성장의 핵심상품들이다. 중국의 온라인 구매자들은 젊은, 도시의, 고학력 소비자들이다. 이들은 정치적 · 경제적 사정이 달라서 저축이 몸에 밴 이전 세대보다 훨씬 소비 지향적이다. 젊은 세대들은 지출에 훨씬 적극적이다.

소셜 미디어는 온라인 구매를 촉발하는 중요한 채널이다. 중국 소비자의 약 45%가 소셜 미디어를 이용하여 신상품을 찾고 있고, 54%가 상품 후기를 읽거나 후기를 남기고, 25%가 소셜 채널에서 직접 구매한다. 소매상들과 유명 기업들은 소셜 커뮤니티를 개발하고 참여할 필요가 있으며, 고객들과 소셜 플랫폼에서 관계를 맺어야 할 필요가 있다.

어느 정도 중국에서는 전자상거래가 실제 상점에서 구매하는 것을 대체하고 있고, 2020년까지는 개인소비 성장의 42%를 차지할 것으로 보스턴 컨설팅(Boston Consulting)과 알리리서치(AliResearch)는 예상하고 있다. 이런 이유로 월마트나 까르푸 같은 대형 매장들이 여러 개 폐쇄되기도 하였다.

이러한 이야기는 중국의 전자상거래 시장에 진출하려고 하는 글로벌 회사들에게는 기회인 것처럼 들린다. 그러나 그렇게 만만한 게 아니다. 중국이 세계에서 규모가 가장 크고 성장이 빠른 전자상거래 시장은 맞지만, 외국 기업이 뚫고 들어가기에는 매우 어려운 국가 중 하나라는 것도 알아야 한다. 중국의 전자상거래는 사업자들이 너무 많고, 경쟁도 너무 심하며, 중국 정부도 온라인 사업을 완전히 개방한 것이 아니다.

첫째, 중국의 국내 인터넷에 대한 법적 기술적 규제의 조합을 의미하는 소위 방화벽 만리장성(the Great Firewall of China)이 있다. 중국은 구글, 스냅챗, 페이스북, 트위터, 뉴욕타임즈 등과 같은 외국 사이트에 대한 접근을 선택적으로 제한하고 있으며, 국가 간 인터넷 데이터 전송 속도를 느리게 만들 수 있다. 중국은 외국의 정보원에 대한 접속을 제한하고, 구글 검색이나 모바일 앱과 같은 외국의 인터넷 도구들을 차단하고, 중국 내의 규제에 맞추도록 외국 기업들에게 요구하고 있다. 2017년부터 적용되는 새로 제정한 사이버 보안법은 외국 회사에 대한 보안검사와 주요 데이터를 중국 내에 저장하도록 기업들을 강제할 수 있다. 예를 들면 아이클라우드(iCloud) 서비스의 중국 데이터를 중국 남서부에 있는 데이터 센터에 저장하기 위해서 애플은 중국 현지 기업과 협력하고 있다.

중국 내 기업들을 보호하고 외국 인터넷 기업들의 제품에 대한 매력을 감소시키는 방화벽 만리장성은 중국 내의 인터넷 경제에도 영향을 미친다. 방화벽 만리장성은 텐센트(Tencent), 알리바바(Alibaba), 바이두(Baidu)와 같은 중국의 인터넷 거인이 성장할 수 있도록 허용하여 무역보호주의를 조성하였다. 텐센트는 세계에서 가장 큰 인터넷과 기술 기업 중 하나이며, 가장 크고 가장 가치가 높은 게임 및 소셜 미디어 기업이다. 중국 내의 음악 서비스 대부분도 소유하고 있다. 알리바바는 전자결제 서비스, 구매 검색엔진, 데이터 중심의 클라우드 컴퓨팅 서비스는 물론 웹 포털을 통한 고객 간(C2C), 기업 간(B2B), 기업과 고객 간(B2C) 판매 서비스를 제공하는 다국적 전자상거래, 소매상, 인터넷, 인공지능과 기술 복합기업이다. 바이두는 바이두 배송, 바이두 모바일 게임, 바이두 지갑, 바이두 지도와 같은 거래 서비스를 통해서 중국 내와 전 세계에 인터넷 검색 서비스를 제공한다.

weibo.com(트위터), Youku Tudou(유튜브), 위챗(페이스북), Ctrip(Orbitz 등)과 같은 외국에서 유명한 전자상거래 사업을 자국화한 기업들을 중국은 가지고 있다. 알리바바는 이베이의 허를 찔렀고, 우버는 중국 사업을 현지의 경쟁 기업에게 매각해야 했다. 방화벽 만리장성 뒤의 인터넷은 외부에 존재하는 인터넷의 평행우주(역주 : 동일한 차원의 또 다른 인터넷)로 간주되었다. 미국의 친민주주의 조직인 프리덤 하우스(Freedom House)에서 발간한 인터넷 자유에 대한 보고서에 따르면, 인터넷 개방에 있어서 중국은 전 세계에서 최하위에 위치하고 있다.

중국 시장에 진출하기 위해서는 비용을 치러야 한다. 초기 보증금은 8,000~25,000달러이고, 연간 서비스 수수료는 5,000~10,000달러, 판매 수수료는 약 5%이다. 재고 가용성 보장과 재고 위치는 물론 상점과 판매정보의 생산을 위해서는 승인된 대리인을 필요로 한다. 대리인 수수료로만 수천 달러를 지불해야 할 수도 있다. 중국의 인터넷 차단에 대한

기술 요구들은 운영을 어렵게 만들고, 기술회사들이 중국 밖에서 의존할 수 있는 서비스를 대안으로 찾도록 강요한다.

유명기업들이 중국 내에 지점을 낼 필요 없이, 소비자들이 세계적인 유명기업으로부터 구매할 수 있도록 사업을 할 수도 있다. 예를 들면 시아오홍슈(小紅書, Little Red Book)는 고객들이 주요 외국 상점에서 상품을 구매하고 시아오홍슈에 결제를 할 수 있는 모바일 앱을 선보였디. 그러면 시아오홍슈는 고객을 대신하여 이들 상품을 주문한다.

명심할 것은 또 있다. 중국 정부가 인터넷을 심하게 규제하고 있지만, 대부분의 중국인들은 구글이나 페이스북과 같은 외국 웹사이트에 접속하기 위해서 정부의 차단을 우회하는 데 별 관심이 없다. 중국에는 이러한 공백을 채워 줄 다양한 자국 웹사이트가 있다. 비록 외국의 웹사이트가 차단되지 않는다 해도, 필수적인 것이 되어 버린 자신들의 제품을 사용하는 수많은 사용자들이 있기 때문에 중국 경쟁 기업들은 일반적으로 번성하고 있다. 스카이프와 왓츠앱과 같은 인터넷 전화와 메시징 앱은 중국에서도 접속 가능하지만, 중국 시장에서는 자주 중국 제품에 대한 대체재가 되지 못한다. 중국에서는 스카이프, 왓츠앱, 슬랙보다 텐센트의 위챗이 더 대중적이다.

일단 새로운 기술이나 비즈니스 모델이 나타나면 중국인들은 신속하게 이것을 중국 시장에 맞게 조정할 수 있다. 2016년 기준으로 중국 국내 스마트폰 시장점유율 1위와 3위를 차지하는 오포(Oppp)와 비보(Vivo)는 젊은층과 규모가 작으면서 소득이 조금 떨어지는 도시의 주민들에게 인기가 높다. 이들 전화기는 아이폰과 비슷하게 생겼고, 같은 기능을 많이 가지고 있지만, 가격은 아이폰의 절반도 되지 않는다. 오포와 비보의 중국 시장 점유율이 2배로 증가하는 동안 애플의 시장점유율은 13% 감소하여 4위로 밀려났다.

규모가 좀 더 작은 도시와 시골의 증가하는 수요에 대처하기 위해서 온라인 소매상들은 배송 인프라와 서비스 확장을 찾고 있다. 예컨대 알리바바의 물류부문인 차이니아오(菜鳥, Cainiao)는 상품 배송을 위해서 18만 개의 특송센터를 보유하고 있는데, 신선식품 배송센터를 최근에 중국 전역으로 확대하였다. 중국의 전자상거래 기업들이 더 넓은 지역의 더 많은 고객에게 도달하려고 시도하면 물류는 주요한 도전과제가 된다. 중국의 물류시스템은 효율적이지 못하며, 중국 전역에서 창고 면적과 수송 교통망이 부족하다. 중국의 포장 배송 사업이 연간 30%씩 성장하고는 있지만, 늘어나는 수요를 감당하기에는 불충분하다. 고품질의 물류 서비스가 부족하다는 것은 중국에서는 전자상거래 기업들에게는 힘

든 짐이 되어 늦은 배송, 상품의 파손 및 분실, 대금상환인도 (COD)의 지연, 반품의 어려움, 설치 또는 구매시도 기능과 같은 특별한 서비스를 불가능하게 만든다. 이러한 비효율은 전자상거래 운영비용을 상당히 증대시켜서 이윤폭을 감소시킨다.

출처 : "Overview of China Ecommerce Market," ecommerceworld-wide.com, accessed February 1, 2018; Paul Mozur, "China Presses Its Internet Censorship Issues Across the Globe," *New York Times*, March 2, 2018; "China E-commerce Market (B2B, B2C, Mobile) in Q3 2017," *China Internet Watch*, January 25, 2018; Corey McNair, "Worldwide Retail and Ecommerce Sales," eMarketer, January 2018; Paul Mozur and Carolyn Zhang, "In China, Silicon Valley Giants Confront New Walls," *New York Times*, July 22, 2017; "Retail Ecommerce Sales in China 2016,2021," eMarketer, June 2017;

"New eMarketer Forecast Sees Mobile Driving Retail Ecommerce in China," July 5, 2017; "eCommerce in China,the Future Is Already Here," Pricewaterhouse Coopers, 2017; McKinsey & Company, "How Savvy Social Shoppers Are Transforming E-Commerce," *McKinsey Digital*, April 2016; and Alan Lau and Min Su, "China's E-commerce Soft Spot: Logistics," *McKinsey Quarterly*, April 2016.

사례연구 문제

15-12 중국에서 사업을 온라인으로 하려고 하는 외국 기업의 정치적·문화적·조직적 장애 요인은 무엇인가?

15-13 이러한 요인들은 기업들이 중국에서 전자상거래를 준비하는 데 어떻게 방해가 되고 있는가?

15-14 중국에서 전자상거래를 성공적으로 하려면 무엇이 필요한가? 그 이유를 설명하라.

참고문헌

Accenture. "Technology Not Widely Used in Global Companies' Emerging Market Supply Chains, Study Says." (September 16, 2014).

Bisson, Peter, Elizabeth Stephenson, and S. Patrick Viguerie. "Global Forces: An Introduction." *McKinsey Quarterly* (June 2010).

Burtch, Gordon, Anindya Ghose, and Sunil Watta. "Cultural Differences and Geography as Determinants of Online Prosocial Lending." *MIS Quarterly* 38, No. 3 (September 2014).

Chakravorti, Bhaskar, Ajay Bhalla, and Ravi Shankar Chaturved. "The 4 Dimensions of Digital Trust, Charted Across 42 Countries." *Harvard Business Review* (February 19, 2018).

Davison, Robert. "Cultural Complications of ERP." *Communications of the ACM* 45, No. 7 (July 2002).

Deans, Candace P., and Michael J. Kane. *International Dimensions of Information Systems and Technology.* Boston, MA: PWS-Kent (1992).

Dewhurst, Martin, Jonathan Harris, and Suzanne Heywood. "The Global Company's Challenge." *McKinsey Quarterly* (June 2012).

Ghislanzoni, Giancarlo, Risto Penttinen, and David Turnbull. "The Multilocal Challenge: Managing Cross-Border Functions." *McKinsey Quarterly* (March 2008).

Gulati, Ranjay. "GE's Global Growth Experiment." *Harvard Business Review* (September–October 2017).

Ives, Blake, and Sirkka Jarvenpaa. "Applications of Global Information Technology: Key Issues for Management." *MIS Quarterly* 15, No. 1 (March 1991).

Ives, Blake, S. L. Jarvenpaa, and R. O. Mason. "Global Business Drivers: Aligning Information Technology to Global Business Strategy." *IBM Systems Journal* 32, No. 1 (1993).

King, William R., and Vikram Sethi. "An Empirical Analysis of the Organization of Transnational Information Systems." *Journal of Management Information Systems* 15, No. 4 (Spring 1999).

Kirsch, Laurie J. "Deploying Common Systems Globally: The Dynamic of Control." *Information Systems Research* 15, No. 4 (December 2004).

Martinsons, Maris G. "ERP In China: One Package Two Profiles." *Communications of the ACM* 47, No. 7 (July 2004).

Meyer, Erin. "When Culture Doesn't Translate." *Harvard Business Review* (October 2015).

McKinsey & Company. "Lions Go Digital: The Internet's Transformative Potential in Africa." (November 2013).

Mouchawar, Ronaldo. "Souq.com's CEO on Building an E-Commerce Powerhouse in the Middle East." *Harvard Business Review* (September–October 2017).

Naím, Moises, and Philip Bennett. "The Anti-Information Age." *The Atlantic* (February 16, 2016).

Roche, Edward M. *Managing Information Technology in Multinational Corporations.* New York: Macmillan (1992).

Su, Ning. "Cultural Sensemaking in Offshore Information Technology Service Suppliers: A Cultural Frame Perspective." *MIS Quarterly* 39, No. 4 (December 2015).

The Guardian. "Internet Censorship Listed: How Does Each Country Compare?" theguardian.com, accessed February 23, 2018.

Tractinsky, Noam, and Sirkka L. Jarvenpaa. "Information Systems Design Decisions in a Global Versus Domestic Context." *MIS Quarterly* 19, No. 4 (December 1995).

가격 차별화(price discrimination)   같은 제품이거나 거의 같은 제품을 서로 다른 목표 그룹에 서로 다른 가격으로 판매하는 것

가격 투명성(price transparency)   소비자들이 시장에서 다양한 가격들을 쉽게 찾을 수 있는 것

가동(production)   새로운 시스템이 설치되고 전환이 완료된 이후의 단계. 이 기간에 사용자 및 기술전문가는 시스템이 원래의 목적을 얼마나 잘 만족시키는지 파악하기 위한 검토 활동을 수행함

가상 기업(virtual company)   전통적인 조직 경계나 물리적 위치에 제약 받지 않고 제품 및 서비스를 생산하고 유통시키기 위해 사람, 자산, 아이디어를 연결하는 네트워크를 사용하는 조직

가상 사설망(virtual private network, VPN)   기업 데이터 전송을 위해 사용되는 인터넷의 두 지점 간의 보안 연결

가상현실시스템(virtual reality system)   실세계의 행위들을 모방한 감각을 제공하는 컴퓨터 시뮬레이션을 만들어내는 쌍방향의 그래픽 소프트웨어 및 하드웨어

가상화(virtualization)   컴퓨팅 자원들이 물리적 구성이나 지리적 위치에 따른 제약을 받지 않고 접근할 수 있도록 이런 자원들을 제공하는 것

가입 해지율(churn rate)   기업에서 제품이나 서비스를 사용하거나 구매하는 것을 중단하는 고객들의 수를 측정하는 기준. 기업 고객 기반의 성장이나 감소의 지표로 사용됨

가치사슬 모델(value chain model)   정보시스템이 경쟁우위를 달성하기 위해 가장 잘 적용될 수 있는 기업의 제품이나 서비스에 가치의 마진을 부가하는 본원적 또는 지원 활동을 강조하는 모델

가치 웹(value web)   시장에서 제품 및 서비스를 집합적으로 생산하는 기업의 가치사슬들을 통합하기 위해 정보기술을 활용하는 기업과 독립적인 고객 주도의 네트워크

간접재(indirect goods)   사무용품과 같이 생산 프로세스에서 간접적인 역할을 하는 재화

간트 차트(Gantt chart)   프로젝트 작업들에 대해 시점, 지속시간, 요구 자원을 가시적으로 표현한 것

감정 분석(sentiment analysis)   소프트웨어를 이용하여 이메일 메시지, 블로그, 소셜 미디어 대화, 또는 설문지 등의 문자들을 분석하여 어떤 특정 주제들에 대해 우호적인 의견들과 비우호적인 의견들을 탐지하는 분석

개인화(personalization)   판매자가 개인의 이름, 관심사, 과거 구매이력에 대한 메시지를 활용하여 특정 개인에게 마케팅 메시지를 제공할 수 있는 기능

개체(entity)   관리할 정보의 대상이 되는 사람, 장소, 사물이나 이벤트

개체관계성도(entity-relationship diagram)   데이터베이스의 다양한 개체 간의 관계성을 설명하면서 데이터베이스를 문서화하는 방법론

객체(object)   데이터와 데이터에서 행위를 하는 절차들을 결합시켜 블록을 형성하는 소프트웨어

객체지향 개발(object-oriented development)   객체를 시스템 분석 및 설계의 기본단위로 사용하는 시스템 개발의 접근방법. 시스템은 객체들의 집합과 객체 간의 관계성으로 모델링

거래비용(transaction costs)   기업이 직접 만들 수 없는 것을 시장에서 구매할 때 발생하는 비용

거래비용 이론(transaction cost theory)   기업은 내부적으로 시장거래를 더 저렴하게 할 수 있기 때문에 시장에서 외부의 기업들과 거래하는 것보다 더욱 성장할 수 있다는 점을 언급하는 경제이론

거래 수수료 수익 모델(transaction fee revenue model)   거래를 가능케 해주거나 수행해주는 대가로 수수료를 받는 전자상거래 수익 모델

거래처리시스템(transaction processing system, TPS)   비즈니스를 수행하는 데 필요한 매일 반복적인 거래를 수행하고 기록하는 컴퓨터화된 시스템. 조직의 운영 수준에서 사용

검사(testing)   시스템이 알려진 상황에서 바람직한 결과를 산출해내는지 여부를 파악하는 철저한 프로세스

검사 계획(test plan)   사용자와 연관된 개발팀에서 준비한 계획. 시스템에 대한 일련의 테스트 준비가 포함됨

검색비용(search costs)   적합한 제품을 찾고 최상의 가격을 결정하는 데 소요되는 시간과 비용

검색엔진(search engine)   인터넷상의 특정 웹사이트. 또는 정보를 찾기 위한 도구

검색엔진 마케팅(search engine marketing)   검색엔진의 결과에 광고주의 링크들을 제공하는 것

검색엔진 최적화(search engine optimization, SEO)   웹사이트의 등급을 올리고 더욱 많은 방문자들을 유치하기 위해 웹사이트의 콘텐츠, 레이아웃, 포맷 등을 변화시키는 프로세스

경영정보시스템(management information system, MIS)   중간 관리자가 비즈니스를 모니터링하고 제어할 수 있도록 조직 성과에 대한 보고서를 제공하는 정보시스템 유형

경영정보시스템(management information system, MIS)   비즈니스 및 경영에서의 정보시스템 사용에 초점을 맞춘 학문 분야

경쟁세력 모델(competitive forces model)   조직의 전략 및 경쟁력에 영향을 미치는 외부의 영향 요인들(특히 위협과 기회와 같은)과의 상호작용을 기술하는 데 사용되는 모델

고객관계관리(customer relationship management, CRM) 기업이 판매, 마케팅, 서비스로 고객과 상호작용하는 것과 관련된 모든 비즈니스 프로세스들을 통합적으로 조정하는 정보시스템을 사용하는 비즈니스 및 기술 원리

고객관계관리시스템(customer relationship management system) 기업이 고객과 상호작용하는 모든 방법을 추적하고, 이러한 상호작용을 분석하여 수익, 이윤, 고객 만족도, 고객 유지를 최적화할 수 있도록 도와주는 정보시스템

고객 접점(touch point) 전화, 이메일, 고객 서비스 데스크, 전통적 메일, 구매 시점 등 기업과 고객 간의 상호작용 방법

고객평생가치(customer lifetime value, CLTV) 특정 고객이 창출하는 수익과 그 고객을 획득하고 서비스하는 데 드는 비용 간의 차이에서 고객 관계가 유지되는 동안의 촉진 마케팅 활동비용을 차감한 가치로 현재의 달러 가치로 표현

고위 관리층(senior management) 조직에서 최상층에 위치한 사람으로 장기적 관점의 의사결정을 담당함

공개 키 암호화(public key encryption) 공유(또는 공개)된 키와 개인적인 키 두 가지를 사용

공개 키 인프라(public key infrastructure, PKI) 인증기관(CA)과 디지털 인증서를 이용하여 공개키 및 개인키를 생성하는 시스템

공공 클라우드(public cloud) 외부의 서비스 제공자에 의해 유지관리되며, 인터넷을 통해 접근되고, 일반 대중이 사용할 수 있는 클라우드

공급사슬(supply chain) 자재를 획득하고, 원재료를 중간제품 및 최종제품으로 변환시키고, 최종제품을 고객에게 유통시키는 조직 및 비즈니스 프로세스의 네트워크

공급사슬계획시스템(supply chain planning system) 기업이 제품의 수요를 예측하고, 그 제품에서 자원 확보 및 제조 계획을 수립하는 것을 가능케 하는 시스템

공급사슬관리시스템(supply chain management system) 제품 및 서비스에서 계획수립, 자원 확보, 제조, 전달을 최적화하기 위해 기업과 공급자들 간의 정보 흐름을 자동화하는 정보시스템

공급사슬실행시스템(supply chain execution system) 제품이 가장 효율적인 방식을 통해 올바른 장소로 전달되도록 보장하기 위해 유통센터 및 창고에서 제품의 흐름을 관리하는 시스템

공동 애플리케이션 개발(joint application design, JAD) 최종사용자와 정보시스템 전문가들이 집중적인 대화식 설계 세션에서 함께 작업하도록 함으로써 정보 요구사항의 생성을 가속화하는 프로세스

공리원칙(utilitarian principle) 사람이 값들을 순위에 맞춰 입력할 수 있고, 일련의 다양한 행동에 따르는 결과를 이해할 수 있다고 가정하는 원칙

공식적 계획 도구(formal planning tools) 작업, 예산 시간, 비용 및 작업을 완료하는 데 필요한 기술 자원들을 구조화하고 순서를 지정하는 프로젝트 관리기술

공식적 통제 도구(formal control tools) 과업의 완료와 목표의 이행에 대한 진척을 모니터링하는 데 도움을 주는 프로젝트 관리 기법

공정정보관행(Fair Information Practice, FIP) 개인에 관한 정보 수집 및 사용을 통제하는 원칙으로 1973년에 발표되었으며 미국 및 유럽의 프라이버시 법률 대부분의 기본이 됨

관계형 DBMS(relational DBMS) 마치 데이터가 2차원 테이블에 저장된 것처럼 데이터를 처리하는 논리적 데이터베이스 모델. 2개의 테이블이 하나의 공통된 데이터 요소를 공유하는 한 하나의 테이블에 저장된 데이터를 다른 테이블의 데이터와 연계할 수 있음

관리적 역할(managerial role) 조직에서 관리자가 수행해야 하는 기대 활동

광고 수익 모델(advertising revenue model) 사용자의 관심을 끄는 광고를 통해 수익을 창출하는 전자상거래 수익 모델

광대역(broadband) 초고속 전송기술. 동시에 다수의 채널로 데이터들을 전송할 수 있는 단일 통신체제를 지칭함

광역통신망(wide area network, WAN) 넓은 지역을 담당하는 정보통신망. 다양한 케이블, 위성, 마이크로파 기술들로 구성됨

교차 판매(cross-selling) 고객들에게 보완재를 판매하는 것

교환기(switch) 허브에 비해 더 지능적인 네트워크 구성요소들을 연결하며, 데이터를 여과하고 지정된 목적지로 데이터를 보낼 수 있는 장비

구독 수익 모델(subscription revenue model) 콘텐츠나 서비스에 대한 지속적 사용에 대해 사용료를 부과하는 웹사이트

구조도(structure chart) 설계의 각 수준, 각 수준 간의 관계, 설계구조에서의 전반적 위치를 보여주는 시스템 문서. 프로그램, 시스템, 프로그램의 일부를 문서화할 수 있음

구조적(structured) 이전 단계에 기반을 두고 진행해 나가는 단계들에 따라서 점진적으로 기법들이 신중하게 작성되어 가는 것을 의미함

구조적 의사결정(structured decision) 반복적이고 일상적인 의사결정으로 명확한 절차에 따라 수행됨

구조적 지식(structured knowledge) 구조적인 문서와 리포트 형식의 지식

구현(implementation) 새로운 정보시스템과 같이 혁신에 대한 채택, 관리, 정례화를 둘러싼 모든 조직 행위

국가 간 데이터 흐름(transborder data flow) 국가 간의 경계를 넘어 정보가 어떤 형태로든지 이동하는 것

국제 정보시스템 아키텍처(international information systems architecture) 국제적인 교역 및 여타 활동들을 통제하기 위해 조직에게 필요한 기본적인 정보시스템

균형성과표 기법(balanced scorecard method) 재무, 비즈니스 프로세스, 고객, 학습 및 성장 관점에서 기업 성과를 측정하는 데 초점을 맞춘 기업의 전략 계획 운영 프레임워크

그램-리치-블라일리법(Gramm-Leach-Bliley Act) 금융기관에게 고객 데이터의 보안 및 기밀 보호 보장을 요구하는 조약

그룹 의사지원시스템(group decision-support system, GDSS)   의사결정자 그룹이 비정형적인 문제들에 대한 해결책을 효율적으로 마련할 수 있도록 도와주는 컴퓨터 기반의 쌍방향 시스템

그린 컴퓨팅(green computing, 그린 IT)   컴퓨터와 서버 그리고 모니터, 프린트, 저장장치, 네트워킹 및 통신시스템 등과 같은 관련 장비들이 환경에 미치는 영향을 최소화시킬 수 있도록 설계하고, 제조하고, 사용하고, 제거하는 활동과 기술

근거리 통신망(local area network, LAN)   자체 전용 채널이 필요하고, 제한된 거리(일반적으로 한 건물 또는 여러 건물)를 수용하는 통신 네트워크

글로벌 문화(global culture)   서로 다른 문화와 사람 간에 일반적인 기대, 공유되는 요소, 사회적 규범

기술 표준(technology standard)   제품 호환성과 네트워크에서의 통신 기능을 확립하는 세부 내역

나노기술(nanotechnology)   개별적인 원자 및 분자에서의 조작을 바탕으로 구조와 프로세스를 구축하는 기술

내결함성 컴퓨터시스템(fault-tolerant computer system)   시스템 가동 중단을 방지하기 위해 시스템을 백업할 수 있고 계속해서 가동될 수 있도록 여분의 하드웨어, 소프트웨어, 전력 공급요소를 구비한 시스템

내부 통합 도구(internal integration tool)   구현팀이 긴밀한 하나의 단위로 활동하도록 보장하는 프로젝트 관리 기법

네이티브 앱(native app)   특정 플랫폼과 기기에서 가동되도록 설계되고 모바일 기기에 직접 설치될 수 있는 독립형 애플리케이션

네트워크(network)   2대 이상의 컴퓨터들을 데이터나 프린터 등으로 자원을 공유할 수 있도록 연결시키는 것

네트워크 경제(network economics)   다른 참가자를 추가하면 한계비용이 발생하지 않지만 훨씬 더 큰 한계 이익을 창출할 수 있는 네트워크 개념에 기반한 산업 차원의 전략적 체계 모델

네트워크 운영체제(network operating system, NOS)   네트워크에서의 통신을 라우팅하고 관리하며, 네트워크 자원을 조정하는 특수 소프트웨어

네트워킹 및 통신 기술(networking and telecommunications technology)   다양한 컴퓨터 하드웨어 요소들을 연결하고 하나의 물리적 장소에서 다른 장소로 데이터를 이용하는 물리적 장비 및 소프트웨어

넷 마켓플레이스(net marketplace)   다수의 구매자를 다수의 판매자와 연결시켜주는 인터넷 기술 기반의 단일 디지털 마켓플레이스

다국적(multinational)   재무관리와 통제 기능을 모국의 중앙 본부 밖으로 집중적으로 분산시킨 비즈니스 조직 형태

다중계층(N계층) 클라이언트/서버 아키텍처[multitiered(n-tiered) client/server architecture]   전체 네트워크의 작업이 여러 수준의 서버에서 균형을 이루는 클라이언트/서버 네트워크

단거리 무선망(personal area network, PAN)   한 사람과 가까운 디지털 기기 간의 통신에 사용되는 컴퓨터 네트워크

단계적 접근방법(phased approach)   새로운 시스템을 기능별 또는 조직 단위별로 도입하는 것

단위 검사(unit testing)   시스템의 각 프로그램을 테스트하는 프로세스. 종종 프로그램 테스팅이라고도 함

대량 맞춤화(mass customization)   대량의 생산자원을 이용하여 개인별로 맞춤화된 제품 및 서비스를 제공하는 능력

대리인 이론(agency theory)   감독과 관리가 필요한 이기적 개인들과의 계약 결합체로 기업을 바라보는 경제 이론

대역폭(bandwidth)   채널에서 전송될 수 있는 최고 주파수와 최저 주파수 간의 차이로 측정되는 통신 채널 용량

대인관계의 역할(interpersonal role)   민츠버그(Mintzberg)의 관리적 역할의 한 범주로 관리자가 조직을 위한 대표나 리더로서 행동하는 역할을 의미함

데브옵스(DevOps)   (소프트웨어 개발자들과 IT 운영 직원들 간의 긴밀한 협동을 강조함으로써 신속한 개발 관행을 촉진시키는 문화와 환경을 창출하는 조직 전략

데이터(data)   조직이나 물리적 환경에서 발생하는 일들을 나타내는 일련의 가공되지 않은 사실로, 사람들이 이해하고 사용할 수 있는 형태로 구조화되고 정렬되기 전의 상태에 해당함

데이터 거버넌스(data governance)   기업 데이터에 대한 가용성, 유용성, 무결성, 보안성을 관리하기 위한 정책과 프로세스

데이터 관리(data administration)   조직의 데이터 자원을 관리하기 위한 조직 기능. 조직의 데이터 자원은 정보정책, 데이터 계획, 데이터 사전 유지관리, 데이터 품질 표준 등과 관련됨

데이터 관리기술(data management technology)   물리적 저장매체상에서 조직의 데이터를 관리하는 소프트웨어

데이터 근로자(data worker)   조직에서 문서 작업을 수행하는 비서나 사서와 같은 사람

데이터 레이크(data lake)   아직 분석되지 않은 비구조적인 원시 데이터 또는 구조적 데이터를 위한 저장소

데이터마이닝(data mining)   의사결정을 유도하고 미래의 행위를 예측하는 데 사용될 수 있는 패턴 및 규칙을 발견하기 위해 많은 데이터들을 모아서 분석하는 것

데이터마트(data mart)   조직의 어떤 특정 기능이나 특정 사용자 집단을 위해 조직의 일부 데이터로 만들어진 작은 규모의 데이터웨어하우스

데이터베이스(database)   관련된 파일들의 집합

데이터베이스[엄밀한 정의,(database(rigorous definition)]   데이터가 하나의 장소에 저장된 것처럼 보이도록 데이터를 저장하고 관리함으로써 동시에 다수의 애플리케이션에 제공할 수 있도록 조직화된 데이터 집합

데이터베이스 관리(database administration)   데이터 관리에서 기술적·운영적 측면을 의미하는 것으로 물리적 데이터베이스 설계 및 유지보수를 포함함

데이터베이스관리시스템(database management system, DBMS)   데이터베이스를 생성하고 유지관리하는 특별한 소프트웨어로, 개별적인 비즈니스 애플리케이션이 컴퓨터 프로그램에서 별도의 파일이나 데이터를 정의하지 않고도 필요한 데이터를 추출할 수 있도록 해줌

데이터베이스 서버(database server)   DBMS의 실행을 담당하는 클라이언트/서버 환경의 컴퓨터로 SQL 문을 처리하고 데이터베이스 관리 작업들을 수행함

데이터 불일치(data inconsistency)   여러 장소에 저장된 동일한 데이터 속성의 값이 서로 다른 것

데이터 사전(data dictionary)   데이터베이스에서 유지관리되는 데이터들에 대한 정보를 저장하고 구성하는 자동화 또는 수동적 도구

데이터 시각화(data visualization)   대용량의 데이터들을 그래피컬한 형태로 표현함으로써 데이터들의 패턴 및 관계를 파악하는 것을 돕는 기술

데이터 요소(data element)   하나의 필드

데이터웨어하우스(data warehouse)   리포팅 및 질의 도구들과 연계된 데이터베이스로 리포트 생성 및 데이터 분석을 위해 다양한 운영시스템에서 추출된 현재 및 과거 데이터들을 저장하고 통합한 데이터베이스

데이터 정의(data definition)   데이터베이스의 구조와 내용을 규정하는 DBMS 기능

데이터 정제(data cleansing)   오류가 있거나, 불완전하거나, 부적절한 형식으로 되어 있거나, 데이터들이 중복된 데이터베이스나 파일의 데이터들을 탐지하고 수정하기 위한 활동으로 데이터 세정(data scrubbing)이라고도 함

데이터 조작어(data manipulation language)   최종사용자 및 프로그래머들이 데이터베이스의 데이터를 조작하기 위해 사용하는 DBMS 언어

데이터 중복성(data redundancy)   여러 데이터 파일들에 데이터가 중복되어 나타나는 것

데이터 품질 감사(data quality audit)   정보시스템의 데이터에서 정확성 및 완전성을 결정하기 위해 파일 표본을 선정하고 조사하는 것

데이터 흐름도(data flow diagram, DFD)   시스템 구성요소인 프로세스와 이것들 간의 데이터 흐름을 도식적으로 표현하는 구조적 분석 도구

도메인 네임(domain name)   32비트의 숫자형으로 된 IP 주소에 대응되는 영어 방식의 이름으로 인터넷에 연결된 컴퓨터에 부여

도메인 네임 시스템(domain name system, DNS)   도메인 네임을 숫자형 IP 주소로 변환시키는 데이터베이스를 유지관리하는 서버

도시권 통신망(metropolitan area network, MAN)   대도시 지역, 즉 보통 하나의 도시와 도시의 주요 교외지역에 이르는 네트워크. 이 통신망의 지리적 범위는 광역 통신망(WAN)과 근거리 통신망(LAN) 사이에 해당함

동적 가격결정(dynamic pricing)   구매자와 판매자가 어떤 특정 순간에 아이템의 가치가 얼마인지 결정하는 실시간 상호작용을 바탕으로 아이템의 가격이 결정되는 방식

드릴다운(drill down)   요약 수준의 데이터에서 점점 더 구체적인 데이터 수준으로 이동하는 것

디지털 가입자 회선(digital subscriber line, DSL)   기존의 구리 전화선상에서 고속의 전송을 가능하게 하는 기술

디지털 기업(digital firm)   거의 모든 주요 비즈니스 프로세스들과 고객, 공급자, 직원과의 관계가 디지털 방식으로 운영되고 기업의 주요 자산이 디지털 방식으로 관리되는 기업

디지털 대시보드(digital dashboard)   기업의 모든 핵심적인 성과지표들을 하나의 화면에 그래프와 차트로 보여주는 것으로 중요한 임원 의사결정에 필요한 핵심적인 측정치들을 한눈에 모두 볼 수 있도록 해줌

디지털 밀레니엄 저작권법(digital millennium copyright act, DMCA)   저작권이 설정되어 있는 자료들에 대한 기술 기반의 보호를 피할 수 있도록 해주는 장비를 생산, 유포, 사용하는 행위를 불법으로 규정함으로써 인터넷 시대에 적합하도록 조정된 저작권 법령

디지털 자산관리시스템(digital asset management system)   사진, 그래픽 이미지, 비디오, 오디오 콘텐츠와 같은 디지털 객체들을 분류하고, 저장하고, 전달하는 시스템

디지털 제품(digital goods)   디지털 네트워크로 전달될 수 있는 제품

딥러닝(deep learning)   신경망의 여러 계층을 활용하여 데이터의 근본적인 패턴을 보여주고, 일부 경우에는 인간의 개입 없이 패턴들을 식별해주기도 함

라우터(router)   한 네트워크에서 다른 네트워크로 데이터 패킷을 보내는 특별한 통신장비

랜섬웨어(ransomware)   사용자로부터 돈을 갈취하기 위한 목적으로 사용자의 컴퓨터를 제어하거나 성가신 팝업 메시지를 표시하는 멀웨어

레거시 시스템(legacy system)   오랫동안 사용해 온 시스템으로 교체나 재설계에 드는 고비용을 피하기 위해 계속 사용하고 있는 시스템

레코드(record)   관련된 필드들의 그룹

로봇공학(robotics)   제어, 감각 피드백, 정보처리를 위해 컴퓨터 시스템뿐만 아니라 사람의 움직임을 대체할 수 있는 기계 사용

롱테일 마케팅(long tail marketing)   매우 작은 시장 세그먼트(종종 곡선의 긴 쪽 끝에 있는 사람들)에 낮은 비용으로 도달할 수 있기 때문에 기업이 매우 작은 온라인 청중을 대상으로 높은 수익을 거둘 수 있는 마케팅

루틴(routine)   예상되는 상황에 대처하기 위해 개발한 명확한 규칙, 절차, 관행

리눅스(Linux)   유닉스에서 파생된 신뢰할 수 있는 작은 규모의 운영체제로 다양한 하드웨어 플랫폼에서 실행될 수 있으며, 무료나 매우 낮은 가격으로 사용 가능함. 유닉스와 마이크로소프트 윈도우 NT의 대안으로 사용됨

마이크로블로깅(microblogging)   트위터와 같이 매우 짧은 글을 특징으로 하는 블로깅

마켓스페이스(marketspace)   전통적인 시장의 경계 밖으로 확장되고, 시

간과 지리적인 장벽이 없는 시장

맞춤화(customization)   소프트웨어의 무결성을 침범하지 않으면서도 조직 특유의 요구사항에 맞도록 소프트웨어 패키지를 수정하는 것

맞춤화(customization)   전자상거래에서 사용자가 선호하는 것 또는 선호하는 행위를 기반으로, 전달되는 제품이나 서비스를 변화시키는 것

매시업(mashup)   초고속 네트워크, 세계적 통신 표준, 오픈소스 코드에 의존하는 합성 소프트웨어 애플리케이션

머신러닝(machine learning)   명시적인 프로그래밍 없이 대규모 데이터 세트에서 패턴과 관계를 식별할 수 있는 소프트웨어

멀웨어(malware)   컴퓨터 바이러스, 웜, 트로이목마와 같은 악성 소프트웨어 프로그램

멀티코어 프로세서(multicore processor)   성능 향상, 전력소비 감소, 다중 태스크를 더 효율적으로 동시에 처리하기 위해 2개 이상의 프로세서가 포함된 통합회로

멀티터치(multitouch)   마우스나 키보드를 이용하지 않고 한 가지 이상의 손가락 움직임으로 화면의 리스트나 객체를 다룰 수 있는 인터페이스

메뉴비용(menu cost)   가격 변동으로 인해 발생되는 일체의 비용

메인프레임(mainframe)   주요 비즈니스 처리에 사용되는 가장 큰 유형의 컴퓨터

면책조항(safe harbor)   정부 규제의 목표를 만족시키지만 정부 규제나 집행이 적용되지 않는 사적인 자율정책과 집행 메커니즘

모뎀(modem)   컴퓨터의 디지털 신호를 기존의 전화선으로 전송하기 위해 아날로그 형태로 변환하거나 아날로그 신호를 컴퓨터로 받아들이기 위해 디지털 신호로 변환하는 장비

모바일 기기관리(mobile device management, MDM)   여러 모바일 서비스 제공업체 및 조직에서 사용되는 여러 모바일 운영체제에 장착되어 모바일 장치를 모니터링, 관리 및 보호하는 소프트웨어

모바일 웹사이트(mobile website)   작은 모바일 화면에서 쉽게 액세스하고 검색할 수 있도록 콘텐츠 및 내비게이션이 축소된 웹사이트 버전

모바일 웹 앱(mobile web app)   모바일 기기의 웹브라우저를 통해 접근되는 특정 기능을 가진 인터넷 기반의 앱

모바일 커머스(m-커머스)[mobile commerce(m-commerce)]   스마트폰 또는 태블릿과 같은 무선 기기를 사용하여 인터넷을 통해 B2C 및 B2B 전자상거래를 수행하는 것

무료/프리미엄 수익 모델(free/freemium revenue model)   기본적인 서비스나 콘텐츠는 무료로 제공하는 한편 고급 또는 특별한 콘텐츠들은 유료로 제공하는 전자상거래 수익 모델

무선 센서 네트워크(wireless sensor network, WSN)   넓은 공간에 걸친 다수의 지점들에 정보를 제공하기 위해 무선장비들이 상호연결된 네트워크. 이 장비들에는 프로세싱, 저장, 라디오파 등의 센서들과 안테나들이 내장되어 있음

무어의 법칙(Moore's Law)   칩의 구성요소 수가 매년 2배씩 증가한다는

주장

무형이익(intangible benefit)   쉽게 수량화되지 못하는 이익. 이런 유형의 이익에는 더 효율적인 고객 서비스나 향상된 의사결정이 포함됨

문서화(documentation)   기술적 또는 최종사용자 관점에서 정보시스템이 어떻게 수행되는지 기술하는 것

문화(culture)   조직이 생산해야 할 제품, 그것들을 생산하기에 바람직한 방법과 장소, 그리고 그것들을 사용할 고객 등에 관한 기본적인 가정

미니컴퓨터(minicomputer)   대학, 공장, 연구소의 시스템으로 사용될 수 있는 중간급 컴퓨터

민감도 분석(sensitivity analysis)   결과에 영향을 미치는 하나 이상의 요인들의 영향력을 파악하기 위해 'what-if' 질문을 반복적으로 제시하는 모델

바이트(byte)   8개의 비트로 구성된 하나의 문자열로 컴퓨터 시스템에서 하나의 숫자나 문자를 저장하는 데 사용되는 단위

반구조적 의사결정(semi-structured decisions)   허용된 절차에 의해서는 문제의 일부만이 명확한 답을 갖는 결정

반복(iterative)   시스템 구축 단계들을 지속적으로 반복하는 프로세스

반복성 긴장장애(repetitive stress injury, RSI)   격렬한 작업 또는 부담이 작은 작업의 상당한 반복으로 인해 근육에 부담이 생겨 발생하는 직업병

반응형 웹 설계(responsive web design)   사용자가 랩톱이나 태블릿 컴퓨터 또는 스마트폰과 같이 서로 다른 크기의 기기들로 전환할 때 화면의 해상도와 이미지 크기를 자동으로 변경해주는 웹사이트 기능

방화벽(firewall)   외부자가 조직 사설망에 침입하는 것을 막기 위해 내부 네트워크 및 외부 네트워크 사이에 위치하는 하드웨어 및 소프트웨어

버그(bug)   소프트웨어 프로그램 코드의 결함

범위(scope)   프로젝트에 포함되는 과업들을 정의함

베스트프랙티스(best practices)   특정 조직이나 산업에서 개발한 가장 성공적인 해결방안이나 문제 해결 방법

벤치마킹(benchmarking)   제품이나 서비스, 행위에서 엄격한 표준을 설정하고, 이런 표준을 기준으로 조직의 성과를 측정하는 것

변화관리(change management)   새로운 정보시스템 도입과 같은 혁신 활동과 관련된 조직 변화의 영향을 관리하는 것

변화 대리인(change agent)   새로운 시스템이나 혁신을 구현하는 상황에서, 이에 대한 성공적인 조직 적응을 위해 변화 프로세스 과정에서 촉진자 역할을 수행하는 사람

병렬 전략(parallel strategy)   모든 사람이 새로운 것이 제대로 기능을 한다고 확신할 때까지 기존의 시스템과 그것을 대체할 시스템을 일정 기간 함께 운영하는 안전하고 보수적인 시스템 전환 접근방법

보안(security)   정보시스템에서 인증되지 못한 접근, 교체, 절도, 물리적 손상을 방지하는 데 사용되는 정책, 절차, 기술적 측정

보안관리 서비스 업체(managed security service provider, MSSP)   가입

고객을 위해 보안관리 서비스를 제공하는 기업

보안정책(security policy) 정보 목록의 순위를 매기는, 수용할 만한 보안 목표를 정하는, 이런 목표들을 달성하기 위한 메커니즘을 규정하는 서술

보완적 자산(complementary asset) 주요 투자에서 가치를 도출하는 데 필요한 부수적인 자산

본원적 활동(primary activity) 기업의 제품 및 서비스 생산 및 유통과 가장 직접적으로 관련된 활동

봇넷(botnet) 사용자가 모르는 악성 프로그램에 감염된 컴퓨터 그룹으로, 해커들로 하여금 분산된 서비스 거부 공격, 피싱 캠페인, 스팸을 위해 대량의 컴퓨터 자원들을 사용할 수 있도록 해줌

분류체계(taxonomy) 미리 정한 체계에 따라 사물을 분류하는 방법

분산 데이터베이스(distributed database) 여러 물리적 위치들에 저장된 데이터베이스

분산 서비스 거부 공격[distributed denial-of-service (DDoS) attack] 하나의 네트워크를 대상으로 다수의 컴퓨터가 엄청난 양의 서비스 요청을 퍼붓는 것

분석 플랫폼(analytic platform) 대용량 데이터 세트를 빠르게 분석할 수 있도록 정교하게 설계된 하드웨어-소프트웨어 구조의 시스템

분석적 CRM(analytical CRM) 비즈니스 성과를 향상시킬 수 있는 정보 제공을 위해 고객 데이터를 분석하는 고객관계관리(CRM) 애플리케이션

블로그(blog) '웹로그(weblog)'를 일컫는 일반적인 용어로 개인의 스토리, 의견, 관심 사이트에 대한 링크 등을 게시할 수 있는 비공식적이지만 구조화된 웹사이트를 의미

블로그스피어(blogosphere) 블로그 관련 웹사이트 전체

블록체인(blockchain) 분산 네트워크의 컴퓨터들에 영구적이고 쉽게 변경할 수 없는 거래처리 기록들을 저장하고 공유하는 분산원장시스템

블루투스(bluetooth) 10m 지역 이내에서 722Kbps의 속도로 전송할 수 있는 단거리 무선망(PAN)의 표준

비가동시간(downtime) 정보시스템이 작동하지 않는 시간

비관계형 데이터베이스관리시스템(non-relational database management system) 관계형 모델로는 분석하기 어려운 대용량의 구조적·비구조적 데이터들을 다루는 데이터베이스관리시스템

비구조적 의사결정(unstructured decision) 의사결정자가 판단, 평가, 통찰력을 문제 정의에 제공해야 하는 비반복적 의사결정. 이런 의사결정에는 합의된 절차가 없음

비용 투명성(cost transparency) 상인들이 제품에 지불하는 실제 비용을 알아내는 고객들의 능력

비주얼 웹(visual web) 텍스트 대신 그림을 보여주고 사용자들이 그림이나 시각적 특성을 검색하는 핀터레스트와 같은 웹사이트들을 연결하는 시각적 사이트

비즈니스 기능(business functions) 비즈니스 조직에서 수행되는 업무 영역으로 제조 및 생산, 판매 및 마케팅, 재무 및 회계, 인적자원관리 등이 그 예가 됨

비즈니스 동인(business driver) 기업이 대응해야 하는 환경에 존재하며 비즈니스의 방향에 영향을 미치는 요인

비즈니스 모델(business model) 해당 기업은 어떤 기업인지, 어떻게 제품이나 서비스를 제공하는지, 그리고 기업이 부를 어떻게 창출하는지를 보여주는 개념적 묘사

비즈니스 생태계(business ecosystem) 공급자, 유통업자, 아웃소싱 기업, 운송 서비스 기업, 기술 제조업자 간의 느슨하지만 상호 의존적인 네트워크

비즈니스 성과관리(business performance management, BPM) 기업의 전략(예 : 차별화, 저비용 생산, 시장점유율 증대, 운영 범위)을 체계적으로 운영 목표로 전환시키는 것

비즈니스 연속성 계획수립(business continuity planning) 기업이 재난을 겪은 뒤 비즈니스 운영을 복구할 수 있는 방법에 초점을 맞춘 계획수립

비즈니스 인텔리전스(business intelligence) 사용자들이 더 나은 비즈니스 의사결정을 내릴 수 있도록 도와주는 애플리케이션 및 기술

비즈니스 프로세스(business processes) 조직이 제품이나 서비스를 생산하기 위해 업무 활동, 정보, 지식을 구성하고 구조화하는 고유한 방식

비즈니스 프로세스 관리(business process management, BPM) 비즈니스 프로세스를 지속적으로 향상시키고 관리하기 위한 접근법

비즈니스 프로세스 재설계(business process redesign) 비즈니스 프로세스를 분석, 단순화, 재설계하는 방식으로 수행하는 조직 변화 유형

비지도학습(unsupervised learning) 사전에 분류되거나 레이블이 지정되지 않은 정보를 사용하고 명시적인 사람의 안내 없이 해당 정보의 패턴을 찾도록 훈련된 머신러닝 알고리즘

비트(bit) 컴퓨터 시스템의 가장 작은 데이터 단위를 나타내는 이진수. 하나의 비트는 0 또는 1을 사용하여 두 가지 상태 중 하나만을 표현함

빅데이터(big data) 엄청난 양 때문에 일반적인 관계형 DBMS로는 확보하거나, 저장하거나, 분석하기가 곤란한 데이터 세트. 데이터의 형태는 종종 비구조적 또는 반구조적임

사물인터넷(Internet of things) 각 개체 또는 컴퓨터가 고유한 ID를 가지며 인터넷을 사용하여 다른 컴퓨터와 연결하거나 데이터를 보낼 수 있는 퍼베이시브(pervasive) 웹. 산업용 인터넷이라고도 함

사베인즈-옥슬리법(Sarbanes-Oxley Act) 내부적으로 사용되고 외부에 공표되는 재무정보의 정확성과 무결성 보장을 통해 투자자를 보호하기 위한 목적으로 회사와 경영진의 책무를 규정한 2002년에 통과된 법

사설 산업 네트워크(private industrial network) 조직 간 비즈니스 프로세스의 연동을 위해 산업 내 여러 기업들의 시스템을 연결하는 웹 기반 네트워크

사설 익스체인지(private exchange) 사설 산업 네트워크의 또 다른 용어

사설 클라우드(private cloud) 서버, 네트워크, 데이터, 애플리케이션을 회사 내 사용자들이 공유하는 가상화된 서비스로 묶어주는 네트워크 또는 데이터 센터

사용자-설계자 의사소통 격차(user-designer communications gap) 사용자와 정보시스템 전문가 간의 의사소통 및 문제 해결에 방해가 되는 배경, 관심사, 선호도의 차이

사용자 인터페이스(user interface) 최종사용자가 시스템과 상호작용을 하는 정보시스템의 일부분. 사용자가 이런 시스템으로 작업하는 데 필요한 하드웨어 유형 및 일련의 화면 명령어와 응답

사이버 전쟁(cyberwarfare) 상대 국가의 컴퓨터나 네트워크를 파괴함으로써 심각한 손상을 주거나 공격을 좌절시키도록 설계된 정부 주도의 행위

사이버 파괴 행위(cybervandalism) 웹사이트나 기업의 정보시스템에 대한 의도적인 혼란, 손상, 파괴

사전동의(informed consent) 합리적인 의사결정에 필요한 모든 사실에 대한 지식을 가지고서 동의하는 것

사회공학(social engineering) 정보가 필요한 기업에 합법적인 사용자나 가입자로 가장함으로써 사람들을 속여 그들의 패스워드를 노출하게끔 하는 것

사회기술적 관점(sociotechnical view) 시스템을 기술적 요소들과 사회적 요소 모두로 구성된 것으로 보는 관점

사회기술적 설계(sociotechnical design) 기술적 효율성과 조직 및 인간의 니즈에서의 반응이 혼합된 정보시스템을 생산하기 위한 설계

사회적 네트워킹 사이트(social networking site) 사용자들이 서로의 비즈니스나 개인적 연관관계로 인맥을 형성함으로써 그들의 비즈니스나 사회적 접촉을 확장시킬 수 있는 온라인 커뮤니티

사후 구현 감사(post-implementation audit) 시스템이 본래의 목적을 얼마나 잘 만족시키는지 파악하기 위해 시스템이 설치된 후에 수행되는 공식 검토 프로세스

생산 또는 서비스 근로자(production or service worker) 조직의 제품이나 서비스를 실제 생산하는 사람

생체 인증(biometric authentication) 시스템 사용자들의 지문이나 얼굴, 망막 등 개인의 고유한 특성을 시스템에 저장된 기록과 대조함으로써 사용자를 인증하는 기술

서버(server) 네트워크상의 여타 컴퓨터들에 소프트웨어 및 여타 자원들을 제공하도록 특별히 최적화된 컴퓨터

서비스 거부 공격[denial of service (DoS) attack] 네트워크를 마비시키기 위해 네트워크 서버나 웹서버에 잘못된 통신 및 서비스 요청을 대량으로 보내는 것

서비스로서의 소프트웨어(software as a service, SaaS) 원격으로 소프트웨어를 제공하거나 소프트웨어에 접속할 수 있도록 해주는 웹 기반 서비스

서비스 수준 계약서(service level agreement, SLA) 서비스 제공자의 구체적인 책임과 고객이 기대하는 서비스 수준에 대해 구체적으로 정의한 고객과 서비스 제공자 간의 공식 계약서

서비스 지향 아키텍처(service-oriented architecture) 소프트웨어 애플리케이션 생성을 위해 할당된 작업들을 수행하기 위해 서로 통신하는 소프트웨어들을 기반으로 구축된 소프트웨어 아키텍처

선정(choice) 사이먼의 의사결정 3단계로, 개인이 다양한 해결 대안 중에서 하나를 선택하는 것

설계(design) 사이먼의 의사결정 2단계로, 문제점에 대해서 가능한 해결책들을 인식하는 단계

소셜 검색(social search) 개인의 사회적 네트워크를 기반으로 더욱 적절하고 신뢰할 수 있는 검색 결과를 제공하는 것

소셜 그래프(social graph) 온라인상의 모든 중요한 소셜 관계들을 대응시켜 놓은 것으로 오프라인상에서 언급되는 '소셜 네트워크'와 같은 개념임

소셜 비즈니스(social business) 페이스북이나 트위터, 또는 기업 내부의 소셜 도구 등을 포함한 소셜 네트워킹 플랫폼을 활용하여 직원, 고객, 공급자들을 대상으로 수행하는 비즈니스

소셜 쇼핑(social shopping) 다른 소비자들과 관심 있는 아이템들에 관한 지식을 공유하기 위해 사용자 생성 웹페이지를 특징으로 하는 웹사이트들을 이용하는 것

소셜 CRM(social CRM) 기업이 소셜 네트워킹 사이트를 통한 고객과의 대화, 데이터, 관계 등을 CRM 프로세스로 연계시키는 것을 가능케 해주는 도구

소액지불시스템(micropayment systems) 금액의 합이 대개 10달러 이내인 소액거래를 효과적인 비용으로 처리하는 시스템

소프트웨어 정의 네트워킹(software-defined networking, SDN) 네트워크 장치와 분리된 중앙제어프로그램을 이용하여 네트워크의 데이터 흐름을 관리할 수 있는 기술

소프트웨어 정의 스토리지(software-defined storage, SDS) 기본 하드웨어와 독립적으로 데이터 스토리지의 권한 설정 등의 관리를 하는 소프트웨어

소프트웨어 패키지(software package) 미리 작성되고, 미리 코드화된 상업적으로 사용 가능한 프로그램들의 집합으로, 특정 기능들을 위한 소프트웨어 프로그램을 작성할 필요가 없음

소프트웨어 현지화(software localization) 소프트웨어가 현지의 언어로 작동하도록 소프트웨어를 변환시키는 프로세스

속성(attribute) 특정 개체를 기술하는 정보

손목터널증후군(carpal tunnel syndrome, CTS) 일종의 반복 스트레스 장애(RSI)로, 손목 관절 구조에서 정중신경에 압력이 가해질 때 고통이 발생하는 증상

쇼핑봇(shopping bot) 전자상거래 고객들이 구매를 원하는 제품이나 서비스를 찾고 평가하는 것을 돕는 다양한 수준의 내장 지능을 지닌 소프트웨어

수요계획수립(demand planning) 기업이 고객들의 수요를 충족시키는 데 필요한 제품 수량을 결정하는 것

수익 모델(revenue model) 기업이 수익을 올리고 이윤을 창출하며, 강력한 투자회수율(ROI)를 얻어내는 방법

스니퍼(sniffer) 네트워크를 통해 이동하는 정보를 모니터링하는 도청 프로그램

스마트카드(smart card) 디지털 정보를 저장하고 현금 대신 전자지불에 사용될 수 있는 신용카드 크기의 플라스틱 카드

스마트폰(smart phone) 음성, 텍스트, 인터넷 기능들을 갖춘 무선전화

스트리밍(streaming) 음악이나 비디오 파일을 사용자의 기기에 저장하지 않고 파일의 데이터들을 사용자 기기로 연속적으로 전달함으로써 그 콘텐츠를 사용할 수 있도록 해주는 방식

스파이웨어(spyware) 개인이나 조직에 관한 지식 없이 이들의 정보를 수집하는 것을 도와주는 기술

스팸(spam) 원치 않는 상업성 이메일

스푸핑(spoofing) 인터넷상에서 사용지의 신원을 숨기거나 다른 사람의 신원을 위장함으로써 컴퓨터 시스템이나 다른 컴퓨터 사용자들을 속이는 것

시맨틱 검색(semantic search) 인간의 언어와 행동을 이해할 수 있는 검색기술

시스템 개발(systems development) 조직적 문제나 기회를 해결할 수 있는 정보시스템 생성에 투입되는 활동

시스템 검사(system testing) 서로 구별되는 모듈들이 계획대로 잘 연동되는지 여부를 파악하기 위해 정보시스템 전체의 기능을 테스트하는 것

시스템 구축 반대(counterimplementation) 조직의 정보시스템이나 혁신 구현을 고의적으로 방해하기 위한 전략

시스템 분석(systems analysis) 조직이 정보시스템으로 해결하려는 문제를 분석하는 것

시스템 분석가(systems analyst) 비즈니스 문제 및 요구사항을 정보 및 시스템의 요구사항으로 변환하고, 정보시스템 부서 및 나머지 부서 간의 교섭 역할을 하는 전문가

시스템 생명주기(systems life cycle) 정보시스템을 개발하기 위한 전통적인 방법론으로 시스템 개발 프로세스를 공식 단계들로 분할하는데, 이 공식 단계들은 최종사용자와 정보시스템 분석가 간의 공식적인 업무 분할에 따라 순차적으로 완료되어야 함

시스템 설계(systems design) 시스템이 시스템 분석으로 결정된 정보 요구사항을 어떻게 만족시킬지 구체화하는 것

시장 생성자(market creator) 구매자와 판매자가 만나서 제품을 검색하고, 거래를 할 수 있는 디지털 온라인 환경을 제공하는 전자상거래 비즈니스 모형

시장 진입비용(market entry cost) 판매자가 자신의 제품을 시장에 출시하기 위해 치러야 하는 비용

시제품(prototype) 목적을 입증하고 평가하기 위한 정보시스템의 초기 작동 버전

신경망(neural network) 데이터 입력을 기반으로 객체를 특정 범주로 분류하도록 훈련시킬 수 있는 생물학적 뇌의 처리 패턴에 기반을 둔 알고리즘

신속 애플리케이션 개발(rapid application development, RAD) 프로토타이핑, 최첨단 소프트웨어 툴, 사용자 및 시스템 전문가 간의 긴밀한 팀워크를 사용하여 단기간에 시스템을 개발하는 프로세스

신원관리(identity management) 시스템의 유효한 사용자를 식별하고 시스템 자원에 대한 사용자 접근을 통제하는 비즈니스 프로세스 및 소프트웨어 도구

신원도용(identity theft) 다른 개인의 이름으로 상품 및 서비스를 얻거나 기밀정보를 불법으로 얻기 위해 다른 사람의 신용카드나 주민등록번호 등 개인정보의 핵심 부분을 절도하는 것

실물옵션 가격결정 모델(real options pricing model) 재무적 옵션의 가치를 산정하는 기법을 이용하여 수익이 불확실한 정보기술 투자를 평가하는 모델

실행공동체(communities of practice, COP) 유사한 업무 활동을 수행하거나 유사한 관심을 가지고 지식을 서로 공유하는 기업 내외부의 전문가 및 직원들로 구성된 비공식 소셜 네트워크

심층 패킷 조사(deep packet inspection, DPI) 데이터 패킷을 조사하여 비즈니스의 중요도에 따라 데이터를 정렬시키고 그렇게 정렬된 패킷들을 보내는 방식으로 네트워크 트래픽을 관리하는 기술

아웃소싱(outsourcing) 컴퓨터 센터 운영, 정보통신 네트워크, 애플리케이션 등의 개발을 외부의 공급업체와의 계약을 통해 위탁하는 것

안드로이드(android) 안드로이드사(구글에 인수됨)가 개발한 모바일 운영체제로, 나중에 오픈핸드셋 얼라이언스에 의해 유연하고 업그레이드 가능한 모바일 기기 플랫폼으로 발전되었음

안티멀웨어 소프트웨어(anti-malware software) 정보시스템의 컴퓨터 바이러스를 탐지하고 종종 제거하기도 하게끔 설계된 소프트웨어

암묵지(tacit knowledge) 공식적으로 문서화되지 않은 조직 구성원들의 전문지식 및 경험

암호화(encryption) 인증 없이 읽거나 접근하는 것을 방지하려는 메시지들을 코딩하고 변경하는 것

애자일 개발(agile development) 큰 규모의 프로젝트를 짧은 기간에 완수할 수 있는 일련의 작은 하위 프로젝트로 나누고 계속해서 반복되는 피드백을 통해 소프트웨어를 신속하게 개발하는 방법

애플리케이션 서버(application server) 브라우저 기반의 컴퓨터와 기업의 후방 비즈니스 애플리케이션/데이터베이스 간의 모든 오퍼레이션들을 다루는 소프트웨어

애플리케이션 통제(application controls) 인증된 데이터만이 애플리케이션에 의해 완전하고 정확하게 처리될 수 있도록 해주는 컴퓨터 애플리케이션에 대해 특화된 통제 방식

앱(app) 인터넷이나 컴퓨터 또는 스마트폰에서 돌아가는 작은 소프트웨어로, 일반적으로 인터넷을 통해 전달됨

양자 컴퓨팅(quantum computing) 양자물리학의 원리를 이용하여 데이터를 표현하고 데이터 연산을 수행하는 컴퓨팅으로, 즉각적으로 다수의 상이한 상태가 될 수 있고 다수의 상이한 계산들을 동시에 수행할 수 있음

에이전트 기반 모델링(agent-based modeling) 복잡한 현상을 상대적으로 단순한 규칙에 따라 상호작용을 하는 자율적 에이전트 시스템으로 모델링하는 것

에지 컴퓨팅(edge computing) 데이터 소스에서 가까운 네트워크 말단의 서버들에서 일부 데이터 처리를 수행하여 클라우드 컴퓨팅 시스템을 최적화하는 방법

엑스트라넷(extranet) 인증된 외부인들이 접속할 수 있는 사설 인트라넷

역방향 추론(backward chaining) 전문가시스템에서 규칙 베이스를 검색하는 전략으로, 가설로 작업을 시작하여 가설이 입증되거나 입증되지 못할 때까지 더 많은 정보를 탐색함으로써 문제 해결사처럼 행동함

영업비밀(trade secret) 기업의 목적을 위해 사용될 수 있는 지적 결과물이나 제품으로 보편적인 정보에 기반을 두지 않을 때 그 기업에 속한 것으로 분류될 수 있음

예측 검색(predictive search) 검색어가 입력될 때 사용자의 검색 내용을 예상하여 그와 관련 검색어들을 제공해주는 검색 알고리즘의 한 유형

예측적 분석(predictive analytics) 데이터마이닝 기술, 히스토리 데이터, 미래 조건에 대한 가정 등을 사용하여 고객이 제안에 응답하거나 특정 제품을 구매할 확률과 같은 이벤트 결과를 예측하는 것

오픈소스 소프트웨어(open-source software) 무료로 프로그램 코드에 접근할 수 있는 소프트웨어로 사용자들이 프로그램을 향상시키거나 오류를 수정하기 위해 프로그램 코드를 수정할 수 있음

오피스 365(Office 365) 구독 서비스로 호스팅된 마이크로소프트 오피스 생산성 및 공동 작업 도구의 클라우드 버전

온라인 대중 공개강좌(massive open online course, MOOC) 매우 많은 참여자들을 대상으로 웹을 통해 사용할 수 있도록 만들어진 온라인 강좌

온디맨드 컴퓨팅(on-demand computing) 원거리의 대규모 데이터처리 센터에서 컴퓨팅 파워의 과부하를 피하면서, 컴퓨팅 파워에 평균처리 부하만큼만 투자하고, 시장 수요에 따라 추가적인 컴퓨팅 파워만큼만 지불하는 컴퓨팅 방식. 유틸리티 컴퓨팅이라고도 함

온라인 거래처리(online transaction processing) 온라인으로 들어온 트랜잭션이 컴퓨터에서 바로 처리되는 트랜잭션 처리 방식

온라인분석처리(online analytical processing, OLAP) 여러 관점으로 대용량의 데이터를 조작하고 분석하는 기능

옵트아웃(opt-out) 고객이 자신의 정보가 수집되지 않도록 특별히 요청할 때까지 그 고객이 자신의 정보 수집을 허락한 것으로 인정하는 모델

옵트인(opt-in) 개인이 특별히 정보 수집 및 사용을 허락하는 행위를 취하지 않으면 조직이 그 개인의 정보를 수집하는 것을 방지하는 모델

와이맥스(WiMax) (데이터 전송 속도가 75Mbps에 이르고, 31마일에 이르는 지역에서 무선 네트워킹을 가능하게 하는 IEEE Standard 802.16을 일컫는 일반 용어. Worldwide Interoperability for Microwave Access의 줄임말

와이파이(Wi-Fi) 'Wireless Fidelity'의 줄임말인 Wi-Fi로 종종 표현되며, 무선 네트워킹 표준인 802.11 계열을 참조하고 있음

외래키(foreign key) 사용자들이 다른 데이터베이스 테이블에서 관련된 정보를 찾을 수 있도록 해주는 필드

외부 통합 도구(external integration tool) 구현팀의 작업과 조직의 모든 사용자들의 작업을 연계시키는 프로젝트 관리 기법

운영 관리층(operational management) 조직의 일상 활동을 감독하는 사람

운영적 인텔리전스(operational intelligence) 데이터, 스트리밍 이벤트, 비즈니스 운영에 대한 통찰력을 제공하는 비즈니스 분석

운영적 CRM(operational CRM) 판매 자동화, 콜센터 및 고객 서비스 지원, 마케팅 자동화 등과 같은 고객 접점의 애플리케이션들

운영체제(operating system) 컴퓨터의 활동을 관리하고 통제하는 시스템 소프트웨어

워 드라이빙(war driving) 도청자가 빌딩이나 공원 근처를 지나가면서 무선 네트워크 통신 내용을 가로채는 기법

월드와이드웹(world wide web, WWW) 네트워크 환경에서 정보를 저장, 조회, 포매팅, 표시하기 위해 보편적으로 받아들이는 표준을 갖춘 시스템

웜(worm) 컴퓨터 네트워크의 작동을 중단시키거나 데이터 및 여타 프로그램들을 파괴하기 위해 자체적으로 전파되는 독립 소프트웨어 프로그램

웹마이닝(web mining) 웹으로부터 유용한 패턴과 정보들을 발견해내고 분석하는 것

웹브라우저(web browser) 웹과 인터넷에 접근하는 데 사용하기 쉬운 소프트웨어

웹 비컨(web beacon) 웹사이트에 방문하거나 이메일을 보내는 등의 사용자 행위를 감시하도록 설계된 작은 객체로 이메일 메시지와 웹페이지에 보이지 않도록 삽입되어 있음

웹사이트(website) 조직이나 개인이 유지관리하는 모든 월드와이드웹페이지

웹서버(web server) 웹페이지들을 저장하고, 이 웹페이지들의 요청을 관리하며, 이 웹페이지들을 사용자의 컴퓨터에 전달하는 소프트웨어가 있는 컴퓨터

웹서비스(web services) 다양한 소스의 서로 다른 애플리케이션들을 시간이 걸리는 맞춤화 코딩 없이 통합하기 위해 인터넷 기술을 이용하는 범용 표준. 서로 다른 조직들의 시스템을 연결하거나 동일 조직 내의 개별적인 시스템을 연결하기 위해 사용함

웹 호스팅 서비스(web hosting service) 대형 웹서버가 있는 회사가 이것으로 구축된 무료 사용자들의 웹사이트를 유지 보수해주는 서비스

위치 기반 서비스(location-based service) 스마트폰에서 사용할 수 있는 GPS 맵 서비스

위치 분석(location analytics) 데이터의 위치(지리적) 요소들(모바일폰으로부터 나오는 위치 데이터, 센서나 스캐닝 기기로부터 나오는 출력물, 맵으로부터 나오는 데이터를 포함한)로부터 통찰력을 얻는 기능

위키(wiki) 웹사이트 방문객들이 이전 저자들의 작업물을 포함한 콘텐츠를 추가, 삭제, 수정하는 협업적 웹사이트

위험기피원칙(risk aversion principle) 손해를 최소화하거나 최소의 비용을 발생시키는 행위를 취해야 한다는 원칙

위험도 평가(risk assessment) 발생 가능한 어떤 문제에 대해 그 문제의 잠재적 발생 빈도와 잠재적 손해를 결정하는 것. 통제의 비용-수익을 결정하는 데 사용

윈도우(Windows) 마이크로소프트 계열의 운영체제로 네트워크 및 클라이언트 서버 모두에 적용됨

윈도우 10(Windows 10) 가장 최신의 마이크로소프트 윈도우 클라이언트 운영체제

윈텔 PC(Wintel PC) 인텔 마이크로프로세서(또는 호환 가능한 프로세서)와 윈도우 운영체제를 사용하는 모든 컴퓨터

유닉스(Unix) 모든 유형의 컴퓨터에서 사용될 수 있는 운영체제로 컴퓨터와 독립적이며 다중 사용자 처리, 멀티태스킹, 네트워킹을 지원. 고성능의 워크스테이션 및 서버에서 사용

유전자 알고리즘(genetic algorithm) 환경에 적응해 나가는 살아 있는 유기체를 모델로 이용하여 특정한 문제에서 진화적인 해결 방식을 추구하는 문제 해결 기법

유지보수(maintenance) 오류를 수정하거나 새로운 요구사항을 충족시키거나 처리 효율성을 향상시키기 위해 정보시스템의 하드웨어, 소프트웨어, 문서 또는 절차를 변경하는 활동

유형 이익(tangible benefit) 금전적 가치로 계량화되고 할당될 수 있는 이익. 여기에는 더 낮은 운영비용 및 증가된 현금흐름이 포함됨

윤리(ethics) 개인들이 자신의 행동에 대한 선택을 자유롭게 할 수 있는 도덕적 존재로서 이러한 선택을 하는 데 있어 사용할 수 있는 올바른 것과 그른 것에 관한 판단 원칙

윤리적 '공짜는 없다' 법칙(ethical 'no free lunch' rule) 모든 유무형의 물건에 대해 제작자가 자신의 소유 권리를 별도의 명시적 선언을 하지 않는 한 제작자는 자신의 작업에 대한 보상을 원함에도 불구하고, 그 물건들은 제작자가 아닌 다른 사람들에 의해 소유되기 마련이라는 가정

의무(liability) 개인이 여타의 행위자, 시스템, 조직에서 입은 손해를 보상할 수 있도록 하는 규정의 존재

의사결정 역할(decisional roles) 관리자가 행위를 주도하고, 장애물을 처리하고, 자원을 할당하고, 갈등을 해결하는 관리적 역할을 설명한 민츠버그(Mintzberg)의 분류

의사결정지원시스템(decision-support system, DSS) 반구조적이거나 비구조적인 의사결정을 지원하기 위해 데이터를 복잡한 분석 모델이나 데이터 분석 도구들과 결합한 관리자 수준의 정보시스템

이메일(electronic mail, e-mail) 컴퓨터 간의 메시지 교환

이블 트윈스(evil twins) 합법적인 것처럼 위장하여 사용자를 로그온하도록 꾀어 패스워드나 신용카드 번호를 노출하도록 만드는 무선 네트워크

이용목적 제한방침(acceptable use policy, AUP) 데스크톱과 랩톱 컴퓨터, 무선장비, 전화, 인터넷 등을 포함한 기업의 정보자원 및 컴퓨팅 장비들에 대한 사용 허용 한도를 정의하고, 그 한도 준수 불이행에 따른 결과를 규정함

이중 인증(two-factor authentication) 두 가지 수단으로 사용자의 신원을 확인하는 것으로, 하나는 일반적으로 물리적 징표이고 다른 하나는 일반적으로 데이터임

익스체인지(exchange) 제3자 넷 마켓플레이스로 주로 거래 지향적이고 단발성 구매를 위해 다수의 구매자와 공급자를 연결시켜줌

인간공학(ergonomics) 작업, 건강 이슈, 정보시스템의 최종사용자 인터페이스 등의 설계를 포함한 작업 환경에서의 사람과 기계 간의 상호작용을 연구하는 분야

인공지능(artificial intelligence, AI) 인간처럼 생각하고 행위할 수 있는 컴퓨터 기반 시스템

인메모리 컴퓨팅(in-memory computing) 데이터를 컴퓨터의 주기억장치에 저장함으로써 보조기억장치에 저장한 것보다 훨씬 더 빠르게 대용량의 데이터를 분석하고 처리하는 기술

인수 검사(acceptance testing) 시스템이 현업에서 사용될 준비가 되었음을 최종적으로 인증하는 검사 활동

인스턴트 메시징(instant messaging) 참여자들이 자신만의 사적인 채팅 채널을 생성할 수 있도록 해주는 채팅 서비스로 사용자의 개인 채팅 목록에 있는 누군가가 온라인 상태가 될 때마다 그와 채팅을 할 수 있도록 이를 알려줌

인증(authentication) 거래당사자가 서로의 신원을 확인할 수 있는 기능

인터넷(Internet) 수많은 서로 다른 네트워크를 연결하기 위해 범용 표준을 사용하는 글로벌 네트워크들의 네트워크

인터넷2(Internet2) 새로운 프로토콜 및 전송 속도를 갖춘 연구망으로, 고속 대역폭의 인터넷 애플리케이션들을 지원하는 인프라를 제공

인터넷 서비스 제공자(Internet service provider, ISP) 인터넷에 대해 영구적으로 접속할 수 있는 상업 조직으로 가입자들에게 한시적인 접속 서비스를 판매함

인터넷 음성 프로토콜(voice over IP, VoIP) IP를 이용한 음성정보 전달 관리를 위한 기술

인트라넷(intranet) 인터넷 및 웹 기술과 표준을 기반으로 한 내부 네트워크

일반 데이터 보호 규정(General Data Protection Regulation, GDPR) 2018

년 5월 25일부터 효력이 발휘되기 시작한 법률로, 유럽 연합의 개인정보보호법을 업데이트하고 통합하여 비즈니스를 보다 투명하게 만들고 데이터 주체의 개인정보보호 권한을 확대하는 데 중점을 둔 법률

일반 통제(general control) 조직의 IT 인프라 전반을 통해 컴퓨터 프로그램의 설계, 보안, 사용 및 데이터 파일의 보안을 통제하는 포괄적인 통제 환경

입력(input) 정보시스템에서 처리하기 위한 원시 데이터들로 조직의 내부 또는 외부 환경에서 나옴

자국 기반 수출기업(domestic exporter) 모국에 기업 활동이 집중된 비즈니스 조직 형태

자동화(automation) 기존 업무의 효율성을 향상시키기 위해 컴퓨터를 사용하는 것

자본 예산수립(capital budgeting) 자본 지출에 대한 다양한 제안들을 분석하고 선택하는 프로세스

재난 복구 계획(disaster recovery planning) 컴퓨팅 및 통신 서비스에서 파손이 발생했을 때 이를 복구하는 계획

저작권(copyright) 적어도 70년간 저작자의 지적재산을 이유불문하고 복제로부터 보호될 수 있도록 해주는 법적 권리

적법 절차(due process) 법칙이 잘 알려져 있고 이해될 수 있는 프로세스로 법이 올바르게 적용되도록 하기 위해 고위 당국에 항소할 수 있는 프로세스

전략적 전환(strategic transitions) 사회기술적 시스템 간의 이동. 조직의 사회적·기술적 요소들의 변화가 필요한 전략적 시스템을 채택할 때 종종 요구됨

전문가시스템(expert system) 특정 지식 영역에 대해 전문지식을 포착하는 지식 집약적 컴퓨터 프로그램

전사적 소프트웨어(enterprise software) 판매 및 유통, 재무 회계, 투자관리, 자재관리, 생산 계획, 설비관리, 인적자원관리 등에 관한 애플리케이션들의 통합체로, 다수의 기능 영역과 비즈니스 프로세스에서 데이터를 사용할 수 있도록 해줌

전사적 시스템(enterprise systems) 기업의 핵심적인 내부 프로세스를 조정하는 통합적 전사 정보시스템

전사적 애플리케이션(enterprise applications) 기업 내의 서로 다른 기능, 업무 수준, 사업단위에서의 활동, 의사결정, 지식을 통합할 수 있는 시스템. 전사적 시스템, 공급사슬관리시스템, 지식관리시스템 등이 포함됨

전사적 지식관리시스템(enterprise-wide knowledge management system) 디지털 콘텐츠 및 지식을 수집하고, 저장하고, 전달하고, 활용을 도와주는 범용의 전사적 시스템

전사적 콘텐츠관리(enterprise content management, ECM) 문서, 리포트, 발표 자료, 베스트프랙티스 등에 관한 기업 저장소를 제공하고 이메일 및 그래픽 객체들을 수집하고 구조화하는 기능을 제공함으로써 구조화되거나 반구조화된 조직의 지식을 관리하는 데 도움을 줌

전사적 품질경영(total quality management, TQM) 품질 통제를 조직의

모든 사람이 공유해야 하는 책임으로 여기는 개념

전자문서교환(electronic data interchange, EDI) 두 조직 간 컴퓨터를 통한 주문, 배송 지시서, 지불 등 표준적인 거래처리 수행

전자상거래(electronic commerce, e-commerce) 재화 및 서비스를 전자적으로 구매하고 판매하는 프로세스로 인터넷, 네트워크, 여타의 디지털 기술들을 이용한 거래처리를 포함함

전자인증서(digital certificate) 송신자의 신원을 확인하고 수신자에게 답장을 암호화하는 수단을 제공하기 위해 전자직 메시지에 첨부시키는 것

전자정부(e-government) 정부 및 공공부문의 기관들이 인터넷 및 관련 기술을 사용하여 디지털 방식으로 시민, 기업, 다른 정부 조직들과 상호작용할 수 있도록 해주는 애플리케이션

전통적 관리 모델(classical model of management) 계획수립, 조직화, 조정, 의사결정, 통제와 같은 공식 기능들에 초점을 맞춘 전통적인 관리 방식

전환(conversion) 기존의 시스템을 새로운 시스템으로 변경하는 과정

전환비용(switching cost) 고객이나 기업이 기존의 공급자나 시스템을 더 경쟁력 있는 것으로 변경할 때 시간 및 자원과 관련하여 발생하는 비용

절차의 합리화(rationalization of procedure) 자동화가 운영 절차를 더 효율화할 수 있도록 명백한 병목 현상들을 제거하면서 표준 운영 절차들을 합리화하는 것

정규화(normalization) 관계형 데이터베이스를 설계할 때 복잡한 데이터 그룹에서 작고 안정적인 데이터 구조를 생성하는 프로세스

정당성(legitimacy) 역량, 비전, 여타의 질적인 측면들을 근거로 수용될 수 있는 권한의 정도

정방향 추론(forward chaining) 전문가시스템에서 규칙 베이스를 검색하는 전략으로, 사용자에 입력한 정보를 바탕으로 결론에 이를 수 있는 규칙 베이스를 검색함

정보(information) 인간에게 의미 있고 유용한 형식으로 변형된 데이터

정보 격차(digital divide) 상이한 사회적 집단 및 상이한 지역민 간에 존재하는 컴퓨터 및 인터넷 접속 기회의 불균형

정보 권리(information right) 개인과 조직이 자산과 관련된 정보와 관련하여 갖는 권리

정보기술(information technology, IT) 조직이 비즈니스 목표를 달성하기 위해 필요로 하는 모든 하드웨어 및 소프트웨어 기술

정보기술 인프라(Information Technology [IT] infrastructure) 조직에 공유 IT 자원 포트폴리오를 제공하는 컴퓨터 하드웨어, 소프트웨어, 데이터, 저장기술, 네트워크

정보 밀도(information density) 시장의 모든 참여자들이 사용 가능한 정보의 총량과 품질

정보 불균형(information asymmetry) 한 거래에서 두 당사자의 교섭력이 어느 당사자가 거래에 중요한 정보를 더 많이 보유하고 있는가에 따라 결정되는 상황

정보시스템(information system) 조직의 의사결정, 협업, 통제, 분석, 시각화를 지원하기 위한 목적으로 정보를 수집하고, 처리하고, 저장하고, 유포할 수 있도록 연동되는 상호 관련 요소들

정보시스템 감사(information systems audit) 개별 정보시스템을 관리하는 모든 통제 기능을 식별하고 그 효과를 평가함

정보시스템 계획(information systems plan) 이론적 근거, 현재 상황, 관리 전략, 구현 계획, 예산을 중심으로 시스템 개발 방향을 보여주는 로드맵

정보시스템 관리자(information systems manager) 정보시스템 부서의 다양한 전문가들의 리더

정보시스템 부서(information systems department) 조직의 정보시스템 기능을 담당하는 공식적인 조직단위

정보시스템 활용능력(information systems literacy) 컴퓨터에 관한 기술적 지식뿐만 아니라 정보시스템을 사용하는 조직 및 개인에 대한 행위적 지식까지 아우르는 정보시스템에 대한 폭넓은 이해력

정보 요구사항(information requirement) 새로운 시스템이 만족시켜야 할 정보 니즈의 구체적인 진술. 누구한테 어떤 정보가 필요한지, 언제, 어디서, 어떤 정보가 필요한지 규정함

정보정책(information policy) 조직 정보의 유지보수, 유포, 사용을 통제하는 공식적인 규칙

정보제공 역할(informational roles) 민츠버그(Mintzberg)의 관리적 역할의 한 범주로 관리자가 조직의 중추신경 센터로서 중요한 정보를 수신 및 배포하는 역할을 의미함

제로 데이 취약점(zero-day vulnerabilities) 생산업체에 알려지지 않은 소프트웨어의 보안 취약점으로 생산업체가 문제를 인식하기 전에 해커가 악용할 수 있음

제안 요청서(request for proposal, RFP) 벤더의 제품이 조직의 특정 요구사항을 얼마나 잘 만족시키는지 파악하기 위해 소프트웨어 벤더 또는 여타 서비스 벤더들에게 보내는 구체적인 질의 목록

제품 차별화(product differentiation) 경쟁자가 쉽게 모방할 수 없는 새롭고 고유한 제품 및 서비스 개발을 통해 브랜드 충성도를 구축하기 위한 경쟁전략

제휴 수익 모델(affiliate revenue model) '제휴사'로서 자사 웹사이트의 방문자들을 다른 웹사이트로 보내주고 중개 수수료나 판매 결과의 일정 비율을 수익으로 취하는 전자상거래 수익 모델

조직(organization, 기술적 정의) 환경에서 자원을 가져와서 산출물을 생산하는 안정적이고 공식적인 사회 구조

조직(organization, 행위적 정의) 갈등 및 갈등 해결을 통해 일정 기간 섬세하게 균형을 이루는 권리, 권한, 의무, 책임들의 집합

조직 간 시스템(interorganizational systems) 조직 경계를 넘어 정보의 흐름을 자동화하고 기업을 고객, 유통업자, 공급자와 연결시켜주는 정보시스템

조직 및 경영 자산(organizational and management capital) 새로운 비즈니스 프로세스, 경영 행위, 조직 문화, 교육과 같은 조직 및 경영에 대한 투자

조직 영향 분석(organizational impact analysis) 제안된 시스템이 조직의 구조, 태도, 의사결정, 운영에 영향을 미치는 방식에 대한 연구

조직학습(organizational learning) 조직의 경험을 반영하는 새로운 표준 운영 절차 및 비즈니스 프로세스의 생성

주키(primary key) 데이터베이스 테이블의 행들에 있는 모든 정보에 대한 고유 식별자

중간 관리층(middle management) 고위 경영진의 계획과 목표를 수행할 책임이 있는 조직 계층의 중간에 있는 사람

중역지원시스템(executive support system, ESS) 첨단 그래픽과 통신으로 비정형적인 의사결정을 해결하도록 설계된 조직의 전략적 수준에서 사용되는 정보시스템

증강현실(augmented reality, AR) 가시화를 향상시키기 위한 기술. 물리적 실세계 환경의 요소들을 컴퓨터를 통해 생성된 가상 이미지를 통해 확장시킴으로써 실세계 환경의 직접적인 또는 간접적인 모습을 생생하게 제공함

지능형 기법(intelligent technique) 개인 및 집단의 지식을 포착하고, 대용량의 데이터에서 패턴과 행위를 발견하고, 인간이 해결하기에는 너무 크거나 복잡한 문제들에 대한 해결책을 생성함으로써 인간의 의사결정을 도와주는 기술

지능형 에이전트(intelligent agent) 개인 사용자, 비즈니스 프로세스, 소프트웨어 애플리케이션을 대상으로 반복적이고 예측 가능한 특정 작업들을 수행하기 위해 구축되거나 학습된 지식 베이스를 이용하는 소프트웨어 프로그램

지도학습(supervised learning) 인간에 의해 사전에 분류된 원하는 입력 및 출력의 특성 예를 통해 훈련된 머신러닝 알고리즘

지리광고(geoadvertising) 사용자의 GPS상의 위치를 기반으로 사용자에게 전달되는 광고

지리정보 서비스(geoinformation service) 사용자의 GPS상의 위치를 기반으로 해당 지역의 장소 및 사물에 관한 정보를 제공하는 서비스

지리정보시스템(geographic information system, GIS) 디지털화된 맵을 사용하여 데이터를 분석하고 표시하여 계획 및 의사결정을 향상시키는 소프트웨어를 장착한 시스템

지식(knowledge) 정보를 생성하고, 평가하고, 이용하기 위한 프레임워크를 제공하는 개념, 경험, 통찰력

지식경영(knowledge management) 기업의 지식을 생성, 수집, 저장, 유지관리, 전파하기 위해 조직에서 개발된 일련의 프로세스

지식관리시스템(knowledge management system, KMS) 기업의 전문기술 및 지식을 생성, 포착, 저장, 보급을 지원하는 시스템

지식근로자(knowledge workers) 제품이나 서비스를 설계하고 조직을 위한 지식을 생성하는 엔지니어 또는 설계자와 같은 사람들

지식발견(knowledge discovery) 대용량 데이터베이스에서 새롭고 가치 있는 패턴을 식별해내는 것

지식 베이스(knowledge base) 전문가시스템이 사용하는 인간 지식에 대한 모델

지식작업시스템(knowledge work systems) 지식근로자가 새로운 지식을 조직에 생성하고 통합할 수 있도록 돕는 정보시스템

지오소셜 서비스(geosocial service) 사용자의 GPS상의 위치를 기반으로 하는 소셜 네트워킹 서비스

지원 활동(support activity) 기업의 본원적 활동을 가능하게 하는 활동. 구성요소로는 조직의 인프라, 인적자원, 기술, 조달이 있음

지적재산(intellectual property) 영업비밀, 저작권, 특허법에 따라 보호를 받는 개인 및 기업이 생성한 무형자산

지혜(wisdom) 문제의 해결책에 지식을 적용한 집합적이고 개인적인 경험

직원관계관리(employee relationship management, ERM) 목표 설정, 직원 성과관리, 성과 기반 보상, 직원 교육 등 고객관계관리와 긴밀히 관련된 직원 이슈들을 다루는 소프트웨어

직접 전환 전략(direct cutover strategy) 새로운 시스템이 지정된 날짜에 기존 시스템을 완전히 대체하는 위험성 높은 전환 접근방법

질의어(query language) 사전에 정의되지 않은 정보의 요청에 대해 온라인으로 즉시 답을 제공하는 소프트웨어 도구

집단지성(wisdom of crowd) 한 사람 또는 소규모의 전문가 집단이 다양한 주제나 제품에 대해 의사결정을 할 때보다 많은 수의 군중이 더 나은 의사결정을 할 수 있다는 믿음

참조무결성(referential integrity) 데이터베이스의 연관된 테이블 간의 데이터들이 일치되도록 관계성을 유지시켜주는 규칙

채찍효과(bullwhip effect) 공급사슬상에서 제품이 하나의 주체에서 다른 주체로 전달될 때 그 제품에 대한 수요정보가 왜곡되는 것

채팅(chat) 공중망에서 실시간으로 진행되는 쌍방향 대화

책임(responsibility) 의사결정에 대한 잠재적 비용, 책무, 의무의 수용

책임 추적성(accountabilityrationali) 의사결정 및 수행된 행위의 책임을 평가하는 메커니즘

챗봇(chabot) 문자나 소리를 통해 다수의 사용자들과 대화할 수 있도록 설계된 소프트웨어 에이전트

초국가적(transnational) 모국에 본사가 없는 진정한 의미의 국제적 형태의 기업. 국경에 상관하지 않고 공급 및 수요 원천과 지역 경쟁우위에 추점을 두고 글로벌 관점에서 부가가치 활동들을 관리함

총소유비용(total cost of ownership, TCO) 초기 구매비용과 하드웨어 및 소프트웨어 업그레이드, 유지보수, 기술 지원, 교육 등의 비용을 포함한 기술 자원 소유에 드는 총비용

최고데이터관리자(chief data officer, CDO) 조직이 데이터를 통해 실현할 수 있는 가치를 극대화할 수 있는 정보들에 대해 전사적인 관리와 활용을 담당함

최고보안관리자(chief security officer, CSO) 조직의 보안 기능을 관리하고 보안정책을 집행하는 상급 관리자

최고정보관리자(chief information officer, CIO) 기업의 정보시스템 기능 영역에서 책임을 맡고 있는 상급 관리자

최고지식관리자(chief knowledge officer, CKO) 조직의 지식경영 프로그램에서 책임을 맡고 있는 상급 관리자

최고프라이버시관리자(chief privacy officer, CPO) 회사의 데이터 프라이버시 법률 준수를 책임지는 상급 관리자

최종사용자(end users) 애플리케이션 개발에서 대상으로 삼는 정보시스템 그룹 외부의 사용자

최종사용자 개발(end-user development) 거의 기술전문가의 도움 없이 또는 비공식적인 도움을 받아 최종사용자가 정보시스템을 개발하는 것

최종사용자 인터페이스(end-user interface) 온라인 스크린이나 명령어처럼 최종사용자가 시스템과 상호작용하는 정보시스템의 일부

출력(output) 처리된 정보를 사용하는 사람 또는 사용할 활동에 처리된 정보를 유통시키는 것

침입탐지시스템(intrusion detection system) 인가되지 않은 사용자를 탐지하고 막기 위해 네트워크상의 취약한 지점들을 감시하는 도구

칸트의 정언 명령(Immanuel Kant's Categorical Imperative) 어떤 행위가 보편적으로 모든 사람이 취해서는 안 되는 행위라면, 어떤 개인도 그것을 바람직하지 않은 행위로 여겨야 한다라는 점을 의미하는 원칙

커뮤니티 제공자(community provider) 유사한 관심사를 가진 사람들이 물건을 사고팔고, 관심사와 사진, 비디오 등을 공유하고, 생각이 비슷한 사람들과 소통하고, 관심사와 관련된 정보를 주고받고, 심지어는 아바타(avatar)라는 온라인 캐릭터를 이용하여 공상의 세계를 즐기기까지 할 수 있는 디지털 온라인 환경을 제공하는 웹사이트 비즈니스 모델

컴포넌트 기반 개발(component-based development) 이미 존재하는 소프트웨어 컴포넌트들을 결합함으로써 대형 소프트웨어 시스템을 구축하는 것

컴퓨터 바이러스(computer virus) 다른 소프트웨어 프로그램이나 데이터 파일에 붙어 실행되는 해로운 소프트웨어 프로그램으로 종종 하드웨어나 소프트웨어의 오작동을 유발함

컴퓨터 범죄(computer crime) 컴퓨터나 컴퓨터 시스템을 상대로 한 불법적 행위

컴퓨터 비전 시스템(computer vision systems) 실세계 이미지들로부터 정보를 보거나 추출하기 위해 인간의 시각적 체계를 모방한 시스템

컴퓨터 소프트웨어(computer software) 정보시스템에서 컴퓨터 하드웨어 요소들의 작업을 통제하고 조정하는 구체적이고 미리 프로그래밍된 명령어

컴퓨터 오남용(computer abuse) 컴퓨터와 관련하여 불법적이지는 않지만 비윤리적인 것으로 간주되는 행위

컴퓨터 지원 설계(computer-aided design, CAD) 복잡한 그래픽 소프트

웨어를 사용하여 설계도면 작성과 수정을 자동화한 정보시스템

컴퓨터 지원 소프트웨어 공학(computer-aided software engineering, CASE)　개발자가 수행해야 하는 반복적인 작업들을 줄이기 위해 소프트웨어 및 시스템 개발을 위한 단계별 방법론들을 자동화하는 것

컴퓨터 포렌식스(computer forensics)　컴퓨터의 저장매체에 보관되었거나 조회된 데이터를 과학적으로 수집, 조사, 인증, 보존, 분석하는 활동으로, 이를 통해 얻은 정보는 법정에서 증거물로 사용될 수 있음

컴퓨터 하드웨어(computer hardware)　정보시스템에서 데이터를 입력, 처리, 출력하는 데 사용되는 물리적 장비

컴퓨터화면 증후군(computer vision syndrome, CVS)　컴퓨터 화면 사용으로 인해 눈이 피로해진 상태. 머리가 아프고, 시야가 흐릿하고, 눈이 건조하고 따끔따끔한 증상들이 나타남

컴퓨터 활용능력(computer literacy)　컴퓨터 기반의 기술들이 어떻게 작동하는지 이해하는 데 초점을 맞춘 정보기술 관련 지식

케이블 인터넷 연결(cable Internet connection)　가정이나 기업이 디지털 케이블로 초고속 인터넷에 접속할 수 있도록 해주는 인터넷 연결

쿠키(cookies)　개인이 어떤 웹사이트를 방문했을 때 그 개인의 컴퓨터 하드 드라이브에 저장되는 작은 파일로 방문자를 식별하고 웹사이트 방문을 추적하는 데 사용됨

크라우드소싱(crowdsourcing)　다수의 인터넷 고객을 통해 비즈니스 문제에 대한 조언, 시장 피드백, 새로운 아이디어와 해결책 등을 얻는 것. '집단지성' 이론과 관련됨

크롬 운영체제(Chrome OS)　넷북이나 데스크톱 등에서 인터넷을 통한 컴퓨팅에서 사용되는 구글의 간단한 컴퓨터 운영체제

클라우드 컴퓨팅(cloud computing)　컴퓨터 처리, 저장, 소프트웨어, 그리고 여타의 서비스들을 네트워크, 주로 인터넷을 통해 공유할 수 있는 가상 자원들을 통해 제공하는 컴퓨팅 모델

클라이언트(client)　클라이언트/서버 컴퓨팅에서 서버에 대해 요청 기능을 수행하는 사용자 컴퓨팅 기기. 일반적으로 데스크톱 컴퓨터, 워크스테이션, 랩톱 컴퓨터

클라이언트/서버 컴퓨팅(client/server computing)　네트워크상에서 클라이언트와 서버 간의 처리를 분할하여 수행하는 컴퓨팅 모델로 필요한 기능을 가장 잘 수행할 수 있는 컴퓨터에 그 기능을 할당함

클릭 사기(click fraud)　광고주의 광고비 부담을 늘리기 위해 클릭할 때마다 커미션을 지불하는 방식의 온라인 광고를 부정하게 클릭하는 것

키 로거(key logger)　개인정보나 패스워드를 훔치거나 인터넷 공격을 하기 위해 컴퓨터 키보드 입력을 기록하는 스파이웨어

키 필드(key field)　인스턴스를 조회, 갱신, 정렬하기 위해 인스턴스를 고유하게 식별하는 레코드상의 필드

타당성 조사(feasibility study)　시스템 분석 프로세스의 일부로 주어진 조직의 자원과 제약 아래서 해결방안이 달성될 수 있는지 결정하는 방법

탈중개화(disintermediation)　가치사슬의 어떤 중개 단계들을 담당하는

조직이나 비즈니스 프로세스 계층들의 제거

탐색(intelligence)　사이먼의 의사결정 1단계로, 개인이 조직에서 발생하는 문제를 식별하기 위해 정보를 수집하는 것

태블릿 컴퓨터(tablet computer)　모바일폰보다 더 크며 주로 화면을 터치하여 작동시키는 휴대용 컴퓨터

텍스트마이닝(text mining)　대용량의 비구조적인 데이터들로부터 패턴과 관계를 찾는 것

텔넷(Telnet)　컴퓨터에서 다른 일을 하면서 다른 컴퓨터 시스템에 로그온할 수 있도록 해주는 네트워크 도구

텔레프레전스(telepresence)　자신이 실제 있는 물리적 장소가 아니고 가상의 특정 장소에 있는 상황이 되도록 만들어주는 기술

토큰(token)　1명의 사용자 신분을 입증하기 위해 설계한 신분카드와 유사한 물리적 장비

통제(controls)　조직의 자산에 대한 보호, 자산 기록의 정확성 및 신뢰성, 관리 표준의 운영상 준수를 보장하기 위한 모든 방법, 정책, 절차

통합 위협관리시스템(unified threat management [UTM] system)　방화벽, 가상사설망, 침입탐지시스템, 웹 콘텐츠 필터링, 그리고 안티스팸 소프트웨어 등과 같은 여러 개의 보안 도구들을 결합한 종합적인 보안 관리 도구

통합 통신망(unified communications)　음성 통신, 데이터 통신, 인스턴트 메시징, 이메일, 전자 컨퍼런싱 등과 같은 별개의 통신 채널들을 수시로 바꾸면서 끊김 없이 사용할 수 있도록 통합한 통신 방식

튜플(tuple)　관계형 데이터베이스의 한 행이나 레코드

트로이 목마(Trojan horse)　적법하게 보이지만 해악을 끼칠 수 있는 제2의 숨은 기능을 포함한 소프트웨어 프로그램

특수주의(particularism)　좁은 특성이나 개인적 특성을 바탕으로 이와 관련된 모든 형태(종교, 국적, 윤리, 지역주의, 지정학적 위치)를 고려하여 판단을 내리고 행위를 취하는 것

특허(patent)　발명 아이디어 소유자에게 20년간 독점 소유권을 인정하는 법적 문서. 새로운 기계나 방법의 발명가가 발명품을 널리 사용하면서 그의 노력에 대한 보상을 보장받을 수 있도록 설계되어 있음

팀(team)　특정 목적을 달성하기 위해 서로 협력해야 하는 멤버들로 구성된 공식적인 그룹

팀웨어(teamware)　팀 작업에 맞춤화된 그룹용 협업 소프트웨어

파괴적 기술(disruptive technology)　기존의 제품, 서비스, 비즈니스 모델들을 진부화시키는 등 산업 및 기업에 파괴적 영향을 미치는 기술

파밍(pharming)　사용자가 올바른 웹페이지 주소를 입력하더라도 사용자를 가짜 웹페이지로 리디렉션하는 피싱 기술

파일(file)　같은 유형의 레코드들의 집합

파일럿 검토 전략(pilot study strategy)　새로운 시스템이 충분히 기능을 수행하는지 입증되기 전까지는 그것을 조직의 일정 부분에만 도입하는 전략. 완전히 입증된 후에만 조직 전체에 걸쳐 새로운 시스템으로의 전

환이 추진됨

파트너관계관리(partner relationship management, PRM) 기업이 판매 파트너들과의 협력과 고객 판매실적을 향상시키기 위해 고객 데이터 및 분석 도구들을 이용하여 판매 파트너들과의 관계성을 자동화하는 것

판매 수익 모델(sales revenue model) 제품, 정보, 또는 서비스를 고객들에게 파는 것을 회사의 주요 수입 원천으로 삼는 모델

팟캐스팅(podcasting) 가입자들이 개인용 컴퓨터나 휴대용 뮤직 플레이어로 오디오 파일을 다운받을 수 있도록 인터넷에 오디오 방송을 올려주는 것

평점 모델(scoring model) 선정된 목표의 평가 체계를 바탕으로 시스템 대안들의 평가를 신속하게 수행할 수 있는 방법

패러다임 변화(paradigm shift) 비즈니스의 본질과 조직의 본질에 대한 과감한 재개념화

패스워드(password) 사용자가 컴퓨터와 같은 자원에 접속할 수 있도록 인증해주는 비밀 단어 또는 비밀 문자열

패치(patch) 소프트웨어의 적절한 작동에 방해를 주지 않으면서 소프트웨어 결함을 보정해주는 작은 소프트웨어

패킷 교환(packet switching) 메시지를 작고 고정된 데이터 묶음으로 나누고 사용 가능한 모든 통신 채널을 통해 가장 경제적인 방식으로 라우팅하는 기술

포용(cooptation) 변화의 방향과 본질에 대한 통제를 포기하지 않은 상태에서 변화에 대한 저항과 해결책을 설계하고 구현하는 과정으로 끌고 들어옴

포털(portal) 통합된 개인 맞춤 콘텐츠를 다양한 소스에서 제공하기 위한 웹 인터페이스. 웹에 진입하는 초기 접점을 제공하는 웹사이트 서비스를 의미함

포트폴리오 분석(portfolio analysis) 정보시스템의 리스크와 이점을 파악하고 정보시스템 대안 중 하나를 선택하기 위해 기업에서 도입 가능성이 있는 애플리케이션들을 대상으로 수행하는 포트폴리오 분석

푸시 기반 모델(push-based model) 제품 수요의 예측이나 최상의 추측을 기반으로 한 생산 일정에 따라 생산된 제품을 고객에게 '밀어내는' 공급사슬

풀 기반 모델(pull-based model) 공급사슬상의 구성원들이 고객들이 주문한 것만 생산하고 전달할 수 있도록 실제 고객 주문이나 구매로 주도되는 공급사슬

풍부성(richness) 기업이 고객에게서 수집한 정보뿐만 아니라 기업이 고객에게 공급할 수 있는 정보의 깊이와 구체성의 척도

프라이버시(privacy) 개인이 혼자 남겨져 다른 개인이나 기관 또는 정부의 어떠한 감시나 간섭에서 자유롭기를 원하는 요구

프랜차이저(franchiser) 초기에는 모국에서 제품이 구상되고, 설계되고, 자금 지원을 받고 생산되었지만, 제품에 따라서 추가적인 생산, 마케팅, 인적자원을 외국인에게 상당히 의존하는 비즈니스 조직 형태

프로그래머(programmers) 컴퓨터 소프트웨어 명령들을 작성하는 고도로 훈련된 기술전문가

프로그래밍(programming) 설계 단계에서 작성된 시스템 세부 내역을 프로그램 코드로 변환하는 프로세스

프로그램-데이터 의존성(program-data dependence) 파일에 저장된 데이터와 이런 파일들을 갱신하고 유지관리하는 소프트웨어 프로그램 간의 긴밀한 관계. 데이터 구성 또는 포맷에 어떤 변경이 생기면 이 데이터와 연관된 모든 프로그램에도 이에 따른 변경이 요구됨

프로세스 명세서(process specification) 데이터 흐름도의 가장 낮은 수준에서 발생하는 프로세스들의 논리에 대한 기술

프로세싱(processing) 원시 입력물을 인간에게 더 의미 있는 형태가 되도록 변환, 조작, 분석하는 것

프로젝트(project) 특정의 비즈니스 목적을 달성하기 위해 계획된 일련의 연관된 행위

프로젝트 관리(project management) 지정된 예산 및 기간 내에 특정 목표를 달성하기 위해 지식, 도구, 기술을 적용하는 활동

프로젝트 포트폴리오 관리(project portfolio management) 조직이 프로젝트에 대한 포트폴리오와 프로젝트 간의 의존관계를 평가하고 관리할 수 있도록 도와줌

프로토콜(protocol) 네트워크 구성요소 간의 전송을 관리하는 규칙 및 절차들의 집합

프로토타이핑(prototyping) 사용자가 정보시스템 요구사항들을 더 잘 결정할 수 있도록 검증과 평가를 위해 신속하고 저렴하게 실험적인 시스템을 구축하는 프로세스

프로파일링(profiling) 컴퓨터를 사용하여 다수의 소스 데이터들을 결합하고, 개인의 구체적인 정보를 담은 전자 서류철을 생성하는 것

플랫폼(platform) 다양한 산업 분야의 수많은 회사들이 자신의 역량 향상을 위해 사용하는 정보시스템, 기술, 서비스를 제공하는 비즈니스

피드백(feedback) 입력물의 평가나 수정을 돕기 위해 조직의 적절한 구성원에게 전달되는 산출물

피벗 테이블(pivot table) 2개 이상의 데이터 차원들을 하나의 테이블 형태로 재구성하거나 요약하는 스프레드시트 도구

피싱(phishing) 가짜 웹사이트를 설치하거나 또는 합법적인 기업의 이메일과 유사한 이메일 메시지를 통해 사용자들의 기밀 데이터들을 요구하는 스푸핑 방식

핀테크(FinTech) 혁신적인 금융기술과 서비스

필드(field) 사람의 이름이나 나이 등 하나의 단어, 단어들의 그룹, 숫자 등으로 구성된 집합

하둡(Hadoop) 저렴한 컴퓨터들에 걸쳐 있는 방대한 양의 데이터들을 분산병행처리 방식으로 다룰 수 있게 해주는 오픈소스 소프트웨어 프레임워크

하이브리드 클라우드(hybrid cloud) 기업이 IT 인프라와 공공 클라우드

컴퓨팅 서비스 모두를 동시에 활용하는 모델

학습관리시스템(learning management system, LMS)   다양한 유형의 직원 교육을 관리하고, 전달하고, 추적하고, 평가하는 도구

핫스폿(hotspot)   액세스 포인트가 공공 와이파이 네트워크 서비스를 제공하는 지리적 위치

해외 아웃소싱(offshore outsourcing)   시스템 개발 작업이나 기존 시스템들에 대한 유지관리를 다른 나라에 있는 벤더사에 아웃소싱하는 것

해커(hacker)   수익, 범죄 행위, 개인적 즐거움을 위해 컴퓨터 네트워크에 불법으로 접속하는 사람

핵심 성과지표(key performance indicators)   기업이 성과를 얼마나 잘 달성하고 있는지를 사전에 설정된 관점에서 파악할 수 있도록 고위 관리층이 제안한 측정기준

핵심시스템(core system)   조직에 절대적으로 중요한 기능들을 지원하는 시스템

핵심 역량(core competency)   세계적인 수준의 탁월한 기업의 활동

행동 모델(behavioral model)   관리자들이 실제 수행하는 작업에서 행동 과학자의 관찰을 바탕으로 관리 업무를 기술하는 것

행위 타기팅(behavioral targeting)   웹사이트 방문자들의 관심사와 의도를 이해하기 위한 목적으로 다수의 웹사이트에 걸친 방문자들의 클릭스트림(클릭 행위의 기록)을 추적하고, 이를 통해 그들의 관심사와 관련이 높은 광고를 그들에게 노출시키는 것

허브(hub)   네트워크 요소들을 연결하는 매우 단순한 장비로, 이것에 연결된 여타의 장비들에게 데이터 패킷을 전송

헤르츠(hertz)   초당 전기적 전압 빈도수의 척도로 1헤르츠는 초당 1사이클에 해당

협업(collaboration)   명확한 공동의 목표를 달성하기 위해 다른 사람들과 함께 일하는 것

형식지(explicit knowledge)   문서화될 수 있는 지식

확장성(scalability)   더 많은 사용자들에게 서비스를 제공하기 위해 중단되는 일 없이 확장할 수 있는 컴퓨터, 제품, 시스템의 역량

황금률(golden rule)   의사결정할 때 자신을 다른 사람의 입장에 두는 것

효율적 고객대응시스템(efficient customer response system)   소비자 행위를 유통, 생산, 공급사슬에 직접 연결하는 시스템

3D 프린팅(3-D printing)   기계를 이용하여 디지털 파일에 저장된 상세 내역을 딱딱한 물체로 한 층씩 만들어가는 것. 적층 가공이라고도 함

3G 네트워크(3G networks)   패킷 교환기술에 기반을 둔 셀룰러 네트워크로 이동 중인 사용자에게는 144킬로비트(144Kbps) 이상, 정지해 있는 사용자에게는 초당 2메가비트(2Mbps) 이상으로 음성을 비롯하여 비디오와 그래픽 등 다양한 형태의 데이터들을 전송할 수 있음

4G 네트워크(4G networks)   최근 사용해 온 무선통신 네트워크로 1Mbps에서 1Gbps에 이르는 속도를 제공하는데, 3G 네트워크보다 속도가 10배가량 빨라질 수 있음

6시그마(six sigma)   100만 번의 기회마다 3.4개의 불량품이 나오는 정도의 품질 기준. 품질 향상 및 비용 감소를 위한 방법론 및 기법을 명시하는 데 사용

B2B 전자상거래(business-to-business electronic commerce)   기업 간 재화 및 서비스의 전자적 판매

B2C 전자상거래(business-to-consumer electronic commerce)   개인 소비자들을 대상으로 한 직접적인 제품 및 서비스의 전자적 소매

BOYD(bring your own device)   '당신이 소유한 기기를 가져오라'를 나타내는 용어로 직원들이 자신이 개인적으로 소유하고 있는 컴퓨팅 기기들을 직장에 가져와서 사용하는 것을 의미함

C2C 전자상거래(consumer-to-consumer electronic commerce)   소비자 간에 재화 및 서비스를 전자적으로 판매하는 것

e-비즈니스(electronic business, e-business)   인터넷과 디지털 기술을 이용하여 기업의 모든 비즈니스 프로세스를 수행함. 기업의 내부 관리와 고객 및 여타 비즈니스 파트너들과의 협력을 위한 프로세스뿐만 아니라 전자상거래도 포함함

e-소매자(e-tailer)   웹사이트를 통해 소매제품을 판매하는 온라인 매장으로 거대한 아마존에서부터 작은 지역 상점에 이르기까지 그 규모가 다양함

FTP(file transfer protocol, 파일 전송 프로토콜)   원거리의 컴퓨터에서 파일들을 조회하고 전송하는 도구

HIPAA   의료보안, 개인정보보호, 의료보건 기록관리에 대한 규정을 전반적으로 다루는 법률

HTML(hypertext markup language)   웹페이지를 생성하는 페이지 서술 언어

HTML5   HTML의 진화된 버전으로 프로세서 사용량을 늘리는 추가적인 프로그램 없이도 이미지, 오디오, 비디오, 그리고 여타의 요소들을 바로 문서에 삽입할 수 있도록 해줌

HTTP(hypertext transfer protocol, 하이퍼텍스트 전송 프로토콜)   웹상에서 페이지들을 전송하는 데 사용되는 통신 표준. 메시지가 어떻게 형식화되고 전송되는지 정의함

iOS   애플의 아이패드, 아이폰, 아이팟 터치에 사용되는 운영체제

IP 주소(Internet protocol [IP] address)   4부분으로 구성된 숫자형 주소로 인터넷의 고유한 컴퓨터 위치를 나타냄

IPv6   128비트 체계의 IP 주소를 사용하는 새로운 IT 주소 매칭 시스템. IP 버전 6를 의미함

IT 거버넌스(IT governance)   정보기술이 조직의 전략과 목표를 지원할 수 있도록 결정 권한과 책임을 규정하는 조직 내 정보기술 사용 전략 및 정책

IT 소비화(consumerization of IT)   소비자 시장에서 시작되어 비즈니스 조직들로 확산되는 새로운 정보기술

Java   네트워크에서 다운로드될 수 있는 작은 애플릿 등 특별한 작업에

필요한 소프트웨어 기능을 제공할 수 있는 프로그래밍 언어. 어떠한 컴퓨터나 운영체제에서도 실행이 가능함

JIT 전략(just-in-time strategy) 부품들이 필요한 순간에 정확히 도착할 수 있게 하고 완제품이 조립라인을 떠나는 순간 바로 배송될 수 있도록 함으로써 재고를 최소화하기 위한 일정관리 체계

NORA(nonobvious relationship awareness) 여러 출처의 정보를 분석하여 관계를 연관시킴으로써 사람이나 다른 개체 사이의 숨겨진 연결을 찾을 수 있는 기술

P2P(peer-to-peer) 네트워크의 모든 컴퓨터들이 동등한 파워를 갖는 네트워크 아키텍처. 주로 작은 네트워크에 사용

PERT 차트(PERT chart) 프로젝트 과업들과 그것들 간의 관계를 묘사하는 네트워크 다이어그램

RFID(radio frequency identification) 아이템 및 아이템 위치에 관한 데이터가 있는 마이크로칩이 삽입된 소형 태그를 이용하는 기술. 이 칩은 이러한 데이터를 이런 단거리 라디오 신호를 이용하여 특정 RFID 리더기에 전송하면 이 리더기는 그 데이터들을 컴퓨터로 보내서 처리되도록 함

RSS 애그리게이터 소프트웨어를 사용하여 웹사이트에서 콘텐츠를 가져와서 가입자 컴퓨터에 자동으로 공급하는 기술

S-HTTP(secure hypertext transfer protocol) 인터넷상에서 흐르는 데이터를 암호화하는 데 사용하는 프로토콜. 개별적인 메시지에 국한됨

SQL(structured query language) 관계형 데이터베이스관리시스템을 위한 표준 데이터 조작 언어

SQL 주입 공격(SQL injection attack) 회사의 시스템과 네트워크에 악의적인 프로그램 코드를 주입하기 위해 허술하게 코딩된 SQL 애플리케이션(표준의 공통 데이터베이스 소프트웨어 애플리케이션)의 취약점을 이용한 웹사이트 공격

SSL(secure sockets layer) 클라이언트 및 서버 컴퓨터들이 보안이 적용된 웹 세션에서 서로 통신할 때 암호화 및 복호화를 관리할 수 있도록 해줌

T 라인(T line) 통신 서비스 제공자에게 대여하는 초고속 데이터 라인으로 T-1 라인과 같음(1.544Mbps 용량을 전송)

TCP/IP(transmission control protocol/Internet protocol) 서로 다른 네트워크들 간의 연결을 가능케 해주는 주요 모델. 디지털 메시지를 패킷으로 분할하고, 그것들을 적절한 주소로 보내고, 그다음 그것들을 일관된 메시지로 재결합시키기 위한 보편적으로 합의된 방법을 제공

URL(uniform resource locator) 인터넷상의 특정 자원의 주소

XML(extensible markup language) 문서의 구조를 설명하고 데이터의 표현, 통신, 저장을 수행할 수 있는 범용 언어로 컴퓨터에서 데이터를 조작할 수 있음

찾아보기